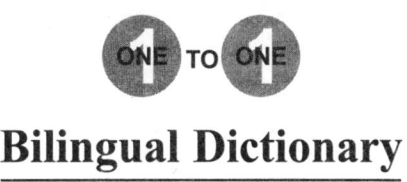

## Bilingual Dictionary

# English-Cambodian Cambodian-English Dictionary

Compiled by
**Engly Sok**

STAR Foreign Language BOOKS

© Publishers
ISBN : 978 1 912826 30 8

All rights reserved with the Publishers. No part of this publication may be reproduced or transmitted in any form or by any means, electronic, mechanical, photocopying, recording or otherwise, without the prior written permission of the Publishers.

First Edition : 2021

Published by
**STAR Foreign Language BOOKS**
a unit of
**Star Books**
56, Langland Crescent
Stanmore HA7 1NG, U.K.
info@starbooksuk.com
www.bilingualbooks.co.uk

Printed in India at
Star Print-O-Bind, New Delhi-110 020

## About this Dictionary

Developments in science and technology today have narrowed down distances between countries, and have made the world a small place. A person living thousands of miles away can learn and understand the culture and lifestyle of another country with ease and without travelling to that country. Languages play an important role as facilitators of communication in this respect.

To promote such an understanding, STAR Foreign Language BOOKS has planned to bring out a series of bilingual dictionaries in which important English words have been translated into other languages, with Roman transliteration in case of languages that have different scripts. This is a humble attempt to bring people of the word closer through the medium of language, thus making communication easy and convenient.

Under this series of *one-to-one dictionaries*, we have published almost 57 languages, the list of which has been given in the opening pages. These have all been compiled and edited by teachers and scholars of the relative languages.

Publishers

## Bilingual Dictionaries in this Series

| | |
|---|---|
| English-Afrikaans / Afrikaans-English | Abraham Venter |
| English-Albanian / Albanian-English | Theodhora Blushi |
| English-Amharic / Amharic-English | Girun Asanke |
| English-Arabic / Arabic-English | Rania-al-Qass |
| English-Bengali / Bengali-English | Amit Majumdar |
| English-Bosnian / Bosnian-English | Boris Kazanegra |
| English-Bulgarian / Bulgarian-English | Vladka Kocheshkova |
| English-Burmese (Myanmar) / Burmese (Myanmar)-English | Kyaw Swar Aung |
| English-Cambodian / Cambodian-English | Engly Sok |
| English-Cantonese / Cantonese-English | Nisa Yang |
| English-Chinese (Mandarin) / Chinese (Mandarin)-Eng | Y. Shang & R. Yao |
| English-Croatian / Croatain-English | Vesna Kazanegra |
| English-Czech / Czech-English | Jindriska Poulova |
| English-Danish / Danish-English | Rikke Wend Hartung |
| English-Dari / Dari-English | Amir Khan |
| English-Dutch / Dutch-English | Lisanne Vogel |
| English-Estonian / Estonian-English | Lana Haleta |
| English-Farsi / Farsi-English | Maryam Zaman Khani |
| English-French / French-English | Aurélie Colin |
| English-Georgian / Georgina-English | Eka Goderdzishvili |
| English-Gujarati / Gujarati-English | Sujata Basaria |
| English-German / German-English | Bicskei Hedwig |
| English-Greek / Greek-English | Lina Stergiou |
| English-Hindi / Hindi-English | Sudhakar Chaturvedi |
| English-Hungarian / Hungarian-English | Lucy Mallows |
| English-Italian / Italian-English | Eni Lamllari |
| English-Japanese / Japanese-English | Miruka Arai & Hiroko Nishimura |
| English-Korean / Korean-English | Mihee Song |
| English-Latvian / Latvian-English | Julija Baranovska |
| English-Levantine Arabic / Levantine Arabic-English | Ayman Khalaf |
| English-Lithuanian / Lithuanian-English | Regina Kazakeviciute |
| English-Malay / Malay-English | Azimah Husna |
| English-Nepali / Nepali-English | Anil Mandal |
| English-Norwegian / Norwegian-English | Samuele Narcisi |
| English-Pashto / Pashto-English | Amir Khan |
| English-Polish / Polish-English | Magdalena Herok |
| English-Portuguese / Portuguese-English | Dina Teresa |
| English-Punjabi / Punjabi-English | Teja Singh Chatwal |
| English-Romanian / Romanian-English | Georgeta Laura Dutulescu |
| English-Russian / Russian-English | Katerina Volobuyeva |
| English-Serbian / Serbian-English | Vesna Kazanegra |
| English-Sinhalese / Sinhalese-English | Naseer Salahudeen |
| English-Slovak / Slovak-English | Zuzana Horvathova |
| English-Slovenian / Slovenian-English | Tanja Turk |
| English-Somali / Somali-English | Ali Mohamud Omer |
| English-Spanish / Spanish-English | Cristina Rodriguez |
| English-Swahili / Swahili-English | Abdul Rauf Hassan Kinga |
| English-Swedish / Swedish-English | Madelene Axelsson |
| English-Tagalog / Tagalog-English | Jefferson Bantayan |
| English-Tamil / Tamil-English | Sandhya Mahadevan |
| English-Thai / Thai-English | Suwan Kaewkongpan |
| English-Tigrigna / Tigrigna-English | Tsegazeab Hailegebriel |
| English-Turkish / Turkish-English | Nagme Yazgin |
| English-Ukrainian / Ukrainian-English | Katerina Volobuyeva |
| English-Urdu / Urdu-English | S. A. Rahman |
| English-Vietnamese / Vietnamese-English | Hoa Hoang |
| English-Yoruba / Yoruba-English | O. A. Temitope |

# English - Cambodian

# A

**a** *(art.)* មួយ mouy
**aback** *(adv.)* ទៅក្រោយ tov kroay
**abactor** *(n.)* ចោរលួចគោ ក្របី choar luoch ko krabei
**abacus** *(n.)* ក្បាច់គិតលេខ kbach kit lekh
**abandon** *(v.)* បោះបង់ចោល baoh bong choal
**abandoned** *(adj.)* ដែលត្រូវបានបោះបង់ចោល del trauv ban boahbong choal
**abase** *(v.)* បន្ទាបបន្ថោក banteab banthoak
**abashed** *(adj.)* ដែលខ្មាស់ del khmas
**abate** *(v.)* បង្អន់ bong orn
**abatement** *(n.)* ការបង្អន់ kar bang aon
**abbey** *(n.)* វិហារ vihear
**abbot** *(n.)* ចៅអធិការវត្ត chao athikar wat
**abbreviate** *(v.)* សរសេរកាត់ sor se kat
**abbreviation** *(n.)* អក្សរកាត់ aksorkat
**abdicate** *(v.)* ដាក់រាជ្យ dak reach
**abdication** *(n.)* ការដាក់រាជ្យ kar dak reach
**abdomen** *(n.)* ពោះ poh
**abdominal** *(adj.)* នៃពោះ nei poh
**abduct** *(v.)* ចាប់ពង្រត់ chab pongrot
**abductee** *(n.)* អ្នកត្រូវបានគេចាប់ពង្រត់ nak trauv ban ke chab pongrot
**abduction** *(n.)* ការចាប់ពង្រត់ kar chab pongrot
**abductor** *(n.)* អ្នកចាប់ពង្រត់ nak chabpongrot
**aberrant** *(adj.)* ដែលខុសគេ del khos ke
**aberration** *(n.)* ភាពខុសគេ peap khos ke
**abet** *(v.)* ញុះញង់ nhouh nhung
**abettor** *(n.)* អ្នកសមគំនិត nak sam koumnit
**abeyance** *(n.)* ការផ្អាក kar ph'ark
**abhor** *(v.)* ស្អប់ខ្ពើម s'aob khpeum
**abhorrent** *(adj.)* ដែលគួរឱ្យស្អប់ខ្ពើម del kur oy s'aob khpeum
**abide** *(v.)* គោរពតាម korop tam
**abiding** *(adj.)* ស្ថិតស្ថេរ sthet sthe
**ability** *(n.)* សមត្ថភាព samatthapheap
**abiotic** *(adj.)* ដែលគ្មានជីវិត del kmean chivit
**abject** *(adj.)* ដំទាបបំផុត da teab bamphot
**abjure** *(v.)* សច្ចាលះបង់ sachcha leahbong
**abjurer** *(n.)* អ្នកលះបង់ nak leahbong
**ablate** *(v.)* វះកាត់ចេញ veah kat chenh
**ablation** *(n.)* ការវះកាត់ចេញ ka veah kat chenh
**ablative** *(adj.)* ដែលវះកាត់ចេញ del veah katchenh
**ablaze** *(adv.)* ឆាបឆេះ chhab chheh
**able** *(adj.)* អាច arch
**abled** *(adj.)* ដែលមានសមត្ថភាព del mean samotthapheap
**ablution** *(n.)* ពិធីងូតទឹក pithi ngout teuk
**ably** *(adv.)* យ៉ាងស្ទាត់ជំនាញ yang stoat chomneanh
**abnegate** *(v.)* លះបង់ leah bong
**abnegation** *(n.)* ការលះបង់ ka leah bong
**abnormal** *(adj.)* មិនធម្មតា min thommada
**abnormality** *(n.)* ភាពមិនធម្មតា pheap min thommada
**abnormally** *(adv.)* ដោយមិនធម្មតា doay min thommada
**aboard** *(adv.)* នៅលើ (យន្តហោះ នាវា) now leu (yon hoah, nea vea)
**abode** *(n.)* ទីលំនៅ ti lomnov
**abolish** *(v.)* លុបបំបាត់ចោល loub bambat chaol
**abolition** *(n.)* ការលុបបំបាត់ចោល kar loub bambat chaol
**abominable** *(adj.)* គួរឱ្យស្អប់ខ្ពើម kuor aoy s'oab khpeum
**abominate** *(v.)* ស្អប់ខ្ពើម s'oab khpeum
**abomination** *(n.)* ការស្អប់ខ្ពើម kar s'oab khpeum
**aboriginal** *(adj.)* នៃអ្នកស្រុកដើម nei nak srok derm
**aborigine** *(n.)* អ្នកស្រុកដើម nak srok derm
**abort** *(v.)* រំលូតកូន romlout kaun
**abortion** *(n.)* ការរំលូតកូន kar romlout kaun

**abortionist** *(n.)* អ្នករំលូតកូន nak romlout kaun
**abortive** *(adv.)* បរាជ័យ barachey
**abound** *(v. & prep.)* សម្បូរ sambo
**about-turn** *(n.)* បំលាស់ប្ដូរសួន:ទាំងស្រុង bam las bdau tossanak teangsrong
**above** *(prep. & adv.)* ខាងលើ khang leu
**abrasion** *(n.)* សំណឹក saamnoek
**abrasive** *(adj.)* ដែលធ្វើឲ្យសឹក del thveu oy soek
**abreast** *(adv.)* ទន្ទឹមគ្នា tonteum knea
**abridge** *(v.)* បង្រួញ bangruonh
**abridgement** *(n.)* សេចក្ដីសង្ខេប sechkdei sangkheb
**abroad** *(adv.)* នៅបរទេស nov borotes
**abrogate** *(v.)* និរាករ nirea kor
**abrogation** *(n.)* ការលុបចោល ka loub chaol
**abrupt** *(adj.)* ភ្លាមៗ phleam pleam
**abruptly** *(adv.)* យ៉ាងឆាប់រហ័ស yang chhab rohah
**abscess** *(n.)* រោគបូស rok bous
**abscond** *(v.)* គេចខ្លួន kech khluon
**abseil** *(v.)* ចុះដំឈលចេកដោយប្រើខ្សែពួរពី choh chomre chaot doy brer khsae puor pi
**absence** *(n.)* អវត្តមាន avottamean
**absent** *(adj.)* អវត្តមាន avottamean
**absentee** *(n.)* អ្នកអវត្តមាន nak avottamean
**absolute** *(adj.)* ដាច់ខាត dach khat
**absolutely** *(adv.)* ពិតណាស់ pitnas
**absolution** *(n.)* ការលើកទោស kar leuk tos
**absolutism** *(n.)* ដាច់ខាតនិយម dach khat niyom
**absolve** *(v.)* លើកលែងទោស leuk leng tos
**absorb** *(v.)* ស្រូបយក sraub yok
**absorbable** *(adj.)* អាចស្រូបយកបាន ach sraub yok ban
**absorbent** *(adj.)* ជក់ទឹក chuk tuk
**absorption** *(n.)* ការស្រូបចូល kar sraub chaul
**abstain** *(v.)* ជៀសវាង chies veang
**abstinence** *(n.)* ការតម kar tom
**abstract** *(adj.)* អរូបី aroupei
**abstraction** *(n.)* ភាពអរូបី pheap aroupei

**abstruse** *(adj.)* ដែលពិបាកយល់ del pibak yol
**absurd** *(adj.)* មិនសមហេតុផល min sam het phal
**absurdity** *(n.)* ភាពមិនសមហេតុផល pheap min sam het phal
**absurdly** *(adv.)* ភ្លើៗ phleu phleu
**abundance** *(n.)* ភាពបរិបូរណ៍ pheap baribaur
**abundant** *(adj.)* មានច្រើនក្រៃលែង mean chraen krai leng
**abundantly** *(adv.)* យ៉ាងបរិបូរណ៍ yang baribaur
**abuse** *(v.)* រំលោភបំពាន romloph bampean
**abusive** *(adj.)* ដែលរំលោភបំពាន del romloph bampean
**abusively** *(adv.)* យ៉ាងរំលោភបំពាន yang romloph bampean
**abut** *(v.)* ទល់គ្នា tul knea
**abyss** *(n.)* អន្លង់ជ្រៅ anlong chrov
**acacia** *(n.)* ដើមអាកាស្យា derm a ka sya
**academia** *(n.)* ផ្នែកសិក្សាស្រាវជ្រាវនៅមហាវិទ្យាល័យ phnek seksaa sravchreav nov mohavityealay
**academic** *(adj.)* នៃការសិក្សា nei karseksaa
**academically** *(adv.)* តាមការសិក្សា tam karseksaa
**academician** *(n.)* អ្នកសិក្សា nak seksaa
**academy** *(n.)* បណ្ឌិត្យសភា bandet saphea
**acausal** *(adj.)* ដែលមិនមានហេតុ del min mean het
**accede** *(v.)* យល់ព្រម yol prom
**accelerate** *(v.)* បង្កើនល្បឿន bangkeun lbuen
**acceleration** *(n.)* ការបង្កើនល្បឿន kar bangkeun lbuen
**accelerator** *(n.)* ឧបករណ៍បង្កើនល្បឿន ubakor bangkeun lbuen
**accend** *(v.)* អុជភ្លើង och phleung
**accent** *(n.)* ការសង្កត់សំឡេង kasangkot saamleng
**accent** *(v.)* សង្កត់សំឡេង sangkot saamleng
**accentor** *(n.)* បក្សីម្យ៉ាងដូចចាប baksei myang doch charb
**accentuate** *(v.)* ធ្វើឱ្យឃ្លាច្បាស់ sangkot saamleng
**accept** *(v.)* ទទួលយក totuolyok

**acceptability** *(n.)* ភាពអាចទទួលយកបាន pheap ach totuol yok ban
**acceptable** *(adj.)* អាចទទួលយកបាន ach totuol yok ban
**acceptant** *(adj.)* ដែលព្រមទទួល del prom totuol
**accepted** *(adj.)* បានទទួលយក ban totuolyok
**access** *(n.)* ការចូលដំណើរការ kachaul damnerkar
**accessibility** *(n.)* ភាពអាចចូលដំណើរការបាន pheap ach chaul damnerkar ban
**accessible** *(adj.)* អាចចូលដំណើរការបាន ach chaul damnerkar ban
**accession** *(n.)* ការឡើងកាន់ kar lerng kan
**accessory** *(n.)* គ្រឿងបន្ថែម kreung banthaem
**accident** *(n.)* គ្រោះថ្នាក់ krohthnak
**accidental** *(adj.)* ចៃដន្យ chaidan
**accidentally** *(adv.)* ដោយចៃដន្យ doy chaidan
**acclaim** *(v.)* អបអរ ab aar
**acclamation** *(n.)* ការសរសើរ kar sarser
**acclimatise** *(v.)* សម្របតាម samrob tam
**accolade** *(n.)* ការសរសើរ kasarser
**accommodate** *(v.)* ផ្ទុក phtok
**accommodating** *(adj.)* យកចិត្តទុកដាក់ជួយ yok chet toukdak chuoy
**accommodation** *(n.)* កន្លែងស្នាក់នៅ kanleng snaknov
**accompaniment** *(n.)* តន្ត្រីអម dantrei om
**accompanist** *(n.)* អ្នកលេងតន្ត្រីអមអ្នកចម្រៀង nak leng dantrei om nak chamrieng
**accompany** *(v.)* រួមដំណើរជាមួយ ruom damner cheamuoy
**accomplice** *(n.)* អ្នកសមគំនិត nak som koumnit
**accomplish** *(v.)* សំរេច saamrech
**accomplished** *(adj.)* បានសំរេច ban saamrech
**accomplishment** *(n.)* សមិទ្ធផល samitthi phol
**accord** *(n.)* កិច្ចព្រមព្រៀង kech promprieng
**accord** *(v.)* ស្របនឹង srab nung

**accordance** *(n.)* នេះបើយោងតាម nih bae yong tam
**according** *(adv.)* យោងតាម yong tam
**accordingly** *(adv.)* តាមនោះ tam noh
**accost** *(v.)* ហោបញ្ឈប់ haw banhchhob
**account** *(n.)* គណនី kaknanei
**accountability** *(n.)* គណនេយ្យភាព kaknaney pheap
**accountable** *(adj.)* ដែលមានគណនេយ្យភាព del mean kaknaney pheap
**accountancy** *(n.)* គណនេយ្យកិច្ច kaknaney kech
**accountant** *(n.)* គណនេយ្យករ kaknaneyyokor
**accounting** *(n.)* គណនេយ្យ kaknaney
**accoutre** *(v.)* តែងខ្លួន taeng khluon
**accoutrement** *(n.)* គ្រឿងប្រើប្រាស់បន្ថែម krueng breubras banthaem
**accredited** *(adj.)* ទទួលស្គាល់ totuol skal
**accrete** *(v.)* ផ្ដុំឡើង phdom lerng
**accretion** *(n.)* ការផ្ដុំឡើង kar phdom lerng
**accrue** *(v.)* បង្កើ bangkor
**accumulate** *(v.)* កើនឡើង kern lerng
**accumulation** *(n.)* ការកើនឡើង ka kern lerng
**accumulator** *(n.)* អ្នកប្រមូលវត្ថុ nak bramoul vottho
**accuracy** *(n.)* ភាពត្រឹមត្រូវ pheap troem trauv
**accurate** *(adj.)* ត្រឹមត្រូវ troem trauv
**accurately** *(adv.)* យ៉ាងត្រឹមត្រូវ yang troem trauv
**accusation** *(n.)* ការចោទប្រកាន់ kar chaot brakan
**accuse** *(v.)* ចោទប្រកាន់ chaot brakan
**accused** *(n.)* ជនជាប់ចោទ chun choab chaot
**accuser** *(n.)* អ្នកចោទប្រកាន់ nak chaot brakan
**accusing** *(adj.)* ការចោទប្រកាន់ kar chaot brakan
**accustom** *(v.)* ទម្លាប់ tomlorb
**ace** *(n.)* សន្លឹកអាត់ sanleuk att
**acellular** *(adj.)* គ្មានកោសិកា kmean kaoseka

acentric *(adj.)* គ្មានចំណុចកណ្តាល kmean chamnoch kandal
acerbic *(adj.)* ដែលជូរចត់ del chourchot
acetate *(n.)* អាសេតាត a se tat
acetic *(adj.)* នៃអាស៊ីតអាសេទិច nei acid a se tich
acetic acid *(n.)* អាស៊ីតអាសេទិច asit a se tich
acetone *(n.)* អាសេតូន a se taun
acetylene *(n.)* អាសេទីឡែន a se ti len
ache *(n.)* ការឈឺចាប់ kachheu chab
ache *(v.)* ឈឺ chheu
achieve *(v.)* សម្រេចបាន samrech ban

achievement *(n.)* សមិទ្ធផល samitthi phol
achiever *(n.)* អ្នកសំរេច nak saamrech
achromat *(n.)* កញ្ចក់គ្មានពណ៌ kanhchok kmean por
achromatic *(adj.)* គ្មានពណ៌ kmean por
acid *(n.)* អាស៊ីត asit
acid rain *(n.)* ភ្លៀងអាស៊ីត phlieng asit
acid test *(n.)* តេស្តអាស៊ីត test asit
acidic *(adj.)* ជាតិអាស៊ីត jeat aslt
acknowledge *(v.)* ទទួលស្គាល់ tortuolskal
acknowledgement *(n.)* ការទទួលស្គាល់ kar tortuolskal
acme *(n.)* ចំណុចកំពូល chamnochkampoul
acne *(n.)* មុន mun
acolyte *(n.)* កូនសិស្សលោក kaunsesslok
acorn *(n.)* ផ្លែសែន phle sen
acoustic *(adj.)* នៃសូរសព្ទ neysaursap
acoustics *(n.)* សូរសព្ទ saursap
acquaint *(v.)* ស្គាល់ skal
acquaintance *(n.)* អ្នកស្គាល់គ្នា nakskalknea
acquest *(n.)* ការទិញ katinh
acquiesce *(v.)* សុខចិត្តតាម sok chet tam
acquire *(v.)* ទទួលបាន tortuol ban
acquisition *(n.)* ការទទួលបាន kar tortuol ban
acquisitive *(adj.)* ដែលលោភចង់បាន del lorp chongban
acquit *(v.)* ដោះលែង daoh leng

acquittal *(n.)* សាលក្រមអោយរួចទោស salkram aoy ruoch tos
acratic *(adj.)* ដែលមិនមាននន្ទ: del min mean chhan tak
acre *(n.)* ចំនួនច្រើន chamnuon chreun
acrid *(adj.)* ដែលខា ផ្លុល del kha chuol
acrimonious *(adj.)* យ៉ាងជូរចត់ yang chourocht
acrimony *(n.)* សេចក្តីមួរម៉ៅ sechkdei muor mao
acritical *(adj.)* ដែលពុំបង្កវិបត្តិ del poum bangkor vibatt
acrobat *(n.)* កីឡាករកាយសម្ព័ន្ធ keilakar kaysampon
acrobatic *(adj.)* នៃកាយសម្ព័ន្ធ nei kay sampon
acrobatics *(n.)* កាយសម្ព័ន្ធ kay sampnth
acronym *(n.)* អក្សរកាត់ aksaarkat
acrophobia *(n.)* ការខ្លាចទីខ្ពស់ kar khlach ti khpors
across *(prep.)* ឆ្លងកាត់ chhlangkat
acrostic *(n.)* កំណាព្យ kamnap
act *(v.)* ធ្វើសកម្មភាព thveu sakammopheap
acting *(n.)* ការសម្តែង karsamdeng
action *(n.)* សកម្មភាព sakammopheap
actionable *(adj.)* អាចប្តឹងបាន ach bdeung ban
activate *(v.)* ធ្វើឱ្យសកម្ម thveu aoy sakamm
activation *(n.)* ការធ្វើឱ្យសកម្ម kar thveu aoy sakamm
active *(adj.)* សកម្ម sakamm
actively *(adv.)* យ៉ាងសកម្ម yang sakamm
activist *(n.)* សកម្មជន sakamm chun
activity *(n.)* សកម្មភាព sakammopheap
actor *(n.)* តារាសម្តែងប្រុស tara samdeng bros
actress *(n.)* តារាសម្តែងស្រី tara samdeng srey
actual *(adj.)* ពិតប្រាកដ pit brakot
actually *(adv.)* ពិត pit
acumen *(n.)* ការពន្លាតវៃ pheap chhlatvei
acupressure *(n.)* ការព្យាបាលដោយច្របាច់ខ្សែបាតដៃ kar pyeabal doy chro bach ksae bat dai

**acupuncture** (n.) ការចាក់ម្ជុលវិទ្យាសាស្ត្រ kar chak mchoul vityeasas
**acupuncturist** (n.) គ្រូពេទ្យជំនាញខាងចាក់ម្ជុលវិទ្យាសាស្ត្រ kroupet chomneanh khang chak mchoul vityeasas
**acute** (adj.) ស្រួច sruoch
**ad hoc** (adj.) អាដហុក ad hok
**adage** (n.) សុភាសិត sopheaset
**adamant** (adj.) រឹងរូស rungrous
**adapt** (v.) សម្របខ្លួន samrob khluon
**adaptable** (adj.) អាចសម្របខ្លួនបាន ach samrob khluon ban
**adaptation** (n.) ការសម្របខ្លួន kar samrob khluon
**adaptor** (n.) អាដាប់ធ័រ a dab thor
**add** (v.) បន្ថែម banthaem
**add-in** (n.) កម្មវិធីបន្ថែម kamvithi banthaem
**addendum** (n.) ឧបសម្ពន្ធ ubasampon
**adder** (n.) ពស់វែក posvek
**addict** (v.) ញៀន nhien
**addict** (n.) អ្នកញៀន nak nhien
**addicted** (adj.) ញៀន nhien
**addiction** (n.) ការញៀន kar nhien
**addictive** (adj.) ដែលធ្វើឱ្យញៀន del thveuaoy nhien
**addition** (n.) ការបន្ថែម ka banthaem
**additional** (adj.) បន្ថែម banthaem
**additive** (n.) សារធាតុបន្ថែម sartheat banthaem
**addled** (adj.) ច្រលំ chralom
**address** (n.) អាសយដ្ឋាន asayodthan
**addressee** (n.) អ្នកទទួលលិខិត nak totuol likhet
**addresser** (n.) អ្នកផ្ញើលិខិត nak phnher likhet
**adduce** (v.) បង្ហាញភស្តុតាង banghanh phosttang
**adept** (adj.) ដែលជំនាញ del chomneanh
**adept** (n.) អ្នកជំនាញ nak chomneanh
**adequacy** (n.) ភាពគ្រប់គ្រាន់ pheap krobkroan
**adequate** (adj.) គ្រប់គ្រាន់ krob kroan

**adequately** (adv.) យ៉ាងគ្រប់គ្រាន់ yang krob kroan
**adhere** (v.) ប្រកាន់ខ្ជាប់ brakan khchab
**adherence** (n.) ការប្រកាន់ខ្ជាប់ kar brakan khchoab
**adherent** (n.) អ្នកគាំទ្រ nak komtro
**adhesion** (n.) ភាពជាប់ស្អិត pheap choab saet
**adhesive** (n.) កាវ kav
**adieu** (exclam.) លាហើយ lea hery
**adipose** (adj.) ដែលមានខ្លាញ់ del mean khlanh
**adjacent** (adj.) នៅជិតគ្នា nov chit knea
**adjective** (n.) គុណនាម kun neam
**adjoin** (v.) ជាប់គ្នា choab knea
**adjourn** (v.) ផ្អាក phaak
**adjournment** (n.) ការផ្អាក kar phaak
**adjudge** (v.) វិនិច្ឆ័យ vinichhay
**adjunct** (n.) វត្ថុភ្ជាប់ vattho phchoab
**adjuration** (n.) ការអង្វរការ kar angvorkar
**adjure** (v.) អង្វរ angvor
**adjust** (v.) កែសម្រួល kesamruol
**adjustment** (n.) ការកែសម្រួល ka kesamruol
**administrate** (v.) គ្រប់គ្រង krobkrong
**administration** (n.) រដ្ឋបាល rodthabal
**administrative** (adj.) រដ្ឋបាល rodthabal
**administrator** (n.) អ្នកគ្រប់គ្រង nak krobkrong
**admirable** (adj.) គួរឱ្យកោតសរសើរ kuor aoy kaotsarsaer
**admiral** (n.) ឧត្តមនាវី udom neavi
**admiralty** (n.) តុលាការខាងច្បាប់សមុទ្រ tolakar khang chbab samout
**admiration** (n.) ការកោតសរសើរ kar kaot sarser
**admire** (v.) កោតសរសើរ kaotsarser
**admissible** (adj.) អាចទទួលយកបាន ach totuol yok ban
**admission** (n.) ការចូលរៀន kar chaul rien
**admit** (v.) សារភាព sarapheap
**admittance** (n.) ការអនុញ្ញាតឱ្យចូល kar anou nhat aoy chaul

**admittedly** *(adv.)* ដោយការសារភាព daoy kar sarapheap
**admonish** *(v.)* ដាស់តឿន das tuen
**admonition** *(n.)* ការដាស់តឿន kar das tuen
**ado** *(n.)* កង្វល់កត្បប្រយោជន៍ kangvol ot brayoch
**adobe** *(n.)* កដ្ឋធៅ idth chao
**adolescence** *(n.)* វ័យជំទង់ vei chomtong
**adolescent** *(adj.)* មនុស្សវ័យជំទង់ monous vei chomtong
**adopt** *(v.)* អនុម័ត anoumat
**adoption** *(n.)* ការអនុម័ត kar anoumat
**adoptive** *(adj.)* ស្នំកូន smom koun
**adorable** *(adj.)* គួរឱ្យស្រឡាញ់ kuor aoy sralanh
**adoration** *(n.)* ការគោរពស្រឡាញ់ karkorop sralanh
**adore** *(v.)* គោរពស្រឡាញ់ korop sralanh
**adorn** *(v.)* តុបតែង tobteng
**adrenal** *(adj.)* នៃក្រលៀន nei kralien
**adrift** *(adj.)* រសាត់ rosat
**adroit** *(adj.)* ប៉ិនប្រសប់ pen brasob
**adulate** *(v.)* អួតសរសើរ leuk damkerng
**adulation** *(n.)* ការអួតសរសើរ kar uot sarser
**adult** *(n.)* មនុស្សពេញវ័យ monous penhvy
**adulterate** *(v.)* ធ្វើឱ្យលែងសុទ្ធ thveu oy leng sot
**adulteration** *(n.)* ការធ្វើឱ្យលែងសុទ្ធ ka thveu oy leng sot
**adulterer** *(n.)* អ្នកជិតក្បត់ nak phetkbot
**adultery** *(n.)* ការជិតក្បត់ Ka phet kbot
**advance** *(v.)* ទៅមុខ tov moukh
**advanced** *(adj.)* ជឿនលឿន chuen luen
**advantage** *(n.)* អត្ថប្រយោជន៍ attha brayoch
**advantageous** *(adj.)* គុណសម្បត្តិ kun sambatt
**advent** *(n.)* ការមកដល់ kar mokdol
**adventure** *(n.)* ដំណើរផ្សងព្រេង damner phsong preng
**adventurous** *(adj.)* ការផ្សងព្រេង kar phsong preng
**adverb** *(n.)* គុណកិរិយា kun keriya
**adverbial** *(adj.)* នៃគុណកិរិយា nei kunkeriya
**adversary** *(n.)* គូប្រាំង kou brochhang
**adverse** *(adj.)* អវិជ្ជមាន avichchmean
**adversity** *(n.)* ភាពមិនអនុគ្រោះ pheap min anoukroh
**advertise** *(v.)* ផ្សាយពាណិជ្ជកម្ម phsaay peanechchokamm
**advertisement** *(n.)* ការផ្សព្វផ្សាយ kar phsaa pphsaay
**advice** *(n.)* ដំបូន្មាន dambaunmean
**advisability** *(n.)* ការគួរធ្វើ kar kuor thveu
**advisable** *(adj.)* ដែលគួរធ្វើ del kuor thveu
**advise** *(v.)* ណែនាំ nae noam
**advisory** *(adj.)* ដែលជាទីប្រឹក្សា del chea tibroeksaa
**advocacy** *(n.)* ការតស៊ូមតិ kar torsou matte
**aegis** *(n.)* ការការពារ គាំទ្រ kar karpear komtrau
**aeon** *(n.)* កំឡុងពេលដ៏យូរមិនអាចគិតបាន kamlong pel da you min ach kit ban
**aerate** *(v.)* បញ្ចូលខ្យល់ banhchoul khjal
**aerial** *(n.)* ខ្សែអង់តែន khsae angten
**aerobatics** *(n.)* ការសម្ដែងសមយុទ្ធយន្តហោះ kar samdeng samyoutth yonhaoh
**aerobics** *(n.)* លំហាត់ប្រាណ lomhat bran
**aerodrome** *(n.)* វាលអាកាសយាន្ត veal akasa yean
**aerodynamics** *(n.)* ឌីណាមិកអាកាស di na mik akas
**aerofoil** *(n)* ផ្លែកកោងនៃស្លាបយន្តហោះ phnek kaong nei slab yonhaoh
**aeronautics** *(n.)* អាកាសចរណ៍វិទ្យា akasachar vityea
**aeroplane** *(n.)* យន្តហោះ yonhaoh
**aerosol** *(n.)* បំពង់បាញ់ឧស្ម័ន bampong banh usman
**aerospace** *(n.)* អវកាស avkas
**aerostatics** *(n.)* ការសិក្សាពីឧស្ម័ន karseksa pi usman
**aesthete** *(n.)* អ្នកសោភណនិយម nak saphoan niyom
**aesthetic** *(adj.)* ដែលមានសោភណភាព del mean soa phoanpheap
**afar** *(adv.)* ពីចម្ងាយ pi cham ngaay

**affable** *(adj.)* រួសរាយរាក់ទាក់ ruos reay reakteak
**affair** *(n.)* កិច្ចការ kechkar
**affect** *(v.)* ប៉ះពាល់ bahpoal
**affectation** *(n.)* ការធ្វើពុត kar thveuput
**affected** *(adj.)* រងផលប៉ះពាល់ rong phoal bahpoal
**affection** *(n.)* ការស្រឡាញ់ sralanh
**affectionate** *(adj.)* ដោយក្ដីស្រឡាញ់ doy kdei sralanh
**affidavit** *(n.)* លិខិតបញ្ជាក់ likhet banhcheak
**affiliate** *(v.)* មានសម្ព័ន្ធ mean sampoanth
**affiliation** *(n.)* សម្ព័ន្ធភាព sampoanth pheap
**affinity** *(n.)* ភាពស្និទ្ធស្នាល pheap snetthsnal
**affirm** *(v.)* អះអាង aah ang
**affirmation** *(n.)* ការអះអាង kar aah ang
**affirmative** *(adj.)* ជាវិជ្ជមាន chea vichmean
**affix** *(v.)* ភ្ជាប់ phchab
**afflict** *(v.)* ធ្វើទុក្ខ thveu toukkh
**affliction** *(n.)* ទុក្ខវេទនា toukkha vetnea
**affluence** *(n.)* ភាពសំបូរបែប pheap saambau beb
**affluent** *(adj.)* មាន mean
**affluential** *(n.)* អ្នកមាន nakmean
**afford** *(v.)* អាចទិញបាន ach tinh ban
**affordability** *(n.)* តម្លៃសមរម្យ damlei samrom
**afforest** *(v.)* ដាំដើមឈើឡើងវិញ dam dermchheu lerng vinh
**affray** *(n.)* ជម្លោះជាក្រុមនៅទីសាធារណៈ karbietbien
**affront** *(n.)* ដែរប្រមាថ che bramath
**afield** *(adv.)* ឆ្ងាយពីផ្ទះ chhngay pi phteah
**aflame** *(adv.)* ឆេះអណ្តាតភ្លើង cheh andat phleung
**afloat** *(adv.)* អណ្តែត andet
**afoot** *(adv.)* ដែលកំពុងកើតឡើង del kampoung kertlerng
**afore** *(prep.)* ពីមុន pimun
**aforementioned** *(adj.)* បានបញ្ជាក់ពីមុន ban banhcheak pimun
**afraid** *(adj.)* ខ្លាច khlach
**afresh** *(adv.)* ថ្មីម្ដងទៀត thmei mdong tiet

**aft** *(adv.)* នៅផ្នែកខាងក្រោយ nov phnek khangkraoy
**after** *(prep.)* បន្ទាប់ពី bantoabpi
**after-effect** *(n.)* ផលប៉ះពាល់ពេលក្រោយ phol pahpoal pelkraoy
**after-party** *(n.)* ពិធីជប់លៀងបន្ទាប់ pithichoblieng bantoab
**afterbirth** *(n.)* សុកកូន sok kaun
**aftercare** *(n.)* ការថែទាំបន្ថែម kar thaetam banthaem
**aftermath** *(n.)* ផលវិបាក phal vibak
**afternoon** *(n.)* ពេលរសៀល pel rosiel
**aftersales** *(adj.)* បន្ទាប់ពីជាវ bantoabpi cheav
**aftershave** *(n.)* ជលិតផលប្រើក្រោយពេលកោរពុកមាត់រួច pholitaphol brer kraoypel koar poukmouth ruoch
**afterthought** *(n.)* គំនិតគិតឃើញក្រោយមក koumnit kit kheunh kraoymok
**afterwards** *(adv.)* បន្ទាប់មក bantoab mok
**again** *(adv.)* ម្ដងទៀត mdong tiet
**against** *(prep.)* ប្រឆាំងនឹង brachhang nung
**agar** *(n.)* ចាហួយធ្វើពីសារាយសមុទ្រ chahuoy thveu pi saraysamout
**agate** *(n.)* ថ្មកែវ thmor keo
**agaze** *(adj.)* ដែលមើលថ្ងែ del meul thlae
**age** *(n.)* អាយុ ayou
**aged** *(adj.)* ចាស់ chas
**ageing** *(n.)* ភាពចាស់ pheap chas
**ageism** *(n.)* ការរើសអើងមនុស្សចាស់ kar reus aerng mnous chas
**ageless** *(adj.)* មិនចេះចាស់ min cheh chas
**agency** *(n.)* ទីភ្នាក់ងារ ti phneak ngear
**agenda** *(n.)* របៀបវារៈ robieb vireak
**agent** *(n.)* ភ្នាក់ងារ phneak ngear
**agglomerate** *(v.)* ផ្ដុំចូលគ្នា phdom chaul knea
**agglomerate** *(n.)* អ្វីៗដែលផ្ដុំចូលគ្នា avei avei del phdom chaul knea
**aggradation** *(n.)* ការបំពេញឡើងដោយទន្លេ kar bampenh lerng daoy tonle
**aggrandize** *(v.)* លើកហានះ leuk thanak

**aggravate** *(v.)* ធ្វើឱ្យកាន់តែធ្ងន់ធ្ងរ thveu aoy kan te thngonthngor
**aggravation** *(n.)* ភាពធុញឱ្យចប់ pheap thounh thorb
**aggregate** *(v.)* សរុប saroub
**aggression** *(n.)* ការឈ្លានពាន kar chhleanpean
**aggressive** *(adj.)* ដែលឈ្លើន chhleanpean
**aggressor** *(n.)* អ្នកឈ្លានពាន del ko khleun
**aggrieve** *(v.)* ធ្វើឱ្យឈឺចាប់ thveu aoy chheu chab
**aghast** *(adj.)* តក់ស្លុត tokslot
**agile** *(adj.)* រហ័សរហួន rohas rohuon
**agility** *(n.)* ភាពរហ័សរហួន pheap rohas rohuon
**agitate** *(v.)* ធ្វើឱ្យញាប់ញ័រ thveu aoy nhab nhoar
**agitation** *(n.)* ភាពរំជើបរំជួល pheap romcheub romchuol
**aglare** *(adj.)* ភ្លឺចិញ្ចាច phleu chenhchach
**aglow** *(adv.)* ដែលបញ្ចេញពន្លឺ del banhchenh ponleu
**agnostic** *(n.)* មនុស្សដែលមិនប្រាកដថាមានព្រះ mnous del min brakot tha mean preah
**agnosticsm** *(n.)* ទស្សនៈដែលមិនប្រាកដថាមានព្រះ tossanak del min brakot tha mean preah
**ago** *(adv.)* ដែលពីមុន del pimun
**agog** *(adj.)* ដែលជ្រួលច្រើម del chruol chreum
**agonize** *(v.)* ឈឺចាប់ chhu cheab
**agony** *(n.)* ភាពឈឺចាប់ pheap chhucheab
**agoraphobia** *(n.)* ការភ័យខ្លាចក្នុងទីសាធារណៈ kar phei khlach khnong ti sathearanak
**agrarian** *(adj.)* នៃកសិកម្ម nei kaksekam
**agree** *(v.)* យល់ព្រម yol prom
**agreeable** *(adj.)* ដែលយល់ស្របតាម del yol srob tam
**agreement** *(n.)* កិច្ចព្រមព្រៀង kech promprieng
**agricultural** *(adj.)* ខាងកសិកម្ម khang kaksekam
**agriculture** *(n.)* កសិកម្ម kaksekam

**agriculturist** *(n.)* កសិកម្មវិទូ kasekamm vitou
**agriproduct** *(n.)* ផលិតផលកសិកម្ម pholitaphol kaksekam
**agro** *(adj.)* កសិ kasek
**agro-industry** *(n.)* កសិ - ឧស្សាហកម្ម kakse - ussaahakam
**agrochemical** *(n.)* គីមីកសិកម្ម kimi kasekam
**agrology** *(n.)* កសេវិទ្យា kakse vityea
**agronomy** *(n.)* កេ្សត្រសាស្ត្រ ksaet sas
**ague** *(n.)* គ្រុនចាញ់ krun chanh
**ahead** *(adv.)* នៅខាងមុខ nov khangmoukh
**ahoy** *(interj.)* ពាក្យស្រែកសម្រាប់អ្នកនេសាទ peak sursdey somrab nak nesat
**aid** *(n. & v.)* ជំនួយ chomnuoy
**aide** *(n.)* ជំនួយការ chomnuoy kar
**AIDS** *(n.)* អេដស៍ ed
**ail** *(v.)* ធ្វើឱ្យឈឺ thveuaoy chheu
**ailing** *(adj.)* ឈឺ chheu
**ailment** *(n.)* ជម្ងឺស្រាល chomngeu sral
**aim** *(v.)* មានបំណង mean bamnong
**aimless** *(adj.)* តតគោលបំណង ot kol bamnang
**air** *(n.)* ខ្យល់ khchal
**air conditioning** *(n.)* ម៉ាស៊ីនត្រជាក់ masin trachak
**air freight** *(n.)* ដឹកទំនិញតាមអាកាស doek tomninh tamaakas
**air freshener** *(n.)* ស្ព្រាយបាញ់បន្ថប់ spray banh bantob
**air hostess** *(n.)* ស្ត្រីបម្រើការតាមយន្តហោះ strei bamreukar tamyonhaoh
**airbag** *(n.)* ពោងសុវត្ថិភាព pong sovatthepheap
**airband** *(n.)* ប្រេកង់វិទ្យុប្រើដោយអាកាសចរណ៍ស៊ីវិល brekong vityou brer daoy akasachar sivil
**airbase** *(n.)* មូលដ្ឋានទព័អាកាស moulodthan toap akas
**airbed** *(n.)* ពូកខ្យល់ pouk khchal
**airborne** *(adj.)* ដំណើរដើរដោយខ្យល់ damner der daoy khchal
**airbrake** *(n.)* ប្រាំងខ្យល់ brang khchal

**airbus** (n.) យន្តហោះដឹកអ្នកដំណើរក្នុងចម្ងាយជិត yonhaoh doek nak damner knong chamngaay chit
**aircraft** (n.) យន្តដែលហោះហើរលើអាកាស yun del haoh her leu akas
**aircrew** (n.) នាវិកយន្តហោះ neavik yonhaoh
**airdrop** (n.) ការទម្លាក់អ្វីពីអាកាស kar tomleak avei pi akas
**airfare** (n.) តម្លៃសំបុត្រយន្តហោះ damlei saambot yonhaoh
**airfield** (n.) អាកាសយានដ្ឋាន akasayean than
**airgun** (n.) កាំភ្លើងខ្យល់ kamphleung khchal
**airlift** (n.) ការដឹកជញ្ជូនយកតាមយន្តហោះ kar doek chomnuoy tam yun haoh
**airy** (adj.) មានខ្យល់ mean khchal
**aisle** (n.) ច្រកដើរ chrak der
**ajar** (adv.) ដែលបង្ហើប del bangheub
**akin** (adj.) ដែលជាប់សាច់ញាតិ del choabsach nheat
**akinesia** (n.) ភាពគ្មានចលនា pheap kmean chalna
**alabaster** (n.) ថ្មពណ៌ស thmor porsor
**alacrity** (n.) ភាពស្វាហាប់ pheap svahab
**alarm** (n.) សំឡេងរោទ៍ saamleng ro
**alarming** (adj.) ដែលឱ្យសញ្ញាភ័យអាសន្ន del aoy sanhnha phey asan
**alarmist** (n.) អ្នកបំភ័យ nak bamphey
**alas** (interj.) ព្រះអើយ! preah euy!
**albatross** (n.) បក្សីសមុទ្រម្យ៉ាង baksei samout myang
**albeit** (conj.) ទោះបីជា tohbeichea
**albino** (n.) មនុស្សរឿក mnouss pheuk
**album** (n.) អាល់ប៊ុម album
**albumen** (n.) ស៊ុតស suot sor
**alchemist** (n.) អ្នកផ្លាស់ប្ដូរអាថ៌កំបាំង nak phlas bdau athkambang
**alchemy** (n.) ប៉ុលាស់ប្ដូរអាថ៌កំបាំង bam las bdau athkambang
**alcohol** (n.) សុរា sora
**alcoholic** (n.) មនុស្សប្រមឹក mnous brameuk
**alcoholism** (n.) រោគញៀនស្រា rok nhien sra

**alcove** (n.) ផ្ទៃកលយចូលក្នុងជញ្ជាំង phnek loy chaul knong chonhcheang
**alder** (n.) ដើមឈើម្យ៉ាង alder
**ale** (n.) ស្រាបៀរបស់អង់គ្លេស srabeer robos angkles
**alegar** (n.) ទឹកខ្មេះធ្វើពីស្រាបៀរ teukkhmeh thveu pi srabeer
**alert** (adj.) ដែលប្រុងប្រយ័ត្ន del brongbrayat
**alertness** (n.) ភាពប្រុងប្រយ័ត្ន pheap brongbrayat
**alfa** (n.) ស្មៅម្យ៉ាង smao myang
**algae** (n.) ស្លែ slae
**algebra** (n.) ពិជគណិត pich kaknet
**algorithm** (n.) ក្បួនដោះស្រាយគណិត kbuon daohsray kaknet
**alias** (adv.) ឈ្មោះក្លែងក្លាយ chhmoh klengklay
**alibi** (n.) ការសំអាងថានៅទីផ្សេង kar saam ang tha nov ti phseng
**alien** (adj.) ជនបរទេស chonbarates
**alienate** (v.) ធ្វើឱ្យលែងជិតស្និទ្ធ thveu aoy leng chetsnet
**aliferous** (adj.) មានស្លាប mean slab
**alight** (v.) ចុះពីយានជំនិះ choh pi yean chomnis
**align** (v.) តម្រឹម damrum
**alignment** (n.) ការតម្រងអោយត្រង់ kar damrong aoy trang
**alike** (adj.) ដូចគ្នា dauch knea
**alimony** (n.) សោធនអាហារកិច្ច soathun aharkech
**alive** (adj.) នៅរស់ nov ros
**alkali** (n.) ជាតិក្បួង cheat kbong
**alkaline** (adj.) ដែលមានជាតិក្បួង del mean cheat kbong
**all** (adj.) ទាំងអស់ tang os
**allegation** (n.) ការចោទប្រកាន់ kar chaot brakan
**allege** (v.) ចោទប្រកាន់ chaot brakan
**allegiance** (n.) ភក្ដីភាព pheakdei pheap
**allegory** (n.) សេចក្ដីអធិប្បាយដោយប្រៀបធៀប sechkdei athibbay daoy brieb thieb
**allergic** (adj.) ដែលអាឡែរហ្ស៊ី del aleksi

**allergy** *(n.)* អាឡែរហ្ស៊ី aleksi
**alleviate** *(v.)* កាត់បន្ថយ katbanthoy
**alleviation** *(n.)* ការកាត់បន្ថយ kar kat banthoy
**alley** *(n.)* ផ្លូវច្រក phlauv chrak
**alliance** *(n.)* សម្ព័ន្ធភាព sampoanpheap
**allied** *(adj.)* ដែលរួមសម្ព័ន្ធ del ruom sampon
**alligator** *(n.)* ក្រពើ krapear
**alliterate** *(v.)* ប្រើពាក្យដែលផ្តើមដោយអក្សរប្រុស់ទៀង ដូចគ្នា brer peak del phderm daoy aksaar reu samleng dauchknea
**alliteration** *(n.)* អក្សរប្រុស់ទៀងដូចគ្នា aksaar reu samleng dauchknea
**allocate** *(v.)* បែងចែក bengchek
**allocation** *(n.)* ការបែងចែក kar bengchek
**allot** *(v.)* លៃចែក lei chek
**allotment** *(n.)* ចំណែកបែងចែក chamnek bengchek
**allow** *(v.)* អនុញ្ញាត anou nhnhat
**allowance** *(n.)* ប្រាក់ឧបត្ថម្ភ brak ubattham
**alloy** *(n.)* ការលាយលោហៈធាតុ kar leay lohaktheat
**allude** *(v.)* និយាយបញ្ជ្រៀង niyeay banhchhieng
**allure** *(v.)* ទាក់ទាញ teakteanh
**alluring** *(adj.)* មានភាពទាក់ទាញ mean pheap teakteanh
**allusion** *(n.)* ការនិយាយផ្ទែផ្កា kar niyeay phle phka
**allusive** *(adj.)* ដែលមានពាក្យបញ្ជ្រៀង del mean peak banhchhieng
**ally** *(n.)* សម្ព័ន្ធមិត្ត samponmitt
**almanac** *(n.)* មហាសង្ក្រាន្ត moha sangkran
**almighty** *(adj.)* ដ៏អស្ចារ្យ da aschar
**almond** *(n.)* អាល់ម៉ុន almon
**almost** *(adv.)* ស្ទើរតែ ster tae
**alms** *(n.)* ទានដល់អ្នកក្រ tean dol nak kror
**aloe** *(n.)* ប្រទាល broteal
**aloft** *(adv.)* ហោះឡើងខ្ពស់ haoh lerng khpos
**alone** *(adj.)* តែម្នាក់ឯង te mnak eng
**along** *(prep. &adv.)* នៅតាមបណ្តោយ nov tam bandaoy
**alongside** *(prep.)* នៅអែបគ្នា nov aeb knea
**aloof** *(adv.)* នៅដាច់តែឯង nov dach tae eng
**aloud** *(adv.)* យ៉ាងឮ yang leu
**alp** *(n.)* ភ្នំខ្ពស់ phnom khpos
**alpha** *(n.)* តួអក្សរទីមួយនៃអក្សរក្រិក tuo aksaar timuoy nei aksaar krek
**alphabet** *(n.)* អក្ខរក្រម akkharakrom
**alphabetical** *(adj.)* ដែលតាមលំដាប់អក្ខរក្រម del tamlomdab akkharakram
**alpine** *(adj.)* នៃភ្នំខ្ពស់ៗ nei phnom khpos
**already** *(adv.)* រួចហើយ ruoch heuy
**also** *(adv.)* ផងដែរ phong dae
**altar** *(n.)* អាសនៈ asanak
**alteration** *(n.)* ការផ្លាស់ប្តូរ kar phlas bdaur
**altercation** *(n.)* ការទាស់ទែងគ្នា kar toas teng knea
**alternate** *(v.)* ឆ្លាស់គ្នា chhlas knea
**alternative** *(adj.)* ផ្សេង phseng
**alternatively** *(adv.)* ជាជម្រើសផ្សេង chea chomreus pseng
**although** *(conj.)* ទោះបីជា tohbeichea
**altimeter** *(n.)* បរិធាន វាស់វេយៈកម្ពស់ borithean voas royakampos
**altitude** *(n.)* វេយៈកំពស់ royakampos
**alto** *(n.)* សំឡេងច្រៀងទាប samleng chrieng teab
**altogether** *(adv.)* ទាំងអស់គ្នា teang oas knea
**altruism** *(n.)* អំពើល្អ ampeu laor
**altruist** *(n.)* បរទកូសន baratthakchon
**altruistic** *(adj.)* ដែលគិតដល់ប្រយោជន៍អ្នកដទៃ del kit dol brayoch nak da tei
**aluminium** *(n.)* អាលុយមីញ៉ូម alouyminhaum
**always** *(adv.)* តែងតែ taeng tae
**Alzheimer's disease** *(n.)* ជំងឺវង្វេងស្មារតី chomngeu vongveng smardei
**am** *(abbr.)* ខ្ញុំ khnhom
**amalgam** *(n.)*
ការបញ្ចូះបារតក្នុងលោហៈឯទៀត kar banhchouh barot knong lohak etiet
**amalgamate** *(v.)* បូកបញ្ចូលគ្នា bauk banhchoul knea

**amalgamation** *(n.)* ការបូកបញ្ចូលគ្នា kar bauk banhchoul knea
**amass** *(v.)* ប្រមូលផ្តុំ bramoul phdom
**amateur** *(n.)* អ្នកប្រព្រឹត្តជាការកំសាន្ត nak bropreut chea kar kamsan
**amatory** *(adj.)* ដែលទាក់ទងនឹងការរួមរក្សា del teaktong nung kar ruomrak
**amaze** *(v.)* ភ្ញាក់ផ្អើល phnheak phaerl
**amazement** *(n.)* ភាពភ្ញាក់ផ្អើល pheap phnheak phaerl
**ambassador** *(n.)* ឯកអគ្គរដ្ឋទូត ek aa kak rodtatout
**amber** *(n.)* ពណ៌លឿងទុំ porlueng tum
**ambidexter** *(n.)* អ្នកស្ទាត់ដៃទាំងសងខាង nak stat dai teang sangkhang
**ambience** *(n.)* បរិយាកាស bariyakas
**ambient** *(adj.)* ព័ទ្ធជុំវិញ potthchoumvinh
**ambiguity** *(n.)* ភាពមាននន័យមិនច្បាស់ pheap mean ney min chbas
**ambiguous** *(adj.)* នយមិនច្បាស់ ney min chbas
**ambit** *(n.)* ទំហំ mhechchhtea
**ambition** *(n.)* មហិច្ឆតា mahechchhta
**ambitious** *(adj.)* មានមហិច្ឆតា mean mahechchhta
**ambivalence** *(n.)* ភាពមិនប្រាកដប្រជា pheap min brakat bracha
**ambivalent** *(adj.)* មិនច្បាស់ min chbas
**amble** *(v.)* ដើរយឺតៗ der yeut yeut
**ambulance** *(n.)* រថយន្តសង្គ្រោះបន្ទាន់ rothyon sangkroh bantoan
**ambulant** *(adj.)* ដែលអាចដើរបាន del ach der ban
**ambush** *(n.)* ការវាយឆ្មក់ kar veay chhmak
**ameliorate** *(v.)* ធ្វើឱ្យប្រសើរឡើងជាងមុន thveu aoy braser lerng cheang mun
**amelioration** *(n.)* ការធ្វើឱ្យប្រសើរឡើងជាងមុន kar thveu aoy braser lerng cheang mun
**amen** *(interj.)* អាម៉ែន amen
**amenable** *(adj.)* ដែលចេះស្តាប់បង្គាប់ del cheh sdab bangkoab
**amend** *(v.)* កែប្រែ kebrae

**amendment** *(n.)* វិសោធនកម្ម visaot thonakamm
**amenity** *(n.)* ភាពជាទីគាប់ចិត្ត pheap chea ti koab chet
**amiability** *(n.)* ភាពរាក់ទាក់ pheap reak teak
**amiable** *(adj.)* ដែលរាក់ទាក់ del reakteak
**amicable** *(adj.)* មេត្រីភាព metreipheap
**amid** *(prep.)* ចំពេល cham pel
**amiss** *(adj.)* ខុស khos
**amity** *(n.)* មិត្តភាព mittpheap
**ammonia** *(n.)* អាម៉ូញាក់ a mau nheak
**ammunition** *(n.)* គ្រាប់រំសេវ kreab romsev
**amnesia** *(n.)* ការបាត់បង់ការចងចាំ karbatbong kar changcham
**amnesty** *(n.)* ការលើកលែងទោស kar leuk leng tos
**among** *(prep.)* ក្នុងចំណោម knong chamnaom
**amongst** *(prep.)* ក្នុងចំណោម knong chamnaom
**amoral** *(adj.)* អសីលធម៌ aseil thor
**amorous** *(adj.)* ដែលលង់ក្នុងសេចក្តីស្នេហា del long knong sechkdei sneha
**amorphous** *(adj.)* ដែលគ្មានទម្រង់ប្រាកដ del kmean tomrong brakat
**amount** *(n.)* ចំនួនទឹកប្រាក់ chamnuon tukbrak
**amour** *(n.)* ស្នេហាលាក់កំបាំង sneha leakkambang
**ampere** *(n.)* អំពែរ am per
**amphibian** *(n.)* ថលជលិកសត្វ thalakchaklikasat
**amphibious** *(adj.)* នៃសត្វដែលរស់នៅក្នុងទឹកក៏បានលើគោកក៏បាន nei sat del rosnov knong tuk kaban leukok kaban
**amphitheatre** *(n.)* រង្គដ្ឋាន rong than
**ample** *(adj.)* គ្រប់គ្រាន់ krob kroan
**amplification** *(n.)* ការធ្វើឱ្យលឺខ្លាំង kar thveu aoy leu khlang
**amplifier** *(n.)* ម៉ាស៊ីនបំពងសំលេង masin bampong samleng
**amplify** *(v.)* ពង្រីក pongrik
**amplitude** *(n.)* កម្លាំងទឹករលក kampos tukrolok

amputate *(v.)* កាត់ចេញ kat chenh
amputation *(n.)* ការកាត់ចេញ kar kat chenh
amputee *(n.)* អាកាត់ a kat
amuck *(adv.)* វក់ vok
amulet *(n.)* វត្ថុសក្តិសិទ្ធិ vottho saksett
amuse *(v.)* កំសាន្ត kamsan
amusement *(n.)* ការកំសាន្ត kar kamsan
an *(art.)* មួយ muoy
An *(adj.)* មួយ muoy
anabolic *(n.)* សារធាតុដែលសំយោគប្រេតេអុីន sartheat del saamyok brautein
anachronism *(n.)* អ្វីដែលខុសកាលសម័យ avei del khos kal samy
anaemia *(n.)* ភាពស្លេកស្លាំង pheap slekslang
anaesthesia *(n.)* ការប្រើថ្នាំស្ពឹក kar brer thnam speuk
anaesthetic *(n.)* ថ្នាំស្ពឹក thnam speuk
anal *(adj.)* វន្ធគូថ ronth kouth
analgestic *(n.)* ថ្នាំបន្ថយការឈឺចាប់ thnam banthoy karchheuchab
analogous *(adj.)* ស្រដៀង sradieng
analogy *(n.)* ភាពស្រដៀងគ្នា pheap sradiengknea
analyse *(v.)* វិភាគ vipheak
analysis *(n.)* ការវិភាគ karvipheak
analyst *(n.)* អ្នកវិភាគ nak vipheak
analytical *(adj.)* ដែលវិភាគ del vipheak
anamnesis *(n.)* ការនឹកដល់អតីតកាល kar noek dol adetkal
anamorphosis *(adj.)* រូបភាពបំភាន់ភ្នែក roubpheap bamphoan phnek
anarchism *(n.)* ភាពអនាធិបតេយ្យ pheap anathibatei
anarchist *(n.)* ជនអនាធិបតេយ្យ chun anathibtei
anarchy *(n.)* អនាធិបតេយ្យ anathibtei
anatomy *(n.)* កាយវិភាគសាស្ត្រ kayvipheak sas
ancestor *(n.)* បុព្វបុរស bopakboros
ancestral *(adj.)* នៃបុព្វបុរស nei bopakboros
ancestry *(n.)* ពូជពង្ស pouchpong
anchor *(n.)* យុថ្កា you thka

anchorage *(n.)* កន្លែងបោះយុថ្កា kanleng baoh you thka
ancient *(adj.)* បុរាណ boran
ancillary *(adj.)* បន្ទាប់បន្សំ bantoab bansaam
and *(conj.)* និង ning
android *(n.)* ប្រព័ន្ធប្រតិបត្តិការ អែនដ្រយដ៍ braponth bratebattkar Android
anecdote *(n.)* រឿងខ្លីរបស់អ្នកណាម្នាក់ rueng khlei robos nakna mnak
anemometer *(n.)* ឧបករណ៍វាស់កម្លាំងខ្យល់ ubakar vas kamlang khchal
anew *(adv.)* ជាថ្មី chea thmei
angel *(n.)* ទេវតា tevta
anger *(n.)* កំហឹង kamhoeng
angina *(n.)* ការចុកដើមទ្រូង kar chok dermtroung
angiogram *(n.)* រូបភាពសរសៃឈាមដោយប្រើការស្មីអុិច roubpheap sarsai chheam daoy brer karasmey ich
angle *(n.)* ជ្រុង chroung
angry *(adj.)* ខឹង khoeng
angst *(n.)* ការម្តូម៉ៅ kar muomao
anguish *(n.)* ភាពឈឺចាប់ pheap chheu chab
angular *(adj.)* ដែលមានជ្រុងស្រួច del mean chrung sruoch
animal *(n.)* សត្វ satv
animal husbandry *(n.)* ការចិញ្ចឹមសត្វ kar chenchcheum sat
animate *(v.)* ធ្វើឱ្យមានចលនា tver ouy mean chalna
animation *(n.)* ជីវចលនា chivocholna
animosity *(n.)* គំនុំ Kumnum
animus *(n.)* ការស្តាប់ខ្ទើម kar saabkhperm
ankle *(n.)* កជើង kor cheung
anklet *(n.)* ខ្សែជើង khsae cheung
annalist *(n.)* អ្នកសរសេរកំណត់ហេតុប្រវត្តិសាស្ត្រ nak sarse kamnot het bravotte sas
annals *(n.pl.)* កំណត់ហេតុប្រវត្តិសាស្ត្រ kamnot het bravotte sas
annex *(v.)* ឧបសម្ព័ន្ធ ubpak sampon

annexation (n.) ការបញ្ចូលជាខបបសម្ព័ន្ធ kar banhchoul chea ubpak sampon
annihilate (v.) បំផ្លាញឲ្យសាបសូន្យ bamphlanh aoy sabsaun
annihilation (n.) ការបំផ្លាញឲ្យសាបសូន្យ kar bamphlanh aoy sabsaun
anniversary (n.) ខួប khuob
annotate (v.) ចំណារពន្យល់ chamnar ponyol
announce (v.) ប្រកាស brakas
announcement (n.) ការប្រកាស kar brakas
announcer (n.) អ្នកប្រកាស nak brakas
annoy (v.) រំខាន romkhan
annoyance (n.) ការរំខាន kar romkhan
annoying (adj.) ដែលរំខាន del romkhan
annual (adj.) ប្រចាំឆ្នាំ bracham chhnam
annuity (n.) ធនលាភប្រចាំឆ្នាំ thonleap bracham chhnam
annul (v.) ទុកជាមោឃៈ touk chea mokhak
annulment (n.) មោឃភាព mokhpheap
anoint (v.) លាបប្រេងក្នុងពិធីសាសនា leab breng knong pithi sasana
anomalous (adj.) ដែលមិនធម្មតា del min thommoda
anomaly (n.) ភាពមិនប្រក្រតី pheap min brakradei
anon (adv.) បន្តិចទៀត bon tich tiet
anonymity (n.) ភាពអនាមិក pheap anamik
anonymous (adj.) អនាមិក aneamik
anorak (n.) អាវធំមានគម្របគ្របក្បាល avthom mean komrob krob kbal
anorexia (n.) ការធុញនឹងអាហារ kar thounh nung ahar
anorexic (adj.) ដែលបាត់ចំណង់ហូបអាហារ del bat chamnong haub ahar
another (adj.) មួយផ្សេងទៀត muoy phseng tiet
answer (n.) ចម្លើយ chamleuy
answerable (adj.) អាចឆ្លើយបាន ach chhlery ban
answering machine (n.) ម៉ាស៊ីនឆ្លើយ masin chhlery
ant (n.) ស្រមោច sramoch
antacid (adj.) ដែលបន្សាបជាតិអាស៊ីដ del bansaab cheat asid

antagonism (n.) ការប្រឆាំង kar brachhang
antagonist (n.) គូប្រឆាំង kou brochhang
antagonize (v.) បង្ករឿង bangkor rueng
antarctic (adj.) អង្គតាក់ទិក angtaktik
antecardium (n.) ផ្នែកលើនៃពោះ pnek leu nei poh
antecede (v.) នៅពីមុខ nov pimoukh
antecedent (n.) ព្រឹត្តិការណ៍នាំមុខ preut te kar noam moukh
antedate (n.) ចុះកាលបរិច្ឆេទមុន choh kalbarichhet mun
antelope (n.) ប្រើស brers
antenatal (adj.) មុនសម្រាលកូន moun samralkaun
antenna (n.) អង់តែន angten
anterior (adj.) មុនពេល mounpel
anthem (n.) ភ្លេងជាតិ phlengcheat
anthology (n.) កម្រងកវីនិពន្ធន៍ kamrong kaveynipon
anthrax (n.) ជំងឺសត្វពាហនៈដែលអាចឆ្លងទៅមនុស្ស chomngeu satpeahanak del ach chhlang tov mnous
anthropoid (adj.) ដែលដូចមនុស្ស del dauch mnous
anthropology (n.) នរវិទ្យា noravityea
anti (pref.) ប្រឆាំង brachhang
anti-ageing (adj.) ប្រឆាំងភាពចាស់ brachhang pheap chas
anti-aircraft (adj.) ដែលសម្រាប់បាញ់យន្តហោះ del samrab banh yon haoh
antibacterial (adj.) ដែលប្រឆាំងនឹងបាក់តេរី del brachhang nung bakteri
antibiotic (n.) អង់ទីប៊ីយ៉ូទិក ang ti bi yau tik
antibody (n.) អង្គបដិប្រាណ ang bakde bran
antic (n.) ការកំប្លែងលេង kar kambleng leng
anticipate (v.) គិតទុកជាមុន kit touk chea moun
anticipation (n.) ការស្មានទុកជាមុន kar sman touk chea moun
anticlimax (n.) អ្វីដែលធ្វើឱ្យខកចិត្ត avei del thveu aoy khakchet

**anticlockwise** *(adv.)* បញ្ច្រាសទ្រនិចនាឡិកា banchras tronich nealeka
**antidote** *(n.)* ថ្នាំបន្សាប thnam bansaab
**antifreeze** *(n.)* ជាតុរារាំងនឹងភាពត្រជាក់ខ្លាំង theat reav brachhang nung pheap trachak khlang
**antigen** *(n.)* សារជាតុបង្កើតភាពសាំនៃរាងកាយ sartheat bangkeut pheap soam nei reangkay
**antinomy** *(n.)* ប្រតិមតិ brate matte
**antioxidant** *(n.)* សារជាតុប្រឆាំងអុកស៊ីតកម្ម sarthato brachheang oksaitakamm
**antipathy** *(n.)* សេចក្ដីស្អប់យ៉ាងខ្លាំង sechkdei saab yang khlang
**antiphony** *(n.)* ការច្រៀងដោយពីរក្រុម kar chrieng daoy pir krom
**antipodes** *(n.)* ទីប្រទល់មុខគ្នា ti brotolmoukknea
**antiquarian** *(adj.)* នៃវត្ថុបុរាណ nei votthoboran
**antiquated** *(adj.)* ហួសសម័យ huos samy
**antique** *(adj.)* បុរាណ boran
**antiquity** *(n.)* បុរាណកាល boran kal
**antiseptic** *(adj.)* ដែលសម្លាប់មេរោគ del saam lab merok
**antiseptic** *(n.)* ថ្នាំសំលាប់មេរោគ thnam saam lab merok
**antisocial** *(adj.)* ប្រឆាំងសង្គម brachhang sangkom
**antithesis** *(n.)* ការប្រឆាំងនឹងរោគ kar brachheang nung rok
**antler** *(n.)* ស្នែង sneng
**antonym** *(n.)* ពាក្យផ្ទុយ peakphtoy
**anus** *(n.)* រន្ធគូថ ronth kouth
**anvil** *(n.)* ដែកទ្រនាប់ dek tronoab
**anxiety** *(n.)* ការថប់បារម្ភ kar thoabbarom
**anxious** *(adj.)* ថប់បារម្ភ thobbarom
**anxiously** *(adv.)* ដោយអន្ទះសា daoy anteahsa
**any** *(adj.)* ណាមួយ namuoy
**anybody** *(pron.)* នរណាម្នាក់ norna mneak
**anyhow** *(adv.)* យ៉ាងណាក៏ដោយ yangna kadaoy

**anyone** *(pron.)* នរណាម្នាក់ norna mneak
**anyplace** *(pron.)* កន្លែងណាក៏ដោយ kanleng nakadaoy
**anything** *(pron.)* អ្វីទាំងអស់ avei teangoas
**anytime** *(adv.)* គ្រប់ពេលវេលា krobpelvelea
**anyway** *(adv.)* យ៉ាងណាក៏ដោយ yang na kadaoy
**anywhere** *(adv.)* គ្រប់ទីកន្លែង krob ti kanleng
**aorta** *(n.)* សរសៃឈាមក្រហមធំ sarsai chheam krahom thom
**apace** *(adv.)* យ៉ាងលឿន yang luen
**apart** *(adv.)* ឆ្ងាយពីគ្នា chhngay pi knea
**apartheid** *(n.)* ការបែបកពូជសាសន៍ kar bambek pouchsas
**apartment** *(n.)* ផ្ទះល្វែង phteah lveng
**apathy** *(n.)* ភាពព្រងើយកន្ដើយ pheap prongeuy konteuy
**ape** *(n.)* ស្វាធំ sva thom
**aperture** *(n.)* ប្រហោង brahaong
**apex** *(n.)* កំពូល apex
**aphasia** *(n.)* ជំងឺនិយាយមិនកើត chomngeu niyeay minkaet
**aphorism** *(n.)* សុភាសិត sopheaset
**apiary** *(n.)* កន្លែងចិញ្ចឹមឃ្មុំ kanleng chenhchum khmoum
**apiculture** *(n.)* ការចិញ្ចឹមឃ្មុំ kar chenhchum khmoum
**apiece** *(adv.)* នីមួយៗ nimuoy nimuoy
**aplenty** *(adj.)* ច្រើន chrern
**aplogetic** *(adj.)* ផ្ដល់គំនិត phnatkoumnit
**apnoea** *(n.)* ការថបដង្ហើម kar thob dangheum
**apologize** *(v.)* សុំទោស somtos
**apology** *(n.)* ការសុំទោស kar somtos
**apostle** *(n.)* សាវ័ក saveak
**apostrophe** *(n.)* វណ្ណយុត្តអង់គ្លេស vann yotd angkles
**apotheosis** *(n.)* ការលើកបាន:ជាអាទិទេព kar leuk thanak chea atitep
**app** *(n.)* កម្មវិធីទូរសព្ទ kammovithi toursap
**appal** *(v.)* តក់ស្លុត tokslot
**apparatus** *(n.)* ឧបករណ៍ ubakar

**apparel** *(n.)* សម្លៀកបំពាក់ samliekbampeak
**apparent** *(adj.)* ច្បាស់ chbas
**appeal** *(v.)* បណ្តឹងឧទ្ធរណ៍ bondoeng utthor
**appear** *(v.)* លេចឡើង lech lerng
**appearance** *(n.)* រូបរាង roub reang
**appease** *(v.)* លួងលោម luong loam
**appellant** *(n.)* អ្នកប្តឹងឧទ្ធរណ៍ nak bdoeng utthor
**append** *(v.)* បន្ថែម banthaem
**appendage** *(n.)* អ្វីៗដែលបន្តោងជាប់នឹងអ្វីមួយទៀត vei del bontong choab nung avei muoytiet
**appendicitis** *(n.)* ជំងឺរលាកខ្នែងពោះវៀន chomngeu roleak khneng pohvien
**appendix** *(n.)* ឧបសម្ព័ន្ធ ubpak samponth
**appetite** *(n.)* ចំណង់អាហារ chamnong ahar
**appetizer** *(n.)* ម្ហូបញាំាំងលេង mhoub nham leng
**applaud** *(v.)* អបអរសាទរ ab aar sator
**applause** *(n.)* ការទះដៃ karteahdai
**apple** *(n.)* ផ្លែប៉ោម phlae paom
**appliance** *(n.)* គ្រឿងប្រើប្រាស់ krueng brerbras
**applicable** *(adj.)* អាចអនុវត្តបាន ach anouvott ban
**applicant** *(n.)* អ្នកដាក់ពាក្យ nakdakpeak
**application** *(n.)* កម្មវិធី kammvithi
**applied** *(adj.)* បានអនុវត្ត ban anouvott
**apply** *(v.)* អនុវត្ត anouvott
**appoint** *(v.)* តែងតាំង tengtang
**appointment** *(n.)* ការណាត់ជួប karnatchuob
**apportion** *(v.)* បែងចែក bengchek
**apposite** *(adj.)* ដែលត្រូវគតខ្ចោះ del trauv ot khchaoh
**appraise** *(v.)* វាយតម្លៃ veay damlei
**appreciable** *(adj.)* ដែលសំខាន់គួរសម del saamkhan kuorsam
**appreciate** *(v.)* ពេញចិត្ត penhchett
**appreciation** *(n.)* ការកោតសរសើរ kar kaotsarser
**apprehend** *(v.)* ចាប់ខ្លួន chab khluon
**apprehension** *(n.)* ការចាប់ខ្លួន kar chab khluon

**apprehensive** *(adj.)* ភ័យ phey
**apprentice** *(n.)* កូនជាង kauncheang
**apprise** *(v.)* ប្រាប់ braab
**approach** *(v.)* ចូលជិត chaul chit
**approachable** *(adj.)* ងាយទាក់ទង ngeay teaktong
**approbation** *(n.)* ការយល់ព្រម kar yolprom
**appropriate** *(adj.)* សមរម្យ samrom
**appropriation** *(n.)* ការបម្រុងប្រាក់ទុក kar bamroung brak touk
**approval** *(n.)* ការយល់ព្រម karyolprom
**approve** *(v.)* អនុម័ត anoumat
**approximate** *(adj.)* ប្រហាក់ប្រហែល brahak brahel
**approximately** *(adv.)* ប្រមាណ braman
**apricot** *(n.)* ផ្លែអេបគ្រិឃខក phlae apricot
**April** *(n.)* ខែមេសា khae mesaa
**apron** *(n.)* អៀមការពារខោអាវ iem karpear khoa av
**apt** *(adj.)* ដែលសាកសម del saksam
**aptitude** *(n.)* សមត្ថភាពធម្មជាតិ samotthapheap thommocheat
**aptitude test** *(n.)* ការល្បងសមត្ថភាព kar lbong samotthapheap
**aquarium** *(n.)* អាងចិញ្ចឹមត្រី ang chenh cheum trei
**aquarius** *(n.)* សញ្ញាទី១១នៃរាសីចក្រក្នុងហោរាសាស្ត្រ sanha ti 11 nei reaseichak knong haora sas
**aquatic** *(adj.)* ក្នុងទឹក knongteuk
**aquatint** *(n.)* ការឆ្លាក់រូបលើផ្ទាំងទងដែងដោយអាសុីត kar chhlak roub leu phtang tongdeng daoy acid
**aqueduct** *(n.)* ជលមាគ៌ chol meak
**Arab** *(n.)* អារ៉ាប់ arab
**arable** *(adj.)* អាចដាំដុះបាន ach damdoh ban
**arbiter** *(n.)* អ្នកកាត់សេចក្តី nak kat sechkdei
**arbitrary** *(adj.)* តាមអំពើចិត្ត tam ampeu chett
**arbitrate** *(v.)* កាត់ក្តី katkdei
**arbitration** *(n.)* ការសម្រេចនៃអាជ្ញាកណ្តាល karsamrech nei achnha kandal

**arbitrator** *(n.)* អាជ្ញាកណ្ដាល achnha kandal
**arbour** *(n.)* ប្រីង Treung
**arc** *(n.)* ផ្នែកកោងមួយ phnek koang mouy
**arcade** *(n.)* សំណង់ម្យាងមានដំបូលក្រឡាមទ្រវែង samnang myang mean dambaul kralaum troveng
**arcane** *(adj.)* សំងាត់ saam ngat
**arch** *(n.)* ដំបូលកោង domboul koang
**archaeologist** *(n.)* បុរាណវិទូ boran vitou
**archaeology** *(n.)* បុរាណវិទ្យា boran vityear
**archaic** *(adj.)* ហួសសម័យ huos samy
**archbishop** *(n.)* មហាសង្ឃនាយក moha sang neayok
**archer** *(n.)* អ្នកបាញ់ធ្នូ nak banh thnou
**archery** *(n.)* បាញ់ធ្នូ banh thnou
**architect** *(n.)* ស្ថាបត្យករ sthabatyakor
**architecture** *(n.)* ស្ថាបត្យកម្ម sthabatyakamm
**archive** *(n.)* បណ្ណសារ bannsar
**Arctic** *(adj.)* តំបន់អាក់ទិក dambon aktik
**ardent** *(adj.)* ដែលក្ដៅក្លា del kliev kla
**ardour** *(n.)* សេចក្ដីក្ដៅក្លា sechakdei klievkla
**arduous** *(adj.)* ពិបាកណាស់ pibak nas
**area** *(n.)* តំបន់ dambon
**arena** *(n.)* សង្វៀន sangvien
**argil** *(n.)* ដីឥដ្ឋ dey iid
**arguable** *(adj.)* អាចជែកបាន ach chochek ban
**argue** *(v.)* ឈ្លោះប្រកែកគ្នា chhloh brakek knea
**argument** *(n.)* ការឈ្លោះប្រកែកគ្នា kar chhloh brakek knea
**arid** *(adj.)* ស្ងួតហែង snguot haeng
**aries** *(n.)* សញ្ញាដំបូងនៃរាសីចក្រ sannha dambaung nei reaseichak
**aright** *(adv.)* ត្រឹមត្រូវ troem trauv
**arise** *(v.)* កើតឡើង kert lerng
**aristocracy** *(n.)* អភិជនាធិបតេយ្យ aphichun neathibtey
**aristocrat** *(n.)* អភិជន aphichun
**arithmetic** *(n.)* លេខគណិត lek khaknet
**ark** *(n.)* ទូក touk

**arm** *(n.)* ដៃ dai
**armada** *(n.)* កងនាវាចម្បាំង kong neavea chambang
**armament** *(n.)* គ្រឿងសព្វាវុធ krueng sapveavuth
**armature** *(n.)* ដុំវីលនៃឌីណាម៉ូ dom vil nei dina mau
**armchair** *(n.)* កៅអីមានដៃ kao ei mean dai
**armed** *(adj.)* ប្រដាប់អាវុធ bradab avuth
**armed forces** *(n.)* កងកម្លាំងប្រដាប់អាវុធ kangkamlang bradab avuth
**armhole** *(n.)* រន្ធដៃអាវ ronth daiav
**armistice** *(n.)* បទឈប់បាញ់ bot chhub banh
**armlet** *(n.)* កងដៃ kang dai
**armour** *(n.)* អាវក្រោះ av kraoh
**armoury** *(n.)* ឃ្លាំងអាវុធ khleang avuth
**armpit** *(n.)* ក្លៀក kliek
**armrest** *(n.)* កន្លែងដាក់ដៃ kanleng dakdai
**army** *(n.)* កងទ័ព kang toap
**aroma** *(n.)* ក្លិនក្រអូប klen kraaub
**aromatherapy** *(n.)* ការព្យាបាលដោយប្រើប្រែងក្រអូប kar pyeabal daoy brer breng kraaub
**around** *(adv. &prep.)* នៅជុំវិញ nov choumvinh
**arouse** *(v.)* ដាស់ das
**arrabbiata** *(adj.)* ហីរ hil
**arraign** *(v.)* នាំខ្លួនមកឈ្លើយនៅមុខតុលាការ noam khluon mok chhlaey novmoukh tolakar
**arrange** *(v.)* រៀបចំ riebcham
**arrangement** *(n.)* ការរៀបចំ kar riebcham
**arrant** *(adj.)* ទាំងស្រុង teang srong
**array** *(n.)* ការរៀបចំបង្ហាញ kar riebcham banghanh
**arrears** *(n.pl.)* បំណុលដែលហួសកំណត់ថ្ងៃសង bamnol del huos kamnot thngai sang
**arrest** *(v.)* ចាប់ខ្លួន chab khluon
**arrival** *(n.)* ការមកដល់ kar mok dal
**arrive** *(v.)* មកដល់ mok dol
**arrogance** *(n.)* ភាពក្រអឺតក្រទម pheap kra eut kratom
**arrogant** *(adj.)* ក្រអឺតក្រទម kraeutakratm

**arrow** (n.) ព្រួញ pruonh
**arrowroot** (n.) សាគូ saku
**arsenal** (n.) ឃ្លាំងអាវុធ khleang avuth
**arsenic** (n.) ជាតិអាសេនីក cheat asa nik
**arson** (n.) ការបង្កអគ្គីភ័យ kar bangkor akkiphy
**art** (n.) សិល្បៈ selapak
**art direction** (n.) ទិសដៅសិល្បៈ tisdao selapak
**art form** (n.) ទម្រង់សិល្បៈ tomrong selapak
**artefact** (n.) សិប្បនិម្មិត sebpanimmit
**artery** (n.) សរសៃឈាម sarsai chheam
**artesian** (adj.) នៃទឹកចេញពីដី nei teuk chenh pi dei
**artful** (adj.) ដ៏វិចិត្រ dor vichet
**arthritis** (n.) ជំងឺរលាកសន្លាក់ chomngeu roleak sanlak
**article** (n.) អត្ថបទ attahbot
**articulate** (adj.) បញ្ជាក់ banhcheak
**artifice** (n.) ឧបាយកល ubaykal
**artificial** (adj.) សិប្បនិម្មិត sebbanimmit
**artificial intelligence** (n.) បញ្ញាសិប្បនិម្មិត panha sebbanimmit
**artillery** (n.) កាំភ្លើងធំ kamphleungthom
**artisan** (n.) សិប្បករ sebbakor
**artist** (n.) សិល្បករ selpakor
**artistic** (adj.) នៃសិល្បៈ nei selapak
**artless** (adj.) គ្មានសិល្បៈ kmean selapak
**as** (adv.) ដូច dauch
**asbestos** (n.) រូបធាតុម្យ៉ាងដែលមិនឆេះ roubtheat myang del min cheh
**ascend** (v.) ឡើង lerng
**ascendancy** (n.) អំណាច amnach
**ascent** (n.) ការឡើង kar lerng
**ascertain** (v.) បញ្ជាក់ banhcheak
**ascetic** (adj.) ដូចតាបស dauch tabos
**ascetic** (n.) តាបស tabos
**ascribe** (v.) សន្មតជាលទ្ធផលនៃ sanmot chea lotthophol nei
**aseptic** (adj.) ដែលគ្មានមេរោគ del kmean merok
**asexual** (adj.) ដែលមិនរួមភេទ del min ruomphet

**ash** (n.) ផេះ pheh
**ashamed** (adj.) ខ្មាស់អៀន Khmas ien
**ashen** (adj.) ស្លេក slek
**ashore** (adv.) លើគោក leukok
**aside** (adv.) ដោយឡែក doy lek
**asinine** (adj.) ដែលភ្លីភ្លើ del phliphleu
**ask** (v.) សួរ suor
**asleep** (adv.) ដេកលក់ dek luok
**asparagus** (n.) ទំពាំងបារាំង tompeang barang
**aspect** (n.) ទិដ្ឋភាព tidthapheap
**aspersion** (n.) ពាក្យបង្កាច់ peak bangkach
**asphyxia** (n.) គ្រោះថ្នាក់ចប់ខ្យល់ krohthnak thoab khyal
**asphyxiate** (v.) ធ្វើឱ្យស្វះដង្ហើម theu aoy steah dangheum
**aspirant** (n.) អ្នកមានក្ដីប្រាថ្នា nak mean kdei brathna
**aspiration** (n.) សេចក្ដីប្រាថ្នា sechakdei brathna
**aspire** (v.) ប្រាថ្នា brathna
**ass** (n.) មនុស្សល្ងីល្ងើ mnous lngi lngeu
**assail** (v.) វៃគន់ riah kun
**assassin** (n.) ឃាតករ kheat kor
**assassinate** (v.) ធ្វើឃាត thveu kheat
**assassination** (n.) ការធ្វើឃាត kar thveu kheat
**assault** (n.) ការបំពាន karromloph
**assemble** (v.) ប្រមូលផ្ដុំ bramoul phdom
**assembly** (n.) ការជួបប្រជុំគ្នា kar chuob brachoum knea
**assent** (n.) ការយល់ព្រម kar yolprom
**assert** (v.) អះអាង aah ang
**assertive** (adj.) ដែលដាច់ខាត del dachkhat
**assess** (v.) វាយតម្លៃ veay damlei
**assessment** (n.) ការវាយតម្លៃ kar veay damlei
**asset** (n.) ទ្រព្យ trop
**assibilate** (v.) និយាយដោយបញ្ចេញសំឡេងខ្យល់ niyeay daoy banhchenh samleng khyal
**assign** (v.) ចាត់តាំង chattang
**assignee** (n.) អ្នកទទួលសិទ្ធិ Nak tortuol seth

**assignment** (n.) កិច្ចការ kechkar
**assimilate** (v.) ធ្វើឱ្យជ្រួតជ្រាប theu oy chruotchreab
**assimilation** (n.) សមានកម្ម samankam
**assist** (v.) ជួយ chuoy
**assistance** (n.) ជំនួយ chomnuoy
**assistant** (n.) ជំនួយការ chomnuoykar
**associate** (v.) ភ្ជាប់ phchoab
**association** (n.) សមាគម samakum
**assort** (v.) ចាត់ថ្នាក់ chat thnak
**assorted** (adj.) ច្រើនប្រភេទ chraen braphet
**assortment** (n.) ការចាត់ថ្នាក់ kar chat thnak
**assuage** (v.) ធ្វើឱ្យធូរស្រាល tveu oy thou sral
**assume** (v.) សន្មត sanmot
**assumption** (n.) ការសន្មត kar sanmot
**assurance** (n.) ការធានា Kar theanea
**assure** (v.) ធានា theanea
**astatic** (adj.) មិននឹង min neung
**asterisk** (n.) សញ្ញាផ្កាយ sanha phkay
**asterism** (n.) ក្រុមផ្កាយ Krom phkay
**asteroid** (v.) អាចម៍ផ្កាយ Ach phkay
**asthma** (n.) ជំងឺហឺត Chomngeu heut
**astigmatism** (n.) ភ្នែកអាស្ទីម៉ាត phnek astigmat
**astonish** (v.) ភ្ញាក់ផ្អើល Phnheak phaaerl
**astonishment** (n.) ការភ្ញាក់ផ្អើល kar phnheak phaaerl
**astound** (v.) ធ្វើឱ្យស្រឡាំងកាំង theu aoy sralangkang
**astral** (adj.) នៃផ្កាយ nei pkay
**astray** (adv.) វង្វេងវង្វាន់ vongveng
**astride** (prep. & adv.) ច្រករកាវ chrak keav
**astringent** (adj.) ដែលធ្វើឱ្យរួញឬស្វិត del thveu aoy ruonh reu svet
**astrolabe** (n.) តារាមាត្រ dara meat
**astrologer** (n.) ហោរា haora sas
**astrology** (n.) ហោរាសាស្ត្រ haora sas
**astronaut** (n.) អវកាសយានិក avkasyeanik
**astronomer** (n.) តារាវិទូ daravitou
**astronomy** (n.) តារាវិទ្យា daravityea
**astute** (adj.) ឈ្លាសវៃ chhleas vei

**asylum** (n.) សុំសិទ្ធិជ្រកកោន som setth chrok kaon
**asymmetrical** (adj.) មិនស្មើគ្នា min smer knea
**asymmetry** (n.) ភាពមិនស្មើគ្នា pheap min smer knea
**at** (prep.) នៅ nov
**atheism** (n.) លទ្ធិដែលមិនជឿថាមានព្រះ lotthi del min chue tha mean preah
**atheist** (n.) អ្នកមិនជឿថាមានព្រះ nak min cheu tha mean preah
**athirst** (adj.) ត្រេកត្រអាល trek tra aal
**athlete** (n.) អត្តពលិក attapolik
**athletic** (adj.) នៃអត្តពលកម្ម nei attapolokamm
**athwart** (prep.) ម្ខាងទៀត mkhang tiet
**atlas** (n.) សៀវភៅផែនទី sievphov phenti
**atmosphere** (n.) បរិយាកាស bariyakas
**atmospheric** (adj.) នៃបរិយាកាស nei bariyakas
**atoll** (n.) កោះមានផ្កាថ្មពទ្ធជុំវិញ kaoh mean phkathmor potth choumvinh
**atom** (n.) អាតូម ataum
**atomic** (adj.) នៃអាតូម ataumich
**atone** (v.) លុបលាងទោស loubleang tos
**atonement** (n.) ការលាងទោស kar leang tos
**atopic** (adj.) នៃហ្សែនដែលវិក្តទៅជាអាឡែហ្ស៊ី nei zen del vivott tov chea alesei
**atrium** (n.) ចតបេះដូងខាងលើ thort behdaung khangleu
**atrocious** (adj.) យោរយៅ khorkhov
**atrocity** (n.) ភាពយោរយៅ pheap khorkhov
**atrophy** (v.) ស្វិតត្រាម svet troam
**attach** (v.) ភ្ជាប់ phchoab
**attache** (n.) អនុព័ន្ធ anoukpon
**attachment** (n.) ឯកសារភ្ជាប់ eksar phchoab
**attack** (v.) វាយប្រហារ veaybrahear
**attain** (v.) ទទួលបាន totuol ban
**attainment** (n.) ការសម្រេចបាន kar saamrech ban
**attaint** (v.) យកចិត្តទុកដាក់ yokchett toukdeak
**attempt** (v.) ការប៉ុនប៉ង karbonbng

**attend** *(v.)* ចូលរួម chaulruom
**attendance** *(n.)* វត្តមាន vottamean
**attendant** *(n.)* អ្នកជំនួយ nak chomnuoy
**attention** *(n.)* ការយកចិត្តទុកដាក់ kar yokchett toukdak
**attentive** *(adj.)* យកចិត្តទុកដាក់ yokchett toukdak
**attenuance** *(n.)* ការកាត់បន្ថយ kar katbanthoy
**attest** *(v.)* បញ្ជាក់ banhcheak
**attic** *(n.)* បន្ទប់តូចក្រោមដំបូលផ្ទះ bantob tauch kraom dambaul phteah
**attire** *(n.)* សម្លៀកបំពាក់ samliek bampeak
**attitude** *(n.)* គរិយាបថ iriyabot
**attorney** *(n.)* មេធាវី metheavi
**attract** *(v.)* ទាក់ទាញ teakteanh
**attraction** *(n.)* ការទាក់ទាញ kar teakteanh
**attractive** *(adj.)* គួរឱ្យទាក់ទាញ kuor oy teakteanh
**attribute** *(v.)* កំណត់ komnot
**atypic** *(adj.)* ដែលខុសពីធម្មតា del khospi thommoda
**aubergine** *(n.)* ផ្លែត្រប់ plae trob
**auburn** *(adj.)* ដែលមានពណ៌ត្នោតក្រហម del mean poa tnaot krahorm
**auction** *(n.)* ការដេញថ្លៃ kar denhthlai
**audacious** *(adj.)* ដែលអង់អាច del ang ach
**audacity** *(n.)* ភាពព្រហើន pheap proheun
**audible** *(adj.)* អាចស្តាប់បាន ach sdab ban
**audience** *(n.)* ទស្សនិកជន tossaanikachun
**audio** *(n.)* សំលេង saamleng
**audiovisual** *(adj.)* សោតទស្សន៍ saot tuos
**audit** *(n.)* សវនកម្ម savanakamm
**audition** *(n.)* ការសម្តែងសាកល្បង kar samdeng saklabong
**auditive** *(adj.)* នៃការស្តាប់ nei kar sdab
**auditor** *(n.)* សវនការ savonakor
**auditorium** *(n.)* សាលប្រជុំ sal brachoum
**auger** *(n.)* ដែកកណ្តារ dek kandar
**aught** *(n.)* គ្មានអ្វីសោះ khmean avey sos
**augment** *(v.)* ធ្វើឱ្យកើនឡើង tver oy kernlerng

**augmentation** *(n.)* ការកើនឡើង kar kernlerng
**August** *(n.)* ខែសីហា kae seiha
**august** *(adj.)* ដ៏ខ្ពង់ខ្ពស់ dor khpong khpors
**aunt** *(n.)* មីង ming
**aura** *(n.)* បរិយាកាស pariyakas
**auriform** *(adj.)* រាងដូចត្រចៀក reang douch tracheak
**aurilave** *(n.)* អេប៉ុងស្ការត្រចៀក aurilave
**aurora** *(n.)* ពន្លឺអូរ៉ា ponleu aurora
**auspicate** *(v.)* សម្ពោធ sampoat
**auspice** *(n.)* ប្រផ្នូលល្អ braphnaul laor
**auspicious** *(adj.)* ដ៏មានឫទ្ធិ dor mean ritthi
**austere** *(adj.)* ដែលក្រៀមក្រោះ del kriem kroh
**authentic** *(adj.)* ពិតប្រាកដ pitbrakod
**authenticate** *(v.)* បញ្ជាក់ថាពិត banhcheak tha pit
**authentication** *(n.)* ការបញ្ជាក់ភាពពិតប្រាកដ kar banhcheak pheap pit prakod
**author** *(n.)* អ្នកនិពន្ធ nakniponth
**authoritative** *(adj.)* ដែលផ្តាច់ការ del pdach kar
**authority** *(n.)* សិទ្ធិអំណាច seth amnach
**authorize** *(v.)* ផ្តល់សិទ្ធិ phdal seth
**autism** *(n.)* ជំងឺអូទីហ្ស៊ីម chomngeu autism
**autistic** *(adj.)* នៃជំងឺអូទីហ្ស៊ីម ney chomngeu autism
**autobiography** *(n.)* ជីវប្រវត្តិ chivakbravott
**autocorrect** *(n.)* កែស្វ័យប្រវត្តិ kae svaybravott
**autocracy** *(n.)* អត្តាធិបតេយ្យ attha thoebpatey
**autocrat** *(n.)* អត្តាធិបតិជន attak thoebpati chun
**autocratic** *(adj.)* បែបផ្តាច់ការ baeb pdach kar
**autofocus** *(n.)* ការផ្តោតដោយស្វ័យប្រវត្តិ kar phdoat dauy svaybravott
**autograph** *(n.)* ហត្ថលេខា hatthalekha
**automate** *(v.)* ស្វ័យប្រវត្តិកម្ម svaybravott kamm

automatic (adj.) ដោយស្វ័យប្រវត្តិ dauy svaybravott
automatically (adv.) យ៉ាងស្វ័យប្រវត្តិ yang svaybravott
automation (n.) ស្វ័យប្រវត្តិកម្ម svaybravott kamm
automobile (n.) រថយន្ត roth yun
autonomous (adj.) ស្វយ័ត svayat
autopilot (n.) ប្រព័ន្ធបើកបរស្វ័យប្រវត្តិ braponth berkbor svaybravott
autopsy (n.) ការធ្វើកោសល្យវិច័យ kar thveu kausalyvichai
autumn (n.) រដូវស្លឹកឈើជ្រុះ rodauv sloekchher chruh
auxiliary (adj.) ជំនួយ chomnuoy
avail (v.) ផ្ដល់ផល pdol phol
available (adj.) មាន mean
avalanche (n.) ផ្ទាំងទឹកកកដែលរអិលចុះ ptang teuk kork del ro eul jaus
avarice (n.) ក្ដីលោភលន់ kdey loap lun
avenge (v.) សងសឹក sangsoek
avenue (n.) វិថី rokhankvithei
average (n.) មធ្យម mothyoum
averse (adj.) ប្រឆាំង brachhang
aversion (n.) ការស្អប់ខ្ពើម kar sa orb khperm
avert (v.) បញ្ចៀស banhchies
aviary (n.) ទ្រុងបក្សី trung baksei
aviation (n.) អាកាសចរណ៍ akasachor
avid (adj.) ដែលចង់បានខ្លាំង del chongban khlang
avidly (adv.) ដោយប្រាថ្នាចង់បាន doy brathna chongban
avocado (n.) ផ្លែបឺរ phlae beur
avoid (v.) ជៀសវាង chies veang
avoidance (n.) ការជៀសវាង kar chies veang
avow (v.) សារភាព sarapheap
avulsion (n.) ការដកចេញ kar dok chenh
await (v.) រង់ចាំ rorngcham
awake (v.) ភ្ញាក់ phnheak
awakening (n.) ការភ្ញាក់ដឹងខ្លួន kar phnheak doeng khluon
award (v.) ផ្ដល់រង្វាន់ pdol rongvorn
award (n.) រង្វាន់ rongvorn

aware (adj.) យល់ដឹង yldoeng
awareness (n.) ការយល់ដឹង karoyl doeng
away (adv.) ឆ្ងាយ chhngay
awesome (adj.) អស្ចារ្យណាស់ oschar nas
awful (adj.) អាក្រក់ណាស់ akrak nas
awhile (adv.) មួយរយៈ muoy royak
awkward (adj.) ឆ្គង chhkorng
axe (n.) ពូថៅ pouthao
axial (adj.) នៃអ័ក្ស nei ak
axillary (adj.) នៃក្លៀក nei kleak
axis (n.) អ័ក្ស ak
axle (n.) ដុំវិលនៃកង dom vil nei kong
Ayurveda (n.) ប្រព័ន្ធឱសថបុរាណហិណ្ឌូ braponth aosath boran hindu
azure (n.) ពណ៌ផ្ទៃមេឃ poar ptey mekh

babble (n.) ពាក្យអត់មាននយ័ peak ot mean ney
babble (v.) និយាយអត់មាននយ័ niyeay peak ot mean ney
babe (n.) សំណប់ចិត្ត somnob jet
babel (n.) សូរកងរំពង so kangrompong
baboon (n.) ស្វាអង្គត sva angkot
babtist (n.) អ្នកបួសគ្រីស្ទធ្វើពិធីលាងបាប nakbuos kreus thver pithi leangbab
baby (n.) ទារក tearok
baby bump (n.) ពោះធំ pors thom
baby carriage (n.) រទេះទារក rotes tearok
baby corn (n.) កូនពោត koun poat
baby food (n.) អាហារទារក ahar tearok
babyface (n.) មុខកូនក្មេង moukh koun kmeng
babyproof (adj.) ដែលមានសុវត្ថិភាពសម្រាប់ទារក del mean sovottheapheap samrab tearok
babysit (v.) មើលថែកូនក្មេង meul thae koun kmeng

**babysitting** *(n.)* ការមើលថែកូនក្មេង kar meul thae koun kmeng
**baccalaureate** *(n.)* បរិញ្ញាបត្រ barinhabat
**bacchanal** *(adj.)* នៃពិធីជប់លៀងផឹកស៊ី ney pithi chub leang phoek si
**bacchanal** *(n.)* ពិធីជប់លៀងផឹកស៊ី pithi chub leang phoek si
**bachelor** *(n.)* កំលោះ kam loh
**bachelor party** *(n.)* ពិធីជប់លៀងលាភាពនៅលីវ pithi chub lieng lea pheap nov leave
**bachelorette** *(n.)* ក្រមុំ kromom
**back** *(n.)* ខ្នង khnorng
**backbencher** *(n.)* សមាជិកអនុសភា samachik anou saphea
**backbiting** *(n.)* ការនិយាយដើម kar niyeay derm
**backbone** *(n.)* ឆ្អឹងខ្នង chha oeng khnorng
**backdate** *(v.)* ចុះបុរេកាលបរិច្ឆេទ chos bo re kal barichhaet
**backdrop** *(v.)* ផ្ទាំងខាងក្រោយ phtang khang kraoy
**backfire** *(v.)* ផ្ទុះ ptus
**background** *(n.)* ផ្ទៃខាងក្រោយ phtey khang kraoy
**backhand** *(n.)* ខ្នងដៃ khnorng dai
**backing** *(n.)* ការគាំទ្រ kar koamtrou
**backlash** *(n.)* ប្រតិកម្មខ្លាំងក្លា bratekamm khlang kla
**backlight** *(n.)* អំពូលក្រោយ ampoul krauy
**backlog** *(n.)* កិច្ចការមិនទាន់ធ្វើហើយ kechkar mintoan thver hery
**backpack** *(n.)* សាកាដូ sa ka dou
**backpacker** *(n.)* អ្នកស្ពាយសាកាដូ nak speay sakadou
**backslide** *(v.)* ប្រព្រឹត្តអំពើរអាក្រក់ឡើងវិញ brapreut ampeu akrak lerng vinh
**backstage** *(adv.)* ក្រោយឆាក krauy chhaak
**backstairs** *(n.)* ជណ្តើរខាងក្រោយ chunder khang krauy
**backtrack** *(v.)* ដិះថយក្រោយ chis toay krauy
**backup** *(n.)* បម្រុងទុក bamroungtouk
**backward** *(adj.)* ដែលថយក្រោយ del thauy krauy

**backward** *(adv.)* ថយក្រោយ thauy krauy
**backwash** *(n.)* ចលនាស្រកនៃទឹករលក chalna srak nei tukrolok
**bacon** *(n.)* សាច់ជ្រូកបីជាន់ sach chrouk bey chorn
**bacteria** *(n.)* បាក់តេរី bakteri
**bad** *(adj.)* អាក្រក់ akrak
**badge** *(n.)* ផ្លាកសញ្ញា phlak sanhnha
**badger** *(n.)* សត្វស្កា sat skar
**badly** *(adv.)* យ៉ាងអាក្រក់ yang akrak
**badminton** *(n.)* កីឡាវាយសី keila veay sei
**baffle** *(v.)* ធ្វើអោយទាល់គំនិត tver oy toal koumnit
**bag** *(n.)* កាបូប kabaub
**bag** *(v.)* ដាក់ក្នុងកាបូប dak knong kabaub
**bagel** *(n.)* នំកង nom kong
**baggage** *(n.)* វ៉ាលី va ly
**bagpiper** *(n.)* អ្នកផ្លំខ្លុយ nak ploam klouy
**baguette** *(n.)* នំប៉័ង noam pang
**bail** *(n.)* ការធានាឱ្យនៅក្រៅឃុំ kar theanea oy nov krao khom
**bailable** *(adj.)* អាចនៅក្រៅឃុំ ach nov krao khom
**bailey** *(n.)* ជញ្ជាំងខាងក្រៅនៃប្រាសាទ chonhchang khangkrav nei brasaat
**bailiff** *(n.)* ប៉ូលីសតុលាការ polis tolakar
**bailout** *(n.)* ថវិកាសង្គ្រោះ thavika sangkroh
**bait** *(n.)* នុយ nouy
**bake** *(v.)* ដុត dot
**baker** *(n.)* អ្នកដុតនំ nak dot nom
**bakery** *(n.)* ហាងនំ hang nom
**balaclava** *(n.)* ម៉ាស់បាំងមុខ mas bangmuk
**balafon** *(n.)* រនាតអាហ្រ្វិកខាងលិច roneat afric khang lech
**balance** *(n.)* តុល្យភាព tolyapheap
**balance** *(v.)* ធ្វើឱ្យមានតុល្យភាព tver oy mean tolyapheap
**balance sheet** *(n.)* តារាងតុល្យការ tarang tolyakar
**balanced** *(adj.)* មានតុល្យភាព mean tolyapheap
**balcony** *(n.)* យ៉រ yor
**bald** *(adj.)* ទំពែក tompek

**bale** *(n.)* កណ្តាប់ kan dab
**baleen** *(n.)* ឆ្អឹងត្រីបាឡែន chha oeng trey balen
**ball** *(n.)* បាល់ bal
**ball bearing** *(n.)* បាដាង badang
**ballad** *(n.)* កាព្យនិទាន kab nitean
**ballerina** *(n.)* អ្នករាំរបាំបាឡេ nak roam robam ba le
**ballet** *(n.)* របាំបាឡេ robam ba le
**ballistics** *(n.)* វិទ្យាសាស្ត្រខាងគ្រាប់ផ្លោង vityea sas khang kroab phlaong
**balloon** *(n.)* បំប៉ោង peng poang
**ballot** *(n.)* ឆ្នោត chhnoat
**ballot paper** *(n.)* សន្លឹកឆ្នោត sanleuk chhnoat
**ballroom** *(n.)* សាលរាំ sal rorm
**balm** *(n.)* ថ្នាំលាប thnam leab
**balsam** *(n.)* ជ័រឈើក្រអូប chorchher kraaub
**bamboo** *(n.)* ឫស្សី reussei
**ban** *(v.)* ហាមឃាត់ harmkhoat
**banal** *(adj.)* ដែលគ្មានខ្លឹមសារ del kmean khloemsaar
**banana** *(n.)* ចេក chek
**band** *(n.)* ក្រុមតន្ត្រី krom dontrey
**Band-Aid** *(n.)* បង់បិទដំបៅ bong bet dambao
**bandage** *(n.)* បង់រុំ bongroum
**bandana** *(n.)* កន្សែងដៃ kansaeng dai
**bandit** *(n.)* ចោរប្លន់ choar plorn
**bandwagon** *(n.)* ទំនោរតាមគ្នា tomnor tamknea
**bandwidth** *(n.)* កម្រិតបញ្ជូនទិន្នន័យ kamrit banhchoun tinaney
**bane** *(n.)* ក្តីរំខាន kdey romkhan
**bang** *(n.)* សូរផ្ទុះ sou phoung
**bangle** *(n.)* កងដៃ kang dai
**banish** *(v.)* បណ្តេញចេញ bandenh chenh
**banishment** *(n.)* ការបណ្តេញចេញ kar bandenh chenh
**banjo** *(n.)* ចាប៉ីបង្ហូរ cha pei banjo
**bank** *(v.)* ធនាគារ theaneakear
**bank holiday** *(n.)* ថ្ងៃឈប់សម្រាកធនាគារ thngai chhubsamrak theaneakear

**banker** *(n.)* ធនាគារិក theaneakearik
**banknote** *(n.)* ក្រដាសប្រាក់ kradasbrak
**bankrupt** *(adj.)* ក្ស័យធន ksay thun
**bankruptcy** *(n.)* ការក្ស័យធន kar ksay thun
**banner** *(n.)* ផ្ទាំងបដា ptang bada
**bannister** *(n.)* បង្កាន់ដៃជណ្តើរ bangkandai chunder
**banquet** *(n.)* ពិធីជប់លៀង pithi chublieng
**bantam** *(n.)* មាន់ចែ morn chae
**banter** *(n.)* ការនិយាយលេង kar niyeay leng
**banyan** *(n.)* ដើមពោធិ៍ derm poar
**baptism** *(n.)* ពិធីលាងបាប pithi leangbarb
**baptize** *(v.)* ធ្វើពិធីលាងបាប tver pithi leangbarb
**bar** *(n.)* បារ bar
**barb** *(n.)* បន្លា bonla
**barbarian** *(n.)* មនុស្សព្រៃ monous prei
**barbaric** *(adj.)* ព្រៃផ្សៃ prei phsaai
**barbarism** *(n.)* ភាពព្រៃផ្សៃ pheap preiphsaai
**barbarity** *(n.)* អំពើព្រៃផ្សៃ ompeu preiphsaai
**barbarous** *(adj.)* យោរយៅ khor khov
**barbecue** *(n.)* សាច់អាំង sach ang
**barbed** *(adj.)* នៃបន្លាលួស nei bonla luos
**barbed wire** *(n.)* បន្លាលួស bonla luos
**barber** *(n.)* ជាងកាត់សក់ cheang katsork
**barcode** *(n.)* បាកូដ ba kaud
**bard** *(n.)* អ្នកពិពន្ធកំណាព្យកុសលសម្ពន្ធ nakniponth kamnap kolsamporn
**bare** *(adj.)* ទទេ tor te
**barefoot** *(adj.)* ជើងទទេ cheung tor te
**barely** *(adv.)* ស្ទើរតែគ្មាន steu tae kmean
**bargain** *(n.)* ការតថ្លៃ kar tor thlai
**barge** *(n.)* នាវាផ្ទុកទំនិញ neavea phtok tomninh
**baritone** *(n.)* សំឡេងច្រៀងរបស់មនុស្សប្រុស saamleng chrieng robos mnous bros
**barium** *(n.)* ធាតុគីមីបារីយ៉ូម theatkimi bari yaum
**bark** *(v.)* ព្រុស prus
**bark** *(n.)* សំបកឈើ saambork chheu
**barley** *(n.)* ស្រូវសាឡី srauv salei

**barman** (n.) អ្នកបម្រើប្រុសក្នុងបារ nak bamreu bros knong bar
**barn** (n.) ជង្រុកស្រូវ chongrouk srov
**barnacle** (n.) កូនខ្ចៅខ្យងសមុទ្រ គោងនៅផ្ទះ kaun khchao khyang samout taong nov thmor
**barometer** (n.) ឧបករណ៍វាស់សម្ពាធបរិយាកាស ubakar voas sampeath bariyakas
**baron** (n.) អភិជនថ្នាក់ទាប aphichun thnak teab
**baroness** (n.) ស្ត្រីអភិជនថ្នាក់ទាប strey aphichun thnak teab
**barouche** (n.) រទេះសេះកង់បួន rotehseh kong buon
**barrack** (n.) បន្ទាយទាហាន banteay teahean
**barrage** (n.) ការបាញ់ kar banh
**barrel** (n.) ធុង thoung
**barren** (adj.) គ្មានកូន kmean kaun
**barricade** (n.) រនាំង ro naeng
**barrier** (n.) របាំង robang
**barring** (prep.) ប្រសិនបើគ្មាន brasen ber khmean
**barrister** (n.) មេធាវីអង្គ្លេស me theavi angkles
**bartender** (n.) អ្នកក្រឡុកស្រា nak kralok sra
**barter** (v.) ដោះដូរនឹងគ្នា daoh dau tomninh knea
**basal** (adj.) នៃបាត ney bat
**base** (n.) មូលដ្ឋាន moulothan
**base camp** (n.) ជំរុំមូលដ្ឋាន chomroum moulothan
**baseless** (adj.) គ្មានមូលដ្ឋាន kmean moulothan
**basement** (n.) បន្ទប់ក្រោមដី bantob kroam dei
**bash** (n.) ការសំពង kar sampong
**bash** (v.) វាយខ្លាំង veay khlang
**bashful** (adj.) អៀន ien
**basic** (adj.) ដែលជាមូលដ្ឋាន del chea moulothan
**basically** (adv.) ជាមូលដ្ឋាន chea moulothan
**basil** (n.) ជីនាងវង chi neangvong

**basin** (n.) អាង ang
**basis** (n.) មូលដ្ឋាន moulothan
**bask** (v.) ដែកហាលថ្ងៃ dek hal thngai
**basket** (n.) កន្ត្រក kantrak
**basketball** (n.) បាល់បោះ balbaoh
**bass** (n.) បាស bas
**bastard** (n.) មនុស្សចង្រៃ mnouss chongrai
**bastion** (n.) កំផែង kampeng
**bat** (n.) ប្រជៀវ bra jeav
**batch** (n.) បាច់ bach
**bath** (n.) អាងងូតទឹក ang ngout teuk
**bathe** (v.) ងូតទឹក ngoutteuk
**bathrobe** (n.) របៀបពាក់ក្រោយងូតទឹក raub peak kroay ngoutteuk
**baton** (n.) ដំបង dambong
**batsman** (n.) មនុស្សប្រជៀវ satv brachiev
**battalion** (n.) កងវរសេនាតូច kangvoraksenatauch
**batten** (n.) បន្ទះឈើ banteah chher
**batter** (n.) អ្នកវាយ nak veay
**battery** (n.) ថ្ម thmor
**battle** (n.) ការប្រយុទ្ធ kar brayout
**battlefield** (n.) សមរភូមិ samoraphoum
**battlefront** (n.) សមរភូមិមុខ samoraphoum mukh
**baulk** (n.) ការរារាំង kar rea rang
**bawl** (v.) ស្រែកយំ srask youm
**bay** (n.) ឈូកសមុទ្រ chhak samout
**bayonet** (n.) ចំពុះទួង champouh tong
**bayside** (adj.) ផ្នែកខ្សាច់ chhne khsaach
**bazaar** (n.) ផ្សារណាត់ស្បៀរសធម៌ phsaarnat sabborosathor
**bazooka** (n.) កាំភ្លើងបាហ្សូកា kam pleurng bazooka
**be** (v.) ជា chea
**beach** (n.) ឆ្នេរ chhne
**beach ball** (n.) បាល់លេងលើឆ្នេរខ្សាច់ bal leng leu chhne khsaach
**beachfront** (adj.) ជាប់ឆ្នេរខ្សាច់ choab chhne khsaach
**beachside** (adj.) ផ្នែកសមុទ្រ chhnerosamoutr
**beacon** (n.) ភ្លើងសញ្ញា phleung sanhnha

**bead** (n.) អង្កាំ angkam
**beadle** (n.) អ្នកថែរក្សាវិហារ nak thaeraksaa vihear
**beady** (adj.) ដែលដូចអង្កាំ del dauch angkam
**beak** (n.) ចំពុះ champouh
**beaker** (n.) កែវមានចំពួយ keo mean champuoy
**beam** (n.) ធ្នឹម thneum
**bean** (n.) សណ្ដែក sandaek
**bear** (n.) ខ្លាឃ្មុំ khla khmoum
**bear** (v.) ទ្រាំ trom
**beard** (n.) ពុកចង្ការ pouk changkar
**bearing** (n.) ទំរ tum ror
**beast** (n.) សត្វសាហាវ sat sahav
**beastly** (adj.) យ៉ាងសាហាវ yang sahav
**beat** (v.) វាយ veay
**beatific** (adj.) សុខ sok
**beatification** (n.) ការប្រសិទ្ធិពរ veaydam
**beatitude** (n.) បរមសុខ borom sokh
**beautiful** (adj.) ស្រស់ស្អាត sras saart
**beautify** (v.) ធ្វើឱ្យស្រស់ស្អាត thveu aoy sras saart
**beauty** (n.) សម្រស់ samros
**beaver** (n.) សត្វកាស្ទ័រ sat ka ster
**beaverskin** (n.) ស្បែកសត្វកាស្ទ័រ sbaek sat ka ster
**becalm** (v.) ធ្វើឱ្យស្ងប់ thveu oy sngab
**because** (conj.) ដោយសារតែ daoy saar tae
**beck** (n.) អូរ au
**beckon** (v.) បោយដៃហៅ baoydai hao
**become** (v.) ក្លាយជា klay chea
**bed** (n.) គ្រែ krae
**bed sheet** (n.) ស្រោមពូក sroam pouk
**bedcover** (n.) កម្រាលពូក kamral pouk
**bedding** (n.) ស្រោមពូកស្រោមខ្នើយ sroam pouk sroam khnery
**bedevil** (v.) រំខាន romkhan
**bedridden** (adj.) ឈឺមិនអាចក្រោកចេញពីគ្រែ chheu min ach kroark chenh pi krae
**bedrobe** (n.) សម្លៀកបំពាក់លើគ្រែ samliekbampeak leu kre
**bedroom** (n.) បន្ទប់គេង bantobkeng

**bedsore** (n.) ឈឺដោយសារដេកមួយកន្លែង chheu doy sa dek mouy konlaeng
**bee** (n.) សត្វឃ្មុំ sat khmoum
**beech** (n.) ដើមបិច derm bich
**beef** (n.) សាច់គោ sachko
**beefy** (adj.) ដែលមានសាច់ដុំ del mean sachdom
**beehive** (n.) សំបុកឃ្មុំ saambok khmoum
**beekeeper** (n.) អ្នកចិញ្ចឹមឃ្មុំ anak chenhchum khmoum
**beep** (n.) បីប bi b
**beer** (n.) ស្រាបៀរ sra bier
**beet** (n.) ឆៃថាវ chhai thao
**beetle** (n.) សត្វកញ្ចែ sat kanhchae
**beetroot** (n.) មើមឆៃថាវម្យ៉ាង meum chai thao myang
**befall** (v.) រឿងអកុសលកើតឡើង reung akkosal kert lerng
**befit** (v.) សមនឹង som neung
**before** (prep. &adv.) មុន moun
**beforehand** (adv.) ជាមុន chea moun
**befriend** (v.) ចងមិត្តភាព chong mittapheap
**beg** (v.) សូមអង្វរ saum angvor
**beget** (v.) បណ្ដាលឱ្យ bondal oy
**beggar** (n.) អ្នកសុំទាន nak somtean
**begin** (v.) ចាប់ផ្ដើម chab phderm
**beginner** (n.) អ្នកចាប់ផ្ដើមដំបូង nak chab phderm dambaung
**beginning** (n.) ការចាប់ផ្ដើម kar chab phderm
**begrudge** (v.) ច្រណែន chror naen
**beguile** (v.) បញ្ឆោត banhchhoat
**behalf** (n.) ក្នុងនាម khnong neam
**behave** (v.) មានកិរិយាបទ mean iriyabot
**behaviour** (n.) កិរិយាបទ iriyabot
**behead** (v.) កាត់ក្បាល kat kbal
**behest** (n.) ការបញ្ជា kar banhchea
**behind** (prep.& adv.) នៅខាងក្រោយ nov khang kroay
**behold** (v.) សង្កេតមើល sangket merl
**being** (n.) ការមាននៅ kar mean nov
**belabour** (v.) វាយប្រហារ veay proha
**belated** (adj.) ដែលយឺត del yeut

**belch** (v.) កើ peu
**beleaguered** (adj.) ហ៊ុំព័ទ្ធ huom poat
**belie** (v.) បំភាន់ bom phoan
**belief** (n.) ជំនឿ chom neu
**believe** (v.) ជឿ cheu
**belittle** (v.) មើលងាយ meul ngeay
**bell** (n.) កណ្ដឹង kondoeng
**bellboy** (n.) អ្នកបំរើនៅសណ្ឋាគារ nak bamreu nov santhakear
**belle** (n.) ស្ត្រីឆើតឆ្លា srey chhert laor
**bellicose** (adj.) ដែលងាយបង្កជំលោះ del ngeay bangkor chomloh
**belligerent** (adj.) ដែលចូលចិត្តបង្កជំរើង del chaulchett bangkor rueng
**bellow** (v.) ស្រែករោទ៍ srek roar
**bellowing** (n.) សូររោទ៍ sau roar
**bellows** (n.) ស្នាប់បញ្ចេះភ្លើង snoab banhches pleung
**belly** (n.) ពោះ poh
**belong** (v.) ជារបស់ chea robos
**belongings** (n.) របស់របរ robos robor
**beloved** (adj.) ជាទីស្រឡាញ់ cheati srolanh
**belt** (n.) ខ្សែក្រវាត់ khsae krovat
**belvedere** (n.) ផ្ទះរដូវក្ដៅ ptah rodov kdao
**bemoan** (v.) យំសោក yum soak
**bemused** (adj.) ដែលភាន់ភាំង del poan pang
**bench** (n.) កៅអីវែង kao ei veng
**bend** (v.) ពត់ put
**beneath** (adv.) នៅខាងក្រោម nov khang kraom
**benediction** (n.) ការប្រសិទ្ធិពរ kar brasetthipor
**benefaction** (n.) ការធ្វើអំណោយ kar thveu amnaoy
**benefactor** (n.) សប្បុរសជន sabborosachun
**benefic** (adj.) ដែលសប្បុរស del sobboros
**benefice** (n.) អត្ថប្រយោជន៍ atth brayoch
**beneficial** (adj.) មានប្រយោជន៍ mean brayoch
**beneficiary** (n.) អ្នកទទួលផល nak tortuol phal
**benefit** (v.) ទទួលបានអត្ថប្រយោជន៍ totuol ban atthabrayoch

**benevolence** (n.) សេចក្ដីមេត្តាករុណា sechkdei metta korona
**benevolent** (adj.) សប្បុរសធម៌ sabborosathor
**benight** (v.) ធ្វើឱ្យងងឹត tveu oy ngor ngit
**benign** (adj.) ស្លូត slaut
**bent** (n.) កោង kaong
**benzene** (n.) ឧស្មនបង់ហ្សែន uksman benzene
**bequeath** (v.) ទុកកេរ្តិ៍ឱ្យ touk ke oy
**bequest** (n.) កេរ្តិ៍មរតក ke morodok
**berate** (v.) ជេរស្ដី che sdey
**bereaved** (adj.) ដែលមានអ្នកស្លាប់ចោល del mean nak slab chaol
**bereavement** (n.) ការបាត់បង់មនុស្សជាទីស្រលាញ់ដោយការស្លាប់ kar batbong monus chea ti srolanh doy kar slab
**bereft** (adj.) គ្រឿមក្រំពីព្រោះមានអ្នកស្លាប់ចោល kriem krom pi prus mean nak slab chaol
**beseech** (v.) អង្វរ angvor
**beseeching** (n.) ការអង្វរ kar angvor
**beshame** (v.) ធ្វើឱ្យខ្មាស់ thveu oy khmas
**beside** (prep.) នៅក្បែរ nov kbae
**besiege** (v.) ឡោមព័ទ្ធ laom potth
**besmirch** (v.) ធ្វើឱ្យខូចកិត្តិយស thveu oy khauch ketteyus
**besotted** (adj.) ស្រលាញ់ងុបងល់ sralanh ngoub ngul
**bespeak** (v.) បង្ហាញទុកមុន banghanh toukmun
**bespectacled** (adj.) ដែលពាក់វែនតា del peak venta
**bespoke** (adj.) ដែលធ្វើតម្រូវតាមអ្នកប្រើប្រាស់ del thveu damrouv tam nak brer bras
**best** (adj.) ល្អបំផុត laor bamphot
**bestial** (adj.) ដូចសត្វ doch satt
**bestow** (v.) ផ្ដល់ឱ្យ phdal oy
**bestride** (v.) កន្ត្រែកជើង kanthaek cheung
**bestseller** (n.) លក់ដាច់ជាងគេ lukdach cheang ke
**bet** (v.) ភ្នាល់ phnoal

**beta** *(adj.)* បែតា beta
**betide** *(v.)* កើតឡើង kert lerng
**betray** *(v.)* ក្បត់ kbot
**betrayal** *(n.)* ភាពក្បត់ pheap kbot
**betroth** *(v.)* ភ្ជាប់ពាក្យ pchoab peak
**better** *(adj.)* កាន់តែប្រសើរ kantae broser
**betterment** *(n.)* ភាពប្រសើរឡើង pheap broser lerng
**betting** *(adj.)* ការភ្នាល់ kar phnoal
**bettor** *(n.)* អ្នកភ្នាល់ nak phnoal
**between** *(prep.)* រវាង roveang
**beverage** *(n.)* គេសជ្ជៈ phesachack
**bevy** *(n.)* ក្រុម krom
**bewail** *(v.)* យំសោក yom soak
**beware** *(v.)* ប្រយ័ត្ន brayat
**bewilder** *(v.)* ធ្វើឱ្យច្រឡំ tver oy chrolom
**bewilderment** *(n.)* ការភ័ន្តច្រឡំ kar phorn chrorlom
**bewitch** *(v.)* ដាក់ស្នេហ៍ dak snae
**beyond** *(prep. & adj.)* ហួស huos
**bi** *(adj.)* ដែលស្រលាញ់ទាំងពីរភេទ del srolanh tang pi phet
**biangular** *(adj.)* ជ្រុងពីរ chrung pi
**biannual** *(adj.)* ពីរដងក្នុងមួយឆ្នាំ pi dong knung mouy chhnam
**biannually** *(adv.)* ដោយពីរដងក្នុងមួយឆ្នាំ doy pi dong knung mouy chhnam
**biantennary** *(adj.)* ដែលមានអង់តែនពីរ del mean angten pi
**bias** *(n.)* លំអៀង lom ieng
**biased** *(adj.)* ដែលលំអៀង del lom ieng
**biaxial** *(adj.)* ដែលមានអ័ក្សពីរ del mean ak pi
**bib** *(n.)* សំរងកក somrong kor
**bibber** *(n.)* អ្នកផឹក nak pherk
**bible** *(n.)* ព្រះគម្ពីរ preah kompi
**bibliographer** *(n.)* អ្នកសរសេរគន្ថនិទ្ទេស nak sar se konthaknittes
**bibliography** *(n.)* គន្ថនិទ្ទេស konthaknittes
**bibliophile** *(n.)* អ្នកចូលចិត្តប្រមូលសៀវភៅ nak chaulchett bramoul sievphov
**bicentenary** *(adj.)* គម្រប់ពីរយឆ្នាំ kum roup pi roy chhnam

**biceps** *(n.)* សាច់ដុំពីរក្លែប sach doum pi klaeb
**bicker** *(v.)* ឈ្លោះរឿងអកត់សំខាន់ chhlous reurng ot somkhan
**bicycle** *(n.)* កង់ kong
**bid** *(n.)* ការដេញថ្លៃ kar denh thlai
**bid** *(v.)* ដេញថ្លៃ denh thlai
**bidder** *(n.)* អ្នកដេញថ្លៃ nak denh thlai
**bidet** *(n.)* ផឹងជម្រះកាយ pherng chumrah kai
**bidimensional** *(adj.)* មានពីរទិដ្ឋភាព mean pi tithapeap
**biennial** *(adj.)* ពីរឆ្នាំម្តង pir chhna mtong
**bier** *(n.)* ឈើសែងខ្មោច chher saeng khmoch
**bifacial** *(adj.)* ដែលមានមុខពីរ mean mukh pi
**biff** *(n.)* ការដាល់ kar dal
**biff** *(v.)* ដាល់ dal
**bifocal** *(adj.)* ដែលអាចមើលជិតនិងឆ្ងាយ del ach merl jet ning chhgnay
**biformity** *(n.)* ទម្រង់ពីរ tum rung pi
**bifurcate** *(v.)* បែកជាពីរ bek chea pi
**bifurcation** *(n.)* ការបែកជាពីរ kar bek chea pi
**big** *(adj.)* ធំ thom
**bigamist** *(n.)* អ្នកមានប្តីឬប្រពន្ធពីរ nak mean bdei reu braponth pi
**bigamous** *(adj.)* នៃទ្វេពន្ធភាព ney tve pon pheap
**bigamy** *(n.)* ទ្វេពន្ធភាព tve pon pheap
**bighead** *(n.)* មនុស្សក្អេងក្អាង monus ka eng ka arng
**bighearted** *(adj.)* ចិត្តល្អ chett laor
**bight** *(n.)* ឆ្នេរកោង chhne koang
**bigot** *(n.)* មនុស្សប្រកាន់ថាខ្លួនត្រូវ mnouss brakan tha khluon trauv
**bigotry** *(n.)* ភាពមិនអត់ឱន pheap min ot oarn
**bike** *(n.)* កង់ kong
**biker** *(n.)* អ្នកជិះកង់ nak chis kong
**bikini** *(n.)* ឈុតបីគីនី chhout bi ki ni
**bilateral** *(adj.)* ទ្វេភាគី tve phea ki
**bile** *(n.)* ទឹកប្រមាត់ teuk bramat
**bilingual** *(adj.)* ពីរភាសា pi pheasaa

**bill** *(n.)* វិក័យប័ត្រ vi kay bat
**billable** *(adj.)* ដែលអាចរកកម្រៃបាន del ach rok komrai ban
**billboard** *(n.)* ផ្ទាំងបដា phtang banau
**billiard table** *(n.)* តុ បុកប៊ីយ៉ា tok bok biya
**billiards** *(n.)* ប៊ីយ៉ា biya
**billion** *(n.)* ពាន់លាន poan lean
**billionaire** *(n.)* មហាសេដ្ឋី moha sedthei
**billow** *(v.)* ឡើងចោង lerng poarng
**bimonthly** *(adj.)* ពីរខែម្ដង pi khae madorng
**bin** *(n.)* ធុងសំរាម thoung samram
**binary** *(adj.)* ដែលជាគូៗ del chea ku ku
**bind** *(v.)* ចង chong
**binding** *(n.)* ខ្សែចងក្របសៀវភៅ ksae chorng krob siv phov
**binge** *(n.)* ការបណ្ដោយខ្លួន ka pondoay kloun
**bingo** *(n.)* ប៊ីងហ្គោ bing go
**binocular** *(adj.)* នៃកែវយឹត nei kev yeut
**binoculars** *(n.)* កែវយឹត kev yeut
**bioactivity** *(n.)* សកម្មភាពលើភាវៈរស់ et thi pol leu pheavak ros
**bioagent** *(n.)* ភ្នាក់ងារជីវសាស្ត្របង្ករគ្រោះថ្នាក់ phneakngear chivsast bongkor khroahthnak
**biochemical** *(adj.)* ជីវគីមី chivak kimi
**biochemistry** *(n.)* ជីវគីមីវិទ្យា chivak kimi vithyear
**bioclimate** *(n.)* សកម្មភាពនៃការរស់លើអាកាសធាតុ itthipol nei pheavak rus leu akasatheat
**biodegradation** *(n.)* ការបំបែងជីវឧស្ម័ន kar bam leng chivak usman
**bioengineering** *(n.)* ជីវវិស្វកម្ម chivak vi svak kam
**biofuel** *(n.)* ជីវឥន្ធនៈ chi vak inthanak
**biogas** *(n.)* ជីវឧស្ម័ន chivak usman
**biographer** *(n.)* អ្នកសរសេរជីវប្រវត្តិ nak sorse chivak prowat
**biography** *(n.)* ជីវប្រវត្តិ chivak prowot
**biohazardous** *(adj.)* ឧបាបត្តិហានិភ័យជីវសាស្ត្រ uk babakte haet chivasas
**biological** *(adj.)* នៃជីវសាស្ត្រ ney chivasas

**biologically** *(adv.)* ដោយជីវសាស្ត្រ doy chivasas
**biologist** *(n.)* ជីវវិទូ chivak vithou
**biology** *(n.)* ជីវវិទ្យា chivak vithyear
**biomass** *(n.)* ជីវម៉ាស chivak mass
**biometric** *(adj.)* ជីវមាត្រ chivak meat
**bionic** *(adj.)* នៃអវយវៈសិប្បនិម្មិត ney avakyavak sabpaknimith
**biopic** *(n.)* ភាពយន្តជីវប្រវត្តិ pheap yon chivak prawat
**biopsy** *(n.)* ការវិភាគសាច់ kar vipheak sach
**biorhythm** *(n.)* ចង្វាក់ជីវសាស្ត្រ chongvak chivasas
**bioscope** *(n.)* កុនរូបភាពមានចលនា kon roubpheap mean cholana
**bioscopy** *(n.)* ការពិនិត្យមើលមនុស្សស្លាប់ឬនៅ karpinit meul mnous slab reu nov
**bipartisan** *(adj.)* ដែលរួមបក្សទាំងពីរ del ruom bak teangpi
**bipolar** *(adj.)* ជំងឺបាយប៉ូឡា chomngeu bipolar
**biracial** *(adj.)* នៃពូជសាសន៍ពីរ ney pouch sas pi
**bird** *(n.)* បក្សី baksei
**birdlime** *(n.)* ជីរបាម សម្រាប់ដាក់ឱ្យជាប់សត្វ chor bam samrab dak oy choab sat
**birth** *(n.)* កំណើត kamnert
**birthdate** *(n.)* ថ្ងៃខែឆ្នាំកំណើត thngai khae chhnam kamnert
**birthday** *(n.)* ថ្ងៃកំណើត thngai kamnert
**birthmark** *(n.)* ឆ្នោ chhnao
**biscuit** *(n.)* នំប៊ីសស្ទីត nom biscuit
**bisect** *(v.)* ចែកជាពីរចំណែក chaek chea pi chomnaek
**bisexual** *(adj.)* ស្រឡាញ់ពីរភេទ sralanh pi pet
**bishop** *(n.)* សង្ឃរាជគ្រិស្ត songrach kris
**bison** *(n.)* គោព្រៃអាមេរិក ko prey americ
**bisque** *(n.)* ស៊ុបម្យ៉ាង soup myang
**bistro** *(n.)* ភោជនីយដ្ឋានតូច poucheaneythan tauch
**bit** *(n.)* ចំណែក chomnaek

**bitch** *(n.)* ឆ្កែញី chhkae nhi
**bitcoin** *(n.)* រូបិយបណ្ណអេឡិចត្រូនិក roubeyabann electronik
**bite** *(v.)* ខាំ kham
**biting** *(adj.)* ដែលខាំ del kham
**bitter** *(adj.)* ជូរចត់ chou chort
**bitterness** *(n.)* ភាពល្វីងជូរចត់ pheap laving chou chort
**bi-weekly** *(adj.)* ពីរសប្តាហ៍ម្តង pi sa bada mdong
**bizarre** *(adj.)* ចម្លែក chamlaek
**blab** *(v.)* និយាយមិនបានការ niyeay min ban kar
**blabber** *(n.)* អ្នកនិយាយមិនបានការ nak niyeay min ban kar
**black** *(adj.)* ខ្មៅ khmao
**blackbird** *(n.)* សត្វជំពូកសារិកាកែវ sat chompouk sarikakeo
**blackboard** *(n.)* ក្តាខៀន kda khien
**blacken** *(v.)* ធ្វើឱ្យខ្មៅ thveu oy khmao
**blacklist** *(n.)* បញ្ជីខ្មៅ banhchi khmao
**blackmail** *(n.)* ការគំរាមរកប្រយោជន៍ kar komream rok prayoach
**blackmailer** *(n.)* អ្នកគំរាមរកប្រយោជន៍ nak komream rok prayoach
**blackout** *(n.)* ការដាច់ភ្លើង kar dach phleung
**blacksmith** *(n.)* ជាងដែក cheang daek
**bladder** *(n.)* ប្លោកនោម blaok nom
**blade** *(n.)* ផ្លែកាំបិត blae kambeth
**blame** *(v.)* ស្តីបន្ទោស sdei bantos
**blanch** *(v.)* ស្រុះ srous
**bland** *(adj.)* សាប sab
**blank** *(adj.)* ទទេ tor te
**blanket** *(n.)* ភួយ phuoy
**blare** *(v.)* លាន់រំពង loarn rompong
**blaspheme** *(n.)* ការប្រមាថ kar bramath
**blasphemy** *(n.)* ការប្រមាថព្រះ kar bramath preah
**blast** *(n.)* ផ្ទុះ phtouh
**blatant** *(adj.)* ដោយឥតលាក់លៀម del ot leakliem
**blaze** *(n.)* ការឆេះឡើង kar cheh lerng

**blazer** *(n.)* អាវធំ ជាឯកសណ្ឋាន avthom chea eksanthan
**blazing** *(adj.)* នេះសន្ធោសន្ធៅ chhes sonthoar sonthov
**blazon** *(v.)* បង្ហាញយ៉ាងរស់រវើក bonghanh yang ros roverk
**bleach** *(v.)* ធ្វើឱ្យស tver oy sor
**bleak** *(adj.)* ងងឹតអាប់អួរ ngor nget arb aur
**bleary** *(adj.)* ដែលស្រវាំង del srorvang
**bleat** *(v.)* យំដូចចៀម yum doch cheam
**bleb** *(n.)* ពងស្បែក pong sbaek
**bleed** *(v.)* ហូរឈាម hau chheam
**blemish** *(n.)* ស្នាមជាំ snam choam
**blench** *(v.)* ក្រញែងខ្លួន kro nhaeng kloun
**blend** *(v.)* បញ្ចូលគ្នា banhchoul knea
**blender** *(n.)* ម៉ាស៊ីនក្រឡុក masin kroloak
**bless** *(v.)* ជូនពរ chuon paur
**blessed** *(adj.)* ដែលទទួលពរ tor toul por
**blessing** *(n.)* ពរជ័យ por chey
**blight** *(n.)* អ្វីដែលបណ្តាលឱ្យវិនាស avei del bandal oy vineas
**blind** *(adj.)* ខ្វាក់ khvak
**blindage** *(n.)* របាំងការពារ robang kapear
**blindfold** *(n.)* ការចងបិទភ្នែក kar chong bet phnek
**blindness** *(n.)* ភាពពិការភ្នែក pheap pikar phnek
**bling** *(n.)* របស់របរថ្លៃៗ robos robor thlay thlay
**blink** *(v.)* ព្រិចភ្នែក prich phnek
**blip** *(n.)* សូរខ្លីនៃគ្រឿងអេឡិចត្រូនិក sau khlei nei krueng electraunik
**bliss** *(n.)* សុខៈ so khak
**blister** *(n.)* ពងបែក pongbaek
**blithe** *(adj.)* ដែលសប្បាយអត់ខ្វល់ del sabay ot kvol
**blitz** *(n.)* ការវាយប្រហារភ្លាមៗ kar veay broha pleam pleam
**blizzard** *(n.)* ព្យុះព្រិល pyouh pril
**bloat** *(v.)* ហើមពោះ herm poh
**blob** *(n.)* ស្នាមប្រឡាក់នៃធាតុរាវក្រាស់ snam prolak nei theat reav kras
**bloc** *(n.)* ប្លុក blok
**block** *(n.)* រារាំង reareang

**blockage** (n.) ការស្ទះ kar steah
**blockbuster** (n.) គ្រាប់បែកមានថាមពលយ៉ាងខ្លាំង blok
**blockhead** (n.) ក្បាលក្បាល kbal kbal
**blog** (n.) ប្លុក blog
**blogger** (n.) អ្នកសរសេរប្លុក nak sar se blog
**blood** (n.) ឈាម chheam
**bloodshed** (n.) ការបង្ហូរឈាម kar banghou chheam
**bloody** (adj.) ដែលហូរឈាម del hou chheam
**bloom** (v.) ផ្ការីក phka rik
**bloomer** (n.) រុក្ខជាតិដែលរីកផ្កា rokhakcheat del rik phka
**blot** (n.) ស្នាមប្រឡាក់ខ្មៅ snam prolak kmao
**blotted** (adj.) ដែលប្រឡាក់ del prolak
**blouse** (n.) អាវ av
**blow** (v.) ផ្លុំ phlom
**blowout** (n.) ការផ្ទុះកង kar ptus kong
**blowsy** (adj.) ដែលស្រអាប់ក្រឹម del sror ab kreum
**blue** (n.) ខៀវ khiev
**bluetooth** (n.) ប៊្លូធូស blouetooth
**bluff** (v.) អួតខ្លួន outh kluon
**blunder** (n.) កំហុសផ្ដេសផ្ដាស kamhos phdes phdas
**blundering** (adj.) ដែលធ្វើផ្ដេសផ្ដាស del tver phdes phdas
**blunt** (adj.) ដែលរិល del ril
**bluntly** (adv.) ដោយត្រង់ៗ doy trong trong
**blur** (v.) ធ្វើឱ្យព្រិល tver oy pril
**blurb** (n.) ទំព័រផ្សាយពាណិជ្ជកម្ម tompor phsaay peanechchakam
**blurt** (v.) របូតមាត់ robaut mout
**blush** (v.) ឡើងក្រហម lerng krahorm
**blusher** (n.) ម្សៅផាត់ថ្ពាល់ masao phat thporl
**bluster** (v.) និយាយដោយកំហឹង niyeay doy komhoeung
**boa** (n.) ពស់ថ្លាន់ pors thlarn
**boar** (n.) ជ្រូកព្រៃ chrouk prei
**board** (n.) ក្ដារ kdar
**board game** (n.) ល្បែងក្ដារ labaeng kdar
**boarding** (n.) ក្ដារក្រាល kdar kral

**boarding school** (n.) សាលារៀនដែលផ្ដល់បន្ទប់ស្នាក់នៅនិង អាហារ salarien del phdal bantob snaknov ning ahar
**boast** (v.) អួត uot
**boat** (n.) ទូក touk
**boathouse** (n.) កន្លែងទុកទូក konlaeng tuk touk
**boatman** (n.) អ្នកជួលទូក nak chuol touk
**bob** (v.) មុជងើបៗ muoch ngerb muoch ngerb
**bobbin** (n.) ហុងអំបោះ hong omboah
**bobble** (n.) ការធ្វើឱ្យរបូតពីដៃ kar tver oy robout pi dai
**bodice** (n.) អាវទ្រនាប់ av tronoab
**bodily** (adv.) ដោយរាងកាយ doy reang kay
**body** (n.) រាងកាយ reang kay
**bodyguard** (n.) អង្គរក្ស angkorak
**bog** (n.) ឡាប់ labab
**bogland** (n.) ដីវាលភក់ dey veal pouk
**boglet** (n.) ភក់ pouk
**bogus** (adj.) ក្លែងក្លាយ klaeng klay
**bohemian** (adj.) ដែលខុសពីគេក្នុងសង្គម del khos pi ke knung songkum
**boil** (v.) ពុះ pouh
**boiler** (n.) ឡចំហាយទឹក lor chamhay teuk
**boisterous** (adj.) ដែលខ្ញើរខ្ញារ del khnhiev khnha
**bold** (adj.) ក្លាហាន klaharn
**boldly** (adv.) ដោយក្លាហាន doy klaharn
**boldness** (n.) ភាពក្លាហាន pheap klaharn
**bolero** (n.) ចង្វាក់បូលេរ៉ូ chongvak bolero
**bollard** (n.) បង្គោលខ្លីៗតាមចំណើមថ្នល់ bongkoal khley kley tam chencherm thnorl
**bollocks** (n.) ពងស្វាស pong svas
**bolt** (n.) បន្ទួញសោរ bolt
**bomb** (n.) គ្រាប់បែក kroab baek
**bombard** (v.) វាយប្រហារដោយគ្រាប់បែក veay prohar doy kroab baek
**bombardier** (n.) ទាហានទម្លាក់គ្រាប់បែក tea hean tomlak kroab baek
**bombardment** (n.) ការទម្លាក់គ្រាប់បែក kar tomleak kroab baek

**bomber** *(n.)* អ្នកបំផ្លះគ្រាប់បែក nak bamphtoh kroab baek
**bonafide** *(adj.)* ពិត pit
**bonanza** *(n.)* ការប៉ះលាភធំ kar pas leap thom
**bond** *(n.)* ចំណងមិត្តភាព chamnong mitapheap
**bondage** *(n.)* ទាសភាព teasapheap
**bonds** *(n.pl.)* សញ្ញាបណ្ណ sanha bann
**bone** *(n.)* ឆ្អឹង chhaoeng
**boneless** *(adj.)* គ្មានឆ្អឹង kmean chhaoeng
**bonfire** *(n.)* ភ្លើងភ្លើង phnouk phleurng
**bonnet** *(n.)* មួកមានជាយធំ muok mean cheay thom
**bonus** *(n.)* ប្រាក់រង្វាន់ brak rongvorn
**book** *(n.)* សៀវភៅ sievphov
**book** *(v.)* កក់ kok
**bookie** *(n.)* អ្នកធ្វើសៀវភៅ nak tver sievphov
**bookish** *(adj.)* ដែលចូលចិត្តអាន del chaul chet arn
**bookish** *(n.)* អ្នកចូលចិត្តអាន nak chaul chet arn
**book-keeper** *(n.)* អ្នកកត់ប្រតិបត្តិការជំនួញ nak kot bratibatkar chomnuonh
**booklet** *(n.)* កូនសៀវភៅ kaun sievphov
**bookmaker** *(n.)* មេភ្នាល់ me phnorl
**bookmark** *(n.)* វត្ថុដែលសឹកក្នុងសៀវភៅដើម្បីចំណាំទំព័រ vottho del shork knong sievphov dermbey chamnam tompor
**bookseller** *(n.)* អ្នកលក់សៀវភៅ nak luok sievphov
**bookshop** *(n.)* ហាងលក់សៀវភៅ hang luok sievphov
**bookstall** *(n.)* តូបលក់សៀវភៅ taub luok sievphov
**bookworm** *(n.)* អ្នកចូលចិត្តអានសៀវភៅ nak choul chet arn sievphov
**boom** *(n.)* ការរីកចម្រើន kar rik chamreun
**boon** *(n.)* ពរជ័យ por chey
**boor** *(n.)* មនុស្សល្ងីល្ងើ monus chhleuy
**boost** *(n.)* ការជំរុញ kar chomrounh
**boost** *(v.)* ជំរុញ chomrounh

**booster** *(n.)* អ្នកជំរុញតម្រៃ nak chomrounch kom tror
**boot** *(n.)* ស្បែកជើងការវែង sbaek cheung kor veng
**booth** *(n.)* ស្តង់ storng
**booty** *(n.)* របស់យកបានពីសង្គ្រាម robors yok ban pi songkream
**booze** *(v.)* ផឹកស្រា phoek sra
**border** *(n.)* ព្រំដែន promdaen
**bore** *(v.)* ចុញទ្រាន់ thounh troan
**born** *(adj.)* កើត kert
**borne** *(adj.)* តាមរយៈ tam royak
**borough** *(n.)* សង្កាត់ songkat
**borrow** *(v.)* ខ្ចី khchei
**bosom** *(n.)* ដើមទ្រូងស្ត្រី derm troung strei
**boss** *(n.)* ថៅកែ thavkae
**bossy** *(adj.)* ដែលក្តេងក្តាង del ka eng ka arng
**botanical** *(adj.)* នៃរុក្ខសាស្ត្រ ney roukkhaksas
**botany** *(n.)* រុក្ខសាស្ត្រ roukkhaksas
**botch** *(v.)* ធ្វើខ្ជីខ្ជា thveu khchei khchea
**both** *(adj & pron.)* ទាំងពីរ teangpi
**bother** *(v.)* រំខាន romkhan
**botheration** *(n.)* ការរំខាន kar romkhan
**bottle** *(n.)* ដប dorb
**bottom** *(n.)* បាត bat
**bough** *(n.)* មែកឈើ maek chheu
**boulder** *(n.)* ដុំថ្មធំៗ daum thmor thom thom
**boulevard** *(n.)* មហាវិថី mohavithei
**bounce** *(v.)* លោត loat
**bouncer** *(n.)* អ្នកការពារនៅក្លឹបរាត្រី nak kapear nov khleub reatrey
**bound** *(v.)* ដើរលោតៗ der loat loat
**boundary** *(n.)* ព្រំដែន promdaen
**bountiful** *(adj.)* បរិបូណ៌ boribau
**bounty** *(n.)* អំណោយទាន amnaoy tean
**bouquet** *(n.)* បាច់ផ្កា bach phkar
**bourgeois** *(adj.)* នៃវណ្ណៈកណ្តាល ney vannak kandal
**bourgeoise** *(n.)* វណ្ណៈកណ្តាល vannak kandal
**bout** *(n.)* ពេលខ្លី pel kley

**boutique** *(n.)* ហាងលក់សំលៀកបំពាក់ទាន់សម័យ hang luok saamliekbampeak toansamai
**bow** *(n.)* ធ្នូ thnou
**bowel** *(n.)* ពោះវៀន pohvien
**bower** *(n.)* ម្លប់ឈើ maloub chheu
**bowl** *(n.)* ចានគោម chan koam
**bowler** *(n.)* អ្នកលេងប៉ូល nak leng bul
**box** *(n.)* ប្រអប់ bra orb
**boxer** *(n)* អ្នកប្រដាល់ nak bradal
**boxing** *(n.)* ប្រដាល់ bradal
**boy** *(n.)* ក្មេងប្រុស kmeng bros
**boycott** *(v.)* ធ្វើពហិការ thveu peak hi kar
**boyhood** *(n.)* កុមារភាពក្មេងប្រុស komarpheap kmeng bros
**boyish** *(adj.)* ដូចក្មេងប្រុស doch kmeng bros
**bra** *(n.)* អាវទ្រនាប់ av tronoab
**brace** *(n.)* រណប ronorb
**bracelet** *(n.)* ខ្សែដៃ khsae dai
**braces** *(n.)* ដែកពាក់ធ្មេញ daek puth thmenh
**bracing** *(adj.)* ស្រស់ស្រាយ sros sray
**bracken** *(n.)* ដើមឈើម្យ៉ាង derm chheu myang
**bracket** *(n.)* វង់ក្រចក vong krachork
**brackish** *(adj.)* ដែលប្រៃបន្តិចៗ del brai bontich bontich
**brag** *(v.)* អួត uot
**braggart** *(n.)* មនុស្សអួត monus uot
**braid** *(n.)* សក់ក្រង sork krorng
**braille** *(n.)* អក្សរសម្រាប់មនុស្សខ្វាក់ aksor samrab mnous khvak
**brain** *(n.)* ខួរក្បាល khuor kbal
**brainchild** *(n.)* គំនិតថ្មីប្រឌិតផ្តល់ komnit chhnai bradit phtorl
**brainstorm** *(n.)* ការបំផុសគំនិត kar bomphous komnit
**brainy** *(adj.)* ឆ្លាត chhlart
**braise** *(v.)* ខ khor
**brake** *(n.)* ហ្វ្រាំង frang
**brake** *(v.)* ចាប់ហ្វ្រាំង chab frang
**bran** *(n.)* កន្ទក់ kantok
**branch** *(n.)* សាខា sa kha
**brand** *(n.)* យីហោ yihoar

**branding** *(n.)* ការផ្សព្វផ្សាយផលិតផល kar phsorb phsai phorlitaphorl
**brandish** *(v.)* គ្រវី kro vi
**brandy** *(n.)* ស្រាប្រែនឌី sra brandy
**brangle** *(v.)* ឈ្លោះខ្លាំងៗ chhluos klang klang
**brash** *(adj.)* ដែលមានអំនួតលើខ្លួនឯងជ្រុល del mean amnuot leu khluon eng chroul
**brass** *(n.)* លង្ហិន longhin
**brasserie** *(n.)* ភោជនីយដ្ឋានបែបបារាំង phochniyathan baeb barang
**brat** *(n.)* ក្មេងរបិលរបូច kmeng robil robauch
**bravado** *(n.)* ការធ្វើឫកក្លាហាន kar tver reuk klaharn
**brave** *(adj.)* ក្លាហាន klahan
**bravery** *(n.)* ភាពក្លាហាន pheap klahan
**brawl** *(n.)* ការវាយតប់ kar veay tob
**brawn** *(n.)* កម្លាំងកាយ komlang kai
**bray** *(n.)* សម្រែកលា somraek lea
**braze** *(v.)* ផ្សារនឹងលោហធាតុ psar neung lohak theat
**breach** *(v.)* រំលោភច្បាប់ romloph cbab
**bread** *(n.)* នំប៉័ង nombang
**breadcrumb** *(n.)* កំទេចនំប៉័ង komtich nombang
**breaded** *(adj.)* ដែលលាយកំទេចនំប៉័ង del leay komtich nombang
**breadth** *(n.)* ទំហំទទឹង tomhoum torteung
**breadwinner** *(n.)* អ្នករកស៊ីចិញ្ចឹមគ្រួសារ nak roksi chenhcheum kruorsar
**break** *(v.)* បំបែក bambaek
**break point** *(n.)* ចំណុចបំបែក chamnoch bambaek
**breakage** *(n.)* ការបំបែក kar bombaek
**breakdown** *(n.)* ការខូចដំណើរការ kar khouch domnerka
**breakfast** *(n.)* អាហារពេលព្រឹក ahar pelpreuk
**breakfront** *(n.)* អ្វីដែលលយចេញ avey del loay chenh
**breaking** *(n.)* ការបំបែក kar bambek
**break-off** *(n.)* ការឈប់ភ្លាមៗ kar chhoub pleam pleam

**breakout** *(n.)* ការរត់ចេញពីពន្ធនាគារ kar ruot chenh pi pontheanearkea
**breaktime** *(n.)* ម៉ោងសម្រាក maong samrak
**breakup** *(n.)* ការបែកបាក់ស្នេហា kar baekbak sneha
**breast** *(v.)* ប្រឈមមុខ brochhoam mukh
**breast** *(n.)* សុដន់ sodon
**breastfeed** *(v.)* បំបៅកូនដោយទឹកដោះ bambao kaun doy teukdoah
**breath** *(n.)* ដង្ហើម dangheum
**breathe** *(v.)* ដកដង្ហើម dork dangheum
**breathtaking** *(adj.)* អស្ចារ្យ aschar
**breech** *(n.)* កំបិះគូទ kompes kuth
**breed** *(v.)* បង្កាត់ពូជ bongkat puoch
**breeze** *(n.)* ខ្យល់ khyal
**breviary** *(n.)* សៀវភៅសូត្រមន្ត sievphov sout moun
**brevity** *(n.)* ភាពខ្លីនិងច្បាស់លាស់ pheap kley neung chhbas lors
**brew** *(v.)* ធ្វើភេសជ្ជៈ tver pesachak
**brewery** *(n.)* រោងចក្រស្រាបៀរ roangchak sra bier
**bribe** *(v.)* សំណូក saamnauk
**brick** *(n.)* ឥដ្ឋ idth
**bridal** *(adj.)* នៃកូនក្រមុំ nei kaun kramoum
**bride** *(n.)* កូនក្រមុំ kaun kramoum
**bridegroom** *(n.)* កូនកំឡោះ kaunkamloh
**bridesmaid** *(n.)* អ្នកកំដរកូនក្រមុំ nak komdor kaun kramoum
**bridge** *(n.)* ស្ពាន spean
**bridle** *(n.)* បង្ហៀរសេះ bonghear ses
**brief** *(adj.)* ដែលសង្ខេប del sangkheb
**briefcase** *(n.)* វ៉ាលីយួរដៃ vea li yuor dai
**briefing** *(n.)* ការប្រាប់យ៉ាងសង្ខេប kar brab yang songkheb
**brigade** *(n.)* កងពលតូច kang pol tauch
**brigadier** *(n.)* ឧត្តមសេនីយត្រី ukdom seneitrei
**brigand** *(n.)* ចោរព្រៃ choar prei
**bright** *(adj.)* ភ្លឺ phleu
**brighten** *(v.)* បំភ្លឺ bom phleu
**brightness** *(n.)* ពន្លឺ ponleu

**brilliance** *(n.)* ភាពណាស់វៃពិសេស pheap chhleasvei pises
**brilliant** *(adj.)* អស្ចារ្យ aschar
**brim** *(n.)* គែម kem
**brine** *(n.)* ទឹកអំបិល teuk ombil
**bring** *(v.)* នាំយក noam yok
**brinjal** *(n.)* ត្រប់ខារ trob khar
**brink** *(n.)* មាត់ទឹក mouth teuk
**briquet** *(n.)* ដុំធ្យូង dom thyuong
**brisk** *(adj.)* រហ័ស rohsa
**bristle** *(n.)* រោមរឹងៗ roam reung reung
**british** *(adj.)* នៃប្រទេសអង់គ្លេស ney brotes angkles
**brittle** *(adj.)* ផុយស្រួយ phoy sruoy
**broad** *(adj.)* ទូលំទូលាយ toulom touleay
**broadband** *(n.)* បណ្តាញអ៊ិនធឺណិតល្បឿនលឿន bondanh internet lbeurn leun
**broadcast** *(v.)* ផ្សាយ phsaay
**broadway** *(n.)* ផ្លូវធំ phlauv thom
**brocade** *(n.)* ចរបាប់ chorobab
**broccoli** *(n.)* ផ្កាខាត់ណាខៀវ phka khatna khiev
**brochure** *(n.)* ខិត្តប័ណ្ណ khettabann
**broke** *(adj.)* ដាច់ឃ្យ៉ៃ dach yai
**broken** *(v.)* ខូច khauch
**broker** *(n.)* ឈ្មួញកណ្តាល chhmuonh kondal
**brokerage** *(n.)* ការធ្វើឈ្មួញកណ្តាល kar tver chhmuonh kondal
**bromide** *(n.)* ជាតុគីមីប្រូម theat kimi broum
**bronchial** *(adj.)* នៃទងសួត nei tongsuot
**bronchitis** *(n.)* ជំងឺរលាកទងសួត chomngeu roleak tongsuot
**bronze** *(n.)* សំរិទ្ធ saam ritth
**brooch** *(n.)* កន្លាស់អាវ konlas av
**brood** *(n.)* កូនសត្វដែលញាស់ពេលតែមួយ koun sat del nhors pel tae mouy
**brook** *(n.)* កូនព្រែក koun prek
**broom** *(n.)* អំបោស ombaos
**broth** *(n.)* ទឹកស៊ុប teuk soup
**brothel** *(n.)* ផ្ទះបន phteahborn
**brother** *(n.)* បងប្អូនប្រុស bong pa oun bros

**brotherhood** *(n.)* ភាពជាបងប្អូនប្រុស pheap chea bongpa oun bros
**brouge** *(n.)* ស្បែកជើងស្បែក sbaek cheung sbek
**brow** *(n.)* ថ្ងាស thngas
**brown** *(adj.)* ពណ៌ត្នោត por tnaot
**browse** *(v.)* រុករក rouk rok
**browser** *(n.)* កម្មវិធីរុករក kamvithi roukrok
**bruise** *(n.)* ស្នាមជាំ snam choam
**brunch** *(n.)* អាហារចន្លោះពេលព្រឹកនិងថ្ងៃត្រង់ ahar chonlors pelpreuk ning thngai trong
**brunette** *(n.)* ស្ត្រីសក់ពណ៌ត្នោតចាស់ strey sok por tnoat chas
**brunt** *(n.)* ដាំដោយការរវាយ choam doy kar veay
**brush** *(n.)* ជក់ chuk
**brusque** *(adj.)* គំរោះគំរើយ kom ros kom reuy
**brutal** *(adj.)* យោរឃៅ khor khov
**brutalize** *(v.)* ធ្វើឱ្យយោរឃៅ khor khov
**brute** *(n.)* មនុស្សតិរច្ឆាន mnous de ri chhan
**brutify** *(v.)* ក្លាយជាសត្វតិរច្ឆាន klay chea satt de ri chhan
**brutish** *(adj.)* ដែលដូចសត្វតិរច្ឆាន del douch satt de ri chhan
**bubble** *(n.)* ពពុះ porpouh
**bubble wrap** *(n.)* ប្លាស្ទិចសម្រាប់រុំអីវ៉ាន់ plastic somrab rom eivann
**bubblegum** *(n.)* ស្ករកៅស៊ូ skor kavsu
**buck** *(n.)* ដុល្លារ dollar
**bucket** *(n.)* ធុង thoung
**bucket list** *(n.)* រឿងដែលចង់ធ្វើក្នុងជីវិត reurng del chong tver knoung chivet
**buckle** *(n.)* ក្លាស់កន្លឹះ klas konleus
**bud** *(n.)* ពន្លក ponlork
**budding** *(adj.)* ដែលកំពុងចេញពន្លក del kompong chenh ponlork
**buddy** *(n.)* មិត្តភក្តិ mittpheak
**budge** *(v.)* កម្រើក kom rerk
**budget** *(n.)* ថវិកា thavika
**buff** *(n.)* ពណ៌ត្នោត por thnoat
**buffalo** *(n.)* ក្របី krabei
**buffer** *(n.)* ខែលការពារ khael kapear

**buffer zone** *(n.)* តំបន់ទ្រនាប់ dombon tronoab
**buffet** *(n.)* អាហារប៊ូហ្វេ ahar boufe
**buffoon** *(n.)* តួកក់កំប្លែង tlork komblaeng
**bug** *(n.)* កំហុស kamhos
**buggy** *(n.)* រទេះរុញកូនងែត roteh rounh kaunnget
**bugle** *(n.)* ប៉្រែ trae
**build** *(v.)* កសាង korsang
**builder** *(n.)* អ្នកសាងសង់ naksang song
**building** *(n.)* អគារ akear
**bulb** *(n.)* អំពូល ampoul
**bulbous** *(adj.)* មូល moul
**bulge** *(n.)* ការឡើងប៉ោង kar lerng baong
**bulimia** *(n.)* ជំងឺញាំចូលនិងក្អួតខ្លាចធាត់ chomngeu nham chroul ning pheykhlach thoat
**bulk** *(n.)* ភាគច្រើន pheakchrern
**bulky** *(adj.)* សំពីងសំពោង saamping saampong
**bull** *(n.)* គោ ko
**bull's eye** *(n.)* ភ្នែកគោ phnek ko
**bulldog** *(n.)* ឆ្កែប៊ុលដក bulldog
**bulldozer** *(n.)* ម៉ាស៊ីនឈូសរុញដី machine chhus reu ronh dey
**bullet** *(n.)* គ្រាប់កាំភ្លើង kroab kamphleung
**bullet train** *(n.)* រថភ្លើងល្បឿនលឿន rothaphleung lbuen luen
**bulletin** *(n.)* ព្រឹត្តិប័ត្រព័ត៌មាន pruttebatt poramean
**bulletproof** *(adj.)* ដែលការពារគ្រាប់កាំភ្លើង del kapear kroab kamphleung
**bullion** *(n.)* ដុំមាសឬប្រាក់ dom meas reu brak
**bullish** *(adj.)* ដែលសុទិដ្ឋិនិយម del sotitheniyum
**bullock** *(n.)* គោក្រៀវ ko kriev
**bully** *(n.)* មនុស្សដែលចូលចិត្តសម្លុតគេ monus del choul chet samlout ke
**bulwark** *(n.)* កំពែង kompaeng
**bumble** *(v.)* និយាយឡប់ឡប់ niyeay leb lorb
**bump** *(n.)* ការបុកគ្នា kar bok knea
**bumper** *(n.)* កាងឡាន karng larn

bumpkin *(n.)* មនុស្សស៊ម្រៃ monus somrae
bun *(n.)* នំបុ័ងសក់ phnoung sok
bunch *(n.)* បាច់ bach
bundle *(n.)* កណ្តាប់ kondab
bungalow *(n.)* បឹងហ្គាឡូ boeng ka lo
bungee jumping *(n.)* លោតចងហ្គី loat bangki
bungle *(v.)* ធ្វើការធ្វេសប្រហែស thveukar thvesbrahes
bungle *(n.)* កិច្ចការដែលធ្វេសប្រហែស kechkar thvesbrahes
bunk *(n.)* លេនដ្ឋាន le nodthan
bunk bed *(n.)* គ្រែតូចមានពីរជាន់ krae touch touch meang pi jorn
bunker *(n.)* លេនដ្ឋាន lenothan
buoy *(n.)* ពោងសញ្ញាប្រាប់ផ្លូវនាវា pong sanhnha brab phlauv neavea
buoyant *(adj.)* ដែលអណ្តែត del ondet
burble *(v.)* បន្លឺគស់ឡេងស្វរតិចៗ bangkert samleng sau tich tich
burden *(n.)* បន្ទុក bantouk
burdensome *(adj.)* ដែលជាបន្ទុក del chea bantouk
bureacuracy *(n.)* ការិយាធិបតេយ្យ kariya thebpatai
bureau *(n.)* ការិយាល័យ kariyalai
bureaucrat *(n.)* អ្នកធ្វើការក្នុងការិយាល័យសាធារណៈ nak tver ka knoung kariyalai sathearanak
burgeon *(v.)* រីកដុះដាល rik doh dal
burger *(n.)* ប៊ឺហ្គឺរ beu keur
burglar *(n.)* ចោរគាស់ផ្ទះ chaor koas phteah
burglar alarm *(n.)* សំឡេងរោទ៍ពេលមានចោរចូល saamleng ro pel mean chaor choul
burglary *(n.)* ការលបចូលលួច kar lorb chol luoch
burial *(n.)* ការបញ្ចុះ kar banhchouh
burke *(v.)* សម្លាប់ដោយបង្គត់ដង្ហើម samlab daoy bangaot dangheum
burlesque *(n.)* កំប្លែង komplaeng
burn *(v.)* ដុត dot
burner *(n.)* ឧបករណ៍ដុត ubakar dot

burning *(adj.)* រោលក roleak
burp *(v.)* ភើ pheu
burrow *(n.)* រូងសត្វ roung sat
bursary *(n.)* ប្រាក់ឧបត្ថម្ភរៀននៅសាកលវិទ្យាល័យ brak ubattham rien nov sakolvityealai
burst *(v.)* ផ្ទុះ phtuh
bursur *(n.)* ហេរញ្ញិកមហាវិទ្យាល័យ heranhnhik mohavityealai
bury *(v.)* កប់ kob
bus *(n.)* ឡានក្រុង lan krong
bus shelter *(n.)* ជំរកឡានក្រុង chomrok lankrong
bus stop *(n.)* ចំណតរថយន្តក្រុង chamnot roth yon krong
bush *(n.)* គុម្ពោត kum poat
bushy *(adj.)* ស៊ុបទ្រុប suob troub
business *(n.)* អាជីវកម្ម achivokamm
business card *(n.)* នាមប័ណ្ណ neambann
business class *(n.)* កៅអីយន្តហោះថ្នាក់ពាណិជ្ជកម្ម kao ei yun hoah thnak peanechchokamm
business plan *(n.)* ផែនការអាជីវកម្ម phenkar achivokamm
businessman *(n.)* អ្នកជំនួញ nak chomnuonh
bustle *(v.)* ខ្នះខ្នែង khnah khnaeng
busy *(adj.)* រវល់ rovol
but *(conj.)* ប៉ុន្តែ pontae
butcher *(n.)* អ្នកកាប់សាច់សត្វ nak kab sach sat
butler *(n.)* អ្នកបម្រើប្រុស nak bomreu bros
butt *(v.)* គូទ kuot
butter *(n.)* ប៊ឺ beu
butterfly *(n.)* មេអំបៅ me ambao
butterhead *(n.)* សាឡាត់ក្តោប salad kdoab
buttermilk *(n.)* ទឹកដោះគោសល់ពីធ្វើប៊ឺ buttermilk
buttock *(n.)* គូទ kuot
button *(n.)* ប៉ូតុង butong
buy *(v.)* ទិញ tinh
buyer *(n.)* អ្នកទិញ nak tinh
buzz *(n.)* សូរងួងៗ sou nguong nguong
buzzer *(n.)* គ្រឿងរោទ៍ kreung roar

**by** *(prep.)* ដោយ doay
**bye** *(interj.)* លាហើយ lea hery
**by-election** *(n.)* ដោយការបោះឆ្នោត doy ka baohchhnaot
**bygone** *(adj.)* ដែលកន្លងទៅហើយ del konlong tov hery
**bylaw, bye-law** *(n.)* ដីកា, ច្បាប់ deika, chbab
**bypass** *(n.)* ផ្លូវវាង phlauv veang
**by-product** *(n.)* អនុផល anuk phal
**byre** *(n.)* ក្រាលគោ kroal ko
**byte** *(n.)* បៃ bai
**byway** *(n.)* ផ្លូវលំ phlauv lom
**byword** *(n.)* ពាក្យស្លោក peak sloak

# C

**cab** *(n.)* ឡានតាក់ស៊ី larn taxi
**cabana** *(n.)* កញ្ចះ kanhchouh
**cabaret** *(n.)* ក្លឹបកំសាន្ត kleub komsan
**cabbage** *(n.)* ស្ពៃក្តោប spei kdaob
**cabby** *(n.)* អ្នកបើកតាក់ស៊ី nak berk taxi
**cabin** *(n.)* កាប៊ីន kabin
**cabinet** *(n.)* គណៈរដ្ឋមន្ត្រី kanak rothmontrey
**cable** *(n.)* ខ្សែភ្លើង khsae phleurng
**cable car** *(n.)* កន្ត្រកខ្សែកាប kontrork khsae kab
**cable television** *(n.)* ទូរទស្សន៍ខ្សែកាប tourotous khsaekab
**cabuncle** *(n.)* ជំងឺបូស chomngeu bous
**cache** *(n.)* ឃ្លាំងសម្ងាត់ khleang samngat
**cachet** *(n.)* កិត្យានុភាព ketyanoupheap
**cackle** *(v.)* សើចក្តាកក្តាយ serch kaakakaay
**cactus** *(n.)* ដើមដបងយក្ស derm dombong yak
**cad** *(n.)* មនុស្សច្រដែងច្រដាង mnouss chrangeng chrangang
**cadaver** *(n.)* សាកសព sak sob
**cadaverous** *(adj.)* នៃសាកសព nei sak sob

**cadence** *(n.)* ចង្វាក់សំឡេងនៃភាសា chongvak somleng nei pheasa
**cadet** *(n.)* កម្មសិក្សាការីយោធា kammoseksaa kari yothea
**cadge** *(v.)* បានដោយសុំ ban doy soum
**cadmium** *(n.)* ធាតុគីមីកាកម៉្យម theat kimi cadmium
**cafe** *(n.)* ហាងកាហ្វេ hang ka fe
**cafeteria** *(n.)* អាហារដ្ឋាន aharothan
**caffeine** *(n.)* ជាតិកាហ្វេអ៊ីន cheat kahfe in
**cage** *(n.)* ទ្រុង trung
**cajole** *(v.)* លួងលោម luong loam
**cake** *(n.)* នំ nom
**cakewalk** *(v.)* ឈ្នះដោយងាយស្រួល chhneah doy ngeay sruol
**calamity** *(n.)* គ្រោះមហន្តរាយ krohmohantoray
**calcium** *(n.)* កាល់ស្យូម kalsyaum
**calculate** *(v.)* គណនា kaknaknea
**calculation** *(n.)* ការគណនា kar kaknaknea
**calculator** *(n.)* ម៉ាស៊ីនគិតលេខ masin kitlekh
**calendar** *(n.)* ប្រតិទិន bratetin
**calf** *(n.)* កូនគោ kaun ko
**calibrate** *(v.)* ក្រិតតាមខ្នាត kret tamkhnat
**calibration** *(n.)* ការក្រិតខ្នាត kar kret khnat
**calibre** *(n.)* កម្រិតនៃសមត្ថភាព komret samathapheap
**call** *(v.)* ហៅ hao
**call** *(n.)* ការហៅ ka hao
**call centre** *(n.)*
មជ្ឈមណ្ឌលផ្តល់ព័ត៌មានតាមទូរស័ព្ទ mochhakmundol pdal poramean tam tourasap
**caller** *(n.)* អ្នកទូរស័ព្ទចូល anak toursapt chaul
**calligraphy** *(n.)* អក្សរផ្ចង់ aksaarphchang
**calling** *(n.)* ការស្រែកហៅ kar srek hao
**callous** *(adj.)* ដែលគ្មានមេត្តា del otmean meta
**callow** *(adj.)* ដែលក្មេងខ្ចី del khmeng khchey
**calm** *(adj.)* ដែលស្ងប់ស្ងាត់ del sngabsngat
**calmative** *(adj.)* ដែលរំងាប់ការឈឺចាប់ del rom ngoab ka chheu chab
**calmness** *(n.)* ភាពស្ងប់ស្ងាត់ pheap sngabsngat

**calorie** *(n.)* កាឡូរី kalauri
**calorific** *(adj.)* នៃកាឡូរី nei kalauri
**calumniate** *(v.)* មូលបង្កាច់ moul bongkach
**calumny** *(n.)* ការមូលបង្កាច់ kar muol bongkach
**camel** *(n.)* អូដ្ឋ audth
**cameo** *(n.)* ចម្លាក់លៀន chomlak lean
**camera** *(n.)* ការមេរ៉ា kamera
**camlet** *(n.)* ក្រណាត់អត់ជ្រាបទឹក kronat ot chhreab teuk
**camouflage** *(n.)* ការបិតបាំងបំពាន់ភ្នែក kar bet bang bomporn pnek
**camp** *(n.)* ជំរំ chomroum
**campaign** *(n.)* យុទ្ធនាការ youtthoneakar
**camper** *(n.)* អ្នកបោះជំរំ nak boh chomroum
**campfire** *(n.)* ភ្លើងដុតកំដៅតាមជំរំ phleung dot kam dao tam chomroum
**camphor** *(n.)* ប្រេងទេពីរូ breng te pi rou
**campsite** *(n.)* កន្លែងបោះជំរំ kanleng boah chomroum
**campus** *(n.)* បរិវេណសាលា pariven sala
**can** *(v.)* អាច ach
**can** *(n.)* កំប៉ុង kompong
**canal** *(n.)* ប្រឡាយ braleay
**canard** *(n.)* កំប៉ុង kambong
**canary** *(n.)* ចាបចិញ្ចឹមពណ៌លឿង chab chenhcheum porleung
**cancel** *(v.)* បោះបង់ baohbong
**cancellation** *(n.)* ការលុបចោល karloubchaol
**cancer** *(n.)* មហារីក moharik
**candid** *(adj.)* ដែលតគ្លាក់លៀម del et leakliem
**candidacy** *(n.)* បេក្ខភាព bekkhapheap
**candidate** *(n.)* បេក្ខជន bekkhachun
**candle** *(n.)* ទៀន tien
**candlelight** *(n.)* ភ្លើងទៀន pleurng tien
**candour** *(n.)* ភាពត្រង់ pheap trong
**candy** *(n.)* ស្ករគ្រាប់ skor kroab
**cane** *(n.)* ឈើច្រត់ chheu chroat
**canine** *(adj.)* ដែលដូចឆ្កែ del douch chhkae
**canister** *(n.)* ប្រអប់ប្លូកំប៉ុងដែលធ្វើពីដែក braaob kampong del thveu pi dek
**cannabis** *(n.)* កញ្ឆា kanhchha

**cannibal** *(n.)* មនុស្សដែលស៊ីសាច់មនុស្ស mnous del sisaach mnous
**cannibalise** *(v.)* ស៊ីសាច់ពពួកដូចគ្នា sisaach porpouk doch knea
**cannon** *(n.)* កាណុងបាញ់ kanong banh
**cannonade** *(v.)* បាញ់នឹងកាំភ្លើងធំផ្តួនៗ banh nung kamphleungthom phtuon phtuon
**canny** *(adj.)* ដែលឆ្លាត del chhlart
**canon** *(n.)* ក្បួនច្បាប់សាសនា kbuonchbab sasana
**canonize** *(v.)* ដែលចែងក្នុងសាសនបញ្ញត្តិ del cheng knong sasanakbanhnhat
**canopy** *(n.)* ចុងឈើ chong chheu
**canteen** *(n.)* អាហារដ្ឋាន aharothan
**canter** *(n.)* ការផាយ kar phay
**canton** *(n.)* កំបន់ dombon
**cantonment** *(n.)* បន្ទាយ bonteay
**canvas** *(n.)* ផ្ទាំងក្រណាត់ phtang kranat
**canvass** *(v.)* ដើរឃោសនា der khosana
**canyon** *(n.)* អន្លង់ anlong
**cap** *(v.)* គ្របក់រូប kroab komroub
**cap** *(n.)* មួក muok
**capability** *(n.)* លទ្ធភាព letthapheap
**capable** *(adj.)* ដែលមានសមត្ថភាព del mean samatthapheap
**capacious** *(adj.)* ដែលធំទូលាយ del thom touleay
**capacity** *(n.)* សមត្ថភាព samathapheap
**cape** *(n.)* ជ្រោយ chrouy
**capillary** *(n.)* សរសៃឈាមតូចៗ sarsai chheam tauch tauch
**capital** *(n.)* ដើមទុន derm tun
**capitalism** *(n.)* មូលធននិយម moulothonniyoum
**capitalist** *(n.)* ពួកមូលធន pouk moulothon
**capitalize** *(v.)* សរសេរអក្សរធំ sor se aksaw thom
**capitation** *(n.)* ការបង់ថ្លៃសេវាផ្ទែកលើចំនួនមនុស្ស kar bongthlai seva pa ek leu chomnuon monus
**capitulate** *(v.)* ចុះចាញ់ chors chanh
**cappuccino** *(n.)* ការហ្វេកាពូជីណូ cafe cappuccino

**caprice** *(n.)* ចិត្តសាវាំ chet sava
**capricious** *(adj.)* ដែលមាន ចិត្តសាវាំ del mean chet sava
**capricorn** *(n.)* កាព្រីខន capricorn
**capsicum** *(n.)* ម្មេសដ្បោក mates bloak
**capsize** *(v.)* ក្រឡាប់ krawlab
**capsular** *(adj.)* ដែលមានរាងបំពង់ del mean reang bompong
**capsule** *(n.)* គ្រាប់ថ្នាំមួលទ្រវែង krorb thnam moultroveng
**captain** *(n.)* ប្រធានក្រុម brathan krom
**captaincy** *(n.)* ភាពជាប្រធានក្រុម pheap chea brathan krom
**captcha** *(n.)* តេស្តដើម្បីបេងចែកមនុស្សពីកំព្យូទ័រ test dermbey bengchek mnous pi kam pyou tor
**caption** *(n.)* ពាក្យអធិប្បាយ peak akthibai
**captivate** *(v.)* ចាប់ចិត្ត chabchett
**captive** *(adj.)* ដែលជាប់ឃុំ del chorb khoum
**captive** *(n.)* ឈ្លើយ chhleuy
**captivity** *(n.)* ការជាប់ឃុំឃាំង kar choab khoum khaang
**capture** *(n.)* ការចាប់យក kar chab yok
**capture** *(v.)* ចាប់យក chab yok
**car** *(n.)* ឡាន lan
**carabine** *(v.)* ផ្កក់ thpork
**caramel** *(n.)* ស្ករតាំងម៉ែ skor tang mae
**carat** *(n.)* ការ៉ាត់ ka rat
**caravan** *(n.)* រថយន្តសន្ទោង rothyun sondoang
**carbide** *(n.)* សមាសធាតុកាបួន samastheat kabaun
**carbon** *(n.)* កាបួន kabaun
**carbon copy** *(n.)* ចម្លងជួន chamlong choun
**carbonate** *(n.)* កាបូណាត carbonat
**carbonization** *(n.)* ការធ្វើឱ្យទៅជាកាបោន ka tver oy tov chea ka boan
**carbonize** *(v.)* ដុតឱ្យទៅជាធ្យូង dot oy tov chea thyuong
**card** *(n.)* កាត kat
**card reader** *(n.)* ឧបករណ៍បញ្ចូលទិន្នន័យ ubakor banhchoul tinnoney

**cardamom** *(n.)* ក្រវាញ kravanh
**cardboard** *(n.)* ក្រដាសកាតុង kradaas katong
**cardholder** *(n.)* អ្នកមានបណ្ណតណទាន nak mean bann intean
**cardiac** *(adj.)* នៃបេះដូង nei behdaung
**cardiac arrest** *(n.)* ជំងឺគាំងបេះដូង chomngeu keang behdaung
**cardigan** *(n.)* អាវចាក់អត់ក av chak ot kor
**cardinal** *(n.)* សត្វការខីណល់ sat cardinal
**cardiograph** *(n.)* ឧបករណ៍កត់ត្រាចង្វាក់បេះដូង ubakor kottra changvak behdaung
**cardiology** *(n.)* ការសិក្សាពីជំងឺបេះដូង kaseksa chomngeu behdaung
**care** *(v.)* យកចិត្តទុកដាក់ yokchett toukdak
**care** *(n.)* ការយកចិត្តទុកដាក់ ka yokchett toukdak
**career** *(n.)* អាជីព achip
**carefree** *(adj.)* គ្មានកង្វល់ kmean kangvol
**careful** *(adj.)* ប្រយ័ត្ន brayat
**careless** *(adj.)* ធ្វេសប្រហែស thves brahes
**carer** *(n.)* អ្នកថែទាំ nak thae toam
**caress** *(v.)* បបោសអង្អែល borbaos ang ael
**caretaker** *(n.)* អ្នកថែរក្សា nak thae raksaa
**cargo** *(n.)* ទំនិញ tomninh
**caricature** *(n.)* រូបត្លក roub tlok
**carious** *(adj.)* ពុក puk
**carnage** *(n.)* ការសម្លាប់រង្គាល kar samlab rongkeal
**carnal** *(adj.)* នៃកាមគុណ nei kamkun
**carnival** *(n.)* ក្បួនហែ kbuon hae
**carnivore** *(n.)* សត្វស៊ីសាច់ជាអាហារ sat sisaach chea ahar
**carol** *(n.)* ចម្រៀងបុណ្យណូអែល chamrieng bon-nau-el
**carouse** *(v.)* ស៊ីផឹកឡាឡា siphoek laula
**carousel** *(n.)* គ្រឿងក្មេងជិះលេង krueng kmeng chih leng
**carp** *(n.)* ត្រីគល់រាំង trei kulreang
**carpel** *(n.)* លំអងផ្កាញី lom ang phka nhi
**carpenter** *(n.)* ជាងឈើ cheang chher

**carpentry** *(n.)* របរជាងឈើ robor cheang chher
**carpet** *(n.)* កំរាលព្រំ kam ral prom
**carpool** *(n.)* ការជិះឡានតែមួយ kar chis larn tae mouy
**carriage** *(n.)* រទេះ rorteh
**carrier** *(n.)* ក្រុមហ៊ុនដឹកជញ្ជូន kromhun doek chonhchoun
**carrot** *(n.)* ការ៉ុត karot
**carry** *(v.)* កាន់ kan
**carsick** *(adj.)* ពុលឡាន pul larn
**cart** *(n.)* រទេះ roa tes
**cartage** *(n.)* ការដឹកទំនិញតាមរទេះ kar doek tomninh tam roteh
**cartel** *(n.)* ក្រុមហ៊ុនអន្តរជាតិផ្តាច់មុខ kromhun antoracheat phdach moukh
**cartilage** *(n.)* ឆ្អឹងខ្ចី chhaoeng khchei
**cartographer** *(n.)* អ្នកគូរផែនទី nak kour phenti
**carton** *(n.)* ប្រអប់កាតុង bro orb katong
**cartoon** *(n.)* តុក្កតា tokkata
**cartoonist** *(n.)* អ្នកគំនូរជីវចល nak koumnou chivochol
**cartridge** *(n.)* សំបកគ្រាប់កាំភ្លើង saambork kroab kamphleung
**carve** *(v.)* ឆ្លាក់ chhlak
**carving** *(n.)* ការឆ្លាក់ kar chhlak
**cascade** *(n.)* ល្បាក់ទឹក lbak teuk
**case** *(n.)* ករណី karanei
**casern** *(n.)* បន្ទាយទាហាន bonteay teahean
**cash** *(n.)* សាច់ប្រាក់ sachbrak
**cashback** *(n.)* ការទូលបានប្រាក់វិញ kar tortuol ban brak vinh
**cashew** *(n.)* ស្វាយចន្ទី svaychanti
**cashier** *(n.)* អ្នកគិតលុយ nak kit luy
**cashmere** *(n.)* សំពត់ឡែនម្យ៉ាង cashmere
**casing** *(n.)* ស្រោម sraom
**casino** *(n.)* កាស៊ីណូ kasinau
**cask** *(n.)* ធុងឈើសម្រាប់ដាក់ស្រា thoung chheu samrab dak sra
**casket** *(n.)* ប្រអប់គ្រឿងអលង្ការ bra orb krueng alangkar
**casserole** *(n.)* ឆ្នាំងភ្លើង chhnang phleung

**cassette** *(n.)* កាសែត kaset
**cast** *(v.)* បោះចោល boah choal
**cast** *(n.)* ការបោះចោល kar boah choal
**caste** *(n.)* វណ្ណៈ vannak
**castellan** *(n.)* អ្នកថែរក្សាវិមាន nak thaeraksa vimean
**caster** *(n.)* កងរទេះ kong roteh
**castigate** *(v.)* រិះគន់ rih kun
**casting** *(n.)* ការចាក់ពុម្ព kar chak poum
**castle** *(n.)* ប្រាសាទ brasaat
**castor oil** *(n.)* ប្រេងល្ហុងខ្វង breng lhoung khvorng
**casual** *(adj.)* ធម្មតា thommada
**casualty** *(n.)* អ្នករងគ្រោះ nak rong kruoh
**cat** *(n.)* ឆ្មា chhma
**cataclysm** *(n.)* គ្រោះមហន្តរាយ kroh mohantoray
**catacomb** *(n.)* កន្លែងបញ្ចុះសព kanleng banhchouh sop
**catalogue** *(n.)* កាតាឡុក katalok
**catalyse** *(v.)* ធ្វើជាកាតាលីករ tver chea katalikor
**catalyst** *(n.)* កាតាលីករ katalikor
**catalyzer** *(n.)* ប្រអប់លែងឧស្មនពុល braab bamleng usman pul
**catapult** *(n.)* ចំពាមកៅស៊ូ champeam kaosuu
**cataract** *(n.)* ជំងឺភ្នែកឡើងបាយ chomngeu phnek lerngbay
**catastrophe** *(n.)* មហន្តរាយ mohantoray
**catastrophic** *(adj.)* នៃមហន្តរាយ nei mohantoray
**catch** *(v.)* ចាប់ chab
**catching** *(adj.)* ដែលឆ្លងរោគ del chhlorng roak
**categorical** *(adj.)* នៃប្រភេទ nei braphet
**category** *(n.)* ប្រភេទ braphet
**cater** *(v.)* ផ្តល់ម្ហូបអាហារ phdol mhoub aahar
**caterer** *(n.)* អ្នកធ្វើរៀបចំម្ហូប nak thveu riebchom mhoub
**caterpillar** *(n.)* ដង្កូវ dangkouv
**catfight** *(n.)* ការវាយគ្នារបស់ស្ត្រី kar veay knea robors strey
**catfish** *(n.)* ត្រីទឹកសាប trei teuksab

**catharsis** (n.) ការបន្លួរអារម្មណ៍ kar bonthou arom
**cathedral** (n.) វិហារ vihear
**catholic** (adj.) នៃសាសនាកាតូលិក nei sasana kataulik
**catholicism** (n.) សាសនាកាតូលិក sasana kataulik
**cattle** (n.) គោក្របី ko krabei
**catwalk** (n.) ការដើរបង្ហាញម៉ូដ kar der banghanh maud
**caudal** (adj.) នៃកន្ទុយ nei kontuy
**cauldron** (n.) ឆ្នាំងធំសម្រាប់ដាំទឹក chhnang thom samrab damteuk
**cauliflower** (n.) ផ្កាខាត់ណា phka khatna
**causal** (adj.) ដែលបង្កហេតុ del bangkor het
**causality** (n.) ទំនាក់ទំនងហេតុនិងផល tomneak tomnong het ning phal
**causation** (n.) ការបង្កហេតុ ka bongkor het
**cause** (v.) បណ្ដាលឱ្យ bondal oy
**cause** (n.) មូលហេតុ moulhet
**causeway** (n.) ផ្លូវកាត់ទីមានទឹក phlauv kat ti mean teuk
**caustic** (adj.) ដែលកាត់ del katt
**caution** (n.) ការប្រុងប្រយ័ត្ន kar brongbrayat
**cautionary** (adj.) ដែលដាស់តឿន del das teun
**cautious** (adj.) ប្រយ័ត្ន brayat
**cavalry** (n.) ទ័ពសេះ toap seh
**cave** (n.) រូងភ្នំ roung phnom
**caveat** (n.) ការព្រមាន ka promean
**cavern** (n.) រូងភ្នំធំ roung phnom thom
**caviar** (n.) ពងត្រីប្រឡាក់ pong trei brolak
**cavil** (v.) ជទាស់រឿងតូចតាច chomtoas rueng tauchtach
**cavity** (n.) ធ្មេញប្រហោង thmenh brohaong
**cavort** (v.) លោត រាំសប្បាយ lort rom sabbay
**cavorting** (n.) ការលោត រាំសប្បាយ ka lort rom sabbay
**caw** (v.) ស្រែក (សត្វក្អែក) srek ( sat ka ek)
**cease** (v.) បញ្ឈប់ banhchhob
**ceasefire** (n.) បទឈប់បាញ់ bot chhob banh
**ceaseless** (adj.) ឥតឈប់ឈរ et chhob chhor
**cedar** (n.) ដើមតាត្រៅ derm tatrao

**cede** (v.) ផ្ដេរឱ្យ phte oy
**ceiling** (n.) ពិដាន pi dan
**celebrate** (v.) អបអរ abaar
**celebration** (n.) ការប្រារព្ធពិធី kar brarop pithi
**celebrity** (n.) ជនល្បីល្បាញ chun lbey lbanh
**celery** (n.) ជីគីនឆាយ chi kin chhay
**celestial** (adj.) នៃមេឃ nei mekh
**celibacy** (n.) ភាពនៅលីវ pheap nov liv
**celibate** (adj.) ដែលមិនសេពកាម del min seb kam
**cell** (n.) កោសិកា kaoseka
**cell phone** (n.) ទូរស័ព្ទចល័ត tourasap chalat
**cellar** (n.) បន្ទប់ក្រោមដី bantob kraom dei
**cello** (n.) ឧបករណ៍តន្រ្តីសេឡូ ubakor dontrei cello
**cellophane** (n.) ក្រដាសថ្លារុំមូប kradas thla rom mahoub
**cellular** (adj.) នៃកោសិកា nei kaoseka
**cellulite** (n.) ខ្លាញ់កកក្រោមស្បែក khlanh kok kroam sbek
**celluloid** (n.) សែលុយឡូស selouylaus
**Celsius** (adj.) អង្សាសេ angsaa se
**cement** (n.) ស៊ីម៉ងត៍ si mong
**cemetery** (n.) ទីបញ្ចុះសព ti banhchouh sop
**censer** (n.) ជើងដោតធូប cheung doat thoub
**censor** (n.) អ្នកចាប់ពិរុទ្ធ nak chab pirout
**censorious** (adj.) ដែលតិះដៀល del tehdiel
**censorship** (n.) ការចាប់ពិរុទ្ធ kar chab pirout
**censure** (v.) រិះគន់ដាខ្លាំង rihkun chea khlang
**census** (n.) ជំរឿន chomruen
**cent** (n.) សេន sen
**centenarian** (n.) មនុស្សដែលមានអាយុត្រឹមឬលើសមួយរយឆ្នាំ mnous del mean ayou troem reu leus muoy roy chhnam
**centennial** (n.) បុណ្យខួបមួយរយឆ្នាំ bonkhuob muoy roy chhnam
**center** (n.) កណ្ដាល kondal
**centigrade** (adj.) សងទីក្រាត centigrade
**centimetre** (n.) សងទីម៉ែត្រ sangtimet
**centipede** (n.) សត្វពួកក្អែប sat puok k'aeb
**central** (adj.) កណ្ដាល kondal

central locking (n.) សោរកណ្ដាល soa kandal
centralize (v.) ធ្វើមជ្ឈការ thveu machchhokar
centre (n.) កណ្ដាល kondal
centrical (adj.) នៃចំនុចកណ្ដាល nei chomnoch kandal
centrifugal (adj.) ដែលឃ្លាតចេញពីចំណុចកណ្ដាល del khleat chenhpi chomnoch kandal
centuple (adj.) មួយរយដង mouyroy dong
century (n.) សតវត្ស satavot
cephaloid (adj.) ដែលដូចក្បាលឬខួរក្បាល del doch kbal reu khourkbal
ceramics (n.) សេរាមិច se rea mich
cerated (adj.) ដែលស្រោបក្រមួន del sroab kromuon
cereal (n.) ធញ្ញជាតិ thonh cheat
cerebellum (n.) ខួរតូច khour touch
cerebral (adj.) នៃខួរក្បាល nei khuor kbal
ceremonial (adj.) នៃពិធី nei pithi
ceremonious (adj.) ដែលប្រកាន់តាមពិធី del brakan tam pithi
ceremony (n.) ពិធី pithi
certain (adj.) ជាក់លាក់ cheaklak
certainly (adv.) ពិតជា pitchea
certainty (n.) ភាពច្បាស់លាស់ pheap chbas loah
certificate (n.) វិញ្ញាបនបត្រ vinhnheabanobatr
certify (v.) បញ្ជាក់ banhcheak
certitude (n.) ការជាក់ច្បាស់ kar cheak chbas
cerumen (n.) អាចម៍ត្រចៀក ach trorcheak
cervical (adj.) នៃមាត់ស្បូន nei moat sbaun
cesarean (n.) ការសម្រាលកូនដោយវះកាត់ kar samral kaun daoy veahkat
cesarean (adj.) ដែលសម្រាលកូនដោយវះកាត់ del samral kaun daoy veahkat
cessation (n.) ការបញ្ចប់ kar banhchhob
cesspool (n.) អាងស្តុកទឹកស្អុយ ang stok teuk saouy
cetin (n.) សេទីន cetin
cetylic (adj.) នៃអាល់កុលសេទីល nei alkol cetyl

chain (n.) ខ្សែសង្វាក់ khsae sangvak
chair (n.) កៅអី kao ei
chairman (n.) ប្រធាន brathean
chaise (n.) គ្រែរទេះ kre toumret
chalet (n.) ផ្ទះលើដំបូលឈើ phteah chheu dambaul loy
chalice (n.) ពែង peng
chalk (n.) ដីស dei sor
chalk (v.) គូសដីស kus dei sor
chalkdust (n.) ម្សៅដីស m'sao dei sor
challenge (n.) បញ្ហាប្រឈម banhha brachhom
chamber (n.) សភា saphea
chamberlain (n.) អ្នករក្សាដំណាក់ nak raksa domnak
champagne (n.) ស្រាសំប៉ាញ sra saam banh
champion (n.) ជើងឯក cheung ek
chance (n.) ឱកាស ao kas
chancellor (n.) អធិការបតី athikar badei
chancery (n.) ប្រព័ន្ធសមធម៌ brapon samothor
chandelier (n.) អំពូលភ្លើងចងព្យួរពីពិតាន ampoul pleung chong pyuor pi pidan
change (n.) ការផ្លាស់ប្ដូរ kar phlas bdau
change (v.) ផ្លាស់ប្ដូរ phlas bdau
channel (n.) បណ្ដាញ bondaanh
chant (n.) សូត្រធម៌ saut thor
chaos (n.) ភាពវឹកវរ pheap veuk vor
chaotic (adv.) ដែលវឹកវរ del veuk vor
chapel (n.) វិហារតូច vihear touch
chaperone (n.) អ្នកមើលថែ nak merl thae
chaplain (n.) បព្វជិត bupachit
chapter (n.) ជំពូក chompouk
character (n.) តួអង្គ tuor ang
charade (n.) ល្បែងទាយពាក្យម្យ៉ាង lbeng teay peak myang
charcoal (n.) ធ្យូង thyoung
charge (n.) ការគិតថ្លៃ ka kit thlai
charge (v.) បញ្ចូលភ្លើង banhchoul pleung
charger (n.) ឆ្នាំងសាក chhnang sak
chariot (n.) រទេះសេះ rotehseh
charisma (n.) មន្តស្នេហ៍ mon sne

**charismatic** *(adj.)* ដែលគេចូលចិត្ត del ke choul chet
**charitable** *(adj.)* សប្បុរស sabboros
**charity** *(n.)* សប្បុរសធម៌ sabborosathor
**charm** *(n.)* ភាពទាក់ទាញ pheap takteanh
**charm** *(v.)* ដាក់ស្នេហ៍ dak sne
**charming** *(adj.)* មានមន្តស្នេហ៍ mean mon sne
**chart** *(v.)* គូសគំរោង kous komrorng
**chartbuster** *(n.)* អាល់ប៊ុមដែលលក់ដាច់បំផុត alboum del lukdach bamphot
**charter** *(n.)* ធម្មនុញ្ញ thommonounh
**chartered** *(adj.)* ដែលបានប្រលងជាប់មុខវិជ្ជាជីវៈ del ban bralong choab moukh vichchea chivak
**chase** *(v.)* ដេញ denh
**chaser** *(n.)* អ្នកប្រមាញ់ nak bramanh
**chaste** *(adj.)* នៃព្រហ្មចារី nei promacharei
**chasten** *(v.)* ដាក់ទោស dak tous
**chastise** *(v.)* ស្ដីបន្ទោស dei bontouh
**chastity** *(n.)* ព្រហ្មចារីភាព promachari pheap
**chat** *(v.)* ជជែក chorchek
**chat room** *(n.)* បន្ទប់ជជែកកំសាន្ត bantob chorchek kamsan
**chat show** *(n.)* កម្មវិធីជជែកកំសាន្ត kammovithi chorchek kamsan
**chateau** *(n.)* វិមាន vimean
**chatter** *(v.)* អ្នកជជែក nak chorchek
**chauffeur** *(n.)* អ្នកបើករថយន្ត nak berk rothyon
**chauvinism** *(n.)* ការស្នេហាជាតិហួស kar sneha cheat huos
**chauvinist** *(adj. & n.)* អ្នកស្នេហាជាតិហួស nak sneha cheat huos
**cheap** *(adj.)* ថោក thaok
**cheapen** *(v.)* ធ្វើឱ្យថោក thveu aoy thaok
**cheat** *(n.)* ការឆបោក ka chhor baok
**cheat** *(v.)* បោក baok
**cheater** *(n.)* ជនឆបោក chun chhor baok
**check** *(n.)* ការពិនិត្យ kar pinit
**check** *(v.)* ពិនិត្យ pinit
**checker** *(n.)* អ្នកត្រួតពិនិត្យ nak truot pinit

**check-in** *(n.)* ការចុះឈ្មោះចូល kar chus chhmoh chaul
**checklist** *(n.)* បញ្ជីត្រួតពិនិត្យ banhchi truotpinit
**checkmate** *(n.)* ការឈ្នះដាច់ kar chhneah dach
**checkout** *(n.)* ការពិនិត្យមុនពេលចេញ kar pinit moun pel chenh
**checkpoint** *(n.)* បុស្តិ៍ត្រួតពិនិត្យ post truot pinit
**cheddar** *(n.)* ឈីសម្យ៉ាង chees myang
**cheek** *(n.)* ថ្ពាល់ thpal
**cheep** *(v.)* យំជីបៗ youm chib chib
**cheer** *(v.)* លើកទឹកចិត្ត leuk teuk chett
**cheerful** *(adj.)* ដោយចិត្តរីករាយ daoy chet rikreay
**cheerleader** *(n.)* អ្នកលើកទឹកចិត្ត nak leuk teuk chett
**cheerless** *(adj.)* ដែលស្រអាប់ del sror ab
**cheese** *(n.)* ឈីស chhis
**cheesecake** *(n.)* នំឈីស nom chhis
**cheesy** *(adj.)* ដែលគុណភាពអន់ del kun pheap orn
**cheetah** *(n.)* ខ្លារខឹន khla rokhen
**chef** *(n.)* ចុងភៅ chongphov
**chemical** *(n.)* គីមី kimi
**chemical** *(adj.)* នៃគីមី nei kimi
**chemise** *(n.)* អាវទ្រនាប់លុងរបស់ស្ត្រី avtronoab roloung robos strei
**chemist** *(n.)* គីមីវិទូ kimivitu
**chemistry** *(n.)* គីមីវិទ្យា kimivityea
**chemotherapy** *(n.)* ការព្យាបាលដោយប្រើគីមី kar pyeabal daoy brer kimi
**cheque** *(n.)* មូលប្បទានបត្រ moulakbbateanbat
**cherish** *(v.)* ស្រឡាញ់ sralanh
**cheroot** *(n.)* បារីស៊ីហ្គា barei siga
**cherry** *(n.)* ផ្លែឆេរី plae cherry
**chess** *(n.)* អុក ork
**chessboard** *(n.)* ក្ដារអុក kdar ork
**chest** *(n.)* ទ្រូង troung
**chestnut** *(n.)* ផ្លែកៅឡាក់ phlae kao lak

**chew** (v.) ទំពារ tompea
**chic** (adj.) ឡូយហឺហា lauy heuha
**chick** (n.) កូនមាន់ kaun moan
**chicken** (n.) សាច់មាន់ sach moan
**chickpea** (n.) សណ្តែកបារាំងលឿង sandek barang lueng
**chide** (v.) ស្តីបន្ទោស sdei bontoah
**chief** (adj.) សំខាន់បំផុត somkhan bomphot
**chiefly** (adv.) យ៉ាងសំខាន់ yang saamkhan
**chieftain** (n.) មេក្រុម me krom
**child** (n.) កូន kaun
**childbirth** (n.) ការសម្រាលកូន kar samralkaun
**childcare** (n.) ការថែទាំកុមារ kar thae toam komar
**childhood** (n.) កុមារភាព komarpheap
**childish** (adj.) ដែលដូចក្មេង del doch kmeng
**chill** (n.) គ្រុនញាក់ krun nheak
**chilli** (n.) ម្ទេស mtes
**chilly** (adj.) ត្រជាក់ trachak
**chime** (n.) ចង្កង់ chong krorng
**chimera** (n.) សត្វម្យ៉ាងក្នុងរឿងព្រេងក្រិច sat myang knong rueng preng krech
**chimney** (n.) បំពង់ផ្សែង bampong phsaeng
**chimpanzee** (n.) សត្វស្វាឪ sat svaa ov
**chin** (n.) ចង្កា changka
**china** (n.) ចិន chen
**chink** (n.) ស្នាមប្រេះ snam breh
**chip** (n.) បំណែក bom naek
**chirp** (v.) យំចេប១ yom cheb cheb
**chirpy** (adj.) ដែលយំចេប១ del yom cheb cheb
**chisel** (n.) ពន្លាក ponleak
**chit** (n.) វិក័យបត្រលុយជំពាក់ vikay bat louy chompeak
**chivalrous** (adj.) សុភាពបុរស sopheap boros
**chivalry** (n.) ភាពក្លាហានប្រកបដោយសីលធម៌ pheap klahan brakob daoy silathor
**chlorine** (n.) ក្លរីន klorin
**chloroform** (n.) ថ្នាំសន្លប់ thnam sonlob
**chocolate** (n.) សូកូឡា saukaula
**choice** (n.) ជម្រើស chomreus

**choir** (n.) ក្រុមចម្រៀង krom chamrieng
**choke** (v.) អួល ourl
**cholera** (n.) អាសន្នរោគ asannorok
**choleric** (adj.) ដែលនេរនារ del chhev chhav
**cholesterol** (n.) កូលេស្តេរ៉ុល kau le ste rol
**choose** (v.) ជ្រើសរើស chreus reus
**choosy** (adj.) ដែលរើសច្រើន del reus chrern
**chop** (v.) កាប់ kab
**chopper** (n.) កាំបិតកាំងកោ kambet tangtoa
**chopstick** (n.) ចង្កឹះ changkeuh
**chord** (n.) អង្គត់ធ្នូ angkotthnou
**choreograph** (v.) តែងក្បាច់រាំ taeng kbach roam
**choreography** (n.) ក្បាច់រាំ kbach roam
**chorus** (n.) បទបន្ទរ bot bantor
**Christ** (n.) ព្រះយេស៊ូគ្រីស្ត preah yesu krist
**Christendom** (n.) ពិភពគ្រីស្តសាសនា piphop krist sasana
**Christian** (adj.) គ្រីស្តាន kristean
**Christianity** (n.) គ្រីស្តសាសនា kris sasana
**Christmas** (n.) បុណ្យណូអែល bonnauel
**chrome** (n.) ក្រូម kraum
**chromosome** (n.) ក្រូម៉ូសូម kraumosaum
**chronic** (adj.) រាំរ៉ៃ ramrai
**chronicle** (n.) កាលប្បវត្តិ kalbbavott
**chronological** (adj.) ដែលរៀងតាមកាល del rieng tamkal
**chronology** (n.) លំដាប់ពេល lomdab pel
**chrysalis** (n.) ការផ្លាស់ប្តូរជីវិតពីដង្កូវទៅជាមេអំបៅ kar phlas bdaur chivit pi dangkouv tov chea me-am-bao
**chubby** (adj.) ដែលធាត់កណ្តៀន del thoat kondean
**chuckle** (v.) សើចតិចៗម្នាក់ឯង serch tech tech mneak eng
**chum** (n.) មិត្តភក្តិជិតស្និទ្ធ mitpheak chet snet
**chunk** (n.) កំណាត់ kamnat
**church** (n.) ព្រះវិហារ preah vihear
**churchyard** (n.) ទីធ្លាព្រះវិហារ tithlea preahvihear
**churlish** (adj.) ដែលឈ្លើយ del chhleuy
**churn** (v.) កូរ kau

cicada *(n.)* សត្វរៃ sat rei
cider *(n.)* ស្រាផ្លែបោម sra phlae porm
cigar *(n.)* ស៊ីហ្កា si hka
cigarette *(n.)* បារី bari
cinema *(n.)* រោងកុន rongkon
cinematic *(adj.)* នៃភាពយន្ត nei pheapyon
cinematography *(n.)* ការថតភាពយន្ត kar thoat pheapyon
cineplex *(n.)* រោងកុនដែលមានស្រីនច្រើន rong ko o n del mean sr ki n chraen
cinnamon *(n.)* ដើមឈើហឹប derm yihoub
cipher( or cypher) *(n.)* អក្សរសម្ងាត់ aksor samngat
circle *(n.)* រង្វង់ rongvong
circuit *(n.)* សៀគ្វី sie kvi
circular *(adj.)* រាងជារង្វង់ reang chea rongvong
circulate *(v.)* ចរាចរ chorachor
circulation *(n.)* ការធ្វើចរាចរ ka tver chorachor
circumcise *(v.)* កាត់ស្បែកចុងអង្គជាតិចេញ kat sbek chong angcheat chenh
circumference *(n.)* បរិមាត្រ brimat
circumstance *(n.)* កាលៈទេសៈ kalaktesak
circumstantial *(adj.)* ដែលសំអាងទៅលើហេតុការណ៍ del saam ang tov leu hetkar
circumvent *(v.)* បញ្ជៀសបញ្ហា banhchies panh'ha
circus *(n.)* សៀក siek
cirrhosis *(n.)* ជំងឺក្រិនថ្លើម chomngeu kren thlerm
cirrus *(n.)* ពពកស្រាននាគ porpork sroka neak
cisco *(n.)* ត្រីស៊ីស្ស trey cisco
cist *(n.)* មឈូសដែលធ្វើពីថ្មតូច mchhous del thveu pi thmor tauch
cistern *(n.)* ជលដ្ឋាន chul thaan
citadel *(n.)* បន្ទាយ bonteay
citation *(n.)* ការដកស្រង់សម្តី kar dork srang samdey
cite *(v.)* ដកស្រង់ dorksrang

citizen *(n.)* ពលរដ្ឋ polrodth
citizenship *(n.)* សញ្ជាតិ sanhcheat
citric *(adj.)* នៃសារជាតុស៊ីទ្រិច nei sartheat sitrich
citrine *(n.)* អាស៊ីដស៊ីទ្រិច acid citric
citrus *(n.)* ក្រូច krauch
city *(n.)* ទីក្រុង tikrong
civic *(adj.)* នៃពលរដ្ឋ nei polrodth
civics *(n.)* ពលរដ្ឋវិជ្ជា polorodth vichea
civil *(adj.)* ស៊ីវិល sivil
civilian *(n.)* ជនស៊ីវិល chun sivil
civilization *(n.)* អរិយធម៌ ariyathor
civilize *(v.)* ស៊ីវិល័យ sivilai
clack *(v.)* បន្លឺសូរក្រឹបៗ banleu sau kreb kreb
clad *(adj.)* ដែលស្លៀកពាក់ឬស្រោប del sliekpeak reu sraob
cladding *(n.)* ការស្រោប kar sraob
claim *(v.)* អះអាង aah ang
claimant *(n.)* អ្នកទាមទារ nak teamtear
clam *(n.)* លាសសមុទ្រ leas samout
clamber *(v.)* ប្រវេសប្រវាសឡើង braves bravas lerng
clammy *(adj.)* ដែលសើមស្អិត del serm saet
clamour *(n.)* សំឡេងអ៊ូអរ samleng auu aw
clamp *(n.)* ដែកក្រចាប់ dek krorchab
clan *(n.)* ត្រកូល trakaul
clandestine *(adj.)* ដែលលួចលាក់ del luoch leak
clap *(v.)* ទះដៃ teah dai
clapper *(n.)* គ្រាប់កណ្តឹង kroab kandoeng
claque *(n.)* មនុស្សដែលគេជួលឱ្យទះដៃ mnous del ke chuol oy teah dai
clarification *(n.)* ការបញ្ជាក់ kar banhcheak
clarify *(v.)* បញ្ជាក់ banhcheak
clarinet *(n.)* ប៉្រែ trae
clarity *(n.)* ភាពច្បាស់លាស់ pheap chbas loas
clash *(v.)* ប៉ះទង្គិច bahtongkich
clasp *(v.)* កៀប kieb
class *(n.)* ថ្នាក់ thnak
classic *(adj.)* ដែលជាគំរូ del chea komru
classical *(adj.)* ដែលបុរាណ del boran

**classification** *(n.)* ការចំណាត់ថ្នាក់ ka chamnat thnak
**classified** *(adj.)* ដែលចាត់ថ្នាក់ del chat thnak
**classify** *(v.)* ចាត់ថ្នាក់ chat thnak
**classmate** *(n.)* មិត្តរួមថ្នាក់ mitt ruom thnak
**classroom** *(n.)* ថ្នាក់រៀន thnak rien
**clatter** *(n.)* សូរកងរំពង sau kangrompong
**clatter** *(v.)* បន្លឺសូរខ្ទរខ្ទាយ banleu sau khcharkhchay
**clause** *(n.)* ឃ្លា khlea
**claustrophobia** *(n.)* ការខ្លាចទីចង្អៀតបិទជិត kar khlach ti chang'iet bet chit
**clave** *(n.)* ឧបករណ៍តន្ត្រីម្យ៉ាង ubakor dantrei myang
**claw** *(n.)* ក្រញ៉ាំ kror nham
**clay** *(n.)* ដីឥដ្ឋ dei idth
**clean** *(v.)* សម្អាត sam aart
**clean** *(adj.)* ដែលស្អាត dek saart
**cleaner** *(n.)* អ្នកបោសសំអាត nak baos saam aart
**cleanliness** *(n.)* ភាពស្អាត pheap saart
**cleanse** *(v.)* ធ្វើឱ្យស្អាត thveu aoy saart
**clear** *(adj.)* ដែលច្បាស់ del chbas
**clearance** *(n.)* ការបោសសំអាត kar baos saamaart
**clearly** *(adv.)* យ៉ាងច្បាស់ yang chbas
**cleat** *(n.)* ផ្ទែកស្រួចនៃបាតស្បែកជើង phnek sruoch nei bat sbekcheung
**cleavage** *(n.)* ដើមទ្រូង derm truung
**cleave** *(v.)* ពុស pus
**cleft** *(n.)* ឆែប chheb
**clemency** *(n.)* សេចក្តីអត់ឱន sechkdei ot oan
**clement** *(adj.)* ដែលអត់ឱន del ot oan
**clementine** *(n.)* ផ្លែក្រូចម្យ៉ាង phlae krouch myang
**clench** *(v.)* ក្តាប់ណែន kdab nen
**clergy** *(n.)* បព្វជិត bopachit
**clerical** *(adj.)* នៃស្មៀន nei smien
**clerk** *(n.)* ស្មៀន smien
**clever** *(adj.)* ឆ្លាត chhlat
**clew** *(n.)* អំបោះហុង ambaoh hong

**cliché** *(n.)* ឃ្លាដែលគេនិយមប្រើ khlea del ke niyom brer
**click** *(n.)* ចុច choch
**client** *(n.)* អតិថិជន atethechun
**cliff** *(n.)* ច្រាំងថ្មចោទ chrang thmor chaot
**climate** *(n.)* អាកាសធាតុ akasatheat
**climate change** *(n.)* ការប្រែប្រួលអាកាសធាតុ ka brae bruol akasatheat
**climate control** *(n.)* ការគ្រប់គ្រងអាកាសធាតុ kar krobkrong akasatheat
**climax** *(n.)* កម្រិតខ្ពស់បំផុត kamrit khpoas bamphot
**climb** *(v.)* ឡើង lerng
**climber** *(n.)* អ្នកឡើងភ្នំ nak lerng phnom
**clinch** *(v.)* ចងរិតឱ្យតឹង chong rit aoy toeng
**cling** *(v.)* តោង taong
**clingy** *(adj.)* ដែលតោងស្អិត del taong saet
**clinic** *(n.)* គ្លីនិក klinik
**clinical** *(adj.)* នៃគ្លីនិក nei klinik
**clink** *(n.)* បន្លឺសូរគ្រឹងៗ banleu sau krerng krerng
**clip** *(n.)* ដង្កៀប dangkieb
**clipper** *(n.)* ម៉ាស៊ីនកាត់ masin kat
**clipping** *(n.)* ចំនែរ chomnear
**clive** *(n.)* ឈ្មោះមនុស្សប្រុស chhmuos monus bros
**cloak** *(n.)* អាវធំវែងពាក់ក្រៅ aov thom veng peak krao
**cloakroom** *(n.)* បន្ទប់ដាក់អាវក្រៅ bantob dak av krao
**clobber** *(n.)* ប្រដាប់ប្រើប្រាស់ផ្ទាល់ខ្លួន bradab brer bras phtal khluon
**clock** *(n.)* នាឡិកា nealeka
**clockwise** *(adv.)* តាមទ្រនិចនាឡិកា tam tronichnealeka
**clod** *(n.)* ដុំដី dom dei
**cloister** *(n.)* ផ្លូវដើរមានដំបូល phlauv der mean dambaul
**clone** *(n.)* សារីរៈចម្លង sareyrak chamlong
**close** *(adj.)* បិទ bet
**close** *(n.)* ទីបិទជិត ti bet chet
**closet** *(n.)* ទូ tou

**closure** (n.) ការបិទ kar bet
**clot** (n.) កំណកឈាម kamnok chheam
**cloth** (n.) ក្រណាត់ kromat
**clothe** (v.) ស្លៀកពាក់ឲ្យ sliekpeak aoy
**clothes** (n.) សម្លៀកបំពាក់ samliek bampeak
**clothing** (n.) សម្លៀកបំពាក់ samliek bampeak
**cloud** (n.) ពពក popork
**cloudburst** (n.) ភ្លៀងខ្លាំងភ្លាមៗ phlieng khlang phleam pleam
**cloudy** (adj.) ដែលមានពពក del mean popork
**clove** (n.) ខ្ទឹមមួយកំពីស khtoem muoy kampeus
**clown** (n.) តុក tlok
**club** (n.) ក្លឹប kloeb
**clue** (n.) តម្រុយ tamrouy
**clueless** (adj.) ឥតន័យ etney
**clumsy** (adj.) ដែលឆ្គង del chhkorng
**cluster** (n.) ចង្កោម changkom
**clutch** (n.) ការក្តាប់ ka kdab
**clutch** (v.) ក្តាប់ kdab
**clutter** (v.) ពង្រាយ pongreay
**coach** (n.) គ្រូបង្វឹក krou bangveuk
**coal** (n.) ធ្យូងថ្ម thyoung thmor
**coalition** (n.) សម្ព័ន្ធភាព samponthpheap
**coarse** (adj.) គ្រើម kreum
**coast guard** (n.) ឆ្មាំឆ្នេរសមុទ្រ chhmam chhne samout
**coast** (n.) ឆ្នេរសមុទ្រ chhne samout
**coastal** (adj.) នៃឆ្នេរសមុទ្រ nei chhne samout
**coaster** (n.) ត្រនាប់កែវ tronoab kev
**coat** (n.) អាវក្រៅ av krao
**coating** (n.) ថ្នាំប៉ូលា thnam polea
**coax** (v.) លួង lbuong
**coaxial** (n.) ដែលមានអ័ក្សរួមគ្នា del mean ak ruom knea
**cobalt** (n.) លោហៈកូបាល់ត៍ lohak cobalt
**cobble** (n.) ដុំថ្ម សម្រាប់ក្រាលផ្លូវ dom thmor samrab kral thnal
**cobbler** (n.) អ្នកជួសជុលស្បែកជើង nak chuos chul sbek cheung
**cobra** (n.) ពស់វែក pors vek

**cobweb** (n.) សម្បុកពីងពាង sambouk pingpeang
**cocaine** (n.) កូកាអ៊ីន kau-kaa-in
**cock** (n.) មាន់ជល់ moanchul
**cockade** (n.) សញ្ញាពាក់នៅម្នាក peak nov muok
**cocker** (n.) អ្នកលេងជល់មាន់ nak leng chul moan
**cocker** (v.) ថ្នាក់ថ្នម thnak thnorm
**cockle** (n.) ងាវ ngeav
**cockle** (v.) ក្រឡក់ kralok
**cockpit** (n.) កាប៊ីនយន្តហោះ kabin yun haoh
**cockroach** (n.) កន្លាត kanlat
**cocktail** (n.) ស្រាក្រឡុក sra kralok
**cocoa** (n.) កាការ kakav
**coconut** (n.) ដូង doung
**cocoon** (n.) សម្បុកដង្កូវនាង sambouk dongkov neang
**cod** (n.) ត្រីម៉ររួយ trei mor rouy
**code** (n.) លេខកូដ lekh kaud
**coding** (n.) ការសរសេរកូដ kar sarse kaud
**co-education** (n.) ការអប់រំរួមគ្នា kar oab rom ruom knea
**coefficient** (n.) មេគុណ mekoun
**coerce** (v.) ការបង្ខិតបង្ខំ kar bangkhitabangkham
**coexist** (v.) រស់ក្នុងពេលជាមួយគ្នា ruos knoung pel cheamuoy knea
**coexistence** (n.) ការរស់ជាមួយគ្នា kar ruos cheamuoy knea
**coffee** (n.) កាហ្វេ kafe
**coffee bean** (n.) សណ្តែកកាហ្វេ sandek kafe
**coffee break** (n.) សម្រាកពិសារកាហ្វេ samrak pisar kafe
**coffee maker** (n.) ម៉ាស៊ីនឆុងកាហ្វេ masin chhongkafe
**coffer** (n.) ហិប heb
**coffin** (n.) មឈូស mchhus
**cog** (n.) ធ្មេញគ្រឿងចក្រ thmenh krueng chak
**cogent** (adj.) ដែលសមហេតុផល del sam het phal
**cognate** (adj.) ដែលទាក់ទងគ្នា del teaktong knea

**cognition** *(n.)* ញាណ nhean
**cognitive** *(adj.)* នៃញាណ nei nhean
**cognizance** *(n.)* ការយល់ដឹង kar yul doeng
**cohabit** *(v.)* រួមរស់ជាមួយគ្នាដោយមិនរៀបការ roum ruos cheamouy knea doy min rieb ka
**cohere** *(v.)* នៅជាប់គ្នា nov choab knea
**coherent** *(adj.)* ដែលជាប់ទាក់ទងគ្នា del choab teaktong knea
**cohesion** *(n.)* ភាពស្អិតរមួតជាផ្លុងមួយ pheap saet romuot chea thlung mouy
**cohort** *(n.)* ក្រុម krom
**coiffure** *(n.)* ម៉ូតសក់ mout sork
**coil** *(n.)* ចង្វាយ chongvay
**coin** *(n.)* កាក់ kak
**coinage** *(n.)* ពាក្យបង្កើតថ្មី peak bangkeut thmei
**coincide** *(v.)* ស្របគ្នា srabaknea
**coincidence** *(n.)* ភាពចៃដន្យ pheap chaidon
**coir** *(n.)* ស្រកីដូង srakei daung
**coke** *(v.)* ធ្វើជាកូកាកូឡា tver chea kaukakaula
**cold** *(adj.)* ត្រជាក់ trachak
**coleslaw** *(n.)* ស្តេកក្លោបចិញ្ច្រាំដាក់ទឹកសាឡាត់ spei kdaob chenchram dak teuk salat
**colic** *(n.)* រោគចុកពោះ rok chok poh
**collaborate** *(v.)* សហការ sahakar
**collaboration** *(n.)* ការសហការ kar sahakar
**collagen** *(n.)* កូឡាដែន kaula chen
**collapse** *(v.)* ដួលរលំ duol rolom
**collar** *(n.)* កអាវ kor av
**collate** *(v.)* ដាក់តាមលំដាប់ dak phdom tam lomdab
**collateral** *(n.)* វត្ថុបញ្ចាំ vottho banhcham
**colleague** *(n.)* មិត្តរួមការងារ mitt ruom kar ngear
**collect** *(v.)* ប្រមូល bromoul
**collection** *(n.)* ការប្រមូល kar bromoul
**collective** *(adj.)* សមូហភាព samouhapheap
**collector** *(n.)* អ្នកប្រមូល nak bromoul
**college** *(n.)* មហាវិទ្យាល័យ mohavityealai
**collide** *(v.)* បុកគ្នា bok knea

**collision** *(n.)* ការបុកគ្នា ka bok knea
**colloquial** *(adj.)* នៃពាក្យសន្តនាមិនផ្លូវការ nei peak santonea min phlauvkar
**colloquialism** *(n.)* ពាក្យសន្តនាមិនផ្លូវការ peak santonea min phlauvkar
**collude** *(v.)* យុបយិត khoubhkit
**collusion** *(n.)* ការយុបយិត ka khoubhkit
**cologne** *(n.)* ទឹកអប់មនុស្សប្រុស teuk ob monus bros
**colon** *(n.)* ពោះវៀនធំ pohvien thom
**colonel** *(n.)* វរសេនីយឯក voraksenei ek
**colonial** *(adj.)* នៃអាណានិគម nei ananikum
**colony** *(n.)* អាណានិគម ananikum
**colossal** *(adj.)* ធំសម្បើម thom sambeum
**colour** *(n.)* ពណ៌ por
**colour-blind** *(adj.)* ខ្វាក់ពណ៌ khvak poar
**colourful** *(adj.)* ចម្រុះពណ៌ chamrouh poar
**column** *(n.)* ជួរឈរ chuor chhor
**columnist** *(n.)* អ្នកកាសែត nak kaaset
**coma** *(n.)* សន្លប់ sanlob
**comatose** *(adj.)* ដែលសន្លប់ del sanlob
**comb** *(n.)* ក្រាស់សិតសក់ kras setsok
**combat** *(n.)* ការប្រយុទ្ធ ka brayutth
**combatant** *(n.)* យុទ្ធជន youtthochun
**combative** *(adj.)* ដែលចូលចិត្តឈ្លោះ del choul chet chhloh
**combination** *(n.)* ការរួមបញ្ចូលគ្នា kar ruom banhchoul knea
**combine** *(v.)* ផ្សំ phsaam
**combust** *(v.)* ឆាបឆេះ chhaab chheh
**combustible** *(adj.)* ដែលងាយឆេះ del ngeay chheh
**combustion** *(n.)* ការឆេះ ka chheh
**come** *(v.)* មក mork
**comedian** *(n.)* តារាកំប្លែង dara kamblaeng
**comedy** *(n.)* រឿងកំប្លែង reung kamblaeng
**comely** *(adj.)* ដែលស្រស់ស្អាត del sras saart
**comet** *(n.)* ផ្កាយដុះកន្ទុយ phkay doh kantuy
**comfit** *(n.)* ស្ករគ្រាប់ skar kroab
**comfort** *(n.)* ជាសុខភាព phasokhpheap
**comfortable** *(adj.)* ដែលមានជាសុខភាព del mean pha sokhpheap

**comfy** *(adj.)* ដែលស្រួល del sruol
**comic** *(n.)* សៀវភៅរូបត្លុក sievphov roubthlok
**comic** *(adj.)* កំប្លែង kamblaeng
**comical** *(adj.)* នៃរឿងកំប្លែង nei reung kamblaeng
**comma** *(n.)* ក្បៀស kbieh
**command** *(v.)* បញ្ជា banhchea
**commander** *(n.)* មេបញ្ជាការ mebanhcheakar
**commandment** *(n.)* បទបញ្ជា botbanhchea
**commando** *(n.)* កុម្ម៉ង់ដូ kommongdau
**commemorate** *(v.)* រម្លឹកខួបផ្សេងៗ romleuk khuob phseng phseng
**commemoration** *(n.)* ពិធីរម្លឹកខួប pithi romleuk khuob
**commence** *(v.)* ចាប់ផ្ដើម chabphderm
**commencement** *(n.)* ពិធីចែកសញ្ញាប័ត្រ pithi chek sanhnhabat
**commend** *(v.)* សរសើរ sarser
**commendable** *(adj.)* គួរឲ្យសរសើរ kuor aoy sarser
**commendation** *(n.)* ការសរសើរ kar sarser
**comment** *(n.)* ការបញ្ចេញមតិ kar banhchenh matte
**commentary** *(n.)* បទអត្ថាធិប្បាយ bot atthathibbay
**commentator** *(n.)* អ្នកអត្ថាធិប្បាយ nak atthathibbay
**commerce** *(n.)* ពាណិជ្ជកម្ម peanechchokamm
**commercial** *(adj.)* នៃពាណិជ្ជកម្ម nei peanechchokamm
**commiserate** *(v.)* បង្ហាញសេចក្ដីអាណិត banghanh sechdei anet
**commission** *(n.)* កម្រៃជើងសារ kamrei cheungsa
**commissioner** *(n.)* ស្នងការ snangkar
**commissure** *(n.)* សន្លាក់ sanlak
**commit** *(v.)* ប្ដេជ្ញា bdech nha
**commitment** *(n.)* ការប្ដេជ្ញាចិត្ត kar bdechnha chett
**committee** *(n.)* គណៈកម្មាធិការ kanakammathikar
**commode** *(n.)* ទូតូចមានថតក tu tauch mean thort

**commodity** *(n.)* ទំនិញ tomninh
**common** *(adj.)* ធម្មតា thommoda
**commoner** *(n.)* ជនសាមញ្ញ chun sammanh
**commonplace** *(adj.)* ជារឿងធម្មតា chea rueng thommoda
**commonwealth** *(n.)* សហធន sahathorn
**commotion** *(n.)* ការរំខាន kar romkhan
**communal** *(adj.)* រួម ruom
**commune** *(n.)* ឃុំ khoum
**communicate** *(v.)* ទំនាក់ទំនង tomneak tomnong
**communication** *(n.)* ការទំនាក់ទំនង kar tomneak tomnong
**communion** *(n.)* ការចែករំលែកចិត្តគំនិតគ្នា kar chek romlek chet koumnit knea
**communique** *(n.)* សេចក្ដីថ្លែងការណ៍ sechkdei thlengkar
**communism** *(n.)* លទ្ធិកុម្មុយនិស្ត lethi kommouynist
**communist** *(n.)* ជនកុម្មុយនិស្ត chun kommouynist
**community** *(n.)* សហគមន៍ sahakum
**commute** *(v.)* ធ្វើដំណើរទៅធ្វើការ thveu damner tov tveuka
**compact** *(adj.)* ដែលបង្រួម del bangruom
**companion** *(n.)* ដៃគូ dai ku
**company** *(n.)* ក្រុមហ៊ុន kromhun
**comparative** *(adj.)* ដែលប្រៀបធៀប del briebthieb
**compare** *(v.)* ប្រៀបធៀប briebthieb
**comparison** *(n.)* ការប្រៀបធៀប kar briebthieb
**compartment** *(n.)* បន្ទប់ bantob
**compass** *(n.)* ត្រីវិស័យ trei visay
**compassion** *(n.)* ការអាណិតអាសូរ kar anet asou
**compatible** *(adj.)* ដែលត្រូវគ្នា del trov knea
**compel** *(v.)* បង្ខំ bangkhom
**compendious** *(adj.)* ដែលសង្ខេប del sangkheb
**compensate** *(v.)* ទូទាត់សង tutoat sang
**compensation** *(n.)* សំណង saamnong

**compete** *(v.)* ប្រកួតប្រជែង brakuot bracheng
**competence** *(n.)* សមត្ថភាព samatthapheap
**competent** *(adj.)* ដែលមានសមត្ថភាព del mean samatthapheap
**competition** *(n.)* ការប្រកួតប្រជែង kar brakuot bracheng
**competitive** *(adj.)* ដែលប្រកួតប្រជែង del brakuot bracheng
**competitor** *(n.)* គូប្រជែង kou bracheng
**compilation** *(n.)* ការចងក្រង kar chongkrong
**compile** *(v.)* ចងក្រង chong krong
**complacent** *(adj.)* ដែលពេញចិត្តភ្លេចខ្លួន del penhchett phlech khluon
**complain** *(v.)* តិះ torva
**complaint** *(n.)* ពាក្យបណ្តឹង peak bondoeng
**complaisance** *(n.)* ការផ្គាប់ចិត្ត kar phkoab chet
**complaisant** *(adj.)* ដែលផ្គាប់ចិត្ត del phkoab chet
**complement** *(n.)* ការបំពេញបន្ថែម kar bampenh banthem
**complementary** *(adj.)* ដែលបំពេញបន្ថែម del bampenh banthem
**complete** *(adj.)* ដែលបញ្ចប់រួចរាល់ del banhchob ruoch roal
**completion** *(n.)* ការបញ្ចប់ kar banhchob
**complex** *(adj.)* ស្មុគស្មាញ smoksmanh
**complexion** *(n.)* ពណ៌សម្បុរស្បែក por sambol sbek
**compliance** *(n.)* ការអនុលោម kar anuloam
**compliant** *(adj.)* អនុលោម anuloam
**complicate** *(v.)* ធ្វើអោយស្មុគស្មាញ thveu aoy smoksmanh
**complication** *(n.)* ភាពស្មុគស្មាញ pheap smoksmanh
**complicity** *(n.)* ការសមគំនិត kar samkoumnit
**compliment** *(n.)* ការសរសើរ kar sarser
**complimentary** *(adj.)* ដែលសរសើរ del sarser
**comply** *(v.)* អនុវត្តតាម anuvott tam
**component** *(adj.)* នៃជាកុផ្សំ nei theat phsom
**compose** *(v.)* តែង taeng

**composite** *(adj.)* ដែលមានសមាសធាតុច្រមុះ del mean samasatheat chomroh
**composition** *(n.)* សមាសភាព samasapheap
**compositor** *(n.)* អ្នករៀបពុម្ព nak riebpoum
**compost** *(n.)* ជីកំប៉ុស chi kampos
**composure** *(n.)* ភាពស្ងប់ pheap sngob
**comprehend** *(v.)* យល់ yul
**comprehension** *(n.)* ការយល់ដឹង kar yul doeng
**comprehensive** *(adj.)* ទូលំទូលាយ toulom touleay
**compress** *(v.)* បង្ហាប់ banghab
**compressor** *(n.)* ម៉ាស៊ីនបង្ហាប់ masin banghab
**comprise** *(v.)* រួមមាន ruommean
**compromise** *(n.)* ការសម្របសម្រួល kar samrob samruol
**compulsion** *(n.)* ការបង្ខិតបង្ខំ kar bangkhit bangkhom
**compulsory** *(adj.)* ជាកាតព្វកិច្ច chea katapokech
**compunction** *(n.)* វិប្បដិសារី vippadesarei
**computation** *(n.)* ការគណនា kar kaknanea
**compute** *(v.)* គណនា kaknanea
**computer** *(n.)* កុំព្យូទ័រ kompyoutor
**computerize** *(v.)* ប្រើកុំព្យូទ័រ brer kompyoutor
**comrade** *(n.)* សមមិត្ត samamitt
**concave** *(adj.)* ដែលខូង del khaung
**conceal** *(v.)* លាក់បាំង lakbang
**concealer** *(n.)* គ្រីមលាក់បាំងស្នាម kream lakbang snam
**concede** *(v.)* ចុះចាញ់ chohchanh
**conceit** *(n.)* អំនួត omnuot
**conceive** *(v.)* មានផ្ទៃពោះ mean phtei poh
**concentrate** *(v.)* ផ្តោតអារម្មណ៍ phdaot aromm
**concentration** *(n.)* ការផ្តោតអារម្មណ៍ kar phdaot aromm
**concentric** *(adj.)* ដែលមានចំនុចកណ្តាលរួមមួយ del mean chamnouch kandal ruom muoy
**concept** *(n.)* គោលគំនិត kuol koumnit

**conception** (n.) ការចាប់បដិសន្ធិ kar chabpadesanthi
**concern** (v.) ព្រួយបារម្ភ pruoy barom
**concerned** (adj.) ដែលព្រួយបារម្ភ del pruoy barom
**concerning** (prep.) ទាក់ទងនឹង teaktong neung
**concert** (n.) ការប្រគុំតន្ត្រី kar brakum dantrei
**concerted** (adj.) ដោយរួបរួមគ្នា daoy ruob ruom knea
**concession** (n.) សម្បទាន sampatean
**conch** (n.) ខ្យងសំង្ខ khyongsang
**conciliate** (v.) ផ្សះផ្សា phsaah phsaa
**concise** (adj.) ដែលសង្ខេបច្បាស់ del sangkheb chhbas
**conclude** (v.) សន្និដ្ឋាន sannithan
**conclusion** (n.) ការសន្និដ្ឋាន kar sannithan
**conclusive** (adj.) ដែលប្រាកដប្រជា del brakod brachea
**concoct** (v.) ប្រឌិតរឿង brodit reurng
**concoction** (n.) អ្វីដែលប្រឌិតឡើង avei del bradit lerng
**concord** (n.) កិច្ចព្រមព្រៀង kech promprieng
**concordance** (n.) ភាពស្រុះស្រួលគ្នា pheap srohsruol knea
**concourse** (n.) ទីប្រជុំ ti brachoum
**concrete** (n.) បេតុង betong
**concubine** (n.) ប្រពន្ធចុង braponchong
**concur** (v.) ព្រមព្រៀង prom prieng
**concurrent** (adj.) ដែលដំណាលគ្នា del damnal knea
**concussion** (n.) ការប៉ះទង្គិចខួរក្បាល kar bah tongkich khuorkbal
**condemn** (v.) ផ្តោលទោស thkaol tous
**condemnation** (n.) ការផ្តោលទោស kar thkaol tous
**condensate** (n.) ផលកំណ phal kamnor
**condense** (v.) ធ្វើឱ្យចំហាយទៅជាទឹក thveu aoy chamhay tov chea teuk
**condition** (n.) លក្ខខណ្ឌ leakkhan
**conditional** (adj.) ដែលមានលក្ខខណ្ឌ del mean leakkhan
**condole** (v.) រំលែកទុក្ខ roumlek tukh

**condolence** (n.) ការចូលរួមមរណទុក្ខ kar chaulruom moronaktukh
**condonation** (n.) ការលើកទោសឱ្យ kar leuk tous aoy
**condone** (v.) អត់ទោស ot tous
**condor** (n.) សត្វត្មាតធំម្យ៉ាងនៅអាមេរិក sat thmat thom myang nov amerik
**conduce** (v.) ដែលនាំឱ្យមាននៅ del noam aoy mean nov
**conduct** (n.) ការប្រព្រឹត្ត kar bropreut
**conduction** (n.) ការចំលងកំដៅ kar chamlong kamdav
**conductor** (n.) មេភ្លេង me phleng
**cone** (n.) កោណ kaon
**confection** (n.) នំបង្អែម nom bang aem
**confectionery** (n.) ហាងលក់នំផ្អែម hang luk nom phaem
**confederation** (n.) សហព័ន្ធ sahakponth
**confer** (v.) ពិភាក្សា pipheaksa
**conference** (n.) សន្និសិទ sanniset
**confess** (v.) សារភាព sarapheap
**confession** (n.) ការសារភាព kar sarapheap
**confidant** (n.) មនុស្សជំនិត mnous chomnit
**confide** (v.) ប្រាប់រឿងសំងាត់ brab rueng saamngat
**confidence** (n.) ទំនុកចិត្ត tomnoukchett
**confident** (adj.) មានទំនុកចិត្ត mean tomnouk chett
**confidential** (adj.) រក្សាការសម្ងាត់ raksaa karsamngat
**configuration** (n.) ការកំណត់រចនាសម្ព័ន្ធ karkamnot rachnasamponth
**configure** (v.) កំណត់រចនាសម្ព័ន្ធ kamnot rachnasamponth
**confine** (v.) បង្ខាំង bangkhang
**confinement** (n.) ការឃុំឃាំង kar khoumkhang
**confirm** (v.) បញ្ជាក់ banhcheak
**confirmation** (n.) ការបញ្ជាក់ kar banhcheak
**confiscate** (v.) រឹបអូស reub aus
**confiscation** (n.) ការរឹបអូស kar reub aus
**conflict** (n.) ជម្លោះ chomloh

**confluence** *(n.)* ទន្លេប្រសព្វមុខ tonle brasap moukh
**confluent** *(adj.)* ដែលហូរចូលគ្នា del hou chaul knea
**conform** *(v.)* អនុលោម anuloam
**conformist** *(n.)* ជនដែលអនុលោមតាម chun del anuloam tam
**conformity** *(n.)* ការអនុលោម kar anuloam
**confound** *(v.)* ធ្វើឱ្យស្រឡាំងកាំង thveu aoy sralangkang
**confront** *(v.)* ប្រឈមមុខ brachhom moukh
**confuse** *(v.)* ច្រឡំ chralam
**confusion** *(n.)* ភាពច្របូកច្របល់ pheap chrobauk chrobol
**confute** *(v.)* បដិសេធ bakdeseth
**congeal** *(v.)* កក kork
**congenial** *(adj.)* congenial congenial
**congested** *(adj.)* កកស្ទះ kork steah
**congestion** *(n.)* ការកកស្ទះ kar kork steah
**conglomerate** *(n.)* ក្រុមហ៊ុនធំ kromhun thom
**congratulate** *(v.)* អបអរសាទរ abaar sator
**congratulation** *(n.)* ការអបអរសាទរ kar abaar sator
**congregate** *(v.)* ប្រមូលផ្ដុំ bramoul phdom
**congregation** *(n.)* ក្រុមជំនុំ krom chomnoum
**congress** *(n.)* សមាជ samach
**congruent** *(adj.)* ដែលត្រូវគ្នា del trov knea
**conical** *(adj.)* នៃសាជី nei sachi
**conjecture** *(n. & v.)* ការសន្និដ្ឋាន kar sannithan
**conjoin** *(v.)* រួមគ្នា roum knea
**conjugal** *(adj.)* នៃប្ដីប្រពន្ធ ney pdey propun
**conjugate** *(v.)* បំបែកកិរិយាសព្ទ bambek keriyasap
**conjunct** *(adj.)* ដែលជាប់គ្នា del choab knea
**conjunction** *(n.)* ការភ្ជាប់ kar phchoab
**conjunctivitis** *(n.)* ជម្ងឺភ្នែកក្រហម chomngeu pnek krahom
**conjure** *(v.)* ហៅខ្មោច hao khmoach
**connect** *(v.)* ភ្ជាប់ phchoab
**connection** *(n.)* ការភ្ជាប់ kar tor phchoab
**connivance** *(n.)* ការសមគំនិត kar samkoumnit

**connive** *(v.)* សមគំនិត samkoumnit
**conniving** *(adj.)* ដែលសមគំនិត del samkoumnit
**connoisseur** *(n.)* អ្នកជំនាញ nak chomneanh
**connote** *(v.)* មាននីយលក៍កំបាំង mean ney leak kambang
**conquer** *(v.)* ច្បាំងឈ្នះ chhbang chhneah
**conquerer** *(n.)* អ្នកច្បាំងឈ្នះ nak chhbang chhneah
**conquest** *(n.)* ការច្បាំងដណ្ដើមយក kar chhbang danderm yok
**conscience** *(n.)* មនសិការ monasekar
**conscious** *(adj.)* ដឹងខ្លួន doeng khluon
**consecrate** *(v.)* ឧទ្ទិស uk teuh
**consecutive** *(adj.)* ដែលតរៗគ្នា del tor tor knea
**consensual** *(adj.)* ដែលព្រមព្រៀងគ្នា del prom prieng knea
**consensus** *(n.)* ការព្រមព្រៀងជាឯកច្ឆន្ទ kar promprieng chea ekachchhan
**consent** *(n.)* ការយល់ព្រម kar yulprom
**consequence** *(n.)* ផលវិបាក phalvibak
**consequent** *(adj.)* នៃផលវិបាក nei phalvibak
**conservation** *(n.)* ការអភិរក្ស kar aphirak
**conservative** *(adj.)* ដែលអភិរក្ស del akphirak
**conservator** *(n.)* អ្នកអភិរក្ស anak aphiroksa
**conservatory** *(n.)* វិជ្ជាស្ថានអភិរក្ស vichcheathan aphirak
**conserve** *(v.)* អភិរក្ស aphirak
**consider** *(v.)* ពិចារណា picharana
**considerable** *(adj.)* គួរឱ្យកត់សម្គាល់ kuor aoy kotsamkoal
**considerate** *(adj.)* ចេះពិចារណា cheh picharana
**consideration** *(n.)* ការពិចារណា karpichearna
**considering** *(prep.)* ពិចារណាលើ picharana leu
**consign** *(v.)* ផ្ញើទុកឱ្យ phnher tuk oy
**consignment** *(n.)* ការបញ្ជូនទំនិញ kar banhchoun tomninh
**consist** *(v.)* មាន mean
**consistency** *(n.)* ភាពស៊ីគ្នាស្រេច pheap sthet sthe
**consistent** *(adj.)* ដែលថិតថេរ del sthet sthe

**consolation** *(n.)* ការលួងលោមចិត្ត kar luonglom chett
**console** *(v.)* លួងលោម Luonglom
**consolidate** *(v.)* បង្រួមចូលគ្នា bangruom choul knea
**consolidation** *(n.)* ការច្របាច់បញ្ចូលគ្នា kar chrabach banhchoul knea
**consonance** *(n.)* ភាពចុះសម្រុងគ្នា pheap chohsamroung knea
**consonant** *(n.)* ព្យញ្ជនៈ pychun cheaneak
**consort** *(n.)* ស្វាមីភរិយា svamei pheakriyea
**conspectus** *(n.)* ទិដ្ឋភាពទូទៅ tithapheap tutov
**conspicuous** *(adj.)* ដែលមើលឃើញច្បាស់ del merl kheunh chhbas
**conspiracy** *(n.)* ការរួមគំនិតធ្វើអំពើក្បត់ kar ruomkoumnit thveu ompeu kbot
**conspirator** *(n.)* អ្នកសមគំនិត naksamkoumnit
**conspire** *(v.)* យុបយិត khoubkhit
**constable** *(n.)* ប៉ូលីស polish
**constant** *(adj.)* ថេរ tthe
**constellation** *(n.)* ក្រុមផ្កាយ krom phkay
**consternation** *(n.)* ភាពស្រងាកចិត្ត pheap sra ngakchet
**constipation** *(n.)* ការទល់លាមក kar tul leamok
**constituency** *(n.)* មណ្ឌលបោះឆ្នោត mondal baohchhnaot
**constituent** *(adj.)* នៃជាកុផ្សំ nei theat phsom
**constitute** *(v.)* បង្កើត bangkeut
**constitution** *(n.)* រដ្ឋធម្មនុញ្ញ rodthathommonounh
**constrain** *(v.)* បង្ខំ bangkham
**constraint** *(n.)* ឧបសគ្គ ubasakk
**constrict** *(v.)* បង្រួម bongroum
**construct** *(v.)* សាងសង់ sangsong
**construction** *(n.)* សំណង់ saamnong
**constructive** *(adj.)* ស្ថាបនា sthapana
**construe** *(v.)* បកស្រាយ boksrai
**consul** *(n.)* កុងស៊ុល kongsul
**consular** *(adj.)* នៃកុងស៊ុល nei kongsul
**consulate** *(n.)* ស្ថានកុងស៊ុល sthan kongsul

**consult** *(v.)* ពិគ្រោះយោបល់ pikroh yobol
**consultant** *(n.)* អ្នកពិគ្រោះយោបល់ anak pikroh yobl
**consultation** *(n.)* ពិគ្រោះយោបល់ pikroh yobl
**consume** *(v.)* ប្រើប្រាស់ brer bras
**consumer** *(n.)* អតិថិជន atethechun
**consumption** *(n.)* ការប្រើប្រាស់ kar brer bras
**contact** *(n.)* ទំនាក់ទំនង tomneaktomnong
**contact** *(v.)* ទាក់ទង teaktong
**contact lens** *(n.)* កញ្ចក់កែភ្នែក kanhchok kev phnek
**contagion** *(n.)* ការចម្លងរោគ kar chamlongrok
**contagious** *(adj.)* ឆ្លង chhlorng
**contain** *(v.)* មាន mean
**container** *(n.)* កុងតឺន័រ kongteuneur
**containment** *(n.)* ការឃុំគ្រង kar khumkrong
**contaminate** *(v.)* បំពុល bampul
**contemplate** *(v.)* សញ្ជឹងគិត sanhcheung kit
**contemplation** *(n.)* ការសញ្ជឹងគិត kar sanhcheung kit
**contemporary** *(adj.)* សហសម័យ sahasamai
**contempt** *(n.)* ការមើលងាយ kar meulngeay
**contemptuous** *(adj.)* ដែលមើលងាយ del meulngeay
**contend** *(v.)* ឈ្លោះប្រកែកគ្នា chhlohbrakek knea
**contender** *(n.)* គូប្រជែង koubracheng
**content** *(adj.)* ដែលពេញចិត្ត del penh chet
**contention** *(n.)* ការឈ្លោះប្រកែកគ្នា kar chhluhbrakek knea
**contentment** *(n.)* ការស្កប់ចិត្ត kar skab chet
**contest** *(n.)* ការប្រកួតប្រជែង kar brakuot bracheng
**contestant** *(n.)* បេក្ខជន bekkhachun
**context** *(n.)* បរិបទ bakribot
**contiguous** *(adj.)* ជាប់គ្នា choab knea
**continent** *(n.)* ទ្វីប tvib
**continental** *(adj.)* នៃទ្វីប nei tvib
**contingency** *(n.)* យថាហេតុ yakthahet
**contingent** *(n.)* ក្រុមកំណែង krom domnang
**continual** *(adj.)* ជាបន្ត chea bantor
**continuation** *(n.)* ការបន្ត kar bantor

**continue** (v.) បន្ត bantor
**continuous** (adj.) ជាបន្តបន្ទាប់ chea bantor bantoab
**continuum** (n.) អ្វីដែលគ្មានavey del tor knea
**contour** (n.) កំនូសបត់បែន koumnous botben
**contra** (pref.) ផ្ទុយ phtuy
**contraband** (n.) ទំនិញរត់ពន្ធ tomninhruthponth
**contraception** (n.) ការពន្យាកំណើត kar ponyea kamnert
**contraceptive** (n.) វិធីពន្យាកំណើត vithi ponyea kamnert
**contract** (n.) កិច្ចសន្យា kech sanaya
**contraction** (n.) ការកន្ត្រាក់ kar kontrack
**contractor** (n.) អ្នកម៉ៅការ nakmawkar
**contradict** (v.) ប្រឆាំងគ្នា brachhang knea
**contradiction** (n.) ភាពប្រឆាំងគ្នា pheap brachhang knea
**contrary** (adj.) ដែលផ្ទុយ del phtuy
**contrast** (n.) ភាពផ្ទុយគ្នា pheap phtuy knea
**contribute** (v.) ចូលរួមចំណែក chaulruom chamnek
**contribution** (n.) ការចូលរួមចំណែក kar chaulruom chamnek
**contributor** (n.) អ្នកចូលរួម nakchaulruom
**contrive** (v.) ប្រឌិត bradit
**control** (n.) គ្រប់គ្រង krobkrong
**controller** (n.) ឧបករណ៍បញ្ជា ubakorbanhchea
**controversial** (adj.) ចម្រូងចម្រាស់ chamroung chamras
**controversy** (n.) ភាពចម្រូងចម្រាស់ pheap chamroung chamras
**contuse** (v.) ធ្វើឱ្យជាំ tveu oy choam
**contusion** (n.) ការធ្វើឱ្យជាំ kar tver oy choam
**conundrum** (n.) ប្រស្នា brasna
**convalesce** (v.) ជាសះស្បើយ chea sahsbery
**convalescence** (n.) រយៈពេលប្រើដើម្បីជាសះស្បើយ royakpel brer dermbei chea sahsbery
**convalescent** (adj.) សម្រាប់មនុស្សដែលនៅពីឈឺ samrab mnous ngeubpi chheu

**convection** (n.) ការនាំ ka naom
**convene** (v.) ហៅប្រជុំ hao brachum
**convener** (n.) អ្នកកោះប្រជុំ nak kaoh brachoum
**convenience** (n.) ភាពងាយស្រួល pheap ngeay sruol
**convenient** (adj.) ងាយស្រួល ngeay sruol
**convent** (n.) សហគមន៍ដូនជីគ្រិស្តសាសនា sahakum daunchi krisasna
**convention** (n.) សន្និបាត sannibat
**conventional** (adj.) ដែលសាមញ្ញ del sammanh
**converge** (v.) សំដៅទៅរកកន្លែងតែមួយ saamdao tov rokkanleng te muoy
**convergence** (n.) ការសំដៅទៅរកកន្លែងតែមួយ kar saamdao tov rokkanleng te muoy
**convergent** (adj.) ដែលរួមគ្នា del roum knea
**conversant** (adj.) ដែលស្គាល់ច្បាស់ del skal chbas
**conversation** (n.) ការសន្ទនា kar santonea
**converse** (v.) សន្ទនា santonea
**conversion** (n.) ការផ្លាស់ប្ដូរជំនឿ kar phlas pdau chomneu
**convert** (v.) បំលែង bam leng
**convertible** (n.) ឡានបើកដំបូល lan berk dambaul
**convertible** (adj.) ដែលអាចបំលែងបាន del ach bam leng ban
**convey** (v.) នាំមកនូវ noam mok nov
**conveyance** (n.) ការផ្ញើរកម្មសិទ្ធិ kar phte kammosetth
**conveyor** (n.) ឧបករណ៍មេកានិចដឹកកញ្ចប់នសម្ភារៈក្នុងរោងចក្រ ubakor mekanich doekchonhchuon samphearak knong rongchak
**convict** (v.) ផ្ដន្ទាទោស phdontea tous
**conviction** (n.) ការផ្ដន្ទាទោស kar phdontea tous
**convince** (v.) បញ្ចុះបញ្ចូល banhchouh banhchoul
**convivial** (adj.) ដែលចូលចិត្តសឹុជីកសប្បាយ del chaul chet sii phoek sabbay

**convocation** *(n.)* ការកោះប្រជុំ kar kaoh brachum
**convoke** *(v.)* កោះប្រជុំ kaoh brachum
**convolve** *(v.)* រមូល romoul
**convoy** *(n.)* ក្បួនរថយន្តឬនាវាការពារ kbuon rothyon reu neavea karpear
**convulse** *(v.)* ធ្វើឱ្យញាក់កន្ត្រាក់ thveu oy nheak kandrak
**convulsion** *(n.)* ការប្រកាច់ kar brakach
**cook** *(v.)* ចំអិន cham en
**cook** *(n.)* ចុងភៅ chung phov
**cooker** *(n.)* ចង្ក្រាន chongkran
**cookie** *(n.)* នំខូឃី noam khau khi
**cool** *(adj.)* ត្រជាក់ trachak
**coolant** *(n.)* ជាតិត្រជាក់ theat trachak
**cooler** *(n.)* ធុងក្លាសេ thung klasse
**cooperate** *(v.)* សហការ sahakar
**cooperation** *(n.)* កិច្ចសហប្រតិបត្តិការ kech sahabratebattekar
**cooperative** *(adj.)* នៃសហករណ៍ sahakor
**coordinate** *(v.)* សំរបសំរួល saamrob saamruol
**coordination** *(n.)* ការសម្របសម្រួល kar samrob samruol
**coot** *(n.)* សត្វក្ខែក sat khvek
**cope** *(v.)* ទប់ទល់ toubtul
**copier** *(n.)* ម៉ាស៊ីនថតចម្លង masin thoat chamlong
**coping** *(n.)* ដំបូលកំហែង dambaul kamheng
**copious** *(adj.)* ដែលសម្បូរណ៍ del sambou
**copper** *(n.)* ស្ពាន់ spoan
**coppice** *(n.)* ការកាប់ដើមឈើឫគុម្ពព្រៃដើម្បីជំរុញការដុះ kar kab dermchheu reu kumpprei dermbei chomrunh kar doh
**copulate** *(v.)* រួមភេទ roum pet
**copy** *(n.)* ការចម្លង kar chamlong
**copy** *(v.)* ចម្លង chamlong
**copyright** *(n.)* រក្សាសិទ្ធិចម្លង raksaa setth chamlong
**coquette** *(n.)* ស្រីរលេមម្នឹកម្នក់ srei rolem mnhek mnhork
**coral** *(n.)* ផ្កាថ្ម phka thmor

**corbel** *(n.)* កែងទ្រលួយចេញពីជញ្ជាំង keng tror louy chenhpi chonhchang
**cord** *(n.)* ខ្សែ ksae
**cordial** *(adj.)* រាក់ទាក់ reakteak
**cordless** *(adj.)* ឥតខ្សែ ot khsae
**cordon** *(n.)* របាំងប៉ូលីស robang polis
**corduroy** *(n.)* ក្រណាត់កម្ម្ហីឆ្នូតៗ kranat kamnhei chhnaut chhnaut
**core** *(n.)* ស្នូល snaul
**coriander** *(n.)* ជីវាន់សុីយ chivansuy
**cork** *(n.)* ឆ្នុក chhnok
**cormorant** *(n.)* ក្អែកទឹក ka'ek teuk
**corn** *(n.)* ពោត poat
**cornea** *(n.)* កញ្ចក់ភ្នែក kanhchok phnek
**corner** *(n.)* ជ្រុង chrung
**cornet** *(n.)* ត្រែម្យាង trae myang
**cornicle** *(n.)* ស្នែងពីររបស់សត្វល្អិត sneng pi robors sat la eth
**corollary** *(n.)* អនុសាជ្យ anusaat
**coronation** *(n.)* ការគ្រងរាជ្យ kar krongreach
**coronet** *(n.)* មកុដតូច makot tauch
**corporal** *(adj.)* នៃរាងកាយ nei reangkay
**corporate** *(adj.)* នៃសាជីវកម្ម nei sachivokamm
**corporation** *(n.)* សាជីវកម្ម sachivokamm
**corps** *(n.)* កងអង្គទព kong angtorb
**corpse** *(n.)* សាកសព saksop
**correct** *(adj.)* ត្រឹមត្រូវ troem trauv
**correct** *(v.)* កែ kae
**correction** *(n.)* ការកែដម្រូវ kar kae damrouv
**correlate** *(v.)* ជាប់ទាក់ទង choab teaktong
**correlation** *(n.)* ការជាប់ទាក់ទង kar choab teaktong
**correspond** *(v.)* ផ្ញើយឆ្លងតាមសំបុត្រ chhlery chhlong tam sambot
**correspondence** *(n.)* ការផ្ញើយឆ្លងតាមសំបុត្រ kar chhlery chhlong tam sambot
**correspondent** *(n.)* អ្នកផ្ញើយឆ្លងព័ត៌មាន nak chhlery chhlong poramean
**corridor** *(n.)* ច្រករបៀង chrak robieng
**corroborate** *(v.)* បញ្ជាក់បន្ថែម banhchak bonthaem

**corroborative** (adj.) ដែលបញ្ជាក់បន្ថែម del banhchak bonthaem
**corrosive** (adj.) ដែលកាត់ del kat
**corrugated** (adj.) នៃសង្កសី nei sangkasei
**corrupt** (adj.) ដែលពុករលួយ del pouk roluoy
**corruption** (n.) អំពើពុករលួយ ampeu pouk roluoy
**cortege** (n.) ក្បួនហែសព kboun hae sob
**cortisone** (n.) ថ្នាំខកទីហ្សូន thnam cortisone
**cosmetic** (adj.) នៃគ្រឿងសំអាង nei krueng saam ang
**cosmetic** (n.) គ្រឿងសំអាង krueng saam ang
**cosmic** (adj.) នៃចក្រវាឡ nei chakraval
**cosmopolitan** (adj.) សកលលោក sakallok
**cosmos** (n.) ចក្រវាឡ chakraval
**cost** (v.) មានតម្លៃ mean domlai
**costal** (adj.) នៃឆ្អឹងជំនី nei chhaoeng chomni
**costly** (adj.) ដែលថ្លៃ del thlai
**costume** (n.) សំលៀកបំពាក់ saamliek bampeak
**cosy** (adj.) កក់ក្ដៅ kok kdao
**cot** (n.) គ្រែកូនង៉ែត kre koun nget
**cotemporal** (adj.) ដែលកើតឡើងក្នុងពេលដូចគ្នា del kert lerng knung pel doch knea
**cottage** (n.) ខ្ទម khtoum
**cotton** (n.) កប្បាស kabbas
**couch** (n.) សាឡុង salong
**cough** (v.) ក្អក ka'ork
**could** (v.) អាច ach
**council** (n.) ក្រុមប្រឹក្សា krom broeksaa
**councillor** (n.) សមាជិកក្រុមប្រឹក្សា samachik krom broeksaa
**counsel** (n.) ការប្រឹក្សា kar broeksaa
**counsellor** (n.) អ្នកប្រឹក្សា nak broeksaa
**count** (v.) រាប់ roab
**countable** (adj.) អាចរាប់បាន ach roab ban
**countdown** (n.) ការរាប់ថយក្រោយ kar roab thoy kraoy
**countenance** (n.) ទឹកមុខ teukmoukh
**counter** (n.) តុគិតលុយ tok kit luy
**counter** (v.) ជំទាស់ chom tors
**counteract** (v.) ប្រឆាំង brachhang

**counter-attack** (n.) ការវាយបក kar veaybork
**counterfeit** (adj.) ក្លែងក្លាយ klengklay
**counterfeiter** (n.) ការក្លែងបន្លំ kar kleng banlom
**counterfoil** (n.) គល់បញ្ជី kul bannhchi
**countermand** (v.) លុបចោលការបញ្ជា lub choal kar banhchea
**counterpart** (n.) សមភាគី samakpheaki
**countersign** (v.) ចុះហត្ថលេខាអម choh hatalekha orm
**countless** (adj.) រាប់មិនអស់ roab min oas
**country** (n.) ប្រទេស brates
**county** (n.) ស្រុក srok
**coup** (n.) រដ្ឋប្រហារ rodth brahar
**couple** (n.) ប្ដីប្រពន្ធ bdei braponth
**couple** (v.) បូកបញ្ចូល bouk banhchoul
**couplet** (n.) ចុងចនដូចគ្នា chongchuon dauch knea
**coupon** (n.) គូប៉ុង kupong
**courage** (n.) ភាពក្លាហាន pheap klahan
**courageous** (adj.) ដែលក្លាហាន del klahan
**courier** (n.) អ្នកនាំសំបុត្រ nak noam saambot
**course** (n.) វគ្គសិក្សា vakk seksaa
**court** (n.) តុលាការ tolakar
**court** (v.) ចែចង់ chae chong
**courteous** (adj.) សុភាពរាបសា sopheap reabsaa
**courtesan** (n.) ស្រីពេស្យា srei pesya
**courtesy** (n.) ការគួរសម kar koursom
**courtier** (n.) អ្នកប្រឹក្សានៅរាជដំណាក់ nakbroeksaa reachdomnak
**courtship** (n.) ភាពស្និទ្ធស្នាល pheap snetthsnal
**courtyard** (n.) ទីធ្លា tithlea
**cousin** (n.) បងប្អូនជីដូនមួយ bong paaun chidaunmuoy
**couture** (n.) វិជ្ជាជីវៈកាត់ដេរ vichea chivak kat de
**cove** (n.) ឆកសមុទ្រ chhork samot
**covenant** (n.) កិច្ចព្រមព្រៀង kech promprieng
**cover** (v.) គ្របគ្រម krob komrob
**cover** (n.) គម្រប komrob

**coverage** *(n.)* ការគ្របដណ្ដប់ kar krob d ondob
**coverlet** *(n.)* កម្រាលពូក komral pouk
**covert** *(adj.)* សម្ងាត់ samngat
**covet** *(v.)* ចង់បានរបស់អ្នកដទៃ chong ban robos nak dor tei
**cow** *(n.)* គោ koa
**coward** *(n.)* មនុស្សកំសាក mnous komsak
**cowardice** *(n.)* ភាពកំសាក pheap komsak
**cower** *(v.)* ក្រាបចុះ krab chuh
**co-worker** *(n.)* មិត្តរួមការងារ mitt ruom kar ngear
**coy** *(adj.)* ដែលធ្វើជាអៀន del tveu chea ien
**cozy** *(adj.)* កក់ក្ដៅ kok kdao
**crab** *(n.)* ក្ដាម kdam
**crack** *(n.)* ស្នាមប្រេះ snam breh
**crack** *(v.)* បំបែក bambek
**crackdown** *(n.)* ការបង្ក្រាប kar bongkrab
**cracker** *(n.)*ផាវ phav
**crackle** *(v.)* លាន់ប្រើប១ loan broeb broeb
**cradle** *(n.)* អង្រឹងកូនង៉ែត angreung kaun nget
**craft** *(n.)* សិប្បកោសល្យ sebpakaosal
**craftsman** *(n.)* សិប្បករ sebpakor
**crafty** *(adj.)* ដែលធ្វើរបស់ដោយដៃ del tveu robos doy dai
**cram** *(v.)* ដាក់ពោរពេញ dak porpenh
**cramp** *(n.)* រមួលក្រពើ romuol krapeu
**crane** *(n.)* រថយន្តស្ទូច rothyun stouch
**crash** *(v.)* បុក bok
**crass** *(adj.)* ដែលករម្រោល del komraol
**crate** *(n.)* ប្រអប់ឈើ bra ob chheu
**crater** *(n.)* ដីក្រហូង dei krahaung
**crave** *(v.)* ឃ្លាន khlean
**craven** *(adj.)* ដែលកំសាក del komsak
**craving** *(n.)* ចំណង់ខ្លាំង kar lopholn
**craw** *(n.)* តែ ke
**crawl** *(v.)* វារ vear
**crayfish** *(n.)* បង្គងសមុទ្រម្យ៉ាង bangkong samout myang
**crayon** *(n.)* គូលរទៀន kou lor tien

**craze** *(n.)* ការពេញនិយមមួយគ្រា kar penhniyum muoy krea
**crazy** *(adj.)* ឆ្កួត chhkuot
**creak** *(v.)* បញ្ចេញសូរក្រតក្រត banhchenh sau kret kroat
**cream** *(n.)* ក្រែម krem
**crease** *(n.)* ផ្នត់ phnot
**create** *(v.)* បង្កើត bongkeut
**creation** *(n.)* ការបង្កើត kar bongkeut
**creative** *(adj.)* ឆ្នៃប្រឌិត chnai bradit
**creator** *(n.)* អ្នកបង្កើត nak bongkeut
**creature** *(n.)* សត្វ sat
**credential** *(n.)* ព័ត៌មានបញ្ជាក់អត្តសញ្ញាណ poromean banhcheak attaksanhnhan
**credible** *(adj.)* ដែលអាចជឿទុកចិត្តបាន del ach cheu toukchett ban
**credit** *(n.)* ឥណទាន inatean
**credit card** *(n.)* កាតឥណទាន kat inatean
**creditable** *(adj.)* ដែលគួរឱ្យសរសើរ del kuor oy sorser
**creditor** *(n.)* ម្ចាស់បំណុល mchas bamnol
**credulity** *(n.)* ភាពងាយជឿ pheap ngeay cheu
**credulous** *(adj.)* ដែលឆាប់ជឿ del chhab cheu
**creed** *(n.)* ជំនឿសាសនា chumneu sasana
**creek** *(n.)* អូរ au
**creep** *(v.)* លូនលូប១ luon loub loub
**creeper** *(n.)* រុក្ខជាតិវល្លិ៍ rokhakcheat vor
**creepy** *(adj.)* ដែលគួរឱ្យភ័យខ្លាច del kuor oy phey khlach
**cremate** *(v.)* បូជាសព bochea sob
**cremation** *(n.)* ការបូជាសព kar bauchea sob
**crematorium** *(n.)* ឈាបនដ្ឋាន chheabanakthan
**creole** *(n.)* មនុស្សដើមកំណើតអឺរ៉ុបនិងជនជាតិស្បែកខ្មៅ monus derm kamnert eurob ning chuncheat sbek khmao
**crepe** *(n.)* នំក្រៀម nom kriem
**crepitate** *(v.)* ផ្ទុះលើប្រស់១ phtuh leu bros bros
**crepitation** *(n.)* សូរសំលេងកកិត sau saamleng korket
**crescent** *(n.)* អឌ្ឍចន្ទ adthochan

**crest** (n.) ទ្រនុង tronung
**cretin** (n.) មនុស្សល្ងីល្ងើ monus lngi lngeu
**crevet** (n.) រុក្ខជាតិមេកឈើអូលីវ roukkhcheat mekchheu auliv
**crew** (n.) នាវិក neavik
**crib** (n.) អង្រឹងកូនងែត ang reung kaun nget
**cricket** (n.) ចង្រិត changrit
**crime** (n.) ឧក្រិដ្ឋកម្ម ukredth kamm
**criminal** (n.) ឧក្រិដ្ឋជន ukredthachn
**crimp** (n.) សក់រួញ sok rounh
**crimple** (v.) ធ្វើឱ្យរួញ tveu oy rounh
**crimson** (n.) ពណ៌ក្រហមជាំ por krahorm choam
**cringe** (v.) ខ្មាស់ khmas
**crinkle** (v.) ធ្វើឱ្យជ្រួញ tveu oy chrounh
**cripple** (n.) ជនពិការ chun pikar
**crisis** (n.) វិបត្តិ vibatt
**crisp** (adj.) ដែលស្រួយស្រាក del sruoy sraok
**crispen** (v.) ធ្វើឱ្យស្រួយ tver oy sruoy
**criterion** (n.) លក្ខណៈវិនិច្ឆ័យ lakkhanak vinichhay
**critic** (n.) អ្នករិះគន់ nak rihkun
**critical** (adj.) សំខាន់ saamkhan
**criticism** (n.) ការរិះគន់ kar rihkun
**criticize** (v.) រិះគន់ rihkun
**critique** (n.) វិវេចនា vivechna
**croak** (n.) សំទ្លេងកង្កែបយំ samleng kangkeb yom
**crochet** (n.) ការចាក់សំលៀកបំពាក់ kar chak saamliek bompeak
**crockery** (n.) គ្រឿងចានឆ្នាំងដី krueng chan chhnang dei
**crocodile** (n.) ក្រពើ krapeu
**croft** (n.) ស្រែតូចជិតផ្ទះ sre tauch chit phteah
**croissant** (n.) នំ nom
**crome** (n.) ទំពក់ tompuk
**crone** (n.) យាយចាស់អាក្រក់ yeay chas akrok
**crook** (n.) កង្វារ kongva
**crooked** (adj.) កោង kaong
**croon** (v.) ច្រៀងតិចៗ chrieng tich tich
**crop** (n.) ដំណាំ damnam

**cross** (v.) ឆ្លងកាត់ chhlorng kat
**cross** (n.) ឈើឆ្នាង chheu chhkang
**cross** (adj.) ដែលខ្វែងគ្នា del khveng knea
**crossbar** (n.) ឈើទទឹង chheu torteung
**crossfire** (n.) ការបាញ់គ្នា kar banh knea
**crossing** (n.) កន្លែងឆ្លង konleng chhlorng
**crossroads** (n.) ផ្លូវបំបែក phlauv bambek
**crotch** (n.) ចង្កេក chongvek
**crotchet** (n.) ជំនឿមិនពិត chomneu minpit
**crouch** (v.) បន្ទាបខ្លួន banteab khluon
**crow** (n.) ក្អែក k'ek
**crowbar** (n.) ដែកគាស់ dek koas
**crowd** (n.) ហ្វូងមនុស្ស faung mnouss
**crowded** (adj.) មានមនុស្សច្រើនកុះករ mean mnous chrern kohkor
**crowdfunding** (n.) ការផ្តល់មូលនិធិ kar phdal moulnithi
**crown** (n.) មកុដ mokod
**crowned** (adj.) ដែលគ្រងរាជ្យ del krongreach
**crucial** (adj.) សំខាន់ saamkhan
**crucified** (adj.)
ដែលទទួលទណ្ឌកម្មដោយចងជាប់នឹងឈើឆ្កាង del tortuol tonakamm doy chong choab chheu chhkang
**crucifix** (n.) រូបចម្លាក់ព្រះយេស៊ូដាក់ឆ្កាង roub chamlak preahyesu dak chhkang
**crucify** (v.) ដាក់ឆ្កាង dak chhkang
**crude** (adj.) ដែលនៅ del chhao
**cruel** (adj.) យោរយៅ khorkhov
**cruelty** (n.) ភាពយោរយៅ pheap khorkhov
**cruise** (v.) ជិះនាវា chih neavea
**cruiser** (n.) នាវាដឹកទំនិញ neavea doek tomninh
**crumb** (n.) កម្ទេច komtech
**crumble** (v.) បែកខ្ទេច bek khnhek
**crump** (v.) ផ្ទុះ phtus
**crumple** (v.) ឈ្លីធ្វើឱ្យទួក chhli tveu oy tuok
**crunch** (v.) ទំពារគ្រួបៗ tompear kruob kruob
**crusade** (n.) បូជនីយកិច្ច bauchaneykech
**crusader** (n.) អ្នកធ្វើបូជនីយកិច្ច nak tveu bauchaneykech
**crush** (v.) កំទេច kamtech

crust (n.) សំបកនំប៉័ង saambok nompang
crutch (n.) ឈើច្រត់ chheu chrot
cry (v.) យំ yom
cryogenics (n.) រូបវិទ្យាទាក់ទងនឹងសីតុណ្ហភាពទាប roubvityea teaktong neung seitonhapheap teab
cryptic (adj.) ដែលមានអាថ៌កំបាំង del mean athkambang
cryptography (n.) ការសិក្សាពីកូដ ka serksa pi koud
crystal (n.) គ្រីស្តាល់ kristal
crystalize (v.) បង្កើតជាគ្រីស្តាល់ bongkert chea kristal
cub (n.) កូនសត្វស៊ីសាច់ជាអាហារ kaun sat si sach chea ahar
cube (n.) គូប kuob
cubical (adj.) នៃគូប nei kuob
cubicle (n.) បន្ទប់ខណ្ឌតូចៗ bantob khan tauch tauch
cubit (n.) ហត្ថ (រង្វាស់បុរាណ) haat (rongvors borann)
cuckold (n.) បុរសដែលមានប្រពន្ធជិត boros del mean brapunth phet
cuckoo (n.) សត្វតាវ៉ៅ sat tavao
cucumber (n.) ត្រសក់ trasork
cuddle (v.) ឱប aob
cudgel (n.) ដំបង dom bong
cue (n.) សញ្ញាឱ្យធ្វើអ្វីមួយ sanhnha oy tveu avey mouy
cuff (n.) ខ្នោះ khnorh
cuisine (n.) ម្ហូប mhoub
culinary (adj.) ខាងវិជ្ជាធ្វើម្ហូប khang vichchea thveu mhoub
cullet (n.) ពំនូកអំបែង pomnouk ambeng
culminate (v.) ឡើងដល់កម្រិតខ្ពស់បំផុត lerng dol kamrit khpors bamphot
culpable (adj.) ដែលគួរបន្ទោស del kuor bantous
culprit (n.) ពិរុទ្ធជន piroutthochun
cult (n.) ក្រុមជឿលើសាសនាចំលែក krom cheu leu sasana chamlek
cultivate (v.) ដាំដុះ damdoh
cultivation (n.) ការដាំដុះ kar damdoh

cultural (adj.) នៃវប្បធម៌ nei vabbakthor
culture (n.) វប្បធម៌ vabbakthor
culvert (n.) បំពង់ទឹកកាត់ទីងផ្លូវ bampung teuk kat torteung thnal
cumulative (adj.) ដែលបន្ថែមលើគ្នា del banthem leu knea
cunning (adj.) ដែលមានល្បិចកល del mean lbich kol
cup (n.) ពែង peng
cupboard (n.) ទូដាក់ចាន tou dak chan
cupid (n.) កាមទេព kam tep
cupidity (n.) សេចក្តីលោភលន់ sechkdei loplun
curable (adj.) ដែលអាចព្យាបាលបាន del ach pyeabal ban
curator (n.) អ្នកថែរក្សាសារមន្ទីរ nak thae raksaa sarakmunti
curb (v.) ទប់ស្កាត់ tub skat
curcumin (n.) សារធាតុរមៀត sarotheat romiet
curd (n.) ទឹកដោះគោកក teuk daoh ko kok
curdle (v.) ធ្វើឱ្យកក tveu oy kork
cure (v.) ព្យាបាល pyeabal
curfew (n.) បំរាមគោចរ bamram kochor
curiosity (n.) ការចង់ដឹងចង់ឃើញ kar chong doeng chong kheunh
curious (adj.) ដែលចង់ដឹងចង់ឃើញ del chong doeng chong kheunh
curl (v.) ធ្វើឱ្យរួញ tveu oy rounh
curly (adj.) ដែលអង្កាញ់ del angkanh
currant (n.) ផ្លែបឺរីតូចៗ plae berri tauch tauch
currency (n.) រូបិយបណ្ណ roubpeybann
current (n.) ចរន្ត chakron
current (adj.) នាពេលបច្ចុប្បន្ន nea pel bachchobbonn
current account (n.) គណនីចរន្ត kaknakney chakron
curriculum (n.) កម្មវិធីសិក្សា kammovithi seksaa
curse (n.) បណ្តាសា bondasa
cursive (adj.) ដែលសរសេរជាប់គ្នា del sar se choab knea
cursor (n.) ទស្សន៍ទ្រនិច tuos tronich

**cursory** *(adj.)* ដោយប្រញាប់ប្រញាល់ doy branhab branhal
**curt** *(adj.)* ដែលខ្លីទ្រគោះបោះបោក del khlei tro kuos boah boak
**curtail** *(v.)* កាត់បន្ថយ kat banthoy
**curtain** *(n.)* វាំងនន veang nonn
**curvature** *(n.)* ភាពកោង pheap kaong
**curve** *(n.)* ខ្សែកោង khsae kaong
**curve** *(v.)* ពុតឱ្យកោង pout oy kaong
**cushion** *(n.)* ខ្នើយទ្រាប់ khnery tronnoab
**cusp** *(n.)* ចុងចុងផ្ដល់ប្ដូរ chomnuch plas bdau
**custard** *(n.)* ក្រែមផ្អែម krem ph'aem
**custodian** *(n.)* អ្នកថែរក្សា nak theraksaa
**custody** *(n.)* ការឃុំឃាំង kar khoumkheang
**custom** *(n.)* ទំនៀមទម្លាប់ tomniem tomloab
**customary** *(adj.)* ដែលជាទម្លាប់ del chea tomloab
**customer** *(n.)* អតិថិជន atethechun
**cut** *(n.)* ការកាត់បន្ថយ kar katbanthoy
**cute** *(adj.)* គួរឱ្យស្រលាញ់ kuor aoy sralanh
**cutlery** *(n.)* កាំបិត សម ស្លាបព្រា kambet sorm slabprea
**cutlet** *(n.)* សាច់ចំណិតអាំងឬចៀន sach chamnet ang reu chien
**cut-off** *(n.)* ការកាត់ផ្ដាច់ kar kat phdach
**cutter** *(n.)* អ្នកកាត់ nak kat
**cutting** *(n.)* ការកាត់ kar kat
**cuvette** *(n.)* បំពង់កែវ bompung kev
**cyan** *(n.)* ពណ៌ផ្ទៃមេឃចាស់ por phtei mekh chas
**cyanide** *(n.)* សមាសធាតុគីមីគុលសំខាង samasatheat kimi tol dor khlang
**cyber** *(adj.)* នៃអ៊ីនធឺណេត nei internet
**cyberbullying** *(n.)* ការគំរាមកំហែងតាមអ៊ីនធឺណេត kar koumream kamheng tam propon internet
**cybercafé** *(n.)* ហាងកាហ្វេមានអ៊ីនធឺណេត hang cafe mean internet
**cyberchat** *(n.)* ការជជែកគ្នាតាមអ៊ីនធឺណេត kar chochek knea tam internet
**cybercrime** *(n.)* ឧក្រិដ្ឋកម្មតាមអ៊ីនធឺណេត ukredth kamm tam internet

**cycle** *(n.)* វដ្ត vodt
**cyclic** *(adj.)* ដែលកើតឡើងក្នុងរយៈពេលដដែលទៅងទាត់ del kert lerng knong royak pel tieng toat
**cyclist** *(n.)* អ្នកជិះកង់ nak chih kong
**cyclone** *(n.)* ព្យុះស៊ីក្លូន pyouh siklaun
**cyclops** *(n.)* យក្ខក្នុងរឿងព្រេងក្រិក yak knung reung preng krek
**cyclostyle** *(n.)* ឧបករណ៍បុរាណសម្រាប់ចម្លងសំណេរសេរដោយដៃ ubakor boran samrab chamlong saamne sor se doy dai
**cylinder** *(n.)* ស៊ីឡាំង silang
**cylindrical** *(adj.)* ជារាងស៊ីឡាំង chea reang silang
**cynic** *(n.)* មនុស្សដែលសង្ស័យលើអំពើល្អអ្នកដទៃ mnous del sangsay leu ampeu laor nak dortei
**cynical** *(adj.)* ដែលសង្ស័យលើអំពើល្អអ្នកដទៃ del sangsay leu ampeu laor nak dortei
**cypher** *(n.)* សារជាអក្សរសំងាត់ sar chea aksor saamngat
**cypress** *(n.)* ដើមស្រល់ derm srol
**cyst** *(n.)* គីស kis

# D

**dabble** *(v.)* ជ្រលក់ដៃជើងក្នុងទឹក chroluk dai cheung knong teuk
**dacoit** *(n.)* ពួកចោរប្លន់ popuok chaor blon
**dacoity** *(n.)* ការប្លន់ ka blon
**dad (or daddy)** *(n.)* ឪពុក (ប្ល៉ា) auvpuk (reu pa)
**daffodil** *(n.)* ផ្កាស្បៃរឿង phka sbai reurng
**daft** *(adj.)* ដែលភ្លីភ្លើ del pli pleu
**dagger** *(n.)* កាំបិតស្នៀត kambet sniet
**daily** *(adj. & adv.)* រាល់ថ្ងៃ raol thngai

**dainty** *(adj.)* ដែលតូចច្រឡឹង del tauch chroleung
**dairy** *(n.)* កន្លែងធ្វើគ្រឿងបរិភោគធ្វើពីទឹកដោះគោ kanleng thveu krueng boriphok thveu pi teuk daohko
**dairy product** *(n.)* ផលិតផលទឹកដោះគោ pholitaphal teukdaohko
**dais** *(n.)* ជើងតម្កល់ cheung damkol
**daisy** *(n.)* ផ្កាដេស៊ី pka daisy
**dale** *(n.)* ជ្រលងភ្នំ chroloung phnom
**dally** *(v.)* ធ្វើលេងៗ tveu leng leng
**dam** *(n.)* ទំនប់ tomnub
**damage** *(n.)* ការខូចខាត kar khauch khat
**damage control** *(n.)* វិធានការទូទាត់ការខូចខាត vitheankar tuutoat kar khauch khat
**damaging** *(adj.)* ដែលធ្វើអោយខូចខាត del thveu oy khauch khat
**damask** *(n.)* សំពត់សូត្រសម្រាប់ក្រាលតុ saamputsaut samrab kral tok
**dame** *(n.)* លោកជំទាវ lok chumteav
**damn** *(v.)* រិះគន់ធ្ងន់ rihkun thngon
**damnable** *(adj.)* ដែលអាក្រក់ខ្លាំង del akrok khlang
**damnation** *(n.)* បណ្តាសា bandasa
**damned** *(adj.)* ដែលធ្លាក់នរក del thlak noruk
**damp** *(adj.)* សើម serm
**dampen** *(v.)* ផ្សើម pserm
**damsel** *(n.)* ស្រីក្រមុំ strey kromom
**dance** *(n.)* របាំ robam
**dancer** *(n.)* អ្នករាំ nak roam
**dancing** *(adj.)* រាំ roam
**dandelion** *(n.)* ផ្កាពណ៌លឿងម្យ៉ាង pka poa leurng myang
**dandle** *(v.)* អង្រួនយោលបំពេរ angruon yoal bampe
**dandruff** *(n.)* អង្គែស្បែកក្បាល angke sbek kbal
**dandy** *(n.)* មនុស្សប្រុសលេងខ្លួន monus bros leng kluon
**danger** *(n.)* គ្រោះថ្នាក់ krohthnak

**dangerous** *(adj.)* ដែលគ្រោះថ្នាក់ del krohthnak
**dangle** *(v.)* ព្យួរ pyuor
**dangling** *(adj.)* ដែលព្យួររយោលតិចៗ del pyuor yoal tich tich
**dank** *(adj.)* ដែលសើម del serm
**dap** *(v.)* ជ្រលក់ទឹក chroluk teuk
**dapper** *(adj.)* ដែលស្លៀកពាក់យ៉ាងស្អាតបាត del sliekpeak yang s'art bat
**dapple** *(v.)* ធ្វើឱ្យឡើងស្នាមអុចៗ thveu aoy lerng snam och och
**dare** *(v.)* ផ្តាច់ឱ្យធ្វើអ្វីមួយ phnaol aoy thveu avei muoy
**daredevil** *(n.)* មនុស្សហ៊ានហួសហេតុ monous hean huos haet
**daring** *(n.)* សេចក្តីក្លាហាន sechkdei khlaharn
**daring** *(adj.)* ហ៊ាន hean
**dark** *(adj.)* ដែលងងឹត del ngor ngeut
**dark** *(n.)* កន្លែងងងឹត konleng ngor ngeut
**darken** *(v.)* ធ្វើឱ្យងងឹត thveu aoy ngor ngeut
**darkle** *(v.)* ឡើងខ្មៅ lerng khmao
**darkness** *(n.)* ភាពងងឹត pheap ngor ngeut
**darling** *(n.)* ព្រលឹងចិត្ត proleung chet
**darling** *(adj.)* ដែលជាទីស្រឡាញ់ del cheati sralanh
**dart** *(n.)* ព្រួញ pruonh
**dartboard** *(n.)* ក្តារកប់ព្រួញ kdar kub pruonh
**darting** *(n.)* ការបំលាស់ទីលឿន kar bomlas ti leurn
**dash** *(v.)* ស្ទុះទៅ stuh tov
**dashboard** *(n.)* ផ្ទៃតាបូ phtei tablau
**dashing** *(adj.)* ដែលហឹហា អង់អាច del heuha angach
**data** *(n.)* ទិន្នន័យ tinnoney
**databank** *(n.)* កន្លែងផ្ទុកទិន្នន័យ konleng phtuk tinnoney
**database** *(n.)* មូលដ្ឋានទិន្នន័យ moulothan tinnoney
**date** *(n.)* កាលបរិច្ឆេទ kalbakrichhet
**date** *(v.)* ចុះកាលបរិច្ឆេទ choh kalbakrichhet
**dated** *(adj.)* ដែលចុះកាលបរិច្ឆេទ del choh kalbakrichhet

**daub** (n.) ការលាបប៉ាត kar leab part
**daughter** (n.) កូនស្រី kaun srei
**daunt** (v.) ធ្វើឱ្យរុញរា tveu oy runh rear
**daunting** (adj.) ដែលរុញរា del runh rear
**dauntless** (adj.) ដែលមិនរុញរា del min runh rear
**dawdle** (v.) ដើរតួតត្រួត der tret trot
**dawdler** (n.) អ្នកដែលយឺតយ៉ាវ nak del yeutyav
**dawn** (n.) ព្រឹកព្រលឹម preuk proleum
**dawn** (v.) ចាប់ភ្លឺស្រាងៗ chab pleu srang srang
**dawnlight** (n.) ពន្លឺថ្ងៃពេលព្រឹក ponleu thngai pel preuk
**day** (n.) ថ្ងៃ thngai
**daybreak** (n.) ថ្ងៃរះ thngai reah
**daylight** (n.) ពន្លឺថ្ងៃ ponleu thngai
**daze** (v.) ងឿងឆ្ងល់ ngueng chhngal
**dazed** (adj.) ដែលងឿងឆ្ងល់ del ngueng chhngal
**daziness** (n.) ភាពងឿងឆ្ងល់ pheap ngueng chhngal
**dazzle** (v.) ធ្វើឱ្យស្រវាំងភ្នែក thveu oy sravang phnek
**dazzling** (adj.) ដែលស្រវាំងភ្នែក del sravang phnek
**dazzlingly** (adv.) យ៉ាងភ្លឺចែងចាំង yang phleu chengchang
**deacon** (n.) អ្នកត្រួតត្រាវិហារ nak truot tra vihear
**deactivate** (v.) ធ្វើឱ្យអសកម្ម thveu aoy asakamm
**deactivation** (n.) ការធ្វើឱ្យអសកម្ម kar thveu aoy asakamm
**deactivator** (n.) ឧបករណ៍ធ្វើឱ្យអសកម្ម ubakor thveu aoy asakam
**dead** (adj.) ស្លាប់ slab
**dead** (n.) មនុស្សដែលស្លាប់ទៅហើយ monus del slab tov hery
**deadbolt** (n.) សោរទ្វា soar tvea
**deadline** (n.) ថ្ងៃផុតកំណត់ thngai photkamnot
**deadlock** (n.) ភាពជាប់គាំង pheap choab keang

**deadly** (adj.) ដែលបណ្ដាលឱ្យស្លាប់ del bondal aoy slab
**deaf** (adj.) ថ្លង់ thlong
**deafen** (v.) ធ្វើឱ្យថ្លង់ tveu aoy thlang
**deafening** (adj.) ដែលលឺខ្លាំងហើយរំខាន del leu khlang hery romkhan
**deal** (n.) ការព្រមព្រៀង kar prom prieng
**deal** (v.) ដោះស្រាយ daohsray
**dealer** (n.) អ្នកចែកបៀ nak chek bia
**dealership** (n.) សិទ្ធិផ្ដាច់មុខអាជីវកម្ម setth phdach moukh archivakam
**dealings** (n.) ការជួញដូរ kar chounh dou
**dealmaker** (n.) អ្នកជំនាញចរចា nak chomneanh chorcha
**dean** (n.) ព្រឹទ្ធបុរស preut boros
**dear** (adj.) ជាទីស្រឡាញ់ cheati srolanh
**dearest** (adj.) ជាទីស្រឡាញ់បំផុត cheati srolanh bamphot
**dearth** (n.) ភាពកង្វះខាត pheap kongvas khart
**death** (n.) ការស្លាប់ kar slab
**deathly** (adj.) ដែលដូចស្លាប់ del dauch slab
**debacle** (n.) ភាពបរាជ័យយ៉ាងអាម៉ាស់ pheap barachey yang amas
**debar** (v.) ហាមប្រាម harmbram
**debase** (v.) ធ្វើឱ្យអាប់កិត្តិយស tveu aoy ab keteyous
**debate** (n.) ការជជែកដេកញែក kar chochek veknhek
**debauch** (v.) ប្រព្រឹត្តខុសគន្លងធម៌ brapreutt khos konlong thoar
**debauch** (n.) ការប្រព្រឹត្តខុសគន្លងធម៌ kar brapreutt khos konlong thoar
**debauchee** (n.) អ្នកប្រព្រឹត្តអបាយមុខ nak brapreutt abaymoukh
**debauchery** (n.) អបាយមុខ abaymoukh
**debenture** (n.) សញ្ញាប័ណ្ណលិខិតបំណុល sanhnhabann likhet bamnol
**debile** (adj.) ដែលទន់ខ្សោយ del tun khsoay
**debilitant** (n.) សារជាតុធ្វើឱ្យចុះខ្សោយ saratheat thveu aoy choh khsaoy
**debilitate** (v.) ធ្វើឱ្យចុះខ្សោយ thveu aoy choh khsaoy

**debilitating** *(adj.)* ដែលទន់ខ្សោយ del tveu aoy tun khsaoy
**debilitation** *(n.)* ភាពទន់ខ្សោយ pheap tun khsaoy
**debility** *(n.)* ភាពលិចល្ងៃ pheap lhit lhai
**debit** *(n.)* កំណត់ពន្ធ innaponth
**debit card** *(n.)* បណ្ណកំណត់ពន្ធ bann innaponth
**debonaire** *(adj.)* ដែលមានមន្តស្នេហ៍ del mean mun sne
**debrief** *(v.)* សួរយកការណ៍ suor yokkar
**debris** *(n.)* កំទេចកំទី kamtech kamti
**debt** *(n.)* បំណុល bamnol
**debt-free** *(adj.)* គ្មានបំណុល kmean bamnol
**debtor** *(n.)* កូនបំណុល kaun bamnol
**debuff** *(n.)* ការធ្វើឱ្យតួអង្គក្នុងហ្គេមខ្សោយ kar thveu aoy tuo ang knong game khsaoy
**debug** *(v.)* បំបាត់កំហុស bambat kamhos
**debunk** *(v.)* បង្ហាញកំហុស bonghanh kamhos
**debut** *(n.)* ការសម្តែងលើកដំបូង kar somdeng lerk domboung
**debutant** *(n.)* អ្នកសម្តែងលើកដំបូង nak somdeng lerk domboung
**decade** *(n.)* ទសវត្សរ៍ tosavot
**decadent** *(adj.)* ដែលចុះដុនដាប del choh dondab
**decalcification** *(n.)* ភាពកង្វះជាតិកាល់ស្យូម pheap kangvah cheat kalsyaum
**decalcifiy** *(v.)* កាត់បន្ថយជាតិកាល់ស្យូម kat bonthoay cheat kalsyaum
**decalibrate** *(v.)* បាត់បង់គ្រិតតាមខ្នាត batbong kret tam khnat
**decamp** *(v.)* គេចខ្លួន kech kluon
**decapitate** *(v.)* កាត់ក្បាល kat kbal
**decay** *(v.)* ពុកផុយ pouk phoy
**decay** *(n.)* ការពុកផុយ kar pouk phoy
**decease** *(n.)* មរណភាព moranak pheap
**deceased** *(adj.)* ដែលស្លាប់ del slab
**deceit** *(n.)* បោកបញ្ឆោត baok banhchhoat
**deceitful** *(adj.)* ដែលបោកបញ្ឆោត del baok banhchhoat
**deceive** *(v.)* បញ្ឆោត banhchhoat
**decelerate** *(v.)* បន្ថយល្បឿន banthoay lbuen

**deceleration** *(n.)* ការថយចុះ kar thoay choh
**december** *(n.)* ខែធ្នូ khae thnuo
**decency** *(n.)* ភាពថ្លៃថ្នូរ pheap thlai thnaur
**decent** *(adj.)* សមរម្យ samrom
**decentralize** *(v.)* វិមជ្ឈការ vimachchhokar
**decentre** *(v.)* ដកចេញពីចំនុចកណ្តាល dakchenh pi chamnouch kondal
**deception** *(n.)* ការបោកប្រាស់ kar baok bras
**deceptive** *(adj.)* ដែលបោកបញ្ឆោត del baok banhchhoat
**decibel** *(n.)* ដេស៊ីបែល decibel
**decide** *(v.)* សម្រេចចិត្ត samrech chett
**decided** *(adj.)* បានសម្រេចចិត្ត ban samrech chett
**decidedly** *(adv.)* ដោយការសំរេចចិត្ត daoy kar saamrech chett
**decimal** *(adj.)* ទសភាគ tosapheak
**decimal point** *(n.)* ចំណុចទសភាគ chamnoch tosapheak
**decimate** *(v.)* សម្លាប់រង្គាល somlab rongkeal
**decimation** *(v.)* ការសម្លាប់រង្គាល kar somlab rongkeal
**decipher** *(v.)* បកស្រាយសារសម្ងាត់ boksray sar samngaat
**decision** *(n.)* ការសំរេចចិត្ត kar saamrechchett
**decisive** *(adj.)* ដែលមិនចេះរារែក del min cheh rearek
**deck** *(n.)* ផ្ទែកដំបូលនៃនាវា phnek domboul nei neavea
**declaration** *(n.)* ការប្រកាស kar brakas
**declare** *(v.)* ប្រកាស brakas
**declassify** *(v.)* ប្រកាសប្រាប់ជាសាធារណៈ brakas brab chea sathearanak
**decline** *(v.)* ធ្លាក់ចុះ thlak choh
**declivity** *(n.)* ទីចោតចុះ thi choat choh
**declutter** *(v.)* ធ្វើឱ្យមានសណ្តាប់ធ្នាប់ thveu aoy mean sandab thnoab
**decoction** *(n.)* រំងាស់ថ្នាំបុរាណ romngoah thnam borann
**decode** *(v.)* បកស្រាយអក្សរសម្ងាត់ boksray aksor samngat
**decoder** *(n.)* ឧបករណ៍ឌីកូដ ubakar dikaud

decolonization (n.) ការរំសាយដែនដី អាណានិគម kar romsay dendei ananikom
decolonize (v.) រំសាយដែនដីអាណានិគម romsay dendei ananikom
decommission (v.) បញ្ឈប់ការប្រើប្រាស់អ្វីមួយ banhchhob kar brer bras avei muoy
decompose (v.) បំបែកជាតុ bombek theat
decomposition (n.) ការបំបែកជាតុ kar bombek theat
decompress (v.) បន្ធូរសំពាធ bonthoay sompeat
decompression (n.) ការបន្ធូរនូវរសំពាធ kar banthoay nouv sompeat
decongest (v.) ធ្វើឱ្យលែងកកស្ទះ tveu aoy leng kork stah
deconstruct (v.) ពិនិត្យទំនាក់ទំនងរវាងអត្ថបទនិងអត្ថន័យ pinit tomneak tomnong roveang atthabot ning atthaney
deconstruction (n.) ការពិនិត្យទំនាក់ទំនងរវាងអត្ថបទនិងអត្ថន័យ kar pinit tomneak tomnong roveang atthabot ning atthaney
deconstructively (adv.) ដោយពិនិត្យទំនាក់ទំនងរវាងអត្ថបទនិងអត្ថន័យ doay pinit tomneak tomnong roveang atthabot ning atthaney
decontrol (v.) លែងត្រួតត្រា leng truot tra
decor (n.) ដេគ័រ decor
decorate (v.) តុបតែង tobteng
decoration (n.) ការតុបតែង kar tobteng
decorative (adj.) ដែលតុបតែង del tobteng
decorum (n.) ការតុបតែង kar tobteng
decoy (n.) នុយ nuy
decoy (v.) បញ្ឆោត banhchhoat
decrease (v.) ថយចុះ thoay choh
decreasingly (adv.) យ៉ាងថយចុះ yang thoay choh
decree (n.) ក្រឹត្យ kret
decree (v.) ចេញក្រឹត្យ chenh kret
decrement (n.) ការថយចុះ kar thoay choh
decrepitate (v.) បន្លឺសូរផ្ទុះដោយអាំង banleu sau phtuh daoy ang

decrepitation (n.) សូរផ្ទុះដោយអាំង sau phtuh daoy ang
decriminalization (n.) ការលុបចោល ទោសព្រហ្មទណ្ឌ kar loub chaol tos promaton
decriminalize (v.) លុបចោលទោសព្រហ្មទណ្ឌ loub chaol tos promaton
decry (v.) សម្តែងសេចក្ដីមិនយល់ព្រម samdeng sechkdei min yulprom
decrypt (v.) ដោះកូដ doh kaud
decrypt (n.) ការដោះកូដ kar doh kaud
decryption (n.) វិកូដនីយកម្ម vi kaud neaykam
dedicate (v.) លះបង់ leahbong
dedication (n.) ការលះបង់ kar leahbong
deduce (v.) ធ្វើអនុមានញែក tveu anukman nhek
deduct (v.) កាត់ kat
deduction (n.) ការកាត់បន្ថយ kar kat banthoay
deed (n.) អំពើ ompeu
deem (v.) ចាត់ទុកថា chat tuk tha
deep (adj.) ជ្រៅ chrov
deepen (v.) ធ្វើឱ្យកាន់តែជ្រៅ tveu oy kan tae chrov
deeply (adv.) យ៉ាងជ្រាលជ្រៅ yang chreal chrov
deer (n.) សត្វក្ដាន់ sat kdan
deface (v.) ធ្វើអោយខូច tveu aoy khauch
defamation (n.) ការបរិហារកេរ្តិ៍ kar borihake
defamatory (adj.) ដែលបរិហារកេរ្តិ៍ del borihake
defame (v.) បរិហារកេរ្តិ៍ borihake
default (n.) លំនាំដើម lomnoam derm
defeat (v.) យកឈ្នះ yok chhneah
defecate (v.) បន្ទោរបង់ bantor bong
defect (n.) ការខុសចន្លោះ kar khos chanloh
defective (adj.) មានកំហុសមិនប្រក្រតី mean kamhos min brakradei
defence (n.) ការការពារ kar karpear
defenceless (adj.) គ្មានទីពឹង kmean tipeung
defend (v.) ការពារ karpear
defendant (n.) ចុងចោទ chungchaot

**defensive** *(adj.)* ដែលការពារខ្លួន del karpear khluon
**defer** *(v.)* ពន្យារពេល ponyea pel
**deference** *(n.)* ការព្រមតាមដោយការគោរព kar prom tam daoy kar korop
**defiance** *(n.)* ការរឹងទទឹង kar reung tor teung
**defiant** *(adj.)* រឹងរូស reungrous
**deficiency** *(n.)* កង្វះ kangvah
**deficient** *(adj.)* ខ្វះចន្លោះ khvah chanloh
**deficit** *(n.)* ឱនភាព aon pheap
**defile** *(v.)* ការធ្វើឱ្យខូច kar tveu aoy khauch
**define** *(v.)* កំណត់ kamnot
**definite** *(adj.)* ច្បាស់លាស់ chbas loas
**definition** *(n.)* និយមន័យ niyomney
**definitive** *(adj.)* ដែលច្បាស់លាស់ del chbas loas
**deflate** *(v.)* បន្ថយខ្យល់ bonthu khyoal
**deflation** *(n.)* បរិត្តផរណា borittaphorona
**deflect** *(v.)* ផ្លាតចេញ phlaat chenh
**deflection** *(n.)* ការផ្លាតចេញ kar phlaat chenh
**deflesh** *(v.)* យកសាច់ចេញ yok sach chenh
**deflower** *(v.)* ធ្វើឱ្យបាត់បង់ភាពក្រមុំព្រហ្មចារី thveu aoy batbong pheap kramom promacharei
**defoliant** *(n.)* សារជាតុគីមីធ្វើឱ្យស្លឹកឈើជ្រុះ saratheat kimi thveu aoy sloekchheu chrouh
**defoliate** *(v.)* ធ្វើឱ្យជ្រុះស្លឹក thveu aoy chrouh sloek
**deforest** *(v.)* កាប់បំផ្លាញព្រៃឈើ kab bamphlanh prei chheu
**deforestation** *(n.)* ការកាប់បំផ្លាញព្រៃឈើ kar kab bamphlanh prei chheu
**deform** *(v.)* ខូចទ្រង់ទ្រាយ khauch trongtreay
**deformity** *(n.)* ការខូចទ្រង់ទ្រាយ kar khauch trongtreay
**defragment** *(v.)* ផ្តុំទិន្នន័យឡើងវិញ phkom tinnoney lerngvinh
**defragmentation** *(n.)* ការផ្តុំទិន្នន័យឡើងវិញ kar phkom tinnoney lerngvinh
**defrost** *(v.)* ធ្វើឱ្យរលាយទឹកកក thveu aoy roleay teukkork

**deft** *(adj.)* ដែលស្ទាត់ជំនាញ del stoat chomneanh
**defunct** *(adj.)* ដែលលែងមាន del leng mean
**defuse** *(v.)* បន្ធូរភាពតានតឹង bonthoay pheap tanteung
**defy** *(v.)* ប្រឆាំង brachhang
**degenerate** *(v.)* ចុះខ្សោយ choh khsaaoy
**deglutination** *(n.)* ការយកសារជាតុគ្លូទីនចេញ kar yok sartheat glutin chenh
**degrade** *(v.)* ធ្វើឱ្យថោកទាប tveu aoy thoak teab
**degrading** *(adj.)* ដែលថោកទាប dek thaok teab
**degree** *(n.)* ដីក្រេ deu kre
**degustation** *(n.)* ការភ្លក់ម្ហូបប្រចាំហាង kar phlok mhoub bracham hang
**dehumidify** *(v.)* យកសំណើមចេញ yok saamnerm chenh
**dehydrate** *(v.)* ខ្សះជាតិទឹក khsoh cheat teuk
**dehydration** *(n.)* កង្វះជាតិទឹក kongvah cheat teuk
**deify** *(v.)* គោរពបូជា korob bochea
**deign** *(v.)* បន្ទាបខ្លួន bonteab kluon
**deism** *(n.)* ទេវនិយម tevak niyom
**deist** *(n.)* អ្នកជឿលើទេវ nak cheu leu tevak
**deity** *(n.)* អាទិទេព atitep
**deject** *(v.)* ធ្វើឱ្យថយកម្លាំងចិត្ត tveu aoy thoay komlang chet
**dejection** *(n.)* ការថយកម្លាំងចិត្ត kar thoay komlang chet
**delay** *(v.)* ពន្យារពេល ponyea pel
**delay** *(n.)* ការពន្យារពេល kar ponyea pel
**delectability** *(n.)* ភាពឈ្ងុយឆ្ងាញ់ pheap chhngouy chhnganh
**delectable** *(adj.)* ឆ្ងាញ់ chhnganh
**delegacy** *(n.)* ការចាត់តាំងប្រតិភូ kar chat tang kanak bratephou
**delegalize** *(v.)* ធ្វើប្រតិភូកម្ម thveu brotephoukamm
**delegate** *(n.)* ប្រតិភូ bratephou
**delegate** *(v.)* ផ្ទេរអំណាច phte amnach
**delegation** *(n.)* គណៈប្រតិភូ kanak bratephou

**deletable** *(adj.)* ដែលអាចលុបបាន del ach loub ban
**delete** *(v.)* លុប loub
**deliberate** *(adj.)* ដោយចេតនា daoy chetna
**deliberation** *(n.)* ការពិចារណាដោយប្រុងប្រយ័ត្ន kar picharona daoy brong broyat
**delicacy** *(n.)* អាហារប្រណីត ahar bronet
**delicate** *(adj.)* ដ៏ប្រណីត dor bronet
**delicatessen** *(n.)* ហាងលក់ម្ហូបចំអិនស្រាប់ hang luok mhoub cham en srab
**delicious** *(adj.)* ឆ្ងាញ់ chhnganh
**delight** *(v.)* រីករាយ rikreay
**delightedly** *(adv.)* ដោយក្តីរីករាយ daoy kdei rikreay
**delightful** *(adj.)* រីករាយ rikreay
**delimit** *(v.)* កំណត់ព្រំដែន kamnot promden
**delimitation** *(n.)* ការកំណត់ព្រំដែន kar kamnot promden
**delineate** *(v.)* គូសព្រាងរៀបរាប់ kous preang rieb roab
**delinquency** *(n.)* បទឧក្រិដ្ឋបង្កឡើងដោយអនីតិជន bot ukkred bangkor lerng daoy anitechun
**delinquent** *(adj.)* ដែលប្រព្រឹត្តិបទល្មើស del brapreutt bot lmeus
**delinquent** *(n.)* អនីតិជនប្រព្រឹត្តបទល្មើស anitechun brapreutt bot lmeus
**delipidate** *(adj.)* ដែលយកសារជាតុខ្លាញ់ចេញ del yok saratheat khlanh chenh
**delipidate** *(v.)* យកសារជាតុខ្លាញ់ចេញ yok saratheat khlanh chenh
**delipidation** *(n.)* ការយកសារជាតុខ្លាញ់ចេញ kar yok saratheat khlanh chenh
**deliriant** *(n.)* សារជាតុដែលធ្វើឱ្យមមើមមាយ saratheat del tveu oy momeu momeay
**delirium** *(n.)* រោគមមើមមាយ rok momeu momeay
**deliver** *(v.)* ផ្តល់ជូន phdal choun
**deliverance** *(n.)* ការរំដោះ kar romdaoh
**delivery** *(n.)* ការចែកចាយ kar chekchay

**delta** *(n.)* កំបន់ដីសណ្ដ dambon dei sandor
**deltoid** *(n.)* សាច់ដុំសន្លាក់ស្មា sachdom sanlak sma
**delude** *(v.)* បោកបញ្ឆោត baok banhchhoat
**deluge** *(n.)* ទឹកជំនន់ teuk chomnun
**delusion** *(n.)* ភាពរវើរវាយ pheap roveu roveay
**delusional** *(adj.)* ដែលវង្វេងស្មារតី del vongveng smarodei
**deluxe** *(adj.)* ដែលល្អប្រណីត del laor branet
**delve** *(v.)* កកាយកករក korkau korkay rok
**demagnetize** *(v.)* ដកមេដែកចេញ dok medek chenh
**demagogue** *(n.)* អ្នកធ្វើប្រជាភិថុតិ nak thveu bracheaphithot
**demagogy** *(n.)* នយោបាយប្រជាភិថុតិ noyobay bracheaphithot
**demand** *(n.)* តម្រូវការ tamrouv kar
**demanding** *(adj.)* ដែលទាមទារ del teamtear
**demarcate** *(v.)* កំណត់ព្រំដែន kamnot promden
**demarcation** *(n.)* ការកំណត់ព្រំដែន kar kamnot promden
**demasculinization** *(n.)* ការក្រៀវ kar kriev
**dematerialisation** *(n.)* ការបរបែរសម្ភារៈរូបវន្តទៅជាអេឡិចត្រូនិក kar bdau pi samphearak roubvoan tov chea elechtraunik
**dematerialize** *(v.)* ធ្វើឱ្យលែងមានសម្ភារៈរូបវន្ត thveu aoy leng mean samphearak roub voan
**demean** *(v.)* បន្ទាបបន្ថោក banteab banthok
**demeaning** *(adj.)* ដែលប្រមាថ del bramath
**dement** *(v.)* វង្វេងស្មារតី vongveng smarodei
**demented** *(adj.)* ដែលវង្វេងស្មារតី del vongveng smarodei
**dementia** *(n.)* ជំងឺវង្វេង chomngeu vongveng
**demerit** *(n.)* គុណវិបត្តិ kun vibat
**demicircle** *(n.)* កន្លះរង្វង់ konlah rongvong
**demilitarized** *(adj.)* ដែលគ្មានយោធា del kmean yothea
**demise** *(n.)* មរណៈភាព moronak pheap
**demobilization** *(n.)* ការរំសាយទ័ព kar romsay top

**demobilize** *(v.)* រំសាយទព័ romsay top
**democracy** *(n.)* ប្រជាធិបតេយ្យ bracheathibtay
**democrat** *(n.)* អ្នកប្រជាធិបតេយ្យ nak bracheathibtay
**democratic** *(adj.)* នៃប្រជាធិបតេយ្យ nei bracheathibtay
**demographic** *(adj.)* នៃប្រជាសាស្ត្រ nei bracheasas
**demolish** *(v.)* រុះរើ rouhreu
**demolition** *(n.)* ការរុះរើ kar rouhreu
**demon** *(n.)* បិសាច beysach
**demonetize** *(v.)* ឈប់ប្រើប្រាស់រូបិយបណ្ណ chhub brer bras roubeybann
**demonize** *(v.)* ធ្វើឱ្យដូចខ្មោចបិសាច thveu aoy dauch khmaoch beisach
**demonstrate** *(v.)* បង្ហាញ banghanh
**demonstration** *(n.)* ការបង្ហាញ kar banghanh
**demoralize** *(v.)* ធ្វើឱ្យអស់សង្ឃឹម tveu oy os songkheum
**demote** *(v.)* បញ្ចុះឋានៈ banhchous thanak
**demur** *(n.)* ការជំទាស់ ka chomtoas
**demure** *(adj.)* ដែលមទម្យ del romtum
**demurrage** *(n.)* ប្រាក់សងដងចំពុកបណ្តាលមកពីការបញ្ចូននទំនិញយឺតយ៉ាវ brak song chomngeu chett bondal mok pi kar banhchoun tomninh yeutyav
**demystify** *(v.)* បកស្រាយឱ្យច្បាស់ bok sray oy chbas
**den** *(n.)* រូងសត្វ roung sat
**denationalize** *(v.)* បំបាត់ជាតូបនីយកម្ម bambat cheataubniyakam
**dengue** *(n.)* ជំងឺគ្រុនឈាម chomngeu krunchheam
**denial** *(n.)* ការបដិសេធ kar bakdeseth
**denominate** *(v.)* កំណត់ឈ្មោះ komnot chhmuos
**denomination** *(n.)* ការកំណត់ឈ្មោះ kar komnot chhmuos
**denote** *(v.)* ចង្អុលបង្ហាញ chungol bonghanh
**denounce** *(v.)* បរិហារ borihar
**dense** *(adj.)* ក្រាស់ kras
**density** *(n.)* ដងស៊ីតេ dong si te

**dentist** *(n.)* ពេទ្យធ្មេញ pet thmenh
**denude** *(v.)* ដកហូត dok hout
**denunciation** *(n.)* ការបរិហារ kar borihar
**deny** *(v.)* បដិសេធ bakdeseth
**deodorant** *(n.)* ម្សៅបំបាត់ក្លិន masao bombat khlen
**deodorize** *(v.)* បំបាត់ក្លិន bombat khlen
**deontology** *(n.)* ការសិក្សាពីកាតព្វកិច្ច karseksaa pi katapakech
**deoxidation** *(n.)* ការបន្សាបជាតិពុល kar bansab cheatpoul
**depart** *(v.)* ចាកចេញ chakchenh
**department** *(n.)* នាយកដ្ឋាន neayukathan
**departmentalization** *(n.)* ការរៀបចំជានាយកដ្ឋាន ka riebchom chea neayukathan
**departure** *(n.)* ការចាកចេញ kar chakchenh
**depauperate** *(v.)* ធ្វើឱ្យក្រ tveu oy kror
**depend** *(v.)* ពឹងផ្អែក peung pa'ek
**dependant** *(n.)* អ្នកនៅក្នុងបន្ទុក nak nov knung bontuk
**dependence** *(n.)* ការពឹងផ្អែក kar peung pa'ek
**dependent** *(adj.)* ដែលពឹងផ្អែក del peung pa'ek
**depict** *(v.)* ពិពណ៌នា piporanea
**depiction** *(n.)* ការពិពណ៌នា kar piporanea
**depilatory** *(adj.)* ដែលប្រើសម្រាប់បកកោម del brer somrab bok roam
**deplete** *(v.)* ធ្វើឱ្យអស់ tveu oy os
**depleted** *(adj.)* ដែលអស់រលីង del os roling
**depletion** *(n.)* ការថយចុះ kar thoy choh
**deplorable** *(adj.)* គួរឱ្យស្អប់ខ្ពើម kuor aoy sa'ob khpeum
**deplore** *(v.)* ស្អប់ sa'ob
**deploy** *(v.)* ដាក់ពង្រាយ dak pongreay
**depolarize** *(v.)* រួបរួម roub ruom
**deponent** *(n.)* សក្ខីកម្ម sakhey kam
**deport** *(v.)* និរទេស nirotes
**depose** *(v.)* បោះចោល baohchaol
**deposit** *(n.)* លុយកក់ luy kawk
**deposition** *(n.)* ការដាក់ប្រាក់ kar dak brak
**depository** *(n.)* កន្លែងទុក kongleng tuk

**depot** *(n.)* ដេប៉ូ debau
**depravation** *(n.)* ការខូច ka khauch
**deprave** *(v.)* ធ្វើឱ្យខូចសីលធម៌ tveu oy silathoa
**deprecate** *(v.)* បដិសេធ bakdesaet
**depreciate** *(v.)* ថយតម្លៃ thoay domlai
**depreciating** *(adj.)* ដែលថយតម្លៃ del thoay domlai
**depreciatory** *(adj.)* ដែលថយតម្លៃ del thoay domlai
**depredate** *(v.)* បង្កវិនាសកម្មលួច bongkor vineaskam luoch
**depress** *(v.)* ធ្លាក់ទឹកចិត្ត thleak teukchett
**depression** *(n.)* ការធ្លាក់ទឹកចិត្ត kar thleak teuk chett
**deprive** *(v.)* ដកហូត dok haut
**depth** *(n.)* ជម្រៅ chumrov
**deputation** *(n.)* ក្រុមតំណាងគណៈប្រតិភូ krom domnang kanakbrotephu
**depute** *(v.)* បែងអំណាចឱ្យ baeng omnach oy
**deputy** *(n.)* អនុប្រធាន anuk brothean
**derail** *(v.)* ធ្វើឱ្យខូចគម្រោង tveu oy khouch kumroang
**derailment** *(n.)* ការធ្វើឱ្យខូចគម្រោង kar tveu oy khouch kumroang
**deranged** *(adj.)* ឆ្កួត chhkuot
**deregulate** *(v.)* កាត់បន្ថយការត្រួតត្រារបស់រដ្ឋាភិបាល kat banthoay kar truot tra robos rodthaphibal
**deride** *(v.)* ចំអក cham oak
**derivative** *(adj.)* ដែលក្លាយ del khlay
**derive** *(v.)* ទាញយក teanh yok
**dermabrasion** *(n.)* ការដុះកោសិកាស្បែកដោយប្រើម្ជុល kar chomrouh kaoseka sbek daoy brer mchul
**dermatology** *(n.)* វិជ្ជាខាងរោគសើស្បែក vichchea khang rok sersbek
**derogatory** *(adj.)* ដែលប្រមាថមើលងាយ del bramath meul ngeay
**derrick** *(n.)* ម៉ាស៊ីនស្ទូច masin stauch
**desalt** *(v.)* យកអំបិលចេញពីទឹកសមុទ្រ yok ambel chenh pi teuk samout
**descale** *(v.)* យកថ្នាំកូត ស្រទាប់ក្រៅចេញ yok thnam kaut sratoab krao chenh

**descend** *(v.)* ចុះក្រោម choh kroam
**descendant** *(n.)* កូនចៅ kaun chao
**descent** *(n.)* ដើមកំណើត derm kamnert
**describe** *(v.)* ពិពណ៌នា piporanea
**description** *(n.)* ការពិពណ៌នា kar piporanea
**descriptive** *(adj.)* ដែលពិពណ៌នា del piporanea
**desert** *(v.)* រត់ចោល ruot chaol
**desert** *(n.)* វាលខ្សាច់ veal khsaach
**deserve** *(v.)* សមនឹងទទួលបាន samneung tortuol ban
**design** *(n.)* ការរចនា kar rachana
**designate** *(v.)* ចាត់តាំង chat tang
**designated** *(adj.)* ដែលបានចាត់តាំង del ban chat tang
**designer** *(n.)* អ្នករចនា nak rachana
**designing** *(adj.)* ដែលគិតទុកជាមុន del kit tuk chea mun
**desirable** *(adj.)* ដែលគួរឱ្យចង់បាន del kuor aoy chong ban
**desire** *(n.)* បំណងប្រាថ្នា bamnong brathna
**desire** *(v.)* ចង់បាន chong ban
**desirous** *(adj.)* ដែលប្រាថ្នាចង់បាន del brathna chong ban
**desist** *(v.)* បញ្ឈប់ bonhchhub
**desk** *(n.)* តុការិយាល័យ tok kariyalai
**desktop** *(n.)* កុំព្យូទ័រលើតុ computer leu tok
**desocialization** *(n.)* ការដកហូតសមត្ថភាពសម្រាប់ទំនាក់ទំនងសង្គម kar dok haut samatthapheap samrab tomneak tomnong sangkom
**desolate** *(adj.)* ដែលក្រៀមក្រំ del kriem krom
**desolvate** *(v.)* យកជាតុរំលាយចេញ yok theat romleay chenh
**despair** *(n.)* ការអស់សង្ឃឹម kar os sangkheum
**desperate** *(adj.)* ដែលត្រូវការជាខ្លាំង del trov kar chea klang
**despicable** *(adj.)* ដែលគួរឱ្យស្អប់ខ្ពើម del kuor aoy s'aob khperm
**despise** *(v.)* ស្អប់ s'aob
**despiteful** *(adj.)* ដែលមានកំនុំ del mean koumnoum

**despondent** *(adj.)* ដែលខូចចិត្ត del khouch chet
**despot** *(n.)* អ្នកកាន់អំណាចផ្ដាច់ការ nak kan amnach phdach kar
**dessert** *(n.)* បង្អែម bang aem
**destabilization** *(n.)* អស្ថិរភាព akstheropheap
**destabilize** *(v.)* ធ្វើឱ្យអស្ថិរភាព tveu aoy akstheropheap
**destination** *(n.)* ទិសដៅ teus dao
**destiny** *(n.)* វាសនា veasana
**destitute** *(adj.)* ភាពទ័លក្រ pheap tol kror
**destress** *(v.)* កាត់បន្ថយស្រ្តេស kat bonthoay stress
**destroy** *(v.)* បំផ្លាញ bamphlanh
**destroyer** *(n.)* នាវាពិឃាត neavea pikheat
**destruction** *(n.)* ការបំផ្លាញ kar bamphlanh
**detach** *(v.)* ផ្ដាច់ phdach
**detachment** *(n.)* ការផ្ដាច់ kar phdach
**detail** *(n.)* លម្អិត lom et
**detain** *(v.)* ឃុំខ្លួន khoum khluon
**detect** *(v.)* រកឃើញ rok kheunh
**detective** *(n.)* អ្នកស៊ើបអង្កេត nak seub angket
**detention** *(n.)* ការឃុំខ្លួន kar khoum khluon
**detergent** *(n.)* សាប៊ូបោកខោអាវ sabu boak khoa av
**deteriorate** *(v.)* ធ្វើអោយកាន់តែយ៉ាប់ tveu aoy kantae yab
**determination** *(n.)* ការប្រេតផ្ដាច់ចិត្ត kar bdechnha chett
**determine** *(v.)* កំណត់ kamnot
**detest** *(v.)* ស្អប់ខ្ពើម s'aob khpeum
**dethrone** *(v.)* ទម្លាក់រាជ្យ tomlak reach
**detonate** *(v.)* ផ្ទុះ phtuh
**detoxication** *(n.)* ការបន្សាបជាតិពុល kar bansaab cheat poul
**detract** *(v.)* បង្អាក់ bang ak
**detractor** *(n.)* អ្នករិះគន់ nak rihkun
**detriment** *(n.)* ការបំផ្លាញ kar bamphlanh
**devalue** *(v.)* បញ្ចុះតម្លៃរូបិយវត្ថុ banhchouh damlei roubeyvottho
**devastate** *(v.)* បំផ្លិចបំផ្លាញ bamphlech bamphlanh

**develop** *(v.)* អភិវឌ្ឍ aphivodth
**developer** *(n.)* អ្នកអភិវឌ្ឍន៍ nak aphivodth
**development** *(n.)* ការអភិវឌ្ឍ kar aphivodth
**deviate** *(v.)* ងាកចេញពី ngeak chenh pi
**deviation** *(n.)* ការងាកចេញ kar ngeak chenh
**device** *(n.)* ឧបករណ៍ ubakor
**devil** *(n.)* បិសាច besach
**devilry** *(n.)* ភាពខូចរពីស pheap khauch ropeus
**devise** *(v.)* បង្កើតឡើង bongkert lerng
**devoid** *(adj.)* ដែលគ្មាន del khmean
**devote** *(v.)* ប្ដូរផ្ដាច់ឧបង bochea leahbong
**devotee** *(n.)* អ្នកឧបង nak leahbng
**devotion** *(n.)* ការឧបង kar leahbong
**devour** *(v.)* លេបត្របាក់ leb trabak
**devout** *(adj.)* ដែលស្មោះស្ម័គ្រ del smoah smak
**dew** *(n.)* ទឹកសន្សើម teuk sanserm
**diabetes** *(n.)* ទឹកនោមផ្អែម teuk nom ph'aem
**diagnose** *(v.)* ធ្វើរោគវិនិច្ឆ័យ thveu rokvinichhay
**diagnosis** *(n.)* ការធ្វើរោគវិនិច្ឆ័យ kar thveu rokvinichhay
**diagonal** *(adj.)* នៃអង្កត់ទ្រូង nei angkot troung
**diagram** *(n.)* ដ្យាក្រាម dyakram
**dial** *(n.)* ការចុច kar choch
**dialect** *(n.)* គ្រាមភាសា kream pheasaa
**dialogue** *(n.)* ការសន្ទនា kar santonea
**dialysis** *(n.)* ការលាងឈាម kar leang chheam
**diameter** *(n.)* អង្កត់ផ្ចិត angkot phchet
**diamond** *(n.)* ពេជ្រ pech
**diaper** *(n.)* កន្ទប kantob
**diarrhea** *(n.)* រាគ reak
**diary** *(n.)* កំណត់ហេតុប្រចាំថ្ងៃ kamnot het bracham thngai
**diaspora** *(n.)* ជនអន្តោប្រវេសន៍ chun antoabraves
**dibble** *(n.)* ឈើបុះដាំរុក្ខជាតិ chheuboh dam roukkhcheat
**dibble** *(v.)* បុកនឹងឈើបុះ bok neung chheu boh
**dice** *(n.)* គ្រាប់ឡុកឡាក់ kroab loklak

**dicey** *(adj.)* ដែលអាចមានគ្រោះថ្នាក់ del ach mean krohthnak
**dictate** *(v.)* សរសេរតាមអាន sor se tam arn
**dictation** *(n.)* ការសរសេរតាមអាន kar sar se tam arn
**dictator** *(n.)* ជនផ្ដាច់ការ chun phdach kar
**diction** *(n.)* ការរើសរៀបរៀងពាក្យ kar reus rieb rieng peak
**dictionary** *(n.)* វចនានុក្រម vachnanoukrom
**dictum** *(n.)* មតិរបស់ចៅក្រម ma te robos chaokrom
**didactic** *(adj.)* ដែលសម្រាប់បង្រៀន del somrab bongrien
**die** *(v.)* ស្លាប់ slab
**diehard** *(n.)* អ្នកជើងផ្ដាប់មុខ nak cheu phkab moukh
**diesel** *(n.)* ម៉ាស៊ូត masuot
**diet** *(n.)* របបអាហារ roborb ahar
**diet** *(v.)* តមអាហារ tom ahar
**dietician** *(n.)* អ្នកចំណីអាហារ nak chamnei ahar
**differ** *(v.)* ខុសគ្នា khos knea
**difference** *(n.)* ភាពខុសគ្នា pheap khos knea
**different** *(adj.)* ខុសគ្នា khos knea
**difficult** *(adj.)* ពិបាក pibak
**difficulty** *(n.)* ការលំបាក kar lombak
**diffident** *(adj.)* ដែលខ្វះការទុកចិត្តលើខ្លួនឯង del khvah kar touk chet leu khluon eng
**diffuse** *(v.)* សាយភាយ saypheay
**dig** *(v.)* ជីក chik
**digest** *(v.)* រំលាយអាហារ romleay ahar
**digestion** *(n.)* ការរំលាយអាហារ kar romleay ahar
**digit** *(n.)* ខ្ទង់ khtung
**digital** *(adj.)* ឌីជីថល dichithal
**digitalize** *(v.)* ធ្វើទៅជាឌីជីថល tveu chea dichithal
**dignify** *(v.)* គោរពឱ្យតម្លៃ korop oy domlai
**dignitary** *(n.)* អ្នកមានយសសក្តិធំ nak mean yus sak thom
**dignity** *(n.)* សេចក្តីថ្លៃថ្នូរ sechkdei thlai thnau
**digress** *(v.)* ចាកប្រធាន chark brothean

**digression** *(n.)* ការចាកប្រធាន kar chark brothean
**dilaceration** *(n.)* រូបរាងធ្មេញមិនធម្មតា roubreang thmenh min thommoda
**dilapidation** *(n.)* ភាពចាស់ទ្រុឌទ្រោម pheap chas trud trom
**dilate** *(v.)* ពង្រីក pung rik
**dilemma** *(n.)* បញ្ហាពីរក្នុងពេលតែមួយ panhha pi knung pel tae mouy
**diligence** *(n.)* ភាពឧស្សាហ៍ព្យាយាម pheap uksaa pyea yeam
**diligent** *(adj.)* ឧស្សាហ៍ព្យាយាម uksaa pyea yeam
**dilute** *(v.)* រំលាយ roleay
**dilution** *(n.)* ការរំលាយ kar romleay
**dim** *(adj.)* ស្រអាប់ sra aab
**dimension** *(n.)* វិមាត្រ vimeat
**diminish** *(v.)* បន្ថយ banthoay
**diminution** *(n.)* ការបន្ថយ kar banthoay
**diminutive** *(adj.)* ដែលតូចចម្លែក del tauch chomlaek
**dimly** *(adv.)* យ៉ាងស្រអាប់ yang sra aab
**dimness** *(n.)* ភាពស្រអាប់ pheap sra aab
**din** *(n.)* សំឡេងកងរំពង samleng kong rompong
**dine** *(v.)* ញ៉ាំអាហារពេលល្ងាច nham ahar pel lngeach
**diner** *(n.)* អ្នកបរិភោគបាយល្ងាច nak boriphok bay lngeach
**dingy** *(adj.)* ដែលកខ្វក់ del korkhvok
**dinner** *(n.)* អាហារពេលល្ងាច ahar pel lngeach
**dioxide** *(n.)* ឌីអុកស៊ីត di ork sit
**dip** *(v.)* ជ្រលក់ chroluk
**diploma** *(n.)* សញ្ញាប័ត្រ sanhha batt
**diplomacy** *(n.)* ការទូត kar tuot
**diplomat** *(n.)* អ្នកការទូត anakkeartout
**diplomatic** *(adj.)* ការទូត kartout
**dire** *(adj.)* ធ្ងន់ធ្ងរ thngon thngor
**direct** *(adj.)* ដោយផ្ទាល់ doay phtorl
**direction** *(n.)* ទិសដៅ teus dao
**directive** *(n.)* ការណែនាំ kar nae noam
**director** *(n.)* នាយក neayouk

**directory** *(n.)* បញ្ជីរាយឈ្មោះ banhchi reay chhmoh
**dirt** *(n.)* ភាពកខ្វក់ pheap korkhvork
**dirty** *(adj.)* កខ្វក់ korkhvork
**disability** *(n.)* ពិការភាព pikarpheap
**disable** *(v.)* បិទ bet
**disabled** *(adj.)* ដែលពិការ del pikar
**disadvantage** *(n.)* គុណវិបត្តិ kun vibatt
**disagree** *(v.)* មិនយល់ស្រប min yul srob
**disagreeable** *(adj.)* ដែលមិនយល់ស្រប del min yul srob
**disallow** *(v.)* មិនអនុញ្ញាត min anuk nhat
**disappear** *(v.)* បាត់ bat
**disappearance** *(n.)* ការបាត់ខ្លួន kar ba khluon
**disappoint** *(v.)* ខកចិត្ត khork chett
**disapprove** *(v.)* មិនយល់ព្រម min yul prom
**disarm** *(v.)* ដកហូតអាវុធ dok haut avuth
**disarmament** *(n.)* ការដកហូតអាវុធ kar dok haut avuth
**disarrange** *(v.)* ធ្វើឱ្យច្របូកច្របល់ thveu oy chrabauk chrabol
**disarray** *(n.)* ភាពច្របូកច្របល់ pheap chrabauk chrabol
**disaster** *(n.)* គ្រោះមហន្តរាយ kroh mohantoray
**disastrous** *(adj.)* មហន្តរាយ mohantoray
**disband** *(v.)* បែកខ្ញែក bek khnhek
**disbelief** *(n.)* ការមិនជឿ kar min chue
**disbelieve** *(v.)* មិនជឿ min chue
**disburse** *(v.)* ចំណាយប្រាក់ chamnay brak
**disc** *(n.)* ឌីស dis
**discard** *(v.)* បោះបង់ baoh bong
**discharge** *(n.)* ការហូរ kar ho
**disciple** *(n.)* សាវ័ក savak
**discipline** *(n.)* វិន័យ viney
**disclaim** *(v.)* បដិសេធ bakdeseth
**disclose** *(v.)* បង្ហាញ banghanh
**discolour** *(v.)* ប្រែពណ៌ brae por
**discomfit** *(v.)* ខ្មាស khmas
**discomfort** *(n.)* ភាពមិនស្រួល pheap min sruol
**disconnect** *(v.)* ផ្តាច់ phdach

**discontent** *(n.)* មិនសប្បាយចិត្ត min sabbaychett
**discontinue** *(v.)* ឈប់ chhub
**discord** *(n.)* ការមិនចុះសម្រុង kar min choh samroung
**discotheque** *(n.)* ក្លឹបឌីស្កូ club disco
**discount** *(n.)* បញ្ចុះតម្លៃ banhchouh damlai
**discourage** *(v.)* បង្អាក់ទឹកចិត្ត bong ak teuk chett
**discourse** *(n.)* ការទំនាក់ទំនង tomnak tomnong
**discourteous** *(adj.)* ដែលមិនគួរសម del min kuor som
**discover** *(v.)* រកឃើញ rok kheunh
**discovery** *(n.)* ការរកឃើញ kar rok kheunh
**discredit** *(v.)* ធ្វើអោយខូចកិត្តិយស thveu oy khauch ketyous
**discreet** *(adj.)* ប្រយ័ត្នប្រយែង brayat brayeng
**discrepancy** *(n.)* ភាពខុសគ្នា pheap khous knea
**discretion** *(n.)* ឆន្ទានុសិទ្ធិ chhanteanouseth
**discriminate** *(v.)* រើសអើង reus aerng
**discrimination** *(n.)* ការរើសអើង kar reus aerng
**discuss** *(v.)* ពិភាក្សា pipheaksaa
**disdain** *(v.)* មើលងាយ meul ngeay
**disease** *(n.)* ជំងឺ chomngeu
**disembody** *(v.)* បំបែកកាយ bombek kay
**disenchant** *(v.)* ធ្វើឱ្យខកចិត្ត tveu oy khork chett
**disengage** *(v.)* ដកថយ dok thoay
**disfigure** *(v.)* ធ្វើឱ្យខូចទ្រង់ទ្រាយ tveu oy khauch trongtreay
**disgrace** *(n.)* ភាពអាម៉ាស់ pheap amas
**disgruntled** *(adj.)* អាក់អន់ចិត្ត ak on chett
**disguise** *(v.)* បន្លំខ្លួន banlom khluon
**disgust** *(n.)* ភាពខ្ពើមរអើម pheap khpeum ro aerm
**dish** *(n.)* ម្ហូប mhoub
**dishearten** *(v.)* ធ្វើឱ្យខូចទឹកចិត្ត thveu oy khauch teuk chett
**dishonest** *(adj.)* មិនស្មោះត្រង់ min smaoh trong

**dishonesty** *(n.)* ភាពមិនស្មោះត្រង់ pheap min smaoh trong
**dishonour** *(n.)* ភាពថោកទាប pheap thaok teab
**disillusion** *(v.)* ការស្រងាកចិត្ត kar srangak chett
**disinclined** *(adj.)* ស្តាក់ស្ទើរ stak steur
**disinfect** *(v.)* រំងាប់មេរោគ romngoab merok
**disjunction** *(n.)* កង្វះភាពស៊ីគ្នា kongvah pheap shi knea
**dislike** *(n.)* ភាពមិនចូលចិត្ត pheap min chaul chett
**dislocate** *(v.)* គ្រេចផ្គរះ krech thloah
**dislodge** *(v.)* ញែកពីគ្នា nhek pi knea
**disloyal** *(adj.)* មិនស្មោះត្រង់ min smaoh trong
**dismal** *(adj.)* ដែលកើតទុក្ខ del kert tukh
**dismantle** *(v.)* រះរើ rouh reu
**dismay** *(n.)* ភាពស្រងាកចិត្ត pheap sra ngak chett
**dismiss** *(v.)* បណ្តេញចេញ bondenh chenh
**dismissal** *(n.)* ការបណ្តេញចេញ kar bondenh chenh
**disobey** *(v.)* មិនស្តាប់បង្គាប់ min sdab bongkoab
**disorder** *(n.)* ភាពច្របូកច្របល់ pheap chrabauk chrabol
**disorganize** *(v.)* ធ្វើឱ្យលែងមានរបៀបរៀបរយ thveu oy leng mean robieb rieb roy
**disorient** *(v.)* ធ្វើឱ្យវង្វេងស្មារតី tveu oy vongveng smardei
**disown** *(v.)* លែងទទួលស្គាល់ leng tortuol skaol
**disparate** *(adj.)* ដែលខុសគ្នាស្រឡះ del khos knea sralah
**disparity** *(n.)* ភាពខុសគ្នា pheap khos knea
**dispatch** *(v.)* បញ្ជូន banhchuon
**dispensary** *(n.)* ឱសថាល័យ oa sot thalai
**dispense** *(v.)* ចែកចាយ chekchay
**disperse** *(v.)* បំបែក bambek
**displace** *(v.)* ផ្លាស់ទីលំនៅ phlasti lomnov
**display** *(n.)* បង្ហាញ banghanh
**displease** *(v.)* ធ្វើដោយមិនពេញចិត្ត tveu doy min penh chett

**displeasure** *(n.)* ភាពមិនពេញចិត្ត pheap min penh chett
**disposal** *(n.)* ការបោះចោល kar chaol
**dispose** *(v.)* បោះចោល baoh chaol
**disproportion** *(n.)* ភាពមិនស្មើគ្នា pheap min smer knea
**disprove** *(v.)* បង្ហាញអោយឃើញថាខុស banghanh oy kheunh tha khos
**disputation** *(n.)* ជម្លោះ chomlouh
**dispute** *(v.)* ឈ្លោះគ្នា chhloh knea
**disqualification** *(n.)* ការដកសិទ្ធិ kar dok seth
**disqualify** *(v.)* ដកហូតសិទ្ធិ dok haut seth
**disquiet** *(n.)* ភាពព្រួយបារម្ភ pheap prouy barom
**disregard** *(v.)* មិនយកចិត្តទុកដាក់ min yok chett touk dak
**disrepute** *(n.)* ការខូចកិត្តិយស kar khauch ket te yuos
**disrespect** *(n.)* ការមិនគោរព kar min korop
**disrupt** *(v.)* រំខាន romkhan
**dissatisfaction** *(n.)* ការមិនពេញចិត្ត kar min penh chett
**dissatisfy** *(v.)* មិនពេញចិត្ត min penh chett
**dissect** *(v.)* វះកាត់ដើម្បីសិក្សា veah kat derm bei seksaa
**dissection** *(n.)* ការវះកាត់ដើម្បីសិក្សា kar veah kat derm bei seksaa
**dissimilar** *(adj.)* ប្លែកៗគ្នា blek blek knea
**dissipate** *(v.)* រសាយ ro say
**dissolve** *(v.)* រលាយ roleay
**dissuade** *(v.)* ឃាត់ khoart
**distance** *(n.)* ចម្ងាយ chamngay
**distant** *(adj.)* ឆ្ងាយ chhngay
**distil** *(v.)* បន្សុទ្ធទឹក bonsot teuk
**distillery** *(n.)* រោងបិតស្រា roang bet sra
**distinct** *(adj.)* ខុសគ្នា khos knea
**distinction** *(n.)* ភាពខុសគ្នា pheap khos knea
**distinctive** *(adj.)* ប្លែក blek
**distinguish** *(v.)* បែងចែក beng chek
**distort** *(v.)* បង្ខូចទ្រង់ទ្រាយ bangkhouch trungtreay
**distraction** *(n.)* ការរំខាន kar romkhan
**distraught** *(adj.)* ពិបាកចិត្ត pibak chett

**distress** *(n.)* សេចក្តីទុក្ខព្រួយ sechkdei tukh pruoy
**distress** *(v.)* ព្រួយ pruoy
**distribute** *(v.)* ចែកចាយ chekchay
**distribution** *(n.)* ការចែកចាយ kar chekchay
**district** *(n.)* ស្រុក srok
**distrust** *(n.)* ភាពមិនទុកចិត្ត pheap min tuk chett
**distrust** *(v.)* មិនទុកចិត្ត min tuk chett
**disturb** *(v.)* រំខាន romkhan
**ditch** *(n.)* ប្រឡាយ brolay
**ditto** *(n.)* សញ្ញា (") មាននិយថាដូចគ្នា sanhnha (") mean ney tha dauch knea
**dive** *(v.)* មុជទឹក mouch teuk
**dive** *(n.)* ការមុជទឹក kar mouch teuk
**diverse** *(adj.)* ចម្រុះ chamrouh
**diversify** *(v.)* ធ្វើពិពិធកម្ម thveu pipith kamm
**divert** *(v.)* បង្វែរ bangvae
**divide** *(v.)* ចែក chek
**dividend** *(n.)* ភាគលាភ pheak leap
**divine** *(adj.)* នៃអាទិទេព nei aatitep
**divinity** *(n.)* ទេវភាព tev pheap
**division** *(n.)* ការបែងចែក kar beng chek
**divorce** *(n.)* ការលែងលះ kar leng leah
**divorce** *(v.)* លែងលះ leng leah
**divulge** *(v.)* បង្ហាញរឿងសម្ងាត់ bonghanh reung somngat
**do** *(v.)* ធ្វើ thveu
**doable** *(adj.)* អាចធ្វើបាន ach thveu ban
**dob** *(v.)* ទុពិត tu pit
**dob** *(n.)* ថ្ងៃ ខែ ឆ្នាំ កំណើត kar tu pit
**doc** *(n.)* ឯកសារ eksar
**docent** *(n.)* គ្រូនៅសាកលវិទ្យាល័យ kru nov sakol vityealay
**docent** *(adj.)* ដែលបង្រៀន del bongrean
**docile** *(adj.)* ដែលមិនរឹងរូស del min reung ruos
**dock** *(n.)* ផែ phae
**dock** *(v.)* ចត chort
**docket** *(n.)* ការដាក់ប្រតិនបណ្តឹង darang brotetin bondoeng
**dockmaster** *(n.)* អ្នកគ្រប់គ្រងផែ nak kroub krong phae

**dockworker** *(n.)* អ្នកធ្វើការនៅផែ nak tveu kar nov phae
**dockyard** *(n.)* កន្លែងចតនិងជួសជុលនាវា kanleng chort ning chuos choul neavea
**doctor** *(n.)* វេជ្ជបណ្ឌិត vechchakbandeut
**doctor** *(v.)* ព្យាបាល pyeabal
**doctorate** *(n.)* បណ្ឌិត bandeut
**doctored** *(adj.)* ដែលក្លែងបន្លំ del khleng bonlom
**doctrine** *(n.)* គោលលទ្ធិ kol letthi
**document** *(n.)* ឯកសារ eksar
**documentary** *(adj.)* នៃឯកសារ nei eksar
**documentary** *(n.)* ឯកសារភាពយន្ត eksar pheapyun
**dodge** *(v.)* គេចចេញ kech chenh
**dodge** *(n.)* ការគេចចេញ kar kech chenh
**dodo** *(n.)* ប្រភេទសត្វស្លាបម្យ៉ាង braphet sat slab myang
**doe** *(n.)* សត្វក្តាន់ញី sat kdan nhi
**doer** *(n.)* អ្នកធ្វើ nak thveu
**doeskin** *(n.)* ស្បែកក្តាន់ sbek kdan
**dog** *(n.)* ឆ្កែ chhkae
**dog** *(v.)* តាមយាំងកិត tam yang ket
**dogbreath** *(n.)* ក្លិនមាត់ klen moat
**dogfight** *(n.)* ឆ្កែឈ្លោះគ្នា chhkae chhlous knea
**dogfight** *(v.)* ឈ្លោះគ្នាដូចឆ្កែ chhlous knea doch chkae
**doghole** *(n.)* កន្លែងឆ្កែ konleng chhkae
**doghouse** *(n.)* ផ្ទះឆ្កែ phteah chhkae
**dogma** *(n.)* ឱវាទ oa vart
**dogmatic** *(adj.)* ដែលមានន័យ del meanah
**dole** *(n.)* អំណោយជាប្រចាំ omnouy chea bracham
**dole** *(v.)* អោយទាន oy tean
**doll** *(n.)* តុក្កតា tokkata
**dollar** *(n.)* ដុល្លារ dollar
**dolman** *(n.)* អាវហុងគ្រី arv hongkri
**dolmen** *(n.)* ផ្លូវមានថ្មសំប៉ែតពីលើ phou mean thmor sompet pi leu
**dolorous** *(adj.)* ដែលធ្វើឲ្យឈឺចាប់ del thveu oy chheu chab
**dolphin** *(n.)* ផ្សោត phsaot

**domain** *(n.)* ដែន den
**dome** *(n.)* សំណង់មានដំបូលមូល somnong mean domboul moul
**domestic** *(adj.)* ដែលនៅក្នុងស្រុក del nov knong srok
**domestic** *(n.)* ក្នុងស្រុក knong srok
**domestical** *(adj.)* នៃអ្នកបម្រើក្នុងផ្ទះ nei nak bomrer knung phtah
**domesticate** *(v.)* ផ្សាំង phsang
**domesticator** *(n.)* អ្នកផ្សាំងសត្វនិងរុក្ខជាតិ nak phsang satt ning rokhacheat
**domicile** *(n.)* ប្រទេសដែលដាល់នៅដ្ឋានអចិន្ត្រៃយ៍ brates del chea lomnov than achentrai
**domiciled** *(adj.)* ដែលដាល់នៅដ្ឋានអចិន្ត្រៃយ៍ del chea lomnov than achentrai
**domiciliary** *(adj.)* ដែលនៅក្នុងល់នៅដ្ឋាន del nov knong lomnov than
**dominant** *(adj.)* ដែលមានអំណាចលើ del mean omnach leu
**dominate** *(v.)* ត្រួតត្រា truot tra
**domination** *(n.)* ការត្រួតត្រា kar truot tra
**dominion** *(n.)* អំណាចត្រួតត្រា omnach truot tra
**domino** *(n.)* ដូមីណូ dau mi nau
**donate** *(v.)* បរិច្ចាគ bor ri chak
**donation** *(n.)* ការបរិច្ចាគ kar bor ri chak
**donkey** *(n.)* សត្វលា satt lea
**donor** *(n.)* ម្ចាស់ជំនួយ mchas chomnuoy
**doodle** *(v.)* គូរកត់នូវក្បៀក ku komnu khviek
**doom** *(n.)* សេចក្ដីវិនាស sechkdei vineas
**doom** *(v.)* ធ្វើឱ្យវិនាស tveu oy vineas
**doomed** *(adj.)* ដែលវិនាស del vineas
**doomsday** *(adj.)* នៃថ្ងៃចុងក្រោយនៃពិភពលោក nei thngai chong kraoy nei piphoplok
**doomsday** *(n.)* ថ្ងៃចុងក្រោយនៃពិភពលោក thngai chong kraoy nei piphoplok
**door** *(n.)* ទ្វារ tvear
**doorbell** *(n.)* កណ្ដឹងទ្វារ kondoeng tvear
**doorknob** *(n.)* ប្រដាប់កាន់បើកបិទទ្វារ bradab kan berk bet tvear

**doormat** *(n.)* ក្រណាត់ជូតជើង kranat chout cheung
**dope** *(n.)* មនុស្សភ្លីភ្លើ mnous phli phleu
**dope** *(v.)* ដាក់ថ្នាំបង្កើនកម្លាំង dak thnam bongkern komlang
**dope** *(adj.)* ដែលល្អខ្លាំង del l'or klang
**doped** *(adj.)* ដែលនៅក្រោមឥទ្ធិពលរបស់ថ្នាំ del nov krom etthipul thnam
**dopey** *(adj.)* ដែលឡប់ del lob
**dorky** *(adj.)* ដែលឆ្កួង del chhkourng
**dormant** *(adj.)* ដែលដេកលក់ del dek louk
**dormitory** *(n.)* អន្តេវាសិកដ្ឋាន antevasek than
**dorsal** *(adj.)* ខាងខ្នង khang khnorng
**dosage** *(n.)* កម្រិតប្រើថ្នាំក្នុងរយៈពេលមួយ kamrit brer thnam knung royak pel mouy
**dose** *(n.)* កម្រិតប្រើថ្នាំក្នុងមួយពេល kamrit brer thnam knung mouy pel
**dot** *(n.)* ចំណុច chamnoch
**dot** *(v.)* ដៅចំណុច dao chamnoch
**double** *(adj.)* ទ្វេ tve
**double** *(n.)* ទ្វេភាគ tve pheap
**double** *(v.)* ឡើងមួយជាពីរ lerng mouy chea pi
**doubt** *(n.)* ការសង្ស័យ kar sangsay
**doubt** *(v.)* សង្ស័យ sangsay
**doubtful** *(adj.)* សង្ស័យ sangsay
**doubtless** *(adj.)* គ្មានការសង្ស័យ kmean kar sangsay
**dough** *(n.)* ម្សៅនំលាយទឹក m'sao nom leay teuk
**doughnut** *(n.)* ដូណាត់ daunat
**dour** *(adj.)* ដែលមុខក្រមូរ del moukh kromouv
**douse** *(v.)* ច្រលក់ទឹក chroluk teuk
**dove** *(n.)* សត្វលលក satt lolork
**dowery** *(n.)* បណ្ណាការ bonna kar
**down** *(v.)* ចុះក្រោម choh kroam
**down** *(adv.)* ឆ្ពោះទៅខាងក្រោម chhpuh tov khang kroam
**down** *(prep.)* ខាងក្រោម khang kroam
**down and out** *(adj.)* ក្រីក្រ krei kror
**downfall** *(n.)* ការធ្លាក់ចុះ kar thlak choh
**download** *(v.)* ទាញយក teanh yok

| | |
|---|---|
| **downpour** (n.) ភ្លៀងខ្លាំង phlieng khlang | **dramatist** (n.) វិនាទនិពន្ធ vi nead nipon |
| **downright** (adv.) យ៉ាងទៀងត្រង់ yang tieng trong | **drape** (n.) ក្រណាត់ដណ្ដប់ kromat dondob |
| **downright** (adj.) ដែលនិយាយត្រង់ del niyeay trong | **drape** (v.) ដណ្ដប់ dondob |
| | **draper** (n.) អ្នកលក់ក្រណាត់ nak louk kromat |
| **downstairs** (adj.) ជាន់ក្រោម choan kraom | **drapery** (n.) របាំងសំពត់ ronang somput |
| **downward** (adj.) ខាងក្រោម khang choh kraom | **drastic** (adj.) យ៉ាងធ្ងន់ធ្ងរ yang thngun thngor |
| **downward** (adv.) ពីលើទៅក្រោម pi leu choh kraom | **draught** (n.) ចរន្តរវល់នៃខ្យល់ chakron vil vol nei khyal |
| **downwards** (adv.) ចុះក្រោម chohkraom | **draw** (n.) ការចាប់ឆ្នោត kar chab chhnoat |
| **doze** (n.) ការដេករលីរ៉ៗ kar dek roleav roleav | **draw** (v.) គូរ ku |
| **doze** (v.) ដេករលីរ៉ៗ dek roleav roleav | **drawback** (n.) គុណវិបត្តិ kun vibatt |
| **dozen** (n.) មួយឡូ mouy lo | **drawbridge** (n.) ស្ពានបិទបើក spean bet berk |
| **drab** (n.) ក្រណាត់ប្រផេះស្រអាប់ kronat bropheh sroarb | **drawer** (n.) ថតតុ thoat tok |
| **drab** (adj.) ដែលប្រផេះស្រអាប់ del bropheh sroarb | **drawing** (n.) គំនូរ koumnu |
| **drab** (v.) ធ្វើដូចស្រីខូច tveu douch srey khouch | **drawing-room** (n.) បន្ទប់ទទួលភ្ញៀវ bantob tortuol phnhiev |
| **draconic** (adj.) ដែលតឹងរឹ៉ងខ្លាំង del teung reung khlang | **dread** (n.) ភាពភ័យខ្លាច pheap phey khlach |
| | **dread** (v.) ខ្លាច khlach |
| **draft** (v.) ពង្រាង pongreang | **dread** (adj.) ដែលខ្លាច del khlach |
| **draft** (n.) សេចក្តីពង្រាង sechkhdei pongreang | **dreadful** (adj.) គួរឱ្យខ្លាច kuor oy khlach |
| **draftsman** (n.) អ្នកពង្រាងច្បាប់ nak pongreang chbab | **dreadful** (n.) រឿងគួរឱ្យខ្លាច reurng kuor oy khlach |
| **drafty** (adj.) ដែលមានខ្យល់ចូល del mean khyal chaul | **dreadfully** (adv.) ដ៏គួរឱ្យខ្លាចណាស់ dor kuor oy khlach |
| **drag** (n.) ការអូស kar aus | **dreadlock** (n.) សក់ក្រងបែបអាប្រិក sok krong beb afric |
| **drag** (v.) អូស aus | **dreadlock** (v.) ក្រងសក់បែបអាប្រិក krong sok beb afric |
| **dragon** (n.) នាគ neak | |
| **dragonfly** (n.) កន្ទ្រំរុយ kontum ruy | **dream** (n.) សុបិន្ត so ben |
| **drain** (n.) ការបង្ហូរ kar banghou | **dream** (v.) យល់សប្តិ yul sob |
| **drain** (v.) បង្ហូរ banghou | **dreamcatcher** (n.) បន្ទោងឱ្យយល់សប្តិល្អ bontoang oy yul sob laor |
| **drainage** (n.) ការបង្ហូរចេញ kar banghou chenh | **dreamer** (n.) អ្នកយល់សប្តិ nak yul sob |
| **drainpipe** (n.) បំពង់បង្ហូរទឹក bampung banghou teuk | **dreamily** (adv.) ដោយសុបិន្ត doay so ben |
| **dram** (n.) រង្វាស់តួចមួយនៃស្រាវិស្គី rongvoah tauch muoy nei sra vi ski | **dreamworld** (n.) ពិភពសុបិន piphup soben |
| | **dreamy** (adj.) ដូចយល់សប្តិ douch yul sob |
| **drama** (n.) ល្ខោន lakhoan | **drench** (v.) ជោគទឹក choak teuk |
| **dramatic** (adj.) ដែលដូចល្ខោន del dauch lakhoan | **dress** (n.) សំលៀកបំពាក់ somleak bompeak |
| | **dress** (v.) ស្លៀកពាក់ sliekpeak |
| | **dressing** (n.) ការស្លៀកពាក់ kar sliekpeak |
| | **dressing table** (n.) តុសំអាង tok som arng |

**dressmaker** *(n.)* ជាងដេរសំលៀកបំពាក់ស្ត្រី cheang de saamliek bampeak strei
**drib** *(n.)* ចំនួនតិចតួច chomnuon tech tuoch
**dribble** *(n.)* ការបណ្ដើរបាល់ kar bander bal
**dribble** *(v.)* ហូររឹមៗ hou reum reum
**dried** *(adj.)* ស្ងួតហួតហែង snguot huot heng
**drift** *(n.)* ការរសាត់ kar rosat
**drift** *(v.)* រសាត់ rosat
**drill** *(n.)* សមយុទ្ធ samyuth
**drill** *(v.)* ធ្វើសមយុទ្ធ tveu samyuth
**drink** *(n.)* ភេសជ្ជៈ phesacheak
**drink** *(v.)* ផឹក phoek
**drinking chocolate** *(n.)* សូកូឡាសម្រាប់ផឹក saukaula somrab phoek
**drinking water** *(n.)* ទឹកផឹក teuk phoek
**drip** *(n.)* មួយតំណក់ៗ mouy domnok mouy domnok
**drip** *(v.)* ស្រក់តក់ៗ srok tork tork
**drive** *(n.)* ការបើកបរ kar berk bor
**drive** *(v.)* បើកបរ berk bor
**driver** *(n.)* អ្នកបើកបរ nak berk bor
**drizzle** *(n.)* ភ្លៀងរលឹម phlieng roleum
**drizzle** *(v.)* រលឹមភ្លៀង roleum phlieng
**droid** *(n.)* មនុស្សយន្ត monus yun
**drone** *(n.)* យន្តហោះគ្មានមនុស្សបើក yonhaoh kmean monous berk
**drool** *(v.)* ស្រក់ទឹកមាត់ srok teuk moat
**drool** *(n)* ទឹកមាត់ teuk moat
**droop** *(v.)* ធ្លាក់សំយុងចុះ thleak saamyong choh
**droop** *(n.)* ការធ្លាក់សំយុងចុះ kar thleak saamyong choh
**droopy** *(adj.)* ដែលធ្លាក់សំយុងចុះ del thleak saamyong choh
**drop** *(v.)* ទម្លាក់ tomleak
**drop** *(n.)* តំណក់ទឹក domnok teuk
**drop box** *(n.)* ប្រអប់សម្ដាត់ bra ob somngat
**drop-in** *(n.)* ការចូលលេងមួយភ្លែត kar chaul leng mouy plet
**drop-off** *(n.)* កន្លែងដាក់ចុះ konlaeng dakchoh
**dropout** *(n.)* ការបោះបង់ការសិក្សា kar baoh bong kar seksa

**dropzone** *(n.)* កន្លែងទម្លាក់គ្រឿងផ្គត់ផ្គង់ពីយន្តហោះ kanleng tomlak krueng phkutphkung pi yonhaoh
**drought** *(n.)* គ្រោះរាំងស្ងួត kroh reang snguot
**drown** *(v.)* លង់ទឹក luong teuk
**drug** *(n.)* គ្រឿងញៀន krueng nhien
**drug addict** *(n.)* ការញៀនថ្នាំ kar nhien thnam
**druggist** *(n.)* ឱសថការី aosothakari
**druid** *(n.)* អាចារ្យ aachar
**drum** *(n.)* ស្គរ skor
**drum** *(v.)* វាយស្គរ veay skor
**drum kit** *(n.)* ឧបករណ៍ស្គរ ubakor skor
**drumbeat** *(n.)* ចង្វាក់ភ្លេងស្គរ chongvak pleng skor
**drumfish** *(n.)* ត្រីស្គរ trei skor
**drunk** *(adj.)* ស្រវឹង sraveung
**drunkard** *(n.)* មនុស្សប្រមឹក monus brameuk
**dry** *(adj.)* ស្ងួត snguot
**dry** *(v.)* សម្ងួត som nguot
**dry-clean** *(v.)* បោកស្ងួត boak snguot
**dryer** *(n.)* ម៉ាស៊ីនសម្ងួត masin sam nguot
**dual** *(adj.)* ទ្វេ tve
**duality** *(n.)* ទ្វេភាព tve pheap
**dual-purpose** *(adj.)* ដែលមានគោលបំណងពីរ del mean kol bamnong pi
**dub** *(n.)* ការបញ្ចូលសំឡេង kar banhchoul saamleng
**dub** *(v.)* បញ្ចូលសំឡេង banhchoul saamleng
**dubious** *(adj.)* ដែលគួរឱ្យសង្ស័យ del kuor aoy sangsay
**ducat** *(n.)* ប្រាក់មួយបែបធ្លាប់ប្រើនៅអឺរ៉ុប brak muoy beb thloab brer nov europe
**duchess** *(n.)* នារីនៃគ្រួសាររាជវង្ស neari nei kruosaar reachovong
**duck** *(n.)* ទា tear
**duck** *(v.)* ជ្រមុជ chromuoch
**duct** *(n.)* បំពង់បង្ហូរវត្ថុរាវ bampong banghou votthoreav
**duct** *(v.)* ហូរតាមបំពង់ hou tam bampong
**duct tape** *(n.)* ស្កុតអត់ជ្រាបទឹក skot ot chrieb teuk

**dude** *(n.)* មិត្តភក្តិ mit pheak
**due** *(adj.)* ដែលដល់ថ្ងៃកំណត់ del dol thngai kamnot
**due** *(n.)* ថ្ងៃកំណត់ thngai kamnot
**due** *(adv.)* ឆ្ពោះទៅ chhpouh tov
**duel** *(n.)* ការប្រលងស្នាដៃ kar brolong snadai
**duel** *(v.)* ប្រយុទ្ធតទល់ brayuth tortul
**duet** *(n.)* ការសម្តែងជាគូ kar somdeng chea ku
**duet** *(v.)* សម្តែងជាគូ somdeng chea ku
**duffel bag** *(n.)* កាបូបរាងស៊ីឡាំង kabaub rieng silang
**duke** *(n.)* អភិជនហាន:ខ្ពស់បំផុត aphichun thanak khpos bamphot
**dull** *(adj.)* រិល ril
**dull** *(v.)* ធ្វើអោយរិល tveu oy ril
**duly** *(adv.)* ដោយត្រឹមត្រូវ doay troem trauv
**dumb** *(adj.)* ល្ងង់ lngong
**dum-bell** *(n.)* ដុំដែក dom dek
**dumbfound** *(v.)* ធ្វើអោយស្រឡាំងកាំង thveu aoy sralang kang
**dumbfounded** *(adj.)* ដែលស្រឡាំងកាំង del sralang kang
**dumbo** *(n.)* មនុស្សល្ងង់ monus la ngung
**dummy** *(n.)* អ្នកអត់ចេះសោះ nak ot cheh saoh
**dummy** *(v.)* ចោះពុម្ពសម្រាប់អ្នកអត់ចេះសោះ baoh poumph samrab nak ot cheh saoh
**dump** *(n.)* កន្លែងចាក់សម្រាម kanleng chak samram
**dump** *(v.)* បោះបង់ចោល baoh bong chaol
**dumpster** *(n.)* ធុងសំរាម thung saamram
**dunce** *(n.)* មនុស្សភ្លើ monus pleu
**dune** *(n.)* ផ្នូរខ្សាច់ត្រូវខ្យល់បក់មក phnauk khsaach trauv khyal bok mok
**dung** *(n.)* លាមកសត្វ leamuok sat
**dungeon** *(n.)* គុកក្រោមដី kouk kroam dei
**dunk** *(n.)* ឥតបានការ itbankar
**dunk** *(v.)* បោះបាល់ boah bal
**duo** *(n.)* គូ ku
**dup** *(v.)* ឌុប doub
**dupe** *(v.)* បោក boak

**dupe** *(n.)* មនុស្សស្រួលបោក mnous sruol boak
**duplex** *(n.)* វីឡាភ្លោះ villa phouh
**duplicate** *(adj.)* ដែលស្ទួន del stuon
**duplicate** *(n.)* ច្បាប់ចម្លង chhbab chomlong
**duplicate** *(v.)* ចម្លង chomlong
**duplicity** *(n.)* ចិត្តរៀចវេ chet veach ve
**durability** *(n.)* ភាពធន់ pheap thun
**durable** *(adj.)* ប្រើប្រាស់បានយូរ brer bras ban yu
**duration** *(n.)* រយៈពេល royakpel
**during** *(prep.)* កំឡុងពេល kamlong pel
**dusk** *(n.)* ព្រលប់ proloub
**dust** *(n.)* ធូលី thuli
**dust** *(v.)* រោយម្សៅ roy msao
**duster** *(n.)* អំបោសបោសធូលី omboas boas thuli
**dutiful** *(adj.)* ដែលទទួលខុសត្រូវ del tortuol khos trauv
**duty** *(n.)* កាតព្វកិច្ច katapkech
**duty-free** *(adj.)* ដែលឥតគិតពន្ធ del et kit pon
**duty-free** *(adv.)* ដោយឥតគិតពន្ធ doy et kit pon
**duvet** *(n.)* ភួយក្រាស់ phouy kras
**dwarf** *(n.)* មនុស្សតឿ monous tue
**dwarf** *(v.)* ធ្វើអោយក្រិន tveu oy kren
**dwarf** *(adj.)* ដែលតឿ del tue
**dwell** *(v.)* រស់នៅ ros nov
**dwelling** *(n.)* លំនៅដ្ឋាន lomnov than
**dwindle** *(v.)* រលាយបន្តិចម្តង romloh bontich mdong
**dye** *(v.)* ជ្រលក់ពណ៌ chroluk poar
**dye** *(n.)* ថ្នាំជ្រលក់ពណ៌ thnam chroluk poar
**dynamic** *(adj.)* ដែលមានថាមពល del mean thamopol
**dynamics** *(n.)* ឌីណាមិក di na mik
**dynamite** *(n.)* គ្រាប់រំសេវ kroab romsev
**dynamo** *(n.)* ឌីណាម៉ូ di na mau
**dynasty** *(n.)* រាជវង្ស reach vong
**dysentery** *(n.)* រោគរាគមូល rok reak muol
**dystopia** *(n.)* សង្គមក្រោយពេលមហន្តរាយ sangkom kraoy pel mohantoray

# E

each *(pron.)* នីមួយៗ nimouy nimouy
each *(adj.)* នីមួយៗ nimouy nimouy
each *(adv.)* ម្នាក់ៗ knea
eager *(adj.)* អន្ទះសា anteahsa
eagle *(n.)* គ្រុឌ intri
ear *(n.)* ត្រចៀក trachiek
earbud *(n.)* កាសត្រចៀក kas trachiek
early *(adv.)* មុនពេលកំណត់ mun pel komnot
early *(adj.)* ដែលលឿន del leun
earn *(v.)* រកបាន rok ban
earnest *(adj.)* ស្មោះត្រង់ smaoh trong
earth *(n.)* ផែនដី phen dei
earthen *(adj.)* ដែលធ្វើពីដី del thveu pi dei
earthenware *(n.)* ចានឆ្នាំងដី chan chhnang dei
earthly *(adj.)* នៅលើផែនដី nov leu phendei
earthquake *(n.)* រញ្ជួយដី ronhchuoy dei
ease *(n.)* ភាពងាយស្រួល pheap ngeay sruol
ease *(v.)* ធ្វើឱ្យងាយស្រួល tveu oy ngeay sruol
east *(adv.)* ខាងកើត khang kert
east *(n.)* ទិសខាងកើត teus khang kert
east *(adj.)* នៃទិសខាងកើត nei teus khang kert
easter *(n.)* បុណ្យអេស្ទ័រ bonn easter
eastern *(adj.)* នៃទិសខាងកើត nei teus khang kert
easy *(adj.)* ងាយស្រួល ngeay sruol
easy-to-use *(adj.)* ងាយស្រួលប្រើ ngeay sruol brer
eat *(v.)* បរិភោគ boriphoak
eatable *(n.)* ការអាចបរិភោគបាន kar ach boriphoak ban
eatable *(adj.)* អាចបរិភោគបាន ach boriphoak ban
eave *(n.)* សំយាបដំបូល somyab domboul
eavesdrop *(v.)* លួចស្តាប់ luoch sdab
eavesdrop *(n.)* ការលួចស្តាប់ kar luoch sdab
ebb *(n.)* ដំណើរទឹកនាច domner teuk neach

ebb *(v.)* នាច neach
ebony *(n.)* ឈើខ្មៅ chheu khmao
e-book *(n.)* សៀវភៅអេឡិចត្រូនិច sievphov elechtraunich
ebulliate *(v.)* ពុះ puh
ebullience *(n.)* ភាពក្តៀវក្តា pheap khliev klha
ebullient *(adj.)* ដែលក្តៀវក្តា del khliev klha
eccentric *(adj.)* ដែលខុសគេ del khous ke
ecclesiastical *(adj.)* ខាងសាសនាគ្រីស្ត khang sasana kreus
echinoid *(n.)* កំប្រម៉ាសមុទ្រ kam bro ma samout
echo *(n.)* អេកូ ekau
echocardiogram *(n.)* អេកូឆ្លុះចលនាបេះដូង ekau chhloh chalna behdaung
eclampsia *(n.)* ជំងឺគ្រឡាភ្លើង chomngeu kralaphleung
eclectic *(adj.)* ដែលយកពីប្រភពផ្សេងៗ del yok pi braphop phseng phseng
eclectic *(n.)* មនុស្សដែលយកគំនិតតាមប្រភពផ្សេងៗ mnous del yok koumnit tam braphop phseng phseng
eclipse *(n.)* ចន្ទ្រគ្រាស chan kreas
eclipse *(v.)* បាំងធ្វើអោយបាត់ពន្លឺ bang thveu oy bat ponleu
eclipsis *(n.)* ការលុបពាក្យ kar loub peak
ecological *(adj.)* នៃអេកូឡូស៊ី nei ekaulausi
ecologist *(n.)* អ្នកបរិស្ថានវិទ្យា ekaulausi
ecology *(n.)* អេកូឡូស៊ី bristhean vityea
e-commerce *(n.)* ពាណិជ្ជកម្មអេឡិចត្រូនិច peanechchokamm elechtraunich
economic *(adj.)* នៃសេដ្ឋកិច្ច nei sedthakech
economical *(adj.)* ដែលសន្សំសំចៃ sansaam saamchai
economics *(n.)* សេដ្ឋកិច្ចវិទ្យា sedthakech vithyea
economy *(n.)* សេដ្ឋកិច្ច sedthakech
ecosystem *(n.)* ប្រព័ន្ធអេកូឡូស៊ី braponth ekaulausi
ecoterrorism *(n.)* អេកូទេសចរណ៍ ekau tesachor

**ecstasy** *(n.)* ភាពត្រេកត្រអាល pheap trektra aal
**ecstatic** *(adj.)* ដែលអណ្តែតអណ្តូង del andet aandaung
**ectopia** *(n.)* ភាពមិនប្រក្រតីនៃទីតាំងរបស់សារពាង្គកាយ pheap min brakradei nei titang robos sarpeangkay
**ectoplasm** *(n.)* ស្រទាប់ខាងក្រៅនៃកោសិកា sratoab khang krao nei koaseka
**ecumenic** *(adj.)* នៃវិហារគ្រឹស្តសាសនាទូទាំងពិភពលោក nei vihea kreu sassasna tutang piphoplok
**ecumenical** *(adj.)* នៃវិហារគ្រឹស្តសាសនាផ្សេងៗ nei vihear kreus sasana phseng phseng
**eczema** *(n.)* ជំងឺស្បែក chomngeu sbek
**edema** *(n.)* ជំងឺហើម chomngeu herm
**edge** *(n.)* គែម kem
**edible** *(adj.)* អាចបរិភោគបាន ach briphok ban
**edict** *(n.)* បញ្ញត្តិ banhnhat
**edificant** *(adj.)* ដែលសាងសង់ del sang song
**edification** *(n.)* ការបង្រៀន kar bongrien
**edifice** *(n.)* មហាគ្រឹះ mohar kreuh
**edify** *(v.)* ប្រៀនប្រដៅ brien brodao
**edit** *(v.)* កែប្រែ kae brae
**edition** *(n.)* ការបោះពុម្ព kar baoh poump
**editor** *(n.)* អ្នកបោះពុម្ពផ្សាយ nak baoh poump phsay
**editorial** *(adj.)* នៃការបោះពុម្ពផ្សាយ nei kar baoh poump phsay
**editorial** *(n.)* វិចារណកថា vicharonakatha
**educate** *(v.)* អប់រំ ob rom
**education** *(n.)* ការអប់រំ kar ob rom
**eel** *(n.)* អន្ទង់ antung
**eerie** *(adj.)* ដែលគួរឱ្យព្រឺក្បាល del kuor oy preu kbal
**effable** *(adj.)* ដែលអាចពិព័ណ៌នាជាពាក្យ del ach pipoaronea chea peak
**effably** *(adv.)* ដោយពិព័ណ៌នាជាពាក្យ doay pipoaronea chea peak
**efface** *(v.)* លុបចេញ loub chenh

**effect** *(n.)* ផលប៉ះពាល់ phol bahpoal
**effect** *(v.)* ប៉ះពាល់ bahpoal
**effective** *(adj.)* ដែលមានប្រសិទ្ធិភាព del mean brasetthipheap
**effeminate** *(adj.)* ដែលដូចស្រី del douch srey
**efficacy** *(n.)* ភាពសក្តិសិទ្ធិ pheap saksetth
**efficiency** *(n.)* ប្រសិទ្ធផល brasetthphal
**efficient** *(adj.)* ដែលមានប្រសិទ្ធិផល del mean brasetthiphal
**effigy** *(n.)* រូបទិដ្ឋមោងនរណាម្នាក់ roub tingmong norna mnak
**effort** *(n.)* ការខិតខំ kar khet khom
**effortless** *(adj.)* ដោយគ្មានការខំប្រឹង doy kmean kar khom breung
**effusive** *(adj.)* ដែលផ្លែងអំណរហួសហេតុ del thlaeng amnor huos haet
**egg** *(n.)* ស៊ុត suot
**ego** *(n.)* អាត្មា aathma
**egocentric** *(adj.)* ដែលអាត្មានិយម del aathma niyoum
**egotism** *(n.)* អញ្ញនិយម anh niyoum
**eight** *(n.)* ប្រាំបី brambei
**eighteen** *(n.)* ដប់ប្រាំបី dob brambei
**eighty** *(n.)* ប៉ែតសិប pet seb
**either** *(pron.)* មួយណា mouy na
**either** *(adv.)* ដែរ dae
**ejaculate** *(v.)* បាញ់ទឹកកាម banh teuk kam
**ejaculation** *(n.)* ការបាញ់ទឹកកាម kar banh teuk kam
**ejaculatory** *(adj.)* ដែលបាញ់ចេញពីក្នុងខ្លួន del banh chenh pi knong khluon
**eject** *(v.)* បញ្ចេញ banhchenh
**elaborate** *(v.)* បង្ហាញឱ្យល្អិតល្អន់ bonghanh oy lait laon
**elaborate** *(adj.)* ដែលល្អិតល្អន់ del la'it la'on
**elapse** *(v.)* កន្លងទៅ konlog tov
**elastic** *(adj.)* ដែលយឺត del yeut
**elasticity** *(n.)* ភាពយឺត pheap yeut
**elate** *(v.)* ធ្វើអោយរីករាយ thveu oy rikreay
**elate** *(adj.)* ដែលរីករាយដោយមានកភាព del rikreay daoy motokakpheap
**elated** *(adj.)* រំភើប rom pheup
**elation** *(n.)* សេចក្តីរីករាយ sechkhdei rikreay

**elbow** *(n.)* កែងដៃ kaeng dai
**elder** *(adj.)* ដែលមានអាយុចាស់ជាង del mean aayu chas cheang
**elder** *(n.)* ចាស់ទុំ chas toum
**elderly** *(adj.)* ចាស់ជរា chas chorea
**elect** *(v.)* ជ្រើសរើស chreus reus
**election** *(n.)* ការបោះឆ្នោត kar baoh chhnaot
**electorate** *(n.)* អង្គបោះឆ្នោត ang baoh chhnaot
**electric** *(adj.)* នៃអគ្គិសនី nei akkisani
**electricity** *(n.)* អគ្គិសនី akkisani
**electrify** *(v.)* បញ្ចូលអគ្គិសនី banhchoul akkisani
**electrocute** *(v.)* សម្លាប់ដោយខ្សែភ្លើងឆក់ samlab daoy khsae phleung chhork
**electrocution** *(n.)* ខ្សែភ្លើងឆក់ khsae phleung chhork
**electrolyte** *(n.)* អេឡិចត្រូលីត elechtraulit
**electron** *(n.)* អេឡិចត្រុង e lech trong
**electronic** *(adj.)* អេឡិចត្រូនិច e lech trau nich
**elegance** *(n.)* ភាពនឹកនាយ pheap chhert chhay
**elegant** *(adj.)* នឹកនាយ chhert chhay
**elegy** *(n.)* កំណាព្យសម្រាប់អ្នកស្លាប់ komnarb somrab nak slab
**element** *(n.)* ធាតុ theat
**elemental** *(adj.)* នៃធាតុ nei theat
**elementary** *(adj.)* បឋម bakthom
**elephant** *(n.)* ដំរី domrei
**elephantine** *(adj.)* ដែលដូចដំរី del douch domrei
**elevate** *(v.)* កើនឡើង kern lerng
**elevation** *(n.)* ការឡើងខ្ពស់ kar lerng khpous
**elevator** *(n.)* ជណ្ដើរយន្តប្រអប់ chunder yon bra ob
**eleven** *(n.)* ដប់មួយ dob muoy
**elf** *(n.)* ប្រេញកុងវាល mrenh kungveal
**elicitate** *(v.)* រំលេច romlech
**eligibility** *(n.)* សិទ្ធិទទួលបាន seth tortuol ban
**eligible** *(adj.)* ដែលមានសិទ្ធិទទួលបាន del mean seth tortuol ban
**eliminate** *(v.)* លុបបំបាត់ loub bambat

**elimination** *(n.)* ការលុបបំបាត់ kar loub bambat
**eliminator** *(n.)* អ្នកលុបបំបាត់ nak loub bambat
**eliminatory** *(adj.)* ដែលងាយនឹងលុបបំបាត់ del ngeay neung loub bambat
**elision** *(n.)* ការបំបាត់សំឡេងខ្លះនៃពាក្យ kar bambat samleng khlah nei peak
**elite** *(adj.)* នៃអភិជន nei aaphichun
**elite** *(n.)* អភិជន aaphichun
**elitism** *(n.)* អភិជននិយម aphichun niyoum
**elitist** *(n.)* អ្នកគាំទ្រការដឹកនាំដោយអភិជន nak koamtror kar doeknoam daoy aphichun
**elixir** *(n.)* ស្រាថ្នាំ sra thnam
**elk** *(n.)* សត្វអែលក satt elk
**ellipse** *(n.)* រាងពងក្រពើ rieng pong krapeu
**ellipse** *(v.)* លុបពាក្យមិនចាំបាច់ពីម្នា loub peak min cham bach pi khlea
**elliptic** *(adj.)* ដែលមានរាងពងក្រពើ del mean reang pong krapeu
**elocution** *(n.)* សិល្បៈខាងនិយាយ silapak khang niyeay
**elope** *(v.)* លួចរត់ទៅរៀបការ luoch ruot tov rieb kar
**eloquence** *(n.)* ភាពប៉ិនប្រសប់ខាងនិយាយនិងសរសេរ pheap pen brasob khang niyeay ning sor se
**eloquent** *(adj.)* ដែលមានវោហារកោសល្យ del mean vohar kaosal
**else** *(adj.)* ផ្សេងទៀត phseng tiet
**else** *(adv.)* បើមិនអញ្ចឹងទេ ber min onhcheung te
**elucidate** *(v.)* បំភ្លឺ bompleu
**elude** *(v.)* គេចខ្លួន kech kluon
**elusion** *(n.)* ការគេចខ្លួន kar kech kluon
**elusive** *(adj.)* ដែលពិបាករក del pibak rok
**emaciate** *(v.)* ធ្វើអោយស្គម tveu oy skorm
**emaciated** *(adj.)* ដែលស្គមកំព្រីង del skorm kompreung
**email** *(n.)* អ៊ីម៉ែល emel
**emanate** *(v.)* បញ្ចេញអារម្មណ៍ចេញមក bonhchenh arom chenh mok

**emanation** *(n.)* ការបញ្ចេញអារម្មណ៍ចេញមក kar bonhchenh arom chenh mok
**emancipate** *(v.)* អោយរួចពីការគ្រប់គ្រង oy ruoch pi kar krob krong
**emancipation** *(n.)* ការរួចខ្លួន kar ruoch khluon
**emasculate** *(v.)* ធ្វើឱ្យអស់លក្ខណៈជាមនុស្សប្រុស thveu oy os lakkhan chea monous bros
**emasculation** *(n.)* ការធ្វើឱ្យអស់លក្ខណៈជាមនុស្សប្រុស kar thveu oy os lakkhan chea monous bros
**embalm** *(v.)* រក្សាសាកសពទុក reaksaa saksob tuk
**embalming** *(n.)* ការអប់សាកសព kar ob saksob
**embank** *(v.)* ធ្វើទំនប់ tveu tomnoub
**embankment** *(n.)* ទំនប់ tomnoub
**embargo** *(n.)* ហាមឃាត់ ham khoat
**embark** *(v.)* ចាប់ផ្ដើម chab phderm
**embarrass** *(v.)* ខ្លាស់អៀន khmas ien
**embarrassing** *(adj.)* គួរឱ្យខ្មាស់អៀន kuor aoy khmas ien
**embarrassment** *(n.)* ភាពអាម៉ាស់ pheap amas
**embassy** *(n.)* ស្ថានទូត sthan tuot
**embellish** *(v.)* តុបតែង tob taeng
**embitter** *(v.)* ធ្វើអោយឈឺចាប់ tveu oy chheu chab
**emblem** *(n.)* វត្ថុតំណាង vottho damnang
**embodiment** *(n.)* គំរូតគ្នោះ koumru et khchoah
**embody** *(v.)* តំណាង domnang
**embolden** *(v.)* លើកទឹកចិត្ត lerk teuk chett
**embrace** *(v.)* ឱប orb
**embrace** *(n.)* ការឱប kar orb
**embroidery** *(n.)* ការប៉ាក់ kar pak
**embryo** *(n.)* អំប្រ៊ីយុង ambriyong
**embryonic** *(adj.)* នៃអំប្រ៊ីយុង nei ambriyong
**emend** *(v.)* កែតម្រូវ kae domrouv
**emerald** *(n.)* ថ្បោងមរកត tbaung morokot
**emerge** *(v.)* ផុសឡើង phos lerng

**emergency** *(n.)* បន្ទាន់ bantoan
**emigrate** *(v.)* ធ្វើចំណាកស្រុក thveu chamnak srok
**emigration** *(n.)* ការធ្វើចំណាកស្រុក kar thveu chamnak srok
**eminence** *(n.)* ភាពលេចធ្លោ pheap lech thlo
**eminent** *(adj.)* ល្បីល្បាញ lbei lbanh
**emissary** *(n.)* បេសកជន besakak chun
**emission** *(n.)* ការបំភាយ kar bom pheay
**emit** *(v.)* បញ្ចេញ banhchenh
**emittance** *(n.)* ការបំព្រេញ kar banhchenh
**emoji** *(n.)* សញ្ញាអារម្មណ៍ sanhnha arom
**emolument** *(n.)* បៀវត្សរ៍ bier wat
**emote** *(v.)* បញ្ចេញអារម្មណ៍ក្នុងការសម្ដែង banhchenh arom knong kar samdeng
**emoticon** *(n.)* សញ្ញាអារម្មណ៍ sanhnha arom
**emotion** *(n.)* អារម្មណ៍ arom
**emotional** *(adj.)* នៃអារម្មណ៍ nei arom
**emotive** *(adj.)* ដែលដួលចិត្ត del romchuol chett
**empath** *(n.)* ការយល់ចិត្ត kar yul chett
**empathic** *(adj.)* នៃការយល់ចិត្ត nei kar yul chett
**empathy** *(n.)* ការយល់ចិត្ត kar yul chett
**emperor** *(n.)* អធិរាជ akthireach
**emphasis** *(n.)* ការសង្កត់ធ្ងន់ kar sangkot thngon
**emphasize** *(v.)* បញ្ជាក់ banhcheak
**emphatic** *(adj.)* ដែលដាច់អហង្ការ del dach ahangkar
**empire** *(n.)* ចក្រភព chak phup
**empirical** *(adj.)* ដែលផ្អែកលើការពិសោធ del pha'ek leu kar pisoath
**empiricism** *(n.)* ពិសោធនិយម pisoath niyoum
**empiricist** *(n.)* អ្នកពិសោធនិយម nak pisoath niyoum
**employ** *(v.)* ជួល chuol
**employee** *(n.)* និយោជិត niyocheuk
**employer** *(n.)* និយោជក niyochuok
**employment** *(n.)* ការងារ kar ngear
**empower** *(v.)* ផ្តល់អំណាច phdal amnach
**empress** *(n.)* អធិរាជិនី aathireachoni

empty (v.) ធ្វើឱ្យទទេ tveu oy tor te
empty (adj.) ទទេ tor te
empty-handed (adj.) ដៃទទេ dai tor te
emulate (v.) ធ្វើត្រាប់តាម thveu trab tam
emulation (n.) ការធ្វើត្រាប់តាមឱ្យល្អដូចឬល្អជាង kar thveu trab tam oy laor douch reu laor cheang
emulsifier (n.) ភ្នាក់ងារធ្វើឱ្យវត្ថុរាវពីរលាយចូលគ្នាបាន phneakngear thveu aoy votthoreav pi roleay chaul knea ban
emulsify (v.) ធ្វើតេលូទកា tveu telutakkar
en route (adv.) នៅតាមផ្លូវ nov tam plauv
enable (v.) ធ្វើឱ្យដំណើរការ tveu oy damner kar
enact (v.) អនុម័តច្បាប់ anoumat chbab
enamel (n.) សាច់រឹងនៃធ្មេញ sach reung nei thmenh
enamour (v.) ស្រឡាញ់ srolanh
enamoured (adj.) ដែលស្រឡាញ់ខ្លាំង del srolanh khlang
enamourment (n.) ការស្រឡាញ់ខ្លាំង kar srolanh khlang
encage (v.) ជាប់ក្នុងទ្រុង choab knung trung
encapsulate (v.) សង្ខេប songkheb
encase (v.) ស្រោបក្នុងកេស sraob knung kes
enchant (v.) ដាក់ស្នេហ៍ dak snae
encircle (v.) ព័ទ្ធជុំវិញ poath choum vinh
enclose (v.) រុំព័ទ្ធ roum poath
enclosure (n.) ឯកសារភ្ជាប់ eksaar phchoab
encompass (v.) រួមបញ្ចូល ruom banhchoul
encounter (n.) ការជួបប្រទះ kar chuob bratah
encounter (v.) ជួប chuob
encourage (v.) លើកទឹកចិត្ត leuk teuk chett
encouragement (n.) ការលើកទឹកចិត្ត kar leuk teuk chett
encroach (v.) រំលោភបំពាន romloph bampean
encrust (v.) ហ៊ុមព័ទ្ធដោយសំបករឹង houmpoatth daoy saambok reung

encrusted (adj.) ដែលហ៊ុមព័ទ្ធដោយសំបករឹង del houmpoatth daoy saambok reung
encrypt (v.) បំលែងទិន្នន័យទៅជាកូដ bomlaeng tinaney tov chea kaud
encrypted (adj.) ដែលបានបំលែងទិន្នន័យទៅជាកូដ del ban bomlaeng tinaney tov chea kaud
encryption (n.) កូដនីយកម្ម kaudneykam
encumber (v.) ដាក់បន្ទុក dak bontuk
encyclopedia (n.) សព្វវចនាធិប្បាយ sopvachana thibbay
end (v.) បញ្ចប់ banhchob
end (n.) ចុងបញ្ចប់ chong banhchob
endanger (v.) បង្កគ្រោះថ្នាក់ bangkor kroh thnak
endangered (adj.) ដែលជិតផុតពូជ del chit phot puoch
endear (v.) ធ្វើអោយគេស្រឡាញ់ tveu oy ke sralanh
endearment (n.) ពាក្យស្នេហា peak snaeha
endeavour (n.) ការព្យាយាម kar pyeayeam
endeavour (v.) ព្យាយាម pyeayeam
endemic (adj.) នៃដង់ស្ទីឡនក្នុងតំបន់ nei chomngeu chhlong knung dombon
endemic (n.) ជំងឺឆ្លងក្នុងតំបន់ chomngeu chhlong knung dombon
endemiology (n.) ការសិក្សាពីជំងឺឆ្លងក្នុងតំបន់ kar serksa chomngeu chhlong knung dombon
endless (adj.) គ្មានទីបញ្ចប់ kmean ti banhchob
endorse (v.) យល់ព្រម yul prom
endorsement (n.) ការយល់ព្រម kar yul prom
endorser (n.) អ្នកចារលើខ្នងសំបុត្រ nak char leu khnang saambot
endoscopic (adj.) នៃអង់ដូស្គុប nei ang dau skaub
endoscopy (n.) ការឆ្លុះពិនិត្យសរីរាង្គកាយ kar chhloh pinith sarei reangkay
endow (v.) ផ្ដល់ទាយជ្ជទាន phdal teaychotean
endowed (adj.) ដែលសម្បូរ del sambou

**endowment** *(n.)* អំណាយទានពីធមជាតិ omnoay tean pi thomacheat
**endurable** *(adj.)* ដែលស្ថិតស្ថេរ del sthet sthe
**endurance** *(n.)* ការស៊ូទ្រាំ kar suo troam
**endure** *(v.)* ស៊ូទ្រាំ suo troam
**enemy** *(n.)* សត្រូវ satrauv
**energetic** *(adj.)* ស្វាហាប់ svahab
**energize** *(v.)* ធ្វើអោយមានថាមពល thveu aoy mean thamopoul
**energy** *(n.)* ថាមពល thamopoul
**enervate** *(v.)* ធ្វើអោយអស់កម្លាំង tveu oy os kamlang
**enervated** *(adj.)* ដែលអស់កម្លាំង del os kamlang
**enfeeble** *(v.)* ធ្វើអោយខ្សោយ tveu oy khsoay
**enforce** *(v.)* អនុវត្ត anukwat
**enfranchise** *(v.)* ផ្ដល់សិទ្ធិបោះឆ្នោត phdal setth baoh chhnaot
**engage** *(v.)* ចូលរួម chaul ruom
**engagement** *(n.)* ការចូលរួម kar chaul ruom
**engaging** *(adj.)* ដែលចូលរួម del chaul ruom
**engine** *(n.)* ម៉ាស៊ីន masin
**engineer** *(n.)* វិស្វករ visvakor
**engineering** *(n.)* វិស្វកម្ម visvakamm
**enginous** *(adj.)* ដែលប៉ិនប្រសប់ del pen brasob
**English** *(n.)* ភាសាអង់គ្លេស pheasa angkles
**englobe** *(v.)* ព័ទ្ធជុំវិញដូចជានៅក្នុងភូគោល poatth choumvinh dauch chea nov knong phoukoul
**engorge** *(v.)* បណ្ដាលឱ្យហើម bondal oy herm
**engrave** *(v.)* ឆ្លាក់ chhlak
**engross** *(v.)* ធ្វើអោយស្ទុង thveu aoy slong
**engulf** *(v.)* ព័ទ្ធជុំវិញ poath choum vinh
**enhance** *(v.)* ធ្វើឱ្យប្រសើរឡើង tveu oy braser lerng
**enhancement** *(n.)* ភាពប្រសើរឡើង pheap braser lerng
**enigma** *(n.)* មនុស្សអាថ៌កំបាំង monous athkambang
**enigmatic** *(adj.)* ដែលជាអាថ៌កំបាំង del chea athkambang

**enigmatical** *(adj.)* ដែលពិបាកយល់ del pibak youl
**enigmatically** *(adv.)* យ៉ាងអាថ៌កំបាំង yang athkambang
**enjoy** *(v.)* រីករាយ rikreay
**enjoyability** *(n.)* ភាពរីករាយ pheap rikreay
**enjoyable** *(adj.)* ដែលរីករាយ del rikreay
**enjoyment** *(n.)* ភាពរីករាយ pheap rikreay
**enlarge** *(v.)* ពង្រីក pongrik
**enlighten** *(v.)* បំភ្លឺ bamphleu
**enlist** *(v.)* ចុះឈ្មោះ chohchhmoh
**enliven** *(v.)* ធ្វើឱ្យរស់រវើកឡើង tveu oy ros roveuk lerng
**enmity** *(n.)* ភាពជាសត្រូវ pheap chea satrauv
**ennoble** *(v.)* ធ្វើឱ្យមានកិត្តិយស tveu oy mean ketayous
**enormous** *(adj.)* ធំសម្បើម thom samberm
**enough** *(adv.)* គួរសម kour som
**enough** *(adj.)* ដែលគ្រប់គ្រាន់ del krob kroan
**enquiry** *(n.)* ការសាកសួរ kar saak suor
**enrage** *(v.)* ធ្វើអោយខឹងខ្លាំង tveu oy khoeng klang
**enrapture** *(v.)* ធ្វើឱ្យរីករាយ tveu oy rik reay
**enrich** *(v.)* ធ្វើឱ្យប្រសើរឡើង tveu oy braser lerng
**enrichment** *(n.)* ការពង្រឹង kar pongreung
**enrol** *(v.)* ចុះឈ្មោះចូល choh chhmoh choul
**ensemble** *(n.)* ក្រុមភ្លេង krom pleng
**enshrine** *(v.)* ដាក់ដំកល់ dak domkol
**enslave** *(v.)* ធ្វើឱ្យទៅជាទាសករ tveu tov chea teasakor
**ensue** *(v.)* ជាផល chea phol
**ensure** *(v.)* ធានា theanea
**entangle** *(v.)* ជាប់ជំពាក់ choab chompeak
**enter** *(v.)* ចូល chaul
**enterprise** *(n.)* សហគ្រាស sahakreas
**entertain** *(v.)* កំសាន្ត kamsan
**entertainment** *(n.)* ការកំសាន្ត kar kamsan
**enthral** *(v.)* ទាក់ទាញអារម្មណ៍ tak teanh aarom
**enthrone** *(v.)* ថ្វាយរាជសម្បត្តិ thvay reach sombat
**enthusiasm** *(n.)* សេចក្ដីសាទរ sechkdei sartor

**enthusiastic** *(adj.)* ដែលសាទរ del sartor
**entice** *(v.)* ល្បួង lbuong
**enticement** *(n.)* ការបញ្ចុះបញ្ចូល kar banhchouh banhchoul
**enticer** *(n.)* អ្នកបញ្ចុះបញ្ចូល nak banhchouh banhchoul
**enticing** *(adj.)* ដែលទាក់ទាញ del tak teanh
**entire** *(adj.)* ទាំងមូល teang moul
**entirely** *(adv.)* ទាំងស្រុង teang srong
**entitle** *(v.)* ផ្ដល់សិទ្ធិ phdol setth
**entity** *(n.)* អង្គភាព angk pheap
**entomb** *(v.)* ដាក់ក្នុងផ្នូរ dak khnung phnau
**entomology** *(n.)* ចាណកសាស្ត្រ banorksas
**entrails** *(n.)* ពោះវៀន pohvien
**entrance** *(n.)* ច្រកចូល chrok chaul
**entrap** *(v.)* ដាក់អន្ទាក់ dak onteak
**entrapment** *(n.)* ការដាក់អន្ទាក់ kar dak onteak
**entreat** *(v.)* អង្វរសុំ angvor soum
**entreaty** *(n.)* ការអង្វរសុំ kar angvor soum
**entrench** *(v.)* ជីកត្រង់សេ chik trong se
**entrenchment** *(n.)* លេនដ្ឋាន lenthan
**entrepreneur** *(n.)* សហគ្រិន sahakrin
**entropic** *(adj.)* ដែលចរិលទ្រុឌទ្រោម del rich ril trod troam
**entropy** *(n.)* ភាពចរិលទ្រុឌទ្រោម pheap rich ril trod troam
**entrust** *(v.)* ទុកចិត្ត touk chett
**entry** *(n.)* ការចូល kar chaul
**entry form** *(n.)* សំណុំបែបបទចូល saamnom bebbot chaul
**entry-level** *(adj.)* នៃកម្រិតដំបូង nei koreth domboung
**enumerable** *(adj.)* ដែលអាចរាប់បាន del ach roab ban
**enumerate** *(v.)* រៀបរាប់ rieb roab
**enumerative** *(adj.)* ដែលរៀបរាប់ del rieb roab
**enunciate** *(v.)* ប្រកាស brokas
**enunciation** *(n.)* ការបញ្ចេញសំឡេង kar bonhchenh somleng
**enunciatory** *(adj.)* នៃការបញ្ចេញសំឡេង nei kar bonhchenh somleng

**envelop** *(v.)* ស្រាប sroab
**envelope** *(n.)* ស្រោមសំបុត្រ sraom saambot
**envelopment** *(n.)* វត្ថុគ្របដណ្ដប់ vattho kroab dondob
**enviable** *(adj.)* ដែលគួរឱ្យច្រណែន del kour oy chranen
**envious** *(adj.)* ច្រណែន chranen
**environment** *(n.)* បរិស្ថាន pakrithaan
**environmental** *(adj.)* នៃបរិស្ថាន nei pakrithaan
**environmentalism** *(n.)* បរិស្ថាននិយម pakrithaan niyoum
**environmentalist** *(n.)* អ្នកបរិស្ថាន nak pakristhaan
**envisage** *(v.)* ប៉ាន់ស្មាន bansman
**envision** *(v.)* ការប្រមើលមើល kar bromerl meul
**envoy** *(n.)* ប្រេសិត breset
**envy** *(v.)* ច្រណែន chrornaen
**enzyme** *(n.)* អង់ស៊ីម angsim
**enzymic** *(adj.)* នៃអង់ស៊ីម nei angsim
**ephemera** *(n.)* វត្ថុដែលប្រើបានតែរយៈពេលខ្លី vattho del brer ban tae royakpel khlei
**ephemeral** *(adj.)* ដែលមិនបានយូរ del min ban yuo
**epic** *(n.)* វីរកថា virakaktha
**epical** *(adj.)* វីរភាព virakpheap
**epicene** *(adj.)* ដែលទាំងពីរភេទ del teang pi phet
**epicentre** *(n.)* ចំណុចកណ្ដាល chamnoch kondal
**epicure** *(n.)* អ្នកដែលរីករាយចំពោះម្ហូបឬគេសជ្ជៈឆ្ងាញ់ nak del rikreay champoh mhoub rue phesachak chhnganh
**epicurean** *(adj.)* នៃអ្នកដែលរីករាយចំពោះម្ហូបឬគេសជ្ជៈឆ្ងាញ់ nei nak del rikreay champoh mhoub rue phesachak chhnganh
**epicurean** *(n.)* អ្នកដែលរីករាយចំពោះម្ហូបឬគេសជ្ជៈឆ្ងាញ់ nak del rikreay champoh mhoub rue phesachak chhnganh

**epidemic** *(n.)* រោគរាតត្បាត roak reat tbart
**epidural** *(n.)* ការចាក់ថ្នាំស្ពឹកតាមក្រៅខួរឆ្អឹងខ្នង kar chak thnam spoek tam krao khuor chhaoeng khnong
**epiglottis** *(n.)* កន្ត្លើក konlert
**epigram** *(n.)* សំដីផ្លែផ្កា somdei phlae phka
**epilate** *(v.)* ដករោមដោយមាំសុីន dok roam doy masin
**epilepsy** *(n.)* ជំងឺឆ្កួតជ្រូក chomngeu chhkuot chrouk
**epileptic** *(adj.)* នៃជំងឺឆ្កួតជ្រូក nei chomngeu chhkuot chrouk
**epileptic** *(n.)* មនុស្សឆ្កួតជ្រូក monous chhkuot chrouk
**epilogue** *(n.)* អវសាន្ត avosan
**epiphany** *(n.)* សភាវគតិយល់ដឹងភ្លាមៗពីអ្វីមួយ sapheavakati youl doeng phleam pleam pi avei muoy
**episode** *(n.)* ភាគ pheak
**epitaph** *(n.)* ចារិកថ្មនៅលើផ្នូរខ្មោច charik thmor nov leu phnau khmaoch
**epitome** *(n.)* អ្នកដែលជាគំរូ nak del chea komru
**epoch** *(n.)* សម័យ samai
**epoxy** *(n.)* ជ័រអេផូស៊ីត Choar epoxy
**equal** *(n.)* ភាពស្មើ pheap smer
**equal** *(adj.)* ដែលស្មើ del smer
**equal** *(v.)* ស្មើនឹង smer neung
**equality** *(n.)* សមភាព somapheap
**equalize** *(v.)* ធ្វើឱ្យស្មើគ្នា tveu oy smer knea
**equate** *(v.)* ស្មើគ្នានឹង smer knea neung
**equation** *(n.)* សមីការ sameikar
**equator** *(n.)* អេក្វាទ័រ ekvator
**equilateral** *(adj.)* ដែលមានជ្រុងស្មើគ្នា del mean chrung smer knea
**equinox** *(n.)* សមរាត្រី som reatrey
**equip** *(v.)* បំពាក់ bampeak
**equipment** *(n.)* ឧបករណ៍ ubakor
**equitable** *(adj.)* ដែលមានសមធម៌ del mean samothor
**equivalent** *(adj.)* ដែលសមមូល del sommoul

**equivocal** *(adj.)* ដែលមិនច្បាស់លាស់ del min chbas loas
**era** *(n.)* យុគសម័យ youk samai
**eradicate** *(v.)* លុបបំបាត់ loub bambat
**eradication** *(n.)* ការលុបបំបាត់ kar loub bambat
**eradicator** *(n.)* អ្នកលុបបំបាត់ nak loub bambat
**erase** *(v.)* លុបចោល loub chaol
**eraser** *(n.)* ជ័រលុប chor loub
**erect** *(v.)* ឡើងរឹង leng reung
**erect** *(adj.)* ដែលឡើងរឹង del lerng reung
**erectile** *(adj.)* ដែលអាចប៉ះឡើង del arch pah lerng
**erection** *(n.)* ការឡើងរឹងរបស់លិង្គ kar lerng reung robos loeng
**erode** *(v.)* សឹក soek
**erosion** *(n.)* សំណឹក saamnoek
**erosive** *(adj.)* ដែលច្រេះ del chreh
**erotic** *(adj.)* ដែលស្រើបស្រាល del sreb sral
**erotica** *(n.)* អក្សរសិល្ប៍ស្រើបស្រាល aksor sil srerb sral
**eroticism** *(n.)* ភាពស្រើបស្រាល pheap srerb sral
**eroticize** *(v.)* ធ្វើឱ្យស្រើបស្រាល thveu aoy srerb sral
**err** *(v.)* ធ្វើខុស tveu khous
**errand** *(n.)* ការដើរបំពេញកិច្ចការផ្ទាល់ខ្លួនអ្វីមួយ kar der bompenh kechkar phtol kluoun avey mouy
**erroneous** *(adj.)* ដែលច្រឡំ del chralom
**error** *(n.)* កំហុស kamhos
**erupt** *(v.)* ផ្ទុះឡើង phtuoh lerng
**eruption** *(n.)* ការផ្ទុះ kar phtuoh
**escalate** *(v.)* កើនឡើង kern lerng
**escalator** *(n.)* ជណ្តើរយន្ត chonder yon
**escapability** *(n.)* ភាពអាចរត់គេចបាន pheap arch rot kech ban
**escapable** *(adj.)* ដែលអាចរត់គេចបាន del arch rot kech ban
**escape** *(n.)* ការរត់គេចខ្លួន kar rot kech khluon
**escape** *(v.)* រត់គេចខ្លួន rot kech khluon

**escapee** (n.) អ្នករត់គេច nak rot kech
**escapism** (n.) ការបង្វែរផ្លូវចិត្តចេញពី ភាពធុញទ្រាន់ប្រចាំថ្ងៃ kar bongvae phlauv chett chenh pi pheap thounh troan bracham thngai
**escapist** (n.) អ្នកបង្វែរផ្លូវចិត្តចេញពី ភាពធុញទ្រាន់ប្រចាំថ្ងៃ nak bongvae phlauv chett chenh pi pheap thounh troan bracham thngai
**escapology** (n.) សិល្បៈនៃការរត់គេចខ្លួន selapak nei kar rot kech khluon
**escargot** (n.) ម្ហូបខ្យង mhoub khyorng
**eschew** (v.) ចៀសវាង cheas veang
**eschewment** (n.) ការចៀសវាង kar cheas veang
**escort** (n.) ការអមការពារ kar orm karpear
**escort** (v.) អមការពារ orm karpear
**escorted** (adj.) ដែលអមការពារ del orm karpear
**escrow** (n.) បញ្ញើទុកក្នុងដៃតតីយជន banh nher touk knong dai tak tei chun
**escrow** (v.) ផ្ញើទុកក្នុងដៃតតីយជន phnher touk knong dai tak tei chun
**esophageal** (adj.) នៃបំពង់អាហារ nei bampong ahar
**esoteric** (adj.) ដែលមានតែមនុស្សភាគតិចយល់បាន del mean tae monous pheak tech yul ban
**esoterism** (n.) លក្ខណៈដែលមានតែមនុស្សភាគតិចយល់ បាន leakhanak del mean tae monous pheak tech yul ban
**especial** (adj.) ពិសេស pises
**especially** (adv.) ជាពិសេស chea pises
**espouse** (v.) ប្រកាន់យក brokan yok
**essay** (n.) អត្ថបទតែងសេចក្តី atthabot taeng sechkdei
**essay** (v.) សាកល្បង sak labong
**essayist** (n.) អ្នកនិពន្ធអត្ថបទតែងសេចក្តី nak niponth atthabot taeng sechkdei
**essence** (n.) ខ្លឹមសារ khloem saar
**essential** (adj.) ចាំបាច់ chambach
**establish** (v.) បង្កើត bongkert
**establishment** (n.) ការបង្កើត kar bongkert

**estate** (n.) អចលនទ្រព្យ achalonaktrop
**estate agent** (n.) ភ្នាក់ងារអចលនទ្រព្យ phneak ngear achalonaktrop
**esteem** (n.) ការគោរព kar korop
**esteem** (v.) គោរព korop
**estimate** (n.) ការប៉ាន់ស្មាន kar pansman
**estimate** (v.) ប៉ាន់ស្មាន pansman
**estimation** (n.) ការប៉ាន់ស្មាន kar pansman
**estimative** (adj.) ដែលប៉ាន់ស្មាន del pansman
**estragon** (n.) ស្លឹកម្យ៉ាងសម្រាប់បន្ថែមរសជាតិ sloek myang samrab banthaem roscheat
**estrange** (v.) ធ្វើឱ្យបែកបាក់គ្នា tveu oy baek bak knea
**estranged** (adj.) ដែលបែកបាក់គ្នា del baek bak knea
**estrogen** (n.) អម៉ូនអេស្ត្រូសែន omone estrogen
**estuary** (n.) មាត់ទន្លេ moat ton le
**etcetera** (adv.) លៈ lak
**etch** (v.) ឆ្លាក់ដោយប្រើអាស៊ីត chhlak daoy brer asit
**etched** (adj.) ដែលឆ្លាក់ដោយប្រើអាស៊ីត del chhlak daoy brer asit
**etching** (n.) រូបភាពដែលឆ្លាក់ដោយប្រើអាស៊ីត roub pheap del chhlak daoy brer asit
**eternal** (adj.) ដែលមានទីបំផុត del kmean ti bamphot
**eternalize** (v.) ធ្វើឱ្យគ្មានទីបំផុត thveu oy kmean ti bamphot
**eternally** (adv.) ជារៀងរហូត chea rieng rohaut
**eternity** (n.) និរន្តរភាព niron takrakpheap
**ether** (n.) អេទែ ether
**ethical** (adj.) ដែលត្រឹមត្រូវតាមសីលធម៌ del troem trauv tam selathor
**ethics** (n.) ក្រមសីលធម៌ krom selathor
**ethnic** (adj.) នៃជាតិពន្ធុ nei cheat ponthu
**ethnicity** (n.) ជាតិពន្ធុ cheat ponthu
**ethos** (n.) អត្តចរិក attak chakreuk
**etiquette** (n.) សុជីវធម៌ sochiveakthor

**etymology** (n.) ដើមកំណើតពាក្យ derm komnert peak
**eucalypt** (n.) ដើមប្រេងខ្យល់ derm preng kyol
**eunuch** (n.) មនុស្សប្រុសក្រៀវ monuos bros kriev
**euphemistic** (adj.) ដែលមានពាក្យសម្រាល del mean peak somral
**euphoria** (n.) សុខវេទនា sok vetanea
**eureka** (int.) ខ្ញុំរកឃើញហើយ! khnhom rok kheunh hery!
**euthanize** (v.) សម្លាប់សត្វដោយល្អ somlab sat doay laor
**evacuate** (v.) ជម្លៀស chomlies
**evacuation** (n.) ការជម្លៀសចេញ kar chomlies chenh
**evade** (v.) គេចចេញ kech chenh
**evaluate** (v.) វាយតំលៃ veay damlai
**evangel** (n.) សិក្ខាបទនៃព្រះយេស៊ូ sekkhabot nei preah yesuo
**evangelic** (adj.) នៃសិក្ខាបទនៃព្រះយេស៊ូ nei sekkhabot preah yesuo
**evaporate** (v.) ហួត huot
**evasion** (n.) ការគេចវេស kar kech ves
**evasive** (adj.) ដែលគេចវេស del kech ves
**even** (adj.) ស្មើរតែ saumbey tae
**even** (v.) ធ្វើអោយស្មើរ tveu oy smer
**even** (adv.) ទោះជា ទោះជា
**evening** (n.) ពេលល្ងាច pel lngeach
**evenly** (adv.) ដែលរាបស្មើ del reab smer
**event** (n.) ព្រឹត្តិការណ៍ preuttekar
**eventually** (adv.) នៅទីបំផុត nov ti bomphot
**ever** (adv.) ដែលមិនធ្លាប់មាន del min thloab mean
**everglade** (n.) តំបន់ដីសើម dombon dei serm
**evergreen** (adj.) ដែលមានស្លឹកបៃតង del mean sloek baitong
**evergreen** (n.) ស្លឹកបៃតង sloek baitong
**everlasting** (adj.) ជារៀងរហូត chea rieng rohaut
**ever-ready** (adj.) ដែលត្រៀមខ្លួនជាស្រេច del triem khluon chea srech

**evert** (v.) បង្វែរខាងក្នុងចេញក្រៅ bangvae khang khnong chenh krao
**every** (adj.) រាល់ roal
**everybody** (pron.) អ្នករាល់គ្នា nak roal knea
**everyday** (adj.) ជារៀងរាល់ថ្ងៃ chea rieng roal thngai
**everyone** (pron.) អ្នករាល់គ្នា nak roal knea
**everything** (pron.) អ្វីគ្រប់យ៉ាង avei krob yang
**everywhere** (pron.) នៅគ្រប់ទីកន្លែង nov krob ti kanlaeng
**eve-teasing** (n.) ពាក្យពេចន៍លេបខាយ peak pech leb khay
**evict** (v.) បណ្ដេញចេញ bondenh chenh
**eviction** (n.) ការបណ្ដេញចេញ kar bondenh chenh
**evictor** (n.) អ្នកបណ្ដេញគេចេញ nak bondenh ke chenh
**evidence** (n.) ភស្តុតាង phost tang
**evident** (adj.) ច្បាស់លាស់ chhbas loas
**evil** (adj.) អាក្រក់ akrok
**evil** (n.) បិសាច beysach
**evince** (v.) បង្ហាញអោយឃើញច្បាស់ bonghanh oy kheunh chhbas
**eviscerate** (v.) វះយកពោះវៀនចេញ veah yok pohvien chenh
**evisceration** (n.) ការវះយកពោះវៀនចេញ kar veah yok pohvien chenh
**evitability** (n.) ភាពដែលអាចជៀសបាន pheap del arch chieah ban
**evocate** (v.) អំពាវនាវ ompeav neav
**evocation** (n.) ការអំពាវនាវ kar ompeav neav
**evocative** (adj.) ដែលនាំឱ្យនឹកឃើញ del nom oy neuk kheunh
**evoke** (v.) ធ្វើឱ្យនឹកឃើញ tveu oy neuk kheunh
**evolution** (n.) ការវិវត្ត kar vivott
**evolutionary** (adv.) នៃការវិវត្ត nei kar vivott
**evolve** (v.) វិវត្ត vivott
**ewe** (n.) ចៀមញី cheam nhi
**exact** (adj.) ពិតប្រាកដ pit brakod
**exactly** (adv.) យ៉ាងពិតប្រាកដ yang pit brakod

**exaggerate** *(v.)* និយាយបំផ្លើស niyeay bomphleus
**exaggeration** *(n.)* ការបំផ្លើស kar bomphleus
**exalt** *(v.)* លើកតម្កើង leuk domkerng
**examination** *(n.)* ការប្រឡង kar prolong
**examine** *(v.)* ពិនិត្យមើល pinith meul
**examinee** *(n.)* បេក្ខជន pekhak chun
**examiner** *(n.)* មេប្រយោគ me broyoak
**example** *(n.)* ឧទាហរណ៍ uteahor
**excavate** *(v.)* ជីក chik
**excavation** *(n.)* ការជីក kar chik
**exceed** *(v.)* លើស leus
**excel** *(v.)* ប្រតិបត្តិបានល្អ brotebatt ban laor
**excellence** *(n.)* ឧត្តមភាព ukdompheap
**excellency** *(n.)* ឯកឧត្តម ek ukdom
**excellent** *(adj.)* ល្អបំផុត laor bomphot
**except** *(v.)* មិនគិតបញ្ចូល min kit banhchoul
**except** *(prep.)* លើកលែងតែ leuk leng tae
**exception** *(n.)* ករណីលើកលែង kak ro nei leuk leng
**exceptional** *(adj.)* ពិសេស pises
**excerpt** *(n.)* ការដកស្រង់ kar dok srong
**excess** *(n.)* ចំនួនលើស chomnuon leus
**excess** *(adj.)* លើស leus
**excess baggage** *(n.)* ឥវ៉ាន់លើស eivan leus
**excessive** *(adj.)* ហួសកំរិត huos komrit
**exchange** *(n.)* ការផ្លាស់ប្ដូរ kar phlas phdau
**exchange** *(v.)* ផ្លាស់ប្ដូរ phlas phdau
**exchange rate** *(n.)* អត្រាប្ដូរប្រាក់ atra phdau brak
**excise** *(n.)* រដ្ឋាករ rothakor
**excite** *(v.)* ធ្វើឱ្យរំភើប tveu oy rompheub
**exclaim** *(v.)* លាន់មាត់ loan moat
**exclamation** *(n.)* ឧទាន uktean
**exclude** *(v.)* ដក dork
**exclusive** *(adj.)* ផ្ដាច់មុខ phdach moukh
**excommunicate** *(v.)* បណ្ដេញចេញពី បណ្ដេញចេញពីសាសនា bondenh chenh pi sasana
**excursion** *(n.)* ដំណើរកំសាន្ត domner kamsan
**excuse** *(v.)* ដោះសារ dorh sa
**excuse** *(n.)* លេស les
**execute** *(v.)* ប្រតិបត្តិ brotebatt

**execution** *(n.)* ការប្រហារជីវិត kar brohar chiveut
**executioner** *(n.)* ពេជ្ឈឃាត pech chokhead
**executive** *(adj.)* នៃនាយកប្រតិបត្តិ nei neayok brotebatt
**executive** *(n.)* នាយកប្រតិបត្តិ neayok brotebatt
**exemplar** *(n.)* គំរូ koum ruo
**exempt** *(v.)* លើកលែង leuk leng
**exempt** *(adj.)* ដែលលើកលែង del leuk leng
**exercise** *(n.)* លំហាត់ប្រាណ lomhat bran
**exercise** *(v.)* ធ្វើលំហាត់ប្រាណ thveu lomhat bran
**exfoliate** *(v.)* ជ្រុះកោសិកា choum rouh koaseka
**exhaust** *(v.)* ធ្វើឱ្យអស់កំលាំង tveu oy os komlang
**exhibit** *(n.)* ការពិព័រណ៌ kar pipor
**exhibit** *(v.)* តាំងបង្ហាញ tang bonghanh
**exhibition** *(n.)* ការពិព័រណ៌ kar pipor
**exile** *(n.)* ការនិរទេស kar nirotes
**exile** *(v.)* និរទេស nirotes
**exist** *(v.)* មាន mean
**existence** *(n.)* អត្ថិភាព atthepheap
**existential** *(adj.)* នៃកម្មផលនិយម nei kam phol niyoum
**existentialism** *(n.)* កម្មផលនិយម kam phol niyoum
**exit** *(n.)* ច្រកចេញ chrork chenh
**exit** *(v.)* ចេញ chenh
**exotic** *(adj.)* នៃបរទេស nei borotes
**expand** *(v.)* ពង្រីក pongrik
**expansion** *(n.)* ការពង្រីក kar pongrik
**ex-parte** *(adj.)*
ដែលប្រាស្រ័យទាក់ទងជាមួយភាគីតែម្ខាង del brasray teaktong chea muoy pheaki tae mkhang
**ex-parte** *(adv.)*
ដោយប្រាស្រ័យទាក់ទងជាមួយភាគីតែម្ខាង doay brasray teaktong chea muoy pheaki tae mkhang
**expect** *(v.)* រំពឹង rom peung

expectation *(n.)* ការរំពឹងទុក kar rompeung touk
expedient *(adj.)* ដែលសមស្របក្នុងការសម្រេចគោលដៅ del somsrob knong kar samrech kol dao
expedite *(v.)* ពន្លឿន ponluen
expedition *(n.)* បេសកកម្ម pesakakamm
expel *(v.)* បណ្តេញចេញ bondenh chenh
expend *(v.)* ចំណាយ chomnay
expenditure *(n.)* ការចំណាយ kar chomnay
expense *(n.)* ការចំណាយជាប្រចាំ kar chamnay chea brocham
expensive *(adj.)* ថ្លៃ thlai
experience *(n.)* បទពិសោធន៍ bot pisaoth
experience *(v.)* ពិសោធ pisaoth
experiment *(n.)* ពិសោធន៍ pisaoth
expert *(adj.)* ដែលជំនាញ del chomneanh
expert *(n.)* អ្នកជំនាញ nak chomneanh
expire *(v.)* ផុតកំណត់ phot kamnot
expiry *(n.)* ការផុតកំណត់ kar phot kamnot
explain *(v.)* ពន្យល់ ponyol
explanation *(n.)* ការពន្យល់ kar ponyol
explicit *(adj.)* ច្បាស់ chbas
explode *(v.)* ផ្ទុះ phtuoh
exploit *(n.)* ភាពអង់អាច pheap ang arch
exploit *(v.)* កេងប្រវ័ញ្ច keng bravanh
exploitation *(n.)* ការកេងប្រវ័ញ្ច kar keng bravanh
exploration *(n.)* ការរុករក kar rouk rok
explore *(v.)* រុករក rouk rok
explosion *(n.)* ការផ្ទុះ kar phtuoh
explosive *(n.)* គ្រឿងជាតិផ្ទុះ kreung cheat phtuoh
explosive *(adj.)* ដែលផ្ទុះ del phtuoh
exponent *(n.)* និទស្សន្ត nituos
export *(v.)* នាំចេញ noam chenh
export *(n.)* ការនាំចេញ kar noam chenh
expose *(v.)* លាតត្រដាង leat trordang
express *(v.)* បង្ហាញ bonghanh
express *(adj.)* ដែលឆាប់រហ័ស del chhab rohah
express *(n.)* រថភ្លើងល្បឿនលឿន roth phleung lbuen luen

expression *(n.)* ការសម្តែងនូវទឹកចិត្ត kar somdaeng nov teuk chet
expressive *(adj.)* ដែលសម្តែងនូវមនោសញ្ចេតនា del somdaeng nouv mono sanhchetna
expulsion *(n.)* ការបណ្តេញចេញ kar bondenh chenh
exquisite *(adj.)* ដែលវិសេស del vises
exquisitive *(adj.)* ដែលចង់ដឹង del chong doeng
extend *(v.)* ពង្រីក pongrik
extent *(n.)* វិសាលភាព visal pheap
external *(adj.)* ខាងក្រៅ khang krao
extinct *(adj.)* ផុតពូជ phot puoch
extinguish *(v.)* ពន្លត់ ponlot
extol *(v.)* សរសើរ sor ser
extortion *(n.)* ការជំរិតយក kar chomrit yok
extra *(adj.)* បន្ថែម banthaem
extra *(adv.)* លើសធម្មតា leus thomada
extract *(n.)* ការដកស្រង់ kar dok srong
extract *(v.)* ដកស្រង់ dok srong
extrajudicial *(adj.)* ក្រៅអំណាចតុលាការ krao omnach tolakar
extramarital *(adj.)* ក្រៅអាពាហ៍ពិពាហ៍ krao aapear pipear
extranet *(n.)* បណ្តាញឯកជនសម្រាប់អ្នកក្រៅស្ថាប័ន bondanh ek chun samrab nak krao sthaban
extraordinary *(adj.)* អស្ចារ្យ oschar
extrapolate *(v.)* សន្និដ្ឋាន son na mot
extrapolation *(n.)* ការសន្និដ្ឋានថានិន្នាការដែលមានស្រាប់នឹងបន្ត kar sonamot tha ninneakar del mean srab neung bontor
extraspecial *(adj.)* ពិសេស pises
extraterrestrial *(n.)* ជីវិតក្រៅភព chivet krao phoub
extraterrestrial *(adj.)* ក្រៅភព krao phoub
extravagance *(n.)* ភាពខ្ជះខ្ជាយ pheap khchah khcheay
extravagant *(adj.)* ខ្ជះខ្ជាយ khchah khcheay
extreme *(adj.)* ខ្លាំង khlang

**extreme** *(n.)* ភាពហួសហេតុបំផុត pheap huos haet bomphot
**extremist** *(n.)* ជ្រុលនិយម chroul niyoum
**extremity** *(n.)* ភាពហួសកម្រិត pheap huos komret
**extricate** *(v.)* ដោះលែង doh leng
**extrinsic** *(adj.)* ដែលមានប្រភពពីក្រៅ del mean braphop pi krao
**extrinsically** *(adv.)* ខាងក្រៅ khang krao
**extrovert** *(n.)* មនុស្សដែលចូលចិត្តចូលក្នុងសង្គម monous del chaulchett chaul knong sangkom
**exude** *(v.)* បញ្ចេញជាតំណក់ bonhchenh chea domnork
**exult** *(v.)* សម្តែងសេចក្តីរីករាយក្រៃលែង somdaeng sechkdei rik reay krai laeng
**exultant** *(adj.)* រីករាយក្រៃលែង rik reay krai laeng
**eye** *(n.)* ភ្នែក phnek
**eyeball** *(n.)* កែវភ្នែក kev phnek
**eyebrow** *(n.)* រោមចិញ្ចើម rom chenhcherm
**eyecatcher** *(n.)* អ្វីដែលទាក់ភ្នែក avey del teak phnek
**eye-catching** *(adj.)* ដែលទាក់ភ្នែក del teak phnek
**eyeglass** *(n.)* វ៉ែនតា venta
**eyelash** *(n.)* រោមភ្នែក rom phnek
**eyelet** *(n.)* ក្រវិលខោ krovil khao
**eyelid** *(n.)* ត្របកភ្នែក trobork phnek
**eyeliner** *(n.)* ប្រដាប់គូសត្របកភ្នែក brodab kuos trobork phnek
**eye-opener** *(n.)* អ្វីដែលធ្វើឱ្យភ្លឺភ្នែក avey del tveu oy pleu phnek
**eyespot** *(n.)* រោគម្យ៉ាងដែលកើតឡើងនៅលើគ្រាប់ធញ្ញជាតិ rok myang del kert laeng nov leu kroab thonh nhocheat
**eyewash** *(n.)* ទឹកលាងភ្នែក teuk leang phnek

# F

**fable** *(n.)* រឿងព្រេងនិទាន rueng preng nitean
**fabric** *(n.)* ក្រណាត់ kronat
**fabricate** *(v.)* ប្រឌិត brodit
**fabrication** *(n.)* ការប្រឌិត kar brodit
**fabulous** *(adj.)* អស្ចារ្យ oschar
**facade** *(n.)* ផ្នែកខាងមុខ phnek khang moukh
**face** *(n.)* មុខ moukh
**face** *(v.)* ប្រឈមមុខ brochhoum moukh
**Face cream** *(n.)* ក្រែមលាបមុខ kraem leab moukh
**face mask** *(n.)* ម៉ាស់ mas
**facelift** *(n.)* ការវះកាត់បន្លឹងស្បែកមុខ kar veah kat bontoeung sbek moukh
**facelift** *(v.)* វះកាត់បន្លឹងស្បែកមុខ veah kat bontoeung sbek moukh
**facet** *(n.)* លក្ខណៈ leakhenak
**facial** *(adj.)* នៃមុខ nei moukh
**facile** *(adj.)* ដែលស្រួល del sruol
**facilitate** *(v.)* ជួយសម្រួល chuoy somruol
**facilitation** *(n.)* ការសម្របសម្រួល kar somrob somruol
**facility** *(n.)* គ្រឿងបរិក្ខារ kreung pakrikhar
**facsimile** *(n.)* សេចក្តីចម្លង sechkdei chomlong
**fact** *(n.)* ការពិត kar pit
**faction** *(n.)* ក្រុមបក្ខពួក krom pak pouk
**factious** *(adj.)* នៃក្រុមបក្ខពួក nei krom pak pouk
**factor** *(n.)* កត្តា katta
**factory** *(n.)* រោងចក្រ rongchak
**faculty** *(n.)* មហាវិទ្យាល័យ mohavityealay
**fad** *(n.)* អ្វីដែលគេពេញនិយមមួយគ្រា avey del ke penh niyoum mouy krea
**fade** *(v.)* លុបបាត់បន្តិចម្តង loub bat bontich madong
**faggot** *(n.)* បាច់អុសដុត bach ous dot
**Fahrenheit** *(adj.)* ហ្វារិនហៃ hva rin hai

**fail** *(n.)* ភាពបរាជ័យ pheap pakrachey
**fail** *(v.)* បរាជ័យ pakrachey
**failure** *(n.)* ការបរាជ័យ kar pakrachey
**faint** *(adj.)* សន្លប់ sanlob
**faint** *(v.)* ដួលសន្លប់ duol sanlob
**fair** *(n.)* យុត្តិធម៌ youttethor
**fair** *(adj.)* ដែលយុត្តិធម៌ del youttethor
**fair game** *(n.)* ការប្រកួតដោយយុត្តិធម៌ kar brakuot daoy youttethor
**fair trade** *(n.)* ការធ្វើពាណិជ្ជកម្មដោយយុត្តិធម៌ kar thveu peanechchokamm daoy youttethor
**fairground** *(n.)* កន្លែងតាំងពិព័រណ៍ kanlaeng tang pipor
**fairly** *(adv.)* ដោយស្មើភាព daoy smer pheap
**fairy** *(n.)* ទេពអប្សរ tep absor
**faith** *(n.)* ជំនឿ chomnue
**faithful** *(adj.)* ស្មោះត្រង់ smaoh trong
**fake** *(adj.)* ក្លែងក្លាយ kleng klay
**fake** *(n.)* វត្ថុក្លែងក្លាយ votto kleng klay
**fake** *(v.)* ក្លែងបន្លំ kleng bonlom
**falcon** *(n.)* falcon ស្លាង
**fall** *(v.)* ធ្លាក់ thleak
**fall** *(n.)* រដូវស្លឹកឈើជ្រុះ rodouv sloek chheu chruoh
**fallacy** *(n.)* ជំនឿខុស chomneu khous
**fallen** *(n.)* ទាហានស្លាប់ក្នុងសមរភូមិ teahean del slab knung samoraphoum
**fallen** *(adj.)* ដែលធ្លាក់ del thleak
**fallout** *(n.)* កម្ទេចវិទ្យុសកម្មនុយក្លេអែរ kamtech vityousakamm nouy kle aer
**fallow** *(v.)* ទុកដីទំនេរ tuk dei tom ne
**fallow** *(n.)* ដីទំនេរ dei tom ne
**falls** *(n.)* ទឹកជ្រោះ teuk chruoh
**FALSE** *(adj.)* មិនពិត min pit
**falsehood** *(n.)* ភាពមិនពិត pheap min pit
**falsetto** *(n.)* សំឡេងច្រៀងមនុស្សប្រុស samleng chrieng monous bros
**falsification** *(n.)* ការក្លែងបន្លំ kar khlaeng banlom
**falsify** *(v.)* ក្លែងបន្លំ khlaeng banlom
**falter** *(v.)* អាក់អួល ro ak ro uol
**fame** *(n.)* កិត្តិនាម ket te neam

**familiar** *(adj.)* ដែលស្គាល់ហើយ del skoal hery
**family** *(n.)* គ្រួសារ kruo sar
**famine** *(n.)* ទុរ្ភិក្ស touro pheuk
**famous** *(adj.)* ល្បីល្បាញ labei labanh
**fan** *(n.)* កង្ហារ konghar
**fanatic** *(adj.)* ងប់ងល់ ngub ngoul
**fanatic** *(n.)* ការងប់ងល់ kar ngub ngoul
**fanciful** *(adj.)* ដែលកើតឡើងដោយគំនិតរវើរវាយ del kert lerng daoy koumnit roveu roveay
**fancy** *(n.)* ការគិតរវើរវាយ kar kit roveu roveay
**fancy** *(v.)* ចង់ chong
**fancy** *(adj.)* ដែលហ៊ីហា poumpoaksaar kbaurokbach
**fantastic** *(adj.)* ដែលអស្ចារ្យ del oschar
**fantasy** *(n.)* ការស្រមើស្រមៃ kar srormer sromai
**far** *(adv.)* ឆ្ងាយ chhngay
**far** *(adj.)* ឆ្ងាយ chhngay
**faraway** *(adj.)* ឆ្ងាយ chhngay
**farce** *(n.)* រឿងកំប្លែង reung komplaeng
**fare** *(n.)* ថ្លៃឈ្នួល thlai chhnuol
**farewell** *(n.)* ការលាគ្នា kar lea knea
**farewell** *(interj.)* លាហើយ lea hery
**farm** *(n.)* កសិដ្ឋាន kak se than
**farmaceutical** *(adj.)* នៃថ្នាំ nei thnam
**farmer** *(n.)* កសិករ kak se kor
**farmhouse** *(n.)* កសិដ្ឋាន kak se than
**fascinate** *(v.)* គួរឱ្យចាប់អារម្មណ៍ kuor aoy chab arom
**fascination** *(n.)* ភាពគួរឱ្យចាប់អារម្មណ៍ pheap kuor aoy chab arom
**fashion** *(n.)* ម៉ូត maut
**fashionable** *(adj.)* ដែលទាន់សម័យ del toan samai
**fast** *(adj.)* លឿន luen
**fast** *(adv.)* យ៉ាងលឿន yang luen
**fast** *(n.)* ការអត់បាយ kar ot bay
**fast** *(v.)* អត់ញាំបាយ ot nham bay
**fast food** *(n.)* អាហាររហ័ស ahar rohas
**fasten** *(v.)* បន្តឹង bontoeung
**fat** *(adj.)* ធាត់ thoat

fat *(n.)* ខ្លាញ់ khlanh
fatal *(adj.)* ដែលបណ្ដាលអោយស្លាប់ del bondal oy slab
fatalism *(n.)* អ្នកជឿវាសនាកម្ម nak cheu veasna kam
fatality *(n.)* អត្រាមរណៈភាព attra moronakpheap
fate *(v.)* កំនត់ដោយវាសនា Komnot doy veasana
fate *(n.)* វាសនា veasana
father *(n.)* ឪពុក auv pouk
father *(v.)* ចិញ្ចឹម chenh cheum
fathom *(n.)* ជំរៅទឹក chomrouv teuk
fathom *(v.)* ជើ cheu
fatigue *(n.)* ភាពអស់កម្លាំង pheap os kom lang
fatigue *(v.)* ក្លាយជាអស់កម្លាំង klay chea os kom lang
faucet *(n.)* ក្បាលម៉ាស៊ីនទឹក kbal ma sin toek
fault *(n.)* កំហុស kamhos
faulty *(adj.)* ដែលមានកំហុស del mean kamhos
fauna *(n.)* សត្វ sat
favour *(n.)* ជំនួយ chom nuoy
favour *(v.)* ចូលចិត្ត chaul chett
favourable *(adj.)* ដែលអំណោយផល del omnaoy phol
favourite *(adj.)* ដែលចូលចិត្តជាងគេ del chaul chett cheang ke
favourite *(n.)* អ្វីដែលចូលចិត្តជាងគេ avey del chaul chett cheang ke
fax *(n.)* ទូរសារ tourosar
fax *(v.)* វាយទូរសារ veay toursar
fealty *(n.)* សេចក្ដីស្មោះត្រង់ sechkdei smoah trong
fear *(n.)* ការភ័យខ្លាច kar phey khlach
fear *(v.)* ភ័យខ្លាច phey khlach
fearful *(adj.)* ដែលគួរឱ្យខ្លាច del kuor aoy khlach
feasible *(adj.)* អាចធ្វើទៅបាន ach thveu tov ban
feast *(n.)* បុណ្យ bon
feast *(v.)* ញ៉ាំច្រើន nham chroeun

feat *(n.)* សកម្មភាព sakam pheap
feather *(n.)* រោមសត្វស្លាប roam satt slab
feature *(n.)* លក្ខណៈពិសេស lakhanak pises
feature *(v.)* បង្ហាញ bonghanh
febrile *(adj.)* នៃគ្រុនក្ដៅ nei krun kdao
February *(n.)* ខែកុម្ភៈ khae khompheak
fecal *(adj.)* នៃលាមក nei lea muok
feces *(n.)* លាមក lea muok
fecund *(adj.)* ដែលអោយផលច្រើន del oy phol chrern
fecundation *(n.)* ការធ្វើឱ្យមានជីវជាតិ kar tveu oy mean chivacheat
federal *(adj.)* នៃសហព័ន្ធ nei sa hak ponth
federation *(n.)* សហព័ន្ធ sa hak ponth
fee *(n.)* ថ្លៃសេវា thlai se va
feeble *(adj.)* ខ្សោយ khsaaoy
feed *(v.)* ចិញ្ចឹម chenh cheum
feed *(n.)* ការឱ្យចំណី kar oy chomney
feel *(v.)* មានអារម្មណ៍ mean arom
feeling *(n.)* អារម្មណ៍ aromm
feign *(v.)* ធ្វើពុត tveu put
felicitate *(v.)* សម្ដែងសេចក្ដីត្រេកអរ somdaeng sechkdei trek or
felicitations *(int.)* អបអរសាទរ ob or sa tor
felicity *(n.)* សុខមង្គល sopheak mongkul
feline *(adj.)* នៃពពួកសត្វឆ្មា nei porpouk satt chhmar
felinity *(n.)* ភាពជាពពួកសត្វឆ្មា pheap chea porpouk satt chhmar
fell *(v.)* រំលំ rom lom
fellatio *(n.)* ការរំញោចទៅលើលឹង្គ kar rom nhoach tov leu leung
fellow *(n.)* មិត្ត mitt
fellowship *(n.)* ភាតរភាព phea tak rak pheap
felony *(n.)* បទឧក្រិដ្ឋ bot ukred
female *(adj.)* នៃភេទស្រី nei phet srei
female *(n.)* ភេទស្រី phet srei
feminine *(adj.)* ដែលមានលក្ខណៈដូចស្រី del mean leakhenak douch srei
feminism *(n.)* ស្ត្រីនិយម strei niyom
feminist *(adj.)* ដែលស្ត្រីនិយម del strei niyom
feminist *(n.)* បុគ្គលស្ត្រីនិយម bokul strei niyom

**femur** (n.) ឆ្អឹងភ្លៅ chha oeng phlov
**fence** (v.) ពទ្ធរបង poath ro bong
**fence** (n.) របង ro bong
**fencer** (n.) អ្នកកីឡាកុនដាវ nak kei la kun dao
**fencing** (n.) កីឡាកុនដាវ kei la kun dao
**fend** (v.) ផ្កត់ផ្កង់ដោយខ្លួនឯង phkot phkung daoy khluon eng
**fengshui** (n.) ហុងស៊ុយ hong suoy
**fennel** (n.) ជីរ chi
**ferment** (n.) មេដំបែ me dombae
**ferment** (v.) ផ្កាប់ pha ab
**fermentation** (n.) ផលិតផលផ្កាប់ pholitphol pha ab
**fern** (n.) រុក្ខជាតិមានស្លឹកដូចរោមសត្វ ro khak cheat mean sleok doch roam satt
**ferocious** (adj.) ឃោរឃៅ khor khovv
**ferret** (n.) សំពោចស្បូវ sompouch sbouv
**ferret** (v.) ជីកកកាយរក chik korkai rok
**ferry** (n.) សាឡាង salang
**ferry** (v.) ចម្លងតាមសាឡាង chomlong tam salang
**ferryboat** (n.) សាឡាង salang
**fertile** (adj.) ដែលមានជីជាតិ del mean chi cheat
**fertility** (n.) ភាពមានជីជាតិ pheap mean chi cheat
**fertilize** (v.) ដាក់ជី dak chi
**fertilizer** (n.) ជី chi
**fervent** (adj.) ដែលក្លៀវក្លា del kliev khla
**fervour** (n.) ភាពក្លៀវក្លា pheap kliev khla
**fester** (v.) ក្លាយជាដំបៅមានខ្ទុះ khlay chea dombao mean khtuh
**festival** (n.) ពិធីបុណ្យ pithi bon
**festive** (adj.) នៃពិធីបុណ្យ nei pithi bon
**festivity** (n.) ការប្រារព្ធពិធីបុណ្យ kar pra rob pithi bon
**festoon** (n.) កម្រងផ្កា ស្លឹក និងមែក komrong phkar sloek ning mek
**fetal** (adj.) នៃកូន nei koa
**fetch** (v.) ទៅយកមក tov yok mok
**fetish** (n.) ចំណង់ផ្លូវភេទ chomnong phouv phet

**fetishism** (n.) អ្នកជំងឺចូលចិត្តរួមភេទដោយប៉ះវត្ថុផ្សេងៗ nak chomngeu chaul chett ruom phet daoy pah vottho phseng phseng
**fetter** (n.) ច្រវាក់ជើង chrovak cheung
**fetter** (v.) ដាក់ច្រវាក់ជើង dak chrovak cheung
**feud** (v.) ឈ្លោះ chluoh
**feud** (n.) ជម្លោះ chom loh
**feudal** (adj.) នៃសក្ដិភូមិ nei sak kdei phoum
**feudalism** (n.) សក្ដិភូមិ sak kdei phoum
**fever** (n.) គ្រុន krun
**feverish** (adj.) ដែលគ្រុនក្ដៅ del krun kdao
**few** (adj.) ពីរបី pi bei
**fiancé** (n.) គូដណ្ដឹង kou don doeng
**fiasco** (n.) បរាជ័យដ៏ធំ pak ra chey dor thom
**fibre** (n.) ជាតិសរសៃ cheat sor sai
**fibreglass** (n.) សាច់ក្រណាត់ស្ទឹកែវ sach kronat somlei kev
**fibre-optic** (adj.) នៃខ្សែកាបអុបទិក nei khsae kab obtik
**fibrillate** (v.) កន្ត្រាក់នៃសាច់ដុំបេះដូង kontrak nei sachdom behdaung
**fibroid** (adj.) នៃដុំសាច់ធម្មតានៅក្នុងស្បូន nei dom sach thommoda nov knong sbaun
**fibromuscular** (adj.) នៃជាលិកាសរសៃរបស់សាច់ដុំ nei chealika sorsai robos sachdom
**fibrosis** (n.) ការលូតលាស់ខុសធម្មតានៃសាច់ដុំ kar lout loas khos thommoda nei sachdom
**fibrosity** (n.) ជាតិសរសៃ cheat sor sai
**fibrous** (adj.) នៃជាតិសរសៃ nei cheat sor sai
**fickle** (adj.) ដែលសាវា del sa va
**fiction** (n.) រឿងប្រឌិត reung brodit
**fictional** (adj.) នៃរឿងប្រឌិត nei reung brodit
**fictitious** (adj.) ដែលប្រឌិត del brodit
**fiddle** (v.) ស្ដាបលេង steab leng
**fiddle** (n.) ការឆបោក kar chhor boak
**fidelity** (n.) ភក្ដីភាព pheak kdei pheap
**fidget** (n.) ភាពរសាប់រសល់ pheap ro sap ro sol
**fidget** (v.) រសាប់រសល់ ro sap ro sol

**fie** *(interj.)* គួរឱ្យខ្ពើម kuor oy khmas
**field** *(n.)* វាល veal
**fiend** *(n.)* ខ្មោចបិសាច khmoach bei sach
**fierce** *(adj.)* កាចសាហាវ kach sahav
**fiery** *(adj.)* ដែលនេះ del chheh
**fifteen** *(n.)* ដប់ប្រាំ dob bram
**fifty** *(n.)* ហាសិប ha seb
**fig** *(n.)* ផ្លែល្វា phlae lavea
**fight** *(n.)* ការប្រយុទ្ធ kar bra yout
**fight** *(v.)* ប្រយុទ្ធ bra yout
**figment** *(n.)* រឿងប្រឌិត rueng bradit
**figurative** *(adj.)* ដែលជានីយធៀប del chea ney thieb
**figure** *(v.)* គិតអំពី kit ompi
**figure** *(n.)* តួលេខ tuo lekh
**filament** *(n.)* ខ្សែលួសតូចក្នុងអំពូល khsae luos touch knung ompuol
**filamentation** *(n.)* ការលូតលាស់មិនធម្មតានៃបាក់តេរី kar lout loas min thommoda nei bakteri
**filamented** *(adj.)* នៃខ្សែលួសតូច nei khsae luos touch
**file** *(n.)* ឯកសារ ek sar
**file** *(v.)* រៀបឯកសារ rieb ek sar
**fillet** *(v.)* កាត់យកសាច់សុទ្ធ kat yok sach sot
**fillet** *(n.)* សាច់សុទ្ធ sach sot
**film** *(n.)* ខ្សែភាពយន្ត khsae pheap yon
**film** *(v.)* ថតវីដេអូ thoat video
**filmmaker** *(n.)* អ្នកផលិតខ្សែភាពយន្ត nak phorlet khsae pheap yon
**filter** *(n.)* តំរង dom rong
**filter** *(v.)* ត្រង trorng
**filth** *(n.)* ភាពកខ្វក់ pheap kor khvork
**filthy** *(adj.)* កខ្វក់ kor khvork
**fin** *(n.)* ព្រុយ pruoy
**final** *(adj.)* ដែលជាចុងក្រោយ del chea chong kroay
**finale** *(n.)* ផ្នែកបញ្ចប់ phnek bonh chob
**finance** *(n.)* ហិរញ្ញវត្ថុ he ranh vottho
**finance** *(v.)* ផ្គត់ផ្គងហិរញ្ញវត្ថុ phkut phkung he ranh vottho
**financial** *(adj.)* នៃហិរញ្ញវត្ថុ nei he ranh vottho
**financier** *(n.)* ហិរញ្ញធិការី he ranh thi ka rei

**find** *(v.)* រក rok
**fine** *(n.)* ប្រាក់ពិន័យ brak piney
**fine** *(v.)* ពិន័យប្រាក់ piney brak
**fine** *(adj.)* ល្អ laor
**finger** *(n.)* ម្រាមដៃ mream dai
**finger** *(v.)* ចង្អុល chong ol
**fingernail** *(n.)* ក្រចកដៃ kro chork dai
**fingerpaint** *(n.)* ស្នាមថ្នាំពណ៌ម្រាមដៃ snam thnam thnam por mream dai
**fingerprint** *(n.)* ស្នាមម្រាមដៃ snam mream dai
**fingerstick** *(n.)* ការបូមឈាមតាមចុងម្រាមដៃ kar baum chheam tam chung mream dai
**finish** *(n.)* ទីបញ្ចប់ ti banhchob
**finish** *(v.)* បញ្ចប់ banhchob
**finite** *(adj.)* ដែលមានកំណត់ del mean komnot
**fir** *(n.)* ដើមស្វាវ derm sngav
**fire** *(n.)* ភ្លើង pleung
**fire** *(v.)* ដុតភ្លើង dot phleung
**fire engine** *(n.)* ឡានទឹក larn teuk
**fire exit** *(n.)* ច្រកចេញពេលមានអគ្គីភ័យ chrok chenh pel mean aakiphey
**fire extinguisher** *(n.)* បំពង់ពន្លត់អគ្គីភ័យ bampong ponlot akkiphey
**fire station** *(n.)* ស្ថានីយអគ្គីភ័យ stha ni akkiphey
**fireball** *(n.)* ដុំភ្លើង dom phleung
**firefight** *(n.)* ការពន្លត់អគ្គីភ័យ kar ponlot akkiphey
**firefighter** *(n.)* អ្នកពន្លត់អគ្គីភ័យ nak ponlot akkiphey
**firehose** *(n.)* ទុយោពន្លត់អគ្គីភ័យ tu yor ponlot akkiphey
**firepit** *(n.)* រណ្តៅដុតភ្លើង rondao dot pleung
**fireproof** *(adj.)* ដែលមិនឆេះ del min chheh
**fireproof** *(v.)* មិនឆេះ min chheh
**fire-resistant** *(adj.)* ធន់នឹងភ្លើង thun neung phleung
**firesuit** *(n.)* សំលៀកបំពាក់អ្នកពន្លត់អគ្គីភ័យ somleak bompeak nak ponlot akkiphey

**firetruck** *(n.)* ឡានពន្លត់អគ្គីភ័យ lan ponlot akkiphey
**fireworks** *(n.)* កាំជ្រួច kam chruoch
**firm** *(n.)* ក្រុមហ៊ុន kromhoun
**firm** *(adj.)* ដែលរឹងម៉ាំ del reung moam
**firmament** *(n.)* មេឃ mekh
**firmness** *(n.)* ភាពរឹងម៉ាំ pheap reung moam
**first** *(adj.)* ដំបូង dom boung
**first** *(n.)* លេខមួយ lekh mouy
**first** *(adv.)* មុនគេ mun ke
**first aid** *(n.)* ការសង្គ្រោះបឋម kar sangkroh bakthorm
**fiscal** *(adj.)* នៃសារពើពន្ធ saro peu ponth
**fish** *(n.)* ត្រី trei
**fish** *(v.)* ស្ទូចត្រី struoch trei
**fisherman** *(n.)* អ្នកនេសាទត្រី nak nesat trei
**fissure** *(n.)* ការប្រេះស្រាំ kar breh sram
**fist** *(n.)* កណ្ដាប់ដៃ kondab dai
**fist** *(v.)* ដាល់ dal
**fistula** *(n.)* ដំបៅស៊ីរូង dom bao shi ruong
**fit** *(adj.)* សម som
**fit** *(n.)* ភាពសាកសម pheap sak som
**fit** *(v.)* ធ្វើអោយត្រូវខ្លួន tveu oy trauv khluon
**fitful** *(adj.)* ដែលរអាក់រអួល del ro ak ro uol
**fitness test** *(n.)* តេស្តសម្បទា test sam pak tear
**fitness tracker** *(n.)* កម្មវិធីតាមដានសុខភាព kammovithi tamdan sokhpheap
**fitness training** *(n.)* ការបណ្ដុះបណ្ដាលសម្បទា kar bandoah bondal sam bak tear
**fitter** *(n.)* អ្នកជួសជុលម៉ាស៊ីន nak chuos chul maasin
**fitting room** *(n.)* បន្ទប់ផ្លាស់សំលៀកបំពាក់ bantob phlas somleak bompeak
**five** *(n.)* ប្រាំ bram
**fix** *(v.)* ជួសជុល chuos chul
**fix** *(n.)* ស្ថានការណ៍លំបាក sthan kar lom bak
**fixer-upper** *(n.)* វត្ថុដែលត្រូវការជួសជុល vottho del trauv kar chuos chul
**fixture** *(n.)* គ្រឿងបំពាក់នៅនឹងកន្លែង kreung bompeak nov neung konlaeng

**fizz** *(n.)* សូរស៊ីសៗដោយសារហ្គាស sou sis sis doy sa gas
**fizz** *(v.)* បញ្ចេញសូរស៊ីសៗដោយសារហ្គាស bonchenh sou sis sis doy sa gas
**fizzy** *(adj.)* ដែលបែកពពុះដោយខ្យល់នច្រើន ដែលសម្បូរដោយជាតិខ្យល់នច្រើន
**flabbergast** *(n.)* ភាពភ្ញាក់ផ្អើល pheap pha nheak pha erl
**flabbergast** *(v.)* ធ្វើឱ្យភ្ញាក់ផ្អើល tveu oy pha nheak pha erl
**flabbergasted** *(adj.)* ដែលភ្ញាក់ផ្អើល del pha nheak pha erl
**flabby** *(adj.)* ដែលទន់រយាក del tun royeak
**flag** *(n.)* ទង់ជាតិ tong cheat
**flagrant** *(adj.)* ដែលថោកទាប del thoak teab
**flake** *(n.)* ផ្នែកតូចស្ដើងៗ phnek tauch sderng sderng
**flake** *(v.)* របក robork
**flaking** *(adj.)* ដែលរបក del robork
**flambé** *(adj.)* ដែលចំអិនដោយដាក់ស្រាឱ្យឆេះ: del chom en doy dak sra oy chheh
**flambé** *(n.)* ម្ហូបចំអិនដោយដាក់ស្រាឱ្យឆេះ: mahoub chom en doy dak sra oy chheh
**flambé** *(v.)* ចំអិនដោយដាក់ស្រាឱ្យឆេះ: chom en doy dak sra oy chheh
**flamboyance** *(n.)* ភាពទាក់ទាញដោយសារភាពនើតនាយ pheap teakteanh doy sa pheap chhert chhay
**flamboyant** *(n.)* អ្នកដែលមានភាពទាក់ទាញដោយសារភាពនើតនាយ nak del mean pheap teakteanh doy sa pheap chhert chhay
**flamboyant** *(adj.)* ដែលមានភាពទាក់ទាញដោយសារភាពនើតនាយ del mean pheap teakteanh doy sa pheap chhert chhay
**flame** *(n.)* អណ្ដាតភ្លើង ondat phleung
**flame** *(v.)* ចេញអណ្ដាតភ្លើង chenh ondat phleung
**flamenco** *(n.)* របាំរបស់រើគីបែបបុរាណមកពីប្រទេសអេស្ប៉ាញ robam ros roveuk beb boran mok pi brotes espanh

flank *(adj.)* ដែលអម ដែលអម
flank *(n.)* ត្រគាក សត្វ trokeak satt
flank *(v.)* អម om
flannel *(n.)* ក្រណាត់ក្បាញទន់ kronat tbanh tuon
flap *(v.)* បក់ផ្លើបៗ bork phloeb phloeb
flap *(n.)* សន្ទះគ្រប sontah krob
flapping *(adj.)* ដែលបក់ផ្លើបៗ del bork phloeb phloeb
flare *(n.)* អណ្ដាតភ្លើង ondat phleung
flare *(v.)* ឆេះផ្ទា chheh thlor
flash *(n.)* ពន្លឺភ្លែតៗ ponleu plet plet
flash *(v.)* បញ្ចេញពន្លឺភ្លែតៗ bonh chenh ponleu plet plet
flashback *(n.)* ការចងចាំនៃអតីតកាល kar chong cham nei aa tey tak kal
flashbulb *(n.)* អំពូលភ្លើង ampoul phleung
flashcard *(n.)* កាតបង្ហាញ kat bonghanh
flasher *(n.)* ឧបករណ៍បញ្ចេញពន្លឺ obpakor bonhchenh ponleu
flashing *(n.)* ប្រព័ន្ធរបាំងការពារគ្រាបទឹក broponth robang kapear chreab teuk
flashlight *(n.)* ពិល pil
flask *(n.)* ដបទឹកដែក dob toeuk daek
flat *(adj.)* រាបស្មើ reab smer
flat *(n.)* ផ្ទះល្វែង phteah lavaeng
flat screen *(n.)* អេក្រង់រាបស្មើ ehkrong reab smer
flatbed *(n.)* ឡានដឹកទំនិញដែលមានផ្ទៃរាបស្មើនៅខាងក្រោយ lan doek tomninh del mean phtei reab smer nov khang kroay
flatbed *(adj.)* ដែលមានផ្ទៃរាបស្មើ del mean phtei reab smer
flatbread *(n.)* នំបុ័ងសំប៉ែត nompang sompet
flatfoot *(n.)* បាតជើងរាបស្មើ bat cheung reab smer
flatland *(n.)* ដីរាបស្មើ dei reab smer
flatter *(v.)* បញ្ចើរ banh chor
flattery *(n.)* ការបញ្ចើរ kar banh chor
flatulence *(n.)* ការហើមពោះ kar herm poh
flatulent *(adj.)* ដែលហើមពោះ del herm poh
flaunt *(v.)* សម្ដែង som nhaeng

flaunter *(n.)* មនុស្សចូលចិត្តសម្ដែងគេ monus chaul chett som nhaeng ke
flavour *(n.)* រសជាតិ ros cheat
flaw *(n.)* កំហុស kom hous
flawless *(adj.)*឵តខ្ចោះ et khchaoh
flea *(n.)* ចៃ chai
flea market *(n.)* ផ្សារតាមផ្លូវលក់របស់មួយទឹក phsar tam plouv luok robos mouy teuk
flee *(v.)* គេចខ្លួន phies khluon
fleece *(n.)* រោមសត្វចៀម ឬពពែ roam satt cheam rue porpae
fleece *(v.)* កោរ koa
fleet *(n.)* កងនាវា kong neavea
flesh *(n.)* សាច់ sach
flexible *(adj.)* អាចបត់បែនបាន arch bot baen ban
flicker *(n.)* ដំណើរភ្លើបភ្លែត domner pleub plet
flicker *(v.)* ភ្លី ភ្លីបភ្លែត pleu pleub plet
flight *(n.)* ការហោះហើរ kar haoh her
flimsy *(adj.)* ដែលមិនមាំ del min moam
fling *(v.)* គ្រវាត់ចោល krovot choal
flip *(n.)* ការត្រឡប់ kar tro lob
flip *(v.)* ត្រឡប់ tro lob
flip *(adj.)* ដែលនិយាយមិនស្មោះត្រង់ del niyeay min smoah trong
flippancy *(n.)* ភាពប្រហែស pheap brohes
flirt *(n.)* ការចែចង់ kar chae chong
flirt *(v.)* ចែចង់ chae chong
float *(v.)* អណ្ដែត on det
flock *(n.)* ហ្វូង hvoung
flock *(v.)* ផ្ដុំគ្នាជាហ្វូង phdom knea chea hvoung
flog *(v.)* វាយនឹងរំពាត់ veay neung rompoat
flood *(n.)* ទឹកជំនន់ teuk chomnun
flood *(v.)* ធ្វើឱ្យលិចទឹក tveu oy lech teuk
flood gate *(n.)* ច្រកទ្វារការពារទឹកជំនន់ chrok tvear kapear teuk chomnun
floodlight *(n.)* ភ្លើងបញ្ចាំង pleung bonhchang
floodlight *(v.)* បញ្ចាំងភ្លើង bonhchang pleung
floor *(v.)* ក្រាលក្ដារ kral kdar

**floor** *(n.)* ជាន់ choan
**flop** *(v.)* ទម្លាក់ភ្លឹប tomleak pleub
**flora** *(n.)* រុក្ខជាតិ roukkhacheat
**florist** *(n.)* អ្នកលក់ផ្កា nak louk phkar
**floss** *(v.)* ខ្សែសម្រាប់សំអាតធ្មេញ ksae somrab somaart thmenh
**flour** *(n.)* ម្សៅធ្វើនំ msao tveu nom
**flourish** *(v.)* មានការវិកចំរើន mean kar rik chamreun
**flow** *(n.)* លំហូរ lomhou
**flow** *(v.)* ហូរ hou
**flow chart** *(n.)* គំនូសតាងលំហូរ koum nous tang lomhou
**flower** *(n.)* ផ្កា phka
**flowery** *(adj.)* ដែលមានផ្កា del mean phka
**fluctuate** *(v.)* ប្រែប្រួល brae bruol
**fluent** *(adj.)* ស្ទាត់ stoat
**fluid** *(n.)* វត្ថុរាវ vottho reav
**fluid** *(adj.)* ដែលរាវ del reav
**fluorescent** *(adj.)* ដែលមានពណ៌ចម្រុះ del mean por chomroh
**flush** *(v.)* បើកទឹក berk teuk
**flush** *(n.)* ការឡើងក្រហម kar lerng krohorm
**flute** *(n.)* ខ្លុយ khloy
**flute** *(v.)* ផ្លុំខ្លុយ phlom khloy
**flutter** *(n.)* ការទះស្លាប kar tor teah slaab
**flutter** *(v.)* ទះស្លាប tor teah slaab
**fly** *(n.)* រុយ ruy
**fly** *(v.)* ហោះ haoh
**flyer** *(n.)* បណ្ណប្រកាស bann brakas
**foal** *(n.)* កូនសេះ koun ses
**foal** *(v.)* សម្រាលកូនសេះ somral koun ses
**foam** *(n.)* ពពុះ por puoh
**foam** *(v.)* ឡើងពពុះ lerng por puoh
**foamy** *(adj.)* ដែលមានពពុះ del mean por puoh
**focal** *(adj.)* នៃចំណុចចំបង nei chomnoch chombong
**focalization** *(n.)* ការយកមកធ្វើជាចំណុចចំបង kar yok mok tveu chea chomnoch chombong
**focalize** *(v.)* យកមកធ្វើជាចំណុចចំបង yok mok tveu chea chomnoch chombong

**focus** *(n.)* ការផ្តោត kar phdoat
**focus** *(v.)* ផ្តោត phdoat
**focused** *(adj.)* ដែលផ្តោតអារម្មណ៍ del phdoat arom
**fodder** *(n.)* ចំណីគោ ក្របី chamnei koa krobei
**foe** *(n.)* សត្រូវ satrauv
**foetus** *(n.)* គភ៌ koa
**fog** *(n.)* អ័ព្ទ ap
**fogbank** *(n.)* អ័ព្ទក្រាស់ ap kras
**foggy** *(adj.)* ដែលមានអ័ព្ទ del mean ap
**foil** *(v.)* ធ្វើឱ្យមិនអាចសំរេចបាន tveu oy min arch somrach ban
**fold** *(n.)* ផ្នត់ phnot
**fold** *(v.)* បត់ bot
**folder** *(n.)* ស៊ុមីដាក់ឯកសារ seumi dak eksar
**folding** *(adj.)* ដែលអាចបត់បាន del arch bot ban
**folding** *(n.)* ការបត់ kar bot
**foldup** *(adj.)* ដែលអាចបត់បាន del arch bot ban
**foliage** *(n.)* ស្លឹកឈើទុំ sloek chheu tuom
**foliate** *(adj.)* ដែលគបតែងដោយស្លឹក del tob taeng doy sloek
**foliate** *(v.)* គបតែងដោយស្លឹក tob taeng doy sloek
**foliation** *(n.)* ការដុះស្លឹក kar doh sloek
**folic** *(adj.)* នៃអាស៊ីដហ្វូលីក nei acid folic
**folio** *(n.)* ស៊ុមី seumi
**folk** *(adj.)* ប្រជាប្រិយ brachea brey
**folk** *(n.)* មនុស្សទូទៅ monus tuo tov
**folklore** *(n.)* រឿងព្រេង reung preng
**folkloric** *(adj.)* នៃរឿងព្រេង nei reung preng
**follow** *(v.)* ធ្វើតាម thveu tam
**follower** *(n.)* អ្នកដើរតាម nak der tam
**follow-up** *(n.)* ការតាមដាន kar tam dan
**folly** *(n.)* ភាពល្ងីល្ងើ pheap la ngi la ngeu
**foment** *(v.)* បង្កចលាចល bongkor chorla chol
**fond** *(adj.)* ចូលចិត្ត chaul chett
**fondant** *(n.)* ស្ករពណ៌សំរាប់ធ្វើនំខេក skor por somrab tveu nom khek
**fondle** *(v.)* ស្ទាបអង្អែល steab ong el
**fondler** *(n.)* អ្នកចូលចិត្តស្ទាបអង្អែល nak chaul chett steab ong el

**fondling** *(n.)* ការស្លាបអង្អែល kar steab ong el
**font** *(n.)* ពុម្ពអក្សរ poump aksor
**food** *(n.)* អាហារ ahar
**fool** *(v.)* បោកបញ្ឆោត boak banh chhoat
**fool** *(n.)* មនុស្សល្ងីល្ងើ monus lngi lngeu
**foolish** *(adj.)* ល្ងង់ lngong
**foolscap** *(n.)* ទំហំក្រដាសធម្មតា tom hom krodas thomada
**foot** *(n.)* ជើង cheung
**foot** *(v.)* ចេញថ្លៃ chenh thlai
**footage** *(n.)* វីដេអូអំពីសកម្មភាពអ្វីមួយ video ompi sakampheap avey mouy
**football** *(n.)* បាល់ទាត់ bal toat
**foothold** *(n.)* កន្លែងដាក់ ជើង kon laeng dak cheung
**footloose** *(adj.)* ដែលដើរលេងដោយសេរី del der leng doy serey
**footman** *(n.)* អ្នកបម្រើប្រុស nak bomrer bros
**footmark** *(n.)* ដានជើង darn cheung
**footnote** *(n.)* លេខយោង lekh yuong
**footnote** *(v.)* ដាក់លេខយោង dak lekh yuong
**footpath** *(n.)* ផ្លូវតូចសម្រាប់មនុស្សដើរ phlauv tauch samrab monous der
**footprint** *(n.)* ស្នាមជើង snam cheurng
**footsore** *(adj.)* ឈឺជើង chheu cheurng
**footwear** *(n.)* ស្បែកជើង sbek cheurng
**footwork** *(n.)* ការស្ទាត់ជំនាញខាងប្រើជើង kar stoat chomneanh khang brer cheurng
**for** *(prep.)* សម្រាប់ som rab
**for** *(conj.)* ពីព្រោះតែ pi pruoh tae
**forage** *(n.)* ចំណីសត្វ chamnei satt
**forage** *(v.)* ស្វែងរកចំណី svaeng rok chamnei
**forager** *(n.)* អ្នកស្វែងរកចំណី nak svaeng rok chamnei
**foraging** *(n.)* ការស្វែងរកចំណី kar svaeng rok chamnei
**foray** *(n.)* ការលុកលុយប្លន់ kar luk luy blon
**foray** *(v.)* លុកលុយប្លន់ luk luy blon
**forbear** *(v.)* អត់ធ្មត់ ot thmot
**forbearance** *(n.)* ការអត់ធ្មត់ kar ot thmot
**forbid** *(v.)* ហាមឃាត់ ham khoat

**forbidden** *(adj.)* ដែលហាមឃាត់ del ham khoat
**force** *(n.)* កម្លាំង kom lang
**force** *(v.)* ប្រើកម្លាំង brer kom lang
**forceful** *(adj.)* ដែលបង្ខំ del bong khom
**forceps** *(n.)* ដង្កាប់ប្រើពេលវះកាត់ dong keab brer pel veah katt
**forcible** *(adj.)* ដែលប្រើកម្លាំង del brer kom lang
**forearm** *(n.)* កំភួនដៃ komphuon dai
**forearm** *(v.)* ប្រដាប់អាវុធជាមុន brodab avuth chea mun
**forecast** *(n.)* ការព្យាករណ៍ kar pyea kor
**forecast** *(v.)* ព្យាករណ៍ pyea kor
**forecourt** *(n.)* ទីធ្លាខាងមុខអាគារ ti thlear khang moukh aakea
**forefather** *(n.)* បុព្វបុរស bop pak boros
**forefinger** *(n.)* ចង្អុលដៃ chong ol dai
**forehead** *(n.)* ថ្ងាស thngas
**foreign** *(adj.)* នៃបរទេស nei borotes
**foreigner** *(n.)* ជនបរទេស chun borotes
**foreknowledge** *(n.)* ការដឹងមុន kar doeng mun
**foreleg** *(n.)* ជើងខាងមុខ (សត្វ) cheung khang moukh (satt)
**forelock** *(n.)* សក់ខាងមុខ sok khang moukh
**foreman** *(n.)* មេការ me kar
**foremost** *(adj.)* សំខាន់បំផុត somkhan bomphot
**forenoon** *(n.)* ពេលមុនថ្ងៃត្រង់ pel mun thngai trong
**forensic** *(adj.)* នៃកោសល្យវិច្ឆ័យ nei koa sol vi chay
**forensic** *(n.)* ការធ្វើកោសល្យវិច្ឆ័យ kar tveu koa sol vi chay
**forerunner** *(n.)* អ្នកនាំមុខគេ nak noam moukh ke
**foresee** *(v.)* ប្រមើលមើលទុកជាមុន bro merl meul tuk chea mun
**foresight** *(n.)* ការប្រមើលមើលទុកជាមុន kar bro merl meul tuk chea mun
**forest** *(n.)* ព្រៃ prei
**forestall** *(v.)* បង្ខាំងទុកជាមុន bong ak tuk chea mun

**forester** (n.) រុក្ខបាល rokhak bal
**forestry** (n.) រុក្ខសាស្ត្រ rokhak sas
**foretell** (v.) ទាយប្រាប់មុន teay brab mun
**forethought** (n.) ការគិតទុកជាមុន kar kit tuk chea mun
**forever** (adv.) ជារៀងរហូត chea rieng rohaut
**forewarn** (v.) ព្រមានជាមុន promean chea mun
**foreword** (n.) បុព្វកថា bop katha
**forfeit** (v.) ដកហូត dok haut
**forfeit** (n.) ការដកហូត kar dok haut
**forfeiture** (n.) ការដកហូតយកទ្រព្យសម្បត្តិ kar dok haut yok trob sombatt
**forge** (v.) ដំដែកធ្វើជាអ្វីមួយ dom daek tveu chea aavey mouy
**forge** (n.) ជើងក្រានជាងដែក cheung kran cheang daek
**forgery** (n.) ការក្លែងបន្លំ kar khlaeng bonlom
**forget** (v.) ភ្លេច phlech
**forgetful** (adj.) ដែលភ្លេចច្រើន del phlech chrern
**forgive** (v.) អត់ទោស ot tous
**forgo** (v.) បោះបង់ boh bong
**forlorn** (adj.) ដែលកំសត់ឯកា del komsot aeka
**form** (v.) បង្កើត bong kert
**form** (n.) សំណុំបែបបទ somnom baeb bot
**formal** (adj.) ជាផ្លូវការ chea phlauv kar
**formality** (n.) ភាពផ្លូវការ pheap phlauv kar
**format** (n.) ទ្រង់ទ្រាយ trong treay
**formation** (n.) ការបង្កើត kar bong kert
**former** (adj.) អតីត aa tei tak
**former** (pron.) អ្នកដែលបានរៀបរាប់ខាងដើម nak del ban reab roab khang derm
**formerly** (adv.) ពីមុន pi mun
**formidable** (adj.) ដែលគួរអោយខ្លាច del kour oy khlach
**formula** (n.) រូបមន្ត roubamon
**formulate** (v.) បង្កើត bongkert
**forsake** (v.) បោះបង់ចោល baoh bong choal
**forswear** (v.) បោះបង់ baoh bong
**fort** (n.) បន្ទាយ bonteay

**forte** (n.) ចំណុចខ្លាំង chomnoch khlang
**forth** (adv.) ទៅមុខ tov moukh
**forthcoming** (adj.) ដែលជិតមកដល់ del chit mok dol
**forthwith** (adv.) ភ្លាមៗ phleam pleam
**fortify** (v.) ពង្រឹង pong reung
**fortitude** (n.) ភាពរឹងម៉ាំ pheap reung moam
**fortnight** (n.) ពីរសប្តាហ៍ pi sapada
**fortress** (n.) បន្ទាយ bonteay
**fortunate** (adj.) ដែលសំណាងល្អ del somnang laor
**fortune** (n.) សំណាង somnang
**forty** (n.) សែសិប sae seb
**forum** (n.) វេទិកា vetika
**forward** (v.) បញ្ជូន banh chuon
**forward** (adj.) ដែលទៅមុខ del tov moukh
**forward** (adv.) ទៅមុខ tov moukh
**fossil** (n.) ផូស៊ីល phau sil
**foster** (v.) ចិញ្ចឹម chenh cheum
**foster care** (n.) ការចិញ្ចឹមបីបាច់ kar chenhcheum beibach
**foul** (n.) ការលេងខូចក្បួនក៏ឡា kar leng khouch knung kei la
**foul** (adj.) ស្អុយ sa ouy
**foul** (v.) ធ្វើខុស tveu khos
**foul play** (n.) ការលេងបន្លំ kar leng bonlom
**found** (v.) បានរកឃើញ ban rok kheunh
**foundation** (n.) គ្រឹះ kreuh
**founder** (n.) ស្ថាបនិក sthapaneuk
**foundry** (n.) រោងចក្រស្រោលោហធាតុ rong chak slor lohak theat
**fountain** (n.) ទីមានទឹកបាញ់ ti mean teuk banh
**four** (n.) បួន buon
**fourteen** (n.) ដប់បួន dob buon
**fowl** (n.) សត្វបក្សី sat baksei
**fowler** (n.) អ្នកបរបាញ់សត្វបក្សី nak bor banh sat baksei
**fox** (n.) កញ្ជ្រោង kanhchroang
**fraction** (n.) ប្រភាគ bropheak
**fracture** (n.) ការបាក់ kar bak
**fracture** (v.) ធ្វើអោយបាក់ tveu oy bak

**fragile** *(adj.)* ផុយស្រុយ phoy sruoy
**fragment** *(n.)* បំណែក bom naek
**fragrance** *(n.)* ក្លិនក្រអូប klen kra aub
**fragrant** *(adj.)* ក្រអូប kra aub
**frail** *(adj.)* ដែលទន់ខ្សោយ del tun khsoay
**frame** *(v.)* ដាក់ស៊ុម dak suom
**frame** *(n.)* ស៊ុម suom
**framework** *(n.)* ក្របខ័ណ្ឌ krob khann
**franchise** *(n.)* សិទ្ធិប្រើយីហោ setth brer yi hoa
**frank** *(adj.)* ដែលស្មោះត្រង់ del smoh trong
**frankly** *(adv.)* និយាយដោយត្រង់ទៅ niyeay daoy trong tov
**frantic** *(adj.)* ដែលភ័យព្រួយខ្លាំង del phey pruoy khlang
**fraternal** *(adj.)* ជាបងប្អូន bong p'oun
**fraternity** *(n.)* ភាតរភាព phea tarak pheap
**fratricide** *(n.)* ការសម្លាប់បងប្អូនឯង kar somlab bong p'oun eng
**fraud** *(n.)* ការបន្លំ kar banlom
**fraudulent** *(adj.)* បន្លំ bonlom
**fraught** *(adj.)* ដែលពោរពេញដោយភាពភ័យព្រួយ del por penh doy pheap phey pruoy
**fray** *(n.)* ជំលោះ chom louh
**freak** *(adj.)* ចំឡែក chom laek
**freak** *(n.)* មនុស្សចំឡែក monus chom laek
**freak** *(v.)* ក្លាយទៅជាឡប់ khlay tov chea lob
**freak-out** *(n.)* ការខឹងច្រឡោត kar khoeung chroloat
**free** *(adj.)*឵តគិតថ្លៃ et kit thlai
**free** *(v.)* ដោះលែង doh laeng
**freedom** *(n.)* សេរីភាព serei pheap
**freelancer** *(n.)* អ្នកធ្វើការក្រៅក្របខ័ណ្ឌ nak tveu kar krao krob khann
**freewheel** *(v.)* ជិះកង់អត់ជាក់ chis kong ot thak
**freeze** *(v.)* បង្កក bong kok
**freight** *(n.)* ការដឹកទំនិញ kar doek tom ninh
**French** *(adj.)* នៃបារាំង nei barang
**French** *(n.)* ភាសាបារាំង pheasa barang
**frenzy** *(n.)* ភាពវក់វី pheap vok vi
**frequency** *(n.)* ប្រេកង់សំវិទ្យុ fre kong vityou

**frequent** *(n.)* ភាពញឹកញាប់ pheap nheuk nhoab
**fresh** *(adj.)* ស្រស់ sros
**fret** *(n.)* ទុក្ខព្រួយ tuk pruoy
**fret** *(v.)* ធ្វើអោយម្ហូរម៉ៅ tveu oy mour mao
**friction** *(n.)* ការកកិត kar kor ket
**Friday** *(n.)* ថ្ងៃសុក្រ thngai sok
**fridge** *(n.)* ទូរទឹកកក tour teuk kork
**friend** *(n.)* មិត្តភក្តិ mit pheak
**fright** *(n.)* ភាពរន្ធត់ pheap ronthot
**frighten** *(v.)* បំភ័យ bom phey
**frigid** *(adj.)* ដែលត្រជាក់ខ្លាំង del tro cheak khlang
**frill** *(n.)* ជរ chor
**fringe** *(n.)* គែម kem
**fringe** *(v.)* ដាក់ជាយ dak cheay
**frivolous** *(adj.)* ដែលឡឺកឡាក់ del rolek rolork
**frock** *(n.)* រូបស្រី roub strei
**frog** *(n.)* កង្កែប kong kaeb
**frolic** *(n.)* ការលេងសប្បាយ kar leng sabbay
**frolic** *(v.)* លេងសប្បាយ leng sabbay
**from** *(prep.)* ពី pi
**front** *(n.)* ខាងមុខ khang moukh
**front** *(adj.)* នៃខាងមុខ nei khang moukh
**front** *(v.)* ដាក់នៅខាងមុខ dak nov khang moukh
**front page** *(n.)* ទំព័រមុខ tompor moukh
**frontier** *(n.)* ព្រំដែន promden
**frontside** *(adj.)* នៃផ្នែកខាងមុខ nei phnek khang moukh
**frost** *(n.)* កំណក kom nork
**frosting** *(n.)* គ្រឿមសម្រាប់លាបនំ kream somrab leab nom
**frown** *(n.)* ការចងចិញ្ចើម kar chong chenh cherm
**frown** *(v.)* ចងចិញ្ចើម chong chenh cherm
**frozen** *(adj.)* ដែលកក del kork
**frugal** *(adj.)* ដែលសន្សំសំចៃ del sonsom somchai
**fruit** *(n.)* ផ្លែឈើ phlae chheu
**fruitful** *(adj.)* ដែលមានផ្លែផ្កា del mean phlae phka

**frustrate** (v.) ធ្វើឱ្យខាន tveu oy romkhan
**frustration** (n.) ការខកចិត្ត kar khok chett
**fry** (v.) ចៀន chien
**fry** (n.) មួបចៀន mahoub chien
**fuel** (n.) គន្លុះ inthaneak
**fugitive** (adj.) ដែលរត់គេចខ្លួន del ruot kech khluon
**fugitive** (n.) ការរត់គេចខ្លួន kar ruot kech khluon
**fulfil** (v.) បំពេញ bom penh
**fulfilment** (n.) ការបំពេញ kar bom penh
**full** (adj.) ពេញ penh
**full** (adv.) ដែលពេញ del penh
**full moon** (n.) ព្រះចន្ទពេញវង់ preah chan penh vong
**full name** (n.) ឈ្មោះពេញ chhmoh penh
**full stop** (n.) សញ្ញាខណ្ឌ sanhnha khan
**fullness** (n.) ភាពពេញលេញ pheap penh lenh
**fully** (adv.) យ៉ាងពេញលេញ yang penh lenh
**fumble** (v.) ធ្វើអោយរបូតពីដៃ tveu oy robout pi dai
**fun** (n.) ភាពសប្បាយរីករាយ pheap sabbay rik reay
**function** (n.) មុខងារ moukh ngear
**function** (v.) មានមុខងារជា mean moukh ngear chea
**functionary** (n.) មន្ត្រី montrei
**fund** (n.) មូលនិធិ moul nithi
**fundamental** (adj.) នៃមូលដ្ឋានគ្រឹះ nei moulo than kreuh
**fundraise** (v.) រៃអង្គាសប្រាក់ rei angkeas brak
**funeral** (n.) ពិធីបុណ្យសព pithi bon sop
**fungus** (n.) ផ្សិត phset
**funny** (n.) រឿងកំប្លែង reung kom phlaeng
**fur** (n.) រោម rom
**furious** (adj.) ដែលខឹងខ្លាំងណាស់ del khoeng khlang nas
**furl** (v.) បត់រំ bot rom
**furlong** (n.) ឯកតាប្រវែងស្មើ ២០១ ម៉ែត្រ ek ta broveng smer 201 met
**furnace** (n.) ឡ lor

**furnish** (v.) បំពាក់គ្រឿងសង្ហារឹម bompeak krueng sangha reum
**furniture** (n.) គ្រឿងសង្ហារឹម krueng sangha reum
**furrow** (n.) គន្លងនង្គ័ល konlong neangkoal
**further** (adv.) ឆ្ងាយទៀត chhngay teat
**further** (adj.) ដែលបន្ថែមទៀត del banthaem teat
**further** (v.) ធ្វើអោយបានចម្រើនទៅ tveu oy ban chomrern tov
**fury** (n.) កំហឹង kom hoeng
**fuse** (v.) រលាយចូលគ្នា ro leay choul knea
**fuse** (n.) ឧបករណ៍ការពារសៀគ្វីអគ្គិសនី ubakor karpear siekvi akkisani
**fusion** (n.) ការរលាយចូលគ្នា kar ro leay choul knea
**fuss** (n.) ការអួរទា kar ro uo ro toam
**fuss** (v.) ធ្វើហាក់ដូចជារឿងធំ tveu hak doch chea reung thom
**futile** (adj.)឵តប្រយោជន៍ et brayoch
**futility** (n.) ភាពឥតប្រយោជន៍ pheap et brayoch
**future** (adj.) នៃអនាគត nei anakot
**future** (n.) អនាគត anakuot
**futuristic** (adj.) ដែលអនាគតនិយម del anakuot niyoum
**futurology** (n.) អនាគតវិទ្យា anakuot vityear
**fuzz** (n.) រោមទន់ rom tun
**fuzz** (v.) ធ្វើឱ្យព្រិល tveu oy pril
**fuzzy** (adj.) ដែលស្រពេចស្រពិល del sro pech sro pil

# G

**gabble** (v.) និយាយឡើយបរឡប់ niyeay roleb rolob
**gadfly** (n.) រុយគោ ruy ko
**gadget** (n.) ឧបករណ៍ ubakor
**gaffe** (n.) កំហុសផ្តេសផ្តាស kom hous phdes phdas

**gag** (v.) ធ្វើអោយចង្អក្អួត tveu oy chong ka ourt
**gag** (n.) រឿងកំប្លែង reung kom phlaeng
**gaiety** (n.) ភាពសប្បាយរីករាយ pheap sabbay rik reay
**gain** (n.) ផលចំណេញ phol chom nenh
**gain** (v.) ចំណេញ chom nenh
**gainful** (adj.) ដែលអោយកម្រៃ del oy kom rai
**gainly** (adj.) ដែលសមស្សួន del som suon
**gainsay** (v.) ប្រតែកក bro kaek
**gait** (n.) ដំណើរ dom ner
**gala** (adj.) នៃពិធីជប់លៀង nei pithi chob leang
**gala** (n.) ពិធីជប់លៀង pithi chob leang
**galactic** (adj.) នៃកាឡាក់ស៊ី nei kalaksi
**galaxy** (n.) កាឡាក់ស៊ី kalaksi
**gale** (n.) ខ្យល់ខ្លាំង khyol khlang
**gallant** (adj.) ក្លាហាន khla harn
**gallant** (n.) សុភាពបុរស sopheap boros
**gallantry** (n.) សេចក្តីក្លាហាន sech kdei khla harn
**gallery** (n.) វិចិត្រសាល vichet sal
**gallon** (n.) ឯកតាសម្រាប់វាស់បរិមាណ ekta somrab vos pak rimarn
**gallop** (n.) ការផាយ របស់សេះ kar phay robos ses
**gallop** (v.) រត់យ៉ាងលឿន rot yang leurn
**gallows** (n.) ឈើចងក្បាលឧក្រិដ្ឋជន chheu chong phyuor ukredthachun
**galore** (adv.) ដោយបរិបូរណ៍ doy boribou
**galvanize** (v.) ជ្រលក់សង្កសី chro luk sangkasei
**galvanometer** (n.) ប្រដាប់ស្ទង់កម្លាំងចរន្តអគ្គិសនី brodab stong komlang chakron akkisani
**galvanoscope** (n.) ចរន្តអគ្គិសនីទស្សន៍ charon akkisani tous
**gambit** (n.) អុក ouk
**gamble** (v.) លេងល្បែង leng labeng
**gamble** (n.) ការលេងល្បែង kar leng labeng
**gambler** (n.) អ្នកលេងល្បែង nak leng labeng
**game** (n.) ល្បែង labeng
**game** (v.) លេងល្បែង leng lbeng

**game changer** (n.) ការផ្លាស់ប្ដូរដែលល្អ kar phlas phdau del laor
**game point** (n.)
ការត្រូវការមួយពិន្ទុដើម្បីឈ្នះការប្រកួត kar trauv kar muoy pintou dermbei chhneah kar brakuot
**gamemaster** (v.) ធ្វើជាគ្រូល្បែង ឬ គីឡា tveu chea krou la baeng reu kei la
**gamepad** (n.) ឧបករណ៍លេងហ្គេម ubpakor leng game
**gameplayer** (n.) អ្នកលេងហ្គេម nak leng game
**gamespace** (n.) កន្លែងលេងហ្គេម konlaeng leng game
**gamma** (n.) អក្សរទីបីនៃអក្សរក្រិច aksor ti 3 nei aksor krech
**gander** (n.) សត្វក្ងានឈ្មោល sat kngan chhmol
**gang** (n.) ក្រុមអ្នកលេង krom nak leng
**gangrene** (n.) ដំបៅរលួយ dombao rolouy
**gangster** (n.) ក្មេងទំនើង kmeng tomneurng
**gap** (n.) កម្លាត kom leat
**gap** (v.)ញែកចេញពីគ្នា nhek chenh pi knea
**gape** (v.) ចំហរមាត់ chom hor moat
**garage** (n.) យានដ្ឋាន yean than
**garb** (n.) សំលៀកបំពាក់ប្រពៃណី somleak bompeak bropeinei
**garb** (v.) ស្លៀកពាក់ប្រពៃណី sleak peak bropeinei
**garbage** (n.) សំរាម somram
**garden** (n.) សួនច្បារ suon chbar
**gardener** (n.) អ្នកថែសួន nak thae suon
**gargle** (v.) ខ្ពុរមាត់ khpol moat
**garisson** (n.)
កងទាហានដែលឈរជើងនៅក្នុងទីតាំងជាក់លាក់មួយ kong teahean del chhor cheung nov knong ti tang cheakleak muoy
**garisson** (v.) ការពារដោយកងទាហាន kar pear doy kong teahean
**garland** (n.) កម្រងផ្កា komrong phkar
**garland** (v.) ដាក់កម្រងផ្កា dak komrong phkar
**garlic** (n.) ខ្ទឹមស khtoem sor

**garlicky** *(adj.)* ដែលមានក្លិនខ្ទឹមសខ្លាំង del mean khtoem sor khlang

**garment** *(n.)* សម្លៀកបំពាក់ samliek bompeak

**garnish** *(v.)* តែងលំអម្ហូប taeng lom or mhoub

**garnish** *(n.)* គ្រឿងតុបតែងម្ហូប kreurng tob taeng mhoub

**garnishment** *(n.)* បណ្តឹងរឹបទ្រព្យពីតតិយជន bondoeng reub trop pi takteychun

**garrotte** *(n.)* ការសម្លាប់ដោយចងកនឹងខ្សែ kar samlab daoy chong kor neung khsae

**garrotte** *(v.)* សម្លាប់ដោយចងកនឹងខ្សែ samlab daoy chong kor neung khsae

**garrotter** *(n.)* អ្នកសម្លាប់ដោយចងកនឹងខ្សែ nak samlab daoy changkor neung khsae

**garter** *(n.)* ខ្សែកៅស៊ូរឹបស្រោមជើង khsae kaosu reub sraom cheurng

**gas** *(n.)* ឧស្ម័ន uksman

**gasesous** *(adj.)* ដែលមានហ្គាស del mean gas

**gash** *(n.)* រង្ហៈ ដែលមុតនឹងកាំបិត rongveah del mut neung kambet

**gash** *(v.)* វះ veah

**gashing** *(adj.)* ដែលមុត del mut

**gasification** *(n.)* ឧស្ម័នកម្ម uksman kamm

**gasified** *(adj.)* ដែលបានធ្វើឱ្យទៅជាឧស្ម័ន del ban tveu oy tov chea uksman

**gasify** *(v.)* ធ្វើឱ្យទៅជាឧស្ម័ន tveu oy tov chea uksman

**gasket** *(n.)* ទ្រនាប់ tro noab

**gasmask** *(n.)* របាំងការពារឧស្ម័ន robang kar pear uksman

**gasoline** *(n.)* សាំង sang

**gasp** *(n.)* ការដង្ហក់ kar danghok

**gasp** *(v.)* ដង្ហក់ danghok

**gassy** *(adj.)* ដែលពោរពេញដោយឧស្ម័ន del porpenh daoy uksman

**gastric** *(adj.)* នៃក្រពះ nei krapeah

**gastronomy** *(n.)* សិល្បៈនៃការធ្វើម្ហូប selapak nei kar thveu mhoub

**gate** *(n.)* ច្រកទ្វារ chrok tvear

**gatehouse** *(n.)* ផ្ទះក្បែរច្រកទ្វារ pteah kbae chrok tvear

**gatekeeper** *(n.)* អ្នកយាមទ្វារ nak yeam tvear

**gatepost** *(n.)* បង្គោលទ្វារ bong kol tvear

**gateway** *(n.)* ផ្លូវចេញចូល phlauv chenh chaul

**gather** *(v.)* ប្រមូលផ្តុំ bramoul phdom

**gaudy** *(adj.)* ដែលនើមិនថ្លៃថ្នូរ del chhert min thlai thnau

**gauge** *(n.)* ឧបករណ៍សម្រាប់វាស់ ukpakor somrab voah

**gaunt** *(adj.)* ដែលស្គមកំព្រឹង del skom kom preung

**gauntlet** *(n.)* ស្រោមដៃដែក sroam dai dek

**gawk** *(n.)* ការសម្លឹងស្លឺ kar somleung sleu

**gawk** *(v.)* សម្លឹងស្លឺ somleung sleu

**gawky** *(adj.)* ដែលឆ្គង del chhkorng

**gay** *(adj.)* នៃខ្ទើយ nei khteuy

**gay** *(n.)* ខ្ទើយ khteuy

**gaze** *(v.)* សម្លឹងមិនដាក់ភ្នែក somleung min dak pnek

**gaze** *(n.)* ការសម្លឹងមិនដាក់ភ្នែក kar somleung min dak pnek

**gazelle** *(n.)* សត្វប្រើស satt brers

**gazette** *(n.)* កាសែត ka sett

**gazillion** *(n.)* ចំនួនដ៏ច្រើនអនេក chomnuon dor chrern ak nek

**gear** *(n.)* លេខរថយន្ត lekh rotyon

**gearbox** *(n.)* ប្រអប់លេខ bra ob lekh

**gearset** *(n.)* ឈុតស្ពឺចក្រ chhut speu chak

**gearwheel** *(n.)* កងហ្គែរ kong gear

**geek** *(n.)* អ្នកចូលចិត្តបច្ចេករវិទ្យា nak choul chett pakchekvityear

**geek** *(v.)* ចូលរួមពិភាក្សាពីបច្ចេករវិទ្យាយ៉ាងងប់ងុល chaul ruom pipheaksaa pi pakchekvityea yang ngoub ngoul

**geeksville** *(n.)* បណ្តុំអ្នកចូលចិត្តបច្ចេករវិទ្យា bondom nak choul chett bachchek vityea

**geekwear** *(n.)* សម្លៀកបំពាក់អ្នកចូលចិត្តបច្ចេករវិទ្យា samliek bompeak nak choul chett bachchek vityea

**geeky** *(adj.)* ដែលចូលមិនចុះសង្គម del choul min choh song kum
**geisha** *(n.)* ស្រីសិល្បៈជប៉ុន srey sela pak jorpon
**gel** *(n.)* ជាតិអន្ទិល cheat onthel
**gel** *(v.)* ធ្វើទៅជាជាតិអន្ទិល tveu tov chea cheat onthel
**gelatin** *(n.)* ជាតិម្សៅចាហ៊ួយ cheat masao cha houy
**gelatinize** *(v.)* ធ្វើទៅជាជាតិម្សៅចាហ៊ួយ tveu tov chea cheat masao cha houy
**gelatinous** *(adj.)* នៃជាតិម្សៅចាហ៊ួយ nei cheat masao cha houy
**geld** *(v.)* ក្រៀវ (សត្វ) kriev (satt)
**gelded** *(adj.)* ដែលបានក្រៀវ del ban kriev
**gelding** *(n.)* ការក្រៀវ kar kriev
**gem** *(n.)* ត្បូង tbaung
**geminal** *(adj.)* នៃដំណាក់កាលដំបូង nei domnak kal dombaung
**geminate** *(adj.)* ជាគូ chea ku
**geminate** *(v.)* បញ្ចេញសំលេងម្តងទៀត banhchenh som leng mdong tiet
**Gemini** *(n.)* សញ្ញាហោរាសាស្ត្រទីបី sanhnha hoa ra sas ti bey
**gemmology** *(n.)* ត្បូងវិទ្យា tbaung vityea
**gender** *(n.)* ភេទ phet
**gene** *(n.)* ហ្សែន zen
**genealogical** *(adj.)* នៃពង្សាវិទ្យា nei pongsa vithyear
**genealogy** *(n.)* ពង្សាវិទ្យា pongsa vithyear
**generable** *(adj.)* ដែលអាចកើតឡើងបាន del ach kert lerng ban
**general** *(adj.)* នៃទូទៅ nei tuo tov
**generally** *(adv.)* ជាទូទៅ chea tou tov
**generate** *(v.)* បង្កើត bong kert
**generation** *(n.)* ជំនាន់ chom noan
**generator** *(n.)* ម៉ាស៊ីនភ្លើង masin phleung
**generosity** *(n.)* សប្បុរសធម៌ sabborosathor
**generous** *(adj.)* សប្បុរស sabboros
**genetic** *(adj.)* នៃហ្សែន nei gen
**geneticist** *(n.)* ពន្ធុវិទូ pinthou vithou
**genial** *(adj.)* ដែលរួសរាយ del rous reay
**geniality** *(n.)* ភាពរួសរាយ pheap rous reay

**genie** *(n.)* ទេព្តារក្សា tepada rak
**genital** *(adj.)* នៃប្រដាប់បន្តពូជ nei brodab bontor puoch
**genitalia** *(n.)* ប្រដាប់បន្តពូជ brodab bontor puoch
**genius** *(n.)* មនុស្សមានទេពកោសល្យ monus mean tep koa sal
**genocide** *(n.)* អំពើប្រល័យពូជសាសន៍ ampeu bralay puoch sas
**genome** *(n.)* បណ្តំពន្ធុ bondom ponthou
**genre** *(n.)* ប្រភេទអក្សរសិល្ប៍ brophet aksor sel
**genteel** *(adj.)* ដែលចេះគួរសម del cheh kuor som
**gentility** *(n.)* ភាពថ្លៃថ្នូរនន់ក្នន់ pheap thlai thnou ton phlon
**gentle** *(adj.)* ដែលសុភាពរាបសា del sopheap reab saa
**gentleman** *(n.)* សុភាពបុរស sopheap boros
**gentry** *(n.)* មនុស្សវណ្ណៈខ្ពង់ខ្ពស់ monuos vannak khpong khpuos
**genuine** *(adj.)* ពិតប្រាកដ pit brakod
**geographer** *(n.)* អ្នកភូមិសាស្ត្រ nak phoumasas
**geographical** *(adj.)* នៃភូមិសាស្ត្រ nei phoumasas
**geography** *(n.)* ភូមិសាស្ត្រ phoumasas
**geological** *(adj.)* នៃធរណីវិទ្យា nei thoroni vityear
**geologist** *(n.)* ធរណីវិទូ thoroni vitou
**geology** *(n.)* ធរណីវិទ្យា thoroni vityear
**geometrical** *(adj.)* នៃធរណីមាត្រ nei thoroni meat
**geometry** *(n.)* ធរណីមាត្រ thoroni meat
**geopolitical** *(adj.)* ភូមិសាស្ត្រនយោបាយ phoumasas niyobay
**geothermal** *(adj.)* នៃកំដៅក្នុងផែនដី nei kam dao knong phendei
**geranium** *(n.)* ដើមផ្កាពណ៌ក្រហម derm phkar por krohom
**germ** *(n.)* មេរោគ me rok
**germicide** *(n.)* ថ្នាំសម្លាប់មេរោគ thnam samlab me rok
**germin** *(n.)* ក្រុមប្រគេអ៊ិន krom brau te in

**germinate** *(v.)* ចាប់ដុះឡើង chab doh lerng
**germination** *(n.)* ការបណ្ដុះ kar bondoh
**gerund** *(n.)* នាមសព្ទដែលបំបែកពីកិរិយាសព្ទ neam sap del bambek pi keriyasap
**gesture** *(n.)* កាយវិការ kay vikar
**get** *(v.)* ទទួលបាន tor tuol ban
**geyser** *(n.)* ទឹកក្ដៅផុសពីដី teuk kdao phos pi dei
**ghastly** *(adj.)* ដែលគួរឱ្យរន្ធត់ del kuor ronthot
**ghetto** *(n.)* តំបន់អ្នកទីទ័លក្រសំុនៅ dombon nak titol kror ruos nov
**ghost** *(n.)* ខ្មោច khmaoch
**ghost town** *(n.)* ទីក្រុងខ្មោច tikrong khmaoch
**ghostwriter** *(n.)* អ្នកសរសេរសៀវភៅឱ្យគេ nak sor se sievphov oy ke
**ghoul** *(n.)* ប្រែតសីុសាកសព braet si sak sob
**ghoulish** *(adj.)* ដែលដូចប្រែតសីុសាកសព del douch braet si sak sob
**giant** *(n.)* យក្ស yak
**giantess** *(n.)* យក្ខិនី yak khe nei
**gib** *(n.)* ឆ្មាឈ្មោល chhmar chhmoal
**gib** *(v.)* ធ្វើដូចឆ្មា tveu doch chhmar
**gibber** *(n.)* ការនិយាយញ្ចាប់ស្ដាប់មិនបាន kar niyeay nhoab sdab min ban
**gibber** *(v.)* និយាយញ្ចាប់ស្ដាប់មិនបាន niyeay nhoab sdab min ban
**gibberish** *(n.)* ភាសាស្ដាប់មិនបាន pheasa sdab min ban
**gibberish** *(adj.)* នៃភាសាស្ដាប់មិនបាន nei pheasa sdab min ban
**gibbon** *(n.)* សត្វទោច sat touch
**gibe** *(v.)* ចំអកលេង chom ork leng
**gibe** *(n.)* ការចំអកលេង kar chom ork leng
**giddy** *(adj.)* ដែលវិលមុខ del vil moukh
**gift** *(n.)* អំណោយ om noay
**gift** *(v.)* ផ្ដល់អំណោយ phdol om naoy
**gifted** *(adj.)* ដែលមានទេពកោសល្យ del mean teb koa sol
**giftwrap** *(v.)* ខ្ចប់អំណោយ khchob om noay
**gig** *(n.)* របេះសេះមានដំបូល roteh seh mean dambaul

**gig** *(v.)* លេងតន្ត្រីទីសាធារណៈ leng dontrei ti sathearanak
**gigabit** *(n.)* gigabit gigabit
**gigabyte** *(n.)* ជីហ្គាបៃ chi ka bai
**gigantic** *(adj.)* មហិមា mo hek mea
**giggle** *(v.)* សើចតិចៗ serch tich tich
**gild** *(v.)* ស្រោបមាស srob meas
**gilt** *(adj.)* ដែលស្រោបមាស del srob meas
**gimmick** *(n.)* ល្បិច labech
**gimmick** *(v.)* ប្រើមុខងាររបស់នេះ brer mouk ngea bonthaem
**gimmickry** *(n.)* ការប្រើល្បិច kar brer labech
**gimp** *(n.)* ដំណើរខ្ជើចៗ domner khcherch khcherch
**gimp** *(v.)* ដើរខ្ជើចៗ der khcherch khcherch
**gimp** *(adj.)* ដែលដើរខ្ជើចៗ del der khcherch khcherch
**gin** *(n.)* ស្រាសម្យ៉ាង sra sor myang
**ginger** *(adj.)* ដែលមានរសជាតិខ្ញី del mean ros cheat khnhei
**ginger** *(n.)* ខ្ញី khnhei
**ginger ale** *(n.)* គេសជ្ជៈមានរសជាតិខ្ញី phesacheak mean ros cheat khnhei
**gingerbread** *(n.)* នំខ្ញី nom khnhei
**giraffe** *(n.)* សត្វកវែង satt kor veng
**gird** *(v.)* ក្រវាត់ kravat
**girder** *(n.)* ធ្នឹមដែក thneum daek
**girdle** *(n.)* ខ្សែក្រវាត់ចង្កេះ khsae kror vat chong keh
**girdle** *(v.)* ពទ្ធជុំវិញ poth chomvinh
**girl** *(n.)* ក្មេងស្រី kmeng srei
**girlish** *(adj.)* ដែលដូចក្មេងស្រី del doch kmeng srei
**gist** *(n.)* ខ្លឹមសារ khleum sa
**give** *(v.)* ផ្ដល់ឱ្យ phdol oy
**gizmo** *(n.)* ឧបករណ៍ប្រើសម្រាប់ការងារដាក់លាក់ ubpakor brer somrab kar ngea cheakleak
**glacier** *(n.)* ផ្ទាំងទឹកកក phtang teuk kok
**glad** *(adj.)* រីករាយ rik reay
**gladden** *(v.)* ធ្វើឱ្យរីករាយ tveu oy rik reay
**glade** *(n.)* ព្រៃល្បោះ prei laboh

**gladiator** (n.) អ្នកប្រយុទ្ធក្នុងនាដកីឡា nak brayout knong nead keila
**gladiatorial** (adj.) នៃអ្នកប្រយុទ្ធក្នុងនាដកីឡា nei nak brayout knong nead keila
**gladly** (adv.) ដោយវិកយាយ daoy rik reay
**glam** (adj.) ដែលចាំងភ្នែក del chang phnek
**glam** (n.) ភាពចាំងភ្នែក pheap chang phnek
**glamour** (n.) ភាពអស្ចារ្យ pheap oschar
**glance** (n.) ការក្រឡេកមើល kar kralek meul
**glance** (v.) ក្រឡេកមើល kralek meul
**gland** (n.) ក្រពេញ kro penh
**glare** (n.) ការសម្លក់ kar som lork
**glare** (v.) សម្លក់ som lork
**glass** (n.) កែវ kev
**glasses** (n.) វែនតា vaen ta
**glasshouse** (n.) ផ្ទះកញ្ចក់ phteah kanhchork
**glassify** (v.) ធ្វើទៅជាកញ្ចក់ tveu tov chea kanhchork
**glassmaker** (n.) អ្នកផលិតកែវ nak pholit kev
**glaucoma** (n.) ជំងឺដក់ទឹកក្នុងភ្នែក chomngeu dok teuk knong phnek
**glaze** (v.) ដាក់កញ្ចក់ dak kanhchork
**glaze** (n.) ថ្នាំលាបអោយរលោង thnam leab oy rolorng
**glazier** (n.) ជាងកញ្ចក់ cheang kanhchork
**gleam** (n.) ពន្លឺចាំង ponleu chang
**gleam** (v.) បញ្ចេញពន្លឺ bonh chhenh ponleu
**gleaming** (adj.) ដែលភ្លឺតិចៗ del pleu tich tich
**glee** (n.) សេចក្ដីវិកយាយជាខ្លាំង sechkdei rik reay chea khlang
**gleeful** (adj.) ដែលវិកយាយ del rik reay
**gleefully** (adv.) យ៉ាងសប្បាយវិកយាយ yang sabbay rik reay
**glide** (n.) ការហោះសំកាំង kar hoah somkang
**glide** (v.) ហោះសំកាំង hoah somkang
**glider** (n.) យានសំកាំងឥតម៉ាស៊ីន yean somkang ot masin
**glimmer** (n.) ពន្លឺចែងចាំង ponleu cheng chang
**glimmer** (v.) ភ្លឺចែងចាំង pleu cheng chang
**glimpse** (n.) ការមើលមួយភ្លែត kar meul mouy plet

**glitch** (n.) ដំណើរការខុសប្រក្រតីជាបណ្ដោះអាសន្ន damner kar khos brokrodei chea bondoh ason
**glitch** (v.) ធ្វើការខុសប្រក្រតីជាបណ្ដោះអាសន្ន tveu kar khos brokrodei chea bondoh ason
**glitter** (v.) ភ្លឺផ្លេកៗ pleu phlek phlek
**glitter** (n.) ពន្លឺព្រាចៗ ponleu preach preach
**gloat** (v.) ត្រេកអរលើតនរទុក្ខអ្នកដទៃ trek or leu komnor tukh nak dor tei
**gloat** (n.) ភាពសប្បាយលើតនរទុក្ខអ្នកដទៃ pheap sabbay leu komnor tukh nak dor tei
**gloatingly** (adv.) យ៉ាងសប្បាយលើតនរទុក្ខអ្នកដទៃ yang sabbay leu komnor tukh nak dor tei
**global** (adj.) សកល sakol
**global warming** (n.) ការឡើងកំដៅភពផែនដី kar lerng kam dao phoup phendei
**globally** (adv.) នៅទូទាំងពិភពលោក nov tou teang piphop lok
**globe** (n.) សកលលោក sakol lok
**globetrotter** (n.) អ្នកធ្វើដំណើរជុំវិញពិភពលោក nak thveu domner choumvinh piphop lok
**gloom** (n.) ភាពអប់អួរ pheap ab uor
**gloomy** (adj.) អប់អួរ ab uor
**glorification** (n.) ការលើកតម្កើង kar leuk domkeung
**glorify** (v.) លើកតម្កើង leuk domkeung
**glorious** (adj.) រុងរឿង roung rueng
**glory** (n.) សិរីរុងរឿង seri roung rueng
**gloss** (n.) ភាពរលោង pheap ro loung
**glossary** (n.) សទ្ទានុក្រម sattea noukrom
**glossy** (adj.) រលោង ro loung
**glove** (n.) ស្រោមដៃ sroam dai
**glovebox** (n.) ប្រអប់ដាក់ស្រោមដៃ bro ob dak sroam dai
**glow** (v.) បញ្ចេញពន្លឺ bonhchenh ponleu
**glow** (n.) ពន្លឺ ponleu
**glucose** (n.) គ្លុយកូស klouy kaus
**glue** (n.) កាវបិទ kav bet
**glue** (v.) បិទការ bet kav
**glue stick** (n.) កាវបំពង់ kav bompong

**glut** *(n.)* ចំនួនលើស chom nuon leus
**glut** *(v.)* ធ្វើឱ្យលើសចំនួន tveu oy leus chom nuon
**gluten-free** *(adj.)* គ្មានជាតិម្សៅស្អិត kmean cheat masao sa'et
**glutton** *(n.)* មនុស្សលោភស៊ី mnous lamoph shi
**gluttony** *(n.)* ការបរិភោគច្រើនហួសប្រមាណ kar boriphok chrern huos braman
**glycerine** *(n.)* គ្លីសេរីន kli se rin
**gnarl** *(n.)* ភ្នែកឈើ phnek chheu
**gnarl** *(v.)* មូលចង muorl chorng
**gnaw** *(v.)* កកេរ kor ke
**gnome** *(n.)* ទេព្រឹក្ស tep preak
**go** *(v.)* ទៅ tov
**goad** *(n.)* ជន្លួញ chon lounh
**goad** *(v.)* ចាក់រុក chak ruok
**goal** *(n.)* គោលដៅ kol dao
**goalkeeper** *(n.)* អ្នកចាំទី nak cham ti
**goalpost** *(n.)* បង្គោលទីបាល់ទាត់ bongkoal ti bal toat
**goalscoring** *(n.)* ការរកគ្រាប់បាល់ kar rok kroab bal
**goanna** *(n.)* សត្វបង្កួយធំ satt bongkuoy thom
**goat** *(n.)* ពពែ por pae
**gobble** *(n.)* សម្រែកមាន់បារាំង somrek moan barang
**gobble** *(v.)* លេប leb
**goblet** *(n.)* កែវមានជើង kev mean cheurng
**god** *(n.)* ព្រះ preah
**goddess** *(n.)* ទេពធីតា teb thida
**godfather** *(n.)* ឪពុកធម៌ auv puk thor
**godhead** *(n.)* អាទិទេព ah ti teb
**godly** *(adj.)* ដែលបរិសុទ្ធ del bori sot
**godown** *(n.)* ឃ្លាំង khlarng
**godsend** *(n.)* លាភ leap
**goggles** *(n.)* វ៉ែនតាហែលទឹក venta hel teuk
**gold** *(n.)* មាស meas
**golden** *(adj.)* ដែលមានពណ៌មាស del mean por meas
**goldsmith** *(n.)* ជាងមាស cheang meas
**golf** *(n.)* វាយកូនហ្គោល veay koun goal
**golf cart** *(n.)* រទេះវាយកូនហ្គោល roteh veay koun goal
**golf course** *(n.)* ទីលានវាយកូនហ្គោល tilean veay koun goal
**gonads** *(n.)* សរីរាង្គបន្តពូជ serei reang bontor puoch
**gondola** *(n.)* ទូកចែវ tuok chev
**gong** *(n.)* ឃ្មោះ khmoah
**goo** *(n.)* អង្គធាតុសើមស្អិត ong theat serm sa'et
**good** *(adj.)* ល្អ laor
**good** *(n.)* ទំនិញ tom ninh
**good-bye** *(interj.)* លាហើយ lea hery
**goodness** *(n.)* ភាពល្អ pheap laor
**goodwill** *(n.)* សុច្ឆន្ទ: so chhaantak
**goof** *(v.)* ធ្វើឱ្យខូចការ tveu oy kouch kar
**goof** *(n.)* មនុស្សឡប់ monuos lob
**goofy** *(adj.)* ដែលឡប់ del lob
**google** *(v.)* រកពត៌មានក្នុងហ្គោហ្គោល rok por romean knung google
**gooney** *(n.)* មនុស្សល្ងីល្ងើ monuos la ngi la ngeu
**goose** *(n.)* ក្ងាន ka ngarn
**gooseberry** *(n.)* ផ្លែកន្ទួតព្រៃ phlae kontuot prei
**gore** *(n.)* ឈាមកក chheam kork
**gore** *(v.)* ធ្វើឱ្យរបួស tveu oy robuos
**gorge** *(n.)* ជ្រលងភ្នំ chrolong phnom
**gorge** *(v.)* ស៊ីចាក់ប្រាស shi chak chras
**gorgeous** *(adj.)* ស្រស់ស្អាត sros saart
**gorilla** *(n.)* ហ្គោរីឡា gorila
**gospel** *(n.)* សិក្ខាបទនៃព្រះយេស៊ូ sekkhabot nei preah yesu
**gossip** *(n.)* ការនិយាយដើមគេ kar niyeay derm ke
**gossip** *(v.)* និយាយដើមគេ niyeay derm ke
**gothic** *(adj.)* ដូចរចនាបទនៃអគារនៅក្នុងទ្វីបអឺរុបរវាងសតវត្សទី ១២ និង ១៦ dauch rachna bot nei akear nov knong tvib eurob roveang satavot ti 12 neung 16

**gothic** (n.) រចនាបទនៃអគារនៅក្នុងទ្វីបអឺរ៉ុបរវាង សតវត្សរ៍ទី ១២ និង ១៦ rachna bot nei akear nov knong tvib eurob roveang satavot ti 12 neung 16
**gouda** (n.)ឈីសហ្គោដា cheese gouda
**gourd** (n.) ឃ្លោក khlouk
**gout** (n.) ជំងឺខួរឆ្អឹងស្លាក់រ៉ាំរ៉ៃ chomngeu khauch sanlak ramrai
**govern** (v.) គ្រប់គ្រង krob krong
**governance** (n.) អភិបាលកិច្ច aphibal kech
**governess** (n.) ស្រ្តីបង្រៀនតាមផ្ទះ strei bongrien tam phteah
**government** (n.) រដ្ឋាភិបាល rodtha phibal
**governor** (n.) អភិបាល aphibal
**gown** (n.) រ៉ូប raub
**grab** (v.) ចាប់យក chab yok
**grace** (n.) ភាពសមរម្យ pheap somrom
**grace** (v.) លំអ lom or
**graceful** (adj.) ដែលសមសួន del som suon
**gracious** (adj.) ដែលសន្តោសប្រណី del sandos bronei
**gradation** (n.) លំដាប់ lom dab
**grade** (n.) ថ្នាក់ thnak
**grade** (v.) អោយពិន្ទុ oy pinthu
**gradual** (adj.) បន្តិចម្តង bontich mdong
**graduate** (v.) បញ្ចប់ការសិក្សា banhchob kar seksaa
**graduate** (n.) ការបញ្ចប់ការសិក្សា kar banhchob kar seksaa
**graduation ceremony** (n.) ពិធីបញ្ចប់ ការសិក្សា pithi banhchob kar seksaa
**graffiti** (v.) គំនូរតាមទីសាធារណៈ koum nu tam ti sathearanak
**graft** (n.) ខ្នែងបំបៅ khnaeng bombao
**graft** (v.) ផ្សំ phsam
**grain** (n.) គ្រាប់ធញ្ញជាតិ kroab thonh nho cheat
**grammar** (n.) វេយ្យាករណ៍ veyyeakor
**grammarian** (n.) អ្នកវេយ្យាករណ៍ nak veyyeakor
**gramme** (n.) ក្រាម kram
**gramophone** (n.) ម៉ាញេ ma nhe

**granary** (n.) ជង្រុក chung ruok
**grand** (adj.) ដែលសម្បើម del som berm
**grand finale** (n.) វគ្គចុងក្រោយដ៏អស្ចារ្យ vak chong kraoy dor oschar
**grandeur** (n.) អតិជនភាព ak pi chun pheap
**grant** (v.) ផ្តល់ phdol
**grant** (n.) ហិរញ្ញប្បទានឥតគសំណង heranh bobtean et somnong
**grape** (n.) ទំពាំងបាយជូរ tompeang baychour
**graph** (n.) ក្រាហ្វ graph
**graphic** (adj.) ក្រាហ្វិច kra hvech
**grapple** (n.) គ្រឿងសម្រាប់ផ្តក់ស្រង់ចេញពីទឹក krueng samrab thpok srong chenh pi teuk
**grapple** (v.) ឈ្លោះដណ្តើមគ្នា chluos don derm knea
**grasp** (v.) ចាប់យក chab yok
**grasp** (n.) ការចាប់កាន់ kar chab kan
**grass** (n.) ស្មៅ smao
**grassland** (n.) វាលស្មៅ veal smao
**grate** (n.) សូមថ្លែងអំណរគុណ saum thlengamnarkoun
**grate** (v.) កោស koas
**grateful** (adj.) ដែលដឹងគុណ del doeng kun
**grater** (n.) ប្រដាប់កោស brodab koas
**gratification** (n.) ការពេញចិត្ត kar penh chett
**gratis** (adv.) ដែលឥតគិតថ្លៃ del et kit thlai
**gratitude** (n.) ការដឹងគុណ kar doeng kun
**gratuity** (n.) ប្រាក់ទឹកតែ brak teuk tae
**grave** (n.) ផ្នូរ phnau
**grave** (adj.) ដែលធ្ងន់ធ្ងរ del thngon thngor
**gravitate** (v.) ស្រូបទាញ srob teanh
**gravitation** (n.) ទំនាញ tom neanh
**gravity** (n.) ទំនាញផែនដី tomneanh phendei
**graze** (v.) ស៊ីស្មៅ shi smao
**graze** (n.) ការរលាត់ស្បែក kar roloat sbek
**grease** (n.) ខ្លាញ់ klanh
**grease** (v.) លាបខ្លាញ់ leab klanh
**greasy** (adj.) ដែលមានខ្លាញ់រអើម del mean klanh ro oerm
**great** (adj.) អស្ចារ្យ oschar
**greed** (n.) ភាពលោភលន់ pheap loph lon

**greedy** (adj.) ដែលលោភលន់ del loph lon
**Greek** (n.) ជនជាតិក្រិក chon cheat krek
**Greek** (adj.) នៃភាសាក្រិក nei pheasa krek
**green** (adj.) ដែលមានពណ៌បៃតង del mean por baitong
**green** (n.) បៃតង baitong
**greenery** (n.) ទេសភាពពណ៌បៃតង tesapheap por baitong
**greenhouse** (n.) ផ្ទះកញ្ចក់ phteah kanhchok
**greet** (v.) ស្វាគមន៍ sva kom
**grenade** (n.) គ្រាប់បែកដៃ kroab bek dai
**grey** (adj.) ប្រផេះ brapheh
**grey market** (n.) ទីផ្សារក្រៅផ្លូវការ ti phsa krav phlouv kar
**greyhound** (n.) ឆ្កែប្រណាំង chhkae bronang
**grief** (n.) ទុក្ខព្រួយ toukkh pruoy
**grievance** (n.) បណ្ដឹងតវ៉ា bondoeung tor va
**grieve** (v.) កើតទុក្ខ kert toukh
**grievous** (adj.) សោកសៅ saok sao
**grim** (adj.) ដែលមានទឹកមុខក្រៀម del mean teuk mukh kriem
**grind** (v.) កិន ken
**grinder** (n.) ម៉ាស៊ីនកិន masin ken
**grip** (v.) ក្ដាប់ kdab
**grip** (n.) ការក្ដាប់ kar kdab
**groan** (v.) ថ្ងូរ thngou
**groan** (n.) ការថ្ងូរ kar thngou
**grocer** (n.) អ្នកលក់គ្រឿងទេស nak lok krueng tes
**grocery** (n.) គ្រឿងទេស krueng tes
**groom** (n.) កូនកំលោះ kaun kamloh
**groom** (v.) សំអិតសំអាង som et som arng
**groove** (n.) ចង្អូរ chang ou
**groove** (v.) ធ្វើចង្អូរ tveu chang ou
**grope** (v.) ស្ទាបរក steab rok
**gross** (n.) សរុប saroub
**gross** (adj.) ដែលសរុប del saroub
**grotesque** (adj.) ដែលអាក្រក់ del aakrok
**ground** (n.) ដី dei
**ground** (v.) មិនអោយហោះហើរ min oy hoah her

**ground attack** (n.) ការវាយប្រហារលើដី kar veay brohar leu dei
**ground clearance** (n.) កម្លាតពីបាតរថយន្តនិងដី komleat pi bat rothyon ning dei
**group** (n.) ក្រុម krom
**group** (v.) ចាត់ជាក្រុម chat chea krom
**grow** (v.) លូតលាស់ lout loas
**grower** (n.) អ្នកដាំ nak dam
**growl** (v.) គ្រហឹម kro heum
**growl** (n.) សូរគ្រហឹម sou kro heum
**growth** (n.) កំណើន kom nern
**grudge** (v.) ចងគំនុំ chong koum noum
**grudge** (n.) ការចងគំនុំ kar chong koum noum
**grumble** (v.) រអ៊ូរទាំ ro uo ro toam
**grunt** (n.) សម្រែកជ្រូក som raek chrouk
**grunt** (v.) បន្លឺសូរអ៊ើ bonleu sou oeus
**guarantee** (v.) ធានា theanea
**guarantee** (n.) ការធានា kar theanea
**guard** (v.) យាម yeam
**guard** (n.) អ្នកយាម nak yeam
**guardian** (n.) អាណាព្យាបាល ana pyea bal
**guava** (n.) ត្របែក tra baek
**guerilla** (n.) ទ័ពព្រៃ top prei
**guess** (v.) ទាយ teay
**guess** (n.) ការទាយ kar teay
**guest** (n.) ភ្ញៀវ phnhiev
**guest list** (n.) បញ្ជីភ្ញៀវ banhchi phnhiev
**guest room** (n.) បន្ទប់ភ្ញៀវ bontob phnhiev
**guidance** (n.) ការណែនាំ kar nae noam
**guide** (v.) ណែនាំ nae noam
**guide** (n.) មគ្គុទេសក៍ meak kak tes
**guideline** (n.) គោលការណ៍ណែនាំ koal kar nae noam
**guild** (n.) សមាគម sama kom
**guile** (n.) ឧបាយកល uk bay kol
**guilt** (n.) ពិរុទ្ធភាព piroutth pheap
**guilt-free** (adj.) គ្មានទោស kmean tos
**guilty** (adj.) មានកំហុស mean kamhos
**guise** (n.) រូបរាងខាងក្រៅ roub reang khang krao

**guitar** *(n.)* ហ្គីតា guitar
**gulf** *(n.)* ឈូងសមុទ្រ chhoung samot
**gull** *(n.)* រំពេសមុទ្រ rom pe samot
**gulp** *(n.)* ការលេបក្លៀក kar leb ka eurk
**gulp** *(v.)* លេបក្លៀក leb ka eurk
**gum** *(n.)* ស្ករកៅស៊ូ skor kao su
**gumboot** *(n.)* ស្បែកជើងកៅស៊ូ កវែង sbek cheurng kao su kor veng
**gun** *(n.)* កាំភ្លើង kam phleung
**gunpoint** *(n.)* ការគំរាមកំហែងបាញ់ kar kom ream kom haeng banh
**gust** *(n.)* សន្ទុះខ្យល់បក់ខ្លាំង santuos khyol bok khlang
**gutter** *(n.)* ទរ tor
**guttural** *(adj.)* នៃសំលេងដើមក nei somleng derm kor
**gymnasium** *(n.)* កន្លែងហាត់ប្រាណ kanlaeng hatt bran
**gymnast** *(n.)* អ្នកហាត់កាយសម្ព័ន្ធ nak hatt kay samponth
**gymnastic** *(adj.)* នៃកាយសម្ព័ន្ធ kay samponth
**gymnastics** *(n.)* កាយសម្ព័ន្ធ kay samponth

**habeas corpus** *(n.)* ដីកាឱ្យយកខ្លួនមកតុលាការ dei kar oy yok kluon mok tolakar
**habit** *(n.)* ទំលាប់ tom loab
**habitable** *(adj.)* ដែលអាចរស់នៅបាន del arch ros nov ban
**habitat** *(n.)* ជំរក chomrok
**habitation** *(n.)* ទីលំនៅ ti lom nov
**habituate** *(v.)* សមរបខ្លួន som rob kluon
**hack** *(v.)* លួចចូលយកទិន្នន័យ luoch choul yok tin naney
**hacker** *(n.)* ពួកចោរអ៊ីនធឺណែត puok choar internet

**haemoglobin** *(n.)* អេម៉ូក្លូប៊ីន e mau klau bin
**hag** *(n.)* ធ្មប់ thmob
**haggard** *(adj.)* ដែលហត់ស្លេកស្លាំង del hot slek slang
**haggle** *(v.)* ជជែកតថ្លៃ chor chek tor thlai
**hail** *(n.)* ភ្លៀងព្រិល pleang pril
**hail** *(v.)* ធ្លាក់ព្រិល thleak pril
**hailstorm** *(n.)* ព្យុះព្រិល pyouh pril
**hair** *(n.)* សក់ sok
**hairbrush** *(n.)* ក្រាស់សិតសក់ kras set sok
**hairdryer** *(n.)* ម៉ាស៊ីនផ្លុំសក់ masin phlom sok
**hale** *(adj.)* ដែលមាំមួន del moam muon
**half** *(n.)* ពាក់កណ្ដាល peak kondal
**half** *(adj.)* ដែលពាក់កណ្ដាល peak kondal
**half-day** *(n.)* កន្លះថ្ងៃ kanlah thngai
**half-hearted** *(adj.)* ដែលស្ទាក់ស្ទើរ del stak steu
**hall** *(n.)* សាល sal
**hallmark** *(n.)* ស្នាមត្រា snam tra
**hallow** *(v.)* ទុកជាវត្ថុសក្តិសិទ្ធ tuk chea vottho sak sett
**hallucination** *(n.)* ការរមើមមាយ kar mo meu mo meay
**halt** *(v.)* បញ្ឈប់ banhchhob
**halt** *(n.)* ការបញ្ឈប់ kar banhchhob
**halve** *(v.)* ចែកជាពាក់កណ្ដាល chek chea peak kondal
**hamlet** *(n.)* ភូមិតូច phoum tauch
**hammer** *(n.)* ញញួរ nhor nhuor
**hammer** *(v.)* ដំញញួរ dom nhor nhuor
**hand** *(n.)* ប្រអប់ដៃ bro ob dai
**hand** *(v.)* ប្រគល់ bro kol
**hand baggage** *(n.)* កាបូបយួរដៃ kar boub yuor dai
**hand lotion** *(n.)* ឡេលាបដៃ le leab dai
**hand luggage** *(n.)* វ៉ាលីយួរដៃ va li yuor dai
**handbill** *(n.)* ឃិតបណ្ណ khet bann
**handbook** *(n.)* សៀវភៅណែនាំ sievphov nae noam
**handbrake** *(n.)* ហ្វ្រាំងដៃ frang dai
**handcuff** *(n.)* ខ្នោះដៃ khnaoh dai
**handcuff** *(v.)* ដាក់ខ្នោះដៃ dak khnaoh dai

**handful** *(n.)* បញ្ញា banh ha
**handicap** *(n.)* ជនពិការ chun pikar
**handicap** *(v.)* បង្អាក់ bong ak
**handicraft** *(n.)* សិប្បកម្ម sebpakamm
**handiwork** *(n.)* ស្នាដៃធ្វើដោយដៃ snadai thveu doy dai
**handkerchief** *(n.)* កន្សែងដៃ kansaeng dai
**handle** *(n.)* ដៃកាន់ dai kan
**handle** *(v.)* ដោះស្រាយ daoh sray
**handsome** *(adj.)* សង្ហា sangha
**handy** *(adj.)* ដែលមានប្រយោជន៍ del mean broyoach
**hang** *(v.)* ព្យួរ pyuor
**hanker** *(v.)* ចង់បានខ្លាំង chong ban khlang
**haphazard** *(adj.)* ដែលគ្មានរបៀប del kmean robeab
**happen** *(v.)* កើតឡើង kert lerng
**happening** *(n.)* ហេតុចៃដន្យ haet chai don
**happiness** *(n.)* សុភមង្គល sopheak mongkol
**happy** *(adj.)* រីករាយ rik reay
**harass** *(v.)* បៀតបៀន biet bien
**harassment** *(n.)* ការបៀតបៀន kar biet bien
**harbour** *(n.)* កំពង់ផែ kampong phae
**harbour** *(v.)* ចូលផែ choul phae
**hard** *(adj.)* រឹង reung
**hard** *(adv.)* យ៉ាងយ៉ាប់យឺន yang yab yeun
**harden** *(v.)* ធ្វើឱ្យរឹង tveu oy reung
**hardihood** *(n.)* សេចក្តីក្លាហាន sechkdei khla harn
**hardly** *(adv.)* ស្មើរតែ steu tae
**hardship** *(n.)* ការលំបាក kar lombak
**hardware** *(n.)* ផ្នែករឹង phnek reung
**hard-working** *(adj.)* ដែលប្រឹងប្រែងធ្វើការងារ del broeng breng thveu kar ngea
**hardy** *(adj.)* ដែលអង់អាច del ang arch
**hare** *(n.)* ទន្សាយព្រៃ tonsay prei
**harm** *(n.)* ផលអាក្រក់ phol arkrok
**harm** *(v.)* ធ្វើទុក្ខទោស tveu tukh tuos
**harmful** *(adj.)* ដែលបង្កគ្រោះថ្នាក់ del bangkor kroh thnak
**harmless** *(adj.)* គ្មានការបង្កគ្រោះថ្នាក់ kmean kar bangkor kroh thnak

**harmonious** *(adj.)* ដែលចុះសម្រុងគ្នា del choh samroung knea
**harmonium** *(n.)* ឧបករណ៍ភ្លេងអាម៉ូនីយ៉ូម ubpakor pleng harmoniyoum
**harmony** *(n.)* ភាពសុខដុម pheap sokh dom
**harness** *(n.)* បង្ហៀរសេះ bong ear seh
**harness** *(v.)* បំពាក់បង្ហៀរ bompeak bong ear
**harp** *(n.)* ពិណ peun
**harsh** *(adj.)* ឃោរឃៅ khor khov
**harvest** *(n.)* ការប្រមូលផល kar bramoul phol
**harvest** *(v.)* ប្រមូលផល kar bramoul phol
**harvester** *(n.)* អ្នកច្រូត nak chraut
**haste** *(n.)* ការប្រញាប់ប្រញាល់ kar bra nhab bra nhal
**hasten** *(v.)* ប្រញាប់ bra nhab
**hasty** *(adj.)* ដែលប្រញាប់ del bra nhab
**hat** *(n.)* មួក muok
**hatch** *(n.)* ការញាស់ kar nhoas
**hatch** *(v.)* ញាស់ nhoas
**hatchet** *(n.)* ពូថៅដៃ pu thao dai
**hate** *(n.)* សេចក្តីស្អប់ sechkdei sa'ob
**hate** *(v.)* ស្អប់ sa'ob
**hat-trick** *(n.)* ការស៊ុតបាល់បញ្ចូលទីបីគ្រាប់ក្នុងមួយប្រកួត kar suot bal banhchoul ti bei kroab knong muoy brakuot
**haughty** *(adj.)* ក្រអឺតក្រទម kro eut kro toam
**haunt** *(v.)* លង loung
**haunt** *(n.)* កន្លែងជួបជុំ kong laeng choub chom
**have** *(v.)* មាន mean
**haven** *(n.)* ជម្រកសុវត្ថិភាព chomrok sovathipheap
**havoc** *(n.)* ចលាចល chol la chol
**hawk** *(n.)* ស្ទាំង stang
**hawker** *(n.)* អ្នកដើរពាយនាយលក់អីវ៉ាន់ nak der por peay neay luok ei vann
**hawthorn** *(n.)* ដើមឈើតូចម្យ៉ាងមានបន្លា derm chher touch myang mean bonla
**hay** *(n.)* ចំបើង chom berng
**hazard** *(n.)* គ្រោះថ្នាក់ kroh thnak
**hazard** *(v.)* ប្រថុយគ្រោះថ្នាក់ bro thoy kroh thnak

haze *(n.)* អ័ព្ទ ap
hazy *(adj.)* អាប់អួរ ab uor
he *(pron.)* គាត់ koat
head *(n.)* ក្បាល kbal
head *(v.)* ឆ្ពោះទៅ chpouh tov
headache *(n.)* ឈឺក្បាល chheu kbal
headband *(n.)* ប្រពាក់ក្បាល bou peak kbal
headlight *(n.)* ចង្កៀងមុខ changkieng moukh
headline *(n.)* ចំណងជើងការសែត chom nong cheung ka set
headlong *(adv.)* ដែលក្បាលទៅមុន del kbal tov mun
headquarter *(v.)* តាំងទីស្នាក់ការកណ្ដាល tang ti snakkar kondal
headstrong *(adj.)* ដែលចរចេស del chor ches
heal *(v.)* ជាសះស្បើយ chea saah sbery
health *(n.)* សុខភាព sokh pheap
healthy *(adj.)* មានសុខភាពល្អ mean sokhpheap laor
heap *(n.)* គំនរ koum nor
heap *(v.)* គរឡើង kor lerng
hear *(v.)* ឮ leu
hearsay *(n.)* ពាក្យចចាមអារ៉ាម peak chor cham aram
heart *(n.)* បេះដូង beh daung
heartbeat *(n.)* ចង្វាក់បេះដូង changvak beh daung
heartbreak *(n.)* ការខូចចិត្ត kar khauch chett
hearth *(n.)* ផ្នែកខាងក្រោមនៃឡ phnek khang krom nei lor
heartily *(adv.)* ដោយចិត្តរីករាយ daoy chet rik reay
heat *(n.)* កំដៅ kom dao
heat *(v.)* ដុតកំដៅ kot kom dao
heat-resistant *(adj.)* ធន់នឹងកំដៅ thun neung kam dao
heatstroke *(n.)* សន្លប់ដោយត្រូវកំដៅខ្លាំងពេក sonlob doy trov komdao klang pek
heave *(v.)* ទាញលើកឡើង teanh leuk lerng
heaven *(n.)* ស្ថានសួគ៌ sthan suor
heavenly *(adj.)* នៅស្ថានបរមសុខ nov sthan baromsokh

heavily *(adv.)* យ៉ាងធ្ងន់ខ្លាំង yang thgnon khlang
heavy *(adj.)* ធ្ងន់ thngon
hedge *(n.)* ការគាំពារ kar koam pear
hedge *(v.)* គាំពារ koam pear
heed *(v.)* យកចិត្តទុកដាក់នឹង yok chett touk dak neung
heed *(n.)* ការយកចិត្តទុកដាក់ kar yok chett touk dak
heel *(n.)* កែងជើង kaeng cheung
hefty *(adj.)* ដែលមាំធ្ងន់ del moam thngnon
height *(n.)* កម្ពស់ kampuos
heighten *(v.)* ធ្វើឱ្យខ្ពស់ឡើង tveu oy klang lerng
heinous *(adj.)* ដ៏សាហាវ dor sahav
heir *(n.)* អ្នកស្នងមរតក nak snong morodok
heiress *(n.)* ស្ត្រីអ្នកស្នងមរតក strei nak snong morodok
hell *(n.)* នរក norok
helm *(n.)* ដៃចង្កូតនាវា dai chong kout neavea
helmet *(n.)* មួកសុវត្ថិភាព muok sovatthepheap
help *(v.)* ជួយ chuoy
help *(n.)* ជំនួយ chom nuoy
helpful *(adj.)* ដែលចូលចិត្តជួយយកអាសារ del choul chett chuoy yok aasar
helpless *(adj.)* អស់សង្ឃឹម os sang kheum
helpmate *(n.)* អ្នកចាំជួយ nak cham chuoy
hemisphere *(n.)* អឌ្ឍគោល adthak koal
hemp *(n.)* រុក្ខជាតិកញ្ឆា rokhakcheat kanhchha
hen *(n.)* មេមាន់ me moan
hence *(adv.)* ដូចនេះ dauch nih
henceforth *(adv.)* ចាប់ពីពេលនេះតទៅ chab pi pel nih tor tov
henchman *(n.)* អ្នកជើងតាម nak cheu tam
henpeck *(v.)* រកឿងប្ដី *rok reung pdei*
her *(pron.)* នាង neang
her *(adj.)* នាង neang
herald *(n.)* សញ្ញា sanh nha
herald *(v.)* ឱ្យសញ្ញា oy sanh nha
herb *(n.)* ជី chi

**herculean** *(adj.)* ដែលមាំមួន del moam muon
**herd** *(n.)* ហ្វូង hvaung
**herdsman** *(n.)* អ្នកគង្វាលគោក្របី nak kongveal koa krobei
**here** *(adv.)* នៅទីនេះ nov ti nih
**hereabouts** *(adv.)* នៅម្ដុំនេះ nov mdom nih
**hereafter** *(n.)* បរលោក boro lok
**hereafter** *(adv.)* បន្ទាប់ពីនេះ bantoab pi nih
**hereditary** *(adj.)* នៃគំណពូជ nei dom nor puoch
**heredity** *(n.)* គំណពូជ dom nor puoch
**heritable** *(adj.)* ដែលអាចតពូជ del arch tor puoch
**heritage** *(n.)* បេតិកភណ្ឌ pe tek kak phon
**hermit** *(n.)* តស៊ី ei sei
**hermitage** *(n.)* អាស្រមតស៊ី ahsrom ei sei
**hernia** *(n.)* ជំងឺក្លន់លួន chom ngeu klon luon
**hero** *(n.)* វីរបុរស virak boros
**heroic** *(adj.)* ដែលមានភាពជាវីរបុរស del mean pheap chea virak boros
**heroine** *(n.)* វីរនារី virak nea ri
**heroism** *(n.)* ភាពជាវីរបុរស pheap chea virak boros
**herring** *(n.)* ត្រីហារុង trei harong
**hesitant** *(adj.)* ដែលស្ទាក់ស្ទើរ del stak steu
**hesitate** *(v.)* ស្ទាក់ស្ទើរ stak steu
**hesitation** *(n.)* ភាពស្ទាក់ស្ទើរ pheap stak steu
**hew** *(v.)* កាប់ឆ្កា kab chhkar
**heyday** *(n.)* ថ្ងៃជោគជ័យសប្បាយរីករាយជាទីបំផុត thngai chokchey sabbay rik reay chea ti bamphot
**hibernation** *(n.)* ការសម្ងំស្ងៀមក្នុងសីសីរដូវ kar som ngom sngeam knung se se rodouv
**hiccup** *(n.)* ត្អឹក ta erk
**hide** *(n.)* កន្លែងលាក់ខ្លួន konlaeng leak kluon
**hide** *(v.)* លាក់ leak
**hideous** *(adj.)* ដែលអាក្រក់ណាស់ del ahkrok nas
**hierarchy** *(n.)* ឋានានុក្រម thana nou krom
**high** *(adj.)* ខ្ពស់ khpuos

**higher education** *(n.)* ការអប់រំឧត្តមសិក្សា kar ob rom ukdom serk sa
**highlight** *(n.)* ផ្នែកសំខាន់ phnek somkhan
**highly** *(adv.)* យ៉ាងខ្ពស់ khpuos
**Highness** *(n.)* អង្គម្ចាស់ ang mchas
**highway** *(n.)* ផ្លូវហាយវេ phlauv hay ve
**hilarious** *(adj.)* គួរឱ្យអស់សំណើចណាស់ kuor oy os somnerch nas
**hilarity** *(n.)* សំណើចក្ដាកក្ដាយ somnerch ka ak ka ai
**hill** *(n.)* ទួល tuorl
**ដីទួល** *(n.)* ដីទួល dei tuorl
**him** *(pron.)* គាត់ koat
**hinder** *(v.)* រារាំង rea rang
**hindrance** *(n.)* ឧបសគ្គ ubpasak
**hint** *(n.)* ពាក្យប្រលយជាគន្លឹះ peak prolouy chea konleuh
**hint** *(v.)* ផ្ដល់ពាក្យប្រលយ phdol peak prolouy
**hip** *(n.)* ត្រគាក tro keak
**hire** *(n.)* ការជួល kar chuorl
**hire** *(v.)* ជួល chuol
**hireling** *(n.)* ជួល chuorl
**his** *(pron.)* របស់គាត់ robos koat
**hiss** *(n.)* សួរស៊ើៗ sou seu seu
**hiss** *(v.)* បន្លឺសួរស៊ើៗ robsa keat
**historian** *(n.)* ប្រវត្តិវិទូ bravott vitou
**historic** *(adj.)* ដែលសំខាន់ក្នុងប្រវត្តិសាស្ត្រ del somkhan knung bravottesas
**historical** *(adj.)* ជាប្រវត្តិសាស្ត្រ chea bravottesas
**history** *(n.)* ប្រវត្តិសាស្ត្រ bravottesas
**hit** *(n.)* ការពេញនិយម kar penh niyoum
**hit** *(v.)* បុក bok
**hitch** *(n.)* បញ្ហាបណ្ដោះអាសន្ន panh nha ha bondoh ason
**hither** *(adv.)* ទីនេះ ti nih
**hitherto** *(adv.)* ហូតមកដល់ពេលនេះ rohaut mok dol pel nih
**hive** *(n.)* សំបុក sombuk
**hoarse** *(adj.)* ស្អក sa'ork
**hoax** *(n.)* ការបោកបញ្ឆោត kar baok banhchhoat
**hoax** *(v.)* បោកបញ្ឆោត baok banhchhoat

**hobby** *(n.)* ចំណងចំណូលចិត្តពេលទំនេរ chamnong chamnaul chett pel tom ne
**hobbyhorse** *(n.)* ចំណងចំណូលចិត្ត chamnng chamnaulchett
**hobnob** *(v.)* និយាយសំណេះសំណាលជាមួយអ្នកមានហានៈខ្ពស់ niyeay somneh somnal chea muoy nak mean thanak khpuos
**hockey** *(n.)* កីឡាវាយកូនគោលលើទឹកកក keila veay kaun koal leu teuk kok
**hoist** *(v.)* លើកស្ទួច leuk stauch
**hold** *(n.)* ការកាន់ kar kan
**hold** *(v.)* កាន់ kan
**holdback** *(n.)* ការឆយក្រោយ kar thoay kroay
**hole** *(n.)* រន្ធ ronth
**hole** *(v.)* ចោះរន្ធ choah ronth
**holiday** *(n.)* ថ្ងៃឈប់សម្រាក thngai chhob somrak
**hollow** *(n.)* ប្រហោង bro haong
**hollow** *(adj.)* ដែលប្រហោង del bro haong
**hollow** *(v.)* ចោះប្រហោង choah bro haong
**holocaust** *(n.)* ហាយនភាព hayonakpheap
**holograph** *(n.)* អត្ថបទសរសេរដោយដៃអ្នកនិពន្ធផ្ទាល់ atthabot sor se doy dai nak niponth phtol
**holy** *(adj.)* ដែលពិសិដ្ឋ del piseth
**homage** *(n.)* ការគោរព kar korop
**home** *(n.)* ផ្ទះ phtah
**home-made** *(adj.)* ធ្វើនៅផ្ទះ thveu nov phtah
**homeopath** *(n.)* ពេទ្យព្យាបាលរោគ pet pyeabal rok
**homeopathy** *(n.)* ការព្យាបាលបន្ថែមដែលអ្នកជំងឺត្រូវបានព្យាបាលដោយថ្នាំធម្មជាតិកម្រិតកិចតូច kar pyeabal banthaem del nak chomngeu trauv ban pyeabal doy thnam thommocheat kamrit tech tuoch
**homesick** *(adj.)* នឹកផ្ទះ neuk phtah
**homicide** *(n.)* មនុស្សឃាត monuos kheat
**homogeneous** *(adj.)* ដែលដូចគ្នា del dauch knea
**honest** *(adj.)* ស្មោះត្រង់ smaoh trong
**honesty** *(n.)* ភាពស្មោះត្រង់ pheap smaoh trong

**honey** *(n.)* ទឹកឃ្មុំ teuk khmoum
**honeycomb** *(n.)* ផ្លែតឃ្មុំ phlett khmoum
**honeymoon** *(n.)* ក្រេបទឹកឃ្មុំ kreb teuk khmoum
**honorarium** *(n.)* ប្រាក់សគុណ brak sor kun
**honorary** *(adj.)* ជាកិត្តិយស chea ket te yuos
**honour** *(n.)* កិត្តិយស ket te yuos
**honour** *(v.)* ផ្ដល់កិត្តិយស phdol ket te yuos
**honourable** *(adj.)* ដែលមានកិត្តិយស del mean ket te yuos
**hood** *(n.)* គម្របក្បាល kom rob kbal
**hoodwink** *(v.)* បំភាន់ភ្នែក bom poan pnek
**hoof** *(n.)* ក្រចក (សេះ គោ) kro chork (seh ko)
**hook** *(n.)* ទំពក់ tompuk
**hooligan** *(n.)* ក្មេងពាល kmeng peal
**hoot** *(n.)* ស្ងូរទីទុយយំ so ti tuy yom
**hoot** *(v.)* យំ (ទីទុយ) yom (ti tuy)
**hop** *(v.)* លោត loat
**hop** *(n.)* ការលោត kar loat
**hope** *(v.)* សង្ឃឹម sang kheum
**hope** *(n.)* ក្ដីសង្ឃឹម kdei sang kheum
**hopeful** *(adj.)* ដែលមានសង្ឃឹម del mean sang kheum
**hopeless** *(adj.)* អស់សង្ឃឹម os sang kheum
**horde** *(n.)* ហ្វូងមនុស្ស faung monuos
**horizon** *(n.)* ជើងមេឃ cheung mekh
**horn** *(n.)* ស្នែង snaeng
**hornet** *(n.)* ឪម៉ាល់ auv mal
**horrible** *(adj.)* គួរឱ្យរន្ធត់ kuor oy ronthot
**horrify** *(v.)* រន្ធត់ ronthot
**horror** *(n.)* ភាពភ័យរន្ធត់ pheap phey ronthot
**horse** *(n.)* សេះ seh
**horseshoe** *(n.)* ទ្រនាប់ជើងសេះ tro noab cheurng seh
**horticulture** *(n.)* សាករព្យកម្ម sakvabbakamm
**hose** *(n.)* ទុយោ tou yo
**hosiery** *(n.)* ស្រោមជើងវែង sroam cheurng veng
**hospitable** *(adj.)* ដែលរាក់ទាក់ del rak teak
**hospital** *(n.)* មន្ទីរពេទ្យ mon ti pet

**hospitality** (n.) បដិសណ្ឋារកិច្ច bak de sonthar kech
**host** (n.) ម្ចាស់ផ្ទះ mchas phtah
**hostage** (n.) ចំណាប់ខ្មាំង chamnab khmang
**hostel** (n.) ផ្ទះសំណាក់ phtah somnak
**hostile** (adj.) ដែលជាសត្រូវ del chea sat trauv
**hostility** (n.) ភាពប្រទូសរាយ pheap brotuos ray
**hot** (adj.) ក្ដៅ kdao
**hotchpotch** (n.) ការលាយបញ្ចូលគ្នា kar leay banhchoul knea
**hotel** (n.) សណ្ឋាគារ sonthakear
**hound** (n.) ឆ្កែប្រមាញ់ chhkae bro manh
**hour** (n.) ម៉ោង moang
**house** (n.) ផ្ទះ phtah
**house** (v.) ផ្ដល់ជម្រក phdol chrork
**household** (n.) គ្រួសារ kruor sar
**how** (adv.) ដូចម្ដេច dauch mdech
**however** (adv.) ក្នុងករណីណាក៏ដោយ knung kakroney na kor doy
**however** (conj.) ទោះយ៉ាងណាក៏ដោយ toh yang na kor doy
**howl** (v.) លូ lu
**howl** (n.) សំឡេងលូ somleng lu
**hub** (n.) មជ្ឈមណ្ឌល machhak mondul
**hubbub** (n.) សូររញ៉េរញ៉ៃ so ro nhe ro nhai
**huge** (adj.) ធំផំ dor thom
**hum** (v.) បញ្ចេញសូរហ៊ឹម bonh chenh so roheum
**hum** (n.) សូរហ៊ឹម so roheum
**human** (adj.) ជាមនុស្ស chea monuos
**humane** (adj.) នៃមនុស្សជាតិ nei monuos cheat
**humanitarian** (adj.) នៃមនុស្សធម៌ nei monuos thor
**humanity** (n.) មនុស្សជាតិ monuos cheat
**humanize** (v.) ក្លាយជាមនុស្ស khlay chea monuos
**humble** (adj.) ដែលដាក់ខ្លួន del dak khluon
**humdrum** (adj.) ដែលគួរឱ្យធុញទ្រាន់ del kuor oy thunh troan
**humid** (adj.) សើម serm
**humidity** (n.) សំណើម som nerm

**humiliate** (v.) ធ្វើឱ្យអាម៉ាស់មុខ thveu oy amas moukh
**humiliation** (n.) ភាពអាម៉ាស់ pheap amas
**humility** (n.) ការបន្ទាបខ្លួន kar banteab khluon
**humorist** (n.) អ្នកនិពន្ធដែលកំប្លែង nak niponth del kom plaeng
**humorous** (adj.) ដែលកំប្លែង del kom plaeng
**humour** (n.) ការកំប្លែង kar kom plaeng
**hunch** (n.) ប្រផ្នូល bro phnoul
**hundred** (n.) មួយរយ muoy roy
**hunger** (n.) ភាពអត់ឃ្លាន pheap ot khlean
**hungry** (adj.) ឃ្លាន khlean
**hunt** (v.) បរបាញ់ bor banh
**hunt** (n.) ការបរបាញ់ kar bor banh
**hunter** (n.) អ្នកប្រមាញ់ nak bro manh
**hurdle** (v.) ផ្លោះ phloah
**hurdle** (n.) ឧបសគ្គ ubpasakk
**hurl** (v.) គប់ kub
**hurrah** (interj.) ជយោ ! chey yor!
**hurricane** (n.) ខ្យល់ព្យុះ khyol pyouh
**hurry** (v.) ប្រញាប់ bro nhab
**hurry** (n.) ការធ្វើដោយប្រញាប់ kar tveu doy bro nhab
**hurt** (v.) ឈឺចាប់ chheu chab
**hurt** (n.) ការឈឺចាប់ kar chheu chab
**husband** (n.) ប្ដី bdei
**husbandry** (n.) ការចិញ្ចឹមសត្វ kar chenh cheum sat
**hush** (n.) ភាពស្ងៀមស្ងាត់ pheap sngeam sngat
**hush** (v.) ធ្វើឱ្យស្ងាត់ tveu oy sngat
**husk** (n.) អង្កាម angkam
**husky** (adj.) ស្អក sa'ork
**hustle** (v.) រុលប្រជ្រៀត rul bro chreat
**hut** (n.) ខ្ទម khtoam
**hyaena** (n.) ថនិកសត្វអាហ្វ្រិកដែលមានលក្ខណៈដូចឆ្កែ thanikasat afrik del mean lakkhanak dauch chhkae
**hybrid** (adj.) ដែលជាកូនកាត់ del chea kaunkat
**hybrid** (n.) កូនកាត់ kaun kat

**hydrogen** *(n.)* អ៊ីដ្រូសែន e drau zen
**hygiene** *(n.)* អនាម័យ anamai
**hygienic** *(adj.)* ដែលមានអនាម័យ del mean anamai
**hymn** *(n.)* ចម្រៀងថ្វាយអាទិទេព chomrieng thvay aatiteb
**hyperbole** *(n.)* ការបំផ្លើស kar bomplers
**hypnotism** *(n.)* ការសណ្តំ kar sondom
**hypnotize** *(v.)* សណ្តំ sondom
**hypocrisy** *(n.)* ការធ្វើខុសពីសំដី kar tveu khous pi somdei
**hypocrite** *(n.)* មនុស្សលាក់ពុត monous leak put
**hypocritical** *(adj.)* ដែលលាក់ពុត del lak put
**hypothesis** *(n.)* សម្មតិកម្ម sammat te kamm
**hypothetical** *(adj.)* ដែលជាសម្មតិកម្ម del chea sammat te kamm
**hysteria** *(n.)* រោគសរសៃប្រសាទ rok sor sai bro sat
**hysterical** *(adj.)* ដែលរំជួលចិត្តខ្លាំង del rom chuol chet khlang

**I** *(pron.)* ខ្ញុំ khnhom
**iambic** *(adj.)* នៃអត្ថបទកំណាព្យ nei atthabot komnab
**ice** *(v.)* ធ្វើឱ្យកក tveu oy kok
**ice** *(n.)* ទឹកកក teuk kok
**ice bucket** *(n.)* ធុងទឹកកក thoung teuk kok
**ice cream** *(n.)* ការ៉េម ka rem
**iceberg** *(n.)* ផ្ទាំងទឹកកកអណ្តែត phtang teuk kok ondet
**iceblock** *(n.)* ដុំទឹកកក dom teuk kok
**icebreaker** *(n.)* កប៉ាល់ឆ្លងកាត់ទឹកកក kakpal chlorng kat teuk kok
**icecap** *(n.)* ផ្ទាំងទឹកកក phtang teuk kok
**ice-cold** *(adj.)* ដែលត្រជាក់ដូចទឹកកក del trocheak doch teuk kok

**iced** *(adj.)* ដែលមានទឹកកក ដែលមានទឹកកក
**icicle** *(n.)* ទឹកកកដែលកកជាប់អ្វីមួយ teuk kok del kok choab avey muoy
**icon** *(n.)* រូបតំណាង roub damnang
**iconic** *(adj.)* នៃរូបតំណាង nei roub damnang
**iconoclastic** *(adj.)*
នៃជំនឿសង្គមលើសារសំខាន់នៃការបំផ្លាញរូបតំណាង nei chomnue sangkom leu saraksomkhan nei kar bamphlanh roub damnang
**icy** *(adj.)* ដែលមានទឹកកក ដែលមានទឹកកក
**idea** *(n.)* គំនិត koum nit
**ideal** *(adj.)* ល្អបំផុត laor bamphot
**ideal** *(n.)* ភាពល្អបំផុត pheap laor bamphot
**idealism** *(n.)* ឧត្តមភាព udom ka te
**idealist** *(n.)* ជនប្រកបដោយឧត្តមភាព chun brokob doy ukdom pheap
**idealistic** *(adj.)* នៃឧត្តមភាព nei ukdom pheap
**idealize** *(v.)* គិតថាប្រកបដោយឧត្តមភាព kit tha bro kob doy ukdom pheap
**ideate** *(v.)* បង្កើតគំនិត bongkert kom nit
**identical** *(adj.)* ដូចគ្នា dauch knea
**identification** *(n.)* អត្តសញ្ញាណកម្ម attak sanh nhan kamm
**identify** *(v.)* កំណត់អត្តសញ្ញាណ kam not attak sanh nhan
**identity** *(n.)* អត្តសញ្ញាណ attak sanh nhan
**identity card** *(n.)* អត្តសញ្ញាណបណ្ណ attak sanh nhan bann
**idiocy** *(n.)* ភាពភ្លើ pheap pleu
**idiom** *(n.)* គ្រឿងមភាសា kriem pear sa
**idiomatic** *(adj.)* នៃគ្រឿងមភាសា nei kriem pear sa
**idiot** *(n.)* មនុស្សល្ងង់ monous lngong
**idiotic** *(adj.)* ល្ងង់ lngong
**idle** *(adj.)* ខ្ជិល khjel
**idleness** *(n.)* ភាពខ្ជិល pheap khjel
**idler** *(n.)* មនុស្សខ្ជិលប្រអូស monuos khjel chro ous

**idol** *(n.)* បុគ្គលដែលខ្លួនពេញចិត្ត bokol del khluon penh chet
**idolater** *(n.)* អ្នកគាំទ្រផ្ដាប់មុខ nak koam tro phkab moukh
**if** *(conj.)* ប្រសិនបើ brasen ber
**igloo** *(n.)* ផ្ទះធ្វើពីទឹកកក phtah tveu pi teuk kok
**ignite** *(v.)* បញ្ឆេះ banh chheh
**ignition** *(n.)* ការបញ្ឆេះ kar banh chheh
**ignoble** *(adj.)* ដែលថោកទាប del thoak teab
**ignorance** *(n.)* ភាពល្ងង់ខ្លៅ pheap lngong khlao
**ignorant** *(adj.)* ល្ងង់ខ្លៅ lngong khlao
**ignore** *(v.)* មិនអើពើ min er peu
**ill** *(adj.)* ឈឺ chheu
**ill** *(adv.)* យ៉ាងអាក្រក់ yang ahkrok
**illegal** *(adj.)* ខុសច្បាប់ khos chhbab
**illegibility** *(n.)* ភាពអានមិនដាច់ pheap arn min dach
**illegible** *(adj.)* ដែលអានមិនដាច់ del arn min dach
**illegitimate** *(adj.)* ខុសច្បាប់ khos chhbab
**illicit** *(adj.)* ខុសច្បាប់សីលធម៌ khos chhbab sila thor
**illiteracy** *(n.)* អនក្ខរភាព anakkharak pheap
**illiterate** *(adj.)* ដែលមិនចេះអក្សរ del min cheh aksor
**illness** *(n.)* ជំងឺ chom ngeu
**illogical** *(adj.)* មិនសមហេតុផល min sam het phol
**ill-treat** *(v.)* ធ្វើបាប thveu bab
**illuminate** *(v.)* បំភ្លឺ bam phleu
**illumination** *(n.)* ការបំភ្លឺ kar bamphleu
**illusion** *(n.)* ការបំភាន់ kar bam phoan
**illustrate** *(v.)* បង្ហាញដោយប្រើរូបភាព bonhanh doy brer roub pheap
**illustration** *(n.)* រូបភាពសម្រាប់ពន្យល់ roub pheap somrab ponyol
**image** *(n.)* រូបភាព roub pheap
**imagery** *(n.)* ភាសាពិណ៌នា pea sa pi por ra nea
**imaginary** *(adj.)* ដែលមានតែក្នុងមនោគតិ del mean tae knung mono ka te

**imagination** *(n.)* ការស្រមើលស្រមៃ kar sro merl sramai
**imaginative** *(adj.)* ដែលស្រមើលស្រមៃ del sro merl sramai
**imagine** *(v.)* ស្រមៃ sramai
**imbalance** *(n.)* អតុល្យភាព atolyak pheap
**imitate** *(v.)* ធ្វើត្រាប់តាម thveu trab tam
**imitation** *(n.)* ការធ្វើត្រាប់តាម kar thveu trab tam
**imitator** *(n.)* អ្នកធ្វើត្រាប់តាម nak thveu trab tam
**immaterial** *(adj.)* ដែលឥតសំខាន់ del et somkhan
**immature** *(adj.)* ដែលមិនចាស់ទុំ del min chas tom
**immaturity** *(n.)* ភាពមិនចាស់ទុំ pheap min chas tom
**immeasurable** *(adj.)* មិនអាចវាស់វែងបាន min ach voas veng ban
**immediate** *(adj.)* ជាបន្ទាន់ chea bantoan
**immemorial** *(adj.)* ដែលយូរយារ del you year
**immense** *(adj.)* ធំធេង thom theng
**immensity** *(n.)* ភាពធំមហិមា pheap thom mohemear
**immerse** *(v.)* ជ្រមុជ chro muoch
**immersion** *(n.)* ការជ្រមុជទឹក kar chro muoch teuk
**immigrant** *(n.)* ជនអន្តោប្រវេសន៍ chun anto bra ves
**immigrate** *(v.)* ធ្វើអន្តោប្រវេសន៍ tveu anto bra ves
**immigration** *(n.)* អន្តោប្រវេសន៍ anto bra ves
**imminent** *(adj.)* ជិតមកដល់ chit mok dol
**immodest** *(adj.)* ដែលច្រងេងច្រងាង del chro ngeng ngang
**immodesty** *(n.)* ភាពមិនសុភាពរាបសា pheap min sopheap reab sa
**immoral** *(adj.)* អសីលធម៌ ak seila thor
**immorality** *(n.)* ភាពអសីលធម៌ pheap ak seila thor
**immortal** *(adj.)* អមតៈ amatak
**immortality** *(n.)* ភាពអមតៈ pheap amatak
**immortalize** *(v.)* ធ្វើឱ្យអមតៈ tveu oy amatak

**immovable** *(adj.)* ដែលនឹងថ្កល់ del neung thkol
**immune** *(adj.)* ភាពសុំ pheap soam
**immunity** *(n.)* អភ័យឯកសិទ្ធិ aphey eksetth
**immunize** *(v.)* ចាក់ថ្នាំបង្ការ chak thnam bangkar
**impact** *(n.)* ផលប៉ះពាល់ phol pah poal
**impart** *(v.)* ចែកចាយ chek chay
**impartial** *(adj.)* មិនលំអៀង min lom ieng
**impartiality** *(n.)* ភាពមិនលំអៀង pheap min lom ieng
**impassable** *(adj.)* ដែលពុំអាចឆ្លងកាត់បាន del pom arch chhlorng kat ban
**impasse** *(n.)* ស្ថានភាពទល់ច្រក sthan pheap tol chrork
**impatience** *(n.)* ការមិនអត់ធ្មត់ kar min otthmot
**impatient** *(adj.)* មិនចេះអត់ធ្មត់ min cheh otthmot
**impeach** *(v.)* ចោទប្រកាន់ chaot brakan
**impeachment** *(n.)* ការចោទប្រកាន់ kar chaot brakan
**impeccable** *(adj.)* គ្មានកំហុស kmean kamhos
**impede** *(v.)* រារាំង rea rang
**impediment** *(n.)* ឧបសគ្គ ubpasakk
**impenetrable** *(adj.)* ដែលមិនអាចចូលបាន del min arch choul ban
**imperative** *(adj.)* ចាំបាច់ chambach
**imperfect** *(adj.)* មិនល្អគ្រប់ខ្នាះ min laor et khchoh
**imperfection** *(n.)* ភាពមិនល្អគ្រប់ខ្នាះ pheap min laor et khchoh
**imperial** *(adj.)* នៃអធិរាជ nei ak thi reach
**imperialism** *(n.)* ចក្រពត្តិនិយម chakrapott niyom
**imperil** *(v.)* ធ្វើឱ្យមានគ្រោះថ្នាក់ដល់ tveu oy mean kroah thnak dol
**imperishable** *(adj.)* ដែលមិនខូច del min arch khouch ban
**impermissible** *(adj.)* ដែលមិនអនុញ្ញាតិ del min anouk nhat
**impersonal** *(adj.)* មិនលំអៀង min lom eang
**impersonate** *(v.)* ក្លែងបន្លំ klaeng banlom

**impersonation** *(n.)* ការក្លែងបន្លំ kar klaeng banlom
**impertinence** *(n.)* ភាពព្រហើន pheap proheun
**impertinent** *(adj.)* ដែលព្រហើន del proheun
**impetuosity** *(n.)* ភាពតក់ក្រហល់ pheap tok kro hol
**impetuous** *(adj.)* ដែលតក់ក្រហល់ del tok kro hol
**implement** *(n.)* ការអនុវត្ត kar anouvott
**implement** *(v.)* អនុវត្ត anouvott
**implicate** *(v.)* សររាយឃើញ sor oy kheunh
**implication** *(n.)* ការសន្និដ្ឋាន kar sonnithaan
**implicit** *(adj.)* ដែលមិនសម្ដែងចេញឱ្យច្បាស់ del min som daeng chenh oy chbas
**implore** *(v.)* អង្វរ angvor
**imply** *(v.)* បញ្ជាក់នូវ banh cheak nov
**impolite** *(adj.)* មិនសុភាព min sopheap
**import** *(v.)* នាំចូល noam chaul
**import** *(n.)* ការនាំចូល kar noam chaul
**importance** *(n.)* សារៈសំខាន់ sarak somkhan
**important** *(adj.)* សំខាន់ somkhan
**impose** *(v.)* ដាក់បន្ទុក dak bantouk
**imposing** *(adj.)* ដែលសម្បើមអស្ចារ្យ del somberm oschar
**imposition** *(n.)* ការដាក់បន្ទុក kar dak bontouk
**impossibility** *(n.)* ភាពមិនអាចទៅរួច pheap min ach tov ruoch
**impossible** *(adj.)* មិនអាចទៅរួច min ach tov ruoch
**impostor** *(n.)* ជនក្លែងបន្លំ chun klaeng banlom
**imposture** *(n.)* ការក្លែងខ្លួនជាអ្នកដទៃ kar klaeng khluon chea nak dor tei
**impotence** *(n.)* អសមត្ថភាពផ្លូវភេទ ak samathapheap phlouv pet
**impotent** *(adj.)* ដែលអសមត្ថភាពផ្លូវភេទ del ak samathapheap phlouv pet
**impoverish** *(v.)* ធ្វើឱ្យក្រ tveu oy kror
**impracticability** *(n.)* អប្រតិបត្តិភាព ak bro te bat pheap

**impracticable** *(adj.)* ដែលមិនអាចអនុវត្តបាន del min arch anouvot ban
**impress** *(v.)* ធ្វើអោយស្ទើចសរសើរ tveu oy sngerch sor ser
**impression** *(n.)* ចំណាប់អារម្មណ៍ chamnab aromm
**impressive** *(adj.)* គួរឱ្យស្ទើចសរសើរ kour oy sngerch sor ser
**imprint** *(n.)* ការបោះពុម្ព kar baoh poum
**imprint** *(v.)* បោះពុម្ព baoh poum
**imprison** *(v.)* ដាក់ពន្ធនាគារ dak ponthoneakear
**improper** *(adj.)* មិនត្រឹមត្រូវ min troem trauv
**impropriety** *(n.)* អំពើមិនសមរម្យ ompeu min som rom
**improve** *(v.)* ធ្វើឱ្យប្រសើរឡើង thveu oy braser lerng
**improvement** *(n.)* ការធ្វើឱ្យប្រសើរឡើង kar thveu oy braser lerng
**imprudence** *(n.)* ភាពធ្វេសប្រហែស pheap tves bro hes
**imprudent** *(adj.)* ធ្វេសប្រហែស tves bro hes
**impulse** *(n.)* ការសម្រេចចិត្តភ្លាម kar samrech chett phleam
**impulsive** *(adj.)* ដែលសម្រេចចិត្តភ្លាមៗ del samrech chett phleam pleam
**impunity** *(n.)* និទណ្ឌភាព ni ton pheap
**impure** *(adj.)* មិនបរិសុទ្ធ min borisotth
**impurity** *(n.)* ភាពមិនបរិសុទ្ធ pheap min borisotth
**impute** *(v.)* ទម្លាក់ទោសលើ tomlak tous leu
**in** *(prep.)* ក្នុង knong
**inability** *(n.)* អសមត្ថភាព ak samattha pheap
**inaccurate** *(adj.)* មិនត្រឹមត្រូវ min troem trauv
**inaction** *(n.)* ភាពអសកម្ម pheap aksakamm
**inactive** *(adj.)* អសកម្ម asakamm
**inadequate** *(adj.)* មិនគ្រប់គ្រាន់ min krob kroan
**inadmissible** *(adj.)* ដែល មិនអនុញ្ញាត del min anouk nhat
**inanimate** *(adj.)* អជីវចល ak chivochol

**inapplicable** *(adj.)* ដែលយកទៅប្រើមិនកើត del yok tov brer min kert
**inattentive** *(adj.)* មិនយកចិត្តទុកដាក់ min yok chett touk dak
**inaudible** *(adj.)* ដែលមិនអាចស្តាប់បាន del min ach sdab ban
**inaugural** *(adj.)* នៃពិធីសម្ពោធ nei pithi sampoth
**inauguration** *(n.)* សម្ពោធ sampoth
**inauspicious** *(adj.)* ដែលមិនសូរល្អ del min sov laor
**inborn** *(adj.)* ដែលមានពីកំណើត del mean tang pi kom nert
**inbound** *(adj.)* ដែលត្រឡប់មកវិញ del tro lob mok vinh
**inbox** *(n.)* ប្រអប់ទទួលសារ bra ob tor tuol sa
**incalculable** *(adj.)* ដែលមិនអាចគណនាបាន del min ach kak nak nea ban
**incapable** *(adj.)* ដែលគ្មានសមត្ថភាព del kmean samatthapheap
**incapacity** *(n.)* អសមត្ថភាព ak samatthapheap
**incarnate** *(adj.)* ដែលជារូបមនុស្ស del chea roub monuos
**incarnate** *(v.)* ធ្វើរូបនិមិ្មត tveu roub ni mett
**incarnation** *(n.)* ការចាប់ភព kar chab phob
**incense** *(v.)* អុជធូប och thoub
**incense** *(n.)* ធូប thoub
**incentive** *(n.)* ការលើកទឹកចិត្ត kar leuk teuk chett
**inception** *(n.)* ការចាប់ផ្តើម kar chab phderm
**inch** *(n.)* អ៊ីញ inch
**incharge** *(n.)* អ្នកគ្រប់គ្រង nak krob krong
**incharge** *(adj.)* ដែលទទួលបន្ទុកគ្រប់គ្រង del tor tuol bontok krob krong
**incident** *(n.)* ឧប្បត្តិហេតុ ub pak tte het
**incidental** *(adj.)* ចៃដន្យ chai don
**incite** *(v.)* ញុះញង់ nhouh nhung
**inclination** *(n.)* ទំនោរ tomnor
**incline** *(v.)* ទេរទៅរក te tov rok
**include** *(v.)* រួមបញ្ចូល ruom banhchoul
**inclusion** *(n.)* ការដាក់បញ្ចូល kar dak banhchoul

**inclusive** *(adj.)* ដែលរាប់បញ្ចូល del roab banhchoul
**incoherent** *(adj.)* ដែលគ្មានទាក់ទងគ្នា del kmean tak tong knea
**income** *(n.)* ប្រាក់ចំណូល brak chamnaul
**incomparable** *(adj.)* មិនអាចប្រៀបផ្ដឹមបាន min ach brieb phtoem ban
**incompetent** *(adj.)* អសមត្ថភាព ak samatthapheap
**incomplete** *(adj.)* មិនពេញលេញ min penh lenh
**inconsiderate** *(adj.)* មិនចេះពិចារណា min cheh picharona
**inconvenient** *(adj.)* ដែល រអាក់រអួល មិនងាយស្រួល del ro ak ro ourl min ngeay sruol
**incorporate** *(v.)* បង្កើតសារជីវកម្ម bong kert sachivkamm
**incorporate** *(adj.)* ដែលរួមបញ្ចូល del ruom banhchoul
**incorporation** *(n.)* ការរួមបញ្ចូល kar ruom banhchoul
**incorrect** *(adj.)* មិនត្រឹមត្រូវ min troem trauv
**incorrigible** *(adj.)* ដែលកែលែងបាន del kae leng ban
**incorruptible** *(adj.)* មិនចេះពុករលួយ min cheh puk ro luoy
**increase** *(n.)* ការកើនឡើង kar kern lerng
**increase** *(v.)* កើនឡើង kern lerng
**incredible** *(adj.)* មិនគួរឱ្យជឿ min kuor oy chue
**increment** *(n.)* ការដំឡើងតាមកម្រិត kar dom lerng tam kamrit
**incriminate** *(v.)* ជាប់ក្នុងបទឧក្រិដ្ឋ choab knung bot ukkred
**incubate** *(v.)* ភ្ញាស់ phnhoah
**inculcate** *(v.)* បណ្ដុះគំនិត bandoh kom nit
**incumbent** *(n.)* អ្នកកំពុងកាន់តំណែង nak kampong kan domneng
**incumbent** *(adj.)* ដែលកំពុងកាន់តំណែង del kampong kan domneng
**incur** *(v.)* កើតឡើង kert lerng

**incurable** *(adj.)* មិនអាចព្យាបាលបាន min ach pyeabal ban
**indebted** *(adj.)* ដែលជំពាក់បំណុល del chompeak bomnol
**indecency** *(n.)* អំពើអសីលធម៌ ompeu ak silathor
**indecent** *(adj.)* មិនសមរម្យ min sam rom
**indecision** *(n.)* ភាពអល់អែក pheap ol aek
**indeed** *(adv.)* យ៉ាងពិតប្រាកដ yang pit brakod
**indefensible** *(adj.)* មិនអាចប្រកែកបាន min ach brakek ban
**indefinite** *(adj.)* គ្មានកំណត់ kmean kamnot
**indemnity** *(n.)* សំណង som nong
**independence** *(n.)* ឯករាជ្យភាព ek reach pheap
**independent** *(adj.)* ឯករាជ្យ ek reach
**indescribable** *(adj.)* មិនអាចពិពណ៌នាបាន min ach piporonea ban
**index** *(n.)* សន្ទស្សន៍ santuos
**Indian** *(adj.)* នៃជនជាតិឥណ្ឌា nei chun cheat india
**indicate** *(v.)* បង្ហាញ bang hanh
**indication** *(n.)* ការចង្អុលបង្ហាញ kar chang oul bang hanh
**indicative** *(adj.)* ដែលចង្អុលបង្ហាញ del chang oul bang hanh
**indicator** *(n.)* សូចនាករ sau cha na kor
**indict** *(v.)* ចោទពីរឿង choab piruoth
**indictment** *(n.)* ការចោទប្រកាន់ទោស kar chaot brakan tuos
**indifference** *(n.)* ការព្រងើយកន្ដើយ kar pro ngeuy kontery
**indifferent** *(adj.)* ដែលព្រងើយកន្ដើយ del pro ngeuy kontery
**indigenous** *(adj.)* នៃជនជាតិដើម nei chuncheat derm
**indigestible** *(adj.)* ដែលពិបាករំលាយ del pibak rom leay
**indigestion** *(n.)* ការមិនរំលាយអាហារ kar min romleay ahar
**indignant** *(adj.)* ដែលឈឺចិត្ត del chheu chett
**indignation** *(n.)* ការឈឺចិត្ត kar chheu chett
**indigo** *(n.)* ពណ៌ខៀវចាស់ por khiev chas

**indirect** *(adj.)* ដោយប្រយោល daoy bra yoal
**indiscipline** *(n.)* ការគ្មានវិន័យ kar kmean viney
**indiscreet** *(adj.)* មិនលាក់លៀម min lak leam
**indiscretion** *(n.)* ការមិនចេះលាក់អាថ៌កំបាំង kar min cheh leak artkombang
**indiscriminate** *(adj.)* មិនរើសអើង min reus erng
**indispensable** *(adj.)* មិនអាចខ្វះបាន min ach khvah ban
**indisposed** *(adj.)* មិនស្រួលខ្លួន min sov sruol kluon
**indisputable** *(adj.)* មិនអាចប្រកែកបាន min ach brokek ban
**indistinct** *(adj.)* ដែលមិនសូវច្បាស់ del min sov chbas
**individual** *(adj.)* នៃបុគ្គល nei bokkol
**individualism** *(n.)* បុគ្គលនិយម bokkol niyom
**individuality** *(n.)* ឯកកត្តភាព ek kak tak pheap
**indivisible** *(adj.)* មិនអាចបំបែកបាន min ach bombek ban
**indolent** *(adj.)* ខ្ជិល khjel
**indomitable** *(adj.)* ដែលមិនអាចបង្រ្កាបបាន del min arch bongkrab ban
**indoor** *(adj.)* ដែលនៅក្នុងផ្ទះ del nov knong phtah
**indoors** *(adv.)* ក្នុងផ្ទះ knong phtah
**induce** *(v.)* ឈ្លោង la buong
**inducement** *(n.)* គ្រឿងទាក់ចិត្ត kreung tak chett
**induct** *(v.)* ចូលធ្វើការផ្លូវការ choul tveu kar plouv kar
**induction** *(n.)* ការប្រគល់តំណែងថ្មី kar bro kol dom naeng thmey
**indulge** *(v.)* បណ្ដោយខ្លួន bandaoy khluon
**indulgence** *(n.)* ការបណ្ដោយខ្លួន kar bandaoy khluon
**indulgent** *(adj.)* ដែលបណ្ដោយខ្លួន del bandaoy khluon
**industrial** *(adj.)* នៃឧស្សាហកម្ម nei ussaa ha kamm

**industrious** *(adj.)* ឧស្សាហ៍ព្យាយាម ussaa pyea yeam
**industry** *(n.)* ឧស្សាហកម្ម ussaa ha kamm
**ineffective** *(adj.)* គ្មានប្រសិទ្ធភាព kmean brasetth pheap
**inert** *(adj.)* មិនកម្រើក min kom rerk
**inertia** *(n.)* និចលភាព nichal pheap
**inevitable** *(adj.)* ជៀសមិនរួច chies min rouch
**inexact** *(adj.)* មិនត្រឹមត្រូវ min troem trauv
**inexorable** *(adj.)* មិនអាចបញ្ឈប់បាន min arch banhchhob ban
**inexpensive** *(adj.)* មានតំលៃថោក mean damlai thoak
**inexperience** *(n.)* ភាពគ្មានបទពិសោធន៍ pheap kmean bot pi saoth
**inexplicable** *(adj.)* មិនអាចពន្យល់បាន min ach ponyol ban
**infallible** *(adj.)* ដែលមិនចេះខុស del min cheh khous
**infamous** *(adj.)* ដែលមានឈ្មោះអាក្រក់ del mean chhmoh akrok
**infamy** *(n.)* កេរ្តិ៍ឈ្មោះអប្រិយ ke chhmoh ak brey
**infancy** *(n.)* ទារកភាព tear rouk pheap
**infant** *(n.)* ទារក tear rouk
**infanticide** *(n.)* ទារឃាត tear rouk kheat
**infantile** *(adj.)* ដែលដូចកូនក្មេង del douch koun kmeng
**infantry** *(n.)* ទ័ពថ្មើរជើង toab thmer cheurng
**infatuate** *(v.)* ស្រលាញ់មួយនារ srolanh mouy chhav
**infatuation** *(n.)* ក្ដីស្រលាញ់មួយនារ kdei srolanh mouy chhav
**infect** *(v.)* ឆ្លង រោគ chhlong rok
**infection** *(n.)* ការឆ្លងមេរោគ kar chhlong me rok
**infectious** *(adj.)* ដែលឆ្លង del chhlong
**infer** *(v.)* សន្និដ្ឋាន sonnithan
**inference** *(n.)* ការសន្និដ្ឋាន kar sonnithan
**inferior** *(adj.)* ដែលមានហន:ទាបជាង del mean thanak teab cheang
**inferiority** *(n.)* ភាពអន់ជាង pheap onn cheang
**infernal** *(adj.)* នៃនរក nei norok

**infertile** *(adj.)* ដែលគ្មានកូន del kmean kaun
**infest** *(v.)* លុកលុយ(សត្វចង្រៃ) luk luoy (satt chongrai)
**infinite** *(adj.)* គ្មានទីបំផុត kmean ti bompot
**infinity** *(n.)* ភាពគ្មានទីបញ្ចប់ pheap kmean ti banhchob
**infirm** *(adj.)* ដែលមិនមាំ del min moam
**infirmity** *(n.)* ភាពទន់ខ្សោយ pheap ton khsaoy
**inflame** *(v.)* ឆាបឆេះ chhab chheh
**inflammable** *(adj.)* ងាយឆេះ ngeay chheh
**inflammation** *(n.)* ការរលាក kar roleak
**inflammatory** *(adj.)* ដែលរលាក del roleak
**inflation** *(n.)* អតិផរណា ak te phorona
**inflexible** *(adj.)* អាចបត់បែនបាន ach btben ban
**inflict** *(v.)* ដាក់ទោស dak tos
**influence** *(n.)* ឥទ្ធិពល etthi pol
**influence** *(v.)* ជះឥទ្ធិពលលើ chah etthi pol leu
**influential** *(adj.)* ដែលមានឥទ្ធិពល del mean etthi pol
**influenza** *(n.)* ផ្តាសាយ phdasay
**influx** *(n.)* លំហូរចូល lomhau chaul
**inform** *(v.)* ជូនដំណឹង chuon domnoeng
**informal** *(adj.)* មិនផ្លូវការ min phlauv kar
**information** *(n.)* ព័ត៌មាន poromean
**informative** *(adj.)* ផ្តល់ព័ត៌មាន pdol poromean
**informer** *(n.)* អ្នកផ្តល់ព័ត៌មាន nak phdol poromean
**infringe** *(v.)* រំលោភ បំពាន romlop bompean
**infringement** *(n.)* ការរំលោភ kar romloph
**infuriate** *(v.)* ធ្វើអោយខឹងខ្លាំង tveu oy khoeng khlang
**infuse** *(v.)* បញ្ចូល banh choul
**infusion** *(n.)* ការចុង ka chhong
**ingrained** *(adj.)* ដែលជាប់ del choab
**ingratitude** *(n.)* អកតញ្ញូ ak kat tak nhu
**ingredient** *(n.)* គ្រឿងផ្សំ krueng phsom
**inhabit** *(v.)* រស់នៅ ruos nov
**inhabitable** *(adj.)* អាចរស់នៅបាន ach ros nov ban

**inhabitant** *(n.)* អ្នករស់នៅ nak ros nov
**inhale** *(v.)* ស្រូបចូល sraub chaul
**inherent** *(adj.)* ដែលជាលក្ខណៈជាប់ជាមួយ del chea leakhenak choab chea muoy
**inherit** *(v.)* ទទួលមរតក tortuol morodok
**inheritance** *(n.)* មរតក morodok
**inhibit** *(v.)* រារាំង rea rang
**inhibition** *(n.)* ការរារាំង kar rea rang
**inhospitable** *(adj.)* ដែលគ្មានផាសុខភាព del kmean pha sokhpheap
**inhuman** *(adj.)* អមនុស្សធម៌ ak monous saathor
**inimical** *(adj.)* ដែលជាសត្រូវ del chea sat trauv
**inimitable** *(adj.)* ដែលមិនអាចធ្វើត្រាប់បាន del min arch tveu trab ban
**initial** *(adj.)* ដែលជាលើកដំបូង del chea leuk dom baung
**initial** *(n.)* ដំបូង dom baung
**initial** *(v.)* ចារអក្សរដំបូងនៃឈ្មោះ char aksor dombaung nei chhmoah
**initiate** *(v.)* ផ្តួចផ្តើម phduoch phderm
**initiative** *(n.)* គំនិតផ្តួចផ្តើម koumnit phduoch phderm
**inject** *(v.)* ចាក់ chak
**injection** *(n.)* ការចាក់ kar chak
**injudicious** *(adj.)* ដែលមិនវិនិច្ឆ័យត្រឹមត្រូវ del min vinichhay troem trov
**injunction** *(n.)* សេចក្តីបង្គាប់ sechkdei bong koab
**injure** *(v.)* របួស roung robous
**injurious** *(adj.)* ដែលប្រមាថ del bromat
**injury** *(n.)* ការរងរបួស kar roung robous
**injustice** *(n.)* ភាពអយុត្តិធម៌ pheap ayouttethor
**ink** *(n.)* ទឹកថ្នាំ teuk thnam
**inkling** *(n.)* មន្ទិល mon teul
**inland** *(adv.)* ដែលនៅឆ្ងាយពីសមុទ្រ del nov chhngay pi samot
**inland** *(adj.)* ដែលនៅឆ្ងាយពីគេ del nov chhngay pi ke
**in-laws** *(n.)* គ្រួសារសាច់ថ្លៃ kruor sa sach thlai

inmate (n.) អ្នកទោស nak tous
inmost (adj.) ដែលនៅខាងក្នុងជ្រៅ del nov khang knung chrouv
inn (n.) ផ្ទះសំណាក់ phtah somnak
innate (adj.) ដែលមានពីកំណើត del mean pi kom nert
inner (adj.) ខាងក្នុង khang knong
innermost (adj.) ខាងក្នុងបំផុត khang knong bamphot
innings (n.) ពេលដែលមានប្រសិទ្ធភាព pel del mean proset pheap
innocence (n.) ភាពគ្មានទោស pheap kmean tous
innocent (adj.) គ្មានទោស kmean tous
innovate (v.) បង្កើតថ្មី bangkert thmei
innovation (n.) នវានុវត្តន៍ nor vea nou vott
innovator (n.) អ្នកបង្កើតថ្មី nak bongkert thmei
innumerable (adj.) ច្រើនរាប់មិនអស់ chrern roab min os
inoculate (v.) ចាក់ថ្នាំបង្ការ chak thnam bongkar
inoculation (n.) ការចាក់ថ្នាំបង្ការ kar chak thnam bongkar
inoperative (adj.) ដែលមិនអាចដំណើរការបាន del min arch domner kar ban
inopportune (adj.) ដែលខុសពេលវេលា del khous pel velear
input (n.) ធាតុចូល theat choul
inquest (n.) ការសាកសួរ kar sak suor
inquire (v.) សាកសួរ sak suor
inquiry (n.) ការសាកសួរ kar saak suor
inquisition (n.) ការសួរចម្លើយ kar suor chom lery
inquisitive (adj.) ដែលចង់ដឹងចង់លឺ de chong doeng chong leu
insane (adj.) ឆ្កួត chhkuot
insanity (n.) វិកលចរិត vikal chak ret
insatiable (adj.) ដែលមិនចេះស្កប់ស្កល់ del min cheh skob skol
inscribe (v.) ចារ char
inscription (n.) សិលាចារឹក sela char reuk
insect (n.) សត្វល្អិត satt la eth

insecticide (n.) ថ្នាំសម្លាប់សត្វល្អិត thnam sam lab satt la eth
insecure (adj.) ដែលគ្មានសុវត្ថិភាព del kmean sovathepheap
insecurity (n.) អសន្តិសុខ ak son te sok
insensibility (n.) ភាពបាត់សតិ pheap bat sa tek
insensible (adj.) ដែលមិនដឹង del min doeung
insensitive (adj.) ដែលគ្មានមេត្តា del kmean me ta
inseparable (adj.) មិនអាចបំបែកបាន min ach bambek ban
insert (v.) បញ្ចូល banhchoul
insertion (n.) ការបញ្ចូល kar banhchoul
inside (prep.) នៅខាងក្នុង nov khang knong
inside (adj.) ដែលនៅខាងក្នុង del nov khang knong
inside (adv.) ខាងក្នុង khang knong
inside (n.) ផ្នែកខាងក្នុង phnek khang knong
insight (n.) ការយល់ដឹងទូលំទូលាយ kar yol doeung toloum to leay
insignificance (n.) ភាពគ្មានសារៈសំខាន់ pheap kmean sarak somkhan
insignificant (adj.) មិនសំខាន់ min saamkhan
insincere (adj.) មិនស្មោះត្រង់ min smoah trong
insincerity (n.) ភាពមិនស្មោះត្រង់ pheap min smoah trong
insinuate (v.) ពោលបញ្ឆិតបញ្ឆៀង poal banhchhet banhchheang
insinuation (n.) សំដីបញ្ឆិតបញ្ឆៀង somdei banhchhet banhchheang
insipid (adj.) គ្មានរសជាតិ kmean ros cheat
insipidity (n.) ភាពគ្មានរសជាតិ pheap kmean ros cheat
insist (v.) ទទូច tor tuoch
insistence (n.) ការទទូច kar tor tuoch
insistent (adj.) ដែលទទូច del tor tuoch
insolence (n.) សេចក្តីព្រហើន sechkdei proheun
insolent (adj.) ព្រហើន proheun
insoluble (n.) ភាពមិនរលាយ pheap min roleay
insolvency (n.) ក្ស័យធន ksay thon

**insolvent** *(adj.)* ដែលក្ស័យធន ksay thon
**inspect** *(v.)* ត្រួតពិនិត្យ truot pinith
**inspection** *(n.)* អធិការកិច្ច athi karokech
**inspector** *(n.)* អ្នកត្រួតពិនិត្យ nak truot pinith
**inspiration** *(n.)* ការជម្រុញចិត្ត kar chomrunh chett
**inspire** *(v.)* ជម្រុញចិត្ត chomrunh chett
**instability** *(n.)* អស្ថិរភាព ak sthe ro pheap
**install** *(v.)* ដំឡើង dom lerng
**installation** *(n.)* ការដំឡើង kar dom lerng
**installment** *(n.)* ការបង់រំលស់ kar bong rom luos
**instance** *(n.)* ឧទាហរណ៍ uk tea hor
**instant** *(n.)* បន្ទាន់ bantoan
**instant** *(adj.)* ដែលបន្ទាន់ del bantoan
**instantaneous** *(adj.)* ដែលភ្លាមៗ del phleam pleam
**instantly** *(adv.)* ភ្លាមៗ phleam pleam
**instigate** *(v.)* ញុះញង់ nhouh nhung
**instigation** *(n.)* ការញុះញង់ kar nhouh nhung
**instil** *(v.)* ដាំបណ្ដុះ dam bondoh
**instinct** *(n.)* សភាវគតិ sapheavak ka tek
**instinctive** *(adj.)* នៃសភាវគតិ sapheavak ka tek
**institute** *(n.)* វិទ្យាស្ថាន vityea sthan
**institution** *(n.)* ស្ថាប័ន stha bann
**instruct** *(v.)* ណែនាំ nae noam
**instruction** *(n.)* ការណែនាំ kar nae noam
**instructor** *(n.)* គ្រូ krou
**instrument** *(n.)* ឧបករណ៍ ubpakor
**instrumental** *(adj.)* ដែលជួយឱ្យបានសម្រេច del chuoy oy ban somrech
**instrumentalist** *(n.)* អ្នកលេងឧបករណ៍ភ្លេង nak leng ubpakor phleng
**insubordinate** *(adj.)* ដែលរឹងរូស del reung ruos
**insubordination** *(n.)* ភាពរឹងរូស pheap reung ruos
**insufficient** *(adj.)* មិនគ្រប់គ្រាន់ min krob kroan
**insular** *(adj.)* ដែលជាកោះ del chea koh

**insularity** *(n.)* ភាពមិនចាប់អារម្មណ៍នឹងអ្វីឆ្ងាយពីខ្លួន pheap min chab arom neung avei chhngay pi khluon
**insulate** *(v.)* នៅដាច់ពីគេ nov dach pi ke
**insulation** *(n.)* ទ្រនាប់ការពារកម្ដៅ tro noab kapear komdao
**insulator** *(n.)* អ៊ីសូឡង់ e so long
**insult** *(n.)* ការប្រមាថ kar bromat
**insult** *(v.)* ប្រមាថ bromat
**insupportable** *(adj.)* មិនអាចគាំទ្របាន min ach koam tro ban
**insurance** *(n.)* ការធានារ៉ាប់រង kar theanear rab rong
**insure** *(v.)* ធានារ៉ាប់រង theanear rab rong
**insurgent** *(n.)* ជនបះបោរ chon bah boa
**insurgent** *(adj.)* ដែលបះបោរ del bah boa
**insurmountable** *(adj.)* ដែលមិនអាចយកជ័យជម្នះបាន del min ach yok chey chomneah ban
**insurrection** *(n.)* ការបះបោរ kar bah baor
**intact** *(adj.)* ដែលនៅដដែល del nov dor del
**intangible** *(adj.)* អរូបី ak rou pei
**integral** *(adj.)* ចាំបាច់ cham bach
**integrate** *(v.)* រួមបញ្ចូល ruom banhchoul
**integrity** *(n.)* សុចរិតភាព sochak rit pheap
**intellect** *(n.)* បញ្ញា panhnha
**intellectual** *(adj.)* នៃបញ្ញា nei panhnha
**intellectual** *(n.)* បញ្ញវន្ត panhnha von
**intelligence** *(n.)* ភាពវៃឆ្លាត pheap vei chhlaat
**intelligent** *(adj.)* ឆ្លាតវៃ chhlat vei
**intelligentsia** *(n.)* បញ្ញវន្ត panhnha von
**intelligible** *(adj.)* ដែលយល់បាន del yol ban
**intend** *(v.)* មានបំណង mean bamnong
**intense** *(adj.)* ខ្លាំង khlang
**intensify** *(v.)* ធ្វើកាន់តែខ្លាំងឡើង tveu kan tae khlang lerng
**intensity** *(n.)* អាំងតង់ស៊ីតេ ang tong shi te
**intensive** *(adj.)* ដែលបង្ខំ del bong khom
**intent** *(n.)* ចេតនា chetana
**intent** *(adj.)* ដែលមានចេតនា del mean chetana

**intention** (n.) ចេតនា chetana
**intentional** (adj.) ដោយចេតនា doy chetana
**interactive** (adj.) ដែលមានអន្តរកម្ម del mean on tak rak kamm
**intercept** (v.) ស្ទាក់ចាប់ stak chab
**interception** (n.) ការស្ទាក់ចាប់ kar stak chab
**interchange** (n.) ការផ្ដូរគ្នា kar phdau knea
**interchange** (v.) ផ្ដាស់ប្ដូរ phlas bdau
**intercourse** (n.) ការរួមភេទ kar ruom phet
**interdependence** (n.) ភាពអាស្រ័យគ្នា pheap asray knea
**interdependent** (adj.) ដែលពឹងពាក់គ្នាទៅវិញទៅមក del peung peak knea tov vinh tov mok
**interest** (n.) ចំណាប់អារម្មណ៍ chamnab arom
**interested** (adj.) ដែលចាប់អារម្មណ៍ del chab arom
**interesting** (adj.) គួរឱ្យចាប់អារម្មណ៍ kuor oy chabarom
**interfere** (v.) ជ្រៀតជ្រែក chriet chrek
**interference** (n.) ការជ្រៀតជ្រែក kar chriet chrek
**interim** (n.) បណ្ដោះអាសន្ន bondaoh asonn
**interior** (adj.) នៃផ្នែកខាងក្នុង phnek khang knong
**interior** (n.) ផ្នែកខាងក្នុង phnek khang knong
**interjection** (n.) ឧទានសព្ទ uk tean sab
**interlock** (v.) ចាក់សេ្រគ្នា chak sreh knea
**interlude** (n.) ចន្លោះពេល chon loah pel
**intermediary** (n.) អន្តរការី antorakari
**intermediate** (adj.) កម្រិតមធ្យម kamrit mo thyom
**interminable** (adj.) ដែលមិនចេះចប់ del min cheh chob
**intermingle** (v.) ច្របូកច្របល់គ្នា chrobouk chrobol knea
**intern** (n.) អ្នកហាត់ការ nak hat kar
**internal** (adj.) ដែលនៅខាងក្នុង del nov khang knong
**international** (adj.) អន្តរជាតិ antorakcheat
**internet** (n.) អ៊ីនធឺណែត internet
**interplay** (n.) ទំនាក់ទំនងគ្នា tom nak tom nong knea
**interpret** (v.) បកប្រែ bok brae
**interpreter** (n.) អ្នកបកប្រែភាសា nak bok brae pheasaa
**interrogate** (v.) សួរចម្លើយ suor chamleuy
**interrogation** (n.) ការសួរចម្លើយ kar suor chamleuy
**interrogative** (adj.) ដែលសួរចម្លើយ del suor chamleuy
**interrogative** (n.) ប្រយោគសំនួរ broyok som nuor
**interrupt** (v.) រំខាន romkhan
**interruption** (n.) ការរំខាន kar romkhan
**intersect** (v.) ប្រសព្វគ្នា bra sop knea
**intersection** (n.) ប្រសព្វ bra sop
**interval** (n.) ចន្លោះពេល chanloh pel
**intervene** (v.) ធ្វើអន្តរាគមន៍ thveu antorakom
**intervention** (n.) អន្តរាគមន៍ antorakom
**interview** (n.) កិច្ចសម្ភាសន៍ kech sampheas
**interview** (v.) សម្ភាសន៍ sampheas
**intestinal** (adj.) នៃពោះវៀនក្នុង nei poh vien touch
**intestine** (n.) ពោះវៀន poh vien
**intimacy** (n.) ភាពស្និទ្ធស្នាល pheap snetth snal
**intimate** (adj.) ដែលជិតស្និទ្ធ del chit snetth
**intimate** (v.) ជិតស្និទ្ធ chit snetth
**intimation** (n.) ការចង្អុលបង្ហាញ kar chong ol bong hanh
**intimidate** (v.) បំភិតបំភ័យ bomphit bomphey
**intimidation** (n.) ការបំភិតបំភ័យ kar bomphit bomphey
**into** (prep.) ចូលទៅក្នុង chaul tov knong
**intolerable** (adj.) អត់ធ្មត់ ot thmot
**intolerance** (n.) ការមិនអត់ឱន kar min ot oan
**intolerant** (adj.) មិនចេះអត់ធ្មត់ min cheh ot thmot
**intoxicant** (n.) ជាតិពុល cheat poul
**intoxicate** (v.) បំពុល bom poul

**intoxication** *(n.)* ការស្រវឹង kar sroveung
**intransitive** *(adj. (verb))* នៃអកម្មកិរិយា nei ak kam kiriya
**intrepid** *(adj.)* ដែលក្លាហាន del khla harn
**intrepidity** *(n.)* ភាពក្លាហាន pheap khla harn
**intricate** *(adj.)* ដែលស្មុគស្មាញ del smok smanh
**intrigue** *(v.)* ដែលចង់ដឹងចង់ឃើញ del chong doeng chong kheunh
**intrigue** *(n.)* ការចង់ដឹងចង់ឃើញ kar chong doeng chong kheunh
**intrinsic** *(adj.)* ផ្នែកខាងក្នុង phnek khang knong
**introduce** *(v.)* ណែនាំ nae noam
**introduction** *(n.)* ការណែនាំ kar nae noam
**introductory** *(adj.)* នៃការណែនាំ nei kar nae noam
**introspect** *(v.)* ពិចារណាខ្លួនឯង picharana kluon eng
**introspection** *(n.)* ការពិនិត្យមើលផ្លូវចិត្តរបស់ខ្លួន kar pinith meul plouv chett robos kluon
**introvert** *(n.)* អ្នកដែលមិនចូលចិត្តសង្គមខាងក្រៅ nak del min choul chett songkom khang krao
**intrude** *(v.)* ឈ្លានពាន chhlean pean
**intrusion** *(n.)* ការឈ្លានពាន Kar chhlean pean
**intuition** *(n.)* វិចារណញាណ vicharanak nhean
**intuitive** *(adj.)* នៃវិចារណញាណ nei vicharanak nhean
**invade** *(v)* លុកលុយ louk louy
**invalid** *(adj.)* ទុកជាមោឃៈ tuk chea mo kheak
**invalid** *(n.)* ភាពមិនត្រឹមត្រូវ pheap min troem trauv
**invalidate** *(v.)* ធ្វើឱ្យអស់សុពលភាព tveu oy os sopolpheap
**invaluable** *(adj.)* ដែលមិនអាចកាត់ថ្លៃបាន del min ach kat thlai ban
**invasion** *(n.)* ការលុកលុយ kar louk louy
**invective** *(n.)* ពាក្យប្រមាថ peak bro mart
**invent** *(v.)* បង្កើត bong kert
**invention** *(n.)* ការបង្កើតថ្មី kar bongkert thmei

**inventive** *(adj.)* ដែលថ្ងៃប្រឌិត del chnai brodit
**inventor** *(n.)* អ្នកបង្កើតថ្មី nak bongkert thmei
**invert** *(v.)* ដាក់បញ្ច្រាស dak banh chras
**invest** *(v.)* វិនិយោគ viniyok
**investigate** *(v.)* ស៊ើបអង្កេត seub angket
**investigation** *(n.)* ការស៊ើបអង្កេត kar seub angket
**investment** *(n.)* ការវិនិយោគ kar viniyok
**invigilate** *(v.)* ធ្វើជាមេប្រយោគការប្រលង tveu chea me bro yok kar pro long
**invigilation** *(n.)* ការធ្វើជាមេប្រយោគការប្រលង kar tveu chea me bro yok kar pro long
**invigilator** *(n.)* មេប្រយោគការប្រលង me bro yok kar pro long
**invincible** *(adj.)* ដែលមិនចេះចាញ់ del min cheh chanh
**inviolable** *(adj.)* មិនអាចរំលោភបាន min ach romloph ban
**invisible** *(adj.)* មើលមិនឃើញ meul min kheunh
**invitation** *(n.)* ការអញ្ជើញ kar anhcheunh
**invite** *(v.)* អញ្ជើញ anhcheunh
**invocation** *(n.)* ការបួងសួង kar buorng suorng
**invoice** *(n.)* វិក័យបត្រ vikaybatt
**invoke** *(v.)* បួងសួង buorng suorng
**involve** *(v.)* ពាក់ព័ន្ធ peak ponth
**inward** *(adj.)* ខាងក្នុង khang knong
**Inwards** *(adv.)* ស្ពោះទៅខាងក្នុង chhpoh tov khang knung
**irate** *(adj.)* ខឹង khoeng
**ire** *(n.)* កំហឹង kom hoeng
**Irish** *(adj.)* នៃជនជាតិអៀរឡង់ nei choncheat ierlong
**Irish** *(n.)* ជនជាតិអៀរឡង់ choncheat ierlong
**irk** *(v.)* រំខានចិត្ត rom khan chett
**irksome** *(adj.)* ដែលរំខាន del romkhan
**iron** *(n.)* ដែក daek
**iron** *(v.)* អ៊ុត uot
**ironic** *(adj.)* ដែលចំអក del chom ork

**ironical** *(adj.)* ដែលហួសចិត្ត del huos chett
**irony** *(n.)* ការចំអក ka chom ork
**irradiate** *(v.)* ញាំបាលដោយប្រើកាំរស្មី pyea bal doy brer kam raksmey
**irrational** *(adj.)* មិនសមហេតុផល min som het phol
**irreconcilable** *(adj.)* មិនអាចផ្សះផ្សាបាន min ach phsah phsaa ban
**irrecoverable** *(adj.)* មិនអាចយកមកវិញបាន min ach yok mok vinh ban
**irrefutable** *(adj.)* មិនអាចប្រកែកបាន min ach brakek ban
**irregular** *(adj.)* មិនទៀងទាត់ min tieng toat
**irregularity** *(n.)* ភាពមិនទៀងទាត់ pheap min tieng toat
**irrelevant** *(adj.)* មិនពាក់ព័ន្ធ min peak ponth
**irresistible** *(adj.)* មិនអាចទ្រាំបាន min ach troam ban
**irrespective** *(adj.)* ដោយមិនគិតដល់ daoy min kit dol
**irresponsible** *(adj.)* មិនទទួលខុសត្រូវ min tor tuol khos trauv
**irrigate** *(v.)* ស្រោចស្រព sraoch srop
**irrigation** *(n.)* ប្រព័ន្ធជារាសាស្ត្រ braponth thearea sas
**irritable** *(adj.)* ឆាប់ខឹង chhab khoeng
**irritant** *(adj.)* ឆាប់ខឹង chab khoeng
**irritant** *(n.)* ជាតិដែលធ្វើអោយក្រហាយ cheat del tveu oy krohay
**irritate** *(v.)* ធ្វើឱ្យខឹង tveu oy khoeng
**irritation** *(n.)* ភាពឆាប់ខឹង pheap chhab khoeng
**irruption** *(n.)* ការសម្រុកចូល kar somrok choul
**island** *(n.)* កោះ kaoh
**isle** *(n.)* កូនកោះ koun kaoh
**isobar** *(n.)* ខ្សែអ៊ីស្សូបា ksae ei sau ba
**isolate** *(v.)* នៅដាច់ដោយឡែក nov dach daoy laek
**isolation** *(n.)* ការដាក់ឱ្យនៅដាច់ដោយឡែក kar dak oy nov dach daoy laek
**issue** *(v.)* ចេញផ្សព្វផ្សាយ chenh phsob phsay

**issue** *(n.)* បញ្ហា panhaha
**it** *(pron.)* វា vea
**Italian** *(adj.)* នៃជនជាតិអ៊ីតាលី nei choncheat italy
**Italian** *(n.)* ជនជាតិអ៊ីតាលី choncheat italy
**italic** *(adj.)* ទ្រេត tret
**italics** *(n.)* អក្សរទ្រេត aksor tret
**itch** *(n.)* ភាពរមាស់ pheap romoas
**itch** *(v.)* រមាស់ romoas
**item** *(n.)* វត្ថុ vottho
**itinerary** *(n.)* គម្រោងដំណើរកំសាន្ត kom roung domner komsan
**ivory** *(n.)* ភ្លុក phlouk
**ivy** *(n.)* វល្លិ៍ vor

**jab** *(v.)* ចាក់លេង jak leng
**jabber** *(v.)* ការនិយាយប៉ប៉ោច kar niyeay porpoach
**jack** *(n.)* ឧបករណ៍សម្រាប់លើករបស់ធ្ងន់ ubpakor samrab leuk vottho thngon
**jack** *(v.)* ដាក់ដែកគ្រីបឡើង dak daek krib lerng
**jackal** *(n.)* សត្វឆ្កែព្រៃម្យ៉ាង satt chkae prey myang
**jacket** *(n.)* អាវផំ av thom
**jackpot** *(n.)* រង្វាន់លេខមួយ rong von lekh muoy
**jade** *(n.)* ថ្មបាំងថ្ម tbaung thmor
**jail** *(v.)* ជាប់ពន្ធនាគារ choab ponthoneakear
**jail** *(n.)* ពន្ធនាគារ ponthoneakear
**jailer** *(n.)* អ្នកទោស nak tous
**jam** *(n.)* ដំណាប់ domnab
**jam** *(v.)* ជាប់តាំង choab keang
**jam-packed** *(adj.)* ដែលកកកុញដោយមនុស្ស del kok konh doy monuos

**janitor** *(n.)* អ្នកបោសសំអាត nak boah somaart
**January** *(n.)* មករា meakora
**jar** *(n.)* ក្រឡ kro lor
**jargon** *(n.)* ភាសាប្រើសម្រាប់អ្នកមានវិជ្ជាជីវៈដូចគ្នា pheasaa brer samrab nak mean vichchea chivak dauch knea
**jasmine, jessamine** *(n.)* ផ្កាម្លិះ phka mlih
**jaundice** *(n.)* ជំងឺខាន់លឿង chomngeu khanlueng
**jaundice** *(v.)* នាំឱ្យកើតជំងឺខាន់លឿង noam oy kert chomngeu khanlueng
**javelin** *(n.)* លំពែង lom peng
**jaw** *(n.)* ថ្គាម thkeam
**jay** *(n.)* សត្វល្វាចេក satt lvea chek
**jealous** *(adj.)* ប្រចណ្ឌ chronen
**jealousy** *(n.)* ការប្រចណ្ឌ kar chronen
**jean** *(n.)* ខោខូវប៊យ koar khov bouy
**jeer** *(v.)* សើចចំអក serch chom ork
**jelly** *(n.)* ចាហួយ chahuoy
**jeopardize** *(v.)* ធ្វើឱ្យអន្តរាយ thveu aoy antoray
**jeopardy** *(n.)* គ្រោះថ្នាក់ kroh thnak
**jerk** *(n.)* ការកន្ត្រាក់ kar kantrak
**jerkin** *(n.)* អាវកាក់ av kak
**jerky** *(adj.)* ដែលកន្ត្រាក់ del kon trak
**jerky** *(n.)* សាច់គោងៀត sach ko ngeat
**jersey** *(n.)* អាវកីឡា av kei la
**jest** *(n.)* ពាក្យកំប្លែង peak kom plaeng
**jest** *(v.)* និយាយលេងសើច niyeay leng serch
**jet** *(n.)* យន្តហោះ yon haoh
**jet engine** *(n.)* ម៉ាស៊ីនយន្តហោះ masin yon haoh
**jew** *(n.)* ពួកជ្វីហ្វ puok javish
**jewel** *(n.)* រតនភណ្ឌ rotanak phon
**jewel** *(v.)* ដាំត្បូង dam tboung
**jeweller** *(n.)* អ្នកលក់គ្រឿងអលង្ការ nak luok krueng alangkar
**jewellery** *(n.)* គ្រឿងអលង្ការ krueng alangkar
**jiggle** *(v.)* ធ្វើឱ្យញ័រ tveu oy nhor
**jigsaw** *(n.)* រូបផ្តុំលេង roub phkom leng

**jingle** *(n.)* បន្លឺសូរវិង១ bonleu sou reung roeung
**jingle** *(v.)* អង្រួនអោយញូសូរវិង១ ang ruon oy leu so roeung roeung
**job** *(n.)* ការងារ kar ngea
**jobber** *(n.)* ឈ្មួញហ៊ុន chhmuonh hun
**jobbery** *(n.)* ការពុករលួយ kar puk ro luoy
**jobless** *(adj.)* អត់ការងារធ្វើ ot kar ngear thveu
**jockey** *(n.)* វ័យក្មេងគោលលើទឹកកក veay kaun kol leu teuk kok
**jocular** *(adj.)* ដែលកំប្លែងលេង del kom plaeng leng
**jog** *(v.)* រត់ត្រឹក១ rot troek troek
**join** *(v.)* ចូលរួម chaul ruom
**joiner** *(n.)* អ្នកចូលរួម nak chaul ruom
**joint** *(n.)* សន្លាក់ sonlak
**joint** *(adj.)* រួមគ្នា ruom knea
**joint effort** *(n.)* ការខិតខំរួមគ្នា kar khet khom ruom knea
**jointly** *(adv.)* ដោយរួមគ្នា ruom knea
**joke** *(n.)* រឿងកំប្លែង reung kam blaeng
**joke** *(v.)* កំប្លែង kam bleng
**joker** *(n.)* អ្នកលេងសើចច្រើន nak leng serch chrern
**jollity** *(n.)* សេចក្តីរីករាយ sechkdei rik reay
**jolly** *(adj.)* ដែលរីករាយ del rik reay
**jolt** *(n.)* សេចក្តីរន្ថត់ sechkdei ron thot
**jolt** *(v.)* ធ្វើឱ្យកក្រើក ធ្វើឱ្យកក្រើក
**jostle** *(n.)* ការគប់នឹងកែងដៃដាក់គ្នា kar kub neung keng dai dak knea
**jostle** *(v.)* ប្រជ្រៀតដោលគ្នា bro chreat dol knea
**jot** *(n.)* អ្វីបន្តិចបន្តួច avey bontich bontuoch
**jot** *(v.)* កត់ចុះ kot choh
**journal** *(n.)* សាលាកាកបត្រ sala kak batt
**journalism** *(n.)* សារព័ត៌មាន sar poromean
**journalist** *(n.)* អ្នកសារព័ត៌មាន nak sar poromean
**journey** *(n.)* ការធ្វើដំណើរ kar thveu domner
**journey** *(v.)* ធ្វើដំណើរ thveu domner
**jovial** *(adj.)* ដែលរីករាយ del rik reay
**joviality** *(n.)* ភាពរីករាយ pheap rik reay

**joy** *(n.)* សេចក្ដីអំណរ sechkdei amnor
**joyful** *(adj.)* រីករាយ rik reay
**joyous** *(adj.)* ភាពរីករាយ pheap rikreay
**jubilant** *(adj.)* ដែលបង្ហាញនូវការរីករាយខ្លាំង del bonghanh nov kar rik reay khlang
**jubilation** *(n.)* សេចក្ដីត្រេកអរ sechkdei trek or
**jubilee** *(n.)* បុណ្យខួបកំណត់៥០ឆ្នាំ bon khuob kom ruob 50 chhnam
**judge** *(n.)* ចៅក្រម chao krom
**judge** *(v.)* កាត់ក្ដី kat kdei
**judgement** *(n.)* ការវិនិច្ឆ័យ kar vinichhay
**judicature** *(n.)* ប្រព័ន្ធតុលាការ braponth tolakar
**judicial** *(adj.)* នៃតុលាការ nei tolakar
**judiciary** *(n.)* អង្គចៅក្រម ang chao krom
**judicious** *(adj.)* ដែលមានសុភវិនិច្ឆ័យ del mean sopheak vinichhay
**jug** *(n.)* ភាជន៍ peach
**juggle** *(v.)* ប្រែះ treh
**juggler** *(n.)* អ្នកលេងក្បាច់ប្រែះ nak leng kbach treh
**juice** *(n.)* ទឹកផ្លែឈើ teuk phlae chheu
**juicy** *(adj.)* ដែលមានទឹកផ្លែឈើ del mean teuk phlae chheu
**jukebox** *(n.)* ម៉ាស៊ីនចាក់ថាសភ្លេង masin chak thas pleng
**jumble** *(n.)* គំនរច្របូកច្របល់ kom nor chro bouk chro bol
**jumble** *(v.)* ច្របូកច្របល់ chro bouk chro bol
**jump** *(n.)* ការលោត kar loat
**jump** *(v.)* លោត loat
**junction** *(n.)* ប្រសព្វ brasop
**juncture** *(n.)* ផ្លូវប្រសព្វ phlauv brasop
**jungle** *(n.)* ព្រៃ prei
**junior** *(adj.)* នៃសិស្សប្អូន nei seus pa'oun
**junior** *(n.)* សិស្សប្អូន seus pa'oun
**junk** *(n.)* របស់អត់តម្លៃ robos et domlai
**jupiter** *(n.)* ភពព្រហស្បតិ៍ phoup prohoah
**jurisdiction** *(n.)* យុត្តាធិការ youtathikar
**jurisprudence** *(n.)* នីតិសាស្ត្រ ni te sas
**jurist** *(n.)* អ្នកនីតិសាស្ត្រ nak ni te sas

**juror** *(n.)* សមាជិកគណៈវិនិច្ឆ័យ samacheuk kanak vinichhay
**jury** *(n.)* គណៈវិនិច្ឆ័យ kanak vinichhay
**juryman** *(n.)* សមាជិកក្រុមប្រឹក្សាតុលាការ samacheuk krom preuksa tolakar
**just** *(adj.)* ដែលយុត្តិធម៌ del youtethor
**justice** *(n.)* យុត្តិធម៌ youtethor
**justifiable** *(adj.)* សមហេតុផល som het phol
**justification** *(n.)* យុត្តិកម្ម youttekamm
**justified** *(adj.)* បានរាប់ជាសមហេតុផល ban roab chea som het phol
**justify** *(v.)* បង្ហាញអំពីភាពត្រឹមត្រូវ banghanh ampi pheap troem trauv
**justly** *(adv.)* ដោយយុត្តិធម៌ doy youtethor
**jute** *(n.)* ក្រចៅ kror chao
**juvenile** *(adj.)* ដែលជាអនីតិជន del chea ani te chun
**juxtapose** *(v.)* ដាក់ទល់មុខគ្នា dak tol mokh knea
**juxtaposed** *(adj.)* ដែលដាក់ទល់មុខគ្នា del dak tol mokh knea
**juxtaposition** *(n.)* ការដាក់ជិតគ្នាដើម្បីប្រៀបធៀប kar dak chet knea dermbei breab theab

**kaffir** *(n.)* ពួកកាហ្វី pouk kahvi
**kaki** *(n.)* កាគី kaki
**kaleidoscope** *(n.)* ទស្សនភណ្ឌ tuosa poan
**kamikaze** *(n.)* ការវាយប្រហារភ្លាមៗទៅលើសត្រូវ kar veay prohar pleam pleam tov leu sattrov
**kangaroo** *(n.)* កង់ហ្គូរូ kong ku ru
**karat** *(n.)* ការ៉ាត់ karat
**keen** *(adj.)* ដែលចាប់អារម្មណ៍ del chab aromm
**keenness** *(n.)* ការចាប់ចិត្ត kar chab chett
**keep** *(v.)* រក្សា raksaa
**keeper** *(n.)* អ្នកថែរក្សា nak thae raksaa

**keepsake** *(n.)* វត្ថុអនុស្សាវរីយ៍ vottho anuk savori
**kennel** *(n.)* ជម្រកសត្វ ឆ្កែ ឆ្មា chomrok satt chkae chhmar
**kerchief** *(n.)* កន្សែងដៃ konseng dai
**kernel** *(n.)* ស្នូលនៃគ្រាប់ធញ្ញជាតិ snoul nei kroab thunhcheat
**kerosene** *(n.)* ប្រេងកាត breng kart
**ketchup** *(n.)* ទឹកប៉េងប៉ោះ teuk peng poah
**kettle** *(n.)* កំសៀវ komsiev
**key** *(n.)* កូនសោ kaun soa
**key** *(v.)* បញ្ចូលទិន្នន័យ banh choul tinnaney
**key** *(adj.)* ដែលសំខាន់ del somkhan
**keyboard** *(n.)* ក្ដារចុច kdar choch
**keyhole** *(n.)* រន្ធសោ ronth soar
**keypad** *(n.)* កូនប្រអប់រាយអក្សរ koun pra ob veay aksor
**keysmith** *(n.)* ជាងសោ keysmith
**keystone** *(n.)* មូលដ្ឋាន moul thaan
**keyword** *(n.)* ពាក្យគន្លឹះ peak konleuh
**kick** *(n.)* ការទាត់ kar toat
**kick** *(v.)* ទាត់ toat
**kick-start** *(v.)* ការចាប់ផ្ដើម kar chab phderm
**kid** *(n.)* ក្មេង kmeng
**kidnap** *(v.)* ចាប់ជំរិត chab chomrit
**kidney** *(n.)* តំរងនោម dom rong nom
**kill** *(v.)* សម្លាប់ samlab
**kill** *(n.)* ការសម្លាប់ kar samlab
**kiln** *(n.)* ឡ lor
**kilo** *(n.)* គីឡូ kilo
**kilogram** *(n.)* គីឡូក្រាម kilokram
**kilt** *(n.)* សំពត់គិល sompot kilt
**kilt** *(v.)* ទ្រនុយ tro nuy
**kin** *(n.)* សាច់ញាតិ sach nheat
**kind** *(n.)* ប្រភេទ brophet
**kind** *(adj.)* ចិត្តល្អ chett laor
**kindergarten** *(n.)* មត្តេយ្យ mat tey
**kind-hearted** *(adj.)* ចិត្តល្អ chett laor
**kindle** *(v.)* បញ្ជោះ banhcheh
**kindly** *(adv.)* ដោយសប្បុរស daoy sabboros
**kindness** *(n.)* សេចក្ដីសប្បុរស sechkdei sabboros

**kinetic** *(adj.)* នៃចលនា nei cholana
**king** *(n.)* ស្ដេច sdech
**kingdom** *(n.)* នគរ nokor
**kinship** *(n.)* ញាតិសន្ដាន nheat sandan
**kiosk** *(n.)* ម៉ាស៊ីនជាវស្ងួយប្រវត្តិ masin cheav svay browat
**kiss** *(n.)* ស្នាមថើប snam therb
**kiss** *(v.)* ថើប therb
**kit** *(n.)* ប្រដាប់ប្រដា prodab brodar
**kitchen** *(n.)* ផ្ទះបាយ phteah bay
**kite** *(n.)* ខ្លែង khlaeng
**kith** *(n.)* ញាតិមិត្ត nheat mitt
**kitten** *(n.)* កូនឆ្មា kaun chhma
**knave** *(n.)* ក្មេងចោរ kmeng chhor boak
**knavery** *(n.)* ការចោរ kar chhor boak
**knead** *(v.)* ច្របាច់ (ម្សៅ) chrobach (msao)
**knee** *(n.)* ជង្គង់ chongkung
**kneel** *(v.)* លុតជង្គង់ lout chongkung
**knife** *(n.)* កាំបិត kambet
**knight** *(n.)* វីរបុរសជិះសេះ virak boros chih seh
**knight** *(v.)* ជិះសេះ chih seh
**knit** *(v.)* ប៉ាក់ pak
**knock** *(v.)* គោះ koh
**knockout** *(n.)* ការវាយឱ្យសន្លប់ kar veay aoy sanlob
**knot** *(n.)* ចំណង chomnong
**knot** *(v.)* ចង chong
**know** *(v.)* ដឹង doeng
**knowledge** *(n.)* ចំណេះដឹង chamneh doeng
**knowledgeable** *(adj.)* មានចំណេះដឹង mean chamneh doeng
**knuckle** *(n.)* គន្លាក់ម្រាមដៃ konlak mream dai
**knuckle** *(v.)* ចុះញ៉ម choh nhom
**koala** *(n.)* សត្វកូឡា satt kaula
**koi** *(n.)* ត្រីកុលរាំង trey kul reang
**krill** *(n.)* កំពីស kom peus

**label** (n.) ស្លាកសញ្ញា slak sanhnha
**label** (v.) ដាក់ស្លាកសញ្ញា dak slak sanhnha
**labial** (adj.) នៃបបូរមាត់ nei borbou moat
**laboratory** (n.) មន្ទីរពិសោធន៍ monti pisaoth
**laborious** (adj.) ដែលពិបាកហត់នឿយ del pibak hot neuy
**labour** (v.) ធ្វើពលកម្ម tveu polokamm
**labour** (n.) ពលកម្ម polokamm
**laboured** (adj.) ដែលពិបាក del pibak
**labourer** (n.) កម្មករ kammokor
**labyrinth** (n.) ផ្លូវស្មុគស្មាញ plouv smok smanh
**lac, lakh** (n.) មួយសែន muoy sen
**lace** (v.) ចងខ្សែ chong khsae
**lace** (n.) ខ្សែស្បែកជើង khsae spek cheung
**lacerate** (v.) ធ្វើឱ្យដាច់រហែក tveu oy dach rohaek
**lachrymose** (adj.) ដែលសោកសង្រេង del soak song reng
**lack** (v.) ខ្វះខាត khvah khat
**lack** (n.) ការខ្វះខាត kar khvah khat
**lackey** (n.) អ្នកបម្រើប្រុស nak bomrer bros
**lacklustre** (adj.) ដែលមិនរស់រវើក del min ros roveuk
**laconic** (adj.) ដែលសង្ខេប del songkheb
**lactate** (v.) ផលិតទឹកដោះ pholit teuk doh
**lactic** (adj.) ដែលមានទឹកដោះ del mean teuk doh
**lactometer** (n.) ប្រដាប់ស្ទង់ភាពខាប់នៃទឹកដោះ prodab stung pheap khab nei teuk doh
**lactose** (n.) ជាតិស្ករក្នុងទឹកដោះគោ cheat skor knung teuk doh ko
**lacuna** (n.) ចន្លោះ chonloh
**lacy** (adj.) ដែលដូចជរ del doch chor
**lad** (n.) ប្រុសក្មេង bros kmeng
**ladder** (n.) កាំជណ្ដើរ kam chonder
**lade** (v.) ផ្ទុក phtuk

**ladle** (n.) វែក vek
**ladle** (v.) ដួស duos
**lady** (n.) ស្ត្រី strei
**lag** (v.) តាមពីក្រោយ tam pi kroy
**laggard** (n.) អ្នកនៅក្រោយគេ nak nov kroy ke
**lagoon** (n.) បឹងទឹកប្រៃក្បែរមាត់សមុទ្រ boeng teuk prai kbae moat sakmot
**laid-back** (adj.) ដែលរំភើយ del rompheuy
**lair** (n.) ជម្រកសត្វព្រៃ chomrok satt prey
**lake** (n.) បឹង boeng
**lakefront** (n.) មាត់បឹង moat boeung
**lamb** (n.) សាច់ចៀម sach chiem
**lambaste** (v.) វាយខ្លាំង veay klang
**lambkin** (n.) ស្បែកចៀម sbek chiem
**lame** (adj.) ដែលគូរឱ្យជឿជាក់ទាន់ del kuor oy thunh troan
**lame** (v.) ធ្វើឱ្យខ្វិន tveu oy khven
**lament** (n.) ការទួញសោក kar tuonh saok
**lament** (v.) ទួញសោក tuonh saok
**lamentable** (adj.) គួរឱ្យសោកស្ដាយ kuor aoy saok sday
**lamentation** (n.) ការទួញសោក kar tuonh saok
**laminate** (v.) អ៊ុតផ្ទាស្ទិកពីលើ uot plastic pi leu
**lamp** (n.) ចង្កៀង changkieng
**lampoon** (n.) ការសរសេរចេរ kar sor se che
**lampoon** (v.) សរសេរចេរ sor se che
**lance** (n.) លំពែង lom peng
**lance** (v.) ចាក់លំពែង chak lom peng
**lancer** (n.) អ្នកកាន់លំពែង nak kan lom peng
**lancet** (n.) កាំបិតតូចមុខពីរសម្រាប់វះកាត់ kam bet touch moukh pi somrab veah kat
**land** (n.) ដី dei
**land** (v.) ចតលើដី chot leu dei
**landing** (n.) ការចុះចត kar choh chot
**landline** (n.) ទូរស័ព្ទមានខ្សែ turosap mean khsae
**landlord** (n.) ម្ចាស់ដីផ្ទះ mchas dei phteah
**landmark** (n.) អ្វីៗសម្រាប់សំគាល់កន្លែង avey avey somrab som koal konlaeng
**landscape** (n.) ទេសភាព tesapheap

**lane** *(n.)* ផ្លូវតូច phlauv tauch
**language** *(n.)* ភាសា pheasaa
**languish** *(v.)* ល្ហិតល្ហយ la hit la hay
**languor** *(n.)* ភាពស្ងប់ខ្យល់ឈឹង pheap sngob kyal chheung
**lank** *(adj.)* ដែលស្គមខ្ពស់ del skom kphuos
**lantern** *(n.)* គោម koam
**lanugo** *(n.)* រោមត្រឡាចលើខ្លួនទារក roam trolarch leu kluon tearuok
**lap** *(n.)* ភ្លៅ phlov
**lapse** *(v.)* កន្លងទៅ konglong tov
**lapse** *(n.)* ពេលកន្លងទៅ pel konglong tov
**laptop** *(n.)* កុំព្យូទ័រយួរដៃ kompyoutor yuor dai
**lard** *(n.)* ខ្លាញ់ជ្រូក khlanh chrouk
**large** *(adj.)* ធំ thom
**largesse** *(n.)* ការបរិច្ចាគ kar borichark
**lark** *(n.)* សត្វក្រូចអិត satt kroch it
**lascivious** *(adj.)* ដែលល់ខិនទៅកាមមុច្ឆា del lom oan tov kam muchchha
**lash** *(v.)* វាយនឹងរំពាត់ veay neung rompoat
**lash** *(n.)* រោមភ្នែក rom phnek
**lass** *(n.)* ស្ត្រីក្មេង strei kmeng
**last** *(adj.)* នៃពេលមុន nei pel mun
**last** *(adv.)* ក្រោយគេបំផុត kraoy ke bomphot
**last** *(v.)* នៅស្ថិតស្ថេរ nov sthet sthe
**last** *(n.)* ចុងក្រោយ chong kraoy
**lasting** *(adj.)* យូរអង្វែង yu angveng
**lastly** *(adv.)* ជាចុងក្រោយ chea chong kraoy
**latch** *(n.)* រនុកទ្វារ ronuk tvea
**late** *(adj.)* យឺត yeut
**late** *(adv.)* ដោយហួសម៉ោង doy huos moan
**lately** *(adv.)* នាពេលថ្មីៗនេះ nea pel thmei thmei nih
**latent** *(adj.)* ដែលមិនទាន់យើញច្បាស់ del min toan kheunh chbas
**lath** *(n.)* បន្ទះឈើតូចៗ bonteah chheu touch touch
**lathe** *(n.)* ម៉ាស៊ីនក្រឡឹង masin kro loeng
**lather** *(n.)* ពពុះ por puh
**latitude** *(n.)* រយៈទទឹង royak tor teung
**latrine** *(n.)* បង្គន់អនាម័យ bangkon anamai
**latter** *(adj.)* ក្រោយមកទៀត kraoy mok tiet

**lattice** *(n.)* ទ្រែង treung
**laud** *(v.)* លើកសរសើរ lerk sor ser
**laud** *(n.)* ការលើកសរសើរ kar lerk sor ser
**laudable** *(adj.)* គួរឱ្យសរសើរ kuor oy sor ser
**laugh** *(n.)* អ្វីគួរអោយអស់សំណើច avey del kuor oy os somnerch
**laugh** *(v.)* សើច serch
**laughable** *(adj.)* ដែលគួរឱ្យអស់សំណើច del kuor oy os somnerch
**laughter** *(n.)* សំណើច somnerch
**launch** *(v.)* បើកដំណើរការ berk domner kar
**launch** *(n.)* ការបើកដំណើរការ kar berk domner kar
**launder** *(v.)* បោកអ៊ុត boak uot
**laundress** *(n.)* អ្នកបោកអ៊ុត nak boak uot
**laundry** *(n.)* ការបោកអ៊ុត kar boak uot
**laureate** *(adj.)* ដែលជាកិត្តិយស del chea keteyous
**laureate** *(n.)* ជ័យលាភីរង្វាន់ណូបែល chey leaphi rongvoan nobel
**laurel** *(n.)* ផ្កាជ័យព្រឹក្ស phka chey preuk
**lava** *(n.)* កំអែរភ្នំភ្លើង kom ae phnom pleurng
**lavatory** *(n.)* បង្គន់ bongkun
**lavender** *(n.)* ផ្កាឡាវេនឌើ phka la ven deu
**lavish** *(adj.)* ដែលខ្ចះខ្ចាយ khcheah khcheay
**lavish** *(v.)* ចាយខ្ចះខ្ចាយ chay khcheah khcheay
**law** *(n.)* ច្បាប់ chbab
**lawful** *(adj.)* ស្របច្បាប់ srob chbab
**lawless** *(adj.)* គ្មានច្បាប់ kmean chbab
**lawn** *(n.)* ម៉ាស៊ីនកាត់ស្មៅ masin kat smao
**lawyer** *(n.)* មេធាវី me thea vi
**lax** *(adj.)* ធូររលុង thou ror loung
**laxative** *(n.)* ថ្នាំបញ្ចុះ thnam banh chouh
**laxative** *(adj.)* នៃថ្នាំបញ្ចុះ nei thnam banh chouh
**laxity** *(n.)* ភាពធូររលុង pheap thou ror loung
**lay** *(n.)* គ្រហស្ថ kro hoh
**lay** *(v.)* ដាក់ចុះ dak chuh
**lay** *(adj.)* ដាក់ dak
**layer** *(n.)* ស្រទាប់ srotoab
**layman** *(n.)* ឧបាសកឧបាសិកា ubasok ubaseka

**lay-off** (n.) ការបញ្ឈប់ kar banhchhob
**layout** (n.) ប្លង់ blong
**laze** (v.) ចំណាយពេលគតធ្វើអ្វី chomnay pel ot tveu ey
**laziness** (n.) ភាពខ្ជិល pheap khchel
**lazy** (adj.) ខ្ជិល khchel
**lea** (n.) វាលស្មៅ veal smao
**leach** (v.) ត្រងច្រោះ trong chroah
**lead** (n.) សំណ som nor
**lead** (v.) ដឹកនាំ doek noam
**leaden** (adj.) ដែលធ្វើដោយសំណ del tveu doy som nor
**leader** (n.) មេដឹកនាំ me doek noam
**leadership** (n.) ភាពជាអ្នកដឹកនាំ pheap chea nak doek noam
**leaf** (n.) ស្លឹក sloek
**leaflet** (n.) ខិត្តប័ណ្ណ khettabann
**leafy** (adj.) ដែលមានស្លឹកច្រើន del mean sloek chrern
**league** (n.) សម្ព័ន្ធ somponth
**leak** (n.) ការលេចធ្លាយ kar lech thleay
**leak** (v.) លេចធ្លាយ lech thleay
**leakage** (n.) ការលេចធ្លាយ kar lech thleay
**lean** (n.) ទំនោរ tomnor
**lean** (v.) គ្មានខ្លាញ់ kmean khlanh
**leap** (v.) ផ្លោះ phlaoh
**leap** (n.) ការផ្លោះ kar phlaoh
**learn** (v.) រៀន rien
**learned** (adj.) ដែលបានរៀន del ban rien
**learner** (n.) អ្នកសិក្សា nak serk saa
**learning** (n.) ការសិក្សា kar serk saa
**lease** (n.) ការជួល kar chuol
**lease** (v.) ជួល chuol
**least** (adj.) ដែលតិចជាងគេ del tich cheang ke
**least** (adv.) យ៉ាងហោចណាស់ yang haoch nas
**leather** (n.) ស្បែកសត្វ sbek satt
**leave** (n.) ពេលឈប់សម្រាក pel chhob somrak
**leave** (v.) ចាកចេញ chak chenh
**lecture** (n.) ការបង្រៀន kar bangrien
**lecture** (v.) បង្រៀន bangrien

**lecturer** (n.) គ្រូឧត្តមសិក្សា kru ukdom serksaa
**ledger** (n.) បញ្ជីគណនេយ្យ banhchi kaknakney
**lee** (n.) ជម្រក chomrok
**leech** (n.) ឈ្លើង chhleung
**leek** (n.) គុលខ្ទឹម kul khteom
**left** (adj.) ឆ្វេង chhveng
**left** (n.) ខាងឆ្វេង khang chhveng
**leftist** (n.) ពួកឆ្វេងនិយម puok chhveng niyom
**leftover** (n.) នៅសល់ nov sol
**leg** (n.) ជើង cheung
**legacy** (n.) កេរ្តិ៍ដំណែល ke domnel
**legal** (adj.) ស្របច្បាប់ srob chbab
**legal action** (n.) សកម្មភាពស្របច្បាប់ sakammopheap srob chbab
**legality** (n.) ភាពស្របច្បាប់ pheap srob chbab
**legalize** (v.) ធ្វើឱ្យស្របច្បាប់ thveu aoy srob chbab
**legend** (n.) រឿងព្រេង rueng preng
**legendary** (adj.) នៃរឿងព្រេងនិទាន nei rueng preng nitean
**leghorn** (n.) មាន់បៃ moan chae
**legible** (adj.) អាចអានបាន ach arn ban
**legibly** (adv.) យ៉ាងងាយអាន yang ngeay arn
**legion** (n.) កងទាហាន kong teahean
**legionary** (n.) ទាហានរ៉ូម៉ាំង teahean romang
**legislate** (v.) តាក់តែងច្បាប់ tak taeng chbab
**legislation** (n.) ច្បាប់ chbab
**legislative** (adj.) នៃនីតិប្បញ្ញត្តិ nei ni te panhnhatt
**legislator** (n.) អ្នកតាក់តែងច្បាប់ nak tak teng chbab
**legislature** (n.) នីតិប្បញ្ញត្តិ ni te panhnhatt
**legitimacy** (n.) ភាពស្របច្បាប់ pheap srob chbab
**legitimate** (adj.) ស្របច្បាប់ srob chbab
**leisure** (n.) ការកំសាន្ត kar kamsan
**leisurely** (adj.) ដែលស្ងប់ស្រួល del sngob sruol
**leisurely** (adv.) ដោយការកំសាន្ត doy kar kamsan

**lemon** (n.) ក្រូចឆ្មា krauch chhma
**lemonade** (n.) ទឹកក្រូចឆ្មា teuk krauch chhma
**lend** (v.) ឱ្យខ្ចី oy khchey
**length** (n.) ប្រវែង broveng
**lengthen** (v.) ធ្វើឱ្យវែង tveu oy veng
**lengthy** (adj.) វែង veng
**lenience** (n.) ភាពអត់ធ្មត់ pheap otthmot
**leniency** (n.) សេចក្តីអត់ឱន sechkdei ot oan
**lenient** (adj.) ដែលអត់ឱន del ot oan
**lens** (n.) កែវភ្នែក kev phnek
**lentil** (n.) គ្រាប់សណ្តែក kroab sondek
**Leo** (n.) ឡេអូ (សញ្ញាហោរាសាស្ត្រទី ៥) leo (sanhha horasas ti 5)
**leonine** (adj.) ដូចសត្វតោ doch satt toa
**leopard** (n.) ខ្លារខិន khla ro khen
**leper** (n.) មនុស្សឃ្លង់ monouss khlong
**leprosy** (n.) រោគឃ្លង់ rok khlong
**leprous** (adj.) នៃរោគឃ្លង់ nei rok khlong
**less** (adj.) ដែលតិចជាង del tech cheang
**less** (n.) ភាគតិច pheak tech
**less** (adv.) ដោយអន់ doy orn
**less** (prep.) តិច tech
**lessee** (n.) អ្នកជួល nak chuol
**lessen** (v.) បន្ថយ banthoy
**lesser** (adj.) តិចជាង tech cheang
**lesson** (n.) មេរៀន me rien
**lest** (conj.) ក្រែងលោ kreng lor
**let** (v.) អនុញ្ញាតឱ្យ anounhnhat oy
**lethal** (adj.) ដែលបណ្តាលឱ្យស្លាប់ del bondal oy slab
**lethargic** (adj.) ល្ហិតល្ហៃ lahit lahai
**lethargy** (n.) ភាពល្ហិតល្ហៃ pheap lahit lahai
**let-out** (n.) ការបញ្ចេញសខ្លួនចេញ kar banhcheas khluon chenh
**letter** (n.) លិខិត likhet
**letterhead** (n.) ក្បាលសំបុត្រ kbal sambot
**level** (n.) កម្រិត kam ret
**level** (adj.) ស្មើ smer
**level** (v.) ធ្វើឱ្យស្មើ tveu oy smer
**lever** (v.) គាស់នឹងដងថ្លឹង dong thloeng
**lever** (n.) ដងថ្លឹង dong thloeng

**leverage** (n.) អានុភាព anou pheap
**levity** (n.) ការធ្វេសប្រហែស kar tves prohes
**levy** (v.) យកពន្ធ yok ponth
**levy** (n.) ការយកពន្ធ kar yok ponth
**lewd** (adj.) ដែលអាសអាភាស del as ah pheas
**lexicography** (n.) សិល្ប:រៀបចំសទ្ទានុក្រម seilapak reab chom sattea nou krom
**lexicon** (n.) សទ្ទានុក្រម sattea nou krom
**liability** (n.) បំណុល bomnol
**liable** (adj.) ដែលទទួលខុសត្រូវ del tor tuol khos trauv
**liaison** (n.) ទំនាក់ទំនង tom neak tomnong
**liar** (n.) មនុស្សកុហក monuos ko hok
**libel** (n.) ការសរសេរបរិហារកេរ្តិ៍ kar sor se borihar ke
**libel** (v.) បង្កាច់ បង្ខូច bong kach bong kouch
**liberal** (adj.) ដែលសេរី del se ri
**liberalism** (n.) សេរីនិយម se ri niyom
**liberality** (n.) ភាពសេរី pheap se ri
**liberate** (v.) រំដោះ rom daoh
**liberation** (n.) ការរំដោះ kar rom daoh
**liberator** (n.) អ្នករំដោះ nak rom daoh
**libertine** (n.) ដែលប្រព្រឹត្តខុសពីសីលធម៌ del bropreut khos selathor
**liberty** (n.) សេរីភាព se rei pheap
**librarian** (n.) បណ្ណារក្ស ban na rak
**library** (n.) បណ្ណាល័យ ban na lai
**licence** (n.) អាជ្ញាប័ណ្ណ ach nha bann
**license** (v.) ផ្តល់អាជ្ញាប័ណ្ណ phdol ach nha bann
**licensee** (n.) អ្នកមានអាជ្ញាប័ណ្ណ nak mean ach nha bann
**licentious** (adj.) ដែលខុសសីលធម៌ del khous selathor
**lick** (v.) លិត lit
**lick** (n.) ការលិត kar lit
**lid** (n.) គំរប koum rob
**lie** (v.) ពាក្យកុហក peak kohok
**lie** (v.) កុហក kohok
**lien** (n.) សិទ្ធិរក្សាទ្រព្យរបស់កូនបំណុល seth raksa trob robos koun bomnol
**lieu** (n.) ជំនួស chom nuos

**lieutenant** (n.) អនុសេនីយ៍ទោ anou se nei to
**life** (n.) ជីវិត chivit
**life jacket** (n.) អាវសុវត្ថិភាព av sovatthepheap
**life support** (n.) ការថែទាំគ្រឿងរវាងដែលមិនដំណើរការ kar thae toam kom tro sak rei reang del min dom ner kar
**lifeless** (adj.) គ្មានជីវិត kmean chivit
**lifelong** (adj.) ពេញមួយជីវិត penh muoy chivit
**lifestyle** (n.) របៀបរស់នៅ robieb ros nov
**lift** (n.) ជណ្តើរប្រអប់ chun der bro ob
**lift** (v.) លើក leuk
**ligament** (n.) សរសៃភ្ជាប់គ្រងគន្លាក់ sor sai pchoab trong konlak
**light** (n.) ពន្លឺ ponleu
**light** (adj.) ភ្លឺ pleu
**light** (v.) អុជ och
**lighten** (v.) បំភ្លឺ bompleu
**lightening** (n.) កំណត់កាលចុងក្រោយនៃការមានផ្ទៃពោះ domnak kal chong kroay nei kar mean phtei poh
**lighter** (n.) ដែកកេះ daek kes
**lightly** (adv.) យ៉ាងស្រាល yang sral
**lignite** (n.) ធ្យូងថ្មម្យ៉ាង thyuong thmor myang
**like** (v.) ចូលចិត្ត chaul chett
**like** (adj.) ដែលដូចគ្នា del douch knea
**like** (n.) ប្រភេទ brophet
**like** (prep.) ដូចជា doch chea
**likelihood** (n.) លទ្ធភាព letthopheap
**likely** (adj.) ទំនង tom nong
**liken** (v.) រៀបប្រដូចនឹង breab brodouch neung
**likeness** (n.) ភាពដូចគ្នា pheap douch knea
**likewise** (adv.) ដូចគ្នានេះដែរ dauch knea nih dae
**liking** (n.) ការចូលចិត្ត kar chaul chett
**lilac** (n.) ពណ៌ស្វាយខ្ចី por svay khchey
**lily** (n.) ផ្កាលីលី phka li li
**limb** (n.) អវយវៈ avak yivak
**limber** (v.) ធ្វើឱ្យទន់ tveu oy tun

**limber** (adj.) ដែលទន់ភ្លន់ del tun pluon
**limber** (n.) ភាពទន់ភ្លន់ pheap tun pluon
**lime** (n.) ក្រូចឆ្មារ krouch chhmar
**lime** (v.) លាយក្រូចឆ្មារ leay krouch chhmar
**limelight** (n.) ការចេញមុខចេញមាត់ kar chenh moukh chenh moat
**limit** (n.) ចំនួនកំណត់ chomnuon kamnot
**limit** (v.) កំណត់ kamnot
**limitation** (n.) ដែនកំណត់ den kamnot
**limited** (adj.) មានកំណត់ mean kamnot
**limitless** (adj.) គ្មានដែនកំណត់ kmean den kamnot
**line** (n.) បន្ទាត់ bontot
**line** (v.) គូសបន្ទាត់ kous bontot
**lineage** (n.) ពូជត្រកូល puoch trokaul
**linen** (n.) គ្រណាត់ធ្វើពីសរសៃកប្បាសម្យ៉ាង kronat tveu pi sor sai rokhakcheat myang
**linger** (v.) បង្អែបង្អង់ bong ae bong ong
**lingo** (n.) ភាសាតាមតំបន់ pheasa tam dombon
**lingual** (adj.) នៃភាសា nei pheasaa
**linguist** (n.) ភាសាវិទូ pheasa vitou
**linguistic** (adj.) នៃភាសាវិទ្យា nei pheasaa vithyear
**linguistics** (n.) ភាសាវិទ្យា pheasaa vithyear
**lining** (n.) ទ្រនាប់ខាងក្នុង tro noab khang knung
**link** (n.) តំណ dom nor
**link** (v.) តភ្ជាប់ tor phchob
**linseed** (n.) ប្រេងថ្មី preng thmei
**lintel** (n.) ធ្នឹម thneum
**lion** (n.) តោ toa
**lioness** (n.) តោញី toa nhi
**lip** (n.) បបូរមាត់ bor bo moat
**liquefy** (v.) ពង្រាវ pong reav
**liquid** (adj.) ដែលរាវ del reav
**liquid** (n.) ជាតុរាវ theat reav
**liquidate** (v.) ទូទាត់ជាប្រាក់ tuo toat chea brak
**liquidation** (n.) ការទូទាត់ជាប្រាក់ kar tuo toat chea brak
**liquor** (n.) ស្រា sra
**lisp** (v.) និយាយឡលៗ niyeay lol lol

**lisp** *(n.)* ការនិយាយឡ្លល១ kar niyeay lol lol
**list** *(n.)* បញ្ជី banhchi
**list** *(v.)* រាយបញ្ជី reay banhchi
**listen** *(v.)* ស្តាប់ sdab
**listener** *(n.)* អ្នកស្តាប់ nak sdab
**listless** *(adj.)* ដែលល្វើយ del lavery
**literacy** *(n.)* អក្ខរកម្ម akkharak kamm
**literal** *(adj.)* នៃយត្រង់ nei trong
**literary** *(adj.)* នៃអក្សរសាស្ត្រ nei aksorsaas
**literate** *(adj.)* ដែលចេះអក្សរ del cheh aksor
**literature** *(n.)* អក្សរសិល្ប៍ aksorsel
**litigant** *(n.)* គូវិវាទ ku viveath
**litigate** *(v.)* វិវាទ viveat
**litigation** *(n.)* បណ្តឹងវិវាទ bondoeng viveat
**litre** *(n.)* លីត្រ lit
**litter** *(v.)* ចោលសំរាម choal saamram
**litter** *(n.)* ការចោលសំរាម kar choal saamram
**litterateur** *(n.)* អ្នកអក្សរសិល្ប៍ nak aksorsel
**little** *(n.)* ភាពតិចតួច pheap techtuoch
**little** *(adj.)* តិចតួច tech tuoch
**little** *(adv.)* យ៉ាងតិចតួច tech tuoch
**littoral** *(adj.)* នៃមាត់សមុទ្រ nei moat sakmot
**liturgical** *(adj.)* នៃការសូត្រមន្តក្នុងព្រះវិហារ nei kar sout mon knung preah vihear
**live** *(v.)* រស់នៅ ros nov
**live** *(adj.)* ផ្សាយផ្ទាល់ phsay phtol
**livelihood** *(n.)* ការចិញ្ចឹមជីវិត kar chenh cheum chivit
**lively** *(adj.)* រស់រវើក ros roveuk
**liver** *(n.)* ថ្លើម thlerm
**livery** *(n.)* សំលៀកបំពាក់អ្នកបម្រើ somleak bompeak nak bomrer
**living** *(adj.)* ដែលមានជីវិត del mean chivit
**living** *(n.)* ការរស់នៅ kar ros nov
**lizard** *(n.)* សត្វជីងចក់ sat ching chok
**load** *(n.)* ការផ្ទុក kar phtok
**load** *(v.)* ផ្ទុក phtok
**loadstar** *(n.)* ដារានាំផ្លូវ dara nom plouv
**loadstone** *(n.)* ដុំមេដែក dom me daek
**loaf** *(n.)* ដុំនំប៉័ង dom nombang
**loaf** *(v.)* ចំណាយពេលឥតប្រយោជន៍ chomnay pel ot proyoach

**loafer** *(n.)* មនុស្សខ្ជិល mnus khchil
**loan** *(n.)* កំចី kam chei
**loan** *(v.)* ខ្ចី khchey
**loath** *(adj.)* ដែលស្តាក់ស្ទើរ del stak steu
**loathe** *(v.)* ស្អប់ខ្ពើម sa'ob khperm
**loathsome** *(adj.)* គួរអោយស្អប់ខ្ពើម kuor aoy sa'ob khperm
**lobby** *(n.)* បន្ទប់រងចាំ bantob rongcham
**lobe** *(n.)* ក្លែប klaeb
**lobster** *(n.)* បង្កង bangkong
**local** *(adj.)* ក្នុងស្រុក knong srok
**locale** *(n.)* មូលដ្ឋាន moulothan
**locality** *(n.)* តំបន់ dambon
**localize** *(v.)* ធ្វើមូលដ្ឋានីយកម្ម thveu moulothaniyokamm
**locate** *(v.)* កំណត់ទីតាំង kamnot titang
**location** *(n.)* ទីតាំង titang
**lock** *(n.)* មេសោ me soar
**lock** *(v.)* ចាក់សោ chak saor
**locker** *(n.)* ទូដាក់អីវ៉ាន់ tu dak ei van
**locket** *(n.)* បន្តោងខ្សែក bontoang khsae kor
**locomotive** *(n.)* ក្បាលរថភ្លើង kbal roth phleung
**locus** *(n.)* កន្លែងកើតហេតុ konglaeng kert het
**locust** *(n.)* កណ្តូប kandaub
**locution** *(n.)* ពាក្យ ឬឃ្លា peak reu khlea
**lodge** *(n.)* ផ្ទះសំណាក់ phteah saamnak
**lodge** *(v.)* ស្នាក់នៅ snak nov
**lodging** *(n.)* ទីស្នាក់អាស្រ័យ ti snak ah sray
**loft** *(n.)* បន្ទប់ក្រោមដំបូល bontob krom domboul
**lofty** *(adj.)* ខ្ពស់ khpous
**log** *(n.)* កំណត់ហេតុ kam not het
**log** *(v.)* កត់កំណត់ហេតុ kot kom not het
**logarithm** *(n.)* មេលេខជំរឿន me lekh chomreun
**loggerhead** *(n.)* មនុស្សខួរក្បាលស្តឹក monuos kour kbal speuk
**logic** *(n.)* សមហេតុផល som het phol
**logical** *(adj.)* ដែលសមហេតុផល del som het phol
**logician** *(n.)* អ្នកតក្កវិទ្យា nak tak kak vithyea

**logout** (n.) ការចាកចេញ kar chak chenh
**loin** (n.) អង្គជាតិ ang cheat
**loiter** (v.) ដើរត្រគតត្រគត der tret trot
**loll** (v.) ផ្អើបផ្អូកខ្ជិលច្រអូស tveu reuk kchil chro ous
**lollipop** (n.) ស្ករគ្រាប់ skor kroab
**lone** (adj.) ឯកកោ ek ka
**loneliness** (n.) ភាពឯកកោ pheap ek ka
**lonely** (adj.) ឯកកោ ek ka
**lonesome** (adj.) ដែលឆ្ងាយពីគេ del chhngay pi ke
**long** (adv.) វែង veng
**long** (v.) ទន្ទឹង ton teung
**long** (adj.) វែង veng
**longevity** (n.) អាយុយឺនយូរ ayou yeun your
**longing** (n.) ការទន្ទឹង kar ton teung
**longitude** (n.) រយៈបណ្ដោយ royak bandaoy
**long-term** (adj.) រយៈពេលវែង royak pel veng
**look** (v.) មើលទៅ meul tov
**look** (n.) រូបរាងខាងក្រៅ ruob reang khang krao
**loom** (n.) កីតម្បាញ kei dombanh
**loom** (v.) ផុសឡើង phous lerng
**loop** (n.) រង្វិលជុំ rongvil choum
**loop-hole** (n.) ចន្លោះប្រហោង chonloh brohoang
**loose** (adj.) រលុង roloung
**loose end** (n.) ចុងរលុង chong roloung
**loosen** (v.) បន្ធូរ banthou
**loot** (n.) ការលួច kar luoch
**loot** (v.) លួច luoch
**lop** (v.) កាត់មែកឈើចេញ kat mek chheu cheng
**lop** (n.) ការកាត់មែកឈើចេញ kar kat mek chheu cheng
**lord** (n.) លោកម្ចាស់ lok ma chas
**lordly** (adj.) ប្រសើរលើសលប់ bro ser leus luob
**lordship** (n.) អធិរាជ ak thi reach
**lore** (n.) ជំនឿទាក់ទងនឹងរឿងព្រេង chomneu tak tong neung reung preng
**lorry** (n.) ឡានដឹកទំនិញ lan doek tomninh
**lose** (v.) ចាញ់ chanh

**loss** (n.) ការបាត់បង់ kar bat bong
**lost** (v.) វង្វេង vongveng
**lot** (n.) ក្រុម kroum
**lotion** (n.) ទ្បេ le
**lottery** (n.) ឆ្នោត chhnaot
**lotus** (n.) ផ្កាឈូក phka chhouk
**loud** (adj.) លឺខ្លាំង leu khlang
**lounge** (v.) កន្លែងសំរាក kanlaeng samrak
**lounge** (n.) កន្លែងសំរាក kanleng samrak
**louse** (n.) មនុស្សអាក្រក់ monuos aa krok
**lovable** (adj.) គួរឱ្យស្រឡាញ់ kuor aoy sralanh
**love** (n.) ការស្រឡាញ់ kar sralanh
**love** (v.) ស្រឡាញ់ sralanh
**lovely** (adj.) គួរឱ្យស្រឡាញ់ kuor aoy sralanh
**lover** (n.) មនុស្សជាទីស្រឡាញ់ monuos chea ti sralanh
**loving** (adj.) ដែលស្រឡាញ់ del sralanh
**low** (adv.) តិចៗ tich tich
**low** (adj.) ទាប teab
**low** (v.) រោទ៍ ro
**low** (n.) ទាប teab
**lower** (v.) បន្ទាប bonteab
**low-fat** (adj.) ជាតិខ្លាញ់ទាប cheat khlanh teab
**lowliness** (n.) ការបន្ទាបខ្លួន kar banteab khluon
**lowly** (adj.) ដែលដាក់ខ្លួន del dak khluon
**loyal** (adj.) ស្មោះត្រង់ smaoh trong
**loyalist** (n.) អ្នកស្មោះត្រង់ nak smaoh trong
**loyalty** (n.) ភាពស្មោះត្រង់ pheap smaoh trong
**lubricant** (n.) ប្រេងរំអិល breng rom el
**lubricate** (v.) រំអិល rom el
**lubrication** (n.) រំអិល romel
**lucent** (adj.) ភ្លឺចិញ្ចាច pleu chenh chach
**lucid** (adj.) ដែលច្បាស់ del chhbah
**lucidity** (n.) ភាពច្បាស់លាស់ pheap chhbas loah
**luck** (n.) សំណាង samnang
**luckily** (adv.) សំណាងល្អ samnang laor
**luckless** (adj.) គ្មានសំណាង kmean saamnang

**lucky** *(adj.)* ដែលមានសំណាង del mean saamnang
**lucrative** *(adj.)* រកម្រែបានច្រើន rok kamrei ban chrern
**lucre** *(n.)* ផលចំណេញ phol chomnenh
**luggage** *(n.)* វ៉ាលី va li
**lukewarm** *(adj.)* មិនសូវក្តៅ min sov kdao
**lull** *(v.)* លូងឱ្យដេក lourng oy dek
**lull** *(n.)* ភាពស្ងប់ស្ងាត់ pheab sngob sngat
**lullaby** *(n.)* ចម្រៀងបំពេរ chom reang bom pe
**luminary** *(n.)* វត្ថុដែលបញ្ចេញពន្លឺ vottho del bonhchenh ponleu
**luminous** *(adj.)* ភ្លឺថ្លា phleu thla
**lump** *(n.)* ដុំពក dom pok
**lump** *(v.)* បញ្ចូលគ្នា banh choul knea
**lump sum** *(n.)* ផលបូកសរុប phol bouk sak rob
**lunacy** *(n.)* ដំណើរឆ្កួត domner chhkuot
**lunar** *(adj.)* នៃចន្ទគតិ nei chan ka te
**lunatic** *(n.)* មនុស្សឆ្កួត monuos chhkuot
**lunatic** *(adj.)* ដែលឆ្កួត del chhkuot
**lunch** *(v.)* ញាំអាហារថ្ងៃត្រង់ nham ahar thngai trang
**lunch** *(n.)* អាហារថ្ងៃត្រង់ ahar thngai trang
**lung** *(n.)* សួត suot
**lunge** *(v.)* ហក់ hork
**lurch** *(n.)* ដំណើរវៀចកញ្ឆក់ domner veach kanh chhork
**lurch** *(v.)* កញ្ឆក់ kanh chhork
**lure** *(n.)* ការល្បួង kar lbuong
**lure** *(v.)* ល្បួង lbuong
**lurk** *(v.)* ចាំឆ្មក់ cham chhmork
**luscious** *(adj.)* ដែលមានឱជារស del mean oa chea ros
**lush** *(adj.)* ខៀវស្រងាត់ khiev srongat
**lust** *(n.)* តណ្ហា tanha
**lustful** *(adj.)* នៃតណ្ហា nei tanha
**lustre** *(n.)* ផ្លារលោង thnam roloung
**lustrous** *(adj.)* ភ្លឺរលោង phleu ro loung
**lusty** *(adj.)* ដែលរឹងប៉ឹង del reung poeung
**lute** *(n.)* ចាប៉ីមួយបែប char pei mouy beb
**luxuriance** *(n.)* ភាពប្រណីត pheap branet

**luxuriant** *(adj.)* ប្រណីត branet
**luxurious** *(adj.)* ដ៏ប្រណីត dor branet
**luxury** *(n.)* ភាពប្រណីត pheap branet
**lynch** *(v.)*
ដាក់ទោសដោយគ្មានតុលាការវិនិច្ឆ័យ dak tuos doy kmean tolakar vinichhay
**lyre** *(n.)* ពិណបុរាណ pin boran
**lyric** *(n.)* ទំនុកច្រៀង tomnouk chrieng
**lyric** *(adj.)* នៃទំនុកច្រៀង nei tomnouk chrieng
**lyrical** *(adj.)* នៃអត្ថបទចម្រៀង nei atthabot chamrieng
**lyricist** *(n.)* អ្នកនិពន្ធទំនុកច្រៀង nak niponth tomnouk chrieng

**macadamia** *(n.)* គ្រាប់កៅឡាក់ kroab kao lak
**macaroon** *(n.)* នំផ្អែមតូចសំប៉ែត nom ph'aem touch sompet
**mace** *(n.)* គ្គាងមានដែកគោល tmoang mean daek koal
**mace** *(v.)* ការពារ ឬវាយប្រហារដោយឧស្មន័ kar pear reu veay prohar doy uksman
**machinate** *(v.)* គិតគូរក្បត់ kit ku kbot
**machination** *(n.)* ផែនការទុច្ចរិត phen ka tuch cha ret
**machine** *(n.)* ម៉ាស៊ីន masin
**machine-made** *(adj.)* ផលិតដោយម៉ាស៊ីន pholit daoy masin
**machinery** *(n.)* គ្រឿងម៉ាស៊ីន krueng masin
**machinist** *(n.)* វិស្វករម៉ាស៊ីន visvakor masin
**mack** *(n.)* ព្រាននារី prean near ri
**mack** *(v.)* ធ្វើជាព្រាននារី tveu chea prean near ri
**macro** *(adj.)* ម៉ាក្រូ ma krau
**macro** *(n.)* ម៉ាក្រូ ma krau
**macrobiotic** *(adj.)* ដែលផ្តល់សុខភាពល្អ del phdol sokhapheap laor

**macrocephaly** *(n.)* ភាពមានកក្បាលធំខុសពីធម្មតា pheap mean kbal thom khous thomoda
**macrofibre** *(n.)* ចម៉ាក្រូហ្វៃប៊ឺរ macrofibre
**macrosphere** *(n.)* កន្លែងដំផំ kongleng dor thom
**maculate** *(v.)* ដៅចំនុច dao chomnoch
**maculate** *(adj.)* ដែលដៅចំនុច del dao chomnoch
**mad** *(adj.)* ខឹង khoeng
**mad** *(adv.)* យ៉ាងខឹង yang chhkuot
**madam** *(n.)* លោកស្រី lork srey
**madden** *(v.)* ធ្វើឱ្យឆ្កួត tveu oy chhkuot
**maddening** *(adj.)* ដែលខឹងមួរម៉ៅ del khoeung muor mao
**madhouse** *(n.)* ពេទ្យឆ្កួត pet chhkuot
**madness** *(n.)* ភាពឆ្កួត pheap chhkuot
**mafia** *(n.)* ម៉ាហ្វី ma fi
**magazine** *(n.)* ទស្សនាវដ្តី tossaana va dei
**mage** *(n.)* គ្រូវេទមន្ត krou vetamon
**maggot** *(n.)* ដង្កូវ dong kov
**magic** *(n.)* វេទមន្ត vetomon
**magical** *(adj.)* នៃវេទមន្ត nei vetomon
**magician** *(n.)* អ្នកលេងសៀក nak leng seak
**magisterial** *(adj.)* ដែលមឹុងម៉ាត់ del meong matt
**magistracy** *(n.)* អង្គចៅក្រម ang chao krom
**magistrate** *(n.)* ចៅក្រម chao krom
**magistrature** *(n.)* រយៈពេលចៅក្រមបំពេញមុខងារ royak pel chao krom bompenh mukh ngea
**magma** *(n.)* សិលាម៉ាកម៉ា sela magma
**magnanimity** *(n.)* ចិត្តសប្បុរស chet soboros
**magnanimous** *(adj.)* ដែលមានចិត្តសប្បុរស del mean chet soboros
**magnate** *(n.)* ជនមានអំណាច chun mean omnach
**magnet** *(n.)* មេដែក me daek
**magnetic** *(adj.)* នៃមេញទឹក nei ma nhe tik
**magnetism** *(n.)* ម៉ាញេទិក ma nhe tik
**magnificent** *(adj.)* ឱស្វារ្យ os char
**magnify** *(v.)* ពង្រីក pongrik
**magnitude** *(n.)* រីចទ័រ rech tor

**magpie** *(n.)* សត្វល្វាចេក sat tvea chek
**mahogany** *(n.)* ឈើខ្លឹមម្យ៉ាង chheu kloem myang
**mahout** *(n.)* ហ្មដំរី mor domrei
**maid** *(n.)* អ្នកបម្រើ nak bamreu
**maiden** *(adj.)* ដែលជានារីក្រមុំ del chea neari kramoum
**maiden** *(n.)* នារីក្រមុំ neari kramoum
**mail** *(n.)* ការផ្ញើតាមប្រៃសណីយ៍ kar pnher tam pre sa ni
**mail** *(v.)* ផ្ញើតាមប្រៃសណីយ៍ pnher tam pre sa ni
**main** *(adj.)* ចំបង chom bong
**main** *(n.)* បំពង់ទឹកធំ bompong teuk thom
**mainly** *(adv.)* ជាចម្បង chea chambong
**mainstay** *(n.)* អ្នកទ្រទ្រង់ដ៏សំខាន់ nak trotrung dor somkhan
**maintain** *(v.)* រក្សា raksaa
**maintenance** *(n.)* ការថែទាំ kar thae toam
**maize** *(n.)* ពោត poat
**majestic** *(adj.)* ឱស្វារ្យ oschar
**majesty** *(n.)* ភាពរុងរឿង pheap roung rueng
**major** *(adj.)* ធំ thom
**major** *(n.)* មុខវិជ្ជាដ៏សំខាន់ mukh vichea somkhan
**majority** *(n.)* ភាគច្រើន pheak chrern
**make** *(v.)* ធ្វើឱ្យ thveu oy
**make** *(n.)* ម៉ាកផលិតផល mark politaphol
**makeover** *(n.)* ការតុបតែងខ្លួន kar tob teng kluon
**maker** *(n.)* ក្រុមហ៊ុនផលិត kromhoun pholit
**make-up** *(n.)* ការជាតមុខ kar phat moukh
**maladjustment** *(n.)* ការសម្របសម្រួលមិនល្អ kar somrob somruol min laor
**maladministration** *(n.)* ការគ្រប់គ្រងមិនត្រឹមត្រូវ kar krob krong min troem trauv
**maladroit** *(adj.)* ដែលមិនប្រសប់ del min prasob
**malady** *(n.)* ជំងឺ chom ngeu
**malaise** *(n.)* ភាពល្ហិតល្ហៃ pheap lahit lahai

**malaria** *(n.)* ជំងឺគ្រុនចាញ់ chomngeu kroun chanh
**malcontent** *(adj.)* ដែលមិនសប្បាយចិត្ត del min sabay chett
**malcontent** *(n.)* ភាពមិនសប្បាយចិត្ត pheap min sabay chett
**male** *(adj.)* នៃបុរស nei boros
**male** *(n.)* បុរស boros
**malediction** *(n.)* ការដាក់បណ្តាសា kar dak bondasa
**malefactor** *(n.)* អ្នកប្រព្រឹត្តខុស nak bropreut khos
**maleficent** *(adj.)* ដែលព្យាបាទ del phyea bat
**malfunction** *(v.)* ដំណើរការខុសប្រក្រតី damner kar khos brakrodei
**malice** *(n.)* គំនិតព្យាបាទ komnit pyea bat
**malicious** *(adj.)* ដែលព្យាបាទ del pyeabat
**malign** *(v.)* ធ្វើឱ្យវិនាស tveu oy vineas
**malign** *(adj.)* ដែលឱ្យវិនាស del oy vineas
**malignancy** *(n.)* វត្តមានមហារីកសាច់កាច vottamean moharik sach kach
**malignant** *(adj.)* សាហាវ sahav
**malignity** *(n.)* ការព្យាបាទ kar pyea bat
**malleable** *(adj.)* ដែលស្រួលបត់បែន del sruol bot baen
**malmsey** *(n.)* ស្រាផ្អែម sra ph'em
**malnourished** *(adj.)* កង្វះអាហារូបត្ថម្ភ kangvah aha roubatthom
**malnutrition** *(n.)* កង្វះអាហារូបត្ថម្ភ kangvah aha roubatthom
**malpractice** *(n.)* ការធ្វើខុស kar thveu khos
**malt** *(n.)* មេតាប៉ែ me ta pae
**mal-treatment** *(n.)* ការព្យាបាលខុស kar pyeabal khous
**mamma** *(n.)* ម៉ាម៉ា mama
**mammal** *(n.)* ថនិកសត្វ thanikasat
**mammary** *(adj.)* នៃដោះ nei doh
**mammon** *(n.)* ទ្រព្យសម្បត្តិ troab sambatt
**mammoth** *(n.)* សត្វដំរីបុរាណ satt domrei boran
**mammoth** *(adj.)* នៃសត្វដំរីបុរាណ nei satt domrei boran
**man** *(v.)* ដាក់បុគ្គលិកឱ្យធ្វើការ dak bokakleuk oy tveu kar

**man** *(n.)* បុរស boros
**manage** *(v.)* គ្រប់គ្រង krob krong
**manageable** *(adj.)* អាចគ្រប់គ្រងបាន ach krob krong ban
**management** *(n.)* ការគ្រប់គ្រង kar krob krong
**manager** *(n.)* អ្នកគ្រប់គ្រង nak krob krong
**managerial** *(adj.)* នៃគណៈគ្រប់គ្រង nei kaknak krob krong
**mandate** *(n.)* អាណត្តិ anatt
**mandatory** *(adj.)* ចាំបាច់ cham bach
**mane** *(n.)* សក់សេះ sok seh
**manes** *(n.)* ព្រលឹងជីដូនជីតា proleung chidoun chi ta
**manful** *(adj.)* ដែលសមនឹងបុរស del som neung boros
**manganese** *(n.)* ម៉ង់ហ្គាណែស manganese
**manger** *(n.)* កន្លែងដាក់ចំណីអោយសត្វស៊ី kongleng dak chomnei oy sat shi
**mangle** *(v.)* កំទេច kom tich
**mango** *(n.)* ស្វាយ svay
**manhandle** *(v.)* រើឥវ៉ាន់ដោយដៃ reu vottho thngun doy dai
**manhole** *(n.)* ប្រហោងសម្រាប់ចូលទៅបំពង់លូ prohoung somrab choul tov bompong lu
**manhood** *(n.)* ភាពជាបុរស pheap chea boros
**mania** *(n.)* ភាពងប់ងល់ pheap ngob ngul
**maniac** *(n.)* មនុស្សឆ្កួត monuos chhkuot
**manicure** *(n.)* ការធ្វើក្រចកដៃ kar tveu kro chork dai
**manifest** *(adj.)* ដែលបង្ហាញឱ្យឃើញ del bong hanh oy kheunh
**manifest** *(v.)* សម្តែងចេញ samdeng chenh
**manifestation** *(n.)* ការបង្ហាញឱ្យឃើញ kar banghanh aoy kheunh
**manifesto** *(n.)* សេចក្តីប្រកាស sechkdei brokas
**manifold** *(adj.)* ដែលមានច្រើនផ្សេងគ្នា del mean chrern phseng knea
**manipulate** *(v.)* គ្រប់គ្រងតាមចិត្ត krob krong tam chett

**manipulation** *(n.)* ឧបាយកលក្នុងការគ្រប់គ្រង ubaykol knung kar krob krong
**mankind** *(n.)* មនុស្សលោក monouss lok
**manlike** *(adj.)* ដូចមនុស្ស dauch mnouss
**manliness** *(n.)* ភាពជាបុរស pheap chea boros
**manly** *(adj.)* ដែលជាបុរស del chea boros
**mannequin** *(n.)* ម៉ានីកាំង manikang
**manner** *(n.)* អាកប្បកិរិយា ahkab keriya
**mannerism** *(n.)* ទម្លាប់ប្លែកនៃមនុស្សណាម្នាក់ tomloab plek nei monuos na mneak
**mannerly** *(adj.)* ដែលគួរសម del kuor som
**manoeuvre** *(n.)* ការបំលាស់ទីដោយស្ទាត់ជំនាញ Kar bomlas ti doy stoat chomneanh
**manoeuvre** *(v.)* បំលាស់ទីដោយស្ទាត់ជំនាញ bomlas ti doy stoat chomneanh
**manor** *(n.)* ភូមិគ្រឹះ phoum kreuh
**manorial** *(adj.)* នៃភូមិគ្រឹះ nei phoum kreuh
**mansion** *(n.)* វិមាន vimean
**mantel** *(n.)* ឃ្នងដើងក្រាន khnuong cheung chong kran
**mantle** *(n.)* អាវដណ្តប់គ្មានដៃ av don dob kmean dai
**mantle** *(v.)* គ្របដណ្តប់ krob dondob
**manual** *(adj.)* ហត្ថកម្ម hatthakamm
**manual** *(n.)* ហត្ថកម្ម hatthakamm
**manufacture** *(v.)* ផលិត pholit
**manufacture** *(n.)* ការផលិត kar pholit
**manufacturer** *(n.)* ក្រុមហ៊ុនផលិត kromhoun pholit
**manumission** *(n.)* ការដោះលែងអោយរួចទោស kar doh laeng oy ruoch tuos
**manumit** *(v.)* ដោះលែង (ទាសករ) doh leng (teas kor)
**manure** *(n.)* លាមកសត្វ leamok sat
**manure** *(v.)* ដាក់ជីលាមកសត្វ dak chi leamok sat
**manuscript** *(n.)* សាស្ត្រាស្លឹករឹត sastra sloek reut
**many** *(adj.)* ជាច្រើន chea chrern

**map** *(v.)* វាយបន្លង់ veay plong
**map** *(n.)* ផែនទី phen ti
**mar** *(v.)* ធ្វើអោយខូច tveu oy khouch
**marathon** *(n.)* ម៉ារ៉ាតុង ma ra tong
**maraud** *(v.)* លួចប្លន់ luoch plon
**marauder** *(n.)* ចោរប្លន់ដណ្តើមទ្រព្យសម្បត្តិ choar plon donderm trob sombat
**marble** *(n.)* ថ្មម៉ាប thmor mab
**march** *(n.)* ការដើរក្បួន kar der kbuon
**March** *(n.)* មីនា minea
**march** *(v.)* ដើរក្បួន der kbuon
**mare** *(n.)* សេះញី seh nhi
**margarine** *(n.)* បឺរធ្វើពីប្រេងរុក្ខជាតិ beu tveu pi preng rokhacheat
**margin** *(n.)* រឹម reum
**marginal** *(adj.)* បន្ទាប់បន្សំ bantoab bansaam
**marigold** *(n.)* ផ្ការាជព្រឹក្ស phkar reach preuk
**marine** *(adj.)* នៃកងទ័ពជើងទឹក nei kong toab cheurng teuk
**mariner** *(n.)* អ្នកដើរកាប៉ាល់ nak der kak pal
**marionette** *(n.)* អាយ៉ង ah yorng
**marital** *(adj.)* នៃអាពាហ៍ពិពាហ៍ nei aa pear pi pear
**maritime** *(adj.)* នៃសមុទ្រ nei samot
**mark** *(n.)* ការសម្គាល់ kar samkoal
**mark** *(v.)* សម្គាល់ samkoal
**marker** *(n.)* សញ្ញាសម្គាល់ sanhnha samkoal
**market** *(n.)* ផ្សារ phsaar
**market** *(v.)* ធ្វើទីផ្សារ tveu ti phsaar
**market research** *(n.)* ការស្រាវជ្រាវទីផ្សារ kar srav chreav ti phsar
**market share** *(n.)* ចំណែកទីផ្សារ chamnek ti phsar
**marketable** *(adj.)* ដែលមានទីផ្សារ del mean ti phsar
**marksman** *(n.)* អ្នកពូកែបាញ់ nak pu kae banh
**marl** *(n.)* កំបោរលាយដីឥដ្ឋ kom boar leay dei eth
**marmalade** *(n.)* ដំណាប់ផ្លែឈើ domnab plae chheu
**maroon** *(v.)* ទុកចោល tuk choal
**maroon** *(n.)* ពណ៌ក្រហមចាស់ por thnoat chas

**maroon** *(adj.)* នៃពណ៌ក្ដៅតចាស nei poar thnoat chas
**marriage** *(n.)* អាពាហ៍ពិពាហ៍ apea pipea
**marriageable** *(adj.)* ដែលរៀបការបាន del rieb kar ban
**marrow** *(n.)* ខួរឆ្អឹងខ្នង khuor chhaoeng khnong
**marry** *(v.)* រៀបការ rieb kar
**Mars** *(n.)* ភពព្រះអង្គារ phoup preah angkear
**marsh** *(n.)* ម៉ាស mas
**marshal** *(n.)* សេនាប្រមុខ sena promoukh
**marshal** *(v.)* ប្រមែប្រមូលទព័ bromae bromoul tob
**marshy** *(adj.)* ប្រឡាក់កខ្វក់ brolak kor kvork
**marsupial** *(n.)* ថវិកសត្វ thak vek kak satt
**mart** *(n.)* ផ្សារម៉ាត phsa mat
**marten** *(n.)* សត្វមួយបែបដូចសត្វស្កា satt mouy baeb doch satt ska
**martial** *(adj.)* ក្បាច់គុន kbach koun
**martinet** *(n.)* អ្នកកាន់របៀបតឹងរ៉ឹង nak kan robeab teung reung
**martyr** *(n.)* ទុក្ករបុគ្គល touk kak rak bok kol
**martyrdom** *(n.)* ទុក្ករកិរិយា touk kak rak kiriya
**marvel** *(n.)* អច្ឆរិយវត្ថុ ah chhay riyak vottho
**marvel** *(v.)* ស្ងប់ស្ងែង snhob snhaeng
**marvellous** *(adj.)* អស្ចារ្យ aschar
**mascot** *(n.)* វត្ថុនាំសំណាង vottho noam somnang
**masculine** *(adj.)* ដែលសមជាប្រុស del som chea bros
**mash** *(v.)* កិនឱ្យខ្ទេច ken oy khtech
**mash** *(n.)* ម្សៅស្អិត masao sa et
**mask** *(n.)* របាំងមុខ robang mouk
**mask** *(v.)* របាំង robang
**mason** *(n.)* ជាងកំបោរ cheang kom boar
**masonry** *(n.)* កិច្ចការជាងកំបោរ kech kar cheang kom boar
**masquerade** *(n.)* ការក្លែងបន្លំ kar khleng bonlom
**mass** *(n.)* ដុំម៉ាស dom mas
**mass** *(v.)* ផ្ដុំ phdom

**massacre** *(n.)* ការសម្លាប់រង្គាល kar samlab rongkeal
**massacre** *(v.)* សម្លាប់រង្គាល samlab rongkeal
**massage** *(n.)* ការម៉ាស្សា kar massa
**massage** *(v.)* ម៉ាស្សា massaa
**masseur** *(n.)* អ្នកម៉ាស្សា nak massaa
**massive** *(adj.)* ដ៏ធំ dor thom
**massy** *(adj.)* ដែលធន់ del thon
**mast** *(n.)* ដងក្ដោង dong kdaong
**master** *(n.)* មេ me
**master** *(v.)* ធ្វើអោយស្ទាត់ជំនាញ tveu oy stoat chom neanh
**master class** *(n.)* ថ្នាក់សម្រាប់អ្នកជំនាញ thnak somrab nak chom neanh
**master copy** *(n.)* ច្បាប់ចម្លងមេ chbab chamlong me
**masterly** *(adj.)* ពូកែ pou kae
**masterpiece** *(n.)* ស្នាដៃ sna dai
**mastery** *(n.)* ទេពកោសល្យ teb koa sol
**masticate** *(v.)* ទំពា tompear
**masturbate** *(v.)* សម្រេចកាមដោយខ្លួនឯង samrech kam daoy khluon eng
**mat** *(n.)* កម្រាល komral
**matador** *(n.)* អ្នកកីឡាចាក់គោ nak keilar chak koa
**match** *(v.)* ផ្គូផ្គង phkau phkong
**match** *(n.)* ការប្រកួត kar brokuot
**matchless** *(adj.)* គ្មានការប្រកួតប្រជែង kmean kar brakuot bracheng
**matchmaker** *(n.)* មេអណ្ដើក me on derk
**mate** *(n.)* មិត្ត mitt
**mate** *(v.)* ពាក់ភ្នា peak knea
**material** *(adj.)* នៃសម្ភារៈ nei samphearak
**material** *(n.)* សម្ភារៈ samphearak
**materialism** *(n.)* សំភារៈនិយម samphearak niyom
**materialize** *(v.)* ធ្វើអោយមានរូបរាង tveu oy mean roub reang
**maternal** *(adj.)* នៃមាតា nei meada
**maternity** *(n.)* មាតុភាព mea to pheap
**mathematical** *(adj.)* នៃគណិតវិទ្យា nei kanet vityea
**mathematician** *(n.)* គណិតវិទូ kanet vitou

**mathematics** *(n.)* គណិតវិទ្យា kanet vityea
**matinee** *(n.)* ការសម្តែងសិល្បៈ kar somdeng silapak
**matriarch** *(n.)* មាតាធិបតេយ្យ meada teb pak tey
**matricidal** *(adj.)* ដែលសម្លាប់មាតា del somlab meada
**matricide** *(n.)* ការសម្លាប់មាតា kar somlab meada
**matriculate** *(v.)* ចុះឈ្មោះរៀន choh chmouh rean
**matriculation** *(n.)* ការចុះឈ្មោះរៀន kar choh chmouh rean
**matrimonial** *(adj.)* នៃអាពាហ៍ពិពាហ៍ nei apea pi pea
**matrimony** *(n.)* អាពាហ៍ពិពាហ៍ apa pipea
**matrix** *(n.)* ម៉ាទ្រីស matris
**matron** *(n.)* ស្ត្រីចាស់គួរឱ្យគោរព strei chas kour oy korob
**matter** *(n.)* បញ្ហា panhha
**matter** *(v.)* បង្កបញ្ហា bongkor panhha
**mattock** *(n.)* ចបត្រសេះ chob tro ses
**mattress** *(n.)* ពូក pouk
**mature** *(adj.)* ចាស់ទុំ chas toum
**mature** *(v.)* ក្លាយជាចាស់ទុំ khlay chea chas toum
**maturity** *(n.)* កាលកំណត់ kal kamnot
**maudlin** *(adj.)* ដែលភ្នែកទន់ del phnek tun
**maul** *(n.)* ការហែកញាក់ញី kar haek nhuk nhi
**maul** *(v.)* ហែកញាក់ញី haek nhuk nhi
**maulstick** *(n.)* ឈើភ្នាក់ដៃ chheu phneak dai
**maunder** *(v.)* និយាយផ្ដេសផ្ដាស niyeay phdes phdas
**mausoleum** *(n.)* ចេតិយ chetdey
**mawkish** *(adj.)* ដែលសោះកក្រោះ del soh kor kroah
**maxilla** *(n.)* ឆ្អឹងថ្ងាមលើ chha eung thkeam leu
**maxim** *(n.)* សុភាសិត sophea seth
**maximize** *(v.)* ធ្វើឱ្យដល់អតិបរិមា tveu oy dol ahtepakrima
**maximum** *(n.)* អតិបរិមា ah te pak rima
**maximum** *(adj.)* នៃអតិបរិមា nei ah te pak rima

**May** *(n.)* ឧសភា usaphea
**may** *(v.)* អាច ach
**mayor** *(n.)* អភិបាលក្រុង aphibal krong
**maze** *(n.)* សួនវង្វេង suon vongveng
**me** *(pron.)* ខ្ញុំ khnhom
**mead** *(n.)* ស្រាត្រាំទឹកឃ្មុំ sra tram teuk khmom
**meadow** *(n.)* វាលស្មៅ veal smao
**meagre** *(adj.)* តិចតួចមិនគ្រប់គ្រាន់ tech tuoch min krob kroan
**meal** *(n.)* អាហារ ahar
**mealy** *(adj.)* ជាម្សៅ chea msao
**mean** *(n.)* មធ្យមភាគ mothyom pheak
**mean** *(v.)* មានបំណង mean bomnong
**mean** *(adj.)* មធ្យម mothyom
**meander** *(v.)* ត្រេតត្រត tret trot
**meaning** *(n.)* អត្ថន័យ atthaney
**meaningful** *(adj.)* មានអត្ថន័យ mean atthaney
**meaningless** *(adj.)* គ្មានន័យ kmean ney
**meanness** *(n.)* ភាពកំណាញ់ pheap komnanh
**means** *(n.)* មធ្យោបាយ mothyo bay
**meanwhile** *(adv.)* ទន្ទឹមនឹងនេះ tonteum neung nih
**measles** *(n.)* ជំងឺកញ្ជ្រិល chomngeu kanh chril
**measurable** *(adj.)* អាចវាស់វែងបាន ach voas veng ban
**measure** *(v.)* វាស់ voas
**measure** *(n.)* រង្វាស់ rong voas
**measureless** *(adj.)* ដែលមិនអាចនឹងវាស់បាន del min arch neung voas ban
**measurement** *(n.)* ការវាស់ kar voas
**meat** *(n.)* សាច់ sach
**mechanic** *(n.)* មេកានិច mekanich
**mechanic** *(adj.)* នៃមេកានិច nei mekeanich
**mechanical** *(adj.)* នៃខាងគ្រឿងយន្ត nei khang kreung yon
**mechanics** *(n.)* មេកានិច mekanich
**mechanism** *(n.)* យន្តការ yon kar
**medal** *(n.)* មេដាយ meday
**medallist** *(n.)* អ្នកចូលចិត្តប្រមូលមេដាយ nak choul chett bromoul me dai

**meddle** *(v.)* ជ្រៀតជ្រែកចូលក្នុងកិច្ចការរបស់គេ chreat chrek choul knung kechkar robos ke
**median** *(adj.)* មេដ្យាន medyan
**mediate** *(v.)* សំរបសំរួល samrob saamruol
**mediation** *(n.)* ការសំរបសំរួល kar samrob saamruol
**mediator** *(n.)* អ្នកសម្រុះសម្រួល nak samrob saamruol
**medic** *(n.)* ទាហានពេទ្យ tea hean pet
**medical** *(adj.)* វេជ្ជសាស្ត្រ vechcha sas
**medicament** *(n.)* ឱសថ ao soth
**medicinal** *(adj.)* នៃឱសថ nei ao soth
**medicine** *(n.)* ថ្នាំ thnam
**medieval** *(adj.)* មជ្ឈិមសម័យ mochchhim samay
**mediocre** *(adj.)* ល្មមធ្យម laor mothyom
**mediocrity** *(n.)* ភាពល្មមធ្យម pheap laor mothyom
**meditate** *(v.)* សមាធិ samathi
**meditation** *(n.)* ការធ្វើសមាធិ kar tveu samathi
**meditative** *(adj.)* ដែលសព្ជឹងគិត del sanh cheung kit
**medium** *(n.)* មធ្យម mothyom
**medium** *(adj.)* មធ្យម mothyom
**meek** *(adj.)* ស្លូតបូត slaut baut
**meet** *(n.)* ជំនួប chom nuob
**meet** *(v.)* ជួប chuob
**meeting** *(n.)* ប្រជុំ brachoum
**megalith** *(n.)* រូបសំណាកធ្ម roub somnak thmor
**megalithic** *(adj.)* ដែលធ្វើពីផ្ទាំងដុំថ្មធំ del tveu pi phtang dom thmor thom
**megaphone** *(n.)* ប្រដាប់សម្រាប់ពង្រីកសំឡេង brodab somrab pongrik somleng
**megastore** *(n.)* ហាងទំនិញធំជំនៃផលិតផលមួយ hang tom ninh dor thom nei pholitaphol mouy
**melancholia** *(n.)* ភាពកើតទុក្ខរាំរ៉ៃ pheap kert tukh ram rai
**melancholic** *(adj.)* ស្រងេះស្រងោច sro ngeh sro ngouch

**melancholy** *(n.)* សេចក្តីស្រងេះស្រងោច sechkdei sro ngeh sro ngouch
**melee** *(n.)* ការប្រទូសសាររាយ kar brotus sa ray
**meliorate** *(v.)* ធ្វើឱ្យប្រសើរ tveu oy broser
**mellow** *(adj.)* ដែលស្រទន់ del sro tun
**melodious** *(adj.)* ពីរោះ pi roh
**melodrama** *(n.)* រឿងកំសត់ reung kom sot
**melodramatic** *(adj.)* នៃរឿងកំសត់ nei reung kom sot
**melody** *(n.)* បទភ្លេង bat phleng
**melon** *(n.)* ឪឡឹក auv loek
**melt** *(v.)* រលាយ roleay
**member** *(n.)* សមាជិក samachik
**membership** *(n.)* សមាជិកភាព samachik pheap
**membrane** *(n.)* ភ្នាស phneas
**memento** *(n.)* ការនឹកឃើញអនុស្សាវរីយ៍ kar neuk kheunh anuksavori
**memoir** *(n.)* អត្ថបទជីវប្រវត្តិ atthabot chivak brovott
**memorable** *(adj.)* ដែលគួរឱ្យចងចាំ del kour oy chong cham
**memorandum** *(n.)* អនុស្សរណៈ anoussaaranak
**memorial** *(n.)* ទីវរលីករវិញ្ញាណក្ខន្ធ tivea romleuk vinhean khan
**memorial** *(adj.)* នៃទីវរលីករវិញ្ញាណក្ខន្ធ nei tivea romleuk vinhean khan
**memory** *(n.)* ការចងចាំ kar chong cham
**menace** *(n.)* ការគំរាមកំហែង kar koum ream kamhong
**menace** *(v.)* គំរាមកំហែង koumream kamheng
**mend** *(v.)* ជួសជុល chuos choul
**mendacious** *(adj.)* ដែលកុហក del ko hok
**menial** *(adj.)* ដែលថោកទាប del thoak teab
**menial** *(n.)* អ្នកធ្វើការថោកទាប nak tveu kar thoak teab
**meningitis** *(n.)* ជំងឺរលាកស្រោមខួរ chomngeu roleak sraom khuor
**menopause** *(n.)* ការអស់រដូវ kar os rodauv
**menses** *(n.)* រដូវស្ត្រី rodauv strei
**menstrual** *(adj.)* ដែលមករដូវ del mok rodauv

menstruation (n.) ការមករដូវ kar mok ro dauv
mental (adj.) ផ្លូវចិត្ត phlauv chett
mentality (n.) ចិត្តគំនិត chett koumnit
mention (n.) និទ្ទេស ni tes
mention (v.) និយាយ niyeay
mentor (n.) អ្នកណែនាំ nak nae noam
menu (n.) ម៉ឺនុយ meu nouy
mercantile (adj.) នៃពាណិជ្ជកម្ម nei pea nich kam
mercenary (adj.) ដែលគិតតែពីលុយ del kit tae pi luy
merchandise (n.) ទំនិញ tomninh
merchant (n.) អ្នកជំនួញ nak chom nuonh
merciful (adj.) មានមេត្តា mean metta
merciless (adj.) គ្មានមេត្តា kmean metta
mercurial (adj.) ដែលឆាប់ប្រែប្រួល del chhab brae bruol
mercury (n.) បារត barot
mercy (n.) មេត្តា metta
mere (adj.) គ្រាន់តែ kroan tae
merge (v.) បញ្ចូលគ្នា banhchoul knea
merger (n.) ការរួមបញ្ចូលគ្នា kar ruom banhchoul knea
meridian (n.) កំពូល kom poul
merit (n.) គុណសម្បត្តិ kun sombat
merit (v.) សមនឹងបាន som neung ban
meritorious (adj.) ដែលគួរសរសើរ del kour sor ser
mermaid (n.) នាងមច្ឆា neang machha
merman (n.) មច្ឆាប្រុស machha bros
merriment (n.) សេចក្តីសប្បាយកាកកាយ sechkdei sabbay ka ak ka ay
merry (adj.) រីករាយ rik reay
mesh (n.) សំណាញ់ saam nanh
mesh (v.) ស៊ីគ្នា shi knea
mesmerism (n.) ការសណ្តំ kar sondom
mesmerize (v.) សណ្តំ sondom
mess (n.) ភាពរញ៉េរញ៉ៃ pheap ro nhe ro nhai
mess (v.) រញ៉េរញ៉ៃ ro nhe ro nhai
message (n.) សារ sar
messenger (n.) អ្នកនាំសារ nak noam sar

messiah (n.) អ្នកមកជួយពិភពលោក nak mok chuoy piphob lok
metabolism (n.) ការរំលាយអាហារ kar rom leay ahar
metal (n.) ដែក daek
metallic (adj.) នៃលោហធាតុ nei lohak theat
metallurgy (n.) លោហសាហកកម្ម lohak sa hak kam
metamorphosis (n.) ការវិវត្តនៃរូប kar vi wat nei roub
metaphor (n.) ពាក្យប្រៀបធៀប peak brieb thieb
metaphysical (adj.) នៃបរមវិជ្ជា nei borimat vichea
metaphysics (n.) បរមវិជ្ជា borimat vichea
mete (v.) បែងចែកចេញ baeng chek cheng
meteor (n.) អាចម៍ផ្កាយ ach phkay
meteoric (adj.) ឧតុនិយម utoniyom
meteorologist (n.) អ្នកឧតុនិយម nak utoniyom
meteorology (n.) ឧតុនិយមវិទ្យា uktoniyom vithyea
meter (n.) ម៉ែត្រ met
method (n.) វិធីសាស្ត្រ vithi sas
methodical (adj.) នៃវិធីសាស្ត្រ vithi sas
meticulous (adj.) យ៉ាងល្អិតល្អន់ yang la it la on
metre (n.) ម៉ែត្រ metr
metric (adj.) ដែលប្រើម៉ែត្រជាមូលដ្ឋាន del brer met chea moul than
metrical (adj.) នៃម៉ែត្រ nei met
metro (n.) រថភ្លើងក្រោមដី rod pleung krom dei
metropolis (n.) ទីប្រជុំជន ti brachoum chun
metropolitan (adj.) នៃទីក្រុងធំ nei ti krong thom
metropolitan (n.) ទីក្រុងធំ ti krong thom
mettle (n.) សេចក្តីក្លាហាន sechkdei khlaharn
mettlesome (adj.) ដែលស្ទះស្ទាក្លៀវក្លា del stuh stea khleav khla
mew (n.) សូរដូចឆ្មា so doch chhma
mew (v.) ស្រែកដូចឆ្មា srek douch chhma
mezzanine (n.) ឡៅតឺគី lao tue

**mica** (n.) សារជាតុមីកាក្នុងគ្រឿងសំអាង sa ro theat mica knung kreung som aang
**microbrewery** (n.) កន្លែងបង្ហូតស្រាតូច kong leng bong hout sra touch
**microfilm** (n.) មីក្រូហ្វីល microfilm
**micrology** (n.) ការសិក្សាលើរបស់តូចៗ kar serk sa leu robos tauch tauch
**micrometer** (n.) មីក្រូម៉ែត micromet
**microphone** (n.) មីក្រូហ្វូន mi krau faun
**microprint** (n.) ការព្រីនកម្រិតមីក្រូ kar print komrit micro
**microprocessor** (n.) ស៊ីភីយូកំព្យូទ័រ cpu computer
**microscope** (n.) មីក្រូទស្សន៍ mi krau tuos
**microscopic** (adj.) ដែលធ្វើដោយមីក្រូទស្សន៍ del tveu doy mi krau tuos
**microwave** (n.) មីក្រូវេវ mikrau vev
**mid** (adj.) ពាក់កណ្តាល peak kondal
**midday** (n.) ពេលថ្ងៃត្រង់ pel thngai trong
**middle** (n.) កណ្តាល kondal
**middle** (adj.) នៃផ្នែកកណ្តាល nei phnek kondal
**middleman** (n.) ឈ្មួញកណ្តាល chhmunh kandal
**middling** (adj.) ដែលមធ្យម del mothyom
**midget** (n.) មនុស្សតេី monuos teu
**midland** (n.) ដីកណ្តាល dei kondal
**midnight** (n.) កណ្តាលអធ្រាត្រ kondal athreat
**midriff** (n.) សន្ទះខណ្ឌទ្រូងនិងពោះ sonteah khan truong neung poh
**midst** (n.) អំឡុងពេល om long pel
**midsummer** (n.) ពាក់កណ្តាលរដូវក្តៅ peak kondal rodov kdao
**midwife** (n.) ឆ្មប chhmob
**miffed** (adj.) ដែលមួរម៉ៅ del muor mao
**might** (n.) កម្លាំង kom lang
**mighty** (adj.) ខ្លាំងពូកែ khlang pou kae
**migraine** (n.) ឈឺក្បាលប្រកាំង chheu kbal brakang
**migrant** (n.) ជនចំណាកស្រុក chun chamnak srok
**migrate** (v.) ធ្វើចំណាកស្រុក thveu chamnak srok

**migration** (n.) ការធ្វើចំណាកស្រុក kar thveu chamnak srok
**milch** (adj.) ដែលចិញ្ចឹមយកទឹកដោះ del chenh cheum yok teuk doh
**mild** (adj.) ស្រាល sral
**mildew** (n.) ផ្សិត phset
**mile** (n.) ម៉ាយល៍ mile
**mileage** (n.) ចម្ងាយជាម៉ាយល៍ cham ngay chea mile
**milestone** (n.) ព្រឹត្តិការណ៍សំខាន់ preutte kar saamkhan
**milieu** (n.) មជ្ឈដ្ឋាន machhak than
**militant** (adj.) នៃជនសកម្មប្រយុទ្ធ nei chun sakamm brayout
**militant** (n.) អ្នកសកម្មប្រយុទ្ធ nak sakamm brayout
**military** (adj.) នៃយោធា nei yothea
**military** (n.) យោធា yothea
**militate** (v.) ប្រយុទ្ធប្រឆាំង brayoutth brachhang
**militia** (n.) កងជីវពល kang chi vo pol
**milk** (v.) រីតដោះយកទឹកដោះ rut daoh yk teukdaoh
**milk** (n.) ទឹកដោះគោ tuk daoh ko
**milk powder** (n.) ម្សៅទឹកដោះគោ msaow teuk daoh ko
**milky** (adj.) ដែលដូចទឹកដោះ del dauch teukdaoh
**mill** (v.) កិន ken
**mill** (n.) រោងម៉ាស៊ីនកិន rongmasin ken
**millennium** (n.) សហស្សវត្សរ៍ sa has sa vot
**miller** (n.) រោងម៉ាស៊ីនកិនស្រូវ rong measain ken srauv
**millet** (n.) ស្រូវមីយេ srauv mi ye
**milliner** (n.) អ្នកលក់មួកសម្រាប់ស្ត្រី nak lork muok samrab strei
**millinery** (n.) មួកស្ត្រី muok strei
**million** (n.) មួយលាន muoy lean
**millionaire** (n.) សេដ្ឋី sedthei
**millipede** (n.) សត្វព្រៃមព្រះ satt mreum preah
**mime** (n.) អ្នកប្រសប់ត្រាប់តាម nak brasab trab tam
**mime** (v.) ធ្វើត្រាប់តាម thveu trab tam

**mimesis** *(n.)* តម្រាប់ damrab
**mimic** *(adj.)* ដែលត្រាប់តាម del trab tam
**mimic** *(n.)* អ្នកធ្វើត្រាប់តាម nak thveu trab tam
**mimic** *(v.)* ត្រាប់តាម thveutreab
**mimicry** *(n.)* របស់ត្រាប់ robors trab
**minaret** *(n.)* បំមវិហាអ៊ីស្លាម borm vihea ai slam
**mince** *(v.)* ចិញ្ច្រាំ chenhchram
**mind** *(n.)* ចិត្ត chet
**mind** *(v.)* តាំងចិត្ត tang chet
**mind-blowing** *(adj.)* ភ្ញាក់ផ្អើល kar phnheak phaa el
**mindful** *(adj.)* ដែលប្រយ័ត្ន del brayat
**mindless** *(adj.)* ដែលមិនចេះគិតទុក្ខ del min cheh kaet touk
**mindset** *(n.)* ផ្នត់គំនិត phnat koumnit
**mine** *(n.)* រ៉ែ rae
**mine** *(pron.)* របស់ខ្ញុំ ro bors khnhom
**miner** *(n.)* អ្នករុករករ៉ែ nak rouk rok re
**mineral** *(adj.)* ជាតិរ៉ែ cheat re
**mineral** *(n.)* រ៉ែ rae
**mineralogist** *(n.)* អ្នកសិក្សាអំពីរ៉ែ nak serk sa ompi rae
**mineralogy** *(n.)* ខនិជវិទ្យា kha nich vityea
**mingle** *(v.)* ច្រលំលាយ chaul leay
**miniature** *(adj.)* តូចៗ tauch tauch
**miniature** *(n.)* ខ្នាតតូច khnat tauch
**minim** *(n.)* តិចតួច techtuoch
**minimal** *(adj.)* តិចតួច techtuoch
**minimize** *(v.)* កាត់បន្ថយ kat ban thoy
**minimum** *(adj.)* អប្បបរមា ab ba bar ma
**minimum** *(n.)* អប្បបរមា ab ba bar ma
**minion** *(n.)* អ្នកជំនិត nak chomnit
**minister** *(v.)* ជួយផ្តត់ផ្តង់ chuoy phkat phkang
**minister** *(n.)* រដ្ឋមន្ត្រី rodth mantrei
**ministrant** *(adj.)* បំរើ bam rer
**ministry** *(n.)* ក្រសួង kra suong
**mink** *(n.)* សត្វសំពោចម្យ៉ាង sat saampoch myang
**minor** *(n.)* អនីតិជន ani te chon

**minor** *(adj.)* ដែលតូច del tauch
**minority** *(n.)* ជនជាតិភាគតិច chon cheat phak tech
**minster** *(n.)* មន្ត្រី mantrei
**mint** *(n.)* ជីអង្កាម chi ang kam
**mint** *(v.)* ធ្វើប្រាក់កាក់ thveu brak kak
**minus** *(adj.)* ដក dok
**minus** *(n.)* ដែលមាន សញ្ញាដក (-)នៅពីមុខ del mean sanhnha dork (-) now pi mouk
**minus** *(prep.)* អវិជ្ជមាន avichchman
**minuscule** *(adj.)* ដែលតូចល្អិត del tauch la it
**minute** *(adj.)* ដែលស្តើងៗ del sdaeng
**minute** *(n.)* នាទី neati
**minutely** *(adv.)* តិចតួចបំផុត techtuoch bamphot
**minx** *(n.)* ស្ត្រីក្លាហាន strei klahan
**miracle** *(n.)* អព្ភូតហេតុ apphouthet
**miraculous** *(adj.)* ជាអព្ភូតហេតុ chea apphouthet
**mirage** *(n.)* ភាពរឹងម៉ាំ pheap reung moam
**mire** *(v.)* ផុង phong
**mire** *(n.)* ភក់ phork
**mirror** *(v.)* ចាំង chang
**mirror** *(n.)* កញ្ចក់ kanhchok
**mirror image** *(n.)* រូបភាពកញ្ចក់ roubpheap kanhchok
**mirth** *(n.)* រីករាយ rikreay
**mirthful** *(adj.)* ត្រេកអរ treka ar
**misadventure** *(n.)* ជោគអាក្រក់ chok akrak
**misalliance** *(n.)* ភាពមិនត្រឹមត្រូវ pheap min troem trauv
**misanthrope** *(n.)* អ្នកស្អប់មនុស្សជាតិ nak saab mnousa cheat
**misapplication** *(n.)* ការបកស្រាយខុស kar bak sray khos
**misapprehend** *(v.)* យល់ខុស yol khos
**misapprehension** *(n.)* ការយល់ខុស ka yol khos
**misappropriate** *(v.)* បន្លំលួចប្រាក់ bonlom luoch brak
**misappropriation** *(n.)* វិតិក្រម vite kram
**misbehave** *(v.)* ប្រព្រឹត្តខុស bra preut khos

**misbehaviour** *(n.)* ការប្រព្រឹត្តិខុស kar bra preut khos
**misbelief** *(n.)* ការមិនជឿ kar min chue
**miscalculate** *(v.)* គិតគូរខុស kitkur khos
**miscalculation** *(n.)* ការគិតគូរខុស kar kitkour khos
**miscall** *(v.)* ឧកខាននទូលទូរស័ព្ទ kar khork kan tursap
**miscarriage** *(n.)* ការរលូតកូន kar rolout kaun
**miscarry** *(v.)* រលូតកូន ro lout kaun
**miscellaneous** *(adj.)* ផ្សេង phsaeng
**miscellany** *(n.)* ការលាយចូលគ្នា kar roleay chaul knea
**mischance** *(n.)* ការខាតលាភ kar khat leap
**mischief** *(n.)* ប្រព្រឹត្តអំពើអាក្រក់ brapreutt ampeu ar krak
**mischievous** *(adj.)* របិលរប៉ូច ro pel ro pauch
**misconceive** *(v.)* យល់ខុស yol khos
**misconception** *(n.)* ការយល់ខុស kar yol khos
**misconduct** *(n.)* កំហុសវិជ្ជាជីវៈ kamhos vich chea chi vak
**misconstrue** *(v.)* បកស្រាយខុស bok sray khos
**miscreant** *(n.)* អ្នកប្រព្រឹត្តខុស nak bropreut khos
**misdeed** *(n.)* អំពើអាក្រក់ ompeu aa krok
**misdemeanour** *(n.)* បទមជ្ឈឹម bat moch chhim
**misdiagnose** *(v.)* ធ្វើរោគវិនិច្ឆ័យខុស thveu rokvinichchhay khos
**misdirect** *(v.)* បង្ហាញទិសដៅខុស bonghanh teus dao khos
**misdirection** *(n.)* ការបង្ហាញទិសដៅខុស kar bonghanh teus dao khos
**miser** *(n.)* មនុស្សកំណាញ់ monus komnanh
**miserable** *(adj.)* វេទនា vetanea
**miserly** *(adj.)* កំណាញ់ kamnanh
**misery** *(n.)* ទុក្ខវេទនា touk kha vetenea
**misfire** *(v.)* បញ្ចេះ banh chheh
**misfit** *(n.)* ដំណើរមិនត្រូវគ្នា damner min trauv knea
**misfortune** *(n.)* សំណាងអាក្រក់ samnang akrak

**misgive** *(v.)* ពោរពេញទៅដោយមន្ទិល por penh tov doy montel
**misgiving** *(n.)* ការបំភាន់ kar bamphoan
**misguide** *(v.)* វង្វេងបាត់ vongveng bat
**mishap** *(n.)* គ្រោះថ្នាក់អកុសល kroh thnak akosal
**misjudge** *(v.)* កាត់សេចក្តីខុស kat sech ktei khos
**mislead** *(v.)* បំភាន់ bamphoan
**mismanagement** *(n.)* ការគ្រប់គ្រងមិនល្អ kar krobkrong min l'or
**mismatch** *(v.)* ភាពខុសគ្នា pheap khos knea
**misnomer** *(n.)* ឈ្មោះមិនសម chhmoh min sam
**misperception** *(n.)* ការយល់ច្រឡំ kar yol chralam
**misplace** *(v.)* ដាក់ខុសកន្លែង dak khos kanleng
**misprint** *(n.)* ការបោះពុម្ពខុស kar baoh poump khos
**misprint** *(v.)* បោះពុម្ពខុស baoh poump khos
**misrepresent** *(v.)* ធ្វើឱ្យយល់ខុស thveu aoy yol khos
**misrepsentation** *(n.)* ការបង្ហាញខុស kar bang hanh khos
**misrule** *(n.)* ការគ្រប់គ្រងខុស kar krob krong khos
**miss** *(v.)* នឹក nerk
**miss** *(n.)* ការខកខាន kar khork khan
**missile** *(n.)* មីស៊ីល misil
**missing** *(adj.)* ដែលបាត់ del bat
**mission** *(n.)* បេសកកម្ម besakakam
**missionary** *(n.)* អ្នកផ្សព្វផ្សាយសាសនា nak phsap phsay sasana
**missis, missus** *(n.)* លោកស្រី lork srei
**missive** *(n.)* លិខិត li khet
**mist** *(n.)* អ័ព្ទ ap
**mistake** *(v.)* ច្រឡំ chralom
**mistake** *(n.)* កំហុស kamhos
**mister** *(n.)* លោក lork
**mistletoe** *(n.)* ដើមបញ្ញើក្ឈូក daem banh nheu ka ek
**mistreat** *(v.)* ធ្វើបាប thveu beab

**mistress** *(n.)* ស្រីកំណាន់ srei kamnan
**mistrust** *(v.)* មិនទុកចិត្ត min toukchet
**mistrust** *(n.)* ការមិនទុកចិត្ត kar min toukchet
**misty** *(adj.)* ដែលមានអព្ភក្រាស del mean ap kras
**misunderstand** *(v.)* យល់ខុស yol khos
**misunderstanding** *(n.)* ការយល់ច្រឡំ kar yol chralam
**misuse** *(n.)* ការប្រើប្រាស់ខុស kar brer bras khos
**misuse** *(v.)* ប្រើប្រាស់ខុស bre bras khos
**mite** *(n.)* ពួកសត្វល្អិត ដែលកាត់ខោអាវ puok sat la it del kat khao av
**mithridate** *(n.)* ថ្នាំបន្សាបថ្នាំពុល thnam bonsab thnam pol
**mitigate** *(v.)* បន្ធូរបន្ថយ ban thou ban thoy
**mitigation** *(n.)* ការកាត់បន្ថយ kar kat ban thoy
**mitre** *(n.)* ឆ្នូត chhnuot
**mitten** *(n.)* នៅពាក់កណ្ដាល now peak kandal
**mix** *(v.)* លាយ leay
**mixture** *(n.)* ល្បាយ lbay
**mnemonic** *(adj.)* ជំនួយស្មារតី chomnuoy sma re dei
**mnemonic** *(n.)* ពាក្យជំនួយស្មារតី peaky chomnuoy sma re dei
**mnemonization** *(n.)* ការជំនួយស្មារតី kar chomnuoy sma re tei
**moan** *(v.)* ថ្ងូរ thngaur
**moan** *(n.)* សំឡេងថ្ងូរ saamleng thngau
**moat** *(n.)* ប្រឡាយទឹក prolay teuk
**moat** *(v.)* ព័ទ្ធជុំវិញដោយប្រឡាយទឹក puot chomvinh doy brolay teuk
**mob** *(n.)* ហ្វូងជនសាមញ្ញ hvaung chun samanh
**mob** *(v.)* ឡោមព័ទ្ធយ៉ាងកុះករ laomptth yeang kohkor
**mobile** *(adj.)* ដែលប្រែប្រួល del brebruol
**mobility** *(n.)* ការចល័ត kar chalat
**mobilize** *(v.)* ប្រមូលផ្ដុំ bramoul phdom
**mock** *(v.)* សាកល្បង sak lbong
**mock** *(adj.)* ដែលក្លែងក្លាយ del kleng klay

**mockery** *(n.)* ការចំអក kar cham ark
**mocktail** *(n.)* ស្រាក្រឡុកមិនមានជាតិអាល់កុល sra krolork min mean cheat akol
**modality** *(n.)* គំរូ koum ru
**mode** *(n.)* របៀប robieb
**model** *(v.)* ធ្វើជាម៉ូដែល thveu chea mau del
**model** *(n.)* គំរូ koumru
**moderate** *(adj.)* មធ្យម mothyom
**moderate** *(v.)* បង្អន់ bang aon
**moderation** *(n.)* កម្រិតមធ្យម kam rit ma thyom
**modern** *(adj.)* ទំនើប tom neub
**modernity** *(n.)* សម័យទំនើប samy tom neub
**modernization** *(n.)* ការធ្វើទំនើបកម្ម kar thveu tom neub kam
**modernize** *(v.)* ធ្វើទំនើបកម្ម thveu tomneubakam
**modest** *(adj.)* តិចតួច tech tuoch
**modesty** *(n.)* ចិត្តសុភាព chet sopheap
**modicum** *(n.)* ចំនួនតិចតួច chamnuon techtuoch
**modification** *(n.)* ការកែប្រែ kar kae brae
**modify** *(v.)* កែប្រែ ke brae
**modular** *(adj.)* ធ្វើពីផ្នែកផ្សេងៗ thveu pi phnek phseng phseng
**modulate** *(v.)* ធ្វើពីផ្នែកផ្សេងៗ thveu pi phnek phseng phseng
**module** *(n.)* ម៉ូឌុល maudul
**moil** *(v.)* ធ្វើការធ្ងន់ tveu kar thngon
**moist** *(adj.)* មានសំណើម mean saam naem
**moisten** *(v.)* ធ្វើមានសំណើម thveu mean saamnaem
**moisture** *(n.)* សំណើម saam naem
**molar** *(adj.)* ថ្គាម thkeam
**molar** *(n.)* ថ្គាម thkeam
**molasses** *(n.)* រងៅ rongou
**mole** *(n.)* ប្រជ្រុយ bra chrouy
**molecular** *(adj.)* នៃម៉ូលេគុល nei maule koul
**molecule** *(n.)* ម៉ូលេគុល mau lekoul
**molest** *(v.)* ថោកទាប thaok teab
**molestation** *(n.)* ការធ្វើបាប kar thveu beab
**mollusc** *(n.)* សិប្បសត្វ seb pak sat

molluscous *(adj.)* នៃសិប្បសត្វ nei seb pak sat
molten *(adj.)* ដែលរលាយ del roleay
moment *(n.)* ពេល pel
momentary *(adj.)* មួយរយៈពេលខ្លី muoy royek pel khlei
momentous *(adj.)* សំខាន់ saamkhan
momentum *(n.)* សន្ទុះ santouh
monarch *(n.)* ព្រះមហាក្សត្រ preah ma ha ksatra
monarchy *(n.)* របបរាជានិយម roborb reachea niyom
monastery *(n.)* វត្ត vot
monasticism *(n.)* មនោគមវិជ្ជា mono kom vich chea
Monday *(n.)* ថ្ងៃចន្ទ thngai chan
monetary *(adj.)* រូបិយវត្ថុ rou bey vot tho
money *(n.)* លុយ luy
money laundering *(n.)* ការលាងលុយកខ្វក់ kar leang louy ka khvak
monger *(n.)* អ្នកបដូរ nak bdaur
mongoose *(n.)* សត្វពួជកាត satv pouch kat
mongrel *(n.)* សត្វដែលមានពូជកាត satt del mean puoch kat
monitor *(n.)* ម៉ូនីទ័រ mo uni ter
monitor *(v.)* ត្រួតពិនិត្យ truot pi nit
monitory *(adj.)* ដែលដាស់តឿន del das tuen
monk *(n.)* ព្រះសង្ឃ preah sang
monkey *(n.)* សត្វស្វា sat sva
monochromatic *(adj.)* នៃមនុស្សខ្វាក់ពណ៌ nei mnous khvak por
monocle *(n.)* វែនតាភ្នែកមួយចំហៀង ven ta pnek mouy chomhieng
monocular *(adj.)* តែមួយ ti muoy
monody *(n.)* មនោសញ្ចេតនា mno sa nhcho ta nea
monoestrous *(adj.)* ដែលបន្តពូជមួយឆ្នាំម្តង del bontor puoch mouy chnam mdong
monogamy *(n.)* ឯកពន្ធភាព ek ponth pheap
monogram *(n.)* ឯកក្ខរា ek kkha ra
monograph *(n.)* ឯកលេខនា ek le khnea
monogynous *(adj.)* ឯកតា ek ta

monolatry *(n.)* ការគោរពបូជាព្រះមួយ kar korob bochea preah mouy
monolith *(n.)* ផ្ទាំងថ្មធំ phtang thmor thom
monologue *(n.)* ឯកវាទ ek veat
monopolist *(n.)* ម៉ូណូប៉ូល maunu baul
monopolize *(v.)* ផ្តាច់មុខ phtach moukh
monopoly *(n.)* ការគ្រប់គ្រងផ្តាច់មុខ kar krob krong phdach moukh
monorail *(n.)* ប្រព័ន្ធផ្លូវរថភ្លើង brapnth phlauv roth phleung
monosyllabic *(adj.)* នៃឯកព្យាង្គ nei eka pyeang
monosyllable *(n.)* ពាក្យឯកព្យាង្គ peaky eka pyeang
monotheism *(n.)* ឯកទិទពនិយម ek ti tep niyom
monotheist *(n.)* អ្នកជឿលើព្រះតែមួយ nak chheu leu preah tae muoy
monotonous *(adj.)* នៃឯកសព្ទ nei ek sap
monotony *(n.)* ភាពដដែលៗ pheap dordel
monsoon *(n.)* មូសុង mou song
monster *(n.)* បិសាច be sach
monstrous *(adj.)* ដែលឆ្ងែកអស្ចារ្យ del chamlek aschar
month *(n.)* ខែ khae
monthly *(adv.)* ប្រចាំខែរាល់ខែ bra cham khae rol khae
monthly *(n.)* ប្រចាំខែ bra cham khae
monthly *(adj.)* ដែលប្រចាំខែ del bra cham khae
monument *(n.)* វិមាន vimean
monumental *(adj.)* នៃបុជនីស្ថាន nei bau chni sthan
moo *(v.)* សំឡេងគោរោទ៍ saamleng ko ro
mood *(n.)* អារម្មណ៍ arom
moody *(adj.)* អារម្មណ៍មិនល្អ aromm min laor
moon *(n.)* ព្រះចន្ទ preah chan
moonlight *(n.)* ពន្លឺព្រះចន្ទ ponlu preah chan
moor *(v.)* ថ្ងូរ thngaur
moor *(n.)* ចត chat
moorings *(n.)* ខ្សែពួរ khsae puor
moot *(n.)* មិនសំខាន់ min saamkhan
mop *(v.)* សំអាត saam at

**mop** *(n.)* អំបោស ambos
**mope** *(v.)* បង្ហាញសេចក្តីព្រួយបារម្ភ banghanh sechakdei pruoybarom
**moral** *(n.)* សីលធម៌ seila thor
**moral** *(adj.)* ដែលមានសីលធម៌ del mean seila thor
**morale** *(n.)* ទឹកចិត្ត teuk chet
**moralist** *(n.)* អ្នកសីលធម៌និយម nak seila thor ni yom
**morality** *(n.)* សីលធម៌ seila thor
**moralize** *(v.)* វែកញែកបង្ហាញតាមផ្លូវសីលធម៌ vek nhek banghanh tamphlauv seila thor
**morbid** *(adj.)* នៃសភាពមានរោគ nei sapheap mean rok
**morbidity** *(n.)* ជំងឺ chomngeu
**more** *(adv.)* ច្រើនទៀត chrern tiet
**more** *(adj.)* ច្រើនទៀត chrern tiet
**moreover** *(adv.)* លើសពីនេះទៅទៀត leus pi nis tov tiet
**morganatic** *(adj.)* នៃការរៀបការជាមួយមនុស្សថ្នាក់ទាប nei ka reab kar chea mouy monus thnak teab
**morgue** *(n.)* កន្លែងដាក់សព kanleng dak sop
**moribund** *(adj.)* ដែលជិតស្លាប់ del chit slab
**morning** *(n.)* ព្រឹក preuk
**moron** *(n.)* មនុស្សល្ងីល្ងើ mnous lngi lngeu
**morose** *(adj.)* ដែលមានទុក្ខព្រួយ del mean touk pruoy
**morph** *(n.)* ការផ្លាស់ប្តូររូបបន្តិចម្តង ka phlas pdau roub bontich madong
**morph** *(v.)* ផ្លាស់ប្តូររូបបន្តិចម្តង phlas pdau roub bontich madong
**morphia** *(n.)* ជាតិម័រហ្វីន cheat morh fin
**morphine** *(n.)* ជាតិម័រហ្វីន cheat morh fin
**morphology** *(n.)* រូបសាស្ត្រ roub sas
**morrow** *(n.)* ស្អែក saek
**morse** *(n.)* ទូរលេខ touro lekh
**morsel** *(n.)* កំណាត់តូច kamnat touch
**mortal** *(n.)* មនុស្សនឹងអាទិទេព monus phtuy neung aa ti tep
**mortal** *(adj.)* បណ្តាលឲ្យស្លាប់ ban dal oy slab

**mortality** *(n.)* ការស្លាប់ kar slab
**mortar** *(n.)* ត្បាល់បុក tbal bok
**mortgage** *(v.)* ខ្ចីប្រាក់ដោយមានយកអ្វីទៅកក់ khchei brak daoy mean yk avei tow kok
**mortgage** *(n.)* វត្ថុបញ្ចាំបំណុល vottho banhcham bamnol
**mortgagee** *(n.)* កុងស៊ី kongshi
**mortgagor** *(n.)* អ្នកខ្ចីដោយដាក់វត្ថុបញ្ចាំ nak khchei daoy dak vottho banhchoam
**mortify** *(v.)* បំបាក់មុខ bam bak mouk
**mortuary** *(n.)* បន្ទប់រក្សាសាកសពក្នុងមន្ទីរពេទ្យ bantob raksa sakasop knong monti pet
**mosaic** *(n.)* គំនូរវិចិត្រដោយផ្តុំរូបតូចៗ koumnu vichet daoy phdom roub tauch
**mosque** *(n.)* វិហារអ៊ីស្លាម vihear ai slam
**mosquito** *(n.)* មូស mous
**moss** *(n.)* ស្លែ sle
**most** *(adj.)* ច្រើនបំផុត chrern bamphot
**most** *(adv.)* ក្រៃលែង krei leng
**most** *(n.)* ភាគច្រើនបំផុត pheak chrern bamphot
**mostly** *(adv.)* ភាគច្រើន pheak chrern
**mote** *(n.)* ស្នាមធូលី snam thouli
**motel** *(n.)* សណ្ឋាគារ santhakear
**moth** *(n.)* សត្វខ្មូត sat khmaut
**mother** *(v.)* ថែរក្សាដូចម្តាយ thae rak saa dauch mday
**mother** *(n.)* ម្តាយ mday
**motherhood** *(n.)* ភាពជាម្តាយ pheap chea mday
**motherlike** *(adj.)* ដូចម្តាយ dauch mday
**motherly** *(adj.)* ដូចម្តាយ dauch mday
**motif** *(n.)* គំនិតសំខាន់ koumnit saamkhan
**motion** *(v.)* ធ្វើសញ្ញា thveu sanhnha
**motion** *(n.)* ចលនា chalana
**motionless** *(adj.)* ដែលនឹងថ្កល់ del neung thkal
**motivate** *(v.)* លើកទឹកចិត្ត leuk teuk chet
**motivation** *(n.)* ការលើកទឹកចិត្ត kar leuk teuk chet
**motive** *(n.)* ការជម្រុញ kar chom rounh

**motley** *(adj.)* ដែលចម្រុះពណ៌មិនស្មើគ្នា del chamrouh por min smae knea
**motor** *(v.)* បើកម៉ូតូ baek mautau
**motor** *(v.)* ម៉ូតូ mautau
**motorist** *(n.)* អ្នកបើកបរម៉ូតូ nak baek bor mautau
**mottle** *(n.)* មូលបង្កាច់ muol bang kach
**motto** *(n.)* ពាក្យចនា bavochna
**mould** *(v.)* យកអាចម៌ដី yok ach dei
**mould** *(n.)* ផ្សិត phsaet
**mouldy** *(adj.)* ពោរពេញដោយផ្សិត po penh daoy phsaet
**moult** *(v.)* ជ្រុះរោម chrouh rom
**mound** *(n.)* ពំនូក pomnouk
**mount** *(v.)* ឡើងភ្នំ lerng phnom
**mount** *(n.)* ភ្នំ phnom
**mountain** *(n.)* ភ្នំ phnom
**mountaineer** *(n.)* អ្នកស្រុកភ្នំ nak srok phnom
**mountainous** *(adj.)* ដែលសម្បូរភ្នំច្រើន del sambour phnom chrern
**mourn** *(v.)* កាន់ទុក្ខ kantuk
**mourner** *(n.)* អ្នកកាន់ទុក្ខ nak kantuk
**mournful** *(n.)* ដែលស្រពាប់ស្រពោន del srapoab srapon
**mourning** *(n.)* ការកាន់ទុក្ខ kar kantouk
**mouse** *(n.)* កណ្ដុរ kantdol
**moustache** *(n.)* ពុកមាត់ pouk moat
**mouth** *(v.)* ធ្វើមាត់ tveu moat
**mouth** *(n.)* មាត់ moat
**mouthful** *(n.)* ចំនួនល្មមមាត់ chamnuon lamom moat
**movable** *(adj.)* ដែលផ្លាស់ប្ដូរកន្លែងបាន del phlas bdaur kan leng ban
**movables** *(n.)* ចលនទ្រព្យ cha lo no trop
**move** *(n.)* ការផ្លាស់ប្ដូរ kar phlasa bdau
**move** *(v.)* ផ្លាស់ប្ដូរ phlas bdau
**movement** *(n.)* ចលនា chalna
**mover** *(n.)* វត្តចលត vottho chalat
**movies** *(n.)* ខ្សែភាពយន្ត khsae pheap yun
**mow** *(v.)* កាត់ស្មៅ kat smaw
**much** *(adv.)* យ៉ាងច្រើន yang chrern
**much** *(adj.)* ច្រើន chrern

**mucilage** *(n.)* ការបិទ kav bet
**muck** *(n.)* រឿងអាស្រូវ rueng a sraruv
**mucous** *(adj.)* ដែលអឺលូងដូចសំបោរ del rel dauch saam baor
**mucus** *(n.)* ទឹករអឺល tuk om el
**mud** *(n.)* ភក់ phork
**muddle** *(v.)* ធ្វើអោយច្រឡំ thveu oy chra lam
**muddle** *(n.)* ភក់ phork
**muffle** *(v.)* បង្អន់សូរ bangaon sau
**muffler** *(n.)* គ្រឿងបង្អន់សូរ krueng bangaon sau
**mug** *(n.)* កា kar
**muggy** *(adj.)* ក្ដៅស្អុះស្អាប់ខ្លាំង kdaw saoh sa ab khlang
**mulatto** *(n.)* កូនរបស់មនុស្សស្បែកខ្មៅនិងស្បែកស koun robos monus sbek khmao neung sbek sor
**mulberry** *(n.)* ដើមមន derm mon
**mule** *(n.)* មនុស្សក្បាលរឹង mnous kbal reung
**mulish** *(adj.)* រឹងចចេស reung chor ches
**mull** *(n.)* ការពិចារណា ka picharona
**mull** *(v.)* ត្រិះរិះ treahriah
**mullah** *(n.)* គ្រូបង្រៀនមុស្លីមផ្នែកសាសនាអ៊ីស្លាម krou bang rien mou sleim phnek sas nea ei slam
**mullion** *(n.)* របារបញ្ឈរវាងផ្ទាំងកញ្ចក់នៅតាមបង្អួច robar banhchhor roveang phtang kanhchok nov tam bang uoch
**multifarious** *(adj.)* ជាច្រើន chea chrern
**multiform** *(adj.)* ច្រើនទម្រង់ chrern tomrong
**multilateral** *(adj.)* ពហុភាគី pho phaki
**multilingual** *(adj.)* ពហុភាសា pho phea sa
**multiparous** *(adj.)* គុណ koun
**multiped** *(n.)* គុណ koun
**multiple** *(n.)* ច្រើន chrern
**multiple** *(adj.)* ច្រើន chrern
**multiplex** *(adj.)* ដែលមានច្រើនបែប del mean chrern beb
**multiplicand** *(n.)* តំណាងគុណ tamnang koun

**multiplication** *(n.)* ការគុណលេខ kar kun lekh
**multiplicity** *(n.)* ពហុភាព pak ho pheap
**multiply** *(v.)* គុណ kun
**multitude** *(n.)* មហាជន ma ha chun
**mum** *(adj.)* ដែលនៅស្ងៀមស្ងាត់ del nov sngiem sngat
**mum** *(n.)* ម្តាយ mdeay
**mumble** *(v.)* រអ៊ូ ra ou
**mummer** *(n.)* តួកំប្លែង tuo komphleng
**mummy** *(n.)* សាកសព sak sap
**mumps** *(n.)* ក្រឡទែន kra lor ten
**munch** *(v.)* ទំពារស៊ីគ្រប់ៗ tompear sai kruob kroub
**mundane** *(adj.)* ធម្មតាក្នុងជីវិតប្រចាំថ្ងៃ thommoda knong chivit bra cheam thngai
**municipal** *(adj.)* ក្រុង krong
**municipality** *(n.)* សាលាក្រុង sala krong
**munificent** *(adj.)* ដែលជួយសង្គ្រោះ del chouy sang kros
**munitions** *(n.)* គ្រាប់បែក krab bek
**mural** *(n.)* ផ្ទាំងគំនូរនៅលើជញ្ជាំង pteang komnu ler chenhchang
**mural** *(adj.)* ដែលនៅលើជញ្ជាំង del nov ler chenh chang
**murder** *(n.)* ការសម្លាប់មនុស្ស kar samlab monous
**murder** *(v.)* សម្លាប់មនុស្ស samlab monous
**murderer** *(n.)* ឃាតករ kheata kar
**murderous** *(adj.)* ដែលពិបាកនឹងទ្រាំ del pibak neung troam
**murmur** *(v.)* រអ៊ូរទាំ ra ou ro toam
**murmur** *(n.)* សូរហ៊ឹម saur roheum
**muscle** *(n.)* សាច់ដុំ sach dom
**muscovite** *(n.)* រ៉ែសំណប៉ាហាំង rae somnor pahang
**muscular** *(adj.)* សាច់ដុំ sach dom
**muse** *(v.)* សញ្ជឹងគិត sonh cheung kit
**muse** *(n.)* ការសញ្ជឹងគិត kar sonhcheung kit
**museum** *(n.)* សារមន្ទីរ saromonti
**mush** *(n.)* សំដីភ្លីភ្លេ saamdei phliphleu
**mushroom** *(n.)* ផ្សិត phsaet
**music** *(n.)* តន្ត្រី dantrei

**musical** *(adj.)* នៃតន្ត្រី nei dantrei
**musician** *(n.)* តន្ត្រីករ dantrei kor
**musk** *(n.)* ប្រេង breng
**musket** *(n.)* កាំភ្លើង kamphleung
**musketeer** *(n.)* ទាហានកោលដៅ teahean koal dao
**muslim** *(adj.)* មូស្លីម mou slei m
**muslin** *(n.)* សំពត់មូស្លីន saampt mou ssai li n
**must** *(v.)* ចាំបាច់ cham bach
**must** *(n.)* របស់ជាចាំបាច់ robos chea chabach
**mustache** *(n.)* ពុកមាត់ pouk moat
**mustang** *(n.)* សេះព្រៃ seh prei
**mustard** *(n.)* ស្ពៃខ្មៅ spai khmav
**muster** *(n.)* ការផ្តុំ kar phdom
**muster** *(v.)* ប្រមូលផ្តុំ bramoul phdom
**musty** *(adj.)* ដែលធុំខ្មេះ del thoum khmeh
**mutation** *(n.)* ការផ្លាស់ប្តូរ kar phlasa btau
**mutative** *(adj.)* ដែលផ្លាស់ប្តូរ del phlasa bdau
**mute** *(adj.)* មនុស្សគ mnous kor
**mute** *(n.)* គ kor
**mutidisciplinary** *(adj.)* មុខវិជ្ជាពហុវិជ្ជា mouk vichchea pak ho vichchea
**mutilate** *(v.)* ធ្វើឱ្យដាច់ដាច់ thveu oy dach dac
**mutilation** *(n.)* ការធ្វើឱ្យដាច់ដាច់ kar thveu oy dach dac
**mutinous** *(adj.)* ដែលក្បត់ del kbat
**mutiny** *(v.)* បះបោរ bah baor
**mutiny** *(n.)* ការបះបោរ kar bahbaor
**mutter** *(v.)* រអ៊ូ raou
**mutton** *(n.)* សាច់ចៀម sach chiem
**mutual** *(adj.)* ទៅវិញទៅមក tow vinh tow mok
**muzzle** *(v.)* ឃ្លុំ khloum
**muzzle** *(n.)* ប្រដាប់ឃ្លុំមាត់សត្វ bradeab khloum meat sat
**my** *(adj.)* របស់ខ្ញុំ ro bos khnhom
**myalgia** *(n.)* ការឈឺចាប់សាច់ដុំ kar chhue cheab sachdom
**myopia** *(n.)* ជំងឺមិញ្ញប chomngeu mi nhaub
**myopic** *(adj.)* ដែលមើលឃើញតែរបស់ជិត del meul kheunh te robos chit

**myosis** (n.) ការកន្ត្រាក់នៃប្រស្រីភ្នែកឥតឈប់ kar kontrack nei brosrei phnek ot chhob
**myriad** (adj.) ច្រើនជាអនេក chrern chea anek
**myriad** (n.) ច្រើនជាអនេក chraen chea anek
**myrrh** (n.) ដើមស្លែទឹក derm slae teuk
**myrtle** (n.) ដើមស្លែរលក derm slae rolok
**myself** (pron.) ខ្លួនឯង khluon eng
**mysterious** (adj.) ដែលអាថ៌កំបាំង del art kambang
**mystery** (n.) អាថ៌កំបាំង art kambang
**mystic** (n.) មនុស្សមានជំនឿលើអធិធម្មជាតិ mnous mean chomnue leu athi thom mocheat
**mystic** (adj.) ដែលប្រកបដោយអាថ៌កំបាំង del brakabdaoy ath kambang
**mysticism** (n.) ជំនឿខាងអធិធម្មជាតិ chomnue khang athi thom mocheate
**mystify** (v.) ធ្វើអោយឆ្ងល់ thveu oy chhngal
**mystique** (n.) អាថ៌កំបាំងនៃភាពអស្ចារ្យរបស់នរណាម្នាក់ art kombang nei pheap oschar robos norna mneak
**myth** (n.) ទេវកថា te vokatha
**mythical** (adj.) នៃទេវកថា nei te vokatha
**mythological** (adj.) នៃរឿងព្រេងបុរាណ nei rueng preng bauran
**mythology** (n.) ទេវកថាវិទ្យា te vokatha vityea

# N

**n.** () នាម neam
**nab** (v.) ចាប់ខ្លួន chab kluon
**nabob** (n.) ពួកជនជាតិ puk chon cheat
**nacho** (n.) ម្ហូបមិកស៊ិកូដែលមានបន្ទះស្តើងៗ mohoub mexico del mean bonteah sdeurng sdeurng
**nack** (v.) ទទួលស្តាល់យ៉ាងអវិជ្ជមាន tortuol skoal yang avichamean
**nacre** (n.) សារជាតិរលោងនៃសំបកគ្រំ sarchate rlong nei saambk krom
**nadger** (n.) រកមិនឃ្លាស់លាស់ rok min chbas loh
**nadir** (n.) ចំណុចដែលទាបបំផុត chamnoch del teab bamphot
**nag** (v.) និយាយច្រដែល niyeay chromdel
**nag** (n.) មនុស្សដែលនិយាយច្រដែល mnous del niyeay chromdel
**nagging** (adj.) និយាយច្រដែល niyeay chromdel
**nagging** (n.) ការនិយាយច្រដែល kar niyeay chromdel
**nail** (v.) ធ្វើក្រចក thveu kra chak
**nail** (n.) ក្រចក kra chak
**naive** (adj.) ដែលនៅតាឈ្លង del chaot la ngong
**naivete** (n.) សំដីឆោត saamdei chaot
**naivety** (n.) សេចក្តីឆោត sech kdei chaot
**naked** (adj.) អាក្រាត akrat
**name** (n.) ឈ្មោះ chhmoh
**name** (v.) ដាក់ឈ្មោះ dak chhmoh
**namely** (adv.) ពោលគឺ pol keu
**nameplate** (n.) ស្លាកឈ្មោះ slak chhmoh
**namesake** (n.) អ្នកដែលយកឈ្មោះតាមអ្នកណាម្នាក់ទៀត nak del yok chhmoh tam nak na mneak tiet
**nanism** (n.) រូបរាងតូចមិនធម្មតា rob reang toch min thomada
**nanite** (n.) ម៉ាស៊ីនរ៉ូប៉ូត masin robot
**nanny** (n.) ស្រ្តីមើលក្មេងៗ srti meul kmeng
**nano** (n.) ណាណូ nano
**nanobiology** (n.) ណាណូជីវសាស្ត្រ nano sas
**nanobot** (n.) មនុស្សយន្តណាណូ manus yun na nau
**nanochip** (n.) បន្ទះណាណូ bantas nano
**nanocircuitry** (n.) សៀគ្វីអគ្គិសនីកម្រិតណាណូ sekvi akisani kamret na nau
**nanocomponent** (n.) សមាសភាគណាណូ samasaphak no nau

**nanocomputer** (n.) កុំព្យូទ័រណាណូ kompyouter na nau

**nanoengineer** (n.) វិស្វករណាណូ vi svakor na nau

**nanohertz** (n.) ខ្នាតរលកធាតុអាកាសកម្រិតណាណូ khnat rolok theat akas kamrit na nau

**nanomechanics** (n.) យន្តសាស្ត្រណាណូ yon sas na nau

**nanoparticle** (n.) ភាគតូច pheak tauch

**nanoplasma** (n.) ប្លាស្មាណាណូ bla sma na nau

**nanotransistor** (n.) ត្រង់ស៊ីស្ទ័រណាណូ trangsaistr na nau

**nap** (v.) ដេកថ្ងៃ dek thngai

**nap** (n.) ការដេកថ្ងៃ ka dek thngai

**nape** (n.) កខាងក្រោយ kor khang kraoy

**napkin** (n.) កន្សែង kan saeng

**narcissism** (n.) ណាស៊ីនិយម nacist niyom

**narcissus** (n.) តួអង្គម្នាក់ក្នុងទេវកថាក្រិក tour ong mneak knung tevak kak tha krek

**narcosis** (n.) ដំណើរដេកលក់ដោយថ្នាំសណ្ដំ damnaer dek lork daoy thnam sandam

**narcotic** (n.) មនុស្សញៀន mnous nhien

**narrate** (v.) និយាយរឿង niyeay rueng

**narration** (n.) រឿងនិទាន rueng ni tean

**narrative** (adj.) នៃនិទានកថា nei ni tean kak tha

**narrative** (n.) និទានកថា ni tean kaktha

**narrator** (n.) អ្នកនិទានរឿង nak nitean rueng

**narrow** (v.) ធ្វើអោយតូច thveu oy tauch

**narrow** (adj.) តូចចង្អៀត tauch chang aiet

**nasal** (adj.) នៃច្រមុះ nei chramouh

**nasal** (n.) ច្រមុះ chramouh

**nascent** (adj.) ដែលកំពុងចាប់កំណើត del kampoung chab kamnaet

**nasty** (adj.) ដែលគួរឱ្យខ្ពើម del kuor oy khpaem

**natal** (adj.) នៃការកកើត nei kar ka kert

**natant** (adj.) ដែលអណ្ដែតទឹក del ondet teuk

**nation** (n.) ប្រទេសជាតិ bra tes cheat

**national** (adj.) ជាតិ cheat

**nationalism** (n.) ជាតិនិយម cheat niyom

**nationalist** (n.) អ្នកជាតិនិយម nak cheat niyom

**nationality** (n.) សញ្ជាតិ sanhcheate

**nationalization** (n.) ជាតិូបនីយកម្ម cheat tub ney kam

**nationalize** (v.) ធ្វើជាតិូបនីយកម្ម thveu cheat tub ney kam

**native** (n.) អ្នកស្រុកដើម nakasrok daem

**native** (adj.) ដើមកំណើត daem kam naet

**nativity** (n.) កំណើត kam naet

**natural** (adj.) ធម្មជាតិ thom mocheat

**naturalist** (n.) ធម្មជាតិវិទូ thom mocheat vitou

**naturalize** (v.) ធ្វើអោយទៅជាធម្មតា theu aoy tow cheat hom motea

**naturally** (adv.) ដោយធម្មជាតិ daoy thommocheat

**nature** (n.) ធម្មជាតិ thom mocheat

**naughty** (adj.) ក្មេងរពឹស kmeng ro peus

**nausea** (n.) ចង់ក្អួត chong ka'uot

**nautic(al)** (adj.) នៃការធ្វើដំណើរតាមសមុទ្រ nei ka tveu domner tam samot

**naval** (adj.) នៃកងទ័ពជើងទឹក nei kang tap cheung teuk

**nave** (n.) ទីសក្ការៈ ti sak ka rak

**navigable** (adj.) ដែលធ្វើនាវាចរណ៍បាន del thveu neavea char ban

**navigate** (v.) រុករក rouk rok

**navigation** (n.) ការរុករក ka rouk rok

**navigator** (n.) នាវិក nea vuk

**navy** (n.) កងទ័ពជើងទឹក kang tap cheungtuk

**nay** (adv.) ដោយមិនព្រម daoy min prom

**neap** (adj.) នៃជំនោរសមុទ្រ nei chomnor samot

**near** (prep.) នៅក្បែរ now kber

**near** (adv.) ជិត chit

**near** (v.) ទៅជិតដល់ឡើងៗ tow chit dol laeng chit dol laeng

**near** (adj.) នៅក្បែរ nov kbae

**nearly** (adv.) ជិត chit

**neat** (adj.) ដែលស្អាតបាត del saat bat

**nebula** (n.) ផ្សែងភ្លើង phsaeng phleung

**necessary** *(adj.)* ចាំបាច់ chambach
**necessary** *(n.)* ភាពចាំបាច់ pheap cham bach
**necessitate** *(v.)* បណ្ដាលឲ្យ ban dal aoy
**necessity** *(n.)* ភាពចាំបាច់ pheap cham bach
**neck** *(n.)* ក kor
**necklace** *(n.)* ខ្សែក khsae kor
**necklet** *(n.)* ខ្សែក khsae kor
**necromancer** *(n.)* ភូតវិទូ phout vitou
**necropolis** *(n.)* ហោដ្ឋានសម្រាប់បញ្ចុះ hao than samreab banhchouh
**nectar** *(n.)* ទឹកដមផ្កា teuk dam phka
**need** *(v.)* ត្រូវការ trauv kar
**need** *(n.)* តម្រូវការ dam rouv kar
**needful** *(adj.)* ចាំបាច់ cham bach
**needle** *(n.)* ម្ជុល mchoul
**needless** *(adj.)* ដែលមិនចាំបាច់ del min cham bach
**needs** *(adv.)* តម្រូវការ dam rouv kar
**needy** *(adj.)* ដែលខ្វះខាត del khvah khat
**nefarious** *(adj.)* ដែលអាក្រក់ del akrak
**negate** *(v.)* ប្រើអវិជ្ជមានកម្ម brae avichman kam
**negation** *(n.)* អវិជ្ជមាន a vichman
**negative** *(n.)* ពាក្យបដិសេធ peak deseth
**negative** *(v.)* បដិសេធ bak deseth
**negative** *(adj.)* អវិជ្ជមាន avichchmean
**neglect** *(v.)* ធ្វេសប្រហែស thves bra hes
**neglect** *(n.)* ការធ្វេសប្រហែស kar thves bra hes
**negligence** *(n.)* ការធ្វេសប្រហែស kar thves bra hes
**negligent** *(adj.)* ដែលធ្វេសប្រហែស del thves bra hes
**negligible** *(adj.)* ដែលធ្វេសប្រហែស del thves bra hes
**negotiable** *(adj.)* អាចចរចារបាន ach chorcha ban
**negotiate** *(v.)* ចរចា chorcha
**negotiation** *(n.)* ការចរចារ ka chorcha
**negotiator** *(n.)* អ្នកចរចា nak chorcha
**negress** *(n.)* កម្មករស្បែកខ្មៅ kammokor sbek khmaw
**negro** *(n.)* កម្មករស្បែកខ្មៅ kammokor sbek khmaw
**neigh** *(n.)* ស្គរកញ្ជ្រៀវ saur kanh chriev
**neigh** *(v.)* កញ្ជ្រៀវ kanh chriev
**neighbour** *(n.)* អ្នកជិតខាង nak chit kheang
**neighbourhood** *(n.)* ភាពជាអ្នកជិតខាង pheap chea nak chit kheang
**neighbourly** *(adj.)* ដែលនៅជិតខាង del now chit kheang
**neither** *(conj.)* មិនមាន min mean
**nemesis** *(n.)* ទណ្ឌកម្មមិនសមទួលតែមិនអាចជៀសរួច ton kam min som tortuol ban tae min arch cheas ruoch
**neolithic** *(adj.)* នៃផ្នែកក្រោយនៃយុគសម័យថ្ម nei phnek kroay nei yok samai thmor
**neon** *(n.)* ចង្កៀងណេអុង changkieng ne ong
**nephew** *(n.)* ក្មួយប្រុស kmuoy bros
**nepotism** *(n.)* បក្សពួកនិយម bak puok niyom
**Neptune** *(n.)* ភពណិបទូ php ne b tou
**nerve** *(n.)* សរសៃប្រសាទ sar sai bra saat
**nerveless** *(adj.)* ដែលខូចសរសៃប្រសាទ del khauch sar sai bra saat
**nervous** *(adj.)* ប្រសាទ bra saat
**nescience** *(n.)* ភាពវិកវរ pheap vukvor
**nest** *(n.)* សំបុក saambok
**nest** *(v.)* ធ្វើសំបុក thveu saambok
**nestle** *(v.)* ធ្វើសំបុក thveu saambok
**nestling** *(n.)* កូនបក្សី kaun baksei
**net** *(v.)* ចងមុង chong moung
**net** *(adj.)* សុទ្ធ sot
**net** *(n.)* សំណាញ់ saam nanh
**nether** *(adj.)* នៃក្រោម nei kraom
**netizen** *(n.)* អ្នកចូលចិត្តប្រើអ៊ីនធឺណិត nak choul chett brer internet
**nettle** *(n.)* ដើមខ្ញែរ daem khnher
**nettle** *(v.)* ធ្វើឱ្យខឹង thveu oy khoeng
**network** *(n.)* បណ្ដាញ ban tarnh
**neurologist** *(n.)* ប្រសាទ bra sat
**neurology** *(n.)* ប្រសាទសាស្ត្រ brasaat sast

**neurosis** *(n.)* ជំងឺវិកលចរិក chomngu vi kal charit
**neuter** *(adj.)* ដែលអព្យាក្រឹត del apyeakret
**neuter** *(n.)* មុសកលិង្គ mou sak ling
**neutral** *(adj.)* អព្យាក្រឹត a pyea kroet
**neutralize** *(v.)* អព្យាក្រឹត a pyea kroet
**neutron** *(n.)* នឺត្រុង neu trong
**never** *(adv.)* មិនដែល min del
**never-ending** *(adj.)* មិនចេះចប់ min cheh chb
**nevertheless** *(conj.)* ទោះជាយ៉ាងណា toh chea yeang na
**new** *(adj.)* ថ្មី thmei
**newborn** *(adj.)* ដែលទើបនឹងកើត del teub nung kaet
**news** *(n.)* ដំណឹង dam noeng
**newspaper** *(n.)* កាសែត kaset
**next** *(adv.)* បន្ទាប់ ban toab
**next** *(adj.)* បន្ទាប់ ban toab
**nib** *(n.)* ចំពុះសត្វ champouh sat
**nibble** *(n.)* ការស៊ីច្បៀៗ kar sai chbech chbech
**nibble** *(v.)* ស៊ីច្បៀៗ sai chbech chbech
**nice** *(adj.)* បានស្រស់ស្អាត ban sras saat
**nicely** *(adv.)* ត្រឹមត្រូវ troem trauv
**nicety** *(n.)* ភាពត្រូវ pheap trauv
**niche** *(n.)* អង្កែ angke
**nick** *(n.)* ស្នាមឆែប snam chhaeb
**nickel** *(n.)* នីកែល nikel
**nickname** *(v.)* ដាក់ឈ្មោះក្រៅ dak chhmoh kraw
**nickname** *(n.)* ឈ្មោះហៅក្រៅ chhmoh haw kraw
**nicotine** *(n.)* ជាតិនីកូទីន cheate ni kau tin
**niece** *(n.)* ក្មួយស្រី kmuoy srei
**niggard** *(n.)* អ្នកកំណាញ់ nak kamnanh
**niggardly** *(adj.)* ដែលកំណាញ់ del kamnanh
**nigger** *(n.)* ទាសកម្មករស្បែកខ្មៅ tea sa kam kor sbek khmaw
**nigh** *(adv.)* ស្ទើរតែ ster te
**nigh** *(prep.)* ស្ទើរតែ ster te
**night** *(n.)* យប់ yob
**night shelter** *(n.)* ជំរកយប់ chomrok yob

**nightie** *(n.)* អាវពាក់ដេក av peak dek
**nightingale** *(n.)* សត្វបក្សីមួយបែប sat baksei muoy beb
**nightly** *(adv.)* ពេលយប់ pel yob
**nightmare** *(n.)* សុបិន្តអាក្រក់ so be nt akrak
**nihilism** *(n.)* លទ្ធិបដិវត្ត lotthi bakdevat
**nil** *(n.)* កម្រិតសូន្យ kamrit saun
**nimble** *(adj.)* ដែលទន់ភ្លន់ del ton phlon
**nimbus** *(n.)* ជលធរ cholothor
**nine** *(n.)* ប្រាំបួន brabuon
**nineteen** *(n.)* ដប់ប្រាំបួន dab bram buon
**nineteenth** *(adj.)* ទីដប់ប្រាំបួន ti dab bram buon
**ninetieth** *(n.)* ទីកៅសិប ti kaw seb
**ninety** *(n.)* កៅសិប kaw seb
**ninth** *(adj.)* ទីប្រាំបួន ti brab buon
**nip** *(v.)* ច឵ប choeb
**nipple** *(n.)* ក្បាលដោះ kbal daoh
**nitrogen** *(n.)* នីត្រូហ្សែន ni trau hsae n
**no** *(adj.)* គ្មាន kmean
**no** *(adv.)* គ្មាន kmean
**no** *(n.)* គ្មាន kmean
**nobility** *(n.)* អភិជន aphi chon
**noble** *(adj.)* ដែលមានសេចក្ដីថ្លៃថ្នូរ del mean sech ktei thlai thnaur
**noble** *(n.)* សេចក្ដីថ្លៃថ្នូរ sech ktei thlai thnaur
**nobleman** *(n.)* អភិជន aphichon
**nobly** *(adv.)* ថ្លៃថ្នូរ thlai thnaur
**nobody** *(pron.)* គ្មាននរណាម្នាក់ kmean norna mneak
**nocturnal** *(adj.)* នៃរាត្រីចរ nei reatrei char
**nod** *(v.)* ងក់ក្បាល ngok kbal
**nod** *(n.)* ងក់ក្បាល ngok kbal
**noddle** *(v)* ងក់ក្បាល ngok kbal
**node** *(n.)* ថ្នាំង thnang
**noise** *(n.)* សំលេងរំខាន saam leng romkhan
**noiseless** *(adj.)* ដែលគ្មានសំឡេង del kmean saamleng
**noisy** *(adj.)* រំខាន romkhan
**nomad** *(n.)* ពនេចរ por ne char
**nomadic** *(adj.)* ពនេចរ por ne char
**nomenclature** *(n.)* នាមវលី neam vak li

**nominal** *(adj.)* បន្ទាប់បន្សំ ban teab ban saam
**nominate** *(v.)* តែងតាំង tengtang
**nomination** *(n.)* ការតែងតាំង kar tengtang
**nominee** *(n.)* បេក្ខជន bekkhachon
**non-alcoholic** *(adj.)* ដែលមិនមានជាតិអាល់កុល del min mean cheate alkol
**non-alignment** *(n.)* មិនចូលបក្សសម្ព័ន្ធ min chaul bak sampan
**nonchalance** *(n.)* ការធ្វេសប្រហែស kar thves bra hes
**nonchalant** *(adj.)* ដែលមិនអើពើ del min ae peu
**non-disclosure** *(n.)* មិនមែនជាការបង្ហាញ min men chea kar bang heanh
**none** *(adv.)* គ្មាន kmean
**none** *(pron.)* គ្មាន kmean
**nonentity** *(n.)* មិនសំខាន់ min saamkhan
**nonetheless** *(adv.)* ផ្ដួយទៅវិញ phtoy tow vinh
**nonpareil** *(n.)* គ្មានគេដូច kmean ke dauch
**nonpareil** *(adj.)* គ្មានគេដូច kmean ke dauch
**nonplus** *(v.)* ធ្វើអោយឆ្ងល់ thveu oy chhngal
**non-profit** *(adj.)* ដែលមិនរកប្រាក់ចំណេញ del min rok brak chamnenh
**nonsense** *(n.)* មិនសមហេតុសមផល min rok brak chamnenh
**nonsensical** *(adj.)* មិនសមហេតុផល min sam het phal
**non-stick** *(adj.)* មិនជាប់ min cheab
**non-stop** *(adj.)* មិនឈប់ min chhb
**noodle** *(n.)* មី mi
**nook** *(n.)* បន្ទប់តូច bantob tauch
**noon** *(n.)* ថ្ងៃត្រង់ thngai trang
**noose** *(n.)* អន្ទាក់ teak
**noose** *(v.)* ដាក់អន្ទាក់ dak anteak
**nor** *(conj.)* គ្មាន kmean
**Nordic** *(adj.)* នៃប្រទេសភាគខាងជើង nei brotes pheak khang cheurng
**norm** *(n.)* បទដ្ឋាន batd than
**normal** *(adj.)* ធម្មតា thommotea
**normalcy** *(n.)* ភាពធម្មតា pheap thommotea
**normalization** *(n.)* ការធ្វើឱ្យប្រក្រតី kar tveu oy bro kro dei

**normalize** *(v.)* ធ្វើប្រក្រតីកម្ម thveu brakratei kam
**north** *(adj.)* ភាគខាងជើង pheak khangcheung
**north** *(adv.)* ភាគខាងជើង pheak khangcheung
**north** *(n.)* ភាគខាងជើង pheak khangcheung
**northerly** *(adv.)* ខាងជើង khangcheung
**northerly** *(adj.)* ខាងជើង khangcheung
**northern** *(adj.)* ខាងជើង khangcheung
**nose** *(v.)* ស្ងួរោក svengorok
**nose** *(n.)* ច្រមុះ chra mouh
**nosegay** *(n.)* ច្រមុះហៀរសំបោរ chramouh hier saam baor
**nosey** *(adj.)* មនុស្សដែលចង់ដឹងរឿងគេ monus del chong deung reung ke
**nostalgia** *(n.)* អាឡោះអាល័យ a laoh a lay
**nostril** *(n.)* រន្ធច្រមុះ ronth chra mouh
**nostrum** *(n.)* ថ្នាំធ្វើខ្លួនឯង thnam thveu khluon eng
**nosy** *(adj.)* ដែលចូលចិត្តចង់ដឹងរឿងគេ del choul chet chong doeng rueng ke
**not** *(adv.)* មិនមាន min mean
**notability** *(n.)* ការគួរកត់សំគាល់ kar kuor kot saam koal
**notable** *(adj.)* គួរឱ្យកត់សម្គាល់ kuor aoy kot sam koal
**notary** *(n.)* សារការី sarkari
**notation** *(n.)* ការកំណត់ kar kam nat
**notch** *(n.)* ស្នាមរលាក snam rolak
**note** *(v.)* ចំណាំ chamnam
**note** *(n.)* ការកត់ចំណាំ kar kot chamnam
**noteworthy** *(adj.)* ចាប់អារម្មណ៍យ៉ាងខ្លាំង chab arom yang khlang
**nothing** *(adv.)* គ្មានអ្វី kmean avei
**nothing** *(n.)* គ្មានអ្វី kmean avei
**notice** *(v.)* សង្កេតឃើញ sang ket kheunh
**notice** *(n.)* សេចក្ដីជូនដំណឹង sech ktei choun damnoeng
**notification** *(n.)* ការជូនដំណឹង kar choun damnoeng
**notify** *(v.)* ជូនដំណឹងដល់ choun dmnoeng dol

**notion** *(n.)* សញ្ញាណ sanhnhean
**notional** *(adj.)* សញ្ញាណ sanhnhean
**notoriety** *(n.)* ភាពគេដឹងគ្រប់គ្នា pheap ke doeng kroub knea
**notorious** *(adj.)* ដែលល្បីខាងរឿងមិនល្អ del labey khang reung min laor
**notwithstanding** *(prep.)* ធ្វើបើមាន thvei ber mean
**notwithstanding** *(adv.)* ទោះជា toh chea
**notwithstanding** *(conj.)* ទោះជា toh chea
**nought** *(n.)* គ្មានអ្វីទាំងអស់ kmean oa vei teang oas
**noun** *(n.)* នាម neam
**nourish** *(v.)* ឱ្យអាហារ aoy ahar
**nourishment** *(n.)* ការចិញ្ចឹមបីបាច់ kar chenhchum beibach
**novel** *(adj.)* នៃថ្មីៗ nei thmei thmei
**novel** *(n.)* ប្រលោមលោក bralomlok
**novelette** *(n.)* ប្រលោមលោក bralomlok
**novelist** *(n.)* អ្នកនិពន្ធ nak nipon
**novelty** *(n.)* នវភាព no veak pheap
**November** *(n.)* ខែវិច្ឆិកា khe vichchheka
**novice** *(n.)* នវជន no veak chon
**now** *(conj.)* កឡូវនេះ ilauv nih
**now** *(adv.)* កឡូវនេះ ilauv nih
**nowhere** *(adv.)* ឥតទៅណាទេ it townea te
**noxious** *(adj.)* ជាតិពុល cheat poul
**nozzle** *(n.)* ក្បាល kbal
**nuance** *(n.)* ភាពល្អំគ្នា pheap loam knea
**nubile** *(adj.)* ដែលគ្រប់ការ del krob kar
**nuclear** *(adj.)* នុយក្លេអែរ nouy kle aer
**nuclear family** *(n.)* ក្រុមគ្រួសារនុយក្លេអែរ kruom kre saear nouykle aer
**nucleus** *(n.)* ផ្ចិតនៃអាតូម phchet nei ataum
**nude** *(adj.)* ស្រាត srat
**nude** *(n.)* ស្រាត srat
**nudge** *(v.)* ច្រាន chran
**nudity** *(n.)* អាក្រាត akrat
**nugget** *(n.)* ដុំមាស dom meas
**nuisance** *(n.)* ភាពរខាន pheap romkhan
**null** *(adj.)* ទទេ tor te
**nullification** *(n.)* មោឃៈកម្ម mokh kam

**nullify** *(v.)* លប់ចោល lob chaol
**numb** *(adj.)* ស្ពឹក spoek
**number** *(v.)* ដាក់លេខរៀង dak lek hrieng
**number** *(n.)* ចំនួន chamnuon
**numberless** *(adj.)* គ្មានលេខ kmean lekh
**numeral** *(n.)* លេខ lekh
**numerator** *(n.)* ភាគយក pheak yok
**numerical** *(adj.)* ដែលជាលេខ del chea lekh
**numerous** *(adj.)* ជាច្រើន chea chraen
**nun** *(n.)* ដូនជី daunchi
**nunnery** *(n.)* ដូនជី daunchi
**nuptial** *(adj.)* អាពាហ៍ពិពាហ៍ apa pipea
**nuptials** *(n.)* ពិធីរៀបអាពាហ៍ពិពាហ៍ pithi reab apea pi pea
**nurse** *(v.)* បំបៅ bambaw
**nurse** *(n.)* គិលានុបដ្ឋាយិកា ki lea nou bad tha yi ka
**nursery** *(n.)* កន្លែងមើលក្មេង kanleng meul kmeng
**nurture** *(v.)* អប់រំ oab rom
**nurture** *(n.)* ការអប់រំ kar oab rom
**nut** *(n.)* គ្រាប់ kreab
**nut** *(v.)* រើសគ្រាប់ reus kroab
**nutcase** *(n.)* មនុស្សឆ្កួត monus chhkuot
**nuthouse** *(n.)* ពេទ្យឬផ្ទះមនុស្សឆ្កួត pet reu pteah monus chhkuot
**nutmeg** *(n.)* ចន្ទន៍គ្រឺស្នា chankruah sna
**nutrient** *(n.)* សារជាតុចិញ្ចឹម sartehat chenhchum
**nutrition** *(n.)* អាហារូបត្ថម្ភ ahar roub tthom
**nutritious** *(adj.)* ជីវជាតិ chivcheat
**nutritive** *(adj.)* ដែលមានគ្រឿងធ្វើអោយរូបកាយធំធាត់ del mean krueng thveu oy roubkay thomthoat
**nutty** *(adj.)* ដែលមានដាក់សណ្ដែកដីគ្រាប់ស្វាយចន្ទី del mean dak sandekdei kreabsvay chanti
**nuzzle** *(v.)* យកចមុះទៅញល់ៗ yok chra mouh tow nhol nhol
**nylon** *(n.)* នីឡុង nilong
**nymph** *(n.)* អប្សរាទេវី ak kharak tevi
**nymphet** *(n.)* ស្រីមានរូបឆើតឆាយ srei mean roub chhert chhay

**nymphomaniac** *(adj.)* ដែលចួលចិត្តសប្បាយ del chaulchett sabbay
**nymphomaniac** *(n.)* មនុស្សចូលចិត្តសប្បាយ mnous chaulchett sabbay

**oaf** *(n.)* ភាពលីលា pheap lilea
**oafish** *(adj.)* ដែលភ្លីភ្លើ del phli phleu
**oak** *(n.)* ដើមប្រៃ daem chrei
**oaktree** *(n.)* ដើមប្រៃ daem chrei
**oar** *(n.)* ច្រវាទូក chrava touk
**oarsman** *(n.)* អ្នកចែវទូក nak chev touk
**oasis** *(n.)* វាលខ្សាច់ veal khsaach
**oat** *(n.)* ស្រូវម្យ៉ាងប្រើជាចំណីសេះ srauv myeang brae chea chamnei seh
**oath** *(n.)* ពាក្យសម្បថ peak samboth
**oathbreaker** *(n.)* អ្នកបំពានពាក្យសម្បថ nak bompean peak sambot
**oathbreaking** *(adj.)* ដែលបំពានពាក្យសម្បថ del bompean peak sambot
**oatmeal** *(adj.)* នៃម្សៅធញ្ញជាតិ nei msao thonhnh cheat
**oatmeal** *(n.)* ម្សៅធញ្ញជាតិ msao thonhnh cheat
**obduct** *(v.)* អនុម័ត anoumat
**obduction** *(n.)* ការអនុម័ត kar anoumat
**obduracy** *(n.)* ភាពខ្ចាប់ខ្ជួន pheap khchab khchuon
**obdurate** *(adj.)* ដែលអត់ធន់ del atthon
**obedience** *(n.)* ការស្ដាប់បង្គាប់ kar sdab bangkoab
**obedient** *(adj.)* ចេះស្ដាប់បង្គាប់ cheh sdab bangkeab
**obeisance** *(n.)* លំឱនកាយគោរព lom aon kay korop
**obese** *(adj.)* ជាត់ thoat
**obesity** *(n.)* ភាពជាត់ pheap thoat
**obey** *(v.)* គោរពតាម korop tam

**obituary** *(adj.)* ដំណឹងមរណភាព damnoeng moronpheap
**object** *(n.)* វត្ថុ vottho
**object** *(v.)* ជំទាស់ chomtoas
**objection** *(n.)* ការជំទាស់ kar chomtoas
**objectionable** *(adj.)* ដែលគួរបន្ទោស del kuor bantos
**objective** *(n.)* គោលដៅ kol daw
**objective** *(adj.)* គោលដៅ kol daw
**oblation** *(n.)* តង្វាយ tangveay
**obligation** *(n.)* កាតព្វកិច្ច katapakech
**obligatory** *(adj.)* នៃកាតព្វកិច្ច nei katapakech
**oblige** *(v.)* មានកាតព្វកិច្ច mean katapakech
**oblique** *(adj.)* ដែលមិនត្រង់ del min trang
**obliterate** *(v.)* លុប loub
**obliteration** *(n.)* ការលុប kar loub
**oblivion** *(n.)* ការភ្លេច kar phlech
**oblivious** *(adj.)* ដែលគ្មានចាប់ភ្លឹក del kmean chab phleuk
**oblong** *(adj.)* ដែលទ្រវែង del troveng
**oblong** *(n.)* រាងទ្រវែង reang troveng
**obnoxious** *(adj.)* ដែលអាក្រក់ del akrak
**obscene** *(adj.)* ដែលអោយខ្ពើមរអើម del aoy khpeum ro erm
**obscenity** *(n.)* អំពើអាសអាភាស ampeu as a phas
**obscure** *(v.)* បិទបាំង bet bang
**obscure** *(adj.)* បិទបាំង betbang
**obscurity** *(n.)* ភាពងងឹត pheap ngo ngeut
**observance** *(n.)* អ្នកសង្កេតការណ៍ nak sangket kar
**observant** *(adj.)* សង្កេត sangket
**observation** *(n.)* អង្កេត angket
**observatory** *(n.)* កន្លែងសង្កេត kanleng sangket
**observe** *(v.)* សង្កេត angket
**obsess** *(v.)* គិតមមៃ kit mamei
**obsession** *(n.)* ការគិតមមៃ kar kit mamei
**obsessive** *(adj.)* ដែលគិតមមៃ del kit mamei
**obsolete** *(adj.)* ដែលលែងប្រើ del leng brae
**obstacle** *(n.)* ឧបសគ្គ ubasak

**obstetric** *(adj.)* អំពីការសំរាលកូន ampi kar saamral kaun
**obstetrician** *(n.)* គ្រូពេទ្យសម្ភព kroupet samphop
**obstinacy** *(n.)* ភាពចចេស pheap charches
**obstinate** *(adj.)* រឹងចចេស reung charches
**obstruct** *(v.)* ស្ទះ steah
**obstruction** *(n.)* ភាពរាំងស្ទះ pheap rang steah
**obstructive** *(adj.)* ស្ទះ steah
**obtain** *(v.)* ទទួលបាន totuol ban
**obtainable** *(adj.)* ទទួល totuol
**obtuse** *(adj.)* ដែលល្ងង់ del lngong
**obvious** *(adj.)* ជាក់ស្តែង cheak sdeng
**obviously** *(adv.)* យ៉ាងជាក់ស្តែង yeang cheak sdeng
**occasion** *(v.)* បណ្តាលឱ្យកើតមាន bondal oy kert mean
**occasion** *(n.)* ឱកាស ao kas
**occasional** *(adj.)* ម្តងម្កាល mdong mkal
**occasionally** *(adv.)* ម្តងម្កាល mdong mkal
**occident** *(n.)* បច្ឆឹមទិស bachchoem tis
**occidental** *(adj.)* នៃខាងលិច nei khang lich
**occipital** *(adj.)* នៃកញ្ចឹងក nei kanhcheung kor
**occipital** *(n.)* ឆ្អឹងកញ្ចឹងក chha eng kanh cheung kor
**occlude** *(v.)* ធ្វើអោយជិត thveu oy chit
**occlusive** *(adj.)* ដែលធ្វើឱ្យស្ទះ del thveu oy steah
**occult** *(v.)* ធ្វើឱ្យបាំង thveu oy bang
**occult** *(n.)* ភាពអាថ៌កំបាំង pheap aat kombang
**occult** *(adj.)* ដែលពុំបង្ហាញឱ្យឃើញ del poum banghanh oy kheunh
**occupancy** *(n.)* ការរស់នៅកាន់កាប់ kar ros nov kankab
**occupant** *(n.)* អ្នកកាន់កាប់ nak kankab
**occupation** *(n.)* ការកាន់កាប់ kar kankab
**occupied** *(adj.)* កាន់កាប់ kankab
**occupier** *(n.)* អ្នកកាន់កាប់ទ្រព្យសម្បត្តិ nak kan kab trop sambat
**occupy** *(v.)* កាន់កាប់ kankab

**occur** *(v.)* កើតមានឡើង kaet mean laeng
**occurrence** *(n.)* ការកើតឡើង kar kaet laeng
**ocean** *(n.)* មហាសមុទ្រ maha samout
**oceanfront** *(n.)* តំបន់មហាសមុទ្រ dambon maha samout
**oceanfront** *(adj.)* នៃតំបន់មហាសមុទ្រ nei dambon maha samout
**oceanic** *(adj.)* មហាសមុទ្រ maha samout
**oceanographer** *(n.)* អ្នកសាគរសាស្ត្រ nak sakor sas
**oceanographic** *(adj.)* អ្នកវិទ្យាសាស្ត្រភូមិសាស្ត្រសមុទ្រវិទ្យា nak vityeasas phoumsast samout vityea
**oceanologist** *(n.)* អ្នកសិក្សាអំពីមហាសមុទ្រ nak seksaa ampi maha samout
**oceanology** *(n.)* ការសិក្សាអំពីមហាសមុទ្រ karseksaea ampi maha samout
**octagon** *(n.)* អដ្ឋកោណ adth kaon
**octane** *(n.)* អុកតាន ok tan
**octangular** *(adj.)* ដែលមាន៨ជ្រុង del mean 8 chroung
**octave** *(n.)* ៨ជ្រុង 8 chroung
**October** *(n.)* ខែតុលា khae tola
**octogenarian** *(adj.)* ដែលមានអាយុពីប៉ែតសិបឆ្នាំទៅកៅសិបឆ្នាំ del mean ayou pi pet seb chhnam tov kao seb chhnam
**octogenarian** *(n.)* មនុស្សដែលមានអាយុពីប៉ែតសិបឆ្នាំទៅកៅសិបឆ្នាំ monouss del mean ayou pi pet seb chhnam tov kao seb chhnam
**octonionics** *(n.)* ពិជគណិតចែកជាបទដ្ឋានលើចំនួនពិត pech kaknith chek chea bot thaan leu chomnuon pit
**octopede** *(n.)* សត្វដែលមានជើងប្រាំបី satv del mean cheung brabei
**octopus** *(n.)* ត្រីមឹកធំ treimuk thom
**octopussy** *(n.)* ការរួមភេទជាមួយមឹក ka roum phet chea muoy moek
**octuple** *(adj.)* អដ្ឋភាគ adth pheak
**octuple** *(n.)* អដ្ឋភាគ adth pheak
**octuple** *(v.)* គុណនឹង៨ adth pheak

octuplicate (n.) ច្បាប់ចម្លងទីប្រាំបី chbab chomlong ti brambei
ocular (adj.) នៃភ្នែក nei phnek
oculist (n.) ពេទ្យភ្នែក pet phnek
odd (adj.) សេស ses
oddity (n.) មិនដែលឃើញ min del kheunh
odds (n.) លាភ leaph
ode (n.) កាព្យឈ្លោងបន្លូរអារម្មណ៍ kap khlong banthour arom
odious (adj.) អំពើសាហាវព្រៃ ampeu sahav prei
odium (n.) ការមិនយល់ព្រម kar min yolprom
odometer (n.) ឧបករណ៍វាស់ចម្ងាយ ubakar voas chamngay
odontologist (n.) អ្នកឯកទេសខាងធ្មេញ nak ektes khang thmenh
odontology (n.) ការសិក្សាអំពីធ្មេញ kar seksaa ampi thmenh
odorous (adj.) ដែលក្រហូប del krah aub
odour (n.) ក្លិន klen
of (prep.) នៃ nei
off (prep.) បិទ bet
off balance (adj.) ខុសសមតុល្យ khos samtol
offbeat (adj.) ដែលខុសប្រក្រតី del khos bra kradei
offence (n.) បទល្មើស bat lomeus
offend (v.) ប្រមាថ bramath
offender (n.) ជនល្មើស chon lmeus
offensive (n.) ការវាយលុក kar veay louk
offensive (adj.) ដែលវាយលុក del veay louk
offer (n.) ការផ្តល់ជូន kar phtal choun
offer (v.) ផ្តល់ជូន phdal choun
offering (n.) តង្វាយ tangveay
office (n.) ការិយាល័យ kari ya lay
officer (n.) មន្ត្រី mon trei
official (n.) មន្ត្រី mon trei
official (adj.) ជាផ្លូវការ chea phlauv kar
officially (adv.) ជាផ្លូវការ chea phlauv kar
officiate (v.) ធ្វើជាអធិបតី thveu chea athib tei
officious (adj.) ដែលជាអធិបតី del chea athib tei
offing (n.) នៅក្រោយស្យន netrea tos

offline (adj.) ក្រៅបណ្តាញ krav bandanh
off-road (adv.) ធ្វើដំណើរលើផ្លូវលំបាក tveu domner leu plov lombak
offset (n.) សំណង saamnang
offset (v.) ទូទាត់ tou toat
offshoot (n.) លំពង់ lompong
offspring (n.) ពូជពង្ស pouchpong
oft (adv.) ញយៗ nhoy nhoy
often (adv.) ជាញឹកញាប់ chea nheuk nhoab
ogle (v.) មើលដោយចេតនា meul daoy chetna
ogle (n.) ការមើលដោយចេតនា kar meul daoy chetana
oil (n.) ប្រេង breng
oil (v.) ដាក់ប្រេង dak breng
oil paint (n.) ថ្នាំលាបប្រេង tnam leab breng
oil rig (n.) ស្ថានីយ៍ខួង stha ni khuong
oily (adj.) ដែលមានប្រេង del mean breng
oink (v.) ស្រែក (ជ្រូក) srek ( chrouk)
oink (n.) សូរជ្រូកស្រែក saur chrouk srek
oinker (n.) មួន muon
ointment (n.) ឱសថក្រមួន aosath kramuon
okay (n.) សេចក្តីយល់ព្រម sech kdei yolprom
okay (v.) យល់ព្រម yolprom
okay (adj.) ដោយស្រួលហើយ daoy sruol haey
okay (adv.) ដោយស្រួលហើយ daoy sruol haey
okay (int.) អញ្ចឹង anhcheung
okayish (adj.) ដែលអត់ធន់ del ot thun
okra (n.) ពោតបារាំង pot barang
old (n.) អាយុ ayou
old (adj.) ចាស់ chas
old age (n.) មានអាយុចាស់ mean ayou chasa
oleaceous (adj.) រុក្ខជាតិនៃគ្រួសារអូលីវ roukkhcheat nei kruosaar au liv
oleaginous (adj.) ដែលមានប្រេងច្រើន del mean breng chrern
oleochemical (n.) សមាសធាតុគីមីកើតចេញពីខ្លាញ់និងប្រេងធម្មជាតិ samasatheat kimi kert chenhpi khlanh ning breng thommocheat
olfactic (adj.) នៃយានវិញ្ញាណ nei khean vi nhnhean

**olfactics** *(n.)* យានវិញ្ញាណ khean vinhnhean
**oligarch** *(n.)* អប្បជនាធិបតេយ្យជន abbachna thibteyy chon
**oligarchal** *(adj.)* នៃអប្បជនាធិបតេយ្យ nei abbachna thibtey
**oligarchy** *(n.)* អប្បជនាធិបតេយ្យ abbachna thibtey
**olive** *(n.)* អូលីវ au liv
**olympiad** *(n.)* អូឡាំពិច au lam pi ch
**omega** *(n.)* ពេលទីបំផុត pel ti bamphot
**omelette** *(n.)* ស៊ុតចៀន suot chien
**omen** *(n.)* ប្រផ្នូល bra phnaul
**ominous** *(adj.)* ប្រផ្នូលអាក្រក់ braphnaul akrak
**omission** *(n.)* លុបចោល loub chaol
**omit** *(v.)* លុប loub
**omittance** *(n.)* ការបែងចែក kar bengchek
**omitter** *(n.)* ខ្ចិល khchel
**omnibenevolence** *(n.)* ភាពល្អឥតខ្ចោះនៃអាទិទេព pheap laor ot khchoah nei ahtitep
**omnibenevolent** *(adj.)* នៃភាពល្អឥតខ្ចោះនៃអាទិទេព nei pheap laor ot khchoah nei ahtitep
**omnibus** *(n.)* រថយន្តប្រចាំផ្លូវ roth yon bracham phlauv
**omnicompetence** *(n.)* សមត្ថភាពក្នុងការធ្វើអ្វីគ្រប់យ៉ាង samotthaphap knong kar thveu avei krobyeang
**omnicompetent** *(adj.)* ដែលមានសមត្ថភាពក្នុងការធ្វើអ្វីគ្រប់យ៉ាង del mean samotthaphap knong kar thveua vei krobyeang
**omnidirectional** *(adj.)* ទទួលសញ្ញាឬបញ្ជូននៅគ្រប់ទិសដៅ totuol sanhnhea re banhchoun now krob tis daw
**omnidirectionality** *(n.)* ការទទួលសញ្ញាឬបញ្ជូននៅគ្រប់ទិសដៅ kar totuol sanhnhea re banhchoun now krob tis daw
**omniform** *(adj.)* នៃគ្រប់ទម្រង់ទាំងអស់ nei krob tomrong teang os
**omniformity** *(n.)* ភាពគ្រប់ទម្រង់ទាំងអស់ pheap krob tomrong teang os
**omnilingual** *(n.)* ការចេះគ្រប់ភាសាទាំងអស់ kar cheh krob pheasa teang os
**omnilingual** *(adj.)* ចេះគ្រប់ភាសាទាំងអស់ cheh krob pheasa teang os
**omnipotence** *(n.)* ថាមពលគ្មានដែនកំណត់ thamopol kmean den kamnot
**omnipotent** *(adj.)* នៃថាមពលគ្មានដែនកំណត់ nei thamopol kmean den kamnot
**omnipresence** *(n.)* អភិជន aphichon
**omnipresent** *(adj.)* ដែលមាននៅគ្រប់ទីកន្លែង del mean krob ti konlaeng
**omniscience** *(n.)* ការចេះឬដឹងគ្រប់ kar cheh re doeng krob
**omniscient** *(adj.)* ទ្រង់សព្វញ្ញុញ្ញាណ trong sapvonhnhou hean
**omnivore** *(n.)* សព្វាសីសត្វ sapveasei sat
**omnivorous** *(adj.)* សព្វាសីសត្វ sapveasei sat
**omophagia** *(n.)* ការបរិភោគសាច់ឆៅ kar boriphok sach chhao
**on** *(prep.)* នៅលើ now leu
**on** *(adj.)* នៅលើ now leu
**on** *(adv.)* នៅលើ now leu
**once** *(adv.)* ម្ដង mdong
**oncogene** *(n.)* ហ្សែនដែលបណ្ដាលឱ្យកើតជំងឺមហារីក zen del bandal aoy kert chomngeu maharik
**oncogenic** *(adj.)* ដែលធ្វើឱ្យមានដុំសាច់ដុះ del thveu oy mean dom sach doh
**oncologist** *(n.)* អ្នកឯកទេសខាងជំងឺមហារីក nak ektes khang chomngeu maharik
**oncology** *(n.)* ជំងឺមហារីក chomngeu maharik
**one** *(pron.)* មួយ muoy
**one** *(adj.)* មួយ muoy
**oneness** *(n.)* ភាពតែមួយ pheap temuoy
**onerous** *(adj.)* សន្ធឹកសន្ធាប់ santheuk santhoab
**one-sided** *(adj.)* តែម្ខាង te mkhang
**one-way** *(adj.)* ផ្លូវឯកទិស phlauv ekteus
**ongoing** *(adj.)* ជាបន្ត chea bantor

**onion** *(n.)* ខ្ទឹមបារាំង khteom barang
**online** *(adj.)* លើបណ្ដាញអ៊ីធឺណែត leu bandanh internet
**on-looker** *(n.)* អ្នកដែលសង្កេតព្រឹត្តិការណ៍ nak del sangket prutte kar
**only** *(adv.)* តែមួយ tae muoy
**only** *(conj.)* ប៉ុន្តែ bontae
**only** *(adj.)* ដែលគ្រាន់តែ del kroan te
**onology** *(n.)* ទេវវិទ្យា tev vityea
**onomancy** *(n.)* ភាពអត់ធ្មត់ pheap at thmot
**onomast** *(n)* អ្នកសិក្សាឈ្មោះមនុស្ស nak seksaa chhmoh mnous
**onomastic** *(adj.)* ដែលសិក្សាឈ្មោះមនុស្ស del seksaa chhmoh mnous
**onomatologist** *(n.)* ការសិក្សាឈ្មោះមនុស្ស kar seksaa chhmoh mnous
**onomatology** *(n.)* ការសិក្សាឈ្មោះ kar seksaa chhmoh
**onomatope** *(n.)* ការបង្កើតពាក្យសូរដូច kar bangkeut peak saur dauch
**onomatopoeia** *(n.)* ការបង្កើតពាក្យដែលមានសូរដូចឈ្មោះ kar bangkeut peak del mean saur dauch chhmoh
**on-road** *(adj.)* នៅលើផ្លូវ now leu phlauv
**onrush** *(n.)* ភាពឆ្នាត pheap chhlat
**on-screen** *(adj.)* នៅលើអេក្រង់ now leu ekrang
**onset** *(n.)* ការវាយប្រហារ kar vay bra har
**onslaught** *(n.)* ការវាយប្រហារ kar vay bra har
**ontogenic** *(adj.)* នៃការវិវឌ្ឍន៍នៃសារពាង្គកាយពេញមួយជីវិត nei kar rik loutlas nei sarpangkay penh muoy chivit
**ontogeny** *(n.)* ការវិវឌ្ឍន៍នៃសារពាង្គកាយពេញមួយជីវិត kar rik loutlas nei sarpangkay penh muoy chivit
**ontological** *(adj.)* ទាក់ទងនឹងទស្សនវិជ្ជានៃគំនិតដូចជាអត្ថិភាពនិងភាពពិត teah tong nung tossanakvichchea nei koumnit dauchchea atthepheap ning pheap pit

**ontologism** *(n.)* ទស្សនវិជ្ជាដែលជឿថាប្រាថ្នារបស់មនុស្សផ្ដោតលើព្រះ tossanakvichchea del chue tha brachnha robos mnous phdaot leu preah
**ontologist** *(n.)* អ្នកជឿថាប្រាថ្នារបស់មនុស្សផ្ដោតលើព្រះ nak chue tha brachnha robos mnous phdaot leu preah
**ontology** *(n.)* ទស្សនវិជ្ជានៃគំនិតដូចជាអត្ថិភាពនិងភាពពិត tossanakvichchea nei koumnit dauchchea atthepheap ning pheap pit
**onus** *(n.)* ការទទួលខុសត្រូវ kar totuol khos trauv
**onward** *(adj.)* តទៅ tor tov
**onwards** *(adv.)* តទៅ tor tov
**ooze** *(v.)* បង្ហូរតិចៗ banghour tech tech
**ooze** *(n.)* រសាយ rosay
**opacity** *(n.)* ភាពស្រអាប់ pheap sra aab
**opal** *(n.)* ពេជ្រម្យាង pech myang
**opaque** *(adj.)* ស្រអាប់ sra aab
**open** *(v.)* បើក berk
**open** *(adj.)* ការបើកចំហរ kar berk chamhor
**opening** *(n.)* ការបើក kar berk
**openly** *(adv.)* ដោយចំហរ daoy chamhor
**opera** *(n.)* ល្ខោនអូប៉េរ៉ា lkhon au be ra
**operability** *(n.)* ប្រតិបត្តិការ bratebattkar
**operable** *(adj.)* ដែលអាចប្រើបាន del ach brer ban
**operate** *(v.)* ប្រតិបត្តិ bratebatt
**operation** *(n.)* ប្រតិបត្តិការ bratebatkar
**operative** *(adj.)* ប្រតិបត្តិ brattebat
**operator** *(n.)* ប្រតិបត្តិករ bratebat kor
**operetta** *(n.)* ល្ខោនតន្ត្រីខ្លី lakhoun dontrei khley
**ophtalmic** *(adj.)* នៃជំងឺភ្នែក ney chomngue pnek
**ophtalmologic** *(adj.)* នៃជំងឺភ្នែក ney chomngue pnek
**ophtalmologist** *(n.)* ពេទ្យភ្នែក pet phnek
**ophtalmology** *(n.)* ការសិក្សាលើជំងឺភ្នែក kar serk sa leu chomngue pnek

**ophtalmoscope** *(n.)* ចក្ខុទស្សន៍ chakhou tous
**opiate** *(adj.)* អាភៀន aphien
**opiate** *(n.)* អាភៀន aphien
**opiate** *(v.)* ជក់អាភៀន chuk aphien
**opinator** *(n.)* អ្នកប្រកាន់ទ្រឹស្តី nak brokan treus sdei
**opine** *(v.)* សម្តែងមតិ samdeng ma te
**opinion** *(n.)* គំនិត koumnit
**opinionate** *(v.)* វិចារណ៍ vichar
**opinionated** *(adj.)* ដែលខ្ជាប់ខ្ជួនតាមមតិខ្លួន del khchab khchuon tam mate kluon
**opinionless** *(adj.)* គ្មានយោបល់ kmean yobol
**opinionnaire** *(n.)* មានយោបល់ mean yobol
**opium** *(n.)* អាភៀន aphien
**opponent** *(n.)* គូប្រជែង kou bracheng
**opportune** *(adj.)* ឱកាស ao kas
**opportunism** *(n.)* ការឆ្លៀតឱកាស kar chhleat ao kas
**opportunity** *(n.)* ឱកាស ao kas
**oppose** *(v.)* ប្រឆាំងនឹង brachhang nung
**opposite** *(adj.)* ផ្ទុយ phtoy
**opposition** *(n.)* គណបក្សប្រឆាំង ko na pak brachhang
**oppress** *(v.)* គៀបសង្កត់ kieb sangkot
**oppression** *(n.)* ការគាបសង្កត់ kar kab sangkot
**oppressive** *(adj.)* ការគាបសង្កត់ kar kab sangkot
**oppressor** *(n.)* ជនសង្កត់សង្កិន chun sangkot sangkin
**opt** *(v.)* ជ្រើសរើស chreus reus
**optic** *(adj.)* នៃភ្នែក nei phnek
**optician** *(n.)* អ្នកលក់វ៉ែនតា nak lok re thveu venta
**optimism** *(n.)* សុទិដ្ឋិនិយម sotid the niyom
**optimist** *(n.)* អ្នកសុទិដ្ឋិនិយម nak sotid the niyom
**optimistic** *(adj.)* សុទិដ្ឋិនិយម sotid the niyom
**optimum** *(adj.)* ល្អបំផុត la bamphot
**optimum** *(n.)* ល្អបំផុត la bamphot
**option** *(n.)* ជម្រើស chomreus

**optional** *(adj.)* ស្រេចចិត្ត srech chet
**opulence** *(n.)* ភាពមានស្តុកស្តម្ភ pheap mean sdok sdam
**opulent** *(adj.)* ដែលសម្បូរណ៍ del sambour
**oracle** *(n.)* ទំនាយ tomneay
**oracular** *(adj.)* មិនច្បាស់ min chbas
**oral** *(adj.)* ផ្ទាល់មាត់ phtal moat
**oral** *(n.)* មាត់ moat
**orally** *(adv.)* ដោយផ្ទាល់មាត់ daoy phtal moat
**orange** *(adj.)* ពណ៌ទឹកក្រូច por teuk krauch
**orange** *(n.)* ទឹកក្រូច teuk krauch
**oration** *(n.)* សុន្ទរកថា san torakatha
**orator** *(n.)* វាគ្មិន vea kmin
**oratorical** *(adj.)* ដែលទាក់ទងនឹងការថ្លែងសុន្ទរកថា del teaktong neung kar thleng san torakatha
**oratory** *(n.)* វោហារកោសល្យ vohar kaosal
**orb** *(n.)* រាងដូចបាល់ reang douch bal
**orbit** *(n.)* គន្លងគោចរ konlong ko chaw
**orbital** *(adj.)* នៃរង្វង់ភ្នែក nei rongvong phnek
**orbital** *(n.)* គន្លង konlong
**orbituary** *(n.)* គន្លង konlong
**orca** *(n.)* ត្រីបាឡែនមួយប្រភេទ trey balen myang
**orchard** *(n.)* ចម្ការ chamkear
**orchestra** *(n.)* វង់តន្ត្រី vong don trey
**orchestral** *(adj.)* នៃវង់តន្ត្រី nei vong don trey
**ordain** *(v.)* តែងតាំង tengtang
**ordained** *(adj.)* បានតែងតាំង ban tengtang
**ordeal** *(n.)* ទុក្ខលំបាក toukkh lombak
**order** *(v.)* បញ្ជាទិញ banhchea tinh
**order** *(n.)* ការបញ្ជាទិញ kar banhcheatinh
**orderly** *(n.)* សណ្តាប់ធ្នាប់ san dab thnoab
**orderly** *(adj.)* សណ្តាប់ធ្នាប់ san dab thnoab
**ordinance** *(n.)* បទបញ្ញត្តិ bot banh nhat
**ordinarily** *(adv.)* ធម្មតា thommoda
**ordinary** *(adj.)* ធម្មតា thommoda
**ordnance** *(n.)* យុទ្ធភ័ណ្ឌ youttha phorn
**ore** *(n.)* រ៉ែ re
**organ** *(n.)* សរីរាង្គ sarei reang
**organic** *(adj.)* នៃសរីរាង្គ nei sarei reang

**organism** *(n.)* អ្វីៗដែលមានជីវិត avei del mean chivit
**organization** *(n.)* អង្គការ angkkar
**organize** *(v.)* រៀបចំ rieb cham
**organography** *(n.)* សារពាង្គកាយវិទ្យា sarapeang kay vichyear
**organza** *(n.)* ក្រណាត់ទ្រេន kronat len
**orgasm** *(n.)* ការឈានដល់ចំណុចកំពូល kar chhean dol chamnochkampoul
**orgasmic** *(adj.)* ដល់ចំណុចកំពូល chhean dol chamnochkampoul
**orgy** *(n.)* ការសេពសប្រមាណ kar sep huos braman
**orient** *(v.)* កំរងទិស dam rang teus
**orient** *(n.)* ទិសខាងកើត teus khang kert
**oriental** *(n.)* ទិសដៅ teus dao
**oriental** *(adj.)* នៃខាងកើត nei khang kert
**orientate** *(v.)* កំរងទិស dam rang teus
**orientational** *(adj.)* កំរងទិស dam rang teus
**oriented** *(adj.)* តម្រង់ទិស dam rang teus
**orifice** *(n.)* ប្រហោង bra haong
**orificial** *(adj.)* សិប្បនិម្មិត seb ba ni mit
**origami** *(n.)* សិល្បៈខាងបត់ក្រដាសធ្វើរូបផ្កា selbak khang bat kra das thveu roub phka
**origin** *(n.)* ប្រភពដើម bra phop derm
**original** *(n.)* ច្បាប់ដើម chbab derm
**original** *(adj.)* ដើម derm
**originality** *(n.)* ប្រភពដើម braphop derm
**originate** *(v.)* មានប្រភពពី mean braphop pi
**originator** *(n.)* អ្នកបង្កើត nak bongkert
**ornament** *(n.)* គ្រឿងតុបតែង krueng tobteng
**ornament** *(v.)* តុបតែង tobteng
**ornamental** *(adj.)* ឈើដើម្បីលម្អ chheu daembei lom or
**ornamentation** *(n.)* ឈើដើម្បីលម្អ chheu daembei lom or
**ornithologist** *(n.)* អ្នកបក្សីសាស្ត្រ nak baksei sas
**ornithology** *(n.)* បក្សីវិទ្យា baksei vityea
**ornithoscopy** *(n.)* ការសង្កេតអំពីបក្សី kar songket ompi bak sei

**orogen** *(n.)* បាតុភូតករកើតឡើងនៃភ្នំ ba to phout kor kert lerng nei phnom
**orogenic** *(adj.)* នៃបាតុភូតករកើតឡើងនៃភ្នំ nei ba to phout kor kert lerng nei phnom
**orologist** *(n.)* ការសិក្សាអំពីភ្នំ kar serk sa ompi phnom
**orphan** *(v.)* ធ្វើឲ្យកំព្រា tveu oy kamprea
**orphan** *(n.)* កំព្រា kamprea
**orphanage** *(n.)* មណ្ឌលកុមារកំព្រា mochamondal komar kamprea
**orthodox** *(adj.)* ដែលប្រកាន់វិន័យចាស់ del brakean viny chas
**orthodoxy** *(n.)* ការប្រកាន់វិន័យចាស់ kar brakean viny chas
**orthograph** *(n.)* អក្សរផ្ចង់ aksaar pchang
**orthographer** *(n.)* អ្នកជំនាញខាងអក្សរផ្ចង់ nak chomneanh khang aksaar phchang
**orthographic** *(adj.)* អក្សរផ្ចង់ aksaar phchang
**orthopaedia** *(n.)* ការវះកាត់ឆ្អឹង kar veahkat chhaoeng
**orthopaedical** *(adj.)* នៃការវះកាត់ឆ្អឹង kar veahkat chhaoeng
**orthopaedics** *(n.)* ការសិក្សាលើការវះកាត់ឆ្អឹង kar seksa veahkat chhaoeng
**oscillate** *(v.)* យោលទៅយោលមក yol tow yol mok
**oscillation** *(n.)* យោល yol
**oscillograph** *(n.)* កត់ភាពកំរើករបស់អាទែ kot pheap kamreuk rob ak te
**oscillometric** *(adj.)* នៃវិធីសាស្ត្រវាស់សម្ពាធឈាម nei vithi sas voah sompeat chheam
**oscilloscope** *(n.)* ឧបករណ៍វាស់សម្ពាធឈាម ob pak kor voah sompeat chheam
**osculant** *(adj.)* ខ្ជិលច្រអូស khchel chra aus
**oscular** *(adj.)* សាច់ដុំ sachdom
**osculate** *(v.)* វង្វេងស្មារតី vongveng smar tei
**osmobiosis** *(n.)* ការផ្លាស់ប្តូរនៃអាត្រាមេតាប៉ូលីសនៃសារពាង្គកាយ ka thoay choh nei atra metabolis nei sarapeangkay

**osmobiotic** *(adj.)* នៃការថយចុះនៃអត្រាមេតាប៉ូលីសនៃសារពាង្គកាយ nei ka thoay choh nei atra metabolis nei sarapeangkay
**osmose** *(v.)* អូស្មូស ausmaus
**osmosis** *(n.)* ការបន្សាប kar bansaab
**ossify** *(v.)* ធ្វើអោយក្លាយទៅជាឆ្អឹង thveu oy klay tow chea chhaoeng
**ostensibility** *(n.)* ភាពអាចជឿទុកចិត្តបាន pheap ach chue touk chett ban
**ostensible** *(adj.)* ដែលជាផលហិលក្ខណៈ: del chea phel okkhanak
**ostensibly** *(adv.)* អាចមើលឃើញ ach meul kheunh
**ostension** *(n.)* ការបង្ហាញ ka bong hanh
**ostentation** *(n.)* ការសាយភាយ kar sayphay
**ostentatious** *(adj.)* ដែលសម្ដែងរប្បញ្ចេញ del samdeng re banhchenh
**ostracize** *(v.)* ការបដិសេធ kar badeseth
**ostrich** *(n.)* បោះជំហាន baoh chomhan
**other** *(pron.)* ផ្សេងទៀត phsaeng tiet
**other** *(adj.)* ផ្សេងទៀត phsaeng tiet
**otherwise** *(conj.)* បើមិនដូច្នេះទេ bae min dauchneh te
**otherwise** *(adv.)* បើមិនដូច្នេះទេ bae min dauchneh te
**otherworld** *(n.)* ប្រភពផ្សេង braphop phseng
**otherworldliness** *(n.)* ប្រភពផ្សេង braphop phseng
**otoscope** *(n.)* ឧបករណ៍ពិនិត្យត្រចៀក opakor pinet trocheak
**otoscopis** *(adj.)* នៃឧបករណ៍ពិនិត្យត្រចៀក nei opakor pinet trocheak
**otoscopy** *(n.)* វិធីឆ្លុះមើលត្រចៀក vithi chhloh meul tra chiek
**otter** *(n.)* ភេ phe
**ottoman** *(n.)* អូតូម៉ង់ au tau mong
**ouch** *(int.)* អុី aouy
**ouch** *(n.)* អុី aouy
**ought** *(v.)* គួរ kuor
**ounce** *(n.)* អោន aon
**our** *(pron.)* របស់យើង robors yeung
**oust** *(v.)* ទម្លាក់ tomleak

**out** *(adv.)* ចេញ chenh
**out** *(adj.)* ខាងក្រៅ khang krao
**out** *(prep.)* ខាងក្រៅ khang krao
**outage** *(n.)* ការដាច់ភ្លើង kar dach phleung
**outback** *(n.)* តំបន់ដាច់ស្រយាល tamban dachsrayal
**out-balance** *(v.)* លើសតុល្យភាព leus tolyak pheap
**outbid** *(v.)* ខាងក្រៅ khang krao
**outbound** *(adj.)* ក្រៅស្រុក kraw srok
**outbreak** *(n.)* ការផ្ទុះឡើង kar phtoh lerng
**outburst** *(n.)* ផ្ទុះ phtoh
**outcast** *(adj.)* ដែលគេបន្សាត់ចោល del ke bansaat chaol
**outcast** *(n.)* ជនអនាថា chon ana tha
**outcome** *(n.)* លទ្ធផល lotth phal
**outcry** *(adj.)* សម្រែកយ៉ាងខ្លាំង samrek yeang khlang
**outdated** *(adj.)* ហួសសម័យ huo sa mai
**outdo** *(v.)* ធ្វើបានល្អជាង thveu ban la or cheang
**outdoor** *(adj.)* ក្រៅ krao
**outer** *(adj.)* ខាងក្រៅ khang krao
**outfit** *(n.)* គ្រឿងស្លៀកពាក់ krueng sliek peak
**outfit** *(v.)* ស្លៀកពាក់អោយ sliek peak aoy
**outgrow** *(v.)* ធំហួស thom huos
**outhouse** *(n.)* បង្គន់ក្រៅផ្ទះ bangkun krao phteah
**outing** *(n.)* ដំណើរកំសាន្ត damner kam san
**outlandish** *(adj.)* ដែលចំឡែកខុសពីគេខ្លាំងពេក del chamlek khos pi ke khlang pek
**outlaw** *(v.)* ប្រកាសថាខុសច្បាប់ brakas tha khos chbab
**outlaw** *(n.)* ជនក្រៅច្បាប់ chun krao chbab
**outlet** *(n.)* ហាង hang
**outline** *(v.)* គ្រោង krong
**outline** *(n.)* គ្រោង krong
**outlive** *(v.)* មានអាយុវែងជាង mean ayou veng cheang
**outlook** *(n.)* ទស្សនវិស័យ tos sa nak visay

**outmoded** *(adj.)* ដែលផុតសម័យ del phot samy
**outnumber** *(v.)* មានចំនួនប្រើនជាង mean chamnuon chrern cheang
**outpatient** *(n.)* អ្នកជំងឺដែលបានទៅព្យាបាលនៅមន្ទីរព្យាបាលរោគ nak chomngeu del ban tov pyeabal now monti pyea bal rok
**outpost** *(n.)* បុស្តិ៍ជួរមុខ bost chuormoukh
**output** *(n.)* ទិន្នផល tinnophal
**outrage** *(n.)* កំហឹងខ្លាំង kamhoeng khlang
**outrage** *(v.)* ធ្វើអោយខឹង thveu oy khoeng
**outright** *(adj.)* ទាំងស្រុង teang srong
**outright** *(adv.)* ទាំងស្រុង teang srong
**outrun** *(v.)* រត់លឿនជាង rot luen cheang
**outset** *(n.)* ដើមដំបូង derm dam baung
**outshine** *(v.)* ចែងចាំងខ្លាំងជាង chaeng chang khlang cheang
**outside** *(n.)* ខាងក្រៅ khang krao
**outside** *(adv.)* នៅខាងក្រៅ now khang krao
**outside** *(prep.)* នៅខាងក្រៅ now khang krao
**outside** *(adj.)* នៃខាងក្រៅ nei khang krao
**outsider** *(n.)* អ្នកក្រៅ nak krao
**outsize** *(adj.)* ទំហំធំជាងធម្មតា tomhuom thomcheang thommoda
**outskirts** *(n.)* ជាយក្រុង cheay krong
**outspoken** *(adj.)* ដែលនិយាយឥតសំចៃ del niyeay it saam chai
**outstanding** *(adj.)* ឆ្នើម chhnerm
**outward** *(adv.)* ខាងក្រៅ khang krao
**outward** *(adj.)* ឆ្ពោះទៅខាងក្រៅ chhpouh tov khang krao
**outwardly** *(adv.)* មើលពីក្រៅ meul pikrao
**outweigh** *(v.)* ថ្លឹងបានទម្ងន់ធ្ងន់ជាង thloeng ban tomngon thngoncheang
**outwit** *(v.)* បង្អើល bang eul
**outworld** *(n.)* ពិភពក្រៅ piphop kraw
**ouzo** *(n.)* អូហ្ស៊ូ au zo
**oval** *(n.)* រាងពងក្រពើ reang pong krapeu
**oval** *(adj.)* រាងពងក្រពើ reang pong krapeu
**ovary** *(n.)* ក្រពេញអូវែ krapenh au ve
**ovation** *(n.)* សម្រែកសាទរ samrek sator
**oven** *(n.)* ឡ lor

**over** *(adv.)* ជាង cheang
**over** *(n.)* ជាង cheang
**over** *(prep.)* ជាង cheang
**overact** *(v.)* សកម្មភាពខ្លាំង sakammopheap khlang
**overall** *(adj.)* ជារួម chea ruom
**overall** *(n.)* ជារួម chea ruom
**overawe** *(v.)* មានជ័យជំនះ mean cheychomneah
**overboard** *(adv.)* អន្ទះសា anteahsa
**overburden** *(v.)* ប្រើនហួសចំណុះ chraen huos chamnoh
**overcast** *(adj.)* ដែលស្រទំ del sratom
**overcharge** *(v.)* ដំឡើងថ្លៃ damlaeng thlai
**overcharge** *(n.)* ដំឡើងថ្លៃ damlaeng thlai
**overcoat** *(n.)* អាវរងា av ro ngea
**overcome** *(v.)* បានយកឈ្នះ ban yok chhneah
**overcrowd** *(v.)* ភាពចង្អៀតណែន pheap changaiet nen
**overdo** *(v.)* ធ្វើហួសប្រមាណ thveu huos braman
**overdose** *(v.)* ជ្រុល chroul
**overdose** *(n.)* ជ្រុល chroul
**overdraft** *(n.)* រូបរូប rouba roub
**overdraw** *(v.)* លើស leus
**overdue** *(adj.)* ហួសពេលកំណត់ huos pel kamnot
**overhaul** *(n.)* រុះរើរចនាសម្ព័ន្ធ rouhreu rochna sampoan
**overhaul** *(v.)* រុះរើរចនាសម្ព័ន្ធ rouhreu rochna sampoan
**overhear** *(v.)* ស្តាប់ឮដោយអចេតនា sdab leu doy achetana
**overjoyed** *(adj.)* សប្បាយក្រៃលែង sabbay krai leng
**overlap** *(n.)* ភាពត្រួតស៊ីគ្នា pheap truot si knea
**overlap** *(v.)* ត្រួតស៊ីគ្នា truot si knea
**overleaf** *(adv.)* នៃទំព័រខ្នង nei tompor khnang
**overload** *(n.)* បន្ទុកដែលហួសកម្រិត bantouk del huos komrit
**overload** *(v.)* ផ្ទុកប្រើនហួស ptuk chrern huos

**overlook** (v.) មើលរលង meul romlong
**overnight** (adj.) ពេញមួយយប់ penh muoy yob
**overnight** (adv.) ពេញមួយយប់ penh muoy yob
**overpower** (v.) មានជ័យជនះលើ mean chey chomneah leu
**overrate** (v.) វាយតម្លៃខ្ពស់ហួស veay damlei khpos huos
**overrule** (v.) បដិសេធចោល bdeseth chaol
**overrun** (v.) លុកលុយរាតត្បាត louklouy reat tbat
**oversee** (v.) មើលខុសត្រូវ meul khos trauv
**overseer** (n.) អ្នកមើលខុសត្រូវ nak meul khos trauv
**overshadow** (v.) លុបលើ loub leu
**oversight** (n.) ការត្រួតពិនិត្យ kar truot pinit
**oversleep** (v.) លង់ដំណេកជ្រុល long damnek chrul
**overt** (adj.) បញ្ចេញឱ្យឃើញ del banhchenh aoy kheunh
**overtake** (v.) តាមទាន់ tam toan
**overthrow** (n.) ការផ្ដួលរលំ kar phduol romlom
**overthrow** (v.) ផ្ដួលរលំ phduol romlom
**overtime** (n.) ហួសពេល huos pel
**overtime** (adv.) ហួសពេល huos pel
**overture** (n.) ការចាប់ផ្ដើម kar chab phderm
**overweight** (adj.) លើសទម្ងន់ leus tomngon
**overwhelm** (v.) សន្ធប់លើ sonthob leu
**overwork** (v.) ហួសកំលាំង huos kamlang
**overwork** (n.) ការធ្វើការហួសកំលាំង kar tveu ka huos kamlang
**oviferous** (adj.) មានស៊ុត mean suot
**ovular** (adj.) វាងពងក្រពើ reang pong krapeu
**ovulate** (v.) បញ្ចេញពងអូវុល banhchenh pong auvoul
**ovum** (n.) អូវុល auvoul
**owe** (v.) ជំពាក់ chompeak
**owl** (n.) សត្វទីទុយ sat titouy
**owlery** (n.) ជម្រកសត្វទីទុយ chomrok sat titouy
**owly** (adj.) ក្រមុំដូចសត្វទីទុយ kromouv doch sat tituy

**own** (v.) ជាកម្មសិទ្ធិផ្ទាល់ chea kamseth phtal
**own** (adj.) ផ្ទាល់ phtal
**owner** (n.) ម្ចាស់ mchas
**ownership** (n.) ភាពជាម្ចាស់ pheap chea machas
**ox** (n.) គោ koa
**oxbird** (n.) បក្សីអាហ្វ្រិក baksei afrik
**oxcart** (n.) រទេះគោ rotes kor
**oxidant** (n.) សារជាតុអុកស៊ីតកម្ម saratheat oukshitkam
**oxidate** (n.) ការដាក់លាយបញ្ចូលអុកស៊ីសែន kar dak leay banhchoul ok si sen
**oxidate** (v.) ដាក់លាយបញ្ចូលអុកស៊ីសែន dak leay banhchoul ok si sen
**oxidation** (n.) អុកស៊ីតកម្ម ouk shit kam
**oxide** (n.) អុកស៊ីដ ok sid
**oxidization** (n.) ការធ្វើអុកស៊ីតកម្ម kar tveu oksit kam
**oxyacid** (n.) អុកស៊ីអាស៊ីត ok si asit
**oxygen** (n.) អុកស៊ីសែន ok si sen
**oxygenate** (v.) ផ្ដល់អុកស៊ីសែន phdal ok sai sen
**oxygenated** (adj.) ផ្ដល់អុកស៊ីសែន phdal ok sai sen
**oxygenation** (n.) ការផ្ដល់អុកស៊ីសែន kar phdal ok sai sen
**oyster** (n.) ងាវសមុទ្រ ngeav samout
**oyster** (adj.) ងាវសមុទ្រ ngeav samout
**oyster** (v.) ប្រមូលងាវសមុទ្រ bromoul ngeav samout
**oysterling** (n.) អយស្ទ័រតូច ay ster tauch
**oysterman** (n.) អ្នកលក់អយស្ទ័រ anak lork ay ster
**ozonate** (n.) ការបន្ថែមអូស្សូន kar banthem au ssaaun
**ozonate** (v.) បន្ថែមអូស្សូន banthem au ssaaun
**ozonation** (n.) ការបន្ថែមអូស្សូន kar banthem au ssaaun
**ozone** (n.) អូហ្សូន au ssaaun
**ozone layer** (n.) ស្រទាប់អូស្សូន sratoab au saun

# P

pace *(v.)* ដើរទៅមក der tov mok
pace *(n.)* ល្បឿនដើរ ប្រវែង labern der reu ruot
pacemaker *(n.)* ឧបករណ៍និយ័តបេះដូង ubakor niyat behdaung
pachidermatous *(adj.)* ដែលមានស្បែកក្រាស់ del mean sbek kras
pachyderm *(n.)* សត្វជើងបួនដែលមានស្បែកក្រាស់ sat cheung buon del mean sbek kras
pacific *(adj.)* ប៉ាស៊ីហ្វិក basi hvek
pacifier *(n.)* អ្នកធ្វើអោយមានសន្តិភាព nak thveu oy mean santipheap
pacifism *(n.)* សន្តិភាពនិយម santipheap niyom
pacifist *(n.)* សន្តិភាព santipheap
pacify *(v.)* ធ្វើអោយមានសន្តិភាព thveu oy mean santipheap
pack *(n.)* កញ្ចប់ kanhchob
pack *(v.)* ខ្ចប់ khchoab
package *(n.)* កញ្ចប់ kanhchob
packet *(n.)* កញ្ចប់ kanhchob
packing *(n.)* ការវេចខ្ចប់ kar vech khchoab
pact *(n.)* កិច្ចព្រមព្រៀង kechch prom prieng
pad *(v.)* ញាត់ nhoat
pad *(n.)* បន្ទះ banteah
padding *(n.)* ទ្រនាប់ tronoab
paddle *(n.)* ការហែលគោក kar hel kok
paddle *(v.)* ចែវ chev
paddy *(n.)* ស្រូវ srauv
paediatric *(adj.)* នៃវិជ្ជាពេទ្យកុមារ nei vichcheapet komar
paedologist *(n.)* អ្នកជំនាញខាងពេទ្យសត្វ nak chomneanh khang pet sat
paedology *(n.)* ការសិក្សាអំពីចរិតនិងការលូតលាស់របស់ក្មេង ka seksaa ampi charit ning kar loutloas robos kmeng
paedophile *(n.)* ជនរំលោភកុមារ chun romloph komar

paedophilia *(n.)* អំពើអនាចារ ampeu aneachar
paedophiliac *(n.)* អំពើរំលោភកុមារ ampeu romloph komar
paedophiliac *(adj.)* អំពើរំលោភកុមារ ampeu romloph komar
pagan *(n.)* អ្នកមិនជឿគ្រឹះសាសនា nak min chue kruah sasana
pagan *(adj.)* មិនជឿគ្រឹះសាសនា min chue kruah sasana
paganism *(n.)* ភាពក្រៅសាសនា pheap kraw sasana
paganistic *(adj.)* មិនពិត min pit
page *(v.)* ដាក់លេខទំព័រ dak lek tompor
page *(n.)* ទំព័រ tompr
pageant *(n.)* ទស្សនីយភាព tossaani pheap
pageantry *(n.)* សប្បាយកត់ឃ្លឹមសារ sabbay it khloem saar
pagoda *(n.)* វត្ត vot
pail *(n.)* ប្រអប់ដាក់ម្ហូប braab dak mhoub
pain *(v.)* ឈឺចាប់ chheu cheab
pain *(n.)* ការឈឺចាប់ kar chheu chab
pain relief *(n.)* ការបំបាត់ការឈឺចាប់ kar bambat kar chheu cheab
painful *(adj.)* ឈឺចាប់ chheu chab
painstaking *(adj.)* ដែលផ្ចិតផ្ចង់ del phchet phchang
paint *(v.)* គូរ ku
paint *(n.)* ថ្នាំពណ៌ thnam por
paintbrush *(n.)* ជក់ churk
painter *(n.)* វិចិត្រករ vichet kor
painting *(n.)* គំនូរ koumnu
pair *(n.)* គូ ku
pair *(v.)* ធ្វើជាគូ tveu chea ku
pal *(n.)* កូនជិតស្និត kukon chit snet
palace *(n.)* ព្រះបរមរាជវាំង preah ba rom reach vang
palanquin *(n.)* គ្រែមានដំបូលស្នែងបួននាក់ kre mean dambaul sneng boun neak
palatable *(adj.)* មានឱជារសបរិភោគបាន mean oa chea ruos boriphok ban
palatal *(adj.)* នៃក្រអូមមាត់ nei kraaum moat
palate *(n.)* ក្រអូមមាត់ kra aum moat

**palatial** *(adj.)* ដូចវិមាន doch vimean
**pale** *(v.)* ធ្វើឱ្យស្លេក tveu oy slek
**pale** *(adj.)* ស្លេក slek
**pale** *(n.)* ភាពស្លេក pheap slek
**paleness** *(n.)* ភាពស្លេកស្លាំង pheap slak slang
**paleobiological** *(adj.)* នៃជីវវិទ្យាសារពាង្គកាយផូសុីល nei chivakviyear sarapeangkay posil
**paleobiologist** *(n.)* អ្នកជីវវិទ្យានៃសារពាង្គកាយផូសុីល nak chivakviyear nei sarapeangkay posil
**paleobiology** *(n.)* ជីវវិទ្យានៃសារពាង្គកាយផូសុីល chivakviyear nei sarapeangkay posil
**paleoecologist** *(n.)* អ្នកបុរាណបរិស្ថានវិទ្យា nak borann bakrithan vithyear
**paleoecology** *(n.)* បុរាណបរិស្ថានវិទ្យា boran bakrithan vityear
**paleolithic** *(adj.)* នៃដំណាក់កាលដំបូងនៃយុគសម័យថ្ម nei domnak kal domboung nei yuk samai thmor
**paleolithic** *(n.)* ដំណាក់កាលដំបូងនៃយុគសម័យថ្ម domnak kal domboung nei yuk samai thmor
**paleontologist** *(n.)* បាសាណីភូតវិទ្ទ basa ni phuot vitu
**paleontology** *(n.)* បាសាណី basa ni
**palette** *(n.)* ក្ដារសម្រាប់លាយថ្នាំពណ៌ kdar samrab leay thnam por
**palm** *(n.)* បាតដៃ bat dai
**palm** *(v.)* លាក់នឹងអប់ប់ដៃ leak nung bra ab dai
**palmist** *(n.)* គ្រូមើលក្រយៅដៃ krou meul kra yow dai
**palmistry** *(n.)* វិជ្ជាទាយបាតដៃ vichchea teay bat dai
**palpable** *(adj.)* ដែលស្ទាបបាន del stab ban
**palpitate** *(v.)* ចង្វាក់បេះដូងដើរញាប់ changvak behdaung der nhoab
**palpitation** *(n.)* ការញ័រដើមទ្រូង kar nhor derm troung
**palsy** *(n.)* ពិការ pi kar
**paltry** *(adj.)* បន្តិចបន្តួច bantich bantuoch

**pamper** *(v.)* កង្វល់នឹង kangvol neung
**pamphlet** *(n.)* កូនសៀវភៅ kaun siev phov
**pamphleteer** *(n.)* អ្នកសរសេរកូនសៀវភៅ nak sar se kaun sievphow
**panacea** *(n.)* ថ្នាំកែរោគ thnam kae rok
**pandemonium** *(n.)* ភាពអាក្រក់វីករវរ pheap akrok veuk vor
**pane** *(n.)* ផ្ទាំងកញ្ចក់ phtang kanhchok
**panegyric** *(n.)* ពាក្យសរសើរ peak sar ser
**panel** *(v.)* ជ្រើសរើស chreus reus
**panel** *(n.)* បន្ទះ ban teah
**pang** *(n.)* ការចុកចាប់ kar chok chab
**panic** *(n.)* ការភ័យខ្លាច kar phey khlach
**panic** *(v.)* ភ័យខ្លាច phey khlach
**panorama** *(n.)* ទេសភាព tesapheap
**pant** *(n.)* ខោ khao
**pant** *(v.)* ដង្ហក់ dang hok
**pantaloon** *(n.)* អ្នកត្លុកកំប្លែង nak tlok kambleng
**pantheism** *(n.)* ជឿលើព្រះ chue leu preah
**pantheist** *(n.)* អ្នកជឿលើព្រះ nak chue leu preah
**panther** *(n.)* ខ្លារខិន khla rakhen
**panting** *(adj.)* ខោ khao
**pantomime** *(n.)* មូកភាសា mout pheasa
**pantry** *(n.)* កន្លែងដាក់ស្បៀង kanleng dak sbieng
**papacy** *(n.)* ពួកសាសនាកាតូលិក puok sasana kataulik
**papal** *(adj.)* នៃពួកសាសនាកាតូលិក nei puok sasana kataulik
**paper** *(n.)* ក្រដាស kradas
**paper bag** *(n.)* ថង់ក្រដាស thorng kradas
**par** *(n.)* សមភាព samak pheap
**parable** *(n.)* ពាក្យប្រស្នា peak brasna
**parachute** *(n.)* ឆត្រយោង chhat yong
**parachutist** *(n.)* អ្នកលោតឆត្រយោង nak lot chhat yong
**parade** *(v.)* ដើរជាពួហយាត្រា daer chea pyouha yeatra
**parade** *(n.)* ក្បួនដង្ហែ kbuon dang hae
**paradise** *(n.)* ឋានសួគ៌ thansuor
**paradox** *(n.)* ចម្លែកណាស់ chamlek nas

**paradoxical** *(adj.)* ផ្ទុយ phtoy
**paraffin** *(n.)* ប្រេងប៉ារ៉ាហ្វី breng ba ra hvei
**paragon** *(n.)* គំរូសំណាក koumru saamnak
**paragraph** *(n.)* កថាខណ្ឌ katha khan
**parallel** *(v.)* ស្របគ្នា srab knea
**parallel** *(adj.)* ស្របគ្នា srab knea
**parallelism** *(n.)* ស្រប srab
**parallelogram** *(n.)* ប្រលេឡូក្រាម brale lau kram
**paralyse** *(v.)* ពិការ pikar
**paralysis** *(n.)* ខ្វិន khven
**paralytic** *(adj.)* ខ្វិន khven
**paramount** *(adj.)* ឧត្តុង្គឧត្តមណាស់ utdong utdam nas
**paramour** *(n.)* ម្ចាស់ស្រី mchas strei
**paraphernalia** *(n. pl)* បរិមាណវត្ថុ briman vottho
**paraphrase** *(v.)* បរប្រយោគ bara brayok
**paraphrase** *(n.)* បរប្រយោគ bara brayok
**parasite** *(n.)* បារាំស៊ីត bara sait
**parcel** *(v.)* ខ្ចប់ khchob
**parcel** *(n.)* កញ្ចប់ kanhchob
**parch** *(v.)* ធ្វើអោយស្ងួត thveu oy snguot
**pardon** *(n.)* ការលើកលែងទោស kar leuk leng tos
**pardon** *(v.)* លើកលែងទោស leuk leng tos
**pardonable** *(adj.)* លើកលែងទោសបាន leuk leng tos ban
**parent** *(n.)* ឪពុកម្ដាយ auv pouk mday
**parentage** *(n.)* ដើមកំណើតនៃឪពុកម្ដាយ derm kom nert nei auv pouk mday
**parental** *(adj.)* មាតាបិតា meada beida
**parenthesis** *(n.)* វង់ក្រចក vong krachok
**parish** *(n.)* ព្រះសហគមន៍កាតូលិក preah sahakom kataulik
**parity** *(n.)* កត្តិពលស្មើ itthipl smae
**park** *(n.)* ឧទ្យាន utyean
**park** *(v.)* ចត chat
**parking ticket** *(n.)* សំបុត្រចំណត saambotr chamnat
**parlance** *(n.)* ជានក្រោម choan kraom
**parley** *(v.)* ធ្វើកិច្ចចរចា thveu kechchacharcha

**parley** *(n.)* បាលី ba li
**parliament** *(n.)* សភា saphea
**parliamentarian** *(n.)* តំណាងរាស្រ្ត damnang reas
**parliamentary** *(adj.)* នៃសភាតំណាងរាស្ត្រ nei saphea dam nang reas
**parlour** *(n.)* ហាង hang
**parody** *(v.)* ត្រាប់កំប្លែងរិះគន់ trab kambleng riah kon
**parody** *(n.)* ត្រាប់កំប្លែងរិះគន់ trab kambleng riah kon
**parole** *(v.)* ដោះលែងមុនកំណត់ daoh leng moun kamnot
**parole** *(n.)* លត្តខណ្ឌដោះលែង lok khan daoh leng
**parricide** *(n.)* អ្នកសម្លាប់បិតាឬជីតា nak samlab beida reu chea ta
**parrot** *(n.)* សេក sek
**parry** *(n.)* ការកាត់ kar kat
**parry** *(v.)* កាត់ kat
**parsley** *(n.)* ជីរវ៉ាន់ស៊ុយ chi van souy
**parson** *(n.)* អ្នកបួស nak buos
**part** *(v.)* ជាផ្នែកមួយ chea phnek muoy
**part** *(n.)* ផ្នែកមួយ phnek muoy
**partake** *(v.)* មានចំណែក mean chamnek
**partial** *(adj.)* ដោយផ្នែក daoy phnek
**partiality** *(n.)* សេចក្ដីលំអៀង sech kdei lom ieng
**participant** *(n.)* អ្នកចូលរួម nak chaul ruom
**participate** *(v.)* ចូលរួម chaul ruom
**participation** *(n.)* ការចូលរួម kar chaul ruom
**particle** *(n.)* ភាគល្អិត pheak la it
**particular** *(n.)* ភាពពិសេស pheap pises
**particular** *(adj.)* ពិសេស pises
**particularly** *(adv.)* យ៉ាងពិសេស yang pises
**partisan** *(adj.)* ដែលប្រកាន់បក្សពួក del brakan bak puok
**partisan** *(n.)* ប្រកាន់គណបក្ស brakan konapak
**partition** *(v.)* យាងចែក kheang chek
**partition** *(n.)* ចំណែក cham nek
**partner** *(n.)* ដៃគូ dai kou

**partnership** (n.) ភាពជាដៃគូ pheap chea daikou
**party** (n.) គណបក្ស konabak
**pass** (n.) ការអនុញ្ញាត kar anuk nhaat
**pass** (v.) ឆ្លងកាត់ chhlang kat
**passage** (n.) ការអនុម័ត kar anou mat
**passenger** (n.) អ្នកដំណើរ nak dam ner
**passion** (n.) ចំណង់ចំណូលចិត្ត cham nang cham naul chet
**passionate** (adj.) ងប់ងល់ ngub ngol
**passive** (adj.) អកម្ម a kam
**passport** (n.) លិខិតឆ្លងដែន likhet chhlang den
**past** (n.) កន្លងមក kan long mok
**past** (prep.) ក្រោយ kraoy
**past** (adj.) កន្លងមក konlong mok
**paste** (v.) បិទភ្ជាប់ bet phchoab
**paste** (n.) ទឹកខាប់ teuk khab
**pastel** (adj.) ដែលព្រឿងៗ del prueng prueng
**pastel** (n.) គំនូរជាតិដីសពណ៌ koumnour phat dei sa por
**pastime** (n.) គ្រឿងកំសាន្ត krueng kam san
**pastoral** (adj.) នៃល្បែងកូនគោល nei lbeng kaun kol
**pastry** (n.) នំផ្សេងៗធ្វើពីម្សៅ nom phsaeng thveu pi msao
**pasture** (v.) ឃ្វាលសត្វឱ្យស៊ីស្មៅ kveal sat oy shi smao
**pasture** (n.) វាលស្មៅ veal smaw
**pat** (n.) ការបោសអង្អែល kar baos aang ael
**pat** (adv.) ដែលតិចទុកជាមុន del kit touk chea mun
**pat** (v.) គោះតិចៗ koh tech tech
**patch** (n.) បំណែក bam nek
**patch** (v.) សំរុះសម្រួល saam rouh samruol
**patch test** (n.) តេស្តបំណះ test bamnah
**patent** (n.) ប៉ាតង់ batong
**patent** (v.) ផ្ដល់ប៉ាតង់ phdol batong
**patent** (adj.) ប៉ាតង់ batong
**paternal** (adj.) ខាងឪពុក khang aupouk
**path** (n.) ផ្លូវ phlauv
**pathetic** (adj.) បទេស btes
**pathology** (n.) រោគសាស្ត្រ rok sas

**pathos** (n.) ការនាំអោយកើបចិត្ត kar noam aoy rompheub chet
**patience** (n.) ការអត់ធ្មត់ kar at thmot
**patient** (n.) អ្នកជំងឺ nak chom ngue
**patient** (adj.) អត់ធ្មត់ ot thmot
**patricide** (n.) បិតុឃាតកម្ម be to khatakam
**patrimony** (n.) បេតិកភណ្ឌ betekaphon
**patriot** (n.) អ្នកស្នេហាជាតិ nak sneha cheat
**patriotic** (adj.) ស្នេហាជាតិ sneha cheat
**patriotism** (n.) ស្នេហាជាតិ sneha cheat
**patrol** (n.) ការល្បាត kar lbat
**patrol** (v.) ល្បាត lbat
**patron** (n.) អ្នកឧបត្ថម្ភ nak ubatthom
**patronage** (n.) ការគាំទ្រ kar keat
**patronize** (v.) ឧបត្ថម្ភ ubattham
**pattern** (n.) លំនាំ lom noam
**paucity** (n.) ភាពកម្រ pheap kamror
**pauper** (n.) អ្នកក្រខ្សត់ nak kra khsaat
**pause** (v.) ផ្អាក pha ak
**pause** (n.) ការផ្អាក ka pha ak
**pave** (v.) ក្រាលផ្លូវ tray phlauv
**pavement** (n.) ចិញ្ចើមផ្លូវ chenhcheum phlauv
**pavilion** (n.) ពន្លា ponlea
**paw** (v.) ខ្ញាំក្រញ៉ាំ khnam kra nham
**paw** (n.) ក្រញ៉ាំ kra nham
**pay** (n.) ប្រាក់ខែ brak khe
**pay** (v.) បង់ bong
**payable** (adj.) ដែលត្រូវចំណាយ del trauv chamnay
**payee** (n.) អ្នកទទួលប្រាក់ nak totuol brak
**payment** (n.) ការទូទាត់ kar toutoat
**payout** (n.) ការសង kar sang
**pea** (n.) សណ្ដែកក្រាម sandek kram
**peace** (n.) សន្តិភាព santipheap
**peaceable** (adj.) សន្តិភាព santipheap
**peaceful** (adj.) ដោយសន្តិវិធី daoy santi vithi
**peach** (n.) ផ្លែឈើម្យ៉ាង phle chheu myang
**peacock** (n.) ក្ងោក kngaok
**peahen** (n.) សណ្ដែកដី san tek dei
**peak** (n.) កំពូល kampoul
**pear** (n.) ផ្លែព័រ phle por

**pearl** (n.) កុជខ្យង kouch kyang
**peasant** (n.) កសិករ kaksekar
**peasantry** (n.) វណ្ណៈកសិករ vonn ksekar
**pebble** (n.) គ្រួស kruos
**peck** (v.) ចឹកស៊ីនឹងចំពុះ choek si neung champouh
**peck** (n.) ការចឹកស៊ី kar choeksa
**peculiar** (adj.) ពិសេសដោយទ្បែក pises daoylek
**peculiarity** (n.) ពិសេសដោយទ្បែក pises daoylek
**pecuniary** (adj.) នៃប្រាក់កាស nei brakkas
**pedagogue** (n.) គ្រូ krou
**pedagogy** (n.) ករុកោសល្យ kak rou kaosal
**pedal** (n.) ឈ្នាន់ chhnoan
**pedal** (v.) ជាន់ឈ្នាន់ choan chhnoan
**pedant** (n.) អ្នកពូកែតែខាងទ្រឹស្តី nak poukae te khang treu sdei
**pedantic** (adj.) នៃអ្នកទ្រឹស្តីនិយម nei nak tru stei niyom
**pedantry** (n.) ពហុភាណ phophan
**pedestal** (n.) ជើងទម្រ cheung tomro
**pedestrian** (n.) ថ្មើរជើង thmaer cheung
**pedigree** (n.) ពង្សាវលី pongsaav li
**peel** (n.) សំបក saambak
**peel** (v.) ចិតសំបក chet saambak
**peep** (n.) ការលួចមើល ka luoch meul
**peep** (v.) លួចមើល luoch meul
**peer** (n.) អ្នកមានហានៈស្មើគ្នា nak mean thanak smaekna
**peerless** (adj.) មិនចេះនិយាយ min cheh niyeay
**peg** (v.) ធ្វើអោយទៅតាម thveu oy tov tam
**peg** (n.) កម្រិត kamrit
**pelf** (n.) ខ្លួនអ្នក khluon nak
**pell-mell** (adv.) ស្មុគស្មាញ smok smanh
**pen** (v.) សរសេរ sarser
**pen** (n.) បិច bich
**penal** (adj.) ដែលដាក់ទោស del daktos
**penalize** (v.) ដាក់ទោស daktos
**penalty** (n.) ពិន័យ piny
**pencil** (v.) សរសេរ sarse

**pencil** (n.) ខ្មៅដៃ khmao dai
**pending** (prep.) មិនទាន់សម្រេច mintean samrech
**pending** (adj.) មិនទាន់សម្រេច mintean samrech
**pendulum** (n.) បាល់ baol
**penetrate** (v.) ជ្រៀតចូល chriet chaul
**penetration** (n.) ការជ្រៀតចូល kar chriet chaul
**penis** (n.) លិង្គ ling
**penniless** (adj.) ក្រ kror
**penny** (n.) កាក់ kak
**pension** (v.) ផ្តល់សោធននិវត្តន៍ phtal saoth thon nivotta
**pension** (n.) ប្រាក់សោធននិវត្តន៍ brak saoth thon nivotta
**pensioner** (n.) និវត្តជន nivottachon
**pensive** (adj.) មានតម្លៃថ្លៃ mean tamlei thlai
**pentagon** (n.) មន្ទីរបញ្ចកោណ monti banchakoan
**pentatonic** (adj.) មានប្រាំសម្លេង mean bram samleng
**penthouse** (n.) ផ្ទះជួល phteah chuol
**peon** (n.) អ្នកនាំសារ nak neam sar
**people** (v.) រស់នៅ rsanow
**people** (n.) ប្រជាជន brachachon
**pepper** (n.) ម្រេច mrech
**pepper** (v.) ដាក់ម្រេច dak mrech
**pepper-and-salt** (adj.) ម្រេចនិងអំបិល mrech ning ambel
**per** (prep.) ក្នុងមួយ knong muoy
**per annum** (adv.) ក្នុងមួយឆ្នាំ knong muoy chhnam
**per cent** (adv.) ជាភាគរយ chea pheak roy
**perambulator** (n.) ម៉ាស៊ីនចាក់ផ្លាំបោង masin chak thnam baong
**perceive** (v.) យល់ឃើញ yol kheunh
**percentage** (n.) ភាគរយ pheak roy
**perceptible** (adj.) អាចយល់បាន ach yol ban
**perception** (n.) ការយល់ឃើញ kar yol kheunh
**perceptive** (adj.) យល់ដឹងរបស់ yol ding
**perch** (v.) ផ្ចាញ់ phchanh

**perch** (n.) កំណែងខ្លង់ខ្លស់ damneng khpang khpoas
**percussion** (n.) ការគោះ ka koh
**perennial** (n.) មានអាយុច្រើនឆ្នាំ mean ayou chrern chhnam
**perennial** (adj.) មានអាយុច្រើនឆ្នាំ mean ayou chrern chhnam
**perfect** (adj.) ល្អឥតខ្ចោះ laor it khchaoh
**perfect** (v.) ធ្វើអោយសុក្រឹត្យ thveu oy so kroet
**perfection** (n.) ឥតខ្ចោះ it khchaoh
**perfidy** (n.) សេចក្ដីមិនស្មោះត្រង់ sech kdei min smoh trang
**perforate** (v.) ធ្លាយ thleay
**perforce** (adv.) បង្ខំ bangkham
**perform** (v.) អនុវត្ត anouvot
**performance** (n.) ការសម្ដែង kar samdeng
**performer** (n.) អ្នកសំដែង nak saamdeng
**perfume** (n.) ទឹកអប់ teuk aab
**perfume** (v.) បាញ់ទឹកអប់ banh tukaab
**perhaps** (adv.) ប្រហែលជា brahel cha
**peril** (v.) បង្គ្រោះកាច bangkor krohkach
**peril** (n.) គ្រោះថ្នាក់ kroh thnak
**perilous** (adj.) គ្រោះថ្នាក់ kroh thnak
**period** (n.) រយៈពេល royeakpel
**periodical** (adj.) នៃកាលសម័យ nei kal samy
**periodical** (n.) តាមពេលកំណត់ tam pel kam not
**periphery** (n.) ខ្ទីនប្ឫវៀចមុខដោយសារសរសៃប្រសាទគ្រៅ khven reu viech moukh daoy sa sarsai brasat krao
**perish** (v.) វិនាស vineas
**perishable** (adj.) រូបកាយដែលតែងតែរលួយ roubkay del tengte roluoy
**perjure** (v.) បំពានលើសម្បថ bampean leu samboth
**perjury** (n.) សម្បថ samboth
**perk** (v.) ដើបមុខ ngeub mouk
**permanence** (n.) អចិន្ត្រៃយ៍ achentrai
**permanent** (adj.) អចិន្ត្រៃយ៍ achentrai
**permissible** (adj.) អនុញ្ញាត a nouh nhat
**permission** (n.) ការអនុញ្ញាត kar a nouh nhat

**permit** (v.) អនុញ្ញាត anouh nhat
**permit** (n.) លិខិតអនុញ្ញាត li khet anouh nhat
**permutation** (n.) សំនុំផ្លាស់ saam noum chhlas
**pernicious** (adj.) កង្វះឈាមដោយសារខ្វះវីតាមីន B12 kangveah chheam daoysaar khveah viteamin B12
**perpendicular** (adj.) កាត់កែង kat keng
**perpendicular** (n.) បន្ទាត់ពុះទទឹងត្រង់ bontoat puh torteung trong
**perpetual** (adj.) និរន្តកម្ម niront kam
**perpetuate** (v.) ធ្វើឱ្យមានរហូតទៅ tveu oy mean rohaut tov
**perplex** (v.) វង្វេងស្មារតី vongveng smardei
**perplexity** (n.) ភាពវង្វេងស្មារតី pheap vongveng smardei
**persecute** (v.) ធ្វើទុក្ខបុកម្នេញ thveu touk bok mnenh
**persecution** (n.) ការធ្វើទុក្ខបុកម្នេញ ka thveu touk bok mnenh
**perseverance** (n.) ការព្យាយាម kar pyeayeam
**persevere** (v.) បន្តព្យាយាម bant pyeayeam
**persist** (v.) តស៊ូ tor su
**persistence** (n.) ការតស៊ូ kar tor su
**persistent** (adj.) តស៊ូ tor su
**person** (n.) មនុស្សម្នាក់ mnouss mneak
**personage** (n.) តួអង្គ tuo ang
**personal** (adj.) ផ្ទាល់ខ្លួន phtal khluon
**personality** (n.) បុគ្គលិកលក្ខណៈ bokkolik lakkhanak
**personification** (n.) បុគ្គល bokkol
**personify** (v.) ធ្វើជាដើម្បីរូបកម្ម tvue bakde roub kam
**personnel** (n.) បុគ្គលិក bokkolik
**perspective** (n.) ទស្សនៈវិស័យ tossaanak visay
**perspiration** (n.) ញើស nheus
**perspire** (v.) បែកញើស bek nheus
**persuade** (v.) បញ្ចុះបញ្ចូល banhchouh banhchoul
**persuasion** (n.) ការបញ្ចុះបញ្ចូល kar banhchouh banhchoul

pertain (v.) ទាក់ទង teak tong
pertinent (adj.) ពាក់ព័ន្ធ peak poan
perturb (v.) ធ្វើឱ្យខ្វល់ចិត្ត thveu aoy khval chet
perusal (n.) ការបដិសេធ kar badeseth
peruse (v.) ពិនិត្យ pinit
pervade (v.) ពុះកញ្ជ្រោល pouh kanh chrol
perverse (adj.) អាក្រក់ akrak
perversion (n.) ភាពចម្លែក pheap chamlek
perversity (n.) ភាពខិលខូច pheap khel khauch
pervert (v.) នាំឱ្យខូច noam aoy khauch
pessimism (n.) ទុទិដ្ឋិនិយម tou tid the niyom
pessimist (n.) អ្នកទុទិដ្ឋិនិយម nak tou tid the niyom
pessimistic (adj.) ទុទិដ្ឋិនិយម tou tid the niyom
pest (n.) សត្វល្អិត sat la it
pesticide (n.) ថ្នាំសំលាប់សត្វល្អិត thnam saam leab sat alait
pestilence (n.) ជំងឺអាសន្នរោគ chomngue asan rok
pet (v.) ចិញ្ចឹមសត្វ chenhcheum sat
pet (n.) សត្វចិញ្ចឹម sat chenhcheum
petal (n.) ត្រួយកផ្កា tra bak phka
petite (adj.) ដែលមានរាងតូចច្រឡឹង del mean reang touch chroleung
petition (v.) ដាក់ញត្តិ dak nhatt
petition (n.) ញត្តិ nhatt
petitioner (n.) អ្នកធ្វើពាក្យបណ្តឹង nak tveu peak bondoeung
petrify (v.) ប្រែក្លាយទៅជាថ្ម bre klay tow chea thmor
petrol (n.) ប្រេងសាំង breng saang
petroleum (n.) ប្រេងសាំង breng saang
petticoat (n.) សំពត់ទ្រនាប់ saampot troneab
petty (adj.) បន្តិចបន្តួច ban tich bantuoch
petulance (n.) ភាពនេរនារ pheap chev chhav
petulant (adj.) ដោយឡេក daoy lek
phagic (adj.) សោកសៅ saok saw
phalange (n.) ជួរទាហាន chuor teahean

phalanx (n.) ទពរៀបជាផ្លែព្រួញ tp rieb chea phle pruonh
phallic (adj.) ដែលទាក់ទងចំពោះលិង្គ del teaktong champoh lueng
phallocentric (adj.) ដែលទាក់ទងចំពោះលិង្គ del teaktng champoh lueng
phallus (n.) លិង្គ lueng
phantasmagoria (n.)
  ការសម្តែងសេចក្តីអស្ចារ្យច្រើនពេក kar samdeng sechaktei aschar chraenpek
phantasmal (adj.) ដែលជាការស្រម៉ៃ del chea kar sramai
phantom (n.) ខ្មោច khmaoch
pharmaceutic (adj.) ឱសថ aosath
pharmaceutical (n.) ឱសថ aosath
pharmaceutical (adj.) ឱសថ aosath
pharmaceutist (n.) ឱសថការី aosathkari
pharmacist (n.) ឱសថការី aosath kari
pharmacy (n.) ឱសថស្ថាន aosath sthan
phase (n.) កំណត់កាល domanak kal
phenomenal (adj.) អស្ចារ្យ aschar
phenomenon (n.) បាតុភូត aschar
phial (n.) ដបតូច dob tauch
philalethist (n.) អ្នកប្រមូលទុកតែមសំបុត្រ nak bramoul touk taem saam bot
philander (n.) មនុស្សព្រានារី mnoussa preanneari
philander (v.) ចេចងលេង chechang leng
philanderer (n.) មនុស្សព្រានារី mnoussa preanneari
philandry (n.) ការចេចងលេង kar chechang leng
philanthropy (n.) ការស្រឡាញ់មនុស្សជាតិ ka srolanh monous cheat
philological (adj.) ទស្សនវិជ្ជា tos sa nak vichchea
philologist (n.) ទស្សនវិទូ tos sa nak vitou
philology (n.) ទស្សនវិជ្ជា tos sa nak vichchea
philosopher (n.) ទស្សនវិទូ tos sa nak vitou
philosophical (adj.) ទស្សនវិជ្ជា tos sa nak vichchea
philosophy (n.) ទស្សនវិជ្ជា tos sa nak vichchea

| | |
|---|---|
| **phone** (n.) ទូរស័ព្ទ tourosap | **picture** (v.) រូបភាព roub pheap |
| **phonetic** (adj.) សូរសព្ទ saur sap | **picture** (n.) រូបភាព roub pheap |
| **phonetics** (n.) សព្ទសាស្ត្រ sab sas | **picturesque** (adj.) ស្អាត sa aat |
| **phosphate** (n.) ផូស្វាត phvau svat | **piece** (n.) ដុំ dom |
| **phosphorus** (n.) ផូស្វ័រ phau svor | **piece** (v.) ផ្ដុំចូលគ្នា pkum choul knea |
| **photo** (n.) រូបថត roub that | **pier** (n.) សរសរស្ពាន sar sar spean |
| **photocopy** (n.) ច្បាប់ថតចម្លង chbab that chamlong | **pierce** (v.) ជ្រាបចូល chreab chaul |
| **photogenic** (adj.) ដែលបង្កើតពន្លឺ del bangkeut ponleu | **piercing** (n.) ការបុកទំលុះចូល ka bok tom louh chaul |
| **photograph** (n.) រូបថត roub that | **piercing** (adj.) បុកទំលុះចូល bok tom louh chaul |
| **photograph** (v.) ថតរូប that roub | **piety** (n.) ខាងជំនឿសាសនា khang chomnue sasana |
| **photographer** (n.) អ្នកថតរូប nak that roub | **pig** (n.) ជ្រូក chrouk |
| **photographic** (adj.) រូបថត roub that | **pigeon** (n.) ព្រាប preab |
| **photography** (n.) ការថតរូប kar that roub | **piggy bank** (n.) កូនជ្រូក (សម្រាប់សន្សំប្រាក់) kaun chrouk ( samrab sansaambrak) |
| **phrase** (v.) រៀបឃ្លា reab khlea | |
| **phrase** (n.) ឃ្លា khlea | |
| **phraseology** (n.) ការរៀបឃ្លា kar reab khlea | **pigment** (n.) សារជាតុ sarthat |
| **physic** (v.) ប្រើថ្នាំព្យាបាល brer thnam pyea bal | **pigmy** (n.) មនុស្សក្រិន mnouss kren |
| | **pile** (v.) គរជាគំនរ kor chea koumnor |
| **physic** (n.) ការប្រើថ្នាំព្យាបាល ka brer thnam pyea bal | **pile** (n.) គំនរ koumnor |
| | **piles** (n.) គំនរ koumnor |
| **physical** (adj.) រាងកាយ reangkay | **pilfer** (v.) ជញ្ជួរខុសច្បាប់ chuonh daur khos chbab |
| **physician** (n.) គ្រូពេទ្យ kroupet | |
| **physicist** (n.) រូបវិទូ roub vitou | **pilgrim** (n.) យាត្រា yeatra |
| **physics** (n.) រូបវិទ្យា roub vitya | **pilgrimage** (n.) ធម្មយាត្រា thommoyeatra |
| **physiognomy** (n.) សរីរវិទ្យា sarirak vityea | **pill** (n.) ថ្នាំគ្រាប់ thnam kroab |
| **physique** (n.) រូបវិទ្យា roub vityea | **pillar** (n.) សសរស្ដម្ភ sasar sdorm |
| **pianist** (n.) អ្នកលេងព្យាណូ nak leng pyea nau | **pillow** (v.) កើយ kery |
| | **pillow** (n.) ខ្នើយ khnery |
| **piano** (n.) ព្យាណូ pyea nau | **pilot** (v.) សាកល្បង sak lbong |
| **pick** (n.) ជម្រើស chomreus | **pilot** (n.) អ្នកបើកបរនាវា nak berk bor neavea |
| **pick** (v.) ប្រើសយក chreus yok | |
| **picket** (v.) ធ្វើកូដកម្មជំទាស់ tveu koutakam chomtoas | **pimple** (n.) មុន mon |
| | **pin** (v.) ចាក់ម្ជុល chak mchoul |
| **picket** (n.) បាតុករ pa to kor | **pin** (n.) ម្ជុល mchoul |
| **pickle** (v.) ត្រាំជ្រក់ tram chrok | **pinch** (n.) ការកិច ka kdech |
| **pickle** (n.) ជ្រក់ chrok | **pinch** (v.) កិច kdech |
| **picnic** (v.) បរិភោគអាហារក្រៅផ្ទះ boriphok aha krao phteah | **pine** (v.) អាល័យ alay |
| | **pine** (n.) ស្រល់ sral |
| **picnic** (n.) ពិចនិច picnic | **pineapple** (n.) ម្នាស់ mneas |
| **pictorial** (adj.) នៃរូបភាព nei roub pheap | |

pink *(adj.)* ពណ៌ផ្កាឈូក por phka chhouk
pink *(n.)* ពណ៌ផ្កាឈូក por phka chhouk
pinkish *(adj.)* ពណ៌ផ្កាឈូក por phka chhouk
pinnacle *(n.)* កំពូល kampoul
pioneer *(v.)* ត្រួសត្រាយ truos tray
pioneer *(n.)* អ្នកត្រួសត្រាយ nak truos tray
pious *(adj.)* ចិត្តបរិសុទ្ធ chetd borisot
pipe *(n.)* បំពង់ bampong
pipe *(v.)* បង្ហូរតាមបំពង់ banghour tam bampong
piquant *(adj.)* ដែលមានរសជាតិមុត del mean ros cheat mut
piracy *(n.)* ការលួចចម្លង kar luoch chamlong
pirate *(v.)* លួចចម្លងស្នាដៃ luoch chamlong snadai
pirate *(n.)* ចោរប្លន់តាមសមុទ្រ chaoroblan tam samout
pistol *(n.)* កាំភ្លើងខ្លី kam phleung khlei
piston *(n.)* ពីស្តុង pi stong
pit *(v.)* នាំឱ្យឈ្លោះសាច់ noam aoy chheu sach
pit *(n.)* រណ្តៅ rondao
pitch *(n.)* ទីលាន ti lean
pitch *(v.)* ជម្រុះ chomre
pitcher *(n.)* ចានដែក chandek
piteous *(adj.)* គួរឱ្យសង្វេគ kuor aoy sangvek
pitfall *(n.)* អន្ទាក់ anteak
pitiable *(adj.)* គួរឱ្យអាសូរយ៉ាងណា kuor aoy asaur yang na
pitiful *(adj.)* គួរអោយអាណិត kuor aoy anet
pitiless *(adj.)* គ្មានមេត្តា kmean metta
pitman *(n.)* កម្មករជីករណ្តៅ kammokr chik rondao
pittance *(n.)* ប្រាក់កាសស្តួចស្តើង brakkas stuoch staeng
pity *(v.)* អាណិត anet
pity *(n.)* មានចិត្តអាណិតអាសូរ mean chet a net a saur
pivot *(n.)* សន្លាក់ឆ្អឹងវិល sanlak chhaoeng vil
pivot *(v.)* ការវិលត្រឡប់ kar vil tralob
pixel *(n.)* ភីកសែល phik sel
pixelate *(v.)* ភីកសែល phik sel
pizza *(n.)* ភីហ្សា phi saa
pizzeria *(n.)* ហាងលក់ភីហ្សា hang luk phi saa

placable *(adj.)* ស៊ុបស្ងាត់ sngab sngat
placard *(n.)* បដា ba da
placate *(v.)* ផ្លាក phlak
placative *(adj.)* ធ្វើឱ្យបាត់ខឹង thveu aoy batkhoeng
placatory *(adj.)* ដែលធ្វើឱ្យស្ងប់ del thveu aoy sngab
place *(v.)* ដាក់ dak
place *(n.)* កន្លែង kanleng
placebic *(adj.)* កន្លែងដាក់ kanleng dak
placebo *(n.)* ថ្នាំសាកល្បង thnam sak lbong
placement *(n.)* កន្លែងរកការងារអោយធ្វើ kanleng rok karngear aoy thveu
placenta *(n.)* សុក sok
placid *(adj.)* ស៊ុបស្ងៀម sngab sngiem
plague *(v.)* ញាំញី nhoam nhi
plague *(adj.)* ញាំញី nheam nhi
plain *(adj.)* ធម្មតា thommoda
plain *(n.)* ធម្មតា thommoda
plaintiff *(n.)* ដើមបណ្តឹង daem ban doeng
plan *(v.)* មានគម្រោង mean komrong
plan *(n.)* ផែនការ phenkar
plane *(v.)* ឈូស chhous
plane *(adj.)* ស្មើ smer
plane *(n.)* យន្តហោះ yon hoh
planet *(n.)* ភពផែនដី phop phendei
planetary *(adj.)* ភព phop
plank *(v.)* ក្រាលក្តារ kral kdar
plank *(n.)* គោលការណ៍គ្រឹះរបស់គណបក្ស kolkar kruah robos kanapak
plant *(n.)* រោងចក្រ rongchak
plant *(v.)* ដាំបញ្ចូល dam banhchoul
plantain *(n.)* ចេកម្យ៉ាងស្រដៀងចេកស្នាប់មុខ chek myang sradieng chek snab moukh
plantation *(n.)* ចំការ chamkar
plaster *(v.)* លាបកំបោរ leab komboar
plaster *(n.)* ម្នាងសិលា mneang sela
plastic *(n.)* ប្លាស្ទិច bla stech
plastic *(adj.)* ប្លាស្ទិច bla stech
plate *(n.)* ចាន chan
plate *(v.)* ច្រោលក chro lok

**plateau** *(n.)* ខ្ពង់រាប khpang reab
**platform** *(n.)* វេទិកា ve ti ka
**platinum** *(n.)* ផ្លាទីន phla tin
**platinum** *(adj.)* ផ្លាទីន phla tin
**platonic** *(adj.)* ជ្រលក់ chro luk
**platoon** *(n.)* កងអនុសេនាតូច kang anou sena tauch
**play** *(v.)* លេង leng
**play** *(n.)* ល្ខោន lakhon
**playback** *(n.)* ការចាក់សារថ្មី kar chak sar thmei
**playcard** *(n.)* កាតលេង kat leng
**playdate** *(n.)* កាលបរិច្ឆេទលេង kal barich chhet leng
**player** *(n.)* កីឡាករ kei la kar
**playfield** *(n.)* ទីវាល ti veal
**playful** *(adj.)* លេង leng
**playground** *(n.)* សួនកុមារ suon komar
**playhouse** *(n.)* រោងល្ខោន rong lkhon
**plea** *(n.)* ការអង្វរ kar angvor
**plead** *(v.)* សូមអង្វរ saum angvor
**pleader** *(n.)* អ្នកការពារក្តី nak karpear kaun kdei
**pleasant** *(adj.)* រីករាយ rikreay
**pleasantry** *(n.)* ពាក្យចំអក peaky cham oak
**please** *(v.)* ផ្គាប់ចិត្ត phkoab chett
**please** *(adv.)* សូម saum
**pleasure** *(n.)* ការមានអារម្មណ៍រីករាយ kar mean arommo rikreay
**plebiscite** *(n.)* ប្រជាសិទ្ធិសេចក្តីសម្រេចរបស់ប្រជារាស្ត្រ brachea setth sechkdei samrech robos brachea reas
**pledge** *(v.)* សន្យា sanya
**pledge** *(n.)* ការសន្យា kar sanya
**plenty** *(n.)* ច្រើន chrern
**plight** *(n.)* ស្ថានភាព sthanpheap
**plod** *(v.)* ដើរ der
**plot** *(v.)* ដាំដំណាំ dam damnam
**plot** *(n.)* ផែនការសម្ងាត់ phenkar samngeat
**plough** *(v.)* ភ្ជួរ phchuo
**plough** *(n.)* នង្គ័ល nongkl
**ploughman** *(n.)* អ្នកភ្ជួររាស់ nak phchuor roas

**pluck** *(n.)* សេចក្តីក្លាហាន sechakdei klahean
**pluck** *(v.)* បេះ beh
**plug** *(v.)* ដោត daot
**plug** *(n.)* ឌុយ douy
**plum** *(n.)* ផ្លែព្រូន phle proun
**plumber** *(n.)* ជាងបំពង់ទឹក cheang bompong teuk
**plunder** *(n.)* ជ័យភ័ណ្ឌ chey phorn
**plunder** *(v.)* ប្លន់ blan
**plunge** *(n.)* ការធ្លាក់ចុះ kar thleak choh
**plunge** *(v.)* ធ្លាក់ចុះ thleak choh
**plural** *(adj.)* ពហុវចនៈ pak hovachanak
**plurality** *(n.)* ពហុភាព pheak ho pheap
**plus** *(adj.)* បូក bauk
**plus** *(n.)* បូក bauk
**plush** *(adj.)* ដែលមានរោមក្រាស់ del mean rom kras
**plush** *(n.)* សំពត់ដែលមានរោមក្រាស់ saampot del mean rom kras
**plutocrat** *(adj.)* សេដ្ឋាធិបតេយ្យ sedtha thib tey
**plutonic** *(adj.)* ដែលមានភ្លើងនៅក្រោមដី del mean phleung nov kraom dei
**plutonium** *(n.)* ភ្លួតូនីញ៉ូម phlou tau ni nhaum
**pluvial** *(adj.)* ដែលមានភ្លៀងច្រើន del mean phlieng chrern
**pluvial** *(n.)* ភ្លៀងច្រើន phlieng chrern
**pluviometer** *(n.)* ប្រដាប់វាស់ទឹកភ្លៀង bradab voas teuk phlieng
**ply** *(n.)* ស្រទាប់ sratoab
**ply** *(v.)* ផ្គត់ផ្គង់ phkat phkang
**plyer** *(n.)* អ្នកផ្គត់ផ្គង់ nak phkat phkang
**plywood** *(n.)* ក្តារបន្ទះ kdar banteah
**pneudraulics** *(n.)* ការប្រើប្រាស់សម្ពាធនិងខ្យល់ kar brer bras sampeath ning khyal
**pneuma** *(n.)* រោគមុន rok moun
**pneumatic** *(n.)* ការប្រើខ្យល់ kar brer khyal
**pneumatic** *(adj.)* ដែលប្រើខ្យល់ del brer khyal
**pneumatological** *(adj.)* នៃអាត្មនសាស្ត្រ nei atman sast
**pneumatology** *(n.)* អាត្មនសាស្ត្រ atman sast

**pneumogastric** *(adj.)* នៃសួតនិងក្រពះអាហារ nei suot ning krapeah ahar
**pneumology** *(n.)* សួតនិងក្រពះអាហារ suot ning krapeah ahar
**pneumonia** *(n.)* ការរលាកសួត kar roleak suot
**pneumoniac** *(n.)* ជំងឺរលាកសួត chomngeu roleak suot
**pneumonic** *(adj.)* នៃសួត nei suot
**pneumotherapy** *(n.)* ការប្រើសម្ពាធខ្យល់ក្នុងការព្យាបាលសួត kar brer sampeath khyal knong kar pyeabal suot
**poach** *(v.)* ខិតខំធ្វើការជួលគេ khet kham thveu kar chuol ke
**poached** *(adj.)* ប្រម៉ាញ់ bra manh
**poacher** *(n.)* អ្នកប្រមាញ់ nak bramanh
**pocket** *(v.)* បញ្ចូនទៅយកជារបស់ខ្លួន banhchoun tow yok chea robos khluon
**pocket** *(n.)* ហោប៉ៅ hao pao
**pod** *(n.)* ផ្លែ phle
**pod** *(v.)* ហួងត្រីបាឡែន hvaung trei balen
**podcast** *(n.)* អត្ថបទសម្លេង atthabot samleng
**podcast** *(v.)* ផ្សាយអត្ថបទសម្លេង pasay atthabot samleng
**podcaster** *(n.)* អ្នកផ្សាយអត្ថបទសម្លេង nak pasay atthabot samleng
**podge** *(n.)* មនុស្សធាត់ mnous thoat
**podgy** *(adj.)* ភ័យស្លន់ស្លោ phei slan slao
**podiatric** *(adj.)* នៃបាទាវិជ្ជា nei batea vichchea
**podiatrist** *(n.)* គ្រូពេទ្យព្យាបាលរោគ kroupet pyeabal rok
**podium** *(n.)* វេទិកា vetika
**podium** *(v.)* ធ្វើវេទិកា tvue vetika
**poem** *(n.)* កំណាព្យ kamnap
**poesy** *(n.)* បទកំណាព្យ bot kamnap
**poet** *(n.)* កំណាព្យ kamnap
**poetaster** *(n.)* កវីក្មានការប៉ិនប្រសប់ kavi kmean kar pen brasab
**poetess** *(n.)* ចិត្តកវីស្រី chett kavi srei
**poetic** *(adj.)* ជាកាព្យនិទាន chea kap nitean

**poetics** *(n.)* កវីនិពន្ធវិជ្ជា kavi niponth vichchea
**poetry** *(n.)* កំណាព្យ kamnap
**poignacy** *(n.)* ការឈឺចាប់ kar chheu chab
**poignant** *(adj.)* ដែលឈឺចាប់ del chheu chab
**point** *(n.)* ចំណុច chamnoch
**point** *(v.)* ចង្អុល chang oul
**point blank** *(adv.)* ចំណុចនៅទទេ chamnoch now tor te
**pointed** *(adj.)* ស្រួច sruoch
**pointedly** *(adv.)* យ៉ាងស្រួច yang sruoch
**pointedness** *(n)* ភាពស្រួច pheap sruoch
**pointerless** *(adj.)* ដែលស្រួច del sruoch
**pointful** *(adj.)* ពិន្ទុច្រើន pintou chrern
**pointillism** *(n.)* ភាពក្រិន pheap kren
**pointillist** *(n.)* អ្នកចង្អុល nak chang oul
**pointless** *(adj.)* ឥតប្រយោជន៍ it brayoch
**pointwork** *(n.)* ចំណុច chamnoch
**poise** *(n.)* ការរៀបចំខ្លួនអោយសមរម្យ kar rieb cham khluon aoy sam rom
**poise** *(v.)* ប្រុងប្រៀបទប់លំនឹង brong brieb tob lom neung
**poison** *(v.)* បំពុល bom poul
**poison** *(n.)* ថ្នាំពុល thnam poul
**poisonous** *(adj.)* ពុល poul
**poke** *(n.)* ការគេះ ka keh
**poke** *(v.)* គេះ keh
**poker** *(n.)* ល្បែងប៊ី labeng bie
**polar** *(adj.)* កំបន់ប៉ូល dambon baul
**polarazing** *(adj.)* ដែលរាងប៉ូល del reang baul
**polarity** *(n.)* បន្ទាត់រាងប៉ូល bantoat reang baul
**polarize** *(v.)* បែកខ្នែកគ្នាជាពីរក្រុម bek khnhek knea chea pir krom
**polaroid** *(n.)* បន្ទាត់រាងប៉ូល banteat reang baul
**polary** *(adj.)* ដែលទំនោរទៅប៉ូល del tom no tow baul
**pole** *(v.)* ដោល daol
**pole** *(n.)* បង្គោល bangkol
**pole dancer** *(n.)* អ្នករាំបង្គោល nak roam bangkol
**polearm** *(n.)* អាវុធ avouth

**polecat** *(n.)* សត្វសំពោចព្រៃ sat saampoch prei
**polemic** *(adj.)* ដែលមានជម្លោះ del mean chomloh
**polemic** *(n.)* សំដី saamdei
**polenta** *(n.)* ម្សៅម្យ៉ាងប្រើសម្រាប់ធ្វើម្ហូបអីតាលី msao myang brer samrab thveu mhoub itali
**police** *(n.)* ប៉ូលីស polis
**police** *(v.)* ផ្ដល់កម្លាំងប៉ូលីស phdal kamleang polis
**police beat** *(n.)* ទីកន្លែងនិងពេលវេលាប៉ូលីសដើរល្បាត tikanleng ning pel velea polis daer lbat
**policeboat** *(n.)* ទូកប៉ូលីស touk polis
**policeless** *(adj.)* គ្មានប៉ូលីស kmean polis
**policeman** *(n.)* ប៉ូលីស polis
**policy** *(n.)* គោលនយោបាយ kol no yo bay
**polish** *(n.)* ប៉ូឡូញ baulaunh
**polish** *(v.)* ប៉ូលា bau lea
**polite** *(adj.)* គួរសម kuor sam
**politeness** *(n.)* ការគួរសម kar kuor sam
**politic** *(adj.)* នៃការគ្រប់គ្រងរដ្ឋ nei kar krob krong rod
**political** *(adj.)* ដែលទាក់ទងនយោបាយ del teaktng nyo bay
**politician** *(n.)* អ្នកនយោបាយ nak nyo bay
**politics** *(n.)* នយោបាយ nyobay
**polity** *(n.)* ទំរង់រដ្ឋាភិបាល tomrong rodthaphibal
**poll** *(v.)* ស្ទង់មតិ stang ma te
**poll** *(n.)* ការស្ទង់មតិ kar stang ma te
**pollen** *(n.)* លំអង lom ang
**pollute** *(v.)* បំពុល bampoul
**pollution** *(n.)* ការបំពុល kar bampoul
**polo** *(n.)* អាវចាក់ម្យ៉ាង av chak myang
**polyacetylene** *(n.)* ប៉ូលីអាសេទីឡែន polyacetylene
**polyander** *(n.)* ប៉ូលីយែនឌី polyander
**polyandrianism** *(n.)* ប៉ូលីយែនឌី polyander
**polyandry** *(n.)* ពហុស្វាមីភាព paho sva mei pheap

**polybutene** *(n.)*
សារធាតុគីមីប៉ូលីមែរដែលនៅក្នុងកៅស៊ូ sartheat kimi poli mer del nov knong kaosou
**polybutylene** *(n.)* ប៉ូលីប្យូទីឡែន polybutylene
**polycarbonate** *(n.)* ប៉ូលីកាបូណា poly kabau na
**polycentric** *(adj.)* នៃពហុមណ្ឌលនិយម nei paho mondal niyom
**polycentrism** *(n.)* ពហុមណ្ឌលនិយម paho mondal niyom
**polychrome** *(adj.)* ច្រើនពណ៌ chrern por
**polycracy** *(n.)* ពហុរដ្ឋាភិបាល paho rodthaphibal
**polyene** *(n.)* ផ្នែកនៃសេរីរាង្គដែលមានឆ្អឹងច្រើន phnek nei serei reang del mean chhaoeng chrern
**polyform** *(n.)* ច្រើនទម្រង់ chren tomrong
**polygamous** *(adj.)* ពហុពន្ធភាព peak ho poth pheap
**polygamy** *(n.)* ប្រពន្ធប្ដីច្រើន braponth reu bdei chrern
**polyglot** *(n.)* ពហុភាសា pahok pheasa
**polyglot** *(adj.)* ដែលសរសេរជាច្រើនភាសា del sarse chea chraen pheasaa
**polyloquent** *(adj.)* ដែលនិយាយច្រើន del niyeay chraen
**polymath** *(n.)* អ្នកចេះច្រើនមុខជំនាញ nak cheh chraen moukh chomneanh
**polymer** *(n.)* ប៉ូលីមែរ bau li mer
**polymerize** *(v.)* ការរួមបញ្ចូល kar ruom banhchoul
**polymetallic** *(adj.)* លោហធាតុ loha theat
**polymethine** *(n.)* ប៉ូលីមេទីន bau li me tin
**polymethylene** *(n.)* ប៉ូលីមែរ bau li mer
**polymicrobial** *(adj.)* ពហុអតិសុខុមប្រាណ pakhok atesokhom bran
**polymiotic** *(adj.)* ដែលរលាកសាច់ដុំច្រើន del roleak sachdom chraen
**polymolecular** *(adj.)* ពហុកោណ pakhok kaon
**polymorph** *(n.)* ពហុសណ្ឋាន pakhok santhan
**polymorphic** *(adj.)* ដែលមានពហុសណ្ឋាន del mean pakhok santhan

**polymorphism** *(n.)* ពហុសណ្ឋាន pakhok santhan
**polymorphosis** *(n.)* ពហុសណ្ឋាន pakhok santhan
**polynucleate** *(adj.)* ពហុនុយក្លេអេត paho nouy kle eat
**polypharmacal** *(adj.)* ដែលមានសារជាតុថ្នាំច្រើន del mean sartheat thnam chraen
**polypropylene** *(n.)* ជ័រ chor
**polyprotein** *(n.)* ពហុប្រូតេអុីន pakhok brau te in
**polysemia** *(n.)* ពហុន័យ pakhok nei
**polytechnic** *(adj.)* ពហុបច្ចេកវិទ្យា pakho bachchekvityea
**polytechnic** *(n.)* ពហុបច្ចេកវិទ្យា pakho bachchekvityea
**polytheism** *(n.)* ការកាន់ព្រះអង្គច្រើន kar kan preah ang chraen
**polytheist** *(n.)* អ្នកកាន់ព្រះអង្គច្រើន nak kan preahang chraen
**polytheistic** *(adj.)* នៃការកាន់ព្រះអង្គច្រើន nei kar kan preahang chraen
**pomp** *(n.)* អធិកភាព athik pheap
**pomposity** *(n.)* ភាពក្រអឺតក្រទម pheap kra eut kratom
**pompous** *(adj.)* ក្រអឺតក្រទម kro eut kro tom
**pond** *(n.)* ស្រះ srah
**ponder** *(v.)* ជញ្ជឹងគិត chonh cheung kit
**pony** *(n.)* កូនសេះ kaun seh
**poor** *(adj.)* ក្រីក្រ krei kror
**pop** *(v.)* ផុះ ptuh
**pop** *(n.)* ប៉ុប bob
**pope** *(n.)* សម្តេចប៉ាប sam tech bab
**poplar** *(n.)* ដើមប្រក្រាប daem bra krab
**poplin** *(n.)* សំពត់ប៉ូប៉ូលីន saampot bau boe lin
**populace** *(n.)* ប្រជារាស្រ្ត brachea reas
**popular** *(adj.)* ពេញនិយម penh niyom
**popularity** *(n.)* ប្រជាប្រិយភាព brachabrey pheap
**popularize** *(v.)* ធ្វើអោយគេនិយម theuv aoy ke niyom

**populate** *(v.)* រស់នៅធ្វើប្រជាភិវឌ្ឍន៍ ror nov theuv brachea phi vodth
**population** *(n.)* ចំនួនប្រជាជន chamnuon brachachon
**populous** *(adj.)* មានប្រជាជនច្រើន mean brachachun chrem
**porcelain** *(n.)* ផ្ទេញពរសីរទ្បែន thmenh por sae len
**porch** *(n.)* រានហាល rean hal
**pore** *(n.)* រន្ធញើស ronth nheus
**pork** *(n.)* សាច់ជ្រូក sach chrouk
**porridge** *(n.)* បបរ babor
**port** *(n.)* កំពង់ផែ kampong phe
**portable** *(adj.)* ចល័ត chalat
**portage** *(n.)* ថ្លៃដឹកជញ្ជូន thlai doek chonh choun
**portal** *(n.)* ដំបូលផ្លូវដើរ dambaul phlauv der
**portend** *(v.)* ជាប្រផ្នូល chea braphnaul
**porter** *(n.)* អ្នកកាន់អីវ៉ាន់ nak kan eivan
**portfolio** *(n.)* ផលប័ត្រ phalbat
**portico** *(n.)* ដំបូលផ្លូវដើរ dambaul phlauv der
**portion** *(n.)* ផ្នែក phnek
**portion** *(v.)* ចែកភាគ chek pheak
**portrait** *(n.)* បញ្ឈរ banhchhor
**portraiture** *(n.)* រូបថតម្កុំន្ទរ roub thot re koumnour
**portray** *(v.)* ពណ៌នា poro nea
**portrayal** *(n.)* ការពណ៌នា kar poro nea
**pose** *(v.)* បង្ហោ bangkor
**pose** *(n.)* ទីតាំង titang
**position** *(n.)* ទីតាំង titang
**position** *(v.)* ដាក់ dak
**positive** *(adj.)* វិជ្ជមាន vichchomean
**possess** *(v.)* មាន mean
**possession** *(n.)* ការកាន់កាប់ kar kankab
**possibility** *(n.)* លទ្ធភាព lotthopheap
**possible** *(adj.)* អាចធ្វើបាន ach thveu ban
**post** *(n.)* ប្រៃសណីយ៍ braisani
**post** *(v.)* ផ្ញើតាមប្រៃសណីយ៍ phnher tam braisani
**post** *(adv.)* ក្រោយ kroy
**postage** *(n.)* ការផ្ញើតាមប្រៃសណីយ៍ kar phnher tam braisani

**postal** *(adj.)* ប្រៃសណីយ៍ braisani
**post-date** *(v.)* ក្រោយកាលបរិច្ឆេទ kraoy kal barichchhet
**poster** *(n.)* ផ្ទាំងរូបភាព phtang roub pheap
**posterity** *(n.)* កូនចៅជំនាន់ក្រោយ kaun chao chomnoan kraoy
**postgraduate** *(adj.)* ក្រោយបរិញ្ញា kraoy brinhnha
**posthumous** *(adj.)* ក្រោយស្លាប់ kraoy slab
**postman** *(n.)* អ្នករត់សំបុត្រ nak rot saambot
**postmaster** *(n.)* អ្នកគ្រប់គ្រងប្រៃសនីយ៍ nak krob krong braisani
**post-mortem** *(adj.)* ក្រោយមរណភាព kraoy moronpheap
**post-mortem** *(n.)* ក្រោយមរណភាព kraoy moronpheap
**post-office** *(n.)* ការិយាល័យប្រៃសណីយ៍ kariyalai braisani
**postpone** *(v.)* ពន្យារពេល ponyea pel
**postponement** *(n.)* ការពន្យារពេល kar ponyear pel
**postscript** *(n.)* ចំណារ chamnar
**posture** *(n.)* ឥរិយាបថ iriyaboth
**pot** *(n.)* ឆ្នាំង chhnang
**pot** *(v.)* ដាក់ក្នុងឆ្នាំង dak knong chhnang
**potash** *(n.)* ទឹកក្បឿងម្យ៉ាង tuk kbong myang
**potassium** *(n.)* ប៉ូតាស្យូម bautasyaum
**potato** *(n.)* ដំឡូង damlaung
**potency** *(n.)* អានុភាព anoupheap
**potent** *(adj.)* ខ្លាំងក្លា khlang kla
**potential** *(n.)* សក្តានុពល sakda nou pol
**potential** *(adj.)* សក្តានុពល sakda nou pol
**potentiality** *(n.)* សក្តានុពលភាព sakda nou polpheap
**potter** *(n.)* ជាងស្មូន cheang smaun
**pottery** *(n.)* គ្រឿងស្មូន krueng smaun
**pouch** *(n.)* កាបូប kabaub
**poultry** *(n.)* បសុបក្សី bak so baksei
**pounce** *(n.)* ការសង្គ្រប់លើ kar sang krob leu
**pounce** *(v.)* សង្គ្រប់លើ sang krob leu
**pound** *(n.)*ផោន phaon
**pound** *(v.)* ទន្ទិច tongkich
**pour** *(v.)* ចាក់ chak

**poverty** *(n.)* ភាពក្រីក្រ pheap krei kro
**powder** *(v.)* រោយម្សៅ roy msao
**powder** *(n.)* ម្សៅ msao
**power** *(n.)* អំណាច amnach
**powerful** *(adj.)* ដែលមានកម្លាំងពល del mean itthipol
**practicability** *(n.)* ការអនុវត្ត kar anouvotta
**practicable** *(adj.)* ដែលអាចនឹងធ្វើទៅបាន del ach neung thveu tov ban
**practical** *(adj.)* ជាក់ស្តែង cheak sdeng
**practically** *(adv.)* អនុវត្ត anouvot
**practice** *(n.)* ការអនុវត្តន៍ kar anouvott
**practise** *(v.)* អនុវត្ត anouvot
**practitioner** *(n.)* អ្នកអនុវត្ត nak anouvot
**pragmatic** *(adj.)* ជាក់ស្តែង cheak sdeng
**pragmatism** *(n.)* ហេតុការណ៍និយម het kar niyom
**praise** *(n.)* ការសរសើរ kar sarser
**praise** *(v.)* សរសើរ sarser
**praiseworthy** *(adj.)* គួរឱ្យសរសើរ kuor aoy sarser
**pram** *(n.)* រទេះរុញកូនង៉ែត ro teah rounh kaun nget
**prank** *(n.)* ល្បិចអាក្រក់ lbich akrak
**prattle** *(v.)* និយាយឥតបានការ niyeay et bankar
**prattle** *(n.)* ការនិយាយឥតបានការ ka niyeay et bankar
**pray** *(v.)* អធិស្ឋាន athi sthan
**prayer** *(n.)* ការអធិស្ឋាន kar athi sthan
**preach** *(v.)* ប្រកាស brakas
**preacher** *(n.)* អ្នកអធិប្បាយ nak athibbay
**preamble** *(n.)* បុព្វកថា bo pa kak tha
**precaution** *(n.)* ការប្រុងប្រយ័ត្ន kar brong brayat
**precautionary** *(adj.)* ប្រុងប្រយ័ត្ននិងយកចិត្តទុកដាក់ brong brayat ning yok chett touk dak
**precede** *(v.)* នាំមុខ noam mukh
**precedence** *(n.)* អាទិភាព atipheap
**precedent** *(n.)* អ្វីដែលមានពីមុន avey del mean pi mun
**precept** *(n.)* សិក្ខាបទ sekkhabat

**preceptor** *(n.)* អ្នកប្រៀនប្រដៅ nak brien brodao
**precious** *(adj.)* មានតម្លៃ mean damlai
**precis** *(n.)* សេចក្ដីបំព្រួញសង្ខេប sechaktei bampruonh sangkheb
**precise** *(adj.)* ច្បាស់លាស់ chbas loas
**precision** *(n.)* ភាពជាក់លាក់ pheap cheakleak
**preclude** *(v.)* រារាំង rea reang
**precursor** *(n.)* មុនគេ mon ke
**predator** *(n.)* សត្វរំពា sat rompea
**predecessor** *(n.)* អ្នកកាន់តំណែងមុន nak kan damneng moun
**predestination** *(n.)* ការកំរូវទុកជាមុន kar damrouv touk chea moun
**predetermine** *(v.)* បានកំណត់ទុកជាមុន ban kamnot touk chea moun
**predicament** *(n.)* ស្ថានការណ៍ sthan kar
**predicate** *(n.)* ព្យាករណ៍ pyeakor
**predict** *(v.)* ទស្សន៍ទាយ tuss teay
**prediction** *(n.)* ការព្យាករ kar pyeakar
**predominance** *(n.)* ភាពលេចធ្លោ pheap lech thlo
**predominant** *(adj.)* លេចធ្លោ lech thlo
**predominate** *(v.)* លេចធ្លោ lech thlo
**pre-eminence** *(n.)* ខ្ពស់ដាច់គេ khpoas dachke
**pre-eminent** *(adj.)* ដាច់គេ dach ke
**preemptive** *(adj.)* មុន mun
**preen** *(n.)* ការបង្អួតខ្លួន ka bang auot khluon
**preen** *(v.)* បង្អួតខ្លួន bang auot khluon
**preexistence** *(n.)* ទំនោរ tomnor
**preface** *(n.)* អារម្ភកថា arom kaktha
**preface** *(v.)* ដាក់ជាអារម្ភកថា dak chea arom kaktha
**prefect** *(n.)* ប្រធានសិស្ស brathean ses
**prefer** *(v.)* ចូលចិត្ត chaul chet
**preference** *(n.)* ចំណង់ចំណូលចិត្ត chamnong chamnaul chet
**preferential** *(adj.)* ដែលសម្ដែង del samdeng
**prefix** *(n.)* បុព្វបទ bop bot
**prefix** *(v.)* ដាក់បុព្វបទ dak bop bot

**pregnancy** *(n.)* ភាពមានផ្ទៃពោះ pheap mean phtai poh
**pregnant** *(adj.)* ដែលមានផ្ទៃពោះ del mean phtai poh
**prehistoric** *(adj.)* បុរេប្រវត្តិ bore bra vot
**prejudice** *(n.)* ការរើសអើង kar reus aerng
**prelate** *(n.)* សម្ដេចព្រះ សង្ឃរាជ samdech preah sang khoreach
**preliminary** *(adj.)* បឋម bathom
**preliminary** *(n.)* បឋម bathom
**prelude** *(n.)* ការផ្ដើម kar phderm
**prelude** *(v.)* ផ្ដើម phderm
**premarital** *(adj.)* មុនរៀបការ moun rieb kar
**premature** *(adj.)* គ្រប់ខែ krob khae
**premeditate** *(v.)* គិតទុកជាមុន kittouk chea moun
**premeditation** *(n.)* គិតទុកជាមុន kar kit touk chea moun
**premier** *(adj.)* វិសេសលើសគេ vises leus ke
**premier** *(n.)* នាយករដ្ឋមន្ត្រី neayuk rodth mondrei
**premiere** *(n.)* បញ្ចាំង banhchang
**premium** *(n.)* បុព្វលាភរាប់រង bop laph rab rong
**premonition** *(n.)* ការដឹងហេតុមុន kar doeng het moun
**preoccupation** *(n.)* ការកាន់កាប់ kar kankab
**preoccupy** *(v.)* ចូលទៅមុន chaul tow moun
**preparation** *(n.)* ការត្រៀមរៀបចំ kar triem rieb cham
**preparatory** *(adj.)* ដែលរៀបចំបម្រុង del rieb cham bamroung
**prepare** *(v.)* រៀបចំ rieb cham
**preponderance** *(n.)* ភាពលុបលើគេឯង pheap loub leu ke eng
**preponderate** *(v.)* មានភាពលុបលើគេឯង mean pheap loub leu ke eng
**preposition** *(n.)* ធ្នាក់ thneak
**prerequisite** *(adj.)* ដែលត្រូវការជាមុន del trauvkar cheamoun
**prerequisite** *(n.)* អ្វីដែលត្រូវការជាមុន avei del trauvkar cheamoun
**prerogative** *(n.)* បុព្វសិទ្ធិ bopvosett

**prescience** *(n.)* ការដឹងអនាគត kar doeng anakot
**prescribe** *(v.)* តាមវេជ្ជបញ្ជា tam vech chak banh chea
**prescription** *(n.)* វេជ្ជបញ្ជា vech chak banh chea
**presence** *(n.)* វត្តមាន vottamean
**present** *(v.)* មានវត្តមាន mean vottamean
**present** *(adj.)* បច្ចុប្បន្ន bachchobban
**present** *(n.)* កាដូ ka dou
**presentation** *(n.)* បទបង្ហាញ bot bangheanh
**presently** *(adv.)* បច្ចុប្បន្ន bachchobban
**preservation** *(n.)* ការអភិរក្ស kar aphirak
**preservative** *(n.)* ការអភិរក្ស kar aphirak
**preservative** *(adj.)* ដែលបង្ការកុំអោយខូចពុកផ្ទុះមដើម del bangkar kom aoy khauch pouk phaaum cheadem
**preserve** *(v.)* រក្សា raksa
**preserve** *(n.)* គ្រឿងរក្សាទុក kreung raksa tuk
**preside** *(v.)* ធ្វើជាប្រធាន thveu chea brathean
**president** *(n.)* ប្រធានាធិបតី brathaneathibtei
**presidential** *(adj.)* នៃប្រធានាធិបតី nei brathaneathibtei
**press** *(v.)* ចុច choch
**press** *(n.)* ការសែត kaset
**pressure** *(n.)* សម្ពាធ sampeath
**pressurize** *(v.)* បញ្ចូលខ្យល់ banhchoul khyal
**prestige** *(n.)* កិត្យានុភាព ketya noup pheap
**prestigious** *(adj.)* ដែលមានកិត្យានុភាព da mean ketyanoupheap
**presume** *(v.)* សន្តិ sanmot
**presumption** *(n.)* សេចក្តីសន្និដ្ឋាន sech kdei san ni than
**presuppose** *(v.)* សន្តិ sechkdei sannidthan
**presupposition** *(n.)* កំណត់ជាមុន kamnot cheamun
**pretence** *(n.)* ពុត pout
**pretend** *(v.)* ធ្វើពុត thveu pout
**pretension** *(n.)* ការធ្វើពុត ka thveu pout
**pretentious** *(adj.)* ដែលប្រកាន់ខ្លួន del brakan khluon

**pretext** *(n.)* លេស les
**prettiness** *(n.)* ស្រស់ស្អាត srasa saat
**pretty** *(adj.)* ស្អាត saat
**pretty** *(adv.)* ខ្លាំង khlang
**prevail** *(v.)* រាលដាល real dal
**prevalence** *(n.)* ការមានទូទៅ ka mean tu tov
**prevalent** *(adj.)* ដែលទូទៅ del toutov
**prevent** *(v.)* បង្ការ bangkar
**prevention** *(n.)* ការបង្ការ kar bangkar
**preventive** *(adj.)* ដែលបង្ការទុកជាមុន del bangkar touk cheamoun
**preview** *(v.)* មើលជាមុន meul cheamoun
**previous** *(adj.)* មុន moun
**prey** *(v.)* ចាប់ជាចំណី chab chea chamnei
**prey** *(n.)* សត្វដែលគេបរបាញ់ sat del ke barbanh
**price** *(n.)* តម្លៃ damlai
**price** *(v.)* ដាក់តម្លៃ dak damlai
**price list** *(n.)* តារាងតម្លៃ tarang domlai
**priceless** *(adj.)* មិនអាចកាត់ថ្លៃបាន min ach kat thlai ban
**prick** *(v.)* ចាក់ម្ជុល chak mchoul
**prick** *(n.)* បន្លា banla
**pride** *(n.)* មោទនភាព motonakpheap
**pride** *(v.)* មានអំនួត mean amnuot
**priest** *(n.)* លោកសង្ឃ lok sang
**priestess** *(n.)* ព្រះថេរៈធំ preah thera thom
**priesthood** *(n.)* បព្វជិតភាព bapvochit pheap
**prima facie** *(adv.)* ដែលឃើញមួយក្រឡេកភ្នែក del kheunh muoy kralek phnek
**primarily** *(adv.)* ជាចម្បង chea chambong
**primary** *(adj.)* បឋម batham
**prime** *(n.)* វ័យកំពុងពេញ vey kampoung penh
**prime** *(v.)* លាប leab
**prime** *(adj.)* ជាងគេបំផុត cheangke bamphot
**primer** *(n.)* ស្រទាប់ថ្នាំលាបដំបូង sratoab thnam leab dambaung
**primeval** *(adj.)* គ្រាដំបូង krea dambaung
**primitive** *(adj.)* បុព្វកាល bopeak kal
**prince** *(n.)* ព្រះអង្គម្ចាស់ preah ang mchas

**princely** *(adj.)* វិសេសវិសាល vises visaal
**princess** *(n.)* ព្រះនាង preah neang
**principal** *(n.)* នាយក neayok
**principal** *(adj.)* ដែលសំខាន់បំផុត del saamkhan bamphot
**principle** *(n.)* គោលការណ៍ kolkar
**print** *(n.)* បោះពុម្ព baoh poum
**print** *(v.)* បោះពុម្ព baoh poum
**printer** *(n.)* ម៉ាស៊ីនបោះពុម្ព masin baohpoum
**printout** *(n.)* ការបោះពុម្ពពីម៉ាស៊ីនកុំព្យូទ័រ kar baohpoump pi measin kom pyou tor
**prior** *(adj.)* មុន mun
**prior** *(n.)* មុន mun
**prioress** *(n.)* ប្រធានអ្នកបួសស្រី brathean nak buos srei
**priority** *(n.)* អាទិភាព atipheap
**prison** *(n.)* គុក kuk
**prisoner** *(n.)* អ្នកទោស nak tos
**privacy** *(n.)* ឯកជនភាព ekachun pheap
**private** *(adj.)* ឯកជន ekachun
**privation** *(n.)* ភាពដាច់ពីគេ pheap dach pike
**privilege** *(n.)* ឯកសិទ្ធិ eksetth
**prize** *(n.)* រង្វាន់ rongvoan
**prize** *(v.)* អោយតម្លៃទៅលើ aoy damlei tov leu
**prize money** *(n.)* ប្រាក់រង្វាន់ brak rongvoan
**pro forma** *(adj.)* វិកយបត្រជូនមុនការប្រតល់ទំនិញ vi kay bat chuon moun kar brakol tomninh
**probability** *(n.)* ប្រូបាប brau bab
**probable** *(adj.)* ទំនង tomnong
**probably** *(adv.)* ប្រហែលជា brahel chea
**probation** *(n.)* ពេលសាកល្បង pel sak lbong
**probationer** *(n.)* ជនដោះលែងក្នុងលក្ខខណ្ឌ chun daoh leng knong lakkhan
**probe** *(v.)* អង្កេត oangket
**probe** *(n.)* ការអង្កេត kar angket
**problem** *(n.)* បញ្ហា banhha
**problematic** *(adj.)* ដែលមិនដាច់ស្រេច del min dach srech
**procedure** *(n.)* នីតិវិធី nitevithi
**proceed** *(v.)* បន្ត bantor

**proceeding** *(n.)* ចំណត់ការ chamnat kar
**proceeds** *(n.)* ការបន្ត kar bantor
**process** *(n.)* ដំណើរការ damner kar
**procession** *(n.)* ក្បួនដង្ហែ kbuon danghe
**processor** *(n.)* ឧបករណ៍ដំណើរការទិន្នន័យ ubakar damner kar tinnoney
**proclaim** *(v.)* ប្រកាស brakas
**proclamation** *(n.)* ការប្រកាស kar brakas
**proclivity** *(n.)* ការលំអៀង brakas
**procrastinate** *(v.)* ពន្យារពេល ponyear pel
**procrastination** *(n.)* ការពន្យារពេល kar ponyear pel
**proctor** *(n.)* មេប្រយោគ me bro yoak
**proctor** *(v.)* ធ្វើមេប្រយោគ tveu me bro yoak
**procure** *(v.)* ផ្គត់ផ្គង់ phkot phkung
**procurement** *(n.)* លទ្ធកម្ម lotthokam
**prodigal** *(adj.)* ដែលខ្ជះខ្ជាយ del khcheah khcheay
**prodigality** *(n.)* បង្ហិនទ្រព្យ banghin trop
**prodigy** *(n.)* មនុស្សអស្ចារ្យ mnous aschar
**produce** *(v.)* ផលិត phorlit
**produce** *(n.)* ផលិតផល phorlitaphal
**product** *(n.)* ផលិតផល phlitaphal
**production** *(n.)* ផលិតកម្ម phlitakam
**productive** *(adj.)* ផលិតភាព phloritpheap
**productivity** *(n.)* ផលិតភាព phloritpheap
**profane** *(v.)* ប្រមាថ bramath
**profane** *(adj.)* ក្រៅសាសនា krao sasana
**profess** *(v.)* អះអាង aah ang
**profession** *(n.)* វិជ្ជាជីវៈ vichchea chivak
**professional** *(adj.)* ដែលមានជំនាញវិជ្ជាជីវៈ del mean chomneanh vichchea chivak
**professor** *(n.)* សាស្ត្រាចារ្យ sa stra char
**proficiency** *(n.)* ជំនាញ chomneanh
**proficient** *(adj.)* ស្ទាត់ជំនាញ stoat chomneanh
**profile** *(n.)* ជីវប្រវត្តិ chivak brovot
**profile** *(v.)* ទម្រង់ tomrong
**profit** *(n.)* ប្រាក់ចំណេញ brak chamnenh
**profit** *(v.)* ផ្ដល់ផលចំណេញ phdal phol chamnenh

**profitable** *(adj.)* ដែលផ្តល់ផលចំណេញ del phdal phol chamnenh
**profiteer** *(n.)* អ្នកឆ្លៀតរកចំណេញធំ nak chhleat rok chomnenh thom
**profiteer** *(v.)* ឆ្លៀតរកចំណេញធំ chhleat rok chomnenh thom
**profligacy** *(n.)* ភាពខូចខ្លាយ pheap khcheahkhcheay
**profligate** *(adj.)* ដែលខុសពីសីលធម៌ del khos pi seila thor
**profound** *(adj.)* យ៉ាងជ្រាលជ្រៅ yeang chreal chrow
**profundity** *(n.)* ភាពមិនស្មោះត្រង់ pheap min smaoh trang
**profuse** *(adj.)* ដែលច្រើនក្រៃលែង del chraen krai leng
**profusion** *(n.)* ភាពហូរហៀរ pheap hau hier
**progeny** *(n.)* កូនចៅ kaunchaw
**programme** *(n.)* កម្មវិធី kammovithi
**programme** *(v.)* ធ្វើកម្មវិធី thveu kammovithi
**progress** *(n.)* ការរីកចំរើន kar rik chamreun
**progress** *(v.)* ចម្រើនជឿនលឿនមានវឌ្ឍនភាព chamreunchuenluen mean vodthonapheap
**progressive** *(adj.)* ភាពរីកចំរើន pheap rik chamreun
**prohibit** *(v.)* ហាមឃាត់ ham khoat
**prohibition** *(n.)* ការហាមឃាត់ kar hamkhat
**prohibitive** *(adj.)* ដែលហាមឃាត់ del hamkhat
**prohibitory** *(adj.)* ដែលហាមប្រាម del ham bram
**project** *(n.)* គម្រោង komrong
**project** *(v.)* ធ្វើគំរោង thveu koumrong
**projectile** *(n.)* គ្រាប់ផ្លោង kroab phloang
**projectile** *(adj.)* ដែលបាញ់ផ្លោង del banh phloang
**projection** *(n.)* ការព្យាករ kar pyeakor
**projector** *(n.)* ការបញ្ចាំង kar banhchang
**proliferate** *(v.)* កើនចំនួន kern chamnuon
**proliferation** *(n.)* ការរីកសាយអារុធ kar riksaay avouth
**prolific** *(adj.)* ស្នាដៃ sna dai
**prologue** *(n.)* អារម្ភបទ aromph bot

**prolong** *(v.)* យូរឆ្នាំ your chhnam
**prolongation** *(n.)* ការពន្យាពេល kar ponyea pel
**prominence** *(n.)* ភាពលេចផ្តោ pheap lech thlo
**prominent** *(adj.)* លេចផ្តោ lech thlo
**promise** *(v.)* សន្យា sanya
**promise** *(n.)* ការសន្យា kar sanya
**promising** *(adj.)* ដែលអាចនឹងមានជោគជ័យ del ach nung mean chokchey
**promissory** *(adj.)* នៃកិច្ចសន្យា nei kech sanya
**promote** *(v.)* លើកកំពស់ leuk kampos
**promotion** *(n.)* ការផ្សព្វផ្សាយ kar phsaap phsaay
**prompt** *(adj.)* យ៉ាងឆាប់ yang chhab
**prompt** *(v.)* បណ្តាលអោយ bandal aoy
**prompter** *(n.)* អ្នកពោលបទ nak pol bat
**prone** *(adj.)* ដែលឆាប់ del chab
**pronoun** *(n.)* សព្វនាម sapv neam
**pronounce** *(v.)* បញ្ចេញសំឡេង banhchenh saamleng
**pronunciation** *(n.)* បញ្ចេញសំឡេង kar banhchenh saamleng
**proof** *(n.)* កស្តុតាង phost tang
**proof** *(adj.)* គីកតាង toek tang
**prop** *(n.)* ចន្ទល់ chantol
**prop** *(v.)* ទល់ tol
**propaganda** *(n.)* ការឃោសនា kar khosana
**propagandist** *(n.)* យោសនិក khosanik
**propagate** *(v.)* ឃោសនា khosana
**propagation** *(n.)* ដំណើររាលឆ្លង damner real chhlang
**propel** *(v.)* ស្តាប slab
**proper** *(adj.)* ត្រឹមត្រូវ troem trauv
**properly** *(adv.)* យ៉ាងត្រឹមត្រូវ yeang troem trauv
**property** *(n.)* អចលនទ្រព្យ achalonotrop
**prophecy** *(n.)* ពាក្យទំនាយ peak tomneay
**prophesy** *(v.)* ថ្លែងព្រះបន្ទូល thleng preahbantoul
**prophet** *(n.)* ជាព្យាការី chea pyeakari

**prophetic** *(adj.)* ដែលទាយទុកជាមុន del teaytouk cheamoun
**proportion** *(n.)* សមាមាត្រ samamat
**proportion** *(v.)* លៃអោយសម lei aoy sam
**proportional** *(adj.)* ស្របទៅនិង srab tov ning
**proportionate** *(adj.)* ដែលទៅតាមសមាមាត្រ del tow tam samamat
**proposal** *(n.)* សំណើរ saamner
**propose** *(v.)* ស្នើ sner
**proposition** *(n.)* សំណើរសុំ saamner som
**propound** *(v.)* ថ្លែងអះអាង thleng aah ang
**proprietary** *(adj.)* នៃកម្មសិទ្ធិ nei kammosetth
**proprietor** *(n.)* ម្ចាស់ mchas
**propriety** *(n.)* បែបបទ beb bat
**prorogue** *(v.)* សុំលើកពេល som leuk pel
**prosaic** *(adj.)* ដែលមិនថ្លៃថ្នូ del min thlai thnau
**prose** *(n.)* ពាក្យរាយ peaky reay
**prosecute** *(v.)* កាត់ទោស kattos
**prosecution** *(n.)* ការកាត់ទោស kar kattos
**prosecutor** *(n.)* ព្រះរាជអាជ្ញា preah reach achnha
**prosody** *(n.)* កាព្យសាស្ត្រ kap sas
**prospect** *(n.)* ការរំពឹងទុក kar rompeung touk
**prospective** *(adj.)* អនាគត anakot
**prospectus** *(n.)* បណ្ណ ban
**prosper** *(v.)* មានភាពរុងរឿង mean pheap roungrueng
**prosperity** *(n.)* ភាពរុងរឿង pheap roungrueng
**prosperous** *(adj.)* វិបុលភាព vibolpheap
**prosthetic** *(adj.)* ដែលជំនួស del chomnuos
**prostitute** *(n.)* ស្រីពេស្យា strei pesya
**prostitute** *(v.)* ធ្វើជាស្រីពេស្យា thveu chea sreipesya
**prostitution** *(n.)* ពេស្យាចារ pesyachar
**prostrate** *(adj.)* ដែលដុនដាប del dondab
**prostrate** *(v.)* ក្រាបថ្វាយបង្គំ krab thvay bangkoum
**prostration** *(n.)* ការខ្សោះអស់កម្លាំង kar khsaaoh os kamleang
**protagonist** *(n.)* តួឯក tuo ek

**protect** *(v.)* ការពារ karpear
**protection** *(n.)* ការការពារ kar karpear
**protective** *(adj.)* ដើម្បីការពារ daembei karpear
**protector** *(n.)* អ្នកគាំពារ nak keapear
**protein** *(n.)* ប្រូតេអ៊ីន brau te in
**protest** *(n.)* ការតវ៉ា kar tor va
**protest** *(v.)* តវ៉ា tor va
**protestation** *(n.)* ក្រុមអ្នកតវ៉ា krom nak tor va
**protocol** *(n.)* ពិធីការ pithikar
**prototype** *(n.)* គំរូ koumrou
**proud** *(adj.)* មានទនភាព motonakpheap
**prove** *(v.)* បញ្ជាក់ banhcheak
**proverb** *(n.)* សុភាសិត sopheaset
**proverbial** *(adj.)* នៃអ្នកឧបត្ថម្ភ nei nak ubattham
**provide** *(v.)* ផ្តល់ជូន phdal choun
**providence** *(n.)* ទិព្វវិញ្ញាណ tip vinhnhean
**provident** *(adj.)* និរត្តន៍ nivot
**providential** *(adj.)* ដែលកើតចៃដន្យល្អ del kaet chai dan laor
**province** *(n.)* ខេត្ត khet
**provincial** *(adj.)* នៃខេត្ត nei khet
**provincialism** *(n.)* លទ្ធិខេត្តនិយម lotthi khett niyom
**provision** *(n.)* ការផ្តល់ kar phdal
**provisional** *(adj.)* បណ្ដោះអាសន្ន bon daoh asan
**proviso** *(n.)* លក្ខខណ្ឌ lakkh khan
**provocation** *(n.)* ការញុះញង់ ka nhouh nhung
**provocative** *(adj.)* បង្កហេតុ bangko het
**provoke** *(v.)* បង្កើត bangkeut
**prowess** *(n.)* សមត្ថភាព samotthaphap
**proximate** *(adj.)* ជិតៗ chit chit
**proximity** *(n.)* ការជិតមកដល់ kar chit mokadl
**proxy** *(n.)* សិទ្ធិប្រទាន setth brotean
**prude** *(n.)* អ្នកដែលប្រកាន់ច្បាប់ហួសហេតុ nak del brakan chbab huos het
**prudence** *(n.)* ការប្រុងប្រយ័ត្ន kar brong brayat

**prudent** *(adj.)* ដែលប្រុងប្រយ័ត្ន del brong brayat
**prudential** *(adj.)* ប្រយ័ត្នប្រយែង brayat brayeng
**prune** *(v.)* កាត់ចេញ kat chenh
**pry** *(v.)* ច្រៀតច្រែក chriet chrek
**psalm** *(n.)* ចម្រៀងសាសនា chamrieng sasana
**pseudonym** *(n.)* ឈ្មោះក្លែងក្លាយ chhmoh kleng klay
**psyche** *(n.)* ចិត្ត chet
**psychiatrist** *(n.)* វិកលចរិត vikal charit
**psychiatry** *(n.)* ចិត្តសាស្ត្រ chettasas
**psychic** *(adj.)* នៃចិត្ត nei chet
**psychological** *(adj.)* ផ្លូវចិត្ត phlauvchet
**psychologist** *(n.)* ចិត្តវិទូ chettavitou
**psychology** *(n.)* ចិត្តវិទ្យា chettavityea
**psychopath** *(n.)* អ្នកវិកលចរិត nak vikalochrit
**psychosis** *(n.)* វិកលចរិត vikalochrit
**psychotherapy** *(n.)* ខាងចិត្តតិកិច្ឆា khang chet tekech chha
**puberty** *(n.)* ពេញវ័យ penh vey
**public** *(adj.)* ដែលសាធារណៈ del sathearanak
**public** *(n.)* សាធារណៈ sathearanak
**public transport** *(n.)* ការដឹកជញ្ជូនសាធារណៈ kar doek chonhchoun sathearanak
**publication** *(n.)* ការបោះពុម្ព kar baoh poum
**publicity** *(n.)* សាធារណៈ sathearanak
**publicize** *(v.)* ឃោសនា khosana
**publish** *(v.)* បោះពុម្ពផ្សាយ baohpoump phsaay
**publisher** *(n.)* ចាងហ្វាងការផ្សាយ chang hvang kar phsaay
**pudding** *(n.)* សង្ខ្យា sangkhya
**puddle** *(n.)* ថ្លុកទឹក thlok teuk
**puddle** *(v.)* ធ្វើឱ្យទៅជាភក់ tveu oy tov chea puk
**puerile** *(adj.)* បានការ ban kar
**puff** *(n.)* កំសួល kamsuol
**puff** *(v.)* ផ្លុំ phlom
**pull** *(v.)* ទាញ teanh

**pull** *(n.)* ដំណើរទាញចិត្ត damner teanh chet
**pulley** *(n.)* រក rork
**pullover** *(n.)* អាវយឺត av yeut
**pulp** *(n.)* សាច់ sach
**pulp** *(v.)* យកសាច់ផ្លែចេញ yk sach phle chenh
**pulpit** *(adj.)* វេតិកា vetikea
**pulpy** *(adj.)* មានសាច់ទន់ mean sach tun
**pulsate** *(v.)* ប្រព្រឹត្តទៅជានិយ័ត bro preut tov chea niyat
**pulsation** *(n.)* ការប្រព្រឹត្តទៅជានិយ័ត ka bro preut tov chea niyat
**pulse** *(n.)* ជីពចរ chip char
**pulse** *(v.)* លោតជីពចរ lot chip chor
**pump** *(n.)* ការបូម kar baum
**pump** *(v.)* បូម baum
**pumpkin** *(n.)* ល្ពៅ lpov
**pun** *(n.)* ការលេងពាក្យ kar leng peak
**pun** *(v.)* លេងពាក្យ leng peak
**punch** *(n.)* កណ្ដាប់ដៃ kondab dai
**punch** *(v.)* វាយដោយកណ្ដាប់ដៃ veay daoy kondab dai
**punctual** *(adj.)* ទៀងទាត់ tiengtoat
**punctuality** *(n.)* ទំនៀងពេល tomnieng pel
**punctuate** *(v.)* ដាក់វណ្ណយុត្តិ dak vonn yout
**punctuation** *(n.)* វណ្ណយុត្តិ vonnayout
**puncture** *(n.)* ធ្វើអោយមុត thveu oy mout
**puncture** *(v.)* ធ្វើអោយមុត thveu oy mout
**pungency** *(n.)* ជំងឺស្អួត chomngeu suot
**pungent** *(adj.)* ដែលមុត del mout
**punish** *(v.)* ផ្ដន្ទាទោស phdon tea tos
**punishment** *(n.)* ការផ្ដន្ទាទោស kar phdon teatos
**punitive** *(adj.)* ដែលសម្រាប់ដាក់ទណ្ឌកម្ម del samrab dak tonakam
**puny** *(adj.)* ដែលតិចតួច del tech tuoch
**pupil** *(n.)* សិស្ស seus
**puppet** *(n.)* អាយ៉ង ayong
**puppy** *(n.)* កូនឆ្កែ kaun chhke
**purblind** *(n.)* ភ្នែកខ្វាក់ pnek khvak
**purchase** *(v.)* ទិញ tinh
**purchase** *(n.)* ការទិញ kar tinh

**pure** *(adj.)* សុទ្ធ sot
**purgation** *(n.)* ការបន្ទោរ kar banhchouh
**purgative** *(n.)* ថ្នាំបន្ទោរ thnam banhchouh
**purgative** *(adj.)* ដែលសម្រាប់បន្ទោរ del somrab banhchouh
**purgatory** *(n.)* នរក norok
**purge** *(v.)* ជម្រុះចោល chomrouh chaol
**purification** *(n.)* បន្សុទ្ធកម្ម ban saouth kam
**purify** *(v.)* បន្សុទ្ធ ban saouth
**purist** *(n.)* ភាពបរិសុទ្ធ pheap borisot
**puritan** *(n.)* ការប្រកាន់គោលការណ៍សាសនា យ៉ាងតឹងរឹង kar brakan kolkar sasana yeang toeng reung
**puritanical** *(adj.)* ដែលប្រកាន់គោលការណ៍សាសនាយ៉ាងតឹងរឹង del brakan kolkar sasana yeang toeng reung
**purity** *(n.)* ភាពបរិសុទ្ធ pheap borisot
**purple** *(adj./n.)* ពណ៌ស្វាយ por svay
**purport** *(n.)* ការអះអាង kar aah ang
**purport** *(v.)* អះអាង aah ang
**purpose** *(n.)* គោលបំណង kol bamnong
**purpose** *(v.)* មានបំណង mean bamnang
**purposely** *(adv.)* ដោយចេតនា daoy chetna
**purr** *(n.)* ស្របខល់ៗ saur khol
**purr** *(v.)* ធ្វើខល់ thveu khol
**purse** *(v.)* ដាក់លុយក្នុងកាបូប daklouy knong kabaub
**purse** *(n.)* កាបូប kabaub
**pursuance** *(n.)* ការបន្ត ka bontor
**pursue** *(v.)* បន្ត team tea
**pursuit** *(n.)* ការខិតខំប្រឹងប្រែង kar khetkham broeng breng
**purview** *(n.)* ត្រួតពិនិត្យ truot pinit
**pus** *(n.)* ខ្ទុះ khtoh
**push** *(v.)* ជំរុញ chomrounh
**push** *(n.)* ការជំរុញ kar chomrounh
**put** *(v.)* ដាក់ dak
**put** *(n.)* ការដាក់ ka dak
**puzzle** *(n.)* ល្បែងកម្រៀបបញ្ចូលដុំតូចៗជារូប lbeng damrieb rue phkom dom tauch chea roub

**puzzle** *(v.)* ផ្គុំរូប phkom roub
**pygmy** *(n.)* មនុស្សកញ្ជ្រើកអម្បូរស្បែកខ្មៅ mnouss kanhchroek ambour sbek khmao
**pyorrhoea** *(n.)* ដំណើរហូរខ្ទុះ damner haur khtoh
**pyramid** *(n.)* សាជីជ្រុង sa chi chroung
**pyre** *(n.)* គននរភ្លើង koumnor phleung
**pyromantic** *(adj.)* ដែលស្ដីអំពីដំណើរទស្សន៍ទាយដោយមើលភ្លើង del sdei ampi damner tossteay daoy meul phleung
**pyromantic** *(n.)* អំពីដំណើរទស្សន៍ទាយដោយមើលភ្លើង damner tossteay daoy meul phleung
**python** *(n.)* ពស់ថ្លាន់ pos thlan

**quack** *(n.)* គ្រូពេទ្យក្លែងក្លាយតាម kru pet khleng khlay
**quack** *(v.)* ក្លែងធ្វើជាគ្រូពេទ្យ kleng thveu chea kroupet
**quackery** *(n.)* ការធ្វើដូចសត្វទា kar thveu dauch sat tea
**quadrangle** *(n.)* ចតុកោណ chatokaon
**quadrangular** *(adj.)* រាងបួនជ្រុង reang buon chroung
**quadrilateral** *(n.)* ចតុរ័ង្ស chatorong
**quadrilateral** *(adj.)* ដែលមានជ្រុងឬមុខបួន del mean chroung reu moukh buon
**quadruped** *(n.)* សត្វជើងបួន sat cheung buon
**quadruple** *(v.)* គុណនឹងបួន koun neung buon
**quadruple** *(adj.)* គុណនឹងបួន koun neung buon
**quail** *(n.)* សត្វក្រួច sat kruoch

**quaint** *(adj.)* ដែលបុរាណហើយគួរអោយចាប់ចិត្ត del boran hery kuor aoy chab chet
**quake** *(n.)* ការរញ្ជួយដី karoronhchuoydei
**quake** *(v.)* រញ្ជួយដី roronhchuoydei
**qualification** *(n.)* គុណវុឌ្ឍិ kounvoudthi
**qualify** *(v.)* មានលក្ខណៈសម្បត្តិគ្រប់គ្រាន់ mean lokkhan sambotte krobkrean
**qualitative** *(adj.)* នៃគុណភាព nei kounpheap
**quality** *(n.)* គុណភាព kounpheap
**quandary** *(n.)* ភាពអល់ឯក pheap al ek
**quantitative** *(adj.)* នៃបរិមាណ nei bariman
**quantity** *(n.)* បរិមាណ bariman
**quantum** *(n.)* កងទិច korng tich
**quarrel** *(v.)* ឈ្លោះប្រកែកគ្នា chhloh brakek knea
**quarrel** *(n.)* ការឈ្លោះប្រកែកគ្នា kar chhloh brakek knea
**quarrelsome** *(adj.)* ដែលបង្កជម្លោះ del bongkor chomloh
**quarry** *(v.)* គាស់យកថ្ម koas yok thmor
**quarry** *(n.)* កន្លែងយកថ្ម kanleng yok thmor
**quarter** *(v.)* ពុះជាបួន pouh chea buon
**quarter** *(n.)* ត្រីមាស trei meas
**quarterly** *(adj.)* ប្រចាំត្រីមាស bracham treimeas
**queen** *(n.)* មហាក្សត្រី moha ksaatrei
**queer** *(adj.)* ដែលមូបប្រកតិព្ទនឹងមនុស្សដូចគ្នា del roum bratepotth neung mnouss dauch knea
**queer** *(v.)* ធ្វើអោយខូច thveu oy khauch
**queer** *(n.)* ឆ្កួត chhkuot
**quell** *(v.)* បង្ក្រាប bangkrab
**quench** *(v.)* ពន្លត់ ponlot
**query** *(v.)* សួរសំណួរ suor saamnuor
**query** *(n.)* សំណួរ saamnuor
**quest** *(n.)* ការស្វែងរក kar sveng rok
**quest** *(v.)* ស្វែងរក damner sveng rok
**question** *(v.)* សួរសំណួរ suor saamnuor
**question** *(n.)* សំណួរ saamnuor
**questionable** *(adj.)* ដែលគួរអោយសង្ស័យ del kuor aoy sangsay

**questionnaire** *(n.)* កម្រងសំណួរ kamrong saamnuor
**queue** *(n.)* ជួរ chuor
**queue** *(v.)* ឈរជាជួរ chhorcheachuor
**quibble** *(v.)* ជជែករឿង chuonh rueng
**quibble** *(n.)* ការជជែករឿង kar chuonh rueng
**quick** *(n.)* រហ័ស rohas
**quick** *(adj.)* រហ័ស rohas
**quick fix** *(n.)* ការជួសជុលយ៉ាងរហ័ស kar chuos choul yeang rohas
**quickly** *(adv.)* យ៉ាងលឿន yang luen
**quicksand** *(n.)* ខ្សាច់ khsaach
**quicksilver** *(n.)* បារត barot
**quiet** *(adj.)* ស្ងាត់ sngat
**quiet** *(n.)* ភាពសប់ស្ងាត់ pheap sngabsngat
**quiet** *(v.)* ស្ងាត់ sngat
**quilt** *(n.)* ភួយ phuoy
**quinine** *(n.)* ថ្នាំគីនីន thnam ki nin
**quintessence** *(n.)* ខ្លឹមសារ khloem saar
**quintessential** *(adj.)* ភាពល្អឥតខ្ចោះ pheap laor et khchaoh
**quirky** *(adj.)* ចំឡែក cham lek
**quit** *(v.)* បោះបង់ baoh bong
**quite** *(adv.)* ពេញទី penhti
**quiver** *(v.)* ញាក់ nheak
**quiver** *(n.)* បំពង់ព្រួញ bampong pruonh
**quixotic** *(adj.)* ដែលមានគំនិតរវើរវាយ del mean koumnit roveu roveay
**quiz** *(v.)* ចោទសួរ chaot suor
**quiz** *(n.)* សំណួរ saamnuor
**quorum** *(n.)* កូរ៉ុម kaurom
**quota** *(n.)* កូតា kauta
**quotation** *(n.)* ការដាក់តម្លៃ kar dak damlai
**quote** *(v.)* បាន់ស្មានតម្លៃ bansman damlai
**quotient** *(n.)* ផលចែក phal chek

# R

**rabbi** *(n.)* គ្រូបង្រៀនច្បាប់សញ្ញាតិជីហូ krou bangrien chbab sanhcheate chvis
**rabbit** *(n.)* ទន្សាយ tonsaay
**rabble** *(n.)* ពួកមនុស្សថោកទាប puok mnouss thaokteab
**rabies** *(n.)* ជំងីឆ្កែឆ្កួត chom ngeu chhke chhkuot
**race** *(v.)* ប្រណាំង branang
**race** *(n.)* ការប្រណាំង kar braneang
**racial** *(adj.)* នៃសាសន៍ nei sasa
**racialism** *(n.)* សាសន៍និយម sas niyom
**racism** *(n.)* ការប្រកាន់ពូជសាសន៍ kar brakean pouchsas
**racist** *(adj.)* ដែលប្រកាន់ជាតិសាសន៍ del bra kean cheat sas
**rack** *(n.)* ការខំប្រឹងគិតខ្លាំង kar khambroeng kit khlang
**rack** *(v.)* ខំប្រឹងគិតខ្លាំង kham broeng kit khlang
**racket** *(n.)* រ៉ាកេត reaket
**radiance** *(n.)* កាំពន្លឺ kam ponleu
**radiant** *(adj.)* ចែងចាំង chengchang
**radiate** *(v.)* ភាយវិទ្យុសកម្ម pheay vityousakam
**radiation** *(n.)* ចំហាយវិទ្យុកម្ម chamhay vityoukam
**radical** *(adj.)* រ៉ាឌីកាល់ radikal
**radio** *(n.)* វិទ្យុ vityou
**radio** *(v.)* ផ្សាយវិទ្យុ phsaay vityou
**radioactive** *(adj.)* នៃវិទ្យុសកម្ម nei vityousakam
**radiogram** *(n.)* ដំណឹងតាមវិទ្យុ damnoeng tamvityou
**radiography** *(n.)* ការថតកាំរស្មីអ៊ិច kar thot karosmei ich
**radiolocation** *(n.)* ការកំណត់ទីតាំងនៃវត្ថុដែលនៅឆ្ងាយ kar kamnot titang nei vottho del now chhngay

**radiology** *(n.)* ការប្រើវិទ្យុសកម្មក្នុងការព្យាបាលរោគ kar brer vityousakamm knong kar pyeabal rok
**radiomercury** *(n.)* វិទ្យុសកម្ម vityousakam
**radiommunology** *(n.)* ការសិក្សាអំពីវិទ្យុសកម្ម kar seksaa ampi vityousakam
**radion** *(n.)* វិទ្យុ vityou
**radiophone** *(n.)* ទូរស័ព្ទវិទ្យុ toursap vityou
**radioscan** *(n.)* ស្កេនវិទ្យុ sken vityou
**radiotelegraphy** *(n.)* ការស្តីវិទ្យុសកម្ម kamrosmei vityousakam
**radious** *(adj.)* ខ្លាំង khlang
**radish** *(n.)* រ៉ាឌី ra di
**radium** *(n.)* រ៉ាឌ្យូម ra dyaum
**radius** *(n.)* កាំ kam
**rag** *(v.)* បញ្ចោតលេង banhchot leng
**rag** *(n.)* កន្ទប kantob
**rage** *(v.)* ក្រោតខឹងខ្លាំង kraot khoeng khlang
**rage** *(n.)* កំហឹង kamhoeng
**raid** *(v.)* វាយឆ្មក់ veay chhmak
**raid** *(n.)* ការវាយឆ្មក់ kar veay chhmak
**rail** *(v.)* ដាក់បង្កាន់ដៃ dak bangkandai
**rail** *(n.)* ផ្លូវរថភ្លើង phlauv rotheh phleung
**railing** *(n.)* របងការពារ robang karpear
**raillery** *(n.)* ការចំអកដោយរិះគន់ kar cham oak daoy riah kon
**railway** *(n.)* ផ្លូវរថភ្លើង phlauv roth phleung
**rain** *(n.)* ភ្លៀង phlieng
**rain** *(v.)* ភ្លៀង phlieng
**rainbow** *(n.)* ឥន្ទនូ inth nou
**rainy** *(adj.)* នៃភ្លៀង nei phlieng
**raise** *(v.)* ដំឡើងប្រាក់ឈ្នួល damlaeng brak chhnuol
**raisin** *(n.)* ទំពាំងបាយជូរក្រៀម tompeang baychour kriem
**rally** *(n.)* ការប្រជុំ kar brachoum
**rally** *(v.)* ប្រមូលផ្តុំ bramoul phdom
**ram** *(v.)* បុក bok
**ram** *(n.)* សត្វចៀមឈ្មោល sat chiem chhmol
**ramble** *(n.)* ការដើរច្រចប់ kar der char chrob

**ramble** (v.) និយាយពីនោះបន្តិចពីនេះបន្តិច niyeay pi noh bandich pi nih bantich
**rampage** (n.) ការបំផ្លិចបំផ្លាញ kar bamphlech bamphlanh
**rampage** (v.) បំផ្លិចបំផ្លាញ bamphlech bamphlanh
**rampant** (adj.) ដែលគគ្រឿងទប់ del it krueng tob
**rampart** (n.) កំពែង kampeng
**ranch** (n.) ការចិញ្ចឹមសត្វ kar chenhcheum sat
**ranch** (v.) ចិញ្ចឹមសត្វ chenhcheum sat
**rancid** (adj.) ដែលខូច del khauch
**rancidify** (v.) ជួរផ្អូម chour phaaum
**rancour** (n.) ការជួរផ្អូម kar chour phaaum
**random** (adj.) ចៃដន្យ chaidan
**randomise** (v.) ពិសោធន៍ ចៃដន្យ pisaoth chaidan
**range** (n.) ជើងក្រាន cheung kran
**range** (v.) ដាក់គ្រៀម dak triem
**ranger** (n.) រុក្ខារក្ស roukkharak
**rank** (v.) ដាក់ជាជួរ dak chea chuor
**rank** (adj.) ដែលដុះទ្រុប del doh troub
**rank** (n.) ចំណាត់ថ្នាក់ chamnat thnak
**ransack** (v.) រុករើក roukreu rok
**ransom** (v.) លោះ loh
**ransom** (n.) តម្លៃលោះ damlei loh
**rape** (v.) រំលោភសេពសន្ថវៈ romloph sepsanthavak
**rape** (n.) ការរំលោភសេពសន្ថវៈ kar romloph sepsanthavak
**rapid** (adj.) យ៉ាងឆាប់រហ័ស yeang chhab rohas
**rapidity** (n.) ភាពលឿន pheap luen
**rapier** (n.) ដាវ dav
**rapport** (n.) ទំនាក់ទំនង tom neak tom nong
**rapt** (adj.) យ៉ាងស្លុង yeang slong
**rapture** (n.) ការលើកឡើង kar leuk lerng
**rare** (adj.) កម្រ kamror
**rarefy** (v.) ធ្វើឱ្យតិចទៅ thveu oy tech tov
**rarely** (adv.) ដែលកម្រ del kamror
**rareness** (n.) ភាពកម្រ pheap kamror
**rarity** (n.) កម្រមាន kamro mean

**rascal** (n.) មនុស្សខូច mnous khauch
**rash** (adj.) ដែលធ្វើទៅដោយប្រញាប់ប្រញាល់ del thveu tov daoy branhab branhal
**rash** (n.) កន្ទួល kantuol
**rasp** (n.) សូរស្នូកស្នាក so sa ork sa aak
**rasp** (v.) និយាយដោយស្នូកស្នាក niyeay daoy sa ork sa aak
**raspberry** (n.) ផ្លែឈើមួយបែប phlechheu muoy beb
**raspy** (adj.) គគ្រាត kokreat
**rasta** (n.) បានរកឃើញ ban rok kheunh
**rasure** (n.) ប្រាកដ brakod
**rat** (v.) ក្បត់ kbat
**rat** (n.) កណ្ដុរ kondol
**rate** (n.) អត្រា atra
**rate** (v.) វាយតម្លៃ veay damlei
**rather** (adv.) ជា chea
**ratify** (v.) ឱ្យសច្ចានុមតិ aoy sachcha nou mat
**ratio** (n.) សមាមាត្រ samamat
**ration** (n.) របប robob
**rational** (adj.) សមហេតុផល sam het phal
**rationale** (n.) សនិទានភាព sa nitean pheap
**rationality** (n.) សមហេតុផល sam het phal
**rationalize** (v.) ធ្វើសនិទានកម្ម thveu sanitanokam
**rattle** (n.) សូររណ្ដំ sau rondam
**rattle** (v.) អង្រន់ angron
**raucous** (adj.) ឱ្យសង្ឃើក្រច្រៀក oy sang kier trachiek
**ravage** (v.) រាតត្បាត reat tbat
**ravage** (n.) ការខូចខាត kar khauch khat
**rave** (v.) ស្រែកឡូឡា srek lo la
**raven** (n.) ក្អែក ka ek
**ravine** (n.) ជ្រោះជ្រៅ chroh chrow
**raw** (adj.) ឆៅ chao
**ray** (n.) កាំរស្មី kam rosmei
**raze** (v.) វាយចោល veay chaol
**razor** (n.) ឡាម lam
**reabsorb** (v.) ស្រូបយកឡើងវិញ sraub yok lerng vinh
**reabsorption** (n.) ការចាក់ឡើងវិញ kar chak lerng vinh

**reaccept** *(v.)* អាចទទួលយកបាន ach totuol yokk ban
**reach** *(n.)* ការឈានទៅដល់ kar chhean tow dol
**reach** *(v.)* ឈានទៅដល់ chhean tow dol
**reachable** *(adj.)* សម្រេច samrech
**react** *(v.)* ប្រតិកម្ម bratekam
**reaction** *(n.)* ប្រតិកម្ម bratekam
**reactionary** *(adj.)* ប្រតិកិរិយា bra te keriya
**reactionist** *(n.)* អ្នកប្រតិកម្ម nak bratekam
**reactivate** *(v.)* ធ្វើឱ្យសកម្មឡើងវិញ thveu aoy sakamm lerng vinh
**reactivation** *(n.)* ដំណើរការឡើងវិញ damnaerkar lerng vinh
**reactive** *(adj.)* នៃប្រតិការ nei bratekar
**reactor** *(n.)* រ៉េអាក់ទ័រ re ak tor
**read** *(v.)* អាន arn
**reader** *(n.)* អ្នកអាន nak arn
**readily** *(adv.)* ងាយស្រួល ngeay sruol
**readiness** *(n.)* ត្រៀមខ្លួន triem khluon
**readjust** *(v.)* កែសម្រួល kae somruol
**ready** *(adj.)* ត្រៀមខ្លួនជាស្រេច triem khluon chea srech
**ready-made** *(adj.)* ដែលមានហើយជាស្រេច del mean hery chea srech
**reak** *(n.)* ដាំ dam
**real** *(adj.)* ពិតប្រាកដ pit bra kod
**realism** *(n.)* ប្រាកដនិយម bra kod niyom
**realist** *(n.)* អ្នកប្រាកដនិយម nak brakod niyom
**realistic** *(adj.)* ដែលប្រាកដនិយម del brakod niyom
**reality** *(n.)* ជាការពិត chea kar pit
**realization** *(n.)* ការយល់ដឹង kar yol doeng
**realize** *(v.)* យល់ yol
**reallocate** *(v.)* ចំឡើងវិញ rieb cham lerng vinh
**reallocation** *(n.)* ការរៀបចំឡើងវិញ kar riebcham lerng vinh
**really** *(adv.)* មែនទែន menten
**really** *(int.)* មែនទែន menten
**realm** *(n.)* អាណាចក្រ anachak

**realtor** *(n.)* ភ្នាក់ងារអចលនទ្រព្យ phneak ngear achalonotrop
**realty** *(n.)* អចលនទ្រព្យ achalonotrop
**ream** *(n.)* ដុំក្រដាសប្រាំរយសន្លឹក dom kradas bramroy sanluek
**ream** *(v.)* ខួងពង្រីករន្ធ khuong pongrik ron
**reamer** *(n.)* ដែកស្វានខួងពង្រីករន្ធ Dek Svan Koung Pungrik Run
**reamplify** *(v.)* ពង្រីកកម្លាំងឡើងវិញ Pungrik KamLang Lerng Vinh
**reamputation** *(n.)* ការកាត់យកអវៈយវៈចេញលើកទីពីរ Kaar Kaat Yok Ark Veak Yeak Veak Tee Pee Jenh
**reanimate** *(v.)* ធ្វើជាគំនូរជីវចលឡើងវិញ Tver Jea Kum Noo Jee Vak Jol Leung Venh
**reanimate** *(adj.)* ដែលធ្វើជាគំនូរជីវចលឡើងវិញ Del Tver Jea Kum Noo Jee Vak Jol Leung Venh
**reanimation** *(n.)* ការធ្វើគំនូរជីវចលឡើងវិញ Kaar Tver Jea Kun Noo Jee Vak Jol Leung Venh
**reannex** *(v.)* រៀបបន្ថែមអាគារឡើងវិញ Reab Bon Tham Ark Kea Leung Venh
**reannexation** *(n.)* ការរៀបបន្ថែមអាគារឡើងវិញ Kaar Reab Bon Tham Ark Kea Leung Venh
**reap** *(n.)* កណ្តាប់ស្រូវ Kon dab srouv
**reap** *(v.)* ច្រូតកាត់ Jrot Kaat
**reaper** *(n.)* ម៉ាស៊ីនច្រូតកាត់ Masin Jrout Kat
**reappear** *(v.)* លេចឡើងម្ដងទៀត Lech Lerng Mdong Teat
**reappearance** *(n.)* ការលេចចេញជាថ្មី Ka Lech Jenh Jea Thmey
**reapplication** *(n.)* ការបង្កើតឡើងវិញ Ka BongKert Lerng Venh
**reapply** *(v.)* ដាក់ពាក្យសុំឡើងវិញ Dak Peak Som Lerng Venh
**reappoint** *(v.)* លាបឡើងវិញ Leap Lerng Venh
**reappraisal** *(n.)* ការពិចារណាឡើងវិញ Kar Picharona Leung Venh
**reappraise** *(v.)* ពិចារណាឡើងវិញ Picharona Leung Venh

**reapproach** *(v.)* អនុម័តឡើងវិញ Arknoumatt Leung Venh
**reappropriate** *(v.)* មិនសមរម្យ Min Somrom
**reapproval** *(n.)* ការអនុម័តឡើងវិញ Kar Arknoumatt Leung Venh
**rear** *(v.)* ចិញ្ចឹម chen cheum
**rear** *(adv.)* ខាងក្រោយ Khang Kroy
**rear** *(n.)* ផ្នែកខាងក្រោយ phnek khang Kroy
**rear** *(adj.)* ខាងក្រោយ Khang Kroy
**rearrange** *(v.)* រៀបចំឡើងវិញ Reap Jom Leung Venh
**rearticulate** *(v.)* និយាយឡើងវិញ niyeay leung venh
**rearview** *(adj.)* ទិដ្ឋភាពខាងក្រោយ Tit Thak Pheap Kang Kroy
**reason** *(v.)* ផ្ដល់ហេតុផល phdol het Phol
**reason** *(n.)* ហេតុផល Het Phol
**reasonable** *(adj.)* មានហេតុផល Mean Het Phol
**reassign** *(v.)* កំណត់ឡើងវិញ Kom Not Leung Venh
**reassume** *(v.)* សន្នតឡើងវិញ Son Na Mot Leung Venh
**reassure** *(v.)* ធ្វើអោយទុកចិត្ត Tver Oy Tok Chet
**reattach** *(v.)* ភ្ជាប់ឡើងវិញ Pachorb Leung Venh
**rebate** *(n.)* ការបង្វិលសងវិញ ka bongvel Song Venh
**rebel** *(v.)* បះបោរ Bas Bor
**rebel** *(n.)* ឧទ្ទាម Ou Team
**rebellion** *(n.)* ការបះបោរ Kar Bas Bor
**rebellious** *(adj.)* បះបោរ Bas Boar
**rebirth** *(n.)* កើតជាថ្មី Kert Jea Thmey
**rebound** *(v.)* ស្ទុះដើបឡើងវិញ Stous Ngerb Lerng Venh
**rebound** *(n.)* ការស្ទុះដើបឡើងវិញ kar Stous Ngerb Lerng Venh
**rebuff** *(v.)* បដិសេធ Pak De Set
**rebuff** *(n.)* ការបដិសេធ Kar Pak De Set
**rebuild** *(v.)* កសាងឡើងវិញ Kor Sang Lerng Venh
**rebuke** *(n.)* ការស្ដីបន្ទោស Kar Sdey Bontos
**rebuke** *(v.)* ការស្ដីបន្ទោស Kar Sdey Bontos

**recall** *(n.)* ការរលឹក Kar Rom Leuk
**recall** *(v.)* រលឹក Rom Leuk
**recede** *(v.)* ស្រក Srork
**receipt** *(n.)* បង្កាន់ដៃ BongKann Dai
**receive** *(v.)* ទទួល Tor Toul
**receiver** *(n.)* អ្នកទទួល Nak Tor Toul
**recent** *(adj.)* ថ្មីៗនេះ Thmey Tmey Nis
**recently** *(adv.)* ថ្មីៗនេះ Thmey Tmey Nis
**reception** *(n.)* ការទទួលភ្ញៀវ kar tortoul phneav
**receptive** *(adj.)* ដែលស្ដាប់មតិអ្នកដទៃ del sdab ma te nak dor tey
**recess** *(n.)* ពេលសំរាក pel som rak
**recession** *(n.)* ការធ្លូរស្រាល Kar Thou Sral
**recipe** *(n.)* រូបមន្ត Roup mun
**recipient** *(n.)* អ្នកទទួល Nak Tortoul
**reciprocal** *(adj.)* ទៅវិញទៅមក Tov Venh Tov Mok
**reciprocate** *(v.)* ធ្វើតបវិញ Tver Tob Venh
**recital** *(n.)* ការរៀបរាប់ Kar Reap Rob
**recitation** *(n.)* ការសូត្រ Kar Sot
**recite** *(v.)* សូត្រ Sot
**reckless** *(adj.)* មិនប្រយ័ត្ន Min Proyat
**reckon** *(v.)* គន់គូ Kun Koo
**reclaim** *(v.)* បានមកវិញ Ban Mok Venh
**reclamation** *(n.)* ការបានមកវិញ Kar Ban Mok Venh
**recluse** *(n.)* មនុស្សដែលមិនសេពគប់នរណាសោះ Monus Del Min Seb kob Norna Sos
**recognition** *(n.)* ការទទួលស្គាល់ Kar Tortoul Skol
**recognize** *(v.)* ទទួលស្គាល់ Tortoul Skol
**recoil** *(v.)* ត្រឡប់ក្រោយ TroLob Kroy
**recoil** *(n.)* ការញញើមករវិញ Kar Ronh Mok Venh
**recollect** *(v.)* នឹកចាំ Nek Cham
**recollection** *(n.)* ការនឹកចាំ Kar Nek Cham
**recommend** *(v.)* ណែនាំ nae norm
**recommendation** *(n.)* សេចក្ដីណែនាំ Sekdey nae norm
**recompense** *(n.)* សំណង Somnorng
**recompense** *(v.)* សង Song
**reconcile** *(v.)* ផ្សះផ្សា Psas Psar

**reconciliation** (n.) ដំណើរសះស្រួលគ្នា Domner Sros Sroul Knea

**recondensation** (n.) ការបង្រួមឡើងវិញ Kar Bong Roum Leung Venh

**recondense** (v.) បង្រួមឡើងវិញ Bong Roum Leung Venh

**recondition** (v.) កែកុនឱ្យដូចថ្មី Ke Kon Oy Doch Thmey

**reconductor** (n.) ការប្ដូរខ្សែរចរន្តភ្លើង Kaar Pdo Ksae Ja Ron Pleung

**reconfigurate** (v.) គ្រោងឡើងវិញ Krorng Leung Venh

**reconfiguration** (n.) ការគ្រោងឡើងវិញ Kar Krorng Leung Venh

**reconquer** (v.) ច្បាំងដណ្ដើមឡើងវិញ Chbang Dom Derm Leung Venh

**reconsider** (v.) គិតសារជាថ្មី Kit Sa Chea Thmey

**reconsolidate** (v.) រួបរួមគ្នាឡើងវិញ Roub Roum Knea Leung Venh

**record** (v.) ចតទុក Thort Tok

**record** (n.) ការចតទុក Kar Thort Tok

**recorder** (n.) ម៉ាស៊ីនចត Ma Sin Thort

**recount** (v.) រាប់ឡើងវិញ Rorb Leung Venh

**recoup** (v.) ធ្វើអោយបានវិញ Tver Oy Ban Venh

**recourse** (n.) គ្រឿងដោះបន្ទាល់ Kreung Dos Bon Tol

**recover** (v.) សះស្បើយ Sas Sboy

**recovery** (n.) ការបានមកវិញ Kar Ban Mok Venh

**recreation** (n.) ការកំសាន្ត Kar Kom San

**recreational** (adj.) ដែលកំសាន្ត Del Kom San

**recreative** (adj.) ដែលកំសាន្ត Del Kom San

**recriminate** (v.) ចោទប្រកាន់ទៅវិញ Jort Pro Kann Venh

**recrimination** (n.) ការចោទប្រកាន់ទៅវិញ Kar Jort Pro Kann Venh

**recrudency** (n.) ត្រឡប់មកមានតម្លៃវិញ Tro Lob Mok Mean Dom Laai Venh

**recruit** (v.) ជ្រើសរើស Chreus Reus

**recruit** (n.) ការជ្រើសរើស Kar Chreus Reus

**rectangle** (n.) ផ្ទៃបួនជ្រុងទ្រវែង Ptei Boun Chrong Tror Veng

**rectangular** (adj.) ដែលបួនជ្រុងទ្រវែង Del Boun Chrong Tror Veng

**rectification** (n.) ការកែតម្រូវ Kar Kae Dom Rov

**rectify** (v.) កែតម្រូវ Kae Dom Rov

**rectum** (n.) ចុងពោះវៀន Jong Pous Vean

**recuperate** (v.) ស្រួលឡើងវិញ Sroul Leung Venh

**recur** (v.) កើតឡើងវិញ Kert Leung Venh

**recurrence** (n.) ការមានឡើងវិញ Kar Mean Leung Venh

**recurrent** (adj.) ដែលកើតមានឡើងវិញៗ Del Kert Mean Leung Venh

**recycle** (v.) ប្រើប្រាស់ឡើងវិញ Prar Pras Leung Venh

**red** (n.) ក្រហម Kro Horm

**red** (adj.) លាបឲ្យក្រហម Leab Oy Kro Horm

**redden** (v.) លាបឲ្យក្រហម Leab Oy Kro Horm

**reddish** (adj.) ដែលក្រហមស្រគាំ Del Kro Horm Sro Keum

**redeem** (v.) ប្ដូរយក Pdor York

**redemption** (n.) ថ្លៃលោះ Thlai Lous

**redouble** (v.) ទ្វេរឡើងមួយជាពីរ Thvae Leung Mui Jea Pi

**redress** (n.) ដំណើរកែ Dom Ner Kae

**redress** (v.) កែឱ្យត្រូវវិញ Kae Oy Trov Venh

**reduce** (v.) បញ្ចុះ Bon Jos

**reduction** (n.) ការបន្ថយ Kar Bon Thoy

**redundance** (n.) លើសមិនចាំបាច់ Lers Min Jam Bach

**redundant** (adj.) ដែលលើសមិនត្រូវការ Del Lers Min Trov Kar

**reel** (n.) ដំផែន Dom Phen

**reel** (v.) ដើរទ្រេតទ្រត Der Tret Trot

**refer** (v.) យោងទៅ Yong Tov

**referee** (n.) អាជ្ញាកណ្ដាល Ah Nha Kondal

**reference** (n.) សេចក្ដីយោង Sek Kdei Yong

**referendum** (n.) ប្រជាមតិ Pro Jea Ma Te

**refine** (v.) ស្ល Slor

**refinement** (n.) ការស្ល Kar Slor

**refinery** (n.) រោងចក្រស្លប្រេងកាត Rong Chak Slor Preng Kat

**reflect** *(v.)* ជះត្រឡប់មកវិញ Cheas Tror Lob Mok Venh
**reflection** *(n.)* ការជះត្រឡប់មកវិញ Kar Cheas Tror Lob Mok Venh
**reflective** *(adj.)* ដែលជះត្រឡប់មកវិញ Del Cheas Tror Lob Mok Venh
**reflector** *(n.)* ចំណាំងផ្លាត Jom Nang Plat
**reflex** *(adj.)* ដែលធ្វើទៅដោយមិនដឹងខ្លួន Del Tver Tov Min Deung Kloun
**reflex** *(n.)* ការធ្វើទៅដោយមិនដឹងខ្លួន Ka Tver Tov Min Deung Kloun
**reflexive** *(adj.)* ដែលធ្វើទៅដោយមិនដឹងខ្លួន Del Tver Tov Min Deung Kloun
**reform** *(n.)* បដិរូបការ Pak Roub Kar
**reform** *(v.)* កែទម្រង់ Kae Tom Rong
**reformation** *(n.)* បដិរូបកម្ម Pak De Roub Kam
**reformatory** *(n.)* កន្លែងអប់រំអ្នកទោស Kon Leng Ob Rom Nak Tos
**reformatory** *(adj.)* ដែលជាទណ្ឌកម្ម Del Chea Ton Kam
**reformer** *(n.)* អ្នកធ្វើកំណែ Nak Tver Kom Nae
**refrain** *(n.)* បទបន្ទរ Bot Bon Tor
**refrain** *(v.)* ទប់ Tob
**refresh** *(v.)* ធ្វើឲ្យស្រស់ស្រាយ Tver Oy Sros Sray
**refreshment** *(n.)* អាហារសម្រន់ Ah Ha Som Ron
**refrigerate** *(v.)* ធ្វើឲ្យត្រជាក់ Tver Oy Tro Jak
**refrigeration** *(n.)* ការធ្វើឲ្យត្រជាក់ Kar Tver Oy Tro Jak
**refrigerator** *(n.)* ទូរទឹកកក Tou Teuk Kok
**refuel** *(v.)* ចាក់ប្រេង Jak Preng
**refuge** *(n.)* ទីជ្រក Ti Chrok
**refugee** *(n.)* ជនភៀសខ្លួន Jon Pheas Kloun
**refulgence** *(n.)* មានរស្មីភ្លឺចែងចាំង Mean Rak Smey Pler Jeng Jang
**refulgent** *(adj.)* ដែលមានរស្មីភ្លឺចែងចាំង Del Mean Rak Smey Pler Jeng Jang
**refund** *(v.)* អោយប្រាក់មកវិញ Oy Prak Mok Venh

**refund** *(n.)* ការអោយប្រាក់មកវិញ Kar Oy Prak Mok Venh
**refurbish** *(v.)* ដាក់គ្រឿងតុបតែងថ្មី Dak Kreung Tob Teng
**refusal** *(n.)* ការបដិសេធ Kar Pak De Set
**refuse** *(v.)* បដិសេធ Pak De Set
**refuse** *(n.)* ការបដិសេធ Kar Pak De Set
**refutation** *(n.)* ក្ដីបដិសេធ Kdey Pak De Set
**refute** *(v.)* ឆ្លើយបដិសេធ Chlery Pak De Set
**regal** *(adj.)* ដែលដូចស្តេច Del Doch Sdach
**regard** *(v.)* យោគយល់ Yok Yol
**regard** *(v.)* ចាត់ទុក Jat Tok
**regenerate** *(v.)* ធ្វើឲ្យមានឡើងវិញ Tver Oy Mean Leung Venh
**regeneration** *(n.)* ការផ្លាស់ជាថ្មី Kar Plas Jea Thmey
**regicide** *(n.)* អ្នកធ្វើឃាតព្រះមហាក្សត្រ Nak Tver Keat Preah Moha Ksat
**regime** *(n.)* របបនយោបាយ Ror Bob Nor Yo Bay
**regiment** *(n.)* កងវរសេនាធំ Kong Vo Reak Se Na Thom
**regiment** *(v.)* ចូលក្នុងកងវរសេនាធំ Jol Knong Kong Vo Reak Se Na Thom
**region** *(n.)* តំបន់ Dom Bon
**regional** *(adj.)* នៃតំបន់ Ney Dom Bon
**register** *(n.)* ការចុះបញ្ជី Kar Jos Bon Chee
**register** *(v.)* ចុះបញ្ជី Jos Bon Chee
**registrar** *(n.)* អ្នកកាន់កាប់បញ្ជី Nak Kann Bon Chee
**registration** *(n.)* ការចុះឈ្មោះ Kar Jos Chmous
**registry** *(n.)* បញ្ជីឈ្មោះ Bon Chee Chmous
**regret** *(n.)* ការស្តាយក្រោយ Kar Sday Kroy
**regret** *(v.)* ស្តាយក្រោយ Sday Kroy
**regular** *(adj.)* ទៀងទាត់ Teang Tot
**regularity** *(n.)* ភាពទៀងទាត់ Pheap Teang Tot
**regulate** *(v.)* សម្រួលឲ្យតាមច្បាប់ Som Roul Ohy Tam Chbab
**regulation** *(n.)* បទបញ្ញត្តិ Bot Bonh Jhat
**regulator** *(n.)* អ្នកចែងបទបញ្ញា Nak Jeng Bot Bon Jea

**rehabilitate** (v.) ការធ្វើឱ្យល្អឡើងវិញ Kar Tver Oy La Or Leung Venh
**rehabilitation** (n.) ការអោយមានសម្បទាវិញ Kar Oy Mean SamPak Tea Venh
**rehearsal** (n.) ការហាត់សម Kar Hat Som
**rehearse** (v.) ហាត់សម Hat Som
**reign** (v.) ការសោយរាជ្យ Kar Soy Reach
**reign** (n.) រាជ្យ Reach
**reimburse** (v.) បងសងវិញ Bong Song Venh
**reimbursement** (n.) ការបងសងវិញ Kar Bong Song Venh
**rein** (v.) ទប់ Tob
**rein** (n.) ខ្សែបង្ហៀរសេះ Ksae Bong Hea Ses
**reinforce** (v.) បន្ថែមកំលាំង Bon Tham Kom Lang
**reinforcement** (n.) ទ័ពជំនួយ Tob Chom Nouy
**reinstate** (v.) យកអនុត្តវិញ Yok Ak Nou Wat Venh
**reinstatement** (n.) ការយកអនុត្តវិញ Kar Yok Ak Nou Wat Venh
**reiterate** (v.) និយាយម្ដងទៀត niyeay mdong teat
**reiteration** (n.) ការនិយាយឡើងវិញ Kar Hat Ni Yeay
**reject** (v.) ច្រានចោល Jran Jol
**rejection** (n.) ការច្រានចោល Kar Jran Jol
**rejoice** (v.) ត្រេកអរ Trek Or
**rejoin** (v.) ផ្ដុំឡើងវិញ Pkom lerng vinh
**rejoinder** (n.) ការឆ្លើយតប Kar Chlery Tob
**rejuvenate** (v.) ធ្វើឱ្យក្មេង Tver Oy Kmeng
**rejuvenation** (n.) ការធ្វើឱ្យក្មេង Kar Tver Oy Kmeng
**relapse** (n.) ការលាប់ជំងឺ Kar Lob Chom Ngeu
**relapse** (v.) លាប់ជំងឺ Lob Chom Ngeu
**relate** (v.) មានទាក់ទង Mean Tak Tong
**relation** (n.) ទំនាក់ទំនង Tom Nak Tom Nong
**relative** (n.) សាច់ញាតិ Sach Nheat
**relative** (adj.) ដែលទាក់ទង Del Tak Tong
**relax** (v.) បន្ធូរអារម្មណ៍ Bon Thou Ah Rom

**relaxation** (n.) ការបន្ធូរអារម្មណ៍ Kar Bon Thou Ah Rom
**relay** (n.) ការផ្លាស់វេន Kar Plas Ven
**relay** (v.) បញ្ជូនត Bon Joun Tor
**release** (n.) ការដោះលែង Kar Dos Leng
**release** (v.) ដោះលែង Dos Leng
**relent** (v.) បន្ទន់ចិត្ត Bon Ton Jet
**relentless** (adj.) ឥតឈប់ឈរ Et Chhob Chhor
**relevance** (n.) ភាពទាក់ទង Pheap Tak Tong
**relevant** (adj.) ទាក់ទង Tak Tong
**reliable** (adj.) ដែលគួរជឿបាន Del Kour Jeu Ban
**reliance** (n.) សេចក្ដីយោង Sek Kdey Yong
**relic** (n.) វត្ថុពីសម័យបុរាណ Vot Tho Pi Sa May Bo Ran
**relief** (n.) ធូរស្បើយ Thou Sboy
**relieve** (v.) ធ្វើអោយធូរស្បើយ Tver Oy Thou Sboy
**religion** (n.) សាសនា sasana
**religious** (adj.) ដែលកាន់សាសនា Del Kann Sas Na
**relinquish** (v.) លះបង់ Les Bong
**relish** (n.) គ្រឿងទាក់ចិត្ត Kreung Teak Jet
**relish** (v.) ទាក់ចិត្ត Teak Jet
**reluctance** (n.) ការស្ដាក់ស្ដើរ Kar Stak Ster
**reluctant** (adj.) ស្ដាក់ស្ដើរ Stak Ster
**rely** (v.) ពឹងពាក់ Peung Pak
**remain** (v.) នៅសល់ Nov Sol
**remainder** (n.) អ្វីដែលសល់ Ah Vey Del Nov Sol
**remains** (n.) សាកសព Sak Sob
**remand** (n.) ការបញ្ជូន Kar Bon Joun
**remand** (v.) បញ្ជូនទៅ Bon Joun Tov
**remark** (v.) សំគាល់ Som Kol
**remark** (n.) ការសំគាល់ Kar Som Kol
**remarkable** (adj.) អស្ចារ្យ Os Ja
**remedial** (adj.) ដែលសំរាប់តែ Del Som Rab Te
**remedy** (n.) ថ្នាំ Thnam
**remedy** (v.) បំបាត់រោគ Bon Bat Rok
**remember** (v.) ចងចាំ Jong Jam

**remembrance** *(n.)* វត្ថុអនុស្សាវរីយ៍ Vot Tho Ah No Sav Va Ree
**remind** *(v.)* ចំណំា Jom Nam
**reminder** *(n.)* របស់ចំណំា Ro Bos Jom Nam
**reminiscence** *(n.)* ការរំលឹកសំណល់ Kar Som Nes Som Nal
**reminiscent** *(adj.)* ដែលធ្វើអោយនឹកដល់ Del Tver Oy Neuk Dol
**remission** *(n.)* ការលើកលែងទោស Kar Leuk Leng Tos
**remit** *(v.)* ផ្ញើទៅអោយ Phner Tov Oy
**remit** *(n.)* ការផ្ញើទៅអោយ Kar Phner Tov Oy
**remittance** *(n.)* ប្រាក់ផ្ញើទៅអោយ Phner Prak Tov Oy
**remorse** *(n.)* ក្តីស្តាយក្រោយ Kdei Sday Kroy
**remote** *(adj.)* ដាច់ស្រយាល Dach Sro Yal
**remould** *(v.)* សូនឡើងវិញ Son Leung Venh
**removable** *(adj.)* ដែលជាក់លត Del Jak Lat
**removal** *(n.)* ការយកចេញ Kar Yok Jenh
**remove** *(v.)* យកចេញ Yok Jenh
**remunerate** *(v.)* សងថ្លៃ Song Thlai
**remuneration** *(n.)* ការសងថ្លៃ Kar Song Thlai
**remunerative** *(adj.)* ដែលអោយផលច្រើន Del Oy Phol Jreun
**renaissance** *(n.)* ការកើតឡើងវិញ Kar Keut Leung Venh
**render** *(v.)* ផ្តល់នូវ pdol nov
**rendezvous** *(n.)* ការណាត់ជួប Kar Nat Joub
**renew** *(v.)* ធ្វើថ្មី Tver Thmei
**renewal** *(n.)* ការធ្វើថ្មី Ker Tver Thmei
**renounce** *(v.)* លាលែង Kar Lea Leng
**renovate** *(v.)* ជួសជុលឡើងវិញ Jous Jol Leng Venh
**renovation** *(n.)* ការជួសជុលឡើងវិញ Kar Jous Jol Leung Venh
**renown** *(n.)* កិត្តិនាម Kit Te Neam
**renowned** *(adj.)* ល្បីល្បាញ Lbei Jmous
**rent** *(v.)* ជួល Joul
**rent** *(n.)* ការជួល Kar Joul
**renunciation** *(n.)* ការលះបង់ Kar Les Bong
**repair** *(n.)* ការជួសជុល Kar Jous Jol
**repair** *(v.)* ជួសជុល Jous Jol

**repairable** *(adj.)* អាចជួសជុលបាន Del Arch Jous Jol Ban
**repartee** *(n.)* ការសើកសំដីវិញ Kar Sok Som Dei Venh
**repatriate** *(v.)* នាំមកមាតុភូមិវិញ Nom Mok Mea Tak Phuom Venh
**repatriate** *(n.)* ការនាំមកមាតុភូមិវិញ Kar Nom Mok Mea Tak Phuom Venh
**repatriation** *(n.)* ការធ្វើមាតុភូមិនិវត្តន៍ Kar Tver Mea Tak Phuom Ni Wat
**repay** *(v.)* សង Song
**repayment** *(n.)* ការធ្វើសំណង Kar Tver Som Nong
**repeal** *(n.)* ការលុបចោល Kar Lob Jol
**repeal** *(v.)* លុបចោល Lob Jol
**repeat** *(v.)* ចាប់ផ្តើមឡើងវិញ Jab Pderm Leung Venh
**repel** *(v.)* ប្រានចេញ Jran Jol
**repellent** *(n.)* ថ្នាំធ្វើអោយសត្វមិនហ៊ានមកជិត Thnam Tver Oy Sat Min Hean Mok Jit
**repellent** *(adj.)* ដែលធ្វើអោយស្អប់ Del Tver Oy Sa Ob
**repent** *(v.)* លន់តួ Lon Tour
**repentance** *(n.)* ការលន់តួ Kar Lon Tour
**repentant** *(adj.)* ដែលស្តាយក្រោយ Del Sday Kroy
**repercussion** *(n.)* ការទង្គិចបន្ត Kar Tong Kech Bon Tor
**repertoire** *(n.)* អ្នកចាំច្រើនហើយចូលចិត្តបង្រៀន Nak Jam Jreun Hoy Jol Jit Bong Rean
**repetition** *(n.)* ការធ្វើឡើងវិញ Kar Tveu Leung Venh
**replace** *(v.)* ផ្លាស់ប្តូរ Plas Pdo
**replacement** *(n.)* ការផ្លាស់ប្តូរ kar plas pdo
**replay** *(v.)* ធ្វើម្តងទៀត Tver Mdong Teat
**replenish** *(v.)* បំពេញឡើងវិញ Bom Penh Leung Venh
**replete** *(adj.)* ជាមួយ Jea Mui
**replica** *(n.)* វត្ថុចម្លង Vot Tho Jom Long
**reply** *(v.)* ឆ្លើយតប Chlery Tob
**reply** *(n.)* ការឆ្លើយតប Kar Chlery Tob
**report** *(n.)* របាយការណ៍ Ror Bay Kar

**report** (v.) រាយការណ៍ Reay Kar
**reporter** (n.) អ្នកនាំពាក្យ Nak Nom Peak
**repose** (v.) ធ្វើអោយស្ងប់ Tver Oy Sa Ngob
**repose** (n.) ភាពស្ងប់ Pheap Sa Ngob
**repository** (n.) កន្លែងផ្ទើទុក Kon Leng Phner Tok
**represent** (v.) តំណាងអោយ Dom Nang Oy
**representation** (n.) បទបង្ហាញ Bot Bong Hanh
**representative** (adj.) ដែលមានតំណាងរាស្ត្រ Del Mean Dom Nang Reas
**representative** (n.) តំណាងរាស្ត្រ Dom Nang Reas
**repress** (v.) ទប់ Tob
**repression** (n.) ការទប់សង្កត់ Kar Tob Skaat
**reprimand** (v.) ការស្ដីបន្ទោស Kar Sdei Bon Tos
**reprimand** (n.) ពាក្យស្ដីបន្ទោស Peak Sdei Bon Tos
**reprint** (v.) បោះពុម្ពម្ដងទៀត Bos Pom Mdong Teat
**reprint** (n.) ការបោះពុម្ពម្ដងទៀត Kar Bos Pom Mdong Teat
**reproach** (n.) ការស្ដីរលើក Kar Sdei Rom Leuk
**reproach** (v.) ស្ដីរលើក Sdei Rom Leuk
**reproduce** (v.) ផលិតឡើងវិញ Pho Let Leung Venh
**reproduction** (n.) ការផលិតឡើងវិញ Kar Pho Let Leung Venh
**reproductive** (adj.) ដែលអាចផលិតឡើងវិញ Del Arch Pho Let Leung Venh
**reproof** (n.) ពាក្យនិន្ទា Peak Nin Tea
**reptile** (n.) សត្វលូន Sat Loon
**republic** (n.) សាធារណរដ្ឋ Sa Thea Ro Nak Rot
**republican** (n.) សមាជិកនៃបក្សសាធារណរដ្ឋ Sa Ma Jeuk Ney Pak Sa Thea Ro Nak Rot
**republican** (adj.) នៃសាធារណរដ្ឋ Ney Sa Thea Ro Nak Rot
**repudiate** (v.) លែងស្របច្បាប់ Leng Srob Chbab
**repudiation** (n.) ការលែងស្របច្បាប់ Kar Leng Srob Chbab

**repugnance** (n.) ការស្អប់ Kar Sa Ob
**repugnant** (adj.) គួរអោយស្អប់ Kour Oy Sa Ob
**repulse** (n.) ការបដិសេដ Kar Pak De Set
**repulse** (v.) បដិសេដ Pak De Set
**repulsion** (n.) ការប្រានចេញ Kar Jran Jenh
**repulsive** (adj.) គួរស្អប់ខ្ពើម Kour Oy Sa Ob Kperm
**reputation** (n.) កេរ្តិ៍ឈ្មោះ Kae Jmous
**repute** (n.) កិត្តិស័ព្ទ Kit Te Sab
**repute** (v.) ល្បីថា Lbei Tha
**request** (n.) សំណើរ Som Neu
**request** (v.) ធ្វើសំណើរ Tver Som Neu
**requiem** (n.) រូបសំណាក Roub Som Nak
**require** (v.) ទាមទារ Team Tea
**requirement** (n.) តំរូវអោយមាន Dom Rov Oy Mean
**requisite** (n.) ការចាំបាច់ Kar Jam Bach
**requisite** (adj.) ដែលចាំបាច់ Del Jam Bach
**requisition** (n.) សំណើរច្បាប់ Som Neu Jbab
**requisition** (v.) ធ្វើសំណើរច្បាប់ Tver Som Neu Jbab
**requite** (v.) ទូទាត់ Tou Tot
**reschedule** (v.) ដូរកាលវិភាគ Dor Kal Vi Pheak
**rescue** (v.) សង្គ្រោះ Song Krous
**rescue** (n.) ការសង្គ្រោះ Kar Song Krous
**research** (v.) ស្រាវជ្រាវ Srav Jreav
**research** (n.) ការស្រាវជ្រាវ Kar Srav Jreav
**resemblance** (n.) ភាពដូចគ្នា Pheap Doch Knea
**resemble** (v.) ដូច Doch
**resent** (v.) អន់ចិត្ត Orn Jit
**resentment** (n.) ការអន់ចិត្ត Kar Orn Jit
**reservation** (n.) ការកក់ទុក Kar Kork Tok
**reserve** (v.) កក់ទុក Kork Tok
**reservoir** (n.) មូលដ្ឋាន Moul Thaan
**reside** (v.) ស្នាក់នៅ Snak Nov
**residence** (n.) ទីលំនៅ Ti Lom Nov
**resident** (adj.) ដែលមានលំនៅជាប់ Del Mean Ti Lom Nov
**resident** (n.) អ្នកមានលំនៅជាប់ Nak Mean Ti Lom Nov Jorb

| | |
|---|---|
| **residual** *(adj.)* ដែលនៅសល់ Del Nov Sol | **restive** *(adj.)* ជ្រួលច្រាល Jroul Jraal |
| **residue** *(n.)* អ្វីដែលនៅសល់ Ah Vey Del Nov Sol | **restoration** *(n.)* ការសាងឡើងវិញ Kar Sang Leung Venh |
| **resign** *(v.)* លាឈប់ Lea Chob | **restore** *(v.)* សាងឡើងវិញ Sang Leung Venh |
| **resignation** *(n.)* ការលាឈប់ Kar Lea Chob | **restrain** *(v.)* ឃាត់ចិត្ត Khort Jet |
| **resist** *(v.)* ប្រឆាំង Pro Chang | **restrict** *(v.)* ដាក់លក្ខខណ្ឌ Dak Leak Khaan |
| **resistance** *(n.)* ការប្រឆាំង Kar Pro Chang | **restriction** *(n.)* លក្ខខណ្ឌ Leak Khaan |
| **resistant** *(adj.)* ដែលប្រឆាំងតស៊ូ Del Pro Chang Tor | **restrictive** *(adj.)* ដែលមានព្រំដែន Del Mean Prom Den |
| **resolute** *(adj.)* តាំងចិត្តម៉ាជាស្រេច Tang Jit Morm Jea Srach | **result** *(v.)* អោយលទ្ធផល Oy Latta Phol |
| | **result** *(n.)* លទ្ធផល Latta Phol |
| **resolution** *(n.)* ការតាំងចិត្ត Kar Tang Jit | **resume** *(v.)* បន្ត Bon Tor |
| **resolve** *(v.)* ដោះស្រាយ Dos Sraay | **resume** *(n.)* ប្រវត្តិរូបសង្ខេប Pro Wat Roub Song Kheb |
| **resonance** *(n.)* ភាពពេង Pheap Rom Pong | |
| **resonant** *(adj.)* ដែលខ្លរខ្លារ Del Kto Ktea | **resumption** *(n.)* ការធ្វើបន្ត Kar Tver Bon Tor |
| **resort** *(v.)* ស្នាក់នៅញឹកញាប់ Snak Nov Nheuk Nhob | **resurgence** *(n.)* ដំណើរជោគជ័យឡើងវិញ Dom Ner Jok Jei Leung Venh |
| **resort** *(n.)* កន្លែងកំសាន្ត Kon Leng Kom San | **resurgent** *(adj.)* ដែលមានឡើងវិញ Del Mean Leung Venh |
| **resound** *(v.)* លាន់ខ្ទរ Lon Ktor | **retail** *(v.)* លក់រាយ Louk Reay |
| **resource** *(n.)* ធនធាន Thon Thean | **retail** *(n.)* ការលក់រាយ Kar Louk Reay |
| **resourceful** *(adj.)* ដែលជាធនធានមានប្រយោជន៍ Del Jea Thon Thean Mean Pro Yoch | **retail** *(adv.)* ដែលជាសាធារណៈ Del Jea Sa Thea Ro Nak |
| | **retail** *(adj.)* ដោយលក់រាយ Doy Louk Reay |
| **respect** *(v.)* គោរព Ko Rob | **retailer** *(n.)* អ្នកលក់រាយ Nak Louk Reay |
| **respect** *(n.)* ការគោរព Kar Ko Rob | **retain** *(v.)* រក្សាទុក Rak Sa Tok |
| **respectful** *(adj.)* មានការគោរព Mean Ka Ko Rob | **retaliate** *(v.)* សងសឹក Song Seuk |
| **respective** *(adj.)* ដែលរៀងខ្លួន Del Reang Kloun | **retaliation** *(n.)* ការសងសឹក Kar Song Seuk |
| | **retard** *(v.)* ធ្វើអោយយឺត Tver Oy Yeut |
| **respiration** *(n.)* ការដកដង្ហើម Kar Dok Dong Heum | **retardation** *(n.)* ភាពយឺត Pheap Yeut |
| | **retention** *(n.)* ការយកទុក Kar Khord Tok |
| **respire** *(v.)* ដកដង្ហើម Dok Dong Heum | **retentive** *(adj.)* ដែលគង់វាល Del Kong Veal |
| **resplendent** *(adj.)* ដែលត្រចះត្រចង់ Del Tro Jas Tro Jong | **reticence** *(n.)* ការរួញរាក្នុងចិត្ត Kar Runh Rea Knong Jet |
| **respond** *(v.)* តប Tob | **reticent** *(adj.)* រួញរាក្នុងចិត្ត Runh Rea Knong Jet |
| **respondent** *(n.)* ភាពអើពើ Pheap Eur Per | |
| **response** *(n.)* ចម្លើយ Jom Leuy | **retina** *(n.)* ចិត្រឧបន Jet Tak Bot |
| **responsibility** *(n.)* ទំនួលខុសត្រូវ Tom Noul Khos Trov | **retinue** *(n.)* អ្នកហែហម Nak Hae Hom |
| | **retire** *(v.)* ចូលនិវត្តន៍ Jol Ni Wat |
| **responsible** *(adj.)* ដែលរ៉ាប់រង Del Rab Rong | **retirement** *(n.)* ការចូលនិវត្តន៍ Kar Jol Ni Wat |
| **rest** *(v.)* សំរាក Som Rak | |
| **rest** *(n.)* សំណល់ Som Nol | **retort** *(v.)* សឹកសង្ឃឹម Sork Som Dei |
| **restaurant** *(n.)* ហាងបាយ Hang Bay | **retort** *(n.)* ការសឹកសង្ឃឹម Kar Sork Som Dei |

**retouch** (v.) កែ Kae
**retrace** (v.) ត្រឡប់តាមផ្លូវដដែល Tro Lob Tam Plouv Dor Del
**retread** (v.) ការចាក់សំបកកង់ជាថ្មី Kar Jak Sombork Kong Jea Thmei
**retread** (n.) ចាក់សំបកកង់ជាថ្មី Jak Sombork Kong Jea Thmei
**retreat** (v.) ដកថយ Dork Thoi
**retrench** (v.) បំបិទចោល Bom Bet Jol
**retrenchment** (n.) ការបំបិទចោល Kar Bom Bet Jol
**retrieve** (v.) នាំមកវិញ Norm Mok Venh
**retrospect** (n.) ត្រឡេកមើលទៅក្រោយ Kro Lek Merl Tov Kroi
**retrospection** (n.) ការត្រឡេកមើលទៅក្រោយ Kar Kro Lek Merl Tov Kroi
**retrospective** (adj.) នៃអតីតកាល Ney Ah Tei Tak Kal
**return** (n.) ការត្រឡប់ Kar Tro Lob
**return** (v.) ត្រឡប់ Tro Lob
**reuse** (v.) ប្រើឡើងវិញ Prar Leung Venh
**revaluation** (n.) ការវាយតម្លៃឡើងវិញ Kar Vai Dom Lai Leung Venh
**revamp** (v.) កែប្រែ Kae Brae
**reveal** (v.) បញ្ចេញឲ្យឃើញ Bon Jenh Oy Deung
**revel** (v.) រីករាយនឹង Reak Reay Neung
**revel** (n.) ការរីករាយនឹង Kar Reak Reay Neung
**revelation** (n.) ការបញ្ចេញឲ្យឃើញ Kar Bon Jenh Oy Deung
**reveller** (n.) អ្នកចូលចិត្តសប្បាយអឺអែ Nak Jol Jet Sabay Ou Eh
**revelry** (n.) ការសប្បាយអឺអែ Kar Sabay Ou Eh
**revenge** (v.) សងគំនុំ Song Kom Nom
**revenge** (n.) ការសងគំនុំ Kar Song Nom
**revengeful** (adj.) ពោរពេញដោយគំនុំ Por Penh Doy Kom Nom
**revenue** (n.) ចំណូល Jom Nol
**revere** (v.) គោរពយ៉ាងជ្រាលជ្រៅ Ko Rob Yang Jreal Jrov
**reverence** (n.) ការគោរពក្រៃលែង Kar Ko Rob Krai Leng

**reverend** (adj.) ដែលគួរគោរព Del Kuor Ko Rob
**reverent** (adj.) គួរសម Kuor Som
**reverential** (adj.) ដែលធ្វើដោយគួរសម Del Tver Doy Kuor Som
**reverie** (n.) ការវិវេរាយ Kar Ro Ver Ro Veay
**reversal** (n.) ដំណើរក្រឡប់ Dom Ner Kro Lab
**reverse** (adj.) ដែលក្រឡប់ Del Kro Lab
**reverse** (n.) ការក្រឡប់ Kar Kro Lab
**reverse** (v.) ក្រឡប់ Kro Lab
**reversible** (adj.) ដែលអាចក្រឡប់ Del Arch Kro Lab
**revert** (v.) ត្រឡប់ទៅដូចដើមវិញ Tro Lob Tov Doch Deum Venh
**review** (n.) ការពិនិត្យឡើងវិញ Kar Pi Net Leung Venh
**review** (v.) ពិនិត្យឡើងវិញ Pi Net Leung Venh
**revise** (v.) ផ្លាស់ប្តូរ Plas Pdo
**revision** (n.) ការបន្ថែមបន្ថយ Kar Bon Tham Bon Thoi
**revisit** (v.) ទៅលេងម្តងទៀត Tov Leng Mdong Teat
**revival** (n.) ការនិយមឡើងវិញ Kar Niyom Leung Venh
**revive** (v.) និយម Niyom
**revocable** (adj.) ដែលអាចផ្តាកសិទ្ធិ Del Arch Pa Ark Sith
**revocation** (n.) ការផ្តាកសិទ្ធិ Kar Pa Ark Sith
**revoke** (v.) ផ្តាកសិទ្ធិ Pa Ark Sith
**revolt** (v.) ធ្វើកុប្បកម្ម Tver Kob Kam
**revolt** (n.) កុប្បកម្ម Kob Kam
**revolution** (n.) បដិវត្តន៍ Pak De Wat
**revolutionary** (adj.) បដិវត្ត Pak De Wat
**revolutionary** (n.) អ្នកធ្វើបដិវត្ត Nak Tver Pak De Wat
**revolve** (v.) បង្វិល Bongvel
**revolver** (n.) កាំភ្លើងដៃ Kam Pleung Dai
**reward** (n.) រង្វាន់ Rong Von
**reward** (v.) អោយរង្វាន់ Oy Rong Von
**rewrite** (v.) សរសេរឡើងវិញ Sor Se Leung Venh
**rhetoric** (n.) វោហារសាស្ត្រ Vo Ha Sas

**rhetorical** *(adj.)* ខាងវោហារសាស្ត្រ Kang Vo Ha Sas
**rheumatic** *(adj.)* ដែលមានរោគឈឺសន្លាក់ Del Mean Rok Cheu Sonlak
**rheumatism** *(n.)* រោគសន្លាក់ឆ្អឹង Rok Cheu Sonlak
**rhinoceros** *(n.)* សត្វរមាស Saat Ro Meas
**rhyme** *(n.)* ចុងជួន Jong Joun
**rhyme** *(v.)* ធ្វើអោយមានចុងជួន Tver Oy Mean Jong Joun
**rhymester** *(n.)* អ្នកតែងចុងជួន Nak Teng Jong Joun
**rhythm** *(n.)* ចង្វាក់ Jong Vak
**rhythmic** *(adj.)* ដែលមានចង្វាក់ល្អ Del Mean Jong Vak
**rib** *(n.)* ឆ្អឹងជំនីរ Ja Eung Jom Nee
**ribbon** *(n.)* បូ Bo
**rice** *(n.)* អង្ករ Ong Kor
**rich** *(adj.)* ដែលសម្បូរណ៍ Del Sombo
**riches** *(n.)* ទ្រព្យសម្បត្តិ Trob Sombaat
**richness** *(adj.)* ភាពមាន Pheap Mean
**rick** *(n.)* ពំនូក Pom Nook
**rickets** *(n.)* រោគខ្វះវីតាមីនដេ Rok Kvas Vi Ta Min
**rickety** *(adj.)* ដែលរេតរត្រោត Del Tret Trot
**rickshaw** *(n.)* រទេះអូស Ro Tes Os
**rid** *(v.)* កំចាត់ Kom Jat
**riddle** *(n.)* ប្រស្នា Pra Sna
**riddle** *(v.)* ធ្វើអោយផ្លះសួរ Tver Os Thlous Sors
**ride** *(n.)* អោយជិះ Oy Jis
**ride** *(v.)* ជិះ Jis
**rider** *(n.)* អ្នកជិះ Nak Jis
**ridge** *(n.)* ទ្រនង់ Tro Nong
**ridicule** *(v.)* ចំអក Jom Ork
**ridicule** *(n.)* ការចំអក Kar Jom Ork
**ridiculous** *(adj.)* គួរអោយសើចចំអក Kuor Oy Soch Jom Ork
**rifle** *(v.)* រើះកកាយ Rer Ruos Kor Kay
**rifle** *(n.)* កាំភ្លើងវែង Kam Pleung Veng
**rift** *(n.)* ស្នាមប្រេះ Snam Pres
**right** *(adj.)* ត្រឹមត្រូវ Trem Trov
**right** *(adv.)* ខាងស្តាំ Khang Sdam
**right** *(n.)* ភាពត្រូវ Pheap Trov
**right** *(v.)* ធ្វើអោយត្រូវវិញ Tver Oy Trov Venh
**righteous** *(adj.)* ប្រកប ដោយយុត្តិធម៌ Pro Kob Doy Yot Te Thor
**rigid** *(adj.)* រឹងឆ្អឹង Reung Jkeung
**rigorous** *(adj.)* តឹងរឹង Teung Reung
**rigour** *(n.)* ភាពតឹងរឹង Pheap Teung Reung
**rim** *(n.)* ខ្នងកង Knong Korng
**ring** *(n.)* ចិញ្ចៀន Jenh Jean
**ring** *(v.)* ហ៊ុំព័ទ្ធ Hom Pot
**ringlet** *(n.)* សក់ឡើងរមូរ Sork Leung Ro Mou
**ringworm** *(n.)* រោគស្រែង Rok Sreng
**rinse** *(v.)* លាង Leang
**riot** *(n.)* កុប្បកម្ម Kob Pak Kam
**riot** *(v.)* ធ្វើកុប្បកម្ម Tver Kob Pak Kam
**rip** *(v.)* ហែក Hek
**ripe** *(adj.)* ទុំ Tum
**ripen** *(v.)* ធ្វើអោយទុំ Tver Oy Tum
**ripple** *(n.)* អ្វីដែលជ្រោញៗ Ah Vei Del Jrunh Jrunh
**ripple** *(v.)* ធ្វើអោយជ្រោញៗ Del Tver Oy Jrunh Jrunh
**rise** *(v.)* រះឡើង Reas Leung
**rise** *(n.)* ការកើនឡើង Kar Keun Leung
**risk** *(v.)* ប្រថុយ Pro Thoi
**risk** *(n.)* ការប្រថុយ Kar Pro Thoi
**risky** *(adj.)* ប្រថុយប្រថាន Pro Thoi Pro Thaan
**rite** *(n.)* ពិធីបុណ្យក្នុងសាសនា Pi Thee Bon Knong Sas Sna
**ritual** *(n.)* គ្បូន Kboon
**ritual** *(adj.)* ដែលជាគ្បូន Del Jea Kboon
**rival** *(n.)* គូប្រជែង Kou Pro Jeng
**rival** *(v.)* ប្រជែង Pro Jeng
**rivalry** *(n.)* ការប្រកួត Kar Pro Kuot
**river** *(n.)* ទន្លេ Ton Le
**rivet** *(n.)* ដែកគោលមិន Dek Kol Min
**rivet** *(v.)* មិនភ្ជាប់ Min Pjorb
**rivulet** *(n.)* អូរ Oh
**roach** *(n.)* សត្វកន្លាត Saat Kon Laat
**road** *(n.)* ផ្លូវ Plov
**road race** *(n.)* ផ្លូវសំរាប់ប្រណាំង Plov Som Rab Pro Nang

**road rage** *(n.)* គំនិរបថល្មើសចរាចរណ៍ Erri Ya Bot La Mers Jor Ra Jor
**roadblock** *(n.)* របាំងខណ្ឌផ្លូវ Ror Bang Khann Plov
**roadblock** *(v.)* ដាក់ខណ្ឌផ្លូវ Dak Khann Plov
**roadhouse** *(n.)* ផ្ទះបារតាមផ្លូវ Ptes Bar Tam Plov
**roadkill** *(n.)* សត្វងាប់តាមផ្លូវ Saat Ngob Tam Plov
**roadrunner** *(n.)* សត្វចាបម្យ៉ាងចេះរត់ Saat Jab Myang Jes Rot
**roadshow** *(n.)* ក្រុមតន្ត្រីចល័ត Krum Dom Trei Jak Laat
**roadster** *(n.)* ឡានអត់ដំបូល Laan Ot Dom Bol
**roam** *(v.)* ដើរក្រឡើង Der Kro Leung
**roar** *(n.)* សូរោទ៍ So Ro
**roar** *(v.)* គ្រហឹម Kreu Hem
**roast** *(v.)* បំពង Bom Pong
**roast** *(adj.)* ខ្វៃ Kvai
**roast** *(n.)* សាច់ខ្វៃ Sach Kvai
**rob** *(v.)* ប្លន់ Plon
**robber** *(n.)* ចោរប្លន់ Jor Plon
**robbery** *(n.)* ការប្លន់ Kar Plon
**robe** *(n.)* រ៉ូប Robe
**robe** *(v.)* ស្លៀករ៉ូប Sleak Robe
**robot** *(n.)* មនុស្សយន្ត Mnus Yon
**robust** *(adj.)* មាំ Morm
**rock** *(v.)* យោលទៅយោលមក Yol Tov Tol Mok
**rock** *(n.)* ថ្ម Thmor
**rock climber** *(n.)* អ្នកឡើងថ្ម Nak Leung Thmor
**rock-bottom** *(v.)* ធ្លាក់កំរិតទាបបំផុត Thleak Kom Rit Teab Bom Phot
**rocker** *(n.)* គ្រែយោល Krae Yol
**rocket** *(n.)* រ៉ុកកែត Rok Ket
**rocket scientist** *(n.)* បុគ្គលឈ្នះវៃបំផុត Bok Kol Jleas Vei Bom Phot
**rocketeer** *(n.)* ក្រុមអ្នកផ្ញើរ៉ុកកែត Krum Nak Tver Rok Ket
**rocketman** *(n.)* មនុស្សឯកកា Mnous Ek Ka
**rockfall** *(n.)* ផ្ទាំងថ្មបាក់ Pha Tang Thmor Bak

**rockfish** *(n.)* ត្រីដែលរស់នៅចន្លោះថ្ម Trei Del Ros Nov Jonlos Thmor
**rocking** *(adj.)* ដែលយោលៗ Del Yol Yol
**rod** *(n.)* រំពាត់ rom pot
**rodent** *(n.)* ពួកសត្វកកេរ Pouk Saat Ko Ke
**roe** *(n.)* ពងត្រី Pong Trei
**rogue** *(n.)* មនុស្សទុច្ចរិត Mnous Toch Ja Rit
**roguery** *(n.)* ភាពកាចសាហាវ Pheap Kach Sahav
**roguish** *(adj.)* ដែលទុច្ចរិត Del Toch Ja Rit
**role** *(n.)* មុខងារ Mok Ngea
**role model** *(n.)* និម្មិតរូប Ni Mitta Roob
**roll** *(n.)* រមូរ Ro Moo
**roll** *(v.)* រមៀល Ro Meal
**roll-call** *(n.)* ការខលបញ្ជាក់អ្នកចូលរួម Kar Call Bonjeak Nak Jol Ruom
**roller** *(n.)* រ៉ូឡូ Ro Lo
**rollicking** *(adj.)* អ្នកសើចលេងសប្បាយ Nak Serch Leng Sa Bay
**romance** *(n.)* ប្រលោមលោកស្នេហា Pro Lom Lork Sne Ha
**romantic** *(adj.)* រ៉ូមេនទិក Ro Man Tic
**romp** *(v.)* ប្រលែង Pro Leng
**romp** *(n.)* ការប្រលែង Kar Pro Leng
**rood** *(n.)* ឈើឆ្កាង Cheu Chkang
**roof** *(n.)* ដំបូល Dom Bol
**roof** *(v.)* ប្រក់ Brork
**rooftop** *(n.)* ដំបូលផ្ទះ Bom Bol Ptes
**rook** *(n.)* បក្សីជំពូកក្អែក Bak Sei Jom Pook Ka Ek
**rook** *(v.)* បោកបញ្ឆោត Bok Bon Chot
**room** *(n.)* បន្ទប់ Bon Tob
**room-mate** *(n.)* មិត្តរួមបន្ទប់ Mit Roum Bon Tob
**roomy** *(adj.)* ទូលាយ Tou Leay
**roost** *(n.)* ទ្រនំ Tro Nom
**roost** *(v.)* ទំ Tum
**root** *(n.)* ឫស Reus
**root** *(v.)* លើកទឹកចិត្ត Leuk Teuk Jet
**rope** *(n.)* ខ្សែពួរ Ksae Poor
**rope** *(v.)* ចងខ្សែ Jong Ksae
**rosary** *(n.)* ខ្សែចង្វាយគ្រាប់ៗ Ksae Jong Vay Krob Krob

**rose** (n.) ផ្កាកុលាប Pkar Ko Laap
**roseate** (adj.) ពណ៌ដូចផ្កាឈូក Po Doch Pkar Chook
**rostrum** (n.) វេទិកា Ve Te Kar
**rosy** (adj.) ក្រហមព្រឿង Kro Hom Preung Preung
**rot** (n.) ពុករលួយ Pok Ror Looy
**rot** (v.) ធ្វើអោយខូចរលួយ Tver Oy Koch Ro Looy
**rotary** (adj.) ដែលវិល Del Vel
**rotate** (v.) បង្វិល Bong Vel
**rotation** (n.) ការបង្វិល Kar Bong Vel
**rote** (n.) ការធ្វើតាមទម្លាប់ Kar Tver Tam Tom Lob
**rotten** (adj.) ស្អុយខូច Sa Oy Koch
**rouble** (n.) រូបិយវត្ថុរុស្ស៊ី Ro Pei Vot Tho Rus See
**rough** (adj.) ដែលគគ្រឹមគគ្រាត Del Ko Kreum Ko Kreat
**round** (adj.) ជារង្គមូល Jea Vong Moul
**round** (adv.) ទៅកន្លែងនេះទៅកន្លែងនោះ Tov Kon Leng Nis Tov Kon Leng Nus
**round** (n.) រង្វង់មូល Rong Vong Moul
**round** (v.) ធ្វើអោយមូល Tver Oy Moul
**rouse** (v.) ដាស់ចិត្ត Das Jet
**rout** (v.) កំចាយ Kom Jaay
**rout** (n.) ការកំចាយ Kar Kom Jaay
**route** (n.) ផ្លូវ Plov
**routine** (n.) ទម្លាប់ Tom Lob
**routine** (adj.) ធម្មតាដែលៗ Thom Ma Da Dor Del Dor Del
**rove** (v.) ដើរចរចប់ Der Jor Jrob
**rover** (n.) អ្នកដើរចរចប់ Nak Der Jo Jrob
**row** (n.) ជួរ Joor
**row** (v.) អុំ Oum
**rowdy** (adj.) ក្តុងក្តាំង Kdong Kdang
**royal** (adj.) ព្រះរាជវង្សានុវង្ស Preah Reach Vong Sa Nu Vong
**royalist** (n.) អ្នករាជានិយម Preah Rea Ni Yum
**royalty** (n.) ពួកពូជស្តេច Pouk Pooch Sdach
**rub** (v.) លាបរិត Leap Rit
**rubber** (n.) កៅស៊ូ Kao Soo

**rubber bullet** (n.) កាំភ្លើងគ្រាប់ជ័រ Kam Pleung Krob Jor
**rubber duck** (n.) ទាទឹកជ័រ Tea Teuk Jor
**rubber tree** (n.) ដើមកៅស៊ូ Deum Kao Soo
**rubberneck** (n.) អ្នកងាកមើល Nak Ngeak Merl
**rubberneck** (v.) ងាកមើលចងបាក់ក. Ngeak Merl Jong Bak Kor
**rubbing** (n.) ការលាបរិត Kar Leap Rit
**rubbish** (n.) សំរាម Som Ram
**rubble** (n.) កំទេច Kom Tech
**rubblework** (n.) កំទេចថ្ម kamtech thmor
**rubeola** (n.) ចំណុចក្រហម chomnoch krohom
**rubian** (n.) សារធាតុជ័រពណ៌លឿង sarotheat chor por leung
**rubify** (v.) ធ្វើឱ្យក្រហម thveu aoy kraham
**rubric** (n.) និទេសបទ ni tes bot
**rubricate** (v.) ចាក់ក្រាលអោយក្រហម Jak Kraal Dei Kro Hom
**ruby** (n.) ថ្បូងទទឹម Thbong To Term
**ruck** (n.) ភាពច្របូកច្របល់ pheab chro bouk chro bol
**ruck** (v.) រំខាន romkhan
**rucksack** (n.) បាវខ្សាច់ Bav Ksach
**ruckus** (n.) សូរអឺអរ saur aou ar
**rudder** (n.) ចង្កូត changkout
**rudderpost** (n.) បង្គោលចង្កូត bongkoal chong kout
**ruddy** (adj.) ក្រហមព្រឿងៗ kr hm prueng
**rude** (adj.) ឈ្លើយ Chleuy
**rudiment** (n.) ចំនេះខាងដើម Jom Nes Khang Deum
**rudimentary** (adj.) ជាចំនេះខាងដើម Jea Jom Nes Khang Deum
**rue** (v.) ស្តាយក្រោយ Sdaay Kroy
**rue** (n.) ផ្លូវ Plov
**rueful** (adj.) ពេញដោយវិប្បដិសារី Penh Doy Vi Pak De Sa Rei
**ruffian** (n.) មនុស្សពាល Mnous Peal
**ruffle** (n.) ក្រណាត់មានជីបផ្នត់ៗ Kro Nat Mean Jib Pnot Pnot
**ruffle** (v.) ធ្វើអោយមានជីបផ្នត់ៗ Tver Oy Mean Jib Pnot Pnot

**rug** *(n.)* កំរាលព្រំ Kom Raal Prum
**rugged** *(adj.)* ដែលដឹបរដុប Del Ro Deb Ro Dob
**ruin** *(n.)* សំណល់បែកបាក់ Som Nol Bek Bak
**ruin** *(v.)* ធ្វើអោយខូច Tver Oy Koch
**rule** *(n.)* ច្បាប់ Jbab
**rule** *(v.)* ត្រួតត្រា Trot Traa
**rulebook** *(n.)* សៀវភៅច្បាប់ Seav Phov Jbab
**rulebound** *(adj.)* ល្មើសច្បាប់ Lmeus Jbab
**rulebraker** *(n.)* អ្នកចូលចិត្តល្មើសច្បាប់ Nak Jol Jet Lmeus Jbab
**rulebreaking** *(n.)* ការល្មើសច្បាប់ Kar Lmeus Jbab
**ruler** *(n.)* បន្ទាត់ Bon Tot
**ruling** *(n.)* ការត្រួតត្រា Kar Trot Traa
**rum** *(n.)* ស្រារោម Sra Rum
**rum** *(adj.)* ដែលចម្លែក Del Jom Lek
**rumble** *(v.)* ធ្វើអោយលាន់សូរ Tver Oy Lon So
**rumble** *(n.)* សូរសន្ធឹក So Son Theuk
**ruminant** *(adj.)* ដែលទំពារអើង Del Tum Pea Eang
**ruminant** *(n.)* សត្វទំពារអើង Saat Tum Pea Eang
**ruminate** *(v.)* ទំពារអើង Tum Pea Eang
**rumination** *(n.)* ការគិតជ្រៅ Kar Kit Chrov
**rummage** *(v.)* រើកកាយ Reu Ko Kaay
**rummage** *(n.)* ការរើរុះ កកាយ Kar Reu Rus Ko Kaay
**rummy** *(n.)* ល្បែងបៀរ Lbeng Bea
**rumour** *(v.)* និយាយពាក្យចចាមអារ៉ាម Ni Yeay Peak Jo Jam Ah Ram
**rumour** *(n.)* ពាក្យចចាមអារ៉ាម Peak Jo Jam Ah Ram
**run** *(v.)* រត់ Rot
**run** *(n.)* ការរត់ Kaar Rot
**runabout** *(n.)* គ្រឿងយន្តសំរាប់ជិះដើរលេង Kreung Yon Som Rab Jis Leng
**runaway** *(n.)* រត់ចោល Rot Jol
**runback** *(n.)* ជុំក្រោយ Jom Kroy
**runcation** *(n.)* វិស្សមកាលចាំបាច់ Vi Sak Mak Kaal Jam Bach
**rundown** *(n.)* អន់ថយ Orn Thoy

**rune** *(n.)* អក្សរកិចបុរាណ Ak Sor Krech Bo Raan
**rung** *(n.)* កាំជណ្ដើរ Kam Jon Deu
**runner** *(n.)* អ្នករត់ប្រណាំង Nak Rot Pro Nang
**runs** *(n.)* ដំណើរការ Dom Neu Kaar
**rupee** *(n.)* រូបិយបណ្ណឥណ្ឌា Roo Pei Bann India
**rupture** *(v.)* ធ្វើអោយធ្លាយ Tver Oy Thleay
**rupture** *(n.)* ការផ្ទះធ្លាយ Kaar Tlous Thleay
**rural** *(adj.)* នៃជនបទ Ney Jon Bot
**ruse** *(n.)* ឧបាយកល Ou Bay Kol
**rush** *(n.)* ការតក់ក្រហល់ Kaar Tok Kro Hol
**rush** *(v.)* តក់ក្រហល់ Tok Kro Hol
**rust** *(n.)* ច្រះ Jres
**rust** *(v.)* ធ្វើអោយច្រះចាប់ Tver Oy Jres Jab
**rustic** *(adj.)* ដូចស្រុកស្រែ Doch Srok Srae
**rustic** *(n.)* មនុស្សសំរៃ Mnous Som Rae
**rusticate** *(v.)* ទៅតាំងលំនៅស្រែ Tov Tang Lom Nov Eh Srae
**rustication** *(n.)* ការទៅនៅស្រុកស្រែ Kaar Tov Nov Eh Srok Srae
**rusticity** *(n.)* សំរៃ Som Rae
**rustle** *(v.)* លួច Louch
**rusty** *(adj.)* ដែលច្រះចាប់ Del Jres Jab
**rut** *(adj.)* ដែលក្រហូង Del Kro Hong
**rut** *(n.)* ស្នាមក្រហូង Snam Kro Hong
**ruthless** *(adj.)* ដែលព្រៃផ្សៃ Del Prei Psai
**rye** *(n.)* ធញ្ញជាតិម្យ៉ាងដូចស្រូវ Thunh Jeat Myang Doch Srov

# S

**sabbath** *(n.)* ថ្ងៃសីល Thngai Sel
**sabbatical** *(n.)* ពេលឈប់សម្រាកយកពេលស្រាវជ្រាវ Pel Chob Somrak Yok Pel Srav Jreav
**sabbatical** *(adj.)* នៅថ្ងៃសីល Nov Thngai Sel
**sabotage** *(n.)* ការធ្វើអោយអន្តរាយ Kaar Tver Oy Orn Ta Ray

**sabotage** *(v.)* ធ្វើអោយអន្តរាយ Tver Oy Orn Ta Ray
**sabre** *(n.)* ដាវ Dao
**sabre** *(v.)* បំផ្លាញដោយចេតនា Bon Plaanh Doy Jet Ta Na
**saccharin** *(n.)* ស្ករគីមី Sko Kee Mee
**saccharine** *(adj.)* ដែលផ្អែមដូចស្ករ Del Pa Em Doch Sko
**sachet** *(n.)* កញ្ចប់ Kon Job
**sack** *(n.)* បា Bao
**sack** *(v.)* ប្រកបជាការវុង Jrok Bao Ka Rong
**sacrament** *(n.)* សច្ចាប្រណិធាន Sacha Pro Ni Thean
**sacred** *(adj.)* ដែលពិសិដ្ឋ Del Pi Sith
**sacrifice** *(n.)* គ្រឿងបូជា Kreung Bo Chea
**sacrifice** *(v.)* បូជាយញ្ញ Bo Jea Yanh
**sacrificial** *(adj.)* នៃពិធីបូជាយញ្ញ Ney Pee Thee Bo Jea Yanh
**sacrilege** *(n.)* បទឧក្រិដ្ឋ Bot Ou Kret
**sacrilegious** *(adj.)* ដែលប្រមាថវត្ថុសាកសិទ្ធ Del Pro Maat Vot Tho Sak Sith
**sacrosanct** *(adj.)* ដែលពិសិដ្ឋដ៏ក្រៃលែង Del Pi Sith Dor Krai Leng
**sad** *(adj.)* ដែលស្រងេះស្រងោច Del Sro Nges Sro Ngoch
**sadden** *(v.)* ធ្វើអោយព្រួយ Tver Oy Prouy
**saddle** *(n.)* សាច់ជប់ឆ្អឹង Sach Jorb Ja Eung
**saddle** *(v.)* ផ្ដល់បន្ទុក Pdol Bontok
**sadism** *(n.)* ការរួមភេទដោយចូលចិត្តធ្វើទារុណកម្ម Kaar Ruom Phet Doy Jol Jet Tver Tea Ron Kam
**sadist** *(n.)* មនុស្សចូលចិត្តធ្វើទារុណកម្មពេលរួមភេទ Mnous Jol Jet Tver Tea Ron Kam Ruom Phet
**sadness** *(n.)* ស្រងេះស្រងោច Sro Nges Sro Ngoch
**safari** *(n.)* ដំណើរបរបាញ់សត្វ Dom Neu Bor Banh Saat
**safe** *(adj.)* មានសុវត្ថិភាព Mean So Wat Ti Pheap
**safe** *(n.)* ទូដែក Tou Dek
**safe harbour** *(n.)* ដែសុវត្ថិភាព Phae So Waat Te Pheap

**safebox** *(n.)* ប្រអប់សុវត្ថិភាព Pro Orb So Waat Te Pheap
**safebraker** *(n.)* អ្នកគាស់ទូរដែក Nak Kors Tou Dek
**safe-conduct** *(n.)* សេរីភាពឆ្លងកាត់ Se Rei Pheap Chlong Kaat
**safecracker** *(n.)* អ្នកលួចបើកទូដែក Nak Luch Beuk Tou Dek
**safe-deposit** *(n.)* ទូដែកសុវត្ថិភាព Tou Dek So Waat Pheap
**safeguard** *(n.)* ការការពារ Kaar Kaar Pea
**safeguard** *(v.)* រក្សាសន្តិសុខ Rak Sa Son Te Sok
**safehouse** *(n.)* ជម្រកលាក់ខ្លួន Jomrok Leak Kloun
**safekeeping** *(n.)* ការរក្សាទុកមិនអោយបាត់បង់ Kaar Rak Sa Tok Min Oy Baat Bong
**safely** *(adv.)* ដោយសុវត្ថិភាព Doy So Waat Te Pheap
**safety** *(n.)* ដោយសុវត្ថិភាព Doy So Waat Te Pheap
**saffron** *(n.)* រមៀត Ror Meat
**saffron** *(adj.)* ដែលលឿងដូចរមៀត Del Leung Doch Ror Meat
**sag** *(n.)* ការធ្លាក់ចុះ Kaar Thleak Jos
**sag** *(v.)* ធ្លាក់ចុះ Thleak Jos
**saga** *(n.)* រឿងតទៅប់គ្នា Reung Tor Jorb Knea
**sagacious** *(adj.)* ដែលវាងវៃ Del Veang Vei
**sagacity** *(n.)* សេចក្ដីវាងវៃ Sek Kdei Veang Vei
**sage** *(n.)* ជីម្យាង Jee Myang
**sage** *(adj.)* ដែលប្រយ័ត្ន Del Pro Yat
**sagebush** *(n.)* ដើមស៊ុបទ្រុប Deum Sop Trob
**sage-green** *(n.)* ពណ៌បៃតងលាយប្រផេះ Por Bai Tong Leay Pro Phes
**sageness** *(n.)* ភាពវៀងវៃ Pheap Veang Vei
**saggy** *(adj.)* ដែលធ្លាក់យារ Del Thleak Yea
**sagittary** *(n.)* ក្បាលជាមនុស្សខ្លួនជាសេះ Kbal Jea Mnous Kloun Jea Ses
**sahib** *(n.)* នាមលោសម្រាប់ប្រុសឥណ្ឌា Neam Laor Som Rab Bros India
**sail** *(v.)* សាត់ Ro Saat

**sail** *(n.)* ការធ្វើនាវាចរណ៍ Kaar Tver Nea Vea Jor
**sailboard** *(n.)* ទូកក្តោងតូច Took Kdong Toch
**sailboard** *(v.)* ជិះទូកក្តោងតូច Jis Took Kdong Toch
**sailboarder** *(n.)* អ្នកជិះទូកក្តោង Nak Jis Took Kdong Toch
**sailboat** *(n.)* ទូកក្តោង Took Kdong
**sailboater** *(n.)* អ្នកជិះទូកក្តោង Nak Jis Took Kdong
**sailboating** *(n.)* ការជិះទូកក្តោង Kaar Jis Took Kdong
**sailcraft** *(n.)* ការធ្វើនាវាចរដ៏ប្រសព្វ Kaar Tver Nea Vea Jor Dor Pro Sob
**sailing** *(adj.)* ដែលសាត់ចេញ Del Ro Saat Jenh
**sailing** *(n.)* ការចេញកប៉ាល់ Kaar Jenh Kak Paal
**sailor** *(n.)* ទាហានកងនាវា Tea Hean Kong Nea Vea
**saint** *(n.)* បរិសុទ្ធ Bo Ri Sot
**saintly** *(adj.)* ដែលបរិសុទ្ធ Del Bo Ri Sot
**sake** *(n.)* ប្រយោជន៍ Pro Yoch
**salable** *(adj.)* ដែលអាចលក់បាន Del Arch Louk Baan
**salad** *(n.)* សាឡាត់ Sa Laat
**salamander** *(n.)* សត្វជំពូក ត្រកួតផ្លែនដែលរស់ក្នុងភ្លើងបាន Saat Jum Pook Tro Kout Tlen Del Rous Nov Knong Pleung Baan
**salamander** *(v.)* ដែលអាចនៅរស់ក្នុងភ្លើងបាន Del Arch Nov Rous Knong Pleung Baan
**salary** *(n.)* ប្រាក់ឈ្នួល Prak Jnoul
**sale** *(n.)* ការលក់ Kaar Louk
**salebrosity** *(n.)* ការដែលពិបាក Kaar Del Pi Baak
**salesforce** *(n.)* កម្លាំងលក់ Kom Lang Louk
**salesman** *(n.)* អ្នកលក់ Nak Louk
**salient** *(adj.)* ដែលលេចចេញ Del Lech Jenh
**saline** *(adj.)* ដែលប្រៃ Del Prai
**salinity** *(n.)* ភាពជាអំបិល Pheap Jea Om Bel
**saliva** *(n.)* ទឹកមាត់ Teuk Mot

**sally** *(n.)* ការចេញប្រតិបត្តិការ Kaar Jenh Pro Te Baat Kaar
**sally** *(v.)* ការវាយប្រហារគ្រប់ៗ Kaar Vaai Pro Haar Prep Prep
**Salon** *(n.)* ហាងកាត់សក់ Hang Kaat Sork
**saloon** *(n.)* សាលទទួលភ្ញៀវ Sal Tor Toul Pnheav
**salt** *(n.)* អំបិល Om Bel
**salt** *(v.)* ធ្វើអោយប្រៃ Tver Oy Praai
**salty** *(adj.)* ដែលប្រៃ Del Praai
**salutary** *(adj.)* ដែលផ្តល់ផលល្អ Del Pdol Phol Oy Laor
**salutation** *(n.)* សម្តែងក្តីគោរព Som Deng Kdei Ko Rob
**salute** *(n.)* ការគោរព Kaar Ko Rob
**salute** *(v.)* គោរព Ko Rob
**salvage** *(v.)* សង្គ្រោះបានមកវិញ Song Kroos Baan Mok Venh
**salvage** *(n.)* ការសង្គ្រោះ Kaar Song Kroos
**salvation** *(n.)* ការសង្គ្រោះ Kaar Song Kroos
**samaritan** *(n.)* អ្នកជួយមនុស្សក្រ Nak Juy Mnous Kror
**samba** *(n.)* របាំសាំបា Ro Bam Samba
**samba** *(v.)* រាំសាំបា Rom Samba
**sambuca** *(n.)* ស្រាអីតាលី Sra E Ta Lee
**same** *(adj.)* ដដែល Dor Del
**samely** *(adv.)* មេចក៏បានដែរ Mech Ko Baan Del
**samite** *(n.)* ហូលផាមូង Hol Pha Moung
**samovar** *(n.)* បំពង់ទឹកក្តៅ Bon Pong Teuk Kdao
**sample** *(n.)* គំរូ Kum Roo
**sample** *(v.)* ធ្វើជាគំរូ Tver Jea Kum Roo
**sampler** *(n.)* អ្នកជាតំណាង Nak Jea Dom Nang
**sampling** *(n.)* ការធ្វើជាគំរូ Kaar Tver Pann Kum Roo
**samsonite** *(n.)* ជាតុម៉ែម្យ៉ាង Theat Rae Myang
**samurai** *(n.)* សាំម៉ូរ៉ៃ Sam Moo Raai
**sanability** *(n.)* ការធ្វើអោយស្រួលលក់ Kaar Tver Oy Sroul Louk

**sanatorium** (n.) កន្លែងព្យាបាលពិសេសដោយទ្បែក Kon Leng Pjea Baal Pee Ses Doy Lek
**sanctification** (n.) ការរាប់ជាបរិសុទ្ធ Kar Rob Jea Bor Ri Soth
**sanctify** (v.) រាប់ជាបរិសុទ្ធ Rob Jea Bor Ri Soth
**sanction** (n.) ការដាក់ទណ្ឌកម្ម Kar Dak Tond Kaam
**sanction** (v.) ដាក់ទណ្ឌកម្ម Kaar Dak Ton Kaam
**sanctity** (n.) ភាពបរិសុទ្ធ Pheap Jea Bo Ri Soth
**sanctuary** (n.) ទីជម្រក Ti Jom Rok
**sand** (n.) ខ្សាច់ Ksach
**sand** (adj.) ដែលដូចខ្សាច់ Del Doch Ksach
**sand** (v.) ខាត់នឹងក្រដាសខាត់ Khaat Neung Kro Das Khaat
**sandal** (n.) ស្បែកជើងសឹក Sbek Jeung Sork
**sandalwood** (n.) ឈើក្រអូប Cheu Kro Orb
**sandbank** (n.) ផ្នែរខ្សាច់ Jne Ksach
**sandboard** (n.) ជំរាលខ្សាច់ Jum Real Ksach
**sandboard** (v.) ជិះលើជំរាលខ្សាច់ Jis Ler Jum Real Ksach
**sandbox** (n.) បណ្តុំប្រតិបត្តិការ Bon Dom Pro Te Baat Ka
**sandcastle** (n.) ប្រាសាទខ្សាច់ Pra Saat Ksach
**sandfish** (n.) ត្រីសមុទ្រម្យ៉ាង Trei Sak Mot Myang
**sandglass** (n.) រង្វាល់ខ្សាច់ Rong Vol Ksach
**sandhill** (n.) ភ្នំខ្សាច់ Phnom Ksach
**sandpaper** (n.) ក្រដាសខាត់ Kro Das Khaat
**sandpaper** (v.) ខាត់នឹងក្រដាសខាត់ Khaat Neung Kro Das Khaat
**sandpit** (n.) រណ្តៅខ្សាច់ Run Dao Ksach
**sandscape** (n.) ផ្ទៃទេសភាពខ្សាច់ Ptei Tes Sa Pheap Ksach
**sandstone** (n.) ថ្មភក់ Thmor Phouok
**sandstorm** (n.) ព្យុះខ្សាច់ Pjus Ksach
**sandwich** (n.) សាំងវិច Sang Vich
**sandwich** (v.) អបសងខាង Orb Song Khaang
**sandy** (adj.) ដូចដីខ្សាច់ Doch Dei Ksach

**sane** (adj.) ដែលមិនឆ្កួតវង្វេង Del Min Jkoot Vong Veng
**sanely** (adv.) តាមវិចារណញ្ញាណ Tam Vi Ja Ror Nak Nhean
**sanguine** (adj.) ក្រហមដូចឈាម Kro Hom Doch Cheam
**sanitary** (adj.) ដែលអនាម័យ Del Mean Ark Na Maai
**sanity** (n.) អនាម័យ Ark Na Maai
**sap** (n.) មនុស្សភ្លើភ្លើ Mnous Plee Pleer
**sap** (v.) ធ្វើអោយអស់ Tver Oy Ors
**sapidity** (n.) ភាពមានជាតិ Pheap Mean Jeat
**sapience** (n.) ការចេះប្រមាណ Kaar Jes Pro Maan
**sapiens** (n.) សេចក្តីឆ្លាត Sek Kdei Chlaat
**sapient** (adj.) ដែលឆ្លាតវៀងវៃ Del Chlaat Veang Vei
**sapling** (n.) កូនឈើ Kon Cheu
**sapphire** (n.) ត្បូងកណ្តៀង Tbong Kon Deang
**sarcasm** (n.) ចំអកដោយប្រើពាក្យផ្តួយ Jom Ork Doy Preur Peak Ptoy
**sarcastic** (adj.) ដែលចំអក del chom ork
**sardonic** (adj.) ដែលចំអកហើយមើលងាយ Del Jom Ork Meul Ngeay
**satan** (n.) អារក្សបិសាច Ah Rak Bei Sach
**satanic** (adj.) ដែលដូចបិសាច Del Doch Bei Sach
**satanically** (adv.) ដែលដូចបិសាច Del Doch Bei Sach
**satchel** (n.) សំពត់ Som Pot
**satellite** (n.) ផ្កាយរណប Pkay Ro Nob
**satiable** (adj.) អាចអោយឆ្អែត Arch Oy Ja Et
**satiate** (v.) ហូបដល់ឆ្អែត Hob Dol Ja Et
**satiety** (n.) ឆ្អែតឆ្អន់ Ja Et Ja Orn
**satin** (n.) សំពត់សូត្រ Som Pot Sot
**satin** (adj.) ដែលមត់រលោង Del Mot Ro Long
**satire** (n.) ការនិពន្ធដៀលគេ Kaar Ni Pun Deal Tmes
**satirical** (adj.) ដែលនិពន្ធដៀលគេ Del Ni Pun Deal Tmes
**satirist** (n.) អ្នកនិពន្ធដៀលគេ Nak Ni Pun Deal Tmes
**satirize** (v.) ចំអកដៀលដោយបទនិពន្ធ Jom Ork Doy Bot Ni Pun

**satisfaction** *(n.)* ការពេញចិត្ត Kaar Penh Jet
**satisfactory** *(adj.)* ក្ដីពេញចិត្ត Kdei Penh Jet
**satisfy** *(v.)* ពេញចិត្ត Penh Jet
**saturate** *(v.)* ផ្ដាកអោយជ្រួតជ្រាប Pjok Oy Jroot Jreab
**saturation** *(n.)* ការផ្ដាក Kaar Pjok
**Saturday** *(n.)* ថ្ងៃសៅរ៍ Thngai Sao
**sauce** *(n.)* ទឹកជ្រលក់ Teuk Jro Louk
**sauce** *(v.)* ជុតជ្រលក់ Joch Jro Louk
**saucer** *(n.)* ចានទ្រនាប់ Jan Tro Nob
**saucy** *(adj.)* និយាយទ្រគោះបោះបោក Niyeay Tro Kous Bos Bok
**sauna** *(n.)* ស្ងោណា Sauna
**sauna** *(v.)* ចំហុយស្ងោណា Jom Hoy Sauna
**saunter** *(v.)* ដើរគ្រែតគ្រត Deur Tret Trot
**saunter** *(n.)* ការដើរគ្រែតគ្រត Kaar Deur Tret Trot
**saunterer** *(n.)* អ្នកដើរគ្រែតគ្រត Nak Deur Tret Trot
**sausage** *(n.)* សាច់ក្រក Sach Krok
**saute** *(v.)* បំពាន Bom Pean
**savable** *(adj.)* អាចសន្សំបាន Del Arch Son Som Ban
**savage** *(adj.)* ដែលសាហាវ Del Sa Hav
**savage** *(n.)* ភាពសាហាវ Pheap Sa Hav
**savage** *(v.)* ធ្វើអោយសាហាវ Tver Oy Sa Hav
**savagely** *(adv.)* ដែលសាហាវ Del Sa Hav
**savagery** *(n.)* អមនុស្សធម៌ Ark Mnous Tho
**savant** *(n.)* បារបំរើ Bao Bom Reur
**save** *(v.)* រក្សាទុក Rak Sa Tok
**save** *(prep.)* លើកលែងតែ Leuk Leng Te
**saviour** *(n.)* អ្នកសង្គ្រោះ Nak Song Krous
**savour** *(v.)* ធ្វើអោយមានរសជាតិ Tver Oy Mean Rous Jeat
**savour** *(n.)* រសជាតិ Rous Jeat
**savoury** *(adj.)* មានរសជាតិ Mean Rous Jeat
**saw** *(n.)* រណារ Ro Naa
**saw** *(v.)* អារ Ahh
**saw pit** *(n.)* រណ្ដៅក្រោមការអារណារ Ron Dao Krom Kaar Ah Cheur
**sawbench** *(n.)* កន្លែងអារណារ Kom Nol Ahh Cheur

**sawbill** *(n.)* បក្សីម្យ៉ាងស្រដៀងទា Baak Sei Myang Sro Deang Tea
**sawbones** *(n.)* ដារបស់ពេទ្យរះកាត់ Ngea Ro Bos Pet Ves Kaat
**sawbuck** *(v.)* ទម្រអារឈើ Tom Ro Ahh Cheur
**sawdust** *(n.)* អាចម៍រណារ Arch Ro Naa
**sawfish** *(n.)* ត្រីសកម៉ុត Trei Sak Mot
**sawgrass** *(n.)* សារ៉ាយសមុទ្រ Sa Raay Sak Mot
**sawhorse** *(n.)* ទម្រងដូចសេះ Tum Ro Reang Doch Ses
**sawmill** *(n.)* រោងអារឈើ Rong Ahh Cheu
**sawtooth** *(n.)* ធ្មេញរណារ Thmenh Ro Naa
**sawyer** *(n.)* អ្នកអារឈើ Nak Ahh Cheu
**saxophone** *(n.)* សាក់សូហ្វូន Sak So Fone
**saxophonist** *(n.)* អ្នកលេងសាក់សូហ្វូន Nak Leng Sak So Fone
**say** *(v.)* និយាយ Ni Yeay
**say** *(n.)* សំដី Som Dei
**say** *(adv.)* ថាប្រហែល Thaa Pro Hel
**scab** *(n.)* កម្រមាស់ Korm Ro Mors
**scab** *(v.)* ឡើងក្រមរ Leung Kro Mo
**scabbard** *(n.)* ស្រោមដាវ Srom Dao
**scabies** *(n.)* ពេញកម្រមាស់ Penh Korm Ro Mors
**scaffold** *(n.)* រទា Ron Tea
**scale** *(n.)* ជញ្ជីង Jon Jing
**scale** *(v.)* ថ្លឹង Thleung
**scalp** *(n.)* ស្បែកក្បាល Sbek Kbal
**scambling** *(n.)* លេងល្បែង Leng Lbeng
**scamper** *(v.)* ការបោកប្រាស់ Kaar Bok Pras
**scamper** *(n.)* អ្នកបោកប្រាស់ Nak Bok Pras
**scan** *(v.)* ធ្វើវិភាគ Tver Vi Pheak
**scan** *(n.)* ស្កេន Scan
**scandal** *(n.)* រឿងអាស្រូវ Reung Ahh Srov
**scandalize** *(v.)* បង្កើតរឿងអាស្រូវ Bong Keut Reung Ahh Srov
**scandalous** *(adj.)* ជារឿងអាស្រូវ Jea Reung Ahh Srov
**scandalously** *(adv.)* ដែលអាស្រូវ Del Ahh Srov
**scanner** *(n.)* ម៉ាស៊ីនស្កេន Ma Sin Scan
**scant** *(v.)* អោយមិនគ្រប់ Oy Min Krob
**scant** *(n.)* ខ្វះខាត Kvas Khaat

**scant** *(adj.)* កង្វះ Kong Vaas
**scanty** *(adj.)* ខ្វះ Kvaas
**scape** *(n.)* សូរកកិត So Ko Ket
**scape** *(v.)* ធ្វើអោយកកិត Tver Oy Ko Ket
**scapegoat** *(v.)* រងកំហុសអ្នកដទៃ Rong Kom Hos Nak Dor Tei
**scapegoat** *(n.)* អ្នករងកំហុសអ្នកដទៃ Nak Rong Kom Hos Nak Dor Tei
**scapeless** *(adj.)* កង្វះទេសភាព Kong Vaas Tes Sa Pheap
**scapula** *(n.)* ឆ្អឹងស្លាបប្រជៀវ Ja Eung Slaap Pro Jeav
**scapular** *(n.)* បង់រុំផ្នែកស្មា Bong Rom Phnek Smaa
**scapular** *(adj.)* ផ្នែកស្មា Phnek Smaa
**scar** *(n.)* ស្នាម Snaam
**scar** *(v.)* ធ្វើអោយមានស្នាម Tver Oy Mean Snaam
**scarab** *(n.)* សត្វចៃម្យាង Saat Je Myang
**scarce** *(adj.)* កម្រ Kom Ro
**scarcely** *(adv.)* ក្សត Ksot
**scarcity** *(n.)* ការក្រខ្សត់ Kaar Kro Ksot
**scare** *(n.)* ការបន្លាច Kaar Bon Lach
**scare** *(v.)* បន្លាច Bon Lach
**scarf** *(n.)* កន្សែង Kon Seng
**scary** *(adj.)* គួរឱ្យខ្លាច Kour Oy Klach
**scatter** *(v.)* ខ្ចាត់ខ្ចាយ Kjaat Kjaay
**scatterbrain** *(n.)* ងេងងាង Ngeng Ngaang
**scatterbrained** *(adj.)* ដែលភ្លេចច្រើន Del Plech Jreun
**scattered** *(adj.)* ដែលខ្ចាត់ខ្ចាយ Del Kjaat Kjaay
**scattergun** *(n.)* កាំភ្លើងផេង Kam Pleung Veng
**scatteringly** *(adv.)* ដែលពង្រាយ Del Pong Reay
**scattery** *(adj.)* ដែលពង្រាយ Del Pong Reay
**scatty** *(adj.)* ដែលបាត់បង់ការចងចាំ Del Baat Kaar Jong Jaam
**scavenge** *(v.)* ដើរកអាហារខ្លួនឯង Deur Rok Ahh Haa Kloun Eng
**scavenger** *(n.)* សត្វដើរកអាហារខ្លួនឯង Saat Der Rok Ahh Haa Kloun Eng

**scenario** *(n.)* សេណារីយ៉ូ Se Na Ree Yo
**scenarist** *(n.)* អ្នកធ្វើសេណារីយ៉ូ Nak Tver Se Na Ree Yo
**scene** *(v.)* បង្កើតចំណប់អារម្មណ៍ Bong Keut Jom Nab Ahh Rom
**scene** *(n.)* ឈុតឆាក Chot Chak
**scenery** *(n.)* ទេសភាព Tes Sa Pheap
**scenic** *(adj.)* នៃល្ខោន Ney La Khon
**scent** *(n.)* ក្លិន Klen
**scent** *(v.)* ភាយក្លិន Pheay Klen
**sceptic** *(n.)* អ្នកសង្ស័យ Nak Song Sai
**sceptical** *(adj.)* ដែលចេះតែសង្ស័យ Del Jes Te Song Sai
**scepticism** *(n.)* ភាពគ្មានជំនឿ Pheap Kmean Jom Neur
**sceptre** *(n.)* ដំបងរាជ្យ Dom Bong Reach
**schedule** *(n.)* កាលវិភាគ Kal Vi Pheak
**schedule** *(v.)* គ្រោងពេល Krong Pel
**schematic** *(n.)* ការគ្រោងគំនូរគ្រោង Kaar Krong Kum Noo Tre
**schematic** *(adj.)* នៃគំនូរគ្រោង Ney Kom Noo Tre
**schematically** *(adv.)* ដែលគ្រោងគំនូរគ្រោង Del Krong Kum Noo Tre
**schematist** *(n.)* អ្នកគ្រោងគម្រោង Nak Krong Kum Rong
**scheme** *(n.)* ការរៀបចំទុក Kaar Reap Jom Tok Mun
**scheme** *(v.)* គ្រោងការណ៍ Krong Kaar
**schemer** *(n.)* អ្នកធ្វើផែនការ Nak Tver Pen Kaar
**schism** *(n.)* ការខ្វែងមតិ Kaar Kveng Ma Te
**schizophrenia** *(n.)* ជំងឺវិកលចរិក Jom Ngeu Vee Kol Jak Ret
**schizophreniac** *(adj.)* ដែលវិកលចរិក Del Vee Kol Jak Ret
**schizophreniac** *(n.)* វិកលចរិក Vee Kol Jak Ret
**scholar** *(n.)* អ្នកប្រាជ្ញ Nak Prach
**scholarly** *(adj.)* ដែលមានប្រាជ្ញា Del Mean Prah Nha
**scholarship** *(n.)* អាហារូបករណ៍ Ahh Haa Roo Pak Ko
**scholastic** *(adj.)* នៃសាលា Ney Sa La

**school** *(n.)* សាលា Saa Laa
**school** *(v.)* បង្រៀន Saa Laa
**schoolfellow** *(n.)* មិត្តរួមសាលា Mith Roum Saa Laa
**schoolhouse** *(n.)* សាលារៀន Saa Laa Rean
**schoolmaster** *(n.)* នាយកសាលា Nea Yok Saa Laa
**schoolmate** *(n.)* មិត្តរួមសាលា Mith Roum Saa Laa
**schoolteacher** *(n.)* គ្រូបង្រៀន Kroo Bong Rean
**schoolyard** *(n.)* ទីធ្លាសាលា Tee Thlea Saa Laa
**schooner** *(n.)* ក្ដោង Kdong
**sciatic** *(adj.)* ដែលកើបសរសៃ Del Keab Sor Sai
**sciatica** *(n.)* ដែលរោយចង្កេះ Del Roi Jong Kes
**science** *(n.)* វិទ្យាសាស្ត្រ Vith Jea Sas
**scientific** *(adj.)* ផ្នែកវិទ្យាសាស្ត្រ Pnek Vith Jea Sas
**scientist** *(n.)* អ្នកវិទ្យាសាស្ត្រ Nak Vith Jea Sas
**scintillate** *(v.)* បញ្ចេញស្មីព្រាកៗ Bon Jenh Reak Smei Preak Preak
**scintillation** *(n.)* ការបញ្ចេញស្មីព្រាកៗ Kar Bon Jenh Reak Smei Preak Preak
**scissors** *(n.)* កន្ត្រៃ Kon Traai
**scoff** *(n.)* ការចំអក Kaar Jom Ork
**scoff** *(v.)* ចំអក Jom Ork
**scold** *(v.)* ស្ដីបន្ទោស Sdei Bon Tos
**scooter** *(n.)* ម៉ូតូកុងតូច Moto Kong Toch
**scope** *(n.)* កែវយឺត Kev Yeut
**scorch** *(v.)* លោកស្បែក Ro Leak Sbek
**scorch** *(n.)* ធ្វើអោយខ្លោច Tver Oy Kloch
**score** *(n.)* ពិន្ទុ Pin Tu
**score** *(v.)* អោយពិន្ទុ Oy Pin Tu
**scoreboard** *(n.)* តារាងពិន្ទុ Ta Rang Pin Tu
**scorebook** *(n.)* សៀវភៅពិន្ទុ Seav Pov
**scorebox** *(n.)* ប្រអប់ពិន្ទុ Pro Orb Pin Tu
**scorecard** *(n.)* បណ្ណពិន្ទុ Bann Pin Tu
**scorekeeper** *(n.)* អ្នកកត់ពិន្ទុ Nak Kot Pin Tu
**scorekeeping** *(n.)* ការកត់ពិន្ទុ Kaar Kot Pin Tu

**scorepad** *(n.)* តារាងពិន្ទុ Ta Raang Pin Tu
**scorer** *(n.)* អ្នកបានពិន្ទុ Nak Baan Pin Tu
**scorn** *(n.)* ការប្រមាថ Kaar Pro Maat
**scorn** *(v.)* ប្រមាថ Pro Maat
**scorpion** *(n.)* ខ្យាដំរី Kyaa Dom Rei
**Scot** *(n.)* ពលរដ្ឋប្រទេសស្កុតឡេន Pol Rot Pro Tes Scotland
**scot** *(n.)* បងស្កុត Bongg Scot
**scotch** *(adj.)* នៃប្រទេសស្កុតឡេន Ney Pro Tes Scotland
**scotch** *(n.)* ស្រាស្កុតវីស្គី Sra Scot Vee Skee
**scot-free** *(adj.)* ដែលឥតហ្មងហ្មាង Del Et Moor Mong
**scoundrel** *(n.)* ជនឧក្រិដ្ឋ Jon Ou Kret
**scourge** *(n.)* មនុស្សនាំទុក្ខទោស Nak Nom Tok Tos
**scourge** *(v.)* នាំទុក្ខទោស Nom Tok Tos
**scout** *(n.)* ការវីថ Kaay Yak Rith
**scout** *(v.)* ស្បើយកការណ៍ Seb Yok Kaar
**scowl** *(v.)* ចងចិញ្ចើម Jong Jon Jerm
**scowl** *(n.)* ការចងចិញ្ចើម Kaar Jong Jon Jerm
**scragged** *(adj.)* ដែលច្របាច់ក.សម្លាប់ Del Jro Bach Ko Somlab
**scraggy** *(adj.)* ដែលស្គម Del Skorm
**scramble** *(v.)* ច្របល់គ្នា Jro Bol Knea
**scramble** *(n.)* ភាពច្របល់គ្នា Pheap Jro Bol Knea
**scrambled** *(adj.)* ច្របល់ Jro Bol
**scrap** *(v.)* ប្រឈោះ Pro Jlous
**scrap** *(n.)* សំណល់អេតចាយ Som Nol Et Jaay
**scrapbook** *(n.)* សៀវភៅបិទរូប Seav Phov Bet Roob
**scrape** *(n.)* ស្រសង្កៀត So Song Keat
**scrape** *(v.)* កោស Kuos
**scraper** *(n.)* ប្រដាប់កោស Pro Dab Kuos
**scratch** *(n.)* ការកោស Kaar Kuos
**scratch** *(v.)* ខ្វាច Kvaach
**scratch** *(adj.)* នៃក្រដាសព្រាង Ney Kro Daas Preang
**scratchboard** *(n.)* ក្ដារគំនូរ Kdaar Kum Noo
**scratchbush** *(n.)* ស្លឹកប្រទាលម្យ៉ាង Sleuk Pro Teal Myang

| | |
|---|---|
| scratched (adj.) ដែលកោសរួច Del Koas Ruoch | scruffiness (n.) លេងស្រស់បស់ Leng Sros Bos |
| scratchpad (n.) បន្ទះកោស Bon Tes Koas | scrumble (n.) ការក្រឡុកចូល Kaar Kro Lok Jol |
| scratchy (adj.) ក្រវែមក្រវាម Kro Vem Kro Vaam | scrump (v.) ធ្វើអោយឆ្ងាញ់ Tver Oy Chnganh |
| scrawl (n.) កោស Koas | scrumptious (adj.) ដែលមានឪជារស Del Mean Or Jea Ruos |
| scrawl (v.) ខ្វែក Kveak | scruple (n.) ការនឹកររអែង Kaar Neuk Ro Eng |
| scream (n.) ការស្រែក Kaar Srek | scruple (v.) រអែង Ro Eng |
| scream (v.) ស្រែក Srek | scrupleless (adj.) ដែលមិនចេះរអែង Del Min Jes Ro Eng |
| screen (v.) បញ្ចាំង Bon Jang | scrupulous (adj.) ដែលហ្មត់ចត់ Del Mot Jot |
| screen (n.) អេក្រង់ Eh Krong | scrupulously (adv.) ហ្មត់ចត់ខ្លាំង Mot Jot Klang |
| screen name (n.) ឈ្មោះបញ្ចាំង Jmous Bon Jang | scrutinize (v.) ពិនិត្យពិចយ័ Pi Net Pi Jaai |
| screenable (adj.) អាចបញ្ចាំងបាន Arch Bon Jang | scrutiny (n.) ការពិនិត្យពិចយ័ Kaar Pi Net Pi Jaai |
| screencast (n.) អេក្រង់ Eh Krong | scuffle (v.) ប្រវាយប្រតប់ Pro Vaai Pro Tob |
| screendoor (n.) ទ្វារសំណាញ់ Tvea Som Nanh | scuffle (n.) ការប្រវាយប្រតប់ Kaar Pro Vaai Pro Tob |
| screenprint (n.) ការបោះពុម្ពលើ Kar Bos Pom Leur | sculpt (v.) ឆ្លាក់ Chlark |
| screensaver (n.) ផ្ទៃរូបភាពរឺវីដេអូសេវថ្មី Ptei Roob Pheap Reu Video Save Thmo | sculptor (n.) ជាងចម្លាក់ Jeang Jom Laark |
| screenshot (n.) ថតអេក្រង់ Thot Eh Krong | sculptural (adj.) ចម្លាក់ Jom Laark |
| screenwork (n.) សាច់ការណ៍ទាំងមូល Sach Kaar Tang Mool | sculpture (n.) រូបចម្លាក់ Roob Jom Laark |
| screw (v.) ធ្វើអោយយាប់ Tver Oy Yab | sculpturist (n.) ជាងចម្លាក់ Jeang Jom Laark |
| screw (n.) វីស Vis | scum (n.) មនុស្សថោកទាប Mnous Thok Teab |
| scribble (n.) ការគូសវាស Kar Kus Veas | scum (v.) ដុសពពុះចេញ Duos Po Pus Jenh |
| scribble (v.) គូសវាស Kus Veas | scumbag (n.) មនុស្សថោកទាប Mnous Thok Teab |
| script (n.) ការសរសេរដោយដៃ Kar So Se Doi Daai | scurry (n.) រត់ស្មេ Rot Sme |
| scripture (n.) គម្ពីរសាសនា Kum Pee Sas Sna | scuttle (n.) ការរត់ស្មេ Kaar Rot Smae |
| scroll (n.) ការទាញចុះឡើង Kaar Teanh Jos Leung | scuttle (v.) រត់ស្មេ Rot Smae |
| scrooge (n.) បុរសកំរិះ Bo Ros Kum Ris | scythe (v.) ច្រត Jrot |
| scrotum (n.) ពងស្វាស Pong Svas | scythe (n.) កណ្ដៀវ Kon Deav |
| scrub (n.) ការដុសខាត់ Kaar Dos Khaat | sea (n.) សមុទ្រ Sak Mot |
| scrub (v.) ខាត់ Khaat | sea bass (n.) ត្រីស៊ីបាស់ Trei Sea Bass |
| scrub (adj.) ដែលដុសខាត់ Del Dos Khaat | sea boat (n.) ទូកសមុទ្រ Touk Sak Mot |
| scrubby (adj.) ដែលក្រិន Del Kren | sea dog (n.) ឆ្កែសមុទ្រ Jkae Sak Mot |
| scruff (n.) កញ្ចឹងក Kon Jeung Ko | seabeach (n.) ឆ្នេរសមុទ្រ Jnae Sak Mot |
| scruff (v.) ដកចង្ការមាន់ Dork Jong Kaar Moin | seabird (n.) ចាបសមុទ្រ Jab Sak Mot |
| | seaborne (adj.) ដែលតាមផ្លូវសមុទ្រ Del Tam Plov Sak Mot |

**seacliff** *(n.)* ច្រាំងសមុទ្រ Jruos Sak Mot
**seafarer** *(n.)* អ្នកដើរកល់សមុទ្រ Nak Der Kol Sak Mot
**seafloor** *(n.)* បាតសមុទ្រ Baat Sak Mot
**seafoam** *(n.)* ពពុះសមុទ្រ Po Pus Sak Mot
**seafood** *(n.)* គ្រឿងសមុទ្រ Kreung Sak Mot
**seagull** *(n.)* ក្រាបសមុទ្រ Preap Sak Mot
**seahorse** *(n.)* សេះសមុទ្រ Ses Sak Mot
**seajack** *(v.)* ប្លន់តាមសមុទ្រ Plon Tam Sak Mot
**seajack** *(n.)* ចោរប្លន់តាមសមុទ្រ Jo Plon Tam Sak Mot
**seajacker** *(n.)* អ្នកកប៉ាល់សមុទ្រ Mak Ka Pal Sak Mot
**seajacking** *(n.)* ការប្លន់តាមសមុទ្រ Kaar Plon Tam Sak Mot
**seak** *(n.)* លក្ខពណ៌ Leak Po
**seakeeping** *(n.)* សមត្ថភាពយល់ពីនាវាផ្លូវទឹក Sak Maat Tak Pheap Yol Pee Nea Vea Plov Teuk
**seal** *(v.)* ប្រថាប់ត្រា Pro Thab Traa
**seal** *(n.)* ត្រា Traa
**sealab** *(n.)* មន្ទីរពិសោធក្រោមសមុទ្រ Mun Tee Pi Sot Krom Sak Mot
**sealability** *(n.)* ការអាចប្រថាប់ត្រាបាន Kar Arch Pro Thab Tra Baan
**sealant** *(n.)* ការការពារជ្រាប Kav Kaar Pea Jreab
**sealed** *(adj.)* ដែលបិទជិត Del Bet Jit
**sealion** *(n.)* តោសមុទ្រ Tor Sak Mot
**sealskin** *(n.)* ស្បែកសត្វផ្សោត Sbek Saat Psot
**seam** *(v.)* ដេរភ្ជាប់ Dae Pjorb
**seam** *(n.)* មុខតំណរ Muk Dom Nor
**seamless** *(adj.)* ដែលគ្មានថ្នេរ Del Kmean Thnae
**seamy** *(adj.)* ដែលមានថ្នេរ Del Mean Thnae
**sear** *(n.)* កៅកាំភ្លើង Kaai Kam Pleung
**sear** *(v.)* គ្រៀមស្រពោន Kream Sro Pon
**search** *(v.)* ស្វែងរក Sveng Rok
**search** *(n.)* ការស្វែងរក Kaar Sveng Rok
**search warrant** *(n.)* ដីការុករក Dei Kaar Ruk Rok
**searching** *(n.)* ស្វែងរក Sveng Rok

**searching** *(adj.)* ដែលរុករក Del Ruk Rok
**searchlight** *(n.)* ពិលឈ្លុល Pel Chool
**seared** *(adj.)* ដែលគ្រៀមស្រពោន Del Kream Sro Pon
**seashore** *(n.)* ឆ្នេរសមុទ្រ Jnae Sak Mot
**season** *(v.)* ដាក់គ្រឿង Dak Kreung
**season** *(n.)* រដូវកាល Ro Dov Kaal
**seasonable** *(adj.)* សមតាមរដូវ Som Tam Ro Dov
**seasonal** *(adj.)* តាមរដូវ Tam Ro Dov
**seat** *(v.)* ធ្វើអោយអង្គុយ Tver Oy Ong Kuy
**seat** *(n.)* កៅអី Kao Eii
**seaweed** *(n.)* សារាយសមុទ្រ Sa Raay Sak Mot
**secede** *(v.)* ញែក Nhek
**secession** *(n.)* ការបែកមតិ Kaar Bek Ma Te
**secessionist** *(n.)* ជនដលខ្លួនចេញ Jon Del Dok Kloun Jenh
**seclude** *(v.)* ផាត់ចេញ Phaat Jenh
**secluded** *(adj.)* ដែលផាត់ចេញ Del Phaat Jenh
**seclusion** *(n.)* កន្លែងឆ្ងាយពីគេ Kon Leng Chngaay Pee Ke
**second** *(adj.)* ដែលបន្ទាប់បន្សំ Bon Tob Bon Som
**second** *(n.)* វិនាទី Vi Nea Tee
**second** *(v.)* ទំនុកបម្រុង Tum Nok Bok Rong
**secondary** *(adj.)* ដែលបន្ទាប់បន្សំ Del Bon Tob Bon Som
**seconder** *(n.)* អ្នកគាំទ្រសំណើរ Nak Kom Tro Som Neu
**second-hand** *(adj.)* ដែលចាស់ជជុះ Del Jas Jor Jus
**secondly** *(adv.)* ទីពីរ Tee Pee
**secrecy** *(n.)* ការសំងាត់ Kaar Som Ngaat
**secret** *(n.)* សម្ងាត់ Som Ngaat
**secret** *(adj.)* ដែលសម្ងាត់ Del Som Ngaat
**secretariat** *(n.)* លេខាធិការដ្ឋាន Le Khaa Thi Kaaro Thaan
**secretary** *(n.)* លេខាធិការ Le Khaa Thi Kaar
**secrete** *(v.)* លាក់ Leak
**secretion** *(n.)* ការសម្ងាត់ Kaar Som Ngaat
**secretive** *(adj.)* ការសម្ងាត់ Kaar Som Ngaat

**sect** *(n.)* និកាយ Nee Kaay
**sectarian** *(adj.)* ដែលមាននិកាយ Del Mean Nee Kaay\
**section** *(n.)* ផ្នែក Phaek
**sector** *(n.)* វិស័យ Vee Saai
**secularism** *(n.)* ការមិនមានសាសនា Kaar Min Mean Sas Snaa
**secure** *(adj.)* ដែលគួរទុកចិត្ត Del Kour Tok Jet
**secure** *(v.)* មានសុវត្ថិភាព Mean So Waat Te Pheap
**security** *(n.)* សន្តិសុខ Son Te Sok
**sedan** *(n.)* ឡានសេដាន Laan Se Daan
**sedate** *(v.)* សណ្តំ Son Dom
**sedate** *(adj.)* ដែលស្ងប់ Del Sngob
**sedative** *(n.)* ការរំងាប់អារម្មណ៍ Del Rom Ngob Ahh Rom
**sedative** *(adj.)* ដែលរំងាប់អារម្មណ៍ Del Rom Ngob Ahh Rom
**sedentary** *(adj.)* ដែលអង្គុយច្រើន Del Ong Koy Chreun
**sediment** *(n.)* សំណល់ Som Nol
**sedition** *(n.)* ការបង្កចលាចល Kar Bong Ko Jo Laa Jol
**seditious** *(adj.)* ដែលបះបោរ Del Baas Bo
**seduce** *(v.)* ទាក់ចិត្ត Teak Jet
**seduction** *(n.)* ល្បួង Lboung
**seductive** *(adj.)* ដែលទាក់ទាញ Del Teak Teanh
**see** *(v.)* សូមមើល Som Merl
**seed** *(n.)* គ្រាប់ពូជ Krob Pouch
**seed** *(v.)* ដាក់គ្រាប់ Dak Krob
**seek** *(v.)* ស្វែងរក Sveng Rok
**seem** *(v.)* ហាក់ដូចជា Hak Doch Jea
**seemly** *(adj.)* ហាក់ដូចជា Hak Doch Jea
**seep** *(v.)* ជ្រាប Jreab
**seer** *(n.)* អ្នកមើលពីចំងាយ Nak Merl Pee Jom Ngaay
**seethe** *(v.)* កម្រើក Kom Reuk
**segment** *(v.)* កាត់ជាផ្នែក Kaat Jea Phnek
**segment** *(n.)* ផ្នែក Phnek
**segregate** *(v.)* បំបែក Bom Bek

**segregation** *(n.)* ការបែងចែក Kaar Beng Jek
**seismic** *(adj.)* ដែលរញ្ជួយ Del Ron Jouy
**seismicity** *(n.)* ការរញ្ជួយ Kaar Ron Jouy
**seismogram** *(n.)* តូរលេខនៃការរញ្ជួយ Toor Lek Ney Kaar Ron Jouy
**seismograph** *(n.)* ប្រដាប់ស្ទង់កម្លាំងរញ្ជួយ Pro Dab Stong Kom Lang Ron Jouy
**seismography** *(n.)* តូរលេខស្ទង់កម្លាំងរញ្ជួយ Toor Lek Stong Kom Lang Ron Jouy
**seismologist** *(n.)* អ្នកជំនាញផ្នែករញ្ជួយដី Nak Jom Neanh Phnek Ron Jouy Dey
**seismology** *(n.)* ការសិក្សាផ្នែករញ្ជួយដី Kaar Sek Sa Phnek Ron Jouy Dey
**seismoscope** *(n.)* ឧបករណ៍ផ្តល់តូរលេខកម្លាំងរញ្ជួយដី Ob Paa Ko Pdol Toor Lek Kom Lang Ron Jouy Dey
**seize** *(v.)* រឹបអូស Reb Ors
**seizure** *(n.)* ប្រកាច់ Pro Kach
**seldom** *(adv.)* ដោយកម្រ Doy Kom Ro
**select** *(adj.)* ដែលសម្រាំង Del Som Rang
**select** *(v.)* ជ្រើសរើស Chreus Reus
**selection** *(n.)* ការជ្រើសរើស Kaar Chreus Reus
**selective** *(adj.)* ដែលរើស Del Reus
**self** *(n.)* ខ្លួនឯង Kloun Eng
**self-abuse** *(n.)* ការធ្វើបាបខ្លួនឯង Kaar Tver Bab Kloun Eng
**self-appointed** *(adj.)* ដែលតាំងខ្លួនឯង Del Tang Kloun Eng
**self-awareness** *(n.)* ការយល់ដឹងដោយខ្លួនឯង Kaar Yol Deung Kloun Eng
**self-centered** *(adj.)* ដែលផ្តោតលើខ្លួនឯង Del Pdot Leur Kloun Eng
**self-confident** *(adj.)* ដែលមានទំនុកចិត្តលើខ្លួនឯង Del Mean Tum Nok Jet Leur Kloun Eng
**self-conscious** *(adj.)* ដែលដឹងខ្លួនឯង Del Deung Kloun Eng
**self-control** *(n.)* ការគ្រប់គ្រងខ្លួនឯង Kaar Krob Krong Kloun Eng

**self-destruct** *(v.)* បំផ្លាញខ្លួនឯង Bom Planh Kloun Eng
**self-doubt** *(n.)* ការសង្ស័យខ្លួនឯង Kaar Song Sai Kloun Eng
**self-employed** *(adj.)* ធ្វើការដោយខ្លួនឯង Tver Kaar Doy Kloun Eng
**self-esteem** *(n.)* ការគោរពខ្លួនឯង Kaar Ko Rob Kloun Eng
**selfie** *(n.)* ការថតសែលហ្វី Kaar Thot Selfie
**self-imposed** *(adj.)* ដែលដាក់ខ្លួន Del Dak Kloun
**selfish** *(adj.)* អាត្មានិយម Ahh Thma Nee Yom
**selfless** *(adj.)* ដែលមិនគិតពីខ្លួន Del Min Kit Pee Kloun Eng
**self-proclaimed** *(adj.)* ដែលចេញលីខិតប្រកាសដោយខ្លួនឯង Del Jenh Lee Khet Pro Kaas Doy Kloun Eng
**self-service** *(adj.)* ដែលផ្តល់សេវាខ្លួនឯង Del Pdol Se Vaa Kloun Eng
**sell** *(v.)* លក់ Louk
**seller** *(n.)* អ្នកលក់ Nak Louk
**sell-out** *(n.)* លក់ចេញ Louk Jenh
**semblance** *(n.)* អាការៈក្រៅ Ahh Kaa Raak Krao
**semen** *(n.)* ទឹកកាម Teuk Kaam
**semester** *(n.)* ឆមាស Chor Meas
**semi-amusing** *(adj.)* ដែលពាក់កណ្តាលជាការលេងសើច Del Peak Kon Dal Jea Kaar Leng Serch
**semi-finalist** *(n.)* ពាក់កណ្តាលផ្តាច់ព្រ័ត្រ Peak Kondal Pdach Prot
**semi-formal** *(adj.)* ដែលពាក់កណ្តាលផ្លូវការ Del Peak Kon Daal Plov Kaar
**seminal** *(adj.)* នៃគ្រាប់ពូជ Ney Krob Pouch
**seminar** *(n.)* សិក្ខាសាលា Se Khaar Saa Laa
**senate** *(n.)* ព្រឹទ្ធសភា Pret Sak Phea
**senator** *(n.)* សមាជិកព្រឹទ្ធសភា Sak Maar Jeuk Pret Sak Phea
**senatorial** *(adj.)* នៃព្រឹទ្ធសភា Ney Pret Sak Phea
**send** *(v.)* ផ្ញើ Pnher
**senile** *(adj.)* ដែលចាស់វង្វេងវង្វាន់ Del Jaas Vong Veng Vong Von

**senility** *(n.)* ភាពវង្វេងវង្វាន់ Peap Vong Veng Vong Von
**senior** *(n.)* ជាន់ខ្ពស់ Jon Kpoos
**senior** *(adj.)* ដែលជារៀមច្បង Del Jea Ream Jbong
**seniority** *(n.)* ភាពចំណាស់ជាង Pheap Jom Naas Jeang
**sensation** *(n.)* អារម្មណ៍ Ahh Rom
**sensational** *(adj.)* ដែលចាប់អារម្មណ៍ជាខ្លាំង Del Jaab Ahh Rom Klang
**sense** *(v.)* ទទួលអារម្មណ៍ To Toul Ahh Rom
**sense** *(n.)* ញាណ Nhean
**senseless** *(adj.)* ដែលគ្មានញាណ Del Kmean Nhean
**sensibility** *(n.)* ភាពទទួលអារម្មណ៍ Pheap To Toul Ahh Rom
**sensible** *(adj.)* ដែលមានហេតុផល Del Mean Het Phol
**sensitive** *(adj.)* ដែលឆាប់ប្រតិកម្ម Del Chab Pro Te Kaam
**sensitivity** *(n.)* ភាពរសើប Pheap Ro Serb
**sensual** *(adj.)* ដែលត្រេកត្រអាល Del Trek Tro Al
**sensualist** *(n.)* ជនត្រេកត្រអាល Jon Trek Tro Al
**sensuality** *(n.)* ភាពត្រេកត្រអាល Pheap Trek Tro Al
**sensuous** *(adj.)* ដែលត្រេកត្រអាលនឹង Del Trek Tro Al Neung
**sentence** *(v.)* កាត់ទោស Kaat Tos
**sentence** *(n.)* ការកាត់ទោស Kaar Kaat Tos
**sentience** *(n.)* មនោសញ្ចេតនា Mnor Sonjet Tna
**sentient** *(adj.)* ដែលសាប់យល់ចិត្ត Del Chab Yol Jet
**sentiment** *(n.)* សង់ទីម៉ង Song Tee Mong
**sentimental** *(adj.)* ដែលសង់ទីម៉ង Del Song Tee Mong
**sentinel** *(n.)* អ្នកយាម Nak Yeam
**sentry** *(n.)* ការយាម Kaar Yeam
**separable** *(adj.)* ដែលបំបែកបាន Arch Bom Bet Baan
**separate** *(v.)* បំបែក Bom Bek

**separate** *(adj.)* ដែលទីនៃគ្នា Del Tee Tey Knea
**separation** *(n.)* ការបំបែក Kaar Bom Bek
**sepsis** *(n.)* មេរោគចូលក្នុងឈាម Mae Rok Jol Knong Cheam
**September** *(n.)* ខែកញ្ញា Khae Kanha
**septic** *(adj.)* ដែលបង្កដោយមេរោគ Del Bong Kor Doy Mae Rok
**sepulchre** *(n.)* ផ្នូរ Phno
**sepulture** *(n.)* ទីបញ្ចុះសព Tee Bon Jos Sob
**sequel** *(n.)* រឿងភាគ Reung Pheak
**sequence** *(n.)* លំដាប់ Lom Dab
**sequester** *(v.)* បង្ខាំងទុក Bong Kheng Tok
**serendipitous** *(adj.)* ដែលចៃដន្យសំណាងល្អ Del Jaai Don Som Nang Laor
**serendipity** *(n.)* ចៃដន្យសំណាងល្អ Jaai Don Som Nang Laor
**serene** *(adj.)* ដែលស្ងប់ស្ងៀម Del Sngob Sngaat
**serenity** *(n.)* ភាពស្ងប់ស្ងាត់ Pheap Sngob Sngaat
**serf** *(n.)* ខ្ញុំកញ្ជះគេ Khnom Kon Jeas Ke
**serge** *(n.)* ពលបាល Pol Baal
**sergeant** *(n.)* ពលបាល Pol Baal
**serial** *(n.)* លេខរៀង Lek Reang
**serial** *(adj.)* នៃលេខរៀង Ney Lek Reang
**series** *(n.)* សេរី Sae Ree
**serious** *(adj.)* ដែលធ្ងន់ធ្ងរ Del Thngon Thngor
**sermon** *(n.)* ធម្មទេសនា Thorm Tes Sna
**sermonize** *(v.)* ទេសនា Tes Sna
**serpent** *(n.)* សត្វពស់ Saat Poos
**serpentine** *(n.)* ភាពបត់បែន Pheap Bot Ben
**servant** *(n.)* អ្នកបម្រើ Nak Bom Reur
**serve** *(n.)* ការបម្រើ Kaar Bom Reur
**serve** *(v.)* បម្រើ Bom Reur
**service** *(v.)* បំរើសេវាកម្ម Bom Reur Se Vaa Kaam
**service** *(n.)* សេវាកម្ម Se Vaa Kaam
**serviceable** *(adj.)* ដែលមានសេវាកម្ម Del Mean Se Vaa Kaam
**servile** *(adj.)* ដែលជាទាស Del Jea Tos
**servility** *(n.)* ភាពដូចទាស: Pheap Doch Jea Tea Sak

**servitude** *(n.)* ទាសភាព Tea Sak Pheap
**sesame** *(n.)* ល្ង Lngor
**sesamin** *(n.)* ប្រេងល្ង Preng Lngor
**session** *(n.)* វគ្គ Vek
**sessional** *(n.)* នៃវគ្គ Ney Vek
**sessional** *(adj.)* នៃការប្រជុំ Ney Kaar Pro Jum
**sessionless** *(adj.)* ដែលឥតមានការប្រជុំ Del Et Mean Kaa Pro Jum
**set** *(adj.)* ដែលកំណត់ Del Et Kom Not
**set** *(n.)* ការកំណត់ Kaar Kom Not
**set** *(v.)* កំណត់ Kom Not
**setback** *(n.)* ការថយក្រោយ Kaar Thoy Kroy
**setlist** *(n.)* បញ្ជីសំណុំ Bon Jee Som Nom
**settee** *(n.)* កៅអីវែង Kao Ey Veng
**settle** *(v.)* ដោះស្រាយ Dos Sraay
**settlement** *(n.)* ដំណោះស្រាយ Dom Nos Sraay
**settler** *(n.)* អ្នកតាំងលំនៅ Nak Tang Lom Nov
**seven** *(adj.)* ដែលគំរប់ប្រាំពីរ Del Kum Rob Pram Pee
**seven** *(n.)* ប្រាំពីរ Praam Pee
**seventeen** *(n.)* អាយុដប់ប្រាំពីរ Ahh Yu Dob Pram Pee
**seventeenth** *(adj.)* ទីដប់ប្រាំពីរ Tee Dob Pram Pee
**seventh** *(adj.)* ទីប្រាំពីរ Tee Pram Pee
**seventieth** *(adj.)* ទីចិតសិប Tee Jet Seb
**seventy** *(n.)* ចិតសិប Jet Seb
**sever** *(v.)* ផ្ដាច់ Pdach
**several** *(adj.)* ដែលច្រើន Del Jreun
**severance** *(n.)* ការបំបែកពីគ្នា Kaar Bom Bek Pee Knea
**severe** *(adj.)* ដែលធ្ងន់ធ្ងរ Del Thngon Thngor
**severity** *(n.)* ភាពធ្ងន់ធ្ងរ Pheap Thngon Thngor
**sew** *(v.)* ដេរ Dae
**sewage** *(n.)* ល្អ Loo
**sewer** *(n.)* លូទឹកស្អុយ Loo Teuk Sa Ouy
**sewerage** *(n.)* បណ្តាញលូទឹកស្អុយ Bon Danh Loo Teuk Sa Ouy
**sex** *(v.)* រួមភេទ Room Phet
**sex** *(n.)* ការរួមភេទ Kaar Room Phet

sexily *(adv.)* ដែលសម្រើប Del Som Rerb
sexual *(adj.)* ផ្លូវភេទ Plov Phet
sexuality *(n.)* ភេទ Phet
sexy *(adj.)* ដែលសិចស៊ី Del Sexy
shabby *(adj.)* ដែលកំសត់ Del Kom Sot
shack *(n.)* ខ្ទម Ktorm
shack *(v.)* ក្រឡុក Kro Lok
shackle *(v.)* ដាក់ច្រវាក់ Dak Jro Vaak
shackle *(n.)* ច្រវាក់ Jro Vaak
shade *(v.)* បាំង Baang
shade *(n.)* ម្លប់ Mlob
shadow *(v.)* អោយស្រមោល Oy Sro Mol
shadow *(n.)* ស្រមោល Sro Mol
shadowy *(adj.)* ដែលមានស្រមោលស្តួងៗ Del Mean Sro Mol Stong Stong
shaft *(n.)* ដង Dorng
shake *(n.)* ការអង្រួន Kaar Ong Ruon
shake *(v.)* អង្រួន Ong Ruon
shaky *(adj.)* រង្គោះរង្គើ Rong Koos Rong Keur
shallow *(adj.)* ដែលស្តក់ស្តើរ Del Stek Steur
sham *(adj.)* ដែលមិនពិត Del Min Pet
sham *(n.)* ការមិនពិត Kaar Min Pet
sham *(v.)* បញ្ឆោត Bon Chot
shaman *(n.)* គ្រូសីល Kroo Sel
shamble *(v.)* ដើរអូសជើង Der Os Jeung
shamble *(n.)* ការច្របូកច្របល់ Kaar Jro Bok Jro Bol
shambolic *(adj.)* ដែលរញ៉េរញ៉ៃ Del Ro Nhe Ro Nhaai
shame *(v.)* ខ្មាស់អៀន Kmas ian
shame *(n.)* ភាពខ្មាស់អៀន Pheap Kmas ian
shameful *(adj.)* ដែលគួរខ្មាស់ណាស់ Del Kour Kmas ian
shameless *(adj.)* ដែលអត់ចេះខ្មាស់ Del Ot Jes Kmas
shampoo *(v.)* កក់សក់ Kork Sork
shampoo *(n.)* សាប៊ូកក់សក់ Sa Boo Kork Sork
shanty *(adj.)* ដែលគោកយ៉ាក់ Del Tork Yark
shape *(v.)* យករាង York Reang
shape *(n.)* រូបរាង Roob Reang
shape up *(v.)* ពត់ឡើង Pot Leung

shapeless *(adj.)* ដែលអត់រាង Del Ot Reang
shapely *(adj.)* ដែលមានរាង Del Mean Reang
shapeshift *(v.)* ប្រែក្រឡា Prae Kro Laa
shard *(n.)* អំបែង Om Beng
shard *(v.)* បែកជាអំបែង Bek Jea Om Beng
share *(n.)* ការចែករំលែក Kaar Jek Rom Lek
share *(v.)* ចែករំលែក Jek Rom Lek
share market *(n.)* ទីផ្សារភាគហ៊ុន Tee Psar Pheak Hun
sharebeam *(n.)* ផ្នែកដែលខណ្ឌចែក Phnek Khan Jek
sharecrop *(v.)* ចំណែកភាគហ៊ុន Jom Nek Pheak Hun
shareholder *(n.)* ម្ចាស់ភាគហ៊ុន Mjas Pheak Hun
shareholding *(adj.)* ដែលកាន់កាប់ភាគហ៊ុន Del Kann Kab Pheak Hun
shareholding *(n.)* ការកាន់កាប់ភាគហ៊ុន Kaar Kann Kab Pheak Hun
shark *(n.)* ត្រីឆ្លាម Trey Chlam
sharp *(adv.)* ដែលកត់ Del Kot
sharp *(adj.)* ដែលមុតស្រួច Del Mot Srouch
sharpen *(v.)* សំលៀង Som Leang
sharpener *(n.)* ប្រដាប់ខូង Pro Dab Koung
sharper *(n.)* អ្នកតថ្លៃខូច Nak Tor Thlai Koch
shatter *(v.)* ធ្វើអោយបែកខ្ញែក Tver Oy Bek Knhek
shave *(n.)* ការកោរ Kaar Kor
shave *(v.)* កោរ Kor
shaven *(adj.)* ដែលបានកោរ Del Ban Kor
shaving *(n.)* ការកោរ Kaar Kor
shavings *(n.)* ចំនៃរ Jom Nea
shawarma *(n.)* សាច់អាំងតួគី Sach Ang Toor Kee
shawl *(n.)* ក្រមាបងករ Kro Maa Bong Kor
she *(pron.)* នាង Neang
sheading *(n.)* ផ្នែក Phnek
sheaf *(n.)* កណ្តាប់ស្រូវ Kon Dab Srov
shear *(v.)* ហែក Hek
shears *(n.)* កន្ត្រៃធំ Kon Traai
shearwall *(n.)* ផ្ទាំងជញ្ជាំង Pteang Jon Jeang
sheat *(n.)* សត្វត្រីម្យាង Saat Trei Myang
sheath *(n.)* ស្រោមដាវ Srom Dav

sheath (v.) សិកស្រោម Sork Srom
sheathe (v.) បិទបាំង Bet Bang
shed (n.) ការស្រក់ Kaar Srork
shed (v.) ស្រក់ Srork
sheep (n.) ចៀម Jeam
sheepish (adj.) អៀនប្រៀន ian Prean
sheer (adj.) ដែលស្រឡះ Del Sro Laas
sheet (v.) ពង្រាប Pong Reap
sheet (n.) សន្លឹក Son Leuk
shelf (n.) ធ្នើ Tneur
shell (v.) ផ្តោងដាក់ Plong Dak
shell (n.) សំបក Som Bork
shelter (v.) ផ្តល់ជម្រក Pdol Jom Rok
shelter (n.) ទីជម្រក Tee Jom Rok
shelve (v.) ដាក់ទៅវិញ Dak Tov Venh
shepherd (n.) អ្នកគង្វាល Nak Kong Veal
shide (n.) បន្ទះស្តើង Bon Tes Sdeung
shield (v.) បាំងខែល Bang Kel
shield (n.) ខែល Khel
shift (n.) វេន Ven
shift (v.) ផ្លាស់ Plaas
shifty (adj.) មានកលល្បិច Mean Kol Lbech
shilly-shally (v.) ស្តាក់ស្តើរ Stek Ster
shilly-shally (n.) ការស្តាក់ស្តើរ Kaar Stek Ster
shin (n.) ស្មងជើង Smong Jeung
shine (n.) ការចាំង Kaar Jang
shine (v.) ចែងចាំង Jeng Jang
shiny (adj.) ដែលភ្លឺចាំង Del Pleu Jeng Jang
ship (v.) ដឹកតាមផ្លូវទឹក Deuk Tam Plov Teuk
ship (n.) នាវា Nea Vea
shipboard (adj.) ដែលធ្វើសំរាប់កប៉ាល់ Del Tver Som Rab Ko Pal
shipboard (n.) ផ្នែកខាងក្នុងនាវា Phnek Kang Knong Vea Nea
shipborne (adj.) ដែលសំរាប់នាវាចម្បាំង Del Som Rab Nea Vea Jom Bang
shipbuilder (n.) អ្នកស្ថាបនាកប៉ាល់ Nak Stap Pa Naa
shiplap (n.) បន្ទះក្តារ Bon Teas Pkom
shipload (n.) បន្ទុកកប៉ាល់ bantouk kakpal

shipmaster (n.) អ្នកបើកនាវា nak berk neavea
shipmate (n.) មិត្តរួមកប៉ាល់ mitt ruom kakpal
shipment (n.) ការដឹកជញ្ជូន kar doekachonhchoun
shipowner (n.) ម្ចាស់នាវា mchas neavea
shipped (adj.) ដែលដឹកជញ្ជូន del doek chonhchoun
shipping (n.) ការដឹកជញ្ជូន kar doek chonhchoun
shipshape (adj.) ដែលរៀបសណ្តាប់ធ្នាប់ក្នុងកប៉ាល់ del reab sondab thnoab knung kak pal
shipwreck (n.) កប៉ាល់លិច kak pal lich
shipwreck (v.) ធ្វើអោយកប៉ាល់លិច kak pal lich
shipyard (n.) កន្លែងផលិតកប៉ាល់ kanleng pholit kak pal
shire (n.) សេះអង់គ្លេស seh ongles
shirk (v.) រត់ចោលការងារ ruot choal ka ngea
shirker (n.) អ្នករត់ចោលការងារ nak ruot choal ka ngea
shirt (n.) អាវ av
shive (n.) រោយ roy
shiver (v.) ញ័រ nhr
shoal (n.) ទឹករាក់ teok rak
shock (v.) ឆក់ chhork
shock (n.) ការឆក់ ka chhork
shoe (v.) ពាក់ស្បែកជើង peak sbek cheurng
shoe (n.) ស្បែកជើង sbek cheung
shoot (n.) ការបាញ់បោះ ka banh boh
shoot (v.) បាញ់ banh
shooting (n.) ការបាញ់បោះ ka banh boh
shop (v.) ទិញ tinh
shop (n.) ហាង hang
shopaholic (n.) អ្នកញៀនទិញវាន់ nak nhean tinh ei van
shopaholism (n.) សេចក្តីញៀនការទិញវាន់ sechkdei nhan kar tinh ei van
shopbook (n.) សៀវភៅអ្នកជំនួញដូរភាគហ៊ុន sievphow nak chuonh dou peak hun

**shopfloor** (n.) ជាន់លក់ទំនិញ chorn luk tomninh
**shopfront** (n.) មុខហាង mokh hang
**shopkeep** (n.) ម្ចាស់ហាង mchas hang
**shopkeeper** (n.) អ្នករៀបចំហាង nak reab chom hang
**shoplift** (v.) លួចរវាន់ luoch ei van
**shoplifter** (n.) អ្នកលួចរវាន់ nak luoch ei van
**shopowner** (n.) ម្ចាស់ហាង mchas hang
**shopping** (n.) ការដើរទិញរវាន់ kar der tinh ei van
**shopping cart** (n.) រទេះដើរទិញរវាន់ roteh der tinh ei van
**shopping centre** (n.) មជ្ឈមណ្ឌលទិញទំនិញ mochchho mondol tinh tomninh
**shopping list** (n.) បញ្ជីរទិញរវាន់ banhchi tinh ivean
**shore** (n.) ច្រាំង chrang
**shore** (v.) ទល់ទ្រ tul tror
**shorefront** (n.) មុខច្រាំង mukh chrang
**shoreline** (n.) ផ្នែរសមុទ្រ chhne samout
**shoreward** (adv.) ដែលឆ្ពោះទៅឆ្នេរ del chhpouh tov chhne
**shoreward** (adj.) ដែលតម្រង់ទៅច្រាំង del domrong tov chrang
**shoreweed** (n.) សារាយសមុទ្រម្យ៉ាង raray samot myang
**short** (adv.) ខ្វះខាត kvah khat
**short** (adj.) ខ្លី khlei
**short** (n.) កង្វះខាត kong vah khat
**shortbread** (n.) នំប័រស្រួយ nom bor sruoy
**shortcake** (n.) នំខេកខ្លី nom khek khlei
**shortcoming** (n.) ខ្វះចន្លោះ khvah chanloh
**shortcut** (n.) ផ្លូវកាត់ phlauv kat
**shorten** (v.) ធ្វើអោយខ្លី tveu oy khlei
**shortening** (n.) ការធ្វើអោយខ្លី ka tveu oy khlei
**shortfall** (n.) កង្វះខាត kang veah khat
**shorthand** (n.) វិធីសាស្ត្រសរសេរកាត់ vithisas sor se kat
**shortish** (adj.) ដែលខ្លី del khlei
**shortlist** (v.) បញ្ជីសម្រាំង banhchi samrang

**shortlisted** (adj.) ដែលបានសម្រាំង del ban samrang
**shortly** (adv.) ដែលមិនយូរប៉ុន្មាន minyou ponman
**shorts** (n. pl.) ខោខ្លី khao khlei
**short-term** (adj.) រយៈពេលខ្លី royak pel khlei
**shot** (n.) ការបាញ់ ka banh
**shot** (adj.) ដែលជាឱកាស del chea oa kas
**shot** (int.) ដែលជាឱកាស del chea oa kas
**shotgun** (n.) កាំភ្លើងខ្លី kam phleung khlei
**shotproof** (adj.) ដែលការពារគ្រាប់បាន del kar pear kroab ban
**shottie** (n.) សម្លៀកបំពាក់ខ្លីៗ samliekbampeak khlei khlei
**should** (v.) គួរតែ kuor tae
**shoulder** (v.) រងបន្ទុក rong bon tuk
**shoulder** (n.) ស្មា sma
**shout** (v.) ស្រែក srek
**shout** (n.) ការជំទាល ka chomteal
**shove** (n.) ការរុញច្រាន ka rounh chran
**shove** (v.) រុញច្រាន rounh chran
**shovel** (v.) ជីក chik
**shovel** (n.) ប៉ែល pel
**show** (n.) ការបង្ហាញ ka bang hanh
**show** (v.) បង្ហាញ bang hanh
**showcase** (n.) បទបង្ហាញ bot banghanh
**showdown** (n.) ការសម្តែង kar somdeng
**shower** (v.) ងូតទឹក ngout teuk
**shower** (n.) ការងូតទឹក ka ngout teuk
**showerhead** (n.) ក្បាលផ្កាឈូក kbal phka chhouk
**showerless** (adj.) ដែលអត់ងូតទឹក del ot nguot teuk
**showerproof** (adj.) ដែលមិនជ្រាបទឹក del min chreab teuk
**showery** (adj.) ដែលប្រសាទ del prosach
**showpiece** (n.) ផ្នែកសម្តែង phnek somdeng
**showroom** (n.) ហាងតាំងរវាន់ hang tang eivan
**showstopper** (n.) អ្នកសម្តែងអស្ចារ្យ nak som deng os char
**showup** (n.) ការបង្ហាញខ្លួន kar bong hanh kluon

| | |
|---|---|
| shrapnel (n.) អំបែងគ្រាប់ om baeng kroab | sich (n.) ភាសាអ៊ុយក្រែន មានន័យថា ខ្លួនអ្នក pheasa ukrain meanney tha kluon nak |
| shred (n.) ការប្រេះក្រក kar chreak | |
| shred (v.) ប្រេះក្រក chreak | |
| shredder (n.) ម៉ាស៊ីនប្រេះក្រក masin chreak | sick (adj.) ដែលមិនសូវស្រួលខ្លួន del min sov sruol kluon |
| shrew (n.) ស្រីឆ្នាស់ srey chhnas | |
| shrewd (adj.) ដែលចូលចិត្តឈ្លោះ del choul chet chhluos | sickbag (n.) ថង់ទុកក្អួត thong tuk ka uot |
| | sickbay (n.) កន្លែងពិនិត្យជំងឺ kongleng pinith chomngeu |
| shriek (v.) បញ្ចេញសំឡេងដូចច្រេីត bonh chenh somleng doch chong ret | sickbed (n.) គ្រែដេកឈឺ kre dek chheu |
| | sicken (v.) ធ្វេីអោយលេងចង់ tver oy leng chong |
| shriek (n.) សំឡេងដូចច្រេីត somleng doch chong ret | |
| shrill (adj.) ដែលស្រួច del sruoch | sickened (adj.) ដែលឈឺ del chheu |
| shrine (n.) ទីសក្ការៈបូជា si sakarak bochea | sickle (n.) កណ្ដៀវ kon diev |
| shrink (v.) បង្រួញ bong ruonh | sickly (adj.) ដែលគ្មានសុខភាពល្អ del kmean sokhapheap laor |
| shrinkage (n.) ការរួញតូច ka ruonh touch | |
| shroud (v.) បាំងមុខ bang moukh | sickness (n.) ជំងឺ chomngeu |
| shroud (n.) សំពត់បាំងមុខ sompot bang moukh | side (v.) ចូលខាង choul khang |
| | side (n.) ចំហៀង chamhieng |
| shrub (n.) ដេីមស៊ុបទ្រុប derm suob truob | sidearm (n.) ដៃផ្នែកចំហៀង dai phnek chamhieng |
| shrug (n.) ការញាក់ស្មា kar nheak sma | |
| shrug (v.) ញាក់ស្មា nheak sma | sidearm (v.) បោះពីចំហៀង boh pi chamhieng |
| shudder (n.) ការភ័យញ័រ ka phey nhor | |
| shudder (v.) ភ័យញ័រ phey nhor | sidearm (adj.) ចំហៀង chamhieng |
| shuffle (n.) ការសាប់ច្រឡំ ka sab chrobol | sideband (n.) ប្រេកង់វិទ្យុខ្ពស់ frekong vithyou khpos |
| shuffle (v.) សាប់ច្រឡំ sab chrobol | |
| shun (v.) គេចចេស kiech cheas | sidebar (n.) របារចំហៀង robar chamhieng |
| shunt (v.) ទាត់ចោល toat choal | sideboard (n.) ផ្ទាំងចំហៀង phtang chamhieng |
| shut (v.) បិទ bet | |
| shutter (n.) បង្អួចបង្អួច bongha bong uoch | sidebox (n.) ប្រអប់ចំហៀង bra ob chamhieng |
| shuttle (v.) ដឹកទៅមក doek tov mok | sideburn (n.) ការរោលកចំហៀង kar roleak chamhieng |
| shuttle (n.) ការដឹកទៅមក ka doek tov mok | |
| shuttlecock (n.) គ្រាប់សី krob sei | sideburns (n.) អមតាម om tam |
| shy (v.) អៀន ien | sidecar (n.) ម៉ូតូមានភ្ជាប់កន្លែងអង្គុយរបស់អ្នកដំណេីរ moto mean phchoab kon leng ongkuy robos nak domner |
| shy (n.) ភាពខ្មាស់អៀន pheap ien khmas | |
| siamese (adj.) ដែលជារបស់សៀម del chea robos siem | |
| | sideline (n.) ខ្សែចំហៀង khsae chamhieng |
| sibilant (adj.) ដែលមានសំលេងអក្សរ s del mean aksor s | sideline (v.) បញ្ឈប់សកម្មភាព banhchhob sakammopheap |
| sibilate (v.) ដែលប្រកបសំលេងជាអក្សរ s del brokob doy aksor s | sidereal (adj.) ចំហៀង chamhieng |
| sibilating (n.) សម្លេងស៊ឺៗ somleng seu seu | side-saddle (n.) កែបចំហៀង keb chamhieng |
| sibling (n.) បងប្អូន bong pa oun | side-saddle (adv.) ចំហៀង - កែប chamhieng - keb |

**sideshow** (n.) បញ្ចូគចកាច panhaha touch tach
**side-stream** (n.) ការបង្ហួយចំហៀង kar bonghoy chamhieng
**sidestroke** (n.) ក្បាច់ហែលទឹកពីចំហៀង kbach hel teuk pi chom heang
**sidetrack** (n.) ការបង្វែចូលទៅផ្លូវផ្សេង kar bong ve chaul tow phlauv phsaeng
**sidetrack** (v.) បង្វែចូលទៅផ្លូវផ្សេង bong ve chaul tow phlauv phsaeng
**sidewalk** (n.) ចិញ្ចើមផ្លូវ chenhcheum phlauv
**sidewall** (n.) ជញ្ជាំងចំហៀង chonhcheang chamhieng
**sideway** (n.) ចំហៀង chamhieng
**sideway** (adj.) ចំហៀង chamhieng
**sideway** (adv.) ចំហៀង chamhieng
**sidewind** (n.) ខ្យល់បក់ពីកៀន kyal bok pi kien
**siege** (n.) ការឡោមព័ទ្ធ kar laom potth
**siege** (v.) ឡោមព័ទ្ធ laom potth
**siesta** (n.) ដំណេកថ្ងៃត្រង់ damnek thngai trang
**sieve** (v.) ត្រង trorng
**sieve** (n.) កន្ត្រង korn trong
**sift** (v.) រែង reng
**sigh** (v.) ដកដង្ហើមធំ dok dangheum thom
**sigh** (n.) ការដកដង្ហើមធំ ka dok dangheum thom
**sight** (v.) មើលឃើញ meulkheunh
**sight** (n.) ការមើលឃើញ ka meul kheunh
**sightly** (adj.) ដោយមើលឃើញ daoy meul kheunh
**sign** (v.) ចុះហត្ថលេខា choh hatthalekha
**sign** (n.) ការចុះហត្ថលេខា ka choh hatthalekha
**signal** (adj.) នៃសញ្ញា nei sanhnha
**signal** (v.) ផ្ដល់សញ្ញា phdol sanhnha
**signal** (n.) សញ្ញា sanhnha
**signatory** (n.) ហត្ថលេខី hatthalekhei
**signature** (n.) ហត្ថលេខា hatthalekha
**significance** (n.) សារៈសំខាន់ sarak saamkhan
**significant** (adj.) សំខាន់ saamkhan
**signification** (n.) ហត្ថលេខា hatthalekha

**signify** (v.) បញ្ជាក់ banhcheak
**signing** (n.) ការចុះហត្ថលេខា kar choh hatthalekha
**silence** (v.) ធ្វើឱ្យស្ងៀមស្ងាត់ tveu oy sngiem sngat
**silence** (n.) ភាពស្ងៀមស្ងាត់ pheap sngiem sngat
**silencer** (n.) ប្រដាប់ធ្វើកុំអោយឮសូរ prodab tveu kom oy leu sou
**silent** (adj.) ស្ងាត់ sngat
**silently** (adv.) ដោយស្ងាត់ស្ងៀម daoy sngat sngiem
**silhouette** (n.) ស្រមោល sramol
**silica** (n.) ស៊ីលីកា si li ka
**silicene** (n.) ស៊ីលីកុន si li kon
**silicon** (n.) ស៊ីលីកុន si li kon
**silk** (n.) សូត្រ saut
**silken** (adj.) ដែលដូចសូត្រ del douch sout
**silky** (adj.) ដែលដូចសូត្រ del douch sout
**silly** (adj.) ឆ្កួត chhkuot
**silt** (v.) ពេញដោយដីល្បាប់ penh doy dei lbab
**silt** (n.) ដីល្បាប់ dei lbab
**silver** (n.) ប្រាក់ brak
**silver** (adj.) ប្រាក់ brak
**silver** (v.) ស្រោបប្រាក់ sroab brak
**similar** (adj.) ស្រដៀងគ្នា sradieng knea
**similarity** (n.) ភាពស្រដៀងគ្នា pheap sradieng knea
**simile** (n.) ពាក្យប្រស្នា peak brasnaa
**similitude** (n.) ភាពដូចគ្នា pheap doch knea
**simmer** (v.) ពុះតិចៗ pouh tech tech
**simple** (adj.) សាមញ្ញ samanhnh
**simpleton** (n.) មនុស្សភ្លីភ្លើ mnous phli pleu
**simplicity** (n.) ភាពសាមញ្ញ pheap samanhnh
**simplification** (n.) ភាពសាមញ្ញ pheap samanhnh
**simplify** (v.) ធ្វើឱ្យសាមញ្ញ samanhnh
**simultaneous** (adj.) ក្នុងពេលដំណាលគ្នា knong pel damnal knea
**sin** (v.) ធ្វើបាប tveu bab
**sin** (n.) បាប bab
**since** (conj.) ដោយសារតែ doy sa tae
**since** (adv.) ចាប់តាំងពី chab tang pi

since *(prep.)* ចាប់តាំងពី chab tang pi
sincere *(adj.)* ដោយស្មោះត្រង់ daoy smaoh trang
sincerity *(n.)* ភាពស្មោះត្រង់ pheap smaoh trang
sinful *(adj.)* មានបាប mean bab
sing *(v.)* ច្រៀង chrieng
singe *(n.)* ស្នាមខ្លោច snam khloach
singe *(v.)* រោល រោលកសេីៗ roal roleak ser ser
singer *(n.)* អ្នកចំរៀង nak chamrieng
single *(n.)* នៅលីវ nov liv
single *(v.)* ចុចយកតែមួយ choch yok tae muoy
single *(adj.)* នៅលីវ nov liv
single-handedly *(adv.)* ដោយដៃតែមួយ daoy dai te muoy
singular *(adj.)* នៃឯកវចនៈ nei ekavachanak
singularity *(n.)* ឯកវចនៈ ekavachanak
singularly *(adv.)* ដោយអស្ចារ្យ doy os char
sinister *(adj.)* សាហាវ sahav
sink *(n.)* កន្លែងលាងដៃ kongleng leang dai
sink *(v.)* លិច lich
sinner *(n.)* មនុស្សមានបាប mnouss mean bab
sinuous *(adj.)* ដែលអង្កាញ់ del angkanh
sip *(n.)* ការជីប kar chib
sip *(v.)* ជីប chib
sir *(n.)* លោក lok
siren *(n.)* ស៊ីរ៉ែន siren
sister *(n.)* បងប្អូនស្រី bang pa-oun srei
sisterhood *(n.)* ភាពជាបងប្អូនស្រី pheap chea bong pa-oun srei
sisterly *(adj.)* បងប្អូនស្រី bang paaun srei
sit *(v.)* អង្គុយ ang kouy
site *(n.)* តំបន់បណ្ដាញ tambon bondanh
situation *(n.)* ស្ថានភាព sthan pheap
six *(n.)* ប្រាំមួយ bram muoy
sixteen *(n., adj.)* ដប់ប្រាំមួយ dob bram muoy
sixteenth *(adj.)* ទីដប់ប្រាំមួយ ti dob bram muoy
sixth *(adj.)* ទីប្រាំមួយ ti bram muoy
sixtieth *(adj.)* ហុកសិប hokseb

sixty *(n., adj.)* ហុកសិប hokseb
sizable *(adj.)* គួរឱ្យចាប់ចិត្ត kuor aoy chab chett
size *(n.)* ទំហំ tom houm
size *(v.)* រៀបតាមទំហំ reab tam tom houm
sizzle *(n.)* សូរស៊ីៗ sau seu seu
sizzle *(v.)* បន្លឺសូរស៊ីៗ bonleu sau seu seu
skate *(n.)* ការជិះស្គី ka chih ski
skate *(v.)* ជិះស្គី chih ski
skater *(n.)* អ្នកជិះស្គី nak chih ski
skein *(n.)* ដុំ អំបោះ dom omboh
skeleton *(n.)* គ្រោងឆ្អឹង krong chhaoeng
sketch *(v.)* គូរគំនូរព្រាង ku koumnur preang
sketch *(n.)* គំនូរព្រាង koumnur preang
sketchy *(adj.)* ព្រាង preang
skid *(n.)* ស្បែកជើងរអិល sbekcheung romel
skid *(v.)* រអិលទៅចំហៀង ror el tov chamhieng
skilful *(adj.)* ស្ទាត់ជំនាញ stoat chomneanh
skill *(n.)* ជំនាញ chomneanh
skin *(v.)* បកស្បែក bok sbek
skin *(n.)* ស្បែក sbek
skip *(n.)* ការផ្លោះ ka phloah
skip *(v.)* រំលង romlong
skipper *(n.)* មេបញ្ជាការនាវា me banhcheaka neavea
skirmish *(v.)* ប្រយុទ្ធ brayoutth
skirmish *(n.)* ការប្រយុទ្ធ kar brayoutth
skirt *(v.)* ជៀសវាង chieah veang
skirt *(n.)* សំពត់ saampot
skit *(n.)* ឆាកកំប្លែងខ្លី chakkambleng khlei
skull *(n.)* លលាដ៍ក្បាល lorlea kbal
sky *(v.)* បោះទៅលើមេឃ boh tov leu mekh
sky *(n.)* មេឃ mekh
skyscraper *(n.)* អាគារខ្ពស់ akar khpos
slab *(n.)* បន្ទះ banteaah
slack *(adj.)* យឺត yeut
slacken *(v.)* បន្ធូរបន្ថយ banthour banthoy
slacks *(n.)* ចំណិត chamnet
slake *(v.)* ទប់ toub
slam *(n.)* សូរក្តាំង sou kdang
slam *(v.)* ទះ teah

slander (n.) ការនិយាយបង្កាច់បង្អូច ka niyeay bangkach bangkhouch
slander (v.) និយាយបង្កាច់បង្អូច niyeay bangkach bangkhouch
slanderous (adj.) ដែលបង្កាច់បង្អូច del bangkach bangkhouch
slang (n.) ពាក្យនិយាយសាមញ្ញ peak niyeay samanh
slant (n.) ជម្រាល chomreal
slant (v.) ធ្វើអោយជ្រាល thveu aoy chreal
slap (v.) ទះ teah
slap (n.) ការទះ ka teah
slash (n.) សញ្ញាទ្រេត sanhnhea tret
slash (v.) ដាក់សញ្ញាទ្រេត dak sanhnha tret
slate (n.) បន្ទះថ្ម banteaa thmor
slather (v.) រអិល rel
slattern (n.) ស្រីកខ្វក់ srei kakhvak
slatternly (adj.) ដែលជាស្រីកខ្វក់ del chea srei kakhvak
slaughter (v.) សំលាប់ saam lab
slaughter (n.) ការសំលាប់ kar saam leab
slave (v.) ធ្វើទាសករ tveu teasakor
slave (n.) ទាសករ teasakor
slavery (n.) ទាសភាព teasapheap
slavish (adj.) ដែលដូចជាទាសករ del doch chea teasakor
slay (v.) សម្លាប់ samlab
sleek (adj.) រលោង rlong
sleep (n.) ដំនេក domnek
sleep (v.) គេង keng
sleeper (n.) អ្នកល្មោភដេក nak lmoph dek
sleepy (adj.) ងងុយគេង ngor ngouy keng
sleeve (n.) ដៃអាវ dai av
sleight (n.) ការប៉ិនប្រសប់ ka pen brosob
slender (adj.) ស្លើង sderng
slice (v.) ចិតចំណិត chet chamnet
slice (n.) ចំណិត chamnet
slick (adj.) រអិល ro el
slide (n.) ស្លាយ slay
slide (v.) រអិលចុះ rom el choh
slight (n.) ការមើលស្រាល ka meul sral
slight (v.) មើលស្រាល meul sral

slight (adj.) ស្រាល sral
slim (v.) ធ្វើឱ្យស្លើង tveu oy sderng
slim (adj.) ស្លើង sderng
slime (n.) រអិល ro el
slimy (adj.) ដែលរអិល del ro el
sling (n.) ខ្សែស្ពាយ ksae speay
slip (n.) ការអិល kar ro el
slip (v.) រអិល ro el
slip road (n.) ផ្លូវរអិល phlauv ro el
slipper (n.) ស្បែកជើងផ្ទាត់ sbekcheung ro el
slippery (adj.) រអិល ro el
slipshod (adj.) ធ្វេសប្រហែស tves brohes
slit (v.) ទម្លុះ tomlus
slit (n.) រន្ធក្រហែង ronth kro haeng
slogan (n.) ពាក្យស្លោក peak sloak
slope (v.) ធ្វើអោយជ្រាលទេរ tveu oy chomreal
slope (n.) ជម្រាល chomreal
slot (n.) រន្ធដោត ronth daot
slot. (v.) ដោតរន្ធ doath ronth
sloth (n.) សេចក្តីខ្ជិលច្រអូស sechkdei khchel chraa ous
slothful (n.) ខ្ជិលច្រអូស khchel chraa ous
slough (v.) សក sork
slough (n.) សំណក som nork
slovenly (adj.) ដែលស្មោគគ្រោគ del smoak kroak
slow (v.) បន្ថយល្បឿន bonthoay labeun
slow (adj.) យឺត yeut
slow motion (n.) ចលនាយឺត cholana yeut
slowly (adv.) យ៉ាងយឺត yang yeut
slowness (n.) ភាពយឺត pheap yeut
sluggard (n.) មនុស្សខ្ជិលច្រអូស monus khchel chro ous
sluggish (adj.) យឺត yeut
sluice (n.) សន្ទះទំនប់ទឹក sonteah tomnob teuk
slum (n.) តំបន់អនាធិបតេយ្យ dombon anatebpatai
slumber (n.) ការដេកដំងុលងក់ ka dek dor long luk
slumber (v.) ដេកលក់ dek luk

slump *(v.)* ធ្លាក់ចុះ thleak choh
slump *(n.)* ការធ្លាក់ចុះ ka thleak choh
slur *(n.)* ការនិយាយឡលៗ ka niyeay lol lol
slush *(n.)* ភក់ phuk
slushy *(adj.)* ដែលមានភក់ del mean phuk
slut *(n.)* ស្រីចេឹក srey cherk
sly *(adj.)* ដែលមានកលល្បិច del mean kol labech
smack *(v.)* ទះ teah
smack *(n.)* ការទះ ka teah
small *(n.)* ភាពតិចតូច pheap tich tuoch
small *(adj.)* តូច tauch
smallpox *(n.)* ជំងឺអុតចាច chomngue touch tach
smart *(v.)* ឆ្លាត chhlat
smart *(n.)* ភាពវៃឆ្លាត pheap vei chhlat
smart *(adj.)* ឆ្លាត chhlat
smartly *(adv.)* ដោយឆ្លាតវៃ doy chhlat vei
smash *(n.)* ការវាយបំបែក ka veay bambek
smash *(v.)* វាយបំបែក veay bambek
smear *(n.)* ការលាបថ្នាំ ka leab thnam
smear *(v.)* លាបថ្នាំ leab thnam
smell *(v.)* ហិតក្លិន het klen
smell *(n.)* ក្លិន klen
smelt *(v.)* រលាយ (លោហធាតុ) roleay
smile *(v.)* ញញឹម nhor nhem
smile *(n.)* ស្នាមញញឹម snam nhor nhem
smith *(n.)* ជាង (ដែក មាស) cheang (dek meas)
smock *(n.)* អាវរលុងស្ត្រី av rolong strei
smog *(n.)* ផ្សែងអ័ព្ទ phsaeng apt
smoke *(v.)* អាំង ang
smoke *(n.)* ផ្សែង phsaeng
smoking *(n.)* ជក់បារី chuk barei
smoky *(adj.)* ដែលមានផ្សែង del mean phsaeng
smooth *(v.)* ធ្វើឱ្យរលោង tveu oy rolong
smooth *(adj.)* រលោង roloang
smoothie *(n.)* ទឹកស្មូធី teuk smoothie
smother *(v.)* ធ្វើអោយចប់ខ្យល់ tveu oy thob kyol
smoulder *(v.)* ឆេះបន្តិចៗ cheh bontich bontich
smug *(adj.)* អួត uot
smuggle *(v.)* រត់ពន្ធ rot ponth
smuggler *(n.)* អ្នករត់ពន្ធ nak rot ponth
snack *(n.)* អាហារសម្រន់ ahar samron
snag *(n.)* ឧបសគ្គ upak sak
snail *(n.)* ខ្យង khyang
snake *(v.)* បត់ចុះបត់ឡើង bot choh bot lerng
snake *(n.)* ពស់ pos
snap *(v.)* ស្រខ្វាប់ so khvab
snap *(adj.)* ភ្លាមៗ phleam phleam
snap *(v.)* ផ្តាច់ phtaot
snapshot *(n.)* រូបថត toub thoat
snare *(v.)* ដាក់អន្ទាក់ dak anteak
snare *(n.)* អន្ទាក់ anteak
snarl *(v.)* បង្កើតឧបសគ្គ bangkert ubpasak
snarl *(n.)* ការប្រទាក់ឆ្នាក់ ka broteak chhvak
snatch *(n.)* ការចាប់យក ka chab yok
snatch *(v.)* ចាប់យក chab yok
sneak *(n.)* មនុស្សលាក់ពុត monus leak put
sneak *(v.)* លួចចូល luoch choul
sneer *(n.)* ទឹកមុខសម្តែងសេចក្តីមើលងាយ teuk moukh somdeng sechkdei meul ngeay
sneer *(v.)* ចំអក chom ork
sneeze *(n.)* ការកណ្តាស់ ka kondas
sneeze *(v.)* កណ្តាស់ kondas
sniff *(n.)* ការហិត kar heut
sniff *(v.)* ស្រងក្លិន srang klen
sniper *(n.)* អ្នកលបបាញ់ nak lob banh
snob *(n.)* មនុស្សវាយប្អូក monous veay ruek
snobbery *(n.)* ដំណើរវាយប្អូក damner veay ruek
snobbish *(adj.)* ធ្វើប្អូកពា thveu ruek pea
snoop *(v.)* លបលួចមើល lob luoch meul
snoot *(n.)* ច្រមុះ chro moh
snooze *(v.)* លង់លក់ long luk
snore *(n.)* ការស្រមុក kar sramouk
snore *(v.)* ស្រមុក sramouk
snort *(n.)* ស្ងូរស្រមុក so sramouk
snort *(v.)* បញ្ចេញខ្យល់ខ្លាំងតាមច្រមុះ banhchenh khyal khlang tam chramouh

**snout** *(n.)* ច្រមុះ chramouh
**snow** *(v.)* ធ្លាក់ព្រិល thleak pril
**snow** *(n.)* ព្រិល pril
**snow boot** *(n.)* ស្បែកជើងព្រិល sbekcheung pril
**snowfall** *(n.)* ការធ្លាក់ព្រិល ka thleak pril
**snowy** *(adj.)* ដែលធ្លាក់ព្រិល del thleak pril
**snub** *(adj.)* ខ្លីជាងធម្មតា khlei cheang thommoda
**snub** *(n.)* ប្រើពាក្យទ្រគោះបោះបោក brer peak trokoh boh boak
**snub** *(v.)* ធ្វើព្រងើយកន្តើយដាក់ដោយមើលងាយ thveu pro ngeuy kontery dak daoy meul ngeay
**snuff** *(n.)* ការហឹតខ្លាំង kar heut khlang
**snug** *(n.)* បន្ទប់មានផាសុខភាព bantob mean pha sokhpheap
**so** *(adv.)* យ៉ាងខ្លាំង yang klang
**so** *(conj.)* ដូច្នេះ dauch neh
**soak** *(n.)* ការត្រាំ ka tram
**soak** *(v.)* ត្រាំ tram
**soap** *(v.)* ដុះសាប៊ូ doh sabu
**soap** *(n.)* សាប៊ូ sabu
**soapy** *(adj.)* ដែលមានសាប៊ូ del mean sabu
**soar** *(v.)* ឡើងយ៉ាងរហ័ស lerng yang rohas
**sob** *(n.)* ការយំខ្សឹកខ្សួល kar khsaoek khsauol
**sob** *(v.)* យំខ្សឹកខ្សួល yom khsaoek khsauol
**sober** *(adj.)* ដឹងខ្លួន doeng khluon
**sobriety** *(n.)* ភាពតកលេងសើច pheap ot leng serch
**sociability** *(n.)* ភាពរាក់ទាក់ pheap reak teak
**sociable** *(adj.)* ដែលរាក់ទាក់ del reak teak
**social** *(n.)* សង្គម sangkom
**socialism** *(n.)* សង្គមនិយម sangkom niyom
**socialist** *(n.)* ពួកសង្គមនិយម puk sangkom niyom
**socialite** *(n.)* ជនវណ្ណះខ្ពស់ chun vannak khpoh
**society** *(n.)* សង្គម sangkom
**sociology** *(n.)* សង្គមវិទ្យា sangkom vityea
**sock** *(n.)* ស្រោមជើង sraom cheung
**socket** *(n.)* រន្ធដុយ ronth duy
**sod** *(n.)* ស្មៅដុះចាក់ប្លុស smao doh chak reuh

**sodomite** *(n.)* អ្នករួមភេទតាមរន្ធគូថ nak roum pet tam ron kuot
**sodomy** *(n.)* ការរួមភេទតាមរន្ធគូថ ka roum pet tam ron kuot
**sofa** *(n.)* សាឡុង salong
**soft** *(adj.)* ទន់ ton
**soft copy** *(n.)* ច្បាប់ចម្លងទន់ chbab chamlong ton
**soften** *(v.)* ធ្វើឱ្យទន់ thveu aoy ton
**softener** *(n.)* ថ្នាំបន្ទន់ thnam banton
**soggy** *(adj.)* ដែលសទឹកជោក del tor teuk chok
**soil** *(v.)* ធ្វើអោយប្រឡាក់ tveu oy brolak
**soil** *(n.)* ដី dei
**sojourn** *(n.)* ទីសំចត ti saamchot
**sojourn** *(v.)* សំចតស្នាក់អាស្រ័យបណ្ដោះអាសន្ន saamchot snak asray bandaoh a san
**solace** *(v.)* លួងលោមចិត្ត luonglom chett
**solace** *(n.)* ការលួងលោមចិត្ត kar luonglom chett
**solar** *(adj.)* ព្រះអាទិត្យ preah atit
**solar panel** *(n.)* បន្ទះសូឡា banteah sau la
**solder** *(v.)* ធ្វើរឹងបឹង thveu reung boeng
**solder** *(n.)* ទាហាន tea hean
**soldier** *(v.)* ធ្វើទាហាន tveu teahean
**soldier** *(n.)* ទាហាន teahean
**sole** *(v.)* តែមួយគត់ te muoy kot
**sole** *(adj.)* តែមួយគត់ te muoy kot
**sole** *(n.)* តែមួយគត់ te muoy kot
**solemn** *(adj.)* ដ៏ខឡារិក dor o la rik
**solemnity** *(n.)* ភាពខឡារិក pheap ularik
**solemnize** *(v.)* ដំខឡារិក dor ularik
**solicit** *(v.)* ការលួងលោម kar luong lom
**solicitation** *(n.)* ការលួងលោម kar luong lom
**solicitor** *(n.)* អ្នកសុំ nak som
**solicitous** *(adj.)* ទោល tol
**solicitude** *(n.)* ទោល tol
**solid** *(n.)* ភាពរឹង pheap reung
**solid** *(adj.)* រឹង reung
**solidarity** *(n.)* សាមគ្គីភាព samok kipheap
**solidify** *(v.)* ពង្រឹង pong reung

**soliloquy** *(n.)* ការនិយាយម្នាក់ឯង kar niyeay mneak eng
**solitaire** *(n.)* អ្នកនៅម្នាក់ឯង nak nov mneak eng
**solitary** *(adj.)* នៅលីវ now liv
**solitude** *(n.)* នៅតែឯង nov te eng
**solo** *(adj.)* ទោល tol
**solo** *(adv.)* ទោល tol
**solo** *(n.)* ទោល tol
**soloist** *(n.)* អ្នកលេងភ្លេង nak leng phleng
**solubility** *(n.)* ភាពរលាយ pheap roleay
**soluble** *(adj.)* រលាយ roleay
**solution** *(n.)* ដំណោះស្រាយ damnaoh sray
**solve** *(v.)* ដោះស្រាយ daoh sray
**solvency** *(n.)* សធនភាព sa thon pheap
**solvent** *(n.)* សារធាតុរំលាយ sar theat romleay
**solvent** *(adj.)* សារធាតុរំលាយ sar theat romleay
**sombre** *(adj.)* ដែលងងឹត del ngor ngut
**some** *(pron.)* ខ្លះ khlah
**some** *(adj.)* ខ្លះ khlah
**somebody** *(n.)* នរណាម្នាក់ norna mneak
**somebody** *(pron.)* នរណាម្នាក់ norna mneak
**somehow** *(adv.)* ដូចម្តេច dauch mdech
**someone** *(pron.)* អ្នកណាម្នាក់ nakna mneak
**somersault** *(v.)* ដាំទឹង dam ting
**somersault** *(n.)* ការដាំទឹង kar dam ting
**something** *(adv.)* អ្វីមួយ avei muoy
**something** *(pron.)* អ្វីមួយ avei muoy
**sometime** *(adv.)* ពេលខ្លះ pel khlah
**sometimes** *(adv.)* ពេលខ្លះ pel khlah
**somewhat** *(adv.)* បន្តិច bantich
**somewhere** *(adv.)* កន្លែងណាមួយ kanleng na muoy
**somnambulism** *(n.)* មមើមមាយដើរទាំងដេកលក់ momeu momeay der teang dek Lurk
**somnambulist** *(n.)* អ្នកមមើមមាយដើរទាំងដេកលក់ nak momeu momeay der teang dek Lurk
**somnolence** *(n.)* ខ្ជិលច្រអូស khchel chra ous
**somnolent** *(adj.)* ងងុយដេក ngor gouy dek
**son** *(n.)* កូនប្រុស kaun bros

**song** *(n.)* ចម្រៀង chamrieng
**songster** *(n.)* ចម្រៀង chamrieng
**sonic** *(adj.)* នៃសំឡេង nei saamleng
**sonnet** *(n.)* ពាក្យឃ្លោងមួយបែប peak khlong muoy beb
**sonography** *(n.)* ការឆ្លុះមើលការលូតលាស់របស់កូររើសរីពាងកាយ kar chhloh meul kar lout loas robos kor reu saripeang kay
**soon** *(adv.)* ឆាប់ chhab
**soot** *(v.)* កកដោយប្រែងភ្លើង kok doy mreng phleung
**soot** *(n.)* ប្រែងភ្លើង mreng phleung
**soothe** *(v.)* លួងលោម luong lom
**sophism** *(n.)* សុភាសិត sopheaset
**sophist** *(n.)* ទំនើប tomneub
**sophisticate** *(n.)* សុភាពបុរស sopheap boros
**sophisticated** *(adj.)* ទំនើប tomneub
**sophistication** *(n.)* ភាពទំនើប pheap tomneub
**sorcerer** *(n.)* អាបធ្មប់ ab thmob
**sorcery** *(n.)* អាបធ្មប់ ab thmob
**sordid** *(adj.)* ដែលគួរអោយខ្ពើមរអើម del kuor aoy khpeum ror aem
**sore** *(n.)* ឈឺ chheu
**sore** *(adj.)* ឈឺ chheu
**sorrow** *(v.)* មានទុក្ខព្រួយ toukkh pruoy
**sorrow** *(n.)* ទុក្ខព្រួយ toukkh pruoy
**sorry** *(adj.)* សុំទោស somtos
**sort** *(n.)* ប្រភេទ bro pet
**sort** *(v.)* តម្រៀប damrieb
**soul** *(n.)* ព្រលឹង proleung
**sound** *(v.)* បញ្ចេញសំឡេង bonhchenh somleng
**sound** *(n.)* សំឡេង saamleng
**sound** *(adj.)* ដែលសម del som
**sound system** *(n.)* ប្រព័ន្ធសំលេង bropon somleng
**soundproof** *(adj.)* គ្មានសម្លេង kmean samleng
**soundtrack** *(n.)* បទភ្លេង bot phleng
**soup** *(n.)* ស៊ុប soub
**sour** *(v.)* ជូរ chour

sour (adj.) ជូរ chour
source (n.) ប្រភព braphop
south (n.) ខាងត្បូង khang tbaung
south (adj.) នៃខាងត្បូង nei khang tbaung
south (adv.) ទៅខាងត្បូង tov khang tbaung
southerly (adj.) ភាគអាគ្នេយ៍ pheak akne
southern (adj.) នៅភាគខាងត្បូង nov pheak khang tbaung
souvenir (n.) វត្ថុអនុស្សាវរីយ៍ vottho anoussa vori
sovereign (adj.) អធិបតេយ្យ athib teyy
sovereign (n.) អធិបតេយ្យ athib teyy
sovereignty (n.) អធិបតេយ្យភាព athib teyy pheap
sow (v.) សាបព្រោះ sab pruos
sow (n.) ជ្រូកញីពេញវ័យ chrouk nhi penh vei
space (v.) ទុកចន្លោះ tuk chanloh
space (n.) ចន្លោះ chanloh
spacecraft (n.) យានអវកាស yean av kas
spacious (adj.) ទូលាយ touleay
spade (v.) ជីក chik
spade (n.) ចបជីក chabchik
span (v.) លាតសន្ធឹង leat sonthoeng
span (n.) វិសាលភាព visaal pheap
Spaniard (n.) មនុស្សមកពីអេស្ប៉ាញ monus mok pi espanh
spaniel (n.) ឆ្កែមួយបែប chhkae mouy beb
Spanish (n.) ជនជាតិអេស្ប៉ាញ chon cheat espanh
Spanish (adj.) អេស្ប៉ាញ esbanh
spanner (n.) ចំណុចសំខាន់ chamnoch saamkhan
spare (adj.) ទំនេរ tom ne
spare (n.) ទំនេរ tom ne
spare (v.) ចំណាយពេល chom nay pel
spark (v.) បញ្ចេញផ្កាភ្លើង bonchen phka phleung
spark (n.) ផ្កាភ្លើង phka phleung
sparkle (n.) ការឡើងថ្លាឆ្វង ka lerng thla chhvong
sparkle (v.) ចាំងផ្លេកៗ chang plek plek
sparrow (n.) ចាប chab
sparse (adj.) ដែលឃ្លាតពីគ្នា del kleat pi knea

spasm (n.) ការញាក់សាច់ដុំយ៉ាងខ្លាំង kar nheak sach dom yeang khlang
spasmodic (adj.) ដែលកន្ត្រាក់ជាប់ del kantrak choab
spate (n.) ជននន៍ទឹកទន្លេ chomnun teuk tonle
spatial (adj.) ចន្លោះ chanloh
spawn (v.) ពង pong
spawn (n.) ពង pong
speak (v.) និយាយ niyeay
speaker (n.) អ្នកនិយាយ nak niyeay
spear (v.) ចាក់នឹងលំពែង chak neung lompeng
spear (n.) លំពែង lompeng
spearhead (v.) នាំមុខ nom mouk
spearhead (n.) ផ្លែលំពែង phlae lompeng
special (adj.) ពិសេស pises
specialist (n.) អ្នកជំនាញ nak chomneanh
speciality (n.) ឯកទេស ek tes
specialization (n.) ជំនាញ chomneanh
specialize (v.) មានជំនាញខាង mean chomneanh khang
species (n.) ប្រភេទសត្វ braphet sat
specific (adj.) ជាក់លាក់ cheakleak
specification (n.) ការបញ្ជាក់ kar banhcheak
specify (v.) បញ្ជាក់ banhcheak
specimen (n.) គំរូ koumrou
speck (n.) ស្នាមតូចមួយ snam tauch muoy
speckle (n.) ស្នាមប្រឡាក់តូចៗ snam bro lak tauch tauch
spectacle (n.) ទស្សនីយភាព tos saaniy pheap
spectacular (adj.) អស្ចារ្យ aschar
spectator (n.) អ្នកទស្សនា naka tossaana
spectre (n.) ខ្មោច khmoach
spectrum (n.) វិសាលគម visaal km
speculate (v.) ស្មាន sman
speculation (n.) ការរំពឹងទុក kar rompung touk
speech (n.) សុន្ទរកថា sontorakatha
speed (v.) បន្ថែមល្បឿន bonthaem lbuen
speed (n.) ល្បឿន lbuen
speedily (adv.) យ៉ាងឆាប់រហ័ស yeang chhab rohas

**speedy** *(adj.)* រហ័ស rohas
**spell** *(v.)* ប្រកបអក្សរ brokob aksor
**spell** *(n.)* អក្ខរាវិរុទ្ធ akkhara viroutth
**spelling** *(n.)* ការប្រកប kar brokob
**spend** *(v.)* ចំណាយ chamnay
**spendthrift** *(n.)* មនុស្សខ្ជះខ្ជាយប្រាក់ monus khcheah khcheay
**sperm** *(n.)* មេជីវិតឈ្មោល me chivit chhmol
**sphere** *(n.)* ស្វ៊ែរ sver
**spherical** *(adj.)* នៃស្វ៊ែរ nei sver
**spice** *(v.)* ដាក់គ្រឿងទេស dak kruengtes
**spice** *(n.)* គ្រឿងទេស kruengtesa
**spicy** *(adj.)* ហឺរ heur
**spider** *(n.)* ពីងពាង ping peang
**spike** *(v.)* ធ្វើឲ្យលែងអោយមាន tveu oy leng mean
**spike** *(n.)* ដែកគោល daek koal
**spill** *(n.)* ការកំពប់ ka kompob
**spill** *(v.)* កំពប់ kompob
**spin** *(n.)* ការបង្វិល kar bong vil
**spin** *(v.)* វិល vil
**spinach** *(n.)* ស្ពៃខៀវ spei khiev
**spinal** *(adj.)* ឆ្អឹងខ្នង chhaoeng khnang
**spindle** *(n.)* ដុំរទេះ dom roteh
**spine** *(n.)* ឆ្អឹងខ្នង chhaoeng khnang
**spinner** *(n.)* អ្នកវៃកប្បាស nak vei kabas
**spinster** *(n.)* ស្ត្រីខ្មៅ spai khmao
**spiral** *(adj.)* វង់ vong
**spiral** *(n.)* វង់ vong
**spirit** *(n.)* វិញ្ញាណ vinhnhean
**spirited** *(adj.)* បានលើកទឹកចិត្ត ban leuk teuk chett
**spiritual** *(adj.)* ខាងវិញ្ញាណ khang vinhnhean
**spiritualism** *(n.)* ចេតោនិយម chet toa niyom
**spiritualist** *(n.)* អ្នកចេតោនិយម nak chet toa niyom
**spirituality** *(n.)* ខាងវិញ្ញាណ khang vinhnhean
**spit** *(n.)* ទឹកមាត់ teuk moat
**spit** *(v.)* ស្តោះទឹកមាត់ sdaoh teuk moat
**spite** *(n.)* ទោះបី toh bei
**spittle** *(n.)* កំហាក kom hak
**spittoon** *(n.)* កន្ថោរ kan thoa

**splash** *(n.)* អ្វីដែលសាចទៅលើអ្វីមួយ avei del sach tov leu avey mouy
**splash** *(v.)* សាចចេញ sach chenh
**spleen** *(n.)* កំហឹង kom hoeng
**splendid** *(adj.)* អស្ចារ្យ aschar
**splendour** *(n.)* ភាពប្រសើរថ្លៃថ្លា pheap proser thlai thla
**splinter** *(v.)* ពុះ pouh
**splinter** *(n.)* បំណែក bomnek
**split** *(n.)* ការបែកបាក់គ្នា ka baek bak knea
**split** *(v.)* បំបែក bom baek
**spoil** *(v.)* ទំរេស tom reus
**spoil** *(n.)* ទ្រព្យឈ្លើយ trob chhleuy
**spoke** *(n.)* កំកង់ kam kong
**spokesman** *(n.)* អ្នកនាំពាក្យ nak nom peak
**sponge** *(v.)* ជូត (នឹងអេប៉ុង) chuot neung e pong
**sponge** *(n.)* អេប៉ុង e pong
**sponsor** *(v.)* ឧបត្ថម្ភ uk pa thom
**sponsor** *(n.)* អ្នកឧបត្ថម្ភ nak uk pa tom
**spontaneity** *(n.)* ដោយឯកឯង doy ek eng
**spontaneous** *(adj.)* ឯកឯង ek eng
**spoon** *(n.)* ស្លាបព្រា slab prea
**spoon** *(v.)* បញ្ចុកនឹងស្លាបព្រា banhchok neung slab prea
**spoonful** *(n.)* ចំណុះមួយស្លាបព្រាពេញ chomnoh mouy slab prea
**sporadic** *(adj.)* យូរៗម្តង yu yu madong
**sport** *(v.)* ពាក់បង្ហាញ peak bonghanh
**sport** *(n.)* កីឡា kei la
**sportive** *(adj.)* ចូលចិត្តលេងច្រើន choul chet leng kei la
**sportsman** *(n.)* អ្នកលេងកីឡា nak leng kei la
**spot** *(v.)* ប្រទះភ្នែក broteah pnek
**spot** *(n.)* កន្លែង kei la
**spotless** *(adj.)* គ្មានស្នាម kmean snam
**spotlight** *(n.)* ចំណុចផ្តោតអារម្មណ៍ chomnoch pdoat arom
**spousal** *(adj.)* ដែលជាប្តីប្រពន្ធ del chea pdei bro pon
**spouse** *(n.)* ប្តីប្រពន្ធ bdei pro pon
**spout** *(v.)* បាញ់ចេញ banh chenh
**spout** *(n.)* ចំពុយ chom pouy

**sprain** (n.) ការគ្រេចឆ្លោះ ka krech thloah
**sprain** (v.) គ្រេចឆ្លោះ krech thloah
**spray** (v.) បាញ់ (ទឹក ថ្នាំ ប្រេង) banh teuk thnam preng
**spray** (n.) ស្ព្រាយបាញ់ sray banh
**spread** (n.) ការឆ្លងរាលដាល kar chhlang realdal
**spread** (v.) ការឆ្លងរាលដាល kar chhlang realdal
**spree** (n.) ការធ្វើហួសប្រមាណ ka tveu hous proman
**sprig** (n.) ពន្លក ponlok
**sprightly** (adj.) ដែលរហ័សរហួន del rohas rohoun
**spring** (n.) និទាឃរដូវ ni teak khak rodov
**spring** (v.) ដុះឡើង doh lerng
**sprinkle** (v.) រោយ roy
**sprint** (n.) ការរត់សាប់ (លឿន) ka rot sab leun
**sprint** (v.) រត់សាប់ rot sab
**sprout** (n.) ពន្លក ponlok
**sprout** (v.) ចេញពន្លក chenh ponlok
**spur** (v.) ជំរុញ chomrounh
**spur** (n.) គ្រឿងជំរុញទឹកចិត្ត kreung chomrunh teuk chet
**spurious** (adj.) ដែលក្លែងក្លាយ del khlaeng khlay
**spurn** (v.) ច្រានចេញ (ទាំង មើលងាយ) chran chenh tang meul ngeay
**spurt** (n.) សន្ទុះ sontuh
**spurt** (v.) បាញ់ចេញ banh chenh
**sputnik** (n.) ដៃគូធ្វើដំណើរ dei ku tveu domner
**sputum** (n.) កំហាក kom hak
**spy** (v.) យកការណ៍សំងាត់ yok ka somngat
**spy** (n.) ចារកម្ម charokamm
**squad** (n.) ក្រុម krom
**squadron** (n.) កងអនុសេនាធំ kang anuk sena tauch
**squalid** (adj.) ដែលស្មោកគ្រោក del smok kroak
**squalor** (n.) ភាពស្មោកគ្រោក pheap smoak kroak

**squander** (v.) ចាយ វាយខ្ជះខ្ជាយ chay veay kchas kcheay
**square** (adj.) នៃក្រឡាបួនជ្រុង nei krola boun chrung
**square** (v.) គុណនឹងចំនួនដដែល kun neung chomnun dor del
**square** (n.) ការ៉េ ka re
**squash** (n.) ការបំផ្លាញ kar bamphlanh
**squash** (v.) កម្ទេច kom tech
**squat** (v.) អង្គុយច្រហោង angkouy chrohoung
**squeak** (v.) បន្លឺសូរងឺត bonleu so ngeut
**squeak** (n.) សូរសង្កៀត so songkeat
**squeeze** (v.) ច្របាច់ chrabach
**squint** (n.) ភ្នែកស្រឡង pnek sroleang
**squint** (v.) មើលដោយបើកភ្នែកព្រឹមៗ meul doy pnek berk prem prem
**squire** (n.) ម្ចាស់ភូមិគ្រឹះ mchas phoum kreuh
**squirrel** (n.) កំប្រុក kambrok
**stab** (n.) ការចាក់ ka chak
**stab** (v.) ចាក់ chak
**stability** (n.) ស្ថេរភាព sthero pheap
**stabilization** (n.) ការធ្វើឱ្យមានស្ថេរភាព ka tveu oy mean sthero pheap
**stabilize** (v.) ធ្វើឱ្យមានស្ថេរភាព sthero pheap
**stable** (n.) ក្រោល (សត្វ) kroal satt
**stable** (v.) បញ្ចូលក្រោល banh choul kroal
**stable** (adj.) មានស្ថេរភាព mean sthero pheap
**stadium** (n.) ពហុកីឡដ្ឋាន phohuk keila dthan
**staff** (v.) ផ្ដល់បុគ្គលិក pdol bokolik
**staff** (n.) បុគ្គលិក bokkolik
**stag** (n.) ក្ដាន់ឈ្មោល kdan chhmoal
**stage** (v.) សម្ដែង somdeng
**stage** (n.) ឆាក chhak
**stagger** (n.) ដំណើរត្រេតត្រោត dom ner tret troat
**stagger** (v.) ដើរត្រេតត្រោត der tret troat
**stagnant** (adj.) ដែលនៅទ្រឹង del nov treung
**stagnate** (v.) នៅទ្រឹង nov treung
**stagnation** (n.) ការជាប់គាំង ka choab keang
**staid** (adj.) ដែលនឹងធឹង del neung theung

**stain** *(v.)* ធ្វើអោយប្រឡាក់ប្រឡូក tveu oy brolak brolok
**stain** *(n.)* ស្នាមប្រឡាក់ snam brolak
**stainless** *(adj.)* ដែលគ្មានស្នាមប្រឡាក់ del kmean snam brolak
**stair** *(n.)* ជណ្ដើរ chonder
**staircase** *(n.)* សំណុំជណ្ដើរ somnom chonder
**stake** *(v.)* បោះបង្គោល boh bongkol
**stake** *(n.)* បង្គោល bongkol
**stale** *(v.)* ធ្វើឱ្យចាស់ខូច tveu oy chas khouch
**stale** *(adj.)* ដែលចាស់ខូច del chas kouch
**stalemate** *(n.)* ការជាប់គាំង ka choab kang
**stalk** *(v.)* ឈ្លបចាប់ chhlob chab
**stalk** *(n.)* ទង tong
**stall** *(v.)* បង្អាក់ bong ak
**stall** *(n.)* ត្លប taub
**stallion** *(n.)* សេះឈ្មោល (តតក្រៀវ) seh chhmoal
**stalwart** *(adj.)* ដែលមោះមុត del moh mot
**stalwart** *(n.)* អ្នកតាំងទ្រដងមាំ nak kom tro dor reung mom
**stamina** *(n.)* អំណត់ធ្មត់ om not thmot
**stammer** *(v.)* និយាយជាប់ៗ ni yeay choab choab
**stammer** *(n.)* ការនិយាយស្ទាប់មិនបាន ka niyeay sdab min ban
**stamp** *(v.)* បោះត្រា boh tra
**stamp** *(n.)* ត្រា tra
**stampede** *(v.)* រត់ជាន់គ្នា rot choan knea
**stampede** *(n.)* ការរត់ជាន់គ្នា ka rot choan knea
**stand** *(n.)* ជំហរ chom hor
**stand** *(v.)* ឈរ chhor
**standard** *(adj.)* ដែលធម្មតាតាមបទដ្ឋាន del thomoda tam botthan
**standard** *(n.)* ស្ដង់ដារ stangdar
**standardization** *(n.)* ការធ្វើអោយដូចៗគ្នា ka tveu oy doch knea
**standardize** *(v.)* ធ្វើឱ្យមានស្ដង់ដារ thveu aoy mean stangdar
**standing** *(n.)* ឈរ chhor
**standpoint** *(n.)* ទស្សន: tossaanak

**standstill** *(n.)* ដំណើរឈប់ទ្រឹង dom ner chhob trueng
**stanza** *(n.)* បទកំណាព្យ bot kom nab
**staple** *(adj.)* ដែលសំខាន់ជាងគេ del somkhan cheang ke
**staple** *(v.)* គឹបភ្ជាប់ koeb phchob
**staple** *(n.)* ផលិតផលឬទំនិញសំខាន់ politaphol reu tomnich somkhan
**star** *(v.)* ដើរជាតួឯក der chea tour ek
**star** *(n.)* ផ្កាយ phkay
**starch** *(v.)* ជ្រលក់ម្សៅ msao
**starch** *(n.)* ម្សៅ msaow
**stardom** *(n.)* ភាពជាតួឯក pheap chea tour ek
**stare** *(n.)* ការសម្លឹងមើល ka samleung meul
**stare** *(v.)* សម្លឹងមើល samleung meul
**stark** *(adj.)* ដែលសោះកក្រោះ del soh kor kroh
**stark** *(adv.)* ទាំងស្រុង teang srong
**starry** *(adj.)* ដែលមានផ្កាយ del mean phkay
**start** *(n.)* ការចាប់ផ្ដើម ka chab pderm
**start** *(v.)* ចាប់ផ្ដើម chab pderm
**startle** *(v.)* ភ្ញាក់ផ្អើល phnheak phaa erl
**starvation** *(n.)* ការអត់ឃ្លាន kar ot khlean
**starve** *(v.)* ឃ្លាន khlean
**state** *(v.)* បញ្ជាក់ boncheak
**state** *(n.)* រដ្ឋ rodth
**stateliness** *(n.)* ភាពថ្លៃថ្នូរ pheap thlai thnou
**stately** *(adj.)* ដែលសម្បើម del somberm
**statement** *(n.)* សេចក្ដីថ្លែងការណ៍ sechaktei thlengkar
**statesman** *(n.)* រដ្ឋបុរស rot boros
**statewide** *(adj.)* ទូទាំងរដ្ឋ touteang rodth
**static** *(n.)* សំលេងខានតាមប្រព័ន្ធទូរគមនាគមន៍ somleng romkhan tam propong tourakak monea kom
**static** *(adj.)* មិនប្រែប្រួល min brae broul
**statics** *(n.)* ស្ថាទិក static
**station** *(n.)* ស្ថានីយ៍ stha ni
**station** *(v.)* ដាក់ទព dak tob
**stationary** *(adj.)* ដែលនឹងថ្កល់ del neung thkol

stationer (n.) អ្នកលក់សម្ភារៈការិយាល័យ nak lok somphearak kariyalay
stationery (n.) សម្ភារៈការិយាល័យ somphearak kariyalay
statistical (adj.) នៃស្ថិតិ nei sthe te
statistician (n.) អ្នកស្ថិតិ nak sthe te
statistics (n.) ស្ថិតិ sthe te
statue (n.) រូបសំណាក roub saamnak
stature (n.) កម្ពស់ kampos
status (n.) ឋាន: thna nak
statute (n.) លក្ខន្តិកៈ lakkhan tikak
statutory (adj.) ដែលមានលក្ខន្តិកៈ del mean lakkhan tikak
staunch (adj.) រឹង reung
stay (n.) ការស្នាក់នៅ ka snak nov
stay (v.) ស្នាក់នៅ snak nov
steadfast (adj.) ខ្ជាប់ខ្ជួន khchab khchuon
steadiness (n.) ស្ថេរភាព sther pheap
steady (v.) ធ្វើអោយនឹង tveu oy neung
steady (adj.) ដែលមានស្ថេរភាព del mean sther pheap
steal (v.) លួច luoch
stealthily (adv.) យ៉ាងយឺត yang yeut
steam (n.) ចំហាយទឹក chomhay teuk
steam (v.) ធ្វើចំហាយទឹក tveu chomhay teuk
steamer (n.) ឡចំហាយទឹក lor chomhay teuk
steed (n.) សេះចំបាំង seh chombang
steel (n.) ដែកថែប dek theb
steep (v.) ត្រាំ tram
steep (adj.) ចោត chaot
steeple (n.) កំពូលស្រួច (ប្រាសាទវិហារគ្រឹស្ត) kompoul sruoch (prasat vihear kreuh)
steer (v.) កាច់ចង្កូត kach changkout
stellar (adj.) នៃផ្កាយ nei phkay
stem (v.) កើតមកពី kert mok pi
stem (n.) ដើម derm
stench (n.) ក្លិនស្អុយ klen sa ouy
stencil (v.) ធ្វើឱ្យក្លិនស្អុយ tveu oy klen sa ouy
stencil (n.) ក្រដាសស្តង់ស៊ីល krodas stenchil
stenographer (n.) បោះពុម្ពដោយប្រើស្តិនស៊ីល boh pom doy brer stencil

stenography (n.) វិធីសាស្ត្រសរសេរកាត់ vithi sas sor se kat
step (v.) បោះជំហាន boh chomhean
step (n.) ជំហាន chom hean
steppe (n.) វាលស្មៅដំធេង veal smao dor thom theng
stereotype (v.) សន្តតឋាជាគំរូ komnot tha chea koumrou
stereotype (n.) គំរូ koumrou
stereotyped (adj.) ដែលត្រូវបានគេគិតទុកជាមុន del trauv ban ke kit touk chea moun
sterile (adj.) ដែលគ្មានមេរោគ del kmean me rok
sterility (n.) ភាពគ្មានកូន pheap kmean kaun
sterilization (n.) ការសំលាប់មេរោគ ka somlab me rok
sterilize (v.) រំងាប់មេរោគ rom ngob me rok
sterling (n.) ប្រាក់ស្ទ័រលិង (អង់គ្លេស) brak sterling (ongkles)
sterling (adj.) ដែលខ្ពស់បំផុត del khpos bomphot
stern (n.) កន្សៃនាវា konsai nea vea
stern (adj.) ដែលតឹងរឹង del toeng roeng
steroid (n.) ស្តេរ៉ូអ៊ីត ste rau it
stethoscope (n.) សោតទស្សន៍ soat ta tus
stew (v.) ស្ល slor
stew (n.) សម្ល somlor
steward (n.) អ្នកបម្រើ nak bom rer
stick (v.) បិទ bet
stick (n.) ឈើ chheu
sticker (n.) ស្លាកបិទ slak bet
stickler (n.) អ្នកកាន់នូវចរិយាសាស្ត្រដ៏តឹងរឹង nak kan nov chariyasas dor tueng reung
sticky (adj.) ស្អិត saet
stiff (adj.) រឹង reung
stiffen (v.) ធ្វើឱ្យរឹង tveu oy reung
stifle (v.) ធ្វើឱ្យចប់ដង្ហើម tveu oy thob dong herm
stigma (n.) ភាពអាម៉ាស់ phea a mas
still (adv.) នៅតែ nov tae

| | |
|---|---|
| **still** *(v.)* ធ្វើឱ្យស្ងប់ស្ងៀម tveu oy sngob sngeam | **stop** *(n.)* ចំណត bomnoat |
| **still** *(n.)* ភាពស្ងប់ស្ងាត់ pheap sngob sngeam | **stop** *(v.)* បញ្ឈប់ banhchhob |
| **still** *(adj.)* ដែលស្ងៀម del sngeam | **stoppage** *(n.)* ការបញ្ឈប់ ka banh chhob |
| **stillness** *(n.)* ភាពស្ងប់ស្ងាត់ pheap sngabsngat | **storage** *(n.)* ការផ្ទុក kar phtok |
| **stilt** *(n.)* សត្វជើងទៀន sat cheung tean | **store** *(v.)* ផ្ទុក phtok |
| **stimulant** *(n.)* ភ្នាក់ងារបំពេញចិត្ត pneak ngea romnhoch | **store** *(n.)* ហាង hang |
| **stimulate** *(v.)* ជំរុញ chomrounh | **storey** *(n.)* ជាន់ choan |
| **stimulus** *(n.)* ការបំពេញចិត្ត ka romnhoch | **stork** *(n.)* សត្វក្រសា sat kro sa |
| **sting** *(n.)* ការទិច ka tich | **storm** *(v.)* វាយសង្គ្រប់ចូល veay somkrob choul |
| **sting** *(v.)* ធ្វើអោយផ្សា tveu oy phsa | **storm** *(n.)* ព្យុះ pyouh |
| **stingy** *(adj.)* ដែលកំណាញ់ del kom nanh | **stormy** *(adj.)* ដែលមានព្យុះ del mean pyouh |
| **stink** *(n.)* ក្លិនស្អុយ klen sa oy | **story** *(n.)* រឿង rueng |
| **stink** *(v.)* ធ្វើឱ្យក្លិនស្អុយ tveu oy klen sa ouy | **stout** *(adj.)* ធាត់រឹងមាំ thoat rueng mom |
| **stipend** *(n.)* ថវិកា thavika | **stove** *(n.)* ចង្ក្រាន changkran |
| **stipulate** *(v.)* ចុះលក្ខខណ្ឌ choh lakhan | **stow** *(v.)* ដាក់ទុក dak tuk |
| **stipulation** *(n.)* លក្ខខណ្ឌពិសេស lakhan pises | **straggle** *(v.)* ដុះច្រែងច្រាង doh chro ngeng chro ngang |
| **stir** *(v.)* កូរ kaur | **straggler** *(n.)* អ្នកនៅក្រោយគេ nak nov kroy ke |
| **stirrup** *(n.)* ឈ្នាន់កែបសេះ chhnon keb seh | **straight** *(adv.)* ដែលត្រង់ៗ del trong trong |
| **stitch** *(v.)* ដេរ de | **straight** *(adj.)* ត្រង់ trong |
| **stitch** *(n.)* ថ្នេរ thne | **straighten** *(v.)* ធ្វើឱ្យត្រង់ tveu oy trong |
| **stock** *(v.)* ស្តុកទុក stok tuk | **straightforward** *(adj.)* ត្រង់ trong |
| **stock** *(adj.)* ដែលមានស្តុកទុក del mean stok tuk | **straightway** *(adv.)* ដែលភ្លាមៗ del pleam pleam |
| **stock** *(n.)* ស្តុក stok | **strain** *(n.)* រមួលសាច់ដុំ romoul sach dom |
| **stocking** *(n.)* ការស្តុកទុក ka stok tuk | **strain** *(v.)* ទាញ teanh |
| **stoic** *(n.)* មនុស្សមានអំណត់ខ្លាំង monus mean omnot khlang | **strait** *(n.)* ច្រក chrak |
| **stoke** *(v.)* ដុតភ្លើង dot phleung | **straiten** *(v.)* ធ្វើឱ្យចង្អៀត tveu oy chong aeat |
| **stoker** *(n.)* អ្នកមើលដុតភ្លើង nak meul dot phleung | **strand** *(n.)* ខ្សែ khsae |
| **stomach** *(v.)* រំលាយ (ក្រពះ) romleay (krapeah) | **strand** *(v.)* ធ្វើអោយជាប់ tveu oy choab |
| **stomach** *(n.)* ក្រពះ krapeah | **strange** *(adj.)* ចម្លែក chamlek |
| **stone** *(v.)* គប់ដុំថ្ម kob dom thmor | **stranger** *(n.)* ជនចម្លែក chun chamlek |
| **stone** *(n.)* ថ្ម thmor | **strangle** *(v.)* ច្របាច់ក chrabach kor |
| **stony** *(adj.)* ដូចថ្ម doch thmor | **strangulation** *(n.)* ការច្របាច់ក ka chrabach kor |
| **stool** *(n.)* លាមក lea mok | **strap** *(v.)* វាយនឹងខ្សែ veay neung khsae |
| **stoop** *(n.)* ការបន្ទន់ខ្លួន ka bonton kloun | **strap** *(n.)* ខ្សែស្ពាយ khsae speay |
| **stoop** *(v.)* ឱន oan | **stratagem** *(n.)* ឧបាយកល ukbay kol |
| | **strategic** *(adj.)* នៃយុទ្ធសាស្ត្រ nei youtthosaast |

**strategist** *(n.)* អ្នកយុទ្ធសាស្ត្រ nak youtthosaast
**strategy** *(n.)* យុទ្ធសាស្ត្រ youtthosaast
**stratum** *(n.)* វណ្ណៈសង្គម vannak songkom
**straw** *(n.)* ចំបើង chamberng
**strawberry** *(n.)* ស្ត្របឺរី stroberi
**stray** *(adj.)* ដែលវង្វេង del vong veng
**stray** *(n.)* មនុស្សសត្វដែលវង្វេង monus sat del vongveng
**stray** *(v.)* វង្វេង vongveng
**stream** *(v.)* ហូរ hou
**stream** *(n.)* អូរ ou
**streamer** *(n.)* បដា pak da
**streamlet** *(n.)* អូរតូច ou touch
**street** *(n.)* ផ្លូវ phlauv
**strength** *(n.)* កម្លាំង kamlang
**strengthen** *(v.)* ពង្រឹង pongreung
**strenuous** *(adj.)* ដែលមានកម្លាំងខ្លាំង del mean kamlang khlang
**stress** *(v.)* សង្កត់សំឡេង songkot somleng
**stress** *(n.)* ស្រ្តេស stres
**stretch** *(n.)* ការលាតសន្ធឹង ka leat santhung
**stretch** *(v.)* លាតសន្ធឹង leat santhung
**stretcher** *(n.)* គ្រែសំរាប់ដឹកអ្នកជំងឺ krae somrab nak chomngeu
**strew** *(v.)* ពង្រាយ bong reay
**strict** *(adj.)* តឹងរឹង toeng reung
**stricture** *(n.)* ការរិះគន់ ka rih kun
**stride** *(n.)* ការបោះជំហាន kar baoh chomhean
**stride** *(v.)* បោះជំហាន baoh chomhean
**strident** *(adj.)* ដែលធ្វើឱ្យសង្កៀរត្រចៀក del tveu oy songkea trocheak
**strife** *(n.)* ជម្លោះ chomloh
**strike** *(v.)* ធ្វើកូដកម្ម tveu koutakam
**strike** *(n.)* កូដកម្ម koutakamm
**striker** *(n.)* ខ្សែប្រយុទ្ធ khsae broyout
**string** *(v.)* ចងដោយខ្សែ chong doy khsae
**string** *(n.)* ខ្សែ khsae
**stringency** *(n.)* ភាពតឹងរឹង pheap toeng rung
**stringent** *(adj.)* តឹងរឹង toeng roeng
**strip** *(v.)* ច្រត chraut

**strip** *(n.)* ឆ្នូត chhnaut
**stripe** *(v.)* ឆូត chhaut
**stripe** *(n.)* ឆ្នូតៗ chhnaut chhaut
**strive** *(v.)* ខិតខំ khet kham
**stroke** *(v.)* អង្អែល ong el
**stroke** *(n.)* ការដាច់សរសៃឈាមខួរក្បាល dach sarsai chham khuor kbal
**stroll** *(n.)* ការដើរលេង ka der leng
**stroll** *(v.)* ដើរលេង der leng
**strong** *(adj.)* ខ្លាំង khlang
**stronghold** *(n.)* បន្ទាយ banteay
**structural** *(adj.)* នៃរចនាសម្ព័ន្ធ nei rochanna samponth
**structure** *(n.)* រចនាសម្ព័ន្ធ rochanna samponth
**struggle** *(n.)* ការតស៊ូ ka tor su
**struggle** *(v.)* តស៊ូ tor su
**strumpet** *(n.)* ស្រីពេស្យា srei pesya
**strut** *(n.)* ការដើរពើងទ្រូង ka der peung troung
**strut** *(v.)* ដើរពើងទ្រូង der peung truong
**stub** *(n.)* គល់ kul
**stubble** *(n.)* ពុកមាត់រុយៗ puk moat roy roy
**stubborn** *(adj.)* រឹងរូស rueng rus
**stud** *(v.)* បង្គាត់ពូជ bongkat puoch
**stud** *(n.)* ពន្លក ponlok
**student** *(n.)* និស្សិត ni set
**studio** *(n.)* ស្តូឌីយោ staudiyo
**studious** *(adj.)* ក្លៀវក្លា kliev kla
**study** *(n.)* ការសិក្សា ka seksaa
**study** *(v.)* សិក្សា seksaa
**stuff** *(v.)* ញាត់ nhoat
**stuff** *(n.)* វត្ថុ vottho
**stuffy** *(adj.)* តឹង toeng
**stumble** *(n.)* ការជំពប់ដួល ka chompob duol
**stumble** *(v.)* ជំពប់ដួល chompob duol
**stump** *(v.)* ដើរខ្ទេច der khterch
**stump** *(n.)* គល់ kol
**stun** *(v.)* ធ្វើអោយស្រឡាំងកាំង tveu oy srolang kang
**stunt** *(n.)* ភាពក្រិន pheap kren
**stunt** *(v.)* ធ្វើឱ្យក្រិន tveu oy kren

**stupefy** (v.) ធ្វើឱ្យស្លឹក tveu oy speuk
**stupendous** (adj.) ដែលសម្បើម del somberm
**stupid** (adj.) ឆោតល្ងង់ chaot lngong
**stupidity** (n.) ភាពល្ងង់ខ្លៅ pheap lngong khlao
**sturdy** (adj.) រឹងមាំ reung moam
**sty** (n.) ទ្រុងសត្វ trung satt
**stye** (n.) ពពែភ្នែក por pae pnek
**style** (n.) រចនាបថ rachana bot
**stylish** (adj.) ទាន់សម័យ ton samay
**subculture** (n.) សង្គមតូច songkom touch
**subdivide** (v.) បែងចែកបន្ត baeng chek bontor
**subdue** (v.) បង្ក្រាប bangkrab
**subject** (adj.) ដែលត្រូវតែយល់ព្រម del trov tae yol prom
**subject** (n.) ប្រធានបទ brathean bot
**subject** (v.) ដាក់ឱ្យនៅក្រោមអំណាច dak oy nov krom omnach
**subjection** (n.) ការចុះចូល kar choh chaul
**subjective** (adj.) តាមជំនឿរណាម្នាក់ tam chomneu nor na mneak
**subjudice** (adj.) ដែលរើសអើង del reuh oerng
**subjugate** (v.) បង្ក្រាប bong krab
**subjugation** (n.) ការបង្ក្រាប ka bongkrab
**sublet** (v.) ជួលបន្ត choul bontor
**sublimate** (v.) ធ្វើឱស្មិនអោយទៅជាវត្ថុរឹង tveu osman oy tov chea vottho reung
**sublime** (n.) ការធ្វើឱស្មិនអោយទៅជាវត្ថុរឹង ka tveu osman oy tov chea vottho reung
**sublime** (adj.) ដ៏ប្រសើរបំផុត dor broser bompot
**sublimity** (n.) ភាពប្រសើរបំផុត pheap broser bompot
**submarine** (adj.) នៃនាវាមុជទឹក nei neavea mouch teuk
**submarine** (n.) នាវាមុជទឹក neavea mouch teuk
**submerge** (v.) លិចទឹក lich teuk
**submission** (n.) ការដាក់ស្នើ kar dak sner som
**submissive** (adj.) ដែលចុះចូល del choh chaul
**submit** (v.) ដាក់ស្នើ dak sner

**subordinate** (adj.) នៃអ្នកក្រោមបង្គាប់ nei nak kraom bangkoab
**subordinate** (n.) អ្នកក្រោមបង្គាប់ nak kraom bangkoab
**subordinate** (v.) ស្ថិតក្រោមបង្គាប់ sthet kraom bangkoab
**subordination** (n.) ការសម្របសម្រួល kar samrob samruol
**subscribe** (v.) ជាវ cheav
**subscription** (n.) ការជាវ kar cheav
**subsequent** (adj.) ជាបន្តបន្ទាប់ chea banto bantoab
**subservience** (n.) ភាពអនុគ្រោះ pheap anoukroh
**subservient** (adj.) ដែលស្តាប់បង្គាប់ del sdab bongkoab
**subside** (v.) ចុះក្រោម choh kraom
**subsidiary** (adj.) នៃក្រុមហ៊ុនបុត្រសម្ព័ន្ធ nei kromhoun bot samponth
**subsidize** (v.) ឧបត្ថម្ភធន ubatthom thhon
**subsidy** (n.) ការឧបត្ថម្ភធន ka ubatthom thhon
**subsist** (v.) ចិញ្ចឹមជីវិត chenchcheum chivit
**subsistence** (n.) ការចិញ្ចឹមជីវិត kar chenchcem chivit
**substance** (n.) សារជាតុ sartheat
**substantial** (adj.) សំខាន់ saamkhan
**substantially** (adv.) យ៉ាងខ្លាំង yeang khlang
**substantiate** (v.) បញ្ជាក់ភស្តុតាង banhcheak pos tang
**substantiation** (n.) ការបញ្ជាក់ភស្តុតាង ka banhcheak pos tang
**substitute** (v.) ជំនួស chomnuos
**substitute** (n.) អ្នកជំនួស nak chomnuos
**substitution** (n.) ការជំនួស ka chomnuos
**subterranean** (adj.) នៅក្រោមដី nov kraom dei
**subtle** (adj.) ដែលប្រសប់ប្រើកលល្បិច del brosob brer kol labech
**subtlety** (n.) ការប៉ិនប្រសប់ ka pen bro sob
**subtract** (v.) ដក dok
**subtraction** (n.) ការដក ka dok
**suburb** (n.) ជាយក្រុង cheay krong
**suburban** (adj.) នៃជាយក្រុង nei cheay krong

**subversion** (n.) ការធ្វើវិទ្ធង្សនា kar thveu vitthangsana
**subversive** (adj.) នៃវិទ្ធង្សនា nei vitthangsana
**subvert** (v.) បង្វែរ bangvae
**succeed** (v.) ទទួលបានជោគជ័យ totuol ban chokchey
**success** (n.) ជោគជ័យ chokchey
**successful** (adj.) ដែលជោគជ័យ del chokchey
**succession** (n.) សន្តតិកម្ម santak tekamm
**successive** (adj.) បន្តបន្ទាប់ bantor bantoab
**successor** (n.) អ្នកស្នង nak snang
**succour** (v.) ជួយសង្រ្គោះ chouy sangkroh
**succour** (n.) អ្នកជួយសង្រ្គោះ nak chouy sangkroh
**succumb** (v.) ចុះចាញ់ chohchanh
**such** (pron.) អញ្ចឹង anhcheung
**such** (adj.) បែបនេះ beb nih
**suck** (n.) ការបឺត ka beut
**suck** (v.) បឺត beut
**suckle** (v.) ជញ្ជក់ chonh chok
**suckling** (n.) ការជញ្ជក់ ka chonhchok
**sudden** (n.) ភ្លាមៗ phleam pleam
**suddenly** (adv.) ភ្លាមៗ phleam pleam
**sue** (v.) ប្ដឹង b'doeng
**suffer** (v.) រងទុក្ខ rong toukkh
**suffice** (v.) ធ្វើឱ្យគ្រប់គ្រាន់ tveu oy krobkroan
**sufficiency** (n.) ភាពគ្រប់គ្រាន់ pheap krobkroan
**sufficient** (adj.) គ្រប់គ្រាន់ krobkroan
**suffix** (v.) ដាក់ពាក្យបច្ច័យ dak peak bakchay
**suffix** (n.) បច្ច័យ bakchay
**suffocate** (v.) ចប់ដង្ហើម thob dongherm
**suffocation** (n.) ការចប់ដង្ហើម ka thob dongherm
**suffrage** (n.) សិទ្ធិកានកាប setth kankab
**sugar** (v.) ដាក់ស្ករ dak skor
**sugar** (n.) ស្ករ skor
**suggest** (v.) ណែនាំ nae noam
**suggestion** (n.) សំណូមពរ saamnaum por
**suggestive** (adj.) ដែលជាយោបល់ del chea yo bol

**suicidal** (adj.) នៃការធ្វើអត្តឃាត nei kar thveu attakheat
**suicide** (n.) ការធ្វើអត្តឃាត kar thveu attakheat
**suit** (v.) សម som
**suit** (n.) ឈុត chhout
**suitability** (n.) ភាពសមរម្យ pheap samorom
**suitable** (adj.) សមរម្យ samorom
**suite** (n.) បន្តប់សណ្ឋាគារល្អប្រណីត bontob sonthakea laor pronet
**suitor** (n.) អ្នកចង់បានប្រពន្ធ nak chong ban bropong
**sullen** (adj.) ក្រៀមក្រំ kream krom
**sulphur** (n.) ស្ពាន់ធ័រ spoan thor
**sulphuric** (adj.) មានជាតិស្ពាន់ធ័រ mean cheat spoan thor
**sultry** (adj.) ស្អុះស្អាប់ sa ouh sa ab
**sum** (v.) បូក bouk
**sum** (n.) ផលបូក phalbauk
**summarily** (adv.) យ៉ាងសង្ខេប yang sangkheb
**summarize** (v.) សង្ខេប sangkheb
**summary** (adj.) ដែលសង្ខេប del sangkheb
**summary** (n.) សង្ខេប sangkheb
**summer** (n.) រដូវក្ដៅ rodauv kdao
**summit** (n.) កិច្ចប្រជុំ kech bra chom
**summon** (v.) កោះហៅ koh hao
**summons** (n.) ការកោះហៅ ka koh hao
**sumptuous** (adj.) ខ្ចះខ្ចាយ khchah kcheay
**sun** (v.) ដាក់ក្រោមព្រះអាទិត្យ dak krom preah atith
**sun** (n.) ព្រះអាទិត្យ preah atith
**sunburn** (n.) ការលាតដោយកំដៅថ្ងៃ kar roleak doy kom dao thgnai
**sundae** (n.) ការរំលាយផ្លែឈើ karem leay plae chheu
**Sunday** (n.) ថ្ងៃអាទិត្យ thngai aatit
**sunder** (v.) បំបែកចេញពីគ្នា bom bek chenh pi knea
**sundry** (adj.) ចម្រុះ chomroh
**sunlight** (n.) ពន្លឺព្រះអាទិត្យ ponlu preah atit
**sunny** (adj.) មានពន្លឺថ្ងៃ mean ponleu thngai
**sunrise** (n.) ថ្ងៃរះ thngai reah

**sunset** *(n.)* ថ្ងៃលិច thngai lich
**sup** *(v.)* ញ៉ាំនៅពេលយប់ nham tov pel yob
**sup** *(n.)* ម្ហូបញ៉ាំនៅពេលយប់ mhoub nham nov pel yob
**superabundance** *(n.)* ភាពច្រើនអនេក pheap chrern anek
**superabundant** *(adj.)* ច្រើននាស់ chrern nas
**superb** *(adj.)* ល្អវិសេស laor vises
**superficial** *(adj.)* រាក់ reak tak
**superficiality** *(n.)* ភាពរាក់កំផែល pheap rak komphael
**superfine** *(adj.)* តូចណាស់ touch nas
**superfluity** *(n.)* ចំនួនច្រើន chomnoun chrern
**superfluous** *(adj.)* ដែលច្រើនលើសលប់ del chren leus lob
**superhuman** *(adj.)* អធិធម្មជាតិ aphi thomacheat
**superintend** *(v.)* ចាត់ការ chat kar
**superintendence** *(n.)* ការគ្រប់គ្រងថែរក្សា kar krob krong thae raksa
**superintendent** *(n.)* អ្នកមើលខុសត្រូវ nak meul khos trov
**superior** *(adj.)* ល្អជាង laor cheang
**superiority** *(n.)* ឧត្តមភាព udom pheap
**superlative** *(adj.)* នៃកម្រិតខ្ពស់ជាង nei komrith khpos
**superlative** *(n.)* អតិវិសេសគុណនាម atevises kun neam
**superman** *(n.)* អច្ឆរិយបុគ្គល achhey royak bokul
**supernatural** *(adj.)* នៃដងនៀរអរូបី nei chomnue aroubei
**supersede** *(v.)* ជំនួស chomnuos
**supersonic** *(adj.)* ដែលមានល្បឿនលឿនជាងសំឡេង del mean labeun leun cheang somleng
**superstition** *(n.)* អបិយជំនឿ a pey chomnue
**superstitious** *(adj.)* នៃអបិយជំនឿ nei a pey chomnue
**supertax** *(n.)* ពន្ធបន្ថែមលើចំណូល pon bonthaem leu chomnoul
**supervise** *(v.)* ត្រួតពិនិត្យ truotpinit
**supervision** *(n.)* ការត្រួតពិនិត្យ kar truotpinit

**supervisor** *(n.)* អ្នកត្រួតត្រា nak truot tra
**supper** *(n.)* អាហារពេលល្ងាច ahar pel lngeach
**supple** *(adj.)* បន្ថែម banthaem
**supplement** *(n.)* ការបំពេញបន្ថែម bampenhobanthem
**supplement** *(v.)* បំពេញបន្ថែម bampenhobanthem
**supplementary** *(adj.)* បន្ថែម banthem
**supplier** *(n.)* អ្នកផ្គត់ផ្គង់ nak phkot phkang
**supply** *(n.)* ការផ្គត់ផ្គង់ ka phkot phkang
**supply** *(v.)* ផ្គត់ផ្គង់ phkot phkang
**support** *(n.)* ការគាំទ្រ ka koam tror
**support** *(v.)* គាំទ្រ koam tror
**suppose** *(v.)* ឧបមា ubpama
**supposition** *(n.)* ការស្មាន ka smarn
**suppress** *(v.)* បង្ក្រាប bangkrab
**suppression** *(n.)* ការបង្ក្រាប kar bangkrab
**supremacy** *(n.)* ឧត្តមភាព udom pheap
**supreme** *(adj.)* កំពូល kampoul
**surcharge** *(v.)* បង់បន្ថែម bong bonthaem
**surcharge** *(n.)* ថ្លៃបន្ថែម thlai bonthaem
**sure** *(adj.)* ប្រាកដ brakod
**surely** *(adv.)* យ៉ាងច្បាស់ណាស់ yang chbas loah
**surety** *(n.)* អ្នកធានា nak theanea
**surf** *(n.)* កីឡាជិះរលក kei la chih rolok
**surf** *(v.)* ជិះរលក chih rolok
**surface** *(n.)* ផ្ទៃ phtai
**surface** *(v.)* លេចឡើង lech lerng
**surfeit** *(n.)* ភាពផ្អែតឆ្អន់ pheap chha et chha orn
**surge** *(v.)* កើនឡើង kern lerng
**surge** *(n.)* ការកើនឡើង ka kern lerng
**surgeon** *(n.)* គ្រូពេទ្យវះកាត់ kroupet veahkat
**surgery** *(n.)* ការវះកាត់ kar veahkat
**surmise** *(v.)* ស្មាន sman
**surmise** *(n.)* ការសន្និដ្ឋាន ka sonithan
**surmount** *(v.)* ជំនះ chomneah
**surname** *(n.)* នាមត្រកូល neam trakaul
**surpass** *(v.)* ហួស huos
**surplus** *(n.)* ភាពលើស pheap leus

surprise (v.) ភ្ញាក់ផ្អើល phnheak phaael
surprise (n.) ការភ្ញាក់ផ្អើល ka phnheak phaael
surrender (n.) ការចុះចាញ់ kar chohchanh
surrender (v.) ចុះចាញ់ chohchanh
surround (v.) ព័ទ្ធជុំវិញ potth choumvinh
surroundings (n.) តំបន់ជុំវិញ dambon choumvinh
surtax (n.) ពន្ធបន្ថែម pon bonthaem
surveillance (n.) ការឃ្លាំមើល kar khloam meul
survey (n.) ការស្ទង់មតិ kar stong mate
survey (v.) ស្ទង់មតិ stong mate
survival (n.) ការរស់រានមានជីវិត kar ros rean meanchivit
survive (v.) រស់ ros
suspect (n.) ជនសង្ស័យ chun sangsay
suspect (v.) សង្ស័យ sangsay
suspect (adj.) ដែលសង្ស័យ del sangsay
suspend (v.) ផ្អាក phaak
suspense (n.) ការចាប់អារម្មណ៍ karosangsay
suspension (n.) ការព្យួរ kar pyuor
suspicion (n.) ការសង្ស័យ kar sangsay
suspicious (adj.) គួរឱ្យសង្ស័យ kuor aoy sangsay
sustain (v.) ទ្រទ្រង់ tror trong
sustenance (n.) ការចិញ្ចឹមជីវិត kar chenhchum chivit
swab (n.) កម្បារត្រចៀក dombar trocheak
swagger (n.) អំនួត omnout
swagger (v.) ដើរយ៉ាងក្រអ៊ីតក្រទម der yang kro eurt kro tom
swallow (n.) ការលេប ka leb
swallow (v.) លេប leb
swamp (v.) ពន្លិច ponlich
swamp (n.) វាលភក់ veal phok
swan (n.) សត្វហង្ស sat hong
swarm (v.) រោមជុំវិញ rom chomvinh
swarm (n.) ហ្វូង foung
swarthy (adj.) ដែលស្រកាម់ del srokoam
sway (n.) លំយោល lom yol
sway (v.) យោល yoal

swear (v.) ស្បថ sboth
sweat (v.) បែកញើស baek nheuh
sweat (n.) ញើស nheuh
sweater (n.) អាវរងា av ro ngea
sweep (n.) ការបោសសំអាត ka bos somaart
sweep (v.) បោស boas
sweeper (n.) អំបោស om boas
sweet (n.) បង្អែម bong em
sweet (adj.) ផ្អែម phaem
sweeten (v.) ធ្វើឱ្យផ្អែម tveu oy phaem
sweetness (n.) ភាពផ្អែមល្ហែម pheap phaem lhem
swell (n.) ការហើម kar kerm
swell (v.) ហើម herm
swift (adj.) រហ័ស rohas
swim (n.) ការហែលទឹក ka hel teuk
swim (v.) ហែលទឹក hel tuek
swimmer (n.) អ្នកហែលទឹក nak hel teuk
swindle (n.) ការបោកប្រាស់ ka boak bras
swindle (v.) បោកប្រាស់ boak bras
swindler (n.) ជនឆបោក chun chhor boak
swine (n.) ជ្រូក chrouk
swing (n.) ទោង tong
swing (v.) យោលទោង yoal tong
swipe (v.) ជូត chuot
swirl (v.) បង្វិល bong vil
Swiss (adj.) នៃជនជាតិស្វីស nei chun cheat svis
Swiss (n.) ជនជាតិស្វីស chun cheat svis
switch (v.) ផ្លាស់ប្តូរ phlas pdau
switch (n.) កុងតាក់ភ្លើង kong tak phleung
swoon (v.) សន្លប់ sonlob
swoon (n.) ការសន្លប់ ka sonlob
swoop (n.) ការឆាប ka chhab
swoop (v.) ឆាប chhab
sword (n.) ដាវ dav
sycamore (n.) ដើមឈើម្យ៉ាង derm chheu myang
sycophancy (n.) ការអែបអប ka eb ob
sycophant (n.) អ្នកអែបអប nak eb ob
syllabic (adj.) នៃព្យាង្គ nei pyeang
syllable (n.) ព្យាង្គ pyeang

**syllabus** *(n.)* ការពិព័ណនាមុខវិជ្ជាសិក្សា ka piporonea moukh vichea serksa
**sylph** *(n.)* អាកាសទេព aa kas teb
**sylviculturist** *(n.)* អ្នកបណ្ដុះព្រៃឈើ nak bondoh prey chheu
**symbiosis** *(n.)* សម្ពន្ធជីវិត sompon chivith
**symbiote** *(n.)* ភាវះមានជីវីរស់នៅដោយពីងផ្អែកគ្នា pheavak mean chivit ros nov doy peung phaek knea
**symbol** *(n.)* និមិត្តសញ្ញា nimitt sanhnha
**symbolic** *(adj.)* ដែលជានិមិត្តរូប nimittaroub
**symbolism** *(n.)* និមិត្តរូប nimittaroub
**symbolize** *(v.)* ធ្វើជានិមិត្តរូប tveu chea nimittaroub
**symmetrical** *(adj.)* មានស៊ីមេទ្រី mea sametri
**symmetry** *(n.)* ស៊ីមេទ្រី mea sametri
**sympathetic** *(adj.)* ដែលគួរឱ្យអាណិតអាសូរ del kour oy anit asou
**sympathize** *(v.)* អាណិតអាសូរ anit asou
**sympathy** *(n.)* ការអាណិតអាសូរ ka anit a sou
**symphony** *(n.)* ឧបករណ៍ភ្លេង upakor phleng
**symposium** *(n.)* សន្និសីទ sanniseit
**symptom** *(n.)* រោគសញ្ញា rokosanhnhea
**symptomatic** *(adj.)* នៃរោគសញ្ញា rokosanhha
**synergy** *(n.)* ការសហការណ៍គ្នា pheap sahaka knea
**synonym** *(n.)* សទិសន័យ satisaney
**synonymous** *(adj.)* មាននិយដូច meanney dauch
**synopsis** *(n.)* សង្ខេប sangkheb
**syntax** *(n.)* វិក្យសម្ពន្ធ veak samponth
**synthesis** *(n.)* សំយោគ saamyok
**synthetic** *(n.)* សំយោគ saamyok
**synthetic** *(adj.)* នៃការសំយោគ saamyok
**syringe** *(v.)* ចាក់ម្សួលសីរ៉ាំង chak mchul serang
**syringe** *(n.)* សីរ៉ាំង seu rang
**syrup** *(n.)* ទឹកស៊ីរ៉ូ toek si ro
**system** *(n.)* ប្រព័ន្ធ braponth
**systematic** *(adj.)* ជាប្រព័ន្ធ chea braponth
**systematize** *(v.)* រៀបចំប្រព័ន្ធ riebcham braponth

**table** *(v.)* រៀបជាតារាង reab chea darang
**table** *(n.)* តុ tok
**tableau** *(n.)* ផ្ទាំងគំនូរ phtang komnu
**tablet** *(n.)* គ្រាប់ថ្នាំ kroab thnam
**tabloid** *(n.)* ព័ត៌មានចចាមអារាម poromean chorcham aram
**taboo** *(adj.)* ដែលជាបម្រាម del chea bamram
**taboo** *(v.)* ដាក់បម្រាម dak bamram
**taboo** *(n.)* បម្រាម bamram
**tabular** *(adj.)* ជាតារាង chea darang
**tabulate** *(v.)* រៀបជាតារាង reab chea darang
**tabulation** *(n.)* ការរៀបជាតារាង ka reab chea darang
**tabulator** *(n.)* អ្នករៀបតារាង nak reab darang
**tacit** *(adj.)* ដោយកាត់យល់ doy kat yol
**taciturn** *(adj.)* ដែលនិយាយតិច del niyeay tich
**tack** *(n.)* ដែកគោលចុច dek koal choch
**tack** *(v.)* បិទភ្ជាប់នឹងដែកគោលចុច bet pchoab neung dek koal choch
**tackle** *(v.)* ដោះស្រាយ daohsray
**tackle** *(n.)* ការដោះស្រាយ daohsray
**tact** *(n.)* ល្បិច lbich
**tactful** *(adj.)* ឈ្លាសវៃ chhleas vei
**tactician** *(n.)* អ្នកជំនាញ nak chomneanh
**tactics** *(n.)* យុទ្ធសាស្ត្រ youtthosaeastr
**tactile** *(adj.)* នៃកាយវិញ្ញាណ nei kay vinhean
**tag** *(n.)* ស្លាក slak
**tag** *(v.)* បិតស្លាក bet slak
**tail** *(n.)* កន្ទុយ kantouy
**tail** *(v.)* តាមដាន tam dan
**tailor** *(v.)* កាត់ដេរ kat de
**tailor** *(n.)* ជាងកាត់ដេរ cheang kat de

**taint** *(v.)* ធ្វើឱ្យផ្អូម tveu oy pha oum
**taint** *(n.)* ដំណើរផ្អូម domner pha oum
**take** *(v.)* យក yokchenh
**takeable** *(adj.)* អាចយកបាន ach yok ban
**takeaway** *(adj.)* យកទៅឆ្ងាយ yok tov chhngay
**takeaway** *(n.)*ម្ហូបខ្ចប់ mhoub yok tov chhngay
**taken** *(adj.)* បានយក ban yok
**take-off** *(n.)* ការហោះចេញ ka hoh chenh
**takeout** *(adj.)* ដែលខ្ចប់ del khchob
**takeout** *(n)* ម្ហូបខ្ចប់ mohoub khchob
**takeover** *(n.)* ការគ្រប់គ្រង ka krob krong
**taker** *(n.)* អ្នកកាន់កាប់ nak kan kab
**talc** *(n.)* ម្សៅតាក់ msao tak
**tale** *(n.)* រឿងនិទាន rueng nitean
**talebearer** *(n.)* អ្នកនិយាយដើមគេ nak niyeay derm ke
**talebearing** *(n.)* ការនិយាយដើមគេ ka niyeay derm ke
**talebook** *(n.)* សៀវភៅរឿងនិទាន sievphov rueng nitean
**talent** *(n.)* ទេពកោសល្យ tep kaosal
**talisman** *(n.)* វត្ថុសក្តិសិទ្ធិ vottho sak sett
**talk** *(n.)* ការនិយាយ ka niyeay
**talk** *(v.)* និយាយ niyeay
**talkative** *(adj.)* ដែលនិយាយច្រើន niyeay chrern
**talkatively** *(adv.)* ដោយនិយាយច្រើន doy niyeay chrern
**talkativeness** *(n.)* ការនិយាយច្រើន kar niyeay chrern
**talkback** *(n.)* ការឆ្លើយតបយ៉ាងឈ្លើយ ka chhlery tob yang chhleuy
**talkboard** *(n.)* ផ្ទាំងពិភាក្សា phtang pipheaksaa
**tall** *(adj.)* ខ្ពស់ khpos
**tallow** *(n.)* ខ្លាញ់សត្វ khlanh satt
**tally** *(v.)* សរុប saroub
**tally** *(adj.)* ដែលសរុប del saroub
**tally** *(n.)* បញ្ជីចំណូលចំណាយ banchi chomnoul chomnay
**talon** *(n.)* ក្រញ៉ាំ kronham

**taloned** *(adj.)* ដែលមានក្រញ៉ាំ del mean kronham
**tamarind** *(n.)* ដើមអម្ពិល derm ompil
**tame** *(v.)* ផ្សាំង phsang
**tame** *(adj.)* ដែលសាំង del sang
**tamper** *(v.)* ធ្វើការអុកឡុក ka tveu ka ouk lok
**tamper** *(n.)* ការអុកឡុក ka ouk lok
**tamperproof** *(adj.)* ដែលមិនអាចផ្ដាស់ប្តូរដោយគ្មានការអនុញ្ញាត del min arch plas pdau doy kmean ka anunhhat
**tampon** *(n.)* ឆ្នុកឃាត់ឈាម chhnuk khoat chheam
**tampon** *(v.)* ឃាត់ឈាម khoat chheam
**tan** *(adj.)* ដែលមានពណ៌ដៅដែង del mean por dam deng
**tan** *(v.)* ធ្វើអោយឡើងពណ៌ដៅដែង tveu oy lerng por dam deng
**tan** *(n.)* ពណ៌ដៅដែង por dam deng
**tanbark** *(n.)* សំបកឈើម្យ៉ាងបង្កើតពណ៌ដៅដែង sombok chheu myang bongkert por dam deng
**tandem** *(n.)* ការបន្តកន្ទុយគ្នា ka bontor kontuy knea
**tandem** *(adv.)* ដោយបន្តកន្ទុយគ្នា doy bontor kontuy knea
**tandem** *(adj.)* ដែលបន្តកន្ទុយគ្នា del bontor kontuy knea
**tandoor** *(n.)* ឡុកដ្ឋមួយប្រភេទ lor et mouy propet
**tang** *(v.)* បន្លឺសូរឮខ្លាំង bonleu so ro khlang
**tang** *(n.)* រសជាតិប្ញុក្ខិនខ្លាំង roscheat reu klen khlang
**tanged** *(adj.)* ដែលមានរសជាតិប្ញុក្ខិនខ្លាំង del mean ros cheat reu klen khlang
**tangent** *(n.)* ចំនុចប៉ះ chomnoch pas
**tangible** *(adj.)* ជាក់ស្តែង cheak sdeng
**tangle** *(v.)* ជពាក់គ្នា chompeak knea
**tangle** *(n.)* ការជពាក់ជំពិន ka chompeak chompen
**tango** *(n.)* ចង្វាក់តង់ហ្គោ chongvak tongo
**tango** *(v.)* រាំចង្វាក់តង់ហ្គោ rom chongvak tongo

**tank** (n.) ធុង thoung
**tankard** (n.) កែវផែនសម្រាប់ហូបបីយេរ kev thom somrab houb biyae
**tanker** (n.) នាវាដឹកប្រេង neavea doek breng
**tanner** (n.) អ្នកលាបឱ្យមានពណ៌ដាំដែង le leab oy mean por dam deng
**tannery** (n.) កន្លែងធ្វើផលិតផលស្បែកសត្វ kon leng tveu polit phol sbek sat
**tantalize** (v.) ជន្លុះ បណ្ដោះឱ្យមានចិត្តចង់ chonlo banchhoat oy mean chet chong
**tantamount** (adj.) ដែលដូចគ្នានឹង del doch knea neung
**tantamount** (v.) ស្មើនឹង smer neung
**tantra** (n.) គោលលទ្ធិហិណ្ឌូឬពុទ្ធសាសនា koal lathi hindu reu putsasana
**tantric** (adj.) នៃគោលលទ្ធិហិណ្ឌូឬពុទ្ធសាសនា nei koal lathi hindu reu putsasana
**tap** (n.) ក្បាលម៉ាស៊ីនទឹក kbal masin teuk
**tap** (v.) គោះបន្តើរ koh bonther
**tape** (v.) បិទភ្ជាប់ bet pchoab
**tape** (n.) ស្កុត skot
**tape player** (n.) ម៉ាស៊ីនចាក់កាសែត measin chak kaset
**tapeless** (adj.) គ្មាន ការថត kmean ka thot
**tapeline** (n.) ម៉ែត្រមូរសម្រាប់វាស់ met mu somrab voah
**taper** (n.) ទៀនម្យ៉ាង tean myang
**taper** (v.) ធ្វើអោយស្រួចទៅៗ tveu oy sruoch tov sruoch tov
**tapestry** (n.) គ្រឿងចាក់សម្រាប់ព្យួរនៅជញ្ជាំង kreung pak somrab pyour nov chonh cheang
**tar** (v.) ចាក់កៅស៊ូ chak kao su
**tar** (n.) ជ័រកៅស៊ូក្រាលផ្លូវ chor kao su kral thnol
**tarantism** (n.) ជំងឺរបេចិត្តដែលជម្រុញឱ្យរាំ chomngue phlov chet del chomronh oy rom
**tardiness** (n.) ភាពយឺត pheap yeut
**tardy** (adj.) យឺត yeut
**target** (n.) គោលដៅ kol dao
**tariff** (n.) ពន្ធលើអីវ៉ាន់នាំចេញឬចូល pon leu eivan nom chenh nom choul
**tarnish** (v.) ធ្វើឱ្យស្រអាប់ tveu oy sro ab

**task** (v.) ដាក់ការកិច្ច dak phearak kech
**task** (n.) ការកិច្ច phearakechch
**taste** (v.) ភ្លក្សរសជាតិ phlok ros cheat
**taste** (n.) រសជាតិ ros cheat
**taste bud** (n.) កន្ទុលតូចៗនៅលើអណ្ដាត kontul toch toch nov leu ondat
**tasteful** (adj.) ដែលមានរសជាតិ del mean ros cheat
**tasty** (adj.) ឆ្ងាញ់ chhnganh
**tatter** (v.) ធ្វើឱ្យដាច់រហែក tveu oy dach rohek
**tatter** (n.) អ្វីៗដែលដាច់រហែក avey avey del dach rohek
**tattoo** (v.) ចាក់សាក់ chak sak
**tattoo** (n.) សាក់ sak
**taunt** (n.) ពាក្យតិះដៀល peak tes deal
**taunt** (v.) តិះដៀល tes deal
**taunter** (n.) អ្នកតិះដៀល nak tes deal
**taunting** (adj.) ដែលតិះដៀល del tes deal
**tauntingly** (adv.) ដោយការតិះដៀល doy ka tes deal
**tauromachy** (n.) កីឡាគោជល់ keila ko chol
**taut** (adj.) ដែលមានវិន័យតឹងរឹង del mean viney teung reung
**tautly** (adv.) ដោយប្រុងប្រយ័ត្ន daoy brong brayat
**tavern** (n.) តៀមស្រា team sra
**taverner** (n.) ម្ចាស់តៀមស្រា mchas team sra
**tavernkeeper** (n.) អ្នកមើលថែតៀមស្រា nak meul thae team sra
**taw** (v.) បោកកក់ស្បែក boak kok sbek
**taw** (n.) កូនឃ្លី koun khli
**tawer** (n.) អ្នកបោកកក់ស្បែកឱ្យសរ nak boak kok sbek oy sor
**tax** (v.) យកពន្ធ yon pon
**tax** (n.) ពន្ធ ponth
**tax return** (n.) លិខិតប្រកាសពន្ធ likhet brokas ponth
**taxable** (adj.) ជាប់ពន្ធ choab ponth
**taxation** (n.) ការយកពន្ធ kar yok ponth
**tax-free** (adj.) មិនជាប់ពន្ធ min choab ponth
**taxi** (v.) ជិះតាក់ស៊ី cheh tak shi
**taxi** (n.) តាក់ស៊ី tak shi

**taxibus** *(n.)* ឡានក្រុងតាក់ស៊ី larn krong tak shi

**taxicab** *(n.)* ឡានតាក់ស៊ី larn tak shi

**taxidermal** *(adj.)* នៃសិល្បៈខាងញាត់ស្បែកសត្វធ្វើឱ្យដូចមានជីវិត nei selapak khang nhoat sbek satt tveu oy doch mean chivit

**taxidermic** *(adj.)* នៃសិល្បៈនៃការរៀបចំនិងអភិរក្សស្បែកសត្វ nei selapak nei ka reab chom neung apirak sbek sat

**taxidermist** *(n.)* អ្នកយកស្បែកសត្វមកញាត់ឱ្យដូចរស់រវើក nak yok sbek satt mok nhoat oy doch ros roverk

**taxidermy** *(n.)* សិល្បៈខាងយកស្បែកសត្វមកញាត់ selapak khang yok sbek satt mok nhoat

**taxpayer** *(n.)* អ្នកបង់ពន្ធ nak bong ponth

**T-bone** *(n.)* ឆ្អឹង អក្សរT chha oeng aksor T

**T-bone** *(v.)* ផ្នែកខាងមុខរថយន្តមួយគ្រឿងបុកចំហើយរថយន្តមួយទៀត phnek khang mokh rotyoon mouy kreung bok chomheang rotyon mouy teat

**tchick** *(n.)* ការធ្វើសំឡេងធី ka tveu somleng theu

**tchick** *(v.)* ធ្វើសំឡេងធី tveu somleng theu

**tea** *(v.)* ផឹកតែ phoek tae

**tea** *(n.)* តែ tae

**tea maker** *(n.)* អ្នកផលិតតែ nak pholit tae

**teabag** *(n.)* កញ្ចប់តែ kanhchob tae

**teabox** *(n.)* ប្រអប់តែ bro ob tae

**teacake** *(n.)* នំញ៉ាំជាមួយតែ nom nham chea mouy tae

**teach** *(v.)* បង្រៀន bangrien

**teacheable** *(adj.)* អាចបង្រៀនបាន ach bangrien ban

**teacher** *(n.)* គ្រូ krou

**teacher centric** *(adj.)* ដែលផ្នែកលើគ្រូ del pha ek leu krou

**teaching** *(n.)* ការបង្រៀន kar bangrien

**teacup** *(n.)* ពែងតែ peng tae

**teagle** *(n.)* ប្រដាប់ស្ទួចអីវ៉ាន់ prodab stuoch eivan

**teahouse** *(n.)* កន្លែងផឹកតែ kongleng phoeuk tae

**teak** *(n.)* ឈើម៉ៃសាក់ chheu mai sak

**team** *(v.)* បង្កើតក្រុម bongkert krom

**team** *(n.)* ក្រុម krom

**team building** *(n.)* ការកសាងក្រុម kar korsang krom

**teamed** *(adj.)* ដាក់ជាក្រុម dak chea krom

**teammate** *(n.)* មិត្តរួមក្រុម mitt ruom krom

**teamwise** *(adv.)* ជាក្រុម chea krom

**teamwork** *(n.)* ការងារជាក្រុម kar ngear chea krom

**teapot** *(n.)*ប៉ាន់តែ pan tae

**tear** *(n.)* ទឹកភ្នែក teuk phnek

**tear** *(v.)* បង្ហូរទឹកភ្នែក banghour teuk phnek

**tear gas** *(n.)* ឧស្ម័នបង្ហូរទឹកភ្នែក usman banghour teuk phnek

**teardrop** *(n.)* តំណក់ទឹកភ្នែក domnok teuk phnek

**tearful** *(adj.)* ពេញដោយទឹកភ្នែក penh doy teuk phnek

**tease** *(v.)* លេងសើច leng serch

**tease** *(n.)* ការលេងសើច ka leng serch

**teaser** *(n.)* អ្នកចូលចិត្តលេងសើចចំអក nak choul chet leng serch chom ork

**teasing** *(n.)* ការលេងសើច ka leng serch

**teasingly** *(adv.)* យ៉ាងលេងសើច yang leng serch

**teat** *(n.)* ក្បាលដោះ kbal doh

**technical** *(adj.)* នៃបច្ចេកទេស nei bachchek tes

**technicality** *(n.)* បច្ចេកភាព bachchek pheap

**technician** *(n.)* អ្នកបច្ចេកទេស nak bachchektes

**technique** *(n.)* បច្ចេកទេស bachchek tes

**technological** *(adj.)* នៃបច្ចេកវិទ្យា nei bachchek vityea

**technologist** *(n.)* អ្នកបច្ចេកទេស nak bachchektes

**technology** *(n.)* បច្ចេកវិទ្យា bachchek vityea

**technomad** *(n.)* អ្នកចប់និងបច្ចេកវិទ្យា nak ngob ngol neung bachchek vityea

**technomania** (n.) ភាពងប់ដល់នឹងបច្ចេកវិទ្យា pheap ngob ngol neung bachchek vityea

**technomusic** (n.) តន្ត្រីរាំអេឡិចត្រូនិច dontrey rom elech tronich

**technophile** (n.) អ្នកចូលចិត្តបច្ចេកវិទ្យាថ្មី nak choul chet bachchek vityea thmey

**technophobe** (n.) អ្នកមិនចូលចិត្តបច្ចេកវិទ្យាថ្មី nak min choul chet bachchek vityea thmey

**techy** (n.) អ្នកជំនាញខាងបច្ចេកវិទ្យា nak chomneanh khang bachchek vityea

**tectonic** (adj.) នៃការស្ថាបនាសាងសង់ nei ka sthapana sang song

**tedious** (adj.) ធុញទ្រាន់ thounh troan

**tedium** (n.) ភាពដែលធ្វើឱ្យធុញទ្រាន់ pheap del tveu oy thounh troan

**teem** (v.) ពោរពេញដោយ por penh doy

**teenager** (n.) ក្មេងជំទង់ kmeng chomtong

**teens** (n. pl.) ក្មេងទំទង់ kmeng chomtong

**teethe** (v.) ដុះធ្មេញ doh thmenh

**teetotal** (adj.) ដែលមិនសេពសុរាសោះ del min sepsora saoh

**teetotaller** (n.) អ្នកមិនសេពសុរាសោះ nak min sepsora saoh

**telebanking** (n.) ការទូទាត់សាច់ប្រាក់តាមទូរសព្ទ kar toutoat sachbrak tam tourosap

**telecast** (n.) ការផ្សព្វផ្សាយតាមទូរទស្សន៍ kar phsob phsaay tam tourotos

**telecast** (v.) ផ្សព្វផ្សាយតាមទូរទស្សន៍ phsob phsaay tam tourotos

**telecommunications** (n.) ទូរគមនាគមន៍ tourokak monea kom

**telecomputing** (n.) ការផ្ញើព័ត៌មានតាមម៉ូដឹមឬបណ្តាញ ka phnher poromean tam modem rue tam bondanh

**teleconference** (n.) សន្និសិទ្ធតាមប្រព័ន្ធទូរគមនាគមន៍ soniset tam proponth torokakmonea kom

**telecopier** (n.) ម៉ាស៊ីនថតចម្លងតាមខ្សែទូរសព្ទ masin thot chomlong tam ksae tourosab

**telecourse** (n.) មុខវិជ្ជាសិក្សាតាមទូរគមនាគមន៍ mok vichea serksa tam tourokak monea kom

**telefax** (n.) ទូរសារ tourosa

**telegram** (n.) តេឡេក្រាម telekram

**telegraph** (v.) វាយតេឡេក្រាម veay telekram

**telegraph** (n.) ទូរលេខ tourolekh

**telegraphic** (adj.) នៃទូរលេខ nei tourolekh

**telegraphist** (n.) អ្នកជំនាញទូរលេខ nak chomneanh tourolekh

**telegraphy** (n.) ទូរលេខសាស្ត្រ tourolekh sas

**teleguide** (n.) ការណែនាំពីចម្ងាយ ka nae nom pi chomngay

**telejournalism** (n.) ការផ្សាយសារព័ត៌មានសម្រាប់ទូរទស្សន៍ ka phsay sa poromean somrab turotuos

**telekinesis** (n.) សមត្ថភាពក្នុងការផ្លាស់ទីវត្ថុដោយប្រើថាមពលផ្លូវចិត្ត samotthapheap knong kar phlas ti vottho daoy brer tham pol phlauv chett

**telekinetic** (adj.) នៃសមត្ថភាពក្នុងការផ្លាស់ទីវត្ថុដោយប្រើថាមពលផ្លូវចិត្ត nei samotthapheap knong kar phlas ti vottho daoy brer tham pol phlauv chett

**telemark** (v.) ជិះស្គីកោង chiah ski kaong

**telemarketing** (v.) ធ្វើទីផ្សារតាមទូរគមនាគមន៍ thveu tiphsaar tam tourokakmoneakom

**telemarketing** (n.) ការធ្វើទីផ្សារតាមទូរគមនាគមន៍ kar thveu tiphsaar tam tourokakmoneakom

**telematic** (adj.) នៃការទំនាក់ទំនងតាមទូរគមនាគមន៍ nei kar tomneak tomnong tam tourokakmoneakom

**telemetry** (n.) ដំណើរការនៃការថតនិងបញ្ជូនការអាន damnerkar nei kar thot ning banhchoun kar arn

**teleologic** (adj.) នៃទូបាតុភូតសាស្ត្រ nei toro batophout sas

**teleologist** (n.) អ្នកជំនាញទូបាតុភូតសាស្ត្រ nak chomneanh toro batophout sas

**teleology** (n.) ទូទាកុកូតសាស្ត្រ toro batophout sas

**teleoperator** (n.) តេឡេបញ្ជា tele banhchea

**telepathic** (adj.) នៃទូរចិត្ត nei touro chett

**telepathist** (n.) អ្នកមានសមត្ថភាពបញ្ជូនគំនិតនិងដឹងពីគំនិតរបស់អ្នកដទៃ nak mean samotthapheap banhchoun koumnit ning doeng pi koumnit robos nak dor tei

**telepathy** (n.) ទូរចិត្ត touro chett

**telephone** (n.) ទូរស័ព្ទ tourosap

**telephone** (v.) ហៅទូរស័ព្ទ hao tourosap

**teleport** (v.) ផ្លាស់ទីដោយអច្ឆរិយ phlas ti doy achharoyak

**teleport** (n.) ការផ្លាស់ទីដោយអច្ឆរិយ kar phlas ti doy achharoyak

**teleportation** (n.) ការផ្លាស់ទីដោយអច្ឆរិយ kar tourokomneakom

**teleprint** (v.) ព្រីនពីចម្ងាយ prin pi chomngay

**teleprinter** (n.) ម៉ាស៊ីនព្រីនពីចម្ងាយ masin prin pi chomngay

**teleprompter** (n.) គ្រឿងបង្ហាញអក្សរដល់អ្នកនិយាយ kreung bonghanh aksor dol nak niyeay

**telescope** (n.) កែវយឺត kev yeut

**telescopic** (adj.) នៃកែវយឺត nei kev yeut

**telescopy** (n.) ការសិក្សាពីកែវយឺត ka serk sa pi kev yeut

**teleshopper** (n.) អ្នកទិញអីវ៉ាន់ពីចម្ងាយ nak tinh ei van pi chomngay

**teleshopping** (n.) ការទិញអីវ៉ាន់ពីចម្ងាយ ka tinh ei van pi chomngay

**teletext** (n.) ការផ្ញើសារពីចម្ងាយ kar phnher sa pi chomngay

**televise** (v.) បញ្ជូនតាមទូរទស្សន៍ banhchoun tamtourotous

**television** (n.) ទូរទស្សន៍ tourotos

**tell** (v.) ប្រាប់ brab

**teller** (n.) អ្នកប្រាប់ nak brab

**telling** (adj.) យ៉ាងសក្តិសិទ្ធិ yang sak set

**telling** (n.) ការបង្ហាញព័ត៌មាន ka bong hanh poromean

**telling-off** (n.) ការស្តីបន្ទោស ka sdei bontos

**telltale** (adj.) ដែលនិយាយអេចអូច del niyeay ech ouch

**telltale** (n.) ការនិយាយអេចអូច ka niyeay ech ouch

**tellural** (adj.) ដែលទាក់ទងនឹងផែនដី del tak tong neung phendei

**telluric** (adj.) នៃភពផែនដី nei piphob phaen dei

**temeritous** (adj.) ដែលមើលងាយចំពោះគ្រោះថ្នាក់ del meul ngeay chompoh kroh thnak

**temerity** (n.) ភាពក្លាហានហួសប្រមាណ pheap klahan hous promarn

**temper** (v.) បង្គរ bongorn

**temper** (n.) កំហឹង kamhoeng

**temperament** (n.) និស្ស័យ nissay

**temperamental** (adj.) និស្ស័យ nissay

**temperance** (n.) និស្ស័យ nissay

**temperate** (adj.) ដែលមានសីតុណ្ហភាពមធ្យម del mean seitonhapheap mothyom

**temperature** (n.) សីតុណ្ហភាព sei tonha pheap

**tempest** (n.) ខ្យល់ព្យុះ khyal pyouh

**tempestuous** (adj.) ដែលខ្លាំងដូចខ្យល់ព្យុះ del doch khyal pyouh

**templar** (n.) មន្ត្រីវាំង montrei veang

**template** (v.) ធ្វើពុម្ព tveu poump

**template** (n.) ពុម្ព poump

**temple** (n.) ប្រាសាទ brasaat

**temporal** (adj.) នៃសៀវភៅ nei seat phka

**temporary** (adj.) បណ្តោះអាសន្ន bondaoh asann

**tempt** (v.) ល្បួង lbuong

**temptation** (n.) ការល្បួង kar lbuong

**tempter** (n.) អ្នកល្បួង nak lbuong

**ten** (n.) ដប់ dob

**tenable** (adj.) ដែលអាចការពារបាន del ach kapear ban

**tenacious** (adj.) ដែលតស៊ូ del tor su

**tenacity** (n.) ភាពរឹងប៉ឹង pheap rungboeng

**tenancy** (n.) ការជួល kar chuol

**tenant** (n.) អ្នកជួល nak chuol

**tend** (v.) មានទំនោរ mean tomnor
**tendency** (n.) ទំនោរ tomnor
**tender** (v.) ដាក់ស្នើសុំ dak sner som
**tender** (adj.) ដែលផុយ del phoy
**tender** (n.) សំណើសុំផ្ដល់ somner som phdol
**tenderfoot** (n.) អ្នកជើងថ្មី nak thmer cheung
**tender-hearted** (adj.) ដួងចិត្តទន់ភ្លន់ duongchett tonphlon
**tenderize** (v.) ធ្វើអោយទន់ផ្លុន tveu oy ton plon
**tenderizer** (n.) ជាតុដែលធ្វើឲ្យ (សាច់) ផុយ theat del tveu oy (sach) phoy
**tenderly** (adv.) ទន់ភ្លន់ ton phlon
**tenderness** (n.) ភាពទន់ភ្លន់ pheap ton phlon
**tendinitis** (n.) ការរលាកសរសៃព្យួរ kar roleak sorsai pour
**tendon** (n.) សរសៃព្យួរ sarsaipuor
**tendril** (n.) ដៃ (ល្ពៅ) dai (vor)
**tenebrosity** (n.) ភាពងងឹត pheap ngor nget
**tenebrous** (adj.) ដែលងងឹត del ngor nget
**tenent** (n.) ភតិកៈ phor tek kak
**tenet** (n.) គោលលទ្ធិ koal lethi
**tenfold** (adj.) ដប់ដង dob dong
**tenfold** (adv.) ដោយដប់ដង doy dob dong
**tennis** (n.) កីឡាវាយកូនបាល់ keila veay kaun bal
**tenor** (n.) អ្នកច្រៀងសំឡេងខ្ពស់ nak chomreang somleng kpos
**tenor** (adj.) ដែលមានសំឡេងខ្ពស់ del mean somleng kpos
**tense** (v.) ធ្វើអោយតឹង tveu oy toeung
**tense** (adj.) តានតឹង tantoeng
**tense** (n.) ភាពតានតឹង pheap tantoeng
**tensely** (adv.) យ៉ាងខ្លាំង yeang khlang
**tensible** (adj.) អាចទាញបាន ach teanh ban
**tensile** (adj.) នៃភាពតានតឹង nei pheap tan toeung
**tensility** (adj.) នៃភាពយឺត pheap yeut
**tension** (n.) ភាពតានតឹង pheap tantoeng
**tension** (v.) ធ្វើឱ្យតានតឹង tveu oy tantoeng
**tensioned** (adj.) តានតឹង tantoeng
**tensor** (n.) សាច់ដុំយឺត dach dom yeut

**tensor** (adj.) នៃសាច់ដុំយឺត nei sach dom yeut
**tent** (n.) តង់ tong
**tentative** (adj.) នៃការសាកល្បង nei karsaak lbong
**tentative** (n.) ការសាកល្បង kar saak lbong
**tentativeness** (n.) ការសាកល្បង kar saak lbong
**tenth** (adj.) ទីដប់ ti dob
**tentmaker** (n.) អ្នកផលិតតង់ nak pholit tong
**tentpole** (n.) បង្គោលតង់ bong koal tong
**tenue** (n.) ការស្លៀកពាក់ ka sleak peak
**tenuous** (adj.) ខ្សោយ khsoay
**tenuously** (adv.) យ៉ាងខ្សោយ yang khsoay
**tenure** (v.) ផ្ដល់អាណត្តិអចិន្ត្រៃយ៍នៃមុខដំណែង phol anat achentrey nei moukh domneng
**tenure** (n.) អាណត្តិអចិន្ត្រៃយ៍នៃមុខដំណែង anat achentrey nei moukh domneng
**tepid** (adj.) ក្ដៅឧណ្ហៗ kdao on on
**tepidity** (n.) ភាពក្ដៅឧណ្ហៗ pheap kdao on on
**tepidly** (adv.) ដោយក្ដៅឧណ្ហៗ doy kdao on on
**tequila** (n.) ស្រាតាគីឡា sra takila
**terabase** (n.) ចំនួនទិន្នន័យដប់ប៊ីលាន chomnoun tinaney lomdab zen
**terabyte** (n.) តេរ៉ាបៃ te ra bai
**term** (n.) អាណត្តិ anat
**term** (v.) អោយឈ្មោះ oy chhmoah
**terminable** (adj.) ដែលអាចបញ្ចប់បាន del ach banchob ban
**terminal** (n.) ស្ថានីយ sthani
**terminal** (adj.) នៃស្ថានីយ sthani
**terminate** (v.) បញ្ចប់ banhchob
**termination** (n.) ការបញ្ចប់ kar banhchob
**terminological** (adj.) នៃវាក្យសព្ទ veakyasap
**terminology** (n.) វាក្យសព្ទ veakyasap
**terminus** (n.) គោលដៅចុងក្រោយនៃខ្សែរថភ្លើង koal dao chong kroay nei khsae rot phleung
**termite** (n.) កេស kes

**termiticide** *(n.)* សត្វកណ្ដៀរ sat kondear
**terp** *(v.)*ពួន poun
**terp** *(n.)* ដំបូក dombouk
**terrace** *(n.)* ផ្ទែរាបស្មើ phtei reab smer
**terrace** *(v.)* ធ្វើអោយទៅជាថ្នាក់ៗ tveu oy tov chea thnak thnak
**terracotta** *(n.)* ផលិតផលធ្វើពីដីកត្ដ bolit pi dei et
**terracotta** *(adj.)* ដែលធ្វើពីដីកត្ដ del tveu pi dei et
**terraforming** *(n.)* ការធ្វើឱ្យភពផ្សេងទៀតអាចឱ្យការៈមាន ជីវរស់នៅបាន ka tveu oy phob pseng teat ach oy pheavak mean chivit ros nov ban
**terrain** *(n.)* លក្ខណៈភូមិសាស្ដ្រដី lakhanak phoumisaas dei
**terrestrial** *(n.)* ជីវីករស់នៅលើផែនដី chivet nov leu phen dei
**terrestrial** *(adj.)* ដែលនៅលើដី del nov leu dei
**terrible** *(adj.)* គួរឱ្យខ្លាច kuor aoy khlach
**terrier** *(n.)* ឆ្កែសម្រាប់បរបាញ់ម្យ៉ាង chhkae somrab bor banh myang
**terrific** *(adj.)* អស្ចារ្យ aschar
**terrify** *(v.)* ធ្វើឱ្យរន្ធត់ tveu oy ronthot
**territorial** *(adj.)* នៃទឹកដី nei teuk dei
**territory** *(n.)* ទឹកដី teuk dei
**terror** *(n.)* ភាពរន្ធត់ pheap ronthot
**terrorism** *(n.)* កេរកម្ម pherovokamm
**terrorist** *(n.)* កេរករ phea ro vokor
**terrorize** *(v.)* ធ្វើឱ្យភិតភ័យ tveu oy pit phey
**terse** *(adj.)* ដែលខ្លីហើយច្បាស់ del khley hery chbas
**tersely** *(adv.)* យ៉ាងខ្លីហើយច្បាស់ yang khley hery chhbas
**tertian** *(adj.)* នៃគ្រុនលស់ nei krun lous
**tertian** *(n.)* គ្រុនលស់ krun lous
**tertiary** *(n.)* ឧត្ដមសិក្សា udam seksaa
**tertiary** *(adj.)* នៃឧត្ដមសិក្សា nei udam seksaa
**tesseract** *(n.)* បួនវិមាត្រនៃគូប boun vimeat nei koub
**test** *(n.)* ការសាកល្បង ka sak lbong
**test** *(v.)* សាកល្បង sak lbong

**testament** *(n.)* សក្ខីបទ sakkhei bot
**testicle** *(n.)* ពងស្វាស pong svas
**testify** *(v.)* ធ្វើជាភស្ដុតាង tveu chea pos tang
**testimonial** *(n.)* សក្ខីកម្ម sakkheikamm
**testimony** *(n.)* សក្ខីភាព sakkhei pheap
**testosterone** *(n.)* តេស្តូស្ដេរ៉ូន te stau ste raun
**tete-a-tete** *(n.)* ការសន្ទនាជាលក្ខណៈឯកជនរវាងមនុស្ស ពីរនាក់ ka sontonea chea lakhenak ekchun roveang monus pi nak
**tether** *(v.)* ចងកុំអោយដេីរទៅឆ្ងាយបាន chong kom oy derk tov chhnay ban
**tether** *(n.)* ខ្សែចំណងគោក្របី ksae chong ko krobei
**tetra** *(n.)* បួន boun
**text** *(n.)* អត្ថបទ atthabot
**textbook** *(n.)* សៀវភៅសិក្សា sievphov seksaa
**textbook** *(adj.)* ដែលល្អជាឧទាហរណ៍ sievphov seksaa
**textbookish** *(adj.)* នៃសៀវភៅសិក្សា sievphow seksaa
**textile** *(n.)* វាយនភ័ណ្ឌ veayonakphon
**textile** *(adj.)* នៃវាយនភ័ណ្ឌ nei veayonakpon
**textual** *(adj.)* នៃអត្ថបទ nei atthabot
**texture** *(n.)* វាយនភាព veayonak pheap
**thank** *(v.)* អរគុណ orkun
**thankful** *(adj.)* ដែលមានការដឹងគុណ del mean ka doeung kun
**thankless** *(adj.)* គ្មានការដឹងគុណ kmean ka doeung kun
**thanks** *(n.)* សូមអរគុណ soum orkun
**that** *(dem. pron.)* នោះ noh
**that** *(rel. pron.)* អ្វីនោះ avei noh
**that** *(adv.)* នោះ noh
**that** *(conj.)* ដែល del
**thatch** *(v.)* ប្រក់ដោយស្បូវ brok doy sbouv
**thatch** *(n.)* ស្បូវ sbauv
**thaw** *(v.)* រលាយ roleay
**thaw** *(n.)* ការរលាយ ka roeay
**theatre** *(n.)* ល្ខោន lkhon
**theatrical** *(adj.)* នៃល្ខោន nei lkhon
**theft** *(n.)* ចោរ choa
**their** *(adj.)* របស់ពួកគេ robos pouk ke

**theirs** *(pron.)* របស់ពួកគេ robos pouk ke
**theism** *(n.)* ជំនឿទៅលើព្រះមួយ chomneu tov leu preah mouy
**theist** *(n.)* អ្នកជឿថាមាននព្រះ nak chheu tha mean preah
**them** *(pron.)* ពួកគេ puok ke
**thematic** *(adj.)* នៃប្រធានបទ nei brathean bot
**theme** *(n.)* ប្រធានបទ brathean bot
**then** *(adj.)* ដែលបន្ទាប់មក del bantoab mok
**then** *(adv.)* បន្ទាប់មក bantoab mok
**thence** *(adv.)* ពីនោះ pinoh
**theocracy** *(n.)* ទេវាធិបតេយ្យ tevea thoebpatey
**theologian** *(n.)* សាសនវិទូ sasanak vitou
**theological** *(adj.)* នៃខាងទេវវិទ្យា nei khang tevak vithyea
**theology** *(n.)* ទេវវិទ្យា te vak vityea
**theorem** *(n.)* ទ្រីស្ដីបទ trusdei bot
**theoretical** *(adj.)* នៃទ្រឹស្ដី nei treuhsdei bot
**theorist** *(n.)* អ្នកទ្រឹស្ដី nak treusdei
**theorize** *(v.)* បង្កើតទ្រឹស្ដី bongkert treusdei
**theory** *(n.)* ទ្រឹស្ដី treusdei
**therapist** *(n.)* អ្នកព្យាបាលរោគ nak pyeabal rok
**therapy** *(n.)* ការព្យាបាល kar pyeabal
**there** *(adv.)* នៅទីនោះ now tinoh
**thereabouts** *(adv.)* នៅទីនោះ now tinoh
**thereafter** *(adv.)* ក្រោយមក kraoy mok
**thereby** *(adv.)* ដោយហេតុនេះ daoy het nih
**therefore** *(adv.)* ដូច្នេះ dauch neh
**thermal** *(adj.)* នៃកំដៅ nei kam daw
**thermometer** *(n.)* ទែម៉ូម៉ែត te mau met
**thermos (flask)** *(n.)* បំពង់ទឹកក្ដៅ bompong toek kdao
**thesis** *(n.)* និក្ខេបបទ nikkhebabt
**thick** *(adj.)* ក្រាស់ kras
**thick** *(n.)* ភាពក្រាស់ pheap kras
**thick** *(adv.)* យ៉ាងក្រាស់ yang kras
**thicken** *(v.)* ធ្វើឱ្យក្រាស់ tveu oy kras
**thicket** *(n.)* ព្រៃគុម្ពោតក្រាស់ prei kompout kras
**thief** *(n.)* ចោរ chaor

**thigh** *(n.)* ភ្លៅ phlow
**thimble** *(n.)* ស្នាប់ដេរ snab de
**thin** *(v.)* ធ្វើឱ្យស្ដើង tveu oy sderng
**thin** *(adj.)* ស្គម skom
**thing** *(n.)* វត្ថុ vottho
**think** *(v.)* គិត kit
**thinker** *(n.)* អ្នកគិត nak kit
**third** *(n.)* ទីបី ti bei
**third** *(adj.)* នៃទីបី nei ti bei
**thirdly** *(adv.)* នៅទីបី nov ti bei
**thirst** *(v.)* ស្រេកទឹក srek teuk
**thirst** *(n.)* ភាពស្រេកទឹក pheap srek teuk
**thirsty** *(adj.)* ដែលស្រេកទឹក del srek teuk
**thirteen** *(n.)* ដប់បី dob bei
**thirteenth** *(n.)* ទីដប់បី ti dob bei
**thirteenth** *(adj.)* នៃទីដប់បី nei ti dob bei
**thirtieth** *(n.)* ទីសាមសិប ti samseb
**thirtieth** *(adj.)* នៃទីសាមសិប nei samseb
**thirty** *(n.)* សាមសិប samseb
**thistle** *(n.)* ដើមផ្កាម្យ៉ាងមានបន្លា derm phka myang mean bonla
**thither** *(adv.)* នៅទីនោះ now tinoh
**thorax** *(n.)* ប្រអប់ទ្រូង bro ob troung
**thorn** *(n.)* បន្លា banla
**thorny** *(adj.)* ដែលមានបន្លា del mean banla
**thorough** *(adj.)* ហ្មត់ចត់ mot chot
**thoroughfare** *(n.)* ផ្លូវធ្លាយ phlouv thleay
**though** *(adv.)* យ៉ាងណាមិញ yang na minh
**though** *(conj.)* ទោះបីជា tohbeichea
**thought** *(n.)* គំនិត kom nit
**thoughtful** *(adj.)* ដែលចេះគិតដឹកដល់ del cheh kit dol
**thousand** *(n.)* មួយពាន់ mouy poan
**thousandth** *(adj.)* ទីមួយពាន់ ti mouy poan
**thrall** *(n.)* ទាសភាព teasapheap
**thralldom** *(n.)* ទាសភាព teasapheap
**thrash** *(v.)* វាយ បោកទៅលើ veay boak tov leu
**thread** *(v.)* ដាក់អំបោះចូលរន្ធម្ជុល dak omboah chol ron mjoul
**thread** *(n.)* អំបោះ omboah
**threadbare** *(adj.)* ដែលរេចរិល del rich rel

**threat** *(n.)* ការគំរាមកំហែង kar koumreamkamheng
**threaten** *(v.)* គំរាមកំហែង koum reamkamheng
**three** *(n.)* បី bei
**thresh** *(v.)* បោក បែន boak ben
**thresher** *(n.)* ម៉ាស៊ីនបោកស្រូវ masin boak srov
**threshold** *(n.)* ចំណុចចាប់ផ្ដើម chomnoch chab phderm
**thrice** *(adv.)* បីដង bei dong
**thrift** *(n.)* ការសន្សំសំចៃ ka sonsom sonchay
**thrifty** *(adj.)* សន្សំសំចៃ sonsom sonchay
**thrill** *(v.)* រំភើប rompheub
**thrill** *(n.)* ភាពរំភើប pheap rompheub
**thriller** *(n.)* ភាពយន្តញាប់ញ័រ pheap yun nhoab nhor
**thrive** *(v.)* លូតលាស់ lout loas
**throat** *(n.)* បំពង់ក bampongkor
**throaty** *(adj.)* ស្អក sa ork
**throb** *(n.)* ដំណើររោតខ្ចោកៗ domner loat khtoak khtoak
**throb** *(v.)* រោតខ្ចោកៗ loat khtoak khtoak
**throe** *(n.)* ការឈឺចាប់ ka chheu chab
**throne** *(v.)* ឡើងគ្រងរាជ្យ lerng krong reach
**throne** *(n.)* បល្ល័ង្ក balang
**throng** *(n.)* ហ្វូងមនុស្ស foung monus
**throng** *(v.)* ប្រជុំជាក្រុម brochom chea krom
**throttle** *(v.)* ច្របាច់ក chrobach kor
**throttle** *(n.)* ឆ្នុកបិទបើក chhnuk bet baek
**through** *(adv.)* ឆ្លងកាត់ chhlangkat
**through** *(adj.)* ដែលឆ្លងកាត់ del chhlangkat
**through** *(prep.)* ឆ្លងកាត់ chhlangkat
**throughout** *(prep.)* នៅទូទាំង now touteang
**throughout** *(adv.)* នៅទូទាំង now touteang
**throw** *(n.)* ការបោះ ka baoh
**throw** *(v.)* បោះ baoh
**thrust** *(n.)* កម្លាំងរុញ komlang rounh
**thrust** *(v.)* រុញ rounh
**thud** *(v.)* បន្លឺសូរឡេង banlu saamleng
**thud** *(n.)* សូរក្ដុក so kduk

**thug** *(n.)* ជនដែលប្រព្រឹត្តបទឧក្រិដ្ឋជាមុខរបរ chun del broprut bot ukredth chea mokh robor
**thumb** *(v.)* ឈរតាមផ្លូវចាំសុំឡានគេជិះ chhor tam phlauv cham som lan ke chiah
**thumb** *(n.)* មេដៃ medai
**thumbprint** *(n.)* ស្នាមមេដៃ snam medai
**thump** *(v.)* វាយខ្លាំង veay klang
**thump** *(n.)* សូរក្ដុកៗ so kduk kduk
**thunder** *(v.)* និយាយដូចផ្គរលាន់ niyeay doch phkarloan
**thunder** *(n.)* ផ្គរលាន់ phkarloan
**thunderous** *(adj.)* មានផ្គរលាន់ mean phkarloan
**thunderstorm** *(n.)* ផ្គររន្ទះ phkar ronteah
**Thursday** *(n.)* ថ្ងៃព្រហស្បតិ៍ thngai prohoas
**thus** *(adv.)* ដូច្នេះ dauch chneh
**thwart** *(v.)* រារាំង reareang
**tiara** *(n.)* មកុដ makod
**tick** *(v.)* គូស kous
**tick** *(n.)* សូរតឹកៗ so toek toek
**ticket** *(n.)* សំបុត្រ saambot
**tickle** *(v.)* ចាក់ក្រឡេក chak krolek
**ticklish** *(adj.)* រសើប roserb
**tidal** *(adj.)* នៃជំនោរ nei chomnor
**tide** *(n.)* ជំនោរ chomnor
**tidiness** *(n.)* ភាពរៀបរយ pheap reab roy
**tidings** *(n. pl.)* ដំណឹង damnoeng
**tidy** *(v.)* រៀបចំ reab chom
**tidy** *(adj.)* ដែលរៀបរយ del reab roy
**tie** *(v.)* ចង chong
**tie** *(n.)* ចំណង chomnong
**tier** *(n.)* ថ្នាក់ thnak
**tiger** *(n.)* ខ្លា khla
**tight** *(adj.)* តឹង toeng
**tighten** *(v.)* រឹតបន្តឹង reut banteung
**tigress** *(n.)* សត្វខ្លាញី sat khla nhi
**tile** *(v.)* ដាក់ក្បឿង dak kbueng
**tile** *(n.)* ក្បឿង kbueng
**till** *(conj.)* រហូតដល់ rohaut dol
**till** *(v.)* ភ្ជួរស្រែ phyour srae
**till** *(n.)* ថតដាក់លុយ thot dak luy

**till** *(prep.)* រហូតដល់ rohaut dol
**tilt** *(v.)* ធ្វើឱ្យទ្រេត thveu aoy tret
**tilt** *(n.)* ដំណើរទ្រេត damner tret
**timber** *(n.)* ឈើ chheu
**time** *(v.)* កំណត់ពេលវេលា kamnot pelvelea
**time** *(n.)* ពេលវេលា pelvelea
**time limit** *(n.)* ដែនកំណត់ពេលវេលា den kamnot pelvelea
**timeline** *(n.)* បន្ទាត់ដែលបង្ហាញកាលបរិច្ឆេទ bantoat del banghanh kal borichchhet
**timely** *(adj.)* ទាន់ពេលវេលា toanpel velea
**timid** *(adj.)* ខ្មាស់អៀន khmas ien
**timidity** *(n.)* ភាពខ្មាសមុខ pheap khmou moukh
**timorous** *(adj.)* ដែលញញើតញញើម del nhnor nhert nhor nheum
**tin** *(v.)* ប្រក់នឹងសង្កសី brok neung sangka sei
**tin** *(n.)* សំណប៉ាហាំង saamnor bahang
**tincture** *(v.)* លាយអាកុលនឹងថ្នាំ leay akol neung thnam
**tincture** *(n.)* ល្បាយអាកុលនឹងថ្នាំ lbay akol neung thnam
**tinge** *(v.)* លាបពណ៌ស្រាល leab por sral
**tinge** *(n.)* ពណ៌ព្រឿងៗ por prueng prueng
**tinker** *(n.)* ជាងផ្សារ cheang phsaar
**tinsel** *(n.)* បន្ទះលោហធាតុភ្លឺៗ banteah lohaktheat phleu phleu
**tint** *(v.)* ធ្វើឱ្យមានពណ៌ព្រឿងៗ thveu aoy mean por prueng prueng
**tint** *(n.)* ស្នាមពណ៌ព្រឿងៗ snam por prueng prueng
**tiny** *(adj.)* តូចខ្លាំង tauch khlang
**tip** *(v.)* ឱ្យប្រាក់ទឹកតែ aoy brak teuk tae
**tip** *(n.)* ព័ត៌មានជំនួយ poromean chomnuoy
**tip-off** *(v.)* ព្រលាយពាក្យ proloy peak
**tipsy** *(adj.)* ស្រវឹងតិចៗ sro veung tech tech
**tirade** *(n.)* ការរិះគន់ កិះដៀលខ្លាំង karriahkun teahdiel khlang
**tire** *(n.)* សំបកកង់ saambok kong
**tire** *(v.)* ធ្វើឱ្យអស់កម្លាំង thveu aoy os kamlang
**tired** *(adj.)* ហត់នឿយ hot nuey

**tiresome** *(adj.)* ដែលគួរឱ្យធុញទ្រាន់ del kuor aoy thounh troan
**tissue** *(n.)* ជាលិកា chealika
**titanic** *(adj.)* ទីតានិច ti ta nich
**tithe** *(n.)* មួយភាគដប់ muoy pheak dob
**title** *(n.)* ចំណងជើង chamnang cheung
**title** *(v.)* ដាក់ចំណងជើង dak chamnang cheung
**titular** *(adj.)* ដែលមានងារជា del mean ngear chea
**toad** *(n.)* សត្វគីង្គក់ sat kingkuk
**toast** *(v.)* អាំងនំប៉័ង ang nompang
**toast** *(n.)* នំប៉័ងអាំង nompang ang
**tobacco** *(n.)* ថ្នាំជក់ thnam chuk
**today** *(n.)* ថ្ងៃនេះ thngai nih
**today** *(adv.)* នៅថ្ងៃនេះ nov thngai nih
**toe** *(v.)* ទាត់ (នឹងម្រាមជើង) toat ( neung mream cheung)
**toe** *(n.)* ម្រាមជើង mream cheung
**toffee** *(n.)* ស្ករតាំងម៉ែ skor tang mae
**toga** *(n.)* ប៊ីពរស chei por sor
**together** *(adv.)* ជាមួយគ្នា chea muoy knea
**toil** *(v.)* ធ្វើការធ្ងន់ thveu kar thngon
**toil** *(n.)* កិច្ចការលំបាក kechkar lombak
**toilet** *(n.)* បង្គន់ bangkon
**toils** *(n. pl.)* សំណាញ់ saamnanh
**token** *(n.)* និមិត្តសញ្ញា nimitt sanha
**tolerable** *(adj.)* ដែលអត់ទ្រាំបាន del attrom ban
**tolerance** *(n.)* ភាពអត់ធ្មត់ pheap atthmot
**tolerant** *(adj.)* ដែលអត់ធ្មត់ del atthmot
**tolerate** *(v.)* អត់ឱន at aon
**toleration** *(n.)* ការអត់ធ្មត់ kar atthmot
**toll** *(v.)* ដាក់អោយបង់ថ្លៃប្រើ dak aoy bongthlai brer
**toll** *(n.)* ថ្លៃសេវាកម្មនាគមន៍ thlai seva kakmoneakom
**tomato** *(n.)* ប៉េងប៉ោះ peng poh
**tomb** *(n.)* ផ្នូរ phnau
**tomboy** *(n.)* ស្រីដែលមានឫកពារដូចប្រុស srei del mean reuk pear dauch bros
**tomcat** *(n.)* សត្វឆ្មាបា sat chhma ba

tome (n.) សៀវភៅធំក្រាស់ sievphov thom kras
tomorrow (adv.) នៅថ្ងៃស្អែក now thngai sa ek
tomorrow (n.) ថ្ងៃស្អែក thngai sa ek
ton (n.) តោន taon
tone (n.) សំឡេង saamleng
tone (v.) ដាក់ពណ៌បន្ថែម samleng
toned (adj.) ដែលមានសំឡេង del mean saamleng
tongs (n. pl.) ដង្កៀប dangkieb
tongue (n.) អណ្តាត andat
tonic (n.) ថ្នាំប៉ូវកំលាំង thnam pauv kamlang
tonic (adj.) ដែលប៉ូវកំលាំង del pauv kamlang
tonight (adv.) នៅយប់នេះ now yub nih
tonight (n.) យប់នេះ yub nih
tonne (n.) តោន taon
tonsil (n.) ការដុះសាច់ក្នុងបំពង់ក kar doh sach knong bampongkor
tonsure (n.) ពិធីកោរសក់ pithi kao sok
too (adv.) ផងដែរ phong dae
tool (n.) ឧបករណ៍ ubpakor
toolkit (n.) ប្រអប់ឧបករណ៍ bra ob ubpakor
tooth (n.) ធ្មេញ thmenh
toothache (n.) ការឈឺធ្មេញ kar chheu thmenh
toothsome (adj.) ដែលឆ្ងាញ់ត្រូវមាត់ del chhnganh trauv maat
top (v.) ដាក់ខាងលើ dak khang leu
top (n.) ខាងលើ khangleu
topaz (n.) ពេជ្រពណ៌លឿង pech por lueng
topic (n.) ប្រធានបទ brathanobt
topical (adj.) នៃប្រធានបទ nei brathean bot
topographer (n.) អ្នកជំនាញសណ្ឋានដី nak chomneanh santhandei
topographical (adj.) នៃសណ្ឋានដី nei santhandei
topography (n.) ហានលេខាសាស្ត្រ thanlekha sas
topper (n.) ម៉ាស៊ីនកាត់ស្មៅ masein kat smaw
topple (v.) ផ្តួលរំលំ phduol romlom

topsy turvy (adj.) វង្វេងស្មារតី vongveng smarodei
topsy turvy (adv.) ដោយក្រឡាប់ផ្ងារ daoy kralab phngar
torch (n.) ពិល pil
torment (n.) ទារុណកម្ម tearounakamm
torment (v.) ដាក់ទារុណកម្ម dak tearounakamm
tornado (n.) ខ្យល់ព្យុះ khyal pyouh
torpedo (v.) បាញ់នឹងគ្រាប់បែកបាញ់នាវា banh neung kroabbek banh neavea
torpedo (n.) គ្រាប់បាញ់នាវា kroab banh neavea
torrent (n.) ដំណើរធ្លាក់ខ្លាំង (ភ្លៀង) damner thleak khlang (phlieng)
torrential (adj.) ដែលហូរធ្លាក់ខ្លាំង del haur thleak khlang
torrid (adj.) ដែលក្តៅហែង del kdao heng
tortoise (n.) សត្វអណ្ដើក sat anderk
tortuous (adj.) ដែលស្មុគស្មាញ del smok smanh
torture (v.) ធ្វើទារុណកម្ម thveu tearounakamm
torture (n.) ការធ្វើទារុណកម្ម kar thveu tearounakamm
toss (n.) ការបោះ kar baoh
toss (v.) បោះ baoh
total (n.) សរុប saroub
total (v.) បូកសរុប bauk saroub
total (adj.) សរុប saroub
totalitarian (adj.) ផ្តាច់ការ phdach kar
totality (n.) ភាពទាំងស្រុង pheap teang srong
touch (n.) ការប៉ះ kar bah
touch (v.) ប៉ះ bah
touchy (adj.) ដែលដិតជាប់អារម្មណ៍ del det choab aromm
tough (adj.) ដែលស្វិត del svet
toughen (v.) ធ្វើអោយស្វិត thveu aoy svet
tour (v.) ដើរកម្សាន្ត der kamsaan
tour (n.) ដំណើរកម្សាន្ត dam ner kamsaan
tourism (n.) ទេសចរណ៍ tesa chor
tourist (n.) អ្នកទេសចរ nak tesa chor

| | |
|---|---|
| tournament *(n.)* ការប្រកួត kar brakuot | tracheole *(n.)* បំពង់ខ្យល់ bampong khyal |
| tout *(v.)* ជំរុញអោយគេទិញអ្វីមួយ chomrounh aoy ke tinh avei muoy | tracheoscopy *(n.)* ការពិនិត្យបំពង់ខ្យល់ kar pinit bampong khyal |
| tow *(n.)* ការសណ្ដោង kar sandaong | tracing *(n.)* ការដាន kar dan |
| tow *(v.)* សណ្ដោង sandaong | track *(v.)* ធ្វើអោយមានស្នាម thveu aoy mean snam |
| towards *(prep.)* ឆ្ពោះទៅ chhpaoh tov | track *(n.)* ផ្លូវដែក phlauv dek |
| towboat *(n.)* ទូកសណ្ដោង touk sa daong | trackable *(adj.)* អាចតាមដានបាន ach tamdan ban |
| towel *(v.)* ជូតនឹងកន្សែង chout neung kansaeng | trackback *(n.)* ការអនុញ្ញាតឱ្យគេហទំព័រមួយជូនដំណឹង kar anou nhnhat aoy kehaktompor muoy choun damnoeng |
| towel *(n.)* កន្សែង kansaeng | |
| tower *(v.)* លេចត្រដែតឡើង lech tradet laeng | trackball *(n.)* ដុំកីលនៃម៉ៅកុំព្យូទ័រ dom romkel nei mao kompyoutor |
| tower *(n.)* ប៉ម pom | tracker *(n.)* អ្នកតាមដាន nak tamdan |
| town *(n.)* ក្រុង krong | tracklist *(n.)* បញ្ជីតាមដាន banhchi tamdan |
| township *(n.)* សង្កាត់ sangkaat | tracksuit *(n.)* សំលៀកបំពាក់ហាត់កីឡា saamliek bampeak hat keila |
| toxaemia *(n.)* ភាពស្លេកស្លាំង pheap slek slang | tract *(n.)* បំពង់ bampong |
| toxic *(adj.)* ពុល poul | traction *(n.)* ការអូសទាញ kar aus teanh |
| toxicity *(n.)* ភាពពុល pheap poul | tractor *(n.)* ត្រាក់ទ័រ traktor |
| toxicologist *(n.)* អ្នកសិក្សាពីជាតិពុល nak seksaa pi cheat poul | trade *(v.)* ធ្វើពាណិជ្ជកម្ម thveu peanech chokamm |
| toxicology *(n.)* ការសិក្សាពីជាតិពុល kar seksaa pi cheat poul | trade *(n.)* ពាណិជ្ជកម្ម peanech chokamm |
| toxification *(n.)* ការបំពុល kar bampoul | trademark *(n.)* ពាណិជ្ជសញ្ញា peanech sanhnha |
| toxin *(n.)* ជាតិពុល cheat poul | trader *(n.)* ពាណិជ្ជករ peanechchokor |
| toy *(v.)* លេង leng | tradesman *(n.)* ពាណិជ្ជករ peanechchokor |
| toy *(n.)* ប្រដាប់ក្មេងលេង bradab kmeng leng | tradition *(n.)* ប្រពៃណី brapei nei |
| toyhouse *(n.)* ផ្ទះក្មេងលេង phteah kmeng leng | traditional *(adj.)* ជាប្រពៃណី chea brapei nei |
| toymaker *(n.)* អ្នកធ្វើប្រដាប់ក្មេងលេង nak thveu bradab kmeng leng | traffic *(v.)* ធ្វើចរាចរណ៍ thveu chorachor |
| toyseller *(n.)* អ្នកលក់ប្រដាប់ក្មេងលេង nak lok bradab kmeng leng | traffic *(n.)* ចរាចរណ៍ chorachor |
| toystore *(n.)* ហាងលក់ប្រដាប់ក្មេងលេង hang lok bradab kmeng leng | traffic sign *(n.)* សញ្ញាចរាចរណ៍ sanhnha chorachor |
| trace *(v.)* តាមដាន tamdan | tragedian *(n.)* សោកនាដករ saok neadakor |
| trace *(n.)* ដាន dan | tragedy *(n.)* សោកនាដកម្ម saok neadakamm |
| traceable *(adj.)* ដែលអាចតាមដានបាន del ach tam dan ban | tragic *(adj.)* សោកនាដកម្ម saok neadakamm |
| trachea *(n.)* បំពង់ខ្យល់ទៅស្ងួត bampong khyal tov suot | trail *(v.)* អូសពីក្រោយ aus pikraoy |
| | trail *(n.)* ផ្លូវលំ phlauv lom |
| tracheal *(adj.)* ដែលទាក់ទងបំពង់ខ្យល់ del teak tong bampong khyal | trailer *(n.)* រថយន្តសណ្ដោង rothayon sandaong |

**train** (v.) ហ្វឹកហាត់ hvoek hat
**train** (n.) រថភ្លើង roth phleung
**trainee** (n.) សិក្ខាកាម sekkhakam
**training** (n.) ការបណ្ដុះបណ្ដាល kar bandoh bandal
**trait** (n.) ចរិត chak rit
**traitor** (n.) ជនក្បត់ chun kbot
**tram** (n.) រថភ្លើងអគ្គិសនី roth phleung akkisani
**trample** (v.) ជាន់ឈ្លី choan chhli
**trance** (n.) ការអណ្ដែតអណ្ដូង kar andet andaung
**tranquil** (adj.) ស្ងប់ស្ងាត់ sngob sngat
**tranquility** (n.) ភាពស្ងប់ស្ងាត់ pheap sngob sngat
**tranquillize** (v.) ធ្វើឱ្យស្ងប់ស្ងាត់ thveu aoy sngob sngat
**tranquillizer** (n.) ថ្នាំរំងាប់អារម្មណ៍ thnam romngoab aromm
**transact** (v.) ធ្វើប្រតិបត្តិការ thveu bratebatt kor
**transaction** (n.) ប្រតិបត្តិការ bratebatte kor
**transborder** (adj.) ដែលឆ្លងកាត់ព្រំប្រទល់ del chhlangkat prombrotol
**transboundary** (adj.) ឆ្លងដែន chhlang den
**transceive** (v.) បញ្ជូននឹងទទួល banhchoun neung tortuol
**transceiver** (n.) ឧបករណ៍បញ្ជូននឹងទទួល ubakar banhchoun nung ttuol
**transcend** (v.) ពុះពារ pouh pear
**transcendent** (adj.) ដែលល្អលើសលប់ del laor leus loub
**transcendental** (adj.) នៃអធិធម្មជាតិ nei athi thommocheat
**transcendentalize** (v.) ធ្វើឱ្យល្អលើសលប់ thveu aoy leus loub
**transcendentally** (adv.) យ៉ាងល្អលើសលប់ yang laor leus loub
**transcendingly** (adv.) ឆ្លងកាត់ផុតពី chhlangkat phot pi
**transcribe** (v.) កត់ជាលាយលក្ខអក្សរ kot chea leay lakkh aksor
**transcriber** (n.) អ្នកកត់ជាលាយលក្ខអក្សរ nak kot chea leay lakkh aksor

**transcription** (n.) ការកត់ជាលាយលក្ខអក្សរ kar kot chea leay lakkh aksor
**transfer** (v.) ផ្ទេរ phte
**transfer** (n.) ការផ្ទេរ kar phte
**transferable** (adj.) អាចផ្ទេរបាន ach phte ban
**transfiguration** (n.) ការផ្លាស់ប្រែទ្រង់ទ្រាយ kar phlas brae trongtreay
**transfigure** (v.) ផ្លាស់ប្រែទ្រង់ទ្រាយ phlas brae trongtreay
**transform** (v.) បំប្លែង bambleng
**transformation** (n.) ការផ្លាស់ប្ដូរ kar phlas bdau
**transgress** (v.) ប្រព្រឹត្តខុសច្បាប់ brapreutt khos chbab
**transgression** (n.) ការប្រព្រឹត្តបទល្មើស kar brapreutt bot lmeus
**transit** (n.) ការឆ្លងកាត់ kar chhlong kat
**transit** (v.) ឆ្លងកាត់ chhlong kat
**transition** (n.) ការផ្លាស់ប្ដូរ kar phlas bdau
**transitive** (adj.) ដែលផ្លាស់ប្ដូរ del phlas bdau
**transitory** (adj.) បណ្ដោះអាសន្ន bondaoh asonn
**translate** (v.) បកប្រែ bok brae
**translation** (n.) ការបកប្រែ ka bok brae
**transmigration** (n.) ការផ្លាស់លំនៅពីតំបន់មួយទៅតំបន់មួយទៀត kar phlas lomnov pi dambon
**transmission** (n.) ការបញ្ជូន kar banhchoun
**transmit** (v.) បញ្ជូន banhchoun
**transmitter** (n.) គ្រឿងបញ្ជូនសារ (វិទ្យុ) krueng banhchoun sar ( vityou)
**transparent** (adj.) ថ្លា thla
**transplant** (v.) ស្ទូង staung
**transplant** (n.) ការស្ទូង kar staung
**transplantation** (n.) ការប្ដូរសរីរាង្គ kar bdau sarei reang
**transplantee** (n.) អ្នកប្ដូរសរីរាង្គ nak bdau sarei reang
**transport** (n.) ការដឹកជញ្ជូន kar doek chonhchoun
**transport** (v.) ដឹកជញ្ជូន doek chonhchoun

**transportation** (n.) ការដឹកជញ្ជូន kar doek chonhchoun
**trap** (v.) ដាក់អន្ទាក់ dak anteak
**trap** (n.) អន្ទាក់ anteak
**trapdoor** (n.) ទ្វារអន្ទាក់ tvear anteak
**trapeze** (n.) កីឡាយោលទោង keila yol tong
**trapeze** (v.) លេងកីឡាយោលទោង leng keila yoltong
**trapezist** (n.) អ្នកកីឡាយោលទោង nak keila yol tong
**trapezoid** (n.) ចតុកោណព្ញាយ chakto kaon pneay
**trapline** (n.) អន្ទាក់ក្នុងហ្គេម anteak knong game
**trash** (n.) សំរាម saam ram
**trashed** (adj.) ដែលបានបោះចោល del ban baoh chaol
**trauma** (n.) របួសផ្លូវចិត្ត robuos phlauv chett
**traumatic** (adj.) ដែលធ្វើអោយស្លុត del thveu aoy slot
**traumatism** (n.) ភាពតក់ស្លុត pheap tok slot
**traumatology** (n.) ជំងឺផ្លូវចិត្ត chomngeu phlauv chett
**traunch** (n.) ចំណែកនៃមូលនិធិ chamnek nei moulnithi
**traunch** (v.) បែងចែកជាចំណែក bengchek chea chamnek
**traunch** (adj.) ដែលបែងចែកជាចំណែក del bengchek chea chamnek
**travel** (v.) ធ្វើដំណើរ thveu damner
**travel** (n.) ការធ្វើដំណើរ ka thveu damner
**traveller** (n.) អ្នកដំណើរ nak damner
**travelogue** (n.) សៀវភៅស្ដីពីការធ្វើដំណើរកំសាន្ត sievphov sdei pi kar thveu damner kamsan
**traveltime** (n.) ពេលវេលាធ្វើដំណើរ pel velea thveu damner
**traversable** (adj.) ដែលឆ្លងកាត់បាន del chhlangkat ban
**traverse** (v.) ឆ្លងកាត់ chhlangkat
**traverse** (n.) ការឆ្លងកាត់ kar chhlangkat
**trawl** (n.) ការនេសាទត្រីនឹងមង kar nesaat trei neung chai ra

**trawl** (v.) នេសាទត្រីនឹងមងចៃរ៉ា nesaat trei neung mong chai ra
**trawlboat** (n.) ទូកនេសាទត្រីនឹងមងចៃរ៉ា touk nesaat trei neung mong chai ra
**tray** (v.) ដាក់លើថាស dak leu thas
**tray** (n.) ថាស thas
**treacherous** (adj.) ក្បត់ kbot
**treachery** (n.) ការក្បត់ kar kbot
**tread** (n.) ក្រឡា krala
**tread** (v.) ជាន់ choan
**treader** (n.) អ្នកដើរជាន់ nak der choan
**treadmill** (n.) ម៉ាស៊ីនហាត់ប្រាណ masin hatbran
**treadplate** (n.) បន្ទះដែកដាក់នឹងជណ្ដើរការពាររអិល banteah daek dak neung chonder karpear ro el
**treadwheel** (n.) ម៉ាស៊ីនដំណើរការដោយមនុស្សឡើងជាន់ masin damner kar daoy monouss lerng choan
**treason** (n.) ការក្បត់ជាតិ kar kbot cheat
**treasure** (v.) ចាត់ទុកជាវត្ថុមានតម្លៃ chat touk chea vottho mean damlei
**treasure** (n.) កំណប់ komnob
**treasurer** (n.) ហេរញ្ញិក heranh nhik
**treasury** (n.) រតនាគារ rotnakear
**treat** (n.) ការព្យាបាល kar pyea bal
**treat** (v.) ព្យាបាល pyea bal
**treatise** (n.) ឯកសារសំណេរ eksar saamner
**treatment** (n.) ការព្យាបាល kar pyea bal
**treaty** (n.) សន្ធិសញ្ញា santhi sanhnha
**tree** (n.) ដើមឈើ derm chheu
**trek** (n.) ការដើរដែលពិបាក kar der del pibak
**trek** (v.) ដើរថ្មើរជើងដែលពិបាក der thmer cheung del pibak
**tremble** (v.) ញាប់ញ័រ nhoab nhor
**tremendous** (adj.) យ៉ាងខ្លាំង yeang khlang
**tremor** (n.) ការញ័រ kar nhor
**trench** (v.) ជីកលេណដ្ឋាន chik lenadthan
**trench** (n.) លេណដ្ឋាន lenathan
**trend** (n.) និន្នាការ ninneakar
**trespass** (n.) ការចូលកំបន់ហាមឃាត់ kar chaul dombon hamkhot

**trespass** (v.) ចូលកំបន់ហាមឃាត់ chaul dambon ham khoat
**trial** (n.) ការជំនុំជម្រះក្ដី kar chomnoum chomreah kdei
**triangle** (n.) ត្រីកោណ trei kaon
**triangular** (adj.) នៃត្រីកោណ nei trei kaon
**tribal** (adj.) នៃកុលសម្ព័ន្ធ nei kol sampoan
**tribe** (n.) កុលសម្ព័ន្ធ kol sampoan
**tribulation** (n.) ទុក្ខវេទនា touk vetnea
**tribunal** (n.) សាលាក្ដី sala kdei
**tributary** (n.) ដៃទន្លេ dai tonle
**tributary** (adj.) នៃដៃទន្លេ nei dai tonle
**tribute** (n.) សួយសារអាករ suoy saar aa kor
**trick** (v.) ប្រើល្បិច brer labich
**trick** (n.) ល្បិច labich
**trickery** (n.) ល្បិច labich
**trickle** (v.) ស្រក់តក់ៗ srok tok
**trickle** (n.) ការហូរសន្សើមៗ kar hau sanseum
**trickster** (n.) ជនឆបោក chon chhor baok
**tricky** (adj.) ដែលមានល្បិច del mean labich
**tricolour** (n.) ទង់ជាតិមានបីពណ៌ tongcheat mean bei por
**tricolour** (adj.) ដែលមានបីពណ៌ del mean bei por
**tricycle** (n.) ត្រីចក្រយាន្ត trei chakrayean yon
**trifle** (v.) លេងសើច leng serch
**trifle** (n.) ការនិយាយលេងសើច ka niyeay leng serch
**trigger** (n.) កៃកាំភ្លើង kai kam phleung
**trigger** (v.) កេះកៃកាំភ្លើង keh kai kam phleung
**trim** (n.) ការកាត់តម្រឹម kar kat damreum
**trim** (v.) កាត់តម្រឹម kat damreum
**trim** (adj.) ដែលកាត់តម្រឹម del kat damreum
**trimester** (n.) ត្រីមាស trei meas
**trinity** (n.) ការបែងភាគជាបី kar beng pheak chea bei
**trio** (n.) ទាំងបី teang bei
**trip** (n.) ការធ្វើដំណើរកំសាន្ត kar thveu damner kamsan
**trip** (v.) ជំពប់ជើង chompob cheung
**tripartite** (adj.) ត្រីភាគី trei pheaki

**triple** (adj.) ដែលមានបីដង del mean bei dong
**triple** (v.) ធ្វើអោយកើនជាបី thveu aoy kern chea bei
**triplicate** (n.) ត្រីគុណ trei kun
**triplicate** (v.) ចម្លងបីដង chamlong bei dong
**triplicate** (adj.) ដែលមានបី del mean bei
**triplication** (n.) ការធ្វើឱ្យកើនជាបី kar thveu aoy kern chea bei
**tripod** (n.) ជើងកាមេរ៉ា cheung kamera
**triumph** (v.) យកជ័យជំនះ yokchey chomneah
**triumph** (n.) ជ័យជំនះ chey chomneah
**triumphal** (adj.) នៃជ័យជំនះ nei chey chomneah
**triumphant** (adj.) ជោគជ័យ chokchey
**trivial** (adj.) មិនសំខាន់ min saamkhan
**troop** (v.) ដាក់កងទ័ព dak kangtop
**troop** (n.) កងទ័ព kangtop
**trooper** (n.) ទព័សេះ top seh
**trophy** (n.) ពានរង្វាន់ pean rong voan
**tropic** (n.) តំបន់ត្រូពិក dambon traupik
**tropical** (adj.) នៃតំបន់ត្រូពិក tambn traupik
**trot** (n.) ដំណើរញាប់ជើង damner nhoab cheung
**trot** (v.) ដើរញាប់ជើង daer nhoab cheung
**trouble** (v.) បង្កបញ្ហា bangkor panhha
**trouble** (n.) បញ្ហា panhha
**troublesome** (adj.) ដែលមានបញ្ហា del mean panhha
**troupe** (n.) ក្រុមល្ខោន krom lakhon
**trousers** (n. pl.) ខោ khoa
**trowel** (n.) ប្រដាប់គាស់កូនឈើយកទៅដាំ bradab koas kaunchheu yok tov dam
**truce** (n.) បទឈប់បាញ់ bot chhob banh
**truck** (n.) ឡានដឹកទំនិញ lan doek tomninh
**TRUE** (adj.) ពិត pit
**trump** (v.) មានជ័យជំនះលើ mean chey chomneah leu
**trump** (n.) អ្នកដែលមានភក្ដីភាព nak del mean phakdei pheap
**trumpet** (v.) ផ្លុំត្រែ phlom trae
**trumpet** (n.) ត្រែ trae

**trunk** *(n.)* ប្រមោយ bro maoy
**trust** *(v.)* ទុកចិត្ត touk chett
**trust** *(n.)* ការទុកចិត្ត kar touk chett
**trustee** *(n.)* អ្នកជឿទុកចិត្ត nak cheu touk chett
**trustful** *(adj.)* គួរឱ្យទុកចិត្ត kuor aoy touk chett
**trustworthy** *(adj.)* គួរឱ្យទុកចិត្ត kuor aoy touk chet
**trusty** *(adj.)* ដែលគួរទុកចិត្ត del kuor aoy toukchett
**truth** *(n.)* សេចក្តីពិត sechakdei pit
**truthful** *(adj.)* សច្ចៈ sachchak
**try** *(n.)* ការសាកល្បង kar saak labong
**try** *(v.)* ព្យាយាម pyea yeam
**trying** *(adj.)* ដឹងតឹងតែង da toeng teng
**tryst** *(n.)* ការណាត់ជួបគ្នា kar natchuob knea
**tub** *(n.)* អាងទឹក ang teuk
**tube** *(n.)* បំពង់ bampong
**tuberculosis** *(n.)* ជំងឺរបេង chomngeu robeng
**tubular** *(adj.)* ដែលមានរាងដូចបំពង់ del mean reang dauch bampung
**tug** *(v.)* ទាញ teanh
**tuition** *(n.)* ថ្លៃសិក្សា thlai seksaa
**tumble** *(n.)* ការដួលរលំ kar duol rolom
**tumble** *(v.)* ដួល duol
**tumbler** *(n.)* កែវរាងតែដៃ kev ot dai
**tumour** *(n.)* ដុំសាច់ dom sach
**tumult** *(n.)* ភាពច្របូកច្របល់ pheap chrabauk chrabol
**tumultuous** *(adj.)* ច្របូកច្របល់ chrabauk chrabol
**tune** *(v.)* លៃសម្រួល lei samruol
**tune** *(n.)* បទភ្លេង bot phleng
**tunnel** *(v.)* ជីកផ្លូវរូងក្រោមដី chik phlauv roung kraom dei
**tunnel** *(n.)* ផ្លូវរូងក្រោមដី phlauv roung kraom dei
**turban** *(n.)* ឈ្នួតក្បាល chhnuot kbal
**turbine** *(n.)* ទួរបីន tuor bin
**turbulence** *(n.)* ដំណើរដាខ្យល់កួច damner chea khyal kuoch

**turbulent** *(adj.)* ច្របូកច្របល់ chrabauk chrabol
**turf** *(n.)* កំរាលស្មៅ kam ral smao
**turkey** *(n.)* មាន់ទួរគី moan tuor ki
**turmeric** *(n.)* រមៀត ro miet
**turmoil** *(n.)* ភាពវឹកវរ pheap veuk vor
**turn** *(n.)* វេន ven
**turn** *(v.)* បង្វែរ bangvae
**turner** *(n.)* ជាងក្រឡឹង cheang kraloeng
**turnip** *(n.)* ស្ពៃមើម spai meum
**turn-off** *(n.)* ការបិទ kar bet
**turnout** *(n.)* ចំនួនមនុស្សដែលមកប្រជុំនៅទីណាមួយ chamnuon mnouss del mok brachoum nov tina muoy
**turpentine** *(n.)* ប្រេងចំហុយចេញមកពីឈើស្រល់ breng chamhoy chenh mok pi chheu srol
**turtle** *(n.)* អណ្តើក anderk
**tusk** *(n.)* ភ្លុក phluk
**tussle** *(v.)* បោកចំបាប់ baok chambab
**tussle** *(n.)* ការវាយប្រកប់គ្នា kar veay bratob knea
**tutor** *(n.)* គ្រូបង្រៀនតាមផ្ទះ krou bangrien tam phteah
**tutorial** *(n.)* ការបង្រៀន kar bangrien
**tutorial** *(adj.)* នៃការបង្រៀន nei kar bangrien
**twelfth** *(n.)* ទីដប់ពីរ ti dobpi
**twelfth** *(adj.)* នៃទីដប់ពីរ nei ti dobpi
**twelve** *(n.)* ដប់ពីរ dobpi
**twentieth** *(n.)* ទីម្ភៃ ti mphei
**twentieth** *(adj.)* ទីម្ភៃ ti mphei
**twenty** *(n.)* ម្ភៃ mphei
**twice** *(adv.)* ពីរដង pi dong
**twig** *(n.)* មែកតូចៗ mek tauch tauch
**twilight** *(n.)* ពេលរាត្រី pel reatrei
**twin** *(adj.)* ភ្លោះ phloh
**twin** *(n.)* កូនភ្លោះ kaun phloh
**twinkle** *(n.)* ពន្លឺភ្លឹបភ្លែតៗ ponleu phleub phlet
**twinkle** *(v.)* ភ្លឹបភ្លែតៗ phleub phlet
**twist** *(n.)* ការបត់បែន kar botben

twist (v.) មូល muol
twitter (v.) បន្លឺស្ទរតិចៗ banleu sau tech tech
twitter (n.) ស្ទូរបក្សីតូចយំ saur baksei tauch yom
two (n.) ពីរ pi
twofold (adj.) ពីរដង pi dong
type (v.) វាយអក្សរ veay aksor
type (n.) ប្រភេទ braphet
typhoid (n.) ជំងឺគ្រុនពោះវៀន chomngeu kroun pohvien
typhoon (n.) ព្យុះទីហ្វុង pyouh ti fong
typhus (n.) ជំងឺគ្រុនរាល chomngeu krun roal
typical (adj.) ធម្មតា thommoda
typify (v.) ជាតំណាង chea damnang
typist (n.) អ្នកវាយអក្សរ nak veay aksaar
tyranny (n.) ការជិះជាន់ kar chih choan
tyrant (n.) ជនផ្តាច់ការ chon phdach kar
tyre (n.) សំបកកង់ saambok kong

uber (adv.) ដោយកំរិតខ្ពស់ daoy kamrit khpos
uber (adj.) កំរិតខ្ពស់ kamrit khpos
ubergeek (n.) មនុស្សដែលមិនចូលចុះសង្គមខ្លាំង mnouss del min chaul choh sangkom khlang
uberous (adj.) ប្រើន chrern
ubersexual (adj.) ដែលជាសុភាពបុរស del chea sopheap boros
ubersexual (n.) សុភាពបុរស sopheap boros
ubicity (n.) ទីកន្លែង ti kanleng
ubiquitous (adj.) គ្រប់ទីកន្លែង krob ti kanleng
ubiquity (n.) ភាពដែលមាននៅគ្រប់ទីកន្លែង pheap del mean nov krob ti kanleng
udder (n.) ដោះសត្វ daoh sat
ufo (n.) ថាសហោះ thas haoh

ufologist (n.) អ្នកសិក្សាអំពីថាសហោះ nak seksaa ampi thas haoh
ufology (n.) ការសិក្សាអំពីថាសហោះ kar seksaa ampi thas haoh
uglify (v.) ធ្វើឲ្យអាក្រក់ thveu aoy akrok
ugliness (n.) ភាពអាក្រក់ pheap akrok
ugly (adj.) អាក្រក់ akrok
ukelele (n.) យូកីឡេលី (ហ្គីតាតូចមួយមានបួនខ្សែ) ukelele
ukeleleist (n.) អ្នកលេងយូកីឡេលី nak leng you keu le li
ulcer (n.) ដំបៅ dambao
ulcerous (adj.) មានដំបៅ mean dambao
ulterior (adj.) ដែលលាក់កំបាំង del leak kambang
ultimate (adj.) ចុងក្រោយ chong kraoy
ultimately (adv.) ទីបំផុត ti bamphot
ultimatum (n.) ឱសានវាទ ao sanveat
ultra (n.) ជ្រុល chroul
ultracasual (adj.) ដែលសាមញ្ញជ្រុល del samanhnh chroul
ultracompact (adj.) ដែលមានទំហំតូចជ្រុល del mean tomhom tauch chroul
ultraconservative (adj.) ដែលអភិរក្សជ្រុល del aphirak chroul
ultrasecure (adj.) ដែលមានសន្តិសុខជ្រុល del mean santisokh chroul
ultrasonic (adj.) ដែលលឺខ្លាំងជ្រុល del leu khlang chroul
ultrasonics (n.) ភាពលឺខ្លាំងជ្រុល pheap leu khlang chroul
ultrasound (n.) អ៊ុលត្រាសោន ul tra saon
ultraviolet (n.) កាំរស្មីអ៊ុលត្រាវីយ៉ូ kam rosmei ultraviyoulet
ultraviolet (adj.) កាំរស្មីអ៊ុលត្រាវីយ៉ូ kam rosmei ultraviyoulet
ululate (v.) លូ lou
ululation (n.) ការស្រែកទ្រហោដោយទុក្ខធំ kar srek troho daoy toukh thom
umbrella (n.) ឆ័ត្រ chhat
umpire (n.) អាជ្ញាកណ្តាល achnha kandal
umpire (v.) ធ្វើជាអាជ្ញាកណ្តាល thveu chea achnha kandal

**unabashed** (adj.) មិនបានប់បែក minban bambek
**unabashedly** (adv.) ដោយឥតលាក់លៀម daoy it leak liem
**unable** (adj.) មិនអាច min ach
**unabridged** (adj.) ដែលមិនបំព្រួញ del min bampruonh
**unacceptable** (adj.) មិនអាចទទួលយកបាន min ach totuol yok ban
**unaccessible** (adj.) មិនអាចចូលបាន min ach chaul ban
**unaccommodating** (adj.) មិនមានការសម្របសម្រួល min mean kar samrob samruol
**unaccountable** (adj.) ដែលមិនអាចពន្យល់បាន del min ach ponyol ban
**unaccurate** (adj.) មិនពិត min pit
**unachievable** (adj.) មិនអាចសម្រេចបាន min ach samrech ban
**unacquainted** (adj.) មិនស្គាល់ min skoal
**unadapted** (adj.) មិនអាចសម្របខ្លួនបាន min ach samrob khluon ban
**unadjusted** (adj.) មិនអាចសម្របខ្លួនបាន min ach samrob khluon ban
**unaffected** (adj.) គ្មានផលប៉ះពាល់ kmean phol pahpoal
**unaffectionate** (adj.) គ្មានការរាប់អាន kmean kar roab arn
**unaided** (adj.) មិនជួយ min chuoy
**unambiguous** (adj.) ដែលមានន័យប្រាកដ del meanney brakod
**unambivalence** (n.) ភាពប្រាកដ pheap brakod
**unamused** (adj.) មិនគួរឱ្យអស់សំណើច min kuo aoy os saamnerch
**unanimity** (n.) ឯកភាព ek pheap
**unanimous** (adj.) ជាឯកច្ឆន្ទ chea ek chchhan
**unannounced** (adj.) មិនបានប្រកាស min ban brakas
**unappealing** (adj.) មិនទាក់ទាញ min teak teanh

**unapproved** (adj.) មិនយល់ព្រម min yol prom
**unarmed** (adj.) គ្មានអាវុធ kmean avouth
**unauthorized** (adj.) គ្មានការអនុញ្ញាត kmean kar anounhnhat
**unavoidable** (adj.) ចៀសមិនផុត chies min phot
**unaware** (adj.) មិនដឹងខ្លួន min doeng khluon
**unawares** (adv.) ដោយមិនដឹងខ្លួន daoy min doeng khluon
**unbearable** (adj.) មិនអាចទ្រាំបាន min ach troam ban
**unbeaten** (adj.) មិនចេះចាញ់ min cheh chanh
**unbelievable** (adj.) មិនគួរឱ្យជឿ min kuor aoy cheu
**unburden** (v.) មិនដាក់បន្ទុក min dak bantuk
**uncanny** (adj.) ចំឡែក chamlek
**uncertain** (adj.) មិនច្បាស់ min chbas
**uncivilized** (adj.) ដែលអមនុស្សធម៌ del ak monoussaathor
**uncle** (n.) ពូ pu
**unclear** (adj.) មិនច្បាស់ min chbas
**uncomfortable** (adj.) មិនស្រួល min sruol
**uncouth** (adj.) ដែលគ្មានសុជីវធម៌ del kmean sochivothor
**undecided** (adj.) មិនទាន់សម្រេចចិត្ត mintoan saamrech chett
**undefeated** (adj.) មិនបានអាចបង្ក្រាបបាន minban ach bongkrab ban
**under** (prep.) នៅក្រោម nov kraom
**under** (adv.) នៅក្រោម nov kraom
**under** (adj.) ដែលនៅក្រោម del nov kraom
**undercurrent** (n.) នៅក្រោមទឹក nov kraom teuk
**underdog** (n.) បុគ្គលដែលប្រុងចាញ់គេ bekkhachun del brong chanh ke
**undergo** (v.) ទទួល totuol
**undergraduate** (n.) បរិញ្ញាប័ត្រ barinha batt
**underhand** (adj.) ដែលលួចលាក់ del luoch leak
**underline** (v.) គូសបញ្ជាក់ kous banhcheak

**undermine** (v.) ធ្វើឱ្យចុះខ្សោយ thveu aoy choh khsaaoy
**underneath** (prep.) ក្រោម kraom
**underneath** (adj.) ក្រោម kraom
**underneath** (adv.) ក្រោម kraom
**underpriviledged** (adj.) ដែលមិនមានសិទ្ធិដូចគេ del min mean setth dauch ke
**understand** (v.) យល់ yol
**undertake** (v.) អនុវត្ត anouvott
**undertone** (n.) សំឡេងទាប saamleng teab
**underwear** (n.) ខោទ្រនាប់ khao tronoab
**underworld** (n.) នៅក្រោមពិភពលោក nov kraom piphoplok
**undo** (v.) មិនធ្វើវិញ min thveu vinh
**undue** (adj.) ដែលមិនពេញច្បាប់ del min penh chbab
**undulate** (v.) ឡើងអង្កាញ់ៗ lerng angkanh angkanh
**undulation** (n.) ការឡើងអង្កាញ់ៗ kar lerng angkanh
**unearth** (v.) គាស់ពីដី koas pi dei
**uneasy** (adj.) មិនស្រួល min sruol
**uneducated** (adj.) គ្មានការអប់រំ kmean kar abrom
**uneven** (adj.) មិនស្មើគ្នា min smer knea
**unfair** (adj.) អយុត្តិធម៌ ayouttethor
**unfold** (v.) លាតត្រដាង leat tradang
**unfortunate** (adj.) អកុសល akosal
**ungainly** (adj.) ដែលឆ្គង del chhkong
**unhappy** (adj.) មិនសប្បាយចិត្ត min sabbay chett
**unhealthy** (adj.) មិនមានសុខភាពល្អ min mean sokhpheap laor
**unification** (n.) ការបង្រួបបង្រួម kar bangruob bangruom
**uninspired** (adj.) មិនមានថាមពល min mean thampol
**uninstall** (adj.) លុប lub
**uninterrupted** (adj.) មិនមានការរំខាន min mean kar romkhan
**union** (n.) សហជីព sahakchip

**unionist** (n.) សមាជិកសហជីព sameachik sahchip
**unique** (adj.) ប្លែកពីគេ blek pi ke
**unison** (n.) ឯកសព្ទ ek sap
**unit** (n.) ឯកតា ekta
**unite** (v.) រួបរួមគ្នា ruob ruom knea
**unity** (n.) ការរួបរួម kar ruob ruom
**universal** (adj.) ជាសកល chea sakol
**universality** (n.) សាកល sakol
**universe** (n.) សកលលោក sakal lok
**university** (n.) សាកលវិទ្យាល័យ sakol vityealy
**unjust** (adj.) អយុត្តិធម៌ ayouttethor
**unknown** (adj.) មិនស្គាល់ min skal
**unless** (conj.) លុះត្រាតែ louh tra tae
**unlike** (adj.) មិនដូច min dauch
**unlike** (prep.) មិនដូច min dauch
**unlikely** (adj.) មិនទំនង min tomnong
**unmanned** (adj.) គ្មានអ្នកបើកបរ kmean nak berk bor
**unmannerly** (adj.) ដែលមានកិរិយាមាយាទ អាក្រក់ del mean keriya meayeat akrok
**unnecessary** (adj.) មិនចាំបាច់ min cham bach
**unofficial** (adj.) ក្រៅផ្លូវការ krao phlauv kar
**unplanned** (adj.) មិនបានគ្រោងទុក minban krong tuk
**unprincipled** (adj.) មិនមានជំនាញ min mean chomneanh
**unquote** (adj.) បិទក្បៀស dak kbeas
**unread** (adj.) មិនទាន់អាន min toan arn
**unreliable** (adj.) មិនអាចជឿទុកចិត្តបាន min ach cheu touk chett ban
**unrest** (n.) ភាពចលាចល pheap chola chol
**unruly** (adj.) ដែលលំបាកគ្រប់គ្រង del lombak krob krong
**unsalted** (adj.) មិនប្រៃ min brai
**unsettle** (v.) មិនស្រួលចិត្ត min sruol chett
**unsheathe** (v.) ដកកាំបិតពីស្រោម dok kambet pi sraom
**unsold** (adj.) មិនលក់ min lok
**until** (prep.) រហូតដល់ rohaut dol
**until** (conj.) រហូតដល់ rohaut dol

| English | Khmer | Transliteration |
|---|---|---|
| untoward (adj.) | មិនបានគ្រោងទុក | min ban krong touk |
| unwanted (adj.) | មិនចង់បាន | min chong ban |
| unwell (adj.) | មិនស្រួលខ្លួន | min sruol khluon |
| unwittingly (adv.) | ដោយមិនដឹងខ្លួន | daoy min doeng khluon |
| up (adv.) | ឡើង | lerng |
| up (prep.) | ឡើង | lerng |
| upbraid (v.) | ជេរ | che |
| upgrade (v.) | ធ្វើឱ្យប្រសើរឡើង | thveu aoy braser lerng |
| upheaval (n.) | ភាពចលាចល | pheap cholachol |
| uphold (v.) | រក្សាទុក | raksaa touk |
| upkeep (n.) | ការថែរក្សា | kar thae raksaa |
| uplift (v.) | លើកកម្ពស់ | leuk kampos |
| uplift (n.) | ការលើកកម្ពស់ | kar leuk kampos |
| upload (v.) | ផ្ទុកឡើង | phtok lerng |
| upon (prep.) | លើ | leu |
| upper (adj.) | ខាងលើ | khang leu |
| upright (adj.) | ត្រង់ទៅលើ | trang tov leu |
| uprising (n.) | ការបះបោរ | kar bah baor |
| uproar (n.) | ចលាចល | cholachol |
| uproarious (adj.) | ដែលច្របូកច្របល់ | del chrabauk chrabol |
| uproot (v.) | គាស់រលើងឫសគល់ | koas romling reus kol |
| upset (v.) | តូចចិត្ត | tauch chett |
| upshot (n.) | ទីបញ្ចប់ | ti banhchob |
| upstart (n.) | អ្នកមានថ្មីហើយវាយឫក | nak mean thmei hery veay reuk |
| up-to-date (adj.) | ទាន់សម័យ | toan samay |
| upward (adj.) | ឡើងលើ | lerng leu |
| upwards (adv.) | ឡើងលើ | lerng leu |
| urban (adj.) | នៃទីក្រុង | nei tikrong |
| urbane (adj.) | ដែលគួរសម | del kuor som |
| urbanity (n.) | ភាពគួរសម | pheap kuor som |
| urchin (n.) | កំប្រម៉ាសមុទ្រ | kam broma samout |
| urge (v.) | ជម្រុញ | chomrounh |
| urge (n.) | ការជម្រុញ | kar chomrounh |
| urgency (n.) | ភាពបន្ទាន់ | pheap bantoan |
| urgent (adj.) | បន្ទាន់ | bantoan |
| urinal (n.) | ទីកនោម | teuk nom |
| urinary (adj.) | នៃទីកនោម | nei teuk nom |
| urinate (v.) | បត់ជើងតូច | bot cheung tauch |
| urination (n.) | ការបត់ជើងតូច | kar bot cheung tauch |
| urine (n.) | ទីកនោម | teuk nom |
| urn (n.) | កោដ្ឋ | kaod |
| usable (adj.) | អាចប្រើបាន | ach brer ban |
| usage (n.) | ការប្រើប្រាស់ | kar brer bras |
| use (n.) | ការប្រើប្រាស់ | kar brer bras |
| use (v.) | ប្រើ | brer |
| used (adj.) | ដែលបានប្រើហើយ | del ban brer hery |
| useful (adj.) | មានប្រយោជន៍ | mean brayoch |
| usher (n.) | អ្នកនាំ | nak noam |
| usher (v.) | នាំ | noam |
| usual (adj.) | ធម្មតា | thommoda |
| usually (adv.) | ជាធម្មតា | chea thommoda |
| usurer (n.) | អ្នកចងការអាករ | nak chong kar aa kor |
| usurp (v.) | ដណ្តើមយក | danderm yok |
| usurpation (n.) | ការប្រើប្រាស់សិទ្ធិអំណាចដែលមិនមែនជារបស់ខ្លួនឯង | kar bras bras setth amnach del minmen chea robos khluoneng |
| usury (n.) | ការយកការវ៉ាក់ហួសប្រមាណ | kar yok kar brak huos braman |
| utensil (n.) | ប្រដាប់ប្រដាប្រើប្រាស់ | bradab brada brer bras |
| uterus (n.) | ស្បូន | sbaun |
| utilitarian (adj.) | ដែលគិតពីប្រយោជន៍ជាង | del kit pi brayoch cheang |
| utility (n.) | ការប្រើប្រាស់ | kar brer bras |
| utilization (n.) | ការប្រើអោយប្រយោជន៍ | kar brer bras aoy chea brayoch |
| utilize (v.) | ប្រើប្រាស់ | brer bras |
| utmost (adj.) | ដែលជាទីបំផុត | del cheati bamphot |
| utmost (n.) | ការខំពេញកំហឹង | kar khom penh tomhoeng |
| utopia (n.) | ដែនដីនៃសេចក្តីសុខក្សេមក្សាន្ត | dendei nei sechkdei sokh ksaem saan |

**utopian** *(adj.)* នៃដែនដីនៃសេចក្តីសុខក្សេមក្សាន្ត nei dendei nei sechkdei sokh ksaem saan
**utter** *(v.)* និយាយ niyeay
**utter** *(adj.)* និយាយ niyeay
**utterance** *(n.)* ការនិយាយ kar niyeay
**utterly** *(adv.)* ទាំងស្រុង teang srong

**vacancy** *(n.)* មុខតំណែងនៅទំនេរ moukh damneng nov tom ne
**vacant** *(adj.)* ទំនេរ tomne
**vacate** *(v.)* ចាកចេញ chak chenh
**vacation** *(n.)* វិស្សមកាល vissamakal
**vaccinate** *(v.)* ចាក់ថ្នាំបង្ការ chakthnam bangkar
**vaccination** *(n.)* ការចាក់ថ្នាំបង្ការ kar chakthnam bangkar
**vaccinator** *(n.)* អ្នកចាក់ថ្នាំបង្ការ nak chakthnam bangkar
**vaccine** *(n.)* វ៉ាក់សាំង vaksang
**vacillate** *(v.)* ប្រែប្រួលចិត្តគំនិត braebruol chett koumnit
**vacuum** *(n.)* សុញ្ញកាស sonh kas
**vacuum** *(v.)* បោសសំអាតនឹងម៉ាស៊ីន baos asaam at neung masin
**vagabond** *(adj.)* ដែលអនាថា del anathaa
**vagabond** *(n.)* ជនអនាថា chon anathaa
**vagary** *(n.)* ការប្រែប្រួលចុះឡើង kar brae bruol choh lerng
**vagina** *(n.)* ទ្វារមាស tvear meas
**vague** *(adj.)* មិនច្បាស់ min chbas
**vagueness** *(n.)* ភាពមិនច្បាស់លាស់ pheap min chbas loas
**vain** *(adj.)* ឥតប្រយោជន៍ et brayoch
**vainglorious** *(adj.)* ដែលអួតហុស del uot huos
**vainglory** *(n.)* មោទនភាពលើខ្លួនឯង motonakpheap leu khluon eng

**vainly** *(adv.)* ឥតប្រយោជន៍ et brayoch
**vale** *(n.)* ជ្រលងភ្នំ chrolong phnom
**valet** *(n.)* អ្នកបម្រើ nak bamreu
**valiant** *(adj.)* ក្លាហាន klahan
**valid** *(adj.)* មានសុពលភាព mean sopolpheap
**validate** *(v.)* ធ្វើឱ្យមានសុពលភាព thveu aoy mean sopolpheap
**validity** *(n.)* សុពលភាព sopolpheap
**valley** *(n.)* ជ្រលងភ្នំ chrolong phnom
**valour** *(n.)* សេចក្តីក្លាហាន sechkdei klahan
**valuable** *(adj.)* មានតម្លៃ mean damlai
**valuation** *(n.)* ការវាយតម្លៃ kar veay damlai
**value** *(v.)* ឱ្យតម្លៃ aoy damlai
**value** *(n.)* តម្លៃ damlai
**valve** *(n.)* សន្ទះ santah
**van** *(n.)* ឡានវ៉ែន lan ven
**vandalize** *(v.)* បំផ្លាញ bamphlanh
**vanish** *(v.)* បាត់ bat
**vanity** *(n.)* ភាពឥតប្រយោជន៍ pheap et brayoch
**vanquish** *(v.)* យកឈ្នះលើ yok chhneah leu
**vaporize** *(v.)* បង្ហួតទៅជាចំហាយទឹក banghuot tov chea chamhay teuk
**vaporous** *(adj.)* ជាចំហាយទឹក chea chamhay teuk
**vapour** *(n.)* ចំហាយ chamhay
**variable** *(adj.)* ដែលអាចផ្លាស់ប្ដូរ del ach phlas bdau
**variance** *(n.)* ភាពខុសគ្នា pheap khos knea
**variation** *(n.)* ការបំប្រែបំរួល kar bam rae bam ruol
**varied** *(adj.)* ដែលផ្សេងគ្នា del phseng knea
**variety** *(n.)* ភាពខុសគ្នា pheap khos knea
**various** *(adj.)* ផ្សេងៗ phseng
**varnish** *(v.)* លាបអោយភ្លឺរលោង leab aoy phleu rolong
**varnish** *(n.)* ថ្នាំលាបអោយភ្លឺរលោង thnam leab aoy phleu rolong
**vary** *(v.)* ធ្វើអោយផ្សេងគ្នា thveu aoy phseng knea
**vase** *(n.)* ថូ thau

**vasectomy** (n.) ការវះកាត់ចងបំពង់ទឹកកាម kar veahkat chong bampong teuk kam
**vaseline** (n.) ឡេរ៉ាសាលីន le va sa lin
**vast** (adj.) ធំធេង thom theng
**vault** (v.) ផ្ដោះ phlaoh
**vault** (n.) ការផ្ដោះ kar phlaoh
**vector** (n.) ភ្នាក់ងារចំលង phneak ngear chamlong
**vector** (v.) វិចទ័រ vechtor
**vectorial** (adj.) នៃវិចទ័រ nei vechtor
**vegan** (n.) មួយមិនមានសាច់ mhoub min mean sach
**vegan** (adj.) ដែលបួស del buos
**vegetable** (adj.) នៃបន្លែ nei banlae
**vegetable** (n.) បន្លែ banlae
**vegetarian** (n.) អ្នកហូបបួស nak haub buos
**vegetarian** (adj.) ដែលគ្មានសាច់ del kmean sach
**vegetation** (n.) ការលូតលាស់នៃរុក្ខជាតិ kar lout loas nei roukkhacheat
**vehemence** (n.) សេចក្ដីក្លៀវក្លា sechakdei kliev kla
**vehement** (adj.) ដែលក្លៀវក្លា del kliev kla
**vehicle** (n.) យានយន្ត yean yon
**vehicular** (adj.) នៃយានយន្ត nei yean yon
**veil** (v.) ពាក់ស្បៃមុខ peak sbai moukh
**veil** (n.) ស្បៃមុខ sbai moukh
**vein** (n.) សរសៃ sor sai
**vein** (v.) ធ្វើអោយមានស្នាមដូចសរសៃ thveu aoy mean snam dauch sar sai
**velocity** (n.) ល្បឿន lbuen
**velvet** (n.) កម្ផ្មី kam mhnhey
**velvety** (adj.) ដែលធ្វើពីកាំម្ផ្មី del thveu pi kam mnhey
**venal** (adj.) ដែលពុករលួយ del pouk roluoy
**venality** (n.) ភាពពុករលួយ pheap pouk roluoy
**vendor** (n.) អ្នកលក់ nak lok
**venerable** (adj.) ដែលគួរគោរព del kuor korop
**venerate** (v.) ធ្វើជាទីសក្ការៈ thveu chea ti sakkarak
**veneration** (n.) ការគោរព kar korop
**vengeance** (n.) ការសងសឹក kar songsoek
**venial** (adj.) ដែលអត់ឱនអាចបាន del ot aon aoy ban
**venom** (n.) ពិស peus
**venomous** (adj.) មានពិស mean peus
**vent** (n.) ប្រហោង bra haong
**ventilate** (v.) ធ្វើអោយខ្យល់ចេញចូល thveu aoy khyal chenh chaul
**ventilation** (n.) ការធ្វើអោយមានខ្យល់ចេញចូល kar thveu aoy mean khyal chenh chaul
**ventilator** (n.) បំពង់ខ្យល់ bampong khyal
**ventriloquism** (n.) វិធីនិយាយនៅដើមកr vithi niyeay nov derm kor
**ventriloquist** (n.) អ្នកចេះនិយាយតាមដើមបំពង់ក nak cheh niyeay tam derm bampong kor
**ventriloquistic** (adj.) នៃវិធីនិយាយនៅដើមក nei vithi niyeay nov derm kor
**ventriloquize** (v.) និយាយនៅដើមក niyeay nov derm kor
**venture** (v.) ប្រថុយ brathoy
**venture** (n.) ការហ៊ានប្រថុយ kar hean brathoy
**venturesome** (adj.) ដែលហ៊ានប្រថុយ del hean brathoy
**venturous** (adj.) ដែលក្លាហាន del klahan
**venue** (n.) កន្លែង kanleng
**veracity** (n.) សច្ចភាព sachchak pheap
**veranda** (n.) រានហាល rean hal
**verb** (n.) កិរិយាសព្ទ keriya sap
**verbal** (adj.) នៃពាក្យសំដី nei peak saamdei
**verbally** (adv.) ដោយសំដី daoy saamdei
**verbatim** (adj.) ត្រង់ៗតាមពាក្យ trong tam peak
**verbose** (adj.) ដែលប្រើពាក្យតគ្របប្រយោជន៍ច្រើន del brer peak et brayoch chrern
**verbosity** (n.) ភាពសម្បូរណ៍ពាក្យតគ្របប្រយោជន៍ pheap sambour peak et brayoch

**verdant** *(adj.)* ដែលខៀវស្រងាត់ del khiev srangat
**verdict** *(n.)* សាលក្រម sal kram
**verge** *(n.)* ជាយ cheay
**verification** *(n.)* ការផ្ទៀងផ្ទាត់ kar phtieng phtoat
**verify** *(v.)* ផ្ទៀងផ្ទាត់ phtieng phtoat
**verisimilitude** *(n.)* អ្វីដែលហាក់ដូចជាការពិត avei del hak dauchchea kar pit
**veritable** *(adj.)* ដែលពិតប្រាកដ del pit brakod
**vermillion** *(adj.)* នៃពណ៌ក្រហមនេះ nei por krahom chheh
**vermillion** *(n.)* ពណ៌ក្រហមនេះ por krahom chheh
**vernacular** *(adj.)* នៃភាសាតំបន់ nei pheasaa dambon
**vernacular** *(n.)* ភាសាតំបន់ pheasaa dambon
**vernal** *(adj.)* នៃនិទាឃរដូវ nei niteakhak rodauv
**versatile** *(adj.)* ដែលបត់បានស្រួល del bot ban sruol
**versatility** *(n.)* ភាពបត់បានស្រួល pheap bot ban sruol
**verse** *(n.)* កំណាព្យ kam nap
**versed** *(adj.)* ដែលចេះថ្នឹក del cheh thnoek
**versification** *(n.)* ការតែងកាព្យ kar taeng kap
**versify** *(v.)* តែងកាព្យ teng kap
**version** *(n.)* កំណែ kam nae
**versus** *(prep.)* ប្រឆាំងទល់នឹង brachhang tol neung
**vertical** *(adj.)* បញ្ឈរ banhchhor
**verve** *(n.)* ភាពរស់រវើក pheap ros roveuk
**very** *(adj.)* ខ្លាំងណាស់ khlang nas
**vessel** *(n.)* នាវា neavea
**vest** *(v.)* ផ្ទេរអោយ phte aoy
**vest** *(n.)* អាវកាក់ av kak
**vested** *(adj.)* ដែលផ្តល់អោយ del phdal aoy
**vestige** *(n.)* ស្នាមដាន snam dan
**vestment** *(n.)* សំលៀកបំពាក់ជាផ្លូវការ saamliek bampeak chea phlauv ka

**veteran** *(adj.)* នៃអតីតយុទ្ធជន nei adit yout thochun
**veteran** *(n.)* អតីតយុទ្ធជន adit yout thochun
**veterinary** *(adj.)* នៃបសុពេទ្យ nei paksopet
**veterinary** *(n.)* ពេទ្យសត្វ pet sat
**veto** *(v.)* ប្រើសិទ្ធវេតូ brer setth vetau
**veto** *(n.)* សិទ្ធវេតូ setth ve tau
**vex** *(v.)* ធ្វើអោយមួមៅ thveu aoy muo mao
**vexation** *(n.)* ការធ្វើអោយមួមៅ kar thveu aoy muo mao
**via** *(prep.)* តាមរយៈ tam royak
**viable** *(adj.)* ដែលអាចស្ថិតស្ថេរបាន del ach sthet sthe ban
**vial** *(n.)* កូនដបតូច kaun dob tauch
**vibrate** *(v.)* ញ័រ nhor
**vibration** *(n.)* រំញ័រ rom nhor
**vicar** *(n.)* អ្នកធ្វើការជំនួសអ្នកដទៃ nak thveu kar chomnuos nak dor tei
**vicarious** *(adj.)* ដែលជំនួស del chomnuos
**vice** *(n.)* អនុ anou
**viceroy** *(n.)* ឧបរាជ ubpak rach
**vice-versa** *(adv.)* ផ្ទុយមកវិញ phtoy mok vinh
**vicinity** *(n.)* តំបន់ជុំវិញ dambon choum vinh
**vicious** *(adj.)* កាចសាហាវ kach sahav
**vicissitude** *(n.)* ដំណើរប្រែប្រួល damner brae bruol
**victim** *(n.)* ជនរងគ្រោះ chon rong kroh
**victimize** *(v.)* រងគ្រោះ rong kroh
**victor** *(n.)* អ្នកឈ្នះ nak chhneah
**victorious** *(adj.)* ទទួលបានជោគជ័យ totuol ban chokchey
**victory** *(n.)* ជ័យជំនះ chey chomneah
**victuals** *(n. pl)* ជ័យជំនះ chey chomneah
**video** *(n.)* វីដេអូ video
**video** *(v.)* ថតវីដេអូ thot video
**videoblogger** *(n.)* ការថតវីដេអូដាក់គេហទំព័រផ្ទាល់ខ្លួន kar thot video dak kehaktompor phtal khluon
**videobook** *(n.)* សៀវភៅវីដេអូ sievphov video
**videocassette** *(n.)* ការសែតវីដេអូ kaset video
**videogaming** *(n.)* វីដេអូហ្គេម video game
**videotape** *(n.)* ការសែតវីដេអូ kaset video
**videotape** *(v.)* ថតវីដេអូ thot video

**videotelephone** *(n.)* ទូរសព្ទតរវីដេអូបាន touro sap thot video ban
**vie** *(v.)* ដណ្ដើមគ្នា danderm knea
**view** *(n.)* ការមើល kar meul
**view** *(v.)* មើល meul
**vigil** *(n.)* ការនៅកំដរ kar nov kamdor
**vigilance** *(n.)* ការប្រុងប្រយ័ត្ន kar brong brayat
**vigilant** *(adj.)* ប្រុងប្រយ័ត្ន brong brayat
**vigorous** *(adj.)* ខ្លាំងក្លា khlang kla
**vile** *(adj.)* ថោកទាប thaok teab
**vilify** *(v.)* មូលបង្ខូច moul bangkach
**villa** *(n.)* វីឡា vila
**village** *(n.)* ភូមិ phoum
**villager** *(n.)* អ្នកភូមិ nak phoum
**villain** *(n.)* មនុស្សអាក្រក់ mnous akrok
**vindicate** *(v.)* បង្ហាញថាគ្មានកំហុស banghanh tha kmean kamhos
**vindication** *(n.)* ការបង្ហាញអោយឃើញថាគ្មានកំហុស kar banghanh aoy kheunh tha kmean kamhos
**vine** *(n.)* វល្លិ vor
**vinegar** *(n.)* ទឹកខ្មេះ teuk khmeh
**vintage** *(n.)* ឆ្នាំ (ធ្វើស្រាទំពាំងបាយជូរ) chhnam ( thveu sra tompeang baychour)
**violate** *(v.)* រំលោភបំពាន romloph bampean
**violation** *(n.)* ការរំលោភបំពាន kar romloph bampean
**violence** *(n.)* អំពើហឹង្សា ampeu hoengsaa
**violent** *(adj.)* ហឹង្សា hoengsaa
**violet** *(n.)* ពណ៌ស្វាយ por svay
**violin** *(n.)* វីយូឡុង vi you long
**violinist** *(n.)* អ្នកលេងវីយូឡុង nak leng vi you long
**viral** *(adj.)* ដែលបង្កឡើងដោយវីរុស del bangkor lerng daoy virous
**virgin** *(adj.)* ព្រហ្មចារី prohm charei
**virgin** *(n.)* ស្រីព្រហ្មចារី srei prohm charei
**virginity** *(n.)* ព្រហ្មចារីភាព prohm charei pheap
**virile** *(adj.)* ប្រកបដោយលក្ខណៈបុរស brakob daoy lakkhanak boros
**virility** *(n.)* បុរសលក្ខណៈ boros lakkhanak

**virtual** *(adj.)* និម្មិត nimmit
**virtue** *(n.)* គុណធម៌ kunathor
**virtuous** *(adj.)* នៃគុណធម៌ nei kunathor
**virulence** *(n.)* ភាពខ្លាំងក្លា pheap khlang kla
**virulent** *(adj.)* ដែលខ្លាំងហើយនាប់រាលដាល del khlang hery chhab real dal
**virus** *(n.)* វីរុស virous
**visage** *(n.)* ទឹកមុខ teuk moukh
**visibility** *(n.)* ភាពមើលឃើញ pheap meul kheunh
**visible** *(adj.)* ដែលអាចមើលឃើញ del ach meul kheunh
**vision** *(n.)* ចក្ខុវិស័យ chak khovisay
**visionary** *(n.)* អ្នកមានចក្ខុវិស័យ nak mean chakkhovisay
**visionary** *(adj.)* នៃចក្ខុវិស័យ nei chakkhovisay
**visit** *(n.)* ការទស្សនា kar tossaana
**visit** *(v.)* ទស្សនា tossaana
**visitor** *(n.)* អ្នកទស្សនា nak tossaana
**vista** *(n.)* វីស្តា vi sta
**visual** *(adj.)* ដែលមើលឃើញ del meul kheunh
**visualize** *(v.)* មើលឃើញ meul kheunh
**vital** *(adj.)* សំខាន់ saamkhan
**vitality** *(n.)* ភាពសំខាន់ pheap saamkhan
**vitalize** *(v.)* ធ្វើឱ្យសកម្ម thveu aoy sakamm
**vitamin** *(n.)* វីតាមីន vitamin
**vitiate** *(v.)* បង្ខូច bangkhouch
**viva voce** *(adj.)* នៃការចោទសួរផ្ទាល់មាត់ nei kar chaot suor phtal moat
**viva voce** *(n.)* ការចោទសួរផ្ទាល់មាត់ kar chaot suor phtal moat
**viva voce** *(adv.)* ដែលចោទសួរផ្ទាល់មាត់ del chaot suor phtal moat
**vivacious** *(adj.)* ដែលរស់រវើក del ros roveuk
**vivacity** *(n.)* ភាពរស់រវើក pheap ros roveuk
**vivid** *(adj.)* ដែលរស់រវើក del ros roveuk
**vixen** *(n.)* សត្វកញ្ជ្រោងញី sat kanhchrong nhi
**vocabulary** *(n.)* វាក្យសព្ទ veak sap
**vocal** *(adj.)* នៃសំលេង nei saamleng
**vocalist** *(n.)* អ្នកចម្រៀង nak chamrieng
**vocation** *(n.)* មុខរបរ moukh robor

**vogue** *(n.)* ម៉ូតដែលគេកំពុងនិយម maut del ke kampoung niyom
**voice** *(v.)* បញ្ចេញសំលេង banhchenh saamleng
**voice** *(n.)* សំលេង saamleng
**void** *(v.)* ចាត់ទុកជាមោឃៈ chattouk chea mokhak
**void** *(n.)* ការចាត់ទុកជាមោឃៈ kar chattoukchea mokhak
**void** *(adj.)* ដែលចាត់ទុកជាមោឃៈ del chattoukchea mokhak
**volcanic** *(adj.)* នៃភ្នំភ្លើង nei phnom phleung
**volcano** *(n.)* ភ្នំភ្លើង phnom phleung
**volition** *(n.)* ឆន្ទៈ chhantah
**volley** *(v.)* ទះបាល់ teah bal
**volley** *(n.)* បាល់ទះ bal teah
**volt** *(n.)* វ៉ុល vol
**voltage** *(n.)* កម្លាំងជាវ៉ុល kamleang chea vol
**volume** *(n.)* កម្រិតសំឡេង kamrit saamleng
**voluminous** *(adj.)* នៃកម្រិតសំឡេង nei kamrit saamleng
**voluntarily** *(adv.)* ដោយស្ម័គ្រចិត្ត daoy smak chett
**voluntary** *(adj.)* ដែលស្ម័គ្រចិត្ត delsmak chett
**volunteer** *(v.)* ស្ម័គ្រចិត្ត smak chett
**volunteer** *(n.)* អ្នកស្ម័គ្រចិត្ត nak smak chett
**voluptuary** *(n.)* ភាពត្រេកត្រអាលនឹងកាម pheap trek traa al neung kam
**voluptuous** *(adj.)* ដែលគួរអោយត្រេកត្រអាល del kuor aoy trek traa al
**vomit** *(n.)* ការក្អួត kar k'auot
**vomit** *(v.)* ក្អួត k'auot
**voracious** *(adj.)* ដែលមិនចេះស្កប់ del min cheh skob
**vortex** *(n.)* កំនួប koum nuob
**votary** *(n.)* អ្នកធ្វើសក្ការៈ nak thveu sakkarak
**vote** *(v.)* បោះឆ្នោត baoh chhnaot
**vote** *(n.)* ការបោះឆ្នោត kar baoh chhnaot
**voter** *(n.)* អ្នកបោះឆ្នោត nak baoh chhnaot
**vouch** *(v.)* ធានា theanea
**voucher** *(n.)* បណ្ណទូទាត់ bann toutoat
**vouchsafe** *(v.)* លាតត្រដាង leat tradang
**vow** *(v.)* សច្ចា sachcha
**vow** *(n.)* សម្បថ samboth
**vowel** *(n.)* ស្រៈ srak
**voyage** *(v.)* ធ្វើដំណើរ thveu damner
**voyage** *(n.)* ការធ្វើដំណើរ kar thveu damner
**voyager** *(n.)* អ្នកដំណើរឆ្នាយតាមទឹក nak damner chhngay tam teuk
**voyeur** *(n.)* អ្នកដែលចូលចិត្តឃើញការឈឺចាប់អ្នកដទៃ nak del chaul chett kheunh kar chheu chab nak da tei
**voyeurism** *(n.)* ការចូលចិត្តឃើញការឈឺចាប់អ្នកដទៃ ka chaul chett kheunh kar chheu chab nak da tei
**vulgar** *(adj.)* ថោកទាប thaok teab
**vulgarity** *(n.)* ភាពថោកទាប pheap thaok teab
**vulnerable** *(adj.)* ងាយរងគ្រោះ ngeay rong kroh
**vulture** *(n.)* សត្វត្មាត sat tmat

**wabble** *(v.)* អាចចុះខ្សោយបាន ach choh khsaaoy ban
**wabbly** *(adj.)* ដែលញ័រជើងជោង del nhor thing thong
**wack** *(adj.)* ដែលមិនល្អ del min laor
**wacko** *(adj.)* ឆ្កួត chhkuot
**wacko** *(n.)* មនុស្សឆ្កួត mnouss chhkuot
**waddle** *(v.)* ដើរអ៊ីកអាក់ៗ daer ik aak
**wade** *(v.)* លុយទឹក louy teuk
**waft** *(n.)* សន្ទុះខ្យល់ santouh khyal
**waft** *(v.)* រសាត់អណ្តែត rosat andet
**wag** *(n.)* ការក្រវី kar kro vi
**wag** *(v.)* ក្រវី krovi
**wage** *(n.)* ប្រាក់ឈ្នួល brak chhnuol
**wage** *(v.)* បង្កសង្គ្រាម bangkor sangkream
**wager** *(v.)* ភ្នាល់ phnoal

**wager** (n.) ការភ្នាល់ kar phnoal
**wagon** (n.) រទេះមានកងបួន roteh mean kong buon
**wail** (n.) សម្រែកទ្រហោយ samrek trohao yom
**wail** (v.) ទ្រហោយ trohao yom
**wain** (n.) រទេះរុញ roteh rounh
**waist** (n.) ចង្កេះ changkeh
**waistband** (n.) ខ្សែក្រវាត់ khsae krovat
**waistcoat** (n.) អាវកាក់ av kak
**wait** (n.) ការរង់ចាំ kar rongcham
**wait** (v.) រង់ចាំ rong cham
**waiter** (n.) អ្នករត់តុប្រុស nak rot tok bros
**waitress** (n.) អ្នករត់តុស្រី nak rot tok srei
**waive** (v.) លះបង់ leahbong
**waiver** (n.) ការលះបង់ kar leahbong
**wake** (n.) ស្ថានការណ៍បន្តបន្ទាប់ sthankar bontor bantoab
**wake** (v.) ភ្ញាក់ phnheak
**wakeful** (adj.) ដែលគេងមិនលក់ del keng min luk
**walk** (n.) ការដើរ kar der
**walk** (v.) ដើរ der
**wall** (v.) ហ៊ុំដណ្តប់ houm chonhchang
**wall** (n.) ជញ្ជាំង chonhchang
**wallet** (n.) កាបូប kabaub
**wallop** (v.) ការសំពងយ៉ាងដំណំ kar saampong yang damnam
**wallow** (v.) វាយខ្លាំង veay khlang
**walnut** (n.) ឈើវាល់ណីត chheu walnut
**walrus** (n.) ដំរីទឹក damrei teuk
**wan** (adj.) ដែលសោះកក្រោះ del saoh kakraoh
**wand** (n.) រំពាត់ទិព rompoat tepth
**wander** (v.) វង្វេង vongveng
**wane** (n.) ការរួញតូចទៅ kar ruonh tauch tov
**wane** (v.) រួញតូចទៅ ruonh tauch tov
**want** (n.) ការចង់បាន kar chong ban
**want** (v.) ចង់បាន chong ban
**wanton** (adj.) ព្រៃផ្សៃ prei phsaai
**war** (v.) ធ្វើសង្គ្រាម thveu sangkream
**war** (n.) សង្គ្រាម sangkream
**warble** (n.) សំលេងសត្វប្រច្រៀង saam leng sat chrieng

**warble** (v.) ប្រច្រៀង (សត្វបក្សី) chrieng ( sat baksei)
**ward** (v.) ថែរក្សាក្នុងមន្ទីរពេទ្យ thae raksaa knong montipet
**ward** (n.) បន្ទប់មន្ទីរពេទ្យដោយឡែក bantob montirpet daoy lek
**warden** (n.) ឆ្មាំ chhmam
**warder** (n.) ឆ្មាំគុក chhma kouk
**wardrobe** (n.) ទូខោអាវ tou khao av
**wardship** (n.) ភាពស្ថិតនៅក្រោមការយំគ្រងរបស់អាណាព្យាបាល pheap sthet nov kraom kar khoum krong robos anapyeabal
**ware** (n.) ទំនិញ tomninh
**warehouse** (n.) ឃ្លាំង khleang
**warfare** (n.) សង្គ្រាម sangkream
**warlike** (adj.) ដូចជាសង្គ្រាម dauchchea sangkream
**warm** (adj.) កក់ក្តៅ kok kdao
**warm** (v.) ធ្វើឱ្យកក់ក្តៅ thveu aoy kok kdao
**warmth** (n.) ភាពកក់ក្តៅ pheap kok kdao
**warn** (v.) ព្រមាន promean
**warning** (n.) ការព្រមាន kar promean
**warrant** (v.) អះអាងថាពិត aah ang tha pit
**warrant** (n.) ដីកា dei ka
**warrantee** (n.) អ្នកដែលបានទទួលការធានា nak del ban totuol kar theana
**warrantor** (n.) អ្នកធានា nak theanea
**warranty** (n.) ការធានា kar theanea
**warren** (n.) កន្លែងនៅរបស់សត្វទន្សាយ kanleng nov robos sat tonsaay
**warrior** (n.) អ្នកចម្បាំង nak chambang
**wart** (n.) ជំងឺប្លុស្ស chomngeu reus sei
**wary** (adj.) ប្រយ័ត្ន brayat
**wash** (n.) ការលាង kar leang
**wash** (v.) លាង leang
**washable** (adj.) លាងសម្អាតបាន leang sam aat ban
**washer** (n.) ម៉ាស៊ីនបោក ខោអាវ masin baok khao av
**wasp** (n.) ឱ្យម៉ាល់ ao mal
**waspish** (adj.) ដូចឱ្យម៉ាល់ dauch ao mal

**wassail** *(n.)* គេសជ្ជៈស្រាផ្លែបោមម្យាំង phesachak sra phlae paom myang
**wastage** *(n.)* ការខូចខាត kar khauch khat
**waste** *(n.)* ការខ្ជះខ្ជាយ kar khcheah khcheay
**waste** *(v.)* ខ្ជះខ្ជាយ khcheah khcheay
**waste** *(adj.)* ដែលបាត់ del bat
**wasteful** *(adj.)* ដែលខ្ជះខ្ជាយ del khcheah khcheay
**watch** *(n.)* នាឡិកា nealeka
**watch** *(v.)* មើល meul
**watchful** *(adj.)* ឃ្លាំមើល khlom meul
**watchword** *(n.)* ពាក្យស្លោក peak slaok
**water** *(v.)* ស្រោចទឹក sraoch teuk
**water** *(n.)* ទឹក teuk
**waterfall** *(n.)* ទឹកជ្រោះ teuk chroh
**water-melon** *(n.)* ទឹក ឪឡឹក tuk auv loek
**waterproof** *(n.)* វត្ថុមិនជ្រាបទឹក vottho min chreab teuk
**waterproof** *(v.)* មិនជ្រាបទឹក min chreab teuk
**waterproof** *(adj.)* ដែលមិនជ្រាបទឹក del min chreab teuk
**watertight** *(adj.)* ដែលទឹកចូលមិនបាន del teuk chaul min ban
**watery** *(adj.)* ដែលមានទឹក del mean teuk
**watt** *(n.)* វ៉ាត់ vat
**wave** *(v.)* បក់ដៃ bok dai
**wave** *(n.)* រលក rolok
**waver** *(v.)* រេរា re rea
**wavy** *(adj.)* ដែលមានរាងទឹករលក del mean reang teuk rolok
**wax** *(v.)* ខាត់ (ឱ្យរលោង) khat ( aoy rlong)
**wax** *(n.)* ក្រមួន kramuon
**way** *(n.)* វិធី vithi
**wayfarer** *(n.)* អ្នកធ្វើដំណើរ nak thveu damner
**waylay** *(v.)* ឃ្លោមស្ទាក់ khloam stak
**wayward** *(adj.)* ចេចេស choches
**weak** *(adj.)* ខ្សោយ khsaaoy
**weaken** *(v.)* ធ្វើឱ្យចុះខ្សោយ thveu aoy choh khsaaoy
**weakling** *(n.)* ភាពចុះខ្សោយ pheap choh khsaaoy

**weakness** *(n.)* ភាពទន់ខ្សោយ pheap ton khsaaoy
**weal** *(n.)* ស្នាមវាយ snam veay
**wealth** *(n.)* ទ្រព្យសម្បត្តិ trop sambatt
**wealthy** *(adj.)* ជាអ្នកមាន chea nakmean
**wean** *(v.)* ផ្តាច់ដោះ phdach daoh
**weapon** *(n.)* អាវុធ avouth
**wear** *(v.)* ពាក់ peak
**weary** *(adj.)* ដែលនឿយហត់ del nuey hot
**weary** *(v.)* ធ្វើឱ្យនឿយហត់ thveu aoy nuey hot
**weather** *(v.)* ពុះពារ pouh pear
**weather** *(n.)* អាកាសធាតុ akasatheat
**weave** *(v.)* ត្បាញ tbanh
**weaver** *(n.)* កម្បាញ dambanh
**web** *(n.)* សំណាញ់ saamnanh
**web page** *(n.)* គេហទំព័រ kehak tompor
**web store** *(n.)* ហាងលក់គេហទំព័រ hang lok kehaktompor
**webby** *(adj.)* នៃគេហទំព័រ nei kehaktompor
**webcam** *(n.)* វេបខេម veb khem
**webcasting** *(n.)* ការចាក់ផ្សាយតាមអ៊ីនធឺណិត kar chak phsaay tam internet
**webinar** *(n.)* សិក្ខាសាលា sekkhasala
**webisode** *(n.)* រឿងភាគតាមអ៊ីនធឺណិត reung peak tam internet
**webmaster** *(n.)* អ្នកគ្រប់គ្រងវែបសាយ nak krobkrong veb
**wed** *(v.)* រៀបការ rieb kar
**wedding** *(n.)* មង្គលការ mongkolkar
**wedge** *(v.)* ប្រជ្រៀត bro chreat
**wedge** *(n.)* ស្នៀត sneat
**wedlock** *(n.)* ភាពជាប្តីប្រពន្ធ pheap chea bdei brapon
**Wednesday** *(n.)* ថ្ងៃពុធ thngai puth
**weed** *(v.)* ដកគ្រឿងញៀន chuk krueng nhien
**weed** *(n.)* ស្មៅ smao
**week** *(n.)* សប្តាហ៍ sabada
**weekly** *(adv.)* ជារៀងរាល់សប្តាហ៍ chea riengrnal sabada
**weekly** *(n.)* ប្រចាំសប្តាហ៍ bracham sabada

weekly *(adj.)* ដែលប្រចាំសប្តាហ៍ del bracham sabada
weep *(v.)* យំ yom
weevil *(n.)* សត្វកញ្ជែ sat kanhchae
weigh *(v.)* ថ្លឹងទម្ងន់ thloeng tomngon
weight *(n.)* ទំងន់ tom ngon
weightage *(n.)* ការកំណត់កូតា kar kamnot kauta
weighty *(adj.)* ដែលធ្ងន់ del thngon
weir *(n.)* ទំនប់ក្បាលទឹក tomnob kbal teuk
weird *(adj.)* ចំឡែក cham lek
welcome *(n.)* ការស្វាគមន៍ kar svakom
welcome *(v.)* សូមស្វាគមន៍ saum svakom
welcome *(adj.)* ដែលមិនអីទេ del min ei te
weld *(n.)* ការផ្សារឬផ្គាប់ kar phsaar reu phchoab
weld *(v.)* ផ្សារដែក phsaar daek
welfare *(n.)* សុខុមាលភាព sokhomalpheap
well *(adv.)* ល្អ laor
well *(n.)* អណ្តូង andaung
well *(v.)* ផុសចេញ phos chenh
well *(adj.)* ដែលស្រួលខ្លួន del sruol khluon
well off *(adj.)* ដែលមានប្រាក់គ្រប់គ្រាន់ del mean brak krob kroan
well-known *(adj.)* ល្បី labei
wellness *(n.)* សុខភាព sokhapheap
well-read *(adj.)* អានបានល្អ an ban laor
well-timed *(adj.)* កំណត់ពេលវេលាល្អ kamnot pelvelea laor
well-to-do *(adj.)* ដែលមានទ្រព្យ del mean trop
welt *(n.)* សាច់ដែលហើម sach del herm
welter *(n.)* ភាពអត់សណ្តាប់ធ្នាប់ pheap ot sandab thnoab
wen *(n.)* ដុំពកលើស្បែក dom pok leu sbek
wench *(n.)* ស្រីខូច srei khauch
west *(adj.)* ខាងលិច khang lich
west *(adv.)* ឆ្ពោះទៅខាងលិច chhpaoh tov khang lich
west *(n.)* ទិសខាងលិច teus khang lich
westerly *(adv.)* ដែលឆ្ពោះទៅលិច del chhpaoh tov lich
westerly *(adj.)* ខាងលិច khang lich

western *(adj.)* នៃលោកខាងលិច nei lok khang lich
wet *(v.)* ធ្វើឱ្យសើម thveu oy serm
wet *(adj.)* សើម serm
wetness *(n.)* ភាពសើម pheap serm
whack *(v.)* វាយយ៉ាងខ្លាំង veay yang khlang
whale *(n.)* ត្រីបាឡែន trei balen
wharfage *(n.)* ថ្លៃប្រើប្រាស់កំពង់ផែ thlai brer bras kampong phae
what *(adj.)* នៃណាមួយ nei na muoy
what *(pron.)* អ្វី avei
what *(interj.)* ថាម៉េច tha mech
whatever *(pron.)* ស្អីក៏ដោយ saei kadoy
wheat *(n.)* ស្រូវសាលី sruv saali
wheedle *(v.)* ព្រលោម proloam
wheel *(v.)* បង្វិលកង់ bangvil kong
wheel *(n.)* កង់ kong
whelm *(v.)* កប់ kob
whelp *(n.)* កូនឆ្កែ kaun chhkae
when *(conj.)* នៅពេលដែល nov pel del
when *(adv.)* ពេលណា pel na
whenever *(conj.)* ពេលណាក៏ដោយ pel na kor daoy
whenever *(adv.)* ពេលណាក៏ដោយ pel na kor daoy
where *(conj.)* កន្លែងណា kanleng na
where *(adv.)* ឯណា ae na
whereabout *(adv.)* នៅឯណា nov ae na
whereabout *(n.)* កន្លែងនរណាម្នាក់នៅ kanleng norna mneak nov
whereas *(conj.)* ចំណែកឯ chamnek ae
wherein *(adv.)* ដែលនៅក្នុង del nov knong
whereupon *(conj.)* ខណៈនោះ khanak noh
wherever *(adv.)* កន្លែងណាក៏ដោយ kanlengna kadaoy
whet *(v.)* សម្រួច samruoch
whether *(conj.)* ថាតើ tha ter
which *(pron.)* ណាមួយ na muoy
which *(adj.)* ដែល del
whichever *(pron.)* ណាមួយក៏ដោយ namuoy kadaoy
whiff *(n.)* កំសួល kamsuol

while *(conj.)* ខណៈពេល khanak pel
while *(v.)* ចំណាយពេល chamnay pel
while *(n.)* មួយខណៈពេល muoy khanak pel
whim *(n.)* ចិត្តសាវាំ chet sava
whimper *(v.)* ថ្ងូរហ៊ឺះ thngau heuh
whimsical *(adj.)* ដែលសាវាំ del sava
whine *(n.)* កម្បួញ dam ounh
whine *(v.)* យំត្អួញត្អែរ yom ta aunh ta ae
whip *(n.)* រំពាត់ rompoat
whip *(v.)* វាយនឹងរំពាត់ veay neung rompoat
whipcord *(n.)* ខ្សែរំពាត់ khsae rompoat
whir *(n.)* សូរងូងៗ sau ngoung ngoung
whirl *(n.)* ចលនាវិលជុំវិញ chalna vil choumvinh
whirl *(v.)* ក្រឡឹង kra loeng
whirligig *(n.)* វត្ថុដែលវិល vottho del vil
whirlpool *(n.)* ទឹកកួច teuk kuoch
whirlwind *(n.)* ខ្យល់កួច khyal kuoch
whisk *(n.)* ប្រដាប់វាយក្រឡុក bradab veay kralok
whisk *(v.)* វាយក្រឡុក veay kralok
whisker *(n.)* ពុកមាត់ឆ្មា pouk moat chhma
whisky *(n.)* ស្រាវីស្គី sra vi ski
whisper *(n.)* ការខ្សឹប kar khsaoeb
whisper *(v.)* ខ្សឹប khseub
whistle *(n.)* ការហួច kar huoch
whistle *(v.)* ហួច huoch
white *(n.)* ពណ៌ស por sor
white *(adj.)* ស sor
whiten *(v.)* ធ្វើឱ្យស thveu oy sor
whitewash *(v.)* វែនតាស venta sor
whitewash *(n.)* កំបោរស kambaor sor
whither *(adv.)* នៅទីណា nov tina
whitish *(adj.)* សស្លេក sor slek
whittle *(v.)* ឆ្លាក់ដោយប្រើកូនកាំបិត chhlak daoy brer kaun kambet
whiz *(v.)* ហួច huoch
who *(pron.)* នរណា norna
whoever *(pron.)* អ្នកណាក៏ដោយ nak na kadaoy
whole *(n.)* ផ្នែកទាំងមូល phnek tang moul
whole *(adj.)* ទាំងមូល tang moul

whole-hearted *(adj.)* អស់ពីដួងចិត្ត os pi duong chett
wholesale *(adj.)* នៃការលក់ដុំ nei kar luk dom
wholesale *(adv.)* ដោយលក់ដុំ daoy luk dom
wholesale *(n.)* លក់ដុំ luk dom
wholesaler *(n.)* អ្នកលក់ដុំ nak luk dom
wholesome *(adj.)* ដែលមានសុខភាពល្អ del mean sokhpheap laor
wholly *(adv.)* ទាំងស្រុង teang srong
whom *(pron.)* អ្នកណា nakna
whore *(n.)* ស្រីសំផឹង srei saamphoeng
whose *(pron.)* របស់អ្នកណា robos nakna
why *(adv.)* ហេតុអ្វី het avei
wick *(n.)* ប្រនេះ bracheh
wicked *(adj.)* អាក្រក់ akrok
wicker *(n.)* ផ្តៅ phdao
wicket *(n.)* ទ្វារតូច tver tauch
wide *(adv.)* យ៉ាងធំទូលាយ yang thom touleay
wide *(adj.)* ធំទូលាយ thom touleay
widen *(v.)* ពង្រីក pongrik
widespread *(adj.)* រីករាលដាល rik realdal
widow *(v.)* ក្លាយទៅជាមេម៉ាយ khlay tov chea memay
widow *(n.)* មេម៉ាយ memay
widower *(n.)* ពោះម៉ាយ poh may
width *(n.)* ទទឹង to teung
wield *(v.)* កាន់ kan
wife *(n.)* ប្រពន្ធ brapon
wig *(n.)* សក់ពាក់ sok peak
wigwam *(n.)* ខុម khtom
wild *(adj.)* នៃព្រៃ nei prei
wilderness *(n.)* ទីរហោស្ថាន ti rohoa sthan
wildfire *(n.)* ភ្លើងឆេះព្រៃ phleung cheh prei
wile *(n.)* ឧបាយកល ubaykol
will *(v.)* នឹងធ្វើ neung thveu
will *(n.)* សំបុត្របណ្តាំ saambot bondam
willing *(adj.)* មាននន្ទៈ mean chhantak
willingness *(n.)* នន្ទៈ chhantak
willow *(n.)* ដើមសូល derm saul
wily *(adj.)* ដែលពោរពេញដោយល្បិច del po penh daoy labich
wimble *(n.)* ដើមសូល derm saul

win (n.) ការឈ្នះ kar chhneah
win (v.) ឈ្នះ chhneah
wince (v.) រួញ ruonh
winch (n.) ការរួញ kar ruonh
wind (v.) ធ្វើឱ្យចប់ខ្យល់ thveu aoy thob khyol
wind (n.) ខ្យល់ khyol
windbag (n.) ពោងខ្យល់ pong khyol
winder (n.) ប្រដាប់បង្វិល bradab bangvil
windlass (n.) ប្រដាប់ខារ bradab khar
windmill (n.) ម៉ាស៊ីនកិនស្រូវដើរដោយកម្លាំងខ្យល់ masin ken srauv der daoy kamlang khyol
window (n.) បង្អួច bang uoch
windscreen (n.) កញ្ចក់ការពារខ្យល់ kanhchok karpear khyal
windy (adj.) ដែលមានខ្យល់ខ្លាំង del mean khyal khlang
wine (n.) ស្រា sra
wing (n.) ស្លាប slab
wink (v.) មិចភ្នែក mich phnek
wink (n.) ការមិចភ្នែក kar mich phnek
winner (n.) អ្នកឈ្នះ nak chhneah
winnow (v.) អុំអង្ករ om angkor
winsome (adj.) ដែលគួរឱ្យស្រឡាញ់ del kuor oy sralanh
winter (v.) រកជម្រកក្នុងរដូវរងារ rok chomrok knong rordauv ro ngear
winter (n.) រដូវរងារ rordauv ro ngear
wintry (adj.) ដូចរដូវរងារ dauch rordauv ro ngear
wipe (n.) ការជូត kar chuot
wipe (v.) ជូត chuot
wire (v.) ដាក់ខ្សែភ្លើង dak khsae phleung
wire (n.) លួស luos
wireless (n.) អេតខ្សែ et khsae
wireless (adj.) អេតខ្សែ et khsae
wiring (n.) ការដាក់ខ្សែភ្លើង ka dak khsae phleung
wisdom (n.) ប្រាជ្ញា brachnha
wisdom-tooth (n.) ធ្មេញទាល់ thmenh toal
wise (adj.) មានប្រាជ្ញា mean brachnha
wish (v.) ជូនពរ choun por

wish (n.) ការជូនពរ ka choun por
wishful (adj.) ដែលប៉ងប្រាថ្នា del pong brathna
wisp (n.) កញ្ចោម kanhchom
wistful (adj.) ដែលសញ្ជប់សញ្ជឹង del sanhchob sanhcheung
wit (n.) ការប៉ិនប្រសប់ហើយកំប្លែង kar pen brasob hery kambleng
witch (n.) អាបធ្មប់ ab thmob
witchcraft (n.) អំពើអាបធ្មប់ ampeu ab thmob
with (prep.) ជាមួយ chea muoy
withal (adv.) លើសពីនេះទៅទៀត leus pi nih tov tiet
withdraw (v.) ដក dok
withdrawal (n.) ការដក kar dok
wither (v.) ក្រៀមស្វិត kriem svet
withhold (v.) ដកហូត dok haut
within (adv.) នៅខាងក្នុង nov khang knong
within (prep.) នៅខាងក្នុង nov khang knong
without (adv.) ខាងក្រៅ khang krao
without (prep.) ដោយគ្មាន daoy kmean
withstand (v.) ទប់ទល់ tob tol
witless (adj.) ល្ងង់ខ្លៅ lngong khlao
witness (v.) ធ្វើជាសាក្សី thveu chea saksei
witness (n.) សាក្សី saksei
witticism (n.) សំដីសិតសៀតយ៉ាងប៉ិនប្រសប់ saamdei soksiet yang pen brasob
witty (adj.) ដែលឆ្លាតវៃហើយកំប្លែង del chhlat vei hery kambleng
wizard (n.) មនុស្សដែលចេះមន្តអាគម mnouss del cheh mon akom
wobble (v.) ធ្វើអាយរញ្ជួយទៅមក thveu oy ronhchuoy tov mok
woe (n.) ទុក្ខសោក touk saok
woebegone (adj.) ដែលស្រងូតស្រងាត់ del srangout srangat
woeful (n.) ភាពវេទនា pheap vetnea
wolf (n.) ចចក cho chork
woman (n.) ស្ត្រី strei
womanhood (n.) ភាពជាស្ត្រី pheap chea strei
womanise (v.) ល្មោភស្ត្រី lmoph strei

**womaniser** *(n.)* មនុស្សល្មោភស្រី monous lmoph strei
**womanish** *(adj.)* នៃស្រីភេទ nei strei phet
**womb** *(n.)* ស្បូន sbaun
**wonder** *(v.)* ឆ្ងល់ chhngol
**wonder** *(n.)* ភាពអស្ចារ្យ pheap oschar
**wonderful** *(adj.)* អស្ចារ្យ oschar
**wondrous** *(adj.)* អស្ចារ្យ oschar
**wont** *(n.)* ទម្លាប់ tomloab
**wont** *(adj.)* ដែលមានទម្លាប់ធ្វើអ្វីមួយ del mean tomloab thveu avei muoy
**wonted** *(adj.)* ដែលធ្លាប់ del thloab
**woo** *(v.)* ចែចង chae chong
**wood** *(n.)* ឈើ chheu
**wooden** *(adj.)* ដែលជាឈើ del chea chheu
**woodland** *(n.)* ទីមានព្រៃឈើដុះពាសពេញ ti mean prei chheu doh peas penh
**woods** *(n.)* ព្រៃ prei
**woof** *(n.)* សំឡេងឆ្កែព្រុស saamleng chhkae prous
**wool** *(n.)* រោមចៀម rom chiem
**woollen** *(n.)* គ្រណាត់រោមចៀម kranat rom chiem
**woollen** *(adj.)* ដែលផលិតពីរោមចៀម del pholit pi rom chiem
**word** *(v.)* ប្រើពាក្យ brer peak
**word** *(n.)* ពាក្យ peak
**wordy** *(adj.)* ដែលប្រើពាក្យគតបានការច្រើន del brer peak et ban kar chrern
**work** *(v.)* ធ្វើការ thveu kar
**work** *(n.)* ការងារ kar ngear
**workable** *(adj.)* អាចដំណើរការបាន ach damner kar ban
**workaday** *(adj.)* ថ្ងៃធ្វើការ thngai thveu kar
**worker** *(n.)* កម្មករ kammokor
**workman** *(n.)* អ្នកធ្វើការ nak thveu kar
**workmanship** *(n.)* ស្នាដៃការងារ snadai kar ngea
**workshop** *(n.)* សិក្ខាសាលា sekkhasala
**world** *(n.)* ពិភពលោក piphop lok
**worldling** *(n.)* ការចូលចិត្តសប្បាយក្នុងលោកិយ៍ kar chaul chet sabbay knong lokei
**worldly** *(adj.)* ខាងលោកិយ khang lokey
**worm** *(n.)* ដង្កូវ dangkouv
**wormwood** *(n.)* បទពិសោធន៍យ៉ាងជូរចត់ bot pisaoth yang chour chot
**worn** *(adj.)* ដែលពាក់ហើយ del peak hery
**worry** *(v.)* បារម្ភ barom
**worry** *(n.)* ការព្រួយបារម្ភ kar pruoy barom
**worsen** *(v.)* កាន់តែអាក្រក់ទៅ kan tae akrok tov
**worship** *(v.)* គោរពបូជា korop bauchea
**worship** *(n.)* ការគោរពបូជា ka korop bauchea
**worshipper** *(n.)* អ្នកគោរពបូជា nak korop bauchea
**worst** *(n.)* ភាពអាក្រក់បំផុត pheap akrok bamphot
**worst** *(adj.)* អាក្រក់បំផុត akrok bamphot
**worst** *(v.)* បង្ក្រាប bongkrab
**worsted** *(n.)* គ្រណាត់ធ្វើអំពីឡែន kronat tveu ompi len
**worth** *(adj.)* មានតម្លៃ mean domlei
**worth** *(n.)* តម្លៃ domlei
**worthless** *(adj.)* គ្មានតំលៃ kmean damlei
**worthy** *(adj.)* សក្ដិសម sak sam
**would-be** *(adj.)* នឹងជា neung chea
**wound** *(v.)* ធ្វើឱ្យរបួស thveu oy robuos
**wound** *(n.)* របួស robuos
**wrack** *(n.)* ការហិនហោចអស់ kar henhaoch os
**wraith** *(n.)* ខ្មោចបិសាច khmaoch beisach
**wrangle** *(n.)* ជម្លោះ chumloh
**wrangle** *(v.)* ឈ្លោះ chhloh
**wrap** *(n.)* ស្រោម sraom
**wrap** *(v.)* រុំ roum
**wrapper** *(n.)* វត្ថុសម្រាប់ស្រោបខ្ចប់ vottho samrab sraob khchoab
**wrath** *(n.)* កំហឹង kamhoeng
**wreath** *(n.)* កម្រងផ្កា kamrong phka
**wreathe** *(v.)* ធ្វើកម្រងផ្កា thveu kamrong phka

**wreck** *(v.)* ធ្វើឱ្យខូចខាត thveu oy khauch khat
**wreck** *(n.)* ការខូចខាត kar khauch khat
**wreckage** *(n.)* កម្មេចកម្មី kamtech kamti
**wrecker** *(n.)* អ្នកបំផ្លាញ nak bamphlanh
**wren** *(n.)* បក្សីម្យាង baksei myang
**wrench** *(v.)* មូល muol
**wrench** *(n.)* ម៉ាឡេត mea let
**wrest** *(v.)* កន្ត្រាក់ចេញ kondrak chenh
**wrestle** *(v.)* ចោកចំបាប់ baokchambab
**wrestler** *(n.)* អ្នកចំបាប់ nak chambab
**wretch** *(n.)* មនុស្សខូច monouss khauch
**wretched** *(adj.)* ដែលអកុសល del akosal
**wrick** *(n.)* ស្នាម snam
**wriggle** *(n.)* ចលនាកាច់ចុះកាច់ឡើង chalna kach choh kach lerng
**wriggle** *(v.)* ធ្វើអោយវៀច thveu aoy viech
**wring** *(v.)* ពូតយកចេញ puot yok chenh
**wrinkle** *(v.)* ធ្វើឱ្យជ្រួញ thveu aoy chruonh
**wrinkle** *(n.)* ស្នាមជ្រួញ snam chruonh
**wrist** *(n.)* កដៃ kor dai
**writ** *(n.)* ដីកាតុលាការ deika tolakar
**write** *(v.)* សរសេរ sor ser
**writer** *(n.)* អ្នកនិពន្ធ nak niponth
**writhe** *(v.)* រមិចរមួល romich romuol
**wrong** *(adv.)* ខុស khos
**wrong** *(v.)* បង្ខូច bang khouch
**wrong** *(adj.)* ខុស khos
**wrongful** *(adj.)* ខុសច្បាប់ khos chbab
**wry** *(adj.)* ដែលកំព្លែងស្ងួត del kambleng snguot

**xenobiology** *(n.)* វិទ្យាសាស្ត្រខាងជីវវិទ្យា vityeasas khang chivakvityea
**xenogenesis** *(n.)* កូនមិនដូចម៉ែឪ kaun min dauch mae auv
**xenomania** *(n.)* ផ្នែករោងនៃជីវវិទ្យាសំយោគ phnek rong nei chivakvityea saamyok

**xenomorph** *(n.)* មនុស្សភាពផ្សេង mnous phop phseng
**xenophile** *(n.)* អ្នកស្រឡាញ់ជនបរទេស nak sralanh chon barotes
**xenophobe** *(n.)* អ្នកស្អប់ជនបរទេស nak saa ob chon barotes
**xenophobia** *(n.)* ការស្អប់ខ្ពើមជនបរទេស kar saa ob khpeum chon barotes
**xerox** *(n.)* ម៉ាស៊ីនថតចម្លងស៊ីរ៉ុក masin thoat chamlong si rok
**xerox** *(v.)* ថតនឹងម៉ាស៊ីនស៊ីរ៉ុក thot neung masin si rok
**Xmas** *(n.)* បុណ្យគ្រឹស្តម៉ាស bon kreus samas
**x-ray** *(n.)* ការស្ទីអ៊ិច kam raksmey ich
**x-ray** *(v.)* បាញ់ការស្ទីអ៊ិច banh kam raksmey ich
**xylophilous** *(adj.)* ដែលអាស្រ័យនៅលើដើមឈើ del asray nov leu derm chheu
**xylophone** *(n.)* ស៊ីឡូហ្វូន si lau hvaun

**yacht** *(n.)* ទូកកប៉ាល់ touk kakpal
**yacht** *(v.)* ជិះទូកកប៉ាល់ chih touk kakpal
**yak** *(n.)* សត្វចាមរី sat chamri
**yak** *(v.)* និយាយអរណប់ niyeay et chhub
**yap** *(n.)* យ៉ាប yab
**yap** *(v.)* ព្រូស prous
**yard** *(n.)* ទីធ្លា tithlea
**yarn** *(n.)* អំបោះដេរ ambaoh de
**yawn** *(v.)* ស្ងាប sngab
**yawn** *(n.)* ការស្ងាប kar sngab
**year** *(n.)* ឆ្នាំ chhnam
**yearly** *(adj.)* ប្រចាំឆ្នាំ bracham chhnam
**yearly** *(adv.)* ប្រចាំឆ្នាំ bracham chhnam
**yearn** *(v.)* ចង់បាន chong ban
**yearning** *(n.)* ការចង់បាន kar chong ban
**yeast** *(n.)* មេផ្សិតដំបែ me phsaet dambae
**yell** *(v.)* ស្រែក srek

yell *(n.)* ការស្រែក kar sraek
yellow *(adj.)* លឿង lueng
yellow *(n.)* ពណ៌លឿង por lueng
yellow *(v.)* ធ្វើឱ្យលឿង thveu oy lueng
yellowish *(adj.)* លឿងស្លេក lueng slek
Yen *(n.)* យ៉េន yen
yen *(n.)* ការចង់ខ្លាំង kar chong khlang
yes *(adv.)* បាទ / ចាស bat / chas
yesterday *(n.)* ម្សិលមិញ msil minh
yesterday *(adv.)* ម្សិលមិញ msil minh
yet *(conj.)* ប៉ុន្តែ pontae
yet *(adv.)* នៅឡើយទេ nov lery te
yield *(v.)* ផ្ដល់ទិន្នផល pdol tinna phol
yield *(n.)* ទិន្នផល tinna phol
yodel *(n.)* ការច្រៀង kar chrieng
yodel *(v.)* ច្រៀង chrieng
yoga *(n.)* យូហ្គា yoga
yoghurt *(n.)* ទឹកដោះគោជូរ teuk daoh ko chour
yogi *(n.)* អ្នកហាត់យូហ្គា nak hat yoga
yoke *(n.)* នឹម neum
yoke *(v.)* ដាក់នឹម dak neoum
yolk *(n.)* ពងក្រហមនៃស៊ុត pong krohom nei sut
You Tube *(v.)* យូធូប youtube
young *(adj.)* ដែលក្មេង del khmeng
young *(n.)* មនុស្សក្មេង monus khmeng
youngster *(n.)* ក្មេង kmeng
yourself *(pr.)* ខ្លួនអ្នក khluon nak
youth *(n.)* យុវជន youvochun
youthful *(adj.)* នៃយុវវ័យ nei youvak vei

# Z

zany *(n.)* កំប្លែងឆ្កួត kambleng chhkuot
zany *(adj.)* ដែលចម្កួត del chom kuot
zeal *(n.)* ភាពរៀបរវៃ Pheap Ror Veas Ror Vei

zealot *(n.)* មនុស្សដែលសុបនឹងអ្វីមួយ mnous del suop neng avey mouy
zealous *(adj.)* ឧស្សាហ៍ ussaa
zebra *(n.)* សេះបង្កង seh bangkong
zebra crossing *(n.)* កន្លែងអាទិភាពឱ្យអ្នកថ្មើរជើងឆ្លងកាត់ konleng atitpheap oy nak thmer cheung chlorng kat
zenith *(n.)* កំពូល kam pul
zephyr *(n.)* ខ្យល់ហើយ khyal lomheuy
zero *(n.)* សូន្យ saun
zest *(n.)* សេចក្ដីសាទរ sechkdei tsator
zest *(v.)* ត្រេកអរ trek or
zesty *(adj)* ដែលត្រេកអរ del trek or
zig *(n.)* ការផ្ដាស់ប្ដូរយ៉ាងខ្លាំងនៃទិសដៅ ka phlas pdau yang klang nei teus dao
zig *(v.)* បត់ bot
zigzag *(n.)* អ្វីដែលគ្គិកគ្គក avey kngek kngaok
zigzag *(adj.)* ដែលគ្គិកគ្គក del kngek kngaok
zigzag *(adv.)* យ៉ាងគ្គិកគ្គក yang kngek kngaok
zigzag *(v.)* កាច់ចុះកាច់ឡើង kach choh kach laeng
zinc *(n.)* សង្កសី sangkosei
zip *(n.)* ខ្សែរូត ksae rout
zip *(v.)* រូតខោ rout khoa
ziplock *(adj.)* នៃថង់ប្លាស្ទិកដែលមានរូត nei thong plastic del ruot
zipper *(n.)* ខ្សែរូត khsae ruot
zodiac *(n.)* រាសីចក្រ reasei chak
zonal *(adj.)* ដែលចាត់ជាតំបន់ del chat tam dambonn
zone *(n.)* តំបន់ dombon
zoo *(n.)* សួនសត្វ suon sat
zoological *(adj.)* នៃសត្វវិទ្យា nei sat vityea
zoologist *(n.)* អ្នកសត្វសាស្ត្រ nak sat ta sas
zoology *(n.)* សត្វសាស្ត្រ sat ta sas
zoom *(n.)* ការពង្រីក pongrik
zoom *(v.)* ពង្រីក pongrik
Zorb *(n.)* បាល់ផ្លាធំដែលមនុស្សចូលលេង bal thla thom del monous choul leng

# Cambodian - English

ក kor (n.) neck
កណ្តាលអធ្រាត្រ kondal athreat (n.) midnight
កក kork (v.) congeal
កកដោយម្រេងភ្លើង kok doy mreng phleung (v.) soot
កកស្ទះ kork steah (adj.) congested
កកូរកកាយរក korkau korkay rok (v.) delve
កកេរ kor ke (v.) gnaw
កក់ក្តៅ kok kdao (adj.) cosy
កក់ក្តៅ kok kdao (adj.) cozy
កក់ក្តៅ kok kdao (adj.) warm
កកទុក Kork Tok (v.) reserve
កកសក់ Kork Sork (v.) shampoo
កក់ kok (v.) book
កខាងក្រោយ kor khang kraoy (n.) nape
កខ្វក់ korkhvork (adj.) dirty
កខ្វក់ kor khvork (adj.) filthy
កងកម្លាំងប្រដាប់អាវុធ kangkamlang bradab avuth (n.) armed forces
កងជីវពល kang chi vo pol (n.) militia
កងដៃ kang dai (adj.) armlet
កងដៃ kang dai (n.) bangle
កងទាហាន kong teahean (n.) legion
កងទាហានដែលឈរជើងនៅក្នុងទីតាំងជាកំលាកំមួយ kong teahean del chhor cheung nov knong ti tang cheakleak muoy (n.) garisson
កងទ័ព kang toap (n.) army
កងទ័ព kangtop (n.) troop
កងទ័ពជើងទឹក kang tap cheungtuk (n.) navy
កងនាវា kong neavea (n.) fleet
កងនាវាចម្បាំង kong neavea chambang (n.) armada
កងពលតូច kang pol tauch (n.) brigade
កងវរសេនាតូច kangvoraksenatauch (n.) battalion
កងវរសេនាធំ Kong Vo Reak Se Na Thom (n.) regiment
កងអង្គទ័ព kong angtorb (n.) corps
កងអនុសេនាតូច kang anou sena tauch (n.) platoon
កងអនុសេនាធំ kang anuk sena tauch (n.) squadron
កង្កែប kong kaeb (n.) frog
កង្វល់នឹង kangvol neung (v.) pamper
កង្វល់ឥតប្រយោជន៍ kangvol ot brayoch (n.) ado
កង្វា kongva (n.) crook
កង្វះ kangvah (n.) deficiency
កង្វះ Kong Vaas (adj.) scant
កង្វះខាត kong vah khat (n.) short
កង្វះខាត kang veah khat (n.) shortfall
កង្វះជាតិទឹក kongvah cheat teuk (n.) dehydration
កង្វះឈាមដោយសារខ្វះវីតាមីនបេ១២ kangveah chheam daoysaar khveah viteamin B12 (adj.) pernicious
កង្វះទេសភាព Kong Vaas Tes Sa Pheap (adj.) scapeless
កង្វះភាពស៊ីគ្នា kongvah pheap shi knea (n.) disjunction
កង្វះអាហារូបត្ថម្ភ kangvah aha roubatthom (adj.) malnourished
កង្វះអាហារូបត្ថម្ភ kangvah aha roubatthom (n.) malnutrition
កង្ហារ konghar (n.) fan
កង់ kong (n.) bicycle
កង់ kong (n.) bike
កង់ kong (n.) wheel
កង់ទិច korng tich (n.) quantum
កង់រទេះ kong roteh (n.) caster
កង់ហ្គូរូ kong ku ru (n.) kangaroo
កង់ប៉ែរ kong gear (n.) gearwheel
កជើង kor cheung (n.) ankle
កញ្ចក់ kanhchok (n.) mirror
កញ្ចក់ការពារខ្យល់ kanhchok karpear khyal (n.) windscreen
កញ្ចក់កែវភ្នែក kanhchok kev phnek (n.) contact lens

កញ្ចក់គ្មានពណ៌ kanhchok kmean por (n.) achromat
កញ្ចក់ភ្នែក kanhchok phnek (n.) cornea
កញ្ចប់ kanhchob (n.) pack
កញ្ចប់ kanhchob (n.) package
កញ្ចប់ kanhchob (n.) packet
កញ្ចប់ kanhchob (n.) parcel
កញ្ចប់ Kon Job (n.) sachet
កញ្ចប់តែ kanhchob tae (n.) teabag
កញ្ជើងកោ Kon Jeung Ko (n.) scruff
កញ្ចំ kanhchom (n.) wisp
កញ្ចុះ kanhchouh (n.) cabana
កញ្ចក់ kanh chhork (v.) lurch
កញ្ឆា kanhchha (n.) cannabis
កញ្ជ្រៀវ kanh chriev (v.) neigh
កញ្ជ្រោង kanhchroang (n.) fox
កដៃ kor dai (n.) wrist
កណ្ដាប់ស្រូវ Kon Dab Srov (n.) sheaf
កណ្ដឹងទ្វារ kondoeng tvear (n.) doorbell
កណ្ដូប kandaub (n.) locust
កណ្ដៀវ Kon Deav (n.) scythe
កណ្ដៀវ kon diev (n.) sickle
កណ្ដាប់ kan dab (n.) bale
កណ្ដាប់ kondab (n.) bundle
កណ្ដាប់ដៃ kondab dai (n.) fist
កណ្ដាប់ដៃ kondab dai (n.) punch
កណ្ដាប់ស្រូវ Kon dab srouv (n.) reap
កណ្ដាល kondal (n.) center
កណ្ដាល kondal (adj.) central
កណ្ដាល kondal (n.) centre
កណ្ដាល kondal (n.) middle
កណ្ដាស់ kondas (v.) sneeze
កណ្ដឹង kondoeng (n.) bell
កណ្ដុរ kantdol (n.) mouse
កណ្ដុរ kondol (n.) rat
កត្តា katta (n.) factor
កត់កំណត់ហេតុ kot kom not het (v.) log
កត់ចុះ kot choh (v.) jot
កត់ជាលាយលក្ខអក្សរ kot chea leay lakkh aksor (v.) transcribe
កត់ភាពកំរើករបស់អាទែ kot pheap kamreuk rob ak te (n.) oscillograph
កថាខណ្ឌ katha khan (n.) paragraph
កន្ត្រង korn trong (n.) sieve
កន្ត្រាក់ចេញ kondrak chenh (v.) wrest
កន្ត្រៃធំ Kon Traai (n.) shears
កន្ត្រក kantrak (n.) basket
កន្ត្រៃ Kon Traai (n.) scissors
កន្ថោរ kan thoa (n.) spittoon
កន្ទក់ kantok (n.) bran
កន្ទប kantob (n.) diaper
កន្ទប kantob (n.) rag
កន្ទុយ kantouy (n.) tail
កន្ទំរុយ kontum ruy (n.) dragonfly
កន្ទួល kantuol (n.) rash
កន្ទួលតូចៗនៅលើអណ្ដាត kontul toch toch nov leu ondat (n.) taste bud
កន្ថែកជើង kanthaek cheung (v.) bestride
កន្ត្រករខ្សែកាប kontrork khsae kab (n.) cable car
កន្ត្រាក់នៃសាច់ដុំបេះដូង kontrak nei sachdom behdaung (v.) fibrillate
កន្លងទៅ konlog tov (v.) elapse
កន្លងទៅ konglong tov (v.) lapse
កន្លងមក kan long mok (n.) past
កន្លងមក konlong mok (adj.) past
កន្លាត kanlat (n.) cockroach
កន្លាស់អាវ konlas av (n.) brooch
កន្លើត konlert (n.) epiglottis
កន្លែង kanleng (n.) place
កន្លែង kei la (n.) spot
កន្លែង kanleng (n.) venue
កន្លែងណាក៏ដោយ kanleng nakadaoy (pron.) anyplace
កន្លែងបោះជំរំ kanleng boah chomroum (n.) campsite
កន្លែងកើតហេតុ konglaeng kert het (n.) locus
កន្លែងកំសាន្ត Kon Leng Kom San (n.) resort
កន្លែងងងឹត konleng ngor ngeut (n.) dark
កន្លែងចតនិងជួសជុលនាវា kanleng chort ning chuos choul neavea (n.) dockyard
កន្លែងចាក់សម្រាម kanleng chak samram (n.) dump

កន្លែងចិញ្ចឹមឃ្មុំ kanleng chenhchum khmoum (n.) apiary
កន្លែងឆ្កែ konleng chhkae (n.) doghole
កន្លែងឆ្ងាយពីគេ Kon Leng Chngaay Pee Ke (n.) seclusion
កន្លែងឆ្លង konleng chhlorng (n.) crossing
កន្លែងជួបជុំ kong laeng choub chom (n.) haunt
កន្លែងដាក់ kanleng dak (adj.) placebic
កន្លែងដាក់ជើង kon laeng dak cheung (n.) foothold
កន្លែងដាក់ចុះ konlaeng dakchoh (n.) dropoff
កន្លែងដាក់ចំណីអាយសត្វស៊ី kongleng dak chomnei oy sat shi (n.) manger
កន្លែងដាក់ដៃ kanleng dakdai (n.) armrest
កន្លែងដាក់សព kanleng dak sop (n.) morgue
កន្លែងដាក់ស្បៀង kanleng dak sbieng (n.) pantry
កន្លែងដំធំ kongleng dor thom (n.) macrosphere
កន្លែងណា kanleng na (conj.) where
កន្លែងណាក៏ដោយ kanlengna kadaoy (adv.) wherever
កន្លែងណាមួយ kanleng na muoy (adv.) somewhere
កន្លែងតាំងពិព័រណ៍ kanlaeng tang pipor (n.) fairground
កន្លែងទម្លាក់គ្រឿងផ្គត់ផ្គង់ពីយន្តហោះ kanleng tomlak krueng phkutphkung pi yonhaoh (n.) dropzone
កន្លែងទុក kongleng tuk (n.) depository
កន្លែងទុកទូក konlaeng tuk touk (n.) boathouse
កន្លែងធ្វើគ្រឿងបរិភោគធ្វើពីទឹកដោះគោ kanleng thveu krueng boriphok thveu pi teuk daohko (n.) dairy
កន្លែងធ្វើលិតផលស្បែកសត្វ kon leng tveu polit phol sbek sat (n.) tannery
កន្លែងនរណាម្នាក់នៅ kanleng norna mneak nov (n.) whereabout
កន្លែងនៅរបស់សត្វទន្សាយ kanleng nov robos sat tonsaay (n.) warren

កន្លែងបង្គុតស្រាតូច kong leng bong hout sra touch (n.) microbrewery
កន្លែងបញ្ចុះសព kanleng banhchouh sop (n.) catacomb
កន្លែងបោះយុថ្កា kanleng baoh you thka (n.) anchorage
កន្លែងផលិតកប៉ាល់ kanleng pholit kak pal (n.) shipyard
កន្លែងផឹកតែ kongleng phoeuk tae (n.) teahouse
កន្លែងផ្ទេរទុក Kon Leng Phner Tok (n.) repository
កន្លែងផ្ទុកទិន្នន័យ konleng phtuk tinnoney (n.) databank
កន្លែងពិនិត្យជំងឺ kongleng pinith chomngeu (n.) sickbay
កន្លែងព្យាបាលពិសេសដោយឡែក Kon Leng Pjea Baal Pee Ses Doy Lek (n.) sanatorium
កន្លែងមើលក្មេង kanleng meul kmeng (n.) nursery
កន្លែងយកថ្ម kanleng yok thmor (n.) quarry
កន្លែងរកការងារអោយធ្វើ kanleng rok karngear aoy thveu (n.) placement
កន្លែងលាក់ខ្លួន konlaeng leak kluon (n.) hide
កន្លែងលាងដៃ kongleng leang dai (n.) sink
កន្លែងលេងហ្គេម konlaeng leng game (n.) gamespace
កន្លែងសង្កេត kanleng sangket (n.) observatory
កន្លែងស្នាក់នៅ kanleng snaknov (n.) accommodation
កន្លែងសំរាក kanlaeng samrak (v.) lounge
កន្លែងសំរាក kanleng samrak (n.) lounge
កន្លែងហាត់ប្រាណ kanlaeng hatt bran (n.) gymnasium
កន្លែងអប់រំអ្នកទោស Kon Leng Ob Rom Nak Tos (n.) reformatory
កន្លែងអាទិភាពឱ្យអ្នកផ្លើរជើងឆ្លងកាត់ konleng atittpheap oy nak thmer cheung chlorng kat (n.) zebra crossing
កន្លះថ្ងៃ kanlah thngai (n.) half-day
កន្លះរង្វង់ konlah rongvong (n.) demicircle

កន្សែង kan saeng (n.) napkin
កន្សែង Kon Seng (n.) scarf
កន្សែង kansaeng (n.) towel
កន្សែងដៃ kansaeng dai (n.) bandana
កន្សែងដៃ kansaeng dai (n.) handkerchief
កន្សែងដៃ konseng dai (n.) kerchief
កន្សៃនាវា konsai nea vea (n.) stern
កប៉ាល់ឆ្លងកាត់ទឹកកក kakpal chlorng kat teuk kok (n.) icebreaker
កប៉ាល់លិច kak pal lich (n.) shipwreck
កប្បាស kabbas (n.) cotton
កប់ kob (v.) bury
កប់ kob (v.) whelm
កមរមាស់ Korm Ro Mors (n.) scab
កម្ទេច komtech (n.) crumb
កម្ទេច kom tech (v.) squash
កម្ទេចកម្ទី kamtech kamti (n.) wreckage
កម្ទេចថ្ម kamtech thmor (n.) rubblework
កម្ទេចវិទ្យុសកម្មនុយក្លេអ៊ែរ kamtech vityousakamm nouy kle aer (n.) fallout
កម្ពស់ kampuos (n.) height
កម្ពស់ kampos (n.) stature
កម្ពស់ទីករលក kampos tukrolok (n.) amplitude
កម្មករ kammokor (n.) labourer
កម្មករ kammokor (n.) worker
កម្មករជីករណ្តៅ kammokr chik rondao (n.) pitman
កម្មករស្បែកខ្មៅ kammokor sbek khmaw (n.) negress
កម្មករស្បែកខ្មៅ kammokor sbek khmaw (n.) negro
កម្មផលនិយម kam phol niyoum (n.) existentialism
កម្មវិធី kammvithi (n.) application
កម្មវិធី kammovithi (n.) programme
កម្មវិធីជជែកកំសាន្ត kammovithi chorchek kamsan (n.) chat show
កម្មវិធីតាមដានសុខភាព kammovithi tamdan sokhpheap (n.) fitness tracker
កម្មវិធីទូរស័ព្ទ kammovithi toursap (n.) app
កម្មវិធីបន្ថែម kamvithi banthaem (n.) add-in

កម្មវិធីរុករក kamvithi roukrok (n.) browser
កម្មវិធីសិក្សា kammovithi seksaa (n.) curriculum
កម្មសិក្សាការីយោធា kammoseksaa kari yothea (n.) cadet
កម្រ kamror (adj.) rare
កម្រ Kom Ro (adj.) scarce
កម្រងកវីនិពន្ធន៍ kamrong kaveynipon (n.) anthology
កម្រងផ្កា komrong phkar (n.) garland
កម្រងផ្កា kamrong phka (n.) wreath
កម្រងផ្កា ស្លឹក និងមែក komrong phkar sloek ning mek (n.) festoon
កម្រងសំណួរ kamrong saamnuor (n.) questionnaire
កម្រមាន kamro mean (n.) rarity
កម្រាល komral (n.) mat
កម្រាលពូក kamral pouk (n.) bedcover
កម្រាលពូក komral pouk (n.) coverlet
កម្រិត kam ret (n.) level
កម្រិត kamrit (n.) peg
កម្រិតខ្ពស់បំផុត kamrit khpoas bamphot (n.) climax
កម្រិតនៃសមត្ថភាព komret samathapheap (n.) calibre
កម្រិតបញ្ជូនទិន្នន័យ kamrit banhchoun tinaney (n.) bandwidth
កម្រិតប្រើថ្នាំក្នុងមួយពេល kamrit brer thnam knung mouy pel (n.) dose
កម្រិតប្រើថ្នាំក្នុងរយៈពេលមួយ kamrit brer thnam knung royak pel mouy (n.) dosage
កម្រិតមធ្យម kamrit mo thyom (adj.) intermediate
កម្រិតមធ្យម kam rit ma thyom (n.) moderation
កម្រិតសូន្យ kamrit saun (n.) nil
កម្រិតសំឡេង kamrit saamleng (n.) volume
កម្រើក kom rerk (v.) budge
កម្រើក Kom Reuk (v.) seethe
កម្រៃជើងសារ kamrei cheungsa (n.) commission
កម្លាំង kom lang (n.) force

កម្លាំង kom lang (n.) might
កម្លាំង kamlang (n.) strength
កម្លាំងកាយ komlang kai (n.) brawn
កម្លាំងជាវុល kamleang chea vol (n.) voltage
កម្លាំងរុញ komlang rounh (n.) thrust
កម្លាំងលក់ Kom Lang Louk (n.) salesforce
ករណី karanei (n.) case
ករណីលើកលែង kak ro nei leuk leng (n.) exception
កវិគ្មានការប៉ិនប្រសប់ kavi kmean kar pen brasab (n.) poetaster
កវីនិពន្ធវិជ្ជា kavi niponth vichchea (n.) poetics
កសាង korsang (v.) build
កសាងឡើងវិញ Kor Sang Lerng Venh (v.) rebuild
កសិ kasek (adj.) agro
កសិ - ឧស្សាហកម្ម kakse - ussaahakam (n.) agro-industry
កសិកម្ម kaksekam (n.) agriculture
កសិកម្មវិទូ kasekamm vitou (n.) agriculturist
កសិករ kak se kor (n.) farmer
កសិករ kaksekar (n.) peasant
កសិដ្ឋាន kak se than (n.) farm
កសិដ្ឋាន kak se than (n.) farmhouse
កសិវិទ្យា kakse vityea (n.) agrology
កអាវ kor av (n.) collar
កា kar (n.) mug
កាកាវ kakav (n.) cocoa
កាក់ kak (n.) coin
កាក់ kak (n.) penny
កាគី kaki (n.) kaki
កាងឡាន karng larn (n.) bumper
កាចសាហាវ kach sahav (adj.) fierce
កាចសាហាវ kach sahav (adj.) vicious
កាច់ចង្កូត kach changkout (v.) steer
កាច់ចុះកាច់ឡើង kach choh kach laeng (v.) zigzag
កាដូ ka dou (n.) present
កាណុងបាញ់ kanong banh (n.) cannon
កាត kat (n.) card

កាតឥណទាន kat inatean (n.) credit card
កាតបង្ហាញ kat bonghanh (n.) flashcard
កាតព្វកិច្ច katapkech (n.) duty
កាតព្វកិច្ច katapakech (n.) obligation
កាតលេង kat leng (n.) playcard
កាតាលីករ katalikor (n.) catalyst
កាតាឡុក katalok (n.) catalogue
កាត់ kat (v.) deduct
កាត់ kat (v.) parry
កាត់កែង kat keng (adj.) perpendicular
កាត់ក្តី katkdei (v.) arbitrate
កាត់ក្តី kat kdei (v.) judge
កាត់ក្បាល kat kbal (v.) behead
កាត់ក្បាល kat kbal (v.) decapitate
កាត់ចេញ kat chenh (v.) amputate
កាត់ចេញ kat chenh (v.) prune
កាត់ជាផ្នែក Kaat Jea Phnek (v.) segment
កាត់ដេរ kat de (v.) tailor
កាត់តម្រឹម kat damreum (v.) trim
កាត់ទោស kattos (v.) prosecute
កាត់ទោស Kaat Tos (v.) sentence
កាត់បន្ថយ katbanthoy (v.) alleviate
កាត់បន្ថយ kat banthoy (v.) curtail
កាត់បន្ថយ kat ban thoy (v.) minimize
កាត់បន្ថយការត្រួតត្រារបស់រដ្ឋាភិបាល kat banthoay kar truot tra robos rodthaphibal (v.) deregulate
កាត់បន្ថយជាតិកាល់ស្យូម kat bonthoay cheat kalsyaum (v.) decalcifiy
កាត់មែកឈើចេញ kat mek chheu cheng (v.) lop
កាត់យកសាច់សុទ្ធ kat yok sach sot (v.) fillet
កាត់សេចក្តីខុស kat sech ktei khos (v.) misjudge
កាត់ស្បែកចុងអង្គជាតិចេញ kat sbek chong angcheat chenh (v.) circumcise
កាត់ស្មៅ kat smaw (v.) mow
កាត់បន្ថយស្រ្តេស kat bonthoay stress (v.) destress
កាន់ kan (v.) carry
កាន់ kan (v.) hold
កាន់ kan (v.) wield

កាន់កាប់ kankab (adj.) occupied
កាន់កាប់ kankab (v.) occupy
កាន់តែប្រសើរ kantae broser (adj.) better
កាន់តែអាក្រក់ទៅ kan tae akrok tov (v.) worsen
កាន់ទុក្ខ kantuk (v.) mourn
កាបីន kabin (n.) cabin
កាបីនយន្តហោះ kabin yun haoh (n.) cockpit
កាបូណាត carbonat (n.) carbonate
កាបូន kabaun (n.) carbon
កាបូប kabaub (n.) bag
កាបូប kabaub (n.) pouch
កាបូប kabaub (n.) purse
កាបូប kabaub (n.) wallet
កាបូបយួរដៃ kar boub yuor dai (n.) hand baggage
កាបូបរាងស៊ីឡង់ kabaub rieng silang (n.) duffel bag
កាប់ kab (v.) chop
កាប់ឆ្ការ kab chhkar (v.) hew
កាប់បំផ្លាញព្រៃឈើ kab bamphlanh prei chheu (v.) deforest
កាព្យឃ្លោងបន្ទូរអារម្មណ៍ kap khlong banthour arom (n.) ode
កាព្យនិទាន kab nitean (n.) ballad
កាព្យសាស្ត្រ kap sas (n.) prosody
កាព្រីខន capricorn (n.) capricorn
កាមទេព kam tep (n.) cupid
កាមេរ៉ា kamera (n.) camera
កាយយឹទ្ធ Kaay Yak Rith (n.) scout
កាយវិការ kay vikar (n.) gesture
កាយវិភាគសាស្ត្រ kayvipheak sas (n.) anatomy
កាយសម្បទ្ធ kay sampnth (n.) acrobatics
កាយសម្បទ្ធ kay samponth (n.) gymnastics
ការកាត់យកអវៈយវៈចេញលើកទីពីរ Kaar Kaat Yok Ark Veak Yeak Veak Tee Pee Jenh (n.) reamputation
ការកោតសរសើរ kar kaotsarser (n.) appreciation
ការគោរពខ្លួនឯង Kaar Ko Rob Kloun Eng (n.) self-esteem

ការចុះហត្ថលេខា ka choh hatthalekha (n.) sign
ការចូលលេងមួយភ្លែត kar chaul leng mouy plet (n.) drop-in
ការចោទប្រកាន់ទៅវិញ Kar Jort Pro Kann Venh (n.) recrimination
ការច្របាច់បញ្ចូលគ្នា kar chrabach banhchoul knea (n.) consolidation
ការឆ្លងមេរោគ kar chhlong me rok (n.) infection
ការឆ្លងរាលដាល kar chhlang realdal (n.) spread
ការឆ្លងរាលដាល kar chhlang realdal (v.) spread
ការឆ្លើយឆ្លងតាមសំបុត្រ kar chhlery chhlong tam sambot (n.) correspondence
ការដាក់ឱ្យនៅដាច់ដោយឡែក kar dak oy nov dach daoy laek (n.) isolation
ការដាច់ភ្លើង kar dach phleung (n.) blackout
ការដឹកជញ្ជូនសាធារណៈ kar doek chonhchoun sathearanak (n.) public transport
ការទំនាក់ទំនង kar tomneak tomnong (n.) communication
ការធ្លាក់សំយុងចុះ kar thleak saamyong choh (n.) droop
ការធ្វើដំណើរ kar thveu domner (n.) journey
ការធ្វើពាណិជ្ជកម្មដោយយុត្តិធម៌ kar thveu peanechchokamm daoy youttethor (n.) fair trade
ការធ្វើជាកន្លូរជីវចលឡើងវិញ Kaar Tver Jea Kun Noo Jee Vak Jol Leung Venh (n.) reanimation
ការធ្វើត្រាប់តាមឱ្យល្អដូចឬល្អជាង kar thveu trab tam oy laor douch reu laor cheang (n.) emulation
ការនឹកចាំ Kar Nek Cham (n.) recollection
ការបង្ហាញឱ្យឃើញ kar banghanh aoy kheunh (n.) manifestation
ការបៀតបៀន kar biet bien (n.) harassment
ការបោកប្រាស់ Kaar Bok Pras (v.) scamper

ការបោះជំហាន kar baoh chomhean (n.) stride
ការបោះពុម្ពលើ Kar Bos Pom Leur (n.) screenprint
ការប្ដូរខ្សែចរន្តភ្លើង Kaar Pdo Ksae Ja Ron Pleung (n.) reconductor
ការប្រយុទ្ធ kar bra yout (n.) fight
ការបំបែកធាតុ kar bombek theat (n.) decomposition
ការផ្ទុះឡើង kar phtoh lerng (n.) outbreak
ការផ្លាស់ប្ដូរ kar phlas bdau (n.) transformation
ការពន្យារពេល kar ponyear pel (n.) procrastination
ការពិនិត្យពិច័យ Kaar Pi Net Pi Jaai (n.) scrutiny
ការភ្ជាប់ kar phchoab (n.) conjunction
ការរលាកសួត kar roleak suot (n.) pneumonia
ការរស់នៅកាន់កាប់ kar ros nov kankab (n.) occupancy
ការរួបរួម kar ruob ruom (n.) unity
ការរួមភេទ kar ruom phet (n.) intercourse
ការរំសាយដែនដីអាណានិគម kar romsay dendei ananikom (n.) decolonization
ការវាយឆ្មក់ kar veay chhmak (n.) ambush
ការសង្គ្រោះបឋម kar sangkroh bakthorm (n.) first aid
ការសម្រាលកូនដោយវះកាត់ kar samral kaun daoy veahkat (n.) cesarean
ការឡើងកំដៅភពផែនដី kar lerng kam dao phoup phendei (n.) global warming
ការអះអាង kar aah ang (n.) purport
ការកកស្ទះ kar kork steah (n.) congestion
ការកកិត kar kor ket (n.) friction
ការកក់ទុក Kar Kork Tok (n.) reservation
ការកណ្ដាស់ ka kondas (n.) sneeze
ការកត់ចំណាំ kar kot chamnam (n.) note
ការកត់ជាលាយលក្ខអក្សរ kar kot chea leay lakkh aksor (n.) transcription
ការកត់ពិន្ទុ Kaar Kot Pin Tu (n.) scorekeeping
ការកន្ត្រាក់ kar kantrak (n.) jerk

ការកន្ត្រាក់នៃប្រស្រីភ្នែកកតគឈប់ kar kontrack nei brosrei phnek ot chhob (n.) myosis
ការកន្ត្រាក់ kar kontrack (n.) contraction
ការកសាងក្រុម kar korsang krom (n.) team building
ការកាត់ kar kat (n.) cutting
ការកាត់ kar kat (n.) parry
ការកាត់ចេញ kar kat chenh (n.) amputation
ការកាត់តម្រឹម kar kat damreum (n.) trim
ការកាត់ទោស kar kattos (n.) prosecution
ការកាត់ទោស Kaar Kaat Tos (n.) sentence
ការកាត់បន្ថយ kar kat banthoy (n.) alleviation
ការកាត់បន្ថយ kar katbanthoy (n.) attenuance
ការកាត់បន្ថយ kar katbanthoy (n.) cut
ការកាត់បន្ថយ kar kat banthoay (n.) deduction
ការកាត់បន្ថយ kar kat ban thoy (n.) mitigation
ការកាត់ផ្ដាច់ kar kat phdach (n.) cut-off
ការកាត់មែកឈើចេញ kar kat mek chheu cheng (n.) lop
ការកាន់ kar kan (n.) hold
ការកាន់កាប់ kar kankab (n.) occupation
ការកាន់កាប់ kar kankab (n.) possession
ការកាន់កាប់ kar kankab (n.) preoccupation
ការកាន់កាប់ភាគហ៊ុន Kaar Kann Kab Pheak Hun (n.) shareholding
ការកាន់ទុក្ខ kar kantouk (n.) mourning
ការកាន់ព្រះអង្គច្រើន kar kan preah ang chraen (n.) polytheism
ការកាប់ដើមឈើប្លុកម្ព្រៃដើម្បីជំរុញការដុះ kar kab dermchheu reu kumpprei dermbei chomrunh kar doh (n.) coppice
ការកប់បញ្ចាញព្រៃឈើ kar kab bamphlanh prei chheu (n.) deforestation
ការការពារ kar karpear (n.) defence
ការការពារ kar karpear (n.) protection
ការការពារ Kaar Kaar Pea (n.) safeguard

ការការពារ គាំទ្រ kar karpear komtrau (n.) aegis
ការកើតឡើង kar kaet laeng (n.) occurrence
ការកើតឡើងវិញ Kar Keut Leung Venh (n.) renaissance
ការកើនឡើង ka kern lerng (n.) accumulation
ការកើនឡើង kar kernlerng (n.) augmentation
ការកើនឡើង kar kern lerng (n.) increase
ការកើនឡើង ka kern lerng (n.) surge
ការកើនឡើង Kar Keun Leung (n.) rise
ការកេងប្រវ័ញ្ច kar keng bravanh (n.) exploitation
ការកេះ ka keh (n.) poke
ការកែតម្រូវ kar kae damrouv (n.) correction
ការកែតំរូវ Kar Kae Dom Rov (n.) rectification
ការកែប្រែ kar kae brae (n.) modification
ការកែសម្រួល ka kesamruol (n.) adjustment
ការកោតសរសើរ kar kaot sarser (n.) admiration
ការកោរ Kaar Kor (n.) shave
ការកោរ Kaar Kor (n.) shaving
ការកោស Kaar Kuos (n.) scratch
ការកោះប្រជុំ kar kaoh brachum (n.) convocation
ការកោះហៅ ka koh hao (n.) summons
ការក្តាប់ ka kdab (n.) clutch
ការក្តាប់ kar kdab (n.) grip
ការកិច ka kdech (n.) pinch
ការក្បត់ kar kbot (n.) treachery
ការក្បត់ជាតិ kar kbot cheat (n.) treason
ការក្រខ្សត់ Kaar Kro Ksot (n.) scarcity
ការក្រឡាប់ Kar Kro Lab (n.) reverse
ការក្រឡុកចូល Kaar Kro Lok Jol (n.) scrumble
ការក្រឡេកមើល kar kralek meul (n.) glance
ការក្រឡេកមើលទៅក្រោយ Kar Kro Lek Merl Tov Kroi (n.) retrospection

ការក្រិតខ្នាត kar kret khnat (n.) calibration
ការក្រៀវ kar kriev (n.) demasculinization
ការក្រៀវ kar kriev (n.) gelding
ការក្លែង បន្លំ kar khleng bonlom (n.) masquerade
ការក្លែងខ្លួនជាអ្នកដទៃ kar klaeng khluon chea nak dor tei (n.) imposture
ការក្លែងបន្លំ kar kleng banlom (n.) counterfeiter
ការក្លែងបន្លំ kar khlaeng banlom (n.) falsification
ការក្លែងបន្លំ kar khlaeng bonlom (n.) forgery
ការក្លែងបន្លំ kar klaeng banlom (n.) impersonation
ការរក្សាទុកមិនអោយបាត់បង់ Kaar Rak Sa Tok Min Oy Baat Bong (n.) safekeeping
ការក្ស័យធន kar ksay thun (n.) bankruptcy
ការក្អួត kar k'auot (n.) vomit
ការកំចាយ Kar Kom Jaay (n.) rout
ការកំណត់ kar kam nat (n.) notation
ការកំណត់ Kaar Kom Not (n.) set
ការកំណត់រចនាសម្ព័ន្ធ karkamnot rachnasamponth (n.) configuration
ការកំណត់កូតា kar kamnot kauta (n.) weightage
ការកំណត់ឈ្មោះ kar komnot chhmuos (n.) denomination
ការកំណត់ទីតាំងនៃវត្ថុដែលនៅឆ្ងាយ kar kamnot titang nei vottho del now chhngay (n.) radiolocation
ការកំណត់ព្រំដែន kar kamnot promden (n.) delimitation
ការកំណត់ព្រំដែន kar kamnot promden (n.) demarcation
ការកំប្លែង kar kom plaeng (n.) humour
ការកំបែងលេង kar kambleng leng (n.) antic
ការកំពប់ ka kompob (n.) spill
ការកំសាន្ត Kar Kom San (n.) recreation
ការកំសាន្ត kar kamsan (n.) amusement
ការកំសាន្ត kar kamsan (n.) entertainment
ការកំសាន្ត kar kamsan (n.) leisure
ការខកខាន kar khork khan (n.) miss

ការខកចិត្ត kar khok chett (n.) frustration
ការខលបញ្ញាក់អ្នកចូលរួម Kar Call Bonjeak Nak Jol Ruom (n.) roll-call
ការខាតលាភ kar khat leap (n.) mischance
ការខិតខំ kar khet khom (n.) effort
ការខិតខំប្រឹងប្រែង kar khetkham broeng breng (n.) pursuit
ការខិតខំរួមគ្នា kar khet khom ruom knea (n.) joint effort
ការខឹងច្រឡោត kar khoeung chroloat (n.) freak-out
ការខុសចន្លោះ kar khos chanloh (n.) defect
ការខូច ka khauch (n.) depravation
ការខូចកិត្តិយស kar khauch ket te yuos (n.) disrepute
ការខូចខាត kar khauch khat (n.) damage
ការខូចខាត kar khauch khat (n.) ravage
ការខូចខាត kar khauch khat (n.) wastage
ការខូចខាត kar khauch khat (n.) wreck
ការខូចចិត្ត kar khauch chett (n.) heartbreak
ការខូចដំណើរការ kar khouch domnerka (n.) breakdown
ការខូចទ្រង់ទ្រាយ kar khauch trongtreay (n.) deformity
ការខ្ចះខ្ចាយ kar khcheah khcheay (n.) waste
ការខ្លាចទីខ្ពស់ kar khlach ti khpors (n.) acrophobia
ការខ្លាចទីចង្អៀតបិទជិត kar khlach ti chang'iet bet chit (n.) claustrophobia
ការខ្វែងមតិ Kaar Kveng Ma Te (n.) schism
ការខ្វះខាត kar khvah khat (n.) lack
ការឃឹកឃួល kar khsaoek khsauol (n.) sob
ការឃឹប kar khsaoeb (n.) whisper
ការឃ្សោះអស់កម្លាំង kar khsaaoh os kamleang (n.) prostration
ការខំប្រឹងគិតខ្លាំង kar khambroeng kit khlang (n.) rack
ការខំពេញទំហឹង kar khom penh tomhoeng (n.) utmost
ការគណនា kar kaknaknea (n.) calculation
ការគណនា kar kaknanea (n.) computation

ការគប់នឹងកែងដៃដាក់គ្នា kar kub neung keng dai dak knea (n.) jostle
ការគាបសង្កត់ kar kab sangkot (n.) oppression
ការគាបសង្កត់ kar kab sangkot (adj.) oppressive
ការគាំទ្រ kar koamtrou (n.) backing
ការគាំទ្រ kar keat (n.) patronage
ការគាំទ្រ ka koam tror (n.) support
ការគាំពារ kar koam pear (n.) hedge
ការគិតគូរខុស kar kitkour khos (n.) miscalculation
ការគិតជ្រៅ Kar Kit Chrov (n.) rumination
ការគិតថ្លៃ ka kit thlai (n.) charge
ការគិតទុកជាមុន kar kit tuk chea mun (n.) forethought
ការគិតមមៃ kar kit mamei (n.) obsession
ការគិតរវើរវាយ kar kit roveu roveay (n.) fancy
ការគុណលេខ kar kun lekh (n.) multiplication
ការគូសវាស Kar Kus Veas (n.) scribble
ការគួរកត់សំគាល់ kar kuor kot saam koal (n.) notability
ការគួរធ្វើ kar kuor thveu (n.) advisability
ការគួរសម kar kuor sam (n.) politeness
ការគេចខ្លួន kar kech kluon (n.) elusion
ការគេចចេញ kar kech chenh (n.) dodge
ការគេចវេស kar kech ves (n.) evasion
ការគោរព kar korop (n.) esteem
ការគោរព kar korop (n.) homage
ការគោរព Kar Ko Rob (n.) respect
ការគោរព Kaar Ko Rob (n.) salute
ការគោរព kar korop (n.) veneration
ការគោរពក្រៃលែង Kar Ko Rob Krai Leng (n.) reverence
ការគោរពបូជា ka korop bauchea (n.) worship
ការគោរពបូជាព្រះមួយ kar korob bochea preah mouy (n.) monolatry
ការគោរពស្រឡាញ់ karkorop sralanh (n.) adoration
ការគោះ ka koh (n.) percussion

ការគ្មានវិន័យ kar kmean viney (n.) indiscipline
ការគ្រងរាជ្យ kar krongreach (n.) coronation
ការគ្របដណ្ដប់ kar krob dondob (n.) coverage
ការគ្រប់គ្រង kar krob krong (n.) management
ការគ្រប់គ្រង ka krob krong (n.) takeover
ការគ្រប់គ្រងខ្លួនឯង Kaar Krob Krong Kloun Eng (n.) self-control
ការគ្រប់គ្រងខុស kar krob krong khos (n.) misrule
ការគ្រប់គ្រងថែរក្សា kar krob krong thae raksa (n.) superintendence
ការគ្រប់គ្រងផ្តាច់មុខ kar krob krong phdach moukh (n.) monopoly
ការគ្រប់គ្រងមិនត្រឹមត្រូវ kar krob krong min troem trauv (n.) maladministration
ការគ្រប់គ្រងមិនល្អ kar krobkrong min l'or (n.) mismanagement
ការគ្រប់គ្រងអាកាសធាតុ kar krobkrong akasatheat (n.) climate control
ការគ្រវី kar kro vi (n.) wag
ការគ្រេចឆ្លោះ ka krech thloah (n.) sprain
ការគ្រោងគំនូរគ្រូ Kaar Krong Kum Noo Tre (n.) schematic
ការគ្រោងឡើងវិញ Kar Krorng Leung Venh (n.) reconfiguration
ការគួរសម kar koursom (n.) courtesy
ការគំរាមកំហែង kar koum ream kamheng (n.) menace
ការគំរាមកំហែង kar koumreamkamheng (n.) threat
ការគំរាមកំហែងតាមអ៊ីនធឺណេត kar koumream kamheng tam propon internet (n.) cyberbullying
ការគំរាមកំហែងបាញ់ kar kom ream kom haeng banh (n.) gunpoint
ការគំរាមរកប្រយោជន៍ kar komream rok prayoach (n.) blackmail
ការឃាត់ទុក Kar Khord Tok (n.) retention
ការឃុបឃិត ka khoubkhit (n.) collusion
ការឃុំខ្លួន kar khoum khluon (n.) detention

ការឃុំឃាំង kar khoumkhang (n.) confinement
ការឃុំឃាំង kar khoumkheang (n.) custody
ការឃុំគ្រង kar khumkrong (n.) containment
ការឃោសនា kar khosana (n.) propaganda
ការឃ្លាំមើល kar khloam meul (n.) surveillance
ការងប់ងុល kar ngub ngoul (n.) fanatic
ការងាកចេញ kar ngeak chenh (n.) deviation
ការងារ kar ngear (n.) employment
ការងារ kar ngea (n.) job
ការងារ kar ngear (n.) work
ការងារជាក្រុម kar ngear chea krom (n.) teamwork
ការងូតទឹក ka ngout teuk (n.) shower
ការចងក្រង kar chongkrong (n.) compilation
ការចងគំនុំ kar chong koum noum (n.) grudge
ការចងចាំ kar chong cham (n.) memory
ការចងចាំនៃអតីតកាល kar chong cham nei aa tey tak kal (n.) flashback
ការចងចិញ្ចើម kar chong chenh cherm (n.) frown
ការចងចិញ្ចើម Kaar Jong Jon Jerm (n.) scowl
ការចងបិទភ្នែក kar chong bet phnek (n.) blindfold
ការចង្អុលបង្ហាញ kar chang oul bang hanh (n.) indication
ការចង្អុលបង្ហាញ kar chong ol bong hanh (n.) intimation
ការចងខ្លាំង kar chong khlang (n.) yen
ការចង់ដឹងចង់ឃើញ kar chong doeng chong kheunh (n.) curiosity
ការចង់ដឹងចង់ឃើញ kar chong doeng chong kheunh (n.) intrigue
ការចង់បាន kar chong ban (n.) want
ការចង់បាន kar chong ban (n.) yearning
ការចម្លង kar chamlong (n.) copy
ការចម្លងរោគ kar chamlongrok (n.) contagion

ការចរចារ ka chorcha (n.) negotiation
ការចល័ត kar chalat (n.) mobility
ការចាកចេញ kar chakchenh (n.) departure
ការចាកចេញ kar chak chenh (n.) logout
ការចាកប្រធាន kar chark brothean (n.) digression
ការចាក់ kar chak (n.) injection
ការចាក់ ka chak (n.) stab
ការចាក់ថ្នាំបង្ការ kar chak thnam bongkar (n.) inoculation
ការចាក់ថ្នាំបង្ការ kar chakthnam bangkar (n.) vaccination
ការចាក់ថ្នាំស្តើកតាមក្រៅខួរឆ្អឹងខ្នង kar chak thnam spoek tam krao khuor chhaoeng khnong (n.) epidural
ការចាក់ផ្សាយតាមអុីនធឺណិត kar chak phsaay tam internet (n.) webcasting
ការចាក់ពុម្ព kar chak poum (n.) casting
ការចាក់មូលវិទ្យាសាស្ត្រ kar chak mchoul vityeasas (n.) acupuncture
ការចាក់សារថ្មី kar chak sar thmei (n.) playback
ការចាក់សំបកកង់ជាថ្មី Kar Jak Sombork Kong Jea Thmei (v.) retread
ការចាក់សំលៀកបំពាក់ kar chak saamliek bompeak (n.) crochet
ការចាក់ឡើងវិញ kar chak lerng vinh (n.) reabsorption
ការចាត់តាំងប្រតិភូ kar chat tang kanak bratephou (n.) delegacy
ការចាត់ថ្នាក់ kar chat thnak (n.) assortment
ការចាត់ទុកជាមោឃៈ kar chattoukchea mokhak (n.) void
ការចាប់កាន់ kar chab kan (n.) grasp
ការចាប់ខ្លួន kar chab khluon (n.) apprehension
ការចាប់ចិត្ត kar chab chett (n.) keenness
ការចាប់ឆ្នោត kar chab chhnoat (n.) draw
ការចាប់បដិសន្ធិ kar chabpadesanthi (n.) conception
ការចាប់ផ្ដើម kar chab phderm (n.) overture

ការចាប់ផ្ដើម kar chab phderm (n.) beginning
ការចាប់ផ្ដើម kar chab phderm (n.) inception
ការចាប់ផ្ដើម kar chab phderm (v.) kick-start
ការចាប់ផ្ដើម ka chab pderm (n.) start
ការចាប់ពង្រត់ kar chab pongrot (n.) abduction
ការចាប់ពិរុទ្ធ kar chab pirout (n.) censorship
ការចាប់ភព kar chab phob (n.) incarnation
ការចាប់យក kar chab yok (n.) capture
ការចាប់យក ka chab yok (n.) snatch
ការចាំង Kaar Jang (n.) shine
ការចាំបាច់ Kar Jam Bach (n.) requisite
ការចិញ្ចឹមឃ្មុំ kar chenhchum khmoum (n.) apiculture
ការចិញ្ចឹមជីវិត kar chenh cheum chivit (n.) livelihood
ការចិញ្ចឹមជីវិត kar chenhchem chivit (n.) subsistence
ការចិញ្ចឹមជីវិត kar chenhchum chivit (n.) sustenance
ការចិញ្ចឹមបីបាច់ kar chenhcheum beibach (n.) foster care
ការចិញ្ចឹមបីបាច់ kar chenhchum beibach (n.) nourishment
ការចិញ្ចឹមសត្វ kar chenhcheum sat (n.) animal husbandry
ការចិញ្ចឹមសត្វ kar chenh cheum sat (n.) husbandry
ការចិញ្ចឹមសត្វ kar chenhcheum sat (n.) ranch
ការចឹកស៊ី kar choeksa (n.) peck
ការចុកចាប់ kar chok chab (n.) pang
ការចុកដើមទ្រូង kar chok dermtroung (n.) angina
ការចុច kar choch (n.) dial
ការចុះចត kar choh chot (n.) landing
ការចុះចាញ់ kar chohchanh (n.) surrender
ការចុះចូល kar choh chaul (n.) subjection

ការចុះឈ្មោះ Kar Jos Chmous (n.) registration
ការចុះឈ្មោះចូល kar chus chhmoh chaul (n.) check-in
ការចុះឈ្មោះរៀន kar choh chmouh rean (n.) matriculation
ការចុះបញ្ជី Kar Jos Bon Chee (n.) register
ការចុះហត្ថលេខា kar choh hatthalekha (n.) signing
ការចូល kar chaul (n.) entry
ការចូលចិត្តសប្បាយក្នុងលោកីយ៍ kar chaul chet sabbay knong lokei (n.) worldling
ការចូលចិត្ត kar chaul chett (n.) liking
ការចូលចិត្តឃើញការឈឺចាប់អ្នកដទៃ ka chaul chett kheunh kar chheu chab nak da tei (n.) voyeurism
ការចូលដំណើរការ kachaul damnerkar (n.) access
ការចូលតំបន់ហាមឃាត់ kar chaul dombon hamkhot (n.) trespass
ការចូលនិវត្តន៍ Kar Jol Ni Wat (n.) retirement
ការចូលរួម kar chaul ruom (n.) engagement
ការចូលរួម kar chaul ruom (n.) participation
ការចូលរួមចំណែក kar chaulruom chamnek (n.) contribution
ការចូលរួមមរណទុក្ខ kar chaulruom moronaktukh (n.) condolence
ការចូលរៀន kar chaul rien (n.) admission
ការជៀសវាង kar chies veang (n.) avoidance
ការជៀសវាង kar cheas veang (n.) eschewment
ការចេញកប៉ាល់ Kaar Jenh Kak Paal (n.) sailing
ការចេញប្រតិបត្តិការ Kaar Jenh Pro Te Baat Kaar (n.) sally
ការចេញមុខចេញមាត់ kar chenh moukh chenh moat (n.) limelight
ការចេះគ្រប់ភាសាទាំងអស់ kar cheh krob pheasa teang os (n.) omnilingual

ការចេះប្រមាណ Kaar Jes Pro Maan (n.) sapience
ការចេះឫដឹងគ្រប់ kar cheh re doeng krob (n.) omniscience
ការចែកចាយ kar chekchay (n.) delivery
ការចែកចាយ kar chekchay (n.) distribution
ការចែករំលែក Kaar Jek Rom Lek (n.) share
ការចែករំលែកចិត្តគំនិតគ្នា kar chek romlek chet koumnit knea (n.) communion
ការចែចង kar chae chong (n.) flirt
ការចែចងលេង kar chechang leng (n.) philandry
ការចោទប្រកាន់ kar chaot brakan (n.) accusation
ការចោទប្រកាន់ kar chaot brakan (adj.) accusing
ការចោទប្រកាន់ kar chaot brakan (n.) allegation
ការចោទប្រកាន់ kar chaot brakan (n.) impeachment
ការចោទប្រកាន់ទោស kar chaot brakan tuos (n.) indictment
ការចោទសួផ្ទាល់មាត់ kar chaot suor phtal moat (n.) viva voce
ការចោល kar chaol (n.) disposal
ការចោលសំរាម kar choal saamram (n.) litter
ការឆ្បងដណ្តើមយក kar chhbang danderm yok (n.) conquest
ការច្រណែន kar chronen (n.) jealousy
ការច្របាច់ក ka chrabach kor (n.) strangulation
ការច្របូកច្របល់ Kaar Jro Bok Jro Bol (n.) shamble
ការច្រានចេញ Kar Jran Jenh (n.) repulsion
ការច្រានចោល Kar Jran Jol (n.) rejection
ការច្រៀក kar chreak (n.) shred
ការច្រៀង kar chrieng (n.) yodel
ការច្រៀងដោយពីរក្រុម kar chrieng daoy pir krom (n.) antiphony
ការចំណាត់ថ្នាក់ ka chamnat thnak (n.) classification
ការចំណាយ kar chomnay (n.) expenditure

ការចំណាយជាប្រចាំ kar chamnay chea brocham (n.) expense
ការចំលងកំដៅ kar chamlong kamdav (n.) conduction
ការចំអក ka chom ork (n.) irony
ការចំអក kar cham ark (n.) mockery
ការចំអក Kar Jom Ork (n.) ridicule
ការចំអក Kaar Jom Ork (n.) scoff
ការចំអកដោយរិះគន់ kar cham oak daoy riah kon (n.) raillery
ការចំអកលេង kar chom ork leng (n.) gibe
ការឆក់ ka chhork (n.) shock
ការឆបោក ka chhor baok (n.) cheat
ការឆបោក kar chhor boak (n.) fiddle
ការឆបោក kar chhor boak (n.) knavery
ការឆាប ka chhab (n.) swoop
ការឆុង ka chhong (n.) infusion
ការឆេះ ka chheh (n.) combustion
ការឆេះឆេះ kar cheh lerng (n.) blaze
ការឆ្លងកាត់ kar chhlong kat (n.) transit
ការឆ្លងកាត់ kar chhlangkat (n.) traverse
ការឆ្លាក់ kar chhlak (n.) carving
ការឆ្លាក់រូបលើផ្ទាំងទង់ដែងដោយអាស៊ីត kar chhlak roub leu phtang tongdeng daoy acid (n.) aquatint
ការឆ្លុះពិនិត្យសរីរាង្គកាយ kar chhloh pinith sarei reangkay (n.) endoscopy
ការឆ្លុះមើលការលូតលាស់របស់គភ៌ឬសរីរាង្គ kar chhloh meul kar lout loas robos kor reu saripeang kay (n.) sonography
ការឆ្លើយតប Kar Chlery Tob (n.) rejoinder
ការឆ្លើយតប Kar Chlery Tob (n.) reply
ការឆ្លើយតបយ៉ាងឆ្លើយ ka chhlery tob yang chhleuy (n.) talkback
ការឆ្លៀតឱកាស kar chhleat ao kas (n.) opportunism
ការជជែកគ្នាតាមអ៊ីនធឺណេត kar chochek knea tam internet (n.) cyberchat
ការជជែកដណ្ដឹង kar chochek veknhek (n.) debate
ការជញ្ជក់ ka chonhchok (n.) suckling
ការជម្រុញ kar chom rounh (n.) motive
ការជម្រុញ kar chomrounh (n.) urge
ការជម្រុញចិត្ត kar chomrunh chett (n.) inspiration
ការជម្លៀសចេញ kar chomlies chenh (n.) evacuation
ការជាក់ច្បាស់ kar cheak chbas (n.) certitude
ការជាប់គាំង ka choab keang (n.) stagnation
ការជាប់គាំង ka choab kang (n.) stalemate
ការជាប់ឃុំឃាំង kar choab khoum khaang (n.) captivity
ការជាប់ទាក់ទង kar choab teaktong (n.) correlation
ការជាវ kar cheav (n.) subscription
ការជិតមកដល់ kar chit mokadl (n.) proximity
ការជិប kar chib (n.) sip
ការជិះជាន់ kar chih choan (n.) tyranny
ការជិះទូកក្ដោង Kaar Jis Took Kdong (n.) sailboating
ការជិះស្គី ka chih ski (n.) skate
ការជិះឡានតែមួយ kar chis larn tae mouy (n.) carpool
ការជីក kar chik (n.) excavation
ការជូត kar chuot (n.) wipe
ការជូនដំណឹង kar choun damnoeng (n.) notification
ការជូនពរ ka choun por (n.) wish
ការជូរផ្អើម kar chour phaaum (n.) rancour
ការជួញដូរ kar chounh dou (n.) dealings
ការជួញរឿង kar chuonh rueng (n.) quibble
ការជួបប្រជុំគ្នា kar chuob brachoum knea (n.) assembly
ការជួបប្រទះ kar chuob bratah (n.) encounter
ការជួល kar chuorl (n.) hire
ការជួល kar chuol (n.) lease
ការជួល Kar Joul (n.) rent
ការជួល kar chuol (n.) tenancy
ការជួសជុល Kar Jous Jol (n.) repair
ការជួសជុលយ៉ាងរហ័ស kar chuos choul yeang rohas (n.) quick fix
ការជួសជុលឡើងវិញ Kar Jous Jol Leung Venh (n.) renovation

ការជ្រមុជទឹក kar chro muoch teuk *(n.)* immersion
ការជ្រើសរើស Kar Chreus Reus *(n.)* recruit
ការជ្រើសរើស Kaar Chreus Reus *(n.)* selection
ការជ្រៀតចូល kar chriet chaul *(n.)* penetration
ការជ្រៀតជ្រែក kar chriet chrek *(n.)* interference
ការជទាល ka chomteal *(n.)* shout
ការជំទាស់ ka chomtoas *(n.)* demur
ការជំទាស់ kar chomtoas *(n.)* objection
ការជំនុំជម្រះក្ដី kar chomnoum chomreah kdei *(n.)* trial
ការជំនួយស្មារតី kar chomnuoy sma re tei *(n.)* mnemonization
ការជំនួស ka chomnuos *(n.)* substitution
ការជំពប់ដួល ka chompob duol *(n.)* stumble
ការជំពាក់ជំពិន ka chompeak chompen *(n.)* tangle
ការជំរិតយក kar chomrit yok *(n.)* extortion
ការជំរុញ kar chomrounh *(n.)* boost
ការជំរុញ kar chomrounh *(n.)* push
ការជំរុះកោសិកាស្បែកដោយប្រើម្សៅ kar chomrouh kaoseka sbek daoy brer mchul *(n.)* dermabrasion
ការជះគ្រឡប់មកវិញ Kar Cheas Tror Lob Mok Venh *(n.)* reflection
ការឈប់ភ្លាមៗ kar chhoub pleam pleam *(n.)* break-off
ការឈានផល់ចំណុចកំពូល kar chhean dol chamnochkampoul *(n.)* orgasm
ការឈានទៅដល់ kar chhean tow dol *(n.)* reach
ការឈឺចាប់ kachheu chab *(n.)* ache
ការឈឺចាប់ kar chheu chab *(n.)* hurt
ការឈឺចាប់ kar chheu chab *(n.)* pain
ការឈឺចាប់ kar chheu chab *(n.)* poignancy
ការឈឺចាប់ ka chheu chab *(n.)* throe
ការឈឺចាប់សាច់ដុំ kar chhue cheab sachdom *(n.)* myalgia
ការឈឺចិត្ត kar chheu chett *(n.)* indignation
ការឈឺធ្មេញ kar chheu thmenh *(n.)* toothache
ការឈ្នះ kar chhneah *(n.)* win
ការឈ្នះដាច់ kar chhneah dach *(n.)* checkmate
ការឈ្លានពាន kar chhleanpean *(n.)* aggression
ការឈ្លានពាន Kar chhlean pean *(n.)* intrusion
ការឈ្លោះប្រកែកគ្នា kar chhloh brakek knea *(n.)* argument
ការឈ្លោះប្រកែកគ្នា kar chhluhbrakek knea *(n.)* contention
ការឈ្លោះប្រកែកគ្នា kar chhloh brakek knea *(n.)* quarrel
ការញាក់សាច់ដុំយ៉ាងខ្លាំង kar nheak sach dom yeang khlang *(n.)* spasm
ការញាក់ស្មា kar nheak sma *(n.)* shrug
ការញាស់ kar nhoas *(n.)* hatch
ការញុះញង់ kar nhouh nhung *(n.)* instigation
ការញុះញង់ ka nhouh nhung *(n.)* provocation
ការញៀន kar nhien *(n.)* addiction
ការញៀនថ្នាំ kar nhien thnam *(n.)* drug addict
ការញ័រ kar nhor *(n.)* tremor
ការញ័ររនើមទ្រូង kar nhor derm troung *(n.)* palpitation
ការដក ka dok *(n.)* subtraction
ការដក kar dok *(n.)* withdrawal
ការដកចេញ kar dok chenh *(n.)* avulsion
ការដកដង្ហើម Kar Dok Dong Heum *(n.)* respiration
ការដកដង្ហើមធំ ka dok dangheum thom *(n.)* sigh
ការដកសិទ្ធ kar dok seth *(n.)* disqualification
ការដកស្រង់ kar dok srong *(n.)* excerpt
ការដកស្រង់ kar dok srong *(n.)* extract
ការដកស្រង់សម្ដី kar dork srang samdey *(n.)* citation
ការដកហូត kar dok haut *(n.)* forfeit

ការដកហូតយកទ្រព្យសម្បត្តិ kar dok haut yok trob sombatt *(n.)* forfeiture
ការដកហូតសមត្តភាពសម្រាប់ទំនាក់ទំនងសង្គម kar dok haut samatthapheap samrab tomneak tomnong sangkom *(n.)* desocialization
ការដកហូតអាវុធ kar dok haut avuth *(n.)* disarmament
ការដង្ហក់ kar danghok *(n.)* gasp
ការដាក់ ka dak *(n.)* put
ការដាក់ខ្សែភ្លើង ka dak khsae phleung *(n.)* wiring
ការដាក់ជិតគ្នាដើម្បីប្រៀបធៀប kar dak chet knea dermbei breab theab *(n.)* juxtaposition
ការដាក់តម្លៃ kar dak damlai *(n.)* quotation
ការដាក់ទណ្ឌកម្ម Kar Dak Tond Kaam *(n.)* sanction
ការដាក់បញ្ចូល kar dak banhchoul *(n.)* inclusion
ការដាក់បណ្ដាសា kar dak bondasa *(n.)* malediction
ការដាក់បន្ទុក kar dak bontouk *(n.)* imposition
ការដាក់ប្រាក់ kar dak brak *(n.)* deposition
ការដាក់រាជ្យ kar dak reach *(n.)* abdication
ការដាក់លាយបញ្ចូលអុកស៊ីសែន kar dak leay banhchoul ok si sen *(n.)* oxidate
ការដាក់ស្នើ kar dak sner som *(n.)* submission
ការដាក់អន្ទាក់ kar dak onteak *(n.)* entrapment
ការដាច់ភ្លើង kar dach phleung *(n.)* outage
ការដាច់សរសៃឈាមខួរក្បាល dach sarsai chham khuor kbal *(n.)* stroke
ការដាន kar dan *(n.)* tracing
ការដាល់ kar dal *(n.)* biff
ការដាស់តឿន kar das tuen *(n.)* admonition
ការដាំដុះ kar damdoh *(n.)* cultivation
ការដាំទិង kar dam ting *(n.)* somersault
ការដឹកជញ្ជូន kar doekachonhchoun *(n.)* shipment
ការដឹកជញ្ជូន kar doek chonhchoun *(n.)* shipping
ការដឹកជញ្ជូន kar doek chonhchoun *(n.)* transport
ការដឹកជញ្ជូន kar doek chonhchoun *(n.)* transportation
ការដឹកជំនួយតាមយន្តហោះ kar doek chomnuoy tam yun haoh *(n.)* airlift
ការដឹកទៅមក ka doek tov mok *(n.)* shuttle
ការដឹកទំនិញ kar doek tom ninh *(n.)* freight
ការដឹកទំនិញតាមរទេះ kar doek tomninh tam roteh *(n.)* cartage
ការដឹងគុណ kar doeng kun *(n.)* gratitude
ការដឹងមុន kar doeng mun *(n.)* foreknowledge
ការដឹងហេតុមុន kar doeng het moun *(n.)* premonition
ការដឹងអនាគត kar doeng anakot *(n.)* prescience
ការដុសខាត់ Kaar Dos Khaat *(n.)* scrub
ការដុះសាច់ក្នុងបំពង់ក kar doh sach knong bampongkor *(n.)* tonsil
ការដុះស្លឹក kar doh sloek *(n.)* foliation
ការដួលរលំ kar duol rolom *(n.)* tumble
ការដើរចរចប់ kar der char chrob *(n.)* ramble
ការដើរ kar der *(n.)* walk
ការដើរក្បួន kar der kbuon *(n.)* march
ការដើរដែលពិបាក kar der del pibak *(n.)* trek
ការដើររត់ត្រត់ត្រត់ Kaar Deur Tret Trot *(n.)* saunter
ការដើរទិញឥវ៉ាន់ kar der tinh ei van *(n.)* shopping
ការដើរបង្ហាញម៉ូដ kar der banghanh maud *(n.)* catwalk
ការដើរបំពេញកិច្ចការផ្ដាល់ខ្លួនអ្វីមួយ kar der bompenh kechkar phtol kluoun avey mouy *(n.)* errand
ការដើរពើងទ្រូង ka der peung troung *(n.)* strut
ការដើរលេង ka der leng *(n.)* stroll

ការដេកដំណងលក់ ka dek dor long luk *(n.)* slumber
ការដេកថ្ងៃ ka dek thngai *(n.)* nap
ការដេករលីរៗ kar dek roleav roleav *(n.)* doze
ការដេញថ្លៃ kar denhthlai *(n.)* auction
ការដេញថ្លៃ kar denh thlai *(n.)* bid
ការដែលពីបាក Kaar Del Pi Baak *(n.)* salebrosity
ការដោះកូដ kar doh kaud *(n.)* decrypt
ការដោះលែង Kar Dos Leng *(n.)* release
ការដោះលែងអោយរួចទោស kar doh laeng oy ruoch tuos *(n.)* manumission
ការដោះស្រាយ daohsray *(n.)* tackle
ការដំឡើង kar dom lerng *(n.)* installation
ការដំឡើងតាមកម្រិត kar dom lerng tam kamrit *(n.)* increment
ការណាត់ជួប karnatchuob *(n.)* appointment
ការណាត់ជួប Kar Nat Joub *(n.)* rendezvous
ការណាត់ជួបគ្នា kar natchuob knea *(n.)* tryst
ការណែនាំ kar nae noam *(n.)* directive
ការណែនាំ kar nae noam *(n.)* guidance
ការណែនាំ kar nae noam *(n.)* instruction
ការណែនាំ kar nae noam *(n.)* introduction
ការណែនាំពីចម្ងាយ ka nae nom pi chomngay *(n.)* teleguide
ការតក់ក្រហល់ Kaar Tok Kro Hol *(n.)* rush
ការតថ្លៃ kar tor thlai *(n.)* bargain
ការតភ្ជាប់ kar tor phchoab *(n.)* connection
ការតម kar tom *(n.)* abstinence
ការតម្រង់អោយត្រង់ kar damrong aoy trang *(n.)* alignment
ការតវ៉ា kar tor va *(n.)* protest
ការតស៊ូ kar tor su *(n.)* persistence
ការតស៊ូ ka tor su *(n.)* struggle
ការតស៊ូមតិ kar torsou matte *(n.)* advocacy
ការតាមដាន kar tam dan *(n.)* follow-up
ការតាំងចិត្ត Kar Tang Jit *(n.)* resolution
ការតុបតែង kar tobteng *(n.)* decoration
ការតុបតែង kar tobteng *(n.)* decorum

ការតុបតែងខ្លួន kar tob teng kluon *(n.)* makeover
ការតែងកាព្យ kar taeng kap *(n.)* versification
ការតែងតាំង kar tengtang *(n.)* nomination
ការត្រឡប់ kar tro lob *(n.)* flip
ការត្រឡប់ Kar Tro Lob *(n.)* return
ការត្រាំ ka tram *(n.)* soak
ការត្រូវការមួយពិន្ទុដើម្បីឈ្នះការប្រកួត kar trauv kar muoy pintou dermbei chhneah kar brakuot *(n.)* game point
ការត្រួតត្រា kar truot tra *(n.)* domination
ការត្រួតត្រា Kar Trot Traa *(n.)* ruling
ការត្រួតពិនិត្យ kar truot pinit *(n.)* oversight
ការត្រួតពិនិត្យ kar truotpinit *(n.)* supervision
ការត្រៀមរៀបចំ kar triem rieb cham *(n.)* preparation
ការត់រួទុកជាមុន kar damrouv touk chea moun *(n.)* predestination
ការថតការស្មីអ៊ិច kar thot karosmei ich *(n.)* radiography
ការថតទុក Kar Thort Tok *(n.)* record
ការថតភាពយន្ត kar thoat pheapyon *(n.)* cinematography
ការថតរូប kar that roub *(n.)* photography
ការថតវីដេអូដាក់គេហទំព័រផ្ទាល់ខ្លួន kar thot video dak kehaktompor phtal khluon *(n.)* videoblogger
ការថតសេលហ្វី Kaar Thot Selfie *(n.)* selfie
ការថប់ដង្ហើម kar thob dangheum *(n.)* apnoea
ការថប់ដង្ហើម ka thob dongherm *(n.)* suffocation
ការថប់បារម្ភ kar thoabbarom *(n.)* anxiety
ការថប់អារម្មណ៍ karosangsay *(n.)* suspense
ការថយកម្លាំងចិត្ត kar thoay komlang chet *(n.)* dejection
ការថយក្រោយ kar thoay kroay *(n.)* holdback
ការថយក្រោយ Kaar Thoy Kroy *(n.)* setback

ការថយចុះ kar thoay choh (n.) deceleration
ការថយចុះ kar thoay choh (n.) decrement
ការថយចុះ kar thoy choh (n.) depletion
ការថយចុះនៃអត្រាមេតាប៉ូលីសនៃសារពាង្គកាយ ka thoay choh nei atra metabolis nei sarapeangkay (n.) osmobiosis
ការថែទាំ kar thae toam (n.) maintenance
ការថែទាំកុមារ kar thae toam komar (n.) childcare
ការថែទាំគាំទ្រសរីរាង្គដែលមិនដំណើរការ kar thae toam kom tro sak rei reang del min dom ner kar (n.) life support
ការថែទាំបន្ថែម kar thaetam banthaem (n.) aftercare
ការថែរក្សា kar thae raksaa (n.) upkeep
ការថ្កោលទោស kar thkaol tous (n.) condemnation
ការថ្ងូរ kar thngou (n.) groan
ការទប់ចបន្ទ Kar Tong Kech Bon Tor (n.) repercussion
ការទទូច kar tor tuoch (n.) insistence
ការទទួលខុសត្រូវ kar totuol khos trauv (n.) onus
ការទទួលបាន kar tortuol ban (n.) acquisition
ការទទួលបានប្រាក់វិញ kar tortuol ban brak vinh (n.) cashback
ការទទួលភ្ញៀវ kar tortoul phneav (n.) reception
ការទទួលសញ្ញាប្បញ្ញនៅគ្រប់ទិសដៅ kar totuol sanhnhea re banhchoun now krob tis daw (n.) omnidirectionality
ការទទួលស្គាល់ kar tortuolskal (n.) acknowledgement
ការទទួលស្គាល់ Kar Tortoul Skol (n.) recognition
ការទទះស្លាប kar tor teah slaab (n.) flutter
ការទន្ទឹង kar ton teung (n.) longing
ការទប់សង្កត់ Kar Tob Skaat (n.) repression
ការទម្លាក់គ្រាប់បែក kar tomleak kroab baek (n.) bombardment

ការទម្លាក់អ្វីពីអាកាស kar tomleak avei pi akas (n.) airdrop
ការទល់លាមក kar tul leamok (n.) constipation
ការទស្សនា kar tossaana (n.) visit
ការទាក់ទាញ kar teakteanh (n.) attraction
ការទាញចុះឡើង Kaar Teanh Jos Leung (n.) scroll
ការទាត់ kar toat (n.) kick
ការទាយ kar teay (n.) guess
ការទាស់ទែងគ្នា kar toas teng knea (n.) altercation
ការទិច ka tich (n.) sting
ការទិញ katinh (n.) acquest
ការទិញ kar tinh (n.) purchase
ការទិញអីវ៉ាន់ពីចម្ងាយ ka tinh ei van pi chomngay (n.) teleshopping
ការទុកចិត្ត kar touk chett (n.) trust
ការទូត kar tuot (n.) diplomacy
ការទូត kartout (adj.) diplomatic
ការទូទាត់ kar toutoat (n.) payment
ការទូទាត់ជាប្រាក់ kar tuo toat chea brak (n.) liquidation
ការទូទាត់សាច់ប្រាក់តាមទូរសព្ទ kar toutoat sachbrak tam tourosap (n.) telebanking
ការទួញសោក kar tuonh saok (n.) lament
ការទួញសោក kar tuonh saok (n.) lamentation
ការទៅនៅឯស្រុកស្រែ Kaar Tov Nov Eh Srok Srae (n.) rustication
ការទំនាក់ទំនង tomnak tomnong (n.) discourse
ការទះ ka teah (n.) slap
ការទះ ka teah (n.) smack
ការទះដៃ karteahdai (n.) applause
ការធានា Kar theanea (n.) assurance
ការធានា kar theanea (n.) guarantee
ការធានា kar theanea (n.) warranty
ការធានារ៉ាប់រង kar theanear rab rong (n.) insurance
ការធានាឱ្យនៅក្រៅឃុំ kar theanea oy nov krao khom (n.) bail

ការធុញនឹងអាហារ kar thounh nung ahar (n.) anorexia
ការធ្លរស្រាល Kar Thou Sral (n.) recession
ការធ្លាក់ចុះ kar thlak choh (n.) downfall
ការធ្លាក់ចុះ kar thleak choh (n.) plunge
ការធ្លាក់ចុះ Kaar Thleak Jos (n.) sag
ការធ្លាក់ចុះ ka thleak choh (n.) slump
ការធ្លាក់ទឹកចិត្ត kar thleak teuk chett (n.) depression
ការធ្លាក់ព្រិល ka thleak pril (n.) snowfall
ការធ្លះធ្លាយ Kaar Tlous Thleay (n.) rupture
ការធ្វើការហួសកំលាំង kar tveu ka huos kamlang (n.) overwork
ការធ្វើកោសល្យវិច្ឆ័យ kar tveu koa sol vi chay (n.) forensic
ការធ្វើកោសល្យវិច្ឆ័យ kar thveu kausalyvichai (n.) autopsy
ការធ្វើក្រចកដៃ kar tveu kro chork dai (n.) manicure
ការធ្វើខុស kar thveu khos (n.) malpractice
ការធ្វើខុសពីសំដី kar tveu khous pi somdei (n.) hypocrisy
ការធ្វើឃាត kar thveu kheat (n.) assassination
ការធ្វើចរាចរ ka tver chorachor (n.) circulation
ការធ្វើចំណាកស្រុក kar thveu chamnak srok (n.) emigration
ការធ្វើចំណាកស្រុក kar thveu chamnak srok (n.) migration
ការធ្វើជាមេប្រយោគការប្រលង kar tveu chea me bro yok kar pro long (n.) invigilation
ការធ្វើឈ្មួញកណ្តាល kar tver chhmuonh kondal (n.) brokerage
ការធ្វើដូចសត្វា kar thveu dauch sat tea (n.) quackery
ការធ្វើដោយប្រញាប់ kar tveu doy bro nhab (n.) hurry
ការធ្វើដំណើរ ka thveu damner (n.) travel
ការធ្វើដំណើរ kar thveu damner (n.) voyage
ការធ្វើដំណើរកំសាន្ត kar thveu damner kamsan (n.) trip

ការធ្វើតាមទម្លាប់ Kar Tver Tam Tom Lob (n.) rote
ការធ្វើត្រាប់តាម kar thveu trab tam (n.) imitation
ការធ្វើថ្មី Ker Tver Thmei (n.) renewal
ការធ្វើទារុណកម្ម kar thveu tearounakamm (n.) torture
ការធ្វើទីផ្សារតាមទូរគមនាគមន៍ kar thveu tiphsaar tam tourokakmoneakom (n.) telemarketing
ការធ្វើទុក្ខបុកម្នេញ ka thveu touk bok mnenh (n.) persecution
ការធ្វើទៅដោយមិនដឹងខ្លួន Ka Tver Tov Min Deung Kloun (n.) reflex
ការធ្វើទំនើបកម្ម kar thveu tom neub kam (n.) modernization
ការធ្វើនាវាចរដ៏ប្រសប់ Kaar Tver Nea Vea Jor Dor Pro Sob (n.) sailcraft
ការធ្វើនាវាចរណ៍ Kaar Tver Nea Vea Jor (n.) sail
ការធ្វើបន្ត Kar Tver Bon Tor (n.) resumption
ការធ្វើប៉ាន់គំរូ Kaar Tver Pann Kum Roo (n.) sampling
ការធ្វើបាប kar thveu beab (n.) molestation
ការធ្វើបាបខ្លួនឯង Kaar Tver Bab Kloun Eng (n.) self-abuse
ការធ្វើពុត kar thveuput (n.) affectation
ការធ្វើពុត ka thveu pout (n.) pretension
ការធ្វើមាតុភូមិនិវត្តន៍ Kar Tver Mea Tak Phuom Ni Wat (n.) repatriation
ការធ្វើរឹកក្លាហាន kar tver reuk klaharn (n.) bravado
ការធ្វើរោគវិនិច្ឆ័យ kar thveu rokvinichhay (n.) diagnosis
ការធ្វើវិទ្ធង្សនា kar thveu vitthangsana (n.) subversion
ការធ្វើសមាធិ kar tveu samathi (n.) meditation
ការធ្វើសំណង Kar Tver Som Nong (n.) repayment
ការធ្វើសំឡេងធឹក ka tveu somleng theu (n.) tchick

ការធ្វើហូសប្រមាណ ka tveu hous proman (n.) spree
ការធ្វើឡើងវិញ Kar Tveu Leung Venh (n.) repetition
ការធ្វើអត្តឃាត kar thveu attakheat (n.) suicide
ការធ្វើខ្ស្លួនអោយទៅជាវត្ថុរឹង ka tveu osman oy tov chea vottho reung (n.) sublime
ការធ្វើអុកស៊ីតកម្ម kar tveu oksit kam (n.) oxidization
ការធ្វើអោយខ្លី ka tveu oy khlei (n.) shortening
ការធ្វើអោយដូចៗគ្នា ka tveu oy doch knea (n.) standardization
ការធ្វើអោយមានខ្យល់ចេញចូល kar thveu aoy mean khyal chenh chaul (n.) ventilation
ការធ្វើអោយមួម៉ៅ kar thveu aoy muo mao (n.) vexation
ការធ្វើអោយស្រួលក់ Kaar Tver Oy Sroul Louk (n.) sanability
ការធ្វើអោយអន្តរាយ Kaar Tver Oy Orn Ta Ray (n.) sabotage
ការធ្វើឱ្យកើនជាបី kar thveu aoy kern chea bei (n.) triplication
ការធ្វើឱ្យក្មេង Kar Tver Oy Kmeng (n.) rejuvenation
ការធ្វើឱ្យខូច kar tveu aoy khauch (n.) defile
ការធ្វើឱ្យខូចគម្រោង kar tveu oy khouch kumroang (n.) derailment
ការធ្វើឱ្យជាំ kar tver oy choam (n.) contusion
ការធ្វើឱ្យដាច់ដាច់ kar thveu oy dach dac (n.) mutilation
ការធ្វើឱ្យតួអង្គក្នុងហ្គេមខ្សោយ kar thveu aoy tuo ang knong game khsaoy (n.) debuff
ការធ្វើឱ្យត្រជាក់ Kar Tver Oy Tro Jak (n.) refrigeration
ការធ្វើឱ្យទៅជាការបោន ka tver oy tov chea ka boan (n.) carbonization
ការធ្វើឱ្យប្រក្រតី kar tveu oy bro kro dei (n.) normalization

ការធ្វើឱ្យប្រសើរឡើង kar thveu oy braser lerng (n.) improvement
ការធ្វើឱ្យប្រសើរឡើងជាងមុន kar thveu aoy braser lerng cheang mun (n.) amelioration
ការធ្វើឱ្យភពផ្សេងទៀតអាចឱ្យការៈមានជីវិតរស់នៅបាន ka tveu oy phob pseng teat ach oy pheavak mean chivit ros nov ban (n.) terraforming
ការធ្វើឱ្យមានជីវជាតិ ka tveu oy mean chivacheat (n.) fecundation
ការធ្វើឱ្យមានស្ថេរភាព ka tveu oy mean sthero pheap (n.) stabilization
ការធ្វើឱ្យរបូតពីដៃ kar tver oy robout pi dai (n.) bobble
ការធ្វើឱ្យលឺខ្លាំង kar thveu aoy leu khlang (n.) amplification
ការធ្វើឱ្យលែងសុទ្ធ ka tveu oy leng sot (n.) adulteration
ការធ្វើឱ្យល្អឡើងវិញ Kar Tver Oy La Or Leung Venh (v.) rehabilitate
ការធ្វើឱ្យសកម្ម kar thveu aoy sakamm (n.) activation
ការធ្វើឱ្យអសកម្ម kar thveu aoy asakamm (n.) deactivation
ការធ្វើឱ្យអស់លក្ខណៈជាមនុស្សប្រុស kar thveu oy os lakkhan chea monous bros (n.) emasculation
ការធ្វើអំណោយ kar thveu amnaoy (n.) benefaction
ការធ្វេសប្រហែស kar tves prohes (n.) levity
ការធ្វេសប្រហែស kar thves bra hes (n.) neglect
ការធ្វេសប្រហែស kar thves bra hes (n.) negligence
ការធ្វេសប្រហែស kar thves bra hes (n.) nonchalance
ការនាំ ka naom (n.) convection
ការនាំចូល kar noam chaul (n.) import
ការនាំចេញ kar noam chenh (n.) export
ការនាំមកមាតុភូមិវិញ Kar Nom Mok Mea Tak Phuom Venh (n.) repatriate
ការនាំអោយរំភើបចិត្ត kar noam aoy rompheub chet (n.) pathos

ការនិពន្ធដៀលគេះ Kaar Ni Pun Deal Tmes (n.) satire
ការនិយមឡើងវិញ Kar Niyom Leung Venh (n.) revival
ការនិយាយ ka niyeay (n.) talk
ការនិយាយ kar niyeay (n.) utterance
ការនិយាយច្រើន kar niyeay chrern (n.) talkativeness
ការនិយាយច្រំដែល kar niyeay chromdel (n.) nagging
ការនិយាយញាប់ស្តាប់មិនបាន kar niyeay nhoab sdab min ban (n.) gibber
ការនិយាយដើម kar niyeay derm (n.) backbiting
ការនិយាយដើមគេ kar niyeay derm ke (n.) gossip
ការនិយាយដើមគេ ka niyeay derm ke (n.) talebearing
ការនិយាយបង្កាច់បង្ខូច ka niyeay bangkach bangkhouch (n.) slander
ការនិយាយបំពោច kar niyeay porpoach (v.) jabber
ការនិយាយផ្លែផ្កា kar niyeay phle phka (n.) allusion
ការនិយាយម្នាក់ឯង kar niyeay mneak eng (n.) soliloquy
ការនិយាយលេង kar niyeay leng (n.) banter
ការនិយាយលេងសើច ka niyeay leng serch (n.) trifle
ការនិយាយស្តាប់មិនបាន ka niyeay sdab min ban (n.) stammer
ការនិយាយឡលៗ kar niyeay lol lol (n.) lisp
ការនិយាយឡលៗ ka niyeay lol lol (n.) slur
ការនិយាយឡើងវិញ Kar Hat Ni Yeay (n.) reiteration
ការនិយាយឥតឪានការ ka niyeay et bankar (n.) prattle
ការនិយាយអេចអូច ka niyeay ech ouch (n.) telltale
ការនិរទេស kar nirotes (n.) exile
ការនឹកឃើញអនុស្សាវរីយ៍ kar neuk kheunh anuksavori (n.) memento
ការនឹកដល់អតីតកាល kar noek dol adetkal (n.) anamnesis

ការនឹករអែង Kaar Neuk Ro Eng (n.) scruple
ការនេសាទត្រីនឹងចែវ kar nesaat trei neung chai ra (n.) trawl
ការនៅកំដរ kar nov kamdor (n.) vigil
ការបកប្រែ ka bok brae (n.) translation
ការបកស្រាយខុស kar bak sray khos (n.) misapplication
ការបង្ហចឡាចល Kar Bong Ko Jo Laa Jol (n.) sedition
ការបង្ហេតុ ka bongkor het (n.) causation
ការបង្អគ្គិភ័យ kar bangkor akkiphy (n.) arson
ការបង្ការ kar bangkar (n.) prevention
ការបង្កើត kar bongkeut (n.) creation
ការបង្កើត kar bongkert (n.) establishment
ការបង្កើត kar bong kert (n.) formation
ការបង្កើតថ្មី kar bongkert thmey (n.) invention
ការបង្កើតពាក្យដែលមានសូរដូចឆ្មោះ kar bangkeut peak del mean saur dauch chhmoh (n.) onomatopoeia
ការបង្កើតពាក្យសូរដូច kar bangkeut peak saur dauch (n.) onomatope
ការបង្កើតឡើងវិញ Ka BongKert Lerng Venh (n.) reapplication
ការបង្កើនល្បឿន kar bangkeun lbuen (n.) acceleration
ការបង្ក្រាប kar bongkrab (n.) crackdown
ការបង្ក្រាប ka bongkrab (n.) subjugation
ការបង្ក្រាប kar bangkrab (n.) suppression
ការបង្ខិតបង្ខំ kar bangkhitabangkham (v.) coerce
ការបង្ខិតបង្ខំ kar bangkhit bangkhom (n.) compulsion
ការបង្រួបបង្រួម kar bangruob bangruom (n.) unification
ការបង្រួមឡើងវិញ Kar Bong Roum Leung Venh (n.) recondensation
ការបង្រៀន kar bongrien (n.) edification
ការបង្រៀន kar bangrien (n.) lecture
ការបង្រៀន kar bangrien (n.) teaching
ការបង្រៀន kar bangrien (n.) tutorial
ការបង្វិល Kar Bong Vel (n.) rotation

ការបង្វិល kar bong vil (n.) spin
ការបង្វិលសងវិញ ka bongvel Song Venh (n.) rebate
ការបង្វែចូលទៅផ្លូវផ្សេង kar bong ve chaul tow phlauv phsaeng (n.) sidetrack
ការបង្វែរផ្លូវចិត្តចេញពី ភាពពុញទ្រាន់ប្រចាំថ្ងៃ kar bongvae phlauv chett chenh pi pheap thounh troan bracham thngai (n.) escapism
ការបង្ហាញ kar banghanh (n.) demonstration
ការបង្ហាញ ka bong hanh (n.) ostension
ការបង្ហាញ ka bang hanh (n.) show
ការបង្ហាញខុស kar bang hanh khos (n.) misrepsentation
ការបង្ហាញខ្លួន kar bong hanh kluon (n.) showup
ការបង្ហាញទិសដៅខុស kar bonghanh teus dao khos (n.) misdirection
ការបង្ហាញព័ត៌មាន ka bong hanh poromean (n.) telling
ការបង្ហាញអោយឃើញថាគ្មានកំហុស kar banghanh aoy kheunh tha kmean kamhos (n.) vindication
ការបង្ហូយចំហៀង kar bonghoy chamhieng (n.) side-stream
ការបង្ហូរ kar banghou (n.) drain
ការបង្ហូរចេញ kar banghou chenh (n.) drainage
ការបង្ហូរឈាម kar banghou chheam (n.) bloodshed
ការបង្អន់ kar bang aon (n.) abatement
ការបង្អួតខ្លួន ka bang auot khluon (n.) preen
ការបង្ថ្លៃសេវាផ្ទែកលើចំនួនមនុស្ស kar bongthlai seva pa ek leu chomnuon monus (n.) capitation
ការបង់រំលស់ kar bong rom luos (n.) installment
ការបង់សងវិញ Kar Bong Song Venh (n.) reimbursement
ការបញ្ចប់ kar banhchob (n.) completion
ការបញ្ចប់ kar banhchob (n.) termination

ការបញ្ចប់ការសិក្សា kar banhchob kar seksaa (n.) graduate
ការបញ្ចាំង kar banhchang (n.) projector
ការបញ្ចុះ kar banhchouh (n.) burial
ការបញ្ចុះ kar banhchouh (n.) purgation
ការបញ្ចុះបញ្ចូល kar banhchouh banhchoul (n.) enticement
ការបញ្ចុះបញ្ចូល kar banhchouh banhchoul (n.) persuasion
ការបញ្ចុះបារតក្នុងលោហះឯទៀត kar banhchouh barot knong lohak etiet (n.) amalgam
ការបញ្ចូន kar banhchoun (n.) transmission
ការបញ្ចូល kar banhchoul (n.) insertion
ការបញ្ចូលជាឧបសម្ព័ន្ធ kar banhchoul chea ubpak sampon (n.) annexation
ការបញ្ចូលសំឡេង kar banhchoul saamleng (n.) dub
ការបញ្ចេញខ្លួនចេញ kar banhcheas khluon chenh (n.) let-out
ការបញ្ចេញមតិ kar banhchenh matte (n.) comment
ការបញ្ចេញរស្មីព្រាកៗ Kar Bon Jenh Reak Smei Preak Preak (n.) scintillation
ការបញ្ចេញសំឡេង kar banhchenh somleng (n.) enunciation
ការបញ្ចេញអារម្មណ៍ចេញមក kar bonhchenh arom chenh mok (n.) emanation
ការបញ្ចេញឲ្យដឹង Kar Bon Jenh Oy Deung (n.) revelation
ការបញ្ចេញ kar banhchenh (n.) emittance
ការបញ្ឆេះ kar banh chheh (n.) ignition
ការបញ្ជា kar banhchea (n.) behest
ការបញ្ជាក់ kar banhcheak (n.) clarification
ការបញ្ជាក់ kar banhcheak (n.) confirmation
ការបញ្ជាក់ kar banhcheak (n.) specification
ការបញ្ជាក់ពស្តុតាង ka banhcheak pos tang (n.) substantiation
ការបញ្ជាក់ភាពពិតប្រាកដ kar banhcheak pheap pit prakod (n.) authentication

ការបញ្ចាទិញ kar banhcheatinh (n.) order
ការបញ្ជូន Kar Bon Joun (n.) remand
ការបញ្ជូនទំនិញ kar banhchoun tomninh (n.) consignment
ការបញ្ជោរ kar banh chor (n.) flattery
ការបញ្ឈប់ kar banhchhob (n.) cessation
ការបញ្ឈប់ kar banhchhob (n.) halt
ការបញ្ឈប់ kar banhchhob (n.) lay-off
ការបញ្ឈប់ ka banh chhob (n.) stoppage
ការបដិសេធ Kar Pak De Set (n.) refusal
ការបដិសេធ Kar Pak De Set (n.) refuse
ការបដិសេធ Kar Pak De Set (n.) repulse
ការបដិសេធ kar bakdeseth (n.) denial
ការបដិសេធ kar badeseth (v.) ostracize
ការបដិសេធ kar badeseth (n.) perusal
ការបដិសេធ Kar Pak De Set (n.) rebuff
ការបណ្ដើរបាល់ kar bander bal (n.) dribble
ការបណ្ដោយខ្លួន kar bandaoy khluon (n.) indulgence
ការបណ្ដុះ kar bondoh (n.) germination
ការបណ្ដុះបណ្ដាល kar bandoh bandal (n.) training
ការបណ្ដុះបណ្ដាលសមត្ថភាព kar bondoah bondal sam bak tear (n.) fitness training
ការបណ្ដេញចេញ kar bandenh chenh (n.) banishment
ការបណ្ដេញចេញ kar bondenh chenh (n.) dismissal
ការបណ្ដេញចេញ kar bondenh chenh (n.) eviction
ការបណ្ដេញចេញ kar bondenh chenh (n.) expulsion
ការបណ្ដោយខ្លួន ka pondoay kloun (n.) binge
ការបត់ kar bot (n.) folding
ការបត់ជើងតូច kar bot cheung tauch (n.) urination
ការបត់បែន kar botben (n.) twist
ការបន្ដកន្ទុយគ្នា ka bontor kontuy knea (n.) tandem
ការបន្ដ kar bantor (n.) continuation
ការបន្ដ kar bantor (n.) proceeds
ការបន្ដ ka bontor (n.) pursuance

ការបន្ថយ kar banthoay (n.) diminution
ការបន្ថយ Kar Bon Thoy (n.) reduction
ការបន្ថយនូវសំពាធ kar banthoay nouv sompeat (n.) decompression
ការបន្ថូរអារម្មណ៍ Kar Bon Thou Ah Rom (n.) relaxation
ការបន្ថែម ka banthaem (n.) addition
ការបន្ថែមបន្ថយ Kar Bon Tham Bon Thoi (n.) revision
ការបន្ថែមអុកស្សូន kar banthem au ssaaun (n.) ozonate
ការបន្ថែមអុកស្សូន kar banthem au ssaaun (n.) ozonation
ការបន្ទន់ខ្លួន ka bonton kloun (n.) stoop
ការបន្ទាបខ្លួន kar banteab khluon (n.) humility
ការបន្ទាបខ្លួន kar banteab khluon (n.) lowliness
ការបន្ទូរអារម្មណ៍ kar bonthou arom (n.) catharsis
ការបន្លាច Kaar Bon Lach (n.) scare
ការបន្លំ kar banlom (n.) fraud
ការបន្សាប kar bansaab (n.) osmosis
ការបន្សាបជាតិពុល kar bansab cheatpoul (n.) deoxidation
ការបន្សាបជាតិពុល kar bansaab cheat poul (n.) detoxication
ការបម្រុងប្រាក់ទុក kar bamroung brak touk (n.) appropriation
ការបម្រើ Kaar Bom Reur (n.) serve
ការបរបាញ់ kar bor banh (n.) hunt
ការបរាជ័យ kar pakrachey (n.) failure
ការបរិច្ចាគ kar bor ri chak (n.) donation
ការបរិច្ចាគ kar borichark (n.) largesse
ការបរិភោគច្រើនហួសប្រមាណ kar boriphok chrern huos braman (n.) gluttony
ការបរិភោគសាច់ឆៅ kar boriphok sach chhao (n.) omophagia
ការបរិហាកេរ្តិ៍ kar borihake (n.) defamation
ការបរិហារ kar borihar (n.) denunciation
ការប៉ាក់ kar pak (n.) embroidery
ការប៉ាន់ស្មាន kar pansman (n.) estimate
ការប៉ាន់ស្មាន kar pansman (n.) estimation

ការប៉ិនប្រសប់ ka pen brosob (n.) sleight
ការប៉ិនប្រសប់ ka pen bro sob (n.) subtlety
ការប៉ិនប្រសប់ហើយកំប្លែង kar pen brasob hery kambleng (n.) wit
ការប៉ុនប៉ង karbonbng (v.) attempt
ការប៉ះ kar bah (n.) touch
ការប៉ះទង្គិចខួរក្បាល kar bah tongkich khuorkbal (n.) concussion
ការប៉ះលាភធំ kar pas leap thom (n.) bonanza
ការបាក់ kar bak (n.) fracture
ការបាញ់ kar banh (n.) barrage
ការបាញ់គ្នា kar banh knea (n.) crossfire
ការបាញ់ទឹកកាម kar banh teuk kam (n.) ejaculation
ការបាញ់ចោះ ka banh boh (n.) shoot
ការបាញ់ចោះ ka banh boh (n.) shooting
ការបាញ់ ka banh (n.) shot
ការបាត់ខ្លួន kar ba khluon (n.) disappearance
ការបាត់បង់ kar bat bong (n.) loss
ការបាត់បង់ការចងចាំ karbatbong kar changcham (n.) amnesia
ការបាត់បង់មនុស្សជាទីស្រលាញ់ដោយការស្លាប់ kar batbong monus chea ti srolanh doy kar slab (n.) bereavement
ការបានមកវិញ Kar Ban Mok Venh (n.) reclamation
ការបានមកវិញ Kar Ban Mok Venh (n.) recovery
ការបិទបាំងបំភាន់ភ្នែក kar bet bang bomporn pnek (n.) camouflage
ការបិទ kar bet (n.) closure
ការបិទ kar bet (n.) turn-off
ការបឺត ka beut (n.) suck
ការបុកគ្នា kar bok knea (n.) bump
ការបុកគ្នា ka bok knea (n.) collision
ការបុកទំលុះចូល ka bok tom louh chaul (n.) piercing
ការបូកបញ្ចូលគ្នា kar bauk banhchoul knea (n.) amalgamation
ការបូជាសព kar bauchea sob (n.) cremation
ការបូម kar baum (n.) pump
ការបូមឈាមតាមចុងម្រាមដៃ kar baum chheam tam chung mream dai (n.) fingerstick
ការបួងសួង kar buorng suorng (n.) invocation
ការបើក kar berk (n.) opening
ការបើកចំហរ kar berk chamhor (adj.) open
ការបើកដំណើរការ kar berk domner kar (n.) launch
ការបើកបរ kar berk bor (n.) drive
ការបែកជាពីរ kar bek chea pi (n.) bifurcation
ការបែកបាក់គ្នា ka baek bak knea (n.) split
ការបែកបាក់ស្នេហា kar baekbak sneha (n.) breakup
ការបែកមតិ Kaar Bek Ma Te (n.) secession
ការបែងចែក kar bengchek (n.) allocation
ការបែងចែក kar beng chek (n.) division
ការបែងចែក kar bengchek (n.) omittance
ការបែងចែក Kaar Beng Jek (n.) segregation
ការបែងភាគជាបី kar beng pheak chea bei (n.) trinity
ការបោកបញ្ឆោត kar baok banhchhoat (n.) hoax
ការបោកប្រាស់ kar baok bras (n.) deception
ការបោកប្រាស់ ka boak bras (n.) swindle
ការបោកអុត kar boak uot (n.) laundry
ការបោសសំអាត kar baos saamaart (n.) clearance
ការបោសសំអាត ka bos somaart (n.) sweep
ការបោសអង្អែល kar baos aang ael (n.) pat
ការបោះ ka baoh (n.) throw
ការបោះ kar baoh (n.) toss
ការបោះចោល kar boah choal (n.) cast
ការបោះឆ្នោត kar baoh chhnaot (n.) election
ការបោះឆ្នោត kar baoh chhnaot (n.) vote
ការបោះបងការសិក្សា kar baoh bong kar seksa (n.) dropout

ការបោះពុម្ព kar baoh poump (n.) edition
ការបោះពុម្ព kar baoh poum (n.) imprint
ការបោះពុម្ពខុស kar baoh poump khos (n.) misprint
ការបោះពុម្ពពីម៉ាស៊ីនកុំព្យូទ័រ kar baohpoump pi measin kom pyou tor (n.) printout
ការបោះពុម្ព kar baoh poum (n.) publication
ការបោះពុម្មងទៀត Kar Bos Pom Mdong Teat (n.) reprint
ការប្តូរគ្នា kar phdau knea (n.) interchange
ការប្តូរពីសម្ភាររូបវន្តទៅជាអេឡិចត្រូនិក kar bdau pi samphearak roubvoan tov chea elechtraunik (n.) dematerialisation
ការប្តូរសរីរាង្គ kar bdau sarei reang (n.) transplantation
ការប្តេជ្ញាចិត្ត kar bdechnha chett (n.) commitment
ការប្តេជ្ញាចិត្ត kar bdechnha chett (n.) determination
ការប្រកប kar brokob (n.) spelling
ការប្រកាច់ kar brakach (n.) convulsion
ការប្រកាន់ខ្ជាប់ kar brakan khchoab (n.) adherence
ការប្រកាន់គោលការណ៍សាសនាយ៉ាងតឹងរឹង kar brakan kolkar sasana yeang toeng reung (n.) puritan
ការប្រកាន់ពូជសាសន៍ kar brakean pouchsas (n.) racism
ការប្រកាន់វិន័យចាស់ kar brakean viny chas (n.) orthodoxy
ការប្រកាស kar brakas (n.) announcement
ការប្រកាស kar brakas (n.) declaration
ការប្រកាស kar brakas (n.) proclamation
ការប្រកួត Kar Pro Kuot (n.) rivalry
ការប្រកួត kar brokuot (n.) match
ការប្រកួត kar brakuot (n.) tournament
ការប្រកួតដោយយុត្តិធម៌ kar brakuot daoy youttethor (n.) fair game
ការប្រកួតប្រជែង kar brakuot bracheng (n.) competition
ការប្រកួតប្រជែង kar brakuot bracheng (n.) contest

ការប្រគល់តំណែងថ្មី kar bro kol dom naeng thmey (n.) induction
ការប្រគុំតន្ត្រី kar brakum dantrei (n.) concert
ការប្រឆាំង kar brachhang (n.) antagonism
ការប្រឆាំង Kar Pro Chang (n.) resistance
ការប្រឆាំងនឹងអាគត kar brachheang nung rok (n.) antithesis
ការប្រជុំ kar brachoum (n.) rally
ការប្រញាប់ប្រញាល់ kar bra nhab bra nhal (n.) haste
ការប្រឌិត kar brodit (n.) fabrication
ការប្រណាំង kar braneang (n.) race
ការប្រថុយ Kar Pro Thoi (n.) risk
ការប្រទាក់ឆ្នាក់ ka broteak chhvak (n.) snarl
ការប្រទុសសារាយ kar brotus sa ray (n.) melee
ការប្រព្រឹត្ត kar bropreut (n.) conduct
ការប្រព្រឹត្តទៅជានិយ័ត ka bro preut tov chea niyat (n.) pulsation
ការប្រព្រឹត្តខុសគន្លងធម៌ kar brapreutt khos konlong thoar (n.) debauch
ការប្រព្រឹត្តបទល្មើស kar brapreutt bot lmeus (n.) transgression
ការប្រព្រឹត្តិខុស kar bra preut khos (n.) misbehaviour
ការប្រមាថ kar bramath (n.) blaspheme
ការប្រមាថ kar bromat (n.) insult
ការប្រមាថ Kaar Pro Maat (n.) scorn
ការប្រមាថព្រះ kar bramath preah (n.) blasphemy
ការប្រមូល kar bromoul (n.) collection
ការប្រមូលផល kar bramoul phol (n.) harvest
ការប្រមើលមើល kar bromerl meul (v.) envision
ការប្រមើលមើលទុកជាមុន kar bro merl meul tuk chea mun (n.) foresight
ការប្រយុទ្ធ kar brayout (n.) battle
ការប្រយុទ្ធ ka brayutth (n.) combat
ការប្រយុទ្ធ kar brayoutth (n.) skirmish
ការប្រលងស្នាដៃ kar brolong snadai (n.) duel

ការប្រលែង Kar Pro Leng (n.) romp
ការប្រវាយប្រតប់ Kaar Pro Vaai Pro Tob (n.) scuffle
ការប្រសិទ្ធពរ veaydam (n.) beatification
ការប្រសិទ្ធពរ kar brasetthipor (n.) benediction
ការប្រហារជីវិត kar brohar chiveut (n.) execution
ការប្រឡង kar prolong (n.) examination
ការប្រាប់យ៉ាងសង្ខេប kar brab yang songkheb (n.) briefing
ការប្រារព្ធពិធី kar brarop pithi (n.) celebration
ការប្រារព្ធពិធីបុណ្យ kar pra rob pithi bon (n.) festivity
ការប្រឹក្សា kar broeksaa (n.) counsel
ការប្រុងប្រយ័ត្ន kar brongbrayat (n.) caution
ការប្រុងប្រយ័ត្ន kar brong brayat (n.) precaution
ការប្រុងប្រយ័ត្ន kar brong brayat (n.) prudence
ការប្រុងប្រយ័ត្ន kar brong brayat (n.) vigilance
ការប្រើខ្យល់ kar brer khyal (n.) pneumatic
ការប្រើថ្នាំព្យាបាល ka brer thnam pyea bal (n.) physic
ការប្រើថ្នាំស្តើក kar brer thnam speuk (n.) anaesthesia
ការប្រើប្រាស់ kar brer bras (n.) consumption
ការប្រើប្រាស់ kar brer bras (n.) usage
ការប្រើប្រាស់ kar brer bras (n.) use
ការប្រើប្រាស់ kar brer bras (n.) utility
ការប្រើប្រាស់ខុស kar brer bras khos (n.) misuse
ការប្រើប្រាស់សម្ពាធនិងខ្យល់ kar brer bras sampeath ning khyal (n.) pneudraulics
ការប្រើប្រាស់សិទ្ធិអំណាចដែលមិនមែនជារបស់ខ្លួនឯង kar bras bras setth amnach del minmen chea robos khluoneng (n.) usurpation
ការប្រើល្បិច kar brer labech (n.) gimmickry

ការប្រើវិទ្យុសកម្មក្នុងការព្យាបាលរោគ kar brer vityousakamm knong kar pyeabal rok (n.) radiology
ការប្រើសម្ពាធខ្យល់ក្នុងការព្យាបាលសួត kar brer sampeath khyal knong kar pyeabal suot (n.) pneumotherapy
ការប្រើអោយជាប្រយោជន៍ kar brer bras aoy chea brayoch (n.) utilization
ការប្រៀបធៀប kar briebthieb (n.) comparison
ការប្រះស្រាំ kar breh sram (n.) fissure
ការប្រែប្រួលអាកាសធាតុ ka brae bruol akasatheat (n.) climate change
ការប្រែប្រួលចុះឡើង kar brae bruol choh lerng (n.) vagary
ការប្លន់ ka blon (n.) dacoity
ការប្លន់ Kar Plon (n.) robbery
ការប្លន់តាមសមុទ្រ Kaar Plon Tam Sak Mot (n.) seajacking
ការបំបាត់ការឈឺចាប់ kar bambat kar chheu cheab (n.) pain relief
ការបំបាត់សំឡេងខ្លះនៃពាក្យ kar bambat samleng khlah nei peak (n.) elision
ការបំបិទចោល Kar Bom Bet Jol (n.) retrenchment
ការបំបែក kar bombaek (n.) breakage
ការបំបែក kar bambek (n.) breaking
ការបំបែក Kaar Bom Bek (n.) separation
ការបំបែកពីគ្នា Kaar Bom Bek Pee Knea (n.) severance
ការបំបែកពូជសាសន៍ kar bambek pouchsas (n.) apartheid
ការបំផុសគំនិត kar bomphous komnit (n.) brainstorm
ការបំផ្លាញ kar bamphlanh (n.) destruction
ការបំផ្លាញ kar bamphlanh (n.) detriment
ការបំផ្លាញ kar bamphlanh (n.) squash
ការបំផ្លាញឲ្យសាបសូន្យ kar bamphlanh aoy sabsaun (n.) annihilation
ការបំផ្លិចបំផ្លាញ kar bamphlech bamphlanh (n.) rampage
ការបំផ្លើស kar bomphleus (n.) exaggeration
ការបំផ្លើស kar bomplers (n.) hyperbole

ការបំពាន karromloph (n.) assault
ការបំពុល kar bampoul (n.) pollution
ការបំពុល kar bampoul (n.) toxification
ការបំពេញ kar bom penh (n.) fulfilment
ការបំពេញបន្ថែម kar bampenh banthem (n.) complement
ការបំពេញបន្ថែម bampenhobanthem (n.) supplement
ការបំពេញឡើងដោយទន្លេ kar bampenh lerng daoy tonle (n.) aggradation
ការបំភាន់ kar bam phoan (n.) illusion
ការបំភាន់ kar bamphoan (n.) misgiving
ការបំភាយ kar bom pheay (n.) emission
ការបំភិតបំភ័យ kar bomphit bomphey (n.) intimidation
ការបំភ្លឺ kar bamphleu (n.) illumination
ការបំរែបំរួល kar bam rae bam ruol (n.) variation
ការបំលាស់ទីដោយស្មាត់ជំនាញ Kar bomlas ti doy stoat chomneanh (n.) manoeuvre
ការបំលាស់ទីលឿន kar bomlas ti leurn (n.) darting
ការបំលែងជីវៈខ្លួន kar bam leng chivak usman (n.) biodegradation
ការបះបោរ kar bah baor (n.) insurrection
ការបះបោរ kar bahbaor (n.) mutiny
ការបះបោរ Kar Bas Bor (n.) rebellion
ការបះបោរ kar bah baor (n.) uprising
ការផលិត kar pholit (n.) manufacture
ការផលិតឡើងវិញ Kar Pho Let Leung Venh (n.) reproduction
ការផាត់មុខ kar phat moukh (n.) make-up
ការផាយ kar phay (n.) canter
ការផាយ របស់សេះ kar phay robos ses (n.) gallop
ការផ្លាស់ប្ដូរដែលល្អ kar phlas phdau del laor (n.) game changer
ការផិតក្បត់ Ka phet kbot (n.) adultery
ការផុតកំណត់ kar phot kamnot (n.) expiry
ការផ្កត់ផ្កង ka phkot phkang (n.) supply
ការផ្កាប់ចិត្ត kar phkoab chet (n.) complaisance

ការផ្គុំទិន្នន័យឡើងវិញ kar phkom tinnoney lerngvinh (n.) defragmentation
ការផ្គក Kaar Pjok (n.) saturation
ការផ្ញើតាមប្រៃសណីយ៍ kar pnher tam pre sa ni (n.) mail
ការផ្ញើតាមប្រៃសណីយ៍ kar phnher tam braisani (n.) postage
ការផ្ញើទៅអោយ Kar Phner Tov Oy (n.) remit
ការផ្ញើព័ត៌មានតាមម៉ូដឹមឬបណ្ដាញ ka phnher poromean tam modem rue tam bondanh (n.) telecomputing
ការផ្ញើសារពីចម្ងាយ kar phnher sa pi chomngay (n.) teletext
ការផ្ដល់អុកស៊ីសែន kar phdal ok sai sen (n.) oxygenation
ការផ្ដាច់ kar phdach (n.) detachment
ការផ្ដុំ kar phdom (n.) muster
ការផ្ដន្ទាទោស kar phdontea tous (n.) conviction
ការផ្ដន្ទាទោស kar phdon teatos (n.) punishment
ការផ្ដល់ kar phdal (n.) provision
ការផ្ដល់ជូន kar phtal choun (n.) offer
ការផ្ដល់មូលនិធិ kar phdal moulnithi (n.) crowdfunding
ការផ្ដុំឡើង kar phdom lerng (n.) accretion
ការផ្ដួលរំលំ kar phduol romlom (n.) overthrow
ការផ្ដើម kar phderm (n.) prelude
ការផ្ដោត kar phdoat (n.) focus
ការផ្ដោតដោយស្វ័យប្រវត្តិ kar phdoat dauy svaybravott (n.) autofocus
ការផ្ដោតអារម្មណ៍ kar phdaot aromm (n.) concentration
ការផ្ទក kar phtok (n.) load
ការផ្ទក kar phtok (n.) storage
ការផ្ទុះ kar phtuoh (n.) eruption
ការផ្ទុះ kar phtuoh (n.) explosion
ការផ្ទុះកង់ kar ptus kong (n.) blowout
ការផ្ទៀងផ្ទាត់ kar phtieng phtoat (n.) verification
ការផ្ទេរ kar phte (n.) transfer
ការផ្ទេរកម្មសិទ្ធិ kar phte kammosetth (n.) conveyance

ការផ្លាតចេញ kar phlaat chenh *(n.)* deflection
ការផ្លាស់ជាថ្មី Kar Plas Jea Thmey *(n.)* regeneration
ការផ្លាស់ទីដោយអច្ឆរិយ kar phlas ti doy achharoyak *(n.)* teleport
ការផ្លាស់ទីដោយអច្ឆរិយ kar tourokomneakom *(n.)* teleportation
ការផ្លាស់ប្តូរ kar plas pdo *(n.)* replacement
ការផ្លាស់ប្តូរជីវិតពីឥណ្ឌូរទៅជាមេអំបៅ kar phlas bdaur chivit pi dangkouv tov chea me-am-bao *(n.)* chrysalis
ការផ្លាស់ប្តូរ kar phlas bdaur *(n.)* alteration
ការផ្លាស់ប្តូរ kar phlas bdau *(n.)* change
ការផ្លាស់ប្តូរ kar phlas phdau *(n.)* exchange
ការផ្លាស់ប្តូរ kar phlasa bdau *(n.)* move
ការផ្លាស់ប្តូរ kar phlasa btau *(n.)* mutation
ការផ្លាស់ប្តូរ kar phlas bdau *(n.)* transition
ការផ្លាស់ប្តូរជំនឿ kar phlas pdau chomneu *(n.)* conversion
ការផ្លាស់ប្តូរយ៉ាងខ្លាំងនៃទិសដៅ ka phlas pdau yang klang nei teus dao *(n.)* zig
ការផ្លាស់ប្តូររូបបន្តិចម្តង ka phlas pdau roub bontich madong *(n.)* morph
ការផ្លាស់ប្រែទ្រង់ទ្រាយ kar phlas brae trongtreay *(n.)* transfiguration
ការផ្លាស់នៅពីតំបន់មួយទៅតំបន់មួយទៀត kar phlas lomnov pi dambon *(n.)* transmigration
ការផ្លាស់វេន Kar Plas Ven *(n.)* relay
ការផ្លោះ kar phlaoh *(n.)* leap
ការផ្លោះ ka phloah *(n.)* skip
ការផ្លោះ kar phlaoh *(n.)* vault
ការផ្សងព្រេង kar phsong preng *(adj.)* adventurous
ការផ្សព្វផ្សាយតាមទូរទស្សន៍ kar phsob phsaay tam tourotos *(n.)* telecast
ការផ្សព្វផ្សាយ kar phsaa pphsaay *(n.)* advertisement
ការផ្សព្វផ្សាយ kar phsaap phsaay *(n.)* promotion
ការផ្សព្វផ្សាយផលិតផល kar phsorb phsai phorlitaphorl *(n.)* branding

ការផ្សាយសារព័ត៌មានសម្រាប់ទូរទស្សន៍ ka phsay sa poromean somrab turotuos *(n.)* telejournalism
ការផ្សារឫផ្ជាប់ kar phsaar reu phchoab *(n.)* weld
ការផ្អាក kar ph'ark *(n.)* abeyance
ការផ្អាក kar phaak *(n.)* adjournment
ការផ្អាក ka pha ak *(n.)* pause
ការផ្អាកសិទ្ធ Kar Pa Ark Sith *(n.)* revocation
ការពង្រីក kar pongrik *(n.)* expansion
ការពង្រីក pongrik *(n.)* zoom
ការពង្រឹង kar pongreung *(n.)* enrichment
ការពណ៌នា kar poro nea *(n.)* portrayal
ការពន្យល់ kar ponyol *(n.)* explanation
ការពន្យាកំណើត kar ponyea kamnert *(n.)* contraception
ការពន្យាពេល kar ponyea pel *(n.)* delay
ការពន្យាពេល kar ponyea pel *(n.)* prolongation
ការពន្យារពេល kar ponyear pel *(n.)* postponement
ការពន្លត់អគ្គីភ័យ kar ponlot akkiphey *(n.)* firefight
ការពារ karpear *(v.)* defend
ការពារ karpear *(v.)* protect
ការពារ ព្រាវយប្រហារដោយឧស្មន kar pear reu veay prohar doy uksman *(v.)* mace
ការពារដោយកងទាហាន kar pear doy kong teahean *(v.)* garisson
ការពិចារណា karpichearna *(n.)* consideration
ការពិចារណា ka picharona *(n.)* mull
ការពិចារណាដោយប្រុងប្រយ័ត្ន kar picharona daoy brong broyat *(n.)* deliberation
ការពិចារណាឡើងវិញ Kar Picharona Leung Venh *(n.)* reappraisal
ការពិត kar pit *(n.)* fact
ការពិនិត្យ kar pinit *(n.)* check
ការពិនិត្យមុនពេលចេញ kar pinit moun pel chenh *(n.)* checkout

ការពិនិត្យទំនាក់ទំនងរវាងអត្ថបទនិងអត្ថនយ័ kar pinit tomneak tomnong roveang atthabot ning atthaney (n.) deconstruction

ការពិនិត្យបំពង់ខ្យល់ kar pinit bampong khyal (n.) tracheoscopy

ការពិនិត្យមើលផ្លូវចិត្តរបស់ខ្លួន kar pinith meul plouv chett robos kluon (n.) introspection

ការពិនិត្យមើលមនុស្សស្លាប់ឬនៅ karpinit meul mnous slab reu nov (n.) bioscopy

ការពិនិត្យឡើងវិញ Kar Pi Net Leung Venh (n.) review

ការពិពណ៌នា kar piporanea (n.) depiction

ការពិពណ៌នា kar piporanea (n.) description

ការពិព័ណនាមុខវិជ្ជាសិក្សា ka piporonea moukh vichea serksa (n.) syllabus

ការពិព័រណ៍ kar pipor (n.) exhibit

ការពិព័រណ៍ kar pipor (n.) exhibition

ការពឹងផ្អែក kar peung pa'ek (n.) dependence

ការពុកផុយ kar pouk phoy (n.) decay

ការពុករលួយ kar puk ro luoy (n.) jobbery

ការពេញចិត្ត kar penh chett (n.) gratification

ការពេញចិត្ត Kaar Penh Jet (n.) satisfaction

ការពេញនិយម kar penh niyoum (n.) hit

ការពេញនិយមមួយក្រា kar penhniyum muoy krea (n.) craze

ការព្យាករ kar pyeakar (n.) prediction

ការព្យាករ kar pyeakor (n.) projection

ការព្យាករណ៍ kar pyea kor (n.) forecast

ការព្យាបាទ kar pyea bat (n.) malignity

ការព្យាបាល kar pyeabal (n.) therapy

ការព្យាបាល kar pyea bal (n.) treat

ការព្យាបាល kar pyea bal (n.) treatment

ការព្យាបាលខុស kar pyeabal khous (n.) mal-treatment

ការព្យាបាលដោយចុចបាច់ខ្សែបាតដៃ kar pyeabal doy chro bach ksae bat dai (n.) acupressure

ការព្យាបាលដោយប្រើគីមី kar pyeabal daoy brer kimi (n.) chemotherapy

ការព្យាបាលដោយប្រើប្រេងក្រអូប kar pyeabal daoy brer breng kraaub (n.) aromatherapy

ការព្យាបាលបន្ថែមដែលអ្នកជំងឺត្រូវបានព្យាបាលដោយថ្នាំធម្មជាតិកម្រិតតិចតួច kar pyeabal banthaem del nak chomngeu trauv ban pyeabal doy thnam thommocheat kamrit tech tuoch (n.) homeopathy

ការព្យាយាម kar pyeayeam (n.) endeavour

ការព្យាយាម kar pyeayeam (n.) perseverance

ការព្យួរ kar pyuor (n.) suspension

ការព្រងើយកន្តើយ kar pro ngeuy kontery (n.) indifference

ការព្រមតាមដោយការគោរព kar prom tam daoy kar korop (n.) deference

ការព្រមព្រៀង kar prom prieng (n.) deal

ការព្រមព្រៀងជាឯកច្ឆន្ទ kar promprieng chea ekachchhan (n.) consensus

ការព្រមាន ka promean (n.) caveat

ការព្រមាន kar promean (n.) warning

ការព្រីនកម្រិតមីក្រូ kar print komrit micro (n.) microprint

ការព្រួយបារម្ភ kar pruoy barom (n.) worry

ការភ្ញាក់ដឹងខ្លួន kar phnheak doeng khluon (n.) awakening

ការភ្ញាក់ផ្អើល kar phnheak phaaerl (n.) astonishment

ការភ្ញាក់ផ្អើល ka phnheak phaael (n.) surprise

ការភ្នាល់ kar phnoal (adj.) betting

ការភ្នាល់ kar phnoal (n.) wager

ការភ្លក់មួបប្រចាំហាង kar phlok mhoub bracham hang (n.) degustation

ការភ្លេច kar phlech (n.) oblivion

ការភ័ន្តច្រឡំ kar phorn chrorlom (n.) bewilderment

ការភ័យខ្លាច kar phey khlach (n.) fear

ការភ័យខ្លាច kar phey khlach (n.) panic

ការភ័យខ្លាចក្នុងទីសាធារណៈ： kar phei khlach khnong ti sathearanak (n.) **agoraphobia**
ការភ័យញ័រ ka phey nhor (n.) **shudder**
ការមកដល់ kar mokdol (n.) **advent**
ការមកដល់ kar mok dal (n.) **arrival**
ការមករដូវ kar mok ro dauv (n.) **menstruation**
ការមមើមមាយ kar mo meu mo meay (n.) **hallucination**
ការម៉ាស្សា kar massa (n.) **massage**
ការមានទូទៅ ka mean tu tov (n.) **prevalence**
ការមាននៅ kar mean nov (n.) **being**
ការមានឡើងវិញ Kar Mean Leung Venh (n.) **recurrence**
ការមានអារម្មណ៍រីករាយ kar mean arommo rikreay (n.) **pleasure**
ការមិចភ្នែក kar mich phnek (n.) **wink**
ការមិនគោរព kar min korop (n.) **disrespect**
ការមិនចុះសម្រុង kar min choh samroung (n.) **discord**
ការមិនចេះលាក់អាថ៌កំបាំង kar min cheh leak artkombang (n.) **indiscretion**
ការមិនជឿ kar min chue (n.) **disbelief**
ការមិនជឿ kar min chue (n.) **misbelief**
ការមិនទុកចិត្ត kar min toukchet (n.) **mistrust**
ការមិនពិត Kaar Min Pet (n.) **sham**
ការមិនពេញចិត្ត kar min penh chett (n.) **dissatisfaction**
ការមិនមានសាសនា Kaar Min Mean Sas Snaa (n.) **secularism**
ការមិនយល់ព្រម kar min yolprom (n.) **odium**
ការមិនរលាយអាហារ kar min romleay ahar (n.) **indigestion**
ការមិនអត់ធ្មត់ kar min otthmot (n.) **impatience**
ការមិនអត់ឱន kar min ot oan (n.) **intolerance**
ការមុជទឹក kar mouch teuk (n.) **dive**
ការម្មៅ kar muomao (n.) **angst**

ការមួលបង្កាច់ kar muol bongkach (n.) **calumny**
ការមើល kar meul (n.) **view**
ការមើលឃើញ ka meul kheunh (n.) **sight**
ការមើលងាយ kar meulngeay (n.) **contempt**
ការមើលដោយចេតនា kar meul daoy chetana (n.) **ogle**
ការមើលថែកូនក្មេង kar meul thae koun kmeng (n.) **babysitting**
ការមើលមួយភ្លែត kar meul mouy plet (n.) **glimpse**
ការមើលស្រាល ka meul sral (n.) **slight**
ការយកការប្រាក់ហួសប្រមាណ kar yok kar brak huos braman (n.) **usury**
ការយកចិត្តទុកដាក់ kar yokchett toukdak (n.) **attention**
ការយកចិត្តទុកដាក់ ka yokchett toukdak (n.) **care**
ការយកចិត្តទុកដាក់ kar yok chett touk dak (n.) **heed**
ការយកចេញ Kar Yok Jenh (n.) **removal**
ការយកពន្ធ kar yok ponth (n.) **levy**
ការយកពន្ធ kar yok ponth (n.) **taxation**
ការយកមកធ្វើជាចំណុចចំបង kar yok mok tveu chea chomnoch chombong (n.) **focalization**
ការយកសារធាតុខ្លាញ់ចេញ kar yok saratheat khlanh chenh (n.) **delipidation**
ការយកសារធាតុគ្លូទីនចេញ kar yok sartheat glutin chenh (n.) **deglutination**
ការយកអនុវត្តវិញ Kar Yok Ak Nou Wat Venh (n.) **reinstatement**
ការយល់ខុស ka yol khos (n.) **misapprehension**
ការយល់ខុស kar yol khos (n.) **misconception**
ការយល់ឃើញ kar yol kheunh (n.) **perception**
ការយល់ចិត្ត kar yul chett (n.) **empath**
ការយល់ចិត្ត kar yul chett (n.) **empathy**
ការយល់ច្រឡំ kar yol chralam (n.) **misperception**

ការយល់ច្រឡំ kar yol chralam (n.) misunderstanding
ការយល់ដឹង karoyl doeng (n.) awareness
ការយល់ដឹង kar yul doeng (n.) cognizance
ការយល់ដឹង kar yul doeng (n.) comprehension
ការយល់ដឹង kar yol doeng (n.) realization
ការយល់ដឹងដោយខ្លួនឯង Kaar Yol Deung Kloun Eng (n.) self-awareness
ការយល់ដឹងទូលំទូលាយ kar yol doeung toloum to leay (n.) insight
ការយល់ព្រម kar yolprom (n.) approbation
ការយល់ព្រម karyolprom (n.) approval
ការយល់ព្រម kar yolprom (n.) assent
ការយល់ព្រម kar yulprom (n.) consent
ការយល់ព្រម kar yul prom (n.) endorsement
ការយាម Kaar Yeam (n.) sentry
ការរកគ្រាប់បាល់ kar rok kroab bal (n.) goalscoring
ការរកឃើញ kar rok kheunh (n.) discovery
ការរងរបួស kar roung robous (n.) injury
ការរង់ចាំ kar rongcham (n.) wait
ការរចនា kar rachana (n.) design
ការរញ្ជួយ Kaar Ron Jouy (n.) seismicity
ការរញ្ជួយដី karoronhchuoydei (n.) quake
ការរត់ Kaar Rot (n.) run
ការរត់គេចខ្លួន kar rot kech khluon (n.) escape
ការរត់គេចខ្លួន kar ruot kech khluon (n.) fugitive
ការរត់ចេញពីពន្ធនាគារ kar ruot chenh pi pontheanearkea (n.) breakout
ការរត់ជាន់គ្នា ka rot choan knea (n.) stampede
ការរត់សាប់ (លឿន) ka rot sab leun (n.) sprint
ការរត់ស្មែ Kaar Rot Smae (n.) scuttle
ការរលាក kar roleak (n.) inflammation
ការរលាកចំហៀង kar roleak chamhieng (n.) sideburn
ការរលាកដោយកំដៅថ្ងៃ kar roleak doy kom dao thgnai (n.) sunburn

ការរលាកសរសៃពួរ kar roleak sorsai pour (n.) tendinitis
ការរលាត់ស្បែក kar roloat sbek (n.) graze
ការរលាយ ka roeay (n.) thaw
ការរលាយចូលគ្នា kar ro leay choul knea (n.) fusion
ការរលាយចូលគ្នា kar roleay chaul knea (n.) miscellany
ការរលូតកូន kar rolout kaun (n.) miscarriage
ការរវើរវាយ Kar Ro Ver Ro Veay (n.) reverie
ការរសាត់ kar rosat (n.) drift
ការរស់ជាមួយគ្នា kar ruos cheamuoy knea (n.) coexistence
ការរស់នៅ kar ros nov (n.) living
ការរស់រានមានជីវិត kar ros rean meanchivit (n.) survival
ការអ៊ូរទាំ kar ro uo ro toam (n.) fuss
ការអិល kar ro el (n.) slip
ការរាប់ជាបរិសុទ្ធ Kar Rob Jea Bor Ri Soth (n.) sanctification
ការរាប់ថយក្រោយ kar roab thoy kraoy (n.) countdown
ការរារាំង kar rea rang (n.) baulk
ការរារាំង kar rea rang (n.) inhibition
ការរិះគន់ kar rihkun (n.) criticism
ការរិះគន់ ka rih kun (n.) stricture
ការរិះគន់ តិះដៀលខ្លាំង karriahkun teahdiel khlang (n.) tirade
ការរីកចំរើន kar rik chamreun (n.) boom
ការរីកចំរើន kar rik chamreun (n.) progress
ការរីករាយនឹង Kar Reak Reay Neung (n.) revel
ការរីកលូតលាស់នៃសារពាង្គកាយពេញមួយជីវិត kar rik loutlas nei sarpangkay penh muoy chivit (n.) ontogeny
ការរីកសាយអាវុធ kar riksaay avouth (n.) proliferation
ការរឹងទទឹង kar reung tor teung (n.) defiance
ការរឹបអូស kar reub aus (n.) confiscation
ការរុករក kar rouk rok (n.) exploration
ការរុករក ka rouk rok (n.) navigation

ការអុញច្រាន ka rounh chran (n.) shove
ការរុះរើ kar rouhreu (n.) demolition
ការរួចខ្លួន kar ruoch khluon (n.) emancipation
ការអុញ kar ruonh (n.) winch
ការអុញតូច ka ruonh touch (n.) shrinkage
ការអុញតូចទៅ kar ruonh tauch tov (n.) wane
ការអុញមកវិញ Kar Ronh Mok Venh (n.) recoil
ការអុញរាក្នុងចិត្ត Kar Runh Rea Knong Jet (n.) reticence
ការរួមគំនិតធ្វើអំពើក្បត់ kar ruomkoumnit thveu ompeu kbot (n.) conspiracy
ការរួមបញ្ចូល kar ruom banhchoul (n.) incorporation
ការរួមបញ្ចូល kar ruom banhchoul (v.) polymerize
ការរួមបញ្ចូលគ្នា kar ruom banhchoul knea (n.) combination
ការរួមបញ្ចូលគ្នា kar ruom banhchoul knea (n.) merger
ការរួមភេទ Kaar Room Phet (n.) sex
ការរួមភេទជាមួយមឹក ka roum phet chea muoy moek (n.) octopussy
ការរួមភេទដោយចូលចិត្តធ្វើទារុណកម្ម Kaar Ruom Phet Doy Jol Jet Tver Tea Ron Kam (n.) sadism
ការរួមភេទតាមរន្ធគូថ ka roum pet tam ron kuot (n.) sodomy
ការរើរុះ គកាយ Kar Reu Rus Ko Kaay (n.) rummage
ការរើសរៀបរៀងពាក្យ kar reus rieb rieng peak (n.) diction
ការរើសអើង kar reus aerng (n.) discrimination
ការរើសអើង kar reus aerng (n.) prejudice
ការរើសអើងមនុស្សចាស់ kar reus aerng mnous chas (n.) ageism
ការរៀបឃ្លា kar reab khlea (n.) phraseology
ការរៀបចំ kar riebcham (n.) arrangement
ការរៀបចំខ្លួនអោយសមរម្យ kar rieb cham khluon aoy sam rom (n.) poise

ការរៀបចំជានាយកខ្នាន ka riebchom chea neayukathan (n.) departmentalization
ការរៀបចំទុក Kaar Reap Jom Tok Mun (n.) scheme
ការរៀបចំបង្ហាញ kar riebcham banghanh (n.) array
ការរៀបចំឡើងវិញ kar riebcham lerng vinh (n.) reallocation
ការរៀបជាតារាង ka reab chea darang (n.) tabulation
ការរៀបបន្ថែមអាគារឡើងវិញ Kaar Reab Bon Tham Ark Kea Leung Venh (n.) reannexation
ការរៀបរាប់ Kar Reap Rob (n.) recital
ការរំខាន kar romkhan (n.) annoyance
ការរំខាន kar romkhan (n.) botheration
ការរំខាន kar romkhan (n.) commotion
ការរំខាន kar romkhan (n.) distraction
ការរំខាន kar romkhan (n.) interruption
ការដាច់អារម្មណ៍ Del Rom Ngob Ahh Rom (n.) sedative
ការរំញោច ka romnhoch (n.) stimulus
ការរំញោចទៅលើលិង្គ kar rom nhoach tov leu leung (n.) fellatio
ការរំដោះ kar romdaoh (n.) deliverance
ការរំដោះ kar rom daoh (n.) liberation
ការរំពឹងទុក kar rompeung touk (n.) expectation
ការរំពឹងទុក kar rompeung touk (n.) prospect
ការរំពឹងទុក kar rompung touk (n.) speculation
ការរំលាយ kar romleay (n.) dilution
ការរំលាយអាហារ kar romleay ahar (n.) digestion
ការរំលាយអាហារ kar rom leay ahar (n.) metabolism
ការរំលឹក Kar Rom Leuk (n.) recall
ការរំលូតកូន kar romlout kaun (n.) abortion
ការរំលោភ kar romloph (n.) infringement
ការរំលោភបំពាន kar romloph bampean (n.) violation

ការរំលោភសេពសន្ធវៈ kar romloph sepsanthavak (n.) **rape**
ការរំសាយទ័ព kar romsay top (n.) **demobilization**
ការលក់ Kaar Louk (n.) **sale**
ការលក់រាយ Kar Louk Reay (n.) **retail**
ការលន់តួ Kar Lon Tour (n.) **repentance**
ការលបចូលលួច kar lorb chol luoch (n.) **burglary**
ការលាគ្នា kar lea knea (n.) **farewell**
ការលាង kar leang (n.) **wash**
ការលាងឈាម kar leang chheam (n.) **dialysis**
ការលាងទោស kar leang tos (n.) **atonement**
ការលាងលុយកខ្វក់ kar leang louy ka khvak (n.) **money laundering**
ការលាឈប់ Kar Lea Chob (n.) **resignation**
ការលាតសន្ធឹង ka leat santhung (n.) **stretch**
ការលាបថ្នាំ ka leab thnam (n.) **smear**
ការលាបជាតិ kar leab part (n.) **daub**
ការលាបរឹត Kar Leap Rit (n.) **rubbing**
ការលប់ជំងឺ Kar Lob Chom Ngeu (n.) **relapse**
ការលាយបញ្ចូលគ្នា kar leay banhchoul knea (n.) **hotchpotch**
ការលាយលោហៈជាតុ kar leay lohaktheat (n.) **alloy**
ការលិត kar lit (n.) **lick**
ការលុកលុយ kar louk louy (n.) **invasion**
ការលុកលុយបុូន kar luk luy blon (n.) **foray**
ការលុប kar loub (n.) **obliteration**
ការលុបចោលទោសព្រហ្មទណ្ឌ kar loub chaol tos promaton (n.) **decriminalization**
ការលុបចោល ka loub chaol (n.) **abrogation**
ការលុបចោល karloubchaol (n.) **cancellation**
ការលុបចោល Kar Lob Jol (n.) **repeal**
ការលុបបំបាត់ kar loub bambat (n.) **elimination**
ការលុបបំបាត់ kar loub bambat (n.) **eradication**

ការលុបបំបាត់ចោល kar loub bambat chaol (n.) **abolition**
ការលុបពាក្យ kar loub peak (n.) **eclipsis**
ការលូតលាស់ខុសធម្មតានៃសាច់ថ្ម kar lout loas khos thommoda nei sachdom (n.) **fibrosis**
ការលូតលាស់នៃរុក្ខជាតិ kar lout loas nei roukkhacheat (n.) **vegetation**
ការលូតលាស់មិនធម្មតានៃបាក់តេរី kar lout loas min thommoda nei bakteri (n.) **filamentation**
ការលួងលោម kar luong lom (v.) **solicit**
ការលួងលោម kar luong lom (n.) **solicitation**
ការលួងលោមចិត្ត kar luonglom chett (n.) **consolation**
ការលួងលោមចិត្ត kar luonglom chett (n.) **solace**
ការលួច kar luoch (n.) **loot**
ការលួចចមូង kar luoch chamlong (n.) **piracy**
ការលួចមើល ka luoch meul (n.) **peep**
ការលួចស្តាប់ kar luoch sdab (n.) **eavesdrop**
ការលើកកម្ពស់ kar leuk kampos (n.) **uplift**
ការលើកហាន:ជាអាទិទេព kar leuk thanak chea atitep (n.) **apotheosis**
ការលើកតម្កើង kar leuk domkeung (n.) **glorification**
ការលើកទឹកចិត្ត kar leuk teuk chett (n.) **encouragement**
ការលើកទឹកចិត្ត kar leuk teuk chett (n.) **incentive**
ការលើកទឹកចិត្ត kar leuk teuk chet (n.) **motivation**
ការលើកទោស kar leuk tos (n.) **absolution**
ការលើកទោសឲ្យ kar leuk tous aoy (n.) **condonation**
ការលើកលែងទោស kar leuk leng tos (n.) **amnesty**
ការលើកលែងទោស kar leuk leng tos (n.) **pardon**
ការលើកលែងទោស Kar Leuk Leng Tos (n.) **remission**

ការលើកសរសើរ kar lerk sor ser *(n.)* laud
ការលើកទ្បើង kar leuk lerng *(n.)* rapture
ការលេងខូចក្នុងកីទ្បា kar leng khouch knung kei la *(n.)* foul
ការលេងបន្លំ kar leng bonlom *(n.)* foul play
ការលេងពាក្យ kar leng peak *(n.)* pun
ការលេងល្បែង kar leng labeng *(n.)* gamble
ការលេងសប្បាយ kar leng sabbay *(n.)* frolic
ការលេងសើច ka leng serch *(n.)* tease
ការលេងសើច ka leng serch *(n.)* teasing
ការលេចចេញជាថ្មី Ka Lech Jenh Jea Thmey *(n.)* reappearance
ការលេចធ្លាយ kar lech thleay *(n.)* leak
ការលេចធ្លាយ kar lech thleay *(n.)* leakage
ការលេប ka leb *(n.)* swallow
ការលេបក្តើក kar leb ka eurk *(n.)* gulp
ការលែងលះ kar leng leah *(n.)* divorce
ការលែងស្របច្បាប់ Kar Leng Srob Chbab *(n.)* repudiation
ការលោត kar loat *(n.)* hop
ការលោត kar loat *(n.)* jump
ការលោត រាំសប្បាយ ka lort rorm sabbay *(n.)* cavorting
ការល្បងសមត្ថភាព kar lbong samotthapheap *(n.)* aptitude test
ការល្បាត kar lbat *(n.)* patrol
ការល្បួង kar lbuong *(n.)* lure
ការល្បួង kar lbuong *(n.)* temptation
ការល្មើសច្បាប់ Kar Lmeus Jbab *(n.)* rulebreaking
ការលំបាក kar lombak *(n.)* difficulty
ការលំបាក kar lombak *(n.)* hardship
ការល់អៀង brakas *(n.)* proclivity
ការលះបង់ ka leah bong *(n.)* abnegation
ការលះបង់ kar leahbong *(n.)* dedication
ការលះបង់ kar leahbong *(n.)* devotion
ការលះបង់ Kar Les Bong *(n.)* renunciation
ការលះបង់ kar leahbong *(n.)* waiver
ការវាយឱ្យសន្លប់ kar veay aoy sanlob *(n.)* knockout
ការវាយគ្នារបស់ស្ត្រី kar veay knea robors strey *(n.)* catfight
ការវាយឆ្មក់ kar veay chhmak *(n.)* raid

ការវាយតប់ kar veay tob *(n.)* brawl
ការវាយតម្លៃ kar veay damlei *(n.)* assessment
ការវាយតម្លៃទ្បើងវិញ Kar Vai Dom Lai Leung Venh *(n.)* revaluation
ការវាយតលៃ kar veay damlai *(n.)* valuation
ការវាយបក kar veaybork *(n.)* counter-attack
ការវាយប្រតប់គ្នា kar veay bratob knea *(n.)* tussle
ការវាយប្រហារ kar vay bra har *(n.)* onset
ការវាយប្រហារ kar vay bra har *(n.)* onslaught
ការវាយប្រហារគ្រប់ៗ Kaar Vaai Pro Haar Prep Prep *(v.)* sally
ការវាយប្រហារភ្លាមៗ kar veay broha pleam pleam *(n.)* blitz
ការវាយប្រហារភ្លាមៗទៅលើសត្រូវ kar veay prohar pleam pleam tov leu sattrov *(n.)* kamikaze
ការវាយប្រហារលើដី kar veay brohar leu dei *(n.)* ground attack
ការវាយបំបែក ka veay bambek *(n.)* smash
ការវាយលុក kar veay louk *(n.)* offensive
ការវាស់ kar voas *(n.)* measurement
ការវិនិច្ឆ័យ kar vinichhay *(n.)* judgement
ការវិនិយោគ kar viniyok *(n.)* investment
ការវិភាគ karvipheak *(n.)* analysis
ការវិភាគសាច់ kar vipheak sach *(n.)* biopsy
ការវិលត្រទ្បប់ kar vil tralob *(v.)* pivot
ការវិវត្ត kar vivott *(n.)* evolution
ការវិវត្តនៃរូប kar vi wat nei roub *(n.)* metamorphosis
ការវេចខ្ចប់ kar vech khchoab *(n.)* packing
ការវះកាត់ kar veahkat *(n.)* surgery
ការវះកាត់ ចងបំពង់ទឹកកាម kar veahkat chong bampong teuk kam *(n.)* vasectomy
ការវះកាត់ចេញ ka veah kat chenh *(n.)* ablation
ការវះកាត់ឆ្អឹង kar veahkat chhaoeng *(n.)* orthopaedia
ការវះកាត់ដើម្បីសិក្សា kar veah kat derm bei seksaa *(n.)* dissection

ការរះកាត់បន្តឹងស្បែកមុខ kar veah kat bontoeung sbek moukh (n.) facelift
ការរះយកពោះវៀនចេញ kar veah yok pohvien chenh (n.) evisceration
ការសង kar sang (n.) payout
ការសងតំនុ Kar Song Nom (n.) revenge
ការសងថ្លៃ Kar Song Thlai (n.) remuneration
ការសងសឹក Kar Song Seuk (n.) retaliation
ការសងសឹក kar songsoek (n.) vengeance
ការសង្កត់ធ្ងន់ kar sangkot thngon (n.) emphasis
ការសង្កត់សំឡេង kasangkot saamleng (n.) accent
ការសង្កេតអំពីបក្សី kar songket ompi bak sei (n.) ornithoscopy
ការសង្គ្រប់លើ kar sang krob leu (n.) pounce
ការសង្គ្រោះ Kar Song Krous (n.) rescue
ការសង្គ្រោះ Kaar Song Kroos (n.) salvage
ការសង្គ្រោះ Kaar Song Kroos (n.) salvation
ការសង្ស័យ kar sangsay (n.) doubt
ការសង្ស័យ kar sangsay (n.) suspicion
ការសង្ស័យខ្លួនឯង Kaar Song Sai Kloun Eng (n.) self-doubt
ការសញ្ជឹងគិត kar sanhcheung kit (n.) contemplation
ការសញ្ជឹងគិត kar sonhcheung kit (n.) muse
ការសណ្តោង kar sandaong (n.) tow
ការសណ្តំ kar sondom (n.) hypnotism
ការសណ្តំ kar sondom (n.) mesmerism
ការសន្ទនា kar santonea (n.) conversation
ការសន្ទនា kar santonea (n.) dialogue
ការសន្ទនាជាលក្ខណៈឯកជនរវាងមនុស្សពីរនាក់ ka sontonea chea lakhenak ekchun roveang monus pi nak (n.) tete-a-tete
ការសន្និដ្ឋាន kar sannithan (n.) conclusion
ការសន្និដ្ឋាន kar sannithan (n. & v.) conjecture
ការសន្និដ្ឋាន kar sonnithaan (n.) implication
ការសន្និដ្ឋាន kar sonnithan (n.) inference

ការសន្និដ្ឋាន ka sonithan (n.) surmise
ការសន្មត kar sanmot (n.) assumption
ការសន្មតថានិន្នាការដែលមានស្រាប់នឹងបន្ត kar sonamot tha ninneakar del mean srab neung bontor (n.) extrapolation
ការសន្យា kar sanya (n.) pledge
ការសន្យា kar sanya (n.) promise
ការសន្លប់ ka sonlob (n.) swoon
ការសន្សំសន្ចៃ ka sonsom sonchay (n.) thrift
ការសប្បាយអ៊ីអែ Kar Sabay Ou Eh (n.) revelry
ការសមគំនិត kar samkoumnit (n.) complicity
ការសមគំនិត kar samkoumnit (n.) connivance
ការសម្គាល់ kar samkoal (n.) mark
ការសម្ងាត់ Kaar Som Ngaat (n.) secretion
ការសម្ងាត់ Kaar Som Ngaat (adj.) secretive
ការសម៉្សៀមក្នុងសិសិររដូវ kar som ngom sngeam knung se se rodouv (n.) hibernation
ការសម្តែង karsamdeng (n.) acting
ការសម្តែង kar somdeng (n.) showdown
ការសម្តែងសាកល្បង kar samdeng saklabong (n.) audition
ការសម្តែង kar samdeng (n.) performance
ការសម្តែងជាគូ kar somdeng chea ku (n.) duet
ការសម្តែងនូវទឹកចិត្ត kar somdaeng nov teuk chet (n.) expression
ការសម្តែងលើកដំបូង kar somdeng lerk domboung (n.) debut
ការសម្តែងសមយុទ្ធយន្តហោះ kar samdeng samyoutth yonhaoh (n.) aerobatics
ការសម្តែងសិល្បៈ kar somdeng silapak (n.) matinee
ការសម្តែងសេចក្តីអស្ចារ្យច្រើនពេក kar samdeng sechaktei aschar chraenpek (n.) phantasmagoria
ការសម្របខ្លួន kar samrob khluon (n.) adaptation
ការសម្របសម្រួល kar samrob samruol (n.) compromise

ការសម្របសម្រួល kar samrob samruol *(n.)* coordination
ការសម្របសម្រួល kar somrob somruol *(n.)* facilitation
ការសម្របសម្រួល kar samrob samruol *(n.)* subordination
ការសម្របសម្រួលមិនល្អ kar somrob somruol min laor *(n.)* maladjustment
ការសម្រាលកូន kar samralkaun *(n.)* childbirth
ការសម្រុកចូល kar somrok choul *(n.)* irruption
ការសម្រេចចិត្តភ្លាម kar samrech chett phleam *(n.)* impulse
ការសម្រេចនៃអាជ្ញាកណ្ដាល karsamrech nei achnha kandal *(n.)* arbitration
ការសម្លក់ kar som lork *(n.)* glare
ការសម្លាប់ kar samlab *(n.)* kill
ការសម្លាប់បងប្អូនឯង kar somlab bong p'oun eng *(n.)* fratricide
ការសម្លាប់មនុស្ស kar samlab monous *(n.)* murder
ការសម្លាប់មាតា kar somlab meada *(n.)* matricide
ការសម្លាប់រង្គាល kar samlab rongkeal *(n.)* carnage
ការសម្លាប់រង្គាល kar somlab rongkeal *(v.)* decimation
ការសម្លាប់រង្គាល kar samlab rongkeal *(n.)* massacre
ការសម្លាប់ដោយចងកនឹងខ្សែ kar samlab daoy chong kor neung khsae *(n.)* garrotte
ការសម្លឹងមិនដាក់ភ្នែក kar somleung min dak pnek *(n.)* gaze
ការសម្លឹងមើល ka samleung meul *(n.)* stare
ការសម្លឹងស្ទី kar somleung sleu *(n.)* gawk
ការសរសើរ kar sarser *(n.)* acclamation
ការសរសើរ kasarser *(n.)* accolade
ការសរសើរ kar sarser *(n.)* commendation
ការសរសើរ kar sarser *(n.)* compliment
ការសរសើរ kar sarser *(n.)* praise
ការសរសេរកូដ kar sarse kaud *(n.)* coding
ការសរសេរជេរ kar sor se che *(n.)* lampoon

ការសរសេរដោយដៃ Kar So Se Doi Daai *(n.)* script
ការសរសេរតាមអាន kar sar se tam arn *(n.)* dictation
ការសរសេរបរិហារកេរ្តិ៍ kar sor se borihar ke *(n.)* libel
ការសហការ kar sahakar *(n.)* collaboration
ការសហការណ៍គ្នា pheap sahaka knea *(n.)* synergy
ការសឹកសំដី Kar Sork Som Dei *(n.)* retort
ការសឹកសំដីវិញ Kar Sok Som Dei Venh *(n.)* repartee
ការស៊ីឆ្ងាយៗ kar sai chbech chbech *(n.)* nibble
ការស៊ុតបាល់បញ្ចូលទីបីគ្រាប់ក្នុងមួយប្រកួត kar suot bal banhchoul ti bei kroab knong muoy brakuot *(n.)* hat-trick
ការស៊ូទ្រាំ kar suo troam *(n.)* endurance
ការសើបអង្កេត kar seub angket *(n.)* investigation
ការសាកល្បង kar saak lbong *(n.)* tentative
ការសាកល្បង kar saak lbong *(n.)* tentativeness
ការសាកល្បង ka sak lbong *(n.)* test
ការសាកល្បង kar saak labong *(n.)* try
ការសាកសួរ kar saak suor *(n.)* enquiry
ការសាកសួរ kar sak suor *(n.)* inquest
ការសាកសួរ kar saak suor *(n.)* inquiry
ការសាងឡើងវិញ Kar Sang Leung Venh *(n.)* restoration
ការសាប់ច្របល់ ka sab chrobol *(n.)* shuffle
ការសាយភាយ kar sayphay *(n.)* ostentation
ការសារភាព kar sarapheap *(n.)* confession
ការសិក្សា kar serk saa *(n.)* learning
ការសិក្សា ka seksaa *(n.)* study
ការសិក្សាឈ្មោះ kar seksaa chhmoh *(n.)* onomatology
ការសិក្សាឈ្មោះមនុស្ស kar seksaa chhmoh mnous *(n.)* onomatologist
ការសិក្សាពីកាតព្វកិច្ច karseksaa pi katapakech *(n.)* deontology
ការសិក្សាពីកូដ ka serksa pi koud *(n.)* cryptography

ការសិក្សាពីកែវយឺត ka serk sa pi kev yeut (n.) telescopy
ការសិក្សាពីជាតិពុល kar seksaa pi cheat poul (n.) toxicology
ការសិក្សាពីជំងឺងក្នុងតំបន់ kar serksa chomngeu chhlong knung dombon (n.) endemiology
ការសិក្សាពីជំងឺបេះដូង kaseksa chomngeu behdaung (n.) cardiology
ការសិក្សាពីខ្យល់ន karseksa pi usman (n.) aerostatics
ការសិក្សារផ្នែករញ្ជួយដី Kaar Sek Sa Phnek Ron Jouy Dey (n.) seismology
ការសិក្សាលើការវះកាត់ឆ្អឹង kar seksa veahkat chhaoeng (n.) orthopaedics
ការសិក្សាលើជំងឺភ្នែក kar serk sa leu chomngue pnek (n.) ophtalmology
ការសិក្សាលើរបស់តូចៗ kar serk sa leu robos tauch tauch (n.) micrology
ការសិក្សាអំពីចរិតនិងការល្បួងរបស់ក្មេង ka seksaa ampi charit ning kar loutloas robos kmeng (n.) paedology
ការសិក្សាអំពីថាសហោះ kar seksaa ampi thas haoh (n.) ufology
ការសិក្សាអំពីធ្មេញ kar seksaa ampi thmenh (n.) odontology
ការសិក្សាអំពីភ្នំ kar serk sa ompi phnom (n.) orologist
ការសិក្សាអំពីមហាសមុទ្រ karseksaea ampi maha samout (n.) oceanology
ការសិក្សាអំពីវិទ្យូសកម្ម kar seksaa ampi vityousakam (n.) radiommunology
ការសុំទោស kar somtos (n.) apology
ការស្តូត្រ Kar Sot (n.) recitation
ការស្ទួចម្លើយ kar suor chom lery (n.) inquisition
ការស្ទួចម្លើយ kar suor chamleuy (n.) interrogation
ការសេពហុសប្រមាណ kar sep huos braman (n.) orgy
ការសោយរាជ្យ Kar Soy Reach (v.) reign
ការស្កប់ចិត្ត kar skab chet (n.) contentment
ការស្ងាប kar sngab (n.) yawn

ការស្តាយក្រោយ Kar Sday Kroy (n.) regret
ការស្តីបន្ទោស Kar Sdei Bon Tos (v.) reprimand
ការស្តីរំលឹក Kar Sdei Rom Leuk (n.) reproach
ការស្តាប់បង្គាប់ kar sdab bangkoab (n.) obedience
ការស្តីបន្ទោស Kar Sdey Bontos (n.) rebuke
ការស្តីបន្ទោស Kar Sdey Bontos (v.) rebuke
ការស្តីបន្ទោស ka sdei bontos (n.) telling-off
ការស្តុកទុក ka stok tuk (n.) stocking
ការស្ទង់មតិ kar stang ma te (n.) poll
ការស្ទង់មតិ kar stong mate (n.) survey
ការស្ទាក់ចាប់ kar stak chab (n.) interception
ការស្ទាក់ស្ទើរ Kar Stak Ster (n.) reluctance
ការស្ទាក់ស្ទើរ Kaar Stek Ster (n.) shilly-shally
ការស្ទាត់ជំនាញខាងប្រើជើង kar stoat chomneanh khang brer cheurng (n.) footwork
ការស្ទាបអង្អែល kar steab ong el (n.) fondling
ការស្ទុះដើរបញ្ឆោងវិញ kar Stous Ngerb Lerng Venh (n.) rebound
ការស្ទូង kar staung (n.) transplant
ការស្ទះ kar steah (n.) blockage
ការស្នាក់នៅ ka snak nov (n.) stay
ការស្នេហាជាតិហួស kar sneha cheat huos (n.) chauvinism
ការស្មាន ka smarn (n.) supposition
ការស្មានទុកជាមុន kar sman touk chea moun (n.) anticipation
ការស្រក់ Kaar Srork (n.) shed
ការស្រងាកចិត្ត kar srangak chett (v.) disillusion
ការស្រមុក kar sramouk (n.) snore
ការស្រមើលស្រមៃ kar sro merl sramai (n.) imagination
ការស្រមើស្រមៃ kar srormer sromai (n.) fantasy
ការស្រលាញ់មនុស្សជាតិ ka srolanh monous cheat (n.) philanthropy
ការស្រវឹង kar sroveung (n.) intoxication

ការស្រឡាញ់ sralanh (n.) affection
ការស្រឡាញ់ kar sralanh (n.) love
ការស្រឡាញ់ខ្លាំង kar srolanh khlang (n.) enamourment
ការស្រាវជ្រាវ Kar Srav Jreav (n.) research
ការស្រាវជ្រាវទីផ្សារ kar srav chreav ti phsar (n.) market research
ការស្រូបចូល kar sraub chaul (n.) absorption
ការស្រែក Kaar Srek (n.) scream
ការស្រែក kar sraek (n.) yell
ការស្រែកទ្រហោដោយទុក្ខធំ kar srek troho daoy toukh thom (n.) ululation
ការស្រែកហៅ kar srek hao (n.) calling
ការស្រោប kar sraob (n.) cladding
ការស្ល Kar Slor (n.) refinement
ការស្លាប់ kar slab (n.) death
ការស្លាប់ kar slab (n.) mortality
ការស្លៀកពាក់ kar sliekpeak (n.) dressing
ការស្លៀកពាក់ ka sleak peak (n.) tenue
ការស្វាគមន៍ kar svakom (n.) welcome
ការស្វែងរក kar sveng rok (n.) quest
ការស្វែងរក Kaar Sveng Rok (n.) search
ការស្វែងរកចំណី kar svaeng rok chamnei (n.) foraging
ការស្អប់ Kar Sa Ob (n.) repugnance
ការស្អប់ខ្ពើម kar s'oab khpeum (n.) abomination
ការស្អប់ខ្ពើម kar saabkhperm (n.) animus
ការស្អប់ខ្ពើម kar sa orb khperm (n.) aversion
ការស្អប់ខ្ពើមជនបរទេស kar saa ob khpeum chon barotes (n.) xenophobia
ការសំគាល់ Kar Som Kol (n.) remark
ការសំងាត់ Kaar Som Ngaat (n.) secrecy
ការសំដៅទៅរកកន្លែងតែមួយ kar saamdao tov rokkanleng te muoy (n.) convergence
ការសំណេះសំណាល Kar Som Nes Som Nal (n.) reminiscence
ការសំពង kar sampong (n.) bash
ការសំពងយ៉ាងដំណាំ kar saampong yang damnam (v.) wallop

ការសំរបសំរួល kar samrob saamruol (n.) mediation
ការសំរេចចិត្ត kar saamrechchett (n.) decision
ការសំរេចបាន kar saamrech ban (n.) attainment
ការសំលាប់ kar saam leab (n.) slaughter
ការសំលាប់មេរោគ ka somlab me rok (n.) sterilization
ការសំអាងថានៅទីផ្សេង kar saam ang tha nov ti phseng (n.) alibi
ការហ៊ានប្រថុយ kar hean brathoy (n.) venture
ការហាត់សម Kar Hat Som (n.) rehearsal
ការហាមឃាត់ kar hamkhat (n.) prohibition
ការហិនហោចអស់ kar henhaoch os (n.) wrack
ការហិត kar heut (n.) sniff
ការហិតខ្លាំង kar heut khlang (n.) snuff
ការហូរ kar ho (v.) discharge
ការហូរសន្សឹមៗ kar hau sanseum (n.) trickle
ការហួច kar huoch (n.) whistle
ការហើម kar kerm (n.) swell
ការហើមពោះ kar herm poh (n.) flatulence
ការហែកញុកកញ្ញី kar haek nhuk nhi (n.) maul
ការហែលគោក kar hel kok (n.) paddle
ការហែលទឹក ka hel teuk (n.) swim
ការហោះចេញ ka hoh chenh (n.) take-off
ការហោះសំកាំង kar hoah somkang (n.) glide
ការហោះហើរ kar haoh her (n.) flight
ការហៅ ka hao (n.) call
ការឡើង kar lerng (n.) ascent
ការឡើងកាន់ kar lerng kan (n.) accession
ការឡើងក្រហម kar lerng krohorm (n.) flush
ការឡើងខ្ពស់ kar lerng khpous (n.) elevation
ការឡើងផ្កា ឆូង ka lerng thla chhvong (n.) sparkle
ការឡើងប៉ោង kar lerng baong (n.) bulge
ការឡើងរឹងរបស់លិង្គ kar lerng reung robos loeng (n.) erection

ការរឡើងអង្កាញ់ៗ kar lerng angkanh (n.) undulation
ការឡោមព័ទ្ធ kar laom potth (n.) siege
ការអង្កេត kar angket (n.) probe
ការអង្រួន Kaar Ong Ruon (n.) shake
ការអង្វរ kar angvor (n.) beseeching
ការអង្វរ kar angvor (n.) plea
ការអង្វរការ kar angvorkar (n.) adjuration
ការអង្វរសុំ kar angvor soum (n.) entreaty
ការអញ្ជើញ kar anhcheunh (n.) invitation
ការអណ្ដែតអណ្ដូង kar andet andaung (n.) trance
ការអត់ឃ្លាន kar ot khlean (n.) starvation
ការអត់ធ្មត់ kar ot thmot (n.) forbearance
ការអត់ធ្មត់ kar at thmot (n.) patience
ការអត់ធ្មត់ kar atthmot (n.) toleration
ការអត់បាយ kar ot bay (n.) fast
ការអធិស្ឋាន kar athi sthan (n.) prayer
ការអនុញ្ញាត kar anuk nhaat (n.) pass
ការអនុញ្ញាត kar a nouh nhat (n.) permission
ការអនុញ្ញាតឱ្យគេហទំព័រមួយជួនដំណឹង kar anou nhnhat aoy kehaktompor muoy choun damnoeng (n.) trackback
ការអនុញ្ញាតឱ្យចូល kar anou nhat aoy chaul (n.) admittance
ការអនុម័ត kar anoumat (n.) adoption
ការអនុម័ត kar anoumat (n.) obduction
ការអនុម័ត kar anou mat (n.) passage
ការអនុម័តឡើងវិញ Kar Arknoumatt Leung Venh (n.) reapproval
ការអនុលោម kar anuloam (n.) compliance
ការអនុលោម kar anuloam (n.) conformity
ការអនុវត្ត kar anouvott (n.) implement
ការអនុវត្ត kar anouvotta (n.) practicability
ការអនុវត្តន៍ kar anouvott (n.) practice
ការអន់ចិត្ត Kar Orn Jit (n.) resentment
ការឱប kar orb (n.) embrace
ការឧបត្ថម្ភធន ka ubatthom thhon (n.) subsidy
ការអបអរសាទរ kar abaar sator (n.) congratulation
ការអប់រំ kar ob rom (n.) education
ការអប់រំ kar oab rom (n.) nurture
ការអប់រំរួមគ្នា kar oab rom ruom knea (n.) co-education
ការអប់រំឧត្តមសិក្សា kar ob rom ukdom serk sa (n.) higher education
ការអប់សាកសព kar ob saksob (n.) embalming
ការអភិរក្ស kar aphirak (n.) conservation
ការអភិរក្ស kar aphirak (n.) preservation
ការអភិរក្ស kar aphirak (n.) preservative
ការអភិវឌ្ឍ kar aphivodth (n.) development
ការអមការពារ kar orm karpear (n.) escort
ការអស់រដូវ kar os rodauv (n.) menopause
ការអស់សង្ឃឹម kar os sangkheum (n.) despair
ការអាចបរិភោគបាន kar ach boriphoak ban (n.) eatable
ការអាចប្រថាប់ត្រាបាន Kar Arch Pro Thab Tra Baan (n.) sealability
ការអាណិតអាសូរ kar anet asou (n.) compassion
ការអាណិតអាសូរ ka anit a sou (n.) sympathy
ការអុកឡុក ka ouk lok (n.) tamper
ការអូស kar aus (n.) drag
ការអូសទាញ kar aus teanh (n.) traction
ការអួតសរសើរ kar uot sarser (n.) adulation
ការឯបអប ka eb ob (n.) sycophancy
ការឱយប្រាក់មកវិញ Kar Oy Prak Mok Venh (n.) refund
ការឱយមានសម្បទាវិញ Kar Oy Mean SamPak Tea Venh (n.) rehabilitation
ការឱ្យចំណី kar oy chomney (n.) feed
ការអំពាវនាវ kar ompeav neav (n.) evocation
ការៈអាង kar aah ang (n.) affirmation
ការ៉ាត់ ka rat (n.) carat
ការ៉ាត់ karat (n.) karat
ការ៉ុត karot (n.) carrot
ការ៉េ ka re (n.) square
ការ៉េម ka rem (n.) ice cream

ការមលាយផ្លែឈើ karem leay plae chheu (n.) sundae
ការិយាធិបតេយ្យ kariya thebpatai (n.) bureaucracy
ការិយាល័យ kariyalai (n.) bureau
ការិយាល័យ kari ya lay (n.) office
ការិយាល័យប្រៃសណីយ៍ kariyalai braisani (n.) post-office
កាលកំណត់ kal kamnot (n.) maturity
កាលបរិច្ឆេទ kalbakrichhet (n.) date
កាលបរិច្ឆេទលេង kal barich chhet leng (n.) playdate
កាលប្បវត្តិ kalbbavott (n.) chronicle
កាលវិភាគ Kal Vi Pheak (n.) schedule
កាល:ទេស: kalaktesak (n.) circumstance
កាល់ស្យូម kalsyaum (n.) calcium
កាវ kav (n.) adhesive
ការការពារជ្រាប Kav Kaar Pea Jreab (n.) sealant
កាវបិទ kav bet (n.) glue
កាវបិទ kav bet (n.) mucilage
កាវបំពង់ kav bompong (n.) glue stick
កាសត្រចៀក kas trachiek (n.) earbud
កាស៊ីណូ kasinau (n.) casino
កាសែត kaset (n.) cassette
កាសែត ka sett (n.) gazette
កាសែត kaset (n.) newspaper
កាសែត kaset (n.) press
កាសែតវីដេអូ kaset video (n.) videocassette
កាសែតវីដេអូ kaset video (n.) videotape
កាហ្វេ kafe (n.) coffee
កាហ្វេកាពូជីណូ cafe cappuccino (n.) cappuccino
កាឡាក់ស៊ី kalaksi (n.) galaxy
កាឡូរី kalauri (n.) calorie
កាំ kam (n.) radius
កាំកង់ kam kong (n.) spoke
កាំជណ្តើរ kam chonder (n.) ladder
កាំជណ្តើរ Kam Jon Deu (n.) rung
កាំជ្រួច kam chruoch (n.) fireworks
កាំបិត kambet (n.) knife
កាំបិត សម ស្លាបព្រា kambet sorm slabprea (n.) cutlery
កាំបិតតាំងគោ kambet tangtoa (n.) chopper
កាំបិតតូចមុខពីរសម្រាប់វះកាត់ kam bet touch moukh pi somrab veah kat (n.) lancet
កាំបិតស្នៀត kambet sniet (n.) dagger
កាំប្រម៉ាសមុទ្រ kam bro ma samout (n.) echinoid
កាំប្រម៉ាសមុទ្រ kam broma samout (n.) urchin
កាំពន្លឺ kam ponleu (n.) radiance
កាំភ្លើង kam phleung (n.) gun
កាំភ្លើង kamphleung (n.) musket
កាំភ្លើងខ្យល់ kamphleung khchal (n.) airgun
កាំភ្លើងខ្លី kam phleung khlei (n.) pistol
កាំភ្លើងខ្លី kam phleung khlei (n.) shotgun
កាំភ្លើងគ្រាប់ជ័រ Kam Pleung Krob Jor (n.) rubber bullet
កាំភ្លើងដៃ Kam Pleung Dai (n.) revolver
កាំភ្លើងធំ kamphleungthom (n.) artillery
កាំភ្លើងបាហ្សូកា kam pleurng bazooka (n.) bazooka
កាំភ្លើងវែង Kam Pleung Veng (n.) rifle
កាំភ្លើងវែង Kam Pleung Veng (n.) scattergun
កាំម្ភី kam mhnhey (n.) velvet
កាំរស្មី kam rosmei (n.) ray
កាំរស្មីវិទ្យុសកម្ម kamrosmei vityousakam (n.) radiotelegraphy
កាំរស្មីអ៊ិច kam raksmey ich (n.) x-ray
កាំរស្មីអ៊ុលត្រាវីយូ kam rosmei ultraviyoulet (n.) ultraviolet
កាំរស្មីអ៊ុលត្រាវីយូ kam rosmei ultraviyoulet (adj.) ultraviolet
កិច្ចការ kechkar (n.) affair
កិច្ចការ kechkar (n.) assignment
កិច្ចការដាងកំបោរ kech kar cheang kom boar (n.) masonry
កិច្ចការដែលធ្វេសប្រហែស kechkar thvesbrahes (n.) bungle

កិច្ចការមិនទាន់ធ្វើហើយ kechkar mintoan thver hery (n.) backlog
កិច្ចការរលំបាក kechkar lombak (n.) toil
កិច្ចប្រជុំ kech bra chom (n.) summit
កិច្ចព្រមព្រៀង kech promprieng (n.) accord
កិច្ចព្រមព្រៀង kech promprieng (n.) agreement
កិច្ចព្រមព្រៀង kech promprieng (n.) concord
កិច្ចព្រមព្រៀង kech promprieng (n.) covenant
កិច្ចព្រមព្រៀង kechch prom prieng (n.) pact
កិច្ចសន្យា kech sanaya (n.) contract
កិច្ចសម្ភាសន៍ kech sampheas (n.) interview
កិច្ចសហប្រតិបត្តិការ kech sahabratebattekar (n.) cooperation
កិត្តិនាម ket te neam (n.) fame
កិត្តិនាម Kit Te Neam (n.) renown
កិត្តិយស ket te yuos (n.) honour
កិត្តិសព្ទ Kit Te Sab (n.) repute
កិត្យានុភាព ketyanoupheap (n.) cachet
កិត្យានុភាព ketya noup pheap (n.) prestige
កិន ken (v.) grind
កិន ken (v.) mill
កិនឱ្យខ្ទេច ken oy khtech (v.) mash
កិរិយាស័ព្ទ keriya sap (n.) verb
កីតម្បាញ kei dombanh (n.) loom
កីឡា kei la (n.) sport
កីឡាករ kei la kar (n.) player
កីឡាករកាយសម្ព័ន្ធ keilakar kaysampon (n.) acrobat
កីឡាកុនដាវ kei la kun dao (n.) fencing
កីឡាគោជល់ keila ko chol (n.) tauromachy
កីឡាជិះរលក kei la chih rolok (n.) surf
កីឡាយោលទោង keila yol tong (n.) trapeze
កីឡាវាយកូនគោលលើទីកកក keila veay kaun koal leu teuk kok (n.) hockey
កីឡាវាយកូនបាល់ keila veay kaun bal (n.) tennis

កីឡារាយសី keila veay sei (n.) badminton
កឹបភ្ជាប់ koeb phchob (v.) staple
កុងតាក់ភ្លើង kong tak phleung (n.) switch
កុងតឺន័រ kongteuneur (n.) container
កុងស៊ី kongshi (n.) mortgagee
កុងស៊ុល kongsul (n.) consul
កុនរូបភាពមានចលនា kon roubpheap mean cholana (n.) bioscope
កុប្បកម្ម Kob Kam (n.) revolt
កុប្បកម្ម Kob Pak Kam (n.) riot
កុមារភាព komarpheap (n.) childhood
កុមារភាពក្មេងប្រុស komarpheap kmeng bros (n.) boyhood
កុម្មង់ដូ kommongdau (n.) commando
កុលសម្ព័ន្ធ kol sampoan (n.) tribe
កុហក kohok (v.) lie
កុំព្យូទ័រ kompyoutor (n.) computer
កុំព្យូទ័រណាណូ kompyouter na nau (n.) nanocomputer
កុំព្យូទ័រយួរដៃ kompyoutor yuor dai (n.) laptop
កុំព្យូទ័រលើតុ computer leu tok (n.) desktop
កូកាអ៊ីន kau-kaa-in (n.) cocaine
កូដកម្ម koutakamm (n.) strike
កូដនីយកម្ម kaudneykam (n.) encryption
កូតា kauta (n.) quota
កូន kaun (n.) child
កូនកាត់ kaun kat (n.) hybrid
កូនកោះ koun kaoh (n.) isle
កូនក្រមុំ kaun kramoum (n.) bride
កូនកំលោះ kaunkamloh (n.) bridegroom
កូនកំលោះ kaun kamloh (n.) groom
កូនខ្ចៅខ្យងសមុទ្រ គោងនៅថ្ម kaun khchao khyang samout taong nov thmor (n.) barnacle
កូនគោ kaun ko (n.) calf
កូនឃ្លី koun khli (n.) taw
កូនចៅ kaun chao (n.) descendant
កូនចៅ kaunchaw (n.) progeny
កូនចៅជំនាន់ក្រោយ kaun chao chomnoan kraoy (n.) posterity
កូនឆ្កែ kaun chhke (n.) puppy
កូនឆ្កែ kaun chhkae (n.) whelp

កូនឆ្មា kaun chhma (n.) kitten
កូនជាង kauncheang (n.) apprentice
កូនជ្រូក (សម្រាប់សន្សំប្រាក់) kaun chrouk (samrab sansaambrak) (n.) piggy bank
កូនឈើ Kon Cheu (n.) sapling
កូនដបតូច kaun dob tauch (n.) vial
កូនបក្សី kaun baksei (n.) nestling
កូនប្រអប់រាយអក្សរ koun pra ob veay aksor (n.) keypad
កូនប្រុស kaun bros (n.) son
កូនបំណុល kaun bamnol (n.) debtor
កូនពោត koun poat (n.) baby corn
កូនព្រែក koun prek (n.) brook
កូនភ្លោះ kaun phloh (n.) twin
កូនមាន់ kaun moan (n.) chick
កូនមិនដូចម៉ែឪ kaun min dauch mae auv (n.) xenogenesis
កូនរបស់មនុស្សស្បែកខ្មៅនិងស្បែកស koun robos monus sbek khmao neung sbek sor (n.) mulatto
កូនសត្វដែលញាស់ពេលតែមួយ koun sat del nhors pel tae mouy (n.) brood
កូនសត្វស៊ីសាច់ជាអាហារ kaun sat si sach chea ahar (n.) cub
កូនសិស្សលោក kaunsesslok (n.) acolyte
កូនសៀវភៅ kaun sievphov (n.) booklet
កូនសៀវភៅ kaun siev phov (n.) pamphlet
កូនសេះ koun ses (n.) foal
កូនសេះ kaun seh (n.) pony
កូនសោ kaun soa (n.) key
កូនស្រី kaun srei (n.) daughter
កូរ kau (v.) churn
កូរ kaur (v.) stir
កូរ៉ុម kaurom (n.) quorum
កូលេស្តេរ៉ុល kau le ste rol (n.) cholesterol
កូឡាជែន kaula chen (n.) collagen
កើត kert (adj.) born
កើតជាថ្មី Kert Jea Thmey (n.) rebirth
កើតទុក្ខ kert toukh (v.) grieve
កើតមកពី kert mok pi (v.) stem
កើតមានឡើង kaet mean laeng (v.) occur
កើតឡើង kert lerng (v.) arise
កើតឡើង kert lerng (v.) betide
កើតឡើង kert lerng (v.) happen
កើតឡើង kert lerng (v.) incur
កើតឡើងវិញ Kert Leung Venh (v.) recur
កើនចំនួន kern chamnuon (v.) proliferate
កើនឡើង kern lerng (v.) accumulate
កើនឡើង kern lerng (v.) elevate
កើនឡើង kern lerng (v.) escalate
កើនឡើង kern lerng (v.) increase
កើនឡើង kern lerng (v.) surge
កើយ kery (v.) pillow
កេងប្រវ័ញ្ច keng bravanh (v.) exploit
កេរ្តិ៍មរតក ke morodok (n.) bequest
កេរ្តិ៍ឈ្មោះ Kae Jmous (n.) reputation
កេរ្តិ៍ឈ្មោះអាប្រិយ ke chhmoh ak brey (n.) infamy
កេរ្តិ៍ដំណែល ke domnel (n.) legacy
កេស kes (n.) termite
កេះ keh (v.) poke
កេះកៃកំភ្លើង keh kai kam phleung (v.) trigger
កែ kae (v.) correct
កែ Kae (v.) retouch
កែកុនឲ្យដូចថ្មី Ke Kon Oy Doch Thmey (v.) recondition
កែងជើង kaeng cheung (n.) heel
កែងដៃ kaeng dai (n.) elbow
កែងទ្រូលយចេញពីជញ្ជាំង keng tror louy chenhpi chonhchang (n.) corbel
កែតម្រូវ kae domrouv (v.) emend
កែតរូវ Kae Dom Rov (v.) rectify
កែទម្រង់ Kae Tom Rong (v.) reform
កែបចំហៀង keb chamhieng (n.) side-saddle
កែប្រែ kebrae (v.) amend
កែប្រែ kae brae (v.) edit
កែប្រែ ke brae (v.) modify
កែប្រែ Kae Brae (v.) revamp
កែវ kev (n.) glass
កែវភ្នែក kev phnek (n.) lens
កែវធំសម្រាប់ហ៊ូបបីយេរ kev thom somrab houb biyae (n.) tankard
កែវភ្នែក kev phnek (n.) eyeball

កែវមានចំពួយ keo mean champuoy (n.) beaker
កែវមានជើង kev mean cheurng (n.) goblet
កែវយឺត kev yeut (n.) binoculars
កែវយឺត Kev Yeut (n.) scope
កែវយឺត kev yeut (n.) telescope
កែវអត់ដៃ kev ot dai (n.) tumbler
កែសម្រួល kesamruol (v.) adjust
កែសម្រួល kae somruol (v.) readjust
កែស្វ័យប្រវត្តិ kae svaybravott (n.) autocorrect
កែឲ្យត្រូវវិញ Kae Oy Trov Venh (v.) redress
កែកាំភ្លើង Kaai Kam Pleung (n.) sear
កែកាំភ្លើង kai kam phleung (n.) trigger
កោង kaong (n.) bent
កោង kaong (adj.) crooked
កោដ្ឋ kaod (n.) urn
កោណ kaon (n.) cone
កោតសរសើរ kaotasarser (v.) admire
កោរ koa (v.) fleece
កោរ Kor (v.) shave
កោស koas (v.) grate
កោស Kuos (v.) scrape
កោស Koas (n.) scrawl
កោសិកា kaoseka (n.) cell
កោះ kaoh (n.) island
កោះប្រជុំ kaoh brachum (v.) convoke
កោះមានផ្កាថ្មពង្កូវិញ kaoh mean phkathmor potth choumvinh (n.) atoll
កោះហៅ koh hao (v.) summon
កៅស៊ូ Kao Soo (n.) rubber
កៅសិប kaw seb (n.) ninety
កៅអី kao ei (n.) chair
កៅអី Kao Eii (n.) seat
កៅអីមានដៃ kao ei mean dai (n.) armchair
កៅអីយន្តហោះផ្នាក់ពាណិជ្ជកម្ម kao ei yun hoah thnak peanechchokamm (n.) business class
កៅអីវែង kao ei veng (n.) bench
កៅអីវែង Kao Ey Veng (n.) settee
ក្ងាន ka ngarn (n.) goose
ក្ងោក kngaok (n.) peacock

ក្តាន់ឈ្មោល kdan chhmoal (n.) stag
ក្តាប់ kdab (v.) clutch
ក្តាប់ណែន kdab nen (v.) clench
ក្តារ សម្រាប់លាយថ្នាំពណ៌ kdar samrab leay thnam por (n.) palette
ក្តារក្រាល kdar kral (n.) boarding
ក្តារគប់ព្រួញ kdar kub pruonh (n.) dartboard
ក្តារគំនូរ Kdaar Kum Noo (n.) scratchboard
ក្តីបដិសេធ Kdey Pak De Set (n.) refutation
ក្តីពេញចិត្ត Kdei Penh Jet (adj.) satisfactory
ក្តីស្តាយក្រោយ Kdei Sday Kroy (n.) remorse
ក្តុងក្តាង Kdong Kdang (adj.) rowdy
ក្តុង Kdong (n.) schooner
ក្តាប់ kdab (v.) grip
ក្តាម kdam (n.) crab
ក្តារ kdar (n.) board
ក្តារខៀន kda khien (n.) blackboard
ក្តារចុច kdar choch (n.) keyboard
ក្តារបន្ទះ kdar banteah (n.) plywood
ក្តារអុក kdar ork (n.) chessboard
ក្តិច kdech (v.) pinch
ក្តីរំខាន kdey romkhan (n.) bane
ក្តីលោភលន់ kdey loap lun (n.) avarice
ក្តីសង្ឃឹម kdei sang kheum (n.) hope
ក្តីស្រលាញ់មួយនារ kdei srolanh mouy chhav (n.) infatuation
ក្តៅ kdao (adj.) hot
ក្តៅស្អះស្អាប់ខ្លាំង kdaw saoh sa ab khlang (adj.) muggy
ក្តៅឧណ្ហៗ kdao on on (adj.) tepid
ក្នុង knong (prep.) in
ក្នុងករណីណាក៏ដោយ knung kakroney na kor doy (adv.) however
ក្នុងចំណោម knong chamnaom (prep.) among
ក្នុងចំណោម knong chamnaom (prep.) amongst
ក្នុងទឹក knongteuk (adj.) aquatic
ក្នុងនាម khnong neam (n.) behalf
ក្នុងផ្ទះ knong phtah (adv.) indoors
ក្នុងពេលដំណាលគ្នា knong pel damnal knea (adj.) simultaneous

ក្នុងមួយ knong muoy *(prep.)* per
ក្នុងមួយឆ្នាំ knong muoy chhnam *(adv.)* per annum
ក្នុងស្រុក knong srok *(n.)* domestic
ក្នុងស្រុក knong srok *(adj.)* local
ក្បត់ kbot *(v.)* betray
ក្បត់ kbat *(v.)* rat
ក្បត់ kbot *(adj.)* treacherous
ក្បាចគិតលេខ kbach kit lekh *(n.)* abacus
ក្បាច់កុន kbach koun *(adj.)* martial
ក្បាច់រាំ kbach roam *(n.)* choreography
ក្បាច់ហែលទឹកពីចំហៀង kbach hel teuk pi chom heang *(n.)* sidestroke
ក្បាល kbal *(n.)* head
ក្បាល kbal *(n.)* nozzle
ក្បាលក្បាល kbal kbal *(n.)* blockhead
ក្បាលជាមនុស្សខ្លួនជាសេះ Kbal Jea Mnous Kloun Jea Ses *(n.)* sagittary
ក្បាលដោះ kbal daoh *(n.)* nipple
ក្បាលដោះ kbal doh *(n.)* teat
ក្បាលផ្កាឈូក kbal phka chhouk *(n.)* showerhead
ក្បាលម៉ាស៊ីនទឹក kbal masin teuk *(n.)* tap
ក្បាលម៉ាស៊ីនទឹក kbal ma sin toek *(n.)* faucet
ក្បាលរថភ្លើង kbal roth phleung *(n.)* locomotive
ក្បាលសំបុត្រ kbal sambot *(n.)* letterhead
ក្បួន Kboon *(n.)* ritual
ក្បួនច្បាប់សាសនា kbuonchbab sasana *(n.)* canon
ក្បួនដង្ហែ kbuon dang hae *(n.)* parade
ក្បួនដង្ហែ kbuon danghe *(n.)* procession
ក្បួនដោះស្រាយគណិត kbuon daohsray kaknet *(n.)* algorithm
ក្បួនរថយន្តឬនាវាការពារ kbuon rothyon reu neavea karpear *(n.)* convoy
ក្បួនហែ kbuon hae *(n.)* carnival
ក្បួនហែសព kboun hae sob *(n.)* cortege
ក្បឿង kbueng *(n.)* tile
ក្បៀស kbieh *(n.)* comma
ក្មួយប្រុស kmuoy bros *(n.)* nephew
ក្មួយស្រី kmuoy srei *(n.)* niece

ក្មេង kmeng *(n.)* kid
ក្មេង kmeng *(n.)* youngster
ក្មេងជំទង់ kmeng chomtong *(n. pl.)* teens
ក្មេងនរជោក kmeng chhor boak *(n.)* knave
ក្មេងជំទង់ kmeng chomtong *(n.)* teenager
ក្មេងទំនើង kmeng tomneurng *(n.)* gangster
ក្មេងប្រុស kmeng bros *(n.)* boy
ក្មេងពាល kmeng peal *(n.)* hooligan
ក្មេងរបិលរបួច kmeng robil robauch *(n.)* brat
ក្មេងរពីស kmeng ro peus *(adj.)* naughty
ក្មេងស្រី kmeng srei *(n.)* girl
ក្រ kror *(adj.)* penniless
ក្រងសក់បែបអាប្រិក krong sok beb afric *(v.)* dreadlock
ក្រចក kra chak *(n.)* nail
ក្រចក (សេះ គោ) kro chork (seh ko) *(n.)* hoof
ក្រចកដៃ kro chork dai *(n.)* fingernail
ក្រចៅ kror chao *(n.)* jute
ក្រញ៉ាំ kror nham *(n.)* claw
ក្រញាំ kra nham *(n.)* paw
ក្រញាំ kronham *(n.)* talon
ក្រញែងខ្លួន kro nhaeng kloun *(v.)* blench
ក្រដាស kradas *(n.)* paper
ក្រដាសកាតុង kradaas katong *(n.)* cardboard
ក្រដាសថ្លារុំម្ហូប kradas thla rom mahoub *(n.)* cellophane
ក្រដាសប្រាក់ kradasbrak *(n.)* banknote
ក្រដាសស្តង់ស៊ីស krodas stenchil *(n.)* stencil
ក្រដាស់ខាត់ Kro Das Khaat *(n.)* sandpaper
ក្រណាត់ krornat *(n.)* cloth
ក្រណាត់ kronat *(n.)* fabric
ក្រណាត់កម្ភីឆ្នូតៗ kranat kamnhei chhnaut chhnaut *(n.)* corduroy
ក្រណាត់ជូតជើង kranat chout cheung *(n.)* doormat
ក្រណាត់ដណ្តប់ krornat dondob *(n.)* drape
ក្រណាត់ស្បាញទន់ kronat tbanh tuon *(n.)* flannel

គ្រណាត់ធ្វើពីសរសៃរុក្ខជាតិម្យាង kronat tveu pi sor sai rokhakcheat myang (n.) linen
គ្រណាត់ធ្វើអំពីខ្សែរន kronat tveu ompi len (n.) worsted
គ្រណាត់ប្រផេះស្រអាប់ kronat bropheh sroarb (n.) drab
គ្រណាត់មានជីបបណ្តុំៗ Kro Nat Mean Jib Pnot Pnot (n.) ruffle
គ្រណាត់មាមជៀម kranat rom chiem (n.) woollen
គ្រណាត់ខ្សែរន kronat len (n.) organza
គ្រណាត់អត់ជ្រាបទឹក kronat ot chhreab teuk (n.) camlet
គ្របខណ្ឌ krob khann (n.) framework
គ្របី krabei (n.) buffalo
គ្រពា krapear (n.) alligator
គ្រពើ krapeu (n.) crocodile
គ្រពេញ kro penh (n.) gland
គ្រពេញអូវ៉ែ krapenh au ve (n.) ovary
គ្រពះ krapeah (n.) stomach
គ្រមសីលធម៌ krom selathor (n.) ethics
គ្រមូវដូចសត្វទិទុយ kromouv doch sat tituy (adj.) owly
គ្រមាបង់ករ Kro Maa Bong Kor (n.) shawl
គ្រមុំ kromom (n.) bachelorette
គ្រមួន kramuon (n.) wax
គ្រវាញ kravanh (n.) cardamom
គ្រវាត់ kravat (v.) gird
គ្រវិលខោ krovil khao (n.) eyelet
គ្រវែមគ្រវាំម Kro Vem Kro Vaam (adj.) scratchy
គ្រសួង kra suong (n.) ministry
គ្រហម Kro Horm (n.) red
គ្រហមដូចឈាម Kro Hom Doch Cheam (adj.) sanguine
គ្រហមព្រឿង Kro Hom Preung Preung (adj.) rosy
គ្រហមព្រឿងៗ kr hm prueng (adj.) ruddy
គ្រឡរ kro lor (n.) jar
គ្រឡូទែន kra lor ten (n.) mumps
គ្រឡា krala (n.) tread
គ្រឡាប់ krawlab (v.) capsize

គ្រឡាប់ Kro Lab (v.) reverse
គ្រឡើង kra loeng (v.) whirl
គ្រឡុក kralok (v.) cockle
គ្រឡុក Kro Lok (v.) shack
គ្រឡេកមើល kralek meul (v.) glance
គ្រឡេកមើលទៅក្រោយ Kro Lek Merl Tov Kroi (n.) retrospect
គ្រអឺតក្រទម kraeutakratm (adj.) arrogant
គ្រអឺតក្រទម kro eut kro toam (adj.) haughty
គ្រអឺតក្រទម kro eut kro tom (adj.) pompous
គ្រអូប kra aub (adj.) fragrant
គ្រអុមមាត់ kra aum moat (n.) palate
គ្រាបចុះ krab chuh (v.) cower
គ្រាបថ្វាយបង្គំ krab thvay bangkoum (v.) prostrate
គ្រាម kram (n.) gramme
គ្រាលក្ដារ kral kdar (v.) floor
គ្រាលក្ដារ kral kdar (v.) plank
គ្រាស់ kras (adj.) dense
គ្រាស់ kras (adj.) thick
គ្រាស់សិតសក់ kras setsok (n.) comb
គ្រាស់សិតសក់ kras set sok (n.) hairbrush
គ្រាហ្វ graph (n.) graph
គ្រាហ្វិច kra hvech (adj.) graphic
គ្រិតតាមខ្នាត kret tamkhnat (v.) calibrate
គ្រីគ្រ krei kror (adj.) down and out
គ្រីគ្រ krei kror (adj.) poor
គ្រឹត្យ kret (n.) decree
គ្រុង krong (adj.) municipal
គ្រុង krong (n.) town
គ្រុម krom (n.) bevy
គ្រុម krom (n.) cohort
គ្រុម krom (n.) group
គ្រុម kroum (n.) lot
គ្រុម krom (n.) squad
គ្រុម krom (n.) team
គ្រុមគ្រួសារនុយក្លេអឺរ kruom kre saear nouykle aer (n.) nuclear family
គ្រុមចម្រៀង krom chamrieng (n.) choir
គ្រុមជើលើសាសនាចំលែក krom cheu leu sasana chamlek (n.) cult

ក្រុមជំនុំ krom chomnoum *(n.)* congregation
ក្រុមតន្ត្រីចល័ត Krum Dom Trei Jak Laat *(n.)* roadshow
ក្រុមតន្ត្រី krom dontrey *(n.)* band
ក្រុមតំណាង krom domnang *(n.)* contingent
ក្រុមតំណាងគណៈប្រតិភូ krom domnang kanakbrotephu *(n.)* deputation
ក្រុមបក្ខពួក krom pak pouk *(n.)* faction
ក្រុមប្រឹក្សា krom broeksaa *(n.)* council
ក្រុមប្រតេអ៊ីន krom brau te in *(n.)* germin
ក្រុមផ្កាយ Krom phkay *(n.)* asterism
ក្រុមផ្កាយ krom phkay *(n.)* constellation
ក្រុមភ្លេង krom pleng *(n.)* ensemble
ក្រុមល្ខោន krom lakhon *(n.)* troupe
ក្រុមហ៊ុន kromhun *(n.)* company
ក្រុមហ៊ុន kromhoun *(n.)* firm
ក្រុមហ៊ុនដឹកជញ្ជូន kromhun doek chonhchoun *(n.)* carrier
ក្រុមហ៊ុនធំ kromhun thom *(n.)* conglomerate
ក្រុមហ៊ុនផលិត kromhoun pholit *(n.)* maker
ក្រុមហ៊ុនផលិត kromhoun pholit *(n.)* manufacturer
ក្រុមហ៊ុនអន្តរជាតិផ្តាច់មុខ kromhun antoracheat phdach moukh *(n.)* cartel
ក្រុមអ្នកតវ៉ា krom nak tor va *(n.)* protestation
ក្រុមអ្នកធ្វើរ៉ុកកែត Krum Nak Tver Rok Ket *(n.)* rocketeer
ក្រុមអ្នកលេង krom nak leng *(n.)* gang
ក្រូច krauch *(n.)* citrus
ក្រូចឆ្មា krauch chhma *(n.)* lemon
ក្រូចឆ្មារ krouch chhmar *(n.)* lime
ក្រូម kraum *(n.)* chrome
ក្រូម៉ូសូម kraumosaum *(n.)* chromosome
ក្រៀមក្រំ kream krom *(adj.)* sullen
ក្រៀមក្រំពីព្រោះមានអ្នកស្លាប់ចោល kriem krom pi prus mean nak slab chaol *(adj.)* bereft
ក្រៀមភាសា kriem pear sa *(n.)* idiom
ក្រៀមស្រពោន Kream Sro Pon *(v.)* sear

ក្រៀមស្វិត kriem svet *(v.)* wither
ក្រៀវ (សត្វ) kriev (satt) *(v.)* geld
ក្រេបទឹកឃ្មុំ kreb teuk khmoum *(n.)* honeymoon
ក្រែងលោ kreng lor *(conj.)* lest
ក្រែម krem *(n.)* cream
ក្រែមលាបមុខ kraem leab moukh *(n.)* Face cream
ក្រែមផ្អែម krem ph'aem *(n.)* custard
ក្រៃលែង krei leng *(adv.)* most
ក្រោតខឹងខ្លាំង kraot khoeng khlang *(v.)* rage
ក្រោម kraom *(prep.)* underneath
ក្រោម kraom *(adj.)* underneath
ក្រោម kraom *(adv.)* underneath
ក្រោយ kraoy *(prep.)* past
ក្រោយ kroy *(adv.)* post
ក្រោយកាលបរិច្ឆេទ kraoy kal barichchhet *(v.)* post-date
ក្រោយគេបំផុត kraoy ke bomphot *(adv.)* last
ក្រោយឆាក krauy chhaak *(adv.)* backstage
ក្រោយបរិញ្ញា kraoy brinhnha *(adj.)* postgraduate
ក្រោយមក kraoy mok *(adv.)* thereafter
ក្រោយមកទៀត kraoy mok tiet *(adj.)* latter
ក្រោយមរណភាព kraoy moronpheap *(adj.)* post-mortem
ក្រោយមរណភាព kraoy moronpheap *(n.)* post-mortem
ក្រោយស្លាប់ kraoy slab *(adj.)* posthumous
ក្រោល (សត្វ) kroal satt *(n.)* stable
ក្រោលគោ kroal ko *(n.)* byre
ក្រៅ krao *(adj.)* outdoor
ក្រៅបណ្តាញ krav bandanh *(adj.)* offline
ក្រៅផ្លូវការ krao phlauv kar *(adj.)* unofficial
ក្រៅភព krao phoub *(adj.)* extraterrestrial
ក្រៅសាសនា krao sasana *(adj.)* profane
ក្រៅស្រុក kraw srok *(adj.)* outbound
ក្រៅអាពាហ៍ពិពាហ៍ krao aapear pipear *(adj.)* extramarital
ក្រៅអំណាចតុលាការ krao omnach tolakar *(adj.)* extrajudicial

ក្លរីន klorin (n.) chlorine
ក្លាយជា klay chea (v.) become
ក្លាយជាចាស់ទុំ khlay chea chas toum (v.) mature
ក្លាយជាដំបៅមានខ្ទុះ khlay chea dombao mean khtuh (v.) fester
ក្លាយជាមនុស្ស khlay chea monuos (v.) humanize
ក្លាយជាសត្វតិរច្ឆាន klay chea satt de ri chhan (v.) brutify
ក្លាយជាអស់កម្លាំង klay chea os kom lang (v.) fatigue
ក្លាយទៅជាមេម៉ាយ khlay tov chea memay (v.) widow
ក្លាយទៅជាឡប់ khlay tov chea lob (v.) freak
ក្លាស់កន្លឹះ klas konleus (n.) buckle
ក្លាហាន klaharn (adj.) bold
ក្លាហាន klahan (adj.) brave
ក្លាហាន khla harn (adj.) gallant
ក្លាហាន klahan (adj.) valiant
ក្លិន klen (n.) odour
ក្លិន Klen (n.) scent
ក្លិន klen (n.) smell
ក្លិនក្រអូប klen kraaub (n.) aroma
ក្លិនក្រអូប klen kra aub (n.) fragrance
ក្លិនមាត់ klen moat (n.) dogbreath
ក្លិនស្អុយ klen sa ouy (n.) stench
ក្លិនស្អុយ klen sa oy (n.) stink
ក្លឹប kloeb (n.) club
ក្លឹបកំសាន្ត kleub komsan (n.) cabaret
ក្លឹបឌីស្កូ club disco (n.) discotheque
ក្លៀក kliek (n.) armpit
ក្លៀវក្លា kliev kla (adj.) studious
ក្លែងក្លាយ klaeng klay (adj.) bogus
ក្លែងក្លាយ klengklay (adj.) counterfeit
ក្លែងក្លាយ kleng klay (adj.) fake
ក្លែងធ្វើជាគ្រូពេទ្យ kleng thveu chea kroupet (v.) quack
ក្លែងបន្លំ kleng bonlom (v.) fake
ក្លែងបន្លំ khlaeng banlom (v.) falsify
ក្លែងបន្លំ klaeng banlom (v.) impersonate
ក្លែប klaeb (n.) lobe

ក្សត់ Ksot (adv.) scarcely
ក្សេត្រសាស្ត្រ ksaet sas (n.) agronomy
ក្ស័យធន ksay thun (adj.) bankrupt
ក្ស័យធន ksay thon (n.) insolvency
ក្អក ka'ork (v.) cough
ក្អួត k'auot (v.) vomit
ក្អែក k'ek (n.) crow
ក្អែក ka ek (n.) raven
ក្អែកទឹក ka'ek teuk (n.) cormorant
កំចាត់ Kom Jat (v.) rid
កំចាយ Kom Jaay (v.) rout
កំចី kam chei (n.) loan
កំដៅ kom dao (n.) heat
កំណក kom nork (n.) frost
កំណកឈាម kamnok chheam (n.) clot
កំណត់ komnot (v.) attribute
កំណត់ kamnot (v.) define
កំណត់ kamnot (v.) determine
កំណត់ kamnot (v.) limit
កំណត់ Kom Not (v.) set
កំណត់ជាមុន kamnot cheamun (n.) presupposition
កំណត់ឈ្មោះ komnot chhmuos (v.) denominate
កំណត់ទីតាំង kamnot titang (v.) locate
កំណត់ពេលវេលា kamnot pelvelea (v.) time
កំណត់ពេលវេលាល្អ kamnot pelvelea laor (adj.) well-timed
កំណត់ព្រំដែន kamnot promden (v.) delimit
កំណត់ព្រំដែន kamnot promdcn (v.) demarcate
កំណត់រចនាសម្ព័ន្ធ kamnot rachnasamponth (v.) configure
កំណត់ហេតុ kam not het (n.) log
កំណត់ហេតុប្រចាំថ្ងៃ kamnot het bracham thngai (n.) diary
កំណត់ហេតុប្រវត្តិសាស្ត្រ kamnot het bravotte sas (n.pl.) annals
កំណត់ឡើងវិញ Kom Not Leung Venh (v.) reassign
កំណត់អត្តសញ្ញាណ kam not attak sanh nhan (v.) identify

កំណប់ komnob (n.) treasure
កំណាញ់ kamnanh (adj.) miserly
កំណាត់ kamnat (n.) chunk
កំណាត់តូច kamnat touch (n.) morsel
កំណាព្យ kamnap (n.) acrostic
កំណាព្យ kamnap (n.) poem
កំណាព្យ kamnap (n.) poet
កំណាព្យ kamnap (n.) poetry
កំណាព្យ kam nap (n.) verse
កំណាព្យសម្រាប់អ្នកស្លាប់ komnarb somrab nak slab (n.) elegy
កំណើត kamnert (n.) birth
កំណើត kam naet (n.) nativity
កំណើន kom nern (n.) growth
កំណែ kam nae (n.) version
កំទេច kamtech (v.) crush
កំទេច kom tich (v.) mangle
កំទេច Kom Tech (n.) rubble
កំទេចកំទី kamtech kamti (n.) debris
កំទេចនំប៉័ង komtich nombang (n.) breadcrumb
កំនត់ដោយវាសនា Komnot doy veasana (v.) fate
កំនល់អារណេឈើ Kom Nol Ahh Cheur (n.) sawbench
កំប៉ុង kambong (n.) canard
កំប៉ុង kompong (n.) can
កំបេះគូទ kompes kuth (n.) breech
កំបោរលាយដីឥដ្ឋ kom boar leay dei eth (n.) marl
កំបោរស kambaor sor (n.) whitewash
កំប្រុក kambrok (n.) squirrel
កំប្លែង komplaeng (n.) burlesque
កំប្លែង kamblaeng (adj.) comic
កំប្លែង kam bleng (v.) joke
កំប្លែងឆ្កួត kambleng chhkuot (n.) zany
កំពង់ផែ kampong phae (n.) harbour
កំពង់ផែ kampong phe (n.) port
កំពប់ kompob (v.) spill
កំពីស kom peus (n.) krill
កំពូល apex (n.) apex
កំពូល kom poul (n.) meridian

កំពូល kampoul (n.) peak
កំពូល kampoul (n.) pinnacle
កំពូល kampoul (adj.) supreme
កំពូល kam pul (n.) zenith
កំពូលស្រួច (ប្រាសាទវិហារគ្រឹស្ត) kompoul sruoch (prasat vihear kreuh) (n.) steeple
កំពែង kampeng (n.) bastion
កំពែង kompaeng (n.) bulwark
កំពែង kampeng (n.) rampart
កំព្រា kamprea (n.) orphan
កំភួនដៃ komphuon dai (n.) forearm
កំរាលព្រំ kam ral prom (n.) carpet
កំរាលព្រំ Kom Raal Prum (n.) rug
កំរាលស្មៅ kam ral smao (n.) turf
កំរិតខ្ពស់ kamrit khpos (adj.) uber
កំលោះ kam loh (n.) bachelor
កំសាន្ត kamsan (v.) amuse
កំសាន្ត kamsan (v.) entertain
កំសួល kamsuol (n.) puff
កំសួល kamsuol (n.) whiff
កំសៀរ komsiev (n.) kettle
កំហាក kom hak (n.) spittle
កំហាក kom hak (n.) sputum
កំហឹង kamhoeng (n.) anger
កំហឹង kom hoeng (n.) fury
កំហឹង kom hoeng (n.) ire
កំហឹង kamhoeng (n.) rage
កំហឹង kom hoeng (n.) spleen
កំហឹង kamhoeng (n.) temper
កំហឹង kamhoeng (n.) wrath
កំហឹងខ្លាំង kamhoeng khlang (n.) outrage
កំហុស kamhos (n.) bug
កំហុស kamhos (n.) error
កំហុស kamhos (n.) fault
កំហុស kom hous (n.) flaw
កំហុស kamhos (n.) mistake
កំហុសផ្តេសផ្តាស kom hous phdes phdas (n.) gaffe
កំហុសផ្តេសផ្តាស kamhos phdes phdas (n.) blunder
កំហុសវិជ្ជាជីវៈ kamhos vich chea chi vak (n.) misconduct

កំឡុងពេល kamlong pel *(prep.)* during
កំឡុងពេលដែលយូរមិនអាចគិតបាន kamlong pel da you min ach kit ban *(n.)* aeon
កំអែរភ្នំភ្លើង kom ae phnom pleurng *(n.)* lava

ខ khor *(v.)* braise
ខកខានទទួលទូរស័ព្ទ kar khork kan tursap *(v.)* miscall
ខកចិត្ត khork chett *(v.)* disappoint
ខណៈនោះ khanak noh *(conj.)* whereupon
ខណៈពេល khanak pel *(conj.)* while
ខនិជវិទ្យា kha nich vityea *(n.)* mineralogy
ខាងកសិកម្ម khang kaksekam *(adj.)* agricultural
ខាងកើត khang kert *(adv.)* east
ខាងក្នុង khang knong *(adj.)* inner
ខាងក្នុង khang knong *(adv.)* inside
ខាងក្នុង khang knong *(adj.)* inward
ខាងក្នុងបំផុត khang knong bamphot *(adj.)* innermost
ខាងក្រោម khang kroam *(prep.)* down
ខាងក្រោម khang choh kraom *(adj.)* downward
ខាងក្រោយ Khang Kroy *(adv.)* rear
ខាងក្រោយ Khang Kroy *(adj.)* rear
ខាងក្រៅ khang krao *(adj.)* external
ខាងក្រៅ khang krao *(adv.)* extrinsically
ខាងក្រៅ khang krao *(adj.)* out
ខាងក្រៅ khang krao *(prep.)* out
ខាងក្រៅ khang krao *(v.)* outbid
ខាងក្រៅ khang krao *(adj.)* outer
ខាងក្រៅ khang krao *(n.)* outside
ខាងក្រៅ khang krao *(adv.)* outward
ខាងក្រៅ khang krao *(adv.)* without
ខាងខ្នង khang khnorng *(adj.)* dorsal
ខាងចិត្តគិតកិច្ចា khang chet tekech chha *(n.)* psychotherapy
ខាងឆ្វេង khang chhveng *(n.)* left
ខាងជើង khangcheung *(adv.)* northerly
ខាងជើង khangcheung *(adj.)* northerly
ខាងជើង khangcheung *(adj.)* northern
ខាងជំនឿសាសនា khang chomnue sasana *(n.)* piety
ខាងត្បូង khang tbaung *(n.)* south
ខាងមុខ khang moukh *(n.)* front
ខាងលិច khang lich *(adj.)* west
ខាងលិច khang lich *(adj.)* westerly
ខាងលើ khang leu *(prep. & adv.)* above
ខាងលើ khangleu *(n.)* top
ខាងលើ khang leu *(adj.)* upper
ខាងលោកិយ khang lokey *(adj.)* worldly
ខាងវិជ្ជាធ្វើម្ហូប khang vichchea thveu mhoub *(adj.)* culinary
ខាងវិញ្ញាណ khang vinhnhean *(adj.)* spiritual
ខាងវិញ្ញាណ khang vinhnhean *(n.)* spirituality
ខាងវោហារសាស្ត្រ Kang Vo Ha Sas *(adj.)* rhetorical
ខាងសាសនាគ្រឹស្ត khang sasana kreus *(adj.)* ecclesiastical
ខាងស្ដាំ Khang Sdam *(adv.)* right
ខាងឪពុក khang aupouk *(adj.)* paternal
ខាត់ Khaat *(v.)* scrub
ខាត់ (ឱ្យរលោង) khat ( aoy rlong) *(v.)* wax
ខាត់នឹងក្រដាសខាត់ Khaat Neung Kro Das Khaat *(v.)* sand
ខាត់នឹងក្រដាសខាត់ Khaat Neung Kro Das Khaat *(v.)* sandpaper
ខាំ kham *(v.)* bite
ខិតខំ khet kham *(v.)* strive
ខិតខំធ្វើការជួលគេ khet kham thveu kar chuol ke *(v.)* poach
ខិតប័ណ្ណ khet bann *(n.)* handbill
ខិត្តប័ណ្ណ khettabann *(n.)* brochure
ខិត្តប័ណ្ណ khettabann *(n.)* leaflet
ខឹង khoeng *(adj.)* angry
ខឹង khoeng *(adj.)* irate

ខឹង khoeng (adj.) mad
ខុស khos (adj.) amiss
ខុស khos (adv.) wrong
ខុស khos (adj.) wrong
ខុសគ្នា khos knea (v.) differ
ខុសគ្នា khos knea (adj.) different
ខុសគ្នា khos knea (adj.) distinct
ខុសច្បាប់ khos chhbab (adj.) illegal
ខុសច្បាប់ khos chhbab (adj.) illegitimate
ខុសច្បាប់ khos chbab (adj.) wrongful
ខុសច្បាប់សីលធម៌ khos chhbab sila thor (adj.) illicit
ខុសសមតុល្យ khos samtol (adj.) off balance
ខូច khauch (v.) broken
ខូចទ្រង់ទ្រាយ khauch trongtreay (v.) deform
ខួងព្រឹករន្ធ khuong pongrik ron (v.) ream
ខួប khuob (n.) anniversary
ខួរក្បាល khuor kbal (n.) brain
ខួរឆ្អឹងខ្នង khuor chhaoeng khnong (n.) marrow
ខួរតូច khour touch (n.) cerebellum
ខៀវ khiev (n.) blue
ខៀវស្រងាត់ khiev srongat (adj.) lush
ខេត្ត khet (n.) province
ខែ khae (n.) month
ខែកញ្ញា Khae Kanha (n.) September
ខែកុម្ភៈ khae kompheak (n.) February
ខែតុលា khae tola (n.) October
ខែធ្នូ khae thnuo (n.) december
ខែមេសា khae mesaa (n.) April
ខែល Khel (n.) shield
ខែលការពារ khael kapear (n.) buffer
ខែវិច្ឆិកា khe vichchheka (n.) November
ខែសីហា kae seiha (n.) August
ខោ khao (n.) pant
ខោ khao (adj.) panting
ខោ khoa (n. pl.) trousers
ខោខូប៉ូយ koar khov bouy (n.) jean
ខោខ្លី khao khlei (n. pl.) shorts
ខោទ្រនាប់ khao tronoab (n.) underwear
ខប់ khchoab (v.) pack
ខប់ khchob (v.) parcel
ខប់អំណោយ khchob om noay (v.) giftwrap
ខ្ចាត់ខ្ចាយ Kjaat Kjaay (v.) scatter
ខ្ចី khchei (v.) borrow
ខ្ចី khchey (v.) loan
ខ្ចីប្រាក់ដោយមានយកអ្វីទៅកក់ khchei brak daoy mean yk avei tow kok (v.) mortgage
ខ្ចប់ខ្ចួន khchab khchuon (adj.) steadfast
ខ្ជិល khjel (adj.) idle
ខ្ជិល khjel (adj.) indolent
ខ្ជិល khchel (adj.) lazy
ខ្ជិល khchel (n.) omitter
ខ្ជិលច្រអូស khchel chra aus (adj.) osculant
ខ្ជិលច្រអូស khchel chraa ous (n.) slothful
ខ្ជិលច្រអូស khchel chra ous (n.) somnolence
ខ្ជះខ្ជាយ khchah khcheay (adj.) extravagant
ខ្ជះខ្ជាយ khchah kcheay (adj.) sumptuous
ខ្ជះខ្ជាយ khcheah khcheay (v.) waste
ខាំក្រញ៉ាំ khnam kra nham (v.) paw
ខ្ញី khnhei (n.) ginger
ខ្ញុំ khnhom (abbr.) am
ខ្ញុំ khnhom (pron.) I
ខ្ញុំ khnhom (pron.) me
ខ្ញុំកញ្ជះគេ Knhom Kon Jeas Ke (n.) serf
ខ្ញុំរកឃើញហើយ! khnhom rok kheunh hery! (int.) eureka
ខ្ទង់ khtung (n.) digit
ខ្ទម khtoum (n.) cottage
ខ្ទម khtoam (n.) hut
ខ្ទម Ktorm (n.) shack
ខ្ទម khtom (n.) wigwam
ខ្ទឹមមួយកំពីស khtoem muoy kampeus (n.) clove
ខ្ទឹមស khtoem sor (n.) garlic
ខ្ទឹមបារាំង khteom barang (n.) onion
ខ្ទុះ khtoh (n.) pus
ខ្ទើយ khteuy (n.) gay
ខ្នង khnorng (n.) back
ខ្នងកង Knong Korng (n.) rim

ខងដៃ khnorng dai (n.) backhand
ខ្នាតតូច khnat tauch (n.) miniature
ខ្នាតរលកធាតុអាកាសកម្រិតណាណូ khnat rolok theat akas kamrit na nau (n.) nanohertz
ខ្នើយ khnery (n.) pillow
ខ្នើយទ្រនាប់ khnery tronnoab (n.) cushion
ខ្នែងបំបៅ khnaeng bombao (n.) graft
ខ្នោះ khnorh (n.) cuff
ខ្នោះដៃ khnaoh dai (n.) handcuff
ខ្នះខែ្នង khnah khnaeng (v.) bustle
ខ្ពង់រាប khpang reab (n.) plateau
ខ្ពស់ khpuos (adj.) high
ខ្ពស់ khpous (adj.) lofty
ខ្ពស់ khpos (adj.) tall
ខ្ពស់ដាច់គេ khpoas dachke (n.) pre-eminence
ខ្ពុលមាត់ khpol moat (v.) gargle
ខ្មាស់ khmas (v.) cringe
ខ្មាស់ khmas (v.) discomfit
ខ្មាស់អៀន Khmas ien (adj.) ashamed
ខ្មាស់អៀន khmas ien (v.) embarrass
ខ្មាស់អៀន Kmas ian (v.) shame
ខ្មាស់អៀន khmas ien (adj.) timid
ខ្មោច khmaoch (n.) ghost
ខ្មោច khmaoch (n.) phantom
ខ្មោច khmoach (n.) spectre
ខ្មោចបិសាច khmoach bei sach (n.) fiend
ខ្មោចបិសាច khmaoch beisach (n.) wraith
ខ្មៅ khmao (adj.) black
ខ្មៅដៃ khmao dai (n.) pencil
ខ្យង khyang (n.) snail
ខ្យងសំង khyongsang (n.) conch
ខ្យល់ khchal (n.) air
ខ្យល់ khyal (n.) breeze
ខ្យល់ khyol (n.) wind
ខ្យល់កួច khyal kuoch (n.) whirlwind
ខ្យល់ខ្លាំង khyol khlang (n.) gale
ខ្យល់បក់ពីពីរកៀន kyal bok pi kien (n.) sidewind
ខ្យល់ព្យុះ khyol pyouh (n.) hurricane
ខ្យល់ព្យុះ khyal pyouh (n.) tempest

ខ្យល់ព្យុះ khyal pyouh (n.) tornado
ខ្យល់ល់ហើយ khyal lomheuy (n.) zephyr
ខ្យាដំរី Kyaa Dom Rei (n.) scorpion
ខ្លា khla (n.) tiger
ខ្លាឃ្មុំ khla khmoum (n.) bear
ខ្លាច khlach (adj.) afraid
ខ្លាច khlach (v.) dread
ខ្លាញ់ khlanh (n.) fat
ខ្លាញ់ klanh (n.) grease
ខ្លាញ់កកក្រោមស្បែក khlanh kok kroam sbek (n.) cellulite
ខ្លាញ់ជ្រូក khlanh chrouk (n.) lard
ខ្លាញ់សត្វ khlanh satt (n.) tallow
ខ្លារខិន khla rokhen (n.) cheetah
ខ្លារខិន khla ro khen (n.) leopard
ខ្លារខិន khla rakhen (n.) panther
ខ្លាំង khlang (adj.) extreme
ខ្លាំង khlang (adj.) intense
ខ្លាំង khlang (adv.) pretty
ខ្លាំង khlang (adj.) radious
ខ្លាំង khlang (adj.) strong
ខ្លាំងក្លា khlang kla (adj.) potent
ខ្លាំងក្លា khlang kla (adj.) vigorous
ខ្លាំងណាស់ khlang nas (adj.) very
ខ្លាំងពូកែ khlang pou kae (adj.) mighty
ខ្លីជាងធម្មតា khlei cheang thommoda (adj.) snub
ខ្លី khlei (adj.) short
ខ្លឹមសារ khloem saar (n.) essence
ខ្លឹមសារ khleum sa (n.) gist
ខ្លឹមសារ khloem saar (n.) quintessence
ខ្លុយ khloy (n.) flute
ខ្លួនឯង khluon eng (pron.) myself
ខ្លួនឯង Kloun Eng (n.) self
ខ្លួនអ្នក khluon nak (n.) pelf
ខ្លួនអ្នក khluon nak (pr.) yourself
ខ្លែង khlaeng (n.) kite
ខះ khlah (pron.) some
ខះ khlah (adj.) some
ខ្វាក់ khvak (adj.) blind
ខ្វាក់ពណ៌ khvak poar (adj.) colour-blind
ខ្វាច Kvaach (v.) scratch

ខ្វិន khven (n.) paralysis
ខ្វិន khven (adj.) paralytic
ខ្វិនឬវៀចមុខដោយសារសរសៃប្រសាទក្រៅ khven reu viech moukh daoy sa sarsai brasat krao (n.) periphery
ខ្វេក Kveak (v.) scrawl
ខ្វៃ Kvai (adj.) roast
ខ្វះ Kvaas (adj.) scanty
ខ្វះខាត khvah khat (v.) lack
ខ្វះខាត Kvas Khaat (n.) scant
ខ្វះខាត kvah khat (adv.) short
ខ្វះចន្លោះ khvah chanloh (adj.) deficient
ខ្វះចន្លោះ khvah chanloh (n.) shortcoming
ខ្សាច់ khsaach (n.) quicksand
ខ្សាច់ Ksach (n.) sand
ខ្សឹប khseub (v.) whisper
ខ្សែ ksae (n.) cord
ខ្សែ khsae (n.) strand
ខ្សែ khsae (n.) string
ខ្សែក khsae kor (n.) necklace
ខ្សែក khsae kor (n.) necklet
ខ្សែកោង khsae kaong (n.) curve
ខ្សែកៅស៊ូរឹបក្រសោមជើង khsae kaosu reub sraom cheurng (n.) garter
ខ្សែក្រវាត់ khsae krovat (n.) belt
ខ្សែក្រវាត់ khsae krovat (n.) waistband
ខ្សែក្រវាត់ចង្កេះ khsae kror vat chong keh (n.) girdle
ខ្សែចងក្របសៀវភៅ ksae chorng krob siv phov (n.) binding
ខ្សែចំណងគោក្របី ksae chong ko krobei (n.) tether
ខ្សែចំហៀង khsae chamhieng (n.) sideline
ខ្សែជើង khsae cheung (n.) anklet
ខ្សែដៃ khsae dai (n.) bracelet
ខ្សែប្រយុទ្ធ khsae broyout (n.) striker
ខ្សែពួរ khsae puor (n.) moorings
ខ្សែភាពយន្ត khsae pheap yun (n.) movies
ខ្សែភាពយន្ត khsae pheap yon (n.) film
ខ្សែភ្លើង khsae phleurng (n.) cable
ខ្សែភ្លើងឆក់ khsae phleung chhork (n.) electrocution

ខ្សែចង្វាយគ្រប់ៗ Ksae Jong Vay Krob Krob (n.) rosary
ខ្សែបង្ហៀរសេះ Ksae Bong Hea Ses (n.) rein
ខ្សែពួរ Ksae Poor (n.) rope
ខ្សែរូត khsae ruot (n.) zipper
ខ្សែរូត ksae rout (n.) zip
ខ្សែរំពាត់ khsae rompoat (n.) whipcord
ខ្សែលួសតូចក្នុងអំពូល khsae luos touch knung ompuol (n.) filament
ខ្សែសង្វាក់ khsae sangvak (n.) chain
ខ្សែសម្រាប់សំអាតធ្មេញ ksae somrab somaart thmenh (v.) floss
ខ្សែស្បែកជើង khsae spek cheung (n.) lace
ខ្សែស្ពាយ ksae speay (n.) sling
ខ្សែស្ពាយ khsae speay (n.) strap
ខ្សែអង់តែន khsae angten (n.) aerial
ខ្សែអ៊ីសូបា ksae ei sau ba (n.) isobar
ខ្សោយ khsaaoy (adj.) feeble
ខ្សោយ khsoay (adj.) tenuous
ខ្សោយ khsaaoy (adj.) weak
ខ្សោះជាតិទឹក khsoh cheat teuk (v.) dehydrate
ខំប្រឹងគិតខ្លាំង kham broeng kit khlang (v.) rack

គ kor (n.) mute
គគ្រាត kokreat (adj.) raspy
គណនា kaknaknea (v.) calculate
គណនា kaknanea (v.) compute
គណនី kaknanei (n.) account
គណនីចរន្ត kaknakney chak ron (n.) current account
គណនេយ្យ kaknaney (n.) accounting
គណនេយ្យករ kaknaneyyokor (n.) accountant
គណនេយ្យកិច្ច kaknaney kech (n.) accountancy
គណនេយ្យភាព kaknaney pheap (n.) accountability

គណបក្ស konabak (n.) party
គណបក្សប្រឆាំង ko na pak brachhang (n.) opposition
គណិតវិទូ kanet vitou (n.) mathematician
គណិតវិទ្យា kanet vityea (n.) mathematics
គណៈកម្មាធិការ kanakammathikar (n.) committee
គណៈប្រតិភូ kanak bratephou (n.) delegation
គណៈរដ្ឋមន្ត្រី kanak rothmontrey (n.) cabinet
គណៈវិនិច្ឆ័យ kanak vinichhay (n.) jury
គន្ថនិទ្ទេស konthaknittes (n.) bibliography
គន្លង konlong (n.) orbital
គន្លង konlong (n.) orbituary
គន្លងគោចរ konlong ko chaw (n.) orbit
គន្លងនង្គ័ល konlong neangkoal (n.) furrow
គន្លាក់ម្រាមដៃ konlak mream dai (n.) knuckle
គន់គូរ Kun Koo (v.) reckon
គប់ kub (v.) hurl
គប់ដុំថ្ម kob dom thmor (v.) stone
គព៌ koa (n.) foetus
គម្ពីរសាសនា Kum Pee Sas Sna (n.) scripture
គម្រប komrob (n.) cover
គម្របក្បាល kom rob kbal (n.) hood
គម្រប់ពីរឆ្នាំ kum roup pi roy chhnam (adj.) bicentenary
គម្រោង komrong (n.) project
គម្រោងដំណើរកំសាន្ត kom roung domner komsan (n.) itinerary
គម្លាត kom leat (n.) gap
គម្លាតពីបាតរថយន្តនិងដី komleat pi bat rothyon ning dei (n.) ground clearance
គរជាគំនរ kor chea koumnor (v.) pile
គរឡើង kor lerng (v.) heap
គរុកោសល្យ kak rou kaosal (n.) pedagogy
គល់ kul (n.) stub
គល់ kol (n.) stump
គល់ខ្ទឹម kul khteom (n.) leek
គល់បញ្ញី kul bannhchi (n.) counterfoil
គាត់ koat (pron.) he

គាត់ koat (pron.) him
គាស់និងដងថ្លឹង dong thloeng (v.) lever
គាស់ពីដី koas pi dei (v.) unearth
គាស់យកថ្ម koas yok thmor (v.) quarry
គាស់រំលើងឫសគល់ koas romling reus kol (v.) uproot
គាំទ្រ koam tror (v.) support
គាំពារ koam pear (v.) hedge
គិត kit (v.) think
គិតគូរក្បត់ kit ku kbot (v.) machinate
គិតគូរខុស kitkur khos (v.) miscalculate
គិតថាប្រកបដោយឧត្តមភាព kit tha bro kob doy ukdom pheap (v.) idealize
គិតទុកជាមុន kit touk chea moun (v.) anticipate
គិតទុកជាមុន kittouk chea moun (v.) premeditate
គិតទុកជាមុន kar kit touk chea moun (n.) premeditation
គិតមមៃ kit mamei (v.) obsess
គិតសារជាថ្មី Kit Sa Chea Thmey (v.) reconsider
គិតអំពី kit ompi (v.) figure
គិលានុបដ្ឋាយិកា ki lea nou bad tha yi ka (n.) nurse
គីមី kimi (n.) chemical
គីមីកសិកម្ម kimi kasekam (n.) agrochemical
គីមីវិទូ kimivitu (n.) chemist
គីមីវិទ្យា kimivityea (n.) chemistry
គីស kis (n.) cyst
គីឡូ kilo (n.) kilo
គីឡូក្រាម kilokram (n.) kilogram
គុក kuk (n.) prison
គុកក្រោមដី kouk kroam dei (n.) dungeon
គុជខ្យង kouch kyang (n.) pearl
គុណ koun (adj.) multiparous
គុណ koun (n.) multiped
គុណ kun (v.) multiply
គុណកិរិយា kun keriya (n.) adverb
គុណធម៌ kunathor (n.) virtue
គុណនាម kun neam (n.) adjective
គុណនឹង៨ adth pheap (v.) octuple

គុណនឹងចំនួនដដែល kun neung chomnun dor del (v.) square
គុណនឹងបួន koun neung buon (v.) quadruple
គុណនឹងបួន koun neung buon (adj.) quadruple
គុណភាព kounpheap (n.) quality
គុណវិបត្តិ kun vibat (n.) demerit
គុណវិបត្តិ kun vibatt (n.) disadvantage
គុណវិបត្តិ kun vibatt (n.) drawback
គុណវុឌ្ឍិ kounvoudthi (n.) qualification
គុណសម្បត្តិ kun sambatt (adj.) advantageous
គុណសម្បត្តិ kun sombat (n.) merit
គុម្ពោត kum poat (n.) bush
គូ ku (n.) duo
គូ ku (n.) pair
គូកនជិតស្និត kukon chit snet (n.) pal
គូដណ្ដឹង kou don doeng (n.) fiancé
គូទ kuot (v.) butt
គូទ kuot (n.) buttock
គូប kuob (n.) cube
គូប៉ុង kupong (n.) coupon
គូប្រាំង kou brochhang (n.) adversary
គូប្រាំង kou brochhang (n.) antagonist
គូប្រជែង kou bracheng (n.) competitor
គូប្រជែង koubracheng (n.) contender
គូប្រជែង kou bracheng (n.) opponent
គូប្រជែង Kou Pro Jeng (n.) rival
គូរ ku (v.) draw
គូរ ku (v.) paint
គូរគំនូរកៀក ku komnu khviek (v.) doodle
គូរគំនូរព្រាង ku koumnur preang (v.) sketch
គួរស្អប់ខ្ពើម Kour Oy Sa Ob Kperm (adj.) repulsive
គូឈ័រទៀន kou lor tien (n.) crayon
គូវិវាទ ku viveath (n.) litigant
គូស kous (v.) tick
គូសកំហោង kous komrorng (v.) chart
គូសដីស kus dei sor (v.) chalk
គូសបញ្ជាក់ kous banhcheak (v.) underline
គូសបន្ទាត់ kous bontot (v.) line

គូស្រ្តោងរៀបរាប់ kous preang rieb roab (v.) delineate
គូសវាស Kus Veas (v.) scribble
គួរ kuor (v.) ought
គួរតែ kuor tae (v.) should
គួរសម kour som (adv.) enough
គួរសម kuor sam (adj.) polite
គួរសម Kuor Som (adj.) reverent
គួរអោយសើចចំអក Kuor Oy Soch Jom Ork (adj.) ridiculous
គួរអោយស្អប់ Kuor Oy Sa Ob (adj.) repugnant
គួរអោយស្អប់ខ្ពើម kuor aoy sa'ob khperm (adj.) loathsome
គួរអោយអាណិត kuor aoy anet (adj.) pitiful
គួរឱ្យកត់សម្គាល់ kuor aoy kotsamkoal (adj.) considerable
គួរឱ្យកត់សម្គាល់ kuor aoy kot sam koal (adj.) notable
គួរឱ្យកោតសរសើរ kuor aoy kaotsarsaer (adj.) admirable
គួរឱ្យខ្មាស់ kuor oy khmas (interj.) fie
គួរឱ្យខ្មាស់អៀន kuor aoy khmas ien (adj.) embarrassing
គួរឱ្យខ្លាច kuor oy khlach (adj.) dreadful
គួរឱ្យខ្លាច Kour Oy Klach (adj.) scary
គួរឱ្យខ្លាច kuor aoy khlach (adj.) terrible
គួរឱ្យចាប់ចិត្ត kuor aoy chab chett (adj.) sizable
គួរឱ្យចាប់អារម្មណ៍ kuor aoy chab arom (v.) fascinate
គួរឱ្យចាប់អារម្មណ៍ kuor oy chabarom (adj.) interesting
គួរឱ្យទាក់ទាញ kuor oy teakteanh (adj.) attractive
គួរឱ្យទុកចិត្ត kuor aoy touk chett (adj.) trustful
គួរឱ្យទុកចិត្ត kuor aoy touk chet (adj.) trustworthy
គួរឱ្យរន្ធត់ kuor oy ronthot (adj.) horrible
គួរឱ្យសង្វេគ kuor aoy sangvek (adj.) piteous
គួរឱ្យសង្ស័យ kuor aoy sangsay (adj.) suspicious

គួរឱ្យសរសើរ kuor aoy sarser (adj.) commendable
គួរឱ្យសរសើរ kuor oy sor ser (adj.) laudable
គួរឱ្យសរសើរ kuor aoy sarser (adj.) praiseworthy
គួរឱ្យសោកស្ដាយ kuor aoy saok sday (adj.) lamentable
គួរឱ្យស្ទើចសរសើរ kour oy sngerch sor ser (adj.) impressive
គួរឱ្យស្រលាញ់ kuor aoy sralanh (adj.) cute
គួរឱ្យស្រឡាញ់ kuor aoy sralanh (adj.) adorable
គួរឱ្យស្រឡាញ់ kuor aoy sralanh (adj.) lovable
គួរឱ្យស្រឡាញ់ kuor aoy sralanh (adj.) lovely
គួរឱ្យស្អប់ខ្ពើម kuor aoy s'oab khpeum (adj.) abominable
គួរឱ្យស្អប់ខ្ពើម kuor aoy sa'ob khpeum (adj.) deplorable
គួរឱ្យអស់សំណើចណាស់ kuor oy os somnerch nas (adj.) hilarious
គួរឱ្យអាសូរយ៉ាងណា kuor aoy asaur yang na (adj.) pitiable
កៀប kieb (v.) clasp
កៀបសង្កត់ kieb sangkot (v.) oppress
កេង keng (v.) sleep
កេចខ្លួន kech khluon (v.) abscond
កេចខ្លួន kech kluon (v.) decamp
កេចខ្លួន kech kluon (v.) elude
កេចជៀស kiech cheas (v.) shun
កេចចេញ kech chenh (v.) dodge
កេចចេញ kech chenh (v.) evade
កេហទំព័រ kehak tompor (n.) web page
កែ ke (n.) craw
កែម kem (n.) brim
កែម kem (n.) edge
កែម kem (n.) fringe
គោ ko (n.) bull
គោ koa (n.) cow
គោ koa (n.) ox
គោក្របី ko krabei (n.) cattle
គោក្រៀវ ko kriev (n.) bullock
គោព្រៃអាមេរិក ko prey americ (n.) bison

គោម koam (n.) lantern
គោរព korop (v.) esteem
គោរព Ko Rob (v.) respect
គោរព Ko Rob (v.) salute
គោរពតាម korop tam (v.) abide
គោរពតាម korop tam (v.) obey
គោរពបូជា korob bochea (v.) deify
គោរពបូជា korop bauchea (v.) worship
គោរពយ៉ាងជ្រាលជ្រៅ Ko Rob Yang Jreal Jrov (v.) revere
គោរពស្រឡាញ់ korop sralanh (v.) adore
គោរពឱ្យតម្លៃ korop oy domlai (v.) dignify
គោលការណ៍ kolkar (n.) principle
គោលការណ៍គ្រឹះរបស់គណបក្ស kolkar kruah robos kanapak (n.) plank
គោលការណ៍ណែនាំ koal kar nae noam (n.) guideline
គោលគំនិត kuol koumnit (n.) concept
គោលដៅ kol dao (n.) goal
គោលដៅ kol daw (n.) objective
គោលដៅ kol daw (adj.) objective
គោលដៅ kol dao (n.) target
គោលដៅចុងក្រោយនៃខ្សែរថភ្លើង koal dao chong kroay nei khsae rot phleung (n.) terminus
គោលនយោបាយ kol no yo bay (n.) policy
គោលបំណង kol bamnong (n.) purpose
គោលលទ្ធិ kol letthi (n.) doctrine
គោលលទ្ធិ koal lethi (n.) tenet
គោលលទ្ធិហិណ្ឌូប្ផុទ្ធសាសនា koal lathi hindu reu putsasana (n.) tantra
គោះ koh (v.) knock
គោះតិចៗ koh tech tech (v.) pat
គោះបន្ធើរ koh bonther (v.) tap
គ្មាន kmean (adj.) no
គ្មាន kmean (adv.) no
គ្មាន kmean (n.) no
គ្មាន kmean (adv.) none
គ្មាន kmean (pron.) none
គ្មាន kmean (conj.) nor
គ្មាន ការថត kmean ka thot (adj.) tapeless
គ្មានកង្វល់ kmean kangvol (adj.) carefree

គ្មានការដឹងគុណ kmean ka doeung kun *(adj.)* thankless
គ្មានការបង្ក្រោះថ្នាក់ kmean kar bangkor kroh thnak *(adj.)* harmless
គ្មានការប្រកួតប្រជែង kmean kar brakuot bracheng *(adj.)* matchless
គ្មានការរាប់អាន kmean kar roab arn *(adj.)* unaffectionate
គ្មានការសង្ស័យ kmean kar sangsay *(adj.)* doubtless
គ្មានការអនុញ្ញាត kmean kar anounhnhat *(adj.)* unauthorized
គ្មានការអប់រំ kmean kar abrom *(adj.)* uneducated
គ្មានកូន kmean kaun *(adj.)* barren
គ្មានកោសិកា kmean kaoseka *(adj.)* acellular
គ្មានកំណត់ kmean kamnot *(adj.)* indefinite
គ្មានកំហុស kmean kamhos *(adj.)* impeccable
គ្មានខ្លាញ់ kmean khlanh *(v.)* lean
គ្មានគេដូច kmean ke dauch *(n.)* nonpareil
គ្មានគេដូច kmean ke dauch *(adj.)* nonpareil
គ្មានច្បាប់ kmean chbab *(adj.)* lawless
គ្មានចំណុចកណ្ដាល kmean chamnoch kandal *(adj.)* acentric
គ្មានឆ្អឹង kmean chhaoeng *(adj.)* boneless
គ្មានជាតិម្សៅស្អិត kmean cheat masao sa'et *(adj.)* gluten-free
គ្មានជីវិត kmean chivit *(adj.)* lifeless
គ្មានដែនកំណត់ kmean den kamnot *(adj.)* limitless
គ្មានតំលៃ kmean damlei *(adj.)* worthless
គ្មានទីបញ្ចប់ kmean ti banhchob *(adj.)* endless
គ្មានទីបំផុត kmean ti bompot *(adj.)* infinite
គ្មានទិព្វ kmean tipeung *(adj.)* defenceless
គ្មានទោស kmean tos *(adj.)* guilt-free
គ្មានទោស kmean tous *(adj.)* innocent
គ្មាននរណាម្នាក់ kmean norna mneak *(pron.)* nobody
គ្មានន័យ kmean ney *(adj.)* meaningless

គ្មានប៉ូលីស kmean polis *(adj.)* policeless
គ្មានប្រសិទ្ធភាព kmean brasetth pheap *(adj.)* ineffective
គ្មានបំណុល kmean bamnol *(adj.)* debt-free
គ្មានផលប៉ះពាល់ kmean phol pahpoal *(adj.)* unaffected
គ្មានពណ៌ kmean por *(adj.)* achromatic
គ្មានមូលដ្ឋាន kmean moulothan *(adj.)* baseless
គ្មានមេត្តា kmean metta *(adj.)* merciless
គ្មានមេត្តា kmean metta *(adj.)* pitiless
គ្មានយោបល់ kmean yobol *(adj.)* opinionless
គ្មានរសជាតិ kmean ros cheat *(adj.)* insipid
គ្មានលេខ kmean lekh *(adj.)* numberless
គ្មានសម្លេង kmean samleng *(adj.)* soundproof
គ្មានសិល្បៈ kmean selapak *(adj.)* artless
គ្មានស្នាម kmean snam *(adj.)* spotless
គ្មានសំណាង kmean saamnang *(adj.)* luckless
គ្មានអាវុធ kmean avouth *(adj.)* unarmed
គ្មានអ្នកបើកបរ kmean nak berk bor *(adj.)* unmanned
គ្មានអ្វី kmean avei *(adv.)* nothing
គ្មានអ្វី kmean avei *(n.)* nothing
គ្មានអ្វីទាំងអស់ kmean oa vei teang oas *(n.)* nought
គ្មានអ្វីសោះ khmean avey sos *(n.)* aught
គ្របគ្រប kroab komrob *(v.)* cover
គ្របគំរប kroab komroub *(v.)* cap
គ្របដណ្ដប់ krob dondob *(v.)* mantle
គ្រប់ខែ krob khae *(adj.)* premature
គ្រប់គ្រង krobkrong *(v.)* administrate
គ្រប់គ្រង krobkrong *(n.)* control
គ្រប់គ្រង krob krong *(v.)* govern
គ្រប់គ្រង krob krong *(v.)* manage
គ្រប់គ្រាន់ krob kroan *(adj.)* adequate
គ្រប់គ្រាន់ krob kroan *(adj.)* ample
គ្រប់គ្រាន់ krobkroan *(adj.)* sufficient
គ្រប់ទីកន្លែង krob ti kanleng *(adv.)* anywhere

ត្រប់ទីកន្លែង krob ti kanleng *(adj.)* ubiquitous
ត្រប់ពេលវេលា krobpelvelea *(adv.)* anytime
ត្រប់គ្រងតាមចិត្ត krob krong tam chett *(v.)* manipulate
ត្រវាត់ចោល krovot choal *(v.)* fling
ត្រវី kro vi *(v.)* brandish
ត្រវី krovi *(v.)* wag
ត្រហុស kro hoh *(n.)* lay
ត្រហឹម kro heum *(v.)* growl
ត្រហឹម Kreu Hem *(v.)* roar
ត្រាដំបូង krea dambaung *(adj.)* primeval
ត្រាន់តែ kroan tae *(adj.)* mere
ត្រាប់ kreab *(n.)* nut
ត្រាប់កណ្ដឹង kroab kandoeng *(n.)* clapper
ត្រាប់កាំភ្លើង kroab kamphleung *(n.)* bullet
ត្រាប់កៅឡាក់ kroab kao lak *(n.)* macadamia
ត្រាប់ថ្នាំ kroab thnam *(n.)* tablet
ត្រាប់ថ្នាំមូលទ្រវែង krorb thnam moultroveng *(n.)* capsule
ត្រាប់ធញ្ញជាតិ kroab thonh nho cheat *(n.)* grain
ត្រាប់បាញ់នាវា kroab banh neavea *(n.)* torpedo
ត្រាប់បែក kroab baek *(n.)* bomb
ត្រាប់បែក krab bek *(n.)* munitions
ត្រាប់បែកដៃ kroab bek dai *(n.)* grenade
ត្រាប់បែកមានថាមពលយ៉ាងខ្លាំង blok *(n.)* blockbuster
ត្រាប់ផ្លោង kroab phloang *(n.)* projectile
ត្រាប់ពូជ Krob Pouch *(n.)* seed
ត្រាប់រំសេវ kreab romsev *(n.)* ammunition
ត្រាប់រំសេវ kroab romsev *(n.)* dynamite
ត្រាប់សណ្ដែក kroab sondek *(n.)* lentil
ត្រាប់សី krob sei *(n.)* shuttlecock
ត្រាប់ឡុកឡាក់ kroab loklak *(n.)* dice
ត្រាមភាសា kream pheasaa *(n.)* dialect
ត្រីមលាក់បាំងស្នាម kream lakbang snam *(n.)* concealer
ត្រីមសម្រាប់លាបនំ kream somrab leab nom *(n.)* frosting
ត្រីស្ដាល់ kristal *(n.)* crystal
ត្រីសុសាសនា kris sasana *(n.)* Christianity
ត្រីស្ដាន kristean *(adj.)* Christian
ត្រីះ kreuh *(n.)* foundation
គ្រុន krun *(n.)* fever
គ្រុនចាញ់ krun chanh *(n.)* ague
គ្រុនញាក់ krun nheak *(n.)* chill
គ្រុនលស់ krun lous *(n.)* tertian
គ្រូ krou *(n.)* instructor
គ្រូ krou *(n.)* pedagogue
គ្រូ krou *(n.)* teacher
គ្រូនៅសាកលវិទ្យាល័យ kru nov sakol vityealay *(n.)* docent
គ្រូបង្រៀន Kroo Bong Rean *(n.)* schoolteacher
គ្រូបង្រៀនច្បាប់សញ្ញាតិជីហ្វា krou bangrien chbab sanhcheate chvis *(n.)* rabbi
គ្រូបង្រៀនតាមផ្ទះ krou bangrien tam phteah *(n.)* tutor
គ្រូបង្រៀនមូស្លីមផ្នែកសាសនាអ៊ីស្លាម krou bang rien mou sleim phnek sas nea ei slam *(n.)* mullah
គ្រូបង្វឹក krou bangveuk *(n.)* coach
គ្រូពេទ្យ kroupet *(n.)* physician
គ្រូពេទ្យក្លែងក្លាយតាម kru pet khleng khlay *(n.)* quack
គ្រូពេទ្យជំនាញខាងចាក់ម្ជុលវិទ្យាសាស្ត្រ kroupet chomneanh khang chak mchoul vityeasas *(n.)* acupuncturist
គ្រូពេទ្យព្យាបាលរោគ kroupet pyeabal rok *(n.)* podiatrist
គ្រូពេទ្យវះកាត់ kroupet veahkat *(n.)* surgeon
គ្រូពេទ្យសម្ភព kroupet samphop *(n.)* obstetrician
គ្រូមើលក្រយៅដៃ krou meul kra yow dai *(n.)* palmist
គ្រូមន្ដមន្ត krou vetamon *(n.)* mage
គ្រូសីល Kroo Sel *(n.)* shaman
គ្រូឧត្ដមសិក្សា kru ukdom serksaa *(n.)* lecturer
គ្រួស kruos *(n.)* pebble
គ្រួសារ kruo sar *(n.)* family
គ្រួសារ kruor sar *(n.)* household

គ្រួសារសាច់ថ្លៃ kruor sa sach thlai (n.) in-laws
គ្រើម kreum (adj.) coarse
គ្រឿង ស្លៀកពាក់ krueng sliek peak (n.) outfit
គ្រឿងក្មេងជិះលេង krueng kmeng chih leng (n.) carousel
គ្រឿងកំសាន្ត krueng kam san (n.) pastime
គ្រឿងចានឆ្នាំងដី krueng chan chhnang dei (n.) crockery
គ្រឿងជាតិផ្ទុះ kreung cheat phtuoh (n.) explosive
គ្រឿងជំរុញទឹកចិត្ត kreung chomrunh teuk chet (n.) spur
គ្រឿងញៀន krueng nhien (n.) drug
គ្រឿងដោះបន្ទាល់ Kreung Dos Bon Tol (n.) recourse
គ្រឿងតុបតែង krueng tobteng (n.) ornament
គ្រឿងតុបតែងម្ហូប kreurng tob taeng mhoub (n.) garnish
គ្រឿងទាក់ចិត្ត kreung tak chett (n.) inducement
គ្រឿងទាក់ចិត្ត Kreung Teak Jet (n.) relish
គ្រឿងទេស krueng tes (n.) grocery
គ្រឿងទេស kruengtesa (n.) spice
គ្រឿងបង្ហាញអក្សរដល់អ្នកនិយាយ kreung bonghanh aksor dol nak niyeay (n.) teleprompter
គ្រឿងបង្អន់សូរ krueng bangaon sau (n.) muffler
គ្រឿងបញ្ជូនសារ (វិទ្យុ) krueng banhchoun sar ( vityou) (n.) transmitter
គ្រឿងបន្ថែម krueng banthaem (n.) accessory
គ្រឿងបរិក្ខារ krueng pakrikhar (n.) facility
គ្រឿងប៉ាក់សម្រាប់ព្យួរនៅជញ្ជាំង kreung pak somrab pyour nov chonh cheang (n.) tapestry
គ្រឿងបូជា Kreung Bo Chea (n.) sacrifice
គ្រឿងប្រើប្រាស់ krueng brerbras (n.) appliance
គ្រឿងប្រើប្រាស់បន្ថែម krueng breubras banthaem (n.) accoutrement

គ្រឿងបំពាក់នៅនឹងកន្លែង kreung bompeak nov neung konlaeng (n.) fixture
គ្រឿងផ្សំ krueng phsom (n.) ingredient
គ្រឿងម៉ាស៊ីន krueng masin (n.) machinery
គ្រឿងយន្តសំរាប់ជិះដើរលេង Kreung Yon Som Rab Jis Leng (n.) runabout
គ្រឿងរក្សាទុក kreung raksa tuk (n.) preserve
គ្រឿងរោទ៍ kreung roar (n.) buzzer
គ្រឿងសង្ហារិម krueng sangha reum (n.) furniture
គ្រឿងសព្វាវុធ krueng sapveavuth (n.) armament
គ្រឿងសមុទ្រ Kreung Sak Mot (n.) seafood
គ្រឿងសម្រាប់ថ្ពក់ស្រងចេញពីទឹក krueng samrab thpok srong chenh pi teuk (n.) grapple
គ្រឿងស្វន krueng smaun (n.) pottery
គ្រឿងសំអាង krueng saam ang (n.) cosmetic
គ្រឿងអលង្ការ krueng alangkar (n.) jewellery
គ្រេចថ្លោះ krech thloah (v.) dislocate
គ្រេចថ្លោះ krech thloah (v.) sprain
គ្រែ krae (n.) bed
គ្រែកូនង៉ែត kre koun nget (n.) cot
គ្រែដែកឈឺ kre dek chheu (n.) sickbed
គ្រែតូចមានពីរជាន់ krae touch touch rneang pi jorn (n.) bunk bed
គ្រែទម្រេត kre toumret (n.) chaise
គ្រែមានដំបូលស្នែងបួននាក់ kre mean dambaul sneng boun neak (n.) palanquin
គ្រែយោល Krae Yol (n.) rocker
គ្រែសំរាប់ដឹកកម្ពុអ្នកជំងឺ krae somrab nak chomngeu (n.) stretcher
គ្រោង krong (v.) outline
គ្រោង krong (n.) outline
គ្រោងការណ៍ Krong Kaar (v.) scheme
គ្រោងឆ្អឹង krong chhaoeng (n.) skeleton
គ្រោងពេល Krong Pel (v.) schedule
គ្រោងឡើងវិញ Krorng Leung Venh (v.) reconfigurate
គ្រោះថ្នាក់ krohthnak (n.) accident

គ្រោះថ្នាក់ krohthnak (n.) danger
គ្រោះថ្នាក់ kroh thnak (n.) hazard
គ្រោះថ្នាក់ kroh thnak (n.) jeopardy
គ្រោះថ្នាក់ kroh thnak (n.) peril
គ្រោះថ្នាក់ kroh thnak (adj.) perilous
គ្រោះថ្នាក់ផប់ខ្យល់ krohthnak thoab khyal (n.) asphyxia
គ្រោះថ្នាក់អកុសល kroh thnak akosal (n.) mishap
គ្រោះមហន្តរាយ krohmohantoray (n.) calamity
គ្រោះមហន្តរាយ kroh mohantoray (n.) cataclysm
គ្រោះមហន្តរាយ kroh mohantoray (n.) disaster
គ្រោះរាំងស្ងួត kroh reang snguot (n.) drought
គ្លីនិក klinik (n.) clinic
គ្លីសេរីន kli se rin (n.) glycerine
គ្លុយកុស klouy kaus (n.) glucose
គំនរ koum nor (n.) heap
គំនរ koumnor (n.) pile
គំនរច្របូកច្របល់ kom nor chro bouk chro bol (n.) jumble
គំនរភ្លើង koumnor phleung (n.) pyre
គំនិត koum nit (n.) idea
គំនិត koumnit (n.) opinion
គំនិត kom nit (n.) thought
គំនិតគិតឃើញក្រោយមក koumnit kit kheunh kraoymok (n.) afterthought
គំនិតថ្មែប្រឌិតផ្តល់ komnit chhnai bradit phtorl (n.) brainchild
គំនិតផ្តួចផ្តើម koumnit phduoch phderm (n.) initiative
គំនិតព្យាបាទ komnit pyea bat (n.) malice
គំនិតសំខាន់ koumnit saamkhan (n.) motif
គំនុំ Kumnum (n.) animosity
គំនូរ koumnu (n.) drawing
គំនូរ koumnu (n.) painting
គំនូរតាមទីសាធារណៈ koum nu tam ti sathearanak (v.) graffiti
គំនូរលាក់ដីសពណ៌ koumnour phat dei sa por (n.) pastel
គំនូរព្រាង koumnur preang (n.) sketch
គំនូវិចិត្រដោយផ្តុំរូបតូចៗ koumnu vichet daoy phdom roub tauch (n.) mosaic
គំនូសតាងលំហូរ koum nous tang lomhou (n.) flow chart
គំនូសបត់បែន koumnous botben (n.) contour
គំនួប koum nuob (n.) vortex
គំរប koum rob (n.) lid
គំរាមកំហែង koumream kamheng (v.) menace
គំរាមកំហែង koum reamkamheng (v.) threaten
គំរូ koum ruo (n.) exemplar
គំរូ koum ru (n.) modality
គំរូ koumru (n.) model
គំរូ koumrou (n.) prototype
គំរូ Kum Roo (n.) sample
គំរូ koumrou (n.) specimen
គំរូ koumrou (n.) stereotype
គំរូសំណាក koumru saamnak (n.) paragon
គំរូឥតខ្ចោះ koumru et khchoah (n.) embodiment
គំរោះគំរើយ kom ros kom reuy (adj.) brusque

# យ

យាតករ kheat kor (n.) assassin
យាតករ kheata kar (n.) murderer
យាត់ khoart (v.) dissuade
យាត់ចិត្ត Khort Jet (v.) restrain
យាត់ឈាម khoat chheam (v.) tampon
យានវិញ្ញាណ khean vinhnhean (n.) olfactics
យាំងចែក kheang chek (v.) partition
យុបឃិត khoubkhit (v.) collude
យុបឃិត khoubkhit (v.) conspire
យុំ khoum (n.) commune
យុំខ្លួន khoum khluon (v.) detain
យោរយៅ khorkhov (adj.) atrocious

យោរយោវ khor khov (adj.) barbarous
យោរយោវ khor khov (adj.) brutal
យោរយោវ khorkhov (adj.) cruel
យោរយោវ khor khovv (adj.) ferocious
យោរយោវ khor khov (adj.) harsh
យោសនា khosana (v.) propagate
យោសនា khosana (v.) publicize
យោសនិក khosanik (n.) propagandist
ឃ្នួងជើងគ្រាន khnuong cheung chong kran (n.) mantel
ឃ្មោះ khmoah (n.) gong
ឃ្លា khlea (n.) clause
ឃ្លា khlea (n.) phrase
ឃ្លាដែលគេនិយមប្រើ khlea del ke niyom brer (n.) cliché
ឃ្លាន khlean (v.) crave
ឃ្លាន khlean (adj.) hungry
ឃ្លាន khlean (v.) starve
ឃ្លាំង khlarng (n.) godown
ឃ្លាំង khleang (n.) warehouse
ឃ្លាំងសម្ងាត់ khleang samngat (n.) cache
ឃ្លាំងអាវុធ khleang avuth (n.) armoury
ឃ្លាំងអាវុធ khleang avuth (n.) arsenal
ឃ្លាំមើល khlom meul (adj.) watchful
ឃ្លាស្ទាក់ khloam stak (v.) waylay
ឃ្ល់ khloum (v.) muzzle
ឃ្លោក khlouk (n.) gourd
ឃ្វាលសត្វឱ្យស៊ីស្មៅ kveal sat oy shi smao (v.) pasture

ងក់ក្បាល ngok kbal (v.) nod
ងក់ក្បាល ngok kbal (n.) nod
ងក់ក្បាល ngok kbal (v) noddle
ងងឹតអាប់អួរ ngor nget arb aur (adj.) bleak
ងងុយគេង ngor ngouy keng (adj.) sleepy
ងងុយដេក ngor gouy dek (adj.) somnolent

ងប់ងល់ ngub ngol (adj.) passionate
ងប់ងុល ngub ngoul (adj.) fanatic
ងាកចេញពី ngeak chenh pi (v.) deviate
ងាកមើលចងបាក់ក. Ngeak Merl Jong Bak Kor (v.) rubberneck
ងាយឆេះ ngeay chheh (adj.) inflammable
ងាយទាក់ទង ngeay teaktong (adj.) approachable
ងាយរងគ្រោះ ngeay rong kroh (adj.) vulnerable
ងាយស្រួល ngeay sruol (adj.) convenient
ងាយស្រួល ngeay sruol (adj.) easy
ងាយស្រួល ngeay sruol (adv.) readily
ងាយស្រួលប្រើ ngeay sruol brer (adj.) easy-to-use
ងារបស់ពេទ្យរះកាត់ Ngea Ro Bos Pet Ves Kaat (n.) sawbones
ងាវ ngeav (n.) cockle
ងាវសមុទ្រ ngeav samout (n.) oyster
ងាវសមុទ្រ ngeav samout (adj.) oyster
ងូតទឹក ngoutteuk (v.) bathe
ងូតទឹក ngout teuk (v.) shower
ងើបមុខ ngeub mouk (v.) perk
ងឿងឆ្ងល់ ngueng chhngal (v.) daze
ងេងងាង Ngeng Ngaang (n.) scatterbrain

ចក្ខុទស្សន៍ chakhou tous (n.) ophtalmoscope
ចក្ខុវិស័យ chak khovisay (n.) vision
ចក្រពត្តិនិយម chakrapott niyom (n.) imperialism
ចក្រភព chak phup (n.) empire
ចក្រវាឡ chakraval (n.) cosmos
ចង chong (v.) bind
ចង chong (v.) knot
ចង chong (v.) tie

ចងកុំអោយដើរទៅឆ្ងាយបាន chong kom oy derk tov chhnay ban (v.) tether
ចងក្រង chong krong (v.) compile
ចងខ្សែ chong khsae (v.) lace
ចងខ្សែរ Jong Ksae (v.) rope
ចងគំនុំ chong koum noum (v.) grudge
ចងចាំ Jong Jam (v.) remember
ចងចិញ្ចើម chong chenh cherm (v.) frown
ចងចិញ្ចើម Jong Jon Jerm (v.) scowl
ចងដោយខ្សែ chong doy khsae (v.) string
ចងមិត្តភាព chong mittapheap (v.) befriend
ចងមុង chong moung (v.) net
ចងរឹតឱ្យតឹង chong rit aoy toeng (v.) clinch
ចង្កា changka (n.) chin
ចង្កឹះ changkeuh (n.) chopstick
ចង្កូត changkout (n.) rudder
ចង្កៀង changkieng (n.) lamp
ចង្កៀងណេអុង changkieng ne ong (n.) neon
ចង្កៀងមុខ changkieng moukh (n.) headlight
ចង្កេះ changkeh (n.) waist
ចង្កោម changkom (n.) cluster
ចង្ក្រាន chongkran (n.) cooker
ចង្ក្រាន changkran (n.) stove
ចង្រិត changrit (n.) cricket
ចង្រ្កង chong krorng (n.) chime
ចង្វាក់ Jong Vak (n.) rhythm
ចង្វាក់ជីវសាស្ត្រ chongvak chivasas (n.) biorhythm
ចង្វាក់តង់ហ្គោ chongvak tongo (n.) tango
ចង្វាក់បូលេរូ chongvak bolero (n.) bolero
ចង្វាក់បេះដូង changvak beh daung (n.) heartbeat
ចង្វាក់បេះដូងដើរញាប់ changvak behdaung der nhoab (v.) palpitate
ចង្វាក់ភ្លេងស្គរ chongvak pleng skor (n.) drumbeat
ចង្វាក់សំឡេងនៃភាសា chongvak somleng nei pheasa (n.) cadence

ចង្វាយ chongvay (n.) coil
ចង្វេក chongvek (n.) crotch
ចង្អុល chong ol (v.) finger
ចង្អុល chang oul (v.) point
ចង្អុលដៃ chong ol dai (n.) forefinger
ចង្អុលបង្ហាញ chungol bonghanh (v.) denote
ចង្អូរ chang ou (n.) groove
ចង់ chong (v.) fancy
ចង់ក្អួត chong ka'uot (n.) nausea
ចង់បាន chong ban (v.) desire
ចង់បាន chong ban (v.) want
ចង់បាន chong ban (v.) yearn
ចង់បានខ្លាំង chong ban khlang (v.) hanker
ចង់បានរបស់អ្នកដទៃ chong ban robos nak dor tei (v.) covet
ចចក cho chork (n.) wolf
ចចេស choches (adj.) wayward
ចត chort (v.) dock
ចត chat (n.) moor
ចត chat (v.) park
ចតលើដី chot leu dei (v.) land
ចតុកោណ chatokaon (n.) quadrangle
ចតុកោណព្នាយ chakto kaon pneay (n.) trapezoid
ចតុរង្ស chatorong (n.) quadrilateral
ចន្ទន៍គ្រឹះស្នា chankruah sna (n.) nutmeg
ចន្ទល់ chantol (n.) prop
ចន្ទ្រគ្រាស chan kreas (n.) eclipse
ចន្លោះ chonloh (n.) lacuna
ចន្លោះ chanloh (n.) space
ចន្លោះ chanloh (adj.) spatial
ចន្លោះប្រហោង chonloh brohoang (n.) loop-hole
ចន្លោះពេល chon loah pel (n.) interlude
ចន្លោះពេល chanloh pel (n.) interval
ចបជីក chabchik (n.) spade
ចបត្រសេះ chob tro ses (n.) mattock
ចម្ការ chamkear (n.) orchard
ចម្ងាយ chamngay (n.) distance
ចម្ងាយជាម៉ាយល៍ cham ngay chea mile (n.) mileage

ចម្រុះ chamrouh (adj.) diverse
ចម្រុះ chro moh (n.) snoot
ចម្រុះ chomroh (adj.) sundry
ចម្រុះពណ៌ chamrouh poar (adj.) colourful
ចម្រូងចម្រាស់ chamroung chamras (adj.) controversial
ចម្រើនជឿនលឿនមានវឌ្ឍនភាព chamreunchuenluen mean vodthonapheap (v.) progress
ចម្រៀង chamrieng (n.) song
ចម្រៀង chamrieng (n.) songster
ចម្រៀងថ្វាយអាទិទេព chomrieng thvay aatiteb (n.) hymn
ចម្រៀងបុណ្យណូអែល chamrieng bon-nau-el (n.) carol
ចម្រៀងបំពេរ chom reang bom pe (n.) lullaby
ចម្រៀងសាសនា chamrieng sasana (n.) psalm
ចម្លង chamlong (v.) copy
ចម្លង chomlong (v.) duplicate
ចម្លងជូន chamlong choun (n.) carbon copy
ចម្លងតាមសាឡាង chomlong tam salang (v.) ferry
ចម្លងបីដង chamlong bei dong (v.) triplicate
ចម្លាក់ Jom Laark (adj.) sculptural
ចម្លាក់សៀន chomlak lean (n.) cameo
ចម្លើយ chamleuy (n.) answer
ចម្លើយ Jom Leuy (n.) response
ចម្លែក chamlaek (adj.) bizarre
ចម្លែក chamlek (adj.) strange
ចម្លែកណាស់ chamlek nas (n.) paradox
ចរចា chorcha (v.) negotiate
ចរន្តវិសល់នៃខ្យល់ chakron vil vol nei khyal (n.) draught
ចរន្ត chakron (n.) current
ចរន្តអគ្គិសនីទស្សន៍ charon akkisani tous (n.) galvanoscope
ចរបាប់ chorobab (n.) brocade
ចរាចរ chorachor (v.) circulate
ចរាចរណ៍ chorachor (n.) traffic

ចរិត chak rit (n.) trait
ចលនទ្រព្យ cha lo no trop (n.) movables
ចលនា chalana (n.) motion
ចលនា chalna (n.) movement
ចលនាយឺត cholana yeut (n.) slow motion
ចលនាកាច់ចុះកាច់ឡើង chalna kach choh kach lerng (n.) wriggle
ចលនាវិលជុំវិញ chalna vil choumvinh (n.) whirl
ចលនាស្រកនៃទឹករលក chalna srak nei tukrolok (n.) backwash
ចលាចល chol la chol (n.) havoc
ចលាចល cholachol (n.) uproar
ចល័ត chalat (adj.) portable
ចាកចេញ chakchenh (v.) depart
ចាកចេញ chak chenh (v.) leave
ចាកចេញ chak chenh (v.) vacate
ចាកប្រធាន chark brothean (v.) digress
ចាក់ chak (v.) inject
ចាក់ chak (v.) pour
ចាក់ chak (v.) stab
ចាក់កៅស៊ូ chak kao su (v.) tar
ចាក់ក្រឡេក chak krolek (v.) tickle
ចាក់ក្រាលអោយក្រហម Jak Kraal Dei Kro Hom (v.) rubricate
ចាក់ថ្នាំបង្ការ chak thnam bangkar (v.) immunize
ចាក់ថ្នាំបង្ការ chak thnam bongkar (v.) inoculate
ចាក់ថ្នាំបង្ការ chakthnam bangkar (v.) vaccinate
ចាក់នឹងលំពែង chak neung lompeng (v.) spear
ចាក់ប្រេង Jak Preng (v.) refuel
ចាក់ម្ជុល chak mchoul (v.) pin
ចាក់ម្ជុល chak mchoul (v.) prick
ចាក់ម្ជុលសីរាំង chak mchul serang (v.) syringe
ចាក់រុក chak ruok (v.) goad
ចាក់លេង jak leng (v.) jab
ចាក់លំពែង chak lom peng (v.) lance
ចាក់សាក់ chak sak (v.) tattoo
ចាក់សោ chak saor (v.) lock

ចាក់ស្រេះគ្នា chak sreh knea (v.) interlock
ចាក់សំបកកង់ជាថ្មី Jak Sombork Kong Jea Thmei (n.) retread
ចាងហ្វាងការផ្សាយ chang hvang kar phsaay (n.) publisher
ចាញ់ chanh (v.) lose
ចាត់ការ chat kar (v.) superintend
ចាត់ជាក្រុម chat chea krom (v.) group
ចាត់តាំង chattang (v.) assign
ចាត់តាំង chat tang (v.) designate
ចាត់ថ្នាក់ chat thnak (v.) assort
ចាត់ថ្នាក់ chat thnak (v.) classify
ចាត់ទុក Jat Tok (v.) regard
ចាត់ទុកជាមោឃៈ chattouk chea mokhak (v.) void
ចាត់ទុកជាវត្ថុមានតម្លៃ chat touk chea vottho mean damlei (v.) treasure
ចាត់ទុកថា chat tuk tha (v.) deem
ចាន chan (n.) plate
ចានគោម chan koam (n.) bowl
ចានឆ្នាំងដី chan chhnang dei (n.) earthenware
ចានដែក chandek (n.) pitcher
ចានទ្រនាប់ Jan Tro Nob (n.) saucer
ចាប chab (n.) sparrow
ចាបចិញ្ចឹមពាណិជ្ជលើង chab chenhcheum porleung (n.) canary
ចាបសមុទ្រ Jab Sak Mot (n.) seabird
ចាប៉ីបង់ហ្យួ cha pei banjo (n.) banjo
ចាប៉ីមួយបែប char pei mouy beb (n.) lute
ចាប់ chab (v.) catch
ចាប់ខ្លួន chab kluon (v.) nab
ចាប់ខ្លួន chab khluon (v.) apprehend
ចាប់ខ្លួន chab khluon (v.) arrest
ចាប់ចិត្ត chabchett (v.) captivate
ចាប់ជាចំណី chab chea chamnei (v.) prey
ចាប់ជំរិត chab chomrit (v.) kidnap
ចាប់ដុះឡើង chab doh lerng (v.) germinate
ចាប់តាំងពី chab tang pi (adv.) since
ចាប់តាំងពី chab tang pi (prep.) since
ចាប់ផ្ដើមឡើងវិញ Jab Pderm Leung Venh (v.) repeat

ចាប់ផ្ដើម chab phderm (v.) begin
ចាប់ផ្ដើម chabphderm (v.) commence
ចាប់ផ្ដើម chab phderm (v.) embark
ចាប់ផ្ដើម chab pderm (v.) start
ចាប់ពង្រត់ chab pongrot (v.) abduct
ចាប់ពីពេលនេះតទៅ chab pi pel nih tor tov (adv.) henceforth
ចាប់ភ្លឺស្រាងៗ chab pleu srang srang (v.) dawn
ចាប់យក chab yok (v.) capture
ចាប់យក chab yok (v.) grab
ចាប់យក chab yok (v.) snatch
ចាប់ព្រាំង chab frang (v.) brake
ចាប់អារម្មណ៍យ៉ាងខ្លាំង chab arom yang khlang (adj.) noteworthy
ចាប់យក chab yok (v.) grasp
ចាយ វាយខ្ជះខ្ជាយ chay veay kchas kcheay (v.) squander
ចាយខ្ជះខ្ជាយ chay khcheah khcheay (v.) lavish
ចារ char (v.) inscribe
ចារកម្ម charokamm (n.) spy
ចារអក្សរដំបូងនៃឈ្មោះ char aksor dombaung nei chhmoah (v.) initial
ចារិកថ្មនៅលើផ្នូរខ្មោច charik thmor nov leu phnau khmaoch (n.) epitaph
ចាស់ chas (adj.) aged
ចាស់ chas (adj.) old
ចាស់ជរា chas chorea (adj.) elderly
ចាស់ទុំ chas toum (n.) elder
ចាស់ទុំ chas toum (adj.) mature
ចាហួយ chahuoy (n.) jelly
ចាហួយធ្វើពីសារាយសមុទ្រ chahuoy thveu pi saraysamout (n.) agar
ចាំង chang (v.) mirror
ចាំងផ្លេកៗ chang plek plek (v.) sparkle
ចាំផ្គក់ cham chhmork (v.) lurk
ចាំបាច់ chambach (adj.) essential
ចាំបាច់ chambach (adj.) imperative
ចាំបាច់ cham bach (adj.) integral
ចាំបាច់ cham bach (adj.) mandatory
ចាំបាច់ cham bach (v.) must
ចាំបាច់ chambach (adj.) necessary

ចាំបាច់ cham bach (adj.) needful
ចិញ្ចើម chenh cheum (v.) father
ចិញ្ចើម chenh cheum (v.) feed
ចិញ្ចើម chenh cheum (v.) foster
ចិញ្ចើម chen cheum (v.) rear
ចិញ្ចើមជីវិត chenhcheum chivit (v.) subsist
ចិញ្ចើមសត្វ chenhcheum sat (v.) pet
ចិញ្ចើមសត្វ chenhcheum sat (v.) ranch
ចិញ្ចើមផ្លូវ chenhcheum phlauv (n.) pavement
ចិញ្ចើមផ្លូវ chenhcheum phlauv (n.) sidewalk
ចិញ្ចៀន Jenh Jean (n.) ring
ចិញ្ច្រាំ chenhchram (v.) mince
ចិតចំណិត chet chamnet (v.) slice
ចិតសិប Jet Seb (n.) seventy
ចិតសំបក chet saambak (v.) peel
ចិត្តបរិសុទ្ធ chetd borisot (adj.) pious
ចិត្តវៀចវេរ chet veach ve (n.) duplicity
ចិត្តសប្បុរស chet soboros (n.) magnanimity
ចិត្តសាវ៉ា chet sava (n.) caprice
ចិត្តសាវ៉ា chet sava (n.) whim
ចិត្តសុភាព chet sopheap (n.) modesty
ចិត្ត chet (n.) mind
ចិត្ត chet (n.) psyche
ចិត្តកវីស្រី chett kavi srei (n.) poetess
ចិត្តគំនិត chett koumnit (n.) mentality
ចិត្តល្អ chett laor (adj.) bighearted
ចិត្តល្អ chett laor (adj.) kind
ចិត្តល្អ chett laor (adj.) kind-hearted
ចិត្តវិទូ chettavitou (n.) psychologist
ចិត្តវិទ្យា chettavityea (n.) psychology
ចិត្តសាស្ត្រ chettasas (n.) psychiatry
ចិត្របង Jet Tak Bot (n.) retina
ចិន chen (n.) china
ចីពរស chei por sor (n.) toga
ចឹកសុីនឹងចំពុះ choek si neung champouh (v.) peck
ចឹប choeb (v.) nip
ចុងក្រោយ chong kraoy (n.) last
ចុងក្រោយ chong kraoy (adj.) ultimate

ចុងចួនដួចគ្នា chongchuon dauch knea (n.) couplet
ចុងចោទ chungchaot (n.) defendant
ចុងជួន Jong Joun (n.) rhyme
ចុងឈើ chong chheu (n.) canopy
ចុងបញ្ចប់ chong banhchob (n.) end
ចុងពោះវៀន Jong Pous Vean (n.) rectum
ចុងភៅ chongphov (n.) chef
ចុងភៅ chung phov (n.) cook
ចុងរលុង chong roloung (n.) loose end
ចុច choch (n.) click
ចុច choch (v.) press
ចុចយកតែមួយ choch yok tae muoy (v.) single
ចុះកាលបរិច្ឆេទ choh kalbakrichhet (v.) date
ចុះកាលបរិច្ឆេទមុន choh kalbarichhet mun (n.) antedate
ចុះក្រោម choh kroam (v.) descend
ចុះក្រោម choh kroam (v.) down
ចុះក្រោម chohkraom (adv.) downwards
ចុះក្រោម choh kraom (v.) subside
ចុះខ្សោយ choh khsaaoy (v.) degenerate
ចុះចាញ់ chors chanh (v.) capitulate
ចុះចាញ់ chohchanh (v.) concede
ចុះចាញ់ chohchanh (v.) succumb
ចុះចាញ់ chohchanh (v.) surrender
ចុះជម្រលចោតដោយប្រើខ្សែពួរពីរ choh chomre chaot doy brer khsae puor pi (v.) abseil
ចុះឈ្មោះ chohchhmoh (v.) enlist
ចុះឈ្មោះចូល choh chhmoh choul (v.) enrol
ចុះឈ្មោះរៀន choh chmouh rean (v.) matriculate
ចុះញ៉ម choh nhom (v.) knuckle
ចុះបញ្ជី Jos Bon Chee (v.) register
ចុះបុរកាលបរិច្ឆេទ chos bo re kal barichhaet (v.) backdate
ចុះពីយានជំនិះ choh pi yean chomnis (v.) alight
ចុះលក្ខខណ្ឌ choh lakhan (v.) stipulate
ចុះហត្ថលេខា choh hatthalekha (v.) sign

ចុះហត្ថលេខាអម choh hatalekha orm (v.) countersign
ចូល chaul (v.) enter
ចូលក្នុងកងវរសេនាធំ Jol Knong Kong Vo Reak Se Na Thom (v.) regiment
ចូលខាង choul khang (v.) side
ចូលចិត្ត chaul chett (v.) favour
ចូលចិត្ត chaul chett (adj.) fond
ចូលចិត្ត chaul chett (v.) like
ចូលចិត្ត chaul chet (v.) prefer
ចូលចិត្តលេងច្រើន choul chet leng kei la (adj.) sportive
ចូលជិត chaul chit (v.) approach
ចូលតំបន់ហាមឃាត់ chaul dambon ham khoat (v.) trespass
ចូលទៅក្នុង chaul tov knong (prep.) into
ចូលទៅមុន chaul tow moun (v.) preoccupy
ចូលធ្វើការផ្លូវការ choul tveu kar plouv kar (v.) induct
ចូលនិវត្តន៍ Jol Ni Wat (v.) retire
ចូលផៃ choul phae (v.) harbour
ចូលរួម chaulruom (v.) attend
ចូលរួម chaul ruom (v.) engage
ចូលរួម chaul ruom (v.) join
ចូលរួម chaul ruom (v.) participate
ចូលរួមចំណែក chaulruom chamnek (v.) contribute
ចូលរួមពិភាក្សាពីបច្ចេកវិទ្យាយ៉ាងងងុបងងល់ chaul ruom pipheaksaa pi pakchekvityea yang ngoub ngoul (v.) geek
ចូលលាយ chaul leay (v.) mingle
ចៀន chien (v.) fry
ចៀម Jeam (n.) sheep
ចៀមញី cheam nhi (n.) ewe
ចៀសមិនផុត chies min phot (adj.) unavoidable
ចៀសវាង cheas veang (v.) eschew
ចេក chek (n.) banana
ចេកម្យាងស្រដៀងចេកស្នាប់មុខ chek myang sradieng chek snab moukh (n.) plantain
ចេញ chenh (v.) exit

ចេញ chenh (adv.) out
ចេញក្រឹត្យ chenh kret (v.) decree
ចេញថ្លៃ chenh thlai (v.) foot
ចេញផ្សព្វផ្សាយ chenh phsob phsay (v.) issue
ចេញពន្លក chenh ponlok (v.) sprout
ចេញអណ្តាតភ្លើង chenh ondat phleung (v.) flame
ចេតនា chetana (n.) intent
ចេតនា chetana (n.) intention
ចេតិយ chetdey (n.) mausoleum
ចេតោនិយម chet toa niyom (n.) spiritualism
ចេះគ្រប់ភាសាទាំងអស់ cheh krob pheasa teang os (adj.) omnilingual
ចេះពិចារណា cheh picharana (adj.) considerate
ចេះស្តាប់បង្គាប់ cheh sdab bangkeab (adj.) obedient
ចែក chek (v.) divide
ចែកចាយ chekchay (v.) dispense
ចែកចាយ chekchay (v.) distribute
ចែកចាយ chek chay (v.) impart
ចែកជាពាក់កណ្តាល chek chea peak kondal (v.) halve
ចែកជាពីរចំណែក chaek chea pi chomnaek (v.) bisect
ចែកភាគ chek pheak (v.) portion
ចែករំលែក Jek Rom Lek (v.) share
ចែងចាំង chengchang (adj.) radiant
ចែងចាំង Jeng Jang (v.) shine
ចែងចាំងខ្លាំងជាង chaeng chang khlang cheang (v.) outshine
ចែចង់ chae chong (v.) court
ចែចង់ chae chong (v.) flirt
ចែចង់ chae chong (v.) woo
ចែចង់លេង chechang leng (v.) philander
ចែវ chev (v.) paddle
ចៃ chai (n.) flea
ចៃដន្យ chaidan (adj.) accidental
ចៃដន្យ chai don (adj.) incidental
ចៃដន្យ chaidan (adj.) random

ថៃដន្យសំណាងល្អ Jaai Don Som Nang Laor (n.) serendipity
ចោត chaot (adj.) steep
ចោទប្រកាន់ chaot brakan (v.) accuse
ចោទប្រកាន់ chaot brakan (v.) allege
ចោទប្រកាន់ chaot brakan (v.) impeach
ចោទប្រកាន់ទៅវិញ Jort Pro Kann Venh (v.) recriminate
ចោទសួរ chaot suor (v.) quiz
ចោរ choa (n.) theft
ចោរ chaor (n.) thief
ចោរគាស់ផ្ទះ chaor koas pteah (n.) burglar
ចោរប្លន់ choar plorn (n.) bandit
ចោរប្លន់ Jor Plon (n.) robber
ចោរប្លន់ដណ្តើមទ្រព្យសម្បត្តិ choar plon donderm trob sombat (n.) marauder
ចោរប្លន់តាមសមុទ្រ chaoroblan tam samout (n.) pirate
ចោរប្លន់តាមសមុទ្រ Jo Plon Tam Sak Mot (n.) seajack
ចោរព្រៃ choar prei (n.) brigand
ចោរលួចគោក្របី choar luoch ko krabei (n.) abactor
ចោលសំរាម choal saamram (v.) litter
ចោះប្រហោង choah bro haong (v.) hollow
ចោះរន្ធ choah ronth (v.) hole
ចៅក្រម chao krom (n.) judge
ចៅក្រម chao krom (n.) magistrate
ចៅអធិការវត្ត chao athikar wat (n.) abbot
ឆ្នៃប្រឌិត chnai bradit (adj.) creative
ច្បាប់ chbab (n.) law
ច្បាប់ chbab (n.) legislation
ច្បាប់ Jbab (n.) rule
ច្បាប់ចម្លង chhbab chomlong (n.) duplicate
ច្បាប់ចម្លងទន់ chbab chamlong ton (n.) soft copy
ច្បាប់ចម្លងទីប្រាំបី chbab chomlong ti brambei (n.) octuplicate
ច្បាប់ចម្លងមេ chbab chamlong me (n.) master copy
ច្បាប់ដើម chbab derm (n.) original
ច្បាប់ថតចម្លង chbab that chamlong (n.) photocopy
ច្បាស់ chbas (adj.) apparent
ច្បាស់ chbas (adj.) explicit
ច្បាស់លាស់ chbas loas (adj.) definite
ច្បាស់លាស់ chhbas loas (adj.) evident
ច្បាស់លាស់ chbas loas (adj.) precise
ច្បាំងឈ្នះ chhbang chhneah (v.) conquer
ច្បាំងដណ្តើមឡើងវិញ Chbang Dom Derm Leung Venh (v.) reconquer
ច្រក chrak (n.) strait
ច្រកការ chrak keav (prep.& adv.) astride
ច្រកចូល chrok chaul (n.) entrance
ច្រកចេញ chrork chenh (n.) exit
ច្រកចេញពេលមានអគ្គីភ័យ chrok chenh pel mean aakiphey (n.) fire exit
ច្រកដើរ chrak der (n.) aisle
ច្រកទ្វារ chrok tvear (n.) gate
ច្រកទ្វារការពារទឹកជំនន់ chrok tvear kapear teuk chomnun (n.) flood gate
ច្រកបាវការង Jrok Bao Ka Rong (v.) sack
ច្រករបៀង chrak robieng (n.) corridor
ច្រណែន chror naen (v.) begrudge
ច្រណែន chranen (adj.) envious
ច្រណែន chrornaen (v.) envy
ច្រណែន chronen (adj.) jealous
ច្របល់ Jro Bol (adj.) scrambled
ច្របល់គ្នា Jro Bol Knea (v.) scramble
ច្របាច់ chrabach (v.) squeeze
ច្របាច់ (ម្សៅ) chrobach (msao) (v.) knead
ច្របាច់ក chrabach kor (v.) strangle
ច្របាច់ក chrobach kor (v.) throttle
ច្របូកច្របល់ chro bouk chro bol (v.) jumble
ច្របូកច្របល់ chrabauk chrabol (adj.) tumultuous
ច្របូកច្របល់ chrabauk chrabol (adj.) turbulent
ច្របូកច្របល់គ្នា chrobouk chrobol knea (v.) intermingle
ច្រមុះ chramouh (n.) nasal
ច្រមុះ chra mouh (n.) nose
ច្រមុះ chramouh (n.) snout

ច្រមុះហៀរសំបោរ chramouh hier saam baor (n.) nosegay
ច្រល់ chralom (adj.) addled
ច្រវាក់ Jro Vaak (n.) shackle
ច្រវាក់ជើង chrovak cheung (n.) fetter
ច្រវាទូក chrava touk (n.) oar
ច្រឡំ chralam (v.) confuse
ច្រឡំ chralom (v.) mistake
ច្រាន chran (v.) nudge
ច្រានចេញ Jran Jol (v.) repel
ច្រានចេញ (ទាំង មើលងាយ) chran chenh tang meul ngeay (v.) spurn
ច្រានចោល Jran Jol (v.) reject
ច្រាំង chrang (n.) shore
ច្រាំងថ្មចោទ chrang thmor chaot (n.) cliff
ច្រូត Jrot (v.) scythe
ច្រូត chraut (v.) strip
ច្រូតកាត់ Jrot Kaat (v.) reap
ច្រើន chrern (adj.) aplenty
ច្រើន chrern (adj.) much
ច្រើន chrern (n.) multiple
ច្រើន chrern (adj.) multiple
ច្រើន chrern (n.) plenty
ច្រើន chrern (adj.) uberous
ច្រើនជាអនេក chrern chea anek (adj.) myriad
ច្រើនជាអនេក chraen chea anek (n.) myriad
ច្រើនណាស់ chrern nas (adj.) superabundant
ច្រើនទម្រង់ chrern tomrong (n.) multiform
ច្រើនទម្រង់ chren tomrong (n.) polyform
ច្រើនទៀត chrern tiet (adv.) more
ច្រើនទៀត chrern tiet (adj.) more
ច្រើនប្រភេទ chraen braphet (adj.) assorted
ច្រើនបំផុត chrern bamphot (adj.) most
ច្រើនពណ៌ chrern por (adj.) polychrome
ច្រើនរាប់មិនអស់ chrern roab min os (adj.) innumerable
ច្រើនហួសចំណុះ chraen huos chamnoh (v.) overburden
ច្រៀក chreak (v.) shred

ច្រៀង chrieng (v.) sing
ច្រៀង chrieng (v.) yodel
ច្រៀង (សត្វបក្សី) chrieng ( sat baksei) (v.) warble
ច្រៀងតិចៗ chrieng tich tich (v.) croon
ច្រេះ Jres (n.) rust
ចំការ chamkar (n.) plantation
ចំណង chomnong (n.) knot
ចំណង chomnong (n.) tie
ចំណងជើង chamnang cheung (n.) title
ចំណងជើងកាសែត chom nong cheung ka set (n.) headline
ចំណងមិត្តភាព chamnong mitapheap (n.) bond
ចំណង់ខ្លាំង kar lopholn (n.) craving
ចំណង់ចំណូលចិត្ត chamnng chamnaulchett (n.) hobbyhorse
ចំណង់ចំណូលចិត្ត cham nang cham naul chet (n.) passion
ចំណង់ចំណូលចិត្ត chamnong chamnaul chet (n.) preference
ចំណង់ចំណូលចិត្តពេលទំនេរ chamnong chamnaul chett pel tom ne (n.) hobby
ចំណង់ផ្លូវភេទ chomnong phouv phet (n.) fetish
ចំណង់អាហារ chamnong ahar (n.) appetite
ចំណត bomnoat (n.) stop
ចំណតរថយន្តក្រុង chamnot roth yon krong (n.) bus stop
ចំណត់ការ chamnat kar (n.) proceeding
ចំណត់ថ្នាក់ chamnat thnak (n.) rank
ចំណាប់ខ្មាំង chamnab khmang (n.) hostage
ចំណាប់អារម្មណ៍ chamnab aromm (n.) impression
ចំណាប់អារម្មណ៍ chamnab arom (n.) interest
ចំណាយ chomnay (v.) expend
ចំណាយ chamnay (v.) spend
ចំណាយប្រាក់ chamnay brak (v.) disburse
ចំណាយពេល chom nay pel (v.) spare
ចំណាយពេល chamnay pel (v.) while

ចំណាយពេលឥតធ្វើអ្វី chomnay pel ot tveu ey (v.) laze
ចំណាយពេលឥតប្រយោជន៍ chomnay pel ot proyoach (v.) loaf
ចំណារ chamnar (n.) postscript
ចំណារពន្យល់ chamnar ponyol (v.) annotate
ចំណាំ chamnam (v.) note
ចំណាំ Jom Nam (v.) remind
ចំណាំងផ្លាត Jom Nang Plat (n.) reflector
ចំណិត chamnet (n.) slacks
ចំណិត chamnet (n.) slice
ចំណីគោ ក្របី chamnei koa krobei (n.) fodder
ចំណីសត្វ chamnei satt (n.) forage
ចំណុច chamnoch (n.) dot
ចំណុច chamnoch (n.) point
ចំណុច chamnoch (n.) pointwork
ចំណុចនៅទទេ chamnoch now tor te (adv.) point blank
ចំណុចកណ្តាល chamnoch kondal (n.) epicentre
ចំណុចក្រហម chamnoch krohom (n.) rubeola
ចំណុចកំពូល chamnochkampoul (n.) acme
ចំណុចខ្លាំង chomnoch khlang (n.) forte
ចំណុចចាប់ផ្ដើម chomnoch chab phderm (n.) threshold
ចំណុចដែលទាបបំផុត chamnoch del teab bamphot (n.) nadir
ចំណុចទសភាគ chamnoch tosapheak (n.) decimal point
ចំណុចបំបែក chamnoch bambaek (n.) break point
ចំណុចផ្ដោតអារម្មណ៍ chomnoch pdoat arom (n.) spotlight
ចំណុចសំខាន់ chamnoch saamkhan (n.) spanner
ចំណុះមួយស្លាបព្រាពេញ chomnoh mouy slab prea (n.) spoonful
ចំណូល Jom Nol (n.) revenue
ចំណេញ chom nenh (v.) gain
ចំណេះដឹង chamneh doeng (n.) knowledge
ចំណែក chomnaek (n.) bit
ចំណែក cham nek (n.) partition
ចំណែកទីផ្សារ chamnek ti phsar (n.) market share
ចំណែកនៃមូលនិធិ chamnek nei moulnithi (n.) traunch
ចំណែកបែងចែក chamnek bengchek (n.) allotment
ចំណែកភាគហ៊ុន Jom Nek Pheak Hun (n.) sharecrop
ចំណែកឯ chamnek ae (conj.) whereas
ចំនុចប៉ះ chomnoch pas (n.) tangent
ចំនុចផ្លាស់ប្ដូរ chomnuch plas bdau (n.) cusp
ចំនួន chamnuon (n.) number
ចំនួនកំណត់ chomnuon kamnot (n.) limit
ចំនួនច្រើន chamnuon chreun (n.) acre
ចំនួនច្រើន chomnoun chrern (n.) superfluity
ចំនួនដ៏ច្រើនអនេក chomnuon dor chrern ak nek (n.) gazillion
ចំនួនតិចតួច chomnuon tech tuoch (n.) drib
ចំនួនតិចតួច chamnuon techtuoch (n.) modicum
ចំនួនទិន្នន័យលំដាប់ហ្សែន chomnoun tinaney lomdab zen (n.) terabase
ចំនួនទឹកប្រាក់ chamnuon tukbrak (n.) amount
ចំនួនប្រជាជន chamnuon brachachon (n.) population
ចំនួនមនុស្សដែលមកប្រជុំនៅទីណាមួយ chamnuon mnouss del mok brachoum nov tina muoy (n.) turnout
ចំនួនលើស chomnuon leus (n.) excess
ចំនួនលើស chom nuon leus (n.) glut
ចំនួនល្មមមាត់ chamnuon lamom moat (n.) mouthful
ចំនៀរ chomnear (n.) clipping
ចំនៀរ Jom Nea (n.) shavings
ចំនេះខាងដើម Jom Nes Khang Deum (n.) rudiment
ចំបង chom bong (adj.) main
ចំបើង chom berng (n.) hay
ចំបើង chamberng (n.) straw

ចំពាមកៅស៊ូ champeam kaosuu (n.) catapult
ចំពុះ champouh (n.) beak
ចំពុះទុង champouh tong (n.) bayonet
ចំពុះសត្វ champouh sat (n.) nib
ចំពួយ chom pouy (n.) spout
ចំពេល cham pel (prep.) amid
ចំលែក cham lek (adj.) quirky
ចំលែក cham lek (adj.) weird
ចំហមាត់ chom hor moat (v.) gape
ចំហាយ chamhay (n.) vapour
ចំហាយទឹក chomhay teuk (n.) steam
ចំហាយវិទ្យុកម្ម chamhay vityou kam (n.) radiation
ចំហុយសូណា Jom Hoy Sauna (v.) sauna
ចំហៀង chamhieng (n.) side
ចំហៀង chamhieng (adj.) sidearm
ចំហៀង chamhieng (adj.) sidereal
ចំហៀង chamhieng (n.) sideway
ចំហៀង chamhieng (adj.) sideway
ចំហៀង chamhieng (adv.) sideway
ចំហៀង - កែប chamhieng - keb (adv.) side-saddle
ចំឡើងវិញ rieb cham lerng vinh (v.) reallocate
ចំឡែក chom laek (adj.) freak
ចំឡែក chamlek (adj.) uncanny
ចំអក cham oak (v.) deride
ចំអក Jom Ork (v.) ridicule
ចំអក Jom Ork (v.) scoff
ចំអក chom ork (v.) sneer
ចំអកដើរលដោយបទនិពន្ធ Jom Ork Doy Bot Ni Pun (v.) satirize
ចំអកដោយប្រើពាក្យផ្ដួយ Jom Ork Doy Preur Peak Ptoy (n.) sarcasm
ចំអកលេង chom ork leng (v.) gibe
ចំអិន cham en (v.) cook
ចំអិនដោយដាក់ស្រាឱ្យឆេះ chom en doy dak sra oy chheh (v.) flambé

ឆកសមុទ្រ chhak samout (n.) bay
ឆករសមុទ្រ chhork samot (n.) cove
ឆក់ chhork (v.) shock
ឆន្ទានុសិទ្ធិ chhanteanouseth (n.) discretion
ឆន្ទះ chhantah (n.) volition
ឆន្ទៈ chhantak (n.) willingness
ឆមាស Chor Meas (n.) semester
ឆាក chhak (n.) stage
ឆាកកំប្លែងខ្លី chakkambleng khlei (n.) skit
ឆាប chhab (v.) swoop
ឆាបឆេះ chhab chheh (adv.) ablaze
ឆាបឆេះ chhaab chheh (v.) combust
ឆាបឆេះ chhab chheh (v.) inflame
ឆាប់ chhab (adv.) soon
ឆាប់ខឹង chhab khoeng (adj.) irritable
ឆាប់ខឹង chab khoeng (adj.) irritant
ឆូត chhaut (v.) stripe
ឆើតឆាយ chhert chhay (adj.) elegant
ឆេះផ្លោ chheh thlor (v.) flare
ឆេះបន្តិចៗ cheh bontich bontich (v.) smoulder
ឆេះសន្ធោសន្ធៅ chhes sonthoar sonthov (adj.) blazing
ឆេះអណ្ដាតភ្លើង cheh andat phleung (adv.) aflame
ឆែប chheb (n.) cleft
ឆៃថាវ chhai thao (n.) beet
ឆោតល្ងង់ chaot lngong (adj.) stupid
ឆៅ chao (adj.) raw
ឆ្កួត chhkuot (adj.) crazy
ឆ្កួត chhkuot (adj.) deranged
ឆ្កួត chhkuot (adj.) insane
ឆ្កួត chhkuot (n.) queer
ឆ្កួត chhkuot (adj.) silly
ឆ្កួត chhkuot (adj.) wacko
ឆ្កែ chhkae (n.) dog
ឆ្កែឈ្លោះគ្នា chhkae chhlous knea (n.) dogfight

ឆ្កែញី chhkae nhi (n.) bitch
ឆ្កែប៊ុលដក bulldog (n.) bulldog
ឆ្កែប្រណាំង chhkae bronang (n.) greyhound
ឆ្កែប្រមាញ់ chhkae bro manh (n.) hound
ឆ្កែមួយបែប chhkae mouy beb (n.) spaniel
ឆ្កែសមុទ្រ Jkae Sak Mot (n.) sea dog
ឆ្កែសម្រាប់បរបាញ់ម្យ៉ាង chhkae somrab bor banh myang (n.) terrier
ឆ្គង chhkorng (adj.) awkward
ឆ្ងល់ chhngol (v.) wonder
ឆ្ងាញ់ chhnganh (adj.) delectable
ឆ្ងាញ់ chhnganh (adj.) delicious
ឆ្ងាញ់ chhnganh (adj.) tasty
ឆ្ងាយ chhngay (adv.) away
ឆ្ងាយ chhngay (adj.) distant
ឆ្ងាយ chhngay (adv.) far
ឆ្ងាយ chhngay (adj.) far
ឆ្ងាយ chhngay (adj.) faraway
ឆ្ងាយទៀត chhngay teat (adv.) further
ឆ្ងាយពីគ្នា chhngay pi knea (adv.) apart
ឆ្ងាយពីផ្ទះ chhngay pi phteah (adv.) afield
ឆ្នាំ chhnam (n.) year
ឆ្នាំ (ធ្វើស្រាទំពាំងបាយជូរ) chhnam ( thveu sra tompeang baychour) (n.) vintage
ឆ្នាំង chhnang (n.) pot
ឆ្នាំងធំសម្រាប់ដាំទឹក chhnang thom samrab damteuk (n.) cauldron
ឆ្នាំងភ្លើង chhnang phleung (n.) casserole
ឆ្នាំងសាក chhnang sak (n.) charger
ឆ្នុក chhnok (n.) cork
ឆ្នុកយាត់ឈាម chhnuk khoat chheam (n.) tampon
ឆ្នុកបិទបើក chhnuk bet baek (n.) throttle
ឆ្នូត chhnaut (n.) strip
ឆ្នូតៗ chhnaut chhaut (n.) stripe
ឆ្នួត chhnuot (n.) mitre
ឆ្នើម chhnerm (adj.) outstanding
ឆ្នេរ chhne (n.) beach
ឆ្នេរកោង chhne koang (n.) bight
ឆ្នេរខ្សាច់ chhne khsaach (adj.) bayside
ឆ្នេរខ្សាច់ Jne Ksach (n.) sandbank

ឆ្នេរសមុទ្រ chhnerosamoutr (adj.) beachside
ឆ្នេរសមុទ្រ chhne samout (n.) coast
ឆ្នេរសមុទ្រ Jnae Sak Mot (n.) seabeach
ឆ្នេរសមុទ្រ Jnae Sak Mot (n.) seashore
ឆ្នេរសមុទ្រ chhne samout (n.) shoreline
ឆ្នោត chhnoat (n.) ballot
ឆ្នោត chhnaot (n.) lottery
ឆ្នោ chhnao (n.) birthmark
ឆ្ពោះទៅ chhpouh tov (adv.) due
ឆ្ពោះទៅ chpouh tov (v.) head
ឆ្ពោះទៅ chhpaoh tov (prep.) towards
ឆ្ពោះទៅខាងក្នុង chhpoh tov khang knung (adv.) inwards
ឆ្ពោះទៅខាងក្រោម chhpuh tov khang kroam (adv.) down
ឆ្ពោះទៅខាងក្រៅ chhpouh tov khang krao (adj.) outward
ឆ្ពោះទៅខាងលិច chhpaoh tov khang lich (adv.) west
ឆ្មប chhmob (n.) midwife
ឆ្មា chhma (n.) cat
ឆ្មាឈ្មោល chhmar chhmoal (n.) gib
ឆ្មាំ chhmam (n.) warden
ឆ្មាំគុក chhma kouk (n.) warder
ឆ្មាំឆ្នេរសមុទ្រ chhmam chhne samout (n.) coast guard
ឆ្លង chhlorng (adj.) contagious
ឆ្លង រោគ chhlong rok (v.) infect
ឆ្លងកាត់ chhlangkat (prep.) across
ឆ្លងកាត់ chhlorng kat (v.) cross
ឆ្លងកាត់ chhlang kat (v.) pass
ឆ្លងកាត់ chhlangkat (adv.) through
ឆ្លងកាត់ chhlangkat (prep.) through
ឆ្លងកាត់ chhlong kat (v.) transit
ឆ្លងកាត់ chhlangkat (v.) traverse
ឆ្លងកាត់ផុតពី chhlangkat phot pi (adv.) transcendingly
ឆ្លងដែន chhlang den (adj.) transboundary
ឆ្លាក់ chhlak (v.) carve
ឆ្លាក់ chhlak (v.) engrave
ឆ្លាក់ Chlark (v.) sculpt

ឆ្លាក់ដោយប្រើកូនកាំបិត chhlak daoy brer kaun kambet (v.) whittle
ឆ្លាក់ដោយប្រើអាស៊ីត chhlak daoy brer asit (v.) etch
ឆ្លាត chhlart (adj.) brainy
ឆ្លាត chhlat (adj.) clever
ឆ្លាត chhlat (v.) smart
ឆ្លាត chhlat (adj.) smart
ឆ្លាតវៃ chhlat vei (adj.) intelligent
ឆ្លាស់គ្នា chhlas knea (v.) alternate
ឆ្លើយឆ្លងតាមសំបុត្រ chhlery chhlong tam sambot (v.) correspond
ឆ្លើយតប Chlery Tob (v.) reply
ឆ្លើយបដិសេធ Chlery Pak De Set (v.) refute
ឆ្លៀតរកចំណេញធំ chhleat rok chomnenh thom (v.) profiteer
ឆ្វេង chhveng (adj.) left
ឆ្អឹង chhaoeng (n.) bone
ឆ្អឹង អក្សរT chha oeng aksor T (n.) T-bone
ឆ្អឹងកញ្ចឹងក chha eng kanh cheung kor (n.) occipital
ឆ្អឹងខ្ចី chhaoeng khchei (n.) cartilage
ឆ្អឹងខ្នង chha oeng khnorng (n.) backbone
ឆ្អឹងខ្នង chhaoeng khnang (adj.) spinal
ឆ្អឹងខ្នង chhaoeng khnang (n.) spine
ឆ្អឹងជំនីរ Ja Eung Jom Nee (n.) rib
ឆ្អឹងត្រីបាឡែន chha oeng trey balen (n.) baleen
ឆ្អឹងថ្ពាល់លើ chha eung thkeam leu (n.) maxilla
ឆ្អឹងភ្លៅ chha oeng phlov (n.) femur
ឆ្អឹងស្លាបប្រជៀវ Ja Eung Slaap Pro Jeav (n.) scapula
ឆ្អែតឆ្អន់ Ja Et Ja Orn (n.) satiety
ឆ័ត្រ chhat (n.) umbrella
ឆ័ត្រយោង chhat yong (n.) parachute

# ជ

ជក់ chuk (n.) brush
ជក់ churk (n.) paintbrush
ជក់គ្រឿងញៀន chuk krueng nhien (v.) weed
ជក់ទឹក chuk tuk (adj.) absorbent
ជក់បារី chuk barei (n.) smoking
ជក់អាភៀន chuk aphien (v.) opiate
ជង្គង់ chongkung (n.) knee
ជង្រុក chung ruok (n.) granary
ជង្រុកស្រូវ chongrouk srov (n.) barn
ជជែក chorchek (v.) chat
ជជែកតថ្លៃ chor chek tor thlai (v.) haggle
ជញ្ចក់ chonh chok (v.) suckle
ជញ្ជាំង chonhchang (n.) wall
ជញ្ជាំងខាងក្រៅនៃប្រាសាទ chonhchang khangkrav nei brasaat (n.) bailey
ជញ្ជាំងចំហៀង chonhcheang chamhieng (n.) sidewall
ជញ្ជីង Jon Jing (n.) scale
ជញ្ជីងគិត chonh cheung kit (v.) ponder
ជណ្តើរ chonder (n.) stair
ជណ្តើរខាងក្រោយ chunder khang krauy (n.) backstairs
ជណ្តើរប្រអប់ chun der bro ob (n.) lift
ជណ្តើរយន្ត chonder yon (n.) escalator
ជណ្តើរយន្តប្រអប់ chunder yon bra ob (n.) elevator
ជនចម្លែក chun chamlek (n.) stranger
ជនកុម្មុយនិស្ត chun kommouynist (n.) communist
ជនក្បត់ chun kbot (n.) traitor
ជនក្រៅច្បាប់ chun krao chbab (n.) outlaw
ជនក្លែងបន្លំ chun klaeng banlom (n.) impostor
ជនចំណាកស្រុក chun chamnak srok (n.) migrant
ជនឆបោក chun chhor baok (n.) cheater
ជនឆបោក chun chhor boak (n.) swindler
ជនឆបោក chon chhor baok (n.) trickster
ជនជាតិក្រិក chon cheat krek (n.) Greek

ជនជាតិភាគតិច chon cheat phak tech (n.) minority
ជនជាតិស្វីស chun cheat svis (n.) Swiss
ជនជាតិអៀរឡង់ choncheat ierlong (n.) Irish
ជនជាតិអេស្ប៉ាញ chon cheat espanh (n.) Spanish
ជនជាតិអុីតាលី choncheat italy (n.) Italian
ជនជាប់ចោទ chun choab chaot (n.) accused
ជនឧឡុក្ខនចេញ Jon Del Dok Kloun Jenh (n.) secessionist
ជនដែលប្រព្រឹត្តបទឧក្រិដ្ឋជាមុខរបរ chun del broprut bot ukredth chea mokh robor (n.) thug
ជនដែលអនុលោមតាម chun del anuloam tam (n.) conformist
ជនដោះលែងក្នុងលក្ខខណ្ឌ chun daoh leng knong lakkhan (n.) probationer
ជនត្រេកត្រអាល Jon Trek Tro Al (n.) sensualist
ជនបរទេស chonbarates (adj.) alien
ជនបរទេស chun borotes (n.) foreigner
ជនប្រកបដោយឧត្តមភាព chun brokob doy ukdom pheap (n.) idealist
ជនបះបោរ chon bah boa (n.) insurgent
ជនផ្ដាច់ការ chun phdach kar (n.) dictator
ជនផ្ដាច់ការ chon phdach kar (n.) tyrant
ជនពិការ chun pikar (n.) cripple
ជនពិការ chun pikar (n.) handicap
ជនភៀសខ្លួន Jon Pheas Kloun (n.) refugee
ជនមានអំណាច chun mean omnach (n.) magnate
ជនរងគ្រោះ chon rong kroh (n.) victim
ជនរំលោភកុមារ chun romloph komar (n.) paedophile
ជនល្បីល្បាញ chun lbey lbanh (n.) celebrity
ជនល្មើស chon lmeus (n.) offender
ជនវណ្ណៈខ្ពស់ chun vannak khpoh (n.) socialite
ជនសង្គត់សង្គិន chun sangkot sangkin (n.) oppressor
ជនសង្ស័យ chun sangsay (n.) suspect
ជនស៊ីវិល chun sivil (n.) civilian
ជនសាមញ្ញ chun sammanh (n.) commoner
ជនឧក្រិដ្ឋ Jon Ou Kret (n.) scoundrel
ជនអនាថា chon ana tha (n.) outcast
ជនអនាថា chon anathaa (n.) vagabond
ជនអនាធិបតេយ្យ chun anathibtei (n.) anarchist
ជនអន្តោប្រវេសន៍ chun antoabraves (n.) diaspora
ជនអន្តោប្រវេសន៍ chun anto bra ves (n.) immigrant
ជន្លួ បញ្ចោតឱ្យមានចិត្តចង់ chonlo banhchhoat oy mean chet chong (v.) tantalize
ជន្លួញ chon lounh (n.) goad
ជម្ងឺភ្នែកក្រហម chomngeu pnek krahom (n.) conjunctivitis
ជម្ងឺស្រាល chomngeu sral (n.) ailment
ជម្រក chomrok (n.) lee
ជម្រកលាក់ខ្លួន Jomrok Leak Kloun (n.) safehouse
ជម្រកសត្វ ផ្ដៃ ឆ្មារ chomrok satt chkae chhmar (n.) kennel
ជម្រកសត្វទីទុយ chomrok sat titouy (n.) owlery
ជម្រកសត្វព្រៃ chomrok satt prey (n.) lair
ជម្រកសុវត្ថិភាព chomrok sovathipheap (n.) haven
ជម្រាល chomreal (n.) slant
ជម្រាល chomreal (n.) slope
ជម្រុញ chomrounh (v.) urge
ជម្រុញចិត្ត chomrunh chett (v.) inspire
ជម្រុះចោល chomrouh chaol (v.) purge
ជម្រើស chomreus (n.) choice
ជម្រើស chomreus (n.) option
ជម្រើស chomreus (n.) pick
ជម្រេ chomre (v.) pitch
ជម្រៅ chumrov (n.) depth
ជម្លៀស chomlies (v.) evacuate
ជម្លោះ chomloh (n.) conflict
ជម្លោះ chomlouh (n.) disputation
ជម្លោះ chom loh (n.) feud
ជម្លោះ chomloh (n.) strife
ជម្លោះ chumloh (n.) wrangle

ជម្លោះជាក្រុមនៅទីសាធារណៈ karbietbien (n.) affray
ជយោ ! chey yor! (interj.) hurrah
ជរ chor (n.) frill
ជលដ្ឋាន chul thaan (n.) cistern
ជលធរ cholothor (n.) nimbus
ជលមាគ៌ chol meak (n.) aqueduct
ជា chea (v.) be
ជា chea (adv.) rather
ជាចុងក្រោយ chea chong kraoy (adv.) lastly
ជារៀងរាល់ថ្ងៃ chea rieng roal thngai (adj.) everyday
ជាកម្មសិទ្ធិផ្ទាល់ chea kamseth phtal (v.) own
ជាកាតព្វកិច្ច chea katapokech (adj.) compulsory
ជាកាព្យនិទាន chea kap nitean (adj.) poetic
ជាការពិត chea kar pit (n.) reality
ជាកិត្តិយស chea ket te yuos (adj.) honorary
ជាក្រុម chea krom (adv.) teamwise
ជាក់លាក់ cheaklak (adj.) certain
ជាក់លាក់ cheakleak (adj.) specific
ជាក់ស្តែង cheak sdeng (adj.) obvious
ជាក់ស្តែង cheak sdeng (adj.) practical
ជាក់ស្តែង cheak sdeng (adj.) pragmatic
ជាក់ស្តែង cheak sdeng (adj.) tangible
ជាគូ chea ku (adj.) geminate
ជាង cheang (adv.) over
ជាង cheang (n.) over
ជាង cheang (prep.) over
ជាង (ដែក មាស) cheang (dek meas) (n.) smith
ជាងកញ្ចក់ cheang kanhchork (n.) glazier
ជាងកាត់ដេរ cheang kat de (n.) tailor
ជាងកាត់សក់ cheang katsork (n.) barber
ជាងក្រឡឹង cheang kraloeng (n.) turner
ជាងកំបោរ cheang kom boar (n.) mason
ជាងគេបំផុត cheangke bamphot (adj.) prime
ជាងចម្លាក់ Jeang Jom Laark (n.) sculptor

ជាងចម្លាក់ Jeang Jom Laark (n.) sculpturist
ជាងឈើ cheang chher (n.) carpenter
ជាងដេរសំលៀកបំពាក់ស្ត្រី cheang de saamliek bampeak strei (n.) dressmaker
ជាងដែក cheang daek (n.) blacksmith
ជាងបំពង់ទឹក cheang bompong teuk (n.) plumber
ជាងផ្សារ cheang phsaar (n.) tinker
ជាងមាស cheang meas (n.) goldsmith
ជាងសោ keysmith (n.) keysmith
ជាងស្មូន cheang smaun (n.) potter
ជាចម្បង chea chambong (adv.) mainly
ជាចម្បង chea chambong (adv.) primarily
ជាច្រើន chea chrern (adj.) many
ជាច្រើន chea chrern (adj.) multifarious
ជាច្រើន chea chraen (adj.) numerous
ជាចំនេះខាងដើម Jea Jom Nes Khang Deum (adj.) rudimentary
ជាចំហាយទឹក chea chamhay teuk (adj.) vaporous
ជាជម្រើសផ្សេង chea chomreus pseng (adv.) alternatively
ជាញឹកញាប់ chea nheuk nhoab (adv.) often
ជាតារាង chea darang (adj.) tabular
ជាតិ cheat (adj.) national
ជាតិខ្លាញ់ទាប cheat khlanh teab (adj.) low-fat
ជាតិកាហ្វេអ៊ីន cheat kahfe in (n.) caffeine
ជាតិក្បុង cheat kbong (n.) alkali
ជាតិដែលធ្វើអោយក្រហាយ cheat del tveu oy krohay (n.) irritant
ជាតិូបនីយកម្ម cheat tub ney kam (n.) nationalization
ជាតិនិយម cheat niyom (n.) nationalism
ជាតិនីកូទីន cheate ni kau tin (n.) nicotine
ជាតិពន្ធុ cheat ponthu (n.) ethnicity
ជាតិពុល cheat poul (n.) intoxicant
ជាតិពុល cheat poul (adj.) noxious
ជាតិពុល cheat poul (n.) toxin
ជាតិម័រហ្វីន cheat morh fin (n.) morphia
ជាតិម័រហ្វីន cheat morh fin (n.) morphine

ជាតិមេ្សៅចាហ៊ួយ cheat masao cha houy (n.) gelatin
ជាតិប៉ែ cheat re (adj.) mineral
ជាតិសរសៃ cheat sor sai (n.) fibre
ជាតិសរសៃ cheat sor sai (n.) fibrosity
ជាតិស្ករក្នុងទឹកដោះគោ cheat skor knung teuk doh ko (n.) lactose
ជាតិអន្ទិល cheat onthel (n.) gel
ជាតិអាស៊ីត jeat aslt (adj.) acidic
ជាតិអាសេនីក cheat asa nik (n.) arsenic
ជាតំណាង chea damnang (v.) typify
ជាថ្មី chea thmei (adv.) anew
ជាទីស្រឡាញ់ cheati srolanh (adj.) beloved
ជាទីស្រឡាញ់ cheati srolanh (adj.) dear
ជាទីស្រឡាញ់បំផុត cheati srolanh bamphot (adj.) dearest
ជាទូទៅ chea tou tov (adv.) generally
ជាធម្មតា chea thommoda (adv.) usually
ជាន់ choan (n.) floor
ជាន់ choan (n.) storey
ជាន់ choan (v.) tread
ជាន់លក់ទំនិញ chorn luk tomninh (n.) shopfloor
ជាន់ក្រោម choan kraom (adj.) downstairs
ជាន់ក្រោម choan kraom (n.) parlance
ជាន់ខ្ពស់ Jon Kpoos (n.) senior
ជាន់ឈ្នាន់ choan chhnoan (v.) pedal
ជាន់ឈ្លី choan chhli (v.) trample
ជាបងប្អូន bong p'oun (adj.) fraternal
ជាបន្ត chea bantor (adj.) continual
ជាបន្ត chea bantor (adj.) ongoing
ជាបន្តបន្ទាប់ chea bantor bantoab (adj.) continuous
ជាបន្តបន្ទាប់ chea banto bantoab (adj.) subsequent
ជាបន្ទាន់ chea bantoan (adj.) immediate
ជាប្រផ្នូល chea braphnaul (v.) portend
ជាប្រពៃណី chea brapei nei (adj.) traditional
ជាប្រព័ន្ធ chea braponth (adj.) systematic
ជាប្រវត្តិសាស្ត្រ chea bravottesas (adj.) historical

ជាប់ក្នុងទ្រុង choab knung trung (v.) encage
ជាប់ក្នុងបទឧក្រិដ្ឋ choab knung bot ukkred (v.) incriminate
ជាប់គ្នា choab knea (v.) adjoin
ជាប់គ្នា choab knea (adj.) contiguous
ជាប់ឆ្នេរខ្សាច់ choab chhne khsaach (adj.) beachfront
ជាប់ទាក់ទង choab teaktong (v.) correlate
ជាប់ពន្ធ choab ponth (adj.) taxable
ជាប់ពន្ធនាគារ choab ponthoneakear (v.) jail
ជាប់ពិរុទ្ធ choab piruoth (v.) indict
ជាប់គាំង choab keang (v.) jam
ជាប់ជំពាក់ choab chompeak (v.) entangle
ជាផល chea phol (v.) ensue
ជាផ្នែកមួយ chea phnek muoy (v.) part
ជាផ្លូវការ chea phlauv kar (adj.) formal
ជាផ្លូវការ chea phlauv kar (adj.) official
ជាផ្លូវការ chea phlauv kar (adv.) officially
ជាពិសេស chea pises (adv.) especially
ជាព្យាការី chea pyeakari (n.) prophet
ជាភាគរយ chea pheak roy (adv.) per cent
ជាមនុស្ស chea monuos (adj.) human
ជាមុន chea moun (adv.) beforehand
ជាមូលដ្ឋាន chea moulothan (adv.) basically
ជាមួយ Jea Mui (adj.) replete
ជាមួយ chea muoy (prep.) with
ជាមួយគ្នា chea muoy knea (adv.) together
ជាម្សៅ chea msao (adj.) mealy
ជាយ cheay (n.) verge
ជាយក្រុង cheay krong (n.) outskirts
ជាយក្រុង cheay krong (n.) suburb
ជារបស់ chea robos (v.) belong
ជារាងស៊ីឡាំង chea reang silang (adj.) cylindrical
ជារួម chea ruom (adj.) overall
ជារួម chea ruom (n.) overall
ជារឿងធម្មតា chea rueng thommoda (adj.) commonplace
ជាឿងអាស្រូវ Jea Reung Ahh Srov (adj.) scandalous

ជារៀងរហូត chea rieng rohaut (adv.) eternally
ជារៀងរហូត chea rieng rohaut (adj.) everlasting
ជារៀងរហូត chea rieng rohaut (adv.) forever
ជារៀងរាល់សប្តាហ៍ chea riengroal sabada (adv.) weekly
ជាលិកា chealika (n.) tissue
ជាវ cheav (v.) subscribe
ជាវង់មូល Jea Vong Moul (adj.) round
ជាវិជ្ជមាន chea vichmean (adj.) affirmative
ជាសកល chea sakol (adj.) universal
ជាសះស្បើយ chea sahsbery (v.) convalesce
ជាសះស្បើយ chea saah sbery (v.) heal
ជាឯកច្ឆន្ទ chea ek chchhan (adj.) unanimous
ជាអព្ភូតហេតុ chea apphouthet (adj.) miraculous
ជាអ្នកមាន chea nakmean (adj.) wealthy
ជាំដោយការវាយ choam doy kar veay (n.) brunt
ជិត chit (adv.) near
ជិត chit (adv.) nearly
ជិតមកដល់ chit mok dol (adj.) imminent
ជិតស្និទ្ធ chit snetth (v.) intimate
ជិតៗ chit chit (adj.) proximate
ជិប chib (v.) sip
ជិះ Jis (v.) ride
ជិះកង់អត់ធាក់ chis kong ot thak (v.) freewheel
ជិះតាក់ស៊ី cheh tak shi (v.) taxi
ជិះថយក្រោយ chis toay krauy (v.) backtrack
ជិះទូកកប៉ាល់ chih touk kakpal (v.) yacht
ជិះទូកក្តោងតូច Jis Took Kdong Toch (v.) sailboard
ជិះនាវា chih neavea (v.) cruise
ជិះរលក chih rolok (v.) surf
ជិះលើជំរាលខ្សាច់ Jis Ler Jum Real Ksach (v.) sandboard
ជិះសេះ chih seh (v.) knight
ជិះស្គី chih ski (v.) skate

ជិះស្គីកោង chiah ski kaong (v.) telemark
ជី chi (n.) fertilizer
ជី chi (n.) herb
ជីក chik (v.) dig
ជីក chik (v.) excavate
ជីក chik (v.) shovel
ជីក chik (v.) spade
ជីកកកាយរក chik korkai rok (v.) ferret
ជីកត្រង់សេ chik trong se (v.) entrench
ជីកផ្លូវរូងក្រោមដី chik phlauv roung kraom dei (v.) tunnel
ជីកលេណដ្ឋាន chik lenadthan (v.) trench
ជីកំប៉ុស chi kampos (n.) compost
ជីគីនណាយ chi kin chhay (n.) celery
ជីនាងវង chi neangvong (n.) basil
ជីពចរ chip char (n.) pulse
ជីម្យាង Jee Myang (n.) sage
ជីរ chi (n.) fennel
ជីវគីមី chivak kimi (adj.) biochemical
ជីវគីមីវិទ្យា chivak kimi vithyear (n.) biochemistry
ជីវចលនា chivocholna (n.) animation
ជីវជាតិ chivcheat (adj.) nutritious
ជីវប្រវត្តិ chivakbravott (n.) autobiography
ជីវប្រវត្តិ chivak prowot (n.) biography
ជីវប្រវត្តិ chivak brovot (n.) profile
ជីវម៉ាស chivak mass (n.) biomass
ជីវមាត្រ chivak meat (adj.) biometric
ជីវវិទូ chivak vithou (n.) biologist
ជីវវិទ្យា chivak vithyear (n.) biology
ជីវវិទ្យានៃសារពាង្គកាយផូស៊ីល chivakviyear nei sarapeangkay posil (n.) paleobiology
ជីវវិស្វកម្ម chivak vi svak kam (n.) bioengineering
ជីវឥន្ធនៈ chi vak inthanak (n.) biofuel
ជីវឧស្ម័ន chivak usman (n.) biogas
ជីវាន់ស៊ុយ chivansuy (n.) coriander
ជីវាន់ស៊ុយ chi van souy (n.) parsley
ជីវិត chivit (n.) life
ជីវិតក្រៅភព chivet krao phoub (n.) extraterrestrial

ជីវករស់នៅលើផែនដី chivet nov leu phen dei (n.) terrestrial
ជីហ្គាប៊ី gigabit (n.) gigabit
ជីហ្គាបៃ chi ka bai (n.) gigabyte
ជីអង្កាម chi ang kam (n.) mint
ជុចជ្រលក់ Joch Jro Louk (v.) sauce
ជុំក្រោយ Jom Kroy (n.) runback
ជុះកោសិកា choum rouh koaseka (v.) exfoliate
ជូត chuot (v.) swipe
ជូត chuot (v.) wipe
ជូត (នឹងអេប៉ុង) chuot neugn e pong (v.) sponge
ជូតនឹងកន្សែង chout neung kansaeng (v.) towel
ជូនដំណឹង chuon domnoeng (v.) inform
ជូនដំណឹងដល់ choun dmnoeng dol (v.) notify
ជូនពរ chuon paur (v.) bless
ជូនពរ choun por (v.) wish
ជូរ chour (v.) sour
ជូរ chour (adj.) sour
ជូរចត់ chou chort (adj.) bitter
ជូរផ្អូម chour phaaum (v.) rancidify
ជញ្ជួរខុសច្បាប់ chuonh daur khos chbab (v.) pilfer
ជញ្ជួររឿង chuonh rueng (v.) quibble
ជួប chuob (v.) encounter
ជួប chuob (v.) meet
ជួយ chuoy (v.) assist
ជួយ chuoy (v.) help
ជួយផ្គត់ផ្គង់ chuoy phkat phkang (v.) minister
ជួយសង្គ្រោះ chouy sangkroh (v.) succour
ជួយសម្រួល chuoy somruol (v.) facilitate
ជួរ chuor (n.) queue
ជួរ Joor (n.) row
ជួរឈរ chuor chhor (n.) column
ជួរទាហាន chuor teahean (n.) phalange
ជួល chuol (v.) employ
ជួល chuol (v.) hire
ជួល chuorl (n.) hireling
ជួល chuol (v.) lease

ជួល Joul (v.) rent
ជួលបន្ត choul bontor (v.) sublet
ជួសជុល chuos chul (v.) fix
ជួសជុល chuos choul (v.) mend
ជួសជុល Jous Jol (v.) repair
ជួសជុលឡើងវិញ Jous Jol Leng Venh (v.) renovate
ជើង cheung (n.) foot
ជើង cheung (n.) leg
ជើងកាមេរ៉ា cheung kamera (n.) tripod
ជើងក្រាន cheung kran (n.) range
ជើងក្រានចងដែក cheung kran cheang daek (n.) forge
ជើងខាងមុខ (សត្វ) cheung khang moukh (satt) (n.) foreleg
ជើងដោតធូប cheung doat thoub (n.) censer
ជើងតម្កល់ cheung damkol (n.) dais
ជើងទទេ cheung tor te (adj.) barefoot
ជើងទម្រ cheung tomro (n.) pedestal
ជើងមេឃ cheung mekh (n.) horizon
ជើងឯក cheung ek (n.) champion
ជឿ cheu (v.) believe
ជឿ cheu (v.) fathom
ជឿនលឿន chuen luen (adj.) advanced
ជឿលើព្រះ chue leu preah (n.) pantheism
ជៀសមិនរួច chies min ruoch (adj.) inevitable
ជៀសវាង chies veang (v.) abstain
ជៀសវាង chies veang (v.) avoid
ជៀសវាង chieah veang (v.) skirt
ជេរ che (v.) upbraid
ជេរប្រមាថ che bramath (n.) affront
ជេរស្តី che sdey (v.) berate
ជោកទឹក choak teuk (v.) drench
ជោគជ័យ chokchey (n.) success
ជោគជ័យ chokchey (adj.) triumphant
ជោគអាក្រក់ chok akrak (n.) misadventure
ជ្រក់ chrok (n.) pickle
ជ្រមុជ chromuoch (v.) duck
ជ្រមុជ chro muoch (v.) immerse
ជ្រលក់ chroluk (v.) dip

ជ្រលក់ chro lok (v.) plate
ជ្រលក់ chro luk (adj.) platonic
ជ្រលក់ដៃជើងក្នុងទឹក chroluk dai cheung knong teuk (v.) dabble
ជ្រលក់ទឹក chroluk teuk (v.) dap
ជ្រលក់ទឹក chroluk teuk (v.) douse
ជ្រលក់ពណ៌ chroluk poar (v.) dye
ជ្រលក់ម្សៅ msao (v.) starch
ជ្រលក់សង្កសី chro luk sangkasei (v.) galvanize
ជ្រលងភ្នំ chroloung phnom (n.) dale
ជ្រលងភ្នំ chrolong phnom (n.) gorge
ជ្រលងភ្នំ chrolong phnom (n.) vale
ជ្រលងភ្នំ chrolong phnom (n.) valley
ជ្រាប Jreab (v.) seep
ជ្រាបចូល chreab chaul (v.) pierce
ជ្រុង chroung (n.) angle
ជ្រុង chrung (n.) corner
ជ្រុងពីរ chrung pi (adj.) biangular
ជ្រុល chroul (v.) overdose
ជ្រុល chroul (n.) overdose
ជ្រុល chroul (n.) ultra
ជ្រុលនិយម chroul niyoum (n.) extremist
ជ្រុះរោម chrouh rom (v.) moult
ជ្រូក chrouk (n.) pig
ជ្រូក chrouk (n.) swine
ជ្រូកញីពេញវ័យ chrouk nhi penh vei (n.) sow
ជ្រូកព្រៃ chrouk prei (n.) boar
ជ្រួលច្រាល Jroul Jraal (adj.) restive
ជ្រើសយក chreus yok (v.) pick
ជ្រើសរើស chreus reus (v.) choose
ជ្រើសរើស chreus reus (v.) elect
ជ្រើសរើស chreus reus (v.) opt
ជ្រើសរើស chreus reus (v.) panel
ជ្រើសរើស Chreus Reus (v.) recruit
ជ្រើសរើស Chreus Reus (v.) select
ជ្រៀតចូល chriet chaul (v.) penetrate
ជ្រៀតជ្រែក chriet chrek (v.) interfere
ជ្រៀតជ្រែក chriet chrek (v.) pry

ជ្រៀតជ្រែកចូលក្នុងកិច្ចការរបស់គេ chreat chrek choul knung kechkar robos ke (v.) meddle
ជ្រោយ chrouy (n.) cape
ជ្រោះជ្រៅ chroh chrow (n.) ravine
ជ្រោះសមុទ្រ Jruos Sak Mot (n.) seacliff
ជ្រៅ chrov (adj.) deep
ជំងឺ chomngeu (n.) disease
ជំងឺ chom ngeu (n.) illness
ជំងឺ chom ngeu (n.) malady
ជំងឺ chomngeu (n.) morbidity
ជំងឺ chomngeu (n.) sickness
ជំងឺកញ្ជ្រឹល chomngeu kanh chril (n.) measles
ជំងឺក្រឡាភ្លើង chomngeu kralaphleung (n.) eclampsia
ជំងឺក្រិនថ្លើម chomngeu kren thlerm (n.) cirrhosis
ជំងឺក្នុនលួន chom ngeu klon luon (n.) hernia
ជំងឺខាន់លឿង chomngeu khanlueng (n.) jaundice
ជំងឺខួចសន្លាក់រាំរ៉ៃ chomngeu khauch sanlak ramrai (n.) gout
ជំងឺតាំងបេះដូង chomngeu keang behdaung (n.) cardiac arrest
ជំងឺគ្រុនចាញ់ chomngeu kroun chanh (n.) malaria
ជំងឺគ្រុនឈាម chomngeu krunchheam (n.) dengue
ជំងឺគ្រុនពោះវៀន chomngeu kroun pohvien (n.) typhoid
ជំងឺគ្រុនហាល chomngeu krun roal (n.) typhus
ជំងឺឆ្កួតជ្រូក chomngeu chhkuot chrouk (n.) epilepsy
ជំងឺឆ្កែឆ្កួត chom ngeu chhke chhkuot (n.) rabies
ជំងឺឆ្លងក្នុងតំបន់ chomngeu chhlong knung dombon (n.) endemic
ជំងឺដក់ទឹកក្នុងភ្នែក chomngeu dok teuk knong phnek (n.) glaucoma
ជំងឺតូចតាច chomngue touch tach (n.) smallpox

ជំងឺនិយាយមិនកើត chomngeu niyeay minkaet (n.) aphasia

ជំងឺបរិភោគស្រូនិងភ័យខ្លាចធាត់ chomngeu nham chroul ning pheykhlach thoat (n.) bulimia

ជំងឺបាយប៉ូឡា chomngeu bipolar (adj.) bipolar

ជំងឺបូស chomngeu bous (n.) cabuncle

ជំងឺផ្លូវចិត្ត chomngeu phlauv chett (n.) traumatology

ជំងឺផ្លូវចិត្តដែលជម្រុញឱ្យរាំ chomngue phlov chet del chomronh oy rom (n.) tarantism

ជំងឺភ្នែកឡើងបាយ chomngeu phnek lerngbay (n.) cataract

ជំងឺមហារីក chomngeu maharik (n.) oncology

ជំងឺមីញ៉ូប chomngeu mi nhaub (n.) myopia

ជំងឺរបេង chomngeu robeng (n.) tuberculosis

ជំងឺរលាកខ្នែងពោះវៀន chomngeu roleak khneng pohvien (n.) appendicitis

ជំងឺរលាកទងសួត chomngeu roleak tongsuot (n.) bronchitis

ជំងឺរលាកសន្លាក់ chomngeu roleak sanlak (n.) arthritis

ជំងឺរលាកសួត chomngeu roleak suot (n.) pneumoniac

ជំងឺរលាកស្រោមខួរ chomngeu roleak sraom khuor (n.) meningitis

ជំងឺប្រុស្ស chomngeu reus sei (n.) wart

ជំងឺវង្វេង chomngeu vongveng (n.) dementia

ជំងឺវង្វេងស្មារតី chomngeu vongveng smardei (n.) Alzheimer's disease

ជំងឺវិកលចរិត chomngu vi kal charit (n.) neurosis

ជំងឺវិកលចរិត Jom Ngeu Vee Kol Jak Ret (n.) schizophrenia

ជំងឺសត្វពាហនៈដែលអាចឆ្លងទៅមនុស្ស chomngeu satpeahanak del ach chhlang tov mnous (n.) anthrax

ជំងឺស្ទុក chomngeu suot (n.) pungency

ជំងឺស្បែក chomngeu sbek (n.) eczema

ជំងឺហឺត Chomngeu heut (n.) asthma

ជំងឺហើម chomngeu herm (n.) edema

ជំងឺអាសន្នរោគ chomngue asan rok (n.) pestilence

ជំងឺអូទីហ្ស៊ីម chomngeu autism (n.) autism

ជំទាស់ chom tors (v.) counter

ជំទាស់ chomtoas (v.) object

ជំទាស់រឿងតូចតាច chomtoas rueng tauchtach (v.) cavil

ជំននទឹកទន្លេ chomnun teuk tonle (n.) spate

ជំនាញ chomneanh (n.) proficiency

ជំនាញ chomneanh (n.) skill

ជំនាញ chomneanh (n.) specialization

ជំនាន់ chom noan (n.) generation

ជំនប chom nuob (n.) meet

ជំនួយ chomnuoy (n. & v.) aid

ជំនួយ chomnuoy (n.) assistance

ជំនួយ chomnuoy (adj.) auxiliary

ជំនួយ chom nuoy (n.) favour

ជំនួយ chom nuoy (n.) help

ជំនួយការ chomnuoy kar (n.) aide

ជំនួយការ chomnuoykar (n.) assistant

ជំនួយស្មារតី chomnuoy sma re dei (adj.) mnemonic

ជំនួស chom nuos (n.) lieu

ជំនួស chomnuos (v.) substitute

ជំនួស chomnuos (v.) supersede

ជំនឿ chom neu (n.) belief

ជំនឿ chomnue (n.) faith

ជំនឿខាងអធិធម្មជាតិ chomnue khang athi thom mocheate (n.) mysticism

ជំនឿខុស chomneu khous (n.) fallacy

ជំនឿទាក់ទងនឹងរឿងព្រេង chomneu tak tong neung reung preng (n.) lore

ជំនឿទៅលើព្រះមួយ chomneu tov leu preah mouy (n.) theism

ជំនឿមិនពិត chomneu minpit (n.) crotchet

ជំនឿសាសនា chumneu sasana (n.) creed

ជំនោរ chomnor (n.) tide

ជំនះ chomneah (v.) surmount

ជំពប់ជើង chompob cheung (v.) trip

ជំពប់ដួល chompob duol (v.) stumble

ជំពាក់ chompeak (v.) owe
ជំពាក់គ្នា chompeak knea (v.) tangle
ជំពូក chompouk (n.) chapter
ជំរក chomrok (n.) habitat
ជំរកយប់ chomrok yob (n.) night shelter
ជំរកឡានក្រុង chomrok lankrong (n.) bus shelter
ជំរាលខ្សាច់ Jum Real Ksach (n.) sandboard
ជំរុញ chomrounh (v.) boost
ជំរុញ chomrounh (v.) push
ជំរុញ chomrounh (v.) spur
ជំរុញ chomrounh (v.) stimulate
ជំរុញអោយគេទិញអ្វីមួយ chomrounh aoy ke tinh avei muoy (v.) tout
ជំរំមូលដ្ឋាន chomroum moulothan (n.) base camp
ជំរឿន chomruen (n.) census
ជំរៅទឹក chomrouv teuk (n.) fathom
ជំរំ chomroum (n.) camp
ជំលោះ chom louh (n.) fray
ជំហរ chom hor (n.) stand
ជំហាន chom hean (n.) step
ជះគ្រឡប់មកវិញ Cheas Tror Lob Mok Venh (v.) reflect
ជះឥទ្ធិពលលើ chah etthi pol leu (v.) influence
ជ័យជំនះ chey chomneah (n.) triumph
ជ័យជំនះ chey chomneah (n.) victory
ជ័យជំនះ chey chomneah (n. pl) victuals
ជ័យភ័ណ្ឌ chey phorn (n.) plunder
ជ័យលាភីរង្វាន់ណូបែល chey leaphi rongvoan nobel (n.) laureate
ជ័រ chor (n.) polypropylene
ជ័រកៅស៊ូក្រាលថ្នល់ chor kao su kral thnol (n.) tar
ជ័រឈើក្រអូប chorchher kraaub (n.) balsam
ជ័របាម សម្រាប់ដាក់ឱ្យជាប់សត្វ chor bam samrab dak oy choab sat (n.) birdlime
ជ័រលុប chor loub (n.) eraser
ជ័រអេផូស៊ីត Choar epoxy (n.) epoxy

ឈប់ chhub (v.) discontinue
ឈប់ប្រើប្រាស់រូបិយបណ្ណ chhub brer bras roubeybann (v.) demonetize
ឈរ chhor (v.) stand
ឈរ chhor (n.) standing
ឈរជាជួរ chhorcheachuor (v.) queue
ឈរតាមផ្លូវចាំសុំឡានគេជិះ chhor tam phlauv cham som lan ke chiah (v.) thumb
ឈានទៅដល់ chhean tow dol (v.) reach
ឈាបនដ្ឋាន chheabanakthan (n.) crematorium
ឈាម chheam (n.) blood
ឈាមកក chheam kork (n.) gore
ឈីស chhis (n.) cheese
ឈីសម្យ៉ាង chees myang (n.) cheddar
ឈីសហ្គោដា cheese gouda (n.) gouda
ឈឺ chheu (v.) ache
ឈឺ chheu (adj.) ailing
ឈឺ chheu (adj.) ill
ឈឺ chheu (n.) sore
ឈឺ chheu (adj.) sore
ឈឺក្បាល chheu kbal (n.) headache
ឈឺក្បាលប្រកាំង chheu kbal brakang (n.) migraine
ឈឺចាប់ chhu cheab (v.) agonize
ឈឺចាប់ chheu chab (v.) hurt
ឈឺចាប់ chheu cheab (v.) pain
ឈឺចាប់ chheu chab (adj.) painful
ឈឺជើង chheu cheurng (adj.) footsore
ឈឺដោយសាររេងកម្លួយកន្លែង chheu doy sa dek mouy konlaeng (n.) bedsore
ឈឺមិនអាចក្រោកចេញពីគ្រែ chheu min ach kroark chenh pi krae (adj.) bedridden
ឈុត chhout (n.) suit
ឈុតឆាក Chot Chak (n.) scene
ឈុតប៊ីគីនី chhout bi ki ni (n.) bikini
ឈុតស្ពឺចក្រ chhut speu chak (n.) gearset
ឈូងសមុទ្រ chhoung samot (n.) gulf
ឈូស chhous (v.) plane

ឈើ chheu (n.) stick
ឈើ chheu (n.) wood
ឈើក្រអូប Cheu Kro Orb (n.) sandalwood
ឈើខ្មៅ chheu khmao (n.) ebony
ឈើខ្លឹមម្យ៉ាង chheu kloem myang (n.) mahogany
ឈើចងក្បួរខត្រិន្ឋជន chheu chong phyuor ukredthachun (n.) gallows
ឈើច្រត់ chheu chroat (n.) cane
ឈើច្រត់ chheu chrot (n.) crutch
ឈើឆ្កាង chheu chhkang (n.) cross
ឈើឆ្កាង Cheu Chkang (n.) rood
ឈើដើម្បីលម្អ chheu daembei lom or (adj.) ornamental
ឈើដើម្បីលម្អ chheu daembei lom or (n.) ornamentation
ឈើទទឹង chheu torteung (n.) crossbar
ឈើបុះដាំរុក្ខជាតិ chheuboh dam roukkhcheat (n.) dibble
ឈើភ្នាក់ដៃ chheu phneak dai (n.) maulstick
ឈើម៉ៃសាក់ chheu mai sak (n.) teak
ឈើវាល់ណីត chheu walnut (n.) walnut
ឈើសែងខ្មោច chher saeng khmoch (n.) bier
ឈ្នាន់ chhnoan (n.) pedal
ឈ្នាន់កែបសេះ chhnon keb seh (n.) stirrup
ឈ្នួតក្បាល chhnuot kbal (n.) turban
ឈ្នះ chhneah (v.) win
ឈ្នះដោយងាយស្រួល chhneah doy ngeay sruol (v.) cakewalk
ឈ្មុញកណ្ដាល chhmunh kandal (n.) middleman
ឈ្មុញកណ្ដាល chhmuonh kondal (n.) broker
ឈ្មុញហ៊ុន chhmuonh hun (n.) jobber
ឈ្មោះ chhmoh (n.) name
ឈ្មោះបញ្ជាំង Jmous Bon Jang (n.) screen name
ឈ្មោះពេញ chhmoh penh (n.) full name
ឈ្មោះក្លែងក្លាយ chhmoh klengklay (adv.) alias
ឈ្មោះក្លែងក្លាយ chhmoh kleng klay (n.) pseudonym

ឈ្មោះមនុស្សប្រុស chhmuos monus bros (n.) clive
ឈ្មោះមិនសម chhmoh min sam (n.) misnomer
ឈ្មោះហៅក្រៅ chhmoh haw kraw (n.) nickname
ឈ្លបចាប់ chhlob chab (v.) stalk
ឈ្លានពាន chhlean pean (v.) intrude
ឈ្លាសវៃ chhleas vei (adj.) astute
ឈ្លាសវៃ chhleas vei (adj.) tactful
ឈ្លីធ្វើឱ្យទុក្ខ chhli tveu oy tuok (v.) crumple
ឈ្លើង chhleung (n.) leech
ឈ្លើយ chhleuy (n.) captive
ឈ្លើយ Chleuy (adj.) rude
ឈ្លោះ chluoh (v.) feud
ឈ្លោះ chhloh (v.) wrangle
ឈ្លោះខ្លាំងៗ chhluos klang klang (v.) brangle
ឈ្លោះគ្នា chhloh knea (v.) dispute
ឈ្លោះគ្នាដូចឆ្កែ chhlous knea doch chkae (v.) dogfight
ឈ្លោះដណ្តើមគ្នា chluos don derm knea (v.) grapple
ឈ្លោះប្រកែកគ្នា chhloh brakek knea (v.) argue
ឈ្លោះប្រកែកគ្នា chhlohbrakek knea (v.) contend
ឈ្លោះប្រកែកគ្នា chhloh brakek knea (v.) quarrel
ឈ្លោះរឿងអត់សំខាន់ chhlous reurng ot somkhan (v.) bicker

ញញឹម nhor nhem (v.) smile
ញញួរ nhor nhuor (n.) hammer
ញត្ដិ nhatt (n.) petition
ញយៗ nhoy nhoy (adv.) oft
ញាក់ nheak (v.) quiver

ញាក់ស្មា nheak sma (v.) shrug
ញាណ nhean (n.) cognition
ញាណ Nhean (n.) sense
ញាតិមិត្ត nheat mitt (n.) kith
ញាតិសន្តាន nheat sandan (n.) kinship
ញាត់ nhoat (v.) pad
ញាត់ nhoat (v.) stuff
ញាប់ញ័រ nhoab nhor (v.) tremble
ញាស់ nhoas (v.) hatch
ញាំញី nhoam nhi (v.) plague
ញាំញី nheam nhi (adj.) plague
ញាំច្រើន nham chroeun (v.) feast
ញាំនៅពេលយប់ nham tov pel yob (v.) sup
ញាំអាហារថ្ងៃត្រង់ nham ahar thngai trang (v.) lunch
ញាំអាហារពេលល្ងាច nham ahar pel lngeach (v.) dine
ញុះញង់ nhouh nhung (v.) abet
ញុះញង់ nhouh nhung (v.) incite
ញុះញង់ nhouh nhung (v.) instigate
ញើស nheus (n.) perspiration
ញើស nheuh (n.) sweat
ញៀន nhien (v.) addict
ញៀន nhien (adj.) addicted
ញែក Nhek (v.) secede
ញែកចេញពីគ្នា nhek chenh pi knea (v.) gap
ញែកពីគ្នា nhek pi knea (v.) dislodge
ញ័រ nhr (v.) shiver
ញ័រ nhor (v.) vibrate

ឌ

ឌក dork (v.) exclude
ឌក dok (adj.) minus
ឌក dok (v.) subtract
ឌក dok (v.) withdraw
ឌកកាំបិតពីស្រោម dok kambet pi sraom (v.) unsheathe

ឌកចង្ការមាន់ Dork Jong Kaar Moin (v.) scruff
ឌកចេញពីចំនុចកណ្តាល dakchenh pi chamnouch kondal (v.) decentre
ឌកដង្ហើម dork dangheum (v.) breathe
ឌកដង្ហើម Dok Dong Heum (v.) respire
ឌកដង្ហើមធំ dok dangheum thom (v.) sigh
ឌកថយ dok thoay (v.) disengage
ឌកថយ Dork Thoi (v.) retreat
ឌកមេដែកចេញ dok medek chenh (v.) demagnetize
ឌកមាមដោយមាំសីុន dok roam doy masin (v.) epilate
ឌកស្រង់ dorksrang (v.) cite
ឌកស្រង់ dok srong (v.) extract
ឌកហូត dok hout (v.) denude
ឌកហូត dok haut (v.) deprive
ឌកហូត dok haut (v.) forfeit
ឌកហូត dok haut (v.) withhold
ឌកហូតសិទ្ធិ dok haut seth (v.) disqualify
ឌកហូតអាវុធ dok haut avuth (v.) disarm
ឌង Dorng (n.) shaft
ឌងក្តោង dong kdaong (n.) mast
ឌងថ្លឹង dong thloeng (n.) lever
ឌង្កូវ dangkouv (n.) caterpillar
ឌង្កូវ dong kov (n.) maggot
ឌង្កូវ dangkouv (n.) worm
ឌង្កៀប dangkieb (n.) clip
ឌង្កៀប dangkieb (n. pl.) tongs
ឌង្កៀបប្រើពេលវះកាត់ dong keab brer pel veah katt (n.) forceps
ឌង្ហក់ danghok (v.) gasp
ឌង្ហក់ dang hok (v.) pant
ឌង្ហើម dangheum (n.) breath
ឌង់សីុតេ dong si te (n.) density
ឌដែល Dor Del (adj.) same
ឌណ្តប់ dondob (v.) drape
ឌណ្តើមគ្នា danderm knea (v.) vie
ឌណ្តើមយក danderm yok (v.) usurp
ឌប dorb (n.) bottle
ឌបតូច dob tauch (n.) phial
ឌបទឹកដែក dob toeuk daek (n.) flask

ដប់ dob (n.) ten
ដប់ដង dob dong (adj.) tenfold
ដប់បី dob bei (n.) thirteen
ដប់បួន dob buon (n.) fourteen
ដប់ប្រាំ dob bram (n.) fifteen
ដប់ប្រាំបី dob brambei (n.) eighteen
ដប់ប្រាំបួន dab bram buon (n.) nineteen
ដប់ប្រាំមួយ dob bram muoy (n., adj.) sixteen
ដប់ពីរ dobpi (n.) twelve
ដប់មួយ dob muoy (n.) eleven
ឆ្លចំណុចកំពូល chhean dol chamnochkampoul (adj.) orgasmic
ដាកជីលាមកសត្វ dak chi leamok sat (v.) manure
ដាក់ dak (adj.) lay
ដាក់ dak (v.) place
ដាក់ dak (v.) position
ដាក់ dak (v.) put
ដាក់កងទ័ព dak kangtop (v.) troop
ដាក់កញ្ចក់ dak kanhchork (v.) glaze
ដាក់កម្រងផ្កា dak komrong phkar (v.) garland
ដាក់ក្នុងកាបូប dak knong kabaub (v.) bag
ដាក់ក្នុងឆ្នាំង dak knong chhnang (v.) pot
ដាក់ក្នុងផ្នូរ dak khnung phnau (v.) entomb
ដាក់ក្បឿង dak kbueng (v.) tile
ដាក់ក្រោមព្រះអាទិត្យ dak krom preah atith (v.) sun
ដាក់ខាងលើ dak khang leu (v.) top
ដាក់ខុសកន្លែង dak khos kanleng (v.) misplace
ដាក់ខ្នោះដៃ dak khnaoh dai (v.) handcuff
ដាក់ខ្សែភ្លើង dak khsae phleung (v.) wire
ដាក់គ្រាប់ Dak Krob (v.) seed
ដាក់គ្រឿង Dak Kreung (v.) season
ដាក់គ្រឿងតុបតែងថ្មី Dak Kreung Tob Teng (v.) refurbish
ដាក់គ្រឿងទេស dak kruengtes (v.) spice
ដាក់ចុះ dak chuh (v.) lay
ដាក់ច្រវាក់ Dak Jro Vaak (v.) shackle
ដាក់ច្រវាក់ជើង dak chrovak cheung (v.) fetter

ដាក់ចំណងជើង dak chamnang cheung (v.) title
ដាក់ឆ្កាង dak chhkang (v.) crucify
ដាក់ជាក្រុម dak chea krom (adj.) teamed
ដាក់ជាជួរ dak chea chuor (v.) rank
ដាក់ជាយ dak cheay (v.) fringe
ដាក់ជាអារម្មកថា dak chea arom kaktha (v.) preface
ដាក់ជី dak chi (v.) fertilize
ដាក់ឈ្មោះ dak chhmoh (v.) name
ដាក់ឈ្មោះក្រៅ dak chhmoh kraw (v.) nickname
ដាក់ញត្តិ dak nhatt (v.) petition
ដាក់ដែកគ្រឹបឡើង dak daek krib lerng (v.) jack
ដាក់ដំកល់ dak domkol (v.) enshrine
ដាក់តម្លៃ dak damlai (v.) price
ដាក់ត្រៀម dak triem (v.) range
ដាក់ថ្នាំបង្កើនកម្លាំង dak thnam bongkern komlang (v.) dope
ដាក់ទណ្ឌកម្ម Kaar Dak Ton Kaam (v.) sanction
ដាក់ទល់មុខគ្នា dak tol mokh knea (v.) juxtapose
ដាក់ទារុណកម្ម dak tearounakamm (v.) torment
ដាក់ទុក dak tuk (v.) stow
ដាក់ទោស dak tous (v.) chasten
ដាក់ទោស dak tos (v.) inflict
ដាក់ទោស daktos (v.) penalize
ដាក់ទោសដោយគ្មានតុលាការវិនិច្ឆ័យ dak tuos doy kmean tolakar vinichhay (v.) lynch
ដាក់ទៅវិញ Dak Tov Venh (v.) shelve
ដាក់ទប dak tob (v.) station
ដាក់នៅខាងមុខ dak nov khang moukh (v.) front
ដាក់បង្កាន់ដៃ dak bangkandai (v.) rail
ដាក់បញ្ច្រាស dak banh chras (v.) invert
ដាក់បន្ទុក dak bontuk (v.) encumber
ដាក់បន្ទុក dak bantouk (v.) impose
ដាក់បម្រាម dak bamram (v.) taboo

ដាក់បុគ្គលិកឱ្យធ្វើការ dak bokakleuk oy tveu kar (v.) man
ដាក់បុព្វបទ dak bop bot (v.) prefix
ដាក់ប្រេង dak breng (v.) oil
ដាក់ផ្ដំតាមលំដាប់ dak phdom tam lomdab (v.) collate
ដាក់ពង្រាយ dak pongreay (v.) deploy
ដាក់ពណ៌បន្ទែម samleng (v.) tone
ដាក់ពន្ធនាគារ dak ponthoneakear (v.) imprison
ដាក់ពាក្យបញ្ឈយ dak peak bakchay (v.) suffix
ដាក់ពាក្យសុំឡើងវិញ Dak Peak Som Lerng Venh (v.) reapply
ដាក់ពោរពេញ dak porpenh (v.) cram
ដាក់ការកិច្ច dak phearak kech (v.) task
ដាក់ម្រេច dak mrech (v.) pepper
ដាក់រាជ្យ dak reach (v.) abdicate
ដាក់លក្ខខណ្ឌ Dak Leak Khaan (v.) restrict
ដាក់លាយបញ្ចូលអុកស៊ីសែន dak leay banhchoul ok si sen (v.) oxidate
ដាក់លុយក្នុងកាបូប daklouy knong kabaub (v.) purse
ដាក់លើថាស dak leu thas (v.) tray
ដាក់លេខទំព័រ dak lek tompor (v.) page
ដាក់លេខយោង dak lekh yuong (v.) footnote
ដាក់លេខរៀង dak lek hrieng (v.) number
ដាក់វណ្ណយុត្ត dak vonn yout (v.) punctuate
ដាក់សញ្ញាត្រេត dak sanhnha tret (v.) slash
ដាក់ស៊ុម dak suom (v.) frame
ដាក់ស្ករ dak skor (v.) sugar
ដាក់ស្នើ dak sner (v.) submit
ដាក់ស្នើសុំ dak sner som (v.) tender
ដាក់ស្នេហ៍ dak snae (v.) bewitch
ដាក់ស្នេហ៍ dak sne (v.) charm
ដាក់ស្នេហ៍ dak snae (v.) enchant
ដាក់ស្លាកសញ្ញា dak slak sanhnha (v.) label
ដាក់អន្ទាក់ dak onteak (v.) entrap
ដាក់អន្ទាក់ dak anteak (v.) noose
ដាក់អន្ទាក់ dak anteak (v.) snare
ដាក់អន្ទាក់ dak anteak (v.) trap
ដាក់អោយនៅក្រោមអំណាច dak oy nov krom omnach (v.) subject
ដាក់អោយបង់ថ្លៃប្រើ dak aoy bongthlai brer (v.) toll
ដាក់ខណ្ឌផ្លូវ Dak Khann Plov (v.) roadblock
ដាក់នឹម dak neoum (v.) yoke
ដាក់អំបោះចូលរន្ធម្ជុល dak omboah chol ron mjoul (v.) thread
ដាច់ខាត dach khat (adj.) absolute
ដាច់ខាតនិយម dach khat niyom (n.) absolutism
ដាច់គេ dach ke (adj.) pre-eminent
ដាច់ថ្ងៃ dach yai (adj.) broke
ដាច់ស្រយាល Dach Sro Yal (adj.) remote
ដាន dan (n.) trace
ដានជើង darn cheung (n.) footmark
ដាល់ dal (v.) biff
ដាល់ dal (v.) fist
ដាវ dav (n.) rapier
ដាវ Dao (n.) sabre
ដាវ dav (n.) sword
ដាស់ das (v.) arouse
ដាស់ចិត្ត Das Jet (v.) rouse
ដាស់តឿន das tuen (v.) admonish
ដាំ dam (n.) reak
ដាំដុះ damdoh (v.) cultivate
ដាំដើមឈើឡើងវិញ dam dermchheu lerng vinh (v.) afforest
ដាំដំណាំ dam damnam (v.) plot
ដាំត្បូង dam tboung (v.) jewel
ដាំទឹង dam ting (v.) somersault
ដាំបញ្ចូល dam banhchoul (v.) plant
ដាំបណ្ដោះ dam bondoh (v.) instil
ដី dei (n.) ground
ដី dei (n.) land
ដី dei (n.) soil
ដីរាបស្មើ dei reab smer (n.) flatland
ដីកណ្ដាល dei kondal (n.) midland
ដីកា dei ka (n.) warrant
ដីការកកេរ Dei Kaar Ruk Rok (n.) search warrant

ឌីកា, ឆ្បាប់ deika, chbab (n.) bylaw, bye-law
ឌីកាតុលាការ deika tolakar (n.) writ
ឌីកាឱ្យយកខ្លួនមកតុលាការ dei kar oy yok kluon mok tolakar (n.) habeas corpus
ឌីក្រហូង dei krahaung (n.) crater
ឌីទួល dei tuorl (n.) ដីទួល
ឌីទំនេរ dei tom ne (n.) fallow
ឌីល្បាប់ dei lbab (n.) silt
ឌីវាលភក់ dey veal pouk (n.) bogland
ឌីស dei sor (n.) chalk
ឌីតឌ្ឋ dey iid (n.) argil
ឌីតឌ្ឋ dei idth (n.) clay
ឌឹកជញ្ជូន doek chonhchoun (v.) transport
ឌឹកតាមផ្លូវទឹក Deuk Tam Plov Teuk (v.) ship
ឌឹកទៅមក doek tov mok (v.) shuttle
ឌឹកទំនិញតាមអាកាស doek tomninh tamaakas (n.) air freight
ឌឹកនាំ doek noam (v.) lead
ឌឹង doeng (v.) know
ឌឹងខ្លួន doeng khluon (adj.) conscious
ឌឹងខ្លួន doeng khluon (adj.) sober
ឌឺក្រេ deu kre (n.) degree
ឌុត dot (v.) bake
ឌុត dot (v.) burn
ឌុតកំដៅ kot kom dao (v.) heat
ឌុតភ្លើង dot phleung (v.) fire
ឌុតភ្លើង dot phleung (v.) stoke
ឌុតឲ្យទៅជាធ្យូង dot oy tov chea thyuong (v.) carbonize
ឌុល្លារ dollar (n.) buck
ឌុល្លារ dollar (n.) dollar
ឌុំ dom (n.) piece
ឌុំ អំបោះ dom omboh (n.) skein
ឌុំក្រដាសព្រាំរយសន្លឹក dom kradas bramroy sanluek (n.) ream
ឌុំដី dom dei (n.) clod
ឌុំដែក dom dek (n.) dum-bell
ឌុំថ្ម សម្រាប់ក្រាលថ្នល់ dom thmor samrab kral thnal (n.) cobble
ឌុំថ្មធំៗ daum thmor thom thom (n.) boulder

ឌុំទឹកកក dom teuk kok (n.) iceblock
ឌុំធ្យូង dom thyuong (n.) briquet
ឌុំនំប៉័ង dom nombang (n.) loaf
ឌុំផែន Dom Phen (n.) reel
ឌុំពក dom pok (n.) lump
ឌុំពកលើស្បែក dom pok leu sbek (n.) wen
ឌុំភ្លើង dom phleung (n.) fireball
ឌុំម៉ាស់ dom mas (n.) mass
ឌុំមាស dom meas (n.) nugget
ឌុំមាសបរិសុទ្ធ dom meas reu brak (n.) bullion
ឌុំមេដែក dom me daek (n.) loadstone
ឌុំរទេះ dom roteh (n.) spindle
ឌុំកីឡាន័យម៉ៅកុំព្យូទ័រ dom romkel nei mao kompyoutor (n.) trackball
ឌុំវីលនៃកង dom vil nei kong (n.) axle
ឌុំវីលនៃឌីណាម៉ូ dom vil nei di na mau (n.) armature
ឌុំសាច់ dom sach (n.) tumour
ឌុះច្រេងច្រាង doh chro ngeng chro ngang (v.) straggle
ឌុះធ្មេញ doh thmenh (v.) teethe
ឌុះសាប៊ូ doh sabu (v.) soap
ឌុះឡេីង doh lerng (v.) spring
ឌូង doung (n.) coconut
ឌូច dauch (adv.) as
ឌូច Doch (v.) resemble
ឌូចក្មេងប្រុស doch kmeng bros (adj.) boyish
ឌូចគ្នា dauch knea (adj.) alike
ឌូចគ្នា dauch knea (adj.) identical
ឌូចគ្នានេះដែរ dauch knea nih dae (adv.) likewise
ឌូចជា doch chea (prep.) like
ឌូចជាសង្គ្រាម dauchchea sangkream (adj.) warlike
ឌូចដីខ្សាច់ Doch Dei Ksach (adj.) sandy
ឌូចតាបស dauch tabos (adj.) ascetic
ឌូចថ្ម doch thmor (adj.) stony
ឌូចនេះ dauch nih (adv.) hence
ឌូចមនុស្ស dauch mnouss (adj.) manlike
ឌូចម្តាយ dauch mday (adj.) motherly
ឌូចម្តេច dauch mdech (adv.) how

ដូចម្តេច dauch mdech *(adv.)* somehow
ដូចម្តាយ dauch mday *(adj.)* motherlike
ដូចយល់សប្តិ douch yul sob *(adj.)* dreamy
ដូចរចនាបទនៃអគារនៅក្នុងទ្វីបអឺរ៉ុបរវាងសតវត្សទី ១២ និង ១៦ dauch rachna bot nei akear nov knong tvib eurob roveang satavot ti 12 neung 16 *(adj.)* gothic
ដូចរដូវរងារ dauch rordauv ro ngear *(adj.)* wintry
ដូចវិមាន doch vimean *(adj.)* palatial
ដូចសត្វ doch satt *(adj.)* bestial
ដូចសត្វតោ doch satt toa *(adj.)* leonine
ដូចស្រុកស្រែ Doch Srok Srae *(adj.)* rustic
ដូចឱម៉ាល់ dauch ao mal *(adj.)* waspish
ដូច្នេះ dauch neh *(conj.)* so
ដូច្នេះ dauch neh *(adv.)* therefore
ដូច្នេះ dauch chneh *(adv.)* thus
ដូណាត់ daunat *(n.)* doughnut
ដូនជី daunchi *(n.)* nun
ដូនជី daunchi *(n.)* nunnery
ដូមីណូ dau mi nau *(n.)* domino
ដូរកាលវិភាគ Dor Kal Vi Pheak *(v.)* reschedule
ដួងចិត្តទន់ភ្លន់ duongchett tonphlon *(adj.)* tender-hearted
ដួល duol *(v.)* tumble
ដួលរលំ duol rolom *(v.)* collapse
ដួលសន្លប់ duol sanlob *(v.)* faint
ដួស duos *(v.)* ladle
ដួសពពុះចេញ Duos Po Pus Jenh *(v.)* scum
ដើម derm *(adj.)* original
ដើម derm *(n.)* stem
ដើមកៅស៊ូ Deum Kao Soo *(n.)* rubber tree
ដើមកំណើត derm kamnert *(n.)* descent
ដើមកំណើត daem kam naet *(adj.)* native
ដើមកំណើតនៃឪពុកម្តាយ derm kom nert nei auv pouk mday *(n.)* parentage
ដើមកំណើតពាក្យ derm komnert peak *(n.)* etymology
ដើមខ្ញែរ daem khnher *(n.)* nettle
ដើមព្រៃ daem chrei *(n.)* oak
ដើមព្រៃ daem chrei *(n.)* oaktree
ដើមឈើ derm chheu *(n.)* tree
ដើមឈើតូចម្យ៉ាងមានបន្លា derm chher touch myang mean bonla *(n.)* hawthorn
ដើមឈើម្យ៉ាង alder *(n.)* alder
ដើមឈើម្យ៉ាង derm chheu myang *(n.)* bracken
ដើមឈើម្យ៉ាង derm chheu myang *(n.)* sycamore
ដើមដំបងយក្ស derm dombong yak *(n.)* cactus
ដើមដំបូង derm dam baung *(n.)* outset
ដើមតាត្រៅ derm tatrao *(n.)* cedar
ដើមទុន derm tun *(n.)* capital
ដើមទ្រូង derm truung *(n.)* cleavage
ដើមទ្រូងស្រី derm troung strei *(n.)* bosom
ដើមបញ្ញើកឯក daem banh nheu ka ek *(n.)* mistletoe
ដើមបណ្តឹង daem ban doeng *(n.)* plaintiff
ដើមប៊ីច derm bich *(n.)* beech
ដើមប្រក្រាប daem bra krab *(n.)* poplar
ដើមប្រេងខ្យល់ derm preng kyol *(n.)* eucalypt
ដើមផ្កាពណ៌ក្រហម derm phkar por krohom *(n.)* geranium
ដើមផ្កាម្យ៉ាងមានបន្លា derm phka myang mean bonla *(n.)* thistle
ដើមពោធិ derm poar *(n.)* banyan
ដើមមន derm mon *(n.)* mulberry
ដើមយីហុប derm yihoub *(n.)* cinnamon
ដើមសុបទ្រុប Deum Sop Trob *(n.)* sagebush
ដើមសុបទ្រុប derm suob truob *(n.)* shrub
ដើមសូល derm saul *(n.)* willow
ដើមសូល derm saul *(n.)* wimble
ដើមស្ងាវ derm sngav *(n.)* fir
ដើមស្រល់ derm srol *(n.)* cypress
ដើមស្លែទឹក derm slae teuk *(n.)* myrrh
ដើមស្លែរលក derm slae rolok *(n.)* myrtle
ដើមអម្ពិល derm ompil *(n.)* tamarind
ដើមអាកាស្យា derm a ka sya *(n.)* acacia
ដើម្បីការពារ daembei karpear *(adj.)* protective
ដេរ der *(v.)* plod

ដើរ der (v.) walk
ដើរខ្ជិចៗ der khcherch khcherch (v.) gimp
ដើរកម្សាន្ត der kamsaan (v.) tour
ដើរក្បួន der kbuon (v.) march
ដើរក្រឡើង Der Kro Leung (v.) roam
ដើរខ្ជិច der khterch (v.) stump
ដើរយោសនា der khosana (v.) canvass
ដើរចរចប់ Der Jor Jrob (v.) rove
ដើរជាតួឯក der chea tour ek (v.) star
ដើរជាព្យុហយាត្រា daer chea pyouha yeatra (v.) parade
ដើរញាប់ជើង daer nhoab cheung (v.) trot
ដើរត្រេតត្រត der tret trot (v.) dawdle
ដើរត្រេតត្រត der tret trot (v.) loiter
ដើរត្រេតត្រត Deur Tret Trot (v.) saunter
ដើរថ្មើរជើងដែលពិបាក der thmer cheung del pibak (v.) trek
ដើរទៅមក der tov mok (v.) pace
ដើរត្រេតទ្រត Der Tret Trot (v.) reel
ដើរត្រេតទ្រាត der tret troat (v.) stagger
ដើរពើងទ្រូង der peung truong (v.) strut
ដើរយ៉ាងក្រអឺតក្រទម der yang kro eurt kro tom (v.) swagger
ដើរយឺតៗ der yeut yeut (v.) amble
ដើរកអាហារខ្លួនឯង Deur Rok Ahh Haa Kloun Eng (v.) scavenge
ដើរលេង der leng (v.) stroll
ដើរលោតៗ der loat loat (v.) bound
ដើរអឺកអាកៗ daer ik aak (v.) waddle
ដើរអូសជើង Der Os Jeung (v.) shamble
ដេកថ្ងៃ dek thngai (v.) nap
ដេករលីវៗ dek roleav roleav (v.) doze
ដេកលក់ dek luok (adv.) asleep
ដេកលក់ dek luk (v.) slumber
ដេកហាលថ្ងៃ dek hal thngai (v.) bask
ដេកូរ៍ decor (n.) decor
ដេញ denh (v.) chase
ដេញថ្លៃ denh thlai (v.) bid
ដេប៉ូ debau (n.) depot
ដេរ Dae (v.) sew
ដេរ de (v.) stitch
ដេរភ្ជាប់ Dae Pjorb (v.) seam

ដេស៊ីបែល decibel (n.) decibel
ដែក daek (n.) iron
ដែក daek (n.) metal
ដែកកណ្តារ dek kandar (n.) auger
ដែកកេស daek kes (n.) lighter
ដែកក្រចាប់ dek krorchab (n.) clamp
ដែកគាស់ dek koas (n.) crowbar
ដែកគោល daek koal (n.) spike
ដែកគោលចុច dek koal choch (n.) tack
ដែកគោលមីន Dek Kol Min (n.) rivet
ដែកថែប dek theb (n.) steel
ដែកទ្រនាប់ dek tronoab (n.) anvil
ដែកពុទ្ធធ្មេញ daek puth thmenh (n.) braces
ដែកស្វានខុងព្រីករុន Dek Svan Koung Pungrik Run (n.) reamer
ដែន den (n.) domain
ដែនកំណត់ den kamnot (n.) limitation
ដែនកំណត់ពេលវេលា den kamnot pelvelea (n.) time limit
ដែនដីនៃសេចក្តីសុខក្សេមក្សាន្ត dendei nei sechkdei sokh ksaem saan (n.) utopia
ដែរ dae (adv.) either
ដែល del (conj.) that
ដែល del (adj.) which
ដែល មិនអនុញ្ញាត del min anouk nhat (adj.) inadmissible
ដែល រអាក់រអួល មិនងាយស្រួល del ro ak ro ourl min ngeay sruol (adj.) inconvenient
ដែលខា ឆួល del kha chuol (adj.) acrid
ដែលធ្លាក់សំយុងចុះ del thleak saamyong choh (adj.) droopy
ដែលមិនមានជាតិអាល់កុល del min mean cheate alkol (adj.) non-alcoholic
ដែលអាចមើលឃើញ del ach meul kheunh (adj.) visible
ដែលកក del kork (adj.) frozen
ដែលកកុញដោយមនុស្ស del kok konh doy monuos (adj.) jam-packed
ដែលកខ្វក់ del korkhvok (adj.) dingy
ដែលកន្ត្រាក់ជាប់ del kantrak choab (adj.) spasmodic
ដែលកន្ត្រាក់ del kon trak (adj.) jerky

ដែលកន្លងទៅហើយ del konlong tov hery *(adj.)* bygone
ដែលកម្រ del kamror *(adv.)* rarely
ដែលកម្រោល del komraol *(adj.)* crass
ដែលកាត់ del katt *(adj.)* caustic
ដែលកាត់ del kat *(adj.)* corrosive
ដែលកាត់តម្រឹម del kat damreum *(adj.)* trim
ដែលកាន់កាប់ភាគហ៊ុន Del Kann Kab Pheak Hun *(adj.)* shareholding
ដែលកាន់សាសនា Del Kann Sas Na *(adj.)* religious
ដែលការពារខ្លួន del karpear khluon *(adj.)* defensive
ដែលការពារគ្រាប់កាំភ្លើង del kapear kroab kamphleung *(adj.)* bulletproof
ដែលការពារគ្រាប់បាន del kar pear kroab ban *(adj.)* shotproof
ដែលកុហក del ko hok *(adj.)* mendacious
ដែលកើតចៃដន្យល្អ del kaet chai dan laor *(adj.)* providential
ដែលកើតទុក្ខ del kert tukh *(adj.)* dismal
ដែលកើតមានឡើងវិញម្តងៗ Del Kert Mean Leung Venh *(adj.)* recurrent
ដែលកើតឡើងក្នុងពេលដូចគ្នា del kert lerng knung pel doch knea *(adj.)* cotemporal
ដែលកើតឡើងក្នុងរយៈពេលដំឡើងទាត់ del kert lerng knong royakpel tiengtoat *(adj.)* cyclic
ដែលកើតឡើងដោយគំនិតរវើរវាយ del kert lerng daoy koumnit roveu roveay *(adj.)* fanciful
ដែលកៀបសសៃ Del Keab Sor Sai *(adj.)* sciatic
ដែលកែលែងបាន del kae leng ban *(adj.)* incorrigible
ដែលកោសរួច Del Koas Ruoch *(adj.)* scratched
ដែលកិកកុក del kngek kngaok *(adj.)* zigzag
ដែលក្តៅហែង del kdao heng *(adj.)* torrid
ដែលក្បត់ del kbat *(adj.)* mutinous

ដែលក្បាលទៅមុន del kbal tov mun *(adv.)* headlong
ដែលក្មេង del khmeng *(adj.)* young
ដែលក្មេងខ្ចី del khmeng khchey *(adj.)* callow
ដែលក្រហមស្រគាំ Del Kro Horm Sro Keum *(adj.)* reddish
ដែលក្រហូង Del Kro Hong *(adj.)* rut
ដែលក្រហូប del krah aub *(adj.)* odorous
ដែលក្រឡប់ Del Kro Lab *(adj.)* reverse
ដែលក្រិន Del Kren *(adj.)* scrubby
ដែលក្រៀមក្រោះ del kriem kroh *(adj.)* austere
ដែលក្រៀមក្រំ del kriem krom *(adj.)* desolate
ដែលក្រៀមស្រពោន Del Kream Sro Pon *(adj.)* seared
ដែលក្លាយ del khlay *(adj.)* derivative
ដែលក្លាហាន del klahan *(adj.)* courageous
ដែលក្លាហាន del khla harn *(adj.)* intrepid
ដែលក្លាហាន del klahan *(adj.)* venturous
ដែលក្លៀវក្លា del kliev kla *(adj.)* ardent
ដែលក្លៀវក្លា del khliev klha *(adj.)* ebullient
ដែលក្លៀវក្លា del kliev khla *(adj.)* fervent
ដែលក្លៀវក្លា del kliev kla *(adj.)* vehement
ដែលក្លែងក្លាយ del kleng klay *(adj.)* mock
ដែលក្លែងក្លាយ del khlaeng khlay *(adj.)* spurious
ដែលក្លែងបន្លំ del khleng bonlom *(adj.)* doctored
ដែលក្ស័យធន ksay thon *(adj.)* insolvent
ដែលក្អេងក្អាង del ka eng ka arng *(adj.)* bossy
ដែលកំណត់ Del Et Kom Not *(adj.)* set
ដែលកំណាញ់ del kamnanh *(adj.)* niggardly
ដែលកំណាញ់ del kom nanh *(adj.)* stingy
ដែលកំប្លែង del kom plaeng *(adj.)* humorous
ដែលកំប្លែងលេង del kom plaeng leng *(adj.)* jocular
ដែលកំប្លែងស្ងួត del kambleng snguot *(adj.)* wry
ដែលកំពុងកាន់តំណែង del kampong kan domneng *(adj.)* incumbent

ដែលកំពុងកើតឡើង del kampoung kertlerng *(adv.)* afoot
ដែលកំពុងចាប់កំណើត del kampoung chab kamnaet *(adj.)* nascent
ដែលកំពុងចេញពន្លក del kompong chenh ponlork *(adj.)* budding
ដែលកំសត់ Del Kom Sot *(Adj.)* shabby
ដែលកំសត់ឯកា del komsot aeka *(adj.)* forlorn
ដែលកំសាក del komsak *(adj.)* craven
ដែលកំសាន្ត Del Kom San *(adj.)* recreational
ដែលកំសាន្ត Del Kom San *(adj.)* recreative
ដែលខាំ del kham *(adj.)* biting
ដែលខឹងខ្លាំងណាស់ del khoeng khlang nas *(adj.)* furious
ដែលខឹងមួរម៉ៅ del khoeung muor mao *(adj.)* maddening
ដែលខុសគេ del khos ke *(adj.)* aberrant
ដែលខុសគេ del khous ke *(adj.)* eccentric
ដែលខុសគ្នាស្រឡះ del khos knea sralah *(adj.)* disparate
ដែលខុសប្រក្រតី del khos bra kradei *(adj.)* offbeat
ដែលខុសពីគេក្នុងសង្គម del khos pi ke knung songkum *(adj.)* bohemian
ដែលខុសពីធម្មតា del khospi thommoda *(adj.)* atypic
ដែលខុសពីសីលធម៌ del khos pi seila thor *(adj.)* profligate
ដែលខុសពេលវេលា del khous pel velear *(adj.)* inopportune
ដែលខុសសីលធម៌ del khous selathor *(adj.)* licentious
ដែលខោង del khaung *(adj.)* concave
ដែលខូច del khauch *(adj.)* rancid
ដែលខូចចិត្ត del khouch chet *(adj.)* despondent
ដែលខូចសរសៃប្រសាទ del khauch sar sai bra saat *(adj.)* nerveless
ដែលខៀវស្រងាត់ del khiev srangat *(adj.)* verdant
ដែលខ្ចប់ del khchob *(adj.)* takeout

ដែលខ្ចាត់ខ្ចាយ Del Kjaat Kjaay *(adj.)* scattered
ដែលខ្ចប់ខ្លួនតាមមតិខ្លួន del khchab khchuon tam mate kluon *(adj.)* opinionated
ដែលខ្ចះខ្ចាយ del khcheah khcheay *(adj.)* prodigal
ដែលខ្ចះខ្ចាយ del khcheah khcheay *(adj.)* wasteful
ដែលខៀវខ្ញា del khnhiev khnha *(adj.)* boisterous
ដែលខូរខា del Kto Ktea *(adj.)* resonant
ដែលខ្ចះខ្ចាយ khcheah khcheay *(adj.)* lavish
ដែលខ្ពស់បំផុត del khpos bomphot *(adj.)* sterling
ដែលខ្មាស់ del khmas *(adj.)* abashed
ដែលខ្លាច del khlach *(adj.)* dread
ដែលខ្លាំងខូចឃ្យល់ព្យុះ del doch khyal pyouh *(adj.)* tempestuous
ដែលខ្លាំងហើយនាប់រាលដាល del khlang hery chhab real dal *(adj.)* virulent
ដែលខ្លី del khlei *(adj.)* shortish
ដែលខ្លីទ្រគោះបោះបោក del khlei tro kuos boah boak *(adj.)* curt
ដែលខ្លីហើយច្បាស់ del khley hery chbas *(adj.)* terse
ដែលខ្វែងគ្នា del khveng knea *(adj.)* cross
ដែលខ្វះការទុកចិត្តលើខ្លួនឯង del khvah kar touk chet leu khluon eng *(adj.)* diffident
ដែលខ្វះខាត del khvah khat *(adj.)* needy
ដែលគគ្រឹមគគ្រាត Del Ko Kreum Ko Kreat *(adj.)* rough
ដែលគគ្នើស chhleanpean *(adj.)* aggressive
ដែលគង្វាល Del Kong Veal *(adj.)* retentive
ដែលគត់ Del Kot *(adv.)* sharp
ដែលគិតដល់ប្រយោជន៍អ្នកដទៃ del kit dol brayoch nak da tei *(adj.)* altruistic
ដែលគិតតែពីលុយ del kit tae pi luy *(adj.)* mercenary
ដែលគិតទុកជាមុន del kit tuk chea mun *(adj.)* designing
ដែលគិតទុកជាមុន del kit touk chea mun *(adv.)* pat

ដែលគិតពីប្រយោជន៍ជាង del kit pi brayoch cheang *(adj.)* utilitarian
ដែលគិតមមៃ del kit mamei *(adj.)* obsessive
ដែលគុណភាពអន់ del kun pheap orn *(adj.)* cheesy
ដែលគួរខ្មាស់ណាស់ Del Kour Kmas ian *(adj.)* shameful
ដែលគួរគោរព Del Kuor Ko Rob *(adj.)* reverend
ដែលគួរគោរព del kuor korop *(adj.)* venerable
ដែលគួរជឿបាន Del Kour Jeu Ban *(adj.)* reliable
ដែលគួរទុកចិត្ត del kuor aoy toukchett *(adj.)* trusty
ដែលគួរទុកចិត្ត Del Kour Tok Jet *(adj.)* secure
ដែលគួរធ្វើ del kuor thveu *(adj.)* advisable
ដែលគួរបន្ទោស del kuor bantous *(adj.)* culpable
ដែលគួរបន្ទោស del kuor bantos *(adj.)* objectionable
ដែលគួររន្ធត់ del kuor ronthot *(adj.)* ghastly
ដែលគួរសម del kuor som *(adj.)* mannerly
ដែលគួរសម del kuor som *(adj.)* urbane
ដែលគួរសរសើរ del kour sor ser *(adj.)* meritorious
ដែលគួរឱ្យខ្ពើមរអើម del kuor aoy khpeum ror aem *(adj.)* sordid
ដែលគួរឱ្យខ្លាច del kour oy khlach *(adj.)* formidable
ដែលគួរឱ្យត្រេកត្រអាល del kuor aoy trek traa al *(adj.)* voluptuous
ដែលគួរឱ្យសង្ស័យ del kuor aoy sangsay *(adj.)* questionable
ដែលគួរឱ្យខ្ពើម del kuor oy khpaem *(adj.)* nasty
ដែលគួរឱ្យខ្លាច del kuor aoy khlach *(adj.)* fearful
ដែលគួរឱ្យគោរព del kuor oy korop *(adj.)* respectful
ដែលគួរឱ្យចងចាំ del kour oy chong cham *(adj.)* memorable

ដែលគួរឱ្យចង់បាន del kuor aoy chong ban *(adj.)* desirable
ដែលគួរឱ្យច្រណែន del kour oy chranen *(adj.)* enviable
ដែលគួរឱ្យធុញទ្រាន់ del kuor oy thunh troan *(adj.)* humdrum
ដែលគួរឱ្យធុញទ្រាន់ del kuor oy thunh troan *(adj.)* lame
ដែលគួរឱ្យធុញទ្រាន់ del kuor aoy thounh troan *(adj.)* tiresome
ដែលគួរឱ្យព្រឺក្បាល del kuor oy preu kbal *(adj.)* eerie
ដែលគួរឱ្យភ័យខ្លាច del kuor oy phey khlach *(adj.)* creepy
ដែលគួរឱ្យសង្ស័យ del kuor aoy sangsay *(adj.)* dubious
ដែលគួរឱ្យសរសើរ del kuor oy sorser *(adj.)* creditable
ដែលគួរឱ្យស្រឡាញ់ del kuor oy sralanh *(adj.)* winsome
ដែលគួរឱ្យស្អប់ខ្ពើម del kur oy s'aob khpeum *(adj.)* abhorrent
ដែលគួរឱ្យស្អប់ខ្ពើម del kuor aoy s'aob khperm *(adj.)* despicable
ដែលគួរឱ្យអស់សំណើច del kuor oy os somnerch *(adj.)* laughable
ដែលគួរឱ្យអាណិតអាសូរ del kour oy anit asou *(adj.)* sympathetic
ដែលកេងមិនលក់ del keng min luk *(adj.)* wakeful
ដែលគេចវេស del kech ves *(adj.)* evasive
ដែលគេចូលចិត្ត del ke choul chet *(adj.)* charismatic
ដែលគេបណ្តាត់ចោល del ke bansaat chaol *(adj.)* outcast
ដែលគ្មាន del khmean *(adj.)* devoid
ដែលគ្មានកូន del kmean kaun *(adj.)* infertile
ដែលគ្មានខ្លឹមសារ del kmean khloemsaar *(adj.)* banal
ដែលគ្មានចាប់ភ្លឹក del kmean chab phleuk *(adj.)* oblivious
ដែលគ្មានជីវិត del kmean chivit *(adj.)* abiotic

ដែលគ្មានញាណ Del Kmean Nhean *(adj.)* senseless
ដែលគ្មានថ្នេរ Del Kmean Thnae *(adj.)* seamless
ដែលគ្មានទម្រង់ប្រាកដ del kmean tomrong brakat *(adj.)* amorphous
ដែលគ្មានទាក់ទងគ្នា del kmean tak tong knea *(adj.)* incoherent
ដែលគ្មានទីបំផុត del kmean ti bamphot *(adj.)* eternal
ដែលគ្មានផាសុខភាព del kmean pha sokhpheap *(adj.)* inhospitable
ដែលគ្មានមេត្តា del kmean me ta *(adj.)* insensitive
ដែលគ្មានមេរោគ del kmean merok *(adj.)* aseptic
ដែលគ្មានមេរោគ del kmean me rok *(adj.)* sterile
ដែលគ្មានយោធា del kmean yothea *(adj.)* demilitarized
ដែលគ្មានរៀប del kmean robeab *(adj.)* haphazard
ដែលគ្មានសមត្ថភាព del kmean samatthapheap *(adj.)* incapable
ដែលគ្មានសាច់ del kmean sach *(adj.)* vegetarian
ដែលគ្មានសុខភាពល្អ del kmean sokhapheap laor *(adj.)* sickly
ដែលគ្មានសុជីវធម៌ del kmean sochivothor *(adj.)* uncouth
ដែលគ្មានសុវត្ថិភាព del kmean sovathepheap *(adj.)* insecure
ដែលគ្មានស្នាមប្រឡាក់ del kmean snam brolak *(adj.)* stainless
ដែលគ្មានសំឡេង del kmean saamleng *(adj.)* noiseless
ដែលក្រងរាជ្យ del krongreach *(adj.)* crowned
ដែលគ្រប់ការ del krob kar *(adj.)* nubile
ដែលគ្រប់គ្រាន់ del krob kroan *(adj.)* enough
ដែលគ្រានតែ del kroan te *(adj.)* only
ដែលក្រុនក្តៅ del krun kdao *(adj.)* feverish
ដែលគ្រោងកំនូរក្រេ Del Krong Kum Noo Tre *(adv.)* schematically
ដែលគ្រោះថ្នាក់ del krohthnak *(adj.)* dangerous
ដែលកំរប់ប្រាំពីរ Del Kum Rob Pram Pee *(adj.)* seven
ដែលឃើញមួយក្រឡេកភ្នែក del kheunh muoy kralek phnek *(adv.)* prima facie
ដែលឃ្លាតចេញពីចំណុចកណ្តាល del khleat chenhpi chomnoch kandal *(adj.)* centrifugal
ដែលឃ្លាតពីគ្នា del kleat pi knea *(adj.)* sparse
ដែលងងឺត del ngor ngeut *(adj.)* dark
ដែលងងឹត del ngor ngut *(adj.)* sombre
ដែលងងឹត del ngor nget *(adj.)* tenebrous
ដែលងាយឆេះ del ngeay chheh *(adj.)* combustible
ដែលងាយនឹងលុបបាត់ del ngeay neung loub bambat *(adj.)* eliminatory
ដែលងាយបង្កជលោះ del ngeay bangkor chomloh *(adj.)* bellicose
ដែលងឿងឆ្ងល់ del ngueng chhngal *(adj.)* dazed
ដែលចង្អុលបង្ហាញ del chang oul bang hanh *(adj.)* indicative
ដែលចង់ដឹង del chong doeng *(adj.)* exquisitive
ដែលចង់ដឹងចង់ឃើញ del chong doeng chong kheunh *(adj.)* curious
ដែលចង់ដឹងចង់ឃើញ del chong doeng chong kheunh *(v.)* intrigue
ដែលចង់ដឹងចង់លឺ de chong doeng chong leu *(adj.)* inquisitive
ដែលចង់បានខ្លាំង del chongban khlang *(adj.)* avid
ដែលចចេស del chor ches *(adj.)* headstrong
ដែលចម្កួត del chom kuot *(adj.)* zany
ដែលចម្រុះពណ៌មិនស្មើគ្នា del chamrouh por min smae knea *(adj.)* motley
ដែលចម្លែក Del Jom Lek *(adj.)* rum
ដែលចាក់លត Del Jak Lat *(adj.)* removable

ដែលចាត់ជាត់បន់ del chat tam dambonn (adj.) zonal
ដែលចាត់ថ្នាក់ del chat thnak (adj.) classified
ដែលចាត់ទុកជាមោឃៈ del chattoukchea mokhak (adj.) void
ដែលចាប់អារម្មណ៍ del chab arom (adj.) interested
ដែលចាប់អារម្មណ៍ del chab aromm (adj.) keen
ដែលចាប់អារម្មណ៍ជាខ្លាំង Del Jaab Ahh Rom Klang (adj.) sensational
ដែលចាស់ខូច del chas kouch (adj.) stale
ដែលចាស់ជរជុះ Del Jas Jor Jus (adj.) second-hand
ដែលចាស់វង្វេងវង្វាន់ Del Jaas Vong Veng Vong Von (adj.) senile
ដែលចាំងភ្នែក del chang phnek (adj.) glam
ដែលចាំបាច់ Del Jam Bach (adj.) requisite
ដែលចិញ្ចឹមយកទឹកដោះ del chenh cheum yok teuk doh (adj.) milch
ដែលចុះកាលបរិច្ឆេទ del choh kalbakrichhet (adj.) dated
ដែលចុះចូល del choh chaul (adj.) submissive
ដែលចុះឧនឌាប del choh dondab (adj.) decadent
ដែលចុះសម្រុងគ្នា del choh samroung knea (adj.) harmonious
ដែលចូលចិត្តសីុផឹកសប្បាយ del chaul chet sii phoek sabbay (adj.) convivial
ដែលចូលចិត្តអាន del chaul chet arn (adj.) bookish
ដែលចូលចិត្តចង់ដឹងរឿងគេ del choul chet chong doeng rueng ke (adj.) nosy
ដែលចូលចិត្តជាងគេ del chaul chett cheang ke (adj.) favourite
ដែលចូលចិត្តជួយយកអាសារ del choul chett chuoy yok aasar (adj.) helpful
ដែលចូលចិត្តឈ្លោះ del choul chet chhloh (adj.) combative
ដែលចូលចិត្តឈ្លោះ del choul chet chhluos (adj.) shrewd

ដែលចូលចិត្តបង្កហ្នឹង del chaulchett bangkor rueng (adj.) belligerent
ដែលចូលចិត្តសប្បាយ del chaulchett sabbay (adj.) nymphomaniac
ដែលចូលមិនចុះសង្គម del choul min choh song kum (adj.) geeky
ដែលចូលរួម del chaul ruom (adj.) engaging
ដែលចេញលីខិតប្រកាសដោយខ្លួនឯង Del Jenh Lee Khet Pro Kaas Doy Kloun Eng (adj.) self-proclaimed
ដែលចេះគិតដឹងដល់ del cheh kit dol (adj.) thoughtful
ដែលចេះគួរសម del cheh kuor som (adj.) genteel
ដែលចេះតែសង្ស័យ Del Jes Te Song Sai (adj.) sceptical
ដែលចេះថ្នឹក del cheh thnoek (adj.) versed
ដែលចេះស្តាប់បង្គាប់ del cheh sdab bangkoab (adj.) amenable
ដែលចេះអក្សរ del cheh aksor (adj.) literate
ដែលចែងក្នុង សាសនប្បញ្ញត្តិ del cheng knong sasanakbanhnhat (v.) canonize
ដែលចៃដន្យសំណាងល្អ Del Jaai Don Som Nang Laor (adj.) serendipitous
ដែលចោទសួរផ្ទាល់មាត់ del chaot suor phtal moat (adv.) viva voce
ដែលឆ្នៃប្រឌិត del chnai brodit (adj.) inventive
ដែលច្បាស់ del chbas (adj.) clear
ដែលច្បាស់ del chhbah (adj.) lucid
ដែលច្បាស់លាស់ del chbas loas (adj.) definitive
ដែលច្រងេងច្រងាង del chro ngeng ngang (adj.) immodest
ដែលច្របាច់ក.សម្លាប់ Del Jro Bach Ko Somlab (adj.) scragged
ដែលច្រប៊ុកច្រប៉ល់ del chrabauk chrabol (adj.) uproarious
ដែលច្រឡំ del chralom (adj.) erroneous
ដែលច្រើន Del Jreun (adj.) several
ដែលច្រើនក្រៃលែង del chraen krai leng (adj.) profuse

ដែលច្រើនលើសលប់ del chren leus lob (adj.) **superfluous**
ដែលច្រេះ del chreh (adj.) **erosive**
ដែលច្រេះចាប់ Del Jres Jab (adj.) **rusty**
ដែលចម្លែកខុសពីគេខ្លាំងពេក del chamlek khos pi ke khlang pek (adj.) **outlandish**
ដែលចម្លែកអស្ចារ្យ del chamlek aschar (adj.) **monstrous**
ដែលចំអក del chom ork (adj.) **ironic**
ដែលចំអក del chom ork (adj.) **sarcastic**
ដែលចំអកហើយមើលងាយ Del Jom Ork Meul Ngeay (adj.) **sardonic**
ដែលចំអិនដោយដាក់ស្រាឪឈេះ: del chom en doy dak sra oy chheh (adj.) **flambé**
ដែលឆាប់ del chab (adj.) **prone**
ដែលឆាប់ជឿ del chhab cheu (adj.) **credulous**
ដែលឆាប់ប្រតិកម្ម Del Chab Pro Te Kaam (adj.) **sensitive**
ដែលឆាប់ប្រែប្រួល del chhab brae bruol (adj.) **mercurial**
ដែលឆាប់រហ័ស del chhab rohah (adj.) **express**
ដែលឆាប់យល់ចិត្ត Del Chab Yol Jet (adj.) **sentient**
ដែលធ្វើកម៌ីនថ្លៃថ្នូរ del chhert min thlai thnau (adj.) **gaudy**
ដែលឆេវឆាវ del chhev chhav (adj.) **choleric**
ដែលឆេះ del chheh (adj.) **fiery**
ដែលឆោតល្ងង់ del chaot la ngong (adj.) **naive**
ដែលឆៅ del chhao (adj.) **crude**
ដែលឆ្កួត del chhkuot (adj.) **lunatic**
ដែលឆ្គង del chhkorng (adj.) **clumsy**
ដែលឆ្គង del chhkourng (adj.) **dorky**
ដែលឆ្គង del chhkorng (adj.) **gawky**
ដែលឆ្គង del chhkong (adj.) **ungainly**
ដែលឆ្ងាញ់ត្រូវមាត់ del chhnganh trauv maat (adj.) **toothsome**
ដែលឆ្ងាយពីគេ del chhngay pi ke (adj.) **lonesome**
ដែលឆ្ពោះទៅឆ្នេរ del chhpouh tov chhne (adv.) **shoreward**

ដែលឆ្ពោះទៅលិច del chhpaoh tov lich (adv.) **westerly**
ដែលឆ្លង del chhlong (adj.) **infectious**
ដែលឆ្លងកាត់ del chhlangkat (adj.) **through**
ដែលឆ្លងកាត់បាន del chhlangkat ban (adj.) **traversable**
ដែលឆ្លងកាត់ព្រំប្រទល់ del chhlangkat prombrotol (adj.) **transborder**
ដែលឆ្លងរោគ del chhlorng roak (adj.) **catching**
ដែលឆ្លាក់ដោយប្រើអាស៊ីត del chhlak daoy brer asit (adj.) **etched**
ដែលឆ្លាត del chhlart (adj.) **canny**
ដែលឆ្លាតវៀងវៃ Del Chlaat Veang Vei (adj.) **sapient**
ដែលឆ្លាតវៃហើយកំប្លែង del chhlat vei hery kambleng (adj.) **witty**
ដែលជាការស្រមៃ del chea kar sramai (adj.) **phantasmal**
ដែលជាកិត្តិយស del chea keteyous (adj.) **laureate**
ដែលជាកូនកាត់ del chea kaunkat (adj.) **hybrid**
ដែលជាកោះ del chea koh (adj.) **insular**
ដែលជាក្បួន Del Jea Kboon (adj.) **ritual**
ដែលជាគូៗ del chea ku ku (adj.) **binary**
ដែលជាគម្រូ del chea komru (adj.) **classic**
ដែលជាចុងក្រោយ del chea chong kroay (adj.) **final**
ដែលជាឈើ del chea chheu (adj.) **wooden**
ដែលជាទណ្ឌកម្ម Del Chea Ton Kam (adj.) **reformatory**
ដែលជាទម្លាប់ del chea tomloab (adj.) **customary**
ដែលជាទីប្រឹក្សា del chea tibroeksaa (adj.) **advisory**
ដែលជាទីបំផុត del cheati bamphot (adj.) **utmost**
ដែលជាទីស្រឡាញ់ del cheati sralanh (adj.) **darling**
ដែលជាទាស Del Jea Tos (adj.) **servile**
ដែលជាធនធានមានប្រយោជន៍ Del Jea Thon Thean Mean Pro Yoch (adj.) **resourceful**

ដែលជានារីក្រមុំ del chea neari kramoum *(adj.)* maiden
ដែលជានិមិត្តរូប nimittaroub *(adj.)* symbolic
ដែលជានយធៀប del chea ney thieb *(adj.)* figurative
ដែលជាបន្ទុក del chea bantouk *(adj.)* burdensome
ដែលជាបម្រាម del chea bamram *(adj.)* taboo
ដែលជាបុរស del chea boros *(adj.)* manly
ដែលជាប្ដីប្រពន្ធ del chea pdei bro pon *(adj.)* spousal
ដែលជាប់គ្នា del choab knea *(adj.)* conjunct
ដែលជាប់ឃុំ del chorb khoum *(adj.)* captive
ដែលជាប់ទាក់ទងគ្នា del choab teaktong knea *(adj.)* coherent
ដែលជាប់សាច់ញាតិ del choabsach nheat *(adj.)* akin
ដែលជាពហិលកុណៈ del chea phel okkhanak *(adj.)* ostensible
ដែលជាមូលដ្ឋាន del chea moulothan *(adj.)* basic
ដែលជាយោបល់ del chea yo bol *(adj.)* suggestive
ដែលជារបស់សៀម del chea robos siem *(adj.)* siamese
ដែលជារូបមនុស្ស del chea roub monuos *(adj.)* incarnate
ដែលជារៀមច្បង Del Jea Ream Jbong *(adj.)* senior
ដែលជាលក្ខណៈជាប់ជាមួយ del chea leakhenak choab chea muoy *(adj.)* inherent
ដែលជាលើកដំបូង del chea leuk dom baung *(adj.)* initial
ដែលជាលេខ del chea lekh *(adj.)* numerical
ដែលជាល់នៅខ្លាអចិន្ត្រៃយ៍ del chea lomnov than achentrai *(adj.)* domiciled
ដែលជាសត្រូវ del chea sat trauv *(adj.)* hostile
ដែលជាសត្រូវ del chea sat trauv *(adj.)* inimical
ដែលជាសម្មតិកម្ម del chea sammat te kamm *(adj.)* hypothetical

ដែលជាសាធារណៈ Del Jea Sa Thea Ro Nak *(adv.)* retail
ដែលជាសុភាពបុរស del chea sopheap boros *(adj.)* ubersexual
ដែលជាស្រីកខ្វក់ del chea srei kakhvak *(adj.)* slatternly
ដែលជាឱកាស del chea oa kas *(adj.)* shot
ដែលជាឱកាស del chea oa kas *(int.)* shot
ដែលជាអធិបតី del chea athib tei *(adj.)* officious
ដែលជាអនីតិជន del chea ani te chun *(adj.)* juvenile
ដែលជាអាថ៌កំបាំង del chea athkambang *(adj.)* enigmatic
ដែលជិតផុតពូជ del chit phot puoch *(adj.)* endangered
ដែលជិតមកដល់ del chit mok dol *(adj.)* forthcoming
ដែលជិតស្និទ្ធ del chit snetth *(adj.)* intimate
ដែលជិតស្លាប់ del chit slab *(adj.)* moribund
ដែលជូរចត់ del chourchot *(adj.)* acerbic
ដែលជួយសង្គ្រោះ del chouy sang kros *(adj.)* munificent
ដែលជួយឱ្យបានសម្រេច del chuoy oy ban somrech *(adj.)* instrumental
ដែលជោគជ័យ del chokchey *(adj.)* successful
ដែលជ្រួលច្រើម del chruol chreum *(adj.)* agog
ដែលជំនាញ del chomneanh *(adj.)* adept
ដែលជំនាញ del chomneanh *(adj.)* expert
ដែលជំនួស del chomnuos *(adj.)* prosthetic
ដែលជំនួស del chomnuos *(adj.)* vicarious
ដែលជំពាក់បំណុល del chompeak bomnol *(adj.)* indebted
ដែលជះត្រឡប់មកវិញ Del Cheas Tror Lob Mok Venh *(adj.)* reflective
ដែលឈឺ del chheu *(adj.)* sickened
ដែលឈឺចាប់ del chheu chab *(adj.)* poignant
ដែលឈឺចិត្ត del chheu chett *(adj.)* indignant
ដែលឈ្លើយ del chhleuy *(adj.)* churlish

ដែលញញើតញញើម del nhnor nhert nhor nheum *(adj.)* timorous
ដែលញ័រធើងធោង del nhor thing thong *(adj.)* wabbly
ដែលដល់ថ្ងៃកំណត់ del dol thngai kamnot *(adj.)* due
ដែលដាក់ខ្លួន del dak khluon *(adj.)* humble
ដែលដាក់ខ្លួន del dak khluon *(adj.)* lowly
ដែលដាក់ខ្លួន Del Dak Kloun *(adj.)* self-imposed
ដែលដាក់ទល់មុខគ្នា del dak tol mokh knea *(adj.)* juxtaposed
ដែលដាក់ទោស del daktos *(adj.)* penal
ដែលដាច់ខាត del dachkhat *(adj.)* assertive
ដែលដាច់អហង្ការ del dach ahangkar *(adj.)* emphatic
ដែលដាស់តឿន del das teun *(adj.)* cautionary
ដែលដាស់តឿន del das tuen *(adj.)* monitory
ដែលដិតជាប់ del choab *(adj.)* ingrained
ដែលដិតជាប់អារម្មណ៍ del det choab aromm *(adj.)* touchy
ដែលដឹកជញ្ជូន del doek chonhchoun *(adj.)* shipped
ដែលដឹងខ្លួនឯង Del Deung Kloun Eng *(adj.)* self-conscious
ដែលដឹងគុណ del doeng kun *(adj.)* grateful
ដែលដនដាប del dondab *(adj.)* prostrate
ដែលដុសខាត់ Del Dos Khaat *(adj.)* scrub
ដែលដុះទ្រុប del doh troub *(adj.)* rank
ដែលដូចកូនក្មេង del douch koun kmeng *(adj.)* infantile
ដែលដូចក្បាលឬខួរក្បាល del doch kbal reu khourkbal *(adj.)* cephaloid
ដែលដូចក្មេង del doch kmeng *(adj.)* childish
ដែលដូចក្មេងស្រី del doch kmeng srei *(adj.)* girlish
ដែលដូចខ្សាច់ Del Doch Ksach *(adj.)* sand
ដែលដូចគ្នា del dauch knea *(adj.)* homogeneous
ដែលដូចគ្នា del douch knea *(adj.)* like

ដែលដូចគ្នានឹង del doch knea neung *(adj.)* tantamount
ដែលដូចឆ្កែ del douch chhkae *(adj.)* canine
ដែលដូចចោរ del doch chor *(adj.)* lacy
ដែលដូចជាទាសករ del doch chea teasakor *(adj.)* slavish
ដែលដូចដំរី del douch domrei *(adj.)* elephantine
ដែលដូចទឹកដោះ del dauch teukdaoh *(adj.)* milky
ដែលដូចបិសាច Del Doch Bei Sach *(adj.)* satanic
ដែលដូចបិសាច Del Doch Bei Sach *(adv.)* satanically
ដែលដូចប្រែតស៊ីសាកសព del douch braet si sak sob *(adj.)* ghoulish
ដែលដូចមនុស្ស del dauch mnous *(adj.)* anthropoid
ដែលដូចល្ខោន del dauch lakhoan *(adj.)* dramatic
ដែលដូចសត្វតិរច្ឆាន del douch satt de ri chhan *(adj.)* brutish
ដែលដូចសូត្រ del douch sout *(adj.)* silken
ដែលដូចសូត្រ del douch sout *(adj.)* silky
ដែលដូចស្ដេច Del Doch Sdach *(adj.)* regal
ដែលដូចស្រី del douch srey *(adj.)* effeminate
ដែលដូចស្លាប់ del dauch slab *(adj.)* deathly
ដែលដូចអង្កាំ del dauch angkam *(adj.)* beady
ដែលដើរខ្ជេចៗ del der khcherch khcherch *(adj.)* gimp
ដែលដើរលេងដោយសេរី del der leng doy serey *(adj.)* footloose
ដែលដេកលក់ del dek louk *(adj.)* dormant
ដែលដៅចំនុច del dao chomnoch *(adj.)* maculate
ដែលដំណាលគ្នា del damnal knea *(adj.)* concurrent
ដែលតក់ក្រហល់ del tok kro hol *(adj.)* impetuous
ដែលតស៊ូ del tor su *(adj.)* tenacious
ដែលតាមផ្លូវសមុទ្រ Del Tam Plov Sak Mot *(adj.)* seaborne

ដែលតាមលំដាប់អក្សរក្រម del tamlomdab akkharakram (adj.) alphabetical
ដែលតាំងខ្លួនឯង Del Tang Kloun Eng (adj.) self-appointed
ដែលតិចជាង del tech cheang (adj.) less
ដែលតិចជាងគេ del tich cheang ke (adj.) least
ដែលតិចតួច del tech tuoch (adj.) puny
ដែលតិះដៀល del tehdiel (adj.) censorious
ដែលតិះដៀល del tes deal (adj.) taunting
ដែលតឹងរឹង del toeng roeng (adj.) stern
ដែលតឹងរឹងខ្លាំង del teung reung khlang (adj.) draconic
ដែលតុបតែង del tobteng (adj.) decorative
ដែលតុបតែងដោយស្លឹក del tob taeng doy sloek (adj.) foliate
ដែលតូច del tauch (adj.) minor
ដែលតូចចម្លែក del tauch chomlaek (adj.) diminutive
ដែលតូចច្រឡឺង del tauch chroleung (adj.) dainty
ដែលតូចល្អិត del tauch la it (adj.) minuscule
ដែលតេី del tue (adj.) dwarf
ដែលតោកយ៉ាក់ Del Tork Yark (adj.) shanty
ដែលតោងស្អិត del taong saet (adj.) clingy
ដែលត្រង់ៗ del trong trong (adv.) straight
ដែលត្រចះត្រចង់ Del Tro Jas Tro Jong (adj.) resplendent
ដែលត្រជាក់ខ្លាំង del tro cheak khlang (adj.) frigid
ដែលត្រជាក់ដូចទឹកកក del trocheak doch teuk kok (adj.) ice-cold
ដែលត្រឡប់មកវិញ del tro lob mok vinh (adj.) inbound
ដែលត្រាប់តាម del trab tam (adj.) mimic
ដែលត្រឹមត្រូវតាមសីលធម៌ del troem trauv tam selathor (adj.) ethical
ដែលត្រូវការជាខ្លាំង del trov kar chea klang (adj.) desperate
ដែលត្រូវការជាមុន del trauvkar cheamoun (adj.) prerequisite
ដែលត្រូវគ្នា del trov knea (adj.) compatible
ដែលត្រូវគ្នា del trov knea (adj.) congruent

ដែលត្រូវចំណាយ del trauv chamnay (adj.) payable
ដែលត្រូវតែយល់ព្រម del trov tae yol prom (adj.) subject
ដែលត្រូវបានគេគិតទុកជាមួន del trauv ban ke kit touk chea moun (adj.) stereotyped
ដែលត្រូវបានបោះបង់ចោល del trauv ban boahbong choal (adj.) abandoned
ដែលត្រូវឥតខ្ចោះ del trauv ot khchaoh (adj.) apposite
ដែលត្រៀមខ្លួនជាស្រេច del triem khluon chea srech (adj.) ever-ready
ដែលត្រេកត្រអាល Del Trek Tro Al (adj.) sensual
ដែលត្រេកត្រអាលនឹង Del Trek Tro Al Neung (adj.) sensuous
ដែលត្រេកអរ del trek or (adj.) zesty
ដែលតំរង់ទៅច្រាំង del domrong tov chrang (adj.) shoreward
ដែលតរៗគ្នា del tor tor knea (adj.) consecutive
ដែលថយក្រោយ del thauy krauy (adj.) backward
ដែលថយតម្លៃ del thoay domlai (adj.) depreciating
ដែលថយតម្លៃ del thoay domlai (adj.) depreciatory
ដែលថិតថេរ del sthet sthe (adj.) consistent
ដែលថោកទាប dek thaok teab (adj.) degrading
ដែលថោកទាប del thoak teab (adj.) flagrant
ដែលថោកទាប del thoak teab (adj.) ignoble
ដែលថោកទាប del thoak teab (adj.) menial
ដែលថ្លែងអំណរហួសហេតុ del thlaeng amnor huos haet (adj.) effusive
ដែលថ្លៃ del thlai (adj.) costly
ដែលទទឹកជោក del tor teuk chok (adj.) soggy
ដែលទទូច del tor tuoch (adj.) insistent
ដែលទទួលខុសត្រូវ del tortuol khos trauv (adj.) dutiful

ដែលទទួលខុសត្រូវ del tor tuol khos trauv *(adj.)* liable

ដែលទទួលទណ្ឌកម្មដោយចងជាប់ឈើឆ្កាង del tortuol tonakamm doy chong choab chheu chhkang *(adj.)* crucified

ដែលទទួលបន្ទុកគ្រប់គ្រង del tor tuol bontok krob krong *(adj.)* incharge

ដែលទទួលពរ tor toul por *(adj.)* blessed

ដែលទន់ខ្សោយ del tun khsoay *(adj.)* debile

ដែលទន់ខ្សោយ del tveu aoy tun khsoay *(adj.)* debilitating

ដែលទន់ខ្សោយ del tun khsoay *(adj.)* frail

ដែលទន់ភ្លូន del tun pluon *(adj.)* limber

ដែលទន់ភ្លន់ del ton phlon *(adj.)* nimble

ដែលទន់រយាក del tun royeak *(adj.)* flabby

ដែលទាក់ទង Del Tak Tong *(adj.)* relative

ដែលទាក់ទងគ្នា del teaktong knea *(adj.)* cognate

ដែលទាក់ទងចំពោះលិង្គ del teaktong champoh lueng *(adj.)* phallic

ដែលទាក់ទងចំពោះលិង្គ del teaktng champoh lueng *(adj.)* phallocentric

ដែលទាក់ទងនយោបាយ del teaktng nyo bay *(adj.)* political

ដែលទាក់ទងនឹងការថ្លែងសន្តរកថា del teaktong neung kar thleng san torokatha *(adj.)* oratorical

ដែលទាក់ទងនឹងការរួមរក្ស del teaktong nung kar ruomrak *(adj.)* amatory

ដែលទាក់ទងនឹងផែនដី del tak tong neung phendei *(adj.)* tellural

ដែលទាក់ទងបំពង់ខ្យល់ del teak tong bampong khyal *(adj.)* tracheal

ដែលទាក់ទាញ del tak teanh *(adj.)* enticing

ដែលទាក់ទាញ Del Teak Teanh *(adj.)* seductive

ដែលទាក់ភ្នែក del teak phnek *(adj.)* eye-catching

ដែលទាន់សម័យ del toan samai *(adj.)* fashionable

ដែលទាមទារ del teamtear *(adj.)* demanding

ដែលទាយទុកជាមុន del teaytouk cheamoun *(adj.)* prophetic

ដែលទាំងពីរភេទ del teang pi phet *(adj.)* epicene

ដែលទីទៃគ្នា Del Tee Tey Knea *(adj.)* separate

ដែលទឹកចូលមិនបាន del teuk chaul min ban *(adj.)* watertight

ដែលទុច្ចរិត Del Toch Ja Rit *(adj.)* roguish

ដែលទូទៅ del toutov *(adj.)* prevalent

ដែលទើបនឹងកើត del teub nung kaet *(adj.)* newborn

ដែលទៅតាមសមាមាត្រ del tow tam samamat *(adj.)* proportionate

ដែលទៅមុខ del tov moukh *(adj.)* forward

ដែលទ្រវែង del troveng *(adj.)* oblong

ដែលទ្រេតទ្រោត Del Tret Trot *(adj.)* rickety

ដែលទំនោរទៅប៉ូល del tom no tow baul *(adj.)* polary

ដែលទំពារឿង Del Tum Pea Eang *(adj.)* ruminant

ដែលធន់ del thon *(adj.)* massy

ដែលធម្មតាតាមបទដ្ឋាន del thomoda tam botthan *(adj.)* standard

ដែលធាត់កណ្តៀង del thoat kondean *(adj.)* chubby

ដែលធុំខ្មេះ del thoum khmeh *(adj.)* musty

ដែលធ្ងន់ del thngon *(adj.)* weighty

ដែលធ្ងន់ធ្ងរ del thngon thngor *(adj.)* grave

ដែលធ្ងន់ធ្ងរ Del Thngon Thngor *(adj.)* serious

ដែលធ្ងន់ធ្ងរ Del Thngon Thngor *(adj.)* severe

ដែលធ្លាក់ del thleak *(adj.)* fallen

ដែលធ្លាក់នរក del thlak noruk *(adj.)* damned

ដែលធ្លាក់ព្រិល del thleak pril *(adj.)* snowy

ដែលធ្លាក់យារ Del Thleak Yea *(adj.)* saggy

ដែលធ្លាប់ del thloab *(adj.)* wonted

ដែលធ្វើជាគំនូរជីវចលឡើងវិញ Del Tver Jea Kum Noo Jee Vak Jol Leung Venh *(adj.)* reanimate

ដែលធ្វើជាអៀន del tveu chea ien *(adj.)* coy

ដែលធ្វើដោយគួរសម Del Tver Doy Kuor Som *(adj.)* reverential

ដែលធ្វើដោយមីក្រុងស្យូន del tveu doy mi krau tuos *(adj.)* microscopic

ដែលធ្វើដោយសំណ del tveu doy som nor *(adj.)* leaden

ដែលធ្វើតម្រូវតាមអ្នកប្រើប្រាស់ del thveu damrouv tam nak brer bras *(adj.)* bespoke

ដែលធ្វើទៅដោយប្រញាប់ប្រញាល់ del thveu tov daoy branhab branhal *(adj.)* rash

ដែលធ្វើទៅដោយមិនដឹងខ្លួន Del Tver Tov Min Deung Kloun *(adj.)* reflex

ដែលធ្វើទៅដោយមិនដឹងខ្លួន Del Tver Tov Min Deung Kloun *(adj.)* reflexive

ដែលធ្វើនាវាចរណ៍បាន del thveu neavea char ban *(adj.)* navigable

ដែលធ្វើផ្តេសផ្តាស del tver phdes phdas *(adj.)* blundering

ដែលធ្វើពីកាំម្ភី del thveu pi kam mnhey *(adj.)* velvety

ដែលធ្វើពីដី del thveu pi dei *(adj.)* earthen

ដែលធ្វើពីដីឥដ្ឋ del tveu pi dei et *(adj.)* terracotta

ដែលធ្វើពីផ្ទាំងដុំថ្ម del tveu pi phtang dom thmor thom *(adj.)* megalithic

ដែលធ្វើរបស់ដោយដៃ del tveu robos doy dai *(adj.)* crafty

ដែលធ្វើសំរាប់កប៉ាល់ Del Tver Som Rab Ko Pal *(adj.)* shipboard

ដែលធ្វើអោយខូចខាត del thveu oy khauch khat *(adj.)* damaging

ដែលធ្វើអោយនឹកដល់ Del Tver Oy Neuk Dol *(adj.)* reminiscent

ដែលធ្វើអោយស្លុត del thveu aoy slot *(adj.)* traumatic

ដែលធ្វើអោយស្អប់ Del Tver Oy Sa Ob *(adj.)* repellent

ដែលធ្វើឱ្យឈឺចាប់ del thveu oy chheu chab *(adj.)* dolorous

ដែលធ្វើឱ្យញៀន del thveuaoy nhien *(adj.)* addictive

ដែលធ្វើឱ្យមានដុំសាច់ដុះ del thveu oy mean dom sach doh *(adj.)* oncogenic

ដែលធ្វើឱ្យរួញរស្វិត del thveu aoy ruonh reu svet *(adj.)* astringent

ដែលធ្វើឱ្យសង្កៀរត្រជៀក del tveu oy songkea trocheak *(adj.)* strident

ដែលធ្វើឱ្យសឹក del thveu oy soek *(adj.)* abrasive

ដែលធ្វើឱ្យស្ងាប់ del thveu aoy sngab *(adj.)* placatory

ដែលធ្វើឱ្យស្តះ del thveu oy steah *(adj.)* occlusive

ដែលធ្វេសប្រហែស del thves bra hes *(adj.)* negligent

ដែលធ្វេសប្រហែស del thves bra hes *(adj.)* negligible

ដែលធំទូលាយ del thom touleay *(adj.)* capacious

ដែលនាំឱ្យនឹកឃើញ del nom oy neuk kheunh *(adj.)* evocative

ដែលនាំឱ្យមាននៅ del noam aoy mean nov *(v.)* conduce

ដែលនិពន្ធដើរសំគាត់ Del Ni Pun Deal Tmes *(adj.)* satirical

ដែលនិយាយច្រើន del niyeay chraen *(adj.)* polyloquent

ដែលនិយាយច្រើន niyeay chrern *(adj.)* talkative

ដែលនិយាយតិច del niyeay tich *(adj.)* taciturn

ដែលនិយាយត្រង់ del niyeay trong *(adj.)* downright

ដែលនិយាយមិនស្មោះត្រង់ del niyeay min smoah trong *(adj.)* flip

ដែលនិយាយឥតសំចៃ del niyeay it saam chai *(adj.)* outspoken

ដែលនិយាយអេចអូច del niyeay ech ouch *(adj.)* telltale

ដែលនឹងថ្កល់ del neung thkol *(adj.)* immovable

ដែលនឹងថ្កល់ del neung thkal *(adj.)* motionless

ដែលនឹងថ្កល់ del neung thkol *(adj.)* stationary

ដែលនឹងធឹង del neung theung *(adj.)* staid

ដែលនឿយហត់ del nuey hot *(adj.)* weary

ដែលនៅក្នុង del nov knong *(adv.)* wherein

ដែលនៅក្នុងផ្ទះ del nov knong phtah *(adj.)* indoor

ដែលនៅក្នុងលំនៅឋាន del nov knong lomnov than *(adj.)* **domiciliary**
ដែលនៅក្នុងស្រុក del nov knong srok *(adj.)* **domestic**
ដែលនៅក្រោម del nov kraom *(adj.)* **under**
ដែលនៅក្រោមឥទ្ធិពលរបស់ថ្នាំ del nov krom etthipul thnam *(adj.)* **doped**
ដែលនៅខាងក្នុង del nov khang knong *(adj.)* **inside**
ដែលនៅខាងក្នុង del nov khang knong *(adj.)* **internal**
ដែលនៅខាងក្នុងជ្រៅ del nov khang knung chrouv *(adj.)* **inmost**
ដែលនៅឆ្ងាយពីគេ del nov chhngay pi ke *(adj.)* **inland**
ដែលនៅឆ្ងាយពីសមុទ្រ del nov chhngay pi samot *(adv.)* **inland**
ដែលនៅជិតខាង del now chit kheang *(adj.)* **neighbourly**
ដែលនៅដដែល del nov dor del *(adj.)* **intact**
ដែលនៅទ្រឹង del nov treung *(adj.)* **stagnant**
ដែលនៅលើជញ្ជាំង del nov ler chenh chang *(adj.)* **mural**
ដែលនៅលើដី del nov leu dei *(adj.)* **terrestrial**
ដែលនៅសល់ Del Nov Sol *(adj.)* **residual**
ដែលនៅស្ងៀមស្ងាត់ del nov sngiem sngat *(adj.)* **mum**
ដែលបកផ្លើបៗ del bork phloeb phloeb *(adj.)* **flapping**
ដែលបង្ករគ្រោះថ្នាក់ del bangkor kroh thnak *(adj.)* **harmful**
ដែលបង្ករជម្លោះ del bongkor chomloh *(adj.)* **quarrelsome**
ដែលបង្ករដោយមេរោគ Del Bong Kor Doy Mae Rok *(adj.)* **septic**
ដែលបង្ករហេតុ del bangkor het *(adj.)* **causal**
ដែលបង្កឡើងដោយវីរុស del bangkor lerng daoy virous *(adj.)* **viral**
ដែលបង្កាច់បង្ខូច del bangkach bangkhouch *(adj.)* **slanderous**
ដែលបង្ការកុំអោយខូចពុកផ្អុមជាដើម del bangkar kom aoy khauch pouk phaaum cheadem *(adj.)* **preservative**

ដែលបង្ការទុកជាមុន del bangkar touk cheamoun *(adj.)* **preventive**
ដែលបង្កើតពន្លឺ del bangkeut ponleu *(adj.)* **photogenic**
ដែលបង្ខំ del bong khom *(adj.)* **forceful**
ដែលបង្ខំ del bong khom *(adj.)* **intensive**
ដែលបង្រួម del bangruom *(adj.)* **compact**
ដែលបង្រៀន del bongrean *(adj.)* **docent**
ដែលបង្ហាញឱ្យឃើញ del bong hanh oy kheunh *(adj.)* **manifest**
ដែលបង្ហាញនូវការរីករាយខ្លាំង del bonghanh nov kar rik reay khlang *(adj.)* **jubilant**
ដែលបង្ហើប del bangheub *(adv.)* **ajar**
ដែលបញ្ចប់រួចរាល់ del banhchob ruoch roal *(adj.)* **complete**
ដែលបញ្ចេញពន្លឺ del banhchenh ponleu *(adv.)* **aglow**
ដែលបញ្ជាក់បន្ថែម del banhchak bonthaem *(adj.)* **corroborative**
ដែលបណ្តាលអោយស្លាប់ del bondal oy slab *(adj.)* **fatal**
ដែលបណ្តាលឱ្យស្លាប់ del bondal aoy slab *(adj.)* **deadly**
ដែលបណ្តោយខ្លួន del bandaoy khluon *(adj.)* **indulgent**
ដែលបណ្តាលឱ្យស្លាប់ del bondal oy slab *(adj.)* **lethal**
ដែលបត់បានស្រួល del bot ban sruol *(adj.)* **versatile**
ដែលបន្តកន្ទុយគ្នា del bontor kontuy knea *(adj.)* **tandem**
ដែលបន្តពូជមួយឆ្នាំម្តង del bontor puoch mouy chnam mdong *(adj.)* **monoestrous**
ដែលបន្ថែមទៀត del banthaem teat *(adj.)* **further**
ដែលបន្ថែមលើគ្នា del banthem leu knea *(adj.)* **cumulative**
ដែលបន្ទាន់ del bantoan *(adj.)* **instant**
ដែលបន្ទាប់បន្សំ Del Bon Tob Bon Som *(adj.)* **secondary**
ដែលបន្ទាប់មក del bantoab mok *(adj.)* **then**

ដែលបន្ទាប់បន្សំ Bon Tob Bon Som *(adj.)* second
ដែលបន្សាបជាតិអាស៊ីដ del bansaab cheat asid *(adj.)* antacid
ដែលបរិសុទ្ធ del bori sot *(adj.)* godly
ដែលបរិសុទ្ធ Del Bo Ri Sot *(adj.)* saintly
ដែលបរិហារកេរ្តិ៍ del borihake *(adj.)* defamatory
ដែលប៉ងប្រាថ្នា del pong brathna *(adj.)* wishful
ដែលប៉ាន់ស្មាន del pansman *(adj.)* estimative
ដែលប៉ុនប្រសប់ del pen brasob *(adj.)* enginous
ដែលប៉ូវកំលាំង del pauv kamlang *(adj.)* tonic
ដែលបាញ់ចេញពីក្នុងខ្លួន del banh chenh pi knong khluon *(adj.)* ejaculatory
ដែលបាញ់ផ្លោង del banh phloang *(adj.)* projectile
ដែលបាត់ del bat *(adj.)* missing
ដែលបាត់ del bat *(adj.)* waste
ដែលបាត់ចំណង់ហូបអាហារ del bat chamnong haub ahar *(adj.)* anorexic
ដែលបាត់បង់ការចងចាំ Del Baat Kaar Jong Jaam *(adj.)* scatty
ដែលបានការ Del Ban Kor *(adj.)* shaven
ដែលបានក្រៀវ del ban kriev *(adj.)* gelded
ដែលបានចាត់តាំង del ban chat tang *(adj.)* designated
ដែលបានធ្វើឱ្យទៅជាឧស្ម័ន del ban tveu oy tov chea uksman *(adj.)* gasified
ដែលបានបោះចោល del ban baoh chaol *(adj.)* trashed
ដែលបានប្រលងជាប់មុខវិជ្ជាជីវៈ del ban bralong choab moukh vichchea chivak *(adj.)* chartered
ដែលបានប្រើហើយ del ban brer hery *(adj.)* used
ដែលបានប់លេងទិន្នន័យ ទៅជាកូដ del ban bomlaeng tinaney tov chea kaud *(adj.)* encrypted
ដែលបានរៀន del ban rien *(adj.)* learned
ដែលបានសម្រាំង del ban samrang *(adj.)* shortlisted
ដែលបិទជិត Del Bet Jit *(adj.)* sealed
ដែលបុរាណ del boran *(adj.)* classical
ដែលបុរាណហើយគួរអោយចាប់ចិត្ត del boran hery kuor aoy chab chet *(adj.)* quaint
ដែលបួនជ្រុងទ្រវែង Del Boun Chrong Tror Veng *(adj.)* rectangular
ដែលបួស del buos *(adj.)* vegan
ដែលបែកបាក់គ្នា del baek bak knea *(adj.)* estranged
ដែលបែកពពុះដោយឧស្ម័នច្រើន *(adj.)* fizzy
ដែលបែងចែកជាចំណែក del bengchek chea chamnek *(adj.)* traunch
ដែលបោកបញ្ឆោត del baok banhchhoat *(adj.)* deceitful
ដែលបោកបញ្ឆោត del baok banhchhoat *(adj.)* deceptive
ដែលប្រកបដោយអាថ៌កំបាំង del brakabdaoy ath kambang *(adj.)* mystic
ដែលប្រកបសំលេងជាអក្សរ s del brokob doy aksor s *(v.)* sibilate
ដែលប្រកាន់ខ្លួន del brakan khluon *(adj.)* pretentious
ដែលប្រកាន់គោលការណ៍សាសនា យ៉ាងតឹងរឹង del brakan kolkar sasana yeang toeng reung *(adj.)* puritanical
ដែលប្រកាន់ជាតិសាសន៍ del bra kean cheat sas *(adj.)* racist
ដែលប្រកាន់តាមពិធី del brakan tam pithi *(adj.)* ceremonious
ដែលប្រកាន់បក្សពួក del brakan bak puok *(adj.)* partisan
ដែលប្រកាន់វិន័យចាស់ del brakean viny chas *(adj.)* orthodox
ដែលប្រកួតប្រជែង del brakuot bracheng *(adj.)* competitive
ដែលប្រចាំខែ del bra cham khae *(adj.)* monthly
ដែលប្រចាំសប្ដាហ៍ del bracham sabada *(adj.)* weekly

ដែលប្រឆាំងតស៊ូ Del Pro Chang Tor (adj.) resistant
ដែលប្រឆាំងនឹងបាក់តេរី del brachhang nung bakteri (adj.) antibacterial
ដែលប្រញាប់ del bra nhab (adj.) hasty
ដែលប្រឌិត del brodit (adj.) fictitious
ដែលប្រផេះស្រអាប់ del bropheh sroarb (adj.) drab
ដែលប្រព្រឹត្តខុសពីសីលធម៌ del bropreut khos selathor (n.) libertine
ដែលប្រព្រឹត្តបទល្មើស del brapreutt bot lmeus (adj.) delinquent
ដែលប្រមាថ del bramath (adj.) demeaning
ដែលប្រមាថ del bromat (adj.) injurious
ដែលប្រមាថមើលងាយ del bramath meul ngeay (adj.) derogatory
ដែលប្រមាថវត្ថុសាកសិទ្ធ Del Pro Maat Vot Tho Sak Sith (adj.) sacrilegious
ដែលប្រយ័ត្ន del brayat (adj.) mindful
ដែលប្រយ័ត្ន Del Pro Yat (adj.) sage
ដែលប្រសប់ប្រើកលល្បិច del brosob brer kol labech (adj.) subtle
ដែលប្រសាច del prosach (adj.) showery
ដែលប្រហោង del bro haong (adj.) hollow
ដែលប្រឡាក់ del prolak (adj.) blotted
ដែលប្រាកដនិយម del brakod niyom (adj.) realistic
ដែលប្រាកដប្រជា del brakod brachea (adj.) conclusive
ដែលប្រាថ្នាចង់បាន del brathna chong ban (adj.) desirous
ដែលប្រាស្រ័យទាក់ទងជាមួយភាគីតែម្ខាង del brasray teaktong chea muoy pheaki tae mkhang (adj.) ex-parte
ដែលប្រឹងប្រែងធ្វើការងារ del broeng breng thveu kar ngea (adj.) hard-working
ដែលប្រុងប្រយ័ត្ន del brongbrayat (adj.) alert
ដែលប្រុងប្រយ័ត្ន del brong brayat (adj.) prudent
ដែលប្រើកម្លាំង del brer kom lang (adj.) forcible
ដែលប្រើខ្យល់ del brer khyal (adj.) pneumatic

ដែលប្រើពាក្យតបានការច្រើន del brer peak et ban kar chrern (adj.) wordy
ដែលប្រើពាក្យតប្រយោជន៍ច្រើន del brer peak et brayoch chrern (adj.) verbose
ដែលប្រើម៉ែត្រជាមូលខ្នាត del brer met chea moul than (adj.) metric
ដែលប្រើសម្រាប់បកហាម del brer somrab bok roam (adj.) depilatory
ដែលប្រៀបធៀប del briebthieb (adj.) comparative
ដែលប្រេប្រួល del brebruol (adj.) mobile
ដែលប្រៃ Del Prai (adj.) saline
ដែលប្រៃ Del Praai (adj.) salty
ដែលប្រៃបន្តិចៗ del brai bontich bontich (adj.) brackish
ដែលបំបែកបាន Arch Bom Bet Baan (adj.) separable
ដែលបំពានពាក្យសម្បថ del bompean peak sambot (adj.) oathbreaking
ដែលបំពេញបន្ថែម del bampenh banthem (adj.) complementary
ដែលបះបោរ del bah boa (adj.) insurgent
ដែលបះបោរ Del Baas Bo (adj.) seditious
ដែលផលិតពីរោមចៀម del pholit pi rom chiem (adj.) woollen
ដែលផាត់ចេញ Del Phaat Jenh (adj.) secluded
ដែលផុតសម័យ del phot samy (adj.) outmoded
ដែលផុយ del phoy (adj.) tender
ដែលផ្គាប់ចិត្ត del phkoab chet (adj.) complaisant
ដែលផ្ចិតផ្ចង់ del phchet phchang (adj.) painstaking
ដែលផ្តល់ផលល្អ Del Pdol Phol Oy Laor (adj.) salutary
ដែលផ្តល់សុខភាពល្អ del phdol sokhapheap laor (adj.) macrobiotic
ដែលផ្តល់សេវាខ្លួនឯង Del Pdol Se Vaa Kloun Eng (adj.) self-service
ដែលផ្តល់អោយ del phdal aoy (adj.) vested
ដែលផ្តាច់ការ del pdach kar (adj.) authoritative

ដែលផ្តោតលើខ្លួនឯង Del Pdot Leur Kloun Eng *(adj.)* self-centered
ដែលផ្តល់ផលចំណេញ del phdal phol chamnenh *(adj.)* profitable
ដែលផ្តោតអារម្មណ៍ del phdoat arom *(adj.)* focused
ដែលផ្ទុយ del phtuy *(adj.)* contrary
ដែលផ្ទុះ del phtuoh *(adj.)* explosive
ដែលផ្លាស់ប្តូរកន្លែងបាន del phlas bdaur kan leng ban *(adj.)* movable
ដែលផ្លាស់ប្តូរ del phlasa bdau *(adj.)* mutative
ដែលផ្លាស់ប្តូរ del phlas bdau *(adj.)* transitive
ដែលផ្សេងគ្នា del phseng knea *(adj.)* varied
ដែលផ្អែកលើការពិសោធ del pha'ek leu kar pisoath *(adj.)* empirical
ដែលផ្អែកលើគ្រូ del pha ek leu krou *(adj.)* teacher centric
ដែលផ្អែមដូចស្ករ Del Pa Em Doch Sko *(adj.)* saccharine
ដែលពង្រាយ Del Pong Reay *(adv.)* scatteringly
ដែលពង្រាយ Del Pong Reay *(adj.)* scattery
ដែលពាក់កណ្តាល peak kondal *(adj.)* half
ដែលពាក់កណ្តាលផ្លូវការ Del Peak Kon Daal Plov Kaar *(adj.)* semi-formal
ដែលពាក់មឹនតា del peak venta *(adj.)* bespectacled
ដែលពាក់ហើយ del peak hery *(adj.)* worn
ដែលពាក់កណ្តាលជាការលេងសើច Del Peak Kon Dal Jea Kaar Leng Serch *(adj.)* semi-amusing
ដែលពិការ del pikar *(adj.)* disabled
ដែលពិតប្រាកដ del pit brakod *(adj.)* veritable
ដែលពិបាកនឹងទ្រាំ del pibak neung troam *(adj.)* murderous
ដែលពិបាកយល់ del pibak yol *(adj.)* abstruse
ដែលពិបាកយល់ del pibak youl *(adj.)* enigmatical
ដែលពិបាករក del pibak rok *(adj.)* elusive
ដែលពិបាករំលាយ del pibak rom leay *(adj.)* indigestible
ដែលពិបាកហត់នឿយ del pibak hot neuy *(adj.)* laborious
ដែលពិពណ៌នា del piporanea *(adj.)* descriptive
ដែលពិសិដ្ឋ del piseth *(adj.)* holy
ដែលពិសិដ្ឋ Del Pi Sith *(adj.)* sacred
ដែលពិសិដ្ឋដ៏ក្រៃលែង Del Pi Sith Dor Krai Leng *(adj.)* sacrosanct
ដែលពិបាក del pibak *(adj.)* laboured
ដែលពីមុន del pimun *(adv.)* ago
ដែលពឹងផ្អែក del peung pa'ek *(adj.)* dependent
ដែលពឹងពាក់គ្នាទៅវិញទៅមក del peung peak knea tov vinh tov mok *(adj.)* interdependent
ដែលពុករលួយ del pouk roluoy *(adj.)* corrupt
ដែលពុករលួយ del pouk roluoy *(adj.)* venal
ដែលពុំបង្ករវិបត្តិ del poum bangkor vibatt *(adj.)* acritical
ដែលពុំបង្ហាញឲ្យឃើញ del poum banghanh aoy kheunh *(adj.)* occult
ដែលពុំអាចឆ្លងកាត់បាន del pom arch chhlorng kat ban *(adj.)* impassable
ដែលពេញ del penh *(adv.)* full
ដែលពេញចិត្ត del penh chet *(adj.)* content
ដែលពេញចិត្តភ្លេចខ្លួន del penhchett phlech khluon *(adj.)* complacent
ដែលពោពេញដោយល្បិច del po penh daoy labich *(adj.)* wily
ដែលពោរពេញដោយភាពភ័យព្រួយ del por penh doy pheap phey pruoy *(adj.)* fraught
ដែលពោរពេញដោយឧស្ម័ន del porpenh daoy uksman *(adj.)* gassy
ដែលព្យាបាទ del phyea bat *(adj.)* maleficent
ដែលព្យាបាទ del pyeabat *(adj.)* malicious
ដែលព្យួរយោលតិចៗ del pyuor yoal tich tich *(adj.)* dangling
ដែលព្រងើយកន្តើយ del pro ngeuy kontery *(adj.)* indifferent
ដែលព្រមទទួល del prom totuol *(adj.)* acceptant

ដែលព្រមព្រៀងគ្នា del prom prieng knea *(adj.)* consensual
ដែលព្រហើន del proheun *(adj.)* impertinent
ដែលព្រួយបារម្ភ del pruoy barom *(adj.)* concerned
ដែលព្រឿងៗ del prueng prueng *(adj.)* pastel
ដែលព្រៃផ្សៃ Del Prei Psai *(adj.)* ruthless
ដែលភាន់ភាំង del poan pang *(adj.)* bemused
ដែលភ្ញាក់ផ្អើល del pha nheak pha erl *(adj.)* flabbergasted
ដែលភ្នែកទទ del phnek tun *(adj.)* maudlin
ដែលភ្លាមៗ del phleam pleam *(adj.)* instantaneous
ដែលភ្លាមៗ del pleam pleam *(adv.)* straightway
ដែលភ្លីភ្លើ del phliphleu *(adj.)* asinine
ដែលភ្លីភ្លើ del pli pleu *(adj.)* daft
ដែលភ្លីភ្លើ del phli phleu *(adj.)* oafish
ដែលភ្លឺចាំង Del Pleu Jeng Jang *(adj.)* shiny
ដែលភ្លឺតិចៗ del pleu tich tich *(adj.)* gleaming
ដែលភ្លេចច្រើន del phlech chrern *(adj.)* forgetful
ដែលភ្លេចច្រើន Del Plech Jreun *(adj.)* scatterbrained
ដែលភ័យព្រួយខ្លាំង del phey pruoy khlang *(adj.)* frantic
ដែលមករដូវ del mok rodauv *(adj.)* menstrual
ដែលមធ្យម del mothyom *(adj.)* middling
ដែលម័តរឡោង Del Mot Ro Long *(adj.)* satin
ដែលម៉ឺងម៉ាត់ del meong matt *(adj.)* magisterial
ដែលមាន ចិត្តសាវ៉ា del mean chet sava *(adj.)* capricious
ដែលមាន សញ្ញដក (-)នៅពីមុខ del mean sanhnha dork (-) now pi mouk *(n.)* minus
ដែលមានថាសុខភាព del mean pha sokhpheap *(adj.)* comfortable
ដែលមាន៨ជ្រុង del mean 8 chroung *(adj.)* octangular
ដែលមានកម្លាំងខ្លាំង del mean kamlang khlang *(adj.)* strenuous
ដែលមានកលល្បិច del mean kol labech *(adj.)* sly
ដែលមានការដឹងគុណ del mean ka doeung kun *(adj.)* thankful
ដែលមានកិត្តិយស del mean ket te yuos *(adj.)* honourable
ដែលមានកិរិយាមាយាទ អាក្រក់ del mean keriya meayeat akrok *(adj.)* unmannerly
ដែលមានក្រញាំ del mean kronham *(adj.)* taloned
ដែលមានក្លិនខ្ទឹមសខ្លាំង del mean khtoem sor khlang *(adj.)* garlicky
ដែលមានកំហុស del mean kamhos *(adj.)* faulty
ដែលមានកំណត់ del mean komnot *(adj.)* finite
ដែលមានខ្យល់ខ្លាំង del mean khyal khlang *(adj.)* windy
ដែលមានខ្យល់ចូល del mean khyal chaul *(adj.)* drafty
ដែលមានខ្លាញ់ del mean khlanh *(adj.)* adipose
ដែលមានខ្លាញ់រអើម del mean klanh ro oerm *(adj.)* greasy
ដែលមានគណនេយ្យភាព del mean kaknaney pheap *(adj.)* accountable
ដែលមានគោលបំណងពីរ del mean kol bamnong pi *(adj.)* dual-purpose
ដែលមានគ្រប់ទីកន្លែង del mean krob ti konlaeng *(adj.)* omnipresent
ដែលមានគ្រឿងផ្ដើមអាយរូបកាយធំធាត់ del mean krueng thveu oy roubkay thomthoat *(adj.)* nutritive
ដែលមានកំនិតរវើរវាយ del mean koumnit roveu roveay *(adj.)* quixotic
ដែលមានកំនុំ del mean koumnoum *(adj.)* despiteful
ដែលមានងារជា del mean ngear chea *(adj.)* titular
ដែលមានចង្វាក់ល្អ Del Mean Jong Vak *(adj.)* rhythmic

ដែលមានចិត្តសប្បុរស del mean chet soboros *(adj.)* **magnanimous**

ដែលមានចេតនា del mean chetana *(adj.)* **intent**

ដែលមានច្រើនបែប del mean chrren beb *(adj.)* **multiplex**

ដែលមានច្រើនផ្សេងគ្នា del mean chrren phseng knea *(adj.)* **manifold**

ដែលមានចំនុចកណ្ដាលរួមមួយ del mean chamnouch kandal ruom muoy *(adj.)* **concentric**

ដែលមានជម្លោះ del mean chomloh *(adj.)* **polemic**

ដែលមានជាតិក្បូង del mean cheat kbong *(adj.)* **alkaline**

ដែលមានជីជាតិ del mean chi cheat *(adj.)* **fertile**

ដែលមានជីវិត del mean chivit *(adj.)* **living**

ដែលមានជ្រុងឬមុខបួន del mean chroung reu moukh buon *(adj.)* **quadrilateral**

ដែលមានជ្រុងស្មើគ្នា del mean chrung smer knea *(adj.)* **equilateral**

ដែលមានជ្រុងស្រួច del mean chrung sruoch *(adj.)* **angular**

ដែលមានជំនាញវិជ្ជាជីវៈ del mean chomneanh vichchea chivak *(adj.)* **professional**

ដែលមានឈ្មោះអាក្រក់ del mean chhmoh akrok *(adj.)* **infamous**

ដែលមានដាក់សណ្ដែកដីគ្រាប់ស្វាយចន្ទី del mean dak sandekdei kreabsvay chanti *(adj.)* **nutty**

ដែលមានហានះទាបជាង del mean thanak teab cheang *(adj.)* **inferior**

ដែលមានតែក្នុងមនោគតិ del mean tae knung mono ka te *(adj.)* **imaginary**

ដែលមានតែមនុស្សភាគតិចយល់បាន del mean tae monous pheak tich yul ban *(adj.)* **esoteric**

ដែលមានកំណាងរាស្រ្ត Del Mean Dom Nang Reas *(adj.)* **representative**

ដែលមានថាមពល del mean thamopol *(adj.)* **dynamic**

ដែលមានថ្នេរ Del Mean Thnae *(adj.)* **seamy**

ដែលមានទម្លាប់ធ្វើអ្វីមួយ del mean tomloab thveu avei muoy *(adj.)* **wont**

ដែលមានទីផ្សារ del mean ti phsar *(adj.)* **marketable**

ដែលមានទឹក del mean teuk *(adj.)* **watery**

ដែលមានទឹកកក ដែលមានទឹកកក *(adj.)* **iced**

ដែលមានទឹកកក ដែលមានទឹកកក *(adj.)* **icy**

ដែលមានទឹកដោះ del mean teuk doh *(adj.)* **lactic**

ដែលមានទឹកផ្លែឈើ del mean teuk phlae chheu *(adj.)* **juicy**

ដែលមានទឹកមុខក្រៀម del mean teuk mukh kriem *(adj.)* **grim**

ដែលមានទុក្ខព្រួយ del mean touk pruoy *(adj.)* **morose**

ដែលមានទេពកោសល្យ del mean teb koa sol *(adj.)* **gifted**

ដែលមានទ្រព្យ del mean trop *(adj.)* **well-to-do**

ដែលមានទនុកចិត្តលើខ្លួនឯង Del Mean Tum Nok Jet Leur Kloun Eng *(adj.)* **self-confident**

ដែលមានទំហំតូចជ្រុល del mean tomhom tauch chroul *(adj.)* **ultracompact**

ដែលមាននិកាយ Del Mean Nee Kaay\ *(adj.)* **sectarian**

ដែលមាននយ័ប្រាកដ del meanney brakod *(adj.)* **unambiguous**

ដែលមានបញ្ហា del mean panhha *(adj.)* **troublesome**

ដែលមានបន្លា del mean banla *(adj.)* **thorny**

ដែលមានបី del mean bei *(adj.)* **triplicate**

ដែលមានបីដង del mean bei dong *(adj.)* **triple**

ដែលមានបីពណ៌ del mean bei por *(adj.)* **tricolour**

ដែលមានប្រភពពីក្រៅ del mean braphop pi krao *(adj.)* **extrinsic**

ដែលមានប្រយោជន៍ del mean broyoach *(adj.)* **handy**

ដែលមានប្រសិទ្ធផល del mean brasetthiphal *(adj.)* **efficient**

ដែលមានប្រសិទ្ធិភាព del mean brasetthipheap *(adj.)* effective
ដែលមានប្រាក់គ្រប់គ្រាន់ del mean brak krob kroan *(adj.)* well off
ដែលមានប្រាជ្ញា Del Mean Prah Nha *(adj.)* scholarly
ដែលមានប្រេង del mean breng *(adj.)* oily
ដែលមានប្រេងច្រើន del mean breng chrern *(adj.)* oleaginous
ដែលមានផ្កា del mean phka *(adj.)* flowery
ដែលមានផ្កាយ del mean phkay *(adj.)* starry
ដែលមានផ្ទៃពោះ del mean phtai poh *(adj.)* pregnant
ដែលមានផ្ទៃរាបស្មើ del mean phtei reab smer *(adj.)* flatbed
ដែលមានផ្លែផ្កា del mean phlae phka *(adj.)* fruitful
ដែលមានផ្សែង del mean phsaeng *(adj.)* smoky
ដែលមានពណ៌ចម្រុះ del mean por chomroh *(adj.)* fluorescent
ដែលមានពណ៌ដាំដែង del mean por dam deng *(adj.)* tan
ដែលមានពណ៌ផ្កាត្នោតក្រហម del mean poa tnaot krahorm *(adj.)* auburn
ដែលមានពណ៌បៃតង del mean por baitong *(adj.)* green
ដែលមានពណ៌មាស del mean por meas *(adj.)* golden
ដែលមានពពក del mean popork *(adj.)* cloudy
ដែលមានពពុះ del mean por puoh *(adj.)* foamy
ដែលមានពហុសណ្ឋាន del mean pakhok santhan *(adj.)* polymorphic
ដែលមានពាក្យបញ្ជៀង del mean peak banhchhieng *(adj.)* allusive
ដែលមានពាក្យសម្រាល del mean peak somral *(adj.)* euphemistic
ដែលមានពីកំណើត del mean tang pi kom nert *(adj.)* inborn
ដែលមានពីកំណើត del mean pi kom nert *(adj.)* innate
ដែលមានព្យុះ del mean pyouh *(adj.)* stormy

ដែលមានព្រំដែន Del Mean Prom Den *(adj.)* restrictive
ដែលមានភក់ del mean phuk *(adj.)* slushy
ដែលមានភាពជាវីរបុរស del mean pheap chea virak boros *(adj.)* heroic
ដែលមានភាពទាក់ទាញដោយសារភាពឆើតឆាយ del mean pheap teakteanh doy sa pheap chhert chhay *(adj.)* flamboyant
ដែលមានភ្លើងនៅក្រោមដី del mean phleung nov kraom dei *(adj.)* plutonic
ដែលមានភ្លៀងច្រើន del mean phlieng chrern *(adj.)* pluvial
ដែលមានមន្តស្នេហ៍ del mean mun sne *(adj.)* debonaire
ដែលមានមុខពីរ mean mukh pi *(adj.)* bifacial
ដែលមានរសជាតិ del mean ros cheat *(adj.)* tasteful
ដែលមានរសជាតិខ្ញី del mean ros cheat khnhei *(adj.)* ginger
ដែលមានរសជាតិមុត del mean ros cheat mut *(adj.)* piquant
ដែលមានរសជាតិប្លុកខ្លាំង del mean ros cheat reu klen khlang *(adj.)* tanged
ដែលមានរស្មីក្លិនចែងចាំង Del Mean Rak Smey Pler Jeng Jang *(adj.)* refulgent
ដែលមានរាង Del Mean Reang *(adj.)* shapely
ដែលមានរាងដូចបំពង់ del mean reang dauch bampung *(adj.)* tubular
ដែលមានរាងតូចច្រឡឹង del mean reang touch chroleung *(adj.)* petite
ដែលមានរាងទឹករលក del mean reang teuk rolok *(adj.)* wavy
ដែលមានរាងបំពង់ del mean reang bompong *(adj.)* capsular
ដែលមានរាងពងក្រពើ del mean reang pong krapeu *(adj.)* elliptic
ដែលមានរោគឈឺសន្លាក់ Del Mean Rok Cheu Sonlak *(adj.)* rheumatic
ដែលមានរោមក្រាស់ del mean rom kras *(adj.)* plush
ដែលមានលក្ខខណ្ឌ del mean leakkhan *(adj.)* conditional

ដែលមានលក្ខណៈខួចស្រី del mean leakhenak douch srei (adj.) feminine

ដែលមានលក្ខណៈប្រហាក់ប្រហែលគ្នា del mean lakhanak brohak brohel knea (adj.) congenial

ដែលមានលក្ខន្តិកៈ del mean lakkhan tikak (adj.) statutory

ដែលមានល្បិច del mean labich (adj.) tricky

ដែលមានល្បិចកល del mean lbich kol (adj.) cunning

ដែលមានល្បឿនលើសជាងសំឡេង del mean labeun leun cheang somleng (adj.) supersonic

ដែលមានល់នៅជាប់ Del Mean Ti Lom Nov (adj.) resident

ដែលមានវិន័យតឹងរឹង del mean viney teung reung (adj.) taut

ដែលមានវាហារកោសល្យ del mean vohar kaosal (adj.) eloquent

ដែលមានសង្ឃឹម del mean sang kheum (adj.) hopeful

ដែលមានសន្តិសុខជ្រុល del mean santisokh chroul (adj.) ultrasecure

ដែលមានសមត្ថភាព del mean samotthapheap (adj.) abled

ដែលមានសមត្ថភាព del mean samatthapheap (adj.) capable

ដែលមានសមត្ថភាព del mean samatthapheap (adj.) competent

ដែលមានសមត្ថភាពក្នុងការធ្វើអ្វីគ្រប់យ៉ាង del mean samotthaphap knong kar thveua vei krobyeang (adj.) omnicompetent

ដែលមានសមធម៌ del mean samothor (adj.) equitable

ដែលមានសមាសធាតុចម្រុះ del mean samasatheat chomroh (adj.) composite

ដែលមានសាច់ដុំ del mean sachdom (adj.) beefy

ដែលមានសាប៊ូ del mean sabu (adj.) soapy

ដែលមានសារធាតុថ្នាំច្រើន del mean sartheat thnam chraen (adj.) polypharmacal

ដែលមានសិទ្ធិទទួលបាន del mean seth tortuol ban (adj.) eligible

ដែលមានសីតុណ្ហភាពមធ្យម del mean seitonhapheap mothyom (adj.) temperate

ដែលមានសីលធម៌ del mean seila thor (adj.) moral

ដែលមានសុខភាពល្អ del mean sokhpheap laor (adj.) wholesome

ដែលមានសុភវិនិច្ឆយ del mean sopheak vinichhay (adj.) judicious

ដែលមានសុវត្ថិភាពសម្រាប់ទារក del mean sovotthepheap samrab tearok (adj.) babyproof

ដែលមានសេចក្តីថ្លៃថ្នូរ del mean sech ktei thlai thnaur (adj.) noble

ដែលមានសេវាកម្ម Del Mean Se Vaa Kaam (adj.) serviceable

ដែលមានសោភ័ណភាព del mean soa phoanpheap (adj.) aesthetic

ដែលមានស្តុកទុក del mean stok tuk (adj.) stock

ដែលមានស្ថេរភាព del mean sther pheap (adj.) steady

ដែលមានស្បែកក្រាស់ del mean sbek kras (adj.) pachidermatous

ដែលមានស្រមោលស្តាង១ Del Mean Sro Mol Stong Stong (adj.) shadowy

ដែលមានស្លឹកច្រើន del mean sloek chrern (adj.) leafy

ដែលមានស្លឹកបៃតង del mean sloek baitong (adj.) evergreen

ដែលមានសំណាង del mean saamnang (adj.) lucky

ដែលមានសំលេងអក្សរ s del mean aksor s (adj.) sibilant

ដែលមានសំឡេង del mean saamleng (adj.) toned

ដែលមានសំឡេងខ្ពស់ del mean somleng kpos (adj.) tenor

ដែលមានហើយជាស្រេច del mean hery chea srech (adj.) ready-made

ដែលមានហេតុផល Del Mean Het Phol (adj.) sensible

ដែលមានហ្គាស del mean gas (adj.) gasesous

ដែលមានឡើងវិញ Del Mean Leung Venh (adj.) resurgent

ដែលមានអង់តែនពីរ del mean angten pi (adj.) biantennary
ដែលមានឱជារស del mean oa chea ros (adj.) luscious
ដែលមានឱជារស Del Mean Or Jea Ruos (adj.) scrumptious
ដែលមានឥទ្ធិពល del mean etthi pol (adj.) influential
ដែលមានឥទ្ធិពល del mean itthipol (adj.) powerful
ដែលមានអនាម័យ del mean anamai (adj.) hygienic
ដែលមានអន្តរកម្ម del mean on tak rak kamm (adj.) interactive
ដែលមានអាថ៌កំបាំង del mean athkambang (adj.) cryptic
ដែលមានអាយុចាស់ជាង del mean aayu chas cheang (adj.) elder
ដែលមានអាយុពីប៉ែតសិបឆ្នាំទៅកៅសិបឆ្នាំ del mean ayou pi pet seb chhnam tov kao seb chhnam (adj.) octogenarian
ដែលមានអ្នកស្លាប់ចោល del mean nak slab chaol (adj.) bereaved
ដែលមានអំណាចលើ del mean omnach leu (adj.) dominant
ដែលមានអន្ទតលើខ្លួនឯងច្រួល del mean amnuot leu khluon eng chroul (adj.) brash
ដែលមានអ័ក្សពីរ del mean ak pi (adj.) biaxial
ដែលមានអ័ក្សរួមគ្នា del mean ak ruom knea (n.) coaxial
ដែលមានអ័ព្ទ del mean ap (adj.) foggy
ដែលមានអ័ព្ទក្រាស del mean ap kras (adj.) misty
ដែលមាន: del meanah (adj.) dogmatic
ដែលមាំធ្ងន់ del moam thngnon (adj.) hefty
ដែលមាំមួន del moam muon (adj.) hale
ដែលមាំមួន del moam muon (adj.) herculean
ដែលមិនជ្រាបទឹក del min chreab teuk (adj.) waterproof
ដែលមិនខូច del min arch khouch ban (adj.) imperishable

ដែលមិនគិតពីខ្លួន Del Min Kit Pee Kloun Eng (adj.) selfless
ដែលមិនគួរសម del min kuor som (adj.) discourteous
ដែលមិនចាស់ទុំ del min chas tom (adj.) immature
ដែលមិនចាំបាច់ del min cham bach (adj.) needless
ដែលមិនចេះកើតទុក្ខ del min cheh kaet touk (adj.) mindless
ដែលមិនចេះខុស del min cheh khous (adj.) infallible
ដែលមិនចេះចប់ del min cheh chob (adj.) interminable
ដែលមិនចេះចាញ់ del min cheh chanh (adj.) invincible
ដែលមិនចេះរអែង Del Min Jes Ro Eng (adj.) scrupleless
ដែលមិនចេះរារែក del min cheh rearek (adj.) decisive
ដែលមិនចេះស្កប់ del min cheh skob (adj.) voracious
ដែលមិនចេះស្កប់ស្កល់ del min cheh skob skol (adj.) insatiable
ដែលមិនចេះអក្សរ del min cheh aksor (adj.) illiterate
ដែលមិនច្បាស់លាស់ del min chbas loas (adj.) equivocal
ដែលមិនឆេះ del min chheh (adj.) fireproof
ដែលមិនឆ្កួតវង្វេង Del Min Jkoot Vong Veng (adj.) sane
ដែលមិនជ្រាបទឹក del min chreab teuk (adj.) showerproof
ដែលមិនដាច់ស្រេច del min dach srech (adj.) problematic
ដែលមិនដឹង del min doeung (adj.) insensible
ដែលមិនត្រង់ del min trang (adj.) oblique
ដែលមិនថ្លៃថ្នូ del min thlai thnau (adj.) prosaic
ដែលមិនទាន់ឃើញច្បាស់ del min toan kheunh chbas (adj.) latent
ដែលមិនធម្មតា del min thommoda (adj.) anomalous

ដែលមិនថ្លាប់មាន del min thloab mean *(adv.)* ever
ដែលមិនបានយូរ del min ban yuo *(adj.)* ephemeral
ដែលមិនប្រសប់ del min prasob *(adj.)* maladroit
ដែលមិនបំព្រួញ del min bampruonh *(adj.)* unabridged
ដែលមិនពិត Del Min Pet *(adj.)* sham
ដែលមិនពេញច្បាប់ del min penh chbab *(adj.)* undue
ដែលមិនមាននន្ទ: del min mean chhan tak *(adj.)* acratic
ដែលមិនមានសិទ្ធដូចគេ del min mean setth dauch ke *(adj.)* underpriviledged
ដែលមិនមានហេតុ del min mean het *(adj.)* acausal
ដែលមិនម៉ាំ del min moam *(adj.)* flimsy
ដែលមិនម៉ាំ del min moam *(adj.)* infirm
ដែលមិនយល់ស្រប del min yul srob *(adj.)* disagreeable
ដែលមិនយូរប៉ុន្មាន minyou ponman *(adv.)* shortly
ដែលមិនរកប្រាក់ចំណេញ del min rok brak chamnenh *(adj.)* non-profit
ដែលមិនរស់រវើក del min ros roveuk *(adj.)* lacklustre
ដែលមិនរឹងរូស del min reung ruos *(adj.)* docile
ដែលមិនរុញរា del min runh rear *(adj.)* dauntless
ដែលមិនរួមភេទ del min ruomphet *(adj.)* asexual
ដែលមិនល្អ del min laor *(adj.)* wack
ដែលមិនវិនិច្ឆ័យត្រឹមត្រូវ del min vinichhay troem trov *(adj.)* injudicious
ដែលមិនសប្បាយចិត្ត del min sabay chett *(adj.)* malcontent
ដែលមិនសម្ដែងចេញឱ្យច្បាស់ del min som daeng chenh oy chbas *(adj.)* implicit
ដែលមិនសូវច្បាស់ del min sov chbas *(adj.)* indistinct
ដែលមិនសូវល្អ del min sov laor *(adj.)* inauspicious
ដែលមិនសូវស្រួលខ្លួន del min sov sruol kluon *(adj.)* indisposed
ដែលមិនសូវស្រួលខ្លួន del min sov sruol kluon *(adj.)* sick
ដែលមិនសេពកាម del min seb kam *(adj.)* celibate
ដែលមិនសេពស្រាសោះ del min sepsora saoh *(adj.)* teetotal
ដែលមិនអនុញ្ញាតិ del min anouk nhat *(adj.)* impermissible
ដែលមិនអាចកាត់ថ្លៃបាន del min ach kat thlai ban *(adj.)* invaluable
ដែលមិនអាចកណនាបាន del min ach kak nak nea ban *(adj.)* incalculable
ដែលមិនអាចចូលបាន del min arch choul ban *(adj.)* impenetrable
ដែលមិនអាចដំណើរការបាន del min arch domner kar ban *(adj.)* inoperative
ដែលមិនអាចធ្វើត្រាប់បាន del min arch tveu trab ban *(adj.)* inimitable
ដែលមិនអាចនឹងវាស់បាន del min arch neung voas ban *(adj.)* measureless
ដែលមិនអាចបង្ក្រាបបាន del min arch bongkrab ban *(adj.)* indomitable
ដែលមិនអាចផ្តាស់ប្ដូរដោយគ្មានការអនុញ្ញាត del min arch plas pdau doy kmean ka anunhhat *(adj.)* tamperproof
ដែលមិនអាចពន្យល់បាន del min ach ponyol ban *(adj.)* unaccountable
ដែលមិនអាចយកជ័យជំនះបាន del min ach yok chey chomneah ban *(adj.)* insurmountable
ដែលមិនអាចស្តាប់បាន del min ach sdab ban *(adj.)* inaudible
ដែលមិនអាចអនុវត្តបាន del min arch anouvot ban *(adj.)* impracticable
ដែលមិនអីទេ del min ei te *(adj.)* welcome
ដែលមិនអើពើ del min ae peu *(adj.)* nonchalant
ដែលមុខក្រមូរ del moukh kromouv *(adj.)* dour
ដែលមុត del mut *(adj.)* gashing
ដែលមុត del mout *(adj.)* pungent
ដែលមុតស្រួច Del Mot Srouch *(adj.)* sharp

ដែលមួរម៉ៅ del muor mao *(adj.)* miffed
ដែលមើលឃើញ del meul kheunh *(adj.)* visual
ដែលមើលឃើញច្បាស់ del merl kheunh chhbas *(adj.)* conspicuous
ដែលមើលឃើញតែរបស់ជិត del meul kheunh te robos chit *(adj.)* myopic
ដែលមើលងាយ del meulngeay *(adj.)* contemptuous
ដែលមើលងាយចំពោះគ្រោះថ្នាក់ del meul ngeay chompoh kroh thnak *(adj.)* temeritous
ដែលមើលថ្លែ del meul thlae *(adj.)* agaze
ដែលមោះមុត del moh mot *(adj.)* stalwart
ដែលយកទៅប្រើមិនកើត del yok tov brer min kert *(adj.)* inapplicable
ដែលយកពីប្រភពផ្សេងៗ del yok pi braphop phseng phseng *(adj.)* eclectic
ដែលយកសារធាតុខ្លាញ់ចេញ del yok saratheat khlanh chenh *(adj.)* delipidate
ដែលយល់បាន del yol ban *(adj.)* intelligible
ដែលយល់ស្របតាម del yol srob tam *(adj.)* agreeable
ដែលយឺត del yeut *(adj.)* belated
ដែលយឺត del yeut *(adj.)* elastic
ដែលយុត្តិធម៌ del youtethor *(adj.)* just
ដែលយុត្តិធម៌ del youttethor *(adj.)* fair
ដែលយូរយារ del you year *(adj.)* immemorial
ដែលយោលៗ Del Yol Yol *(adj.)* rocking
ដែលយំចេបៗ del yom cheb cheb *(adj.)* chirpy
ដែលរញ្ជួរញ្ញៃ Del Ro Nhe Ro Nhaai *(adj.)* shambolic
ដែលរញ្ជួយ Del Ron Jouy *(adj.)* seismic
ដែលរដិបរដុប Del Ro Deb Ro Dob *(adj.)* rugged
ដែលរត់គេចខ្លួន del ruot kech khluon *(adj.)* fugitive
ដែលរបក del robork *(adj.)* flaking
ដែលរមទម្យ del romtum *(adj.)* demure
ដែលរលាក del roleak *(adj.)* inflammatory
ដែលរលាកសាច់ដុំច្រើន del roleak sachdom chraen *(adj.)* polymiotic
ដែលរលាយ del roleay *(adj.)* molten
ដែលរសាត់ចេញ Del Ro Saat Jenh *(adj.)* sailing
ដែលរស់រវើក del ros roveuk *(adj.)* vivacious
ដែលរស់រវើក del ros roveuk *(adj.)* vivid
ដែលរហ័សរហួន del rohas rohoun *(adj.)* sprightly
ដែលរឡើករឡក់ del rolek rolork *(adj.)* frivolous
ដែលរអាករអួល del ro ak ro uol *(adj.)* fitful
ដែលរអិល del ro el *(adj.)* slimy
ដែលរអិលៗដូចសំបោរ del rel dauch saam baor *(adj.)* mucous
ដែលរាប់រង Del Rab Rong *(adj.)* responsible
ដែលរាក់ទាក់ del reakteak *(adj.)* amiable
ដែលរាក់ទាក់ del rak teak *(adj.)* hospitable
ដែលរាក់ទាក់ del reak teak *(adj.)* sociable
ដែលរាងប៉ូល del reang baul *(adj.)* polarazing
ដែលរាបស្មើ del reab smer *(adv.)* evenly
ដែលរាប់បញ្ចូល del roab banhchoul *(adj.)* inclusive
ដែលរាវ del reav *(adj.)* fluid
ដែលរាវ del reav *(adj.)* liquid
ដែលរិចរិលទ្រុឌទ្រោម del rich ril trod troam *(adj.)* entropic
ដែលរិល del ril *(adj.)* blunt
ដែលរីករាយ del rikreay *(adj.)* enjoyable
ដែលរីករាយ del rik reay *(adj.)* gleeful
ដែលរីករាយ del rik reay *(adj.)* jolly
ដែលរីករាយ del rik reay *(adj.)* jovial
ដែលរីករាយដោយមោទកភាព del rikreay daoy motokakpheap *(adj.)* elate
ដែលរឹងប៉ឹង del reung poeung *(adj.)* lusty
ដែលរឹងម៉ាំ del reung moam *(adj.)* firm
ដែលរឹងរូស del reung ruos *(adj.)* insubordinate
ដែលរុករក Del Ruk Rok *(adj.)* searching
ដែលរុញរាន del runh rear *(adj.)* daunting
ដែលរួមប្រតិពទ្ធនឹងមនុស្សខ្លួនចគ្នា del roum bratepotth neung mnouss dauch knea *(adj.)* queer

ដែលរួមគ្នា del roum knea (adj.) convergent
ដែលរួមបក្សទាំងពីរ del ruom bak teangpi (adj.) bipartisan
ដែលរួមបញ្ចូល del ruom banhchoul (adj.) incorporate
ដែលរួមសម្ពន្ធ del ruom sampon (adj.) allied
ដែលរួសរាយ del rous reay (adj.) genial
ដែលរើស Del Reus (adj.) selective
ដែលរើសច្រើន del reus chrern (adj.) choosy
ដែលរើសអើង del reuh oerng (adj.) subjudice
ដែលរៀងខ្លួន Del Reang Kloun (adj.) respective
ដែលរៀងតាមកាល del rieng tamkal (adj.) chronological
ដែលរៀបការបាន del rieb kar ban (adj.) marriageable
ដែលរៀបចំបម្រុង del rieb cham bamroung (adj.) preparatory
ដែលរៀបរយ del reab roy (adj.) tidy
ដែលរៀបរាប់ del rieb roab (adj.) enumerative
ដែលរៀបសណ្តាប់ធ្នាប់ក្នុងកក់ផាល់ del reab sondab thnoab knung kak pal (adj.) shipshape
ដែលរចវិល del rich rel (adj.) threadbare
ដែលមាយចង្កេះ Del Roi Jong Kes (n.) sciatica
ដែលរំខាន del romkhan (adj.) annoying
ដែលរំខាន del romkhan (adj.) irksome
ដែលរំងាប់ការឈឺចាប់ del rom ngoab ka chheu chab (adj.) calmative
ដែលរំងាប់អារម្មណ៍ Del Rom Ngob Ahh Rom (adj.) sedative
ដែលរំជួលចិត្ត del romchuol chett (adj.) emotive
ដែលរំជួលចិត្តខ្លាំង del rom chuol chet khlang (adj.) hysterical
ដែលរំភើយ del rompheuy (adj.) laid-back
ដែលរំលោភបំពាន del romloph bampean (adj.) abusive

ដែលលង់ក្នុងសេចក្តីស្នេហា del long knong sechkdei sneha (adj.) amorous
ដែលលាក់កំបាំង del leak kambang (adj.) ulterior
ដែលលាក់ពុត del lak put (adj.) hypocritical
ដែលលាយកំទេចនំប៉័ង del leay komtich nombang (adj.) breaded
ដែលលឺខ្លាំងហើយរខាន del leu khlang hery romkhan (adj.) deafening
ដែលលឺខ្លាំងជ្រួល del leu khlang chroul (adj.) ultrasonic
ដែលលួចលាក់ del luoch leak (adj.) clandestine
ដែលលួចលាក់ del luoch leak (adj.) underhand
ដែលលើកលែង del leuk leng (adj.) exempt
ដែលលើសមិនត្រូវការ Del Lers Min Trov Kar (adj.) redundant
ដែលលឿងដូចរមៀត Del Leung Doch Ror Meat (adj.) saffron
ដែលលឿន del leun (adj.) early
ដែលលេចចេញ Del Lech Jenh (adj.) salient
ដែលលែងប្រើ del leng brae (adj.) obsolete
ដែលលែងមាន del leng mean (adj.) defunct
ដែលលោភចង់បាន del lorp chongban (adj.) acquisitive
ដែលលោភលន់ del loph lon (adj.) greedy
ដែលល្ងង់ del lngong (adj.) obtuse
ដែលល្បីខាងរឿងមិនល្អ del labey khang reung min laor (adj.) notorious
ដែលល្វើយ del lavery (adj.) listless
ដែលល្អខ្លាំង del l'or klang (adj.) dope
ដែលល្អជាខ្នាតហាវរណ៍ sievphov seksaa (adj.) textbook
ដែលល្អប្រណីត del laor branet (adj.) deluxe
ដែលល្អលើសលប់ del laor leus loub (adj.) transcendent
ដែលល្អិតល្អន់ del la'it la'on (adj.) elaborate
ដែលល់បាកគ្រប់គ្រង del lombak krob krong (adj.) unruly
ដែលល់ឱនទៅតាមមុច្ឆា del lom oan tov kam muchchha (adj.) lascivious
ដែលលំអៀង del lom ieng (adj.) biased
ដែលវង្វេង del vong veng (adj.) stray

ដែលវង្វេងស្មារតី del vongveng smarodei *(adj.)* delusional
ដែលវង្វេងស្មារតី del vongveng smarodei *(adj.)* demented
ដែលវាងវៃ Del Veang Vei *(adj.)* sagacious
ដែលវាយលុក del veay louk *(adj.)* offensive
ដែលវិកលចរិត Del Vee Kol Jak Ret *(adj.)* schizophreniac
ដែលវិនាស del vineas *(adj.)* doomed
ដែលវិភាគ del vipheak *(adj.)* analytical
ដែលវិល Del Vel *(adj.)* rotary
ដែលវិលមុខ del vil moukh *(adj.)* giddy
ដែលវិសេស del vises *(adj.)* exquisite
ដែលវឹកវរ del veuk vor *(adv.)* chaotic
ដែលវះកាត់ចេញ del veah katchenh *(adj.)* ablative
ដែលសង្ខេប del sangkheb *(adj.)* brief
ដែលសង្ខេប del sangkheb *(adj.)* compendious
ដែលសង្ខេប del songkheb *(adj.)* laconic
ដែលសង្ខេប del sangkheb *(adj.)* summary
ដែលសង្ខេបច្បាស់ del sangkheb chhbas *(adj.)* concise
ដែលសង្ស័យ del sangsay *(adj.)* suspect
ដែលសង្ស័យលើអំពើល្អអ្នកដទៃ del sangsay leu ampeu laor nak dortei *(adj.)* cynical
ដែលសង់ទីម៉ង់ Del Song Tee Mong *(adj.)* sentimental
ដែលសញ្ចប់សញ្ចឹង del sanhchob sanhcheung *(adj.)* wistful
ដែលសញ្ចឹងគិត del sanh cheung kit *(adj.)* meditative
ដែលសន្តោសប្រណី del sandos bronei *(adj.)* gracious
ដែលសន្លប់ del sanlob *(adj.)* comatose
ដែលសន្សំសំចៃ sansaam saamchai *(adj.)* economical
ដែលសន្សំសំចៃ del sonsom somchai *(adj.)* frugal
ដែលសប្បាយអត់ខ្វល់ del sabay ot kvol *(adj.)* blithe
ដែលសប្បុរស del sobboros *(adj.)* benefic
ដែលសម del som *(adj.)* sound

ដែលសមគំនិត del samkoumnit *(adj.)* conniving
ដែលសមជាប្រុស del som chea bros *(adj.)* masculine
ដែលសមនឹងបុរស del som neung boros *(adj.)* manful
ដែលសមមូល del sommoul *(adj.)* equivalent
ដែលសមស្គន del som suon *(adj.)* gainly
ដែលសមស្គន del som suon *(adj.)* graceful
ដែលសមស្របក្នុងការសម្រេចគោលដៅ del somsrob knong kar samrech kol dao *(adj.)* expedient
ដែលសមហេតុផល del sam het phal *(adj.)* cogent
ដែលសមហេតុផល del som het phol *(adj.)* logical
ដែលសម្ងាត់ Del Som Ngaat *(adj.)* secret
ដែលសម្ដែង del samdeng *(adj.)* preferential
ដែលសម្ដែងនូវមនោសញ្ចេតនា del somdaeng nouv mono sanhchetna *(adj.)* expressive
ដែលសម្ដែងឡូបញ្ចេញ del samdeng re banhchenh *(adj.)* ostentatious
ដែលសម្បូរ del sambou *(adj.)* endowed
ដែលសម្បូរណ៍ Del Sombo *(adj.)* rich
ដែលសម្បូរណ៍ del sambou *(adj.)* copious
ដែលសម្បូរណ៍ del sambour *(adj.)* opulent
ដែលសម្បូរភ្នំច្រើន del sambour phnom chrern *(adj.)* mountainous
ដែលសម្បើម del som berm *(adj.)* grand
ដែលសម្បើម del somberm *(adj.)* stately
ដែលសម្បើម del somberm *(adj.)* stupendous
ដែលសម្បើមអស្ចារ្យ del somberm oschar *(adj.)* imposing
ដែលសម្រាប់ដាក់ទណ្ឌកម្ម del samrab dak tonakam *(adj.)* punitive
ដែលសម្រាប់បង្រៀន del somrab bongrien *(adj.)* didactic
ដែលសម្រាប់បញ្ចុះ del somrab banhchouh *(adj.)* purgative
ដែលសម្រាប់បាញ់យន្តហោះ del samrab banh yon haoh *(adj.)* anti-aircraft

ដែលសម្រាលកូនដោយវះកាត់ del samral kaun daoy veahkat *(adj.)* cesarean
ដែលសម្រង Del Som Rang *(adj.)* select
ដែលសម្រើប Del Som Rerb *(adv.)* sexily
ដែលសម្រេចចិត្តភ្លាមៗ del samrech chett phleam pleam *(adj.)* impulsive
ដែលសម្លាប់មាតា del somlab meada *(adj.)* matricidal
ដែលសម្លាប់មេរោគ del saam lab merok *(adj.)* antiseptic
ដែលសរសើរ del sarser *(adj.)* complimentary
ដែលសរសេរជាច្រើនភាសា del sarse chea chraen pheasaa *(adj.)* polyglot
ដែលសរសេរជាប់គ្នា del sar se choab knea *(adj.)* cursive
ដែលសរុប del saroub *(adj.)* gross
ដែលសរុប del saroub *(adj.)* tally
ដែលសាកសម del saksam *(adj.)* apt
ដែលសាងសង់ del sang song *(adj.)* edificant
ដែលសាទរ del sartor *(adj.)* enthusiastic
ដែលសាធារណៈ del sathearanak *(adj.)* public
ដែលសាមញ្ញ del sammanh *(adj.)* conventional
ដែលសាមញ្ញជ្រុល del samanhnh chroul *(adj.)* ultracasual
ដែលសាវា del sa va *(adj.)* fickle
ដែលសាវា del sava *(adj.)* whimsical
ដែលសាហាវ Del Sa Hav *(adj.)* savage
ដែលសាហាវ Del Sa Hav *(adv.)* savagely
ដែលសាំង del sang *(adj.)* tame
ដែលសិក្សាឈ្មោះមនុស្ស del seksaa chhmoh mnous *(adj.)* onomastic
ដែលសិចស៊ី Del Sexy *(adj.)* sexy
ដែលសុទិដ្ឋិនិយម del sotitheniyum *(adj.)* bullish
ដែលសុភាពរាបសា del sopheap reab saa *(adj.)* gentle
ដែលសួរចម្លើយ del suor chamleuy *(adj.)* interrogative
ដែលសើម del serm *(adj.)* dank
ដែលសើមស្អិត del serm saet *(adj.)* clammy
ដែលសេរី del se ri *(adj.)* liberal

ដែលសោកសង្រេង del soak song reng *(adj.)* lachrymose
ដែលសោះកក្រោះ del soh kor kroah *(adj.)* mawkish
ដែលសោះកក្រោះ del soh kor kroh *(adj.)* stark
ដែលសោះកក្រោះ del saoh kakraoh *(adj.)* wan
ដែលស្កម Del Skorm *(adj.)* scraggy
ដែលស្កមកំព្រីង del skorm kompreung *(adj.)* emaciated
ដែលស្កមកំព្រីង del skom kom preung *(adj.)* gaunt
ដែលស្កមខ្នស់ del skom kphuos *(adj.)* lank
ដែលស្គាល់ច្បាស់ del skal chbas *(adj.)* conversant
ដែលស្គាល់ហើយ del skoal hery *(adj.)* familiar
ដែលស្ងប់ Del Sngob *(adj.)* sedate
ដែលស្ងប់ស្ងាត់ del sngabsngat *(adj.)* calm
ដែលស្ងប់ស្ងៀម Del Sngob Sngaat *(adj.)* serene
ដែលស្ងប់ស្រួល del sngob sruol *(adj.)* leisurely
ដែលស្ងៀម del sngeam *(adj.)* still
ដែលស្តាប់មតិអ្នកដទៃ del sdab ma te nak dor tey *(adj.)* receptive
ដែលស្តាយក្រោយ Del Sday Kroy *(adj.)* repentant
ដែលស្តែងៗ del sdaeng *(adj.)* minute
ដែលស្តាប់បង្គាប់ del sdab bongkoab *(adj.)* subservient
ដែលស្តីអំពីដំណើរទស្សន៍ទាយដោយមើលភ្លើង del sdei ampi damner tossteay daoy meul phleung *(adj.)* pyromantic
ដែលស្ត្រីនិយម del strei niyom *(adj.)* feminist
ដែលស្ថិតស្ថេរ del sthet sthe *(adj.)* endurable
ដែលស្ថាក់ស្ទើរ del stak steu *(adj.)* half-hearted
ដែលស្ថាក់ស្ទើរ del stak steu *(adj.)* hesitant
ដែលស្ថាក់ស្ទើរ del stak steu *(adj.)* loath
ដែលស្ថាក់ស្ទើរ Del Stek Steur *(adj.)* shallow

ដែលស្កាត់ជំនាញ del stoat chomneanh *(adj.)* deft
ដែលស្តាបបាន del stab ban *(adj.)* palpable
ដែលស្ទុះស្ទាក្លៀវក្លា del stuh stea khleav khla *(adj.)* mettlesome
ដែលស្ទួន del stuon *(adj.)* duplicate
ដែលស្មុគស្មាញ del smok smanh *(adj.)* intricate
ដែលស្មុគស្មាញ del smok smanh *(adj.)* tortuous
ដែលស្មើ del smer *(adj.)* equal
ដែលស្មោកគ្រោក del smok kroak *(adj.)* squalid
ដែលស្មោកគ្រោក del smoak kroak *(adj.)* slovenly
ដែលស្មោះត្រង់ del smoh trong *(adj.)* frank
ដែលស្មោះស្ម័គ្រ del smoah smak *(adj.)* devout
ដែលស្ម័គ្រចិត្ត delsmak chett *(adj.)* voluntary
ដែលស្រគាំ del srokoam *(adj.)* swarthy
ដែលស្រងូតស្រងាត់ del srangout srangat *(adj.)* woebegone
ដែលស្រងេះស្រងោច Del Sro Nges Sro Ngoch *(adj.)* sad
ដែលស្រទន់ del sro tun *(adj.)* mellow
ដែលស្រទំ del sratom *(adj.)* overcast
ដែលស្រពាប់ស្រពោន del srapoab srapon *(n.)* mournful
ដែលស្រពេចស្រពិល del sro pech sro pil *(adj.)* fuzzy
ដែលស្រមើលស្រមៃ del sro merl sramai *(adj.)* imaginative
ដែលស្រឡាញ់ទាំងពីរភេទ del srolanh tang pi phet *(adj.)* bi
ដែលស្រវាំង del srorvang *(adj.)* bleary
ដែលស្រវាំងភ្នែក del sravang phnek *(adj.)* dazzling
ដែលស្រស់ស្អាត del sras saart *(adj.)* comely
ដែលស្រឡាញ់ del sralanh *(adj.)* loving
ដែលស្រឡាញ់ខ្លាំង del srolanh khlang *(adj.)* enamoured
ដែលស្រឡាំងកាំង del sralang kang *(adj.)* dumbfounded

ដែលស្រឡះ Del Sro Laas *(adj.)* sheer
ដែលស្រអាប់ del sror ab *(adj.)* cheerless
ដែលស្រអាប់ក្រឹម del sror ab kreum *(adj.)* blowsy
ដែលស្រួច del sruoch *(adj.)* pointerless
ដែលស្រួច del sruoch *(adj.)* shrill
ដែលស្រួយស្រាក del sruoy sraok *(adj.)* crisp
ដែលស្រួល del sruol *(adj.)* comfy
ដែលស្រួល del sruol *(adj.)* facile
ដែលស្រួលខ្លួន del sruol khluon *(adj.)* well
ដែលស្រួលបត់បែន del sruol bot baen *(adj.)* malleable
ដែលស្រើបស្រាល del srerb sral *(adj.)* erotic
ដែលស្រេកទឹក del srek teuk *(adj.)* thirsty
ដែលស្រោបក្រមួន del sroab kromuon *(adj.)* cerated
ដែលស្រោបមាស del srob meas *(adj.)* gilt
ដែលស្លាប់ del slab *(adj.)* deceased
ដែលស្លៀកពាក់យ៉ាងស្អាតបាត del sliekpeak yang s'art bat *(adj.)* dapper
ដែលស្លៀកពាក់ឬស្រោប del sliekpeak reu sraob *(adj.)* clad
ដែលស្វិត del svet *(adj.)* tough
ដែលស្អាត dek saart *(adj.)* clean
ដែលស្អាតបាត del saat bat *(adj.)* neat
ដែលសំខាន់ del somkhan *(adj.)* key
ដែលសំខាន់ក្នុងប្រវត្តិសាស្ត្រ del somkhan knung bravottesas *(adj.)* historic
ដែលសំខាន់គួរសម del saamkhan kuorsam *(adj.)* appreciable
ដែលសំខាន់ជាងគេ del somkhan cheang ke *(adj.)* staple
ដែលសំខាន់បំផុត del saamkhan bamphot *(adj.)* principal
ដែលសំណាងល្អ del somnang laor *(adj.)* fortunate
ដែលសំរាប់តែ Del Som Rab Te *(adj.)* remedial
ដែលសំរាប់នាវាចម្បាំង Del Som Rab Nea Vea Jom Bang *(adj.)* shipborne
ដែលសំអាងទៅលើហេតុការណ៍ del saam ang tov leu hetkar *(adj.)* circumstantial

ដែលហត់ស្រេកស្ងាំង del hot slek slang *(adj.)* haggard
ដែលហ៊ានប្រថុយ del hean brathoy *(adj.)* venturesome
ដែលហ៊ឺហា poumpoaksaar kbaurokbach *(adj.)* fancy
ដែលហ៊ឺហា អង់អាច del heuha angach *(adj.)* dashing
ដែលហ៊ុមព័ទ្ធដោយសំបកវិង del houmpoatth daoy saambok reung *(adj.)* encrusted
ដែលហាមឃាត់ del ham khoat *(adj.)* forbidden
ដែលហាមឃាត់ del hamkhat *(adj.)* prohibitive
ដែលហាមប្រាម del ham bram *(adj.)* prohibitory
ដែលហូរចូលគ្នា del hou chaul knea *(adj.)* confluent
ដែលហូរឈាម del hou chheam *(adj.)* bloody
ដែលហូរធ្លាក់ខ្លាំង del haur thleak khlang *(adj.)* torrential
ដែលហួសចិត្ត del huos chett *(adj.)* ironical
ដែលហើមពោះ del herm poh *(adj.)* flatulent
ដែលហ្មត់ចត់ Del Mot Jot *(adj.)* scrupulous
ដែលឡប់ del lob *(adj.)* dopey
ដែលឡប់ del lob *(adj.)* goofy
ដែលឡើងវិង del lerng reung *(adj.)* erect
ដែលអកុសល del akosal *(adj.)* wretched
ដែលអង្កាញ់ del angkanh *(adj.)* curly
ដែលអង្កាញ់ del angkanh *(adj.)* sinuous
ដែលអង្គុយច្រើន Del Ong Koy Chreun *(adj.)* sedentary
ដែលអង់អាច del ang ach *(adj.)* audacious
ដែលអង់អាច del ang arch *(adj.)* hardy
ដែលអណ្តែត del ondet *(adj.)* buoyant
ដែលអណ្តែតអណ្តូង del andet aandaung *(adj.)* ecstatic
ដែលអណ្តែតទឹក del ondet teuk *(adj.)* natant
ដែលឥតគិតថ្លៃ del et kit thlai *(adv.)* gratis
ដែលឥតគិតពន្ធ del et kit pon *(adj.)* duty-free

ដែលឥតគ្រឿងទប់ del it krueng tob *(adj.)* rampant
ដែលឥតមានការប្រជុំ Del Et Mean Kaa Pro Jum *(adj.)* sessionless
ដែលឥតមានមេត្តា del otmean meta *(adj.)* callous
ដែលឥតលាក់លៀម del et leakliem *(adj.)* candid
ដែលឥតសំខាន់ del et somkhan *(adj.)* immaterial
ដែលឥតម្ចូរហ្មង Del Et Moor Mong *(adj.)* scot-free
ដែលអត់ងូតទឹក del ot nguot teuk *(adj.)* showerless
ដែលអត់ចេះខ្មាស់ Del Ot Jes Kmas *(adj.)* shameless
ដែលអត់ទ្រាំបាន del attrom ban *(adj.)* tolerable
ដែលអត់ធន់ del atthon *(adj.)* obdurate
ដែលអត់ធ្មត់ del atthmot *(adj.)* tolerant
ដែលអត់រាង Del Ot Reang *(adj.)* shapeless
ដែលអត់ឱន del ot oan *(adj.)* clement
ដែលអត់ឱន del ot oan *(adj.)* lenient
ដែលអត់ឱនអោយបាន del ot aon aoy ban *(adj.)* venial
ដែលអត់ធន់ del ot thun *(adj.)* okayish
ដែលអនាគតនិយម del anakuot niyoum *(adj.)* futuristic
ដែលអនាថា del anathaa *(adj.)* vagabond
ដែលអនាម័យ Del Mean Ark Na Maai *(adj.)* sanitary
ដែលអព្យាក្រិត del apyeakret *(adj.)* neuter
ដែលអភិរក្ស del akphirak *(adj.)* conservative
ដែលអភិរក្សជ្រុល del aphirak chroul *(adj.)* ultraconservative
ដែលអម ដែលអម *(adj.)* flank
ដែលអមការពារ del orm karpear *(adj.)* escorted
ដែលអមនុស្សធម៌ del ak monoussaathor *(adj.)* uncivilized
ដែលអសមត្ថភាពផ្លូវភេទ del ak samathapheap phlouv pet *(adj.)* impotent
ដែលអស្ចារ្យ del oschar *(adj.)* fantastic

ដែលអស់កម្លាំង del os kamlang (adj.) enervated
ដែលអស់រលីង del os roling (adj.) depleted
ដែលអាក្រក់ del aakrok (adj.) grotesque
ដែលអាក្រក់ del akrak (adj.) nefarious
ដែលអាក្រក់ del akrak (adj.) obnoxious
ដែលអាក្រក់ខ្លាំង del akrok khlang (adj.) damnable
ដែលអាក្រក់ណាស់ del ahkrok nas (adj.) hideous
ដែលអាចការពារបាន del ach kapear ban (adj.) tenable
ដែលអាចកើតឡើងបាន del ach kert lerng ban (adj.) generable
ដែលអាចក្រឡាប់ Del Arch Kro Lab (adj.) reversible
ដែលអាចជឿទុកចិត្តបាន del ach cheu toukchett ban (adj.) credible
ដែលអាចដើរបាន del ach der ban (adj.) ambulant
ដែលអាចតពូជ del arch tor puoch (adj.) heritable
ដែលអាចតាមដានបាន del ach tam dan ban (adj.) traceable
ដែលអាចនឹងធ្វើទៅបាន del ach neung thveu tov ban (adj.) practicable
ដែលអាចនឹងមានជោគជ័យ del ach nung mean chokchey (adj.) promising
ដែលអាចនៅរស់ក្នុងភ្លើងបាន Del Arch Nov Rous Knong Pleung Baan (v.) salamander
ដែលអាចបញ្ចប់បាន del ach banchob ban (adj.) terminable
ដែលអាចបត់បាន del arch bot ban (adj.) folding
ដែលអាចបត់បាន del arch bot ban (adj.) foldup
ដែលអាចប៉ះឡើង del arch pah lerng (adj.) erectile
ដែលអាចប្រើបាន del ach brer ban (adj.) operable
ដែលអាចបំលែងបាន del ach bam leng ban (adj.) convertible
ដែលអាចផលិតឡើងវិញ Del Arch Pho Let Leung Venh (adj.) reproductive
ដែលអាចផ្លាស់ប្ដូរ del ach phlas bdau (adj.) variable
ដែលអាចផ្ដាកសិទ្ធិ Del Arch Pa Ark Sith (adj.) revocable
ដែលអាចពិព៌ណនាជាពាក្យ del ach pipoaronea chea peak (adj.) effable
ដែលអាចព្យាបាលបាន del ach pyeabal ban (adj.) curable
ដែលអាចមានគ្រោះថ្នាក់ del ach mean krohthnak (adj.) dicey
ដែលអាចមើលជិតនិងឆ្ងាយ del ach merl jet ning chhgnay (adj.) bifocal
ដែលអាចរកកម្រៃបាន del ach rok komrai ban (adj.) billable
ដែលអាចរត់គេចបាន del arch rot kech ban (adj.) escapable
ដែលអាចរស់នៅបាន del arch ros nov ban (adj.) habitable
ដែលអាចរាប់បាន del ach roab ban (adj.) enumerable
ដែលអាចលក់បាន Del Arch Louk Baan (adj.) salable
ដែលអាចលុបបាន del ach loub ban (adj.) deletable
ដែលអាចស្ថិតស្ថេរបាន del ach sthet sthe ban (adj.) viable
ដែលអាត្មានិយម del aathma niyoum (adj.) egocentric
ដែលអាថ៌កំបាំង del art kambang (adj.) mysterious
ដែលអានមិនដាច់ del arn min dach (adj.) illegible
ដែលអាសអាភាស del as ah pheas (adj.) lewd
ដែលអាស្រូវ Del Ahh Srov (adv.) scandalously
ដែលអាស្រ័យនៅលើដើមឈើ del asray nov leu derm chheu (adj.) xylophilous
ដែលអាឡែរហ្ស៊ី del aleksi (adj.) allergic
ដែលអួតហួស del uot huos (adj.) vainglorious
ដែលឪយកម្រៃ del oy kom rai (adj.) gainful

ដែលអាយខ្ពើមរអើម del aoy khpeum roerm *(adj.)* obscene
ដែលអោយផលច្រើន del oy phol chrern *(adj.)* fecund
ដែលអាយផលច្រើន Del Oy Phol Jreun *(adj.)* remunerative
ដែលឲ្យវិនាស del oy vineas *(adj.)* malign
ដែលឱ្យសញ្ញាភយ័អាសន្ន del aoy sanhna phey asan *(adj.)* alarming
ដែលអំណោយផល del omnaoy phol *(adj.)* favourable
ដៃ dai *(n.)* arm
ដៃ (វល្លិ៍) dai (vor) *(n.)* tendril
ដៃកាន់ dai kan *(n.)* handle
ដៃគូ dai ku *(n.)* companion
ដៃគូ dai kou *(n.)* partner
ដៃគូធ្វើដំណើរ dei ku tveu domner *(n.)* sputnik
ដៃចង្កូតនាវា dai chong kout neavea *(n.)* helm
ដៃទទេ dai tor te *(adj.)* empty-handed
ដៃទន្លេ dai tonle *(n.)* tributary
ដៃផ្នែកចំហៀង dai phnek chamhieng *(n.)* sidearm
ដៃអាវ dai av *(n.)* sleeve
ដោត daot *(v.)* plug
ដោតរន្ធ doath ronth *(v.)* slot
ដោយ doay *(prep.)* by
ដោយ ជីវសាស្ត្រ doy chivasas *(adv.)* biologically
ដោយចិត្តរីករាយ daoy chet rikreay *(adj.)* cheerful
ដោយស្មើភាព daoy smer pheap *(adv.)* fairly
ដោយកម្រ Doy Kom Ro *(adv.)* seldom
ដោយកាត់យល់ doy kat yol *(adj.)* tacit
ដោយការកំសាន្ត doy kar kamsan *(adv.)* leisurely
ដោយការតិះដៀល doy ka tes deal *(adv.)* tauntingly
ដោយការបោះឆ្នោត doy ka baohchhnaot *(n.)* by-election
ដោយការសារភាព daoy kar sarapheap *(adv.)* admittedly

ដោយការសំរេចចិត្ត daoy kar saamrech chett *(adv.)* decidedly
ដោយក្តីរីករាយ daoy kdei rikreay *(adv.)* delightedly
ដោយក្តីស្រឡាញ់ doy kdei sralanh *(adj.)* affectionate
ដោយក្តៅៗ doy kdao on on *(adv.)* tepidly
ដោយក្រឡាប់ផ្ងារ daoy kralab phngar *(adv.)* topsy turvy
ដោយក្លាហាន doy klaharn *(adv.)* boldly
ដោយកំរិតខ្ពស់ daoy kamrit khpos *(adv.)* uber
ដោយគ្មាន daoy kmean *(prep.)* without
ដោយគ្មានការខំប្រឹង doy kmean kar khom breung *(adj.)* effortless
ដោយចិត្តរីករាយ daoy chet rik reay *(adv.)* heartily
ដោយចេតនា daoy chetna *(adj.)* deliberate
ដោយចេតនា doy chetana *(adj.)* intentional
ដោយចេតនា daoy chetna *(adv.)* purposely
ដោយចៃដន្យ doy chaidan *(adv.)* accidentally
ដោយចំហ daoy chamhor *(adv.)* openly
ដោយឆ្លាតវៃ doy chhlat vei *(adv.)* smartly
ដោយដប់ដង daoy dob dong *(adv.)* tenfold
ដោយដៃតែមួយ daoy dai te muoy *(adv.)* single-handedly
ដោយត្រង់ៗ doy trong trong *(adv.)* bluntly
ដោយត្រឹមត្រូវ doay troem trauv *(adv.)* duly
ដោយធម្មជាតិ daoy thommocheat *(adv.)* naturally
ដោយនិយាយច្រើន doy niyeay chrern *(adv.)* talkatively
ដោយបន្ទរកន្ទុយគ្នា doy bontor kontuy knea *(adv.)* tandem
ដោយបរិបូរណ៌ doy boribou *(adv.)* galore
ដោយប្រញាប់ប្រញាល់ doy branhab branhal *(adj.)* cursory
ដោយប្រយោល daoy bra yoal *(adj.)* indirect
ដោយប្រាថ្នាចង់បាន doy brathna chongban *(adv.)* avidly

ដោយប្រាស្រ័យទាក់ទងជាមួយភាគីតែម្ខាង doay brasray teaktong chea muoy pheaki tae mkhang *(adv.)* ex-parte
ដោយប្រុងប្រយ័ត្ន daoy brong brayat *(adv.)* tautly
ដោយផ្ទាល់ doay phtorl *(adj.)* direct
ដោយផ្ទាល់មាត់ daoy phtal moat *(adv.)* orally
ដោយផ្នែក daoy phnek *(adj.)* partial
ដោយពិនិត្យទំនាក់ទំនងរវាងអត្ថបទនិងអត្ថន័យ doay pinit tomneak tomnong roveang atthabot ning atthaney *(adv.)* deconstructively
ដោយពិព័រណ៍នាជាពាក្យ doay pipoaronea chea peak *(adv.)* effably
ដោយពីរដងក្នុងមួយឆ្នាំ doy pi dong knung mouy chhnam *(adv.)* biannually
ដោយមិនគិតដល់ daoy min kit dol *(adj.)* irrespective
ដោយមិនដឹងខ្លួន daoy min doeng khluon *(adv.)* unawares
ដោយមិនដឹងខ្លួន daoy min doeng khluon *(adv.)* unwittingly
ដោយមិនធម្មតា doay min thommada *(adv.)* abnormally
ដោយមិនព្រម daoy min prom *(adv.)* nay
ដោយមើលឃើញ daoy meul kheunh *(adj.)* sightly
ដោយយុត្តិធម៌ doy youtethor *(adv.)* justly
ដោយរាងកាយ doy reang kay *(adv.)* bodily
ដោយរីករាយ daoy rik reay *(adv.)* gladly
ដោយរួបរួមគ្នា daoy ruob ruom knea *(adj.)* concerted
ដោយរួមគ្នា ruom knea *(adv.)* jointly
ដោយលក់ដុំ daoy luk dom *(adv.)* wholesale
ដោយលក់រាយ Doy Louk Reay *(adj.)* retail
ដោយសន្តិវិធី daoy santi vithi *(adj.)* peaceful
ដោយសប្បុរស daoy sabboros *(adv.)* kindly
ដោយសារតែ daoy saar tae *(conj.)* because
ដោយសារតែ doy sa tae *(conj.)* since
ដោយសុបិន្ត doay so ben *(adv.)* dreamily
ដោយសុវត្ថិភាព Doy So Waat Te Pheap *(adv.)* safely
ដោយសុវត្ថិភាព Doy So Waat Te Pheap *(n.)* safety
ដោយស្ងាត់ស្ងៀម daoy sngat sngiem *(adv.)* silently
ដោយស្មោះត្រង់ daoy smaoh trang *(adj.)* sincere
ដោយស្មគ្រចិត្ត daoy smak chett *(adv.)* voluntarily
ដោយស្រួលហើយ daoy sruol haey *(adj.)* okay
ដោយស្រួលហើយ daoy sruol haey *(adv.)* okay
ដោយស្វ័យប្រវត្តិ dauy svaybravott *(adj.)* automatic
ដោយសំដី daoy saamdei *(adv.)* verbally
ដោយហូសម៉ោង doy huos moan *(adv.)* late
ដោយហេតុនេះ daoy het nih *(adv.)* thereby
ដោយឡែក doy lek *(adv.)* aside
ដោយឡែក daoy lek *(adj.)* petulant
ដោយឯកឯង doy ek eng *(n.)* spontaneity
ដោយឥតគិតពន្ធ doy et kit pon *(adv.)* duty-free
ដោយឥតលាក់លៀម del ot leakliem *(adj.)* blatant
ដោយឥតលាក់លៀម daoy it leak liem *(adv.)* unabashedly
ដោយអន្ទះសា daoy anteahsa *(adv.)* anxiously
ដោយអន់ doy orn *(adv.)* less
ដោយអស្ចារ្យ doy os char *(adv.)* singularly
ដោល daol *(v.)* pole
ដោះកូដ doh kaud *(v.)* decrypt
ដោះដូរទំនិញគ្នា daoh dau tomninh knea *(v.)* barter
ដោះលែង daoh leng *(v.)* acquit
ដោះលែង doh leng *(v.)* extricate
ដោះលែង doh laeng *(v.)* free
ដោះលែង Dos Leng *(v.)* release
ដោះលែង (ទាសករ) doh leng (teas kor) *(v.)* manumit
ដោះលែងមុនកំណត់ daoh leng moun kamnot *(v.)* parole
ដោះសត្វ daoh sat *(n.)* udder
ដោះសារ dorh sa *(v.)* excuse

ដោះស្រាយ daohsray (v.) deal
ដោះស្រាយ daoh sray (v.) handle
ដោះស្រាយ Dos Sraay (v.) resolve
ដោះស្រាយ Dos Sraay (v.) settle
ដោះស្រាយ daoh sray (v.) solve
ដោះស្រាយ daohsray (v.) tackle
ដៅចំណុច dao chamnoch (v.) dot
ដៅចំនុច dao chomnoch (v.) maculate
ឌ្យាក្រាម dyakram (n.) diagram
ដំញ្ញរញ្ញរ dom nhor nhuor (v.) hammer
ដំដែកធ្វើជាអ្វីមួយ dom daek tveu chea aavey mouy (v.) forge
ដំណាក់កាលដំបូងនៃយុគសម័យថ្ម domnak kal domboung nei yuk samai thmor (n.) paleolithic
ដំណប់ domnab (n.) jam
ដំណប់ផ្លែឈើ domnab plae chheu (n.) marmalade
ដំណាំ damnam (n.) crop
ដំណឹង dam noeng (n.) news
ដំណឹង damnoeng (n. pl.) tidings
ដំណឹងតាមវិទ្យុ damnoeng tamvityou (n.) radiogram
ដំណឹងមរណភាព damnoeng moronpheap (adj.) obituary
ដំណើរ dom ner (n.) gait
ដំណើរកម្សាន្ត dam ner kamsaan (n.) tour
ដំណើរការ damner kar (n.) process
ដំណើរការខុសប្រក្រតី damner kar khos brakrodei (v.) malfunction
ដំណើរការខុសប្រក្រតីជាបណ្ដោះអាសន្ន damner kar khos brokrodei chea bondoh ason (n.) glitch
ដំណើរការនៃការថតនិងបញ្ជូនការអាន damnerkar nei kar thot ning banhchoun kar arn (n.) telemetry
ដំណើរការឡើងវិញ damnaerkar lerng vinh (n.) reactivation
ដំណើរកែ Dom Ner Kae (n.) redress
ដំណើរក្រឡាប់ Dom Ner Kro Lab (n.) reversal
ដំណើរកំសាន្ត domner kamsan (n.) excursion

ដំណើរកំសាន្ត damner kam san (n.) outing
ដំណើរខ្ជិចៗ domner khcherch khcherch (n.) gimp
ដំណើរឆ្កួត domner chhkuot (n.) lunacy
ដំណើរជាខ្យល់កួច damner chea khyal kuoch (n.) turbulence
ដំណើរឈប់ទ្រឹង dom ner chhob trueng (n.) standstill
ដំណើរញាប់ជើង damner nhoab cheung (n.) trot
ដំណើរដើរដោយខ្យល់ damner der daoy khchal (n.) airborne
ដំណើរដេកលក់ដោយថ្នាំសណ្តំ damnaer dek lork daoy thnam sandam (n.) narcosis
ដំណើរទាញចិត្ត damner teanh chet (n.) pull
ដំណើរទឹកនាច domner teuk neach (n.) ebb
ដំណើរទ្រេត damner tret (n.) tilt
ដំណើរទ្រេតទ្រាត dom ner tret troat (n.) stagger
ដំណើរធ្លាក់ខ្លាំង (ភ្លៀង) damner thleak khlang ( phlieng) (n.) torrent
ដំណើរបរបាញ់សត្វ Dom Neu Bor Banh Saat (n.) safari
ដំណើរប្រែប្រួល damner brae bruol (n.) vicissitude
ដំណើរផ្សងព្រេង damner phsong preng (n.) adventure
ដំណើរផ្អុម domner pha oum (n.) taint
ដំណើរភ្លឹបភ្លែត domner pleub plet (n.) flicker
ដំណើរមិនត្រូវគ្នា damner min trauv knea (n.) misfit
ដំណើររាលឆ្លង damner real chhlang (n.) propagation
ដំណើរលោតខ្ទាក់ៗ domner loat khtoak khtoak (n.) throb
ដំណើរវាយប្អូក damner veay ruek (n.) snobbery
ដំណើរវៀចកញ្ចក់ domner veach kanh chhork (n.) lurch
ដំណើរស្រុះស្រួលគ្នា domner sros sroul knea (n.) reconciliation

ដំណើរហូរខ្ទុះ damner haur khtoh (n.) pyorrhoea
ដំណើរការ Dom Neu Kaar (n.) runs
ដំណើរដោគជ័យឡើងវិញ Dom Ner Jok Jei Leung Venh (n.) resurgence
ដំណេកថ្ងៃត្រង់ damnek thngai trang (n.) siesta
ដំណោះស្រាយ Dom Nos Sraay (n.) settlement
ដំណោះស្រាយ damnaoh sray (n.) solution
ដំនេក domnek (n.) sleep
ដំបង dambong (n.) baton
ដំបង dom bong (n.) cudgel
ដំបងរាជ្យ Dom Bong Reach (n.) sceptre
ដំបូក dombouk (n.) terp
ដំបូង dom boung (adj.) first
ដំបូង dom baung (n.) initial
ដំបូន្មាន dambaunmean (n.) advice
ដំបូល Dom Bol (n.) roof
ដំបូលកោង domboul koang (n.) arch
ដំបូលកំហែង dambaul kamheng (n.) coping
ដំបូលផ្ទះ Bom Bol Ptes (n.) rooftop
ដំបូលផ្លូវដើរ dambaul phlauv der (n.) portal
ដំបូលផ្លូវដើរ dambaul phlauv der (n.) portico
ដំបៅ dambao (n.) ulcer
ដំបៅរលួយ dombao rolouy (n.) gangrene
ដំបៅស៊ីរួង dom bao shi ruong (n.) fistula
ដំរី domrei (n.) elephant
ដំរីទឹក damrei teuk (n.) walrus
ដំឡូង damlaung (n.) potato
ដំឡើង dom lerng (v.) install
ដំឡើងថ្លៃ damlaeng thlai (v.) overcharge
ដំឡើងថ្លៃ damlaeng thlai (n.) overcharge
ដំឡើងប្រាក់ឈ្នួល damlaeng brak chhnuol (v.) raise
ដំខ្ពង់ខ្ពស់ dor khpong khpors (adj.) august
ដំគួរឱ្យខ្លាចណាស់ dor kuor oy khlach (adv.) dreadfully
ដំគីងតែង da toeng teng (adj.) trying
ដំទាបបំផុត da teab bamphot (adj.) abject

ដំធំ dor thom (adj.) huge
ដំធំ dor thom (adj.) massive
ដំប្រណិត dor bronet (adj.) delicate
ដំប្រណិត dor branet (adj.) luxurious
ដំប្រសើរបំផុត dor broser bompot (adj.) sublime
ដំមានកិត្យានុភាព da mean ketyanoupheap (adj.) prestigious
ដំមានឫទ្ធិ dor mean ritthi (adj.) auspicious
ដំវិចិត្រ dor vichet (adj.) artful
ដំសាហាវ dor sahav (adj.) heinous
ដំអស្ចារ្យ da aschar (adj.) almighty
ដំខឡារិក dor o la rik (adj.) solemn
ដំខឡារិក dor ularik (v.) solemnize

ហានលេខាសាស្ត្រ thanlekha sas (n.) topography
ហានសួគ៌ thansuor (n.) paradise
ហានានុក្រម thana nou krom (n.) hierarchy
ហាន: thna nak (n.) status

ឌីជីថល dichithal (adj.) digital
ឌីណាម៉ូ di na mau (n.) dynamo
ឌីណាមិក di na mik (n.) dynamics
ឌីណាមិកអាកាស di na mik akas (n.) aerodynamics
ឌីស dis (n.) disc
ឌីអុកស៊ីត di ork sit (n.) dioxide
ឌុប doub (v.) dup
ឌុយ douy (n.) plug

## ណា

ណាណូ nano (n.) nano
ណាណូជីវសាស្ត្រ nano sas (n.) nanobiology
ណាមួយ namuoy (adj.) any
ណាមួយ na muoy (pron.) which
ណាមួយក៏ដោយ namuoy kadaoy (pron.) whichever
ណាសុិនិយម nacist niyom (n.) narcissism
ណែនាំ nae noam (v.) advise
ណែនាំ nae noam (v.) guide
ណែនាំ nae noam (v.) instruct
ណែនាំ nae noam (v.) introduce
ណែនាំ nae norm (v.) recommend
ណែនាំ nae noam (v.) suggest

តក់ក្រហល់ Tok Kro Hol (v.) rush
តកស្លុត tokslot (adj.) aghast
តកស្លុត tokslot (v.) appal
តង្វាយ tangveay (n.) oblation
តង្វាយ tangveay (n.) offering
តង់ tong (n.) tent
តណ្ហា tanha (n.) lust
តទៅ tor tov (adj.) onward
តទៅ tor tov (adv.) onwards
តន្ត្រី dantrei (n.) music
តន្ត្រីរាំអេឡិចត្រូនិច dontrey rom elech tronich (n.) technomusic
តន្ត្រីអម dantrei om (n.) accompaniment
តន្ត្រីករ dantrei kor (n.) musician
តប Tob (v.) respond
តភ្ជាប់ tor phchob (v.) link
តមអាហារ tom ahar (v.) diet

តម្បាញ dambanh (n.) weaver
តម្បារត្រជៀក dombar trocheak (n.) swab
តម្រង់ទិស dam rang teus (adj.) oriented
តម្រាប់ damrab (n.) mimesis
តម្រឹម damrum (v.) align
តម្រួយ tamrouy (n.) clue
តម្រូវការ tamrouv kar (n.) demand
តម្រូវការ dam rouv kar (n.) need
តម្រូវការ dam rouv kar (adv.) needs
តម្រៀប damrieb (v.) sort
តម្លៃ damlai (n.) price
តម្លៃ damlai (n.) value
តម្លៃ domlei (n.) worth
តម្លៃលោះ damlei loh (n.) ransom
តម្លៃសំបុត្រយន្តហោះ damlei saambot yonhaoh (n.) airfare
តម្អូញ dam ounh (n.) whine
តវ៉ា torva (v.) complain
តវ៉ា tor va (v.) protest
តស៊ូ tor su (v.) persist
តស៊ូ tor su (adj.) persistent
តស៊ូ tor su (v.) struggle
តាក់តែងច្បាប់ tak taeng chbab (v.) legislate
តាក់សី tak shi (n.) taxi
តានតឹង tantoeng (adj.) tense
តានតឹង tantoeng (adj.) tensioned
តាបស tabos (n.) ascetic
តាមការសិក្សា tam karseksaa (adv.) academically
តាមជនើរណាម្នាក់ tam chomneu nor na mneak (adj.) subjective
តាមដាន tam dan (v.) tail
តាមដាន tamdan (v.) trace
តាមទាន់ tam toan (v.) overtake
តាមទ្រនិចនាឡិកា tam tronichnealeka (adv.) clockwise
តាមនោះ tam noh (adv.) accordingly
តាមពីក្រោយ tam pi kroy (v.) lag
តាមពេលកំណត់ tam pel kam not (n.) periodical
តាមយ៉ាងកិត tam yang ket (v.) dog
តាមរដូវ Tam Ro Dov (adj.) seasonal

តាមរយៈ tam royak *(adj.)* borne
តាមរយៈ tam royak *(prep.)* via
តាមវិចារណញ្ញាណ Tam Vi Ja Ror Nak Nhean *(adv.)* sanely
តាមផ្ដូបញ្ញា tam vech chak banh chea *(v.)* prescribe
តាមអំពើចិត្ត tam ampeu chett *(adj.)* arbitrary
តារាកំប្លែង dara kamblaeng *(n.)* comedian
តារាងតំលៃ tarang domlai *(n.)* price list
តារាងតុល្យការ tarang tolyakar *(n.)* balance sheet
តារាងប្រតិទិនបណ្ដឹង darang brotetin bondoeng *(n.)* docket
តារាងពិន្ទុ Ta Rang Pin Tu *(n.)* scoreboard
តារាងពិន្ទុ Ta Raang Pin Tu *(n.)* scorepad
តារានាំផ្លូវ dara nom plouv *(n.)* loadstar
តារាមាត្រ dara meat *(n.)* astrolabe
តារាវិទូ daravitou *(n.)* astronomer
តារាវិទ្យា daravityea *(n.)* astronomy
តារាសម្ដែងប្រុស tara samdeng bros *(n.)* actor
តារាសម្ដែងស្រី tara samdeng srey *(n.)* actress
តាំងចិត្ត tang chet *(v.)* mind
តាំងចិត្តមាំជាស្រេច Tang Jit Morm Jea Srach *(adj.)* resolute
តាំងទីស្នាក់ការកណ្ដាល tang ti snakkar kondal *(v.)* headquarter
តាំងបង្ហាញ tang bonghanh *(v.)* exhibit
តិច tech *(prep.)* less
តិចជាង tech cheang *(adj.)* lesser
តិចតួច tech tuoch *(adj.)* little
តិចតួច techtuoch *(n.)* minim
តិចតួច techtuoch *(adj.)* minimal
តិចតួច tech tuoch *(adj.)* modest
តិចតួចបំផុត techtuoch bamphot *(adv.)* minutely
តិចតួចមិនគ្រប់គ្រាន់ tech tuoch min krob kroan *(adj.)* meagre
តិចៗ tich tich *(adv.)* low
តិះដៀល tes deal *(v.)* taunt

ត្រីបាឡែនម្យ៉ាង trey balen myang *(n.)* orca
តឹកតាង toek tang *(adj.)* proof
តឹង toeng *(adj.)* stuffy
តឹង toeng *(adj.)* tight
តឹងរឹង toeng roeng *(adj.)* stringent
តឹងរឹង Teung Reung *(adj.)* rigorous
តឹងរឹង toeng reung *(adj.)* strict
តុ tok *(n.)* table
តុ បុកបីយ៉ា tok bok biya *(n.)* billiard table
តុការិយាល័យ tok kariyalai *(n.)* desk
តុក្កតា tokkata *(n.)* cartoon
តុក្កតា tokkata *(n.)* doll
តុតិកលុយ tok kit luy *(n.)* counter
តុបតែង tobteng *(v.)* adorn
តុបតែង tobteng *(v.)* decorate
តុបតែង tob taeng *(v.)* embellish
តុបតែង tobteng *(v.)* ornament
តុបតែងដោយស្លឹក tob taeng doy sloek *(v.)* foliate
តុលាការ tolakar *(n.)* court
តុលាការខាងច្បាប់សមុទ្រ tolakar khang chbab samout *(n.)* admiralty
តុល្យភាព tolyapheap *(n.)* balance
តុស់អាង tok som arng *(n.)* dressing table
តូច tauch *(adj.)* small
តូចខ្លាំង tauch khlang *(adj.)* tiny
តូចចង្អៀត tauch chang aiet *(adj.)* narrow
តូចចិត្ត tauch chett *(v.)* upset
តូចណាស់ touch nas *(adj.)* superfine
តូចៗ tauch tauch *(adj.)* miniature
តូប taub *(n.)* stall
តូបលក់សៀវភៅ taub luok sievphov *(n.)* bookstall
តួកំប្លែង tuo komphleng *(n.)* mummer
តួរលេខនៃការរញ្ជួយ Toor Lek Ney Kaar Ron Jouy *(n.)* seismogram
តួរលេខស្ទង់កម្លាំងរញ្ជួយ Toor Lek Stong Kom Lang Ron Jouy *(n.)* seismography
តួលេខ tuo lekh *(n.)* figure
តួឯក tuo ek *(n.)* protagonist
តួអក្សរទីមួយនៃអក្សរក្រឹត tuo aksaar timuoy nei aksaar krek *(n.)* alpha

គួអង្គ tuor ang *(n.)* character
គួអង្គ tuo ang *(n.)* personage
គួអង្គម្នាក់ក្នុងទេវកថាក្រិក tour ong mneak knung tevak kak tha krek *(n.)* narcissus
តេៀមស្រា team sra *(n.)* tavern
តេរ៉ាបៃ te ra bai *(n.)* terabyte
តេស្តដើម្បីបែងចែកមនុស្សពីកំព្យូរទ័រ test dermbey bengchek mnous pi kam pyou tor *(n.)* captcha
តេស្តបំណះ test bamnah *(n.)* patch test
តេស្តសម្បទា test sam pak tear *(n.)* fitness test
តេស្តអាស៊ីត test asit *(n.)* acid test
តេស្តូស្តេរ៉ូន te stau ste raun *(n.)* testosterone
តេឡេក្រាម telekram *(n.)* telegram
តេឡេបញ្ជា tele banhchea *(n.)* teleoperator
តែ tae *(n.)* tea
តែង taeng *(v.)* compose
តែងកាព្យ teng kap *(v.)* versify
តែងក្បាចរាំ taeng kbach roam *(v.)* choreograph
តែងខ្លួន taeng khluon *(v.)* accoutre
តែងតាំង tengtang *(v.)* appoint
តែងតាំង tengtang *(v.)* nominate
តែងតាំង tengtang *(v.)* ordain
តែងតែ taeng tae *(adv.)* always
តែងលំអរម្ហូប taeng lom or mhoub *(v.)* garnish
តែមួយ ti muoy *(adj.)* monocular
តែមួយ tae muoy *(adv.)* only
តែមួយគត់ te muoy kot *(v.)* sole
តែមួយគត់ te muoy kot *(adj.)* sole
តែមួយគត់ te muoy kot *(n.)* sole
តែម្ខាង te mkhang *(adj.)* one-sided
តែម្នាក់ឯង te mnak eng *(adj.)* alone
តោ toa *(n.)* lion
តោសមុទ្រ Tor Sak Mot *(n.)* sealion
តោង taong *(v.)* cling
តោញី toa nhi *(n.)* lioness
តោន taon *(n.)* ton

តោន taon *(n.)* tonne
ត្បាញ tbanh *(v.)* weave
ត្បាល់បុក tbal bok *(n.)* mortar
ត្បូង tbaung *(n.)* gem
ត្បូងកណ្ដៀង Tbong Kon Deang *(n.)* sapphire
ត្បូងថ្ម tbaung thmor *(n.)* jade
ត្បូងទទឹម Thbong To Term *(n.)* ruby
ត្បូងមរកត tbaung morokot *(n.)* emerald
ត្បូងវិទ្យា tbaung vityea *(n.)* gemmology
ត្មោងមានដៃកោល tmoang mean daek koal *(n.)* mace
ត្រកូល trakaul *(n.)* clan
ត្រកាក tro keak *(n.)* hip
ត្រកាក សត្វ trokeak satt *(n.)* flank
ត្រង trorng *(v.)* filter
ត្រង trorng *(v.)* sieve
ត្រងច្រោះ trong chroah *(v.)* leach
ត្រង់ trong *(adj.)* straight
ត្រង់ trong *(adj.)* straightforward
ត្រង់ទៅលើ trang tov leu *(adj.)* upright
ត្រង់ស៊ីស្ទ័រណាណូ trangsaistr na nau *(n.)* nanotransistor
ត្រង់១តាមពាក្យ trong tam peak *(adj.)* verbatim
ត្រចៀក trachiek *(n.)* ear
ត្រជាក់ trachak *(adj.)* chilly
ត្រជាក់ trachak *(adj.)* cold
ត្រជាក់ trachak *(adj.)* cool
ត្របកផ្កា tra bak phka *(n.)* petal
ត្របកភ្នែក trobork phnek *(n.)* eyelid
ត្របែក tra baek *(n.)* guava
ត្រប់ខារ trob khar *(n.)* brinjal
ត្រសក់ trasork *(n.)* cucumber
ត្រឡប់ tro lob *(v.)* flip
ត្រឡប់ក្រោយ TroLob Kroy *(v.)* recoil
ត្រឡប់តាមផ្លូវដដែល Tro Lob Tam Plouv Dor Del *(v.)* retrace
ត្រឡប់ទៅដើមវិញ Tro Lob Tov Doch Deum Venh *(v.)* revert
ត្រឡប់ Tro Lob *(v.)* return
ត្រឡប់មកមានតម្លៃវិញ Tro Lob Mok Mean Dom Laai Venh *(n.)* recrudency

ត្រា Traa *(n.)* seal
ត្រា tra *(n.)* stamp
ត្រាក់ទ័រ traktor *(n.)* tractor
ត្រាប់កំប្លែងរិះគន់ trab kambleng riah kon *(v.)* parody
ត្រាប់កំប្លែងរិះគន់ trab kambleng riah kon *(n.)* parody
ត្រាប់តាម thveutreab *(v.)* mimic
ត្រាយផ្លូវ tray phlauv *(v.)* pave
ត្រាំ tram *(v.)* soak
ត្រាំ tram *(v.)* steep
ត្រាំជ្រក់ tram chrok *(v.)* pickle
ត្រិះរិះ treahriah *(v.)* mull
ត្រី trei *(n.)* fish
ត្រីកោណ trei kaon *(n.)* triangle
ត្រីគល់រាំង trei kulreang *(n.)* carp
ត្រីគល់រាំង trey kul reang *(n.)* koi
ត្រីគុណ trei kun *(n.)* triplicate
ត្រីចក្រយានយន្ត trei chakrayean yon *(n.)* tricycle
ត្រីឆ្លាម Trey Chlam *(n.)* shark
ត្រីដែលរស់នៅចន្លោះថ្ម Trei Del Ros Nov Jonlos Thmor *(n.)* rockfish
ត្រីទឹកសាប trei teuksab *(n.)* catfish
ត្រីបាឡែន trei balen *(n.)* whale
ត្រីភាគី trei pheaki *(adj.)* tripartite
ត្រីមាស trei meas *(n.)* quarter
ត្រីមាស trei meas *(n.)* trimester
ត្រីមឹកធំ treimuk thom *(n.)* octopus
ត្រីមរួយ trei mor rouy *(n.)* cod
ត្រីវិស័យ trei visay *(n.)* compass
ត្រីសមុទ្រ Trei Sak Mot *(n.)* sawfish
ត្រីសមុទ្រម្យ៉ាង Trei Sak Mot Myang *(n.)* sandfish
ត្រីស៊ីបាស់ Trei Sea Bass *(n.)* sea bass
ត្រីស៊ីស្កូ trey cisco *(n.)* cisco
ត្រីស្គរ trei skor *(n.)* drumfish
ត្រីហារុំង trei harong *(n.)* herring
ត្រឹមត្រូវ troem trauv *(adj.)* accurate
ត្រឹមត្រូវ troem trauv *(adv.)* aright
ត្រឹមត្រូវ troem trauv *(adj.)* correct
ត្រឹមត្រូវ troem trauv *(adv.)* nicely

ត្រឹមត្រូវ troem trauv *(adj.)* proper
ត្រឹមត្រូវ Trem Trov *(adj.)* right
ត្រូវការ trauv kar *(v.)* need
ត្រួតត្រា truot tra *(v.)* dominate
ត្រួតត្រា Trot Traa *(v.)* rule
ត្រួតពិនិត្យ truot pinith *(v.)* inspect
ត្រួតពិនិត្យ truot pi nit *(v.)* monitor
ត្រួតពិនិត្យ truot pinit *(n.)* purview
ត្រួតពិនិត្យ truotpinit *(v.)* supervise
ត្រួតស៊ីគ្នា truot si knea *(v.)* overlap
ត្រួសត្រាយ truos tray *(v.)* pioneer
គ្រៀមខ្លួន triem khluon *(n.)* readiness
គ្រៀមខ្លួនជាស្រេច triem khluon chea srech *(adj.)* ready
ត្រេកត្រអាល trek tra aal *(adj.)* athirst
ត្រេកអរ treka ar *(adj.)* mirthful
ត្រេកអរ Trek Or *(v.)* rejoice
ត្រេកអរ trek or *(v.)* zest
ត្រេកអរលើតំនរទុក្ខអ្នកដទៃ trek or leu komnor tukh nak dor tei *(v.)* gloat
ត្រេតត្រត tret trot *(v.)* meander
ត្រែ trae *(n.)* bugle
ត្រែ trae *(n.)* clarinet
ត្រែ trae *(n.)* trumpet
ត្រែម្យ៉ាង trae myang *(n.)* cornet
ត្រេះ treh *(v.)* juggle
ត្លុក tlok *(n.)* clown
ត្លុកកំប្លែង tlork komblaeng *(n.)* buffoon
ថ្អើក ta erk *(n.)* hiccup
តំណ dom nor *(n.)* link
តំណក់ទឹក domnok teuk *(n.)* drop
តំណក់ទឹកភ្នែក domnok teuk phnek *(n.)* teardrop
តំណពូជ dom nor puoch *(n.)* heredity
តំណាក់កាល domanak kal *(n.)* phase
តំណាក់កាលចុងក្រោយនៃការមានផ្ទៃពោះ domnak kal chong kroay nei kar mean phtei poh *(n.)* lightening
តំណាង domnang *(v.)* embody
តំណាងគុណ tamnang koun *(n.)* multiplicand
តំណាងរាស្រ្ត Dom Nang Reas *(n.)* representative

កំណាងរាស្ត្រ damnang reas (n.) parliamentarian
កំណាងអោយ Dom Nang Oy (v.) represent
កំណែងខ្នងខ្នាស់ damneng khpang khpoas (n.) perch
កំបន់ dambon (n.) area
កំបន់ dombon (n.) canton
កំបន់ dambon (n.) locality
កំបន់ Dom Bon (n.) region
កំបន់ dombon (n.) zone
កំបន់ជុំវិញ dambon choumvinh (n.) surroundings
កំបន់ជុំវិញ dambon choum vinh (n.) vicinity
កំបន់ដាច់ស្រយាល tamban dachsrayal (n.) outback
កំបន់ដីសណ្ដ dambon dei sandor (n.) delta
កំបន់ដីសើម dombon dei serm (n.) everglade
កំបន់ត្រូពិក dambon traupik (n.) tropic
កំបន់ទ្រនាប់ dombon tronoab (n.) buffer zone
កំបន់បណ្ដាញ tambon bondanh (n.) site
កំបន់ប៉ូល dambon baul (adj.) polar
កំបន់មហាសមុទ្រ dambon maha samout (n.) oceanfront
កំបន់អនាធិបតេយ្យ dombon anatebpatai (n.) slum
កំបន់អាក់ទិក dambon aktik (adj.) Arctic
កំបន់អ្នកទីទល់ក្រស់នៅ dombon nak titol kror ruos nov (n.) ghetto
កំរង dom rong (n.) fillet
កំរងនោម dom rong nom (n.) kidney
កំរងទិស dam rang teus (v.) orient
កំរងទិស dam rang teus (v.) orientate
កំរងទិស dam rang teus (adj.) orientational
កំរូវអោយមាន Dom Rov Oy Mean (n.) requirement
កំលៃសមរម្យ damlei samrom (n.) affordability

# ផ

ផងក្រដាស thorng kradas (n.) paper bag
ផងទុកក្អួត thong tuk ka uot (n.) sickbag
ផតដាក់លុយ thot dak luy (n.) till
ផតតុ thoat tok (n.) drawer
ផតទុក Thort Tok (v.) record
ផតនឹងម៉ាស៊ីនស៊ីរ៉ុក thot neung masin si rok (v.) xerox
ផតបេះដូងខាងលើ thort behdaung khangleu (n.) atrium
ផតរូប that roub (v.) photograph
ផតវីដេអូ thoat video (v.) film
ផតវីដេអូ thot video (v.) video
ផតវីដេអូ thot video (v.) videotape
ផតអេក្រង់ Thot Eh Krong (n.) screenshot
ផនិកសត្វ thanikasat (n.) mammal
ផនិកសត្វអាហ្វ្រិកដែលមានលក្ខណៈដូច ផ្កែ thanikasat afrik del mean lakkhanak dauch chhkae (n.) hyaena
ផប់ដង្ហើម thob dongherm (v.) suffocate
ផប់បារម្ភ thobbarom (adj.) anxious
ផយក្រោយ thauy krauy (adv.) backward
ផយចុះ thoay choh (v.) decrease
ផយតម្លៃ thoay domlai (v.) depreciate
ផលលជលិកសត្វ thalakchaklikasat (n.) amphibian
ផវេកសត្វ thak vek kak satt (n.) marsupial
ផវិកា thavika (n.) budget
ផវិកា thavika (n.) stipend
ផវិកាសង្គ្រោះ thavika sangkroh (n.) bailout
ផាតើ tha ter (conj.) whether
ផាប្រហែល Thaa Pro Hel (adv.) say
ផាមពល thamopoul (n.) energy
ផាមពលគ្មានដែនកំណត់ thamopol kmean den kamnot (n.) omnipotence
ផាម៉េច tha mech (interj.) what
ផាស thas (n.) tray
ផាសហោះ thas haoh (n.) ufo
ផូ thau (n.) vase
ផើប therb (v.) kiss

ថេរ tthe (adj.) constant
ថែរក្សាក្នុងមន្ទីរពេទ្យ thae raksaa knong montipet (v.) ward
ថែរក្សាដូចម្តាយ thae rak saa dauch mday (v.) mother
ថោក thaok (adj.) cheap
ថោកទាប thaok teab (v.) molest
ថោកទាប thaok teab (adj.) vile
ថោកទាប thaok teab (adj.) vulgar
ថៅកែ thavkae (n.) boss
ថ្កោលទោស thkaol tous (v.) condemn
ថ្កាម thkeam (n.) jaw
ថ្កាម thkeam (adj.) molar
ថ្កាម thkeam (n.) molar
ថ្ងាស thngas (n.) brow
ថ្ងាស thngas (n.) forehead
ថ្ងូរ thngou (v.) groan
ថ្ងូរ thngaur (v.) moan
ថ្ងូរ thngaur (v.) moor
ថ្ងូរហឺ: thngau heuh (v.) whimper
ថ្ងៃ thngai (n.) day
ថ្ងៃ ខែ ឆ្នាំ កំណើត kar tu pit (n.) dob
ថ្ងៃកំណត់ thngai kamnot (n.) due
ថ្ងៃកំណើត thngai kamnert (n.) birthday
ថ្ងៃខែឆ្នាំកំណើត thngai khae chhnam kamnert (n.) birthdate
ថ្ងៃចន្ទ thngai chan (n.) Monday
ថ្ងៃចុងក្រោយនៃពិភពលោក thngai chong kraoy nei piphoplok (n.) doomsday
ថ្ងៃជោគជ័យសប្បាយរីករាយជាទីបំផុត thngai chokchey sabbay rik reay chea ti bamphot (n.) heyday
ថ្ងៃឈប់សម្រាក thngai chhob somrak (n.) holiday
ថ្ងៃឈប់សម្រាកធនាគារ thngai chhubsamrak theaneakear (n.) bank holiday
ថ្ងៃត្រង់ thngai trang (n.) noon
ថ្ងៃធ្វើការ thngai thveu kar (adj.) workaday
ថ្ងៃនេះ thngai nih (n.) today
ថ្ងៃផុតកំណត់ thngai photkamnot (n.) deadline
ថ្ងៃពុធ thngai puth (n.) Wednesday

ថ្ងៃព្រហស្បតិ៍ thngai prohoas (n.) Thursday
ថ្ងៃរះ thngai reah (n.) daybreak
ថ្ងៃរះ thngai reah (n.) sunrise
ថ្ងៃលិច thngai lich (n.) sunset
ថ្ងៃសីល Thngai Sel (n.) sabbath
ថ្ងៃសុក្រ thngai sok (n.) Friday
ថ្ងៃសៅរ៍ Thngai Sao (n.) Saturday
ថ្ងៃស្អែក thngai sa ek (n.) tomorrow
ថ្ងៃអាទិត្យ thngai aatit (n.) Sunday
ថ្នាក់ thnak (n.) class
ថ្នាក់ thnak (n.) grade
ថ្នាក់ thnak (n.) tier
ថ្នាក់ធម thnak thnorm (v.) cocker
ថ្នាក់រៀន thnak rien (n.) classroom
ថ្នាក់សម្រាប់អ្នកជំនាញ thnak somrab nak chom neanh (n.) master class
ថ្នាំ thnam (n.) medicine
ថ្នាំ Thnam (n.) remedy
ថ្នាំគ្រាប់ thnam kroab (n.) pill
ថ្នាំកែរោគ thnam kae rok (n.) panacea
ថ្នាំខតទីហ្សូន thnam cortisone (n.) cortisone
ថ្នាំគីនីន thnam ki nin (n.) quinine
ថ្នាំង thnang (n.) node
ថ្នាំជក់ thnam chuk (n.) tobacco
ថ្នាំជ្រលក់ពណ៌ thnam chroluk poar (n.) dye
ថ្នាំធ្វើខ្លួនឯង thnam thveu khluon eng (n.) nostrum
ថ្នាំធ្វើអោយសត្វមិនហ៊ានមកជិត Thnam Tver Oy Sat Min Hean Mok Jit (n.) repellent
ថ្នាំបញ្ចុះ thnam banh chouh (n.) laxative
ថ្នាំបញ្ចុះ thnam banhchouh (n.) purgative
ថ្នាំបន្ទុយការលឺចាប់ thnam banthoy karchheuchab (n.) analgestic
ថ្នាំបន្ទន់ thnam banton (n.) softener
ថ្នាំបន្សាប thnam bansaab (n.) antidote
ថ្នាំបន្សាបថ្នាំពុល thnam bonsab thnam pol (n.) mithridate
ថ្នាំប៉ូលា thnam polea (n.) coating
ថ្នាំប៉ូវកំលាំង thnam pauv kamlang (n.) tonic
ថ្នាំពណ៌ thnam por (n.) paint

ថ្នាំពុល thnam poul (n.) poison
ថ្នាំរលោង thnam roloung (n.) lustre
ថ្នាំរំងាប់អារម្មណ៍ thnam romngoab aromm (n.) tranquillizer
ថ្នាំលាប thnam leab (n.) balm
ថ្នាំលាបប្រេង tnam leab breng (n.) oil paint
ថ្នាំលាបអោយភ្លឺរលោង thnam leab aoy phleu rolong (n.) varnish
ថ្នាំលាបអោយរលោង thnam leab oy rolorng (n.) glaze
ថ្នាំសន្លប់ thnam sonlob (n.) chloroform
ថ្នាំសម្លាប់មេរោគ thnam samlab me rok (n.) germicide
ថ្នាំសាកល្បង thnam sak lbong (n.) placebo
ថ្នាំស្តឹក thnam speuk (n.) anaesthetic
ថ្នាំសំលាប់មេរោគ thnam saam lab merok (n.) antiseptic
ថ្នាំសំលាប់សត្វល្អិត thnam sam lab satt la eth (n.) insecticide
ថ្នាំសំលាប់សត្វល្អិត thnam saam leab sat alait (n.) pesticide
ថ្នេរ thne (n.) stitch
ថ្ពក់ thpork (v.) carabine
ថ្ពាល់ thpal (n.) cheek
ថ្ម thmor (n.) battery
ថ្ម Thmor (n.) rock
ថ្ម thmor (n.) stone
ថ្មកែវ thmor keo (n.) agate
ថ្មពណ៌ស thmor porsor (n.) alabaster
ថ្មភក់ Thmor Phouok (n.) sandstone
ថ្មម៉ាប thmor mab (n.) marble
ថ្មី thmei (adj.) new
ថ្មីម្ដងទៀត thmei mdong tiet (adv.) afresh
ថ្មីៗនេះ Thmey Tmey Nis (adj.) recent
ថ្មីៗនេះ Thmey Tmey Nis (adv.) recently
ថ្មើរជើង thmaer cheung (n.) pedestrian
ថ្លង់ thlong (adj.) deaf
ថ្លា thla (adj.) transparent
ថ្លឹង Thleung (v.) scale
ថ្លឹងទម្ងន់ thloeng tomngon (v.) weigh
ថ្លឹងបានទម្ងន់ធ្ងន់ជាង thloeng ban tomngon thngoncheang (v.) outweigh
ថ្លុកទឹក thlok teuk (n.) puddle

ថ្លើម thlerm (n.) liver
ថ្លែងព្រះបន្ទូល thleng preahbantoul (v.) prophesy
ថ្លែងអះអាង thleng aah ang (v.) propound
ថ្លៃ thlai (adj.) expensive
ថ្លៃឈ្នួល thlai chhnuol (n.) fare
ថ្លៃដឹកជញ្ជូន thlai doek chonh choun (n.) portage
ថ្លៃថ្នូរ thlai thnaur (adv.) nobly
ថ្លៃបន្ថែម thlai bonthaem (n.) surcharge
ថ្លៃប្រើប្រាស់កំពង់ផែ thlai brer bras kampong phae (n.) wharfage
ថ្លៃលោះ Thlai Lous (n.) redemption
ថ្លៃសិក្សា thlai seksaa (n.) tuition
ថ្លៃសេវា thlai se va (n.) fee
ថ្លៃសេវាកម្មនាគមន៍ thlai seva kakmoneakom (n.) toll
ថ្វាយរាជសម្បត្តិ thvay reach sombat (v.) enthrone
ថ្វីបើមាន thvei ber mean (prep.) notwithstanding

ទង tong (n.) stalk
ទង្គិច tongkich (v.) pound
ទង់ជាតិមានបីពណ៌ tongcheat mean bei por (n.) tricolour
ទង់ជាតិ tong cheat (n.) flag
ទណ្ឌកម្មមិនសមទទួលតែមិនអាចជៀសរួ
ច ton kam min som tortuol ban tae min arch cheas ruoch (n.) nemesis
ទទឹង to teung (n.) width
ទទូច tor tuoch (v.) insist
ទទួល totuol (adj.) obtainable
ទទួល Tor Toul (v.) receive
ទទួល totuol (v.) undergo
ទទួលបាន tortuol ban (v.) acquire

ទទួលបាន totuol ban (v.) attain
ទទួលបាន tor tuol ban (v.) get
ទទួលបាន totuol ban (v.) obtain
ទទួលបានដោគជ័យ totuol ban chokchey (v.) succeed
ទទួលបានដោគជ័យ totuol ban chokchey (adj.) victorious
ទទួលបានអត្ថប្រយោជន៍ totuol ban atthabrayoch (v.) benefit
ទទួលមរតក tortuol morodok (v.) inherit
ទទួលយក totuolyok (v.) accept
ទទួលសញ្ញាប្រព័ន្ធនៅគ្រប់ទិសដៅ totuol sanhnhea re banhchoun now krob tis daw (adj.) omnidirectional
ទទួលស្គាល់ totuol skal (adj.) accredited
ទទួលស្គាល់ tortuolskal (v.) acknowledge
ទទួលស្គាល់ Tortuol Skol (v.) recognize
ទទួលស្គាល់យ៉ាងអវិជ្ជមាន tortuol skoal yang avichamean (v.) nack
ទទួលអារម្មណ៍ To Toul Ahh Rom (v.) sense
ទទេ tor te (adj.) bare
ទទេ tor te (adj.) blank
ទទេ tor te (adj.) empty
ទទេ tor te (adj.) null
ទទះស្លាប tor teah slaab (v.) flutter
ទន្ទឹង ton teung (v.) long
ទន្ទឹមគ្នា tonteum knea (adv.) abreast
ទន្ទឹមនឹងនេះ tonteum neung nih (adv.) meanwhile
ទន្លេ Ton Le (n.) river
ទន្លេប្រសព្វមុខ tonle brasap moukh (n.) confluence
ទន្សាយ tonsaay (n.) rabbit
ទន្សាយព្រៃ tonsay prei (n.) hare
ទន់ ton (adj.) soft
ទន់ភ្លន់ ton phlon (adv.) tenderly
ទប់ Tob (v.) refrain
ទប់ Tob (v.) repress
ទប់ toub (v.) slake
ទប់ទល់ toubtul (v.) cope
ទប់ទល់ tob tol (v.) withstand
ទប់ស្កាត់ tub skat (v.) curb
ទប់ Tob (v.) rein

ទម្រង់ tomrong (v.) profile
ទម្រង់ពីរ tum rung pi (n.) biformity
ទម្រង់សិល្បៈ tomrong selapak (n.) art form
ទម្រាងខួចសេះ Tum Ro Reang Doch Ses (n.) sawhorse
ទម្រអារឈើ Tom Ro Ahh Cheur (n.) sawbuck
ទម្លាក់ tomleak (v.) drop
ទម្លាក់ tomleak (v.) oust
ទម្លាក់ទោសលើ tomlak tous leu (v.) impute
ទម្លាក់ភ្លើប tomleak pleub (v.) flop
ទម្លាក់រាជ្យ tomlak reach (v.) dethrone
ទម្លប់ tomlorb (v.) accustom
ទម្លប់ Tom Lob (n.) routine
ទម្លប់ tomloab (n.) wont
ទម្លប់ប្លែកនៃមនុស្សណាម្នាក់ tomloab plek nei monuos na mneak (n.) mannerism
ទម្លុះ tomlus (v.) slit
ទរ tor (n.) gutter
ទល់ tol (v.) prop
ទល់គ្នា tul knea (v.) abut
ទល់ត្រ tul tror (v.) shore
ទសភាគ tosapheak (adj.) decimal
ទសវត្សរ៍ tosavot (n.) decade
ទស្សនភ័ណ្ឌ tuosa poan (n.) kaleidoscope
ទស្សនវិជ្ជា tos sa nak vichchea (adj.) philological
ទស្សនវិជ្ជា tos sa nak vichchea (n.) philology
ទស្សនវិជ្ជា tos sa nak vichchea (adj.) philosophical
ទស្សនវិជ្ជា tos sa nak vichchea (n.) philosophy
ទស្សនវិជ្ជាដែលជឿថាប្រាជ្ញារបស់មនុស្សផ្តោតលើព្រះ tossanakvichchea del chue tha brachnha robos mnous phdaot leu preah (n.) ontologism
ទស្សនវិជ្ជានៃគំនិតខួចជាអត្ថិភាពនិងភាពពិត tossanakvichchea nei koumnit dauchchea atthepheap ning pheap pit (n.) ontology
ទស្សនវិទូ tos sa nak vitou (n.) philologist

ទស្សនវិទូ tos sa nak vitou (n.) philosopher
ទស្សនវិស័យ tos sa nak visay (n.) outlook
ទស្សនា tossaana (v.) visit
ទស្សនាវដ្ដី tossaana va dei (n.) magazine
ទស្សនិកជន tossaanikachun (n.) audience
ទស្សនីយភាព tos saaniy pheap (n.) spectacle
ទស្សនីយ៍ភាព tossaani pheap (n.) pageant
ទស្សនៈ tossaanak (n.) standpoint
ទស្សនៈដែលមិនប្រាកដថាមានព្រះ tossanak del min brakot tha mean preah (n.) agnosticsm
ទស្សនៈវិស័យ tossaanak visay (n.) perspective
ទស្សន៍ទាយ tuss teay (v.) predict
ទស្សន៍ទ្រនិច tuos tronich (n.) cursor
ទា tear (n.) duck
ទាកទងនឹងទស្សនវិជ្ជានៃគំនិតដូចជាអត្ថិភាពនិងភាពពិត teah tong nung tossanakvichchea nei koumnit dauchchea atthepheap ning pheap pit (adj.) ontological
ទាក់ចិត្ត Teak Jet (v.) seduce
ទាក់ទង teaktong (v.) contact
ទាក់ទង teak tong (v.) pertain
ទាក់ទង Tak Tong (adj.) relevant
ទាក់ទងនឹង teaktong neung (prep.) concerning
ទាក់ទាញ teakteanh (v.) allure
ទាក់ទាញ teakteanh (v.) attract
ទាក់ទាញអារម្មណ៍ tak teanh aarom (v.) enthral
ទាក់ចិត្ត Teak Jet (v.) relish
ទាញ teanh (v.) pull
ទាញ teanh (v.) strain
ទាញ teanh (v.) tug
ទាញយក teanh yok (v.) derive
ទាញយក teanh yok (v.) download
ទាញលើកឡើង teanh leuk lerng (v.) heave
ទាត់ toat (v.) kick
ទាត់ (នឹងម្រាមជើង) toat ( neung mream cheung) (v.) toe
ទាត់ចោល toat choal (v.) shunt

ទាទឹកជ័រ Tea Teuk Jor (n.) rubber duck
ទានដល់អ្នកក្រ tean dol nak kror (n.) alms
ទាន់ពេលវេលា toanpel velea (adj.) timely
ទាន់សម័យ ton samay (adj.) stylish
ទាន់សម័យ toan samay (adj.) up-to-date
ទាប teab (adj.) low
ទាប teab (n.) low
ទាមទារ Team Tea (v.) require
ទាយ teay (v.) guess
ទាយប្រាប់មុន teay brab mun (v.) foretell
ទារក tearok (n.) baby
ទារក tear rouk (n.) infant
ទារកឃាត tear rouk kheat (n.) infanticide
ទារកភាព tear rouk pheap (n.) infancy
ទារុណកម្ម tearounakamm (n.) torment
ទាសកម្មករស្បែកខ្មៅ tea sa kam kor sbek khmaw (n.) nigger
ទាសករ teasakor (n.) slave
ទាសភាព teasapheap (n.) bondage
ទាសភាព Tea Sak Pheap (n.) servitude
ទាសភាព teasapheap (n.) slavery
ទាសភាព teasapheap (n.) thrall
ទាសភាព teasapheap (n.) thralldom
ទាហាន tea hean (n.) solder
ទាហាន teahean (n.) soldier
ទាហានកងនាវា Tea Hean Kong Nea Vea (n.) sailor
ទាហានកោលដៅ teahean koal dao (n.) musketeer
ទាហានទម្លាក់គ្រាប់បែក tea hean tomlak kroab baek (n.) bombardier
ទាហានពេទ្យ tea hean pet (n.) medic
ទាហានរ៉ូម៉ាំង teahean romang (n.) legionary
ទាហានស្លាប់ក្នុងសមរភូមិ teahean del slab knung samoraphoum (n.) fallen
ទាំងបី teang bei (n.) trio
ទាំងពីរ teangpi (adj & pron.) both
ទាំងមូល teang moul (adj.) entire
ទាំងមូល tang moul (adj.) whole
ទាំងស្រុង teang srong (adj.) arrant
ទាំងស្រុង teang srong (adv.) entirely
ទាំងស្រុង teang srong (adj.) outright

ទាំងស្រុង teang srong (adv.) outright
ទាំងស្រុង teang srong (adv.) stark
ទាំងស្រុង teang srong (adv.) utterly
ទាំងស្រុង teang srong (adv.) wholly
ទាំងអស់ tang os (adj.) all
ទាំងអស់គ្នា teang oas knea (adv.) altogether
ទិញ tinh (v.) buy
ទិញ tinh (v.) purchase
ទិញ tinh (v.) shop
ទិដ្ឋភាព tidthapheap (n.) aspect
ទិដ្ឋភាពខាងក្រោយ Tit Thak Pheap Kang Kroy (adj.) rearview
ទិដ្ឋភាពទូទៅ tithapheap tutov (n.) conspectus
ទិន្នន័យ tinnoney (n.) data
ទិន្នផល tinnophal (n.) output
ទិន្នផល tinna phol (n.) yield
ទិព្វវិញ្ញាណ tip vinhnhean (n.) providence
ទិវារំលឹកវិញ្ញាណក្ខន្ធ tivea romleuk vinhean khan (n.) memorial
ទិសខាងកើត teus khang kert (n.) east
ទិសខាងកើត teus khang kert (n.) orient
ទិសខាងលិច teus khang lich (n.) west
ទិសដៅ teus dao (n.) destination
ទិសដៅ teus dao (n.) direction
ទិសដៅ teus dao (n.) oriental
ទិសដៅសិល្បៈ tisdao selapak (n.) art direction
ទិសការបូជា si sakarak bochea (n.) shrine
ទីកន្លែង ti kanleng (n.) ubicity
ទីកន្លែងនិងពេលវេលាប៉ូលីសដើរល្បាត tikanleng ning pel velea polis daer lbat (n.) police beat
ទីកៅសិប ti kaw seb (adj.) ninetieth
ទីក្រុង tikrong (n.) city
ទីក្រុងខ្មោច tikrong khmaoch (n.) ghost town
ទីក្រុងធំ ti krong thom (n.) metropolitan
ទីចិតសិប Tee Jet Seb (adj.) seventieth
ទីចោតចុះ thi choat choh (n.) declivity
ទីជម្រក Ti Jom Rok (n.) sanctuary
ទីជ្រក Ti Chrok (n.) refuge

ទីជំរក Tee Jom Rok (n.) shelter
ទីដប់ ti dob (adj.) tenth
ទីដប់បី ti dob bei (n.) thirteenth
ទីដប់ប្រាំបួន ti dab bram buon (adj.) nineteenth
ទីដប់ប្រាំពីរ Tee Dob Pram Pee (adj.) seventeenth
ទីដប់ប្រាំមួយ ti dob bram muoy (adj.) sixteenth
ទីដប់ពីរ ti dobpi (n.) twelfth
ទីតានិច ti ta nich (adj.) titanic
ទីតាំង titang (n.) location
ទីតាំង titang (n.) pose
ទីតាំង titang (n.) position
ទីធ្លា tithlea (n.) courtyard
ទីធ្លា tithlea (n.) yard
ទីធ្លាខាងមុខអាគារ ti thlear khang moukh aakea (n.) forecourt
ទីធ្លាព្រះវិហារ tithlea preahvihear (n.) churchyard
ទីធ្លាសាលា Tee Thlea Saa Laa (n.) schoolyard
ទីនេះ ti nih (adv.) hither
ទីបញ្ចប់ ti banhchob (n.) finish
ទីបញ្ចប់ ti banhchob (n.) upshot
ទីបញ្ចុះសព ti banhchouh sop (n.) cemetery
ទីបញ្ចុះសព Tee Bon Jos Sob (n.) sepulture
ទីបិទជិត ti bet chet (n.) close
ទីបី ti bei (n.) third
ទីប្រជុំ ti brachoum (n.) concourse
ទីប្រជុំជន ti brachoum chun (n.) metropolis
ទីប្រទល់មុខគ្នា ti brotolmoukknea (n.) antipodes
ទីប្រាំបួន ti brab buon (adj.) ninth
ទីប្រាំពីរ Tee Pram Pee (adj.) seventh
ទីប្រាំមួយ ti bram muoy (adj.) sixth
ទីបំផុត ti bamphot (adv.) ultimately
ទីផ្សារក្រៅផ្លូវការ ti phsa krav phlouv kar (n.) grey market
ទីផ្សារភាគហ៊ុន Tee Psar Pheak Hun (n.) share market

ទីពីរ Tee Pee *(adv.)* secondly
ទីភ្នាក់ងារ ti phneak ngear *(n.)* agency
ទីមានទឹកបាញ់ ti mean teuk banh *(n.)* fountain
ទីមានព្រៃឈើដុះពាសពេញ ti mean prei chheu doh peas penh *(n.)* woodland
ទីមួយពាន់ ti mouy poan *(adj.)* thousandth
ទីម្ភៃ ti mphei *(n.)* twentieth
ទីម្ភៃ ti mphei *(adj.)* twentieth
ទីរហោស្ថាន ti rohoa sthan *(n.)* wilderness
ទីលាន ti lean *(n.)* pitch
ទីលានរាយកូនហ្គោល tilean veay koun goal *(n.)* golf course
ទីលំនៅ ti lomnov *(n.)* abode
ទីលំនៅ ti lom nov *(n.)* habitation
ទីលំនៅ Ti Lom Nov *(n.)* residence
ទីវាល ti veal *(n.)* playfield
ទីសក្ការៈ ti sak ka rak *(n.)* nave
ទីសាមសិប ti samseb *(n.)* thirtieth
ទីស្នាក់អាស្រ័យ ti snak ah sray *(n.)* lodging
ទីសំចត ti saamchot *(n.)* sojourn
ទឹក teuk *(n.)* water
ទឹក ឪឡឹក tuk auv loek *(n.)* water-melon
ទឹកកក teuk kok *(n.)* ice
ទឹកកកដែលកកជាប់អ្វីមួយ teuk kok del kok choab avey muoy *(n.)* icicle
ទឹកកាម Teuk Kaam *(n.)* semen
ទឹកកួច teuk kuoch *(n.)* whirlpool
ទឹកក្តៅផុសពីដី teuk kdao phos pi dei *(n.)* geyser
ទឹកក្បោងម្យាង tuk kbong myang *(n.)* potash
ទឹកក្រូច teuk krauch *(n.)* orange
ទឹកក្រូចឆ្មា teuk krauch chhma *(n.)* lemonade
ទឹកខាប់ teuk khab *(n.)* paste
ទឹកខ្មេះធ្វើពីស្រាបៀរ teukkhmeh thveu pi srabeer *(n.)* alegar
ទឹកខ្មេះ teuk khmeh *(n.)* vinegar
ទឹកឃ្មុំ teuk khmoum *(n.)* honey
ទឹកចិត្ត teuk chet *(n.)* morale
ទឹកជ្រលក់ Teuk Jro Louk *(n.)* sauce
ទឹកជ្រោះ teuk chruoh *(n.)* falls
ទឹកជ្រោះ teuk chroh *(n.)* waterfall
ទឹកជំនន់ teuk chomnun *(n.)* deluge
ទឹកជំនន់ teuk chomnun *(n.)* flood
ទឹកដំផ្កា teuk dam phka *(n.)* nectar
ទឹកដី teuk dei *(n.)* territory
ទឹកដោះគោ tuk daoh ko *(n.)* milk
ទឹកដោះគោកក teuk daoh ko kok *(n.)* curd
ទឹកដោះគោជូរ teuk daoh ko chour *(n.)* yoghurt
ទឹកដោះគោសល់ពីធ្វើបឺរ buttermilk *(n.)* buttermilk
ទឹកថ្នាំ teuk thnam *(n.)* ink
ទឹកនោម teuk nom *(n.)* urinal
ទឹកនោម teuk nom *(n.)* urine
ទឹកនោមផ្អែម teuk nom ph'aem *(n.)* diabetes
ទឹកប៉េងប៉ោះ teuk peng poah *(n.)* ketchup
ទឹកប្រមាត់ teuk bramat *(n.)* bile
ទឹកផឹក teuk phoek *(n.)* drinking water
ទឹកផ្លែឈើ teuk phlae chheu *(n.)* juice
ទឹកភ្នែក teuk phnek *(n.)* tear
ទឹកមាត់ teuk moat *(n)* drool
ទឹកមាត់ Teuk Mot *(n.)* saliva
ទឹកមាត់ teuk moat *(n.)* spit
ទឹកមុខ teukmoukh *(n.)* countenance
ទឹកមុខ teuk moukh *(n.)* visage
ទឹកមុខសម្តែងសេចក្តីមើលងាយ teuk moukh somdeng sechkdei meul ngeay *(n.)* sneer
ទឹករាក់ teok rak *(n.)* shoal
ទឹករអិល tuk om el *(n.)* mucus
ទឹកលាងភ្នែក teuk leang phnek *(n.)* eyewash
ទឹកសន្សើម teuk sanserm *(n.)* dew
ទឹកស៊ីរ៉ូ toek si ro *(n.)* syrup
ទឹកស៊ុប teuk soup *(n.)* broth
ទឹកស្មូទី teuk smoothie *(n.)* smoothie
ទឹកអប់ teuk aab *(n.)* perfume
ទឹកអប់មនុស្សប្រុស teuk ob monus bros *(n.)* cologne
ទឹកអំបិល teuk ombil *(n.)* brine
ទុកកេរ្តិ៍ឱ្យ touk ke oy *(v.)* bequeath
ទុកចន្លោះ tuk chanloh *(v.)* space

ទុកចិត្ត touk chett (v.) entrust
ទុកចិត្ត touk chett (v.) trust
ទុកចោល tuk choal (v.) maroon
ទុកជាមោឃៈ touk chea mokhak (v.) annul
ទុកជាមោឃៈ tuk chea mo kheak (adj.) invalid
ទុកជាវត្តុសក្តិសិទ្ធ tuk chea vottho sak sett (v.) hallow
ទុកដីទំនេរ tuk dei tom ne (v.) fallow
ទុក្ករកិរិយា touk kak rak kiriya (n.) martyrdom
ទុក្ករបុគ្គល touk kak rak bok kol (n.) martyr
ទុក្ខព្រួយ tuk pruoy (n.) fret
ទុក្ខព្រួយ toukkh pruoy (n.) grief
ទុក្ខព្រួយ toukkh pruoy (n.) sorrow
ទុក្ខលំបាក toukkh lombak (n.) ordeal
ទុក្ខវេទនា toukkha vetnea (n.) affliction
ទុក្ខវេទនា touk kha vetenea (n.) misery
ទុក្ខវេទនា touk vetnea (n.) tribulation
ទុក្ខសោក touk saok (n.) woe
ទុទិដ្ឋិនិយម tou tid the niyom (n.) pessimism
ទុទិដ្ឋិនិយម tou tid the niyom (adj.) pessimistic
ទុយោ tou yo (n.) hose
ទុយោពន្លត់អគ្គីភ័យ tu yor ponlot akkiphey (n.) firehose
ទុរ្ភិក្ស touro pheuk (n.) famine
ទុំ Tum (adj.) ripe
ទូ tou (n.) closet
ទូក touk (n.) ark
ទូក touk (n.) boat
ទូកកប៉ាល់ touk kakpal (n.) yacht
ទូកក្តោង Took Kdong (n.) sailboat
ទូកក្តោងតូច Took Kdong Toch (n.) sailboard
ទូកចែវ tuok chev (n.) gondola
ទូកនេសាទត្រីនឹងមងចៃរ៉ា touk nesaat trei neung mong chai ra (n.) trawlboat
ទូកប៉ូលីស touk polis (n.) policeboat
ទូកសណ្តោង touk sa daong (n.) towboat
ទូកសមុទ្រ Touk Sak Mot (n.) sea boat
ទូខោអាវ tou khao av (n.) wardrobe

ទូដាក់ចាន tou dak chan (n.) cupboard
ទូដាក់អីវ៉ាន់ tu dak ei van (n.) locker
ទូដែក Tou Dek (n.) safe
ទូតូចមានថត tu tauch mean thort (n.) commode
ទូទាត់ tou toat (v.) offset
ទូទាត់ Tou Tot (v.) requite
ទូទាត់ជាប្រាក់ tuo toat chea brak (v.) liquidate
ទូទាត់សង tutoat sang (v.) compensate
ទូទាំងរដ្ឋ touteang rodth (adj.) statewide
ទូពិត tu pit (v.) dob
ទូរគមនាគមន៍ tourokak monea kom (n.) telecommunications
ទូរចិត្ត touro chett (n.) telepathy
ទូរដែកសុវត្ថិភាព Tou Dek So Waat Pheap (n.) safe-deposit
ទូរទស្សន៍ tourotos (n.) television
ទូរទស្សន៍ខ្សែកាប tourotous khsaekab (n.) cable television
ទូរទឹកកក tour teuk kork (n.) fridge
ទូរទឹកកក Tou Teuk Kok (n.) refrigerator
ទូរលេខ touro lekh (n.) morse
ទូរលេខ tourolekh (n.) telegraph
ទូរលេខសាស្ត្រ tourolekh sas (n.) telegraphy
ទូរសព្ទចតវីដេអូបាន touro sap thot video ban (n.) videotelephone
ទូរសព្ទមានខ្សែ turosap mean khsae (n.) landline
ទូរសារ tourosar (n.) fax
ទូរសារ tourosa (n.) telefax
ទូរស័ព្ទ tourosap (n.) phone
ទូរស័ព្ទ tourosap (n.) telephone
ទូរស័ព្ទចល័ត tourasap chalat (n.) cell phone
ទូរស័ព្ទវិទ្យុ toursap vityou (n.) radiophone
ទូលាយ Tou Leay (adj.) roomy
ទូលាយ touleay (adj.) spacious
ទូលំទូលាយ toulom touleay (adj.) broad
ទូលំទូលាយ toulom touleay (adj.) comprehensive

ទូរបាតុភូតសាស្ត្រ toro batophout sas (n.) teleology
ទួញសោក tuonh saok (v.) lament
ទូរបីន tuor bin (n.) turbine
ទួល tuorl (n.) hill
ទៀងទាត់ tiengtoat (adj.) punctual
ទៀងទាត់ Teang Tot (adj.) regular
ទៀន tien (n.) candle
ទៀនម្យ៉ាង tean myang (n.) taper
ទេពកោសល្យ teb koa sol (n.) mastery
ទេពកោសល្យ tep kaosal (n.) talent
ទេពធីតា teb thida (n.) goddess
ទេពអប្សរ tep absor (n.) fairy
ទេព្ដារក្ស tepada rak (n.) genie
ទេព្រៃក្ស tep preak (n.) gnome
ទេរទៅរក te tov rok (v.) incline
ទេវកថា te vokatha (n.) myth
ទេវកថាវិទ្យា te vokatha vityea (n.) mythology
ទេវតា tevta (n.) angel
ទេវនិយម tevak niyom (n.) deism
ទេវភាព tev pheap (n.) divinity
ទេវវិទ្យា tev vityea (n.) onology
ទេវវិទ្យា te vak vityea (n.) theology
ទេវាធិបតេយ្យ tevea thoebpatey (n.) theocracy
ទេសចរណ៍ tesa chor (n.) tourism
ទេសនា Tes Sna (v.) sermonize
ទេសភាព tesapheap (n.) landscape
ទេសភាព tesapheap (n.) panorama
ទេសភាព Tes Sa Pheap (n.) scenery
ទេសភាពពណ៌បៃតង tesapheap por baitong (n.) greenery
ទែម៉ូម៉ែត te mau met (n.) thermometer
ទោង tong (n.) swing
ទោល tol (adj.) solicitous
ទោល tol (n.) solicitude
ទោល tol (adj.) solo
ទោល tol (adv.) solo
ទោល tol (n.) solo
ទោះជា ទោះជា (adv.) even
ទោះជា toh chea (adv.) notwithstanding

ទោះជា toh chea (conj.) notwithstanding
ទោះជាយ៉ាងណា toh chea yeang na (conj.) nevertheless
ទោះបី toh bei (n.) spite
ទោះបីជា tohbeichea (conj.) albeit
ទោះបីជា tohbeichea (conj.) although
ទោះបីជា tohbeichea (conj.) though
ទោះយ៉ាងណាក៏ដោយ toh yang na kor doy (conj.) however
ទៅ tov (v.) go
ទៅកន្លែងនេះទៅកន្លែងនោះ Tov Kon Leng Nis Tov Kon Leng Nus (adv.) round
ទៅក្រោយ tov kroay (adv.) aback
ទៅខាងត្បូង tov khang tbaung (adv.) south
ទៅជិតដល់ឡើង១ tow chit dol laeng chit dol laeng (v.) near
ទៅតាំងលំនៅឯស្រែ Tov Tang Lom Nov Eh Srae (v.) rusticate
ទៅមុខ tov moukh (v.) advance
ទៅមុខ tov moukh (adv.) forth
ទៅមុខ tov moukh (adv.) forward
ទៅយកមក tov yok mok (v.) fetch
ទៅលេងម្ដងទៀត Tov Leng Mdong Teat (v.) revisit
ទៅវិញទៅមក tow vinh tow mok (adj.) mutual
ទៅវិញទៅមក Tov Venh Tov Mok (adj.) reciprocal
ទ្រង់ទ្រាយ trong treay (n.) format
ទ្រង់សព្វញ្ញញ្ញាណ trong sapvonhnhou hean (adj.) omniscient
ទ្រទ្រង់ tror trong (v.) sustain
ទ្រនង Tro Nong (n.) ridge
ទ្រនាប់ tro noab (n.) gasket
ទ្រនាប់ tronoab (n.) padding
ទ្រនាប់ការពារកម្ដៅ tro noab kapear komdao (n.) insulation
ទ្រនាប់កែវ tronoab kev (n.) coaster
ទ្រនាប់ខាងក្នុង tro noab khang knung (n.) lining
ទ្រនាប់ជើងសេះ tro noab cheurng seh (n.) horseshoe
ទ្រនុង tronung (n.) crest

ទ្រនុយ tro nuy (v.) kilt
ទ្រនំ Tro Nom (n.) roost
ទ្រព្យ trop (n.) asset
ទ្រព្យឈ្លើយ trob chhleuy (n.) spoil
ទ្រព្យសម្បត្តិ Trob Sombaat (n.) riches
ទ្រព្យសម្បត្តិ troab sambatt (n.) mammon
ទ្រព្យសម្បត្តិ trop sambatt (n.) wealth
ទ្រហោយំ trohao yom (v.) wail
ទ្រាំ trom (v.) bear
ទ្រឹស្តី treusdei (n.) theory
ទ្រឹស្តីបទ trusdei bot (n.) theorem
ទ្រុង trung (n.) cage
ទ្រុងបក្សី trung baksei (n.) aviary
ទ្រុងសត្វ trung satt (n.) sty
ទ្រូង troung (n.) chest
ត្រេុង Treung (n.) arbour
ត្រេុង treung (n.) lattice
ត្រេត tret (adj.) italic
ទ្វារ tvear (n.) door
ទ្វារសំណាញ់ Tvea Som Nanh (n.) screendoor
ទ្វារតូច tver tauch (n.) wicket
ទ្វារមាស tvear meas (n.) vagina
ទ្វារអន្ទាក់ tvear anteak (n.) trapdoor
ទ្វីប tvib (n.) continent
ទ្វេ tve (adj.) double
ទ្វេ tve (adj.) dual
ទ្វេពន្ធភាព tve pon pheap (n.) bigamy
ទ្វេភាគី tve phea ki (adj.) bilateral
ទ្វេភាព tve pheap (n.) duality
ទ្វេរភាព tve pheap (n.) double
ទ្វេរឡើងមួយជាពីរ Thvae Leung Mui Jea Pi (v.) redouble
ទុំ Tum (v.) roost
ទំងន់ tom ngon (n.) weight
ទំនង tom nong (adj.) likely
ទំនង tomnong (adj.) probable
ទំនប់ tomnub (n.) dam
ទំនប់ tomnoub (n.) embankment
ទំនប់ក្បាលទឹក tomnob kbal teuk (n.) weir
ទំនាក់ទំនង tomneak tomnong (v.) communicate
ទំនាក់ទំនង tomneaktomnong (n.) contact
ទំនាក់ទំនង tom neak tomnong (n.) liaison
ទំនាក់ទំនង tom neak tom nong (n.) rapport
ទំនាក់ទំនង Tom Nak Tom Nong (n.) relation
ទំនាក់ទំនងគ្នា tom nak tom nong knea (n.) interplay
ទំនាក់ទំនងហេតុនិងផល tomneak tomnong het ning phal (n.) causality
ទំនាញ tom neanh (n.) gravitation
ទំនាញផែនដី tomneanh phendei (n.) gravity
ទំនាយ tomneay (n.) oracle
ទំនិញ tomninh (n.) cargo
ទំនិញ tomninh (n.) commodity
ទំនិញ tom ninh (n.) good
ទំនិញ tomninh (n.) merchandise
ទំនិញ tomninh (n.) ware
ទំនិញរត់ពន្ធ tomninhruthponth (n.) contraband
ទំនុកចិត្ត tomnoukchett (n.) confidence
ទំនុកច្រៀង tomnouk chrieng (n.) lyric
ទំនុកបម្រុង Tum Nok Bok Rong (v.) second
ទំនូលខុសត្រូវ Tom Noul Khos Trov (n.) responsibility
ទំនើប tom neub (adj.) modern
ទំនើប tomneub (n.) sophist
ទំនើប tomneub (adj.) sophisticated
ទំនៀងពេល tomnieng pel (n.) punctuality
ទំនៀមទម្លាប់ tomniem tomloab (n.) custom
ទំនេរ tom ne (adj.) spare
ទំនេរ tom ne (n.) spare
ទំនេរ tomne (adj.) vacant
ទំនោរ tomnor (n.) inclination
ទំនោរ tomnor (n.) lean
ទំនោរ tomnor (n.) preexistence
ទំនោរ tomnor (n.) tendency
ទំនោរតាមគ្នា tomnor tamknea (n.) bandwagon
ទំពក់ tompuk (n.) crome

ទំពក់ tompuk *(n.)* hook
ទំពា tompear *(v.)* masticate
ទំពារ tompea *(v.)* chew
ទំពារគ្រប១ tompear kruob kruob *(v.)* crunch
ទំពារសីុគ្រប១ tompear sai kruob kroub *(v.)* munch
ទំពារអៀង Tum Pea Eang *(v.)* ruminate
ទំពាំងបាយជូរ tompeang baychour *(n.)* grape
ទំពាំងបាយជូរក្រៀម tompeang baychour kriem *(n.)* raisin
ទំពាំងបារាំង tompeang barang *(n.)* asparagus
ទំពែក tompek *(adj.)* bald
ទំព័រ tompr *(n.)* page
ទំព័រមុខ tompor moukh *(n.)* front page
ទំព័រផ្សាយពាណិជ្ជកម្ម tompor phsaay peanechchakam *(n.)* blurb
ទំរ tum ror *(n.)* bearing
ទំរង់រដ្ឋាភិបាល tomrong rodthaphibal *(n.)* polity
ទំរើស tom reus *(v.)* spoil
ទំលាប់ tom loab *(n.)* habit
ទំហំ mhechchhtea *(n.)* ambit
ទំហំ tom houm *(n.)* size
ទំហំក្រដាសធម្មតា tom hom krodas thomada *(n.)* foolscap
ទំហំទទឹង tomhoum torteung *(n.)* breadth
ទំហំធំជាងធម្មតា tomhuom thomcheang thommoda *(adj.)* outsize
ទះ teah *(v.)* slam
ទះ teah *(v.)* slap
ទះ teah *(v.)* smack
ទះដៃ teah dai *(v.)* clap
ទះបាល់ teah bal *(v.)* volley
ទ័ពជំនួយ Tob Chom Nouy *(n.)* reinforcement
ទ័ពថ្មើរជើង toab thmer cheurng *(n.)* infantry
ទ័ពព្រៃ top prei *(n.)* guerilla
ទ័ពរៀបជាផ្ទែព្រួញ tp rieb chea phle pruonh *(n.)* phalanx
ទ័ពសេះ toap seh *(n.)* cavalry
ទ័ពសេះ top seh *(n.)* trooper

ធញ្ញជាតិ thonh cheat *(n.)* cereal
ធញ្ញជាតិម្យ៉ាងដូចស្រូវ Thunh Jeat Myang Doch Srov *(n.)* rye
ធនធាន Thon Thean *(n.)* resource
ធនលាភប្រចាំឆ្នាំ thonleap bracham chhnam *(n.)* annuity
ធនាគារ theaneakear *(v.)* bank
ធនាគារិក theaneakearik *(n.)* banker
ធន់នឹងកំដៅ thun neung kam dao *(adj.)* heat-resistant
ធន់នឹងភ្លើង thun neung phleung *(adj.)* fire-resistant
ធម្មជាតិ thom mocheat *(adj.)* natural
ធម្មជាតិ thom mocheat *(n.)* nature
ធម្មជាតិវិទូ thom mocheat vitou *(n.)* naturalist
ធម្មតា thommada *(adj.)* casual
ធម្មតា thommoda *(adj.)* common
ធម្មតា thommotea *(adj.)* normal
ធម្មតា thommoda *(adv.)* ordinarily
ធម្មតា thommoda *(adj.)* ordinary
ធម្មតា thommoda *(adj.)* plain
ធម្មតា thommoda *(n.)* plain
ធម្មតា thommoda *(adj.)* typical
ធម្មតា thommoda *(adj.)* usual
ធម្មតាក្នុងជីវិតប្រចាំថ្ងៃ thommoda knong chivit bra cheam thngai *(adj.)* mundane
ធម្មតាដដែល១ Thom Ma Da Dor Del Dor Del *(adj.)* routine
ធម្មទេសនា Thorm Tes Sna *(n.)* sermon
ធម្មនុញ្ញ thommonounh *(n.)* charter
ធម្មយាត្រា thommoyeatra *(n.)* pilgrimage
ធរណីមាត្រ thoroni meat *(n.)* geometry
ធរណីវិទូ thoroni vitou *(n.)* geologist
ធរណីវិទ្យា thoroni vityear *(n.)* geology

ធាតុ theat (n.) element
ធាតុគីមីកាតម៉្មម theat kimi cadmium (n.) cadmium
ធាតុគីមីបារីយ៉ូម theatkimi bari yaum (n.) barium
ធាតុគីមីប្រូម theat kimi broum (n.) bromide
ធាតុចូល theat choul (n.) input
ធាតុដែលធ្វើឲ្យ (សាច់) ផុយ theat del tveu oy (sach) phoy (n.) tenderizer
ធាតុត្រជាក់ theat trachak (n.) coolant
ធាតុម៉ៃម្យាង Theat Rae Myang (n.) samsonite
ធាតុរាវ theat reav (n.) liquid
ធាតុរូបប្រឆាំងនឹងភាពត្រជាក់ខ្លាំង theat reav brachhang nung pheap trachak khlang (n.) antifreeze
ធាត់ thoat (adj.) fat
ធាត់ thoat (adj.) obese
ធាត់រឹងមាំ thoat rueng mom (adj.) stout
ធានា theanea (v.) assure
ធានា theanea (v.) ensure
ធានា theanea (v.) guarantee
ធានា theanea (v.) vouch
ធានារ៉ាប់រង theanear rab rong (v.) insure
ធុង thoung (n.) barrel
ធុង thoung (n.) bucket
ធុង thoung (n.) tank
ធុងក្លាសេសេ thung klasse (n.) cooler
ធុងឈើសម្រាប់ដាក់ស្រា thoung chheu samrab dak sra (n.) cask
ធុងទឹកកក thoung teuk kok (n.) ice bucket
ធុងសំរាម thoung samram (n.) bin
ធុងសំរាម thung saamram (n.) dumpster
ធុញទ្រាន់ thounh troan (v.) bore
ធុញទ្រាន់ thounh troan (adj.) tedious
ធូប thoub (n.) incense
ធូររលុង thou ror loung (adj.) lax
ធូរស្បើយ Thou Sboy (n.) relief
ធូលី thuli (n.) dust
ធ្វើជាស្រីពេស្យា thveu chea sreipesya (v.) prostitute

ធ្វើអោយគេនិយម theuv aoy ke niyom (v.) popularize
ធ្វើអោយទៅជាធម្មតា theu aoy tow cheat hom motea (v.) naturalize
ធ្ងន់ thngon (adj.) heavy
ធ្ងន់ធ្ងរ thngon thngor (adj.) dire
ធ្នាក់ thneak (n.) preposition
ធ្នឹម thneum (n.) beam
ធ្នឹម thneum (n.) lintel
ធ្នឹមដែក thneum daek (n.) girder
ធ្នូ thnou (n.) bow
ធ្នើ Tneur (n.) shelf
ធ្មប់ thmob (n.) hag
ធ្មេញ thmenh (n.) tooth
ធ្មេញទាល់ thmenh toal (n.) wisdom-tooth
ធ្មេញគ្រឿងចក្រ thmenh krueng chak (n.) cog
ធ្មេញប្រហោង thmenh brohaong (n.) cavity
ធ្មេញពរសេលីឡែន thmenh por sae len (n.) porcelain
ធ្មេញរណារ Thmenh Ro Naa (n.) sawtooth
ធ្យូង thyoung (n.) charcoal
ធ្យូងថ្ម thyoung thmor (n.) coal
ធ្យូងថ្មម្យាង thyuong thmor myang (n.) lignite
ធ្លាក់ thleak (v.) fall
ធ្លាក់កំរិតទាបបំផុត Thleak Kom Rit Teab Bom Phot (v.) rock-bottom
ធ្លាក់ចុះ thlak choh (v.) decline
ធ្លាក់ចុះ thleak choh (v.) plunge
ធ្លាក់ចុះ Thleak Jos (v.) sag
ធ្លាក់ចុះ thleak choh (v.) slump
ធ្លាក់ទឹកចិត្ត thleak teukchett (v.) depress
ធ្លាក់ព្រិល thleak pril (v.) hail
ធ្លាក់ព្រិល thleak pril (v.) snow
ធ្លាក់សំយុងចុះ thleak saamyong choh (v.) droop
ធ្លាយ thleay (v.) perforate
ធ្វើ thveu (v.) do
ធ្វើឱ្យមានសុពលភាព thveu aoy mean sopolpheap (v.) validate
ធ្វើឱ្យទ្រេត thveu aoy tret (v.) tilt

ធ្វើកម្មវិធី thveu kammovithi (v.) programme
ធ្វើកម្រងផ្កា thveu kamrong phka (v.) wreathe
ធ្វើកាន់តែខ្លាំងឡើង tveu kan tae khlang lerng (v.) intensify
ធ្វើការ thveu kar (v.) work
ធ្វើការខុសប្រក្រតីដោយបណ្ដោះអាសន្ន tveu kar khos brokrodei chea bondoh ason (v.) glitch
ធ្វើការដោយខ្លួនឯង Tver Kaar Doy Kloun Eng (adj.) self-employed
ធ្វើការធ្ងន់ tveu kar thngon (v.) moil
ធ្វើការធ្ងន់ thveu kar thngon (v.) toil
ធ្វើការធ្វេសប្រហែស thveukar thvesbrahes (v.) bungle
ធ្វើការអុកឡុក ka tveu ka ouk lok (v.) tamper
ធ្វើកិច្ចចរចា thveu kechchacharcha (v.) parley
ធ្វើកុប្បកម្ម Tver Kob Kam (v.) revolt
ធ្វើកុប្បកម្ម Tver Kob Pak Kam (v.) riot
ធ្វើកុងកម្ម tveu koutakam (v.) strike
ធ្វើកុងកម្មជំទាស់ tveu koutakam chomtoas (v.) picket
ធ្វើក្រចក thveu kra chak (v.) nail
ធ្វើខរ thveu khol (v.) purr
ធ្វើខុស tveu khous (v.) err
ធ្វើខុស tveu khos (v.) foul
ធ្វើខ្ជីខ្ជា thveu khchei khchea (v.) botch
ធ្វើគំរោង thveu koumrong (v.) project
ធ្វើឃាត thveu kheat (v.) assassinate
ធ្វើចង្អូរ tveu chang ou (v.) groove
ធ្វើចរាចរណ៍ thveu chorachor (v.) traffic
ធ្វើចំណាកស្រុក thveu chamnak srok (v.) emigrate
ធ្វើចំណាកស្រុក thveu chamnak srok (v.) migrate
ធ្វើចំហាយទឹក tveu chomhay teuk (v.) steam
ធ្វើជាកាតាលីករ tver chea katalikor (v.) catalyse
ធ្វើជាកូកាកូឡា tver chea kaukakaula (v.) coke
ធ្វើជាគូ tveu chea ku (v.) pair
ធ្វើជាគ្រូល្បែង ឬកីឡា tveu chea krou la baeng reu kei la (v.) gamemaster
ធ្វើជាគំនូរជីវចលឡើងវិញ Tver Jea Kum Noo Jee Vak Jol Leung Venh (v.) reanimate
ធ្វើជាគំរូ Tver Jea Kum Roo (v.) sample
ធ្វើជាតិតូបនីយកម្ម thveu cheat tub ney kam (v.) nationalize
ធ្វើជាទីសក្ការៈ thveu chea ti sakkarak (v.) venerate
ធ្វើជានិមិត្តរូប tveu chea nimittaroub (v.) symbolize
ធ្វើជាប្រធាន thveu chea brathean (v.) preside
ធ្វើជាព្រាននារី tveu chea prean near ri (v.) mack
ធ្វើជាកស្តាង tveu chea pos tang (v.) testify
ធ្វើជាម៉ូដែល thveu chea mau del (v.) model
ធ្វើជាមេប្រយោគការប្រលង tveu chea me bro yok kar pro long (v.) invigilate
ធ្វើជាសាក្សី thveu chea saksei (v.) witness
ធ្វើជាអធិបតី thveu chea athib tei (v.) officiate
ធ្វើជាអាជ្ញាកណ្ដាល thveu chea achnha kandal (v.) umpire
ធ្វើដូចឆ្មា tveu doch chhmar (v.) gib
ធ្វើដូចស្រីខូច tveu douch srey khouch (v.) drab
ធ្វើដោយមិនពេញចិត្ត tveu doy min penh chett (v.) displease
ធ្វើដំណើរ thveu damner (v.) travel
ធ្វើដំណើរ thveu damner (v.) voyage
ធ្វើដំណើរ thveu domner (v.) journey
ធ្វើដំណើរទៅធ្វើការ thveu damner tov tveuka (v.) commute
ធ្វើដំណើរលើផ្លូវល្បាក់ tveu domner leu plov lombak (adv.) off-road
ធ្វើតបវិញ Tver Tob Venh (v.) reciprocate
ធ្វើតាម thveu tam (v.) follow
ធ្វើតេលុទកា tveu telutakkar (v.) emulsify
ធ្វើត្រាប់តាម thveu trab tam (v.) emulate

ធ្វើគ្រាប់តាម thveu trab tam (v.) imitate
ធ្វើគ្រាប់តាម thveu trab tam (v.) mime
ធ្វើថ្មី Tver Thmei (v.) renew
ធ្វើទារុណកម្ម thveu tearounakamm (v.) torture
ធ្វើទាសករ tveu teasakor (v.) slave
ធ្វើទាហាន tveu teahean (v.) soldier
ធ្វើទីផ្សារ tveu ti phsaar (v.) market
ធ្វើទីផ្សារតាមទូរគមនាគមន៍ thveu tiphsaar tam tourokakmoneakom (v.) telemarketing
ធ្វើទុក្ខ thveu toukkh (v.) afflict
ធ្វើទុក្ខទោស tveu tukh tuos (v.) harm
ធ្វើទុក្ខបុកម្នេញ thveu touk bok mnenh (v.) persecute
ធ្វើទៅជាកញ្ចក់ tveu tov chea kanhchork (v.) glassify
ធ្វើទៅជាជាតិម្សៅចាហ៊ួយ tveu tov chea cheat masao cha houy (v.) gelatinize
ធ្វើទៅជាជាតិអន្ថិល tveu tov chea cheat onthel (v.) gel
ធ្វើទៅជាឌីជីថល tveu chea dichithal (v.) digitalize
ធ្វើទំនប់ tveu tomnoub (v.) embank
ធ្វើទំនើបកម្ម thveu tomneubakam (v.) modernize
ធ្វើនៅផ្ទះ thveu nov phtah (adj.) home-made
ធ្វើបដិរូបកម្ម tvue bakde roub kam (v.) personify
ធ្វើបានល្អជាង thveu ban la or cheang (v.) outdo
ធ្វើបាប thveu bab (v.) ill-treat
ធ្វើបាប thveu beab (v.) mistreat
ធ្វើបាប tveu bab (v.) sin
ធ្វើប្រក្រតីកម្ម thveu brakratei kam (v.) normalize
ធ្វើប្រតិបត្តិការ thveu bratebatt kor (v.) transact
ធ្វើប្រតិភូកម្ម thveu brotephoukamm (v.) delegalize
ធ្វើប្រាក់កាក់ thveu brak kak (v.) mint
ធ្វើពលកម្ម tveu polokamm (v.) labour
ធ្វើពហិការ thveu peak hi kar (v.) boycott
ធ្វើពាណិជ្ជកម្ម thveu peanech chokamm (v.) trade
ធ្វើពិធីលាងបាប tver pithi leangbarb (v.) baptize
ធ្វើពិពិធកម្ម thveu pipith kamm (v.) diversify
ធ្វើពីផ្នែកផ្សេងៗ thveu pi phnek phseng phseng (adj.) modular
ធ្វើពីផ្នែកផ្សេងៗ thveu pi phnek phseng phseng (v.) modulate
ធ្វើពុត tveu put (v.) feign
ធ្វើពុត thveu pout (v.) pretend
ធ្វើពុម្ព tveu poump (v.) template
ធ្វើព្រងើយកន្តើយដាក់ដោយមើលងាយ thveu pro ngeuy kontery dak daoy meul ngeay (v.) snub
ធ្វើភេសជ្ជៈ tver pesachak (v.) brew
ធ្វើមជ្ឈការ thveu machchhokar (v.) centralize
ធ្វើមាត់ tveu moat (v.) mouth
ធ្វើមានសំណើម thveu mean saamnaem (v.) moisten
ធ្វើមូលដ្ឋានីយកម្ម thveu moulothaniyokamm (v.) localize
ធ្វើមេប្រយោគ tveu me bro yoak (v.) proctor
ធ្វើម្ដងទៀត Tver Mdong Teat (v.) replay
ធ្វើឫកខ្ជិលច្រអូស tveu reuk kchil chro ous (v.) loll
ធ្វើឫកពា thveu ruek pea (v.) snobbish
ធ្វើរវិបុិង thveu reung boeng (v.) solder
ធ្វើរូបនិមិត្ត tveu roub ni mett (v.) incarnate
ធ្វើរោគវិនិច្ឆ័យ thveu rokvinichhay (v.) diagnose
ធ្វើរោគវិនិច្ឆ័យខុស thveu rokvinichchhay khos (v.) misdiagnose
ធ្វើលេងៗ tveu leng leng (v.) dally
ធ្វើលេងអោយមាន tveu oy leng mean (v.) spike
ធ្វើល់ហាត់ប្រាណ thveu lomhat bran (v.) exercise
ធ្វើវិភាគ Tver Vi Pheak (v.) scan
ធ្វើវេទិកា tvue vetika (v.) podium

ធ្វើសកម្មភាព thveu sakammopheap (v.) act
ធ្វើសង្គ្រាម thveu sangkream (v.) war
ធ្វើសញ្ញា thveu sanhnha (v.) motion
ធ្វើសនិទានកម្ម thveu sanitanokam (v.) rationalize
ធ្វើសមយុទ្ធ tveu samyuth (v.) drill
ធ្វើសំណើរ Tver Som Neu (v.) request
ធ្វើសំបុក thveu saambok (v.) nest
ធ្វើសំបុក thveu saambok (v.) nestle
ធ្វើសំឡេងធំ tveu somleng theu (v.) tchick
ធ្វើសំណើរច្បាប់ Tver Som Neu Jbab (v.) requisition
ធ្វើហាក់ខ្លួនដូចរឿងធំ tveu hak doch chea reung thom (v.) fuss
ធ្វើហួសប្រមាណ thveu huos braman (v.) overdo
ធ្វើអនុមានញែក tveu anukman nhek (v.) deduce
ធ្វើអន្តរាគមន៍ thveu antorakom (v.) intervene
ធ្វើអន្តោប្រវេសន៍ tveu anto bra ves (v.) immigrate
ធ្វើឧស្សន៍អោយទៅជារបស់រឹង tveu osman oy tov chea vottho reung (v.) sublimate
ធ្វើអោយកកិត Tver Oy Ko Ket (v.) scape
ធ្វើអោយកប៉ាល់លិច kak pal lich (v.) shipwreck
ធ្វើអោយកាន់តែយ៉ាប់ thveu aoy kantae yab (v.) deteriorate
ធ្វើអោយកើនដាប់ី thveu aoy kern chea bei (v.) triple
ធ្វើអោយក្រិន tveu oy kren (v.) dwarf
ធ្វើអោយក្លាយទៅជាឆ្អឹង thveu oy klay tow chea chhaoeng (v.) ossify
ធ្វើអោយខឹង thveu oy khoeng (v.) outrage
ធ្វើអោយខឹងខ្លាំង tveu oy khoeng klang (v.) enrage
ធ្វើអោយខឹងខ្លាំង tveu oy khoeng khlang (v.) infuriate
ធ្វើអោយខូច tveu aoy khauch (v.) deface
ធ្វើអោយខូច tveu oy khouch (v.) mar
ធ្វើអោយខូច thveu oy khauch (v.) queer
ធ្វើអោយខូច Tver Oy Koch (v.) ruin
ធ្វើអោយខូចកិត្តិយស thveu oy khauch ketyous (v.) discredit
ធ្វើអោយខូចរលួយ Tver Oy Koch Ro Looy (v.) rot
ធ្វើអោយខ្យល់ចេញចូល thveu aoy khyal chenh chaul (v.) ventilate
ធ្វើអោយខ្លី tveu oy khlei (v.) shorten
ធ្វើអោយខ្លោច Tver Oy Kloch (n.) scorch
ធ្វើអោយខ្សោយ tveu oy khsoay (v.) enfeeble
ធ្វើអោយកេស្រឡាញ់ tveu oy ke sralanh (v.) endear
ធ្វើអោយចងក្អួត tveu oy chong ka ourt (v.) gag
ធ្វើអោយច្រឡំ thveu oy chra lam (v.) muddle
ធ្វើអោយច្រេះចាប់ Tver Oy Jres Jab (v.) rust
ធ្វើអោយឆ្ងល់ thveu oy chhngal (v.) mystify
ធ្វើអោយឆ្ងល់ thveu oy chhngal (v.) nonplus
ធ្វើអោយឆ្ងាញ់ Tver Oy Chnganh (v.) scrump
ធ្វើអោយជាប់ tveu oy choab (v.) strand
ធ្វើអោយជិត thveu oy chit (v.) occlude
ធ្វើអោយជ្រាល thveu aoy chreal (v.) slant
ធ្វើអោយជ្រាលទេរ tveu oy chomreal (v.) slope
ធ្វើអោយជ្រុញៗ Del Tver Oy Jrunh Jrunh (v.) ripple
ធ្វើអោយឈឺចាប់ tveu oy chheu chab (v.) embitter
ធ្វើអោយតឹង tveu oy toeung (v.) tense
ធ្វើអោយតូច thveu oy tauch (v.) narrow
ធ្វើអោយត្រូវខ្លួន tveu oy trauv khluon (v.) fit
ធ្វើអោយត្រូវវិញ Tver Oy Trov Venh (v.) right
ធ្វើអោយថប់ខ្យល់ tveu oy thob kyol (v.) smother
ធ្វើអោយទាល់តំនិត tver oy toal koumnit (v.) baffle
ធ្វើអោយទុកចិត្ត Tver Oy Tok Chet (v.) reassure
ធ្វើអោយទុំ Tver Oy Tum (v.) ripen

ធ្វើអោយទៅជាថ្នាក់ៗ tveu oy tov chea thnak thnak (v.) terrace
ធ្វើអោយទៅតាម thveu oy tov tam (v.) peg
ធ្វើអោយធូរស្បើយ Tver Oy Thou Sboy (v.) relieve
ធ្វើអោយធ្លាយ Tver Oy Thleay (v.) rupture
ធ្វើអោយធ្លុះសុស Tver Os Thlous Sors (v.) riddle
ធ្វើអោយនឹង tveu oy neung (v.) steady
ធ្វើអោយបាក់ tveu oy bak (v.) fracture
ធ្វើអោយបានចម្រើនទៅ tveu oy ban chomrern tov (v.) further
ធ្វើអោយបានវិញ Tver Oy Ban Venh (v.) recoup
ធ្វើអោយបែកខ្នែក Tver Oy Bek Knhek (v.) shatter
ធ្វើអោយប្រឡាក់ tveu oy brolak (v.) soil
ធ្វើអោយប្រឡាក់ប្រឡក tveu oy brolak brolok (v.) stain
ធ្វើអោយប្រៃ Tver Oy Praai (v.) salt
ធ្វើអោយផុយ tveu oy ton plon (v.) tenderize
ធ្វើអោយផ្សា tveu oy phsa (v.) sting
ធ្វើអោយផ្សេងគ្នា thveu aoy phseng knea (v.) vary
ធ្វើអោយព្រួយ Tver Oy Prouy (v.) sadden
ធ្វើអោយមានចុះជួន Tver Oy Mean Jong Joun (v.) rhyme
ធ្វើអោយមានជីបផ្ទក់ៗ Tver Oy Mean Jib Pnot Pnot (v.) ruffle
ធ្វើអោយមានថាមពល thveu aoy mean thamopoul (v.) energize
ធ្វើអោយមានរសជាតិ Tver Oy Mean Rous Jeat (v.) savour
ធ្វើអោយមានរូបរាង tveu oy mean roub reang (v.) materialize
ធ្វើអោយមានសន្តិភាព thveu oy mean santipheap (v.) pacify
ធ្វើអោយមានស្នាម Tver Oy Mean Snaam (v.) scar
ធ្វើអោយមានស្នាម thveu aoy mean snam (v.) track
ធ្វើអោយមានស្នាមដូចសរសៃ thveu aoy mean snam dauch sar sai (v.) vein

ធ្វើអោយមុត thveu oy mout (n.) puncture
ធ្វើអោយមុត thveu oy mout (v.) puncture
ធ្វើអោយមូល Tver Oy Moul (v.) round
ធ្វើអោយមួរម៉ៅ tveu oy mour mao (v.) fret
ធ្វើអោយមួរម៉ៅ thveu aoy muo mao (v.) vex
ធ្វើអោយយ៉ាប់ Tver Oy Yab (v.) screw
ធ្វើអោយយឺត Tver Oy Yeut (v.) retard
ធ្វើអោយរញ្ជួយទៅមក thveu oy ronhchuoy tov mok (v.) wobble
ធ្វើអោយរបូតពីដៃ tveu oy robout pi dai (v.) fumble
ធ្វើអោយរិល tveu oy ril (v.) dull
ធ្វើអោយរីករាយ ធ្វើឱ្យរីករាយ (v.) elate
ធ្វើអោយលាន់សូរ Tver Oy Lon So (v.) rumble
ធ្វើអោយលេងចង់ tver oy leng chong (v.) sicken
ធ្វើអោយវៀច thveu aoy viech (v.) wriggle
ធ្វើអោយសាហាវ Tver Oy Sa Hav (v.) savage
ធ្វើអោយសុក្រឹត្យ thveu oy so kroet (v.) perfect
ធ្វើអោយស្គម tveu oy skorm (v.) emaciate
ធ្វើអោយស្ងប់ Tver Oy Sa Ngob (v.) repose
ធ្វើអោយស្ងួត thveu oy snguot (v.) parch
ធ្វើអោយស្ទើរសរសើរ tveu oy sngerch sor ser (v.) impress
ធ្វើអោយស្ទាត់ជំនាញ tveu oy stoat chom neanh (v.) master
ធ្វើអោយស្មុគស្មាញ thveu aoy smoksmanh (v.) complicate
ធ្វើអោយស្មើ tveu oy smer (v.) even
ធ្វើអោយស្រឡាំងកាំង thveu aoy sralang kang (v.) dumbfound
ធ្វើអោយស្រឡាំងកាំង tveu oy srolang kang (v.) stun
ធ្វើអោយស្រួចទៅៗ tveu oy sruoch tov sruoch tov (v.) taper
ធ្វើអោយស្លុង thveu aoy slong (v.) engross
ធ្វើអោយស្វិត thveu aoy svet (v.) toughen
ធ្វើអោយឡើងពណ៌ដាំដែង tveu oy lerng por dam deng (v.) tan
ធ្វើអោយអង្គុយ Tver Oy Ong Kuy (v.) seat

ធ្វើអោយអន្តរាយ Tver Oy Orn Ta Ray (v.) sabotage
ធ្វើអោយអស់ Tver Oy Ors (v.) sap
ធ្វើអោយអស់កម្លាំង tveu oy os kamlang (v.) enervate
ធ្វើឱ្យ thveu oy (v.) make
ធ្វើឱ្យ ចប់ដង្ហើម tveu oy thob dong herm (v.) stifle
ធ្វើឱ្យកក tveu oy kork (v.) curdle
ធ្វើឱ្យកក tveu oy kok (v.) ice
ធ្វើឱ្យកក្រើក ធ្វើឱ្យកក្រើក (v.) jolt
ធ្វើឱ្យកក់ក្តៅ thveu aoy kok kdao (v.) warm
ធ្វើឱ្យកាន់តែជ្រៅ tveu oy kan tae chrov (v.) deepen
ធ្វើឱ្យកាន់តែធ្ងន់ធ្ងរ thveu aoy kan te thngonthngor (v.) aggravate
ធ្វើឱ្យកើនឡើង tver oy kernlerng (v.) augment
ធ្វើឱ្យក្មេង Tver Oy Kmeng (v.) rejuvenate
ធ្វើឱ្យក្រ tveu oy kror (v.) depauperate
ធ្វើឱ្យក្រ tveu oy kror (v.) impoverish
ធ្វើឱ្យក្រហម thveu aoy kraham (v.) rubify
ធ្វើឱ្យក្រាស់ tveu oy kras (v.) thicken
ធ្វើឱ្យក្រិន tveu oy kren (v.) stunt
ធ្វើឱ្យក្លិនស្អុយ tveu oy klen sa ouy (v.) stencil
ធ្វើឱ្យក្លិនស្អុយ tveu oy klen sa ouy (v.) stink
ធ្វើឱ្យកំព្រា tveu oy kamprea (v.) orphan
ធ្វើឱ្យខកចិត្ត tveu oy khork chett (v.) disenchant
ធ្វើឱ្យខឹង tveu oy khoeng (v.) irritate
ធ្វើឱ្យខឹង thveu oy khoeng (v.) nettle
ធ្វើឱ្យខូចការ tveu oy kouch kar (v.) goof
ធ្វើឱ្យខូចកិត្តិយស thveu oy khauch ketteyus (v.) besmirch
ធ្វើឱ្យខូចខាត thveu oy khauch khat (v.) wreck
ធ្វើឱ្យខូចកម្រោង tveu oy khouch kumroang (v.) derail
ធ្វើឱ្យខូចទឹកចិត្ត thveu oy khauch teuk chett (v.) dishearten
ធ្វើឱ្យខូចទ្រង់ទ្រាយ tveu oy khauch trongtreay (v.) disfigure

ធ្វើឱ្យខូចសីលធម៌ tveu oy silathoa (v.) deprave
ធ្វើឱ្យខ្មាស់ thveu oy khmas (v.) beshame
ធ្វើឱ្យខ្មៅ thveu oy khmao (v.) blacken
ធ្វើឱ្យខ្លាំងឡើង tveu oy klang lerng (v.) heighten
ធ្វើឱ្យខ្វល់ចិត្ត thveu aoy khval chet (v.) perturb
ធ្វើឱ្យខ្វិន tveu oy khven (v.) lame
ធ្វើឱ្យគ្មានទីបំផុត thveu oy kmean ti bamphot (v.) eternalize
ធ្វើឱ្យគ្រប់គ្រាន់ tveu oy krobkroan (v.) suffice
ធ្វើឱ្យយើញឆ្ពាស់ sangkot saamleng (v.) accentuate
ធ្វើឱ្យឃោរឃៅ khor khov (v.) brutalize
ធ្វើឱ្យងងឹត tveu oy ngor ngit (v.) benight
ធ្វើឱ្យងងឹត thveu aoy ngor ngeut (v.) darken
ធ្វើឱ្យងាយស្រួល tveu oy ngeay sruol (v.) ease
ធ្វើឱ្យចង្អៀត tveu oy chong aeat (v.) straiten
ធ្វើឱ្យចាស់ខូច tveu oy chas khouch (v.) stale
ធ្វើឱ្យចុះខ្សោយ thveu aoy choh khsaoy (v.) debilitate
ធ្វើឱ្យចុះខ្សោយ thveu aoy choh khsaaoy (v.) undermine
ធ្វើឱ្យចុះខ្សោយ thveu aoy choh khsaaoy (v.) weaken
ធ្វើឱ្យច្របូកច្របល់ thveu oy chrabauk chrabol (v.) disarrange
ធ្វើឱ្យច្រឡំ tver oy chrolom (v.) bewilder
ធ្វើឱ្យចំហាយទៅជាទឹក thveu aoy chamhay tov chea teuk (v.) condense
ធ្វើឱ្យឆ្កួត tveu oy chhkuot (v.) madden
ធ្វើឱ្យជាំ tveu oy choam (v.) contuse
ធ្វើឱ្យជ្រុះស្លឹក thveu aoy chrouh sloek (v.) defoliate
ធ្វើឱ្យជ្រួញ tveu oy chrounh (v.) crinkle
ធ្វើឱ្យជ្រួញ thveu aoy chruonh (v.) wrinkle
ធ្វើឱ្យជ្រួតជ្រាប theu oy chruotchreab (v.) assimilate

ធ្វើឱ្យឈឺ thveuaoy chheu (v.) ail
ធ្វើឱ្យឈឺចាប់ thveu aoy chheu chab (v.) aggrieve
ធ្វើឱ្យញាក់កន្ត្រាក់ thveu oy nheak kandrak (v.) convulse
ធ្វើឱ្យញាប់ញ័រ thveu aoy nhab nhoar (v.) agitate
ធ្វើឱ្យញ័រ tveu oy nhor (v.) jiggle
ធ្វើឱ្យដល់អតិបរិមា tveu oy dol ahtepakrima (v.) maximize
ធ្វើឱ្យដាច់ដាច thveu oy dach dac (v.) mutilate
ធ្វើឱ្យដាច់រហែក tveu oy dach rohaek (v.) lacerate
ធ្វើឱ្យដាច់រហែក tveu oy dach rohek (v.) tatter
ធ្វើឱ្យខ្មោចបិសាច thveu aoy dauch khmaoch beisach (v.) demonize
ធ្វើឱ្យដំណើរការ tveu oy damner kar (v.) enable
ធ្វើឱ្យតានតឹង tveu oy tantoeng (v.) tension
ធ្វើឱ្យតិចទៅ thveu oy tech tov (v.) rarefy
ធ្វើឱ្យត្រង់ tveu oy trong (v.) straighten
ធ្វើឱ្យត្រជាក់ Tver Oy Tro Jak (v.) refrigerate
ធ្វើឱ្យចប់ខ្យល់ thveu aoy thob khyol (v.) wind
ធ្វើឱ្យថយកម្លាំងចិត្ត tveu aoy thoay komlang chet (v.) deject
ធ្វើឱ្យថោក thveu aoy thaok (v.) cheapen
ធ្វើឱ្យថោកទាប tveu aoy thoak teab (v.) degrade
ធ្វើឱ្យថ្លង់ tveu aoy thlang (v.) deafen
ធ្វើឱ្យទទេ tveu oy tor te (v.) empty
ធ្វើឱ្យទន់ tveu oy tun (v.) limber
ធ្វើឱ្យទន់ thveu aoy ton (v.) soften
ធ្វើឱ្យទៅជាទាសករ tveu tov chea teasakor (v.) enslave
ធ្វើឱ្យទៅជាភក់ tveu oy tov chea puk (v.) puddle
ធ្វើឱ្យទៅជាឧស្ម័ន tveu oy tov chea uksman (v.) gasify

ធ្វើឱ្យធូរស្រាល tveu oy thou sral (v.) assuage
ធ្វើឱ្យនឹកឃើញ tveu oy neuk kheunh (v.) evoke
ធ្វើឱ្យនឿយហត់ thveu aoy nuey hot (v.) weary
ធ្វើឱ្យបាត់ខឹង thveu aoy batkhoeng (adj.) placative
ធ្វើឱ្យបាត់បង់ភាពក្រមុំព្រហ្មចារី thveu aoy batbong pheap kramom promacharei (v.) deflower
ធ្វើឱ្យបាំង thveu oy bang (v.) occult
ធ្វើឱ្យបែកបាក់គ្នា tveu oy baek bak knea (v.) estrange
ធ្វើឱ្យប្រសើរ tveu oy broser (v.) meliorate
ធ្វើឱ្យប្រសើរឡើង tveu oy braser lerng (v.) enhance
ធ្វើឱ្យប្រសើរឡើង tveu oy braser lerng (v.) enrich
ធ្វើឱ្យប្រសើរឡើង thveu oy braser lerng (v.) improve
ធ្វើឱ្យប្រសើរឡើង thveu aoy braser lerng (v.) upgrade
ធ្វើឱ្យប្រសើរឡើងជាងមុន thveu aoy braser lerng cheang mun (v.) ameliorate
ធ្វើឱ្យផ្អម tveu oy pha oum (v.) taint
ធ្វើឱ្យផ្អែម tveu oy phaem (v.) sweeten
ធ្វើឱ្យព្រិល tver oy pril (v.) blur
ធ្វើឱ្យព្រិល tveu oy pril (v.) fuzz
ធ្វើឱ្យភិតភ័យ tveu oy pit phey (v.) terrorize
ធ្វើឱ្យភ្ញាក់ផ្អើល tveu oy pha nheak pha erl (v.) flabbergast
ធ្វើឱ្យមានកិត្តិយស tveu oy mean ketayous (v.) ennoble
ធ្វើឱ្យមានគ្រោះថ្នាក់ដល់ tveu oy mean kroah thnak dol (v.) imperil
ធ្វើឱ្យមានចលនា tver ouy mean chalna (v.) animate
ធ្វើឱ្យមានកុល្យភាព tver oy mean tolyapheap (v.) balance
ធ្វើឱ្យមានពណ៌ព្រឿងៗ thveu aoy mean por prueng prueng (v.) tint

ធ្វើឱ្យមានរហូតទៅ tveu oy mean rohaut tov (v.) **perpetuate**
ធ្វើឱ្យមានសណ្តាប់ធ្នាប់ thveu aoy mean sandab thnoab (v.) **declutter**
ធ្វើឱ្យមានស្តង់ដារ thveu aoy mean stangdar (v.) **standardize**
ធ្វើឱ្យមានស្ថេរភាព sthero pheap (v.) **stabilize**
ធ្វើឱ្យមានឡើងវិញ Tver Oy Mean Leung Venh (v.) **regenerate**
ធ្វើឱ្យមិនអាចសង្កតបាន tveu oy min arch somrach ban (v.) **foil**
ធ្វើឱ្យយល់ខុស thveu aoy yol khos (v.) **misrepresent**
ធ្វើឱ្យរន្ធត់ tveu oy ronthot (v.) **terrify**
ធ្វើឱ្យរបួស tveu oy robuos (v.) **gore**
ធ្វើឱ្យរបួស thveu oy robuos (v.) **wound**
ធ្វើឱ្យរលាយទឹកកក thveu aoy roleay teukkork (v.) **defrost**
ធ្វើឱ្យរលោង tveu oy rolong (v.) **smooth**
ធ្វើឱ្យរស់រវើកឡើង tveu oy ros roveuk lerng (v.) **enliven**
ធ្វើឱ្យរីករាយ tveu oy rik reay (v.) **enrapture**
ធ្វើឱ្យរីករាយ tveu oy rik reay (v.) **gladden**
ធ្វើឱ្យរឹង tveu oy reung (v.) **harden**
ធ្វើឱ្យរឹង tveu oy reung (v.) **stiffen**
ធ្វើឱ្យរន្ធាន tveu oy runh rear (v.) **daunt**
ធ្វើឱ្យរួញ tveu oy rounh (v.) **crimple**
ធ្វើឱ្យរួញ tveu oy rounh (v.) **curl**
ធ្វើឱ្យរំខាន tveu oy romkhan (v.) **frustrate**
ធ្វើឱ្យរំភើប tveu oy rompheub (v.) **excite**
ធ្វើឱ្យលិចទឹក tveu oy lech teuk (v.) **flood**
ធ្វើឱ្យលើសចំនួន tveu oy leus chom nuon (v.) **glut**
ធ្វើឱ្យលឿង thveu oy lueng (v.) **yellow**
ធ្វើឱ្យលែងកកស្ទះ tveu aoy leng kork stah (v.) **decongest**
ធ្វើឱ្យលែងជិតស្និទ្ធ thveu aoy leng chetsnet (v.) **alienate**
ធ្វើឱ្យលែងមានរបៀបរៀបរយ thveu oy leng mean robieb rieb roy (v.) **disorganize**
ធ្វើឱ្យលែងមានសម្ភាររូបវ័ន្ត thveu aoy leng mean samphearak roub voan (v.) **dematerialize**

ធ្វើឱ្យលែងសុទ្ធ thveu oy leng sot (v.) **adulterate**
ធ្វើឱ្យលួសលើសលប់ thveu aoy leus loub (v.) **transcendentalize**
ធ្វើឱ្យវង្វេងស្មារតី tveu oy vongveng smardei (v.) **disorient**
ធ្វើឱ្យវិនាស tveu oy vineas (v.) **doom**
ធ្វើឱ្យវិនាស tveu oy vineas (v.) **malign**
ធ្វើឱ្យវែង tveu oy veng (v.) **lengthen**
ធ្វើឱ្យស tver oy sor (v.) **bleach**
ធ្វើឱ្យស thveu oy sor (v.) **whiten**
ធ្វើឱ្យសកម្ម thveu aoy sakamm (v.) **activate**
ធ្វើឱ្យសកម្ម thveu aoy sakamm (v.) **vitalize**
ធ្វើឱ្យសកម្មឡើងវិញ thveu aoy sakamm lerng vinh (v.) **reactivate**
ធ្វើឱ្យសាមញ្ញ samanhnh (v.) **simplify**
ធ្វើឱ្យសើម thveu oy serm (v.) **wet**
ធ្វើឱ្យស្ងប់ thveu oy sngab (v.) **becalm**
ធ្វើឱ្យស្ងប់ស្ងាត់ thveu aoy sngob sngat (v.) **tranquillize**
ធ្វើឱ្យស្ងប់ស្ងៀម tveu oy sngob sngeam (v.) **still**
ធ្វើឱ្យស្ងាត់ tveu oy sngat (v.) **hush**
ធ្វើឱ្យស្ងៀមស្ងាត់ tveu oy sngiem sngat (v.) **silence**
ធ្វើឱ្យស្តើង tveu oy sderng (v.) **slim**
ធ្វើឱ្យស្តើង tveu oy sderng (v.) **thin**
ធ្វើឱ្យស្ទះដង្ហើម theu aoy steah dangheum (v.) **asphyxiate**
ធ្វើឱ្យស្តឹក tveu oy speuk (v.) **stupefy**
ធ្វើឱ្យស្មើ tveu oy smer (v.) **level**
ធ្វើឱ្យស្មើគ្នា tveu oy smer knea (v.) **equalize**
ធ្វើឱ្យស្របច្បាប់ thveu aoy srob chbab (v.) **legalize**
ធ្វើឱ្យស្រវាំងភ្នែក thveu aoy sravang phnek (v.) **dazzle**
ធ្វើឱ្យស្រស់ស្រាយ Tver Oy Sros Sray (v.) **refresh**
ធ្វើឱ្យស្រស់ស្អាត thveu aoy sras saart (v.) **beautify**
ធ្វើឱ្យស្រឡាំងកាំង theu aoy sralangkang (v.) **astound**

ធ្វើឱ្យស្រឡាំងកាំង thveu aoy sralangkang (v.) confound
ធ្វើឱ្យស្រអាប់ tveu oy sro ab (v.) tarnish
ធ្វើឱ្យស្រួយ tver oy sruoy (v.) crispen
ធ្វើឱ្យស្រើបស្រាល thveu aoy srerb sral (v.) eroticize
ធ្វើឱ្យស្លេក tveu oy slek (v.) pale
ធ្វើឱ្យស្អាត thveu aoy saart (v.) cleanse
ធ្វើឱ្យឡើងស្នាមអុចៗ thveu aoy lerng snam och och (v.) dapple
ធ្វើឱ្យអន្តរាយ thveu aoy antoray (v.) jeopardize
ធ្វើឱ្យអមតៈ tveu oy amatak (v.) immortalize
ធ្វើឱ្យអសកម្ម thveu aoy asakamm (v.) deactivate
ធ្វើឱ្យអស្ថិរភាព tveu aoy akstheropheap (v.) destabilize
ធ្វើឱ្យអស់កម្លាំង thveu aoy os kamlang (v.) tire
ធ្វើឱ្យអស់កំលាំង tveu oy os komlang (v.) exhaust
ធ្វើឱ្យអស់លក្ខណៈជាមនុស្សប្រុស thveu oy os lakkhan chea monous bros (v.) emasculate
ធ្វើឱ្យអស់សង្ឃឹម tveu oy os songkheum (v.) demoralize
ធ្វើឱ្យអស់សុពលភាព tveu oy os sopolpheap (v.) invalidate
ធ្វើឱ្យអស់ tveu oy os (v.) deplete
ធ្វើឱ្យអាក្រក់ thveu aoy akrok (v.) uglify
ធ្វើឱ្យអាប់កិត្តិយស tveu aoy ab keteyous (v.) debase
ធ្វើឱ្យអាម៉ាស់មុខ thveu oy amas moukh (v.) humiliate
ធ្វេសប្រហែស thves brahes (adj.) careless
ធ្វេសប្រហែស tves bro hes (adj.) imprudent
ធ្វេសប្រហែស thves bra hes (v.) neglect
ធ្វេសប្រហែស tves brohes (adj.) slipshod
ធំ thom (adj.) big
ធំ thom (adj.) large
ធំ thom (adj.) major
ធំទូលាយ thom touleay (adj.) wide
ធំធេង thom theng (adj.) immense
ធំធេង thom theng (adj.) vast
ធំសម្បើម thom sambeum (adj.) colossal
ធំសម្បើម thom samberm (adj.) enormous
ធំហូស thom huos (v.) outgrow

# ន

នគរ nokor (n.) kingdom
នង្គ័ល nongkl (n.) plough
នយោបាយ nyobay (n.) politics
នយោបាយប្រជាភិថុតិ noyobay bracheaphithot (n.) demagogy
នរក norok (n.) hell
នរក norok (n.) purgatory
នរណា norna (pron.) who
នរណាម្នាក់ norna mneak (pron.) anybody
នរណាម្នាក់ norna mneak (pron.) anyone
នរណាម្នាក់ norna mneak (n.) somebody
នរណាម្នាក់ norna mneak (pron.) somebody
នរវិទ្យា noravityea (n.) anthropology
នវជន no veak chon (n.) novice
នវភាព no veak pheap (n.) novelty
នវានុវត្តន៍ nor vea nou vott (n.) innovation
នាពេលបច្ចុប្បន្ន nea pel bachchobbonn (adj.) current
នាគ neak (n.) dragon
នាង neang (pron.) her
នាង neang (adj.) her
នាង Neang (pron.) she
នាងមច្ឆា neang machha (n.) mermaid
នាច neach (v.) ebb
នាទី neati (n.) minute
នាពេលថ្មីៗនេះ nea pel thmei thmei nih (adv.) lately
នាម neam () n.
នាម neam (n.) noun
នាមត្រកូល neam trakaul (n.) surname
នាមប័ណ្ណ neambann (n.) business card

នាមល្អសំរាប់ប្រុសឥណ្ឌា Neam Laor Som Rab Bros India (n.) sahib
នាមវលី neam vak li (n.) nomenclature
នាមសព្ទដែលបំបែកពីកិរិយាសព្ទ neam sap del bambek pi keriyasap (n.) gerund
នាយក neayouk (n.) director
នាយក neayok (n.) principal
នាយកដ្ឋាន neayukathan (n.) department
នាយកប្រតិបត្តិ neayok brotebatt (n.) executive
នាយករដ្ឋមន្ត្រី neayuk rodth mondrei (n.) premier
នាយកសាលា Nea Yok Saa Laa (n.) schoolmaster
នារីក្រមុំ neari kramoum (n.) maiden
នារីនៃគ្រួសារាជវង្ស neari nei kruosaar reachovong (n.) duchess
នាវា Nea Vea (n.) ship
នាវា neavea (n.) vessel
នាវាដឹកទំនិញ neavea doek tomninh (n.) cruiser
នាវាដឹកប្រេង neavea doek breng (n.) tanker
នាវាផ្ទុកទំនិញ neavea phtok tomninh (n.) barge
នាវាពិឃាត neavea pikheat (n.) destroyer
នាវាមុជទឹក neavea mouch teuk (n.) submarine
នាវិក neavik (n.) crew
នាវិកយន្តហោះ neavik yonhaoh (n.) aircrew
នាវិក nea vuk (n.) navigator
នាឡិកា nealeka (n.) clock
នាឡិកា nealeka (n.) watch
នាំ noam (v.) usher
នាំខ្លួនមកឆ្លើយនៅមុខតុលាការ noam khluon mok chhlaey novmoukh tolakar (v.) arraign
នាំចូល noam chaul (v.) import
នាំចេញ noam chenh (v.) export
នាំទុក្ខទោស Nom Tok Tos (v.) scourge
នាំមកនូវ noam mok nov (v.) convey
នាំមកអាតុភូមិវិញ Nom Mok Mea Tak Phuom Venh (v.) repatriate
នាំមករវិញ Norm Mok Venh (v.) retrieve
នាំមុខ noam mukh (v.) precede
នាំមុខ nom mouk (v.) spearhead
នាំយក noam yok (v.) bring
នាំឱ្យកើតជំងឺខាន់លឿង noam oy kert chomngeu khanlueng (v.) jaundice
នាំឱ្យខូច noam aoy khauch (v.) pervert
នាំឱ្យឈឺសាច់ noam aoy chheu sach (v.) pit
នីកាយ Nee Kaay (n.) sect
និក្ខេបបទ nikkhebabt (n.) thesis
និង ning (conj.) and
និចលភាព nichal pheap (n.) inertia
និទណ្ឌភាព ni ton pheap (n.) impunity
និទស្សន្ត nituos (n.) exponent
និទាឃរដូវ ni teak khak rodov (n.) spring
និទានកថា ni tean kaktha (n.) narrative
និទេស ni tes (n.) mention
និទេសបទ ni tes bot (n.) rubric
និន្នាការ ninneakar (n.) trend
និមិត្តរូប Ni Mitta Roob (n.) role model
និមិត្តរូប nimittaroub (n.) symbolism
និមិត្តសញ្ញ nimitt sanha (n.) token
និមិត្តសញ្ញា nimitt sanhnha (n.) symbol
និម្មិត nimmit (adj.) virtual
និយម Niyom (v.) revive
និយមន័យ niyomney (n.) definition
និយាយ niyeay (v.) mention
និយាយ Ni Yeay (v.) say
និយាយ niyeay (v.) speak
និយាយ niyeay (v.) talk
និយាយ niyeay (v.) utter
និយាយ niyeay (adj.) utter
និយាយច្រដែល niyeay chromdel (v.) nag
និយាយច្រដែល niyeay chromdel (adj.) nagging
និយាយជាប់ៗ ni yeay choab choab (v.) stammer
និយាយញញាប់ស្តាប់មិនបាន niyeay nhoab sdab min ban (v.) gibber
និយាយដូចផ្ការលាន់ niyeay doch phkarloan (v.) thunder
និយាយដើមគេ niyeay derm ke (v.) gossip

និយាយដោយកំហឹង niyeay doy komhoeung (v.) bluster
និយាយដោយត្រង់ទៅ niyeay daoy trong tov (adv.) frankly
និយាយដោយបញ្ចេញសំឡេងឮខ្យល់ niyeay daoy banhchenh samleng khyal (v.) assibilate
និយាយដោយស្អកស្អាក niyeay daoy sa ork sa aak (v.) rasp
និយាយទ្រគោះបោះបោក Niyeay Tro Kous Bos Bok (adj.) saucy
និយាយនៅដើមកor niyeay nov derm kor (v.) ventriloquize
និយាយបង្កាច់បង្ខូច niyeay bangkach bangkhouch (v.) slander
និយាយបញ្ឈៀង niyeay banhchhieng (v.) allude
និយាយបំផ្លើស niyeay bomphleus (v.) exaggerate
និយាយផ្ដេសផ្ដាស niyeay phdes phdas (v.) maunder
និយាយពាក្យចាមអារាម Ni Yeay Peak Jo Jam Ah Ram (v.) rumour
និយាយពីនោះបន្តិចពីនេះបន្តិច niyeay pi noh bandich pi nih bantich (v.) ramble
និយាយមិនបានការ niyeay min ban kar (v.) blab
និយាយម្ដងទៀត niyeay mdong teat (v.) reiterate
និយាយរឡើបរឡប់ niyeay roleb rolob (v.) gabble
និយាយរឿង niyeay rueng (v.) narrate
និយាយលេងសើច niyeay leng serch (v.) jest
និយាយសំណេះសំណាលជាមួយអ្នកមានហានះខ្ពស់ niyeay somneh somnal chea muoy nak mean thanak khpuos (v.) hobnob
និយាយឡើបឡរ់ប់ niyeay leb lorb (v.) bumble
និយាយឡលឡ niyeay lol lol (v.) lisp
និយាយឡើងវិញ niyeay leung venh (v.) rearticulate
និយាយឥតបានការ niyeay et bankar (v.) prattle

និយាយអត់ឈប់ niyeay et chhub (v.) yak
និយាយអត់មានន័យ niyeay peak ot mean ney (v.) babble
និយោជក niyochuok (n.) employer
និយោជិក niyocheuk (n.) employee
និរទេស nirotes (v.) deport
និរទេស nirotes (v.) exile
និរន្តភាព niron takrakpheap (n.) eternity
និរន្តកម្ម niront kam (adj.) perpetual
និរាករ nirea kor (v.) abrogate
និវត្តជន nivottachon (n.) pensioner
និវត្ត nivot (adj.) provident
និស្សិត ni set (n.) student
និស្ស័យ nissay (n.) temperament
និស្ស័យ nissay (adj.) temperamental
និស្ស័យ nissay (n.) temperance
នីកែល nikel (n.) nickel
នីតិប្បញ្ញត្តិ ni te panhnhatt (n.) legislature
នីតិវិធី nitevithi (n.) procedure
នីតិសាស្ត្រ ni te sas (n.) jurisprudence
នីត្រូហ្សែន ni trau hsae n (n.) nitrogen
នីមួយៗ nimuoy nimuoy (adv.) apiece
នីមួយៗ nimouy nimouy (pron.) each
នីមួយៗ nimouy nimouy (adj.) each
នីឡុង nilong (n.) nylon
នឹក nerk (v.) miss
នឹកចាំ Nek Cham (v.) recollect
នឹកផ្ទះ neuk phtah (adj.) homesick
នឹងជា neung chea (adj.) would-be
នឹងធ្វើ neung thveu (v.) will
នឹម neum (n.) yoke
នឺត្រុង neu trong (n.) neutron
នុយ nouy (n.) bait
នុយ nuy (v.) decoy
នុយក្លេអែរ nouy kle aer (adj.) nuclear
នេត្រាទស្សន៍ netrea tos (n.) offing
នេសាទត្រីនឹងមងចៃរ៉ា nesaat trei neung mong chai ra (v.) trawl
នេះបើយោងតាម nih bae yong tam (n.) accordance
នៃ nei (prep.) of
នៃ ជីវសាស្ត្រ ney chivasas (adj.) biological

នៃជាតិម្សៅបាហ៊ុយ nei cheat masao cha houy *(adj.)* gelatinous
នៃកងទ័ពជើងទឹក nei kong toab cheurng teuk *(adj.)* marine
នៃកងទ័ពជើងទឹក nei kang tap cheung teuk *(adj.)* naval
នៃកញ្ចឹងក nei kanhcheung kor *(adj.)* occipital
នៃកន្ទុយ nei kontuy *(adj.)* caudal
នៃកម្ពុលនិយម nei kam phol niyoum *(adj.)* existential
នៃកម្មសិទ្ធិ nei kammosetth *(adj.)* proprietary
នៃកម្រិតខ្ពស់ជាង nei komrith khpos *(adj.)* superlative
នៃកម្រិតដំបូង nei koreth domboung *(adj.)* entry-level
នៃកម្រិតសំឡេង nei kamrit saamleng *(adj.)* voluminous
នៃកសិកម្ម nei kaksekam *(adj.)* agrarian
នៃកាតព្វកិច្ច nei katapakech *(adj.)* obligatory
នៃកាមគុណ nei kamkun *(adj.)* carnal
នៃកាយវិញ្ញាណ nei kay vinhean *(adj.)* tactile
នៃកាយសម្ព័ន្ធ nei kay sampon *(adj.)* acrobatic
នៃកាយសម្ព័ន្ធ kay samponth *(adj.)* gymnastic
នៃការកកើត nei kar ka kert *(adj.)* natal
នៃការកាន់ព្រះអង្គច្រើន nei kar kan preahang chraen *(adj.)* polytheistic
នៃការគ្រប់គ្រងរដ្ឋ nei kar krob krong rod *(adj.)* politic
នៃការចោទសួរផ្ទាល់មាត់ nei kar chaot suor phtal moat *(adj.)* viva voce
នៃការណែនាំ nei kar nae noam *(adj.)* introductory
នៃការថយចុះនៃអត្រាមេតាប៉ូលីសនៃសារពាង្គកាយ nei ka thoay choh nei atra metabolis nei sarapeangkay *(adj.)* osmobiotic
នៃការទំនាក់ទំនងតាមទូរគមនាគមន៍ nei kar tomneak tomnong tam tourokakmoneakom *(adj.)* telematic
នៃការធ្វើដំណើរតាមសមុទ្រ nei ka tveu domner tam samot *(adj.)* nautic(al)
នៃការធ្វើអត្តឃាត nei kar thveu attakheat *(adj.)* suicidal
នៃការបង្រៀន nei kar bangrien *(adj.)* tutorial
នៃការបញ្ចេញសំឡេង nei kar bonhchenh somleng *(adj.)* enunciatory
នៃការបោះពុម្ពផ្សាយ nei kar baoh poump phsay *(adj.)* editorial
នៃការប្រជុំ Ney Kaar Pro Jum *(adj.)* sessional
នៃការយល់ចិត្ត nei kar yul chett *(adj.)* empathic
នៃការរីកលូតលាស់នៃសារពាង្គកាយពេញមួយជីវិត nei kar rik loutlas nei sarpangkay penh muoy chivit *(adj.)* ontogenic
នៃការរៀបការជាមួយមនុស្សថ្នាក់ទាប nei ka reab kar chea mouy monus thnak teab *(adj.)* morganatic
នៃការលក់ដុំ nei kar luk dom *(adj.)* wholesale
នៃការវិវត្ត nei kar vivott *(adv.)* evolutionary
នៃការវះកាត់ឆ្អឹង kar veahkat chhaoeng *(adj.)* orthopaedical
នៃការសាកល្បង nei karsaak lbong *(adj.)* tentative
នៃការសិក្សា nei karseksaa *(adj.)* academic
នៃការស្តូត្រមន្តក្នុងព្រះវិហារ nei kar sout mon knung preah vihear *(adj.)* liturgical
នៃការស្តាប់ nei kar sdab *(adj.)* auditive
នៃការស្ថាបនាសាងសង់ nei ka sthapana sang song *(adj.)* tectonic
នៃការសំយោគ saamyok *(adj.)* synthetic
នៃកាលសម័យ nei kal samy *(adj.)* periodical
នៃកាឡាក់ស៊ី nei kalaksi *(adj.)* galactic
នៃកាឡូរី nei kalauri *(adj.)* calorific
នៃកិច្ចសន្យា nei kech sanya *(adj.)* promissory
នៃកុងស៊ុល nei kongsul *(adj.)* consular
នៃកុលសម្ព័ន្ធ nei kol sampoan *(adj.)* tribal
នៃកូនក្រមុំ nei kaun kramoum *(adj.)* bridal

នៃកែវយឺត nei kev yeut *(adj.)* binocular
នៃកែវយឺត nei kev yeut *(adj.)* telescopic
នៃកោសល្យវិច្ឆ័យ nei koa sol vi chay *(adj.)* forensic
នៃកោសិកា nei kaoseka *(adj.)* cellular
នៃក្រដាសព្រាង Ney Kro Daas Preang *(adj.)* scratch
នៃក្រពះ nei krapeah *(adj.)* gastric
នៃក្រលៀន nei kralien *(adj.)* adrenal
នៃក្រឡាបួនជ្រុង nei krola boun chrung *(adj.)* square
នៃក្រអូមមាត់ nei kraaum moat *(adj.)* palatal
នៃក្រុមបក្សពួក nei krom pak pouk *(adj.)* factious
នៃក្រុមហ៊ុនបុត្រសម្ព័ន្ធ nei kromhoun bot samponth *(adj.)* subsidiary
នៃគ្រឿមភាសា nei kriem pear sa *(adj.)* idiomatic
នៃក្រោម nei kraom *(adj.)* nether
នៃក្លៀក nei kleak *(adj.)* axillary
នៃកំដៅក្នុងផែនដី nei kam dao knong phendei *(adj.)* geothermal
នៃកំដៅ nei kam daw *(adj.)* thermal
នៃខាងកើត nei khang kert *(adj.)* oriental
នៃខាងក្រៅ nei khang krao *(adj.)* outside
នៃខាងគ្រឿងយន្ត nei khang kreung yon *(adj.)* mechanical
នៃខាងត្បូង nei khang tbaung *(adj.)* south
នៃខាងទេវវិទ្យា nei khang tevak vithyea *(adj.)* theological
នៃខាងមុខ nei khang moukh *(adj.)* front
នៃខាងលិច nei khang lich *(adj.)* occidental
នៃខួរក្បាល nei khuor kbal *(adj.)* cerebral
នៃខេត្ត nei khet *(adj.)* provincial
នៃខ្ទើយ nei khteuy *(adj.)* gay
នៃខ្សែកាបអុបទិក nei khsae kab obtik *(adj.)* fibre-optic
នៃខ្សែលួសតូច nei khsae luos touch *(adj.)* filamented
នៃគណិតវិទ្យា nei kanet vityea *(adj.)* mathematical
នៃគណៈគ្រប់គ្រង nei kaknak krob krong *(adj.)* managerial

នៃកក់ nei koa *(adj.)* fetal
នៃគីមី nei kimi *(adj.)* chemical
នៃគុណកិរិយា nei kunkeriya *(adj.)* adverbial
នៃគុណធម៌ nei kunathor *(adj.)* virtuous
នៃគុណភាព nei kounpheap *(adj.)* qualitative
នៃគូប nei kuob *(adj.)* cubical
នៃគេហទំព័រ nei kehaktompor *(adj.)* webby
នៃគោលលទ្ធិហិណ្ឌូឬពុទ្ធសាសនា nei koal lathi hindu reu putsasana *(adj.)* tantric
នៃគ្រប់ទម្រង់ទាំងអស់ nei krob tomrong teang os *(adj.)* omniform
នៃគ្រាប់ពូជ Ney Krob Pouch *(adj.)* seminal
នៃគ្រុនក្ដៅ nei krun kdao *(adj.)* febrile
នៃគ្រុនលស់ nei krun lous *(adj.)* tertian
នៃគ្រឿងសំអាង nei krueng saam ang *(adj.)* cosmetic
នៃគ្លីនិក nei klinik *(adj.)* clinical
នៃគំនូរត្រ Ney Kom Noo Tre *(adj.)* schematic
នៃឃានវិញ្ញាណ nei khean vi nhnhean *(adj.)* olfactic
នៃចក្ខុវិស័យ nei chakkhovisay *(adj.)* visionary
នៃចក្រវាឡ nei chakraval *(adj.)* cosmic
នៃចលនា nei cholana *(adj.)* kinetic
នៃចិត្ត nei chet *(adj.)* psychic
នៃច្រមុះ nei chramouh *(adj.)* nasal
នៃចំណុចចំបង nei chomnoch chombong *(adj.)* focal
នៃចំនុចកណ្ដាល nei chomnoch kandal *(adj.)* centrical
នៃចន្ទគតិ nei chan ka te *(adj.)* lunar
នៃឆ្នេរសមុទ្រ nei chhne samout *(adj.)* coastal
នៃឆ្អឹងជំនី nei chhaoeng chomni *(adj.)* costal
នៃជនជាតិដើម nei chuncheat derm *(adj.)* indigenous
នៃជនជាតិស្វីស nei chun cheat svis *(adj.)* Swiss
នៃជនជាតិឥណ្ឌា nei chun cheat india *(adj.)* Indian

នៃជនជាតិអៀរឡង់ nei choncheat ierlong (adj.) Irish
នៃជនជាតិអុីតាលី nei choncheat italy (adj.) Italian
នៃជនបទ Ney Jon Bot (adj.) rural
នៃជនសកម្មប្រយុទ្ធ nei chun sakamm brayout (adj.) militant
នៃជាតិពន្ធុ nei cheat ponthu (adj.) ethnic
នៃជាតិសរសៃ nei cheat sor sai (adj.) fibrous
នៃជាយក្រុង nei cheay krong (adj.) suburban
នៃជាលិកាសរសៃរបស់សាច់ដុំ nei chealika sorsai robos sachdom (adj.) fibromuscular
នៃជីវវិទ្យាសារពាង្គកាយផូស៊ីល nei chivakviyear sarapeangkay posil (adj.) paleobiological
នៃជំងឺឆ្កួតជ្រូក nei chomngeu chhkuot chrouk (adj.) epileptic
នៃជំងឺឆ្លងក្នុងតំបន់ nei chomngeu chhlong knung dombon (adj.) endemic
នៃជំងឺភ្នែក ney chomngue pnek (adj.) ophtalmic
នៃជំងឺភ្នែក ney chomngue pnek (adj.) ophtalmologic
នៃជំងឺអូទីហ្សឹម ney chomngeu autism (adj.) autistic
នៃជំនឿសង្គមលើសារសំខាន់នៃការបំផ្លាញរូបតំណាង nei chomnue sangkom leu saraksomkhan nei kar bamphlanh roub damnang (adj.) iconoclastic
នៃជំនឿអរូបី nei chomnue aroubei (adj.) supernatural
នៃជំនោរ nei chomnor (adj.) tidal
នៃជំនោរសមុទ្រ nei chomnor samot (adj.) neap
នៃជ័យជំនះ nei chey chomneah (adj.) triumphal
នៃញាណ nei nhean (adj.) cognitive
នៃដុំសាច់ធម្មតានៅក្នុងស្បូន nei dom sach thommoda nov knong sbaun (adj.) fibroid
នៃដែនដីនៃសេចក្ដីសុខក្សេមក្សាន្ត nei dendei nei sechkdei sokh ksaem saan (adj.) utopian
នៃដៃទន្លេ nei dai tonle (adj.) tributary
នៃដោះ nei doh (adj.) mammary
នៃដំណាក់កាលដំបូង nei domnak kal dombaung (adj.) geminal
នៃដំណាក់កាលដំបូងនៃយុគសម័យថ្មរ nei domnak kal domboung nei yuk samai thmor (adj.) paleolithic
នៃណាមួយ nei na muoy (adj.) what
នៃតណ្ហា nei tanha (adj.) lustful
នៃតន្ត្រី nei dantrei (adj.) musical
នៃតុលាការ nei tolakar (adj.) judicial
នៃត្រីកោណ nei trei kaon (adj.) triangular
នៃតំណពូជ nei dom nor puoch (adj.) hereditary
នៃតំបន់ Ney Dom Bon (adj.) regional
នៃតំបន់ត្រូពិក tambn traupik (adj.) tropical
នៃតំបន់មហាសមុទ្រ nei dambon maha samout (adj.) oceanfront
នៃថង់ប្លាស្ទិកដែលមានរូត nei thong plastic del ruot (adj.) ziplock
នៃថាមពលគ្មានដែនកំណត់ nei thamopol kmean den kamnot (adj.) omnipotent
នៃថ្ងៃចុងក្រោយនៃពិភពលោក nei thngai chong kraoy nei piphoplok (adj.) doomsday
នៃថ្នាំ nei thnam (adj.) farmaceutical
នៃថ្នាំបញ្ចុះ nei thnam banh chouh (adj.) laxative
នៃថ្មីៗ nei thmei thmei (adj.) novel
នៃទងសួត nei tongsuot (adj.) bronchial
នៃទិវារំលឹកវិញ្ញាណក្ខន្ធ nei tivea romleuk vinhean khan (adj.) memorial
នៃទិសខាងកើត nei teus khang kert (adj.) east
នៃទិសខាងកើត nei teus khang kert (adj.) eastern
នៃទីក្រុង nei tikrong (adj.) urban
នៃទីក្រុងធំ nei ti krong thom (adj.) metropolitan
នៃទីដប់បី nei ti dob bei (adj.) thirteenth
នៃទីដប់ពីរ nei ti dobpi (adj.) twelfth
នៃទីបី nei ti bei (adj.) third
នៃទីសាមសិប nei samseb (adj.) thirtieth

នៃទឹកចេញពីដី nei teuk chenh pi dei (adj.) artesian
នៃទឹកដី nei teuk dei (adj.) territorial
នៃទឹកនោម nei teuk nom (adj.) urinary
នៃទូទៅ nei tuo tov (adj.) general
នៃទូរចិត្ត nei touro chett (adj.) telepathic
នៃទូរលេខ nei tourolekh (adj.) telegraphic
នៃទូរូបាតុភូតសាស្ត្រ nei toro batophout sas (adj.) teleologic
នៃទេវកថា nei te vokatha (adj.) mythical
នៃទ្រឹស្តី nei treuhsdei bot (adj.) theoretical
នៃទ្វីប nei tvib (adj.) continental
នៃទ្វេពន្ធភាព ney tve pon pheap (adj.) bigamous
នៃទំនុកច្រៀង nei tomnouk chrieng (adj.) lyric
នៃទំព័រខ្នង nei tompor khnang (adv.) overleaf
នៃធរណីមាត្រ nei thoroni meat (adj.) geometrical
នៃធរណីវិទ្យា nei thoroni vityear (adj.) geological
នៃធាតុ nei theat (adj.) elemental
នៃធាតុផ្សំ nei theat phsom (adj.) component
នៃធាតុផ្សំ nei theat phsom (adj.) constituent
នៃនរក nei norok (adj.) infernal
នៃនាយកប្រតិបត្តិ nei neayok brotebatt (adj.) executive
នៃនាវាមុជទឹក nei neavea mouch teuk (adj.) submarine
នៃនិទាឃរដូវ nei niteakhak rodauv (adj.) vernal
នៃនិទានកថា nei ni tean kak tha (adj.) narrative
នៃនីតិប្បញ្ញត្តិ nei ni te panhnhatt (adj.) legislative
នៃបច្ចេកទេស nei bachchek tes (adj.) technical
នៃបច្ចេកវិទ្យា nei bachchek vityea (adj.) technological
នៃបញ្ញា nei panhnha (adj.) intellectual
នៃបន្លាល្អស់ nei bonla luos (adj.) barbed

នៃបន្លែ nei banlae (adj.) vegetable
នៃបបូរមាត់ nei borbou moat (adj.) labial
នៃបរទេស nei borotes (adj.) exotic
នៃបរទេស nei borotes (adj.) foreign
នៃបរមតវិជ្ជា nei borimat vichea (adj.) metaphysical
នៃបរិមាណ nei bariman (adj.) quantitative
នៃបរិយាកាស nei bariyakas (adj.) atmospheric
នៃបរិស្ថាន nei pakrithaan (adj.) environmental
នៃបសុពេទ្យ nei paksopet (adj.) veterinary
នៃបាត ney bat (adj.) basal
នៃបាតុភូតកកើតឡើងនៃភ្នំ nei ba to phout kor kert lerng nei phnom (adj.) orogenic
នៃបាទាវិជ្ជា nei batea vichchea (adj.) podiatric
នៃបារាំង nei barang (adj.) French
នៃបុគ្គល nei bokkol (adj.) individual
នៃបុព្វបុរស nei bopakboros (adj.) ancestral
នៃបុរស nei boros (adj.) male
នៃបូជនីស្ថាន nei bau chni sthan (adj.) monumental
នៃបេះដូង nei behdaung (adj.) cardiac
នៃប្តីប្រពន្ធ ney pdey propun (adj.) conjugal
នៃប្រជាធិបតេយ្យ nei bracheathibtay (adj.) democratic
នៃប្រជាសាស្ត្រ nei bracheasas (adj.) demographic
នៃប្រដាប់បន្តពូជ nei brodab bontor puoch (adj.) genital
នៃប្រតិករ nei bratekar (adj.) reactive
នៃប្រទេសភាគខាងជើង nei brotes pheak khang cheurng (adj.) Nordic
នៃប្រទេសស្កុតឡែន Ney Pro Tes Scotland (adj.) scotch
នៃប្រទេសអង់គ្លេស ney brotes angkles (adj.) british
នៃប្រធានបទ nei brathean bot (adj.) thematic

នៃប្រធានបទ nei brathean bot *(adj.)* topical
នៃប្រធានាធិបតី nei brathaneathibtei *(adj.)* presidential
នៃប្រភេទ nei braphet *(adj.)* categorical
នៃប្រាក់កាស nei brakkas *(adj.)* pecuniary
នៃបំពង់អាហារ nei bampong ahar *(adj.)* esophageal
នៃផលវិបាក nei phalvibak *(adj.)* consequent
នៃផ្កាយ nei pkay *(adj.)* astral
នៃផ្កាយ nei phkay *(adj.)* stellar
នៃផ្នែកខាងមុខ nei phnek khang moukh *(adj.)* frontside
នៃផ្នែកកណ្ដាល nei phnek kondal *(adj.)* middle
នៃផ្នែកក្រោយនៃយុគសម័យថ្ម nei phnek kroay nei yok samai thmor *(adj.)* neolithic
នៃផ្នែកខាងក្នុង phnek khang knong *(adj.)* interior
នៃពង្សាវិទ្យា nei pongsa vithyear *(adj.)* genealogical
នៃពណ៌ក្រហមឈេះ nei por krahom chheh *(adj.)* vermillion
នៃពណ៌ឆ្នោតចាស់ nei poar thnoat chas *(adj.)* maroon
នៃពពួកសត្វឆ្មា nei porpouk satt chhmar *(adj.)* feline
នៃពលរដ្ឋ nei polrodth *(adj.)* civic
នៃពហុមណ្ឌលនិយម nei paho mondal niyom *(adj.)* polycentric
នៃពាក្យសន្ទនាមិនផ្លូវការ nei peak santonea min phlauvkar *(adj.)* colloquial
នៃពាក្យសំដី nei peak saamdei *(adj.)* verbal
នៃពាណិជ្ជកម្ម nei peanechchokamm *(adj.)* commercial
នៃពាណិជ្ជកម្ម nei pea nich kam *(adj.)* mercantile
នៃពិធី nei pithi *(adj.)* ceremonial
នៃពិធីជប់លៀង nei pithi chob leang *(adj.)* gala
នៃពិធីជប់លៀងធំកសី ney pithi chub leang phoek si *(adj.)* bacchanal
នៃពិធីបុណ្យ nei pithi bon *(adj.)* festive

នៃពិធីបូជាយញ្ញ Ney Pee Thee Bo Jea Yanh *(adj.)* sacrificial
នៃពិធីសម្ពោធ nei pithi sampoth *(adj.)* inaugural
នៃពូជសាសន៍ពីរ ney pouch sas pi *(adj.)* biracial
នៃពួកសាសនាកាតូលិក nei puok sasana kataulik *(adj.)* papal
នៃពេលមុន nei pel mun *(adj.)* last
នៃពោះ nei poh *(adj.)* abdominal
នៃពោះវៀនតូច nei poh vien touch *(adj.)* intestinal
នៃព្យាង្គ nei pyeang *(adj.)* syllabic
នៃព្រហ្មចារី nei promacharei *(adj.)* chaste
នៃព្រឹទ្ធសភា Ney Pret Sak Phea *(adj.)* senatorial
នៃព្រៃ nei prei *(adj.)* wild
នៃភពផែនដី nei piphob phaen dei *(adj.)* telluric
នៃភាពតានតឹង nei pheap tan toeung *(adj.)* tensile
នៃភាពយន្ត nei pheapyon *(adj.)* cinematic
នៃភាពយឺត pheap yeut *(adj.)* tensility
នៃភាពល្អូតគខ្លោះនៃអាទិទេព nei pheap laor ot khchoah nei ahtitep *(adj.)* omnibenevolent
នៃភាសា nei pheasaa *(adj.)* lingual
នៃភាសាក្រិក nei pheasa krek *(adj.)* Greek
នៃភាសាត់បន់ nei pheasaa dambon *(adj.)* vernacular
នៃភាសាវិទ្យា nei pheasaa vithyear *(adj.)* linguistic
នៃភាសាស្ដាប់មិនបាន nei pheasa sdab min ban *(adj.)* gibberish
នៃភូមិគ្រឹះ nei phoum kreuh *(adj.)* manorial
នៃភូមិសាស្ត្រ nei phoumasas *(adj.)* geographical
នៃភេទស្រី nei phet srei *(adj.)* female
នៃភ្នែក nei phnek *(adj.)* ocular
នៃភ្នែក nei phnek *(adj.)* optic
នៃភ្នំខ្ពស់ៗ nei phnom khpos *(adj.)* alpine
នៃភ្នំភ្លើង nei phnom phleung *(adj.)* volcanic
នៃភ្លៀង nei phlieng *(adj.)* rainy

នៃមនុស្សខ្វាក់ពណ៌ nei mnous khvak por (adj.) monochromatic
នៃមនុស្សជាតិ nei monuos cheat (adj.) humane
នៃមនុស្សធម៌ nei monuos thor (adj.) humanitarian
នៃមហន្តរាយ nei mohantoray (adj.) catastrophic
នៃម៉ាញេទិក nei ma nhe tik (adj.) magnetic
នៃម៉ូលេគុល nei maule koul (adj.) molecular
នៃម៉ែត្រ nei met (adj.) metrical
នៃមាតា nei meada (adj.) maternal
នៃមាត់សមុទ្រ nei moat sakmot (adj.) littoral
នៃមាត់ស្បូន nei moat sbaun (adj.) cervical
នៃមុខ nei moukh (adj.) facial
នៃមូលដ្ឋានគ្រឹះ nei moulo than kreuh (adj.) fundamental
នៃមេកានិច nei mekeanich (adj.) mechanic
នៃមេឃ nei mekh (adj.) celestial
នៃម្សៅធញ្ញជាតិ nei msao thonhnh cheat (adj.) oatmeal
នៃយានយន្ត nei yean yon (adj.) vehicular
នៃយុទ្ធសាស្ត្រ nei youtthosaast (adj.) strategic
នៃយុវវ័យ nei youvak vei (adj.) youthful
នៃយោធា nei yothea (adj.) military
នៃរង្វង់ភ្នែក nei rongvong phnek (adj.) orbital
នៃរចនាសម្ព័ន្ធ nei rochanna samponth (adj.) structural
នៃរាងកាយ nei reangkay (adj.) corporal
នៃរាត្រីចរ nei reatrei char (adj.) nocturnal
នៃរុក្ខសាស្ត្រ ney roukkhaksas (adj.) botanical
នៃរូបតំណាង nei roub damnang (adj.) iconic
នៃរូបភាព nei roub pheap (adj.) pictorial
នៃរឿងកំប្លែង nei reung kamblaeng (adj.) comical
នៃរឿងកំសត់ nei reung kom sot (adj.) melodramatic
នៃរឿងប្រឌិត nei reung brodit (adj.) fictional
នៃរឿងព្រេង nei reung preng (adj.) folkloric
នៃរឿងព្រេងនិទាន nei rueng preng nitean (adj.) legendary
នៃរឿងព្រេងបុរាណ nei rueng preng bauran (adj.) mythological
នៃរោគឃ្លង់ nei rok khlong (adj.) leprous
នៃរោគសញ្ញា rokosanhnha (adj.) symptomatic
នៃលាមក nei lea muok (adj.) fecal
នៃលេខរៀង Ney Lek Reang (adj.) serial
នៃលោកខាងលិច nei lok khang lich (adj.) western
នៃលោហធាតុ nei lohak theat (adj.) metallic
នៃល្ខោន Ney La Khon (adj.) scenic
នៃល្ខោន nei lkhon (adj.) theatrical
នៃល្បែងកូនកោល nei lbeng kaun kol (adj.) pastoral
នៃវគ្គ Ney Vek (n.) sessional
នៃវង់តន្ត្រី nei vong don trey (adj.) orchestral
នៃវណ្ណៈកណ្តាល ney vannak kandal (adj.) bourgeois
នៃវត្ថុបុរាណ nei votthoboran (adj.) antiquarian
នៃវប្បធម៌ nei vabbakthor (adj.) cultural
នៃវិចទ័រ nei vechtor (adj.) vectorial
នៃវាក្យសព្ទ veakyasap (adj.) terminological
នៃវាយនភ័ណ្ឌ nei veayonakpon (adj.) textile
នៃវិចារណញាណ nei vicharanak nhean (adj.) intuitive
នៃវិជ្ជាពេទ្យកុមារ nei vichcheapet komar (adj.) paediatric
នៃវិឆង្សនា nei vitthangsana (adj.) subversive
នៃវិទ្យុសកម្ម nei vityousakam (adj.) radioactive
នៃវិធីនិយាយនៅដើមគ nei vithi niyeay nov derm kor (adj.) ventriloquistic
នៃវិធីសាស្ត្រវាស់សម្ពាធឈាម nei vithi sas voah sompeat chheam (adj.) oscillometric

នៃវិធីសាស្រ្ត vithi sas *(adj.)* methodical
នៃវិហារគ្រឹស្តសាសនាទូទាំងពិភពលោក nei vihea kreu sassasna tutang piphoplok *(adj.)* ecumenic
នៃវិហារគ្រឹស្តសាសនាផ្សេងៗ nei vihear kreus sasana phseng phseng *(adj.)* ecumenical
នៃមទមន្ត nei vetomon *(adj.)* magical
នៃសក្តិភូមិ nei sak kdei phoum *(adj.)* feudal
នៃសង្កសី nei sangkasei *(adj.)* corrugated
នៃសញ្ញា nei sanhnha *(adj.)* signal
នៃសណ្ឋានដី nei santhandei *(adj.)* topographical
នៃសត្វដែលរស់នៅក្នុងទឹកក៏បានលើគោកក៏បាន nei sat del rosnov knong tuk kaban leukok kaban *(adj.)* amphibious
នៃសត្វដំរីបុរាណ nei satt domrei boran *(adj.)* mammoth
នៃសត្វវិទ្យា nei sat vityea *(adj.)* zoological
នៃសភាព័ណ្ណរាស្ត្រ nei saphea dam nang reas *(adj.)* parliamentary
នៃសភាពមានមាគ nei sapheap mean rok *(adj.)* morbid
នៃសភាវគតិ sapheavak ka tek *(adj.)* instinctive
នៃសមត្ថភាពក្នុងការផ្លាស់ទីវត្ថុដោយប្រើថាមពលជ្រុះចិត្ត nei samotthapheap knong kar phlas ti vottho daoy brer tham pol phlauv chett *(adj.)* telekinetic
នៃសមុទ្រ nei samot *(adj.)* maritime
នៃសម្ភារៈ nei samphearak *(adj.)* material
នៃសរិរាង្គ nei sarei reang *(adj.)* organic
នៃសហករណ៍ sahakor *(adj.)* cooperative
នៃសហព័ន្ធ nei sa hak ponth *(adj.)* federal
នៃសាកសព nei sak sob *(adj.)* cadaverous
នៃសាច់ដុំយឺត nei sach dom yeut *(adj.)* tensor
នៃសាជី nei sachi *(adj.)* conical
នៃសាជីវកម្ម nei sachivokamm *(adj.)* corporate
នៃសាធារណរដ្ឋ Ney Sa Thea Ro Nak Rot *(adj.)* republican
នៃសារធាតុស៊ីទ្រិច nei sartheat sitrich *(adj.)* citric

នៃសារពើពន្ធ saro peu ponth *(adj.)* fiscal
នៃសាលា Ney Sa La *(adj.)* scholastic
នៃសាសនាកាតូលិក nei sasana kataulik *(adj.)* catholic
នៃសាសន៍ nei sasa *(adj.)* racial
នៃសិក្ខាបទនៃព្រះយេស៊ូ nei sekkhabot preah yesuo *(adj.)* evangelic
នៃសិប្បសត្វ nei seb pak sat *(adj.)* molluscous
នៃសិល្បៈ nei selapak *(adj.)* artistic
នៃសិល្បៈខាងញាត់ស្បែកសត្វធ្វើឱ្យដូចមានជីវិត nei selapak khang nhoat sbek satt tveu oy doch mean chivit *(adj.)* taxidermal
នៃសិល្បៈនៃការរៀបចំនិងអភិរក្សស្បែកសត្វ nei selapak nei ka reab chom neung apirak sbek sat *(adj.)* taxidermic
នៃសិស្សប្អូន nei seus pa'oun *(adj.)* junior
នៃស្វរសព្ទ neysaursap *(adj.)* acoustic
នៃស្វត nei suot *(adj.)* pneumonic
នៃស្វតនិងក្រពះអាហារ nei suot ning krapeah ahar *(adj.)* pneumogastric
នៃសៀតផ្កា nei seat phka *(adj.)* temporal
នៃសៀវភៅសិក្សា sievphow seksaa *(adj.)* textbookish
នៃសេដ្ឋកិច្ច nei sedthakech *(adj.)* economic
នៃស្ត្រីភេទ nei strei phet *(adj.)* womanish
នៃស្ថានីយ sthani *(adj.)* terminal
នៃស្ថិតិ nei sthe te *(adj.)* statistical
នៃស្មៀន nei smien *(adj.)* clerical
នៃស្វ៊ែរ nei sver *(adj.)* spherical
នៃសំឡេង nei saamleng *(adj.)* vocal
នៃសំឡេងដើមកfont nei somleng derm kor *(adj.)* guttural
នៃសំទ្បេង nei saamleng *(adj.)* sonic
នៃហិរញ្ញវត្ថុ nei he ranh vottho *(adj.)* financial
នៃហ្សែន nei gen *(adj.)* genetic
នៃហ្សែនដែលវិតូទៅជាអាឡែហ្ស៊ី nei zen del vivott tov chea alesei *(adj.)* atopic
នៃឯកព្យាង្គ nei eka pyeang *(adj.)* monosyllabic

នៃអកម្មកិរិយា nei ak kam kiriya (adj. (verb)) intransitive
នៃឯករចនៈ nei ekavachanak (adj.) singular
នៃឯកសព្ទ nei ek sap (adj.) monotonous
នៃឯកសារ nei eksar (adj.) documentary
នៃអក្សរសាស្ត្រ nei aksorsaas (adj.) literary
នៃអគ្គិសនី nei akkisani (adj.) electric
នៃអង្កត់ទ្រូង nei angkot troung (adj.) diagonal
នៃអង់ដូស្កុប nei ang dau skaub (adj.) endoscopic
នៃអង់ស៊ីម nei angsim (adj.) enzymic
នៃអតិបរមា nei ah te pak rima (adj.) maximum
នៃអតីតកាល Ney Ah Tei Tak Kal (adj.) retrospective
នៃអតីតយុទ្ធជន nei adit yout thochun (adj.) veteran
នៃអត្តពលកម្ម nei attapolokamm (adj.) athletic
នៃឧត្តមភាព nei ukdom pheap (adj.) idealistic
នៃឧត្តមសិក្សា nei udam seksaa (adj.) tertiary
នៃអត្ថបទ nei atthabot (adj.) textual
នៃអត្ថបទកំណាព្យ nei atthabot komnab (adj.) iambic
នៃអត្ថបទចម្រៀង nei atthabot chamrieng (adj.) lyrical
នៃអធិធម្មជាតិ nei athi thommocheat (adj.) transcendental
នៃអធិរាជ nei ak thi reach (adj.) imperial
នៃអនាគត nei anakot (adj.) future
នៃឧបករណ៍ពិនិត្យត្រចៀក nei opakor pinet trocheak (adj.) otoscopis
នៃអបិយជំនឿ nei a pey chomnue (adj.) superstitious
នៃអប្បជនាធិបតេយ្យ nei abbachna thibtey (adj.) oligarchal
នៃអភិជន nei aaphichun (adj.) elite
នៃអវយវៈសិប្បនិម្មិត ney avakyavak sabpaknimith (adj.) bionic
នៃឱសថ nei ao soth (adj.) medicinal

នៃខស្សាហកម្ម nei ussaa ha kamm (adj.) industrial
នៃអាណានិគម nei ananikum (adj.) colonial
នៃអាតូម ataumich (adj.) atomic
នៃអាត្មនសាស្ត្រ nei atman sast (adj.) pneumatological
នៃអាទិទេព nei aatitep (adj.) divine
នៃអាពាហ៍ពិពាហ៍ nei aa pear pi pear (adj.) marital
នៃអាពាហ៍ពិពាហ៍ nei apea pi pea (adj.) matrimonial
នៃអារម្មណ៍ nei arom (adj.) emotional
នៃអាល់កុលសេទីល nei alkol cetyl (adj.) cetylic
នៃអាស៊ីតអាសេទិច nei acid a se tich (adj.) acetic
នៃអាស៊ីដហ្វូលីក nei acid folic (adj.) folic
នៃអ៊ិនធឺណេត nei internet (adj.) cyber
នៃអេកូឡូស៊ី nei ekaulausi (adj.) ecological
នៃអ្នកក្រោមបង្គាប់ nei nak kraom bangkoab (adj.) subordinate
នៃអ្នកដែលរីករាយចំពោះម្ហូបឬគ្រឿងសុជ្ឈៈឆ្ងាញ់ nei nak del rikreay champoh mhoub rue phesachak chhnganh (adj.) epicurean
នៃអ្នកទ្រឹស្តីនិយម nei nak tru stei niyom (n.) pedantic
នៃអ្នកបម្រើក្នុងផ្ទះ nei nak bomrer knung phtah (adj.) domestical
នៃអ្នកប្រយុទ្ធក្នុងនាដកីឡា nei nak brayout knong nead keila (adj.) gladiatorial
នៃអ្នកស្រុកដើម nei nak srok derm (adj.) aboriginal
នៃអ្នកឧបត្តម្ភ nei nak ubattham (adj.) proverbial
នៃអំប្រីយ៉ុង nei ambriyong (adj.) embryonic
នៃអ័ក្ស nei ak (adj.) axial
នោះ noh (dem. pron.) that
នោះ noh (adv.) that
នៅ nov (prep.) at
នៅខាងមុខ nov khangmoukh (adv.) ahead
នៅពាក់កណ្តាល now peak kandal (n.) mitten

នៅលើអេក្រង់ now leu ekrang *(adj.)* on-screen
នៅក្បែរ nov kbae *(prep.)* beside
នៅក្បែរ now kber *(prep.)* near
នៅក្បែរ nov kbae *(adj.)* near
នៅក្រោម nov kraom *(prep.)* under
នៅក្រោម nov kraom *(adv.)* under
នៅក្រោមដី nov kraom dei *(adj.)* subterranean
នៅក្រោមទឹក nov kraom teuk *(n.)* undercurrent
នៅក្រោមពិភពលោក nov kraom piphoplok *(n.)* underworld
នៅខាងក្នុង nov khang knong *(prep.)* inside
នៅខាងក្នុង nov khang knong *(adv.)* within
នៅខាងក្នុង nov khang knong *(prep.)* within
នៅខាងក្រោម nov khang kraom *(adv.)* beneath
នៅខាងក្រោយ nov khang kroay *(prep. & adv.)* behind
នៅខាងក្រៅ now khang krao *(adv.)* outside
នៅខាងក្រៅ now khang krao *(prep.)* outside
នៅគ្រប់ទីកន្លែង nov krob ti kanlaeng *(pron.)* everywhere
នៅជាប់គ្នា nov choab knea *(v.)* cohere
នៅជិតគ្នា nov chit knea *(adj.)* adjacent
នៅជុំវិញ nov choumvinh *(adv. & prep.)* around
នៅដាច់ដោយឡែក nov dach daoy laek *(v.)* isolate
នៅដាច់តែឯង nov dach tae eng *(adv.)* aloof
នៅដាច់ពីគេ nov dach pi ke *(v.)* insulate
នៅតាមបណ្ដោយ nov tam bandaoy *(prep. & adv.)* along
នៅតាមផ្លូវ nov tam plauv *(adv.)* en route
នៅតែ nov tae *(adv.)* still
នៅតែឯង nov te eng *(n.)* solitude
នៅថ្ងៃនេះ nov thngai nih *(adv.)* today
នៅថ្ងៃសីល Nov Thngai Sel *(adj.)* sabbatical
នៅថ្ងៃស្អែក now thngai sa ek *(adv.)* tomorrow
នៅទិណ nov tina *(adv.)* whither

នៅទីនេះ nov ti nih *(adv.)* here
នៅទីនោះ now tinoh *(adv.)* there
នៅទីនោះ now tinoh *(adv.)* thereabouts
នៅទីនោះ now tinoh *(adv.)* thither
នៅទីបី nov ti bei *(adv.)* thirdly
នៅទីបំផុត nov ti bomphot *(adv.)* eventually
នៅទូទាំង now touteang *(prep.)* throughout
នៅទូទាំង now touteang *(adv.)* throughout
នៅទូទាំងពិភពលោក nov tou teang piphop lok *(adv.)* globally
នៅទ្រឹង nov treung *(v.)* stagnate
នៅបរទេស nov borotes *(adv.)* abroad
នៅផ្នែកខាងក្រោយ nov phnek khangkraoy *(adv.)* aft
នៅពីមុខ nov pimoukh *(v.)* antecede
នៅពេលដែល nov pel del *(conj.)* when
នៅភាគខាងត្បូង nov pheak khang tbaung *(adj.)* southern
នៅម្ដុំនេះ nov mdom nih *(adv.)* hereabouts
នៅយប់នេះ now yub nih *(adv.)* tonight
នៅរស់ nov ros *(adj.)* alive
នៅលីវ nov liv *(n.)* single
នៅលីវ nov liv *(adj.)* single
នៅលីវ now liv *(adj.)* solitary
នៅលើ now leu *(prep.)* on
នៅលើ now leu *(adj.)* on
នៅលើ now leu *(adv.)* on
នៅលើ (យន្តហោះ នាវា) now leu (yon hoah, nea vea) *(adv.)* aboard
នៅលើផែនដី nov leu phendei *(adj.)* earthly
នៅលើផ្លូវ now leu phlauv *(adj.)* on-road
នៅសល់ nov sol *(n.)* leftover
នៅសល់ Nov Sol *(v.)* remain
នៅស្ថានបរមសុខ nov sthan baromsokh *(adj.)* heavenly
នៅស្ថិតស្ថេរ nov sthet sthe *(v.)* last
នៅឡើយទេ nov lery te *(adv.)* yet
នៅឯណា nov ae na *(adv.)* whereabout
នៅឯបគ្នា nov aeb knea *(prep.)* alongside
នំ nom *(n.)* cake
នំ nom *(n.)* croissant

នំកង nom kong (n.) bagel
នំក្រៀម nom kriem (n.) crepe
នំខូឃី noam khau khi (n.) cookie
នំខេកខ្លី nom khek khlei (n.) shortcake
នំខ្ញី nom khnhei (n.) gingerbread
នំឈីស nom chhis (n.) cheesecake
នំញាំជាមួយតែ nom nham chea mouy tae (n.) teacake
នំបង្អែម nom bang aem (n.) confection
នំប៉័ងសំប៉ែត nompang sompet (n.) flatbread
នំប៊ីស្គីត nom biscuit (n.) biscuit
នំប៉័ង noam pang (n.) baguette
នំប៉័ង nombang (n.) bread
នំប៉័ងអាំង nompang ang (n.) toast
នំបវស្រួយ nom bor sruoy (n.) shortbread
នំផ្សេងៗធ្វើពីម្សៅ nom phsaeng thveu pi msao (n.) pastry
នំផ្អែមកូចសំប៉ែត nom ph'aem touch sompet (n.) macaroon
នៃយត្រង់ nei trong (adj.) literal
នៃយមិនច្បាស់ ney min chbas (adj.) ambiguous

## ប

បទបង្ហាញ bot banghanh (n.) showcase
បន្ត Bon Tor (v.) resume
បកប្រែ bok brae (v.) interpret
បកប្រែ bok brae (v.) translate
បកស្បែក bok sbek (v.) skin
បកស្រាយ boksrai (v.) construe
បកស្រាយខុស bok sray khos (v.) misconstrue
បកស្រាយសារសម្ងាត់ boksray sar samngaat (v.) decipher
បកស្រាយអក្សរសម្ងាត់ boksray aksor samngat (v.) decode
បកស្រាយឱ្យច្បាស់ bok sray oy chbas (v.) demystify

បក្សពួកនិយម bak puok niyom (n.) nepotism
បក្សី baksei (n.) bird
បក្សីជំពូកក្អែក Bak Sei Jom Pook Ka Ek (n.) rook
បក្សីម្យ៉ាង baksei myang (n.) wren
បក្សីម្យ៉ាងស្រដៀងទា Baak Sei Myang Sro Deang Tea (n.) sawbill
បក្សីម្យ៉ាងខួចចាប baksei myang doch charb (n.) accentor
បក្សីវិទ្យា baksei vityea (n.) ornithology
បក្សីសមុទ្រម្យ៉ាង baksei samout myang (n.) albatross
បក្សីអាព្រិក baksei afrik (n.) oxbird
បក់ដៃ bok dai (v.) wave
បក់ផ្លើបៗ bork phloeb phloeb (v.) flap
បងប្អូន bong pa oun (n.) sibling
បងប្អូនជីដូនមួយ bong paaun chidaunmuoy (n.) cousin
បងប្អូនប្រុស bong pa oun bros (n.) brother
បងប្អូនស្រី bang pa-oun srei (n.) sister
បងប្អូនស្រី bang paaun srei (adj.) sisterly
បង្គរ bangkor (v.) pose
បង្គក bong kok (v.) freeze
បង្គ្រោះកាច bangkor krohkach (v.) peril
បង្គ្រោះថ្នាក់ bangkor kroh thnak (v.) endanger
បង្កង bangkong (n.) lobster
បង្កងសមុទ្រម្យ៉ាង bangkong samout myang (n.) crayfish
បង្កចលាចល bongkor chorla chol (v.) foment
បង្កបញ្ហា bongkor panhha (v.) matter
បង្កបញ្ហា bongkor panhha (v.) trouble
បង្ករឿង bangkor rueng (v.) antagonize
បង្កវិនាសកម្មលួច bongkor vineaskam luoch (v.) depredate
បង្កសង្គ្រាម bangkor sangkream (v.) wage
បង្កហេតុ bangko het (adj.) provocative
បង្កាច់ បង្គួច bong kach bong kouch (v.) libel
បង្កាត់ពូជ bongkat puoch (v.) breed
បង្កាត់ពូជ bongkat puoch (v.) stud

បង្កាន់ដៃ BongKann Dai (n.) receipt
បង្កាន់ដៃជណ្ដើរ bangkandai chunder (n.) bannister
បង្ការ bangkar (v.) prevent
បង្កើត bangkeut (v.) constitute
បង្កើត bongkeut (v.) create
បង្កើត bongkert (v.) establish
បង្កើត bong kert (v.) form
បង្កើត bongkert (v.) formulate
បង្កើត bong kert (v.) generate
បង្កើត bong kert (v.) invent
បង្កើត bangkeut (v.) provoke
បង្កើតក្រុម bongkert krom (v.) team
បង្កើតគំនិត bongkert kom nit (v.) ideate
បង្កើតចំណប់អារម្មណ៍ Bong Keut Jom Nab Ahh Rom (v.) scene
បង្កើតជាគ្រីស្តាល់ bongkert chea kristal (v.) crystalize
បង្កើតថ្មី bangkert thmei (v.) innovate
បង្កើតទ្រឹស្តី bongkert treusdei (v.) theorize
បង្កើតរឿងអាស្រូវ Bong Keut Reung Ahh Srov (v.) scandalize
បង្កើតសារជីវកម្ម bong kert sachivkamm (v.) incorporate
បង្កើតសំឡេងស្រូរតិចៗ bangkert samleng sau tich tich (v.) burble
បង្កើតឡើង bongkert lerng (v.) devise
បង្កើតឧបសគ្គ bangkert ubpasak (v.) snarl
បង្កើនល្បឿន bangkeun lbuen (v.) accelerate
បង្កើល bang eul (v.) outwit
បង្ក្រាប bangkrab (v.) quell
បង្ក្រាប bangkrab (v.) subdue
បង្ក្រាប bong krab (v.) subjugate
បង្ក្រាប bangkrab (v.) suppress
បង្ខាំង bangkhang (v.) confine
បង្ខាំងទុក Bong Kheng Tok (v.) sequester
បង្ខូច bangkhouch (v.) vitiate
បង្ខូច bang khouch (v.) wrong
បង្ខូចត្រង់ទ្រាយ bangkhouch trungtreay (v.) distort
បង្ខំ bangkhom (v.) compel
បង្ខំ bangkham (v.) constrain

បង្ខំ bangkham (adv.) perforce
បង្គន់ bongkun (n.) lavatory
បង្គន់ bangkon (n.) toilet
បង្គន់ក្រៅផ្ទះ bangkun krao phteah (n.) outhouse
បង្គន់អនាម័យ bangkon anamai (n.) latrine
បង្គរ bangkor (v.) accrue
បង្គោល bangkol (n.) pole
បង្គោល bongkol (n.) stake
បង្គោលខ្លីៗតាមចិញ្ចើមផ្លូវ bongkoal khley kley tam chencherm thnorl (n.) bollard
បង្គោលចង្កូត bongkoal chong kout (n.) rudderpost
បង្គោលតង់ bong koal tong (n.) tentpole
បង្គោលទីបាល់ទាត់ bongkoal ti bal toat (n.) goalpost
បង្គោលទ្វារ bong kol tvear (n.) gatepost
បង្គ្រាប bongkrab (v.) worst
បង្ជ្រញ bangruonh (v.) abridge
បង្ជ្រញ bong ruonh (v.) shrink
បង្ជ្រម bongroum (v.) constrict
បង្ជ្រមចូលគ្នា bangruom choul knea (v.) consolidate
បង្ជ្រមឡើងវិញ Bong Roum Leung Venh (v.) recondense
បង្រៀន bangrien (v.) lecture
បង្រៀន Saa Laa (v.) school
បង្រៀន bangrien (v.) teach
បង្វិល Bongvel (v.) revolve
បង្វិល Bong Vel (v.) rotate
បង្វិល bong vil (v.) swirl
បង្វិលកង bangvil kong (v.) wheel
បង្វែចូលទៅផ្លូវផ្សែង bong ve chaul tow phlauv phsaeng (v.) sidetrack
បង្វែរ bangvae (v.) divert
បង្វែរ bangvae (v.) subvert
បង្វែរ bangvae (v.) turn
បង្វែរខាងក្នុងចេញក្រៅ bangvae khang khnong chenh krao (v.) evert
បង្ហាញ banghanh (v.) demonstrate
បង្ហាញ banghanh (v.) disclose
បង្ហាញ banghanh (n.) display

បង្ហាញ bonghanh (v.) express
បង្ហាញ bonghanh (v.) feature
បង្ហាញ bang hanh (v.) indicate
បង្ហាញ bang hanh (v.) show
បង្ហាញកំហុស bonghanh kamhos (v.) debunk
បង្ហាញដោយប្រើរូបភាព bonhanh doy brer roub pheap (v.) illustrate
បង្ហាញថាគ្មានកំហុស banghanh tha kmean kamhos (v.) vindicate
បង្ហាញទិសដៅខុស bonghanh teus dao khos (v.) misdirect
បង្ហាញទុកមុន banghanh toukmun (v.) bespeak
បង្ហាញកស្តុតាង banghanh phosttang (v.) adduce
បង្ហាញយ៉ាងរស់រវើក bonghanh yang ros roverk (v.) blazon
បង្ហាញរឿងសម្ងាត់ bonghanh reung somngat (v.) divulge
បង្ហាញសេចក្តីព្រួយបារម្ភ banghanh sechakdei pruoybarom (v.) mope
បង្ហាញសេចក្តីអាណិត banghanh sechkdei anet (v.) commiserate
បង្ហាញអោយឃើញច្បាស់ bonghanh oy kheunh chhbas (v.) evince
បង្ហាញអោយឃើញថាខុស banghanh oy kheunh tha khos (v.) disprove
បង្ហាញឱ្យល្អិតល្អន់ bonghanh oy lait laon (v.) elaborate
បង្ហាញអំពីភាពត្រឹមត្រូវ banghanh ampi pheap troem trauv (v.) justify
បង្ហាបង្ហួច bongha bong uoch (v.) shutter
បង្ហាប់ banghab (v.) compress
បង្ហិនទ្រព្យ banghin trop (n.) prodigality
បង្ហូរ banghou (v.) drain
បង្ហូរតាមបំពង់ banghour tam bampong (v.) pipe
បង្ហូរតិចៗ banghour tech tech (v.) ooze
បង្ហូរទឹកភ្នែក banghour teuk phnek (v.) tear
បង្ហួតទៅជាចំហាយទឹក banghuot tov chea chamhay teuk (v.) vaporize
បង្ហៀរសេះ bonghear ses (n.) bridle

បង្អន់ bong orn (v.) abate
បង្អន់ bang aon (v.) moderate
បង្អន់ bongorn (v.) temper
បង្អន់សូរ bangaon sau (v.) muffle
បង្អាក់ bang ak (v.) detract
បង្អាក់ bong ak (v.) handicap
បង្អាក់ bong ak (v.) stall
បង្អាក់ទឹកចិត្ត bong ak teuk chett (v.) discourage
បង្អាក់ទុកជាមុន bong ak tuk chea mun (v.) forestall
បង្អួច bang uoch (n.) window
បង្អួតខ្លួន bang auot khluon (v.) preen
បង្អៀរសេះ bong ear seh (n.) harness
បង្អែបង្អង់ bong ae bong ong (v.) linger
បង្អែម bang aem (n.) dessert
បង្អែម bong em (n.) sweet
បង់ bong (v.) pay
បង់បន្ថែម bong bonthaem (v.) surcharge
បង់រុំ bongroum (n.) bandage
បង់រុំផ្លែកស្មារ Bong Rom Phnek Smaa (n.) scapular
បង់សងវិញ Bong Song Venh (v.) reimburse
បង់ស្កុត Bongg Scot (n.) scot
បង់បិទដំបៅ bong bet dambao (n.) Band-Aid
បច្ឆិមទិស bachchoem tis (n.) occident
បច្ចុប្បន្ន bachchobban (adj.) present
បច្ចុប្បន្ន bachchobban (adv.) presently
បច្ចេកទេស bachchek tes (n.) technique
បច្ចេកភាព bachchek pheap (n.) technicality
បច្ចេកវិទ្យា bachchek vityea (n.) technology
បច្ច័យ bakchay (n.) suffix
បញ្ជូន banh chuon (v.) forward
បញ្ចប់ banhchob (v.) end
បញ្ចប់ banhchob (v.) finish
បញ្ចប់ banhchob (v.) terminate
បញ្ចប់ការសិក្សា banhchob kar seksaa (v.) graduate
បញ្ចាំង banhchang (n.) premiere

បញ្ជាំង Bon Jang (v.) screen
បញ្ចាំងភ្លើង bonhchang pleung (v.) floodlight
បញ្ចុកនឹងស្លាបព្រា banhchok neung slab prea (v.) spoon
បញ្ចុះ Bon Jos (v.) reduce
បញ្ចុះហាន: banhchous thanak (v.) demote
បញ្ចុះតម្លៃ រូបិយវត្ថុ banhchouh damlei roubeyvottho (v.) devalue
បញ្ចុះតំលៃ banhchouh damlai (n.) discount
បញ្ចុះបញ្ចូល banhchouh banhchoul (v.) convince
បញ្ចុះបញ្ចូល banhchouh banhchoul (v.) persuade
បញ្ជូនតរ Bon Joun Tor (v.) relay
បញ្ចូល banh choul (v.) infuse
បញ្ចូល banhchoul (v.) insert
បញ្ចូលក្រោល banh choul kroal (v.) stable
បញ្ចូលខ្យល់ banhchoul khjal (v.) aerate
បញ្ចូលខ្យល់ banhchoul khyal (v.) pressurize
បញ្ចូលគ្នា banhchoul knea (v.) blend
បញ្ចូលគ្នា banh choul knea (v.) lump
បញ្ចូលគ្នា banhchoul knea (v.) merge
បញ្ចូលទិន្នន័យ banh choul tinnaney (v.) key
បញ្ចូលភ្លើង banhchoul pleung (v.) charge
បញ្ចូលសំឡេង banhchoul saamleng (v.) dub
បញ្ចូលអគ្គិសនី banhchoul akkisani (v.) electrify
បញ្ជៀស banhchies (v.) avert
បញ្ជៀសបញ្ហា banhchies panh'ha (v.) circumvent
បញ្ចេញ banhchenh (v.) eject
បញ្ចេញ banhchenh (v.) emit
បញ្ចេញខ្យល់ខ្លាំងតាមច្រមុះ banhchenh khyal khlang tam chramouh (v.) snort
បញ្ចេញជាតំណក់ bonhchenh chea domnork (v.) exude
បញ្ចេញផ្ការភ្លើង bonchen phka phleung (v.) spark
បញ្ចេញពងអូវុល banhchenh pong auvoul (v.) ovulate

បញ្ចេញពន្លឺ bonh chhenh ponleu (v.) gleam
បញ្ចេញពន្លឺ bonhchenh ponleu (v.) glow
បញ្ចេញពន្លឺភ្លេតៗ bonh chenh ponleu plet plet (v.) flash
បញ្ចេញស្មីព្រាកៗ Bon Jenh Reak Smei Preak Preak (v.) scintillate
បញ្ចេញសូរក្រេតក្រោត banhchenh sau kret kroat (v.) creak
បញ្ចេញសូរហឹម bonh chenh so roheum (v.) hum
បញ្ចេញសូរស៊ីសៗដោយសារហ្គាស bonchenh sou sis sis doy sa gas (v.) fizz
បញ្ចេញសំលេង banhchenh saamleng (v.) voice
បញ្ចេញសំលេងម្ដងទៀត banhchenh som leng mdong tiet (v.) geminate
បញ្ចេញសំឡេង banhchenh saamleng (v.) pronounce
បញ្ចេញសំឡេង kar banhchenh saamleng (n.) pronunciation
បញ្ចេញសំឡេង bonhchenh somleng (v.) sound
បញ្ចេញសំឡេងខួចចងរេត bonh chenh somleng doch chong ret (v.) shriek
បញ្ចេញអារម្មណ៍ក្នុងការសម្ដែង banhchenh arom knong kar samdeng (v.) emote
បញ្ចេញអារម្មណ៍ចេញមក bonhchenh arom chenh mok (v.) emanate
បញ្ចេញឱ្យឃើញ del banhchenh aoy kheunh (adj.) overt
បញ្ចេញឲ្យដឹង Bon Jenh Oy Deung (v.) reveal
បច្រាសទ្រនិចនាឡិកា banchras tronich nealeka (adv.) anticlockwise
បញ្ឆេះ banh chheh (v.) ignite
បញ្ឆេះ banhcheh (v.) kindle
បញ្ឆេះ banh chheh (v.) misfire
បញ្ឆោត banhchhoat (v.) beguile
បញ្ឆោត banhchhoat (v.) deceive
បញ្ឆោត banhchhoat (v.) decoy
បញ្ឆោត Bon Chot (v.) sham
បញ្ជា banhchea (v.) command
បញ្ជាក់ banhcheak (adj.) articulate

បញ្ជាក់ banhcheak (v.) ascertain
បញ្ជាក់ banhcheak (v.) attest
បញ្ជាក់ banhcheak (v.) certify
បញ្ជាក់ banhcheak (v.) confirm
បញ្ជាក់ banhcheak (v.) emphasize
បញ្ជាក់ banhcheak (v.) prove
បញ្ជាក់ banhcheak (v.) signify
បញ្ជាក់ banhcheak (v.) specify
បញ្ជាក់ boncheak (v.) state
បញ្ជាក់ banhcheak (v.) clarify
បញ្ជាក់ថាពិត banhcheak tha pit (v.) authenticate
បញ្ជាក់នូវ banh cheak nov (v.) imply
បញ្ជាក់បន្ថែម banhchak bonthaem (v.) corroborate
បញ្ជាក់ភស្តុតាង banhcheak pos tang (v.) substantiate
បញ្ជាទិញ banhchea tinh (v.) order
បញ្ជី banhchi (n.) list
បញ្ជីទិញរវាង់ banhchi tinh ivean (n.) shopping list
បញ្ជីសំណំ Bon Jee Som Nom (n.) setlist
បញ្ជីខ្មៅ banhchi khmao (n.) blacklist
បញ្ជីគណនេយ្យ banhchi kaknakney (n.) ledger
បញ្ជីចំណូលចំណាយ banchi chomnoul chomnay (n.) tally
បញ្ជីឈ្មោះ Bon Chee Chmous (n.) registry
បញ្ជីតាមដាន banhchi tamdan (n.) tracklist
បញ្ជីត្រួតពិនិត្យ banhchi truotpinit (n.) checklist
បញ្ជីភ្ញៀវ banhchi phnhiev (n.) guest list
បញ្ជីរាយឈ្មោះ banhchi reay chhmoh (n.) directory
បញ្ជីសម្រាំង banhchi samrang (v.) shortlist
បញ្ជូន banhchuon (v.) dispatch
បញ្ជូន banhchoun (v.) transmit
បញ្ជូនតាមទូរទស្សន៍ banhchoun tamtourotous (v.) televise
បញ្ជូនទៅ Bon Joun Tov (v.) remand
បញ្ជូនទៅយកជារបស់ខ្លួន banhchoun tow yok chea robos khluon (v.) pocket

បញ្ជូននឹងទទួល banhchoun neung tortuol (v.) transceive
បញ្ចោតលេង banhchot leng (v.) rag
បញ្ចោរ banh chor (v.) flatter
បញ្ឈប់ banhchhob (v.) cease
បញ្ឈប់ bonhchhub (v.) desist
បញ្ឈប់ banhchhob (v.) halt
បញ្ឈប់ banhchhob (v.) stop
បញ្ឈប់ការប្រើប្រាស់អ្វីមួយ banhchhob kar brer bras avei muoy (v.) decommission
បញ្ឈប់សកម្មភាព banhchhob sakammopheap (v.) sideline
បញ្ឈរ banhchhor (n.) portrait
បញ្ឈរ banhchhor (adj.) vertical
បញ្ញត្តិ banhnhat (n.) edict
បញ្ញវន្ត panhnha von (n.) intellectual
បញ្ញា panhnha (n.) intellect
បញ្ញវន្ត panhnha von (n.) intelligentsia
បញ្ញាសិប្បនិម្មិត panha sebbanimmit (n.) artificial intelligence
បញ្ចើទុកក្នុងដៃតតីយជន banh nher touk knong dai tak tei chun (n.) escrow
បញ្ហា banh ha (n.) handful
បញ្ហា panhaha (n.) issue
បញ្ហា panhha (n.) matter
បញ្ហា banhha (n.) problem
បញ្ហា panhha (n.) trouble
បញ្ហាតូចតាច panhaha touch tach (n.) sideshow
បញ្ហាបណ្ដោះអាសន្ន panh nha ha bondoh ason (n.) hitch
បញ្ហាប្រឈម banhha brachhom (n.) challenge
បញ្ហាពីរក្នុងពេលតែមួយ panhha pi knung pel tae mouy (n.) dilemma
បដា ba da (n.) placard
បដា pak da (n.) streamer
បដិរូបការ Pak Roub Kar (n.) reform
បដិវត្ត Pak De Wat (adj.) revolutionary
បដិវត្តន៍ Pak De Wat (n.) revolution
បដិសណ្ឋារកិច្ច bak de sonthar kech (n.) hospitality
បដិសេដ Pak De Set (v.) refuse

បដិសេង Pak De Set (v.) repulse
បដិសេធ bakdeseth (v.) confute
បដិសេធ bakdeseth (v.) deny
បដិសេធ bakdesaet (v.) deprecate
បដិសេធ bakdeseth (v.) disclaim
បដិសេធ bak deseth (v.) negative
បដិសេធ Pak De Set (v.) rebuff
បដិសេធចោល bdeseth chaol (v.) overrule
បដិរូបកម្ម Pak De Roub Kam (n.) reformation
បឋម bakthom (adj.) elementary
បឋម bathom (adj.) preliminary
បឋម bathom (n.) preliminary
បឋម batham (adj.) primary
បណ្ដាញទឹកស្អុយ Bon Danh Loo Teuk Sa Ouy (n.) sewerage
បណ្ដាលអោយ bandal aoy (v.) prompt
បណ្ដាលឱ្យ bondal oy (v.) beget
បណ្ដាលឱ្យ ban dal aoy (v.) necessitate
បណ្ដាលឱ្យស្លាប់ ban dal oy slab (adj.) mortal
បណ្ដាសា bandasa (n.) damnation
បណ្ដឹងរឹបទ្រព្យពីតតិយជន bondoeng reub trop pi takteychun (n.) garnishment
បណ្ដំប្រតិបត្តិការ Bon Dom Pro Te Baat Ka (n.) sandbox
បណ្ដុះគំនិត bandoh kom nit (v.) inculcate
បណ្ដោយខ្លួន bandaoy khluon (v.) indulge
បណ្ឌិត bandeut (n.) doctorate
បណ្ឌិត្យសភា bandet saphea (n.) academy
បណ្ណាការ bonna kar (n.) dowery
បណ្ណារក្ស ban na rak (n.) librarian
បណ្ណាល័យ ban na lai (n.) library
បណ្ណាញ bondaanh (n.) channel
បណ្ណាញ ban tarnh (n.) network
បណ្ណាញកជនសម្រាប់អ្នកក្រៅស្ថាប័ន bondanh ek chun samrab nak krao sthaban (n.) extranet
បណ្ណាញអ៊ីនធឺណេតល្បឿនលឿន bondanh internet lbeurn leun (n.) broadband
បណ្ដាលឱ្យ bondal oy (v.) cause
បណ្ដាលឱ្យកើតមាន bondal oy kert mean (v.) occasion
បណ្ដាលឱ្យហើម bondal oy herm (v.) engorge
បណ្ដាសា bondasa (n.) curse
បណ្ដឹងតវ៉ា bondoeung tor va (n.) grievance
បណ្ដឹងវិវាទ bondoeng viveat (n.) litigation
បណ្ដឹងឧទ្ធរណ៍ bondoeng utthor (v.) appeal
បណ្ដំពន្ធុ bondom ponthou (n.) genome
បណ្ដំអ្នកចូលចិត្តបច្ចេកវិទ្យា bondom nak chaul chett bachchek vityea (n.) geeksville
បណ្ដេញចេញ bandenh chenh (v.) banish
បណ្ដេញចេញ bondenh chenh (v.) dismiss
បណ្ដេញចេញ bondenh chenh (v.) evict
បណ្ដេញចេញ bondenh chenh (v.) expel
បណ្ដេញចេញពី bondenh chenh pi sasana (v.) excommunicate
បណ្ដោះអាសន្ន bondaoh asonn (n.) interim
បណ្ដោះអាសន្ន bon daoh asan (adj.) provisional
បណ្ដោះអាសន្ន bondaoh asann (adj.) temporary
បណ្ដោះអាសន្ន bondaoh asonn (adj.) transitory
បត់ bot (v.) fold
បត់ bot (v.) zig
បត់រំ bot rom (v.) furl
បត់ចុះបត់ឡើង bot choh bot lerng (v.) snake
បត់ជើងតូច bot cheung tauch (v.) urinate
បទបង្ហាញ bot bangheanh (n.) presentation
បទកំណាព្យ bot kamnap (n.) poesy
បទកំណាព្យ bot kom nab (n.) stanza
បទឈប់បាញ់ bot chhub banh (n.) armistice
បទឈប់បាញ់ bot chhob banh (n.) ceasefire
បទឈប់បាញ់ bot chhob banh (n.) truce
បទដ្ឋាន batd than (n.) norm
បទបង្ហាញ Bot Bong Hanh (n.) representation
បទបញ្ជា botbanhchea (n.) commandment

បទបញ្ញត្តិ bot banh nhat (n.) ordinance
បទបញ្ញត្តិ Bot Bonh Jhat (n.) regulation
បទបន្ទរ bot bantor (n.) chorus
បទបន្ទរ Bot Bon Tor (n.) refrain
បទពិសោធន៍ bot pisaoth (n.) experience
បទពិសោធន៍យ៉ាងជូរចត់ bot pisaoth yang chour chot (n.) wormwood
បទភ្លេង bat phleng (n.) melody
បទភ្លេង bot phleng (n.) soundtrack
បទភ្លេង bot phleng (n.) tune
បទមធ្ឈិម bat moch chhim (n.) misdemeanour
បទល្មើស bat lomeus (n.) offence
បទឧក្រិដ្ឋ bot ukred (n.) felony
បទឧក្រិដ្ឋ Bot Ou Kret (n.) sacrilege
បទឧក្រិដ្ឋបង្កើតឡើងដោយអនីតិជន bot ukkred bangkor lerng daoy anitechun (n.) delinquency
បទអត្ថាធិប្បាយ bot atthathibbay (n.) commentary
បទេស btes (adj.) pathetic
បន្តិចទៀត bon tich tiet (adv.) anon
បន្តោងខ្សែក bontoang khsae kor (n.) locket
បន្ត bantor (v.) continue
បន្ត bantor (v.) proceed
បន្ត team tea (v.) pursue
បន្តបន្ទាប់ bantor bantoab (adj.) successive
បន្តព្យាយាម bant pyeayeam (v.) persevere
បន្តិច bantich (adv.) somewhat
បន្តិចបន្តួច ban tich bantuoch (adj.) petty
បន្តិចបន្តួច bantich bantuoch (adj.) paltry
បន្តិចម្ដង bontich mdong (adj.) gradual
បន្តឹង bontoeung (v.) fasten
បន្ដោងឱ្យយល់សប្តិ្ល bontoang oy yul sob laor (n.) dreamcatcher
បន្ថយ banthoay (v.) diminish
បន្ថយ banthoy (v.) lessen
បន្ថយភាពតានតឹង bonthoay pheap tanteung (v.) defuse

បន្ថយល្បឿន banthoay lbuen (v.) decelerate
បន្ថយល្បឿន bonthoay labeun (v.) slow
បន្ថយសំពាធ bonthoay sompeat (v.) decompress
បន្ធូរអារម្មណ៍ Bon Thou Ah Rom (v.) relax
បន្ថែម banthaem (v.) add
បន្ថែម banthaem (adj.) additional
បន្ថែម banthaem (v.) append
បន្ថែម banthaem (adj.) extra
បន្ថែម banthaem (adj.) supple
បន្ថែម banthem (adj.) supplementary
បន្ថែមកំលាំង Bon Tham Kom Lang (v.) reinforce
បន្ថែមល្បឿន bonthaem lbuen (v.) speed
បន្ថែមអុកស្សែន banthem au ssaaun (v.) ozonate
បន្ទន់ចិត្ត Bon Ton Jet (v.) relent
បន្ទប់ bantob (n.) compartment
បន្ទប់ Bon Tob (n.) room
បន្ទប់ជជែកកំសាន្ត bantob chorchek kamsan (n.) chat room
បន្ទប់ទទួលភ្ញៀវ bantob tortuol phnhiev (n.) drawing-room
បន្ទប់ភ្ញៀវ bontob phnhiev (n.) guest room
បន្ទប់ក្រោមដី bantob kroam dei (n.) basement
បន្ទប់ក្រោមដី bantob kraom dei (n.) cellar
បន្ទប់ខណ្ឌតូចៗ bantob khan tauch tauch (n.) cubicle
បន្ទប់គេង bantobkeng (n.) bedroom
បន្ទប់ដាក់អាវក្រៅ bantob dak av krao (n.) cloakroom
បន្ទប់តូច bantob tauch (n.) nook
បន្ទប់តូចក្រោមដំបូលផ្ទះ bantob tauch kraom dambaul phteah (n.) attic
បន្ទប់ផ្លាស់សំលៀកបំពាក់ bantob phlas somleak bompeak (n.) fitting room
បន្ទប់មន្ទីរពេទ្យដោយឡែក bantob montirpet daoy lek (n.) ward
បន្ទប់មានផាសុខភាព bantob mean pha sokhpheap (n.) snug

បន្ទប់រក្សាសាកសពក្នុងមន្ទីរពេទ្យ bantob raksa sakasop knong monti pet (n.) mortuary

បន្ទប់រងចាំ bantob rongcham (n.) lobby

បន្ទប់សណ្ឋាគារស្តែប្រណិត bontob sonthakea laor pronet (n.) suite

បន្ទប់ក្រោមដំបូល bontob krom domboul (n.) loft

បន្ទាត់ bontot (n.) line

បន្ទាត់ Bon Tot (n.) ruler

បន្ទាត់ដែលបង្ហាញកាលបរិច្ឆេទ bantoat del banghanh kal borichchhet (n.) timeline

បន្ទាត់ពុះទទឹងត្រង់ bontoat puh torteung trong (n.) perpendicular

បន្ទាត់រាងប៉ូល bantoat reang baul (n.) polarity

បន្ទាត់រាងប៉ូល banteat reang baul (n.) polaroid

បន្ទាន់ bantoan (n.) emergency

បន្ទាន់ bantoan (n.) instant

បន្ទាន់ bantoan (adj.) urgent

បន្ទាប bonteab (v.) lower

បន្ទាបខ្លួន banteab khluon (v.) crouch

បន្ទាបខ្លួន bonteab kluon (v.) deign

បន្ទាបបន្ថោក banteab banthoak (v.) abase

បន្ទាបបន្ថោក banteab banthok (v.) demean

បន្ទាប់បន្សំ bantoab bansaam (adj.) ancillary

បន្ទាប់បន្សំ bantoab bansaam (adj.) marginal

បន្ទាប់បន្សំ ban teab ban saam (adj.) nominal

បន្ទាប់ពី bantoabpi (prep.) after

បន្ទាប់ពីជាវ bantoabpi cheav (adj.) aftersales

បន្ទាប់ពីនេះ bantoab pi nih (adv.) hereafter

បន្ទាប់មក bantoab mok (adv.) afterwards

បន្ទាប់មក bantoab mok (adv.) then

បន្ទាប់ ban toab (adv.) next

បន្ទាប់ ban toab (adj.) next

បន្ទាយ bonteay (n.) cantonment

បន្ទាយ bonteay (n.) citadel

បន្ទាយ bonteay (n.) fort

បន្ទាយ bonteay (n.) fortress

បន្ទាយ banteay (n.) stronghold

បន្ទាយទាហាន banteay teahean (n.) barrack

បន្ទាយទាហាន bonteay teahean (n.) casern

បន្ទុក bantouk (n.) burden

បន្ទុកកប៉ាល់ bantouk kakpal (n.) shipload

បន្ទុកដែលហួសកម្រិត bantouk del huos komrit (n.) overload

បន្ទោរបង់ bantor bong (v.) defecate

បន្ទះ banteah (n.) pad

បន្ទះ ban teah (n.) panel

បន្ទះ banteaah (n.) slab

បន្ទះសូឡា banteah sau la (n.) solar panel

បន្ទះកោស Bon Tes Koas (n.) scratchpad

បន្ទះឈើ banteah chher (n.) batten

បន្ទះឈើតូចៗ bonteah chheu touch touch (n.) lath

បន្ទះដែកដាក់នឹងជណ្ដើរការពាររអិល banteah daek dak neung chonder karpear ro el (n.) treadplate

បន្ទះណាណូ bantas nano (n.) nanochip

បន្ទះថ្ម banteaa thmor (n.) slate

បន្ទះផ្ទះ Bon Teas Pkom (n.) shiplap

បន្ទះលោហធាតុភ្លឺៗ banteah lohaktheat phleu phleu (n.) tinsel

បន្ទះស្តើង Bon Tes Sdeung (n.) shide

បន្ធូរ banthou (v.) loosen

បន្ធូរខ្យល់ bonthu khyoal (v.) deflate

បន្ធូរបន្ថយ ban thou ban thoy (v.) mitigate

បន្ធូរបន្ថយ banthour banthoy (v.) slacken

បន្លា bonla (n.) barb

បន្លា banla (n.) prick

បន្លា banla (n.) thorn

បន្លាលួស bonla luos (n.) barbed wire

បន្លាច Bon Lach (v.) scare

បន្លឺសូរក្រឹបៗ banleu sau kreb kreb (v.) clack

បន្លឺសូរគ្រឹងៗ banleu sau krerng krerng (n.) clink

បន្លឺសួរខួរខ្លាយ banleu sau khcharkhchay (v.) clatter
បន្លឺសួរងឺត bonleu so ngeut (v.) squeak
បន្លឺសួរតិចៗ banleu sau tech tech (v.) twitter
បន្លឺសួរផ្ទុះដោយអាំង banleu sau phtuh daoy ang (v.) decrepitate
បន្លឺសួរវីងៗ bonleu sou reung roeung (n.) jingle
បន្លឺសួរហាទ់ខ្លាំង bonleu so ro khlang (v.) tang
បន្លឺសួរសីៗ robsa keat (v.) hiss
បន្លឺសួរស៊ីៗ bonleu sau seu seu (v.) sizzle
បន្លឺសួរអឺ៖ bonleu sou oeus (v.) grunt
បន្លឺសំឡេង banlu saamleng (v.) thud
បន្លែ banlae (n.) vegetable
បន្លំ bonlom (adj.) fraudulent
បន្លំខ្លួន banlom khluon (v.) disguise
បន្លំលួចប្រាក់ bonlom luoch brak (v.) misappropriate
បន្សុទ្ធ ban saouth (v.) purify
បន្សុទ្ធកម្ម ban saouth kam (n.) purification
បន្សុទ្ធទឹក bonsot teuk (v.) distil
បបរ babor (n.) porridge
បបូរមាត់ bor bo moat (n.) lip
បបោសអង្អែល borbaos ang ael (v.) caress
បពូជិត bupachit (n.) chaplain
បពូជិត bopachit (n.) clergy
បពូជិតភាព bapvochit pheap (n.) priesthood
បម្រាម bamram (n.) taboo
បម្រុងទុក bamroungtouk (n.) backup
បម្រើ Bom Reur (v.) serve
បរទក្ខជន baratthakchon (n.) altruist
បរបាញ់ bor banh (v.) hunt
បរប្រយោគ bara brayok (v.) paraphrase
បរប្រយោគ bara brayok (n.) paraphrase
បរមតវិជ្ជា borimat vichea (n.) metaphysics
បរមសុខ borom sokh (n.) beatitude
បរលោក boro lok (n.) hereafter
បរាជ័យ barachey (adv.) abortive
បរាជ័យ pakrachey (v.) fail

បរាជ័យដ៏ធំ pak ra chey dor thom (n.) fiasco
បរិច្ចាគ bor ri chak (v.) donate
បរិញ្ញាបត្រ barinhabat (n.) baccalaureate
បរិញ្ញាប់ត្រ barinha batt (n.) undergraduate
បរិត្តផរណា borittaphorona (n.) deflation
បរិចានរាស់រយៈកម្ពស់ borithean voas royakampos (n.) altimeter
បរិបទ bakribot (n.) context
បរិបូណ៌ boribau (adj.) bountiful
បរិភោគ boriphoak (v.) eat
បរិភោគអាហារក្រៅផ្ទះ boriphok aha krao phteah (v.) picnic
បរិមាណ bariman (n.) quantity
បរិមាណវត្ថុ briman vottho (n. pl) paraphernalia
បរិមាត្រ brimat (n.) circumference
បរិយាកាស bariyakas (n.) ambience
បរិយាកាស bariyakas (n.) atmosphere
បរិវណសាលា pariven sala (n.) campus
បរិសុទ្ធ Bo Ri Sot (n.) saint
បរិស្ថាន pakrithaan (n.) environment
បរិស្ថាននិយម pakrithaan niyoum (n.) environmentalism
បរិហារ borihar (v.) denounce
បរិហារកេរ្តិ៍ borihake (v.) defame
បរិយាកាស pariyakas (n.) aura
បល្ល័ង្គ balang (n.) throne
បសុបក្សី bak so baksei (n.) poultry
បំម pom (n.) tower
បំមវិហារអ៊ីស្លាម borm vihea ai slam (n.) minaret
ប៉ាក់ pak (v.) knit
ប៉ាតង់ batong (n.) patent
ប៉ាតង់ batong (adj.) patent
ប៉ាន់តែ pan tae (n.) teapot
ប៉ាន់ស្មាន bansman (v.) envisage
ប៉ាន់ស្មាន pansman (v.) estimate
ប៉ាន់ស្មានតម្លៃ bansman damlai (v.) quote
ប៉ារ៉ាស៊ីត bara sait (n.) parasite
ប៉ាលី ba li (n.) parley
ប៉ាស៊ីហ្វិក basi hvek (adj.) pacific

ប៉ុនប្រសប់ pen brasob (adj.) adroit
ប៉ុន្តែ bontae (conj.) only
ប៉ុន្តែ pontae (conj.) but
ប៉ុន្តែ pontae (conj.) yet
ប៉ុប bob (n.) pop
ប៉ុស្តិ៍ជួរមុខ bost chuormoukh (n.) outpost
ប៉ុស្តិ៍ត្រួតពិនិត្យ post truot pinit (n.) checkpoint
ប៉ូតាស្យូម bautasyaum (n.) potassium
ប៉ូលា bau lea (v.) polish
ប៉ូលិស polis (n.) police
ប៉ូលិស polis (n.) policeman
ប៉ូលីកាបូណា poly kabau na (n.) polycarbonate
ប៉ូលីប៊ូលីទីឡែន polybutylene (n.) polybutylene
ប៉ូលីមេទីន bau li me tin (n.) polymethine
ប៉ូលីម៊ែរ bau li mer (n.) polymer
ប៉ូលីម៊ែរ bau li mer (n.) polymethylene
ប៉ូលីយែនខ៍ polyander (n.) polyander
ប៉ូលីយែនខ៍ polyander (n.) polyandrianism
ប៉ូលីស polish (n.) constable
ប៉ូលីសតុលាការ polis tolakar (n.) bailiff
ប៉ូលីអាសេទីឡែន polyacetylene (n.) polyacetylene
ប៉ូឡូញ baulaunh (n.) polish
ប៉េងប៉ោង peng poang (n.) balloon
ប៉េងប៉ោះ peng poh (n.) tomato
ប៉ែតសិប pet seb (n.) eighty
ប៉ែល pel (n.) shovel
ប៉ោល baol (n.) pendulum
ប៉ះ bah (v.) touch
ប៉ះទង្គិច bahtongkich (v.) clash
ប៉ះពាល់ bahpoal (v.) affect
ប៉ះពាល់ bahpoal (v.) effect
បិច bich (n.) pen
បិងហ្គោ bing go (n.) bingo
បីប bi b (n.) beep
បីយ៉ា biya (n.) billiards
បឺហ្គឺរ beu keur (n.) burger
ប៊ូតុង butong (n.) button
ប៊្លូធូស blouetooth (n.) bluetooth

បាកូដ ba kaud (n.) barcode
បាក់តេរី bakteri (n.) bacteria
បាច់ bach (n.) batch
បាច់ bach (n.) bunch
បាច់ផ្កា bach phkar (n.) bouquet
បាច់អុសដុត bach ous dot (n.) faggot
បាញ់ banh (v.) shoot
បាញ់ (ទឹក ថ្នាំ ប្រេង) banh teuk thnam preng (v.) spray
បាញ់កាំរស្មីអ៊ុច banh kam raksmey ich (v.) x-ray
បាញ់ចេញ banh chenh (v.) spurt
បាញ់ទឹកកាម banh teuk kam (v.) ejaculate
បាញ់ទឹកអប់ banh tukaab (v.) perfume
បាញ់ធ្នូ banh thnou (n.) archery
បាញ់នឹងកាំភ្លើងផុតផុត banh nung kamphleungthom phtuon phtuon (v.) cannonade
បាញ់នឹងគ្រាប់បែកបាញ់នាវា banh neung kroabbek banh neavea (v.) torpedo
បាញ់ចេញ banh chenh (v.) spout
បាដាង badang (n.) ball bearing
បាណកសាស្ត្រ banorksas (n.) entomology
បាត bat (n.) bottom
បាតជើងរាបស្មើ bat cheung reab smer (n.) flatfoot
បាតដៃ bat dai (n.) palm
បាតសមុទ្រ Baat Sak Mot (n.) seafloor
បាតុករ pa to kor (n.) picket
បាតុភូត aschar (n.) phenomenon
បាតុភូតកកើតឡើងនៃភ្នំ ba to phout kor kert lerng nei phnom (n.) orogen
បាត់ bat (v.) disappear
បាត់ bat (v.) vanish
បាត់បង់ក្រិតតាមខ្នាត batbong kret tam khnat (v.) decalibrate
បាទ / ចាស bat / chas (adv.) yes
បានការ ban kar (adj.) puerile
បានកំណត់ទុកជាមុន ban kamnot touk chea moun (v.) predetermine
បានដោយសុំ ban doy soum (v.) cadge
បានតែងតាំង ban tengtang (adj.) ordained

បានទទួលយក ban totuolyok *(adj.)* accepted
បានបញ្ជាក់ពីមុន ban banhcheak pimun *(adj.)* aforementioned
បានមកវិញ Ban Mok Venh *(v.)* reclaim
បានយក ban yok *(adj.)* taken
បានយកឈ្នះ ban yok chhneah *(v.)* overcome
បានរកឃើញ ban rok kheunh *(v.)* found
បានរកឃើញ ban rok kheunh *(n.)* rasta
បានរាប់ជាសមហេតុផល ban roab chea som het phol *(adj.)* justified
បានលើកទឹកចិត្ត ban leuk teuk chett *(adj.)* spirited
បានសម្រេចចិត្ត ban samrech chett *(adj.)* decided
បានស្រស់ស្អាត ban sras saat *(adj.)* nice
បានសំរេច ban saamrech *(adj.)* accomplished
បានអនុវត្ត ban anouvott *(adj.)* applied
បាប bab *(n.)* sin
បារ bar *(n.)* bar
បារត barot *(n.)* mercury
បារត barot *(n.)* quicksilver
បារម្ភ barom *(v.)* worry
បារី bari *(n.)* cigarette
បារីស៊ីហ្គា barei siga *(n.)* cheroot
បាល់ bal *(n.)* ball
បាល់លេងលើឆ្នេរខ្សាច់ bal leng leu chhne khsaach *(n.)* beach ball
បាល់ថ្លាធំដែលមនុស្សចូលលេង bal thla thom del monous choul leng *(n.)* Zorb
បាល់ទាត់ bal toat *(n.)* football
បាល់ទះ bal teah *(n.)* volley
បាល់បោះ balbaoh *(n.)* basketball
បាវ Bao *(n.)* sack
បាវខ្សាច់ Bav Ksach *(n.)* rucksack
បាវចនា bavochna *(n.)* motto
បាវបំរើ Bao Bom Reur *(n.)* savant
បាស bas *(n.)* bass
បាសាណី basa ni *(n.)* paleontology
បាសាណីភូតវិទ្ទ basa ni phuot vitu *(n.)* paleontologist

បាំង Baang *(v.)* shade
បាំងខែល Bang Kel *(v.)* shield
បាំងធ្វើអោយបាត់ពន្លី bang thveu oy bat ponleu *(v.)* eclipse
បាំងមុខ bang moukh *(v.)* shroud
បិត bet *(v.)* stick
បិតភ្ជាប់ bet pchoab *(v.)* tape
បិតស្លាក bet slak *(v.)* tag
បិតុឃាតកម្ម be to khatakam *(n.)* patricide
បិទ bet *(adj.)* close
បិទ bet *(v.)* disable
បិទ bet *(prep.)* off
បិទ bet *(v.)* shut
បិទការ bet kav *(v.)* glue
បិទក្បៀស dak kbeas *(adj.)* unquote
បិទបាំង bet bang *(v.)* obscure
បិទបាំង betbang *(adj.)* obscure
បិទបាំង Bet Bang *(v.)* sheathe
បិទភ្ជាប់ bet phchoab *(v.)* paste
បិទភ្ជាប់នឹងដែកគោលចុច bet pchoab neung dek koal choch *(v.)* tack
បិសាច beysach *(n.)* demon
បិសាច besach *(n.)* devil
បិសាច beysach *(n.)* evil
បិសាច be sach *(n.)* monster
បី bei *(n.)* three
បីដង bei dong *(adv.)* thrice
បឹង boeng *(n.)* lake
បឹងទឹកប្រៃក្បែរមាត់សមុទ្រ boeng teuk prai kbae moat sakmot *(n.)* lagoon
បឹងហ្គាឡូ boeng ka lo *(n.)* bungalow
បឺត beut *(v.)* suck
បុក bok *(v.)* crash
បុក bok *(v.)* hit
បុក bok *(v.)* ram
បុកគ្នា bok knea *(v.)* collide
បុកទំលុះចូល bok tom louh chaul *(adj.)* piercing
បុកនឹងឈើបុះ bok neung chheu boh *(v.)* dibble
បុគ្គល bokkol *(n.)* personification

បុគ្គលឈ្នោះដែបំផុត Bok Kol Jleas Vei Bom Phot (n.) rocket scientist
បុគ្គលដែលខ្លួនពេញចិត្ត bokol del khluon penh chet (n.) idol
បុគ្គលនិយម bokkol niyom (n.) individualism
បុគ្គលស្ត្រីនិយម bokul strei niyom (n.) feminist
បុគ្គលិក bokkolik (n.) personnel
បុគ្គលិក bokkolik (n.) staff
បុគ្គលិកលក្ខណៈ bokkolik lakkhanak (n.) personality
បុណ្យ bon (n.) feast
បុណ្យខួបគម្រប់៥០ឆ្នាំ bon khuob kom ruob 50 chhnam (n.) jubilee
បុណ្យខួបមួយរយឆ្នាំ bonkhuob muoy roy chhnam (n.) centennial
បុណ្យគ្រីសម៉ាស bon kreus samas (n.) Xmas
បុណ្យណូអែល bonnauel (n.) Christmas
បុណ្យអ៊ីស្ទ័រ bonn easter (n.) easter
បុព្វកថា bop katha (n.) foreword
បុព្វកថា bo pa kak tha (n.) preamble
បុព្វកាល bopeak kal (adj.) primitive
បុព្វបទ bop bot (n.) prefix
បុព្វបុរស bopakboros (n.) ancestor
បុព្វបុរស bop pak boros (n.) forefather
បុព្វលាភរាប់រង bop laph rab rong (n.) premium
បុព្វសិទ្ធិ bopvosett (n.) prerogative
បុរស boros (n.) male
បុរស boros (n.) man
បុរសកំរិះ Bo Ros Kum Ris (n.) scrooge
បុរសដែលមានប្រពន្ធផិត boros del mean brapunth phet (n.) cuckold
បុរសលក្ខណៈ boros lakkhanak (n.) virility
បុរាណ boran (adj.) ancient
បុរាណ boran (adj.) antique
បុរាណកាល boran kal (n.) antiquity
បុរាណបរិស្ថានវិទ្យា boran bakrithan vityear (n.) paleoecology
បុរាណវិទូ boran vitou (n.) archaeologist
បុរាណវិទ្យា boran vityear (n.) archaeology

បុរេប្រវត្តិ bore bra vot (adj.) prehistoric
បូ Bo (n.) ribbon
ប៊ូក bauk (adj.) plus
ប៊ូក bauk (n.) plus
ប៊ូក bouk (v.) sum
បូកបញ្ចូល bouk banhchoul (v.) couple
បូកបញ្ចូលគ្នា bauk banhchoul knea (v.) amalgamate
បូកសរុប bauk saroub (v.) total
បូជនីយកិច្ច bauchaneykech (n.) crusade
បូជាសព bochea sob (v.) cremate
បូជាយញ្ញ Bo Jea Yanh (v.) sacrifice
បូជាលះបង់ bochea leahbong (v.) devote
បូពាក់ក្បាល bou peak kbal (n.) headband
បូម baum (v.) pump
បូងសួង buorng suorng (v.) invoke
បួន buon (n.) four
បួន boun (n.) tetra
បួនវិមាត្រនៃគូប boun vimeat nei koub (n.) tesseract
បើក berk (v.) open
បើកដំណើរការ berk domner kar (v.) launch
បើកទឹក berk teuk (v.) flush
បើកបរ berk bor (v.) drive
បើកម៉ូតូ baek mautau (v.) motor
បើមិនដូច្នេះទេ bae min dauchneh te (conj.) otherwise
បើមិនដូច្នេះទេ bae min dauchneh te (adv.) otherwise
បើមិនអញ្ចឹងទេ ber min onhcheung te (adv.) else
បៀតបៀន biet bien (v.) harass
បៀរវត្ស bier wat (n.) emolument
បេក្ខជន bekkhachun (n.) candidate
បេក្ខជន bekkhachun (n.) contestant
បេក្ខជន pekhak chun (n.) examinee
បេក្ខជន bekkhachon (n.) nominee
បេក្ខជនដែលប្រុងចាញ់គេ bekkhachun del brong chanh ke (n.) underdog
បេក្ខភាព bekkhapheap (n.) candidacy
បេតិកភណ្ឌ pe tek kak phon (n.) heritage
បេតិកភណ្ឌ betekaphon (n.) patrimony

បេតុង betong (n.) concrete
បេសកកម្ម pesakakamm (n.) expedition
បេសកកម្ម besakakam (n.) mission
បេសកជន besakak chun (n.) emissary
បេះ beh (v.) pluck
បេះដូង beh daung (n.) heart
បែកខ្នែក bek khnhek (v.) crumble
បែកខ្នែក bek khnhek (v.) disband
បែកខ្នែកគ្នាជាពីរក្រុម bek khnhek knea chea pir krom (v.) polarize
បែកជាពីរ bek chea pi (v.) bifurcate
បែកជាអំបែង Bek Jea Om Beng (v.) shard
បែកញើស bek nheus (v.) perspire
បែកញើស baek nheuh (v.) sweat
បែងចែក bengchek (v.) allocate
បែងចែក bengchek (v.) apportion
បែងចែក beng chek (v.) distinguish
បែងចែកចេញ baeng chek cheng (v.) mete
បែងចែកជាចំណែក bengchek chea chamnek (v.) traunch
បែងចែកបន្ត baeng chek bontor (v.) subdivide
បែងអំណាចឱ្យ baeng omnach oy (v.) depute
បែតា beta (adj.) beta
បែបនេះ beb nih (adj.) such
បែបបទ beb bat (n.) propriety
បែបផ្តាច់ការ baeb pdach kar (adj.) autocratic
បៃ bai (n.) byte
បៃតង baitong (n.) green
បោក baok (v.) cheat
បោក boak (v.) dupe
បោក បែន boak ben (v.) thresh
បោកកក់ស្បែក boak kok sbek (v.) taw
បោកចំបាប់ baok chambab (v.) tussle
បោកចំបាប់ baokchambab (v.) wrestle
បោកបញ្ឆោត baok banhchhoat (n.) deceit
បោកបញ្ឆោត baok banhchhoat (v.) delude
បោកបញ្ឆោត boak banh chhoat (v.) fool
បោកបញ្ឆោត baok banhchhoat (v.) hoax
បោកបញ្ឆោត Bok Bon Chot (v.) rook

បោកប្រាស់ boak bras (v.) swindle
បោកស្ងួត boak snguot (v.) dry-clean
បោកអួត boak uot (v.) launder
បោយដៃហៅ baoydai hao (v.) beckon
បោស boas (v.) sweep
បោសសំអាតនឹងម៉ាស៊ីន baos asaam at neung masin (v.) vacuum
បោះ baoh (v.) throw
បោះ baoh (v.) toss
បោះចោល boah choal (v.) cast
បោះចោល baohchaol (v.) depose
បោះចោល baoh chaol (v.) dispose
បោះឆ្នោត baoh chhnaot (v.) vote
បោះជំហាន baoh chomhan (n.) ostrich
បោះជំហាន boh chomhean (v.) step
បោះជំហាន baoh chomhean (v.) stride
បោះត្រា boh tra (v.) stamp
បោះទៅលើមេឃ boh tov leu mekh (v.) sky
បោះបង្គោល boh bongkol (v.) stake
បោះបង់ baohbong (v.) cancel
បោះបង់ baoh bong (v.) discard
បោះបង់ baoh bong (v.) forswear
បោះបង់ baoh bong (v.) quit
បោះបង់ចោល baoh bong choal (v.) abandon
បោះបង់ចោល baoh bong chaol (v.) dump
បោះបង់ចោល baoh bong choal (v.) forsake
បោះបង់ boh bong (v.) forgo
បោះបាល់ boah bal (v.) dunk
បោះពីចំហៀង boh pi chamhieng (v.) sidearm
បោះពុម្ព baoh poum (v.) imprint
បោះពុម្ព baoh poum (n.) print
បោះពុម្ព baoh poum (v.) print
បោះពុម្ពខុស baoh poump khos (v.) misprint
បោះពុម្ពដោយប្រើស្ទីនស៊ីល boh pom doy brer stencil (n.) stenographer
បោះពុម្ពផ្សាយ baohpoump phsaay (v.) publish
បោះពុម្ពម្តងទៀត Bos Pom Mdong Teat (v.) reprint

ចោះពុម្ពសម្រាប់អ្នកអត់ចេះសោះ baoh poumph samrab nak ot cheh saoh *(v.)* dummy

ប្តូរយក Pdor York *(v.)* redeem

ប្តី bdei *(n.)* husband

ប្តីប្រពន្ធ bdei braponth *(n.)* couple

ប្តីប្រពន្ធ bdei pro pon *(n.)* spouse

ប្តឹង b'doeng *(v.)* sue

បេ្តជ្ញា bdech nha *(v.)* commit

ប្រកប ដោយយុត្តិធម៌ Pro Kob Doy Yot Te Thor *(adj.)* righteous

ប្រកបដោយលក្ខណៈបុរស brakob daoy lakkhanak boros *(adj.)* virile

ប្រកបអក្សរ brokob aksor *(v.)* spell

ប្រកាច់ Pro Kach *(n.)* seizure

ប្រកាន់ខ្ជាប់ brakan khchab *(v.)* adhere

ប្រកាន់គណបក្ស brakan konapak *(n.)* partisan

ប្រកាន់យក brokan yok *(v.)* espouse

ប្រកាស brakas *(v.)* announce

ប្រកាស brakas *(v.)* declare

ប្រកាស brokas *(v.)* enunciate

ប្រកាស brakas *(v.)* preach

ប្រកាស brakas *(v.)* proclaim

ប្រកាសថាខុសច្បាប់ brakas tha khos chbab *(v.)* outlaw

ប្រកាសដ្រាប់ជាសាធារណៈ brakas brab chea sathearanak *(v.)* declassify

ប្រកួតប្រជែង brakuot bracheng *(v.)* compete

ប្រកែក bro kaek *(v.)* gainsay

ប្រក់ Brork *(v.)* roof

ប្រក់ដោយស្បូវ brok doy sbouv *(v.)* thatch

ប្រក់នឹងសង្កសី brok neung sangka sei *(v.)* tin

ប្រគល់ bro kol *(v.)* hand

ប្រចាំខែ bra cham khae *(n.)* monthly

ប្រចាំខែរាល់ខែ bra cham khae rol khae *(adv.)* monthly

ប្រចាំឆ្នាំ bracham chhnam *(adj.)* annual

ប្រចាំឆ្នាំ bracham chhnam *(adj.)* yearly

ប្រចាំឆ្នាំ bracham chhnam *(adv.)* yearly

ប្រចាំត្រីមាស bracham treimeas *(adj.)* quarterly

ប្រចាំសប្តាហ៍ bracham sabada *(n.)* weekly

ប្រជើរ bra jeav *(n.)* bat

ប្រឆាំង brachhang *(pref.)* anti

ប្រឆាំង brachhang *(adj.)* averse

ប្រឆាំង brachhang *(v.)* counteract

ប្រឆាំង brachhang *(v.)* defy

ប្រឆាំង Pro Chang *(v.)* resist

ប្រឆាំងទល់នឹង brachhang tol neung *(prep.)* versus

ប្រឆាំងគ្នា brachhang knea *(v.)* contradict

ប្រឆាំងនឹង brachhang nung *(prep.)* against

ប្រឆាំងនឹង brachhang nung *(v.)* oppose

ប្រឆាំងភាពចាស់ brachhang pheap chas *(adj.)* anti-ageing

ប្រឆាំងសង្គម brachhang sangkom *(adj.)* antisocial

ប្រជេះ bracheh *(n.)* wick

ប្រជាជន brachachon *(n.)* people

ប្រជាធិបតេយ្យ bracheathibtay *(n.)* democracy

ប្រជាប្រិយ brachea brey *(adj.)* folk

ប្រជាប្រិយភាព brachabrey pheap *(n.)* popularity

ប្រជាមតិ Pro Jea Ma Te *(n.)* referendum

ប្រជារាស្ត្រ brachea reas *(n.)* populace

ប្រជាសិទ្ធិសេចក្តីសម្រេចរបស់ប្រជារាស្ត្រ brachea setth sechkdei samrech robos brachea reas *(n.)* plebiscite

ប្រជុំ brachoum *(n.)* meeting

ប្រជុំជាក្រុម brochom chea krom *(v.)* throng

ប្រជែង Pro Jeng *(v.)* rival

ប្រជ្រុយ bra chrouy *(n.)* mole

ប្រជ្រៀត bro cheat *(v.)* wedge

ប្រជ្រៀតដោលគ្នា bro chreat dol knea *(v.)* jostle

ប្រឈមមុខ brochhoam mukh *(v.)* breast

ប្រឈមមុខ brachhom moukh *(v.)* confront

ប្រឈមមុខ brochhoum moukh *(v.)* face

ប្រឈ្លោះ Pro Jlous *(v.)* scrap

ប្រញាប់ bra nhab *(v.)* hasten

ប្រញាប់ bro nhab (v.) hurry
ប្រដាប់កាន់បើកបិទទ្វារ bradab kan berk bet tvear (n.) doorknob
ប្រដាប់កោស brodab koas (n.) grater
ប្រដាប់កោស Pro Dab Kuos (n.) scraper
ប្រដាប់ក្មេងលេង bradab kmeng leng (n.) toy
ប្រដាប់ខារ bradab khar (n.) windlass
ប្រដាប់គាស់កូនឈើយកទៅដាំ bradab koas kaunchheu yok tov dam (n.) trowel
ប្រដាប់គូសត្របកភ្នែក brodab kuos trobork phnek (n.) eyeliner
ប្រដាប់ឃ្លុំមាត់សត្វ bradeab khloum meat sat (n.) muzzle
ប្រដាប់ធ្វើកុំអោយឮសូរ prodab tveu kom oy leu sou (n.) silencer
ប្រដាប់បន្តពូជ brodab bontor puoch (n.) genitalia
ប្រដាប់ប្រដា prodab brodar (n.) kit
ប្រដាប់ប្រដាប្រើប្រាស់ bradab brada brer bras (n.) utensil
ប្រដាប់ប្រើប្រាស់ផ្ទាល់ខ្លួន bradab brer bras phtal khluon (n.) clobber
ប្រដាប់វាយក្រឡុក bradab veay kralok (n.) whisk
ប្រដាប់វាស់ទឹកភ្លៀង bradab voas teuk phlieng (n.) pluviometer
ប្រដាប់សម្រាប់ពង្រីកសំឡេង brodab somrab pongrik somleng (n.) megaphone
ប្រដាប់ស្តុងកម្លាំងចរន្តអគ្គិសនី brodab stong komlang chakron akkisani (n.) galvanometer
ប្រដាប់ស្ទង់កម្លាំងរញ្ជួយ Pro Dab Stong Kom Lang Ron Jouy (n.) seismograph
ប្រដាប់ស្ទួចអីវ៉ាន់ prodab stuoch eivan (n.) teagle
ប្រដាប់អាវុធ bradab avuth (adj.) armed
ប្រដាប់អាវុធជាមុន brodab avuth chea mun (v.) forearm
ប្រដាប់ខូង Pro Dab Koung (n.) sharpener
ប្រដាប់បង្វិល bradab bangvil (n.) winder
ប្រដាប់ស្ទង់ភាពខាប់នៃទឹកដោះ prodab stung pheap khab nei teuk doh (n.) lactometer

ប្រដាល់ bradal (n.) boxing
ប្រឌិត brodit (v.) fabricate
ប្រឌិតរឿង brodit reurng (v.) concoct
ប្រឌិត bradit (v.) contrive
ប្រណាំង branang (v.) race
ប្រណិត branet (adj.) luxuriant
ប្រតិកម្ម bratekam (v.) react
ប្រតិកម្ម bratekam (n.) reaction
ប្រតិកម្មខ្លាំងក្លា bratekamm khlang kla (n.) backlash
ប្រតិកិរិយា bra te keriya (adj.) reactionary
ប្រតិទិន bratetin (n.) calendar
ប្រតិបត្តិការ bratebatkar (n.) operation
ប្រតិបត្តិបានល្អ brotebatt ban laor (v.) excel
ប្រតិបត្តិ brotebatt (v.) execute
ប្រតិបត្តិ bratebatt (v.) operate
ប្រតិបត្តិករ bratebat kor (n.) operator
ប្រតិបត្តិការ bratebattkar (n.) operability
ប្រតិបត្តិការ bratebatte kor (n.) transaction
ប្រតិភូ bratephou (n.) delegate
ប្រតិមតិ brate matte (n.) antinomy
ប្រតិបត្តិ brattebat (adj.) operative
ប្រថាប់ត្រា Pro Thab Traa (v.) seal
ប្រថុយ Pro Thoi (v.) risk
ប្រថុយ brathoy (v.) venture
ប្រថុយគ្រោះថ្នាក់ bro thoy kroh thnak (v.) hazard
ប្រថុយប្រថាន Pro Thoi Pro Thaan (adj.) risky
ប្រទាល broteal (n.) aloe
ប្រទេស brates (n.) country
ប្រទេសជាតិ bra tes cheat (n.) nation
ប្រទេសដែលជាលំនៅខាងអចិន្ត្រៃយ៍ brates del chea lomnov than achentrai (n.) domicile
ប្រទះភ្នែក broteah pnek (v.) spot
ប្រធាន brathean (n.) chairman
ប្រធានក្រុម brathan krom (n.) captain
ប្រធានបទ brathean bot (n.) subject
ប្រធានបទ brathean bot (n.) theme
ប្រធានបទ brathanobt (n.) topic

ប្រធានសិស្ស brathean ses (n.) prefect
ប្រធានអ្នកបួសស្រី brathean nak buos srei (n.) prioress
ប្រធានាធិបតី brathaneathibtei (n.) president
ប្រផេះ brapheh (adj.) grey
ប្រផ្នូល bro phnoul (n.) hunch
ប្រផ្នូល bra phnaul (n.) omen
ប្រផ្នូលល្អ braphnaul laor (n.) auspice
ប្រផ្នូលអាក្រក់ braphnaul akrak (adj.) ominous
ប្រពន្ធ brapon (n.) wife
ប្រពន្ធចុង braponchong (n.) concubine
ប្រពន្ធប្ដីច្រើន braponth reu bdei chrern (n.) polygamy
ប្រពៃណី brapei nei (n.) tradition
ប្រព្រឹត្តទៅជានិយ័ត bro preut tov chea niyat (v.) pulsate
ប្រព្រឹត្តអំពើអាក្រក់ឡើងវិញ brapreut ampeu akrak lerng vinh (v.) backslide
ប្រព្រឹត្តខុស bra preut khos (v.) misbehave
ប្រព្រឹត្តខុសគន្លងធម៌ brapreutt khos konlong thoar (v.) debauch
ប្រព្រឹត្តខុសច្បាប់ brapreutt khos chbab (v.) transgress
ប្រព្រឹត្តអំពើអាក្រក់ brapreutt ampeu ar krak (n.) mischief
ប្រព័ន្ធ braponth (n.) system
ប្រព័ន្ធបើកបរស្វ័យប្រវត្តិ braponth berkbor svaybravott (n.) autopilot
ប្រព័ន្ធសំលេង bropon somleng (n.) sound system
ប្រព័ន្ធតុលាការ braponth tolakar (n.) judicature
ប្រព័ន្ធធារាសាស្ត្រ braponth thearea sas (n.) irrigation
ប្រព័ន្ធប្រតិបត្តិការ អ៊ីនដ្រយដ៍ braponth bratebattkar Android (n.) android
ប្រព័ន្ធផ្លូវរថភ្លើង brapnth phlauv roth phleung (n.) monorail
ប្រព័ន្ធរបាំងការពារជ្រាបទឹក broponth robang kapear chreab teuk (n.) flashing
ប្រព័ន្ធសមធម៌ brapon samothor (n.) chancery
ប្រព័ន្ធឱសថបុរាណហិណ្ឌូ braponth aosath boran hindu (n.) Ayurveda
ប្រព័ន្ធអេកូឡូស៊ី braponth ekaulausi (n.) ecosystem
ប្រភព braphop (n.) source
ប្រភពដើម bra phop derm (n.) origin
ប្រភពដើម braphop derm (n.) originality
ប្រភពផ្សេង braphop phseng (n.) otherworld
ប្រភពផ្សេង braphop phseng (n.) otherworldliness
ប្រភាគ bropheak (n.) fraction
ប្រភេទ braphet (n.) category
ប្រភេទ brophet (n.) kind
ប្រភេទ brophet (n.) like
ប្រភេទ bro pet (n.) sort
ប្រភេទ braphet (n.) type
ប្រភេទសត្វ braphet sat (n.) species
ប្រភេទសត្វស្លាបម៉្យាង braphet sat slab myang (n.) dodo
ប្រភេទអក្សរសិល្ប៍ brophet aksor sel (n.) genre
ប្រម៉ាញ់ bra manh (adj.) poached
ប្រម៉ោយ bro maoy (n.) trunk
ប្រមាណ braman (adv.) approximately
ប្រមាថ bromat (v.) insult
ប្រមាថ bramath (v.) offend
ប្រមាថ bramath (v.) profane
ប្រមាថ Pro Maat (v.) scorn
ប្រមូល bromoul (v.) collect
ប្រមូលងាវសមុទ្រ bromoul ngeav samout (v.) oyster
ប្រមូលផល kar bramoul phol (v.) harvest
ប្រមូលផ្ដុំ bramoul phdom (v.) amass
ប្រមូលផ្ដុំ bramoul phdom (v.) assemble
ប្រមូលផ្ដុំ bramoul phdom (v.) congregate
ប្រមូលផ្ដុំ bramoul phdom (v.) gather
ប្រមូលផ្ដុំ bramoul phdom (v.) mobilize
ប្រមូលផ្ដុំ bramoul phdom (v.) muster
ប្រមូលផ្ដុំ bramoul phdom (v.) rally
ប្រមើលមើលទុកជាមុន bro merl meul tuk chea mun (v.) foresee

ប្រមែប្រមូលទព bromae bromoul tob (v.) marshal
ប្រយុទ្ធ bra yout (v.) fight
ប្រយុទ្ធ brayoutth (v.) skirmish
ប្រយុទ្ធតទល់ brayuth tortul (v.) duel
ប្រយុទ្ធប្រណាំង brayoutth brachhang (v.) militate
ប្រយោគសំនួរ broyok som nuor (n.) interrogative
ប្រយោជន៍ Pro Yoch (n.) sake
ប្រយ័ត្ន brayat (v.) beware
ប្រយ័ត្ន brayat (adj.) careful
ប្រយ័ត្ន brayat (adj.) cautious
ប្រយ័ត្ន brayat (adj.) wary
ប្រយ័ត្នប្រយែង brayat brayeng (adj.) discreet
ប្រយ័ត្នប្រយែង brayat brayeng (adj.) prudential
ប្រលាយទឹក prolay teuk (n.) moat
ប្រលេឡូក្រាម brale lau kram (n.) parallelogram
ប្រលែង Pro Leng (v.) romp
ប្រលោមលោក bralomlok (n.) novel
ប្រលោមលោក bralomlok (n.) novelette
ប្រលោមលោកស្នេហា Pro Lom Lork Sne Ha (n.) romance
ប្រវត្តិរូបសង្ខេប Pro Wat Roub Song Kheb (n.) resume
ប្រវត្តិវិទូ bravott vitou (n.) historian
ប្រវត្តិសាស្ត្រ bravottesas (n.) history
ប្រវាយប្រតប់ Pro Vaai Pro Tob (v.) scuffle
ប្រវាស់ប្រវាស់លើង braves bravas lerng (v.) clamber
ប្រវែង broveng (n.) length
ប្រសព្វ bra sop (n.) intersection
ប្រសព្វ brasop (n.) junction
ប្រសព្វគ្នា bra sop knea (v.) intersect
ប្រសាទ bra saat (adj.) nervous
ប្រសាទ bra sat (n.) neurologist
ប្រសាទសាស្ត្រ brasaat sast (n.) neurology
ប្រសិទ្ធផល brasetthphal (n.) efficiency
ប្រសិនបើ brasen ber (conj.) if

ប្រសិនបើគ្មាន brasen ber khmean (prep.) barring
ប្រសើរលើសលប់ bro ser leus luob (adj.) lordly
ប្រស្នា brasna (n.) conundrum
ប្រហាក់ប្រហែល brahak brahel (adj.) approximate
ប្រហែលជា brahel cha (adv.) perhaps
ប្រហែលជា brahel chea (adv.) probably
ប្រហោង brahaong (n.) aperture
ប្រហោង bro haong (n.) hollow
ប្រហោង bra haong (n.) orifice
ប្រហោង bra haong (n.) vent
ប្រហោងសម្រាប់ចូលទៅបំពង់លូ prohoung somrab choul tov bompong lu (n.) manhole
ប្រឡាក់កខ្វក់ brolak kor kvork (adj.) marshy
ប្រឡាយ braleay (n.) canal
ប្រឡាយ brolay (n.) ditch
ប្រអប់ bra orb (n.) box
ប្រអប់គ្រឿងអលង្ការ bra orb krueng alangkar (n.) casket
ប្រអប់ចំហៀង bra ob chamhieng (n.) sidebox
ប្រអប់ឈើ bra ob chheu (n.) crate
ប្រអប់ដាក់ម្ហូប braab dak mhoub (n.) pail
ប្រអប់ដាក់ស្រោមដៃ bro ob dak sroam dai (n.) glovebox
ប្រអប់ដៃ bro ob dai (n.) hand
ប្រអប់តែ bro ob tae (n.) teabox
ប្រអប់ទទួលសារ bra ob tor tuol sa (n.) inbox
ប្រអប់ទ្រូង bro ob troung (n.) thorax
ប្រអប់បំលែងឧស្ម័នពុល braab bamleng usman pul (n.) catalyzer
ប្រអប់ពិន្ទុ Pro Orb Pin Tu (n.) scorebox
ប្រអប់ប្លាស្ទិចប៉ោងដែលធ្វើពីដែក braaob kampong del thveu pi dek (n.) canister
ប្រអប់លេខ bra ob lekh (n.) gearbox
ប្រអប់សម្ងាត់ bra ob somngat (n.) drop box
ប្រអប់សុវត្ថិភាព Pro Orb So Waat Te Pheap (n.) safebox

ប្រអប់ឧបករណ៍ bra ob ubpakor (n.) toolkit
ប្រអប់កាតុង bro orb katong (n.) carton
ប្រាកដ brakod (n.) rasure
ប្រាកដ brakod (adj.) sure
ប្រាកដនិយម bra kod niyom (n.) realism
ប្រាក់ brak (n.) silver
ប្រាក់ brak (adj.) silver
ប្រាក់សោធននិវត្តន៍ brak saoth thon nivotta (n.) pension
ប្រាក់កាសស្ទួចស្ទើង brakkas stuoch staeng (n.) pittance
ប្រាក់ខែ brak khe (n.) pay
ប្រាក់ចំណូល brak chamnaul (n.) income
ប្រាក់ចំណេញ brak chamnenh (n.) profit
ប្រាក់ឈ្នួល Prak Jnoul (n.) salary
ប្រាក់ឈ្នួល brak chhnuol (n.) wage
ប្រាក់ទឹកតែ brak teuk tae (n.) gratuity
ប្រាក់ផ្ញើទៅអោយ Phner Prak Tov Oy (n.) remittance
ប្រាក់ពិន័យ brak piney (n.) fine
ប្រាក់មួយបែបបន្តាប់ប្រើនៅអឺរ៉ុប brak muoy beb thloab brer nov europe (n.) ducat
ប្រាក់រង្វាន់ brak rongvorn (n.) bonus
ប្រាក់រង្វាន់ brak rongvoan (n.) prize money
ប្រាក់សកុណ brak sor kun (n.) honorarium
ប្រាក់សងជំងឺចិត្តបណ្តាលមកពីការបញ្ឈនទំនិញយឺតយ៉ាវ brak song chomngeu chett bondal mok pi kar banhchoun tomninh yeutyav (n.) demurrage
ប្រាក់ស្តែរលិង (អង់គ្លេស) brak sterling (ongkles) (n.) sterling
ប្រាក់ឧបត្ថម្ភ brak ubattham (n.) allowance
ប្រាក់ឧបត្ថម្ភងនៅសាកលវិទ្យាល័យ brak ubattham rien nov sakolvityealai (n.) bursary
ប្រាជ្ញា brachnha (n.) wisdom
ប្រាថ្នា brathna (v.) aspire
ប្រាប់ braab (v.) apprise
ប្រាប់ brab (v.) tell

ប្រាប់រឿងសំងាត់ brab rueng saamngat (v.) confide
ប្រាសាទ brasaat (n.) castle
ប្រាសាទ brasaat (n.) temple
ប្រាសាទខ្សាច់ Pra Saat Ksach (n.) sandcastle
ប្រាស្នា Pra Sna (n.) riddle
ប្រាំ bram (n.) five
ប្រាំងខ្ចាល់ brang khchal (n.) airbrake
ប្រាំបី brambei (n.) eight
ប្រាំបីជ្រុង bram bei chroung (n.) octave
ប្រាំបួន brabuon (n.) nine
ប្រាំពីរ Praam Pee (n.) seven
ប្រាំមួយ bram muoy (n.) six
ប្រុងប្រយ័ត្ន brong brayat (adj.) vigilant
ប្រុងប្រយ័ត្នឹងយកចិត្តទុកដាក់ brong brayat ning yok chett touk dak (adj.) precautionary
ប្រុងប្រៀបទប់លំនឹង brong brieb tob lom neung (v.) poise
ប្រុសក្មេង bros kmeng (n.) lad
ប្រូតេអ៊ីន brau te in (n.) protein
ប្រូបាប brau bab (n.) probability
ប្រើ brer (v.) use
ប្រើកម្លាំង brer kom lang (v.) force
ប្រើកុំព្យូទ័រ brer kompyoutor (v.) computerize
ប្រើថ្នាំព្យាបាល brer thnam pyea bal (v.) physic
ប្រើប្រាស់ brer bras (v.) consume
ប្រើប្រាស់ brer bras (v.) utilize
ប្រើប្រាស់ខុស bre bras khos (v.) misuse
ប្រើប្រាស់បានយូរ brer bras ban yu (adj.) durable
ប្រើប្រាស់ឡើងវិញ Prar Pras Leung Venh (v.) recycle
ប្រើពាក្យ brer peak (v.) word
ប្រើពាក្យដែលផ្តើមដោយអក្សរឬសំឡេងដូចគ្នា brer peak del phderm daoy aksaar reu samleng dauchknea (v.) alliterate
ប្រើពាក្យត្រគោះបោះបោក brer peak trokoh boh boak (n.) snub

ប្រើមុខងារបន្ថែម brer mouk ngea bonthaem (v.) gimmick
ប្រើល្បិច brer labich (v.) trick
ប្រើស brers (n.) antelope
ប្រើសិទ្ធវេតូ brer setth vetau (v.) veto
ប្រើឡើងវិញ Prar Leung Venh (v.) reuse
ប្រើអវិជ្ជមានកម្ម brae avichman kam (v.) negate
ប្រៀនប្រដៅ brien brodao (v.) edify
ប្រៀបធៀប briebthieb (v.) compare
ប្រៀបប្រដូចនឹង breab brodouch neung (v.) liken
ប្រកងវិទ្យុប្រើដោយអាកាសចរណ៍ស៊ីវិល brekong vityou brer daoy akasachar sivil (n.) airband
ប្រេង breng (n.) oil
ប្រេងកាត breng kart (n.) kerosene
ប្រេងចំហុយចេញមកពីឈើស្រល់ breng chamhoy chenh mok pi chheu srol (n.) turpentine
ប្រេងទេពិរូ breng te pi rou (n.) camphor
ប្រេងផ្ទៃ preng thmei (n.) linseed
ប្រេងប៉ារ៉ាហ្វី breng ba ra hvei (n.) paraffin
ប្រេងរំអិល breng rom el (n.) lubricant
ប្រេងល្ង Preng Lngor (n.) sesamin
ប្រេងល្ហុងខ្វង breng lhoung khvorng (n.) castor oil
ប្រេងសាំង breng saang (n.) petrol
ប្រេងសាំង breng saang (n.) petroleum
ប្រេសិត breset (n.) envoy
ប្រែក្រឡា Prae Kro Laa (v.) shapeshift
ប្រែក្លាយទៅជាថ្ម bre klay tow chea thmor (v.) petrify
ប្រែង breng (n.) musk
ប្រែតសុីសាកសព braet si sak sob (n.) ghoul
ប្រែប្រួល brae bruol (v.) fluctuate
ប្រែប្រួលចិត្តគំនិត braebruol chett koumnit (v.) vacillate
ប្រែពណ៌ brae por (v.) discolour
ប្រៃសណីយ៍ braisani (n.) post
ប្រៃសណីយ៍ braisani (adj.) postal
ប្លក់ blog (n.) blog

ប្លង់ blong (n.) layout
ប្លន់ blan (v.) plunder
ប្លន់ Plon (v.) rob
ប្លន់តាមសមុទ្រ Plon Tam Sak Mot (v.) seajack
ប្លាស្ទិច bla stech (n.) plastic
ប្លាស្ទិច bla stech (adj.) plastic
ប្លាស្ទិចសម្រាប់រុំអីវ៉ាន់ plastic somrab rom eivann (n.) bubble wrap
ប្លាស្មាណាណូ bla sma na nau (n.) nanoplasma
ប្លុក blok (n.) bloc
ប្លែក blek (adj.) distinctive
ប្លែកពីគេ blek pi ke (adj.) unique
ប្លែកៗគ្នា blek blek knea (adj.) dissimilar
ប្លោកនោម blaok nom (n.) bladder
បំណងប្រាថ្នា bamnong brathna (n.) desire
បំណុល bamnol (n.) debt
បំណុល bomnol (n.) liability
បំណុលដែលហួសកំណត់ថ្ងៃសង bamnol del huos kamnot thngai sang (n.pl.) arrears
បំណែក bom naek (n.) chip
បំណែក bom naek (n.) fragment
បំណែក bam nek (n.) patch
បំណែក bomnek (n.) splinter
បំបាក់មុខ bam bak mouk (v.) mortify
បំបាត់ក្លិន bombat khlen (v.) deodorize
បំបាត់កំហុស bambat kamhos (v.) debug
បំបាត់ជាតុបនីយកម្ម bambat cheataubniyakam (v.) denationalize
បំបាត់រោគ Bon Bat Rok (v.) remedy
បំបិទចោល Bom Bet Jol (v.) retrench
បំបែក bambaek (v.) break
បំបែក bambek (v.) crack
បំបែក bambek (v.) disperse
បំបែក Bom Bek (v.) segregate
បំបែក Bom Bek (v.) separate
បំបែក bom baek (v.) split
បំបែកកាយ bombek kay (v.) disembody
បំបែកកិរិយាសព្ទ bambek keriyasap (v.) conjugate
បំបែកចេញពីគ្នា bom bek chenh pi knea (v.) sunder

បំបែកធាតុ bombek theat *(v.)* decompose
បំបៅ bambaw *(v.)* nurse
បំបៅកូនដោយទឹកដោះ bambao kaun doy teukdoah *(v.)* breastfeed
បំប្លែង bambleng *(v.)* transform
បំផ្លាញ bamphlanh *(v.)* destroy
បំផ្លាញ bamphlanh *(v.)* vandalize
បំផ្លាញខ្លួនឯង Bom Planh Kloun Eng *(v.)* self-destruct
បំផ្លាញដោយចេតនា Bon Plaanh Doy Jet Ta Na *(v.)* sabre
បំផ្លាញឲ្យសាបសូន្យ bamphlanh aoy sabsaun *(v.)* annihilate
បំផ្លិចបំផ្លាញ bamphlech bamphlanh *(v.)* devastate
បំផ្លិចបំផ្លាញ bamphlech bamphlanh *(v.)* rampage
បំពង Bom Pong *(v.)* roast
បំពង់ bampong *(n.)* pipe
បំពង់ bampong *(n.)* tract
បំពង់ bampong *(n.)* tube
បំពង់ពន្លត់អគ្គីភ័យ bampong ponlot akkiphey *(n.)* fire extinguisher
បំពង់ក bampongkor *(n.)* throat
បំពង់កែវ bompung kev *(n.)* cuvette
បំពង់ខ្យល់ bampong khyal *(n.)* tracheole
បំពង់ខ្យល់ bampong khyal *(n.)* ventilator
បំពង់ខ្យល់ទៅស្បូត bampong khyal tov suot *(n.)* trachea
បំពង់ទឹកកាត់ទទឹងថ្នល់ bampung teuk kat torteung thnal *(n.)* culvert
បំពង់ទឹកក្តៅ Bon Pong Teuk Kdao *(n.)* samovar
បំពង់ទឹកក្តៅ bompong toek kdao *(n.)* thermos (flask)
បំពង់ទឹកធំ bompong teuk thom *(n.)* main
បំពង់បង្ហូរទឹក bampung banghou teuk *(n.)* drainpipe
បំពង់បង្ហូរត្ថុរាវ bampong banghou votthoreav *(n.)* duct
បំពង់បាញ់ខ្យល់ bampong banh usman *(n.)* aerosol
បំពង់ផ្សែង bampong phsaeng *(n.)* chimney
បំពង់ព្រួញ bampong pruonh *(n.)* quiver
បំពាក់ bampeak *(v.)* equip
បំពាក់គ្រឿងសង្ឃារឹម bompeak krueng sangha reum *(v.)* furnish
បំពាក់បង្ហៀរ bompeak bong ear *(v.)* harness
បំពាន Bom Pean *(v.)* saute
បំពានលើសម្បថ bampean leu samboth *(v.)* perjure
បំពុល bampul *(v.)* contaminate
បំពុល bom poul *(v.)* intoxicate
បំពុល bom poul *(v.)* poison
បំពុល bampoul *(v.)* pollute
បំពេញ bom penh *(v.)* fulfil
បំពេញបន្ថែម bampenhobanthem *(v.)* supplement
បំពេញឡើងវិញ Bom Penh Leung Venh *(v.)* replenish
បំភាន់ bom phoan *(v.)* belie
បំភាន់ bamphoan *(v.)* mislead
បំភាន់ភ្នែក bom poan pnek *(v.)* hoodwink
បំភិតបំភ័យ bomphit bomphey *(v.)* intimidate
បំភ្លឺ bom phleu *(v.)* brighten
បំភ្លឺ bompleu *(v.)* elucidate
បំភ្លឺ bamphleu *(v.)* enlighten
បំភ្លឺ bam phleu *(v.)* illuminate
បំភ្លឺ bompleu *(v.)* lighten
បំភ័យ bom phey *(v.)* frighten
បំរាមគោចរ bamram kochor *(n.)* curfew
បំរើ bam rer *(adj.)* ministrant
បំរើសេវាកម្ម Bom Reur Se Vaa Kaam *(v.)* service
បំលាស់ទីដោយស្ថាត់ជំនាញ bomlas ti doy stoat chomneanh *(v.)* manoeuvre
បំលាស់ប្តូរអាថ៌កំបាំង bam las bdau athkambang *(n.)* alchemy
បំលាស់ប្តូរទស្សន:ទាំងស្រុង bam las bdau tossanak teangsrong *(n.)* about-turn
បំលែង bam leng *(v.)* convert
បំលែងទិន្នន័យ ទៅជាកូដ bomlaeng tinaney tov chea kaud *(v.)* encrypt
បះបោរ bah baor *(v.)* mutiny

បះបោរ Bas Bor (v.) rebel
បះបោរ Bas Boar (adj.) rebellious
បណ្ណ ban (n.) prospectus
បណ្ណឥណពន្ធ bann innaponth (n.) debit card
បណ្ណទូទាត់ bann toutoat (n.) voucher
បណ្ណប្រកាស bann brakas (n.) flyer
បណ្ណពិន្ទុ Bann Pin Tu (n.) scorecard
បណ្ណសារ bannsar (n.) archive
បឺរ beu (n.) butter
បឺរធ្វើពីប្រេងរុក្ខជាតិ beu tveu pi preng rokhacheat (n.) margarine

ផងដែរ phong dae (adv.) also
ផងដែរ phong dae (adv.) too
ផលកំណ phal kamnor (n.) condensate
ផលចែក phal chek (n.) quotient
ផលចំណេញ phol chom nenh (n.) gain
ផលចំណេញ phol chomnenh (n.) lucre
ផលប៉ះពាល់ phol bahpoal (n.) effect
ផលប៉ះពាល់ phol pah poal (n.) impact
ផលប៉ះពាល់ពេលក្រោយ phol pahpoal pelkraoy (n.) after-effect
ផលបូក phalbauk (n.) sum
ផលបូកសរុប phol bouk sak rob (n.) lump sum
ផលប័ត្រ phalbat (n.) portfolio
ផលវិបាក phal vibak (n.) aftermath
ផលវិបាក phalvibak (n.) consequence
ផលអាក្រក់ phol arkrok (n.) harm
ផលិត pholit (v.) manufacture
ផលិត phorlit (v.) produce
ផលិតកម្ម phlitakam (n.) production
ផលិតដោយម៉ាស៊ីន pholit daoy masin (adj.) machine-made
ផលិតទឹកដោះ pholit teuk doh (v.) lactate

ផលិតផល phorlitaphal (n.) produce
ផលិតផល phlitaphal (n.) product
ផលិតផលកសិកម្ម pholitaphol kaksekam (n.) agriproduct
ផលិតផលទឹកដោះគោ pholitaphal teukdaohko (n.) dairy product
ផលិតផលធ្វើពីដីឥដ្ឋ bolit pi dei et (n.) terracotta
ផលិតផលប្រើក្រោយពេលការពុកមាត់រួច pholitaphol brer kraoypel koar poukmouth ruoch (n.) aftershave
ផលិតផលផ្ទាប់ pholitphol pha ab (n.) fermentation
ផលិតផលប្អូនទំនិញសំខាន់ politaphol reu tomnich somkhan (n.) staple
ផលិតភាព phloritpheap (adj.) productive
ផលិតភាព phloritpheap (n.) productivity
ផលិតឡើងវិញ Pho Let Leung Venh (v.) reproduce
ផាសុខភាព phasokhpheap (n.) comfort
ផាត់ចេញ Phaat Jenh (v.) seclude
ផាវ phav (n.) cracker
ផឹក phoek (v.) drink
ផឹកតែ phoek tae (v.) tea
ផឹកស្រា phoek sra (v.) booze
ផុង phong (v.) mire
ផុតកំណត់ phot kamnot (v.) expire
ផុតពូជ phot puoch (adj.) extinct
ផុយស្រួយ phoy sruoy (adj.) brittle
ផុយស្រួយ phoy sruoy (adj.) fragile
ផុសចេញ phos chenh (v.) well
ផុសឡើង phos lerng (v.) emerge
ផុសឡើង phous lerng (v.) loom
ផូស៊ីល phau sil (n.) fossil
ផូស្វាត phvau svat (n.) phosphate
ផូស្វ័រ phau svor (n.) phosphorus
ផើងជម្រះកាយ pherng chumrah kai (n.) bidet
ផេះ pheh (n.) ash
ផែ phae (n.) dock
ផែនការ phenkar (n.) plan
ផែនការទុច្ចរិត phen ka tuch cha ret (n.) machination

ផែនការសម្ងាត់ phenkar samngeat (n.) plot
ផែនការអាជីវកម្ម phenkar achivokamm (n.) business plan
ផែនដី phen dei (n.) earth
ផែនទី phen ti (n.) map
ផែសុវត្ថិភាព Phae So Waat Te Pheap (n.) safe harbour
ផោន phaon (n.) pound
ផ្កា phka (n.) flower
ផ្កាកុលាប Pkar Ko Laap (n.) rose
ផ្កាខាត់ណា phka khatna (n.) cauliflower
ផ្កាខាត់ណាខៀវ phka khatna khiev (n.) broccoli
ផ្កាជ័យព្រឹក្ស phka chey preuk (n.) laurel
ផ្កាឈូក phka chhouk (n.) lotus
ផ្កាដេស៊ី pka daisy (n.) daisy
ផ្កាថ្ម phka thmor (n.) coral
ផ្កាពណ៌លឿងម្យ៉ាង pka poa leurng myang (n.) dandelion
ផ្កាភ្លើង phka phleung (n.) spark
ផ្កាម្លិះ phka mlih (n.) jasmine, jessamine
ផ្កាយ phkay (n.) star
ផ្កាយដុះកន្ទុយ phkay doh kantuy (n.) comet
ផ្កាយរណប Pkay Ro Nob (n.) satellite
ផ្កាវាជព្រឹក្ស phkar reach preuk (n.) marigold
ផ្ការីក phka rik (v.) bloom
ផ្កាលីលី phka li li (n.) lily
ផ្កាស្បៃរឿង phka sbai reurng (n.) daffodil
ផ្កាឡាវេនឌឺ phka la ven deu (n.) lavender
ផ្កត់ផ្កង់ phkat phkang (v.) ply
ផ្កត់ផ្គង់ phkot phkung (v.) procure
ផ្កត់ផ្គង់ phkot phkang (v.) supply
ផ្កត់ផ្គង់ដោយខ្លួនឯង phkot phkung daoy khluon eng (v.) fend
ផ្កត់ផ្គង់ហិរញ្ញវត្ថុ phkut phkung he ranh vottho (v.) finance
ផ្ករនេះ phkar ronteah (n.) thunderstorm
ផ្ករលាន់ phkarloan (n.) thunder
ផ្គាប់ចិត្ត phkoab chett (v.) please
ផ្គុំចូលគ្នា pkum choul knea (v.) piece

ផ្គុំទិន្នន័យឡើងវិញ phkom tinnoney lerngvinh (v.) defragment
ផ្គុំរូប phkom roub (v.) puzzle
ផ្គុំឡើងវិញ Pkom lerng vinh (v.) rejoin
ផ្គង phkau phkong (v.) match
ផ្ចាញ់ phchanh (v.) perch
ផ្ចិតនៃអាតូម phchet nei ataum (n.) nucleus
ផ្ចោកអោយជ្រួតជ្រាប Pjok Oy Jroot Jreab (v.) saturate
ផ្ញើ Pnher (v.) send
ផ្ញើតាមប្រៃសណីយ៍ pnher tam pre sa ni (v.) mail
ផ្ញើតាមប្រៃសណីយ៍ phnher tam braisani (v.) post
ផ្ញើទុកក្នុងដៃតតិយជន phnher touk knong dai tak tei chun (v.) escrow
ផ្ញើទុកឱ្យ phnher tuk oy (v.) consign
ផ្ញើទៅអោយ Phner Tov Oy (v.) remit
ផ្ដល់បន្ទុក Pdol Bontok (v.) saddle
ផ្ដល់សិទ្ធិ phdol setth (v.) entitle
ផ្ដល់អុកស៊ីសែន phdal ok sai sen (v.) oxygenate
ផ្ដល់អុកស៊ីសែន phdal ok sai sen (adj.) oxygenated
ផ្ដាច់ phdach (v.) detach
ផ្ដាច់ Pdach (v.) sever
ផ្ដុំគ្នាជាហ្វូង phdom knea chea hvoung (v.) flock
ផ្ដន្ទាទោស phdontea tous (v.) convict
ផ្ដន្ទាទោស phdon tea tos (v.) punish
ផ្ដល់ phdol (v.) grant
ផ្ដល់កម្លាំងប៉ូលីស phdal kamleang polis (v.) police
ផ្ដល់កិត្តិយស phdol ket te yuos (v.) honour
ផ្ដល់ជម្រក phdol chrork (v.) house
ផ្ដល់ជម្រក Pdol Jom Rok (v.) shelter
ផ្ដល់ជូន phdal choun (v.) deliver
ផ្ដល់ជូន phdal choun (v.) offer
ផ្ដល់ជូន phdal choun (v.) provide
ផ្ដល់នាយជូទាន phdal teaychotean (v.) endow
ផ្ដល់ទិន្នផល pdol tinna phol (v.) yield

ផ្ដល់នូវ pdol nov (v.) render
ផ្ដល់ប៉ាតង់ phdol batong (v.) patent
ផ្ដល់បុគ្គលិក pdol bokolik (v.) staff
ផ្ដល់ផលចំណេញ phdal phol chamnenh (v.) profit
ផ្ដល់ពាក្យប្រលយ phdol peak prolouy (v.) hint
ផ្ដល់ព័ត៌មាន pdol poromean (adj.) informative
ផ្ដល់ម្ហូបអាហារ phdol mhoub aahar (v.) cater
ផ្ដល់រង្វាន់ pdol rongvorn (v.) award
ផ្ដល់សញ្ញា phdol sanhnha (v.) signal
ផ្ដល់សិទ្ធិ phdal seth (v.) authorize
ផ្ដល់សិទ្ធិបោះឆ្នោត phdal setth baoh chhnaot (v.) enfranchise
ផ្ដល់សោធននិវត្តន៍ phtal saoth thon nivotta (v.) pension
ផ្ដល់ហេតុផល phdol het Phol (v.) reason
ផ្ដល់អាជ្ញាប័ណ្ណ phdol ach nha bann (v.) license
ផ្ដល់អាណត្តិអចិន្ត្រៃយ៍នៃមុខខ័ណ្ឌ phol anat achentrey nei moukh domneng (v.) tenure
ផ្ដល់ឱ្យ phdal oy (v.) bestow
ផ្ដល់ឱ្យ phdol oy (v.) give
ផ្ដល់អំណាច phdal amnach (v.) empower
ផ្ដល់អំណោយ phdol om naoy (v.) gift
ផ្ដល់ផល pdol phol (v.) avail
ផ្ដាច់ phdach (v.) disconnect
ផ្ដាច់ការ phdach kar (adj.) totalitarian
ផ្ដាច់ដោះ phdach daoh (v.) wean
ផ្ដាច់មុខ phdach moukh (adj.) exclusive
ផ្ដាច់មុខ phtach moukh (v.) monopolize
ផ្ដាសាយ phdasay (n.) influenza
ផ្ដុំ phdom (v.) mass
ផ្ដុំចូលគ្នា phdom chaul knea (v.) agglomerate
ផ្ដុំឡើង phdom lerng (v.) accrete
ផ្ដួចផ្ដើម phduoch phderm (v.) initiate
ផ្ដួលរំលំ phduol romlom (v.) overthrow
ផ្ដួលរំលំ phduol romlom (v.) topple
ផ្ដើម phderm (v.) prelude

ផ្ដោត phdoat (v.) focus
ផ្ដោតអារម្មណ៍ phdaot aromm (v.) concentrate
ផ្ដៅ phdao (n.) wicker
ផ្ដាត់ phtaot (v.) snap
ផ្ទាល់ phtal (adj.) own
ផ្ទាល់ខ្លួន phtal khluon (adj.) personal
ផ្ទាល់មាត់ phtal moat (adj.) oral
ផ្ទាំងកញ្ចក់ phtang kanhchok (n.) pane
ផ្ទាំងក្រណាត់ phtang kranat (n.) canvas
ផ្ទាំងខាងក្រោយ phtang khang kraoy (v.) backdrop
ផ្ទាំងគំនូរ phtang komnu (n.) tableau
ផ្ទាំងគំនូរនៅលើជញ្ជាំង pteang komnu ler chenhchang (n.) mural
ផ្ទាំងចំហៀង phtang chamhieng (n.) sideboard
ផ្ទាំងជញ្ជាំង Pteang Jon Jeang (n.) shearwall
ផ្ទាំងថ្ម phtang thmor thom (n.) monolith
ផ្ទាំងថ្មបាក់ Pha Tang Thmor Bak (n.) rockfall
ផ្ទាំងទឹកកក phtang teuk kok (n.) glacier
ផ្ទាំងទឹកកក phtang teuk kok (n.) icecap
ផ្ទាំងទឹកកកដែលរអិលចុះ ptang teuk kork del ro eul jaus (n.) avalanche
ផ្ទាំងទឹកកកអណ្ដែត phtang teuk kok ondet (n.) iceberg
ផ្ទាំងបដា ptang bada (n.) banner
ផ្ទាំងបាណ្ណា phtang banau (n.) billboard
ផ្ទាំងពិភាក្សា phtang piphaeksaa (n.) talkboard
ផ្ទាំងរូបភាព phtang roub pheap (n.) poster
ផ្ទុក phtok (v.) accommodate
ផ្ទុក phtuk (v.) lade
ផ្ទុក phtok (v.) load
ផ្ទុក phtok (v.) store
ផ្ទុកច្រើនហួស ptuk chrern huos (v.) overload
ផ្ទុកឡើង phtok lerng (v.) upload
ផ្ទុយ phtuy (pref.) contra
ផ្ទុយ phtoy (adj.) opposite
ផ្ទុយ phtoy (adj.) paradoxical

ផ្ទុយមកវិញ phtoy mok vinh *(adv.)* vice-versa
ផ្ទុយទៅវិញ phtoy tow vinh *(adv.)* nonetheless
ផ្ទុះ ptus *(v.)* backfire
ផ្ទុះ phtouh *(n.)* blast
ផ្ទុះ phtuh *(v.)* burst
ផ្ទុះ phtus *(v.)* crump
ផ្ទុះ phtuh *(v.)* detonate
ផ្ទុះ phtuoh *(v.)* explode
ផ្ទុះ phtoh *(n.)* outburst
ផ្ទុះ ptuh *(v.)* pop
ផ្ទុះលីប្រស់ៗ phtuh leu bros bros *(v.)* crepitate
ផ្ទុះឡើង phtuoh lerng *(v.)* erupt
ផ្ទៀងផ្ទាត់ phtieng phtoat *(v.)* verify
ផ្ទេរ phte *(v.)* transfer
ផ្ទេរអោយ phte aoy *(v.)* vest
ផ្ទេរឱ្យ phte oy *(v.)* cede
ផ្ទេរអំណាច phte amnach *(v.)* delegate
ផ្ទៃ phtai *(n.)* surface
ផ្ទៃខាងក្រោយ phtey khang kraoy *(n.)* background
ផ្ទៃតាប្លូ phtei tablau *(n.)* dashboard
ផ្ទៃទេសភាពខ្សាច់ Ptei Tes Sa Pheap Ksach *(n.)* sandscape
ផ្ទៃបួនជ្រុងទ្រវែង Ptei Boun Chrong Tror Veng *(n.)* rectangle
ផ្ទៃរាបស្មើ phtei reab smer *(n.)* terrace
ផ្ទៃរូបភាពវីដែអូរសេវថ្ម Ptei Roob Pheap Reu Video Save Thmo *(n.)* screensaver
ផ្ទះ phtah *(n.)* home
ផ្ទះ phtah *(n.)* house
ផ្ទះកញ្ចក់ phteah kanhchork *(n.)* glasshouse
ផ្ទះកញ្ចក់ phteah kanhchok *(n.)* greenhouse
ផ្ទះក្បែរច្រកទ្វារ pteah kbae chrok tvear *(n.)* gatehouse
ផ្ទះក្មេងលេង phteah kmeng leng *(n.)* toyhouse
ផ្ទះឆ្កែ phteah chhkae *(n.)* doghouse
ផ្ទះជួល phteah chuol *(n.)* penthouse

ផ្ទះឈើដំបូលលយ phteah chheu dambaul loy *(n.)* chalet
ផ្ទះធ្វើពីទឹកកក phtah tveu pi teuk kok *(n.)* igloo
ផ្ទះបន phteahborn *(n.)* brothel
ផ្ទះបាយ phteah bay *(n.)* kitchen
ផ្ទះបារតាមផ្លូវ Ptes Bar Tam Plov *(n.)* roadhouse
ផ្ទះរដូវក្តៅ ptah rodov kdao *(n.)* belvedere
ផ្ទះឡែង phteah lveng *(n.)* apartment
ផ្ទះឡែង phteah lavaeng *(n.)* flat
ផ្ទះសំណាក់ phtah somnak *(n.)* hostel
ផ្ទះសំណាក់ phtah somnak *(n.)* inn
ផ្ទះសំណាក់ phteah saamnak *(n.)* lodge
ផ្នត់ phnot *(n.)* crease
ផ្នត់ phnot *(n.)* fold
ផ្នត់គំនិត phnatkoumnit *(adj.)* aplogetic
ផ្នត់គំនិត phnat koumnit *(n.)* mindset
ផ្នល់ឱ្យធ្វើអីមួយ phnaol aoy thveu avei muoy *(v.)* dare
ផ្នូកខ្សាច់ត្រូវខ្យល់បក់មក phnauk khsaach trauv khyal bok mok *(n.)* dune
ផ្នូរ phnau *(n.)* grave
ផ្នូរ Phno *(n.)* sepulchre
ផ្នូរ phnau *(n.)* tomb
ផ្នូរមានថ្មសំប៉ែតពីលើ phou mean thmor sompet pi leu *(n.)* dolmen
ផ្នួងសក់ phnoung sok *(n.)* bun
ផ្នែក phnek *(n.)* portion
ផ្នែក Phaek *(n.)* section
ផ្នែក Phnek *(n.)* segment
ផ្នែក Phnek *(n.)* sheading
ផ្នែកកោងនៃស្លាបយន្តហោះ phnek kaong nei slab yonhaoh *(n)* aerofoil
ផ្នែកកោងមួយ phnek koang mouy *(n.)* arc
ផ្នែកខាងក្នុង phnek khang knong *(n.)* inside
ផ្នែកខាងក្នុង phnek khang knong *(n.)* interior
ផ្នែកខាងក្នុង phnek khang knong *(adj.)* intrinsic
ផ្នែកខាងក្នុងនាវា Phnek Kang Knong Vea Nea *(n.)* shipboard

ផ្នែកខាងក្រោមនៃឡ phnek khang krom nei lor (n.) hearth
ផ្នែកខាងក្រោយ phnek khang Kroy (n.) rear
ផ្នែកខាងមុខ phnek khang moŭkh (n.) facade
ផ្នែកខាងមុខរថយន្តមួយគ្រឿងបុកចំហៀងរថយន្តមួយទៀត phnek khang mokh rotyoon mouy kreung bok chomheang rotyon mouy teat (v.) T-bone
ផ្នែកដៃលខណ្ឌចែក Phnek Khan Jek (n.) sharebeam
ផ្នែកដំបូលនៃនាវា phnek domboul nei neavea (n.) deck
ផ្នែកតូចស្តើងៗ phnek tauch sderng sderng (n.) flake
ផ្នែកទាំងមូល phnek tang moul (n.) whole
ផ្នែកនៃសេរីរាង្គដែលមានឆ្អឹងច្រើន phnek nei serei reang del mean chhaoeng chrern (n.) polyene
ផ្នែកបញ្ចប់ phnek bonh chob (n.) finale
ផ្នែកមួយ phnek muoy (n.) part
ផ្នែករងនៃជីវវិទ្យាស់យោគ phnek rong nei chivakvityea saamyok (n.) xenomania
ផ្នែករឹង phnek reung (n.) hardware
ផ្នែកលយចូលក្នុងជញ្ជាំង phnek loy chaul knong chonhcheang (n.) alcove
ផ្នែកលើនៃពោះ pnek leu nei poh (n.) antecardium
ផ្នែកវិទ្យាសាស្ត្រ Pnek Vith Jea Sas (adj.) scientific
ផ្នែកសម្ដែង phnek somdeng (n.) showpiece
ផ្នែកសិក្សាស្រាវជ្រាវនៅមហាវិទ្យាល័យ phnek seksaa sravchreav nov mohavityealay (n.) academia
ផ្នែកស្មារ Phnek Smaa (adj.) scapular
ផ្នែកស្រួចនៃបាតស្បែកជើង phnek sruoch nei bat sbekcheung (n.) cleat
ផ្នែកសំខាន់ phnek somkhan (n.) highlight
ផ្សាយអត្ថបទសម្លេង pasay atthabot samleng (v.) podcast
ផ្លាក phlak (v.) placate
ផ្លាកសញ្ញា phlak sanhnha (n.) badge
ផ្លាតចេញ phlaat chenh (v.) deflect

ផ្លាទីន phla tin (n.) platinum
ផ្លាទីន phla tin (adj.) platinum
ផ្លាស់ Plaas (v.) shift
ផ្លាស់ទីដោយអច្ឆរិយ phlas ti doy achharoyak (v.) teleport
ផ្លាស់ទីលំនៅ phlasti lomnov (v.) displace
ផ្លាស់ប្ដូរ Plas Pdo (v.) replace
ផ្លាស់ប្ដូរ phlas bdau (v.) change
ផ្លាស់ប្ដូរ phlas phdau (v.) exchange
ផ្លាស់ប្ដូរ phlas bdau (v.) interchange
ផ្លាស់ប្ដូរ phlas bdau (v.) move
ផ្លាស់ប្ដូរ phlas pdau (v.) switch
ផ្លាស់ប្ដូររូបបន្តិចម្ដង phlas pdau roub bontich madong (v.) morph
ផ្លាស់ប្រែទ្រង់ទ្រាយ phlas brae trongtreay (v.) transfigure
ផ្លាស់ប្ដូរ Plas Pdo (v.) revise
ផ្លិតឃ្មុំ phlett khmoum (n.) honeycomb
ផ្លុំ phlom (v.) blow
ផ្លុំ phlom (v.) puff
ផ្លុំខ្លុយ phlom khloy (v.) flute
ផ្លុំត្រែ phlom trae (v.) trumpet
ផ្លូវ phlauv (n.) path
ផ្លូវ Plov (n.) road
ផ្លូវ Plov (n.) route
ផ្លូវ Plov (n.) rue
ផ្លូវ phlauv (n.) street
ផ្លូវឯកទិស phlauv ekteus (adj.) one-way
ផ្លូវកាត់ phlauv kat (n.) shortcut
ផ្លូវកាត់ទីមានទឹក phlauv kat ti mean teuk (n.) causeway
ផ្លូវចិត្ត phlauv chett (adj.) mental
ផ្លូវចិត្ត phlauvchet (adj.) psychological
ផ្លូវចេញចូល phlauv chenh chaul (n.) gateway
ផ្លូវច្រក phlauv chrak (n.) alley
ផ្លូវដើរមានដំបូល phlauv der mean dambaul (n.) cloister
ផ្លូវដែក phlauv dek (n.) track
ផ្លូវតូច phlauv tauch (n.) lane
ផ្លូវតូចសម្រាប់មនុស្សដើរ phlauv tauch samrab monous der (n.) footpath
ផ្លូវធ្លាយ phlouv thleay (n.) thoroughfare

ផ្លូវធំ phlauv thom (n.) broadway
ផ្លូវប្រសព្វ phlauv brasop (n.) juncture
ផ្លូវបំបែក phlauv bambek (n.) crossroads
ផ្លូវភេទ Plov Phet (adj.) sexual
ផ្លូវរថភ្លើង phlauv rotheh phleung (n.) rail
ផ្លូវរថភ្លើង phlauv roth phleung (n.) railway
ផ្លូវរអិល phlauv ro el (n.) slip road
ផ្លូវរូងក្រោមដី phlauv roung kraom dei (n.) tunnel
ផ្លូវលំ phlauv lom (n.) byway
ផ្លូវលំ phlauv lom (n.) trail
ផ្លូវវាង phlauv veang (n.) bypass
ផ្លូវស្មុគស្មាញ plouv smok smanh (n.) labyrinth
ផ្លូវសំរាប់ប្រណាំង Plov Som Rab Pro Nang (n.) road race
ផ្លូវហាយវេ phlauv hay ve (n.) highway
ផ្លែ phle (n.) pod
ផ្លែកន្ទុតព្រៃ phlae kontuot prei (n.) gooseberry
ផ្លែកាំបិត blae kambeth (n.) blade
ផ្លែកៅឡ្យាក់ phlae kao lak (n.) chestnut
ផ្លែក្រូចម្យ៉ាង phlae krouch myang (n.) clementine
ផ្លែឈើ phlae chheu (n.) fruit
ផ្លែឈើមួយបែប phlechheu muoy beb (n.) raspberry
ផ្លែឈើម្យ៉ាង phle chheu myang (n.) peach
ផ្លែឈើរី plae cherry (n.) cherry
ផ្លែត្រប់ plae trob (n.) aubergine
ផ្លែប៉ោម phlae paom (n.) apple
ផ្លែប៊័រ phlae beur (n.) avocado
ផ្លែប៊ីរីតូចៗ plae berri tauch tauch (n.) currant
ផ្លែព្រូន phle proun (n.) plum
ផ្លែពំរ phle por (n.) pear
ផ្លែល្វា phlae lavea (n.) fig
ផ្លែលំពែង phlae lompeng (n.) spearhead
ផ្លែសែន phle sen (n.) acorn
ផ្លែអេប្រីខត phlae apricot (n.) apricot
ផ្លោងដាក់ Plong Dak (v.) shell
ផ្លោះ phloah (v.) hurdle
ផ្លោះ phlaoh (v.) leap
ផ្លោះ phlaoh (v.) vault
ផ្សព្វផ្សាយតាមទូរទស្សន៍ phsob phsaay tam touretos (v.) telecast
ផ្សាយ phsaay (v.) broadcast
ផ្សាយផ្ទាល់ phsay phtol (adj.) live
ផ្សាយពាណិជ្ជកម្ម phsaay peanechchokamm (v.) advertise
ផ្សាយវិទ្យុ phsaay vityou (v.) radio
ផ្សារ phsaar (n.) market
ផ្សារដែក phsaar daek (v.) weld
ផ្សារណាត់សព្វរសធម៌ phsaarnat sabborosathor (n.) bazaar
ផ្សារតាមផ្លូវលក់របស់មួយទឹក phsar tam plouv luok robos mouy teuk (n.) flea market
ផ្សារនឹងលោហធាតុ psar neung lohak theat (v.) braze
ផ្សារម៉ាត phsa mat (n.) mart
ផ្សាំ phsam (v.) graft
ផ្សាំង phsang (v.) domesticate
ផ្សាំង phsang (v.) tame
ផ្សិត phset (n.) fungus
ផ្សិត phset (n.) mildew
ផ្សិត phsaet (n.) mould
ផ្សិត phsaet (n.) mushroom
ផ្សើម pserm (v.) dampen
ផ្សេង phseng (adj.) alternative
ផ្សេង phsaeng (adj.) miscellaneous
ផ្សេងទៀត phseng tiet (adj.) else
ផ្សេងទៀត phsaeng tiet (pron.) other
ផ្សេងទៀត phsaeng tiet (adj.) other
ផ្សេងៗ phseng (adj.) various
ផ្សែង phsaeng (n.) smoke
ផ្សែងភ្លើង phsaeng phleung (n.) nebula
ផ្សែងអ័ព្ទ phsaeng apt (n.) smog
ផ្សោត phsaot (n.) dolphin
ផ្សំ phsaam (v.) combine
ផ្សះផ្សា phsaah phsaa (v.) conciliate
ផ្សះផ្សា Psas Psar (v.) reconcile
ផ្អាក phaak (v.) adjourn
ផ្អាក pha ak (v.) pause
ផ្អាក phaak (v.) suspend

ផ្ដាកសិទ្ធ Pa Ark Sith (v.) revoke
ផ្ដាប់ pha ab (v.) ferment
ផ្អែម phaem (adj.) sweet

ពង pong (v.) spawn
ពង pong (n.) spawn
ពងក្រហមនៃស៊ុត pong krohom nei sut (n.) yolk
ពងត្រី Pong Trei (n.) roe
ពងត្រីប្រឡាក់ pong trei brolak (n.) caviar
ពងបែក pongbaek (n.) blister
ពងស្បែក pong sbaek (n.) bleb
ពងស្វាស pong svas (n.) bollocks
ពងស្វាស Pong Svas (n.) scrotum
ពងស្វាស pong svas (n.) testicle
ពង្រាង pongreang (v.) draft
ពង្រាប Pong Reap (v.) sheet
ពង្រាយ pongreay (v.) clutter
ពង្រាយ bong reay (v.) strew
ពង្រាវ pong reav (v.) liquefy
ពង្រីក pongrik (v.) amplify
ពង្រីក pung rik (v.) dilate
ពង្រីក pongrik (v.) enlarge
ពង្រីក pongrik (v.) expand
ពង្រីក pongrik (v.) extend
ពង្រីក pongrik (v.) magnify
ពង្រីក pongrik (v.) widen
ពង្រីក pongrik (v.) zoom
ពង្រីកកម្លាំងឡើងវិញ Pungrik KamLang Lerng Vinh (v.) reamplify
ពង្រឹង pong reung (v.) fortify
ពង្រឹង pong reung (v.) solidify
ពង្រឹង pongreung (v.) strengthen
ពង្សាវលី pongsaav li (n.) pedigree
ពង្សាវិទ្យា pongsa vithyear (n.) genealogy
ពណ៌ por (n.) colour

ពណ៌ក្រហមនេះ por krahom chheh (n.) vermillion
ពណ៌ក្រហមជាំ por krahorm choam (n.) crimson
ពណ៌ខៀវចាស់ por khiev chas (n.) indigo
ពណ៌ដាំដែង por dam deng (n.) tan
ពណ៌ដូចផ្កាឈូក Po Doch Pkar Chook (adj.) roseate
ពណ៌ត្នោត por tnaot (adj.) brown
ពណ៌ត្នោត por thnoat (n.) buff
ពណ៌ត្នោតចាស់ por thnoat chas (n.) maroon
ពណ៌ទឹកក្រូច por teuk krauch (adj.) orange
ពណ៌នា poro nea (v.) portray
ពណ៌បៃតងលាយប្រផេះ Por Bai Tong Leay Pro Phes (n.) sage-green
ពណ៌ផ្កាឈូក por phka chhouk (adj.) pink
ពណ៌ផ្កាឈូក por phka chhouk (n.) pink
ពណ៌ផ្កាឈូក por phka chhouk (adj.) pinkish
ពណ៌ផ្ទៃមេឃ poar ptey mekh (n.) azure
ពណ៌ផ្ទៃមេឃចាស់ por phtei mekh chas (n.) cyan
ពណ៌ព្រឿងៗ por prueng prueng (n.) tinge
ពណ៌ស្វាយ por svay (n.) violet
ពណ៌លឿង por lueng (n.) yellow
ពណ៌លឿងទុំ porlueng tum (n.) amber
ពណ៌ស por sor (n.) white
ពណ៌សម្បុរស្បែក por sambol sbek (n.) complexion
ពណ៌ស្វាយ por svay (adj./n.) purple
ពណ៌ស្វាយខ្ចី por svay khchey (n.) lilac
ពត់ put (v.) bend
ពត់ឡើង Pot Leung (v.) shape up
ពនេចរ por ne char (n.) nomad
ពនេចរ por ne char (adj.) nomadic
ពន្ធ ponth (n.) tax
ពន្ធនាគារ ponthoneakear (n.) jail
ពន្ធបន្ថែម pon bonthaem (n.) surtax
ពន្ធបន្ថែមលើចំណូល pon bonthaem leu chomnoul (n.) supertax
ពន្ធលើអីវ៉ាន់នាំចេញនាំចូល pon leu eivan nom chenh nom choul (n.) tariff
ពន្ធុវិទូ pinthou vithou (n.) geneticist

ពន្យល់ ponyol (v.) explain
ពន្យាពេល ponyea pel (v.) defer
ពន្យាពេល ponyea pel (v.) delay
ពន្យាពេល ponyea pel (v.) postpone
ពន្យារពេល ponyear pel (v.) procrastinate
ពន្លក ponlork (n.) bud
ពន្លក ponlok (n.) sprig
ពន្លក ponlok (n.) sprout
ពន្លក ponlok (n.) stud
ពន្លត់ ponlot (v.) extinguish
ពន្លត់ ponlot (v.) quench
ពន្លា ponlea (n.) pavilion
ពន្លាក ponleak (n.) chisel
ពន្លិច ponlich (v.) swamp
ពន្លឺ ponleu (n.) brightness
ពន្លឺ ponleu (n.) glow
ពន្លឺ ponleu (n.) light
ពន្លឺចាំង ponleu chang (n.) gleam
ពន្លឺចែងចាំង ponleu cheng chang (n.) glimmer
ពន្លឺថ្ងៃ ponleu thngai (n.) daylight
ពន្លឺថ្ងៃពេលព្រឹក ponleu thngai pel preuk (n.) dawnlight
ពន្លឺព្រាចៗ ponleu preach preach (n.) glitter
ពន្លឺព្រះច័ន្ទ ponlu preah chan (n.) moonlight
ពន្លឺព្រះអាទិត្យ ponlu preah atit (n.) sunlight
ពន្លឺភ្លឺបភ្លែតៗ ponleu phleub phlet (n.) twinkle
ពន្លឺភ្លែតៗ ponleu plet plet (n.) flash
ពន្លឺអូរ៉ា ponleu aurora (n.) aurora
ពន្លញសោរ bolt (n.) bolt
ពន្លឿន ponluen (v.) expedite
ពពក popork (n.) cloud
ពពកស្រការនាគ porpork sroka neak (n.) cirrus
ពពុះ porpouh (n.) bubble
ពពុះ por puoh (n.) foam
ពពុះ por puh (n.) lather
ពពុះសមុទ្រ Po Pus Sak Mot (n.) seafoam

ពពួកចោរប្លន់ popuok chaor blon (n.) dacoit
ពពែ por pae (n.) goat
ពពែភ្នែក por pae pnek (n.) stye
ពរជ័យ por chey (n.) blessing
ពរជ័យ por chey (n.) boon
ពលកម្ម polokamm (n.) labour
ពលបាល Pol Baal (n.) serge
ពលបាល Pol Baal (n.) sergeant
ពលរដ្ឋ polrodth (n.) citizen
ពលរដ្ឋប្រទេសស្កុតឡេន Pol Rot Pro Tes Scotland (n.) Scot
ពលរដ្ឋវិជ្ជា polorodth vichea (n.) civics
ពស់ pos (n.) snake
ពស់ថ្លាន់ pors thlarn (n.) boa
ពស់ថ្លាន់ pos thlan (n.) python
ពស់វែក posvek (n.) adder
ពស់វែក pors vek (n.) cobra
ពហុកីឡដ្ឋាន phohuk keila dthan (n.) stadium
ពហុកោណ pakhok kaon (adj.) polymolecular
ពហុនុយក្លេអែត paho nouy kle eat (adj.) polynucleate
ពហុន័យ pakhok nei (n.) polysemia
ពហុបច្ចេកវិទ្យា pakho bachchekvityea (adj.) polytechnic
ពហុបច្ចេកវិទ្យា pakho bachchekvityea (n.) polytechnic
ពហុប្រូតេអ៊ីន pakhok brau te in (n.) polyprotein
ពហុបន្តភាព peak ho poth pheap (adj.) polygamous
ពហុភាគី pho phaki (adj.) multilateral
ពហុភាណ phophan (n.) pedantry
ពហុភាព pak ho pheap (n.) multiplicity
ពហុភាព pheak ho pheap (n.) plurality
ពហុភាសា pho phea sa (adj.) multilingual
ពហុភាសា pahok pheasa (n.) polyglot
ពហុមណ្ឌលនិយម paho mondal niyom (n.) polycentrism
ពហុរដ្ឋាភិបាល paho rodthaphibal (n.) polycracy

ពហុវចន: pak hovachanak (adj.) plural
ពហុសណ្ឋាន pakhok santhan (n.) polymorph
ពហុសណ្ឋាន pakhok santhan (n.) polymorphism
ពហុសណ្ឋាន pakhok santhan (n.) polymorphosis
ពហុស្វាមីភាព paho sva mei pheap (n.) polyandry
ពហុអតិសុខុមប្រាណ pakhok atesokhom bran (adj.) polymicrobial
ពាក្យ peak (n.) word
ពាក្យ ប្រឃា peak reu khlea (n.) locution
ពាក្យកុហក peak kohok (n.) lie
ពាក្យកំប្លែង peak kom plaeng (n.) jest
ពាក្យគន្លឹះ peak konleuh (n.) keyword
ពាក្យឃ្លោងមួយបែប peak khlong muoy beb (n.) sonnet
ពាក្យចចាមអារាម Peak Jo Jam Ah Ram (n.) rumour
ពាក្យចំអក peaky cham oak (n.) pleasantry
ពាក្យជំនួយស្វាគតិ peaky chomnuoy sma re dei (n.) mnemonic
ពាក្យតិះដៀល peak tes deal (n.) taunt
ពាក្យទំនាយ peak tomneay (n.) prophecy
ពាក្យនិន្ទា Peak Nin Tea (n.) reproof
ពាក្យនិយាយសាមញ្ញ peak niyeay samanh (n.) slang
ពាក្យបង្កាច់ peak bangkach (n.) aspersion
ពាក្យបង្កើតថ្មី peak bangkeut thmei (n.) coinage
ពាក្យបដិសេធ peak deseth (n.) negative
ពាក្យបណ្ដឹង peak bondoeng (n.) complaint
ពាក្យប្រមាថ peak bro mart (n.) invective
ពាក្យប្រលយជាគន្លឹះ peak prolouy chea konleuh (n.) hint
ពាក្យប្រស្នា peak brasna (n.) parable
ពាក្យប្រស្នា peak brasnaa (n.) simile
ពាក្យប្រៀបធៀប peak brieb thieb (n.) metaphor
ពាក្យផ្ទុយ peakphtoy (n.) antonym
ពាក្យពេចន៍លេបខាយ peak pech leb khay (n.) eve-teasing
ពាក្យរាយ peaky reay (n.) prose
ពាក្យសន្ទនាមិនផ្លូវការ peak santonea min phlauvkar (n.) colloquialism
ពាក្យសម្បថ peak samboth (n.) oath
ពាក្យសរសើរ peak sar ser (n.) panegyric
ពាក្យស្ងួស្ដីសម្រាប់អ្នកនេសាទ peak sursdey somrab nak nesat (interj.) ahoy
ពាក្យស្ដីបន្ទោស Peak Sdei Bon Tos (n.) reprimand
ពាក្យស្នេហា peak snaeha (n.) endearment
ពាក្យស្លោក peak sloak (n.) byword
ពាក្យស្លោក peak sloak (n.) slogan
ពាក្យស្លោក peak slaok (n.) watchword
ពាក្យឯកព្យាង្គ peaky eka pyeang (n.) monosyllable
ពាក្យអត់មានន័យ peak ot mean ney (n.) babble
ពាក្យអធិប្បាយ peak akthibai (n.) caption
ពាក្យចចាមអារាម peak chor cham aram (n.) hearsay
ពាក់ peak (v.) wear
ពាក់កណ្ដាល peak kondal (adj.) mid
ពាក់កណ្ដាល peak kondal (n.) half
ពាក់កណ្ដាលផ្ដាច់ព្រ័ត្រ Peak Kondal Pdach Prot (n.) semi-finalist
ពាក់កណ្ដាលរដូវក្ដៅ peak kondal rodov kdao (n.) midsummer
ពាក់គ្នា peak knea (v.) mate
ពាក់បង្ហាញ peak bonghanh (v.) sport
ពាក់ព័ន្ធ peak ponth (v.) involve
ពាក់ព័ន្ធ peak poan (adj.) pertinent
ពាក់ស្បែកជើង peak sbek cheurng (v.) shoe
ពាក់ស្បៃមុខ peak sbai moukh (v.) veil
ពាណិជ្ជកម្ម peanechchokamm (n.) commerce
ពាណិជ្ជកម្ម peanech chokamm (n.) trade
ពាណិជ្ជកម្មអេឡិចត្រូនិច peanechchokamm elechtraunich (n.) e-commerce
ពាណិជ្ជករ peanechchokor (n.) trader
ពាណិជ្ជករ peanechchokor (n.) tradesman

ពាណិជ្ជសញ្ញា peanech sanhnha (n.) trademark
ពានរង្វាន់ pean rong voan (n.) trophy
ពាន់លាន poan lean (n.) billion
ពិការ pi kar (n.) palsy
ពិការ pikar (v.) paralyse
ពិការភាព pikarpheap (n.) disability
ពិគ្រោះយោបល់ pikroh yobol (v.) consult
ពិគ្រោះយោបល់ pikroh yobl (n.) consultation
ពិចនិច picnic (n.) picnic
ពិចារណា picharana (v.) consider
ពិចារណាខ្លួនឯង picharana kluon eng (v.) introspect
ពិចារណាលើ picharana leu (prep.) considering
ពិចារណាឡើងវិញ Picharona Leung Venh (v.) reappraise
ពិជគណិត pich kaknet (n.) algebra
ពិជគណិតចែកជាបន្ទាត់លើចំនួនពិត pech kaknith chek chea bot thaan leu chomnuon pit (n.) octonionics
ពិដាន pi dan (n.) ceiling
ពិណ peun (n.) harp
ពិណបុរាណ pin boran (n.) lyre
ពិត pit (adv.) actually
ពិត pit (adj.) bonafide
ពិត pit (adj.) TRUE
ពិតជា pitchea (adv.) certainly
ពិតណាស់ pitnas (adv.) absolutely
ពិតប្រាកដ pit brakot (adj.) actual
ពិតប្រាកដ pitbrakod (adj.) authentic
ពិតប្រាកដ pit brakod (adj.) exact
ពិតប្រាកដ pit brakod (adj.) genuine
ពិតប្រាកដ pit bra kod (adj.) real
ពិធី pithi (n.) ceremony
ពិធីបញ្ចប់ការសិក្សា pithi banhchob kar seksaa (n.) graduation ceremony
ពិធីការ pithikar (n.) protocol
ពិធីកោរសក់ pithi kao sok (n.) tonsure
ពិធីងូតទឹក pithi ngout teuk (n.) ablution
ពិធីចែកសញ្ញាបត្រ pithi chek sanhnhabat (n.) commencement

ពិធីជប់លៀង pithi chublieng (n.) banquet
ពិធីជប់លៀង pithi chob leang (n.) gala
ពិធីជប់លៀងបន្ទាប់ pithichoblieng bantoab (n.) after-party
ពិធីជប់លៀងផឹកស៊ី pithi chub leang phoek si (n.) bacchanal
ពិធីជប់លៀងលាភាពនៅលីវ pithi chub lieng lea pheap nov leave (n.) bachelor party
ពិធីបុណ្យ pithi bon (n.) festival
ពិធីបុណ្យសព pithi bon sop (n.) funeral
ពិធីបុណ្យក្នុងសាសនា Pi Thee Bon Knong Sas Sna (n.) rite
ពិធីរម្លឹកខួប pithi romleuk khuob (n.) commemoration
ពិធីរៀបអាពាហ៍ពិពាហ៍ pithi reab apea pi pea (n.) nuptials
ពិធីលាងបាប pithi leangbarb (n.) baptism
ពិនិត្យ pinit (v.) check
ពិនិត្យ pinit (v.) peruse
ពិនិត្យទំនាក់ទំនងរវាងអត្ថបទនិងអត្ថន័យ pinit tomneak tomnong roveang atthabot ning atthaney (v.) deconstruct
ពិនិត្យពិចៃយ Pi Net Pi Jaai (v.) scrutinize
ពិនិត្យមើល pinith meul (v.) examine
ពិនិត្យឡើងវិញ Pi Net Leung Venh (v.) review
ពិន្ទុ Pin Tu (n.) score
ពិន្ទុច្រើន pintou chrern (adj.) pointful
ពិន័យ piny (n.) penalty
ពិន័យប្រាក់ piney brak (v.) fine
ពិបាក pibak (adj.) difficult
ពិបាកចិត្ត pibak chett (adj.) distraught
ពិបាកណាស់ pibak nas (adj.) arduous
ពិពណ៌នា piporanea (v.) depict
ពិពណ៌នា piporanea (v.) describe
ពិភពក្រៅ piphop kraw (n.) outworld
ពិភពគ្រិស្តសាសនា piphop krist sasana (n.) Christendom
ពិភពលោក piphop lok (n.) world
ពិភពសុបិន piphup soben (n.) dreamworld
ពិភាក្សា pipheaksa (v.) confer

ពិភាក្សា pipheaksaa (v.) discuss
ពិរុទ្ធជន piroutthochun (n.) culprit
ពិរុទ្ធភាព piroutth pheap (n.) guilt
ពិរោះ pi roh (adj.) melodious
ពិល pil (n.) flashlight
ពិល pil (n.) torch
ពិលឈូល Pel Chool (n.) searchlight
ពិស peus (n.) venom
ពិសេស pises (adj.) especial
ពិសេស pises (adj.) exceptional
ពិសេស pises (adj.) extraspecial
ពិសេស pises (adj.) particular
ពិសេស pises (adj.) special
ពិសេសដោយឡែក pises daoylek (adj.) peculiar
ពិសេសដោយឡែក pises daoylek (n.) peculiarity
ពិសោធ pisaoth (v.) experience
ពិសោធនិយម pisoath niyoum (n.) empiricism
ពិសោធន៍ pisaoth (n.) experiment
ពិសោធន៍ ចែដនុយ pisaoth chaidan (v.) randomise
ពី pi (prep.) from
ពីងពាង ping peang (n.) spider
ពីចម្ងាយ pi cham ngaay (adv.) afar
ពីនោះ pinoh (adv.) thence
ពីព្រោះតែ pi pruoh tae (conj.) for
ពីមុន pimun (prep.) afore
ពីមុន pi mun (adv.) formerly
ពីរ pi (n.) two
ពីរខែម្ដង pi khae madorng (adj.) bimonthly
ពីរឆ្នាំម្ដង pir chhna mtong (adj) biennial
ពីរដង pi dong (adv.) twice
ពីរដង pi dong (adj.) twofold
ពីរដងក្នុងមួយឆ្នាំ pi dong knung mouy chhnam (adj.) biannual
ពីរបី pi bei (adj.) few
ពីរភាសា pi pheasaa (adj.) bilingual
ពីរសប្ដាហ៍ pi sapada (n.) fortnight
ពីរសប្ដាហ៍ម្ដង pi sa bada mdong (adj.) bi-weekly

ពីលើទៅក្រោម pi leu choh kraom (adv.) downward
ពីស្តុង pi stong (n.) piston
ពឹងផ្អែក peung pa'ek (v.) depend
ពឹងពាក់ Peung Pak (v.) rely
ពុក puk (adj.) carious
ពុកចង្ការ pouk changkar (n.) beard
ពុកផុយ pouk phoy (v.) decay
ពុកមាត់ pouk moat (n.) moustache
ពុកមាត់ pouk moat (n.) mustache
ពុកមាត់ឆ្មា pouk moat chhma (n.) whisker
ពុកមាត់រុយៗ puk moat roy roy (n.) stubble
ពុករលួយ Pok Ror Looy (n.) rot
ពុត pout (n.) pretence
ពុតឱ្យកោង pout oy kaong (v.) curve
ពុម្ព poump (n.) template
ពុម្ពអក្សរ poump aksor (n.) font
ពុល poul (adj.) poisonous
ពុល poul (adj.) toxic
ពុលឡាន pul larn (adj.) carsick
ពុស pus (v.) cleave
ពុះ pouh (v.) boil
ពុះ puh (v.) ebulliate
ពុះ pouh (v.) splinter
ពុះកញ្ច្រោល pouh kanh chrol (v.) pervade
ពុះជាបួន pouh chea buon (v.) quarter
ពុះតិចៗ pouh tech tech (v.) simmer
ពុះពារ pouh pear (v.) transcend
ពុះពារ pouh pear (v.) weather
ពូ pu (n.) uncle
ពូក pouk (n.) mattress
ពូកខ្យល់ pouk khchal (n.) airbed
ពូកែ pou kae (adj.) masterly
ពូជត្រកូល puoch trokaul (n.) lineage
ពូជពង្ស pouchpong (n.) ancestry
ពូជពង្ស pouchpong (n.) offspring
ពូតយកចេញ puot yok chenh (v.) wring
ពូថៅ pouthao (n.) axe
ពូថៅដៃ pu thao dai (n.) hatchet
ពូន poun (v.) terp
ពូកកាហ្វី pouk kahvi (n.) kaffir

ពួកគេ puok ke *(pron.)* them
ពួកចោរអុីនធរណេត puok choar internet *(n.)* hacker
ពួកឆ្វេងនិយម puok chhveng niyom *(n.)* leftist
ពួកជនជាតិ puk chon cheat *(n.)* nabob
ពួកជើហ្វ puok javish *(n.)* jew
ពួកពូជស្តេច Pouk Pooch Sdach *(n.)* royalty
ពួកមនុស្សថោកទាប puok mnouss thaokteab *(n.)* rabble
ពួកមូលធន pouk moulothon *(n.)* capitalist
ពួកសង្គមនិយម puk sangkom niyom *(n.)* socialist
ពួកសត្វកករ Pouk Saat Ko Ke *(n.)* rodent
ពួកសត្វល្អិត ដែលកាត់ខោអាវ puok sat la it del kat khao av *(n.)* mite
ពួកសាសនាកាតូលិក puok sasana kataulik *(n.)* papacy
ពេជ្ឈឃាត pech chokhead *(n.)* executioner
ពេជ្រ pech *(n.)* diamond
ពេជ្រពណ៌លឿង pech por lueng *(n.)* topaz
ពេជ្រម្យាង pech myang *(n.)* opal
ពេញ penh *(adj.)* full
ពេញកមរមាស់ Penh Korm Ro Mors *(n.)* scabies
ពេញចិត្ត penhchett *(v.)* appreciate
ពេញចិត្ត Penh Jet *(v.)* satisfy
ពេញដោយ ដីល្បាប់ penh doy dei lbab *(v.)* silt
ពេញដោយទឹកភ្នែក penh doy teuk phnek *(adj.)* tearful
ពេញដោយវិប្បដិសារី Penh Doy Vi Pak De Sa Rei *(adj.)* rueful
ពេញទី penhti *(adv.)* quite
ពេញនិយម penh niyom *(adj.)* popular
ពេញមួយជីវិត penh muoy chivit *(adj.)* lifelong
ពេញមួយយប់ penh muoy yob *(adj.)* overnight
ពេញមួយយប់ penh muoy yob *(adv.)* overnight
ពេញវ័យ penh vey *(n.)* puberty
ពេទ្យ ផ្ទះមនុស្សឆ្កួត pet reu pteah monus chhkuot *(n.)* nuthouse

ពេទ្យឆ្កួត pet chhkuot *(n.)* madhouse
ពេទ្យធ្មេញ pet thmenh *(n.)* dentist
ពេទ្យព្យាបាលរោគ pet pyeabal rok *(n.)* homeopath
ពេទ្យភ្នែក pet phnek *(n.)* oculist
ពេទ្យភ្នែក pet phnek *(n.)* ophtalmologist
ពេទ្យសត្វ pet sat *(n.)* veterinary
ពេល pel *(n.)* moment
ពេលវេលាធ្វើដំណើរ pel velea thveu damner *(n.)* traveltime
ពេលកន្លងទៅ pel konglong tov *(n.)* lapse
ពេលខ្លី pel kley *(n.)* bout
ពេលខ្លះ pel khlah *(adv.)* sometime
ពេលខ្លះ pel khlah *(adv.)* sometimes
ពេលឈប់សម្រាក pel chhob somrak *(n.)* leave
ពេលឈប់សម្រាកយកពេលស្រាវជ្រាវ Pel Chob Somrak Yok Pel Srav Jreav *(n.)* sabbatical
ពេលដែលមានប្រសិទ្ធភាព pel del mean proset pheap *(n.)* innings
ពេលណា pel na *(adv.)* when
ពេលណាក៏ដោយ pel na kor daoy *(conj.)* whenever
ពេលណាក៏ដោយ pel na kor daoy *(adv.)* whenever
ពេលថ្ងៃត្រង់ pel thngai trong *(n.)* midday
ពេលទីបំផុត pel ti bamphot *(n.)* omega
ពេលមុនថ្ងៃត្រង់ pel mun thngai trong *(n.)* forenoon
ពេលយប់ pel yob *(adv.)* nightly
ពេលរសៀល pel rosiel *(n.)* afternoon
ពេលរាត្រី pel reatrei *(n.)* twilight
ពេលល្ងាច pel lngeach *(n.)* evening
ពេលវេលា pelvelea *(n.)* time
ពេលសាកល្បង pel sak lbong *(n.)* probation
ពេលសំរាក pel som rak *(n.)* recess
ពេស្យាចារ pesyachar *(n.)* prostitution
ពែង peng *(n.)* chalice
ពែង peng *(n.)* cup
ពែងតែ peng tae *(n.)* teacup
ពោងខ្យល់ pong khyol *(n.)* windbag

ពោងសញ្ញាប្រាប់ផ្លូវនាវា pong sanhnha brab phlauv neavea (n.) buoy
ពោងសុវត្ថិភាព pong sovatthepheap (n.) airbag
ពោត poat (n.) corn
ពោត poat (n.) maize
ពោពេញដោយផ្សិត po penh daoy phsaet (adj.) mouldy
ពោរពេញដោយ por penh doy (v.) teem
ពោរពេញដោយគំនុំ Por Penh Doy Kom Nom (adj.) revengeful
ពោរពេញទៅដោយមន្ទិល por penh tov doy montel (v.) misgive
ពោលគឺ pol keu (adv.) namely
ពោលបញ្ឆិតបញ្ចៀង poal banhchhet banhchheang (v.) insinuate
ពោះ poh (n.) abdomen
ពោះ poh (n.) belly
ពោះធំ pors thom (n.) baby bump
ពោះម៉ាយ poh may (n.) widower
ពោះវៀន pohvien (n.) bowel
ពោះវៀន pohvien (n.) entrails
ពោះវៀន poh vien (n.) intestine
ពោះវៀនធំ pohvien thom (n.) colon
ព្យញ្ជនៈ pychun cheaneak (n.) consonant
ព្យាករណ៍ pyea kor (v.) forecast
ព្យាករណ៍ pyeakor (n.) predicate
ព្យាង្គ pyeang (n.) syllable
ព្យាណូ pyea nau (n.) piano
ព្យាបាល pyeabal (v.) cure
ព្យាបាល pyeabal (v.) doctor
ព្យាបាល pyea bal (v.) treat
ព្យាបាលដោយប្រើកាំរស្មី pyea bal doy brer kam raksmey (v.) irradiate
ព្យាយាម pyeayeam (v.) endeavour
ព្យាយាម pyea yeam (v.) try
ព្យុះ pyouh (n.) storm
ព្យុះខ្សាច់ Pjus Ksach (n.) sandstorm
ព្យុះទីហ្វុង pyouh ti fong (n.) typhoon
ព្យុះព្រិល pyouh pril (n.) blizzard
ព្យុះព្រិល pyouh pril (n.) hailstorm
ព្យុះស៊ីក្លូន pyouh siklaun (n.) cyclone

ព្យួរ pyuor (v.) dangle
ព្យួរ pyuor (v.) hang
ព្រមព្រៀង prom prieng (v.) concur
ព្រមាន promean (v.) warn
ព្រមានជាមុន promean chea mun (v.) forewarn
ព្រលប់ proloub (n.) dusk
ព្រលយពាក្យ proloy peak (v.) tip-off
ព្រលឹង proleung (n.) soul
ព្រលឹងចិត្ត proleung chet (n.) darling
ព្រលឹងជីដូនជីតា proleung chidoun chi ta (n.) manes
ព្រលោម proloam (v.) wheedle
ព្រហើន proheun (adj.) insolent
ព្រហ្មចារី prohm charei (adj.) virgin
ព្រហ្មចារីភាព promachari pheap (n.) chastity
ព្រហ្មចារីភាព prohm charei pheap (n.) virginity
ព្រាង preang (adj.) sketchy
ព្រាននារី prean near ri (n.) mack
ព្រាប preab (n.) pigeon
ព្រាបសមុទ្រ Preap Sak Mot (n.) seagull
ព្រិចភ្នែក prich phnek (v.) blink
ព្រិល pril (n.) snow
ព្រីនពីចម្ងាយ prin pi chomngay (v.) teleprint
ព្រឹក preuk (n.) morning
ព្រឹកព្រលឹម preuk proleum (n.) dawn
ព្រឹត្តិការណ៍ preuttekar (n.) event
ព្រឹត្តិការណ៍នាំមុខ preut te kar noam moukh (n.) antecedent
ព្រឹត្តិការណ៍សំខាន់ preutte kar saamkhan (n.) milestone
ព្រឹត្តិបត្រព័ត៌មាន pruttebatt poramean (n.) bulletin
ព្រឹទ្ធបុរស preut boros (n.) dean
ព្រឹទ្ធសភា Pret Sak Phea (n.) senate
ព្រួយ pruoy (n.) fin
ព្រុស prus (v.) bark
ព្រុស prous (v.) yap
ព្រួញ pruonh (n.) arrow
ព្រួញ pruonh (n.) dart

ព្រួយ pruoy (v.) distress
ព្រួយបារម្ភ pruoy barom (v.) concern
ព្រៃ prei (n.) forest
ព្រៃ prei (n.) jungle
ព្រៃ prei (n.) woods
ព្រៃគុម្ពោតក្រាស prei kompout kras (n.) thicket
ព្រៃផ្សៃ prei phsaai (adj.) barbaric
ព្រៃផ្សៃ prei phsaai (adj.) wanton
ព្រៃល្បោះ prei laboh (n.) glade
ព្រំដែន promdaen (n.) border
ព្រំដែន promdaen (n.) boundary
ព្រំដែន promden (n.) frontier
ព្រះ preah (n.) god
ព្រះចន្ទ preah chan (n.) moon
ព្រះចន្ទពេញវង់ preah chan penh vong (n.) full moon
ព្រះគម្ពីរ preah kompi (n.) bible
ព្រះថេរៈធំ preah thera thom (n.) priestess
ព្រះនាង preah neang (n.) princess
ព្រះបរមរាជវាំង preah ba rom reach vang (n.) palace
ព្រះមហាក្សត្រ preah ma ha ksaat (n.) monarch
ព្រះយេស៊ូវគ្រីស្ទ preah yesu krist (n.) Christ
ព្រះរាជវង្សានុវង្ស Preah Reach Vong Sa Nu Vong (adj.) royal
ព្រះរាជអាជ្ញា preah reach achnha (n.) prosecutor
ព្រះវិហារ preah vihear (n.) church
ព្រះសង្ឃ preah sang (n.) monk
ព្រះសហគមន៍កាតូលិក preah sahakom kataulik (n.) parish
ព្រះអង្គម្ចាស់ preah ang mchas (n.) prince
ព្រះអាទិត្យ preah atit (adj.) solar
ព្រះអាទិត្យ preah atith (n.) sun
ព្រះអើយ! preah euy! (interj.) alas
ពំនូក pomnouk (n.) mound
ពំនូក Pom Nook (n.) rick
ពំនូកអំបែង pomnouk ambeng (n.) cullet
ព័ត៌មាន poromean (n.) information
ព័ត៌មានចថាមអារាម poromean chorcham aram (n.) tabloid

ព័ត៌មានជំនួយ poromean chomnuoy (n.) tip
ព័ត៌មានបញ្ជាក់អត្តសញ្ញាណ poromean banhcheak attaksanhnhan (n.) credential
ពន្ទ ដុវិញ្ញដោយប្រលាយទឹក puot chomvinh doy brolay teuk (v.) moat
ពន្ទជុំវិញ potthchoumvinh (adj.) ambient
ពន្ទជុំវិញ poath choum vinh (v.) encircle
ពន្ទជុំវិញ poath choum vinh (v.) engulf
ពន្ទជុំវិញ poth chomvinh (v.) girdle
ពន្ទជុំវិញ potth choumvinh (v.) surround
ពន្ទជុំវិញដូចជានៅក្នុងភូគោល poatth choumvinh dauch chea nov knong phoukoul (v.) englobe
ព័ទ្ធរបង poath ro bong (v.) fence

ភក្តិភាព pheakdei pheap (n.) allegiance
ភក្តិភាព pheak kdei pheap (n.) fidelity
ភក់ pouk (n.) boglet
ភក់ phork (n.) mire
ភក់ phork (n.) mud
ភក់ phork (n.) muddle
ភក់ phuk (n.) slush
ភតិកៈ phor tek kak (n.) tenent
ភព phop (adj.) planetary
ភពណិបទុ php ne b tou (n.) Neptune
ភពផែនដី phop phendei (n.) planet
ភពព្រហស្បតិ៍ phoup prohoah (n.) jupiter
ភពព្រះអង្គារ phoup preah angkear (n.) Mars
ភស្តុតាង phost tang (n.) evidence
ភស្តុតាង phost tang (n.) proof
ភាគ pheak (n.) episode
ភាគខាងជើង pheak khangcheung (adj.) north
ភាគខាងជើង pheak khangcheung (adv.) north

ភាគខាងជើង pheak khangcheung (n.) north
ភាគច្រើន pheakchrern (n.) bulk
ភាគច្រើន pheak chrern (n.) majority
ភាគច្រើន pheak chrern (adv.) mostly
ភាគច្រើនបំផុត pheak chrern bamphot (n.) most
ភាគតិច pheak tech (n.) less
ភាគតូច pheak tauch (n.) nanoparticle
ភាគយក pheak yok (n.) numerator
ភាគរយ pheak roy (n.) percentage
ភាគលាភ pheak leap (n.) dividend
ភាគល្អិត pheak la it (n.) particle
ភាគអាគ្នេយ៍ pheak akne (adj.) southerly
ភាជន៍ peach (n.) jug
ភាគរភាព phea tak rak pheap (n.) fellowship
ភាគរភាព phea tarak pheap (n.) fraternity
ភាពចាំបាច់ pheap cham bach (n.) necessity
ភាពត្រឹមត្រូវ pheap troem trauv (n.) accuracy
ភាពបរិសុទ្ធ pheap borisot (n.) purity
ភាពសុខដុម pheap sokh dom (n.) harmony
ភាពអត់ឃ្លាន pheap ot khlean (n.) hunger
ភាពកក់ក្តៅ pheap kok kdao (n.) warmth
ភាពកខ្វក់ pheap korkhvork (n.) dirt
ភាពកខ្វក់ pheap kor khvork (n.) filth
ភាពកង្វះខាត pheap kongvas khart (n.) dearth
ភាពកង្វះជាតិកាល់ស្យូម pheap kangvah cheat kalsyaum (n.) decalcification
ភាពកម្រ pheap kamror (n.) paucity
ភាពកម្រ pheap kamror (n.) rareness
ភាពកាចសាហាវ Pheap Kach Sahav (n.) roguery
ភាពកើតទុក្ខរាំរ៉ៃ pheap kert tukh ram rai (n.) melancholia
ភាពកោង pheap kaong (n.) curvature
ភាពក្តៅឧណ្ហៗ pheap kdao on on (n.) tepidity
ភាពក្បត់ pheap kbot (n.) betrayal

ភាពក្រអឺតក្រទម pheap kra eut kratom (n.) arrogance
ភាពក្រអឺតក្រទម pheap kra eut kratom (n.) pomposity
ភាពក្រាស់ pheap kras (n.) thick
ភាពក្រិន pheap kren (n.) pointillism
ភាពក្រិន pheap kren (n.) stunt
ភាពក្រីក្រ pheap krei kro (n.) poverty
ភាពក្រៅសាសនា pheap kraw sasana (n.) paganism
ភាពក្លាហាន pheap klaharn (n.) boldness
ភាពក្លាហាន pheap klahan (n.) bravery
ភាពក្លាហាន pheap klahan (n.) courage
ភាពក្លាហាន pheap khla harn (n.) intrepidity
ភាពក្លាហានប្រកបដោយសីលធម៌ pheap klahan brakob daoy silathor (n.) chivalry
ភាពក្លាហានហួសប្រមាណ pheap klahan hous promarn (n.) temerity
ភាពក្លៀវក្លា pheap khliev klha (n.) ebullience
ភាពក្លៀវក្លា pheap kliev khla (n.) fervour
ភាពកំណាញ់ pheap komnanh (n.) meanness
ភាពកំសាក pheap komsak (n.) cowardice
ភាពខិលខូច pheap khel khauch (n.) perversity
ភាពខុសគេ peap khos ke (n.) aberration
ភាពខុសគ្នា pheap khos knea (n.) difference
ភាពខុសគ្នា pheap khous knea (n.) discrepancy
ភាពខុសគ្នា pheap khos knea (n.) disparity
ភាពខុសគ្នា pheap khos knea (n.) distinction
ភាពខុសគ្នា pheap khos knea (v.) mismatch
ភាពខុសគ្នា pheap khos knea (n.) variance
ភាពខុសគ្នា pheap khos knea (n.) variety
ភាពខូចរពីស pheap khauch ropeus (n.) devilry
ភាពខ្ចប់ខ្ចួន pheap khchab khchuon (n.) obduracy
ភាពខ្ជិល pheap khjel (n.) idleness

ភាពខ្ជិល pheap khchel (n.) laziness
ភាពខ្ជះខ្ជាយ pheap khchah khcheay (n.) extravagance
ភាពខ្ជះខ្ជាយ pheap khcheahkhcheay (n.) profligacy
ភាពខ្ពើមរអើម pheap khpeum ro aerm (n.) disgust
ភាពខ្មាស់អៀន Pheap Kmas ian (n.) shame
ភាពខ្មាស់អៀន pheap ien khmas (n.) shy
ភាពខ្លួរមុខ pheap khmou moukh (n.) timidity
ភាពខ្លាំងក្លា pheap khlang kla (n.) virulence
ភាពខ្លីនិងច្បាស់លាស់ pheap kley neung chhbas lors (n.) brevity
ភាពគួរសម pheap kuor som (n.) urbanity
ភាពគួរឱ្យចាប់អារម្មណ៍ pheap kuor aoy chab arom (n.) fascination
ភាពគេដឹងគ្រប់គ្នា pheap ke doeng kroub knea (n.) notoriety
ភាពគ្មានកូន pheap kmean kaun (n.) sterility
ភាពគ្មានចលនា pheap kmean chalna (n.) akinesia
ភាពគ្មានជំនឿ Pheap Kmean Jom Neur (n.) scepticism
ភាពគ្មានទីបញ្ចប់ pheap kmean ti banhchob (n.) infinity
ភាពគ្មានទោស pheap kmean tous (n.) innocence
ភាពគ្មានបទពិសោធន៍ pheap kmean bot pi saoth (n.) inexperience
ភាពគ្មានរសជាតិ pheap kmean ros cheat (n.) insipidity
ភាពគ្មានសារៈសំខាន់ pheap kmean sarak somkhan (n.) insignificance
ភាពគ្រប់គ្រាន់ pheap krobkroan (n.) adequacy
ភាពគ្រប់គ្រាន់ pheap krobkroan (n.) sufficiency
ភាពគ្រប់ទម្រង់ទាំងអស់ pheap krob tomrong teang os (n.) omniformity
ភាពឃោរឃៅ pheap khorkhov (n.) atrocity

ភាពឃោរឃៅ pheap khorkhov (n.) cruelty
ភាពងងឹត pheap ngor ngeut (n.) darkness
ភាពងងឹត pheap ngo ngeut (n.) obscurity
ភាពងងឹត pheap ngor nget (n.) tenebrosity
ភាពងប់ងល់នឹងបច្ចេកវិទ្យា pheap ngob ngol neung bachchek vityea (n.) technomania
ភាពងប់ងុល pheap ngob ngul (n.) mania
ភាពងាយជឿ pheap ngeay cheu (n.) credulity
ភាពងាយស្រួល pheap ngeay sruol (n.) convenience
ភាពងាយស្រួល pheap ngeay sruol (n.) ease
ភាពងឿងឆ្ងល់ pheap ngueng chhngal (n.) daziness
ភាពចង្អៀតណែន pheap changaiet nen (v.) overcrowd
ភាពចចេស pheap charches (n.) obstinacy
ភាពចម្រូងចម្រាស pheap chamroung chamras (n.) controversy
ភាពចម្លែក pheap chamlek (n.) perversion
ភាពចលាចល pheap chola chol (n.) unrest
ភាពចលាចល pheap cholachol (n.) upheaval
ភាពចាស់ pheap chas (n.) ageing
ភាពចាស់ទ្រុឌទ្រោម pheap chas trud trom (n.) dilapidation
ភាពចាំងភ្នែក pheap chang phnek (n.) glam
ភាពចាំបាច់ pheap cham bach (n.) necessary
ភាពចុះខ្សោយ pheap choh khsaaoy (n.) weakling
ភាពចុះសម្រុងគ្នា pheap chohsamroung knea (n.) consonance
ភាពចៃដន្យ pheap chaidon (n.) coincidence
ភាពច្បាស់លាស់ pheap chbas loah (n.) certainty
ភាពច្បាស់លាស់ pheap chbas loas (n.) clarity

ភាពច្បាស់លាស់ pheap chhbas loah (n.) lucidity
ភាពច្របល់គ្នា Pheap Jro Bol Knea (n.) scramble
ភាពច្របូកច្របល់ pheap chrobauk chrobol (n.) confusion
ភាពច្របូកច្របល់ pheap chrabauk chrabol (n.) disarray
ភាពច្របូកច្របល់ pheap chrabauk chrabol (n.) disorder
ភាពច្របូកច្របល់ pheab chro bouk chro bol (n.) ruck
ភាពច្របូកច្របល់ pheap chrabauk chrabol (n.) tumult
ភាពច្រើនអនេក pheap chrern anek (n.) superabundance
ភាពចំណាស់ជាង Pheap Jom Naas Jeang (n.) seniority
ភាពឆាប់ខឹង pheap chhab khoeng (n.) irritation
ភាពឆើតឆាយ pheap chhert chhay (n.) elegance
ភាពឈេវឆាវ pheap chev chhav (n.) petulance
ភាពឆ្កួត pheap chhkuot (n.) madness
ភាពឆ្លាត pheap chhlat (n.) onrush
ភាពឆ្លាតវៃ pheap chhlatvei (n.) acumen
ភាពឆ្អែតឆ្អន់ pheap chha et chha orn (n.) surfeit
ភាពជាក់លាក់ pheap cheakleak (n.) precision
ភាពជាដៃគូ pheap chea daikou (n.) partnership
ភាពជាតួឯក pheap chea tour ek (n.) stardom
ភាពជាទីគាប់ចិត្ត pheap chea ti koab chet (n.) amenity
ភាពជាបងប្អូនប្រុស pheap chea bongpa oun bros (n.) brotherhood
ភាពជាបងប្អូនស្រី pheap chea bong pa-oun srei (n.) sisterhood
ភាពជាបុរស pheap chea boros (n.) manhood
ភាពជាបុរស pheap chea boros (n.) manliness

ភាពជាប្ដីប្រពន្ធ pheap chea bdei brapon (n.) wedlock
ភាពជាប្រធានក្រុម pheap chea brathan krom (n.) captaincy
ភាពជាប់គាំង pheap choab keang (n.) deadlock
ភាពជាប់ស្អិត pheap choab saet (n.) adhesion
ភាពជាពួកសត្វឆ្មារ pheap chea porpouk satt chhmar (n.) felinity
ភាពជាម្ចាស់ pheap chea machas (n.) ownership
ភាពជាម្ដាយ pheap chea mday (n.) motherhood
ភាពជាវីរបុរស pheap chea virak boros (n.) heroism
ភាពជាសត្រូវ pheap chea satrauv (n.) enmity
ភាពជាស្ត្រី pheap chea strei (n.) womanhood
ភាពជាអ្នកជិតខាង pheap chea nak chit kheang (n.) neighbourhood
ភាពជាអ្នកដឹកនាំ pheap chea nak doek noam (n.) leadership
ភាពជាអំបិល Pheap Jea Om Bel (n.) salinity
ភាពឈឺចាប់ pheap chhucheab (n.) agony
ភាពឈឺចាប់ pheap chheu chab (n.) anguish
ភាពឈ្ងុយឆ្ងាញ់ pheap chhngouy chhnganh (n.) delectability
ភាពឈ្នោះសង់ពិសេស pheap chhleasvei pises (n.) brilliance
ភាពញឹកញាប់ pheap nheuk nhoab (n.) frequent
ភាពដដែលៗ pheap dordel (n.) monotony
ភាពដាច់ពីគេ pheap dach pike (n.) privation
ភាពដូចគ្នា pheap douch knea (n.) likeness
ភាពដូចគ្នា Pheap Doch Knea (n.) resemblance
ភាពដូចគ្នា pheap doch knea (n.) similitude

ភាពខ្ជូចទាស: Pheap Doch Jea Tea Sak (n.) servility

ភាពដែលធ្វើឱ្យធុញទ្រាន់ pheap del tveu oy thounh troan (n.) tedium

ភាពដែលមាននៅគ្រប់ទីកន្លែង pheap del mean nov krob ti kanleng (n.) ubiquity

ភាពដែលអាចជៀសបាន pheap del arch chieah ban (n.) evitability

ភាពតក់ក្រហល់ pheap tok kro hol (n.) impetuosity

ភាពតក់ស្លុត pheap tok slot (n.) traumatism

ភាពតានតឹង pheap tantoeng (n.) tense

ភាពតានតឹង pheap tantoeng (n.) tension

ភាពតិចតួច pheap techtuoch (n.) little

ភាពតិចតួច pheap tich tuoch (n.) small

ភាពតឹងរឹង Pheap Teung Reung (n.) rigour

ភាពតឹងរឹង pheap toeng rung (n.) stringency

ភាពតែមួយ pheap temuoy (n.) oneness

ភាពត្រង់ pheap trong (n.) candour

ភាពត្រូវ pheap trauv (n.) nicety

ភាពត្រូវ Pheap Trov (n.) right

ភាពត្រួតស៊ីគ្នា pheap truot si knea (n.) overlap

ភាពត្រេកត្រអាល pheap trektra aal (n.) ecstasy

ភាពត្រេកត្រអាល Pheap Trek Tro Al (n.) sensuality

ភាពត្រេកត្រអាលនឹងកាម pheap trek traa al neung kam (n.) voluptuary

ភាពថោកទាប pheap thaok teab (n.) dishonour

ភាពថោកទាប pheap thaok teab (n.) vulgarity

ភាពថ្លៃថ្នូរ pheap thlai thnaur (n.) decency

ភាពថ្លៃថ្នូរ pheap thlai thnou (n.) stateliness

ភាពថ្លៃថ្នូរទន់ភ្លន់ pheap thlai thnou ton phlon (n.) gentility

ភាពទូលអារម្មណ៍ Pheap To Toul Ahh Rom (n.) sensibility

ភាពទន់ខ្សោយ pheap tun khsaoy (n.) debilitation

ភាពទន់ខ្សោយ pheap ton khsaoy (n.) infirmity

ភាពទន់ខ្សោយ pheap ton khsaaoy (n.) weakness

ភាពទន់ភ្លន pheap tun pluon (n.) limber

ភាពទន់ភ្លន់ pheap ton phlon (n.) tenderness

ភាពទាក់ទង Pheap Tak Tong (n.) relevance

ភាពទាក់ទាញ pheap takteanh (n.) charm

ភាពទាក់ទាញដោយសារភាពឆើតឆាយ pheap teakteanh doy sa pheap chhert chhay (n.) flamboyance

ភាពទាំងស្រុង pheap teang srong (n.) totality

ភាពទៀតទាត់ Pheap Teang Tot (n.) regularity

ភាពទំនើប pheap tomneub (n.) sophistication

ភាពទីលក្រ pheap tol kror (adj.) destitute

ភាពធន់ pheap thun (n.) durability

ភាពធម្មតា pheap thommotea (n.) normalcy

ភាពធាត់ pheap thoat (n.) obesity

ភាពធុញថប់ pheap thounh thorb (n.) aggravation

ភាពធូររលុង pheap thou ror loung (n.) laxity

ភាពធ្ងន់ធ្ងរ Pheap Thngon Thngor (n.) severity

ភាពធ្វេសប្រហែស pheap tves bro hes (n.) imprudence

ភាពធំមហិមា pheap thom mohemear (n.) immensity

ភាពនៅលីវ pheap nov liv (n.) celibacy

ភាពបត់បានស្រួល pheap bot ban sruol (n.) versatility

ភាពបត់បែន Pheap Bot Ben (n.) serpentine

ភាពបន្ទាន់ pheap bantoan (n.) urgency

ភាពបរាជ័យ pheap pakrachey (n.) fail

ភាពបរាជ័យយ៉ាងអាម៉ាស់ pheap barachey yang amas (n.) debacle

ភាពបរិបូរណ៍ pheap baribaur (n.) abundance
ភាពបរិសុទ្ធ pheap borisot (n.) purist
ភាពបរិសុទ្ធ Pheap Jea Bo Ri Soth (n.) sanctity
ភាពបាត់សតិ pheap bat sa tek (n.) insensibility
ភាពប៉ិនប្រសប់ខាងនិយាយនិងសរសេរ pheap pen brasob khang niyeay ning sor se (n.) eloquence
ភាពប្រឆាំងគ្នា pheap brachhang knea (n.) contradiction
ភាពប្រណីត pheap branet (n.) luxuriance
ភាពប្រណីត pheap branet (n.) luxury
ភាពប្រទូសរាយ pheap brotuos ray (n.) hostility
ភាពប្រសើរថ្លៃថ្លា pheap proser thlai thla (n.) splendour
ភាពប្រសើរបំផុត pheap broser bompot (n.) sublimity
ភាពប្រសើរឡើង pheap broser lerng (n.) betterment
ភាពប្រសើរឡើង pheap braser lerng (n.) enhancement
ភាពប្រហែស pheap brohes (n.) flippancy
ភាពប្រាកដ pheap brakod (n.) unambivalence
ភាពប្រុងប្រយ័ត្ន pheap brongbrayat (n.) alertness
ភាពផ្ទុយគ្នា pheap phtuy knea (n.) contrast
ភាពផ្លូវការ pheap phlauv kar (n.) formality
ភាពផ្អែមល្ហែម pheap phaem lhem (n.) sweetness
ភាពពិការភ្នែក pheap pikar phnek (n.) blindness
ភាពពិសេស pheap pises (n.) particular
ភាពពុករលួយ pheap pouk roluoy (n.) venality
ភាពពុល pheap poul (n.) toxicity
ភាពពេញលេញ pheap penh lenh (n.) fullness
ភាពព្រងើយកន្តើយ pheap prongeuy konteuy (n.) apathy

ភាពព្រហើន pheap proheun (n.) audacity
ភាពព្រហើន pheap proheun (n.) impertinence
ភាពព្រួយបារម្ភ pheap prouy barom (n.) disquiet
ភាពព្រៃផ្សៃ pheap preiphsaai (n.) barbarism
ភាពភ្ញាក់ផ្អើល pheap phnheak phaerl (n.) amazement
ភាពភ្ញាក់ផ្អើល pheap pha nheak pha erl (n.) flabbergast
ភាពភ្លើ pheap pleu (n.) idiocy
ភាពភ័យខ្លាច pheap phey khlach (n.) dread
ភាពភ័យរន្ធត់ pheap phey ronthot (n.) horror
ភាពមាន Pheap Mean (adj.) richness
ភាពមានក្បាលធំខុសពីធម្មតា pheap mean kbal thom khous thomoda (n.) macrocephaly
ភាពមានជាតិ Pheap Mean Jeat (n.) sapidity
ភាពមានជីជាតិ pheap mean chi cheat (n.) fertility
ភាពមានន័យមិនច្បាស់ pheap mean ney min chbas (n.) ambiguity
ភាពមានផ្ទៃពោះ pheap mean phtai poh (n.) pregnancy
ភាពមានស្តុកស្តម្ភ pheap mean sdok sdam (n.) opulence
ភាពមិនចាប់អារម្មណ៍នឹងអ្វីឆ្ងាយពីខ្លួន pheap min chab arom neung avei chhngay pi khluon (n.) insularity
ភាពមិនចាស់ទុំ pheap min chas tom (n.) immaturity
ភាពមិនចូលចិត្ត pheap min chaul chett (n.) dislike
ភាពមិនច្បាស់លាស់ pheap min chbas loas (n.) vagueness
ភាពមិនត្រឹមត្រូវ pheap min troem trauv (n.) invalid
ភាពមិនត្រឹមត្រូវ pheap min troem trauv (n.) misalliance
ភាពមិនទុកចិត្ត pheap min tuk chett (n.) distrust

ភាពមិនទៀងទាត់ pheap min tieng toat (n.) irregularity
ភាពមិនធម្មតា pheap min thommada (n.) abnormality
ភាពមិនបរិសុទ្ធ pheap min borisotth (n.) impurity
ភាពមិនប្រក្រតី pheap min brakradei (n.) anomaly
ភាពមិនប្រក្រតីនៃទីតាំងរបស់សារពាង្គកាយ pheap min brakradei nei titang robos sarpeangkay (n.) ectopia
ភាពមិនប្រាកដប្រជា pheap min brakat bracha (n.) ambivalence
ភាពមិនពិត pheap min pit (n.) falsehood
ភាពមិនពេញចិត្ត pheap min penh chett (n.) displeasure
ភាពមិនរលាយ pheap min roleay (n.) insoluble
ភាពមិនល្អត់ខ្ចោះ pheap min laor et khchoh (n.) imperfection
ភាពមិនលម្អៀង pheap min lom ieng (n.) impartiality
ភាពមិនសប្បាយចិត្ត pheap min sabay chett (n.) malcontent
ភាពមិនសមហាតុផល pheap min sam het phal (n.) absurdity
ភាពមិនសុភាពរាបសា pheap min sopheap reab sa (n.) immodesty
ភាពមិនស្មើគ្នា pheap min smer knea (n.) asymmetry
ភាពមិនស្មើគ្នា pheap min smer knea (n.) disproportion
ភាពមិនស្មោះត្រង់ pheap min smaoh trong (n.) dishonesty
ភាពមិនស្មោះត្រង់ pheap min smoah trong (n.) insincerity
ភាពមិនស្មោះត្រង់ pheap min smaoh trang (n.) profundity
ភាពមិនស្រួល pheap min sruol (n.) discomfort
ភាពមិនអត់ឱន pheap min ot oarn (n.) bigotry
ភាពមិនអនុគ្រោះ pheap min anoukroh (n.) adversity

ភាពមិនអាចទៅរួច pheap min ach tov ruoch (n.) impossibility
ភាពមើលឃើញ pheap meul kheunh (n.) visibility
ភាពយន្តជីវប្រវត្តិ pheap yon chivak prawat (n.) biopic
ភាពយន្តញាប់ញ័រ pheap yun nhoab nhor (n.) thriller
ភាពយឺត pheap yeut (n.) elasticity
ភាពយឺត Pheap Yeut (n.) retardation
ភាពយឺត pheap yeut (n.) slowness
ភាពយឺត pheap yeut (n.) tardiness
ភាពរញេរញៃ pheap ro nhe ro nhai (n.) mess
ភាពរន្ធត់ pheap ronthot (n.) fright
ភាពរន្ធត់ pheap ronthot (n.) terror
ភាពរមាស់ pheap romoas (n.) itch
ភាពរលាយ pheap roleay (n.) solubility
ភាពរលោង pheap ro loung (n.) gloss
ភាពរវើរវាយ pheap roveu roveay (n.) delusion
ភាពរៀសរវ Pheap Ror Veas Ror Vei (n.) zeal
ភាពរសាប់រសល់ pheap ro sap ro sol (n.) fidget
ភាពរសើប Pheap Ro Serb (n.) sensitivity
ភាពរស់រវើក pheap ros roveuk (n.) verve
ភាពរស់រវើក pheap ros roveuk (n.) vivacity
ភាពរហ័សរហួន pheap rohas rohuon (n.) agility
ភាពរាក់កំផែល pheap rak komphael (n.) superficiality
ភាពរាក់ទាក់ pheap reak teak (n.) amiability
ភាពរាក់ទាក់ pheap reak teak (n.) sociability
ភាពរាំងស្ទះ pheap rang steah (n.) obstruction
ភាពវិចវិលទ្រុឌទ្រោម pheap rich ril trod troam (n.) entropy
ភាពវិកចំរើន pheap rik chamreun (adj.) progressive
ភាពរីករាយ pheap rikreay (n.) enjoyability
ភាពរីករាយ pheap rikreay (n.) enjoyment

ភាពរីករាយ pheap rik reay (n.) joviality
ភាពរីករាយ pheap rikreay (n.) joyous
ភាពរឹង pheap reung (n.) solid
ភាពរឹងប៉ឹង pheap rungboeng (n.) tenacity
ភាពរឹងម៉ាំ pheap reung moam (n.) firmness
ភាពរឹងម៉ាំ pheap reung moam (n.) fortitude
ភាពរឹងម៉ាំ pheap reung moam (n.) mirage
ភាពរឹងរូស pheap reung ruos (n.) insubordination
ភាពរុងរឿង pheap roung rueng (n.) majesty
ភាពរុងរឿង pheap roungrueng (n.) prosperity
ភាពរួសរាយ pheap rous reay (n.) geniality
ភាពរៀបរយ pheap reab roy (n.) tidiness
ភាពរំខាន pheap romkhan (n.) nuisance
ភាពរំជើបរំជួល pheap romcheub romchuol (n.) agitation
ភាពរំពង Pheap Rom Pong (n.) resonance
ភាពរំភើប pheap rompheub (n.) thrill
ភាពល់គ្នា pheap loam knea (n.) nuance
ភាពលីលា pheap lilea (n.) oaf
ភាពលីខ្លាំងជ្រុល pheap leu khlang chroul (n.) ultrasonics
ភាពលុបលើគេឯង pheap loub leu ke eng (n.) preponderance
ភាពលើស pheap leus (n.) surplus
ភាពលឿន pheap luen (n.) rapidity
ភាពលេចធ្លោ pheap lech thlo (n.) eminence
ភាពលេចធ្លោ pheap lech thlo (n.) predominance
ភាពលេចធ្លោ pheap lech thlo (n.) prominence
ភាពលោភលន់ pheap loph lon (n.) greed
ភាពល្ងង់ខ្លៅ pheap lngong khlao (n.) ignorance
ភាពល្ងង់ខ្លៅ pheap lngong khlao (n.) stupidity
ភាពល្ងីល្ងើ pheap la ngi la ngeu (n.) folly
ភាពល្វីងជួរចត់ pheap laving chou chort (n.) bitterness

ភាពលិតល្ហៃ pheap lhit lhai (n.) debility
ភាពលិហិតលហៃ pheap lahit lahai (n.) lethargy
ភាពលិហិតលហៃ pheap lahit lahai (n.) malaise
ភាពល្អ pheap laor (n.) goodness
ភាពល្អបំផុត pheap laor bamphot (n.) ideal
ភាពល្អមធ្យម pheap laor mothyom (n.) mediocrity
ភាពល្អឥតខ្ចោះ pheap laor et khchaoh (adj.) quintessential
ភាពល្អឥតខ្ចោះនៃអាទិទេព pheap laor ot khchoah nei ahtitep (n.) omnibenevolence
ភាពវក់វី pheap vok vi (n.) frenzy
ភាពវង្វេងវង្វាន់ Peap Vong Veng Vong Von (n.) senility
ភាពវង្វេងស្មារតី pheap vongveng smardei (n.) perplexity
ភាពវឹកវរ pheap veuk vor (n.) chaos
ភាពវឹកវរ pheap vukvor (n.) nescience
ភាពវឹកវរ pheap veuk vor (n.) turmoil
ភាពវៀងវៃ Pheap Veang Vei (n.) sageness
ភាពវេទនា pheap vetnea (n.) woeful
ភាពវៃឆ្លាត pheap vei chhlaat (n.) intelligence
ភាពវៃឆ្លាត pheap vei chhlat (n.) smart
ភាពសក្តិសិទ្ធ pheap saksetth (n.) efficacy
ភាពសប្បាយរីករាយ pheap sabbay rik reay (n.) fun
ភាពសប្បាយរីករាយ pheap sabbay rik reay (n.) gaiety
ភាពសប្បាយលើគំនរទុក្ខអ្នកដទៃ pheap sabbay leu komnor tukh nak dor tei (n.) gloat
ភាពសមរម្យ pheap somrom (n.) grace
ភាពសមរម្យ pheap samorom (n.) suitability
ភាពសម្បូរណ៌ពាក្យឥតប្រយោជន៍ pheap sambour peak et brayoch (n.) verbosity
ភាពសាំ pheap soam (adj.) immune
ភាពសាកសម pheap sak som (n.) fit
ភាពសាមញ្ញ pheap samanhnh (n.) simplicity

ភាពសាមញ្ញ pheap samanhnh (n.) simplification
ភាពសាហាវ Pheap Sa Hav (n.) savage
ភាពសើម pheap serm (n.) wetness
ភាពសេរី pheap se ri (n.) liberality
ភាពស្ងប់ pheap sngob (n.) composure
ភាពស្ងប់ Pheap Sa Ngob (n.) repose
ភាពស្ងប់ខ្យល់ឈឹង pheap sngob kyal chheung (n.) languor
ភាពស្ងប់ស្ងាត់ pheap sngabsngat (n.) calmness
ភាពស្ងប់ស្ងាត់ pheab sngob sngat (n.) lull
ភាពស្ងប់ស្ងាត់ pheap sngabsngat (n.) quiet
ភាពស្ងប់ស្ងាត់ Pheap Sngob Sngaat (n.) serenity
ភាពស្ងប់ស្ងាត់ pheap sngob sngeam (n.) still
ភាពស្ងប់ស្ងាត់ pheap sngabsngat (n.) stillness
ភាពស្ងប់ស្ងាត់ pheap sngob sngat (n.) tranquility
ភាពស្ងៀមស្ងាត់ pheap sngeam sngat (n.) hush
ភាពស្ងៀមស្ងាត់ pheap sngiem sngat (n.) silence
ភាពស្ថិតនៅក្រោមការឃ្លាំមើលត្រួតត្រារបស់អាណាព្យាបាល pheap sthet nov kraom kar khoum krong robos anapyeabal (n.) wardship
ភាពស្ថិតស្មើរ pheap sthet sthe (n.) consistency
ភាពស្ទាក់ស្ទើរ pheap stak steu (n.) hesitation
ភាពស្និទ្ធស្នាល pheap snetthsnal (n.) affinity
ភាពស្និទ្ធស្នាល pheap snetthsnal (n.) courtship
ភាពស្និទ្ធស្នាល pheap snetth snal (n.) intimacy
ភាពស្មុគស្មាញ pheap smoksmanh (n.) complication
ភាពស្មើ pheap smer (n.) equal
ភាពស្មោកគ្រោក pheap smoak kroak (n.) squalor
ភាពស្មោះត្រង់ pheap smaoh trong (n.) honesty
ភាពស្មោះត្រង់ pheap smaoh trong (n.) loyalty
ភាពស្មោះត្រង់ pheap smaoh trang (n.) sincerity
ភាពស្រងាកចិត្ត pheap sra ngakchet (n.) consternation
ភាពស្រងាកចិត្ត pheap sra ngak chett (n.) dismay
ភាពស្រដៀងគ្នា pheap sradiengknea (n.) analogy
ភាពស្រដៀងគ្នា pheap sradieng knea (n.) similarity
ភាពស្របច្បាប់ pheap srob chbab (n.) legality
ភាពស្របច្បាប់ pheap srob chbab (n.) legitimacy
ភាពស្រអាប់ pheap sra aab (n.) dimness
ភាពស្រអាប់ pheap sra aab (n.) opacity
ភាពស្រុះស្រួលគ្នា pheap srohsruol knea (n.) concordance
ភាពស្រួច pheap sruoch (n) pointedness
ភាពស្រើបស្រាល pheap srerb sral (n.) eroticism
ភាពស្រេកទឹក pheap srek teuk (n.) thirst
ភាពស្លេក pheap slek (n.) pale
ភាពស្លេកស្លាំង pheap slekslang (n.) anaemia
ភាពស្លេកស្លាំង pheap slak slang (n.) paleness
ភាពស្លេកស្លាំង pheap slek slang (n.) toxaemia
ភាពស្វាហាប់ pheap svahab (n.) alacrity
ភាពស្អាត pheap saart (n.) cleanliness
ភាពស្អិតរមួតជាធ្លុងមួយ pheap saet romuot chea thlung mouy (n.) cohesion
ភាពសំខាន់ pheap saamkhan (n.) vitality
ភាពសំបូរបែប pheap saambau beb (n.) affluence
ភាពហូរហៀរ pheap hau hier (n.) profusion
ភាពហួសកម្រិត pheap huos komret (n.) extremity

ភាពហួសហេតុបំផុត pheap huos haet bomphot *(n.)* extreme
ភាពឯកោ pheap ek ka *(n.)* loneliness
ភាពអង់អាច pheap ang arch *(n.)* exploit
ភាពឥតប្រយោជន៍ pheap et brayoch *(n.)* futility
ភាពឥតប្រយោជន៍ pheap et brayoch *(n.)* vanity
ភាពឥតលេងសើច pheap ot leng serch *(n.)* sobriety
ភាពអត់ធ្មត់ pheap otthmot *(n.)* lenience
ភាពអត់ធ្មត់ pheap at thmot *(n.)* onomancy
ភាពអត់ធ្មត់ pheap atthmot *(n.)* tolerance
ភាពអត់សណ្តាប់ធ្នាប់ pheap ot sandab thnoab *(n.)* welter
ភាពអនាធិបតេយ្យ pheap anathibatei *(n.)* anarchism
ភាពអនាមិក pheap anamik *(n.)* anonymity
ភាពអនុគ្រោះ pheap anoukroh *(n.)* subservience
ភាពអន់ជាង pheap onn cheang *(n.)* inferiority
ភាពអមតៈ pheap amatak *(n.)* immortality
ភាពអយុត្តិធម៌ pheap ayouttethor *(n.)* injustice
ភាពអរូបី pheap aroupei *(n.)* abstraction
ភាពអល់ឯក pheap al ek *(n.)* quandary
ភាពអល់ឯក pheap ol aek *(n.)* indecision
ភាពអសកម្ម pheap aksakamm *(n.)* inaction
ភាពអសីលធម៌ pheap ak seila thor *(n.)* immorality
ភាពអស្ចារ្យ pheap oschar *(n.)* glamour
ភាពអស្ចារ្យ pheap oschar *(n.)* wonder
ភាពខ្សាយព្យាយាម pheap uksaa pyea yeam *(n.)* diligence
ភាពអស់កម្លាំង pheap os kom lang *(n.)* fatigue
ភាពខឡារិក pheap ularik *(n.)* solemnity
ភាពអាក្រក់ pheap akrok *(n.)* ugliness
ភាពអាក្រក់បំផុត pheap akrok bamphot *(n.)* worst

ភាពអាក្រក់វីករ pheap akrok veuk vor *(n.)* pandemonium
ភាពអាចចូលដំណើរការបាន pheap ach chaul damnerkar ban *(n.)* accessibility
ភាពអាចជឿទុកចិត្តបាន pheap ach chue touk chett ban *(n.)* ostensibility
ភាពអាចទទួលយកបាន pheap ach totuol yok ban *(n.)* acceptability
ភាពអាចរត់គេចបាន pheap arch rot kech ban *(n.)* escapability
ភាពអាថ៌កំបាំង pheap aat kombang *(n.)* occult
ភាពអានមិនដាច់ pheap arn min dach *(n.)* illegibility
ភាពអាប់អួរ pheap ab uor *(n.)* gloom
ភាពអាម៉ាស់ pheap amas *(n.)* disgrace
ភាពអាម៉ាស់ pheap amas *(n.)* embarrassment
ភាពអាម៉ាស់ pheap amas *(n.)* humiliation
ភាពអាម៉ាស់ phea a mas *(n.)* stigma
ភាពអាស្រ័យគ្នា pheap asray knea *(n.)* interdependence
ភាពអើរពើ Pheap Eur Per *(n.)* respondent
ភាយក្លិន Pheay Klen *(v.)* scent
ភាយវិទ្យុសកម្ម pheay vityousakam *(v.)* radiate
ការកិច្ច phearakechch *(n.)* task
ការៈមានជីវិតរស់នៅដោយពឹងផ្អែកគ្នា pheavak mean chivit ros nov doy peung phaek knea *(n.)* symbiote
ភាសា pheasaa *(n.)* language
ភាសាតាមតំបន់ pheasa tam dombon *(n.)* lingo
ភាសាតំបន់ pheasaa dombon *(n.)* vernacular
ភាសាបារាំង pheasa barang *(n.)* French
ភាសាប្រើសម្រាប់អ្នកមានវិជ្ជាជីវៈដូចគ្នា pheasaa brer samrab nak mean vichchea chivak dauch knea *(n.)* jargon
ភាសាពិពណ៌នា pea sa pi por ra nea *(n.)* imagery
ភាសាវិទូ pheasa vitou *(n.)* linguist
ភាសាវិទ្យា pheasaa vithyear *(n.)* linguistics

ភាសាស្តាប់មិនបាន pheasa sdab min ban (n.) gibberish
ភាសាអង់គ្លេស pheasa angkles (n.) English
ភាសាអ៊ុយក្រែន មានន័យថា ខ្លួនអ្នក pheasa ukrain meanney tha kluon nak (n.) sich
ភិកសែល phik sel (n.) pixel
ភិកសែល phik sel (v.) pixelate
ភីហ្សា phi saa (n.) pizza
ភូតវិទូ phout vitou (n.) necromancer
ភូមិ phoum (n.) village
ភូមិគ្រឹះ phoum kreuh (n.) manor
ភូមិតូច phoum tauch (n.) hamlet
ភូមិសាស្ត្រ phoumasas (n.) geography
ភូមិសាស្ត្រនយោបាយ phoumasas niyobay (adj.) geopolitical
ភួយ phuoy (n.) blanket
ភួយ phuoy (n.) quilt
ភួយក្រាស់ phouy kras (n.) duvet
ភើ peu (v.) belch
ភើ pheu (v.) burp
ភៀសខ្លួន phies khluon (v.) flee
ភេ phe (n.) otter
ភេទ phet (n.) gender
ភេទ Phet (n.) sexuality
ភេទស្រី phet srei (n.) female
ភេរវកម្ម pherovokamm (n.) terrorism
ភេរវករ phea ro vokor (n.) terrorist
ភេសជ្ជៈ phesachack (n.) beverage
ភេសជ្ជៈ phesacheak (n.) drink
ភេសជ្ជៈមានរសជាតិខ្ញី phesacheak mean ros cheat khnhei (n.) ginger ale
ភេសជ្ជៈស្រាផ្លែប៉ោមម្យ៉ាង phesachak sra phlae paom myang (n.) wassail
ភោជនីយដ្ឋានតូច poucheaneythan tauch (n.) bistro
ភោជនីយដ្ឋានបែបបារាំង phochniyathan baeb barang (n.) brasserie
ភ្លៀងខ្លាំងភ្លាមៗ phlieng khlang phleam pleam (n.) cloudburst
ភ្ជួរ phchuo (v.) plough
ភ្ជាប់ phchab (v.) affix
ភ្ជាប់ phchoab (v.) associate

ភ្ជាប់ phchoab (v.) attach
ភ្ជាប់ phchoab (v.) connect
ភ្ជាប់ពាក្យ pchoab peak (v.) betroth
ភ្ជាប់ឡើងវិញ Pachorb Leung Venh (v.) reattach
ភ្ជួរស្រែ phyour srae (v.) till
ភ្ញាក់ phnheak (v.) awake
ភ្ញាក់ phnheak (v.) wake
ភ្ញាក់ផ្អើល phnheak phaerl (v.) amaze
ភ្ញាក់ផ្អើល Phnheak phaaerl (v.) astonish
ភ្ញាក់ផ្អើល kar phnheak phaa el (adj.) mind-blowing
ភ្ញាក់ផ្អើល phnheak phaa erl (v.) startle
ភ្ញាក់ផ្អើល phnheak phaael (v.) surprise
ភ្ញាស់ phnhoah (v.) incubate
ភ្ញៀវ phnhiev (n.) guest
ភ្នុកភ្លើង phnouk phleurng (n.) bonfire
ភ្នាក់ងារអចលនទ្រព្យ phneak ngear achalonaktrop (n.) estate agent
ភ្នាក់ងារ phneak ngear (n.) agent
ភ្នាក់ងារចំលង phneak ngear chamlong (n.) vector
ភ្នាក់ងារជីវសាស្ត្របង្កគ្រោះថ្នាក់ phneakngear chivsast bongkor khroahthnak (n.) bioagent
ភ្នាក់ងារធ្វើឱ្យវត្ថុរាវពីរលាយចូលគ្នាបាន phneakngear thveu aoy votthoreav pi roleay chaul knea ban (n.) emulsifier
ភ្នាក់ងាររំញោច pneak ngea romnhoch (n.) stimulant
ភ្នាក់ងារអចលនទ្រព្យ phneak ngear achalonotrop (n.) realtor
ភ្នាល់ phnoal (v.) bet
ភ្នាល់ phnoal (v.) wager
ភ្នាស phneas (n.) membrane
ភ្នែក phnek (n.) eye
ភ្នែកខ្វាក់ pnek khvak (n.) purblind
ភ្នែកគោ phnek ko (n.) bull's eye
ភ្នែកឈើ phnek chheu (n.) gnarl
ភ្នែកស្រឡៀង pnek sroleang (n.) squint
ភ្នែកអាស្ទីម៉ាត phnek astigmat (n.) astigmatism
ភ្នំ phnom (n.) mount

ភ្នំ phnom (n.) mountain
ភ្នំខ្ពស់ phnom khpos (n.) alp
ភ្នំខ្សាច់ Phnom Ksach (n.) sandhill
ភ្នំភ្លើង phnom phleung (n.) volcano
ភ្លុករសជាតិ phlok ros cheat (v.) taste
ភ្លាមៗ phleam pleam (adj.) abrupt
ភ្លាមៗ phleam pleam (adv.) forthwith
ភ្លាមៗ phleam pleam (adv.) instantly
ភ្លាមៗ phleam phleam (adj.) snap
ភ្លាមៗ phleam pleam (n.) sudden
ភ្លាមៗ phleam pleam (adv.) suddenly
ភ្លឹបភ្លែតៗ phleub phlet (v.) twinkle
ភ្លឺ phleu (adj.) bright
ភ្លឺ pleu (adj.) light
ភ្លឺ ភ្លឹបភ្លែត pleu pleub plet (v.) flicker
ភ្លឺចិញ្ចាច phleu chenhchach (adj.) aglare
ភ្លឺចិញ្ចាច pleu chenh chach (adj.) lucent
ភ្លឺចែងចាំង pleu cheng chang (v.) glimmer
ភ្លឺថ្លា phleu thla (adj.) luminous
ភ្លឺផ្លេកៗ pleu phlek phlek (v.) glitter
ភ្លឺរលោង pleu ro loung (adj.) lustrous
ភ្លូក phlouk (n.) ivory
ភ្លុក phluk (n.) tusk
ភ្លូតូនីញ៉ូម phlou tau ni nhaum (n.) plutonium
ភ្លើង phleung (n.) fire
ភ្លើងឆេះព្រៃ phleung cheh prei (n.) wildfire
ភ្លើងដុតកំដៅតាមជំរុំ phleung dot kam dao tam chomroum (n.) campfire
ភ្លើងទៀន pleurng tien (n.) candlelight
ភ្លើងបញ្ចាំង pleung bonhchang (n.) floodlight
ភ្លើងសញ្ញា phleung sanhnha (n.) beacon
ភ្លើៗ phleu phleu (adv.) absurdly
ភ្លៀង phlieng (n.) rain
ភ្លៀង phlieng (v.) rain
ភ្លៀងខ្លាំង phlieng khlang (n.) downpour
ភ្លៀងច្រើន phlieng chrern (n.) pluvial
ភ្លៀងព្រិល pleang pril (n.) hail
ភ្លៀងរលឹម phlieng roleum (n.) drizzle
ភ្លៀងអាស៊ីត phlieng asit (n.) acid rain
ភ្លេងជាតិ phlengcheat (n.) anthem

ភ្លេច phlech (v.) forget
ភ្លោះ phloh (adj.) twin
ភ្លៅ phlov (n.) lap
ភ្លៅ phlow (n.) thigh
ភ័យ phey (adj.) apprehensive
ភ័យខ្លាច phey khlach (v.) fear
ភ័យខ្លាច phey khlach (v.) panic
ភ័យញ័រ phey nhor (v.) shudder
ភ័យស្លន់ស្លោ phei slan slao (adj.) podgy

មក mork (v.) come
មកដល់ mok dol (v.) arrive
មករា meakora (n.) January
មកុដ mokod (n.) crown
មគ្គទេសក៍ meak kak tes (n.) guide
មង្គលការ mongkolkar (n.) wedding
មច្ឆាប្រុស machha bros (n.) merman
មជ្ឈដ្ឋាន machhak than (n.) milieu
មជ្ឈមណ្ឌល machhak mondul (n.) hub
មជ្ឈមណ្ឌលកុមារកំព្រា mochamondal komar kamprea (n.) orphanage
មជ្ឈមណ្ឌលទិញទំនិញ mochchho mondol tinh tomninh (n.) shopping centre
មជ្ឈមណ្ឌលផ្តល់ព័ត៌មានតាមទូរសព្ទ mochhakmundol pdal poramean tam tourasap (n.) call centre
មជ្ឈិមសម័យ mochchhim samay (adj.) medieval
មឈូស mchhus (n.) coffin
មឈូសដែលធ្វើពីថ្មតូច mchhous del thveu pi thmor tauch (n.) cist
មណ្ឌលបោះឆ្នោត mondal baohchhnaot (n.) constituency
មតិរបស់ចៅក្រម ma te robos chaokrom (n.) dictum
មត្តេយ្យ mat tey (n.) kindergarten
មធ្យម mothyoum (n.) average
មធ្យម mothyom (adj.) mean

មធ្យម mothyom (n.) medium
មធ្យម mothyom (adj.) medium
មធ្យម mothyom (adj.) moderate
មធ្យមភាគ mothyom pheak (n.) mean
មធ្យោបាយ mothyo bay (n.) means
មនសិការ monasekar (n.) conscience
មនុស្ស ដែលចេះមន្តអាគម mnouss del cheh mon akom (n.) wizard
មនុស្សកញ្ជ្រើកអម្បូរស្បែកខ្មៅ mnouss kanhchroek ambour sbek khmao (n.) pygmy
មនុស្សកុហាក monuos ko hok (n.) liar
មនុស្សក្បាលរឹង mnous kbal reung (n.) mule
មនុស្សក្មេង monus khmeng (n.) young
មនុស្សក្រិន mnouss kren (n.) pigmy
មនុស្សក្បេងក្អាង monus ka eng ka arng (n.) bighead
មនុស្សកំណាញ់ monus komnanh (n.) miser
មនុស្សកំសាក mnous komsak (n.) coward
មនុស្សខូច mnous khauch (n.) rascal
មនុស្សខូច monouss khauch (n.) wretch
មនុស្សខូរក្បាលស្ពឹក monuos kour kbal speuk (n.) loggerhead
មនុស្សខ្ជិល មនុស្សខ្ជិល (n.) loafer
មនុស្សខ្ជិលច្រអូស monuos khjel chro ous (n.) idler
មនុស្សខ្ជិលច្រអូស monus khchel chro ous (n.) sluggard
មនុស្សខះខ្លាយប្រាក់ monus khcheah khcheay (n.) spendthrift
មនុស្សគ mnous kor (adj.) mute
មនុស្សឃាត monuos kheat (n.) homicide
មនុស្សឃ្លង់ monouss khlong (n.) leper
មនុស្សចង្រៃ mnouss chongrai (n.) bastard
មនុស្សចូលចិត្តធ្វើទារុណកម្មពេលរួមភេទ Mnous Jol Jet Tver Tea Ron Kam Ruom Phet (n.) sadist
មនុស្សចូលចិត្តសប្បាយ mnous chaulchett sabbay (n.) nymphomaniac
មនុស្សចូលចិត្តសម្នែងគេ monus chaul chett som nhaeng ke (n.) flaunter

មនុស្សច្រែងច្រាង mnouss chrangeng chrangang (n.) cad
មនុស្សចំឡែក monus chom laek (n.) freak
មនុស្សឆ្កួត monuos chhkuot (n.) lunatic
មនុស្សឆ្កួត monuos chhkuot (n.) maniac
មនុស្សឆ្កួត monus chhkuot (n.) nutcase
មនុស្សឆ្កួត mnouss chhkuot (n.) wacko
មនុស្សឆ្កួតជ្រូក monous chhkuot chrouk (n.) epileptic
មនុស្សជាតិ monuos cheat (n.) humanity
មនុស្សជាទីស្រឡាញ់ monuos chea ti sralanh (n.) lover
មនុស្សជំនិត mnous chomnit (n.) confidant
មនុស្សឈ្លើយ monus chhleuy (n.) boor
មនុស្សញៀន mnous nhien (n.) narcotic
មនុស្សដើមកំណើតអឺរ៉ុបនិងជនជាតិស្បែកខ្មៅ monus derm kamnert eurob ning chuncheat sbek khmao (n.) creole
មនុស្សដែលគេជួលឱ្យទះដៃ mnous del ke chuol oy teah dai (n.) claque
មនុស្សដែលចងដឹងរឿងគេ monus del chong deung reung ke (adj.) nosey
មនុស្សដែលចូលចិត្តសម្លុតគេ monus del choul chet samlout ke (n.) bully
មនុស្សដែលចូលចិត្តចូលក្នុងសង្គម monous del chaulchett chaul knong sangkom (n.) extrovert
មនុស្សដែលនិយាយច្រំដែល mnous del niyeay chromdel (n.) nag
មនុស្សដែលមានអាយុត្រឹមឬលើសមួយរយឆ្នាំ mnous del mean ayou troem reu leus muoy roy chhnam (n.) centenarian
មនុស្សដែលមានអាយុពីប៉ែតសិបឆ្នាំទៅកៅសិបឆ្នាំ monouss del mean ayou pi pet seb chhnam tov kao seb chhnam (n.) octogenarian
មនុស្សដែលមិនចូលចុះសង្គមខ្លាំង mnouss del min chaul choh sangkom khlang (n.) ubergeek
មនុស្សដែលមិនប្រាកដថាមានព្រះ mnous del min brakot tha mean preah (n.) agnostic

មនុស្សដែលមិនសេពគប់នរណាសោះ Monus Del Min Seb kob Norna Sos *(n.)* recluse

មនុស្សដែលយកតំនិតតាមប្រភពផ្សេងៗ mnous del yok koumnit tam braphop phseng phseng *(n.)* eclectic

មនុស្សដែលសង្ឃឹយលើអំពើល្អអ្នកដទៃ mnous del sangsay leu ampeu laor nak dortei *(n.)* cynic

មនុស្សដែលស៊ីសាច់មនុស្ស mnous del sisaach mnous *(n.)* cannibal

មនុស្សដែលស៊ុបនឹងអ្វីមួយ mnous del suop neng avey mouy *(n.)* zealot

មនុស្សដែលស្លាប់ទៅហើយ monus del slab tov hery *(n.)* dead

មនុស្សតិរិច្ឆាន mnous de ri chhan *(n.)* brute

មនុស្សតឿ monous tue *(n.)* dwarf

មនុស្សតឿ monuos teu *(n.)* midget

មនុស្សថោកទាប Mnous Thok Teab *(n.)* scum

មនុស្សថោកទាប Mnous Thok Teab *(n.)* scumbag

មនុស្សទុច្ចរិត Mnous Toch Ja Rit *(n.)* rogue

មនុស្សទូទៅ monus tuo tov *(n.)* folk

មនុស្សធាត់ mnous thoat *(n.)* podge

មនុស្សនាំទុក្ខទោស Nak Nom Tok Tos *(n.)* scourge

មនុស្សប្រកាន់ថាខ្លួនត្រូវ mnouss brakan tha khluon trauv *(n.)* bigot

មនុស្សប្រជៀវ satv brachiev *(n.)* batsman

មនុស្សប្រមឹក mnous brameuk *(n.)* alcoholic

មនុស្សប្រមឹក monus brameuk *(n.)* drunkard

មនុស្សប្រុសក្រៀវ monuos bros kriev *(n.)* eunuch

មនុស្សប្រុសរលេងខ្លួន monus bros leng kluon *(n.)* dandy

មនុស្សផ្ទុយនឹងអាទិទេព monus phtuy neung aa ti tep *(n.)* mortal

មនុស្សពាល Mnous Peal *(n.)* ruffian

មនុស្សពេញវ័យ monous penhvy *(n.)* adult

មនុស្សព្រាននារី mnoussa preanneari *(n.)* philander

មនុស្សព្រាននារី mnoussa preanneari *(n.)* philanderer

មនុស្សព្រៃ monous prei *(n.)* barbarian

មនុស្សភពផ្សេង mnous phop phseng *(n.)* xenomorph

មនុស្សភើក mnouss pheuk *(n.)* albino

មនុស្សភ្លីភ្លើ mnous phli phleu *(n.)* dope

មនុស្សភ្លីភ្លើ Mnous Plee Pleer *(n.)* sap

មនុស្សភ្លីភ្លើ mnous phli phleu *(n.)* simpleton

មនុស្សភ្លើ monus pleu *(n.)* dunce

មនុស្សមកពីអេស្ប៉ាញ monus mok pi espanh *(n.)* Spaniard

មនុស្សមានជំនឿលើអធិធម្មជាតិ mnous mean chomnue leu athi thom mocheat *(n.)* mystic

មនុស្សមានទេពកោសល្យ monus mean tep koa sal *(n.)* genius

មនុស្សមានបាប mnouss mean bab *(n.)* sinner

មនុស្សមានអំណត់ខ្លាំង monus mean omnot khlang *(n.)* stoic

មនុស្សម្នាក់ mnouss mneak *(n.)* person

មនុស្សយន្ត monus yun *(n.)* droid

មនុស្សយន្ត Mnus Yon *(n.)* robot

មនុស្សយន្តណាណូ manus yun na nau *(n.)* nanobot

មនុស្សលាក់ពុត monous leak put *(n.)* hypocrite

មនុស្សលាក់ពុត monus leak put *(n.)* sneak

មនុស្សលោក monouss lok *(n.)* mankind

មនុស្សលុង monus la ngung *(n.)* dumbo

មនុស្សលុង monous lngong *(n.)* idiot

មនុស្សល្ងីល្ងើ mnous lngi lngeu *(n.)* ass

មនុស្សល្ងីល្ងើ monus lngi lngeu *(n.)* cretin

មនុស្សល្ងីល្ងើ monus lngi lngeu *(n.)* fool

មនុស្សល្ងីល្ងើ monuos la ngi la ngeu *(n.)* gooney

មនុស្សល្ងីល្ងើ mnous lngi lngeu *(n.)* moron

មនុស្សលោភស៊ី mnous lamoph shi *(n.)* glutton

មនុស្សល្មោភស្ត្រី monous lmoph strei (n.) womaniser
មនុស្សវណ្ណៈខ្ពង់ខ្ពស់ monuos vannak khpong khpuos (n.) gentry
មនុស្សវាយរួក monous veay ruek (n.) snob
មនុស្សវ័យជំទង់ monous vei chomtong (adj.) adolescent
មនុស្សសត្វដែលវង្វេង monus sat del vongveng (n.) stray
មនុស្សសម្រៃ monus somrae (n.) bumpkin
មនុស្សស្រួលបោក mnous sruol boak (n.) dupe
មនុស្សសំរៃ Mnous Som Rae (n.) rustic
មនុស្សហ៊ានហុសហេតុ monous hean huos haet (n.) daredevil
មនុស្សឡប់ monuos lob (n.) goof
មនុស្សឯកកា Mnous Ek Ka (n.) rocketman
មនុស្សអស្ចារ្យ mnous aschar (n.) prodigy
មនុស្សអាក្រក់ monuos aa krok (n.) louse
មនុស្សអាក្រក់ mnous akrok (n.) villain
មនុស្សអាថ៌កំបាំង monous athkambang (n.) enigma
មនុស្សអួត monus uot (n.) braggart
មនោគមវិជ្ជា mono kom vich chea (n.) monasticism
មនោសញ្ចេតនា Mnor Sonjet Tna (n.) sentience
មនោសញ្ចេតនា mno sa nhcho ta nea (n.) monody
មន្ត្រី montrei (n.) functionary
មនស្នេហ៍ mon sne (n.) charisma
មន្ត្រី mon trei (n.) official
មន្ត្រីវាំង montrei veang (n.) templar
មន្ទិល mon teul (n.) inkling
មន្ទីរបញ្ចកោណ monti banchakoan (n.) pentagon
មន្ទីរពិសោធន៍ក្រោមសមុទ្រ Mun Tee Pi Sot Krom Sak Mot (n.) sealab
មន្ទីរពិសោធន៍ monti pisaoth (n.) laboratory
មន្ទីរពេទ្យ mon ti pet (n.) hospital
ម្ន្រ្តី mantrei (n.) minster
ម្ន្រ្តី mon trei (n.) officer

មមើមមាយដើរទាំងដេកលក់ momeu momeay der teang dek Lurk (n.) somnambulism
មរណភាព moranak pheap (n.) decease
មរណៈភាព moronak pheap (n.) demise
មរតក morodok (n.) inheritance
មហន្តរាយ mohantoray (n.) catastrophe
មហន្តរាយ mohantoray (adj.) disastrous
មហាក្សត្រី moha ksaatrei (n.) queen
មហាគ្រឹះ mohar kreuh (n.) edifice
មហាជន ma ha chun (n.) multitude
មហារីក moharik (n.) cancer
មហាវិថី mohavithei (n.) boulevard
មហាវិទ្យាល័យ mohavityealai (n.) college
មហាវិទ្យាល័យ mohavityealay (n.) faculty
មហាសង្ក្រាន្ត moha sangkran (n.) almanac
មហាសង្ឃនាយក moha sang neayok (n.) archbishop
មហាសមុទ្រ maha samout (n.) ocean
មហាសមុទ្រ maha samout (adj.) oceanic
មហាសេដ្ឋី moha sedthei (n.) billionaire
មហិច្ឆតា mahechchhta (n.) ambition
មហិមា mo hek mea (adj.) gigantic
ម៉ង់ហ្គាណែស manganese (n.) manganese
ម៉ាកផលិតផល mark politaphol (n.) make
ម៉ាក្រូ ma krau (adj.) macro
ម៉ាក្រូ ma krau (n.) macro
ម៉ាក្រូហ្វៃប័រ macrofibre (n.) macrofibre
ម៉ាញេ ma nhe (n.) gramophone
ម៉ាញេទិក ma nhe tik (n.) magnetism
ម៉ាទ្រីស matris (n.) matrix
ម៉ានីកាំង manikang (n.) mannequin
ម៉ាម៉ា mama (n.) mamma
ម៉ាយល៍ mile (n.) mile
ម៉ារ៉ាតុង ma ra tong (n.) marathon
ម៉ាស mas (n.) marsh
ម៉ាស៊ីន masin (n.) engine
ម៉ាស៊ីន masin (n.) machine
ម៉ាស៊ីន កិនស្រូវដើរដោយកម្លាំងខ្យល់ masin ken srauv der daoy kamlang khyol (n.) windmill
ម៉ាស៊ីនផ្លំសក់ masin phlom sok (n.) hairdryer

ម៉ាស៊ីនយន្តហោះ masin yon haoh (n.) jet engine
ម៉ាស៊ីនសម្ងួត masin sam nguot (n.) dryer
ម៉ាស៊ីនកាត់ masin kat (n.) clipper
ម៉ាស៊ីនកាត់ស្មៅ masin kat smao (n.) lawn
ម៉ាស៊ីនកាត់ស្មៅ masein kat smaw (n.) topper
ម៉ាស៊ីនកិន masin ken (n.) grinder
ម៉ាស៊ីនក្រឡឹង masin kro loeng (n.) lathe
ម៉ាស៊ីនគិតលេខ masin kitlekh (n.) calculator
ម៉ាស៊ីនចាក់កាសែត measin chak kaset (n.) tape player
ម៉ាស៊ីនចាក់ថាសភ្លេង masin chak thas pleng (n.) jukebox
ម៉ាស៊ីនចាក់ថ្នាំបោង masin chak thnam baong (n.) perambulator
ម៉ាស៊ីនច្រៀក masin chreak (n.) shredder
ម៉ាស៊ីនឆុងកាហ្វេ masin chhongkafe (n.) coffee maker
ម៉ាស៊ីនឆ្លើយ masin chhlery (n.) answering machine
ម៉ាស៊ីនជាវស្វយប្រវត្តិ masin cheav svay browat (n.) kiosk
ម៉ាស៊ីនឈូសប្រព្រួញដី machine chhus reu ronh dey (n.) bulldozer
ម៉ាស៊ីនដំណើរការដោយមនុស្សឡើងជាន់ masin damner kar daoy monouss lerng choan (n.) treadwheel
ម៉ាស៊ីនត្រជាក់ masin trachak (n.) air conditioning
ម៉ាស៊ីនថត Ma Sin Thort (n.) recorder
ម៉ាស៊ីនថតចម្លង masin thoat chamlong (n.) copier
ម៉ាស៊ីនថតចម្លងតាមខ្សែទូរស័ព្ទ masin thot chomlong tam ksae tourosab (n.) telecopier
ម៉ាស៊ីនថតចម្លងស៊ីរ៉ុក masin thoat chamlong si rok (n.) xerox
ម៉ាស៊ីនបង្ហាប់ masin banghab (n.) compressor
ម៉ាស៊ីនបោកខោអាវ masin baok khao av (n.) washer
ម៉ាស៊ីនបោះពុម្ព masin baohpoum (n.) printer
ម៉ាស៊ីនបំពងសំឡេង masin bampong samleng (n.) amplifier
ម៉ាស៊ីនភ្លើង masin phleung (n.) generator
ម៉ាស៊ីនរ៉ូប៉ូត masin robot (n.) nanite
ម៉ាស៊ីនស្កេន Ma Sin Scan (n.) scanner
ម៉ាស៊ីនស្ទូច masin stauch (n.) derrick
ម៉ាស៊ីនហាត់ប្រាណ masin hatbran (n.) treadmill
ម៉ាស៊ីនព្រីនពីចម្ងាយ masin prin pi chomngay (n.) teleprinter
ម៉ាស៊ូត masuot (n.) diesel
ម៉ាស៊ីនក្រឡុក masin kroloak (n.) blender
ម៉ាស៊ីនច្រូតកាត់ Masin Jrout Kat (n.) reaper
ម៉ាស៊ីនបោកស្រូវ masin boak srov (n.) thresher
ម៉ាស្សា massaa (v.) massage
ម៉ាស់ mas (n.) face mask
ម៉ាស់បាំងមុខ mas bangmuk (n.) balaclava
ម៉ាហ្វី ma fi (n.) mafia
ម៉ាឡេត mea let (n.) wrench
ម៉ឺនុយ mèu nouy (n.) menu
ម៉ូឌុល maudul (n.) module
ម៉ូណូប៉ូល maunu baul (n.) monopolist
ម៉ូត maut (n.) fashion
ម៉ូតដែលគេតំពុងនិយម maut del ke kampoung niyom (n.) vogue
ម៉ូតសក់ mout sork (n.) coiffure
ម៉ូតូ mautau (n.) motor
ម៉ូតូកុងតូច Moto Kong Toch (n.) scooter
ម៉ូតូមានភ្ជាប់កន្លែងអង្គុយរបស់អ្នកដំណើរ moto mean phchoab kon leng ongkuy robos nak domner (n.) sidecar
ម៉ូនីទ័រ mo uni ter (n.) monitor
ម៉ូលេគុល mau lekoul (n.) molecule
មេចក់បានដែរ Mech Ko Baan Del (adv.) samely
ម៉ែត្រ met (n.) meter
ម៉ែត្រ metr (n.) metre
ម៉ែត្រមួយសម្រាប់វាស់ met mu somrab voah (n.) tapeline

ម៉ោង moang (n.) hour
ម៉ោងសម្រាក maong samrak (n.) breaktime
មាតាធិបតេយ្យ meada teb pak tey (n.) matriarch
មាតាបិតា meada beida (adj.) parental
មាតុភាព mea to pheap (n.) maternity
មាត់ moat (n.) mouth
មាត់ moat (n.) oral
មាត់ទន្លេ moat ton le (n.) estuary
មាត់ទឹក mouth teuk (n.) brink
មាត់បឹង moat boeung (n.) lakefront
មាន mean (adj.) affluent
មាន mean (adj.) available
មាន mean (v.) consist
មាន mean (v.) contain
មាន mean (v.) exist
មាន mean (v.) have
មាន mean (v.) possess
មានអាយុចាស់ mean ayou chasa (n.) old age
មានកលល្បិច Mean Kol Lbech (adj.) shifty
មានកាតព្វកិច្ច mean katapakech (v.) oblige
មានការរីកចំរើន mean kar rik chamreun (v.) flourish
មានកំណត់ mean kamnot (adj.) limited
មានកំហុស mean kamhos (adj.) guilty
មានកំហុសមិនប្រក្រតី mean kamhos min brakradei (adj.) defective
មានខ្យល់ mean khchal (adj.) airy
មានគម្រោង mean komrong (v.) plan
មានចិត្តអាណិតអាសូរ mean chet a net a saur (n.) pity
មានច្រើនក្រៃលែង mean chraen krai leng (adj.) abundant
មានចំណេះដឹង mean chamneh doeng (adj.) knowledgeable
មានចំណែក mean chamnek (v.) partake
មានចំនួនច្រើនជាង mean chamnuon chrern cheang (v.) outnumber
មានឆន្ទៈ mean chhantak (adj.) willing

មានជាតិស្ពាន់ធ័រ mean cheat spoan thor (adj.) sulphuric
មានជំនាញខាង mean chomneanh khang (v.) specialize
មានជ័យជនៈ mean cheychomneah (v.) overawe
មានជ័យជនៈលើ mean chey chomneah leu (v.) overpower
មានជ័យជនៈលើ mean chey chomneah leu (v.) trump
មានដំបៅ mean dambao (adj.) ulcerous
មានតម្លៃ mean domlai (v.) cost
មានតម្លៃ mean damlai (adj.) precious
មានតម្លៃ mean damlai (adj.) valuable
មានតម្លៃ mean domlei (adj.) worth
មានតុល្យភាព mean tolyapheap (adj.) balanced
មានតំលៃថោក mean damlai thoak (adj.) inexpensive
មានតំលៃថ្លៃ mean tamlei thlai (adj.) pensive
មានទាក់ទង Mean Tak Tong (v.) relate
មានទុក្ខព្រួយ toukkh pruoy (v.) sorrow
មានទំនុកចិត្ត mean tomnouk chett (adj.) confident
មានទំនោរ mean tomnor (v.) tend
មានន័យដូច meanney dauch (adj.) synonymous
មានន័យលាក់កំបាំង mean ney leak kambang (v.) connote
មានបាប mean bab (adj.) sinful
មានប្រជាជនច្រើន mean brachachun chrern (adj.) populous
មានប្រភពពី mean braphop pi (v.) originate
មានប្រយោជន៍ mean brayoch (adj.) beneficial
មានប្រយោជន៍ mean brayoch (adj.) useful
មានប្រាជ្ញា mean brachnha (adj.) wise
មានប្រាំសម្លេង mean bram samleng (adj.) pentatonic
មានបំណង mean bamnong (v.) aim
មានបំណង mean bamnong (v.) intend
មានបំណង mean bomnong (v.) mean

មានបំណង mean bamnang (v.) purpose
មានផ្ករលាន់ mean phkarloan (adj.) thunderous
មានផ្ទៃពោះ mean phtei poh (v.) conceive
មានពន្លឺថ្ងៃ mean ponleu thngai (adj.) sunny
មានពិស mean peus (adj.) venomous
មានពីរទិដ្ឋភាព mean pi tithapeap (adj.) bidimensional
មានភាពទាក់ទាញ mean pheap teakteanh (adj.) alluring
មានភាពរុងរឿង mean pheap roungrueng (v.) prosper
មានភាពលុបលើគេឯង mean pheap loub leu ke eng (v.) preponderate
មានមនុស្សច្រើនកុះករ mean mnous chrern kohkor (adj.) crowded
មានមន្តស្នេហ៍ mean mon sne (adj.) charming
មានមហិច្ឆតា mean mahechchhta (adj.) ambitious
មានមុខងារជា mean moukh ngear chea (v.) function
មានមេត្តា mean metta (adj.) merciful
មានយោបល់ mean yobol (n.) opinionnaire
មានរសជាតិ Mean Rous Jeat (adj.) savoury
មានរស្មីក្លីចែងចាំ Mean Rak Smey Pler Jeng Jang (n.) refulgence
មានលក្ខណៈសម្បត្តិគ្រប់គ្រាន់ mean lokkhan sambotte krobkrean (v.) qualify
មានវត្តមាន mean vottamean (v.) present
មានសម្ព័ន្ធ mean sampoanth (v.) affiliate
មានស៊ីមេទ្រី mea sametri (adj.) symmetrical
មានស៊ុត mean suot (adj.) oviferous
មានសាច់ទន់ mean sach tun (adj.) pulpy
មានសុខភាពល្អ mean sokhpheap laor (adj.) healthy
មានសុពលភាព mean sopolpheap (adj.) valid
មានសុវត្ថិភាព Mean So Wat Ti Pheap (adj.) safe
មានសុវត្ថិភាព Mean So Waat Te Pheap (v.) secure
មានស្ថេរភាព mean sthero pheap (adj.) stable
មានស្លាប mean slab (adj.) aliferous
មានសំណើម mean saam naem (adj.) moist
មានហេតុផល Mean Het Phol (adj.) reasonable
មានឱជារសបរិភោគបាន mean oa chea ruos boriphok ban (adj.) palatable
មានអត្តន័យ mean atthaney (adj.) meaningful
មានវិយាបទ mean iriyabot (v.) behave
មានអាយុច្រើនឆ្នាំ mean ayou chrern chhnam (n.) perennial
មានអាយុច្រើនឆ្នាំ mean ayou chrern chhnam (adj.) perennial
មានអាយុវែងជាង mean ayou veng cheang (v.) outlive
មានអារម្មណ៍ mean arom (v.) feel
មានអំនួត mean amnuot (n.) pride
មាន់ចែ morn chae (n.) bantam
មាន់ចែ moan chae (n.) leghorn
មាន់ជល់ moanchul (n.) cock
មាន់ទួរគី moan tuor ki (n.) turkey
មាស meas (n.) gold
ម៉ morm (adj.) robust
មិចភ្នែក mich phnek (v.) wink
មិត្ត mitt (n.) fellow
មិត្ត mitt (n.) mate
មិត្តភក្តិ mittpheak (n.) buddy
មិត្តភក្តិ mit pheak (n.) dude
មិត្តភក្តិ mit pheak (n.) friend
មិត្តភក្តិជិតស្និទ្ធ mitpheak chet snet (n.) chum
មិត្តភាព mittpheap (n.) amity
មិត្តរួមកប៉ាល់ mitt ruom kakpal (n.) shipmate
មិត្តរួមការងារ mitt ruom kar ngear (n.) colleague
មិត្តរួមការងារ mitt ruom kar ngear (n.) co-worker
មិត្តរួមក្រុម mitt ruom krom (n.) teammate
មិត្តរួមថ្នាក់ mitt ruom thnak (n.) classmate

មិត្តរួមបន្ទប់ Mit Roum Bon Tob *(n.)* roommate

មិត្តរួមសាលា Mith Roum Saa Laa *(n.)* schoolfellow

មិត្តរួមសាលា Mith Roum Saa Laa *(n.)* schoolmate

មិន សំខាន់ min saamkhan *(n.)* nonentity

មិនគួរឱ្យជឿ min kuor oy chue *(adj.)* incredible

មិនគ្រប់គ្រាន់ min krob kroan *(adj.)* insufficient

មិនជាប់ពន្ធ min choab ponth *(adj.)* tax-free

មិនជ្រាបទឹក min chreab teuk *(v.)* waterproof

មិនដូច min dauch *(adj.)* unlike

មិនដូច min dauch *(prep.)* unlike

មិនត្រឹមត្រូវ min troem trauv *(adj.)* incorrect

មិនកម្រើក min kom rerk *(adj.)* inert

មិនគិតបញ្ចូល min kit banhchoul *(v.)* except

មិនគួរឱ្យជឿ min kuor aoy cheu *(adj.)* unbelievable

មិនគួរឱ្យអស់សំណើច min kuo aoy os saamnerch *(adj.)* unamused

មិនគ្រប់គ្រាន់ min krob kroan *(adj.)* inadequate

មិនចង់បាន min chong ban *(adj.)* unwanted

មិនចាំបាច់ min cham bach *(adj.)* unnecessary

មិនចូលបក្សសម្ព័ន្ធ min chaul bak sampan *(n.)* non-alignment

មិនចេះចប់ min cheh chb *(adj.)* never-ending

មិនចេះចាញ់ min cheh chanh *(adj.)* unbeaten

មិនចេះចាស់ min cheh chas *(adj.)* ageless

មិនចេះនិយាយ min cheh niyeay *(adj.)* peerless

មិនចេះពិចារណា min cheh picharona *(adj.)* inconsiderate

មិនចេះពុករលួយ min cheh puk ro luoy *(adj.)* incorruptible

មិនចេះអត់ធ្មត់ min cheh otthmot *(adj.)* impatient

មិនចេះអត់ធ្មត់ min cheh ot thmot *(adj.)* intolerant

មិនច្បាស់ min chbas *(adj.)* ambivalent

មិនច្បាស់ min chbas *(adj.)* oracular

មិនច្បាស់ min chbas *(adj.)* uncertain

មិនច្បាស់ min chbas *(adj.)* unclear

មិនច្បាស់ min chbas *(adj.)* vague

មិនឆេះ min chheh *(v.)* fireproof

មិនជាប់ min cheab *(adj.)* non-stick

មិនជួយ min chuoy *(adj.)* unaided

មិនជឿ min chue *(v.)* disbelieve

មិនជឿគ្រឹះសាសនា min chue kruah sasana *(adj.)* pagan

មិនឈប់ min chhb *(adj.)* non-stop

មិនដាក់បន្ទុក min dak bantuk *(v.)* unburden

មិនដឹងខ្លួន min doeng khluon *(adj.)* unaware

មិនដែល min del *(adv.)* never

មិនដែលឃើញ min del kheunh *(n.)* oddity

មិនត្រឹមត្រូវ min troem trauv *(adj.)* improper

មិនត្រឹមត្រូវ min troem trauv *(adj.)* inaccurate

មិនត្រឹមត្រូវ min troem trauv *(adj.)* inexact

មិនទទួលខុសត្រូវ min tor tuol khos trauv *(adj.)* irresponsible

មិនទាក់ទាញ min teak teanh *(adj.)* unappealing

មិនទាន់សម្រេច mintean samrech *(prep.)* pending

មិនទាន់សម្រេច mintean samrech *(adj.)* pending

មិនទាន់សម្រេចចិត្ត mintoan saamrech chett *(adj.)* undecided

មិនទាន់អាន min toan arn *(adj.)* unread

មិនទុកចិត្ត min tuk chett *(v.)* distrust

មិនទុកចិត្ត min toukchet *(v.)* mistrust

មិនទៀងទាត់ min tieng toat *(adj.)* irregular

មិនទំនង min tomnong *(adj.)* unlikely

មិនធម្មតា min thommada *(adj.)* abnormal

មិនធ្វើវិញ min thveu vinh (v.) undo
មិននឹង min neung (adj.) astatic
មិនបរិសុទ្ធ min borisotth (adj.) impure
មិនបានគ្រោងទុក minban krong tuk (adj.) unplanned
មិនបានគ្រោងទុក min ban krong touk (adj.) untoward
មិនបានប្រកាស min ban brakas (adj.) unannounced
មិនបានបំបែក minban bambek (adj.) unabashed
មិនបានអាចបង្ក្រាបបាន minban ach bongkrab ban (adj.) undefeated
មិនប្រយ័ត្ន Min Proyat (adj.) reckless
មិនប្រែប្រួល min brae broul (adj.) static
មិនប្រៃ min brai (adj.) unsalted
មិនផ្លូវការ min phlauv kar (adj.) informal
មិនពាក់ព័ន្ធ min peak ponth (adj.) irrelevant
មិនពិត min pit (adj.) FALSE
មិនពិត min pit (adj.) paganistic
មិនពិត min pit (adj.) unaccurate
មិនពេញចិត្ត min penh chett (v.) dissatisfy
មិនពេញលេញ min penh lenh (adj.) incomplete
មិនមាន min mean (conj.) neither
មិនមាន min mean (adv.) not
មិនមានការរំខាន min mean kar romkhan (adj.) uninterrupted
មិនមានការសម្របសម្រួល min mean kar samrob samruol (adj.) unaccommodating
មិនមានជំនាញ min mean chomneanh (adj.) unprincipled
មិនមានថាមពល min mean thampol (adj.) uninspired
មិនមានសុខភាពល្អ min mean sokhpheap laor (adj.) unhealthy
មិនមែនជាការបង្ហាញ min men chea kar bang heanh (n.) non-disclosure
មិនយកចិត្តទុកដាក់ min yok chett touk dak (v.) disregard
មិនយកចិត្តទុកដាក់ min yok chett touk dak (adj.) inattentive

មិនយល់ព្រម min yul prom (v.) disapprove
មិនយល់ព្រម min yol prom (adj.) unapproved
មិនយល់ស្រប min yul srob (v.) disagree
មិនរើសអើង min reus erng (adj.) indiscriminate
មិនលក់ min lok (adj.) unsold
មិនលាក់លៀម min lak leam (adj.) indiscreet
មិនល្អឥតខ្ចោះ min laor et khchoh (adj.) imperfect
មិនលំអៀង min lom ieng (adj.) impartial
មិនលំអៀង min lom eang (adj.) impersonal
មិនសប្បាយចិត្ត min sabbaychett (n.) discontent
មិនសប្បាយចិត្ត min sabbay chett (adj.) unhappy
មិនសមរម្យ min sam rom (adj.) indecent
មិនសមរម្យ Min Somrom (v.) reappropriate
មិនសមហេតុផល min sam het phal (adj.) absurd
មិនសមហេតុផល min sam het phol (adj.) illogical
មិនសមហេតុផល min som het phol (adj.) irrational
មិនសមហេតុផល min sam het phal (adj.) nonsensical
មិនសមហេតុសមផល min rok brak chamnenh (n.) nonsense
មិនសុភាព min sopheap (adj.) impolite
មិនសូវក្តៅ min sov kdao (adj.) lukewarm
មិនស្គាល់ min skoal (adj.) unacquainted
មិនស្គាល់ min skal (adj.) unknown
មិនស្តាប់បង្គាប់ min sdab bongkoab (v.) disobey
មិនស្មើគ្នា min smer knea (adj.) asymmetrical
មិនស្មើគ្នា min smer knea (adj.) uneven
មិនស្មោះត្រង់ min smaoh trong (adj.) dishonest

មិនស្មោះត្រង់ min smaoh trong *(adj.)* disloyal
មិនស្មោះត្រង់ min smoah trong *(adj.)* insincere
មិនស្រួល min sruol *(adj.)* uncomfortable
មិនស្រួល min sruol *(adj.)* uneasy
មិនស្រួលខ្លួន min sruol khluon *(adj.)* unwell
មិនស្រួលចិត្ត min sruol chett *(v.)* unsettle
មិនសំខាន់ min saamkhan *(adj.)* insignificant
មិនសំខាន់ min saamkhan *(n.)* moot
មិនសំខាន់ min saamkhan *(adj.)* trivial
មិនអនុញ្ញាត min anuk nhat *(v.)* disallow
មិនអាច min ach *(adj.)* unable
មិនអាចកាត់ថ្លៃបាន min ach kat thlai ban *(adj.)* priceless
មិនអាចខ្វះបាន min ach khvah ban *(adj.)* indispensable
មិនអាចកាំត្រូបាន min ach koam tro ban *(adj.)* insupportable
មិនអាចចូលបាន min ach chaul ban *(adj.)* unaccessible
មិនអាចជឿទុកចិត្តបាន min ach cheu touk chett ban *(adj.)* unreliable
មិនអាចទទួលយកបាន min ach totuol yok ban *(adj.)* unacceptable
មិនអាចទៅរួច min ach tov ruoch *(adj.)* impossible
មិនអាចទ្រាំបាន min ach troam ban *(adj.)* irresistible
មិនអាចទ្រាំបាន min ach troam ban *(adj.)* unbearable
មិនអាចបញ្ឈប់បាន min arch banhchhob ban *(adj.)* inexorable
មិនអាចប្រកែកបាន min ach brakek ban *(adj.)* indefensible
មិនអាចប្រកែកបាន min ach brokek ban *(adj.)* indisputable
មិនអាចប្រកែកបាន min ach brakek ban *(adj.)* irrefutable
មិនអាចប្រៀបផ្ទឹមបាន min ach brieb phtoem ban *(adj.)* incomparable
មិនអាចបំបែកបាន min ach bombek ban *(adj.)* indivisible
មិនអាចបំបែកបាន min ach bambek ban *(adj.)* inseparable
មិនអាចផ្សះផ្សាបាន min ach phsah phsaa ban *(adj.)* irreconcilable
មិនអាចពន្យល់បាន min ach ponyol ban *(adj.)* inexplicable
មិនអាចពិពណ៌នាបាន min ach piporonea ban *(adj.)* indescribable
មិនអាចព្យាបាលបាន min ach pyeabal ban *(adj.)* incurable
មិនអាចយកមកវិញបាន min ach yok mok vinh ban *(adj.)* irrecoverable
មិនអាចរំលោភបាន min ach romloph ban *(adj.)* inviolable
មិនអាចវាស់វែងបាន min ach voas veng ban *(adj.)* immeasurable
មិនអាចសម្របខ្លួនបាន min ach samrob khluon ban *(adj.)* unadapted
មិនអាចសម្របខ្លួនបាន min ach samrob khluon ban *(adj.)* unadjusted
មិនអាចសម្រេចបាន min ach samrech ban *(adj.)* unachievable
មិនអើពើ min er peu *(v.)* ignore
មិនអោយហោះហើរ min oy hoah her *(v.)* ground
មី mi *(n.)* noodle
មីក្រូទស្សន៍ mi krau tuos *(n.)* microscope
មីក្រូម៉ែត micromet *(n.)* micrometer
មីក្រូវេវ mikrau vev *(n.)* microwave
មីក្រូហ្វីល microfilm *(n.)* microfilm
មីក្រូហ្វូន mi krau faun *(n.)* microphone
មីង ming *(n.)* aunt
មិនភ្ជាប់ Min Pjorb *(v.)* rivet
មីនា minea *(n.)* March
មីស៊ីល misil *(n.)* missile
មុខ moukh *(n.)* face
មុខកូនក្មេង moukh koun kmeng *(n.)* babyface
មុខងារ moukh ngear *(n.)* function
មុខងារ Mok Ngea *(n.)* role
មុខច្រាំង mukh chrang *(n.)* shorefront
មុខតំណរ Muk Dom Nor *(n.)* seam

មុខកំណែងនៅទំនេរ moukh damneng nov tom ne *(n.)* vacancy
មុខរបរ moukh robor *(n.)* vocation
មុខវិជ្ជាពហុវិជ្ជា mouk vichchea pak ho vichchea *(adj.)* mutidisciplinary
មុខវិជ្ជាសិក្សាតាមទូរគមនាគមន៍ mok vichea serksa tam tourokak monea kom *(n.)* telecourse
មុខវិជ្ជាសំខាន់ mukh vichea somkhan *(n.)* major
មុខហាង mokh hang *(n.)* shopfront
មួចងើបៗ muoch ngerb muoch ngerb *(v.)* bob
មួចទឹក mouch teuk *(v.)* dive
មុន mun *(n.)* acne
មុន moun *(prep. &adv.)* before
មុន mon *(n.)* pimple
មុន mun *(adj.)* preemptive
មុន moun *(adj.)* previous
មុន mun *(adj.)* prior
មុន mun *(n.)* prior
មុនគេ mun ke *(adv.)* first
មុនគេ mon ke *(n.)* precursor
មុនពេល mounpel *(adj.)* anterior
មុនពេលកំណត់ mun pel komnot *(adv.)* early
មុនរៀបការ moun rieb kar *(adj.)* premarital
មុនសម្រាលកូន moun samralkaun *(adj.)* antenatal
មុសកលិង្គ mou sak ling *(n.)* neuter
មុតភាសា mout pheasa *(n.)* pantomime
មូល moul *(adj.)* bulbous
មូលដ្ឋាន moulothan *(n.)* base
មូលដ្ឋាន moulothan *(n.)* basis
មូលដ្ឋាន moul thaan *(n.)* keystone
មូលដ្ឋាន moulothan *(n.)* locale
មូលដ្ឋាន Moul Thaan *(n.)* reservoir
មូលដ្ឋានទិន្នន័យ moulothan tinnoney *(n.)* database
មូលដ្ឋានទ័ពអាកាស moulodthan toap akas *(n.)* airbase
មូលធននិយម moulothonniyoum *(n.)* capitalism
មូលនិធិ moul nithi *(n.)* fund
មូលបង្កាច់ moul bangkach *(v.)* vilify
មូលប្បយ្យានប័ត្រ moulakbbateanbat *(n.)* cheque
មូលហេតុ moulhet *(n.)* cause
មូស mous *(n.)* mosquito
មូសុង mou song *(n.)* monsoon
មូស្លីម mou slei m *(adj.)* muslim
មួក muok *(n.)* cap
មួក muok *(n.)* hat
មួកមានជាយធំ muok mean cheay thom *(n.)* bonnet
មួកសុវត្ថិភាព muok sovatthepheap *(n.)* helmet
មួកស្រី muok strei *(n.)* millinery
មួន muon *(n.)* oinker
មួយ mouy *(art.)* a
មួយ muoy *(art.)* an
មួយ muoy *(adj.)* An
មួយ muoy *(pron.)* one
មួយ muoy *(adj.)* one
មួយខណៈពេល muoy khanak pel *(n.)* while
មួយណា mouy na *(pron.)* either
មួយដំណក់ៗ mouy domnok mouy domnok *(n.)* drip
មួយផ្សេងទៀត muoy phseng tiet *(adj.)* another
មួយពាន់ mouy poan *(n.)* thousand
មួយភាគដប់ muoy pheak dob *(n.)* tithe
មួយរយ muoy roy *(n.)* hundred
មួយរយដង mouyroy dong *(adj.)* centuple
មួយរយៈ muoy, royak *(adv.)* awhile
មួយរយៈពេលខ្លី muoy royek pel khlei *(adj.)* momentary
មួយលាន muoy lean *(n.)* million
មួយសែន muoy sen *(n.)* lac, lakh
មួយឡូ mouy lo *(n.)* dozen
មួល muol *(v.)* twist
មួល muol *(v.)* wrench
មួលចង muorl chorng *(v.)* gnarl
មួលបង្កាច់ moul bongkach *(v.)* calumniate
មួលបង្កាច់ muol bang kach *(n.)* mottle

មើមថៃថាវម្យាង meum chai thao myang (n.) beetroot
មើល meul (v.) view
មើល meul (v.) watch
មើលខុសត្រូវ meul khos trauv (v.) oversee
មើលឃើញ meulkheunh (v.) sight
មើលឃើញ meul kheunh (v.) visualize
មើលងាយ meul ngeay (v.) belittle
មើលងាយ meul ngeay (v.) disdain
មើលជាមុន meul cheamoun (v.) preview
មើលដោយចេតនា meul daoy chetna (v.) ogle
មើលដោយបើកភ្នែកព្រឹមៗ meul doy pnek berk prem prem (v.) squint
មើលថែកូនក្មេង meul thae koun kmeng (v.) babysit
មើលទៅ meul tov (v.) look
មើលពីក្រៅ meul pikrao (adv.) outwardly
មើលមិនឃើញ meul min kheunh (adj.) invisible
មើលរំលង meul romlong (v.) overlook
មើលស្រាល meul sral (v.) slight
មេ me (n.) master
មេកានិច mekanich (n.) mechanic
មេកានិច mekanich (n.) mechanics
មេការ me kar (n.) foreman
មេក្រុម me krom (n.) chieftain
មេគុណ mekoun (n.) coefficient
មេឃ mekh (n.) firmament
មេឃ mekh (n.) sky
មេជីវិតឈ្មោល me chivit chhmol (n.) sperm
មេដាយ meday (n.) medal
មេដឹកនាំ me doek noam (n.) leader
មេដែក me daek (n.) magnet
មេដៃ medai (n.) thumb
មេឌ្យាន medyan (adj.) median
មេដំបែ me dombae (n.) ferment
មេតាប៉ែ me ta pae (n.) malt
មេត្តា metta (n.) mercy
មេត្រីភាព metreipheap (adj.) amicable
មេធាវី metheavi (n.) attorney
មេធាវី me thea vi (n.) lawyer

មេធាវីអង្គគ្តេស me theavi angkles (n.) barrister
មេបញ្ជាការ mebanhcheakar (n.) commander
មេបញ្ជាការនាវា me banhcheaka neavea (n.) skipper
មេប្រយោគ me broyoak (n.) examiner
មេប្រយោគ me bro yoak (n.) proctor
មេប្រយោគការប្រឡង me bro yok kar pro long (n.) invigilator
មេផ្សិតដំបែ me phsaet dambae (n.) yeast
មេភ្នាល់ me phnorl (n.) bookmaker
មេភ្លេង me phleng (n.) conductor
មេម៉ាយ memay (n.) widow
មេមាន់ me moan (n.) hen
មេរៀន me rien (n.) lesson
មេរោគ me rok (n.) germ
មេរោគចូលក្នុងឈាម Mae Rok Jol Knong Cheam (n.) sepsis
មេលេខជំរើន me lekh chomreun (n.) logarithm
មេសោ me soar (n.) lock
មេអណ្ដើក me on derk (n.) matchmaker
មេអំបៅ me ambao (n.) butterfly
មែកឈើ maek chheu (n.) bough
មែកតូចៗ mek tauch tauch (n.) twig
មែនទែន menten (adv.) really
មែនទែន menten (int.) really
មោឃភាព mokhpheap (n.) annulment
មោឃៈកម្ម mokh kam (n.) nullification
មោទនភាព motonakpheap (n.) pride
មោទនភាព motonakpheap (adj.) proud
មោទនភាពលើខ្លួនឯង motonakpheap leu khluon eng (n.) vainglory
ម្កុដ makod (n.) tiara
ម្កុដតូច makot tauch (n.) coronet
ម្ខាងទៀត mkhang tiet (prep.) athwart
ម្ចាស់ mchas (n.) owner
ម្ចាស់ mchas (n.) proprietor
ម្ចាស់ជំនួយ mchas chomnuoy (n.) donor
ម្ចាស់ដីផ្ទះ mchas dei phteah (n.) landlord
ម្ចាស់តើមស្រា mchas team sra (n.) taverner

ម្ចាស់នាវា mchas neavea (n.) shipowner
ម្ចាស់បំណុល mchas bamnol (n.) creditor
ម្ចាស់ផ្ទះ mchas phtah (n.) host
ម្ចាស់ភាគហ៊ុន Mjas Pheak Hun (n.) shareholder
ម្ចាស់ភូមិគ្រឹះ mchas phoum kreuh (n.) squire
ម្ចាស់ស្រី mchas strei (n.) paramour
ម្ចាស់ហាង mchas hang (n.) shopkeep
ម្ចាស់ហាង mchas hang (n.) shopowner
ម្ជុល mchoul (n.) needle
ម្ជុល mchoul (n.) pin
ម្ដង mdong (adv.) once
ម្ដងទៀត mdong tiet (adv.) again
ម្ដងម្កាល mdong mkal (adj.) occasional
ម្ដងម្កាល mdong mkal (adv.) occasionally
ម្ដាយ mday (n.) mother
ម្ដាយ mdeay (n.) mum
ម្ទេស mtes (n.) chilli
ម្ទេសប្លោក mates bloak (n.) capsicum
ម្នាក់ៗ knea (adv.) each
ម្នាងសិលា mneang sela (n.) plaster
ម្នាស់ mneas (n.) pineapple
ម្ភៃ mphei (n.) twenty
ម្រាមជើង mream cheung (n.) toe
ម្រាមដៃ mream dai (n.) finger
ម្រេច mrech (n.) pepper
ម្រេចនិងអំបិល mrech ning ambel (adj.) pepper-and-salt
ម្រេញគង្វាល mrenh kungveal (n.) elf
ម្រែងភ្លើង mreng phleung (n.) soot
ម្លប់ Mlob (n.) shade
ម្លប់ឈើ maloub chheu (n.) bower
ម្សិលមិញ msil minh (n.) yesterday
ម្សិលមិញ msil minh (adv.) yesterday
ម្សៅ msao (n.) powder
ម្សៅ msaow (n.) starch
ម្សៅទឹកដោះគោ msaow teuk daoh ko (n.) milk powder
ម្សៅដីស m'sao dei sor (n.) chalkdust
ម្សៅតាក់ msao tak (n.) talc
ម្សៅធញ្ញជាតិ msao thonhnh cheat (n.) oatmeal
ម្សៅធ្វើនំ msao tveu nom (n.) flour
ម្សៅនំលាយទឹក m'sao nom leay teuk (n.) dough
ម្សៅបំបាត់ក្លិន masao bombat khlen (n.) deodorant
ម្សៅផាត់ថ្ពាល់ masao phat thporl (n.) blusher
ម្សៅម្យ៉ាងប្រើសម្រាប់ធ្វើម្ហូបអ៊ីតាលី msao myang brer samrab thveu mhoub itali (n.) polenta
ម្សៅស្អិត masao sa et (n.) mash
ម្ហូប mhoub (n.) cuisine
ម្ហូប mhoub (n.) dish
ម្ហូបខ្ចប់ mhoub yok tov chhngay (n.) takeaway
ម្ហូបខ្ចប់ mohoub khchob (n) takeout
ម្ហូបខ្យង mhoub khyorng (n.) escargot
ម្ហូបចៀន mahoub chien (n.) fry
ម្ហូបចំអិនដោយដាក់ស្រាឱ្យឆេះ mahoub chom en doy dak sra oy chheh (n.) flambé
ម្ហូបញាំនៅពេលយប់ mhoub nham nov pel yob (n.) sup
ម្ហូបញាំលេង mhoub nham leng (n.) appetizer
ម្ហូបមិកស៊ីកូដែលមានបន្ទះស្ដើងៗ mohoub mexico del mean bonteah sdeurng sdeurng (n.) nacho
ម្ហូបមិនមានសាច់ mhoub min mean sach (n.) vegan

# យ

យក yokchenh (v.) take
យកទៅឆ្ងាយ yok tov chhngay (adj.) takeaway
យកការណ៍សំងាត់ yok ka somngat (v.) spy
យកចមុះទៅញ៉ល់ៗ yok chra mouh tow nhol nhol (v.) nuzzle
យកចិត្តទុកដាក់ជួយ yok chet toukdak chuoy (adj.) accommodating

យកចិត្តទុកដាក់ yokchett toukdeak (v.) attaint
យកចិត្តទុកដាក់ yokchett toukdak (adj.) attentive
យកចិត្តទុកដាក់ yokchett toukdak (v.) care
យកចិត្តទុកដាក់នឹង yok chett touk dak neung (v.) heed
យកចេញ Yok Jenh (v.) remove
យកជ័យជំនះ yokchey chomneah (v.) triumph
យកឈ្នះ yok chhneah (v.) defeat
យកឈ្នះលើ yok chhneah leu (v.) vanquish
យកផ្ដាំកូន ស្រទាប់ក្រៅចេញ yok thnam kaut sratoab krao chenh (v.) descale
យកធាតុរំលាយចេញ yok theat romleay chenh (v.) desolvate
យកពន្ធ yok ponth (v.) levy
យកពន្ធ yon pon (v.) tax
យកមកធ្វើជាចំណុចចំបង yok mok tveu chea chomnoch chombong (v.) focalize
យករាង York Reang (n.) shape
យកសាច់ចេញ yok sach chenh (v.) deflesh
យកសាច់ផ្លែចេញ yk sach phle chenh (v.) pulp
យកសារធាតុខ្លាញ់ចេញ yok saratheat khlanh chenh (v.) delipidate
យកសំណើមចេញ yok saamnerm chenh (v.) dehumidify
យកអនុវត្តវិញ Yok Ak Nou Wat Venh (v.) reinstate
យកអាចម៍ដី yok ach dei (v.) mould
យកអំបិលចេញពីទឹកសមុទ្រ yok ambel chenh pi teuk samout (v.) desalt
យក្ខិណី yak khe nei (n.) giantess
យក្ស yak (n.) giant
យក្សក្នុងរឿងព្រេងក្រិក yak knung reung preng krek (n.) cyclops
យថាហេតុ yakthahet (n.) contingency
យន្តការ yon kar (n.) mechanism
យន្តដែលហោះហើរលើអាកាស yun del haoh her leu akas (n.) aircraft
យន្តសាស្រ្តណាណូ yon sas na nou (n.) nanomechanics

យន្តហោះ yonhaoh (n.) aeroplane
យន្តហោះ yon haoh (n.) jet
យន្តហោះ yon hoh (n.) plane
យន្តហោះគ្មានមនុស្សបើក yonhaoh kmean monous berk (n.) drone
យន្តហោះដឹកអ្នកដំណើរក្នុងចម្ងាយជិត yonhaoh doek nak damner knong chamngaay chit (n.) airbus
យប់ yob (n.) night
យប់នេះ yub nih (n.) tonight
យល់ yul (v.) comprehend
យល់ yol (v.) realize
យល់ yol (v.) understand
យល់ខុស yol khos (v.) misapprehend
យល់ខុស yol khos (v.) misconceive
យល់ខុស yol khos (v.) misunderstand
យល់ឃើញ yol kheunh (v.) perceive
យល់ដឹង yldoeng (adj.) aware
យល់ដឹងរបស់ yol ding (adj.) perceptive
យល់ព្រម yol prom (v.) accede
យល់ព្រម yol prom (v.) agree
យល់ព្រម yul prom (v.) endorse
យល់ព្រម yolprom (v.) okay
យល់សប្តិ yul sob (v.) dream
យរ yor (n.) balcony
យ៉ាងត្រឹមត្រូវ yeang troem trauv (adv.) properly
យ៉ាងពិតប្រាកដ yang pit brakod (adv.) exactly
យ៉ាងយឺត yang yeut (adv.) slowly
យ៉ាងកេ្ងកោក yang kngek kngaok (adv.) zigzag
យ៉ាងក្រាស់ yang kras (adv.) thick
យ៉ាងឃឹង yang chhkuot (adv.) mad
យ៉ាងខ្ពស់ khpuos (adv.) highly
យ៉ាងខ្លាំង yang klang (adv.) so
យ៉ាងខ្លាំង yeang khlang (adv.) substantially
យ៉ាងខ្លាំង yeang khlang (adv.) tensely
យ៉ាងខ្លាំង yeang khlang (adj.) tremendous
យ៉ាងខ្លីហើយច្បាស់ yang khley hery chhbas (adv.) tersely
យ៉ាងខ្សោយ yang khsoay (adv.) tenuously

យ៉ាងគ្រប់គ្រាន់ yang krob kroan (adv.) adequately
យ៉ាងងាយអាន yang ngeay arn (adv.) legibly
យ៉ាងច្បាស់ yang chbas (adv.) clearly
យ៉ាងច្បាស់ណាស់ yang chbas loah (adv.) surely
យ៉ាងច្រើន yang chrern (adv.) much
យ៉ាងឆាប់ yang chhab (adj.) prompt
យ៉ាងឆាប់រហ័ស yang chhab rohah (adv.) abruptly
យ៉ាងឆាប់រហ័ស yeang chhab rohas (adj.) rapid
យ៉ាងឆាប់រហ័ស yeang chhab rohas (adv.) speedily
យ៉ាងជាក់ស្តែង yeang cheak sdeng (adv.) obviously
យ៉ាងជូរចត់ yang chourocht (adj.) acrimonious
យ៉ាងជ្រាលជ្រៅ yang chreal chrov (adv.) deeply
យ៉ាងជ្រាលជ្រៅ yeang chreal chrow (adj.) profound
យ៉ាងណាក៏ដោយ yangna kadaoy (adv.) anyhow
យ៉ាងណាក៏ដោយ yang na kadaoy (adv.) anyway
យ៉ាងណាមិញ yang na minh (adv.) though
យ៉ាងតិចតួច tech tuoch (adv.) little
យ៉ាងត្រឹមត្រូវ yang troem trauv (adv.) accurately
យ៉ាងថយចុះ yang thoay choh (adv.) decreasingly
យ៉ាងទៀងត្រង់ yang tieng trong (adv.) downright
យ៉ាងធ្ងន់ខ្លាំង yang thgnon khlang (adv.) heavily
យ៉ាងធ្ងន់ធ្ងរ yang thngun thngor (adj.) drastic
យ៉ាងធំទូលាយ yang thom touleay (adv.) wide
យ៉ាងបរិបូរណ៌ yang baribaur (adv.) abundantly
យ៉ាងពិតប្រាកដ yang pit brakod (adv.) indeed
យ៉ាងពិសេស yang pises (adv.) particularly
យ៉ាងពេញលេញ yang penh lenh (adv.) fully
យ៉ាងភ្លឺចែងចាំង yang phleu chengchang (adv.) dazzlingly
យ៉ាងយ៉ាប់យ៉ឺន yang yab yeun (adv.) hard
យ៉ាងយឺត yang yeut (adv.) stealthily
យ៉ាងរលោភបំពាន yang romloph bampean (adv.) abusively
យ៉ាងឮ yang leu (adv.) aloud
យ៉ាងលឿន yang luen (adv.) apace
យ៉ាងលឿន yang luen (adv.) fast
យ៉ាងលឿន yang luen (adv.) quickly
យ៉ាងលេងសើច yang leng serch (adv.) teasingly
យ៉ាងលួចលើសលប់ yang laor leus loub (adv.) transcendentally
យ៉ាងល្អិតល្អន់ yang la it la on (adj.) meticulous
យ៉ាងសកម្ម yang sakamm (adv.) actively
យ៉ាងសង្ខេប yang sangkheb (adv.) summarily
យ៉ាងសប្បាយរីករាយ yang sabbay rik reay (adv.) gleefully
យ៉ាងសប្បាយលើគំនូរទុក្ខអ្នកដទៃ yang sabbay leu komnor tukh nak dor tei (adv.) gloatingly
យ៉ាងសាហាវ yang sahav (adj.) beastly
យ៉ាងស្ទាត់ជំនាញ yang stoat chomneanh (adv.) ably
យ៉ាងស្រអាប់ yang sra aab (adv.) dimly
យ៉ាងស្រាល yang sral (adv.) lightly
យ៉ាងស្រួច yang sruoch (adv.) pointedly
យ៉ាងស្លង yeang slong (adj.) rapt
យ៉ាងស្វ័យប្រវត្តិ yang svaybravott (adv.) automatically
យ៉ាងស៍ខាន់ yang saamkhan (adv.) chiefly
យ៉ាងសក្តិសិទ្ធ yang sak set (adj.) telling
យ៉ាងហោចណាស់ yang haoch nas (adv.) least
យ៉ាងអាក្រក់ yang akrak (adv.) badly
យ៉ាងអាក្រក់ yang ahkrok (adv.) ill
យ៉ាងអាថ៌កំបាំង yang athkambang (adv.) enigmatically
យ៉ាប yab (n.) yap

យ៉ែន yen (n.) Yen
យាត្រា yeatra (n.) pilgrim
យានខ្ទាន yean than (n.) garage
យានយន្ត yean yon (n.) vehicle
យានសំកាំងឥតម៉ាស៊ីន yean somkang ot masin (n.) glider
យានអវកាស yean av kas (n.) spacecraft
យាម yeam (v.) guard
យាយចាស់អាក្រក់ yeay chas akrok (n.) crone
យីហោ yihoar (n.) brand
យឺត yeut (adj.) late
យឺត yeut (adj.) slack
យឺត yeut (adj.) slow
យឺត yeut (adj.) sluggish
យឺត yeut (adj.) tardy
យុគសម័យ youk samai (n.) era
យុត្តាធិការ youtathikar (n.) jurisdiction
យុត្តិកម្ម youttekamm (n.) justification
យុត្តិធម៌ youttethor (n.) fair
យុត្តិធម៌ youtethor (n.) justice
យុថ្កា you thka (n.) anchor
យុទ្ធជន youtthochun (n.) combatant
យុទ្ធនាការ youtthoneakar (n.) campaign
យុទ្ធភ័ណ្ឌ youttha phorn (n.) ordnance
យុទ្ធសាស្ត្រ youtthosaast (n.) strategy
យុទ្ធសាស្ត្រ youtthosaeastr (n.) tactics
យុវជន youvochun (n.) youth
យូគីឡេឡី (ហ្គីតាតូចមួយមានបួនខ្សែ) ukelele (n.) ukelele
យូធូប youtube (v.) You Tube
យូរឆ្នាំ your chhnam (v.) prolong
យូរអង្វែង yu angveng (adj.) lasting
យូរៗ ម្ដង yu yu madong (adj.) sporadic
យូហ្គា yoga (n.) yoga
យោគយល់ Yok Yol (n.) regard
យោងតាម yong tam (adv.) according
យោងទៅ Yong Tov (v.) refer
យោធា yothea (n.) military
យោល yol (n.) oscillation
យោល yoal (v.) sway
យោលទោង yoal tong (v.) swing

យោលទៅយោលមក yol tov yol mok (v.) oscillate
យោលទៅយោលមក yol tov yol mok (v.) rock
យំ yom (v.) cry
យំ yom (v.) weep
យំ (ទឹកុយ) yom (ti tuy) (v.) hoot
យំខ្សឹកខ្សួល yom khsaoek khsauol (v.) sob
យំចេបៗ yom cheb cheb (v.) chirp
យំជីបៗ youm chib chib (v.) cheep
យំដូចចៀម yum doch cheam (v.) bleat
យំតអូញតអែរ yom ta aunh ta ae (v.) whine
យំសោក yum soak (v.) bemoan
យំសោក yom soak (v.) bewail

រណ្ដៅដុតភ្លើង rondao dot pleung (n.) firepit
រក rok (v.) find
រកកម្រៃបានច្រើន rok kamrei ban chrern (adj.) lucrative
រកឃើញ rok kheunh (v.) detect
រកឃើញ rok kheunh (v.) discover
រកជម្រកក្នុងរដូវរងារ rok chomrok knong rordauv ro ngear (v.) winter
រកបាន rok ban (v.) earn
រកពត៌មានក្នុងហ្គូហ្គោល rok por romean knung google (v.) google
រកឿងប្តី rok reung pdei (v.) henpeck
រក្សា raksaa (v.) keep
រក្សា raksaa (v.) maintain
រក្សា raksa (v.) preserve
រក្សាការសម្ងាត់ raksaa karsamngat (adj.) confidential
រក្សាទុក Rak Sa Tok (v.) retain
រក្សាទុក Rak Sa Tok (v.) save
រក្សាទុក raksaa touk (v.) uphold

រក្សាសន្តិសុខ Rak Sa Son Te Sok (v.) safeguard
រក្សាសាកសពទុក reaksaa saksob tuk (v.) embalm
រក្សាសិទ្ធិចម្លង raksaa setth chamlong (n.) copyright
រងកំហុសអ្នកដទៃ Rong Kom Hos Nak Dor Tei (v.) scapegoat
រងគ្រោះ rong kroh (v.) victimize
រងទុក្ខ rong toukkh (v.) suffer
រងបន្តុក rong bon tuk (v.) shoulder
រងលប៉ះពាល់ rong phoal bahpoal (adj.) affected
រងរបួស roung robous (v.) injure
រង rongou (n.) molasses
រងខ្លាន rong than (n.) amphitheatre
រង្គោះរង្គើ Rong Koos Rong Keur (adj.) shaky
រង្វង់ rongvong (n.) circle
រង្វង់មូល Rong Vong Moul (n.) round
រង្វាន់ rongvorn (n.) award
រង្វាន់ rongvoan (n.) prize
រង្វាន់ Rong Von (n.) reward
រង្វាន់លេខមួយ rong von lekh muoy (n.) jackpot
រង្វាល់ខ្សាច់ Rong Vol Ksach (n.) sandglass
រង្វាស់ rong voas (n.) measure
រង្វាស់គួចមួយនៃស្រាវីស្គី rongvoah tauch muoy nei sra vi ski (n.) dram
រង្វិលជុំ rongvil choum (n.) loop
រង្វះ ដែលមុតនឹងកាំបិត rongveah del mut neung kambet (n.) gash
រង់ចាំ rorngcham (v.) await
រង់ចាំ rong cham (v.) wait
រចនាបទនៃអគារនៅក្នុងទ្វីបអឺរុបរវាងសតវត្សរ៍ទី ១២ និង ១៦ rachna bot nei akear nov knong tvib eurob roveang satavot ti 12 neung 16 (n.) gothic
រចនាបថ rachana bot (n.) style
រចនាសម្ព័ន្ធ rochanna samponth (n.) structure
រញេរញៃ ro nhe ro nhai (v.) mess
រញ្ជួយដី ronhchuoy dei (n.) earthquake
រញ្ជួយដី roronhchuoydei (v.) quake

រដូវកាល Ro Dov Kaal (n.) season
រដូវក្តៅ rodauv kdao (n.) summer
រដូវរងា rordauv ro ngear (n.) winter
រដូវស្រី rodauv strei (n.) menses
រដូវស្លឹកឈ្លើជ្រុះ rodouv sloekchher chruh (n.) autumn
រដូវស្លឹកឈើជ្រុះ rodouv sloek chheu chruoh (n.) fall
រដ្ឋ rodth (n.) state
រដ្ឋធម្មនុញ្ញ rodthathommonounh (n.) constitution
រដ្ឋបាល rodthabal (n.) administration
រដ្ឋបាល rodthabal (adj.) administrative
រដ្ឋបុរស rot boros (n.) statesman
រដ្ឋប្រហារ rodth brahar (n.) coup
រដ្ឋមន្ត្រី rodth mantrei (n.) minister
រដ្ឋាករ rothakor (n.) excise
រដ្ឋាភិបាល rodtha phibal (n.) government
រណប ronorb (n.) brace
រណារ Ro Naa (n.) saw
រណ្តៅក្រោមការអារឈើ Ron Dao Krom Kaar Ah Cheur (n.) saw pit
រណ្តៅខ្សាច់ Run Dao Ksach (n.) sandpit
រណ្តៅ rondao (n.) pit
រតនភណ្ឌ rotanak phon (n.) jewel
រតនាគារ rotnakear (n.) treasury
រត់ Rot (v.) run
រត់គេចខ្លួន rot kech khluon (v.) escape
រត់ចោល ruot chaol (v.) desert
រត់ចោលការងារ ruot choal ka ngea (v.) shirk
រត់ជាន់គ្នា rot choan knea (v.) stampede
រត់ត្រឹកៗ rot troek troek (v.) jog
រត់ពន្ធ rot ponth (v.) smuggle
រត់យ៉ាងលឿន rot yang leurn (v.) gallop
រត់លឿនជាង rot luen cheang (v.) outrun
រត់សាប់ rot sab (v.) sprint
រត់ស្មេ Rot Sme (v.) scurry
រត់ស្មៃ Rot Smae (v.) scuttle
រត់ចោល Rot Jol (n.) runaway
រថភ្លើង roth phleung (n.) train
រថភ្លើងក្រោមដី rod pleung krom dei (n.) metro

រថភ្លើងល្បឿនល្បឿន rothaphleung lbuen luen (n.) bullet train
រថភ្លើងល្បឿនល្បឿន roth phleung lbuen luen (n.) express
រថភ្លើងអគ្គិសនី roth phleung akkisani (n.) tram
រថយន្តប្រចាំផ្លូវ roth yon bracham phlauv (n.) omnibus
រថយន្ត roth yun (n.) automobile
រថយន្តសង្គ្រោះបន្ទាន់ rothyon sangkroh bantoan (n.) ambulance
រថយន្តសណ្តោង rothayon sandaong (n.) trailer
រថយន្តសន្ទោង rothyun sondoang (n.) caravan
រថយន្តស្ទួច rothyun stouch (n.) crane
រទេះ rorteh (n.) carriage
រទេះ roa tes (n.) cart
រទេះដើរទិញតវាន់ roteh der tinh ei van (n.) shopping cart
រទេះទារក rotes tearok (n.) baby carriage
រទេះគោ rotes kor (n.) oxcart
រទេះមានកង់បួន roteh mean kong buon (n.) wagon
រទេះអួញ roteh rounh (n.) wain
រទេះអួញកូនដែក roteh rounh kaunnget (n.) buggy
រទេះវាយកូនហ្គោល roteh veay koun goal (n.) golf cart
រទេះសេះ rotehseh (n.) chariot
រទេះសេះកង់បួន rotehseh kong buon (n.) barouche
រទេះសេះមានដំបូល roteh seh mean dambaul (n.) gig
រទេះអូស Ro Tes Os (n.) rickshaw
រទេះអួញកូនដែក ro teah rounh kaun nget (n.) pram
រនាថអាហ្វ្រិកខាងលិច roneat afric khang lech (n.) balafon
រនាំង ro naeng (n.) barricade
រនាំងសំពត់ ronang somput (n.) drapery
រនុកទ្វារ ronuk tvea (n.) latch
រន្ទា Ron Tea (n.) scaffold
រន្ធ ronth (n.) hole

រន្ធក្រហែង ronth kro haeng (n.) slit
រន្ធគូថ ronth kouth (adj.) anal
រន្ធគូថ ronth kouth (n.) anus
រន្ធច្រមុះ ronth chra mouh (n.) nostril
រន្ធញើស ronth nheus (n.) pore
រន្ធដៃអាវ ronth daiav (n.) armhole
រន្ធដោត ronth daot (n.) slot
រន្ធឌុយ ronth duy (n.) socket
រន្ធត់ ronthot (v.) horrify
រន្ធសោ ronth soar (n.) keyhole
របក robork (v.) flake
របង ro bong (n.) fence
របងការពារ robang karpear (n.) railing
របប robob (n.) ration
របបនយោបាយ Ror Bob Nor Yo Bay (n.) regime
របបរាជានិយម roborb reachea niyom (n.) monarchy
របបអាហារ roborb ahar (n.) diet
របរជាងឈើ robor cheang chher (n.) carpentry
របស់ខ្ញុំ ro bors khnhom (pron.) mine
របស់ខ្ញុំ ro bos khnhom (adj.) my
របស់គាត់ robos koat (pron.) his
របស់ចំណាំ Ro Bos Jom Nam (n.) reminder
របស់ជាចាំបាច់ robos chea chabach (n.) must
របស់ត្រាប់ robors trab (n.) mimicry
របស់ពួកគេ robos pouk ke (adj.) their
របស់ពួកគេ robos pouk ke (pron.) theirs
របស់យកបានពីសង្គ្រាម robors yok ban pi songkream (n.) booty
របស់យើង robors yeung (pron.) our
របស់របរ robos robor (n.) belongings
របស់របរថ្លៃៗ robos robor thlay thlay (n.) bling
របស់តតគម្លៃ robos et domlai (n.) junk
របស់អ្នកណា robos nakna (pron.) whose
របិលរប៉ូច ro pel ro pauch (adj.) mischievous
របាយការណ៍ Ror Bay Kar (n.) report
របារចំហៀង robar chamhieng (n.) sidebar

របារបញ្ឈរវាងផ្ទាំងកញ្ចក់នៅតាមបង្អួច robar banhchhor roveang phtang kanhchok nov tam bang uoch (n.) mullion
របាំ robam (n.) dance
របាំង robang (n.) barrier
របាំង robang (v.) mask
របាំងការពារ robang kapear (n.) blindage
របាំងការពារឧស្ម័ន robang kar pear uksman (n.) gasmask
របាំងខណ្ឌផ្លូវ Ror Bang Khann Plov (n.) roadblock
របាំងប៉ូលីស robang polis (n.) cordon
របាំងមុខ robang mouk (n.) mask
របាំបាឡេ robam ba le (n.) ballet
របាំរស់រវើកបែបបុរាណមកពីប្រទេសអេស្ប៉ាញ robam ros roveuk beb boran mok pi brotes espanh (n.) flamenco
របាំសំបា Ro Bam Samba (n.) samba
របូតមាត់ robaut mout (v.) blurt
របួស robuos (n.) wound
របួសផ្លូវចិត្ត robuos phlauv chett (n.) trauma
របៀប robieb (n.) mode
របៀបរស់នៅ robieb ros nov (n.) lifestyle
របៀបវារៈ robieb vireak (n.) agenda
រមាស់ romoas (v.) itch
រមិចរមួល romich romuol (v.) writhe
រមូរ Ro Moo (n.) roll
រមួល romoul (v.) convolve
រមួលក្រពើ romuol krapeu (n.) cramp
រមួលសាច់ដុំ romuol sach dom (n.) strain
រម៉េត Ror Meat (n.) saffron
រម៉េត ro miet (n.) turmeric
រម៉ិល Ro Meal (v.) roll
រម្លឹកខួបផ្សេងៗ romleuk khuob phseng phseng (v.) commemorate
រយៈពេលខ្លី royak pel khlei (adj.) short-term
រយៈពេលវែង royak pel veng (adj.) long-term
រយៈកំពស់ royakampos (n.) altitude
រយៈទទឹង royak tor teung (n.) latitude
រយៈបណ្តោយ royak bandaoy (n.) longitude
រយៈពេល royakpel (n.) duration

រយៈពេល royeakpel (n.) period
រយៈពេលចៅក្រមបំពេញមុខងារ royak pel chao krom bompenh mukh ngea (n.) magistrature
រយៈពេលប្រើដើម្បីជាសះស្បើយ royakpel brer dermbei chea sahsbery (n.) convalescence
រលក rolok (n.) wave
រលាក roleak (adj.) burning
រលាកស្បែក Ro Leak Sbek (v.) scorch
រលាយ roleay (v.) dilute
រលាយ roleay (v.) dissolve
រលាយ roleay (v.) melt
រលាយ roleay (adj.) soluble
រលាយ roleay (v.) thaw
រលាយចូលគ្នា ro leay choul knea (v.) fuse
រលឹមភ្លៀង roleum phlieng (v.) drizzle
រលុង roloung (adj.) loose
រលូតកូន ro lout kaun (v.) miscarry
រលោង ro loung (adj.) glossy
រលោង rlong (adj.) sleek
រលោង roloang (adj.) smooth
រលោះបន្តិចម្តង romloh bontich mdong (v.) dwindle
រវល់ rovol (adj.) busy
រវាង roveang (prep.) between
ឫស Reus (n.) root
រសជាតិ ros cheat (n.) flavour
រសជាតិ Rous Jeat (n.) savour
រសជាតិ ros cheat (n.) taste
រសជាតិឫក្លិនខ្លាំង roscheat reu klen khlang (n.) tang
រសាត់ rosat (adj.) adrift
រសាត់ rosat (v.) drift
រសាត់ Ro Saat (v.) sail
រសាត់អណ្តែត rosat andet (v.) waft
រសាប់រសល់ ro sap ro sol (v.) fidget
រសាយ ro say (v.) dissipate
រសាយ rosay (n.) ooze
រសើប roserb (adj.) ticklish
ឫស្សី reussei (n.) bamboo
រស់ ros (v.) survive

រស់ក្នុងពេលជាមួយគ្នា ruos knoung pel cheamuoy knea (v.) coexist
រស់នៅ ros nov (v.) dwell
រស់នៅ ruos nov (v.) inhabit
រស់នៅ ros nov (v.) live
រស់នៅ rsanow (v.) people
រស់នៅធ្វើប្រជាភិវឌ្ឍន៍ ror nov theuv brachea phi vodth (v.) populate
រស់រវើក ros roveuk (adj.) lively
រហូតដល់ rohaut dol (conj.) till
រហូតដល់ rohaut dol (prep.) till
រហូតដល់ rohaut dol (prep.) until
រហូតដល់ rohaut dol (conj.) until
រហូតមកដល់ពេលនេះ rohaut mok dol pel nih (adv.) hitherto
រហ័ស rohsa (adj.) brisk
រហ័ស rohas (n.) quick
រហ័ស rohas (adj.) quick
រហ័ស rohas (adj.) speedy
រហ័ស rohas (adj.) swift
រហ័សរហួន rohas rohuon (adj.) agile
រអ៊ូ ra ou (v.) mumble
រអ៊ូ raou (v.) mutter
រអ៊ូរទាំ ro uo ro toam (v.) grumble
រអ៊ូរទាំ ra ou ro toam (v.) murmur
រអាក់អួល ro ak ro uol (v.) falter
រអិល rel (v.) slather
រអិល ro el (adj.) slick
រអិល ro el (n.) slime
រអិល ro el (v.) slip
រអិល ro el (adj.) slippery
រអិលទៅចំហៀង ror el tov chamhieng (v.) skid
រអែង Ro Eng (v.) scruple
រក rork (n.) pulley
រកែត reaket (n.) racket
រាឌ្យូម ra dyaum (n.) radium
រាឌី ra di (n.) radish
រាឌីកាល់ radikal (adj.) radical
រាំរ៉ៃ ramrai (adj.) chronic
រិចទ័រ rech tor (n.) magnitude
រុកកែត Rok Ket (n.) rocket

រ៉ូប raub (n.) gown
រ៉ូប Robe (n.) robe
រ៉ូបពាក់ក្រោយងូតទឹក raub peak kroay ngoutteuk (n.) bathrobe
រ៉ូបស្រី roub strei (n.) frock
រ៉ូមែនទិក Ro Man Tic (adj.) romantic
រ៉ូឡូ Ro Lo (n.) roller
រអាក់ទ័រ re ak tor (n.) reactor
រ៉ែ rae (n.) mine
រ៉ែ rae (n.) mineral
រ៉ែ re (n.) ore
រ៉ែង reng (v.) sift
រ៉ែសំណបាហាំង rae somnor pahang (n.) muscovite
រាក់ reak tak (adj.) superficial
រាក់ទាក់ reakteak (adj.) cordial
រាក reak (n.) diarrhea
រាងកាយ reang kay (n.) body
រាងកាយ reangkay (adj.) physical
រាងជារង្វង់ reang chea rongvong (adj.) circular
រាងដូចត្រចៀក reang douch tracheak (adj.) auriform
រាងដូចបាល់ reang douch bal (n.) orb
រាងទ្រវែង reang troveng (n.) oblong
រាងបួនជ្រុង reang buon chroung (adj.) quadrangular
រាងពងក្រពើ rieng pong krapeu (n.) ellipse
រាងពងក្រពើ reang pong krapeu (n.) oval
រាងពងក្រពើ reang pong krapeu (adj.) oval
រាងពងក្រពើ reang pong krapeu (adj.) ovular
រាជវង្ស reach vong (n.) dynasty
រាជ្យ Reach (n.) reign
រាតត្បាត reat tbat (v.) ravage
រានហាល rean hal (n.) porch
រានហាល rean hal (n.) veranda
រាបស្មើ reab smer (adj.) flat
រាប់ roab (v.) count
រាប់ជាបរិសុទ្ធ Rob Jea Bor Ri Soth (v.) sanctify
រាប់មិនអស់ roab min oas (adj.) countless
រាប់ឡើងវិញ Rorb Leung Venh (v.) recount

រាយការណ៍ Reay Kar (v.) report
រាយបញ្ជី reay banhchi (v.) list
រារាំង reareang (n.) block
រារាំង rea rang (v.) hinder
រារាំង rea rang (v.) impede
រារាំង rea rang (v.) inhibit
រារាំង rea reang (v.) preclude
រារាំង reareang (v.) thwart
រាលដាល real dal (v.) prevail
រាល់ roal (adj.) every
រាល់ថ្ងៃ raol thngai (adj. & adv.) daily
រាសីចក្រ reasei chak (n.) zodiac
រាំ roam (adj.) dancing
រាំចង្វាក់តង់ហ្គោ rom chongvak tongo (v.) tango
រាំសាំបា Rom Samba (v.) samba
រិល ril (adj.) dull
រិះគន់ riah kun (v.) assail
រិះគន់ rih kun (v.) castigate
រិះគន់ rihkun (v.) criticize
រិះគន់ជាខ្លាំង rihkun chea khlang (v.) censure
រិះគន់ធ្ងន់ rihkun thngon (v.) damn
រីកុះដាល rik doh dal (v.) burgeon
រីករាយ rikreay (v.) delight
រីករាយ rikreay (adj.) delightful
រីករាយ rikreay (v.) enjoy
រីករាយ rik reay (adj.) glad
រីករាយ rik reay (adj.) happy
រីករាយ rik reay (adj.) joyful
រីករាយ rik reay (adj.) merry
រីករាយ rikreay (n.) mirth
រីករាយ rikreay (adj.) pleasant
រីករាយក្រៃលែង rik reay krai laeng (adj.) exultant
រីករាយនឹង Reak Reay Neung (v.) revel
រីករាលដាល rik realdal (adj.) widespread
រឹង reung (adj.) hard
រឹង reung (adj.) solid
រឹង reung (adj.) staunch
រឹង reung (adj.) stiff
រឹងចចេស reung chor ches (adj.) mulish

រឹងចចេស reung charches (adj.) obstinate
រឹងផ្អឹង Reung Jkeung (adj.) rigid
រឹងម៉ាំ reung moam (adj.) sturdy
រឹងរូស rungrous (adj.) adamant
រឹងរូស reungrous (adj.) defiant
រឹងរូស rueng rus (adj.) stubborn
រឹតដោះយកទឹកដោះ rut daoh yk teukdaoh (v.) milk
រឹតបន្ដឹង reut banteung (v.) tighten
រឹបអូស reub aus (v.) confiscate
រឹបអូស Reb Ors (v.) seize
រឹម reum (n.) margin
រុករក rouk rok (v.) browse
រុករក rouk rok (v.) explore
រុករក rouk rok (v.) navigate
រុករើក roukreu rok (v.) ransack
រុក្ខជាតិ roukkhacheat (n.) flora
រុក្ខជាតិកញ្ឆា rokhakcheat kanhchha (n.) hemp
រុក្ខជាតិដែលរីកផ្កា rokhakcheat del rik phka (n.) bloomer
រុក្ខជាតិនៃត្រកូលអូលីវ roukkhcheat nei kruosaar au liv (adj.) oleaceous
រុក្ខជាតិមានស្លឹកដូចរាមសត្វ ro khak cheat mean sleok doch roam satt (n.) fern
រុក្ខជាតិមេកឈើអូលីវ roukkhcheat mekchheu auliv (n.) crevet
រុក្ខជាតិវល្លិ៍ rokhakcheat vor (n.) creeper
រុក្ខបាល rokhak bal (n.) forester
រុក្ខវិថី rokhankvithei (n.) avenue
រុក្ខសាស្ត្រ rokhak sas (n.) forestry
រុក្ខសាស្ត្រ roukkhaksas (n.) botany
រុក្ខារក្ស roukkharak (n.) ranger
រុងរឿង roung rueng (adj.) glorious
រុញ rounh (v.) thrust
រុញច្រាន rounh chran (v.) shove
រុយ ruy (n.) fly
រុយគោ ruy ko (n.) gadfly
រុលប្រច្រៀត rul bro chreat (v.) hustle
រុំ roum (v.) wrap
រុំព័ទ្ធ roum poath (v.) enclose
រុះរើ rouhreu (v.) demolish

រុះរើ rouh reu (v.) dismantle
រុះរើចនាសម្ព័ន្ធ rouhreu rochna sampoan (n.) overhaul
រុះរើចនាសម្ព័ន្ធ rouhreu rochna sampoan (v.) overhaul
រូងភ្នំ roung phnom (n.) cave
រូងភ្នំធំ roung phnom thom (n.) cavern
រូងសត្វ roung sat (n.) burrow
រូងសត្វ roung sat (n.) den
រូតខោ rout khoa (v.) zip
រូបកាយដែលតេងតេរលួយ roubkay del tengte roluoy (adj.) perishable
រូបចម្លាក់ Roob Jom Laark (n.) sculpture
រូបចម្លាក់ព្រះយេស៊ូដាក់ឆ្កាង roub chamlak preahyesu dak chhkang (n.) crucifix
រូបត្លុក roub tlok (n.) caricature
រូបតំណាង roub damnang (n.) icon
រូបថត roub that (n.) photo
រូបថត roub that (n.) photograph
រូបថត roub that (adj.) photographic
រូបថត toub thoat (n.) snapshot
រូបថតឆ្លាក់តំនូរ roub thot re koumnour (n.) portraiture
រូបទិងមោងនរណាម្នាក់ roub tingmong norna mnak (n.) effigy
រូបធាតុម្យ៉ាងដែលមិនឆេះ roubtheat myang del min cheh (n.) asbestos
រូបផ្គុំលេង roub phkom leng (n.) jigsaw
រូបភាព roub pheap (n.) image
រូបភាព roub pheap (v.) picture
រូបភាព roub pheap (v.) picture
រូបភាពកញ្ចក់ roubpheap kanhchok (n.) mirror image
រូបភាពដែលឆ្លាក់ដោយប្រើអាស៊ីត roub pheap del chhlak daoy brer asit (n.) etching
រូបភាពបំភាន់ភ្នែក roubpheap bamphoan phnek (adj.) anamorphosis
រូបភាពសម្រាប់ពន្យល់ roub pheap somrab ponyol (n.) illustration
រូបភាពសរសៃឈាមដោយប្រើកាស្មីអុច roubpheap sarsai chheam daoy brer karasmey ich (n.) angiogram

រូបមន្ត roubamon (n.) formula
រូបមន្ត Roup mun (n.) recipe
រូបរាង roub reang (n.) appearance
រូបរាង Roob Reang (n.) shape
រូបរាងខាងក្រៅ roub reang khang krao (n.) guise
រូបរាងខាងក្រៅ ruob reang khang krao (n.) look
រូបរាងតូចមិនធម្មតា rob reang toch min thomada (n.) nanism
រូបរាងផ្ញេញមិនធម្មតា roubreang thmenh min thommoda (n.) dilaceration
រូបវិទូ roub vitou (n.) physicist
រូបវិទ្យា roub vitya (n.) physics
រូបវិទ្យា roub vityea (n.) physique
រូបវិទ្យាទាក់ទងនឹងសីតុណ្ហភាពទាប roubvityea teaktong neung seitonhapheap teab (n.) cryogenics
រូបសាស្ត្រ roub sas (n.) morphology
រូបសំណាក Roub Som Nak (n.) requiem
រូបសំណាក roub saamnak (n.) statue
រូបសំណាកថ្ម roub somnak thmor (n.) megalith
រូបារូប rouba roub (n.) overdraft
រូបិយប័ណ្ណឥណ្ឌា Roo Pei Bann India (n.) rupee
រូបិយប័ណ្ណ roubpeybann (n.) currency
រូបិយប័ណ្ណអេឡិចត្រូនិក roubeyabann electronik (n.) bitcoin
រូបិយវត្ថុ rou bey vot tho (adj.) monetary
រូបិយវត្ថុរូស្សី Ro Pei Vot Tho Rus See (n.) rouble
រួមភេទ roum pet (v.) copulate
រួចហើយ ruoch heuy (adv.) already
រួញ ruonh (v.) wince
រួញតូចទៅ ruonh tauch tov (v.) wane
រួញរាក្នុងចិត្ត Runh Rea Knong Jet (adj.) reticent
រួបរួម roub ruom (v.) depolarize
រួបរួមគ្នា ruob ruom knea (v.) unite
រួបរួមគ្នាឡើងវិញ Roub Roum Knea Leung Venh (v.) reconsolidate
រួម ruom (adj.) communal

រួមគ្នា roum knea (v.) conjoin
រួមគ្នា ruom knea (adj.) joint
រួមដំណើរដោមួយ ruom damner cheamuoy (v.) accompany
រួមបញ្ចូល ruom banhchoul (v.) encompass
រួមបញ្ចូល ruom banhchoul (v.) include
រួមបញ្ចូល ruom banhchoul (v.) integrate
រួមភេទ Room Phet (v.) sex
រួមមាន ruommean (v.) comprise
រួមរស់ជាមួយគ្នាដោយមិនរៀបការ roum ruos cheamouy knea doy min rieb ka (v.) cohabit
រួសរាយរាក់ទាក់ ruos reay reakteak (adj.) affable
រើកកាយ Reu Ko Kaay (v.) rummage
រើរះកកាយ Rer Ruos Kor Kay (v.) rifle
រើវត្ថុធ្ងន់ដោយដៃ reu vottho thngun doy dai (v.) manhandle
រើសគ្រាប់ reus kroab (v.) nut
រើសអើង reus aerng (v.) discriminate
រឿង rueng (n.) story
រឿងកំប្លែង reung kamblaeng (n.) comedy
រឿងកំប្លែង reung komplaeng (n.) farce
រឿងកំប្លែង reung kom phlaeng (n.) funny
រឿងកំប្លែង reung kom phlaeng (n.) gag
រឿងកំប្លែង reung kam blaeng (n.) joke
រឿងកំសត់ reung kom sot (n.) melodrama
រឿងខ្លីរបស់អ្នកណាម្នាក់ rueng khlei robos nakna mnak (n.) anecdote
រឿងគួរឱ្យខ្លាច reurng kuor oy khlach (n.) dreadful
រឿងដែលចង់ធ្វើក្នុងជីវិត reurng del chong tver knoung chivet (n.) bucket list
រឿងតជាប់គ្នា Reung Tor Jorb Knea (n.) saga
រឿងនិទាន rueng ni tean (n.) narration
រឿងនិទាន rueng nitean (n.) tale
រឿងប្រឌិត reung brodit (n.) fiction
រឿងប្រឌិត reung bradit (n.) figment
រឿងព្រេង reung preng (n.) folklore
រឿងព្រេង rueng preng (n.) legend
រឿងព្រេងនិទាន rueng preng nitean (n.) fable

រឿងភាគ Reung Pheak (n.) sequel
រឿងភាគតាមអុីនធឺណិត reung peak tam internet (n.) webisode
រឿងអកុសលកើតឡើង reung akkosal kert lerng (v.) befall
រឿងអាស្រូវ rueng a srauv (n.) muck
រឿងអាស្រូវ Reung Ahh Srov (n.) scandal
រៀន rien (v.) learn
រៀបការ rieb kar (v.) marry
រៀបការ rieb kar (v.) wed
រៀបឃ្លា reab khlea (v.) phrase
រៀបចំ riebcham (v.) arrange
រៀបចំ rieb cham (v.) organize
រៀបចំ rieb cham (v.) prepare
រៀបចំ reab chom (v.) tidy
រៀបចំប្រព័ន្ធ riebcham braponth (v.) systematize
រៀបចំឡើងវិញ Reap Jom Leung Venh (v.) rearrange
រៀបជាតារាង reab chea darang (v.) table
រៀបជាតារាង reab chea darang (v.) tabulate
រៀបតាមទំហំ reab tam tom houm (v.) size
រៀបបន្ថែមអាគារឡើងវិញ Reab Bon Tham Ark Kea Leung Venh (v.) reannex
រៀបរាប់ rieb roab (v.) enumerate
រៀបឯកសារ rieb ek sar (v.) file
រា re rea (v.) waver
រៃអង្គាសប្រាក់ rei angkeas brak (v.) fundraise
រោគខ្វះវីតាមីនដេ Rok Kvas Vi Ta Min (n.) rickets
រោគឃ្លង់ rok khlong (n.) leprosy
រោគចុកពោះ rok chok poh (n.) colic
រោគញៀនស្រា rok nhien sra (n.) alcoholism
រោគបូស rok bous (n.) abscess
រោគមើមមាយ rok momeu momeay (n.) delirium
រោគមិនច្បាស់លាស់ rok min chbas loh (n.) nadger
រោគមុន rok moun (n.) pneuma

មាតម្យ៉ាងដែលកើតឡើងនៅលើគ្រាប់ធញ្ញជាតិ rok myang del kert laeng nov leu kroab thonh nhocheat (n.) eyespot
មាគរាគមូល rok reak muol (n.) dysentery
មាគរាគត្បាត roak reat tbart (n.) epidemic
មាគសញ្ញា rokosanhnhea (n.) symptom
មាគសន្លាក់ឆ្អឹង Rok Cheu Sonlak (n.) rheumatism
មាគសរសៃប្រសាទ rok sor sai bro sat (n.) hysteria
មាគសាស្ត្រ rok sas (n.) pathology
មាគព្រែង Rok Sreng (n.) ringworm
រោងកុន rongkon (n.) cinema
រោងកុនដែលមានស្រីនច្រើន rong ko o n del mean sr ki n chraen (n.) cineplex
រោងចក្រ rongchak (n.) factory
រោងចក្រ rongchak (n.) plant
រោងចក្រស្រាបៀរ roangchak sra bier (n.) brewery
រោងចក្រស្បែងកាត់ Rong Chak Slor Preng Kat (n.) refinery
រោងចក្រស្លលោហធាតុ rong chak slor lohak theat (n.) foundry
រោងបិតស្រា roang bet sra (n.) distillery
រោងម៉ាស៊ីនកិន rongmasin ken (n.) mill
រោងម៉ាស៊ីនកិនស្រូវ rong measain ken srauv (n.) miller
រោងល្ខោន rong lkhon (n.) playhouse
រោងអារឈើ Rong Ahh Cheu (n.) sawmill
រោទ៍ ro (v.) low
រោម rom (n.) fur
រោមចិញ្ចើម rom chenhcherm (n.) eyebrow
រោមចៀម rom chiem (n.) wool
រោមជំវិញ rom chomvinh (v.) swarm
រោមគ្រឡាចលើខ្លួនទារក roam trolarch leu kluon tearuok (n.) lanugo
រោមទន់ rom tun (n.) fuzz
រោមភ្នែក rom phnek (n.) eyelash
រោមភ្នែក rom phnek (n.) lash
រោមរេងរេង roam reung reung (n.) bristle
រោមសត្វជៀម ឬពពែ roam satt cheam rue porpae (n.) fleece
រោមសត្វស្លាប roam satt slab (n.) feather

រោយ roy (n.) shive
រោយ roy (v.) sprinkle
រោយម្សៅ roy msao (v.) dust
រោយម្សៅ roy msao (v.) powder
រោល រលាកសើៗ roal roleak ser ser (v.) singe
រំញ័រ rom nhor (n.) vibration
រំខាន romkhan (v.) annoy
រំខាន romkhan (v.) bedevil
រំខាន romkhan (v.) bother
រំខាន romkhan (v.) disrupt
រំខាន romkhan (v.) disturb
រំខាន romkhan (v.) interrupt
រំខាន romkhan (adj.) noisy
រំខាន romkhan (v.) ruck
រំខានចិត្ត rom khan chett (v.) irk
រំងាប់មេរោគ romngoab merok (v.) disinfect
រំងាប់មេរោគ rom ngob me rok (v.) sterilize
រំងាស់ថ្នាំបុរាណ romngoah thnam borann (n.) decoction
រំដោះ rom daoh (v.) liberate
រំពាត់ rom pot (n.) rod
រំពាត់ rompoat (n.) whip
រំពាត់ទិព្វ rompoat tepth (n.) wand
រំពឹង rom peung (v.) expect
រំពេសមុទ្រ rom pe samot (n.) gull
រំភើប rom pheup (adj.) elated
រំភើប rompheub (v.) thrill
រំលង romlong (v.) skip
រំលាយ (ក្រពះ) romleay (krapeah) (v.) stomach
រំលាយ (លោហធាតុ) roleay (v.) smelt
រំលាយអាហារ romleay ahar (v.) digest
រំលឹក Rom Leuk (v.) recall
រំលូតកូន romlout kaun (v.) abort
រំលេច romlech (v.) elicitate
រំលែកទុក្ខ roumlek tukh (v.) condole
រំលោភ បំពាន romlop bompean (v.) infringe
រំលោភច្បាប់ romloph cbab (v.) breach

រំលោភបំពាន romloph bampean (v.) abuse
រំលោភបំពាន romloph bampean (v.) encroach
រំលោភបំពាន romloph bampean (v.) violate
រំលោភសេពសន្ថវៈ romloph sepsanthavak (v.) rape
រំល rom lom (v.) fell
រំសាយទ័ព romsay top (v.) demobilize
រំសាយដែនដីអាណានិគម romsay dendei ananikom (v.) decolonize
រំអិល rom el (v.) lubricate
រំអិល romel (n.) lubrication
រំអិលចុះ rom el choh (v.) slide
រះឡើង Reas Leung (v.) rise

## ល

លក្ខខណ្ឌ leakkhan (n.) condition
លក្ខខណ្ឌ lakkh khan (n.) proviso
លក្ខខណ្ឌ Leak Khaan (n.) restriction
លក្ខខណ្ឌដោះលែង lok khan daoh leng (n.) parole
លក្ខខណ្ឌពិសេស lakhan pises (n.) stipulation
លក្ខណៈ leakhenak (n.) facet
លក្ខណៈដែលមានតែមនុស្សភាគតិចយល់បាន leakhanak del mean tae monous pheak tech yul ban (n.) esoterism
លក្ខណៈពិសេស lakhanak pises (n.) feature
លក្ខណៈភូមិសាស្រ្តដី lakhanak phoumisaas dei (n.) terrain
លក្ខណៈវិនិច្ឆ័យ lakkhanak vinichhay (n.) criterion
លក្ខន្តិកៈ lakkhan tikak (n.) statute
លក្ខពណ៌ Leak Po (n.) seak
លក់ Louk (v.) sell
លក់ចេញ Louk Jenh (n.) sell-out

លក់ដាច់ជាងគេ lukdach cheang ke (n.) bestseller
លក់ដុំ luk dom (n.) wholesale
លក់រាយ Louk Reay (v.) retail
លង loung (v.) haunt
លង្ហិន longhin (n.) brass
លង់ដំណេកជ្រុល long damnek chrul (v.) oversleep
លង់ទឹក luong teuk (v.) drown
លង់លក់ long luk (v.) snooze
លទ្ធកម្ម lotthokam (n.) procurement
លទ្ធផល lotth phal (n.) outcome
លទ្ធផល Latta Phol (n.) result
លទ្ធភាព letthapheap (n.) capability
លទ្ធភាព letthopheap (n.) likelihood
លទ្ធភាព lotthopheap (n.) possibility
លទ្ធិខេត្តនិយម lotthi khett niyom (n.) provincialism
លទ្ធិដែលមិនជឿថាមានព្រះ lotthi del min chue tha mean preah (n.) atheism
លទ្ធិបដិវត្ត lotthi bakdevat (n.) nihilism
លន់តួ Lon Tour (v.) repent
លបលួចមើល lob luoch meul (v.) snoop
លប់ចោល lob chaol (v.) nullify
លម្អិត lom et (n.) detail
លលាដ៍ក្បាល lorlea kbal (n.) skull
លាក់ leak (v.) hide
លាក់ Leak (v.) secrete
លាក់នឹងប្រអប់ដៃ leak nung bra ab dai (v.) palm
លាក់បាំង lakbang (v.) conceal
លាង Leang (v.) rinse
លាង leang (v.) wash
លាងសម្អាតបាន leang sam aat ban (adj.) washable
លាឈប់ Lea Chob (v.) resign
លាតត្រដាង leat trordang (v.) expose
លាតត្រដាង leat tradang (v.) unfold
លាតត្រដាង leat tradang (v.) vouchsafe
លាតសន្ធឹង leat sonthoeng (v.) span
លាតសន្ធឹង leat santhung (v.) stretch
លាន់ខ្ទរ Lon Ktor (v.) resound
លាន់ប្រឹបៗ loan broeb broeb (v.) crackle

លាន់មាត់ loan moat (v.) exclaim
លាន់រំពង loarn rompong (v.) blare
លាប leab (v.) prime
លាបកំបោរ leab komboar (v.) plaster
លាបខ្លាញ់ leab klanh (v.) grease
លាបថ្នាំ leab thnam (v.) smear
លាបប្រេងក្នុងពិធីសាសនា leab breng knong pithi sasana (v.) anoint
លាបពណ៌ស្រាល leab por sral (v.) tinge
លាបរឹក Leap Rit (v.) rub
លាបឡើងវិញ Leap Lerng Venh (v.) reappoint
លាបអោយភ្លឺរលោង leab aoy phleu rolong (v.) varnish
លាបឱ្យក្រហម Leab Oy Kro Horm (adj.) red
លាបឱ្យក្រហម Leab Oy Kro Horm (v.) redden
លាប់ជំងឺ Lob Chom Ngeu (v.) relapse
លាភ leap (n.) godsend
លាភ leaph (n.) odds
លាមក lea muok (n.) feces
លាមក lea mok (n.) stool
លាមកសត្វ leamuok sat (n.) dung
លាមកសត្វ leamok sat (n.) manure
លាយ leay (v.) mix
លាយក្រូចឆ្មារ leay krouch chhmar (v.) lime
លាយអាកុលនឹងថ្នាំ leay akol neung thnam (v.) tincture
លាលែង Kar Lea Leng (v.) renounce
លាសសមុទ្រ leas samout (n.) clam
លាហើយ lea hery (exclam.) adieu
លាហើយ lea hery (interj.) bye
លាហើយ lea hery (interj.) farewell
លាហើយ lea hery (interj.) good-bye
លិខិត likhet (n.) letter
លិខិត li khet (n.) missive
លិខិតឆ្លងដែន likhet chhlang den (n.) passport
លិខិតបញ្ជាក់ likhet banhcheak (n.) affidavit
លិខិតប្រកាសពន្ធ likhet brokas ponth (n.) tax return

លិខិតអនុញ្ញាត li khet anouh nhat (n.) permit
លិង្គ ling (n.) penis
លិង្គ lueng (n.) phallus
លិច lich (v.) sink
លិចទឹក lich teuk (v.) submerge
លិត lit (v.) lick
លិទ្ធិកុម្មុយនិស្ត lethi kommouynist (n.) communism
លីត្រ lit (n.) litre
លឺ leu (v.) hear
លឺខ្លាំង leu khlang (adj.) loud
លុកលុយ louk louy (v.) invade
លុកលុយ(សត្វចង្រៃ) luk luoy (satt chongrai) (v.) infest
លុកលុយឬប្លន់ luk luy blon (v.) foray
លុកលុយរាតត្បាត louklouy reat tbat (v.) overrun
លុតជង្គង់ lout chongkung (v.) kneel
លុប loub (v.) delete
លុប loub (v.) obliterate
លុប loub (v.) omit
លុប lub (adj.) uninstall
លុបចេញ loub chenh (v.) efface
លុបចោល loub chaol (v.) erase
លុបចោល loub chaol (n.) omission
លុបចោល Lob Jol (v.) repeal
លុបចោលការបញ្ជា lub choal kar banhchea (v.) countermand
លុបចោលទោសព្រហ្មទណ្ឌ loub chaol tos promaton (v.) decriminalize
លុបបាត់បន្តិចម្តង loub bat bontich madong (v.) fade
លុបបំបាត់ loub bambat (v.) eliminate
លុបបំបាត់ loub bambat (v.) eradicate
លុបបំបាត់ចោល loub bambat chaol (v.) abolish
លុបពាក្យមិនចាំបាច់ពីឃ្លា loub peak min cham bach pi khlea (v.) ellipse
លុបលានទោស loubleang tos (v.) atone
លុបលើ loub leu (v.) overshadow
លុយ luy (n.) money
លុយកក់ luy kawk (n.) deposit

លុយទឹក louy teuk (v.) wade
លុះត្រាតែ louh tra tae (conj.) unless
លូ lu (v.) howl
លូ Loo (n.) sewage
លូ lou (v.) ululate
លូតលាស់ lout loas (v.) grow
លូតលាស់ lout loas (v.) thrive
លូទឹកស្អុយ Loo Teuk Sa Ouy (n.) sewer
លូនលូបលូប luon loub loub (v.) creep
លួងលោម luong loam (v.) appease
លួងលោម luong loam (v.) cajole
លួងលោម Luonglom (v.) console
លួងលោម luong lom (v.) soothe
លួងលោមចិត្ត luonglom chett (v.) solace
លួងឱ្យដេក lourng oy dek (v.) lull
លួច luoch (v.) loot
លួច Louch (v.) rustle
លួច luoch (v.) steal
លួចចម្លងស្នាដៃ luoch chamlong snadai (v.) pirate
លួចចូល luoch choul (v.) sneak
លួចចូលយកទិន្នន័យ luoch choul yok tin naney (v.) hack
លួចប្លន់ luoch plon (v.) maraud
លួចមើល luoch meul (v.) peep
លួចរត់ទៅរៀបការ luoch ruot tov rieb kar (v.) elope
លួចស្តាប់ luoch sdab (v.) eavesdrop
លួចឥវ៉ាន់ luoch ei van (v.) shoplift
លួស luos (n.) wire
លើ leu (prep.) upon
លើក leuk (v.) lift
លើកកម្ពស់ leuk kampos (v.) uplift
លើកកំពស់ leuk kampos (v.) promote
លើកហាន: leuk thanak (v.) aggrandize
លើកតម្កើង leuk domkerng (v.) exalt
លើកតម្កើង leuk domkeung (v.) glorify
លើកទឹកចិត្ត leuk teuk chett (v.) cheer
លើកទឹកចិត្ត lerk teuk chett (v.) embolden
លើកទឹកចិត្ត leuk teuk chett (v.) encourage
លើកទឹកចិត្ត leuk teuk chet (v.) motivate
លើកទឹកចិត្ត Leuk Teuk Jet (v.) root
លើកលែង leuk leng (v.) exempt
លើកលែងតែ leuk leng tae (prep.) except
លើកលែងតែ Leuk Leng Te (prep.) save
លើកលែងទោស leuk leng tos (v.) absolve
លើកលែងទោស leuk leng tos (v.) pardon
លើកលែងទោសបាន leuk leng tos ban (adj.) pardonable
លើកសរសើរ lerk sor ser (v.) laud
លើកស្ទូច leuk stauch (v.) hoist
លើគោក leukok (adv.) ashore
លើបណ្ដាញអ៊ិធឺណេត leu bandanh internet (adj.) online
លើស leus (v.) exceed
លើស leus (adj.) excess
លើស leus (v.) overdraw
លើសតុល្យភាព leus tolyak pheap (v.) outbalance
លើសទម្ងន់ leus tomngon (adj.) overweight
លើសធម្មតា leus thomada (adv.) extra
លើសពីនេះទៅទៀត leus pi nis tov tiet (adv.) moreover
លើសពីនេះទៅទៀត leus pi nih tov tiet (adv.) withal
លើសមិនចាប់បាច់ Lers Min Jam Bach (n.) redundance
លឿង lueng (adj.) yellow
លឿងស្លេក lueng slek (adj.) yellowish
លឿន luen (adj.) fast
លេខ lekh (n.) numeral
លេខរថយន្ត lekh rotyon (n.) gear
លេខកូដ lekh kaud (n.) code
លេខគណិត lek khaknet (n.) arithmetic
លេខមួយ lekh mouy (n.) first
លេខយោង lekh yuong (n.) footnote
លេខរៀង Lek Reang (n.) serial
លេខាធិការ Le Khaa Thi Kaar (n.) secretary
លេខាធិការដ្ឋាន Le Khaa Thi Kaaro Thaan (n.) secretariat
លេង leng (v.) play
លេង leng (adj.) playful
លេង leng (v.) toy

លេងកីឡាយោលទោង leng keila yoltong (v.) trapeze
លេងតន្ត្រីទីសាធារណៈ leng dontrei ti sathearanak (v.) gig
លេងពាក្យ leng peak (v.) pun
លេងល្បែង leng labeng (v.) gamble
លេងល្បែង leng lbeng (v.) game
លេងល្បែង Leng Lbeng (n.) scambling
លេងសប្បាយ leng sabbay (v.) frolic
លេងសើច leng serch (v.) tease
លេងសើច leng serch (v.) trifle
លេចត្រដែតឡើង lech tradet laeng (v.) tower
លេចធ្លាយ lech thleay (v.) leak
លេចធ្លោ lech thlo (adj.) predominant
លេចធ្លោ lech thlo (v.) predominate
លេចធ្លោ lech thlo (adj.) prominent
លេចឡើង lech lerng (v.) appear
លេចឡើង lech lerng (v.) surface
លេចឡើងម្ដងទៀត Lech Lerng Mdong Teat (v.) reappear
លេណដ្ឋាន lenathan (n.) trench
លេនដ្ឋាន le nodthan (n.) bunk
លេនដ្ឋាន lenothan (n.) bunker
លេនដ្ឋាន lenthan (n.) entrenchment
លេប leb (v.) gobble
លេប leb (v.) swallow
លេបក្លើក leb ka eurk (v.) gulp
លេបត្របាក់ leb trabak (v.) devour
លេស les (n.) excuse
លេស les (n.) pretext
លែងត្រួតត្រា leng truot tra (v.) decontrol
លែងទទួលស្គាល់ leng tortuol skaol (v.) disown
លែងលះ leng leah (v.) divorce
លែងស្របច្បាប់ Leng Srob Chbab (v.) repudiate
លែងស្រស់បស់ Leng Sros Bos (n.) scruffiness
លៃចែក lei chek (v.) allot
លៃសម្រួល lei samruol (v.) tune
លៃអោយសម lei aoy sam (v.) proportion
លោក lork (n.) mister
លោក lok (n.) sir
លោកជំទាវ lok chumteav (n.) dame
លោកម្ចាស់ lok ma chas (n.) lord
លោកសង្ឃ lok sang (n.) priest
លោកស្រី lork srey (n.) madam
លោកស្រី lork srei (n.) missis, missus
លោត loat (v.) bounce
លោត loat (v.) hop
លោត loat (v.) jump
លោត រំសប្បាយ lort rorm sabbay (v.) cavort
លោតខ្ទាក១ loat khtoak khtoak (v.) throb
លោតជីពចរ lot chip chor (v.) pulse
លោតបង្គីហ្គី loat bangki (n.) bungee jumping
លោហធាតុ loha theat (adj.) polymetallic
លោហស្គាហកម្ម lohak sa hak kam (n.) metallurgy
លោហៈកូបាល់ត៍ lohak cobalt (n.) cobalt
លោះ loh (v.) ransom
ល្ខោន lakhoan (n.) drama
ល្ខោន lakhon (n.) play
ល្ខោន lkhon (n.) theatre
ល្ខោនតន្ត្រីខ្លី lakhoun dontrei khley (n.) operetta
ល្ខោនអូប៉េរ៉ា lkhon au be ra (n.) opera
ល Lngor (n.) sesame
ល្ងង់ Ingong (adj.) dumb
ល្ងង់ Ingong (adj.) foolish
ល្ងង់ Ingong (adj.) idiotic
ល្ងង់ខ្លៅ Ingong khlao (adj.) ignorant
ល្ងង់ខ្លៅ Ingong khlao (adj.) witless
ល្បាក់ទឹក Ibak teuk (n.) cascade
ល្បាត lbat (v.) patrol
ល្បាប់ labab (n.) bog
ល្បាយ lbay (n.) mixture
ល្បាយអាកុសនឹងថ្នាំ Ibay akol neung thnam (n.) tincture
ល្បិច labech (n.) gimmick
ល្បិច lbich (n.) tact
ល្បិច labich (n.) trick
ល្បិច labich (n.) trickery

ល្បិចអាក្រក់ lbich akrak (n.) prank
ល្បី labei (adj.) well-known
ល្បីឈ្មោះ Lbei Jmous (adj.) renowned
ល្បីថា Lbei Tha (v.) repute
ល្បីល្បាញ lbei lbanh (adj.) eminent
ល្បីល្បាញ labei labanh (adj.) famous
ល្បួង lbuong (v.) coax
ល្បួង lbuong (v.) entice
ល្បួង la buong (v.) induce
ល្បួង lbuong (v.) lure
ល្បួង Lboung (n.) seduction
ល្បួង lbuong (v.) tempt
ល្បឿន lbuen (n.) speed
ល្បឿន lbuen (n.) velocity
ល្បឿនដើរឬរត់ labern der reu ruot (n.) pace
ល្បែង labeng (n.) game
ល្បែងក្តារ labaeng kdar (n.) board game
ល្បែងទាយពាក្យម្យ៉ាង lbeng teay peak myang (n.) charade
ល្បែងតម្រៀបឬផ្គុំគូចឱ្យជារូប lbeng damrieb rue phkom dom tauch chea roub (n.) puzzle
ល្បែងបៀ labeng bie (n.) poker
ល្បែងបៀរ Lbeng Bea (n.) rummy
ល្ពៅ lpov (n.) pumpkin
ល្មើសច្បាប់ Lmeus Jbab (adj.) rulebound
ល្មោភស្ត្រី lmoph strei (v.) womanise
ល្ហិតល្ហៃ la hit la hay (v.) languish
ល្ហិតល្ហៃ lahit lahai (adj.) lethargic
ល្អ laor (adj.) fine
ល្អ laor (adj.) good
ល្អ laor (adv.) well
ល្អជាង laor cheang (adj.) superior
ល្អបំផុត laor bamphot (adj.) best
ល្អបំផុត laor bomphot (adj.) excellent
ល្អបំផុត laor bamphot (adj.) ideal
ល្អបំផុត la bamphot (adj.) optimum
ល្អបំផុត la bamphot (n.) optimum
ល្អមធ្យម laor mothyom (adj.) mediocre
ល្អវិសេស laor vises (adj.) superb
ល្អឥតខ្ចោះ laor it khchaoh (adj.) perfect

លំដាប់ lom dab (n.) gradation
លំដាប់ Lom Dab (n.) sequence
លំដាប់ពេល lomdab pel (n.) chronology
លំនាំ lom noam (n.) pattern
លំនាំដើម lomnoam derm (n.) default
លំនៅដ្ឋាន lomnov than (n.) dwelling
លំពង់ lompong (n.) offshoot
លំពែង lom peng (n.) javelin
លំពែង lom peng (n.) lance
លំពែង lompeng (n.) spear
លំយោល lom yol (n.) sway
លំហាត់ប្រាណ lomhat bran (n.) aerobics
លំហាត់ប្រាណ lomhat bran (n.) exercise
លំហូរ lomhou (n.) flow
លំហូរចូល lomhau chaul (n.) influx
លំអ lom or (v.) grace
លំអង lom ang (n.) pollen
លំអងផ្កាញី lom ang phka nhi (n.) carpel
លំឱនកាយគោរព lom aon kay korop (n.) obeisance
លំអៀង lom ieng (n.) bias
លះបង់ leah bong (v.) abnegate
លះបង់ leahbong (v.) dedicate
លះបង់ Les Bong (v.) relinquish
លះបង់ leahbong (v.) waive
លះ lak (adv.) etcetera

វក់ vok (adv.) amuck
វគ្គ Vek (n.) session
វគ្គចុងក្រោយដ៏អស្ចារ្យ vak chong kraoy dor oschar (n.) grand finale
វគ្គសិក្សា vakk seksaa (n.) course
វង្វេង vongveng (v.) lost
វង្វេង vongveng (v.) stray
វង្វេង vongveng (v.) wander
វង្វេងបាត់ vongveng bat (v.) misguide

វង្វេងផ្លូវ vongveng (adv.) astray
វង្វេងស្មារតី vongveng smarodei (v.) dement
វង្វេងស្មារតី vongveng smar tei (v.) osculate
វង្វេងស្មារតី vongveng smardei (v.) perplex
វង្វេងស្មារតី vongveng smarodei (adj.) topsy turvy
វង់ vong (adj.) spiral
វង់ vong (n.) spiral
វង់ក្រចក vong krachork (n.) bracket
វង់ក្រចក vong krachok (n.) parenthesis
វង់តន្ត្រី vong don trey (n.) orchestra
វចនានុក្រម vachnanoukrom (n.) dictionary
វដ្ត vodt (n.) cycle
វណ្ណយុត្តអង់គ្លេស vann yotd angkles (n.) apostrophe
វណ្ណយុត្ត vonnayout (n.) punctuation
វណ្ណៈ vannak (n.) caste
វណ្ណៈកណ្ដាល vannak kandal (n.) bourgeoise
វណ្ណៈកសិករ vonn ksekar (n.) peasantry
វណ្ណៈសង្គម vannak songkom (n.) stratum
វត្ត vot (n.) monastery
វត្ត vot (n.) pagoda
វត្តមាន vottamean (n.) attendance
វត្តមាន vottamean (n.) presence
វត្តមានមហារីកសាច់កាច vottamean moharik sach kach (n.) malignancy
វត្ថុ vottho (n.) item
វត្ថុ vottho (n.) object
វត្ថុ vottho (n.) stuff
វត្ថុ vottho (n.) thing
វត្ថុក្លែងក្លាយ votto kleng klay (n.) fake
វត្ថុគ្រប់ដណ្តប់ vattho kroab dondob (n.) envelopment
វត្ថុចម្លង Vot Tho Jom Long (n.) replica
វត្ថុចលត vottho chalat (n.) mover
វត្ថុដែលត្រូវការជួសជុល vottho del trauv kar chuos chul (n.) fixer-upper
វត្ថុដែលបញ្ចេញពន្លឺ vottho del bonhchenh ponleu (n.) luminary
វត្ថុដែលប្រើបានតែរយៈពេលខ្លី vattho del brer ban tae royakpel khlei (n.) ephemera
វត្ថុដែលវិល vottho del vil (n.) whirligig
វត្ថុដែលសិកក្នុងសៀវភៅដើម្បីចំណាំទំព័រ vottho del shork knong sievphov dermbey chamnam tompor (n.) bookmark
វត្ថុតំណាង vottho damnang (n.) emblem
វត្ថុនាំសំណាង vottho noam somnang (n.) mascot
វត្ថុបញ្ចាំ vottho banhcham (n.) collateral
វត្ថុបញ្ចាំបំណុល vottho banhcham bamnol (n.) mortgage
វត្ថុពីសម័យបុរាណ Vot Tho Pi Sa May Bo Ran (n.) relic
វត្ថុភ្ជាប់ vattho phchoab (n.) adjunct
វត្ថុមិនជ្រាបទឹក vottho min chreab teuk (n.) waterproof
វត្ថុរាវ vottho reav (n.) fluid
វត្ថុសម្រាប់ស្រោបខ្ចប់ vottho samrab sraob khchoab (n.) wrapper
វត្ថុសក្តិសិទ្ធិ vottho saksett (n.) amulet
វត្ថុសក្តិសិទ្ធិ vottho sak sett (n.) talisman
វត្ថុអនុស្សាវរីយ៍ vottho anuk savori (n.) keepsake
វត្ថុអនុស្សាវរីយ៍ vottho anoussa vori (n.) souvenir
វត្ថុអនុស្សាវរីយ៍ Vot Tho Ah No Sav Va Ree (n.) remembrance
វប្បធម៌ vabbakthor (n.) culture
វរសេនីយឯក voraksenei ek (n.) colonel
វល្លិ៍ vor (n.) ivy
វល្លិ៍ vor (n.) vine
វ៉ាលីយួរដៃ va li yuor dai (n.) hand luggage
វ៉ាក់សាំង vaksang (n.) vaccine
វ៉ាត់ vat (n.) watt
វ៉ាលី va ly (n.) baggage
វ៉ាលី va li (n.) luggage
វ៉ាលីយួរដៃ vea li yuor dai (n.) briefcase
វិចទ័រ vechtor (v.) vector
វុល vol (n.) volt
វ៉ែនតា venta (n.) eyeglass
វ៉ែនតា vaen ta (n.) glasses

ដិនតាភ្នែកមួយចំហៀង ven ta pnek mouy chomhieng (n.) monocle
ដិនតាស venta sor (v.) whitewash
ដិនតាហែលទឹក venta hel teuk (n.) goggles
វា vea (pron.) it
វាក្យសព្ទ veak sap (n.) vocabulary
វាក្យសម្ពន្ធ veak samponth (n.) syntax
វាក្យស័ព្ទ veakyasap (n.) terminology
វាគ្មិន vea kmin (n.) orator
វាយ veay (v.) beat
វាយ បោកទៅលើ veay boak tov leu (v.) thrash
វាយកូនគោលលើទឹកកក veay kaun kol leu teuk kok (n.) jockey
វាយកូនហ្គោល veay koun goal (n.) golf
វាយក្រឡុក veay kralok (v.) whisk
វាយខ្លាំង veay khlang (v.) bash
វាយខ្លាំង veay klang (v.) lambaste
វាយខ្លាំង veay klang (v.) thump
វាយខ្លាំង veay khlang (v.) wallow
វាយចោល veay chaol (v.) raze
វាយឆ្មក់ veay chhmak (v.) raid
វាយដោយកណ្តាប់ដៃ veay daoy kondab dai (v.) punch
វាយតម្លៃ veay damlei (v.) appraise
វាយតម្លៃ veay damlei (v.) assess
វាយតម្លៃ veay damlei (v.) rate
វាយតម្លៃខ្ពស់ហួស veay damlei khpos huos (v.) overrate
វាយតេឡេក្រាម veay telekram (v.) telegraph
វាយតំលៃ veay damlai (v.) evaluate
វាយទូរសារ veay toursar (v.) fax
វាយនភាព veayonak pheap (n.) texture
វាយនភ័ណ្ឌ veayonakphon (n.) textile
វាយនឹងខ្សែ veay neung khsae (v.) strap
វាយនឹងរំពាត់ veay neung rompoat (v.) lash
វាយនឹងរំពាត់ veay neung rompoat (v.) flog
វាយនឹងរំពាត់ veay neung rompoat (v.) whip
វាយប្រហារ veaybrahear (v.) attack
វាយប្រហារ veay proha (v.) belabour
វាយប្រហារដោយគ្រាប់បែក veay prohar doy kroab baek (v.) bombard
វាយប្លង់ veay plong (v.) map
វាយបំបែក veay bambek (v.) smash
វាយយ៉ាងខ្លាំង veay yang khlang (v.) whack
វាយសង្រ្កប់ចូល veay somkrob choul (v.) storm
វាយស្គរ veay skor (v.) drum
វាយអក្សរ veay aksor (v.) type
វារ vear (v.) crawl
វាល veal (n.) field
វាលខ្សាច់ veal khsaach (n.) desert
វាលខ្សាច់ veal khsaach (n.) oasis
វាលភក់ veal phok (n.) swamp
វាលស្មៅ veal smao (n.) grassland
វាលស្មៅ veal smao (n.) lea
វាលស្មៅ veal smao (n.) meadow
វាលស្មៅ veal smaw (n.) pasture
វាលស្មៅដ៏ធំធេង veal smao dor thom theng (n.) steppe
វាលអាកាសយាន្ត veal akasa yean (n.) aerodrome
វាសនា veasana (n.) destiny
វាសនា veasana (n.) fate
វាស់ voas (v.) measure
វាំងនន veang nonn (n.) curtain
វិកលចរិត vikal chak ret (n.) insanity
វិកលចរិត vikal charit (n.) psychiatrist
វិកលចរិត vikalochrit (n.) psychosis
វិកលចរិត Vee Kol Jak Ret (n.) schizophreniac
វិកូដនីយកម្ម vi kaud neaykam (n.) decryption
វិក័យប័ត្រ vi kay bat (n.) bill
វិក័យប័ត្រ vikaybatt (n.) invoice
វិក័យប័ត្រជួនមុនការប្រគល់ទំនិញ vi kay bat chuon moun kar brakol tomninh (adj.) pro forma
វិក័យប័ត្រសុរយជំពាក់ vikay bat louy chompeak (n.) chit
វិចារណកថា vicharonakatha (n.) editorial
វិចារណញាណ vicharanak nhean (n.) intuition

វិចារណ៍ vichar (v.) opinionate
វិចិត្រករ vichet kor (n.) painter
វិចិត្រសាល vichet sal (n.) gallery
វិជ្ជមាន vichchomean (adj.) positive
វិជ្ជាខាងមាតសើស្បែក vichchea khang rok sersbek (n.) dermatology
វិជ្ជាជីវៈ vichchea chivak (n.) profession
វិជ្ជាជីវៈកាត់ដេរ vichea chivak kat de (n.) couture
វិជ្ជាទាយបាតដៃ vichchea teay bat dai (n.) palmistry
វិជ្ជាស្ថានអភិរក្ស vichcheathan aphirak (n.) conservatory
វិញ្ញាណ vinhnhean (n.) spirit
វិញ្ញាបនបត្រ vinhnheabanobatr (n.) certificate
វិទ្យាសាស្រ្តខាងគ្រាប់ផ្លោង vityea sas khang kroab phlaong (n.) ballistics
វិទ្យាសាស្រ្ត Vith Jea Sas (n.) science
វិទ្យាសាស្រ្តខាងជីវវិទ្យា vityeasas khang chivakvityea (n.) xenobiology
វិទ្យាស្ថាន vityea sthan (n.) institute
វិទ្យុ vityou (n.) radio
វិទ្យុ vityou (n.) radion
វិទ្យុសកម្ម vityousakam (n.) radiomercury
វិធានការទូទាត់ការខូចខាត vitheankar tuutoat kar khauch khat (n.) damage control
វិធី vithi (n.) way
វិធីឆ្លុះមើលត្រចៀក vithi chhloh meul tra chiek (n.) otoscopy
វិធីនិយាយនៅដើមករ vithi niyeay nov derm kor (n.) ventriloquism
វិធីសាស្រ្តសរសេរកាត់ vithisas sor se kat (n.) shorthand
វិធីសាស្រ្តសរសេរកាត់ vithi sas sor se kat (n.) stenography
វិធីសាស្រ្ត vithi sas (n.) method
វិនាដនិពន្ធ vi nead nipon (n.) dramatist
វិនាទី Vi Nea Tee (n.) second
វិនាស vineas (v.) perish
វិនិច្ឆ័យ vinichhay (n.) adjudge
វិនិយោគ viniyok (v.) invest

វិន័យ viney (n.) discipline
វិបត្តិ vibatt (n.) crisis
វិបុលភាព vibolpheap (adj.) prosperous
វិប្បដិសារី vippadesarei (n.) compunction
វិភាគ vipheak (v.) analyse
វិមជ្ឈការ vimachchhokar (v.) decentralize
វិមាត្រ vimeat (n.) dimension
វិមាន vimean (n.) chateau
វិមាន vimean (n.) mansion
វិមាន vimean (n.) monument
វិល vil (v.) spin
វិវត្ត vivott (v.) evolve
វិវាទ viveat (v.) litigate
វិវេចនា vivechna (n.) critique
វិសាលកម visaal km (n.) spectrum
វិសាលភាព visal pheap (n.) extent
វិសាលភាព visaal pheap (n.) span
វិសេសលើសគេ vises leus ke (adj.) premier
វិសេសវិសាល vises visaal (adj.) princely
វិសោធនកម្ម visaot thonakamm (n.) amendment
វិស្វកម្ម visvakamm (n.) engineering
វិស្វករ visvakor (n.) engineer
វិស្វករណាណូ vi svakor na nau (n.) nanoengineer
វិស្វករម៉ាស៊ីន visvakor masin (n.) machinist
វិស្សមកាល vissamakal (n.) vacation
វិស្សមកាលចាំបាច់ Vi Sak Mak Kaal Jam Bach (n.) runcation
វិស័យ Vee Saai (n.) sector
វិហារ vihear (n.) abbey
វិហារ vihear (n.) cathedral
វិហារតូច vihear touch (n.) chapel
វិហារអ៊ីស្លាម vihear ai slam (n.) mosque
វិធីពន្យាកំណើត vithi ponyea kamnert (n.) contraceptive
វីដេអូ video (n.) video
វីដេអូហ្គេម video game (n.) videogaming
វីដេអូអំពីសកម្មភាពអ្វីមួយ video ompi sakampheap avey mouy (n.) footage
វីតាមីន vitamin (n.) vitamin
វិតិក្រម vite kram (n.) misappropriation

វិយុឡុង vi you long (n.) violin
វិរកថា virakaktha (n.) epic
វិនារី virak nea ri (n.) heroine
វិរបុរស virak boros (n.) hero
វិរបុរសជិះសេះ virak boros chih seh (n.) knight
វិរភាព virakpheap (adj.) epical
វិរុស virous (n.) virus
វិស Vis (n.) screw
វិស្តា vi sta (n.) vista
វិឡា vila (n.) villa
វិឡាភ្លោះ villa phouh (n.) duplex
វេបខេម veb khem (n.) webcam
វេជ្ជបញ្ជា vech chak banh chea (n.) prescription
វេជ្ជបណ្ឌិត vechchakbandeut (n.) doctor
វេជ្ជសាស្ត្រ vechcha sas (adj.) medical
វេទនា vetanea (adj.) miserable
វេទមន្ត vetomon (n.) magic
វេទិកា vetika (n.) forum
វេទិកា ve ti ka (n.) platform
វេទិកា vetika (n.) podium
វេទិកា vetikea (adj.) pulpit
វេទិកា Ve Te Kar (n.) rostrum
វេន Ven (n.) shift
វេន ven (n.) turn
វេយ្យាករណ៍ veyyeakor (n.) grammar
វែក vek (n.) ladle
វែកញែកបង្ហាញតាមផ្លូវសីលធម៌ vek nhek banghanh tamphlauv seila thor (v.) moralize
វែង veng (adj.) lengthy
វែង veng (adv.) long
វែង veng (adj.) long
វោហារកោសល្យ vohar kaosal (n.) oratory
វោហារសាស្ត្រ Vo Ha Sas (n.) rhetoric
វះ veah (v.) gash
វះកាត់ចេញ veah kat chenh (v.) ablate
វះកាត់ដើម្បីសិក្សា veah kat derm bei seksaa (v.) dissect
វះកាត់បន្ថែងស្បែកមុខ veah kat bontoeung sbek moukh (v.) facelift
វះយកពោះវៀនចេញ veah yok pohvien chenh (v.) eviscerate
វៃកំពុងពេញ vey kampoung penh (n.) prime
វៃជំទង់ vei chomtong (n.) adolescence

ស sor (adj.) white
សក sork (v.) slough
សកម្ម sakamm (adj.) active
សកម្មជន sakamm chun (n.) activist
សកម្មភាព sakammopheap (n.) action
សកម្មភាព sakammopheap (n.) activity
សកម្មភាព sakam pheap (n.) feat
សកម្មភាពខ្លាំង sakammopheap khlang (v.) overact
សកម្មភាពស្របច្បាប់ sakammopheap srob chbab (n.) legal action
សកល sakol (adj.) global
សកលលោក sakallok (adj.) cosmopolitan
សកលលោក sakol lok (n.) globe
សកលលោក sakal lok (n.) universe
សក្ខីកម្ម sakhey kam (n.) deponent
សក្ខីកម្ម sakkheikamm (n.) testimonial
សក្ខីបទ sakkhei bot (n.) testament
សក្ខីភាព sakkhei pheap (n.) testimony
សក្តីភូមិ sak kdei phoum (n.) feudalism
សក្តិសម sak sam (adj.) worthy
សក្តានុពល sakda nou pol (n.) potential
សក្តានុពល sakda nou pol (adj.) potential
សក្តានុពលភាព sakda nou polpheap (n.) potentiality
សក់ sok (n.) hair
សក់ក្រង sork krorng (n.) braid
សក់ក្រងបែបអាហ្វ្រិក sok krong beb afric (n.) dreadlock

| Khmer | Transliteration | English |
|---|---|---|
| សក់ខាងមុខ | sok khang moukh (n.) | forelock |
| សក់ពាក់ | sok peak (n.) | wig |
| សក់រួញ | sok rounh (n.) | crimp |
| សក់សេះ | sok seh (n.) | mane |
| សក់ឡើងរោមរួរ | Sork Leung Ro Mou (n.) | ringlet |
| សង | Song (v.) | recompense |
| សង | Song (v.) | repay |
| សងគំនុំ | Song Kom Nom (v.) | revenge |
| សងថ្លៃ | Song Thlai (v.) | remunerate |
| សងសឹក | sangsoek (v.) | avenge |
| សងសឹក | Song Seuk (v.) | retaliate |
| សង្កត់សំឡេង | songkot somleng (v.) | stress |
| សង្កត់សំឡេង | sangkot saamleng (v.) | accent |
| សង្កាត់ | songkat (n.) | borough |
| សង្កាត់ | sangkaat (n.) | township |
| សង្កេត | sangket (adj.) | observant |
| សង្កេត | angket (v.) | observe |
| សង្កេតឃើញ | sang ket kheunh (v.) | notice |
| សង្កេតមើល | sangket merl (v.) | behold |
| សង្ខេប | songkheb (v.) | encapsulate |
| សង្ខេប | sangkheb (v.) | summarize |
| សង្ខេប | sangkheb (n.) | summary |
| សង្ខេប | sangkheb (n.) | synopsis |
| សង្គម | sangkom (n.) | social |
| សង្គម | sangkom (n.) | society |
| សង្គមក្រោយពេលមហន្តរាយ | sangkom kraoy pel mohantoray (n.) | dystopia |
| សង្គមតូច | songkom touch (n.) | subculture |
| សង្គមនិយម | sangkom niyom (n.) | socialism |
| សង្គមវិទ្យា | sangkom vityea (n.) | sociology |
| សង្រប់លើ | sang krob leu (v.) | pounce |
| សង្គ្រាម | sangkream (n.) | war |
| សង្គ្រាម | sangkream (n.) | warfare |
| សង្គ្រោះ | Song Krous (v.) | rescue |
| សង្គ្រោះបានមករវិញ | Song Kroos Baan Mok Venh (v.) | salvage |
| សង្ឃរាជគ្រីស្ត | songrach kris (n.) | bishop |
| សង្ឃឹម | sang kheum (v.) | hope |
| សង្វៀន | sangvien (n.) | arena |
| សង្ស័យ | sangsay (v.) | doubt |
| សង្ស័យ | sangsay (adj.) | doubtful |
| សង្ស័យ | sangsay (v.) | suspect |
| សង្ហា | sangha (adj.) | handsome |
| សង្ខ្យា | sangkhya (n.) | pudding |
| សងទីក្រាត | centigrade (adj.) | centigrade |
| សងទីម៉ុង | Song Tee Mong (n.) | sentiment |
| សងទីម៉ែត្រ | sangtimet (n.) | centimetre |
| សច្ចភាព | sachchak pheap (n.) | veracity |
| សច្ចា | sachcha (v.) | vow |
| សច្ចាប្រណិធាន | Sacha Pro Ni Thean (n.) | sacrament |
| សច្ចាលះបង់ | sachcha leahbong (v.) | abjure |
| សច្ច: | sachchak (adj.) | truthful |
| សញ្ចេតិ | sanhcheat (n.) | citizenship |
| សញ្ចេតិ | sanhcheate (n.) | nationality |
| សញ្ជឹងគិត | sanhcheung kit (v.) | contemplate |
| សញ្ជឹងគិត | sonh cheung kit (v.) | muse |
| សញ្ញា | sanh nha (n.) | herald |
| សញ្ញា | sanhnha (n.) | signal |
| សញ្ញា (") មាននីយថាដូចគ្នា | sanhnha (") mean ney tha dauch knea (n.) | ditto |
| សញ្ញាខណ្ឌ | sanhnha khan (n.) | full stop |
| សញ្ញាចរាចរណ៍ | sanhnha chorachor (n.) | traffic sign |
| សញ្ញាដំបូងនៃរាសីចក្រ | sannha dambaung nei reaseichak (n.) | aries |
| សញ្ញាណ | sanhnhean (n.) | notion |
| សញ្ញាណ | sanhnhean (adj.) | notional |
| សញ្ញាទី១១នៃរាសីចក្រក្នុងហោរាសាស្ត្រ | sanha ti 11 nei reaseichak knong haora sas (n.) | aquarius |
| សញ្ញាទ្រេត | sanhnhea tret (n.) | slash |
| សញ្ញាបណ្ណ | sanha bann (n.pl.) | bonds |
| សញ្ញាបណ្ណលិខិតបំណុល | sanhnhabann likhet bamnol (n.) | debenture |
| សញ្ញាប័ត្រ | sanhnha batt (n.) | diploma |
| សញ្ញាផ្កាយ | sanha phkay (n.) | asterisk |
| សញ្ញាពាក់នៅមួក | sanhnha peak nov muok (n.) | cockade |
| សញ្ញាសម្គាល់ | sanhnha samkoal (n.) | marker |

សញ្ញាហោរាសាស្ត្រទីបី sanhnha hoa ra sas ti bey (n.) Gemini
សញ្ញាអារម្មណ៍ sanhnha arom (n.) emoji
សញ្ញាអារម្មណ៍ sanhnha arom (n.) emoticon
សញ្ញាឱ្យធ្វើអ្វីមួយ sanhnha oy tveu avey mouy (n.) cue
សណ្តោង sandaong (v.) tow
សណ្តំ Son Dom (v.) sedate
សណ្ឋាគារ sonthakear (n.) hotel
សណ្ឋាគារ santhakear (n.) motel
សណ្តាប់ធ្នាប់ san dab thnoab (n.) orderly
សណ្តាប់ធ្នាប់ san dab thnoab (adj.) orderly
សណ្តែក sandaek (n.) bean
សណ្តែកបារាំងលឿង sandek barang lueng (n.) chickpea
សណ្តែកកាហ្វេ sandek kafe (n.) coffee bean
សណ្តែកក្រាម sandek kram (n.) pea
សណ្តែកដី san tek dei (n.) peahen
សណ្តំ sondom (v.) hypnotize
សណ្តំ sondom (v.) mesmerize
សតវត្ស satavot (n.) century
សត្រូវ satrauv (n.) enemy
សត្រូវ satrauv (n.) foe
សត្វ satv (n.) animal
សត្វ sat (n.) creature
សត្វ sat (n.) fauna
សត្វអណ្តើក sat anderk (n.) tortoise
សត្វកញ្ចែ sat kanhchae (n.) beetle
សត្វកញ្ចែ sat kanhchae (n.) weevil
សត្វកញ្ជ្រោងញី sat kanhchrong nhi (n.) vixen
សត្វកណ្តៀរ sat kondear (n.) termiticide
សត្វកន្លាត Saat Kon Laat (n.) roach
សត្វកម៉ង satt kor veng (n.) giraffe
សត្វការឌីណាល់ sat cardinal (n.) cardinal
សត្វកាស្ទ័រ sat ka ster (n.) beaver
សត្វកូអាឡា satt kaula (n.) koala
សត្វក្ងានឈ្មោល sat kngan chhmol (n.) gander
សត្វក្តាន់ញី sat kdan nhi (n.) doe
សត្វក្តាន់ sat kdan (n.) deer
សត្វក្រសា sat kro sa (n.) stork

សត្វក្រូចអ៊ីត satt kroch it (n.) lark
សត្វក្រួច sat kruoch (n.) quail
សត្វក្វែក sat khvek (n.) coot
សត្វខ្មួត sat khmaut (n.) moth
សត្វខ្លាញី sat khla nhi (n.) tigress
សត្វគីង្គក់ sat kingkuk (n.) toad
សត្វឃ្មុំ sat khmoum (n.) bee
សត្វងាប់តាមផ្លូវ Saat Ngob Tam Plov (n.) roadkill
សត្វចាប់ម្យ៉ាងចេះរត់ Saat Jab Myang Jes Rot (n.) roadrunner
សត្វចាមរី sat chamri (n.) yak
សត្វចិញ្ចឹម sat chenhcheum (n.) pet
សត្វចៀមឈ្មោល sat chiem chhmol (n.) ram
សត្វចៃម្យ៉ាង Saat Je Myang (n.) scarab
សត្វឆ្កែព្រៃម្យ៉ាង satt chkae prey myang (n.) jackal
សត្វឆ្មាបា sat chhma ba (n.) tomcat
សត្វជីងចក់ sat ching chok (n.) lizard
សត្វជើងទៀន sat cheung tean (n.) stilt
សត្វជើងបួន sat cheung buon (n.) quadruped
សត្វជើងបួនដែលមានស្បែកក្រាស់ sat cheung buon del mean sbek kras (n.) pachyderm
សត្វជំពូក ត្រកូលផ្នែនដែលរស់ក្នុងភ្លើងបាន Saat Jum Pook Tro Kout Tlen Del Rous Nov Knong Pleung Baan (n.) salamander
សត្វជំពូកសារិកាកែរ sat chompouk sarikakeo (n.) blackbird
សត្វដើររកអាហារខ្លួនឯង Saat Der Rok Ahh Haa Kloun Eng (n.) scavenger
សត្វដែលគេបរបាញ់ sat del ke barbanh (n.) prey
សត្វដែលមានពូជកាត់ satt del mean puoch kat (n.) mongrel
សត្វដែលមានជើងប្រាំបី satv del mean cheung brabei (n.) octopede
សត្វដំរីបុរាណ satt domrei boran (n.) mammoth
សត្វតាវ៉ៅ sat tavao (n.) cuckoo
សត្វត្មាត sat tmat (n.) vulture

សត្តគ្មាតធំម្យាងនៅអាមេរិក sat thmat thom myang nov amerik (n.) condor
សត្វត្រីម្យាង Saat Trei Myang (n.) sheat
សត្វទិទុយ sat titouy (n.) owl
សត្វទោច sat touch (n.) gibbon
សត្វទំពារអែង Saat Tum Pea Eang (n.) ruminant
សត្វបក្សី sat baksei (n.) fowl
សត្វបក្សីម្យួយបែប sat baksei muoy beb (n.) nightingale
សត្វបង្កួយធំ satt bongkuoy thom (n.) goanna
សត្វប្រើស satt brers (n.) gazelle
សត្វពស់ Saat Poos (n.) serpent
សត្វពូជកាត satv pouch kat (n.) mongoose
សត្វពួកក្អែប sat puok k'aeb (n.) centipede
សត្វមួយបែបដូចសត្វស្កា satt mouy baeb doch satt ska (n.) marten
សត្វម្យ៉ាងក្នុងរឿងព្រេងក្រិច sat myang knong rueng preng krech (n.) chimera
សត្វម្រើមព្រះ satt mreum preah (n.) millipede
សត្វរមាស Saat Ro Meas (n.) rhinoceros
សត្វរៃ sat rei (n.) cicada
សត្វរំពា sat rompea (n.) predator
សត្វលលក satt lolork (n.) dove
សត្វលា satt lea (n.) donkey
សត្វលួន Sat Loon (n.) reptile
សត្វល្វាចេក satt lvea chek (n.) jay
សត្វល្វាចេក sat tvea chek (n.) magpie
សត្វល្អិត satt la eth (n.) insect
សត្វល្អិត sat la it (n.) pest
សត្វសីុសាច់ជាអាហារ sat sisaach chea ahar (n.) carnivore
សត្វសាស្ត្រ sat ta sas (n.) zoology
សត្វសាហាវ sat sahav (n.) beast
សត្វស្កា sat skar (n.) badger
សត្វស្វា sat sva (n.) monkey
សត្វស្វាឱ sat svaa ov (n.) chimpanzee
សត្វសំពោចព្រៃ sat saampoch prei (n.) polecat

សត្វសំពោចម្យ៉ាង sat saampoch myang (n.) mink
សត្វហង្ស sat hong (n.) swan
សត្វអែល្ក satt elk (n.) elk
សទិសន័យ satisaney (n.) synonym
សទ្ទានុក្រម sattea noukrom (n.) glossary
សទ្ទានុក្រម sattea nou krom (n.) lexicon
សធនភាព sa thon pheap (n.) solvency
សនិទានភាព sa nitean pheap (n.) rationale
សន្តិភាព santipheap (adj.) peaceable
សន្តតិកម្ម santak tekamm (n.) succession
សន្តិភាព santipheap (n.) pacifist
សន្តិភាព santipheap (n.) peace
សន្តិភាពនិយម santipheap niyom (n.) pacifism
សន្តិសុខ Son Te Sok (n.) security
សន្ទនា santonea (v.) converse
សន្ទស្សន៍ santuos (n.) index
សន្ទះ santouh (n.) momentum
សន្ទុះ sontuh (n.) spurt
សន្ទុះខ្យល់ santouh khyal (n.) waft
សន្ទុះខ្យល់បក់ខ្លាំង santuos khyol bok khlang (n.) gust
សន្ទះ santah (n.) valve
សន្ទះទំនប់ទឹក sonteah tomnob teuk (n.) sluice
សន្ទះខណ្ឌទ្រូងនិងពោះ sonteah khan truong neung poh (n.) midriff
សន្ទះគ្រប sontah krob (n.) flap
សន្ទប់លើ sonthob leu (v.) overwhelm
សន្ធិសញ្ញា santhi sanhnha (n.) treaty
សន្ធឹកសន្ធាប់ santheuk santhoab (adj.) onerous
សន្និដ្ឋាន sannithan (v.) conclude
សន្និដ្ឋាន sonnithan (v.) infer
សន្និបាត sannibat (n.) convention
សន្និសិទ sanniset (n.) conference
សន្និសីទ sanniseit (n.) symposium
សន្និសិទតាមប្រព័ន្ធទូរគមនាគមន៍ soniset tam proponth torokakmonea kom (n.) teleconference
សន្មត sanmot (v.) assume

សន្តក son na mot (v.) extrapolate
សន្មត sanmot (v.) presume
សន្តក sechkdei sannidthan (v.) presuppose
សន្មតជាលទ្ធផលនៃ sanmot chea lotthophol nei (v.) ascribe
សន្តថាជាគំរូ komnot tha chea koumrou (v.) stereotype
សន្តកឡើងវិញ Son Na Mot Leung Venh (v.) reassume
សន្យា sanya (v.) pledge
សន្យា sanya (v.) promise
សន្លប់ sanlob (n.) coma
សន្លប់ sanlob (adj.) faint
សន្លប់ sonlob (v.) swoon
សន្លប់ដោយត្រូវកំដៅខ្លាំងពេក sonlob doy trov komdao klang pek (n.) heatstroke
សន្លាក់ sanlak (n.) commissure
សន្លាក់ sonlak (n.) joint
សន្លាក់ឆ្អឹងវិល sanlak chhaoeng vil (n.) pivot
សន្លឹក Son Leuk (n.) sheet
សន្លឹកឆ្នោត sanleuk chhnoat (n.) ballot paper
សន្លឹកអាត់ sanleuk att (n.) ace
សន្សំសន្ចៃ sonsom sonchay (adj.) thrifty
សប្តាហ៍ sabada (n.) week
សប្បាយក្រៃលែង sabbay krai leng (adj.) overjoyed
សប្បាយឥតខ្លឹមសារ sabbay it khloem saar (n.) pageantry
សប្បុរស sabboros (adj.) charitable
សប្បុរស sabboros (adj.) generous
សប្បុរសជន sabborosachun (n.) benefactor
សប្បុរសធម៌ sabborosathor (adj.) benevolent
សប្បុរសធម៌ sabborosathor (n.) charity
សប្បុរសធម៌ sabborosathor (n.) generosity
សព្ទសាស្ត្រ sab sas (n.) phonetics
សព្វនាម sapv neam (n.) pronoun
សព្វវចនាធិប្បាយ sopvachana thibbay (n.) encyclopedia

សព្វាសីសត្វ sapveasei sat (n.) omnivore
សព្វាសីសត្វ sapveasei sat (adj.) omnivorous
សភា saphea (n.) chamber
សភា saphea (n.) parliament
សភាវគតិ sapheavak ka tek (n.) instinct
សភាវគតិយល់ដឹងភ្លាមៗពីអ្វីមួយ sapheavakati youl doeng phleam pleam pi avei muoy (n.) epiphany
សម som (adj.) fit
សម som (v.) suit
សមតំណិត samkoumnit (v.) connive
សមតាមរដូវ Som Tam Ro Dov (adj.) seasonable
សមត្ថភាព samatthapheap (n.) ability
សមត្ថភាព samathapheap (n.) capacity
សមត្ថភាព samatthapheap (n.) competence
សមត្ថភាព samotthapheap (n.) prowess
សមត្ថភាពក្នុងការធ្វើអ្វីគ្រប់យ៉ាង samotthaphap knong kar thveu avei krobyeang (n.) omnicompetence
សមត្ថភាពក្នុងការផ្លាស់ទីវត្ថុដោយប្រើថាមពលផ្លូវចិត្ត samotthapheap knong kar phlas ti vottho daoy brer tham pol phlauv chett (n.) telekinesis
សមត្ថភាពធម្មជាតិ samotthapheap thommocheat (n.) aptitude
សមត្ថភាពយល់ពីនាវាផ្លូវទឹក Sak Maat Tak Pheap Yol Pee Nea Vea Plov Teuk (n.) seakeeping
សមនឹង som neung (v.) befit
សមនឹងទទួលបាន samneung tortuol ban (v.) deserve
សមនឹងបាន som neung ban (v.) merit
សមភាគី samakpheaki (n.) counterpart
សមភាព somapheap (n.) equality
សមភាព samak pheap (n.) par
សមមិត្ត samamitt (n.) comrade
សមយុទ្ធ samyuth (n.) drill
សមរភូមិ samoraphoum (n.) battlefield
សមរភូមិមុខ samoraphoum mukh (n.) battlefront

សមរម្យ samrom (adj.) appropriate
សមរម្យ samrom (adj.) decent
សមរម្យ samorom (adj.) suitable
សមរាត្រី som reatrey (n.) equinox
សមហេតុផល som het phol (adj.) justifiable
សមហេតុផល som het phol (n.) logic
សមហេតុផល sam het phal (adj.) rational
សមហេតុផល sam het phal (n.) rationality
សមាគម samakum (n.) association
សមាគម sama kom (n.) guild
សមាជ samach (n.) congress
សមាជិក samachik (n.) member
សមាជិកក្រុមប្រឹក្សា samachik krom broeksaa (n.) councillor
សមាជិកក្រុមប្រឹក្សាតុលាការ samacheuk krom preuksa tolakar (n.) juryman
សមាជិកគណៈវិនិច្ឆយ samacheuk kanak vinichhay (n.) juror
សមាជិកនៃបក្សសាធារណរដ្ឋ Sa Ma Jeuk Ney Pak Sa Thea Ro Nak Rot (n.) republican
សមាជិកព្រឹទ្ធសភា Sak Maar Jeuk Pret Sak Phea (n.) senator
សមាជិកភាព samachik pheap (n.) membership
សមាជិកសហជីព sameachik sahchip (n.) unionist
សមាជិកអនុសភា samachik anou saphea (n.) backbencher
សមាធិ samathi (v.) meditate
សមានកម្ម samankam (n.) assimilation
សមាមាត្រ samamat (n.) proportion
សមាមាត្រ samamat (n.) ratio
សមាសធាតុកាបូន samastheat kabaun (n.) carbide
សមាសធាតុគីមីកើតចេញពីខ្លាញ់និងប្រេងធម្មជាតិ samasatheat kimi kert chenhpi khlanh ning breng thommocheat (n.) oleochemical
សមាសធាតុគីមីតុលដំខ្លាំង samasatheat kimi tol dor khlang (n.) cyanide
សមាសភាគណណូ samasaphak no nau (n.) nanocomponent

សមាសភាព samasapheap (n.) composition
សមិទ្ធផល samitthi phol (n.) accomplishment
សមិទ្ធផល samitthi phol (n.) achievement
សមីការ sameikar (n.) equation
សមុទ្រ Sak Mot (n.) sea
សមូហភាព samouhapheap (adj.) collective
សម្គាល់ samkoal (v.) mark
សម្ងាត់ samngat (adj.) covert
សម្ងាត់ Som Ngaat (n.) secret
សម្ងួត som nguot (v.) dry
សម្ងែង som nhaeng (v.) flaunt
សម្ដេចព្រះសង្ឃរាជ samdech preah sang khoreach (n.) prelate
សម្ដែង somdeng (v.) stage
សម្ដែងក្ដីគោរព Som Deng Kdei Ko Rob (n.) salutation
សម្ដែងចេញ samdeng chenh (v.) manifest
សម្ដែងមតិ samdeng ma te (v.) opine
សម្ដែងសេចក្ដីត្រេកអរ somdaeng sechkdei trek or (v.) felicitate
សម្ដែងសេចក្ដីមិនយល់ព្រម samdeng sechkdei min yulprom (v.) decry
សម្ដែងសេចក្ដីរីករាយក្រៃលែង somdaeng sechkdei rik reay krai laeng (v.) exult
សម្ដេចប៉ាប sam tech bab (n.) pope
សម្ដែងជាគូ somdeng chea ku (v.) duet
សម្បថ samboth (n.) perjury
សម្បថ samboth (n.) vow
សម្បទាន sampatean (n.) concession
សម្បុកដង្កូវនាង sambouk dongkov neang (n.) cocoon
សម្បុកពីងពាង sambouk pingpeang (n.) cobweb
សម្បូរ sambo (v.& prep.) abound
សម្ពាធ sampeath (n.) pressure
សម្ពោធ sampoth (n.) inauguration
សម្ព័ន្ធជីវិត sompon chivith (n.) symbiosis
សម្ព័ន្ធភាព sampoanth pheap (n.) affiliation
សម្ព័ន្ធភាព sampoanpheap (n.) alliance

សម្ព័ន្ធភាព samponthpheap (n.) coalition
សម្ព័ន្ធមិត្ត samponmitt (n.) ally
សម្ភារៈ samphearak (n.) material
សម្ភារៈការិយាល័យ somphearak kariyalay (n.) stationery
សម្ភាសន៍ sampheas (v.) interview
សម្ពោធ sampoat (v.) auspicate
សមតិកម្ម sammat te kamm (n.) hypothesis
សមេងក somrong kor (n.) bib
សម្របខ្លួន samrob khluon (v.) adapt
សម្របខ្លួន som rob kluon (v.) habituate
សម្របតាម samrob tam (v.) acclimatise
សម្រស់ samros (n.) beauty
សម្រាកពិសារកាហ្វេ samrak pisar kafe (n.) coffee break
សម្រាប់ som rab (prep.) for
សម្រាប់មនុស្សដើបពីឈឺ samrab mnous ngeubpi chheu (adj.) convalescent
សម្រាលកូនសេះ somral koun ses (v.) foal
សម្រួច samruoch (v.) whet
សម្រួលឲ្យតាមច្បាប់ Som Roul Ohy Tam Chbab (v.) regulate
សម្រេច samrech (adj.) reachable
សម្រេចកាមដោយខ្លួនឯង samrech kam daoy khluon eng (v.) masturbate
សម្រេចចិត្ត samrech chett (v.) decide
សម្រេចបាន samrech ban (v.) achieve
សម្រែកជ្រូក som raek chrouk (n.) grunt
សម្រែកទ្រហោយ samrek trohao yom (n.) wail
សម្រែកមាន់បារាំង somrek moan barang (n.) gobble
សម្រែកយ៉ាងខ្លាំង samrek yeang khlang (adj.) outcry
សម្រែកលា somraek lea (n.) bray
សម្រែកសាទរ samrek sator (n.) ovation
សម្ល somlor (n.) stew
សម្លក់ som lork (v.) glare
សម្លាប់ samlab (v.) kill
សម្លាប់ samlab (v.) slay
សម្លាប់ដោយខ្សែភ្លើងឆក់ samlab daoy khsae phleung chhork (v.) electrocute
សម្លាប់ដោយបង្កត់ដង្ហើម samlab daoy bangaot dangheum (v.) burke
សម្លាប់មនុស្ស samlab monous (v.) murder
សម្លាប់រង្គាល somlab rongkeal (v.) decimate
សម្លាប់រង្គាល samlab rongkeal (v.) massacre
សម្លាប់សត្វដោយល្អ somlab sat doay laor (v.) euthanize
សម្លាប់ដោយចងកនឹងខ្សែ samlab daoy chong kor neung khsae (v.) garrotte
សម្លឹងមិនដាក់ភ្នែក somleung min dak pnek (v.) gaze
សម្លឹងមើល samleung meul (v.) stare
សម្លឹងស្លើ somleung sleu (v.) gawk
សម្លៀកបំពាក់ samliekbampeak (n.) apparel
សម្លៀកបំពាក់ samliek bampeak (n.) attire
សម្លៀកបំពាក់ samliek bampeak (n.) clothes
សម្លៀកបំពាក់ samliek bampeak (n.) clothing
សម្លៀកបំពាក់ samliek bompeak (n.) garment
សម្លៀកបំពាក់ខ្លីៗ samliekbampeak khlei khlei (n.) shottie
សម្លៀកបំពាក់លើគ្រែ samliekbampeak leu kre (n.) bedrobe
សម្លៀកបំពាក់អ្នកចូលចិត្តបច្ចេកវិទ្យា samliek bompeak nak chaul chett bachchek vityea (n.) geekwear
សម្លេងស៊ីៗ somleng seu seu (n.) sibilating
សម្អាត sam aart (v.) clean
សម័យ samai (n.) epoch
សម័យទំនើប samy tom neub (n.) modernity
សម្ព័ន្ធ somponth (n.) league
សរសរស្ពាន sar sar spean (n.) pier
សរសើរ sarser (v.) commend
សរសើរ sor ser (v.) extol
សរសើរ sarser (v.) praise
សរសេរ sarser (v.) pen
សរសេរ sarse (v.) pencil
សរសេរ sor ser (v.) write

សរសេរកាត់ sor se kat (v.) abbreviate
សរសេរជេរ sor se che (v.) lampoon
សរសេរតាមអាន sor se tam arn (v.) dictate
សរសេរឡើងវិញ Sor Se Leung Venh (v.) rewrite
សរសេរអក្សរធំ sor se aksaw thom (v.) capitalize
សរសៃ sor sai (n.) vein
សរសៃឈាម sarsai chheam (n.) artery
សរសៃឈាមក្រហមធំ sarsai chheam krahom thom (n.) aorta
សរសៃឈាមតូចៗ sarsai chheam tauch tauch (n.) capillary
សរសៃប្រសាទ sar sai bra saat (n.) nerve
សរសៃពួរ sarsaipuor (n.) tendon
សរសៃភ្ជាប់គ្រងឆ្អឹង sor sai pchoab trong konlak (n.) ligament
សរអោយឃើញ sor oy kheunh (v.) implicate
សរីរវិទ្យា sarirak vityea (n.) physiognomy
សរីរាង្គ sarei reang (n.) organ
សរីរាង្គបន្តពូជ serei reang bontor puoch (n.) gonads
សរីរះចម្លង sareyrak chamlong (n.) clone
សរុប saroub (v.) aggregate
សរុប saroub (n.) gross
សរុប saroub (v.) tally
សរុប saroub (n.) total
សរុប saroub (adj.) total
សវនកម្ម savanakamm (n.) audit
សវនការ savonakor (n.) auditor
សសរស្តម្ភ sasar sdorm (n.) pillar
សស្លេក sor slek (adj.) whitish
សហការ sahakar (v.) collaborate
សហការ sahakar (v.) cooperate
សហគមន៍ sahakum (n.) community
សហគមន៍ខូចជីគ្រីស្តសាសនា sahakum daunchi krisasna (n.) convent
សហគ្រាស sahakreas (n.) enterprise
សហគ្រិន sahakrin (n.) entrepreneur
សហជីព sahakchip (n.) union
សហធន sahathorn (n.) commonwealth
សហព័ន្ធ sahakponth (n.) confederation
សហព័ន្ធ sa hak ponth (n.) federation

សហសម័យ sahasamai (adj.) contemporary
សហស្សវត្សរ៍ sa has sa vot (n.) millennium
សឹកស្រោម Sork Srom (n.) sheath
សឹកសំដី Sork Som Dei (v.) retort
សិត្ថា shi knea (v.) mesh
សីចាក់ច្រាស shi chak chras (v.) gorge
សីុច្បេច្បេច sai chbech chbech (v.) nibble
សីុផឹកឡឺឡា siphoek laula (v.) carouse
សីុម៉ង់ si mong (n.) cement
សីុមេទ្រី mea sametri (n.) symmetry
សីុរ៉ែន siren (n.) siren
សីុលីកា si li ka (n.) silica
សីុលីកុន si li kon (n.) silicene
សីុលីកុន si li kon (n.) silicon
សីុវិល sivil (adj.) civil
សីុវិល័យ sivilai (v.) civilize
សីុសាច់ពពួកគ្នាឯង sisaach porpouk doch knea (v.) cannibalise
សីុស្មៅ shi smao (v.) graze
សីុហ្ក si hka (n.) cigar
សីុឡេង silang (n.) cylinder
សីុឡូហ្វូន si lau hvaun (n.) xylophone
សីុភីយូកំព្យូទ័រ cpu computer (n.) microprocessor
សុត suot (n.) egg
សុតជៀន suot chien (n.) omelette
សុតស suot sor (n.) albumen
សុប soub (n.) soup
សុបទ្រុប suob troub (adj.) bushy
សុបម្យ៉ាង soup myang (n.) bisque
សុម suom (n.) frame
សុទ្រាំ suo troam (v.) endure
សេុីយកការណ៍ Seb Yok Kaar (v.) scout
សេុីបអង្កេត seub angket (v.) investigate
សេរី Sae Ree (n.) series
សាកល sakol (n.) universality
សាកលវិទ្យាល័យ sakol vityealy (n.) university
សាកល្បង sak labong (v.) essay
សាកល្បង sak lbong (v.) mock
សាកល្បង sak lbong (v.) pilot
សាកល្បង sak lbong (v.) test

សាករុក្ខកម្ម sakvabbakamm (n.) horticulture
សាកសព sak sob (n.) cadaver
សាកសព saksop (n.) corpse
សាកសព sak sap (n.) mummy
សាកសព Sak Sob (n.) remains
សាកសួរ sak suor (v.) inquire
សាកាដូ sa ka dou (n.) backpack
សាក្សី saksei (n.) witness
សាក់ sak (n.) tattoo
សាក់សូហ្វូន Sak So Fone (n.) saxophone
សាខា sa kha (n.) branch
សាគូ saku (n.) arrowroot
សាងសង់ sangsong (v.) construct
សាងឡើងវិញ Sang Leung Venh (v.) restore
សាចចេញ sach chenh (v.) splash
សាច់ sach (n.) flesh
សាច់ sach (n.) meat
សាច់ sach (n.) pulp
សាច់មាន់ sach moan (n.) chicken
សាច់ការណ៍ទាំងមូល Sach Kaar Tang Mool (n.) screenwork
សាច់ក្រក Sach Krok (n.) sausage
សាច់ក្រណាត់សំឡីកែវ sach kronat somlei kev (n.) fibreglass
សាច់ខ្វៃ Sach Kvai (n.) roast
សាច់គោ sachko (n.) beef
សាច់គោងៀត sach ko ngeat (n.) jerky
សាច់ចៀម sach chiem (n.) lamb
សាច់ចៀម sach chiem (n.) mutton
សាច់ចំណិតអាំងឬចៀន sach chamnet ang reu chien (n.) cutlet
សាច់ជាប់ផ្អែង Sach Jorb Ja Eung (n.) saddle
សាច់ជ្រូក sach chrouk (n.) pork
សាច់ជ្រូកបីជាន់ sach chrouk bey chorn (n.) bacon
សាច់ញាតិ sach nheat (n.) kin
សាច់ញាតិ Sach Nheat (n.) relative
សាច់ដុំ sach dom (n.) muscle
សាច់ដុំ sach dom (adj.) muscular
សាច់ដុំ sachdom (adj.) oscular
សាច់ដុំពីរក្លែប sach doum pi klaeb (n.) biceps
សាច់ដុំយឺត dach dom yeut (n.) tensor
សាច់ដុំសន្លាក់ស្មា sachdom sanlak sma (n.) deltoid
សាច់ដែលហើម sach del herm (n.) welt
សាច់ប្រាក់ sachbrak (n.) cash
សាច់រឹងនៃធ្មេញ sach reung nei thmenh (n.) enamel
សាច់សុទ្ធ sach sot (n.) fillet
សាច់អាំង sach ang (n.) barbecue
សាច់អាំងតួកគី Sach Ang Toor Kee (n.) shawarma
សាជីជ្រុង sa chi chroung (n.) pyramid
សាជីវកម្ម sachivokamm (n.) corporation
សាធារណរដ្ឋ Sa Thea Ro Nak Rot (n.) republic
សាធារណៈ sathearanak (n.) public
សាធារណៈ sathearanak (n.) publicity
សាប sab (adj.) bland
សាបព្រោះ sab pruos (v.) sow
សាប៊ូ sabu (n.) soap
សាប៊ូកក់សក់ Sa Boo Kork Sork (n.) shampoo
សាប៊ូបោកខោអាវ sabu boak khoa av (n.) detergent
សាប់ច្រាល់ sab chrobol (v.) shuffle
សាមគ្គីភាព samok kipheap (n.) solidarity
សាមញ្ញ samanhnh (adj.) simple
សាមសិប samseb (n.) thirty
សាយភាយ saypheay (v.) diffuse
សារ sar (n.) message
សារការី sarkari (n.) notary
សារជាតិរលោងនៃសំបកក្រោម sarchate rlong nei saambk krom (n.) nacre
សារជាអក្សរសំងាត់ sar chea aksor saamngat (n.) cypher
សារធាតុ sarthat (n.) pigment
សារធាតុ sartheat (n.) substance
សារធាតុបង្កើតភាពសាំនៃរាងកាយ sartheat bangkeut pheap soam nei reangkay (n.) antigen
សារធាតុគីមីប៉ូលីមែរដែលនៅក្នុងកៅស៊ូ sartheat kimi poli mer del nov knong kaosou (n.) polybutene

សារធាតុចិញ្ចឹម sartehat chenhchum *(n.)* nutrient

សារធាតុជ័រពណ៌លឿង sarotheat chor por leung *(n.)* rubian

សារធាតុដែលធ្វើឱ្យមើមមាយ saratheat del tveu oy momeu momeay *(n.)* deliriant

សារធាតុដែលសំយោគប្រតេអុីន saratheat del saamyok brautein *(n.)* anabolic

សារធាតុធ្វើឱ្យចុះខ្សោយ saratheat thveu aoy choh khsaoy *(n.)* debilitant

សារធាតុបន្ថែម sartheat banthaem *(n.)* additive

សារធាតុប្រឆាំងអុកស៊ីតកម្ម sarthato brachheang oksaitakamm *(n.)* antioxidant

សារធាតុមីកាក្នុងគ្រឿងសំអាង sa ro theat mica knung kreung som aang *(n.)* mica

សារធាតុរមៀត sarotheat romiet *(n.)* curcumin

សារធាតុរំលាយ sar theat romleay *(n.)* solvent

សារធាតុរំលាយ sar theat romleay *(adj.)* solvent

សារធាតុអុកស៊ីតកម្ម saratheat oukshitkam *(n.)* oxidant

សារធាតុគីមីធ្វើឱ្យស្លឹកឈើជ្រុះ saratheat kimi thveu aoy sloekchheu chrouh *(n.)* defoliant

សារពាង្គកាយវិទ្យា sarapeang kay vichyear *(n.)* organography

សារព័ត៌មាន sar poromean *(n.)* journalism

សារភាព sarapheap *(v.)* admit

សារភាព sarapheap *(v.)* avow

សារភាព sarapheap *(v.)* confess

សារមន្ទីរ saromonti *(n.)* museum

សារាយសមុទ្រ Sa Raay Sak Mot *(n.)* sawgrass

សារាយសមុទ្រ Sa Raay Sak Mot *(n.)* seaweed

សារាយសមុទ្រម្យ៉ាង raray samot myang *(n.)* shoreweed

សារៈសំខាន់ sarak somkhan *(n.)* importance

សារៈសំខាន់ sarak saamkhan *(n.)* significance

សាល sal *(n.)* hall

សាលក្រម sal kram *(n.)* verdict

សាលក្រមអោយរួចទោស salkram aoy ruoch tos *(n.)* acquittal

សាលទទួលភ្ញៀវ Sal Tor Toul Pnheav *(n.)* saloon

សាលប្រជុំ sal brachoum *(n.)* auditorium

សាលរាំ sal rorm *(n.)* ballroom

សាលា Saa Laa *(n.)* school

សាលាកបត្រ sala kak batt *(n.)* journal

សាលាក្តី sala kdei *(n.)* tribunal

សាលាក្រុង sala krong *(n.)* municipality

សាលារៀន Saa Laa Rean *(n.)* schoolhouse

សាលារៀនដែលផ្តល់បន្ទប់ស្នាក់នៅនិងអាហារ salarien del phdal bantob snaknov ning ahar *(n.)* boarding school

សាវ័ក saveak *(n.)* apostle

សាវ័ក savak *(n.)* disciple

សាសនវិទូ sasanak vitou *(n.)* theologian

សាសនា sasana *(n.)* religion

សាសនាកាតូលិក sasana kataulik *(n.)* catholicism

សាសន៍និយម sas niyom *(n.)* racialism

សាស្ត្រាស្លឹករឹត sastra sloek reut *(n.)* manuscript

សាស្ត្រាចារ្យ sa stra char *(n.)* professor

សាហាវ sahav *(adj.)* malignant

សាហាវ sahav *(adj.)* sinister

សាឡាង salang *(n.)* ferry

សាឡាង salang *(n.)* ferryboat

សាឡាត់ Sa Laat *(n.)* salad

សាឡាត់ក្តោប salad kdoab *(n.)* butterhead

សាឡុង salong *(n.)* couch

សាឡុង salong *(n.)* sofa

សាំង sang *(n.)* gasoline

សាំងវិច Sang Vich *(n.)* sandwich

សាំមូរ៉ៃ Sam Moo Raai *(n.)* samurai

សិក្ខាកាម sekkhakam *(n.)* trainee

សិក្ខាបទ sekkhabat *(n.)* precept

សិក្ខាបទនៃព្រះយេស៊ូ sekkhabot nei preah yesuo *(n.)* evangel

សិក្ខាបទនៃព្រះយេស៊ូ sekkhabot nei preah yesu *(n.)* gospel

សិក្ខាសាលា Se Khaar Saa Laa *(n.)* seminar
សិក្ខាសាលា sekkhasala *(n.)* webinar
សិក្ខាសាលា sekkhasala *(n.)* workshop
សិក្សា seksaa *(v.)* study
សិទ្ធវេតូ setth ve tau *(n.)* veto
សិទ្ធិកាន់កាប់ setth kankab *(n.)* suffrage
សិទ្ធិទទួលបាន seth tortuol ban *(n.)* eligibility
សិទ្ធិប្រធាន setth brotean *(n.)* proxy
សិទ្ធិប្រើយីហោ setth brer yi hoa *(n.)* franchise
សិទ្ធិផ្ដាច់មុខអាជីវកម្ម setth phdach moukh archivakam *(n.)* dealership
សិទ្ធិរក្សាទ្រព្យរបស់កូនបំណុល seth raksa trob robos koun bomnol *(n.)* lien
សិទ្ធិអំណាច seth amnach *(n.)* authority
សិប្បកម្ម sebpakamm *(n.)* handicraft
សិប្បករ sebbakor *(n.)* artisan
សិប្បករ sebpakor *(n.)* craftsman
សិប្បកោសល្យ sebpakaosal *(n.)* craft
សិប្បនិម្មិត sebpanimmit *(n.)* artefact
សិប្បនិម្មិត sebbanimmit *(adj.)* artificial
សិប្បនិម្មិត seb ba ni mit *(adj.)* orificial
សិប្បសត្វ seb pak sat *(n.)* mollusc
សិរុងរឿង seri roung rueng *(n.)* glory
សិលាចារឹក sela char reuk *(n.)* inscription
សិលាម៉ាកម៉ា sela magma *(n.)* magma
សិល្បករ selpakor *(n.)* artist
សិល្បៈ selapak *(n.)* art
សិល្បៈខាងនិយាយ silapak khang niyeay *(n.)* elocution
សិល្បៈខាងបត់ក្រដាសធ្វើរូបផ្កា selbak khang bat kra das thveu roub phka *(n.)* origami
សិល្បៈខាងយកស្បែកសត្វមកញាត់ selapak khang yok sbek satt mok nhoat *(n.)* taxidermy
សិល្បៈនៃការធ្វើម្ហូប selapak nei kar thveu mhoub *(n.)* gastronomy
សិល្បៈនៃការរត់គេចខ្លួន selapak nei kar rot kech khluon *(n.)* escapology

សិល្បៈរៀបចំសទ្ទានុក្រម seilapak reab chom sattea nou krom *(n.)* lexicography
សិស្ស seus *(n.)* pupil
សិស្សប្អូន seus pa'oun *(n.)* junior
សីតុណ្ហភាព sei tonha pheap *(n.)* temperature
សីលធម៌ seila thor *(n.)* moral
សីលធម៌ seila thor *(n.)* morality
សឹក soek *(v.)* erode
សីមី seumi *(n.)* folio
សីមីដាក់ឯកសារ seumi dak eksar *(n.)* folder
សីរាំង seu rang *(n.)* syringe
សុក sok *(n.)* placenta
សុកកូន sok kaun *(n.)* afterbirth
សុខ sok *(adj.)* beatific
សុខចិត្តតាម sok chet tam *(v.)* acquiesce
សុខភាព sokh pheap *(n.)* health
សុខភាព sokhapheap *(n.)* wellness
សុខវេទនា sok vetanea *(n.)* euphoria
សុខុមាលភាព sokhomalpheap *(n.)* welfare
សុខៈ so khak *(n.)* bliss
សុចរិតភាព sochak rit pheap *(n.)* integrity
សុច្ឆន្ទៈ so chhaantak *(n.)* goodwill
សុជីវធម៌ sochiveakthor *(n.)* etiquette
សុញ្ញកាស sonh kas *(n.)* vacuum
សុដន់ sodon *(n.)* breast
សុទិដ្ឋិនិយម sotid the niyom *(n.)* optimism
សុទិដ្ឋិនិយម sotid the niyom *(adj.)* optimistic
សុទ្ធ sot *(adj.)* net
សុទ្ធ sot *(adj.)* pure
សុន្ទរកថា san torakatha *(n.)* oration
សុន្ទរកថា sontorakatha *(n.)* speech
សុបិន្ត so ben *(n.)* dream
សុបិន្តអាក្រក់ so be nt akrak *(n.)* nightmare
សុពលភាព sopolpheap *(n.)* validity
សុភមង្គល sopheak mongkul *(n.)* felicity
សុភមង្គល sopheak mongkol *(n.)* happiness
សុភាពបុរស sopheap boros *(adj.)* chivalrous

សុភាពបុរស sopheap boros (n.) gallant
សុភាពបុរស sopheap boros (n.) gentleman
សុភាពបុរស sopheap boros (n.) sophisticate
សុភាពបុរស sopheap boros (n.) ubersexual
សុភាពរាបសា sopheap reabsaa (adj.) courteous
សុភាសិត sopheaset (n.) adage
សុភាសិត sopheaset (n.) aphorism
សុភាសិត sophea seth (n.) maxim
សុភាសិត sopheaset (n.) proverb
សុភាសិត sopheaset (n.) sophism
សុរា sora (n.) alcohol
សុំទោស somtos (v.) apologize
សុំទោស somtos (adj.) sorry
សុំលើកពេល som leuk pel (v.) prorogue
សុំសិទ្ធិជ្រកកោន som setth chrok kaon (n.) asylum
សូកូឡា saukaula (n.) chocolate
សូកូឡាសម្រាប់ផឹក saukaula somrab phoek (n.) drinking chocolate
សូចនាករ sau cha na kor (n.) indicator
សូណា Sauna (n.) sauna
សូត្រ Sot (v.) recite
សូត្រ saut (n.) silk
សូត្រធម៌ saut thor (n.) chant
សូនឡើងវិញ Son Leung Venh (v.) remould
សូន្យ saun (n.) zero
សូម saum (adv.) please
សូមផ្តែងអំណរគុណ saum thlengamnarkoun (n.) grate
សូមមើល Som Merl (v.) see
សូមស្វាគមន៍ saum svakom (v.) welcome
សូមអង្វរ saum angvor (v.) beg
សូមអង្វរ saum angvor (v.) plead
សូមអរគុណ soum orkun (n.) thanks
សូម្បីតែ saumbey tae (adj.) even
សូរកកិត So Ko Ket (n.) scape
សូរកង់រពាង so kangrompong (n.) babel
សូរកង់រពាង sau kangrompong (n.) clatter
សូរកញ្ជ្រៀវ saur kanh chriev (n.) neigh

សូរក្តុក so kduk (n.) thud
សូរក្តុកៗ so kduk kduk (n.) thump
សូរក្តាំង sou kdang (n.) slam
សូរខល់ៗ saur khol (n.) purr
សូរខ្លីនៃគ្រឿងអេឡិចត្រូនិក sau khlei nei krueng electraunik (n.) blip
សូរខ្លាប់ so khvab (n.) snap
សូរគ្រហឹម sou kro heum (n.) growl
សូរងូងៗ sau ngoung ngoung (n.) whir
សូរងូងៗ sou nguong nguong (n.) buzz
សូរជ្រុកស្រែក saur chrouk srek (n.) oink
សូរដូចឆ្មា so doch chhma (n.) mew
សូរតឹកៗ so toek toek (n.) tick
សូរទីទុយយំ so ti tuy yom (n.) hoot
សូរបក្សីតូចយំ saur baksei tauch yom (n.) twitter
សូរផូង sou phoung (n.) bang
សូរផ្ទុះដោយអាង sau phtuh daoy ang (n.) decrepitation
សូររញ៉េរញ៉ៃ so ro nhe ro nhai (n.) hubbub
សូររណ្តំ sau rondam (n.) rattle
សូររហឹម so roheum (n.) hum
សូររហឹម saur roheum (n.) murmur
សូររាទ sau roar (n.) bellowing
សូរសង្កៀត So Song Keat (n.) scrape
សូរសង្កៀត so songkeat (n.) squeak
សូរសន្ធឹក So Son Theuk (n.) rumble
សូរសព្ទ saur sap (adj.) phonetic
សូរសឹះៗដោយសារហ្គាស sou sis sis doy sa gas (n.) fizz
សូរស៊ីៗ sou seu seu (n.) hiss
សូរស៊ីៗ sau seu seu (n.) sizzle
សូរស្រមុក so sramouk (n.) snort
សូរស្អកស្អាក so sa ork sa aak (n.) rasp
សូរសំលេងកកិត sau saamleng korket (n.) crepitation
សូរសំព saursap (n.) acoustics
សូរអឺអរ saur aou ar (n.) ruckus
សូរាទ So Ro (n.) roar
សូត suot (n.) lung
សូតនិងក្រពះអាហារ suot ning krapeah ahar (n.) pneumology
សូនកុមារ suon komar (n.) playground

សួនច្បារ suon chbar *(n.)* garden
សួនវង្វេង suon vongveng *(n.)* maze
សួនសត្វ suon sat *(n.)* zoo
សួយសារអាករ suoy saar aa kor *(n.)* tribute
សួរ suor *(v.)* ask
សួរចម្លើយ suor chamleuy *(v.)* interrogate
សួរយកការណ៍ suor yokkar *(v.)* debrief
សួរសំណួរ suor saamnuor *(v.)* query
សួរសំណួរ suor saamnuor *(v.)* question
សើច serch *(v.)* laugh
សើចក្អាកក្អាយ serch kaakakaay *(v.)* cackle
សើចចំអក serch chom ork *(v.)* jeer
សើចតិចៗ serch tich tich *(v.)* giggle
សើចតិចៗម្នាក់ឯង serch tech tech mneak eng *(v.)* chuckle
សើម serm *(adj.)* damp
សើម serm *(adj.)* humid
សើម serm *(adj.)* wet
សៀក siek *(n.)* circus
សៀគ្វី sie kvi *(n.)* circuit
សៀគ្វីអគ្គិសនីកម្រិតណាណូ sekvi akisani kamret na nau *(n.)* nanocircuitry
សៀវភៅ sievphov *(n.)* book
សៀវភៅច្បាប់ Seav Phov Jbab *(n.)* rulebook
សៀវភៅណែនាំ sievphov nae noam *(n.)* handbook
សៀវភៅធំក្រាស់ sievphov thom kras *(n.)* tome
សៀវភៅបិទរូប Seav Phov Bet Roob *(n.)* scrapbook
សៀវភៅផែនទី sievphov phenti *(n.)* atlas
សៀវភៅពិន្ទុ Seav Pov *(n.)* scorebook
សៀវភៅរូបត្លុក sievphov roubthlok *(n.)* comic
សៀវភៅរឿងនិទាន sievphov rueng nitean *(n.)* talebook
សៀវភៅវីដែអូ sievphov video *(n.)* videobook
សៀវភៅសិក្សា sievphov seksaa *(n.)* textbook
សៀវភៅសូត្រមន្ត sievphov sout moun *(n.)* breviary

សៀវភៅស្តីពីការធ្វើដំណើរកំសាន្ត sievphov sdei pi kar thveu damner kamsan *(n.)* travelogue
សៀវភៅអេឡិចត្រូនិច sievphov elechtraunich *(n.)* e-book
សៀវភៅអ្នកជួញដូរភាគហ៊ុន sievphow nak chuonh dou peak hun *(n.)* shopbook
សេក sek *(n.)* parrot
សេចក្តីចម្លង sechkdei chomlong *(n.)* facsimile
សេចក្តីក្លាហាន sechkdei khlaharn *(n.)* daring
សេចក្តីក្លាហាន sechkdei khla harn *(n.)* hardihood
សេចក្តីក្តៀវក្លា sechakdei klievkla *(n.)* ardour
សេចក្តីក្តៀវក្លា sechakdei kliev kla *(n.)* vehemence
សេចក្តីខ្ជិលច្រអូស sechkdei khchel chraa ous *(n.)* sloth
សេចក្តីឆោត sech kdei chaot *(n.)* naivety
សេចក្តីឆ្លាត Sek Kdei Chlaat *(n.)* sapiens
សេចក្តីញៀនការទិញរាវរាន់ sechkdei nhan kar tinh ei van *(n.)* shopaholism
សេចក្តីណែនាំ Sekdey nae norm *(n.)* recommendation
សេចក្តីត្រេកអរ sechkdei trek or *(n.)* jubilation
សេចក្តីប្រកាស sechkdei brokas *(n.)* manifesto
សេចក្តីព្រហើន sechkdei proheun *(n.)* insolence
សេចក្តីមួរម៉ៅ sechkdei muor mao *(n.)* acrimony
សេចក្តីមេត្តាករុណា sechkdei metta korona *(n.)* benevolence
សេចក្តីយល់ព្រម sech kdei yolprom *(n.)* okay
សេចក្តីយោង Sek Kdei Yong *(n.)* reference
សេចក្តីយោង Sek Kdey Yong *(n.)* reliance
សេចក្តីរីករាយ sechkhdei rikreay *(n.)* elation
សេចក្តីរីករាយ sechkdei rik reay *(n.)* jollity

សេចក្ដីរីករាយជាខ្លាំង sechkdei rik reay chea khlang *(n.)* glee
សេចក្ដីលោភលន់ sechkdei loplun *(n.)* cupidity
សេចក្ដីលម្អៀង sech kdei lom ieng *(n.)* partiality
សេចក្ដីវាងវៃ Sek Kdei Veang Vei *(n.)* sagacity
សេចក្ដីសន្និដ្ឋាន sech kdei san ni than *(n.)* presumption
សេចក្ដីសប្បាយរក្កាករក្កាយ sechkdei sabbay ka ak ka ay *(n.)* merriment
សេចក្ដីសប្បុរស sechkdei sabboros *(n.)* kindness
សេចក្ដីសាទរ sechkdei sartor *(n.)* enthusiasm
សេចក្ដីស្មោះត្រង់ sechkdei smoah trong *(n.)* fealty
សេចក្ដីស្រងេះស្រងោច sechkdei sro ngeh sro ngouch *(n.)* melancholy
សេចក្ដីស្អប់ sechkdei sa'ob *(n.)* hate
សេចក្ដីអត់ឱន sechkdei ot oan *(n.)* clemency
សេចក្ដីអត់ឱន sechkdei ot oan *(n.)* leniency
សេចក្ដីអធិប្បាយដោយប្រៀបធៀប sechkdei athibbay daoy brieb thieb *(n.)* allegory
សេចក្ដីក្លាហាន sech kdei khla harn *(n.)* gallantry
សេចក្ដីក្លាហាន sechkdei khlaharn *(n.)* mettle
សេចក្ដីក្លាហាន sechakdei klahean *(n.)* pluck
សេចក្ដីក្លាហាន sechkdei klahan *(n.)* valour
សេចក្ដីជូនដំណឹង sech ktei choun damnoeng *(n.)* notice
សេចក្ដីថ្លែងការណ៍ sechkdei thlengkar *(n.)* communique
សេចក្ដីថ្លែងការណ៍ sechaktei thlengkar *(n.)* statement
សេចក្ដីថ្លៃថ្នូរ sechkdei thlai thnau *(n.)* dignity
សេចក្ដីថ្លៃថ្នូរ sech ktei thlai thnaur *(n.)* noble

សេចក្ដីទុក្ខព្រួយ sechkdei tukh pruoy *(n.)* distress
សេចក្ដីបង្គាប់ sechkdei bong koab *(n.)* injunction
សេចក្ដីប្រាថ្នា sechakdei brathna *(n.)* aspiration
សេចក្ដីបំព្រួញសង្ខេប sechaktei bampruonh sangkheb *(n.)* precis
សេចក្ដីពង្រាង sechkhdei pongreang *(n.)* draft
សេចក្ដីពិត sechakdei pit *(n.)* truth
សេចក្ដីមិនស្មោះត្រង់ sech kdei min smoh trang *(n.)* perfidy
សេចក្ដីរន្ធត់ sechkdei ron thot *(n.)* jolt
សេចក្ដីវិនាស sechkdei vineas *(n.)* doom
សេចក្ដីសង្ខេប sechkdei sangkheb *(n.)* abridgement
សេចក្ដីសាទរ sechkdei tsator *(n.)* zest
សេចក្ដីស្អប់យ៉ាងខ្លាំង sechkdei saab yang khlang *(n.)* antipathy
សេចក្ដីអំណរ sechkdei amnor *(n.)* joy
សេដ្ឋកិច្ច sedthakech *(n.)* economy
សេដ្ឋកិច្ចវិទ្យា sedthakech vithyea *(n.)* economics
សេដ្ឋាធិបតេយ្យ sedtha thib tey *(adj.)* plutocrat
សេដ្ឋី sedthei *(n.)* millionaire
សេណារីយ៉ូ Se Na Ree Yo *(n.)* scenario
សេទីន cetin *(n.)* cetin
សេន sen *(n.)* cent
សេនា ប្រមុខ sena promoukh *(n.)* marshal
សេរាមិច se rea mich *(n.)* ceramics
សេរីនិយម se ri niyom *(n.)* liberalism
សេរីភាព serei pheap *(n.)* freedom
សេរីភាព se rei pheap *(n.)* liberty
សេរីភាពឆ្លងកាត់ Se Rei Pheap Chlong Kaat *(n.)* safe-conduct
សេវាកម្ម Se Vaa Kaam *(n.)* service
សេស ses *(adj.)* odd
សេះ seh *(n.)* horse
សេះចំបាំង seh chombang *(n.)* steed
សេះឈ្មោល (ឥតក្រៀវ) seh chhmoal *(n.)* stallion

សេះញី seh nhi (n.) mare
សេះបង្កង់ seh bangkong (n.) zebra
សេះព្រៃ seh prei (n.) mustang
សេះសមុទ្រ Ses Sak Mot (n.) seahorse
សេះអង់គ្លេស seh ongles (n.) shire
សែលុយឡូស selouylaus (n.) celluloid
សែសិប sae seb (n.) forty
សោកនាដកម្ម saok neadakamm (n.) tragedy
សោកនាដកម្ម saok neadakamm (adj.) tragic
សោកនាដករ saok neadakor (n.) tragedian
សោកសៅ saok sao (adj.) grievous
សោកសៅ saok saw (adj.) phagic
សោតទស្សន៍ saot tuos (adj.) audiovisual
សោតាទស្សន៍ soat ta tus (n.) stethoscope
សោធនអាហារកិច្ច soathun aharkech (n.) alimony
សោរកណ្ដាល soa kandal (n.) central locking
សោរទ្វា soar tvea (n.) deadbolt
ស្ករ skor (n.) sugar
ស្ករកៅស៊ូ skor kavsu (n.) bubblegum
ស្ករកៅស៊ូ skor kao su (n.) gum
ស្ករគីមី Sko Kee Mee (n.) saccharin
ស្ករគ្រាប់ skor kroab (n.) candy
ស្ករគ្រាប់ skar kroab (n.) comfit
ស្ករតាំងម៉ែ skor tang mae (n.) caramel
ស្ករតាំងម៉ែ skor tang mae (n.) toffee
ស្ករពណ៌សំរាប់ធ្វើនំខេក skor por somrab tveu nom khek (n.) fondant
ស្កតអត់ជ្រាបទឹក skot ot chrieb teuk (n.) duct tape
ស្កត skot (n.) tape
ស្កេន Scan (n.) scan
ស្កេនវិទ្យុ sken vityou (n.) radioscan
ស្គម skom (adj.) thin
ស្គរ skor (n.) drum
ស្គរគ្រាប់ skor kroab (n.) lollipop
ស្គាល់ skal (v.) acquaint
ស្ងប់ស្ងាត់ sngab sngat (adj.) placable
ស្ងប់ស្ងាត់ sngob sngat (adj.) tranquil
ស្ងប់ស្ងៀម sngab sngiem (adj.) placid

ស្ងាត់ sngat (adj.) quiet
ស្ងាត់ sngat (v.) quiet
ស្ងាត់ sngat (adj.) silent
ស្ងាប sngab (v.) yawn
ស្ងួត snguot (adj.) dry
ស្ងួតហួតហែង snguot huot heng (adj.) dried
ស្ងួតហែង snguot haeng (adj.) arid
ស្ងប់ស្នែង snhob snhaeng (v.) marvel
ស្ថាទិ static (n.) statics
ស្ដាយក្រោយ Sday Kroy (v.) regret
ស្ដាយក្រោយ Sdaay Kroy (v.) rue
ស្ដីបន្ទោស sdei bontoah (v.) chide
ស្ដីរំលឹក Sdei Rom Leuk (v.) reproach
ស្ដើង sderng (adj.) slender
ស្ដើង sderng (adj.) slim
ស្រីក្មេង strei kmeng (n.) lass
ស្រីក្រមុំ strey kromom (n.) damsel
ស្រីក្លាហាន strei klahan (n.) minx
ស្រីចាស់គួរឲ្យគោរព strei chas kour oy korob (n.) matron
ស្រីឆើតឆាយ srey chhert laor (n.) belle
ស្ដង់ storng (n.) booth
ស្ដង់ដារ stangdar (n.) standard
ស្ដាប់ sdab (v.) listen
ស្ដាប់ឮដោយអចេតនា sdab leu doy achetana (v.) overhear
ស្ដីបន្ទោស sdei bantos (v.) blame
ស្ដីបន្ទោះ dei bontouh (v.) chastise
ស្ដីបន្ទោស Sdei Bon Tos (v.) scold
ស្ដុក stok (n.) stock
ស្ដុកទុក stok tuk (v.) stock
ស្ដេច sdech (n.) king
ស្ទ្រឺរ៉ូអ៊ីត ste rau it (n.) steroid
ស្ដោះទឹកមាត់ sdaoh teuk moat (v.) spit
ស្ត្របឺរី stroberi (n.) strawberry
ស្ត្រី strei (n.) lady
ស្ត្រី strei (n.) woman
ស្ត្រីនិយម strei niyom (n.) feminism
ស្ត្រីពេស្យា strei pesya (n.) prostitute
ស្ត្រេស stres (n.) stress
ស្ថានីយអគ្គីភ័យ stha ni akkiphey (n.) fire station

ស្ថានការណ៍ sthan kar (n.) predicament
ស្ថានការណ៍បន្តបន្ទាប់ sthankar bontor bantoab (n.) wake
ស្ថានការណ៍លំបាក sthan kar lom bak (n.) fix
ស្ថានកុងស៊ុល sthan kongsul (n.) consulate
ស្ថានទូត sthan tuot (n.) embassy
ស្ថានភាព sthanpheap (n.) plight
ស្ថានភាព sthan pheap (n.) situation
ស្ថានភាពទល់ច្រក sthan pheap tol chrork (n.) impasse
ស្ថានសួគ៌ sthan suor (n.) heaven
ស្ថានីយ sthani (n.) terminal
ស្ថានីយ៍ stha ni (n.) station
ស្ថានីយ៍ខួង stha ni khuong (n.) oil rig
ស្ថាបត្យកម្ម sthabatyakamm (n.) architecture
ស្ថាបត្យករ sthabatyakor (n.) architect
ស្ថាបនា sthapana (adj.) constructive
ស្ថាបនិក sthapaneuk (n.) founder
ស្ថាប័ន stha bann (n.) institution
ស្ថិតក្រោមបង្គាប់ sthet kraom bangkoab (v.) subordinate
ស្ថិតស្ថេរ sthet sthe (adj.) abiding
ស្ថិតិ sthe te (n.) statistics
ស្ថេរភាព sthero pheap (n.) stability
ស្ថេរភាព sther pheap (n.) steadiness
ស្ទង់មតិ stang ma te (v.) poll
ស្ទង់មតិ stong mate (v.) survey
ស្ទាក់ចាប់ stak chab (v.) intercept
ស្ទាក់ស្ទើរ stak steur (adj.) disinclined
ស្ទាក់ស្ទើរ stak steu (v.) hesitate
ស្ទាក់ស្ទើរ Stak Ster (adj.) reluctant
ស្ទាក់ស្ទើរ Stek Ster (v.) shilly-shally
ស្ទាត់ stoat (adj.) fluent
ស្ទាត់ជំនាញ stoat chomneanh (adj.) proficient
ស្ទាត់ជំនាញ stoat chomneanh (adj.) skilful
ស្ទាបរក steab rok (v.) grope
ស្ទាបលេង steab leng (v.) fiddle
ស្ទាបអង្អែល steab ong el (v.) fondle
ស្ទាំង steang (n.) falcon
ស្ទាំង stang (n.) hawk

ស្ទុះដើបឡើងវិញ Stous Ngerb Lerng Venh (v.) rebound
ស្ទុះទៅ stuh tov (v.) dash
ស្ទូង staung (v.) transplant
ស្ទូចត្រី struoch trei (v.) fish
ស្ទូឌីយោ staudiyo (n.) studio
ស្ទើរតែ ster tae (adv.) almost
ស្ទើរតែ steu tae (adv.) hardly
ស្ទើរតែ ster te (adv.) nigh
ស្ទើរតែ ster te (prep.) nigh
ស្ទើរតែគ្មាន steu tae kmean (adv.) barely
ស្ទះ steah (v.) obstruct
ស្ទះ steah (adj.) obstructive
ស្នងការ snangkar (n.) commissioner
ស្នប់បញ្ចេះភ្លើង snoab banhches pleung (n.) bellows
ស្នាក់នៅ snak nov (v.) lodge
ស្នាក់នៅ Snak Nov (v.) reside
ស្នាក់នៅ snak nov (v.) stay
ស្នាក់នៅញឹកញាប់ Snak Nov Nheuk Nhob (v.) resort
ស្នាដៃ sna dai (n.) masterpiece
ស្នាដៃ sna dai (adj.) prolific
ស្នាដៃការងារ snadai kar ngea (n.) workmanship
ស្នាដៃធ្វើដោយដៃ snadai thveu doy dai (n.) handiwork
ស្នាប់ដេរ snab de (n.) thimble
ស្នាម Snaam (n.) scar
ស្នាម snam (n.) wrick
ស្នាមក្រហូង Snam Kro Hong (n.) rut
ស្នាមខ្លោច snam khloach (n.) singe
ស្នាមឆែប snam chhaeb (n.) nick
ស្នាមជាំ snam choam (n.) blemish
ស្នាមជាំ snam choam (n.) bruise
ស្នាមជើង snam cheurng (n.) footprint
ស្នាមជ្រួញ snam chruonh (n.) wrinkle
ស្នាមញញឹម snam nhor nhem (n.) smile
ស្នាមដាន snam dan (n.) vestige
ស្នាមតូចមួយ snam tauch muoy (n.) speck
ស្នាមត្រា snam tra (n.) hallmark
ស្នាមថើប snam therb (n.) kiss

ស្មាមថ្នាំពណ៌ម្រាមដៃ snam thnam thnam por mream dai (n.) fingerpaint
ស្មាមធូលី snam thouli (n.) mote
ស្មាមប្រឡាក់ snam brolak (n.) stain
ស្មាមប្រឡាក់តូចៗ snam bro lak tauch tauch (n.) speckle
ស្មាមប្រឡាក់នៃធាតុរាវក្រាស់ snam prolak nei theat reav kras (n.) blob
ស្មាមប្រឡាក់ខ្មៅ snam prolak kmao (n.) blot
ស្មាមប្រេះ snam breh (n.) chink
ស្មាមប្រេះ snam breh (n.) crack
ស្មាមប្រេះ Snam Pres (n.) rift
ស្មាមពណ៌ព្រឿងៗ snam por prueng prueng (n.) tint
ស្មាមមេដៃ snam medai (n.) thumbprint
ស្មាមម្រាមដៃ snam mream dai (n.) fingerprint
ស្មារលោក snam rolak (n.) notch
ស្មារវាយ snam veay (n.) weal
ស្នូល snaul (n.) core
ស្នូលនៃគ្រាប់ធញ្ញជាតិ snoul nei kroab thunhcheat (n.) kernel
ស្នើ sner (v.) propose
ស្នៀត sneat (n.) wedge
ស្នេហាជាតិ sneha cheat (adj.) patriotic
ស្នេហាជាតិ sneha cheat (n.) patriotism
ស្នេហាលក់កំបាំង sneha leakkambang (n.) amour
ស្នែង sneng (n.) antler
ស្នែង snaeng (n.) horn
ស្នែងពីរបស់សត្វល្អិត sneng pi robors sat la eth (n.) cornicle
ស្បថ sboth (v.) swear
ស្បូន sbaun (n.) uterus
ស្បូន sbaun (n.) womb
ស្បូវ sbauv (n.) thatch
ស្បែក sbek (n.) skin
ស្បែកក្តាន់ sbek kdan (n.) doeskin
ស្បែកក្បាល Sbek Kbal (n.) scalp
ស្បែកជៀម sbek chiem (n.) lambkin
ស្បែកជើង sbek cheurng (n.) footwear
ស្បែកជើង sbek cheung (n.) shoe

ស្បែកជើងកវែង sbaek cheung kor veng (n.) boot
ស្បែកជើងកៅស៊ូ កវែង sbek cheurng kao su kor veng (n.) gumboot
ស្បែកជើងផ្ទាត់ sbekcheung ro el (n.) slipper
ស្បែកជើងព្រិល sbekcheung pril (n.) snow boot
ស្បែកជើងរអិល sbekcheung romel (n.) skid
ស្បែកជើងសឹក Sbek Jeung Sork (n.) sandal
ស្បែកជើងស្បែក sbaek cheung sbek (n.) brouge
ស្បែកសត្វ sbek satt (n.) leather
ស្បែកសត្វកាស្ទ័រ sbaek sat ka ster (n.) beaverskin
ស្បែកសត្វផ្សោត Sbek Saat Psot (n.) sealskin
ស្បៃមុខ sbai moukh (n.) veil
ស្ពាន spean (n.) bridge
ស្ពានបិទបើក spean bet berk (n.) drawbridge
ស្ពាន់ spoan (n.) copper
ស្ពាន់ធរ spoan thor (n.) sulphur
ស្ពឹក spoek (adj.) numb
ស្ពៃក្តោប spei kdaob (n.) cabbage
ស្ពៃក្តោបចិញ្ច្រាំដាក់ទឹកសាឡាត់ spei kdaob chenhchram dak teuk salat (n.) coleslaw
ស្ពៃខៀវ spei khiev (n.) spinach
ស្ពៃខ្មៅ spai khmav (n.) mustard
ស្ពៃខ្មៅ spai khmao (n.) spinster
ស្ពៃមើម spai meum (n.) turnip
ស្ព្រាយបាញ់ sray banh (n.) spray
ស្ព្រាយបាញ់បន្សុប spray banh bantob (n.) air freshener
ស្មងជើង Smong Jeung (n.) shin
ស្មា sma (n.) shoulder
ស្មាន sman (v.) speculate
ស្មាន sman (v.) surmise
ស្មុគស្មាញ smoksmanh (adj.) complex
ស្មុគស្មាញ smok smanh (adv.) pell-mell
ស្មុំកូន smom koun (adj.) adoptive
ស្មើ smer (adj.) level

ស្មើ smer *(adj.)* plane
ស្មើគ្នានឹង smer knea neung *(v.)* equate
ស្មើនឹង smer neung *(v.)* equal
ស្មើនឹង smer neung *(v.)* tantamount
ស្មៀន smien *(n.)* clerk
ស្មោះត្រង់ smaoh trong *(adj.)* earnest
ស្មោះត្រង់ smaoh trong *(adj.)* faithful
ស្មោះត្រង់ smaoh trong *(adj.)* honest
ស្មោះត្រង់ smaoh trong *(adj.)* loyal
ស្មៅ smao *(n.)* grass
ស្មៅ smao *(n.)* weed
ស្មៅដុះចាក់ឬស smao doh chak reuh *(n.)* sod
ស្មៅម្យ៉ាង smao myang *(n.)* alfa
ស្ម័គ្រចិត្ត smak chett *(v.)* volunteer
ស្រក Srork *(v.)* recede
ស្រកតក់ៗ srok tok *(v.)* trickle
ស្រកីដូង srakei daung *(n.)* coir
ស្រក Srork *(v.)* shed
ស្រកតក់ៗ srok tork tork *(v.)* drip
ស្រក់ទឹកមាត់ srok teuk moat *(v.)* drool
ស្រងេះស្រងោច sro ngeh sro ngouch *(adj.)* melancholic
ស្រងេះស្រងោច Sro Nges Sro Ngoch *(n.)* sadness
ស្រងក្លិន srang klen *(v.)* sniff
ស្រដៀង sradieng *(adj.)* analogous
ស្រដៀងគ្នា sradieng knea *(adj.)* similar
ស្រទាប់ srotoab *(n.)* layer
ស្រទាប់ sratoab *(n.)* ply
ស្រទាប់អូស្សូន sratoab au saun *(n.)* ozone layer
ស្រទាប់ខាងក្រៅនៃកោសិកា sratoab khang krao nei koaseka *(n.)* ectoplasm
ស្រទាប់ថ្នាំលាបដំបូង sratoab thnam leab dambaung *(n.)* primer
ស្រប srab *(n.)* parallelism
ស្របគ្នា srabaknea *(v.)* coincide
ស្របគ្នា srab knea *(v.)* parallel
ស្របគ្នា srab knea *(adj.)* parallel
ស្របច្បាប់ srob chbab *(adj.)* lawful
ស្របច្បាប់ srob chbab *(adj.)* legal
ស្របច្បាប់ srob chbab *(adj.)* legitimate

ស្របទៅនឹង srab tov ning *(adj.)* proportional
ស្របនឹង srab nung *(v.)* accord
ស្រមុក sramouk *(v.)* snore
ស្រមៃ sramai *(v.)* imagine
ស្រមោច sramoch *(n.)* ant
ស្រមោល Sro Mol *(n.)* shadow
ស្រមោល sramol *(n.)* silhouette
ស្រលាញ់ srolanh *(v.)* enamour
ស្រលាញ់ងបងល់ sralanh ngoub ngul *(adj.)* besotted
ស្រលាញ់ពីរភេទ sralanh pi pet *(adj.)* bisexual
ស្រលាញ់មួយឆាវ srolanh mouy chhav *(v.)* infatuate
ស្រល់ sral *(n.)* pine
ស្រវឹង sraveung *(adj.)* drunk
ស្រវឹងតិចៗ sro veung tech tech *(adj.)* tipsy
ស្រស់ sros *(adj.)* fresh
ស្រស់ស្រាយ sros sray *(adj.)* bracing
ស្រស់ស្អាត sras saart *(adj.)* beautiful
ស្រស់ស្អាត sros saart *(adj.)* gorgeous
ស្រស់ស្អាត srasa saat *(n.)* prettiness
ស្រឡាញ់ sralanh *(v.)* cherish
ស្រឡាញ់ sralanh *(v.)* love
ស្រអាប់ sra aab *(adj.)* dim
ស្រអាប់ sra aab *(adj.)* opaque
ស្រា sra *(n.)* liquor
ស្រា sra *(n.)* wine
ស្រាប្រេនឌី sra brandy *(n.)* brandy
ស្រាសំប៉ាញ sra saam banh *(n.)* champagne
ស្រាក្រឡុក sra kralok *(n.)* cocktail
ស្រាក្រឡុកមិនមានជាតិអាល់កុល sra krolork min mean cheat akol *(n.)* mocktail
ស្រាត srat *(adj.)* nude
ស្រាត srat *(n.)* nude
ស្រាតាគីឡា sra takila *(n.)* tequila
ស្រាត្រាំទឹកឃ្មុំ sra tram teuk khmom *(n.)* mead
ស្រាថ្នាំ sra thnam *(n.)* elixir
ស្រាបៀរ sra bier *(n.)* beer
ស្រាបៀររបស់អង់គ្លេស srabeer robos angkles *(n.)* ale

ស្រាផ្លែបោម sra phlae porm (n.) cider
ស្រាផ្ទែម sra ph'em (n.) malmsey
ស្រារាម Sra Rum (n.) rum
ស្រាល sral (adj.) mild
ស្រាល sral (adj.) slight
ស្រាវជ្រាវ Srav Jreav (v.) research
ស្រាវិស្គី sra vi·ski (n.) whisky
ស្រាសម្យាង sra sor myang (n.) gin
ស្រាស្កុតវីស្គី Sra Scot Vee Skee (n.) scotch
ស្រាអីតាលី Sra E Ta Lee (n.) sambuca
ស្រីកខ្វក់ srei kakhvak (n.) slattern
ស្រីកំណាន់ srei kamnan (n.) mistress
ស្រីខូច srei khauch (n.) wench
ស្រីចើក srey cherk (n.) slut
ស្រីឆ្នាស srey chhnas (n.) shrew
ស្រីដែលមានឫកពារដូចប្រុស srei del mean reuk pear dauch bros (n.) tomboy
ស្រីពេស្យា srei pesya (n.) courtesan
ស្រីពេស្យា srei pesya (n.) strumpet
ស្រីព្រហ្មចារី srei prohm charei (n.) virgin
ស្រីមានរូបលើកឆាយ srei mean roub chhert chhay (n.) nymphet
ស្រីរលេមម្នឹកម្នក់ srei rolem mnhek mnhork (n.) coquette
ស្រីសិល្បៈជប៉ុន srey sela pak jorpon (n.) geisha
ស្រីសំផឹង srei saamphoeng (n.) whore
ស្រុក srok (n.) county
ស្រុក srok (n.) district
ស្រស់ srous (v.) blanch
ស្រូបចូល sraub chaul (v.) inhale
ស្រូបទាញ srob teanh (v.) gravitate
ស្រូបយក sraub yok (v.) absorb
ស្រូបយកឡើងវិញ sraub yok lerng vinh (v.) reabsorb
ស្រូវ srauv (n.) paddy
ស្រូវមីយេ srauv mi ye (n.) millet
ស្រូវម្យាងប្រើជាចំណីសេះ srauv myeang brae chea chamnei seh (n.) oat
ស្រូវសាលី srauv saali (n.) wheat
ស្រូវសាឡី srauv salei (n.) barley
ស្រួច sruoch (adj.) acute
ស្រួច sruoch (adj.) pointed
ស្រួលឡើងវិញ Sroul Leung Venh (v.) recuperate
ស្រេកទឹក srek teuk (v.) thirst
ស្រេចចិត្ត srech chet (adj.) optional
ស្រែក Srek (v.) scream
ស្រែក srek (v.) shout
ស្រែក srek (v.) yell
ស្រែក (ជ្រូក) srek ( chrouk) (v.) oink
ស្រែក (សត្វក្អែក) srek ( sat ka ek) (v.) caw
ស្រែកដូចឆ្មា srek douch chhma (v.) mew
ស្រែកយំ srask youm (v.) bawl
ស្រែកជាទ srek roar (v.) bellow
ស្រែកឡូឡា srek lo la (v.) rave
ស្រែតូចជិតផ្ទះ sre tauch chit phteah (n.) croft
ស្រោចទឹក sraoch teuk (v.) water
ស្រោចស្រព sraoch srop (v.) irrigate
ស្រោប sroab (v.) envelop
ស្រោបក្នុងកេស sraob knung kes (v.) encase
ស្រោបប្រាក់ sroab brak (v.) silver
ស្រោបមាស srob meas (v.) gild
ស្រោម sraom (n.) casing
ស្រោម sraom (n.) wrap
ស្រោមជើង sraom cheung (n.) sock
ស្រោមជើងវែង sroam cheurng veng (n.) hosiery
ស្រោមដាវ Srom Dao (n.) scabbard
ស្រោមដាវ Srom Dav (n.) sheath
ស្រោមដៃ sroam dai (n.) glove
ស្រោមដៃដែក sroam dai dek (n.) gauntlet
ស្រោមពូក sroam pouk (n.) bed sheet
ស្រោមពូកស្រោមខ្នើយ sroam pouk sroam khnery (n.) bedding
ស្រោមសំបុត្រ sraom saambot (n.) envelope
ស្ត្រីបង្រៀនតាមផ្ទះ strei bongrien tam phteah (n.) governess
ស្ត្រីបម្រើការតាមយន្តហោះ strei bamreukar tamyonhaoh (n.) air hostess
ស្ត្រីមើលក្មេងៗ srti meul kmeng (n.) nanny

ស្ត្រីសក់ពណ៌ត្នោតចាស់ strey sok por tnoat chas *(n.)* brunette
ស្ត្រីអភិជនថ្នាក់ទាប strey aphichun thnak teab *(n.)* baroness
ស្ត្រីអ្នកស្នងមរតក strei nak snong morodok *(n.)* heiress
ស្រះ srah *(n.)* pond
ស្រៈ srak *(n.)* vowel
ស្ល Slor *(v.)* refine
ស្ល slor *(v.)* stew
ស្លាក slak *(n.)* tag
ស្លាកសញ្ញា slak sanhnha *(n.)* label
ស្លាកឈ្មោះ slak chhmoh *(n.)* nameplate
ស្លាកបិត slak bet *(n.)* sticker
ស្លាប slab *(v.)* propel
ស្លាប slab *(n.)* wing
ស្លាបព្រា slab prea *(n.)* spoon
ស្លាប់ slab *(adj.)* dead
ស្លាប់ slab *(v.)* die
ស្លាយ slay *(n.)* slide
ស្លឹក sloek *(n.)* leaf
ស្លឹកឈើទុំ sloek chheu tuom *(n.)* foliage
ស្លឹកបៃតង sloek baitong *(n.)* evergreen
ស្លឹកប្រទាលម្យាង Sleuk Pro Teal Myang *(n.)* scratchbush
ស្លឹកម្យាងសម្រាប់បន្ថែមរសជាតិ sloek myang samrab banthaem roscheat *(n.)* estragon
ស្លូត slaut *(adj.)* benign
ស្លូតបូត slaut baut *(adj.)* meek
ស្លៀកពាក់ sliekpeak *(v.)* dress
ស្លៀកពាក់ប្រពៃណី sleak peak bropeinei *(v.)* garb
ស្លៀកពាក់អោយ sliek peak aoy *(v.)* outfit
ស្លៀកពាក់ឱ្យ sliekpeak aoy *(v.)* clothe
ស្លៀករូប Sleak Robe *(v.)* robe
ស្លេក slek *(adj.)* ashen
ស្លេក slek *(adj.)* pale
ស្លែ slae *(n.)* algae
ស្លែ sle *(n.)* moss
ស្វយ័ត svayat *(adj.)* autonomous
ស្វ៊ែរ sver *(n.)* sphere
ស្វាគមន៍ sva kom *(v.)* greet

ស្វាធំ sva thom *(n.)* ape
ស្វាមីភរិយា svamei pheakriyea *(n.)* consort
ស្វាយ svay *(n.)* mango
ស្វាយចន្ទី svaychanti *(n.)* cashew
ស្វាហាប់ svahab *(adj.)* energetic
ស្វាអង្កត់ sva angkot *(n.)* baboon
ស្វិតទ្រាម svet troam *(v.)* atrophy
ស្វែងរក svengorok *(v.)* nose
ស្វែងរក damner sveng rok *(v.)* quest
ស្វែងរក Sveng Rok *(v.)* search
ស្វែងរក Sveng Rok *(n.)* searching
ស្វែងរក Sveng Rok *(v.)* seek
ស្វែងរកចំណី svaeng rok chamnei *(v.)* forage
ស្វ័យប្រវត្តិកម្ម svaybravott kamm *(v,)* automate
ស្វ័យប្រវត្តិកម្ម svaybravott kamm *(n.)* automation
ស្អក sa'ork *(adj.)* hoarse
ស្អក sa'ork *(adj.)* husky
ស្អក sa ork *(adj.)* throaty
ស្អប់ s'aob *(v.)* despise
ស្អប់ sa'ob *(v.)* hate
ស្អប់ខ្ពើម s'aob khpeum *(v.)* abhor
ស្អប់ខ្ពើម s'oab khpeum *(v.)* abominate
ស្អប់ខ្ពើម s'aob khpeum *(v.)* detest
ស្អប់ខ្ពើម sa'ob khperm *(v.)* loathe
ស្អប់ sa'ob *(v.)* deplore
ស្អាត sa aat *(adj.)* picturesque
ស្អាត saat *(adj.)* pretty
ស្អិត saet *(adj.)* sticky
ស្អីក៏ដោយ saei kadoy *(pron.)* whatever
ស្អុយ sa ouy *(adj.)* foul
ស្អុយខូច Sa Oy Koch *(adj.)* rotten
ស្អុះស្អាប់ sa ouh sa ab *(adj.)* sultry
ស្អែក saek *(n.)* morrow
សំខាន់ saamkhan *(adj.)* critical
សំខាន់ saamkhan *(adj.)* crucial
សំខាន់ somkhan *(adj.)* important
សំខាន់ saamkhan *(adj.)* momentous
សំខាន់ saamkhan *(adj.)* significant
សំខាន់ saamkhan *(adj.)* substantial

សំខាន់ saamkhan (adj.) vital
សំខាន់បំផុត somkhan bomphot (adj.) chief
សំខាន់បំផុត somkhan bomphot (adj.) foremost
សំគាល់ Som Kol (v.) remark
សំងាត់ saam ngat (adj.) arcane
សំចតស្នាក់អាស្រ័យបណ្ដោះអាសន្ន saamchot snak asray bandaoh a san (v.) sojourn
សំដី saamdei (n.) polemic
សំដី Som Dei (n.) say
សំដីឆោត saamdei chaot (n.) naivete
សំដីបញ្ឆិតបញ្ឈៀង somdei banhchhet banhchheang (n.) insinuation
សំដីផ្លែផ្កា somdei phlae phka (n.) epigram
សំដីភ្លឺភ្លើ saamdei phliphleu (n.) mush
សំដីសិកសៀតយ៉ាងប៉ិនប្រសប់ saamdei soksiet yang pen brasob (n.) witticism
សំដៅទៅរកកន្លែងតែមួយ saamdao tov rokkanleng te muoy (v.) converge
សំណ som nor (n.) lead
សំណក som nork (n.) slough
សំណង saamnong (n.) compensation
សំណង som nong (n.) indemnity
សំណង saamnang (n.) offset
សំណង Somnorng (n.) recompense
សំណង saamnong (n.) construction
សំណង់មានដំបូលមូល somnong mean domboul moul (n.) dome
សំណង់ម្យ៉ាងមានដំបូលក្រឡាមុខទ្រវែង samnang myang mean dambaul kralaum troveng (n.) arcade
សំណបាំហាំង saamnor bahang (n.) tin
សំណប់ចិត្ត somnob jet (n.) babe
សំណល់ Som Nol (n.) rest
សំណល់ Som Nol (n.) sediment
សំណល់បែកបាក់ Som Nol Bek Bak (n.) ruin
សំណល់អេតចាយ Som Nol Et Jaay (n.) scrap
សំណាង somnang (n.) fortune
សំណាង samnang (n.) luck
សំណាងល្អ samnang laor (adv.) luckily

សំណាងអាក្រក់ samnang akrak (n.) misfortune
សំណាញ់ saam nanh (n.) mesh
សំណាញ់ saam nanh (n.) net
សំណាញ់ saamnanh (n. pl.) toils
សំណាញ់ saamnanh (n.) web
សំណឹក saamnoek (n.) abrasion
សំណឹក saamnoek (n.) erosion
សំណំជណ្ដើរ somnom chonder (n.) staircase
សំណំបែបបទ somnom baeb bot (n.) form
សំណំបែបបទចូល saamnom bebbot chaul (n.) entry form
សំណូក saamnauk (v.) bribe
សំណូមពរ saamnaum por (n.) suggestion
សំណួរ saamnuor (n.) query
សំណួរ saamnuor (n.) question
សំណួរ saamnuor (n.) quiz
សំណើច somnerch (n.) laughter
សំណើចកាកកាយ somnerch ka ak ka ai (n.) hilarity
សំណើម som nerm (n.) humidity
សំណើម saam naem (n.) moisture
សំណើរ saamner (n.) proposal
សំណើរ Som Neu (n.) request
សំណើរច្បាប់ Som Neu Jbab (n.) requisition
សំណើរសុំ saamner som (n.) proposition
សំណើសុំផ្ដល់ somner som phdol (n.) tender
សំនុត្តាស់ saam noum chhlas (n.) permutation
សំបក saambak (n.) peel
សំបក Som Bork (n.) shell
សំបកកង saambok kong (n.) tire
សំបកកង saambok kong (n.) tyre
សំបកគ្រាប់កាំភ្លើង saambork kroab kamphleung (n.) cartridge
សំបកឈើ saambork chheu (n.) bark
សំបកឈើម្យ៉ាងបង្កើតពណ៌ដាំដេង sombok chheu myang bongkert por dam deng (n.) tanbark
សំបកន់ប៉័ង saambok nompang (n.) crust
សំបុក sombuk (n.) hive
សំបុក saambok (n.) nest

សំបុកឃ្មុំ saambok khmoum (n.) beehive
សំបុត្រ saambot (n.) ticket
សំបុត្រចំណត saambotr chamnat (n.) parking ticket
សំបុត្របណ្តាំ saambot bondam (n.) will
សំពត់ Som Pot (n.) satchel
សំពត់ saampot (n.) skirt
សំពត់គិល sompot kilt (n.) kilt
សំពត់ដែលមានមាមក្រាស់ saampot del mean rom kras (n.) plush
សំពត់ទ្រនាប់ saampot troneab (n.) petticoat
សំពត់ប៉ូប៉ូលីន saampot bau boe lin (n.) poplin
សំពត់បាំងមុខ sompot bang moukh (n.) shroud
សំពត់មូស្សីលីន saampt mou ssai li n (n.) muslin
សំពត់សូត្រសម្រាប់ក្រាលតុ saamputsaut samrab kral tok (n.) damask
សំពត់ខ្ទៀនម៉្យាង cashmere (n.) cashmere
សំពត់សូត្រ Som Pot Sot (n.) satin
សំពីងសំពោង saamping saampong (adj.) bulky
សំពោចស្បូវ sompouch sbouv (n.) ferret
សំការៈនិយម samphearak niyom (n.) materialism
សំយាបដំបូល somyab domboul (n.) eave
សំយោគ saamyok (n.) synthesis
សំយោគ saamyok (n.) synthetic
សំរបសំរួល saamrob saamruol (v.) coordinate
សំរបសំរួល samrob saamruol (v.) mediate
សំរ៉ៃ Som Rae (n.) rusticity
សំរាក Som Rak (v.) rest
សំរាម somram (n.) garbage
សំរាម Som Ram (n.) rubbish
សំរាម saam ram (n.) trash
សំរិទ្ធ saam ritth (n.) bronze
សំរុះសម្រួល saam rouh samruol (v.) patch
សំរេច saamrech (v.) accomplish
សំឡាប់ saam lab (v.) slaughter

សំលៀកបំពាក់ saamliek bampeak (n.) costume
សំលៀកបំពាក់ somleak bompeak (n.) dress
សំលៀកបំពាក់ជាផ្លូវការ saamliek bampeak chea phlauv ka (n.) vestment
សំលៀកបំពាក់ប្រពៃណី somleak bompeak bropeinei (n.) garb
សំលៀកបំពាក់ហាត់កីឡា saamliek bampeak hat keila (n.) tracksuit
សំលៀកបំពាក់អ្នកបម្រើ somleak bompeak nak bomrer (n.) livery
សំលៀកបំពាក់អ្នកពន្លត់អគ្គីភ័យ somleak bompeak nak ponlot akkiphey (n.) firesuit
សំលៀង Som Leang (v.) sharpen
សំលេង saamleng (n.) audio
សំលេង saamleng (n.) voice
សំលេងរំខាន saam leng romkhan (n.) noise
សំលេងរំខានតាមប្រព័ន្ធទូរគមនាគមន៍ somleng romkhan tam propong tourakak monea kom (n.) static
សំលេងសត្វច្រៀង saam leng sat chrieng (n.) warble
សំឡេង saamleng (n.) sound
សំឡេង saamleng (n.) tone
សំឡេងកងរំពង samleng kong rompong (n.) din
សំឡេងកង្កែបយំ samleng kangkeb yom (n.) croak
សំឡេងគោរទាទ saamleng ko ro (v.) moo
សំឡេងច្រៀងទាប samleng chrieng teab (n.) alto
សំឡេងច្រៀងមនុស្សប្រុស samleng chrieng monous bros (n.) falsetto
សំឡេងច្រៀងរបស់មនុស្សប្រុស saamleng chrieng robos mnous bros (n.) baritone
សំឡេងឆ្កែព្រួស saamleng chhkae prous (n.) woof
សំឡេងខូចចង្រិត somleng doch chong ret (n.) shriek
សំឡេងថ្ងូរ saamleng thngau (n.) moan
សំឡេងទាប saamleng teab (n.) undertone
សំឡេងរាទ saamleng ro (n.) alarm

សំឡេងជាទីពេលមានចោរចូល saamleng ro pel mean chaor choul (n.) burglar alarm
សំឡេងលូ somleng lu (n.) howl
សំឡេងអួអរ samleng auu aw (n.) clamour
សំអាត saam at (v.) mop
សំអិតសំអាង som et som arng (v.) groom
សះស្បើយ Sas Sboy (v.) recover
សំងកសី sangkosei (n.) zinc

## ហា

ហក់ hork (v.) lunge
ហត្ថ (រង្វាស់បុរាណ) haat (rongvors borann) (n.) cubit
ហត្ថកម្ម hatthakamm (adj.) manual
ហត្ថកម្ម hatthakamm (n.) manual
ហត្ថលេខា hatthalekha (n.) autograph
ហត្ថលេខា hatthalekha (n.) signature
ហត្ថលេខា hatthalekha (n.) signification
ហត្ថលេខី hatthalekhei (n.) signatory
ហត់នឿយ hot nuey (adj.) tired
ហ៊ាន hean (adj.) daring
ហ៊ុមព័ទ្ធដោយសំបករាំង houmpoatth daoy saambok reung (v.) encrust
ហ៊ុំជញ្ជាំង houm chonhchang (v.) wall
ហ៊ុំព័ទ្ធ Hom Pot (v.) ring
ហាក់ដូចជា Hak Doch Jea (v.) seem
ហាក់ដូចជា Hak Doch Jea (adj.) seemly
ហាង hang (n.) outlet
ហាង hang (n.) parlour
ហាង hang (n.) shop
ហាង hang (n.) store
ហាងកាត់សក់ Hang Kaat Sork (n.) Salon
ហាងកាហ្វេ hang ka fe (n.) cafe
ហាងកាហ្វេមានអីុនធឺណែត hang cafe mean internet (n.) cybercafé
ហាងតាំងឥវ៉ាន់ hang tang eivan (n.) showroom
ហាងទំនិញដ៏ធំនៃផលិតផលមួយ hang tom ninh dor thom nei pholitaphol mouy (n.) megastore
ហាងនំ hang nom (n.) bakery
ហាងបាយ Hang Bay (n.) restaurant
ហាងលក់គេហទំព័រ hang lok kehaktompor (n.) web store
ហាងលក់នំផ្អែម hang luk nom phaem (n.) confectionery
ហាងលក់ប្រដាប់ក្មេងលេង hang lok bradab kmeng leng (n.) toystore
ហាងលក់ភីហ្សា hang luk phi saa (n.) pizzeria
ហាងលក់ម្ហូបចំអិនស្រាប់ hang luok mhoub cham en srab (n.) delicatessen
ហាងលក់សៀវភៅ hang luok sievphov (n.) bookshop
ហាងលក់សំលៀកបំពាក់ទាន់សម័យ hang luok saamliekbampeak toansamai (n.) boutique
ហាត់សម Hat Som (v.) rehearse
ហាមឃាត់ harmkhoat (v.) ban
ហាមឃាត់ ham khoat (n.) embargo
ហាមឃាត់ ham khoat (v.) forbid
ហាមឃាត់ ham khoat (v.) prohibit
ហាមប្រាម harmbram (v.) debar
ហាយនភាព hayonakpheap (n.) holocaust
ហាសិប ha seb (n.) fifty
ហិតក្លិន het klen (v.) smell
ហិប heb (n.) coffer
ហិរ hil (adj.) arrabbiata
ហិរញ្ញធិការី he ranh thi ka rei (n.) financier
ហិរញ្ញប្បទានឥតសំណង heranh bobtean et somnong (n.) grant
ហិរញ្ញវត្ថុ he ranh vottho (n.) finance
ហឹង្សា hoengsaa (adj.) violent
ហឺរ heur (adj.) spicy
ហុកសិប hokseb (adj.) sixtieth
ហុកសិប hokseb (n., adj.) sixty
ហុងស៊ុយ hong suoy (n.) fengshui
ហុងអំបោះ hong omboah (n.) bobbin
ហុំព័ទ្ធ huom poat (adj.) beleaguered
ហូបដល់ផ្អែត Hob Dol Ja Et (v.) satiate

ហូរ hou (v.) flow
ហូរ hou (v.) stream
ហូរឈាម hau chheam (v.) bleed
ហូរតាមបំពង់ hou tam bampong (v.) duct
ហូររឹមៗ hou reum reum (v.) dribble
ហូលផាមួង Hol Pha Moung (n.) samite
ហូច huoch (v.) whistle
ហូច huoch (v.) whiz
ហូត huot (v.) evaporate
ហួស huos (prep.& adj.) beyond
ហួស huos (v.) surpass
ហួសកំរិត huos komrit (adj.) excessive
ហួសកំលាំង huos kamlang (v.) overwork
ហួសពេល huos pel (n.) overtime
ហួសពេល huos pel (adv.) overtime
ហួសពេលកំណត់ huos pel kamnot (adj.) overdue
ហួសសម័យ huos samy (adj.) antiquated
ហួសសម័យ huos samy (adj.) archaic
ហួសសម័យ huo sa mai (adj.) outdated
ហើម herm (v.) swell
ហើមពោះ herm poh (v.) bloat
ហេតុការណ៍និយម het kar niyom (n.) pragmatism
ហេតុចៃដន្យ haet chai don (n.) happening
ហេតុផល Het Phol (n.) reason
ហេតុអ្វី het avei (adv.) why
ហេរញ្ញិក heranh nhik (n.) treasurer
ហេរញ្ញិកមហាវិទ្យាល័យ heranhnhik mohavityealai (n.) bursur
ហែក Hek (v.) rip
ហែក Hek (v.) shear
ហែកញកញី haek nhuk nhi (v.) maul
ហែលទឹក hel tuek (v.) swim
ហោដ្ឋានសម្រាប់បញ្ចុះ hao than samreab banhchouh (n.) necropolis
ហោប៉ៅ hao pao (n.) pocket
ហោរា haora sas (n.) astrologer
ហោរាសាស្ត្រ haora sas (n.) astrology
ហោះ haoh (v.) fly
ហោះសំកាំង hoah somkang (v.) glide
ហោះឡើងខ្ពស់ haoh lerng khpos (adv.) aloft

ហៅ hao (v.) call
ហៅខ្មោច hao khmoach (v.) conjure
ហៅទូរស័ព្ទ hao tourosap (v.) telephone
ហៅបញ្ជប់ haw banhchhob (v.) accost
ហៅប្រជុំ hao brachum (v.) convene
ហ្គីតា guitar (n.) guitar
ហ្គោរីឡា gorila (n.) gorilla
ហ្មដំរី mor domrei (n.) mahout
ហ្មត់ចត់ mot chot (adj.) thorough
ហ្មត់ចត់ខ្លាំង Mot Jot Klang (adv.) scrupulously
ហ្រ្វាំងដៃ frang dai (n.) handbrake
ហ្រ្វេកងវិទ្យុខ្ពស់ frekong vithyou khpos (n.) sideband
ហ្វារិនហៃ hva rin hai (adj.) Fahrenheit
ហ្វឹកហាត់ hvoek hat (v.) train
ហ្វូង hvoung (n.) flock
ហ្វូង hvaung (n.) herd
ហ្វូង foung (n.) swarm
ហ្វូងជនសាមញ្ញ hvaung chun samanh (n.) mob
ហ្វូងត្រីបាឡែន hvaung trei balen (v.) pod
ហ្វូងមនុស្ស faung mnouss (n.) crowd
ហ្វូងមនុស្ស faung monuos (n.) horde
ហ្វូងមនុស្ស foung monus (n.) throng
ហ្រ្វាំង frang (n.) brake
ហ្រ្វេកងវិទ្យុ fre kong vityou (n.) frequency
ហ្សែន zen (n.) gene
ហ្សែនដែលបណ្តាលឱ្យកើតជំងឺមហារីក zen del bandal aoy kert chomngeu maharik (n.) oncogene

ឡ lor (n.) furnace
ឡ lor (n.) kiln
ឡ lor (n.) oven
ឡចំហាយទឹក lor chamhay teuk (n.) boiler

ឡចំហាយទឹក lor chomhay teuk (n.) steamer
ឡតដុះមួយប្រភេទ lor et mouy propet (n.) tandoor
ឡាម lam (n.) razor
ឡាន lan (n.) car
ឡានពន្លត់អគ្គីភ័យ lan ponlot akkiphey (n.) firetruck
ឡានក្រុង lan krong (n.) bus
ឡានក្រុងតាក់ស៊ី larn krong tak shi (n.) taxibus
ឡានដឹកទំនិញ lan doek tomninh (n.) lorry
ឡានដឹកទំនិញ lan doek tomninh (n.) truck
ឡានដឹកទំនិញដែលមានផ្ទៃរាបស្មើនៅខាងក្រោយ lan doek tomninh del mean phtei reab smer nov khang kroay (n.) flatbed
ឡានតាក់ស៊ី larn taxi (n.) cab
ឡានតាក់ស៊ី larn tak shi (n.) taxicab
ឡានទឹក larn teuk (n.) fire engine
ឡានបើកដំបូល lan berk dambaul (n.) convertible
ឡានប៉ឹន lan ven (n.) van
ឡានសេដាន Laan Se Daan (n.) sedan
ឡានអត់ដំបូល Laan Ot Dom Bol (n.) roadster
ឡយហឺហា lauy heuha (adj.) chic
ឡើង lerng (v.) ascend
ឡើង lerng (v.) climb
ឡើង lerng (adv.) up
ឡើង lerng (prep.) up
ឡើងក្រមរ Leung Kro Mo (v.) scab
ឡើងក្រហម lerng krahorm (v.) blush
ឡើងខ្មៅ lerng khmao (v.) darkle
ឡើងគ្រងរាជ្យ lerng krong reach (v.) throne
ឡើងដល់កម្រិតខ្ពស់បំផុត lerng dol kamrit khpors bamphot (v.) culminate
ឡើងប៉ោង lerng poarng (v.) billow
ឡើងពពុះ lerng por puoh (v.) foam
ឡើងភ្នំ lerng phnom (v.) mount
ឡើងមួយជាពីរ lerng mouy chea pi (v.) double

ឡើងយ៉ាងរហ័ស lerng yang rohas (v.) soar
ឡើងរឹង leng reung (v.) erect
ឡើងលើ lerng leu (adj.) upward
ឡើងលើ lerng leu (adv.) upwards
ឡើងអង្កាញ់ៗ lerng angkanh angkanh (v.) undulate
ឡេ le (n.) lotion
ឡេវ៉ាសាលីន le va sa lin (n.) vaseline
ឡេលាបដៃ le leab dai (n.) hand lotion
ឡេលាបឱ្យមានពណ៌ដាំដែង le leab oy mean por dam deng (n.) tanner
ឡេអូ (សញ្ញាហោរាសាស្ត្រទី ៥) leo (sanhha horasas ti 5) (n.) Leo
ឡោមព័ទ្ធ laom potth (v.) besiege
ឡោមព័ទ្ធ laom potth (n.) siege
ឡោមព័ទ្ធយ៉ាងកុះករ laomptth yeang kohkor (v.) mob
ឡៅតឺគី lao tue (n.) mezzanine

# អ

អកម្ម a kam (adj.) passive
អកតញ្ញូ ak kat tak nhu (n.) ingratitude
អក្ខរកម្ម akkharak kamm (n.) literacy
អក្ខរក្រម akkharakrom (n.) alphabet
អក្ខរាវិរុទ្ធ akkhara viroutth (n.) spell
អកុសល akosal (adj.) unfortunate
អក្សរកាត់ aksorkat (n.) abbreviation
អក្សរកាត់ aksaarkat (n.) acronym
អក្សរក្រិចបុរាណ Ak Sor Krech Bo Raan (n.) rune
អក្សរទី៣នៃអក្សរក្រិច aksor ti 3 nei aksor krech (n.) gamma
អក្សរអៀត aksor tret (n.) italics
អក្សរផ្ចង់ aksaarphchang (n.) calligraphy
អក្សរផ្ចង់ aksaar phchang (n.) orthograph
អក្សរផ្ចង់ aksaar phchang (adj.) orthographic

អក្សរឬសំឡេងខ្លួនចគ្នា aksaar reu samleng dauchknea (n.) alliteration
អក្សរសម្គាត់ aksor samngat (n.) cipher( or cypher)
អក្សរសម្រាប់មនុស្សខ្វាក់ aksor samrab mnous khvak (n.) braille
អក្សរសិល្ប៍ aksorsel (n.) literature
អក្សរសិល្ប៍ស្រើបស្រាល aksor sil srerb sral (n.) erotica
អគារ akear (n.) building
អគ្គិសនី akkisani (n.) electricity
អង្កត់ធ្នូ angkotthnou (n.) chord
អង្កត់ផ្ចិត angkot phchet (n.) diameter
អង្ករ Ong Kor (n.) rice
អង្កាម angkam (n.) husk
អង្កាំ angkam (n.) bead
អង្កេត angket (n.) observation
អង្កេត oangket (v.) probe
អង្កែ angke (n.) niche
អង្គការ angkkar (n.) organization
អង្គចៅក្រម ang chao krom (n.) judiciary
អង្គចៅក្រម ang chao krom (n.) magistracy
អង្គជាតិ ang cheat (n.) loin
អង្គជាតុសេមស្អិត ong theat serm sa'et (n.) goo
អង្គបដិប្រាណ ang bakde bran (n.) antibody
អង្គបោះឆ្នោត ang baoh chhnaot (n.) electorate
អង្គភាព angk pheap (n.) entity
អង្គម្ចាស់ ang mchas (n.) Highness
អង្គរក្ស angkorak (n.) bodyguard
អង្គុយ ang kouy (v.) sit
អង្គុយច្រហោង angkouy chrohoung (v.) squat
អង្គែស្បែកក្បាល angke sbek kbal (n.) dandruff
អង្រន់ angron (v.) rattle
អង្រើងកូនង៉ែត angreung kaun nget (n.) cradle
អង្រើងកូនង៉ែត ang reung kaun nget (n.) crib

អង្រួន Ong Ruon (v.) shake
អង្រួនយោលបំពេរ angruon yoal bampe (v.) dandle
អង្រួនអោយឮសូរឹង១ ang ruon oy leu so roeung roeung (v.) jingle
អង្វរ angvor (v.) adjure
អង្វរ angvor (v.) beseech
អង្វរ angvor (v.) implore
អង្វរសុំ angvor soum (v.) entreat
អង្សាសេ angsaa se (adj.) Celsius
អង្អែល ong el (v.) stroke
អង់តាក់ទិក angtaktik (adj.) antarctic
អង់តែន angten (n.) antenna
អង់ទីប៊ីយូទិក ang ti bi yau tik (n.) antibiotic
អង់ស៊ីម angsim (n.) enzyme
អចលនទ្រព្យ achalonaktrop (n.) estate
អចលនទ្រព្យ achalonotrop (n.) property
អចលនទ្រព្យ achalonotrop (n.) realty
អចិន្ត្រៃយ៍ achentrai (n.) permanence
អចិន្ត្រៃយ៍ achentrai (adj.) permanent
អច្ឆរិយវត្ថុ ah chhay riyak vottho (n.) marvel
អច្ឆិយបុគ្គល achhey royak bokul (n.) superman
អជីវចល ak chivochol (adj.) inanimate
អញ្ញនិយម anh niyoum (n.) egotism
អញ្ចឹង anhcheung (int.) okay
អញ្ចឹង anhcheung (pron.) such
អញ្ចើញ anhcheunh (v.) invite
អដ្ឋកោណ adth kaon (n.) octagon
អដ្ឋចៅ idth chao (n.) adobe
អដ្ឋភាគ adth pheak (adj.) octuple
អដ្ឋភាគ adth pheak (n.) octuple
អឌ្ឍគោល adthak koal (n.) hemisphere
អឌ្ឍចន្ទ adthochan (n.) crescent
អណ្ដែត andet (adv.) afloat
អណ្ដាត andat (n.) tongue
អណ្ដាតភ្លើង ondat phleung (n.) flame
អណ្ដាតភ្លើង ondat phleung (n.) flare
អណ្ដូង andaung (n.) well
អណ្ដើក anderk (n.) turtle

អណ្ដែត on det (v.) float
អតិថិជន atethechun (n.) client
អតិថិជន atethechun (n.) consumer
អតិថិជន atethechun (n.) customer
អតិបរមា ah te pak rima (n.) maximum
អតិផរណា ak te phorona (n.) inflation
អតិវិសេសគុណនាម atevises kun neam (n.) superlative
អតីត aa tei tak (adj.) former
អតីតយុទ្ធជន adit yout thochun (n.) veteran
អតុល្យភាព atolyak pheap (n.) imbalance
អត្តចរិក attak chakreuk (n.) ethos
អត្តពលិក attapolik (n.) athlete
អត្តសញ្ញាណ attak sanh nhan (n.) identity
អត្តសញ្ញាណកម្ម attak sanh nhan kamm (n.) identification
អត្តសញ្ញាណប័ណ្ណ attak sanh nhan bann (n.) identity card
អត្តាធិបតិជន attak thoebpati chun (n.) autocrat
អត្ថន័យ atthaney (n.) meaning
អត្ថបទ attahbot (n.) article
អត្ថបទ atthabot (n.) text
អត្ថបទជីវប្រវត្តិ atthabot chivak brovott (n.) memoir
អត្ថបទតែងសេចក្ដី atthabot taeng sechkdei (n.) essay
អត្ថបទសម្លេង atthabot samleng (n.) podcast
អត្ថបទសរសេរដោយដៃអ្នកនិពន្ធផ្ទាល់ atthabot sor se doy dai nak niponth phtol (n.) holograph
អត្ថប្រយោជន៍ attha brayoch (n.) advantage
អត្ថប្រយោជន៍ atth brayoch (n.) benefice
អត្តាធិបតេយ្យ attha thoebpatay (n.) autocracy
អត្ថិភាព atthepheap (n.) existence
អត្រា atra (n.) rate
អត្រាប្ដូរប្រាក់ atra phdau brak (n.) exchange rate
អត្រាមរណៈភាព attra moronakpheap (n.) fatality

អត់ការងារធ្វើ ot kar ngear thveu (adj.) jobless
អត់ញញាំបាយ ot nham bay (v.) fast
អត់ទោស ot tous (v.) condone
អត់ទោស ot tous (v.) forgive
អត់ធ្មត់ ot thmot (v.) forbear
អត់ធ្មត់ ot thmot (adj.) intolerable
អត់ធ្មត់ ot thmot (adj.) patient
អត់ខ្មិន at aon (v.) tolerate
អធិកភាព athik pheap (n.) pomp
អធិការកិច្ច athi karokech (n.) inspection
អធិការបតី athikar badei (n.) chancellor
អធិធម្មជាតិ aphi thomacheat (adj.) superhuman
អធិបតេយ្យ athib teyy (adj.) sovereign
អធិបតេយ្យ athib teyy (adj.) sovereign
អធិបតេយ្យភាព athib teyy pheap (n.) sovereignty
អធិរាជ akthireach (n.) emperor
អធិរាជ ak thi reach (n.) lordship
អធិរាជិនី aathireachoni (n.) empress
អធិស្ឋាន athi sthan (v.) pray
អនក្ខរភាព anakkharak pheap (n.) illiteracy
អនាគត anakuot (n.) future
អនាគត anakot (adj.) prospective
អនាគតវិទ្យា anakuot vityear (n.) futurology
អនាធិបតេយ្យ anathibtei (n.) anarchy
អនាមិក aneamik (adj.) anonymous
អនាម័យ anamai (n.) hygiene
អនាម័យ Ark Na Maai (n.) sanity
អនីតិជន ani te chon (n.) minor
អនីតិជនប្រព្រឹត្តបទល្មើស anitechun brapreutt bot lmeus (n.) delinquent
អនុ anou (n.) vice
អនុញ្ញាត anou nhnhat (v.) allow
អនុញ្ញាត a nouh nhat (adj.) permissible
អនុញ្ញាត anouh nhat (v.) permit
អនុញ្ញាតឱ្យ anounhnhat oy (v.) let
អនុប្រធាន anuk brothean (n.) deputy
អនុផល anuk phal (n.) by-product
អនុព័ន្ធ anoukpon (n.) attache

អនុម័ត anoumat (v.) adopt
អនុម័ត anoumat (v.) approve
អនុម័ត anoumat (v.) obduct
អនុម័តច្បាប់ anoumat chbab (v.) enact
អនុម័តឡើងវិញ Arknoumatt Leung Venh (v.) reapproach
អនុលោម anuloam (adj.) compliant
អនុលោម anuloam (v.) conform
អនុវត្ត anouvott (v.) apply
អនុវត្ត anukwat (v.) enforce
អនុវត្ត anouvott (v.) implement
អនុវត្ត anouvot (v.) perform
អនុវត្ត anouvot (adv.) practically
អនុវត្ត anouvot (v.) practise
អនុវត្ត anouvott (v.) undertake
អនុវត្តតាម anuvott tam (v.) comply
អនុសាឣ្យ anusaat (n.) corollary
អនុសេនីយ៍ទោ anou se nei to (n.) lieutenant
អនុស្សរណៈ anoussaaranak (n.) memorandum
អន្តរការី antorakari (n.) intermediary
អន្តរជាតិ antorakcheat (adj.) international
អន្តរាគមន៍ antorakom (n.) intervention
អន្តេវាសិកដ្ឋាន antevasek than (n.) dormitory
អន្តោប្រវេសន៍ anto bra ves (n.) immigration
អន្ទង់ antung (n.) eel
អន្ទាក់ teak (n.) noose
អន្ទាក់ anteak (n.) pitfall
អន្ទាក់ anteak (n.) snare
អន្ទាក់ anteak (n.) trap
អន្ទាក់ក្នុងហ្គេម anteak knong game (n.) trapline
អន្ទះសា anteahsa (adj.) eager
អន្ទះសា anteahsa (adv.) overboard
អន្លង់ anlong (n.) canyon
អន្លង់ជ្រៅ anlong chrov (n.) abyss
អន់ចិត្ត Orn Jit (v.) resent
អន់ថយ Orn Thoy (n.) rundown
អបអរ ab aar (v.) acclaim
អបអរ abaar (v.) celebrate

អបអរសាទរ ab aar sator (v.) applaud
អបអរសាទរ abaar sator (v.) congratulate
អបអរសាទរ ob or sa tor (int.) felicitations
អបិយជំនឿ a pey chomnue (n.) superstition
អប្បជនាធិបតេយ្យ abbachna thibtey (n.) oligarchy
អប្បជនាធិបតេយ្យជន abbachna thibteyy chon (n.) oligarch
អប្បបរមា ab ba bar ma (adj.) minimum
អប្បបរមា ab ba bar ma (n.) minimum
អប្រតិបត្តិភាព ak bro te bat pheap (n.) impracticability
អប់រំ ob rom (v.) educate
អប់រំ oab rom (v.) nurture
អព្ភូតហេតុ apphouthet (n.) miracle
អព្យាក្រឹត a pyea kroet (adj.) neutral
អព្យាក្រឹត a pyea kroet (v.) neutralize
អភិជន aphichun (n.) aristocrat
អភិជន aaphichun (n.) elite
អភិជន aphi chon (n.) nobility
អភិជន aphichon (n.) nobleman
អភិជន aphichon (n.) omnipresence
អភិជនហាន:ខ្ពស់បំផុត aphichun thanak khpos bamphot (n.) duke
អភិជនថ្នាក់ទាប aphichun thnak teab (n.) baron
អភិជននិយម aphichun niyoum (n.) elitism
អភិជនភាព ak pi chun pheap (n.) grandeur
អភិជនាធិបតេយ្យ aphichun neathibtey (n.) aristocracy
អភិបាល aphibal (n.) governor
អភិបាលកិច្ច aphibal kech (n.) governance
អភិបាលក្រុង aphibal krong (n.) mayor
អភិរក្ស aphirak (v.) conserve
អភិវឌ្ឍ aphivodth (v.) develop
អភយឯកសិទ្ធិ aphey eksetth (n.) immunity
អម om (v.) flank
អមនុស្សធម៌ Ark Mnous Tho (n.) savagery
អមការពារ orm karpear (v.) escort
អមតាម om tam (n.) sideburns

អមតៈ amatak (adj.) immortal
អមនុស្សធម៌ ak monous saathor (adj.) inhuman
អយស្ទ័រតូច ay ster tauch (n.) oysterling
អយុត្តិធម៌ ayouttethor (adj.) unfair
អយុត្តិធម៌ ayouttethor (adj.) unjust
អរគុណ orkun (v.) thank
អរិយធម៌ ariyathor (n.) civilization
អរូបី aroupei (adj.) abstract
អរូបី ak rou pei (adj.) intangible
អវកាស avkas (n.) aerospace
អវកាសយានិក avkasyeanik (n.) astronaut
អវត្តមាន avottamean (n.) absence
អវត្តមាន avottamean (adj.) absent
អវសាន្ត avosan (n.) epilogue
អវិជ្ជមាន avichchmean (adj.) adverse
អវិជ្ជមាន avichchman (prep.) minus
អវិជ្ជមាន a vichman (n.) negation
អវិជ្ជមាន avichchmean (adj.) negative
អវៈយវៈ avak yivak (v.) limb
អសកម្ម asakamm (adj.) inactive
អសន្តិសុខ ak son te sok (n.) insecurity
អសមត្ថភាព ak samattha pheap (n.) inability
អសមត្ថភាព ak samatthapheap (n.) incapacity
អសមត្ថភាព ak samatthapheap (adj.) incompetent
អសមត្ថភាពផ្លូវភេទ ak samathapheap phlouv pet (n.) impotence
អសីលធម៌ aseil thor (adj.) amoral
អសីលធម៌ ak seila thor (adj.) immoral
អស្ចារ្យ aschar (adj.) breathtaking
អស្ចារ្យ aschar (adj.) brilliant
អស្ចារ្យ oschar (adj.) extraordinary
អស្ចារ្យ oschar (adj.) fabulous
អស្ចារ្យ oschar (adj.) great
អស្ចារ្យ os char (adj.) magnificent
អស្ចារ្យ oschar (adj.) majestic
អស្ចារ្យ aschar (adj.) marvellous
អស្ចារ្យ aschar (adj.) phenomenal
អស្ចារ្យ Os Ja (adj.) remarkable
អស្ចារ្យ aschar (adj.) spectacular
អស្ចារ្យ aschar (adj.) splendid
អស្ចារ្យ aschar (adj.) terrific
អស្ចារ្យ oschar (adj.) wonderful
អស្ចារ្យ oschar (adj.) wondrous
អស្ចារ្យណាស់ oschar nas (adj.) awesome
អស្ថិរភាព akstheropheap (n.) destabilization
អស្ថិរភាព ak sthe ro pheap (n.) instability
អស់ពីដួងចិត្ត os pi duong chett (adj.) whole-hearted
អស់សង្ឃឹម os sang kheum (adj.) helpless
អស់សង្ឃឹម os sang kheum (adj.) hopeless
អ៊ិញ inch (n.) inch
អ៊ីដ្រូសែន e drau zen (n.) hydrogen
អ៊ីនធឺណេត internet (n.) internet
អ៊ីមែល emel (n.) email
អ៊ីសូឡង់ e so long (n.) insulator
អ៊ុត uot (v.) iron
អ៊ុតផ្លាស្ទិកពីលើ uot plastic pi leu (v.) laminate
អ៊ុលត្រាសោន ul tra saon (n.) ultrasound
អូយ aouy (int.) ouch
អូយ aouy (n.) ouch
អាកប្បកិរិយា ahkab keriya (n.) manner
អាកាត់ a kat (n.) amputee
អាការៈក្រៅ Ahh Kaa Raak Krao (n.) semblance
អាកាសចរណ៍ akasachor (n.) aviation
អាកាសចរណ៍វិទ្យា akasachar vityea (n.) aeronautics
អាកាសទេព aa kas teb (n.) sylph
អាកាសធាតុ akasatheat (n.) climate
អាកាសធាតុ akasatheat (n.) weather
អាកាសយានដ្ឋាន akasayean than (n.) airfield
អាគ្ហរទេវី ak kharak tevi (n.) nymph
អាក្រក់ akrak (adj.) bad
អាក្រក់ akrok (adj.) evil
អាក្រក់ akrak (adj.) perverse
អាក្រក់ akrok (adj.) ugly
អាក្រក់ akrok (adj.) wicked
អាក្រក់ណាស់ akrak nas (adj.) awful

អាក្រក់បំផុត akrok bamphot (adj.) worst
អាក្រាត akrat (adj.) naked
អាក្រាត akrat (n.) nudity
អាក់អន់ចិត្ត ak on chett (adj.) disgruntled
អាគារខ្ពស់ akar khpos (n.) skyscraper
អាង ang (n.) basin
អាងងូតទឹក ang ngout teuk (n.) bath
អាងចិញ្ចឹមត្រី ang chenh cheum trei (n.) aquarium
អាងទឹក ang teuk (n.) tub
អាងស្តុកទឹកស្អុយ ang stok teuk saouy (n.) cesspool
អាច arch (adj.) able
អាច ach (v.) can
អាច ach (v.) could
អាច ach (v.) may
អាចគ្រប់គ្រងបាន ach krob krong ban (adj.) manageable
អាចចរចារបាន ach chorcha ban (adj.) negotiable
អាចចុះខ្សោយបាន ach choh khsaaoy ban (v.) wabble
អាចចូលដំណើរការបាន ach chaul damnerkar ban (adj.) accessible
អាចឆ្លើយបាន ach chhlery ban (adj.) answerable
អាចជជែកបាន ach chochek ban (adj.) arguable
អាចជួលជុលបាន Del Arch Jous Jol Ban (adj.) repairable
អាចដាំដុះបាន ach damdoh ban (adj.) arable
អាចដំណើរការបាន ach damner kar ban (adj.) workable
អាចតាមដានបាន ach tamdan ban (adj.) trackable
អាចទទួលយកបាន ach totuol yok ban (adj.) acceptable
អាចទទួលយកបាន ach totuol yok ban (adj.) admissible
អាចទទួលយកបាន ach totuol yokk ban (v.) reaccept
អាចទាញបាន ach teanh ban (adj.) tensible
អាចទិញបាន ach tinh ban (v.) afford

អាចធ្វើទៅបាន ach thveu tov ban (adj.) feasible
អាចធ្វើបាន ach thveu ban (adj.) doable
អាចធ្វើបាន ach thveu ban (adj.) possible
អាចនៅក្រៅឃុំ ach nov krao khom (adj.) bailable
អាចបង្រៀនបាន ach bangrien ban (adj.) teacheable
អាចបញ្ចាំងបាន Arch Bon Jang (adj.) screenable
អាចបត់បែនបាន arch bot baen ban (adj.) flexible
អាចបត់បែនបាន ach btben ban (adj.) inflexible
អាចបរិភោគបាន ach boriphoak ban (adj.) eatable
អាចបរិភោគបាន ach briphok ban (adj.) edible
អាចប្តឹងបាន ach bdeung ban (adj.) actionable
អាចប្រើបាន ach brer ban (adj.) usable
អាចផ្ទេរបាន ach phte ban (adj.) transferable
អាចមើលឃើញ ach meul kheunh (adv.) ostensibly
អាចម៍ត្រចៀក ach trorcheak (n.) cerumen
អាចម៍ផ្កាយ Ach phkay (v.) asteroid
អាចម៍ផ្កាយ ach phkay (n.) meteor
អាចម៍រណារ Arch Ro Naa (n.) sawdust
អាចយកបាន ach yok ban (adj.) takeable
អាចយល់បាន ach yol ban (adj.) perceptible
អាចរស់នៅបាន ach ros nov ban (adj.) inhabitable
អាចរាប់បាន ach roab ban (adj.) countable
អាចវាស់វែងបាន ach voas veng ban (adj.) measurable
អាចសន្សំបាន Del Arch Son Som Ban (adj.) savable
អាចសម្របខ្លួនបាន ach samrob khluon ban (adj.) adaptable
អាចស្តាប់បាន ach sdab ban (adj.) audible
អាចស្រូបយកបាន ach sraub yok ban (adj.) absorbable

អាចអនុវត្តបាន ach anouvott ban *(adj.)* applicable
អាចអានបាន ach arn ban *(adj.)* legible
អាចអោយឆ្អែត Arch Oy Ja Et *(adj.)* satiable
អាចារ្យ aachar *(n.)* druid
អាជីព achip *(n.)* career
អាជីវកម្ម achivokamm *(n.)* business
អាជ្ញាកណ្ដាល Ah Nha Kondal *(n.)* referee
អាជ្ញាកណ្ដាល achnha kandal *(n.)* umpire
អាជ្ញាកណ្ដាល achnha kandal *(n.)* arbitrator
អាជ្ញាប័ណ្ណ ach nha bann *(n.)* licence
អាដហុក ad hok *(adj.)* ad hoc
អាដាប់ធ័រ a dab thor *(n.)* adaptor
អាណត្តិ anatt *(n.)* mandate
អាណត្តិ anat *(n.)* term
អាណត្តិអចិន្ត្រៃយ៍នៃមុខខាងដំណែង anat achentrey nei moukh domneng *(n.)* tenure
អាណាចក្រ anachak *(n.)* realm
អាណានិគម ananikum *(n.)* colony
អាណាព្យាបាល ana pyea bal *(n.)* guardian
អាណិត anet *(v.)* pity
អាណិតអាសូរ anit asou *(v.)* sympathize
អាតូម ataum *(n.)* atom
អាត្មា aathma *(n.)* ego
អាត្មានិយម Ahh Thma Nee Yom *(adj.)* selfish
អាត្មន៍សាស្ត្រ atman sast *(n.)* pneumatology
អាថ៌កំបាំងនៃភាពអស្ចារ្យរបស់នរណាម្នាក់ art kombang nei pheap oschar robos norna mneak *(n.)* mystique
អាថ៌កំបាំង art kambang *(n.)* mystery
អាទិទេព atitep *(n.)* deity
អាទិទេព ah ti teb *(n.)* godhead
អាទិភាព atipheap *(n.)* precedence
អាទិភាព atipheap *(n.)* priority
អាន arn *(v.)* read
អានបានល្អ an ban laor *(adj.)* well-read
អានុភាព anou pheap *(n.)* leverage
អានុភាព anoupheap *(n.)* potency
អាបធ្មប់ ab thmob *(n.)* sorcerer
អាបធ្មប់ ab thmob *(n.)* sorcery

អាបធ្មប់ ab thmob *(n.)* witch
អាប់អួរ ab uor *(adj.)* gloomy
អាប់អួរ ab uor *(adj.)* hazy
អាពាហ៍ពិពាហ៍ apea pipea *(n.)* marriage
អាពាហ៍ពិពាហ៍ apa pipea *(n.)* matrimony
អាពាហ៍ពិពាហ៍ apa pipea *(adj.)* nuptial
អាភៀន aphien *(adj.)* opiate
អាភៀន aphien *(n.)* opiate
អាភៀន aphien *(n.)* opium
អាម៉ូញាក់ a mau nheak *(n.)* ammonia
អាម៉ែន amen *(interj.)* amen
អាយង ah yorng *(n.)* marionette
អាយង ayong *(n.)* puppet
អាយុ ayou *(n.)* age
អាយុ ayou *(n.)* old
អាយុដប់ប្រាំពីរ Ahh Yu Dob Pram Pee *(n.)* seventeen
អាយុយឺនយូរ ayou yeun your *(n.)* longevity
អារ Ahh *(v.)* saw
អារក្សបិសាច Ah Rak Bei Sach *(n.)* satan
អារម្ភកថា arom kaktha *(n.)* preface
អារម្ភបទ aromph bot *(n.)* prologue
អារម្មណ៍ arom *(n.)* emotion
អារម្មណ៍ aromm *(n.)* feeling
អារម្មណ៍ arom *(n.)* mood
អារម្មណ៍ Ahh Rom *(n.)* sensation
អារម្មណ៍មិនល្អ aromm min laor *(adj.)* moody
អារ៉ាប់ arab *(n.)* Arab
អាលុយមីញ៉ូម alouyminhaum *(n.)* aluminium
អាល់ប៊ុម album *(n.)* album
អាល់ប៊ុមដែលលក់ដាច់បំផុត alboum del lukdach bamphot *(n.)* chartbuster
អាល់ម៉ន almon *(n.)* almond
អាល័យ alay *(v.)* pine
អាវ av *(n.)* blouse
អាវ av *(n.)* shirt
អាវកាក់ av kak *(n.)* jerkin
អាវកាក់ av kak *(n.)* vest
អាវកាក់ av kak *(n.)* waistcoat
អាវកីឡា av kei la *(n.)* jersey

អាវក្រោះ av kraoh (n.) armour
អាវក្រៅ av krao (n.) coat
អាវចាក់ម្យ៉ាង av chak myang (n.) polo
អាវចាក់អត់កor av chak ot kor (n.) cardigan
អាវដណ្តប់ គ្មានដៃ av don dob kmean dai (n.) mantle
អាវទ្រនាប់ av tronoab (n.) bodice
អាវទ្រនាប់ av tronoab (n.) bra
អាវទ្រនាប់រលុងរបស់ស្រី avtronoab roloung robos strei (n.) chemise
អាវធំ av thom (n.) jacket
អាវធំ ជាងកសណ្ឋាន avthom chea eksanthan (n.) blazer
អាវធំមានត្រមបក្រប់ក្បាល avthom mean komrob krob kbal (n.) anorak
អាវធំផែងពាក់ក្រៅ aov thom veng peak krao (n.) cloak
អាវពាក់ដេក av peak dek (n.) nightie
អាវយឺត av yeut (n.) pullover
អាវរងា av ro ngea (n.) overcoat
អាវរងារ av ro ngea (n.) sweater
អាវលុងស្រី av rolong strei (n.) smock
អាវសុវត្ថិភាព av sovatthepheap (n.) life jacket
អាវហុងគ្រី arv hongkri (n.) dolman
អាវុធ avouth (n.) polearm
អាវុធ avouth (n.) weapon
អាសន្នរោគ asannorok (n.) cholera
អាសន: asanak (n.) altar
អាសយដ្ឋាន asayodthan (n.) address
អាស៊ីតអាសេទិច asit a se tich (n.) acetic acid
អាស៊ីត asit (n.) acid
អាស៊ីដស៊ីទ្រិច acid citric (n.) citrine
អាសេតាត a se tat (n.) acetate
អាសេតូន a se taun (n.) acetone
អាសេទីឡែន a se ti len (n.) acetylene
អាស្រមឥសី ahsrom ei sei (n.) hermitage
អាហារ ahar (n.) food
អាហារ ahar (n.) meal
អាហារប៊ូហ្វេ ahar boufe (n.) buffet
អាហារពេលល្ងាច ahar pel lngeach (n.) dinner

អាហារចន្លោះពេលព្រឹកនិងថ្ងៃត្រង់ ahar chonlors pelpreuk ning thngai trong (n.) brunch
អាហារដ្ឋាន aharothan (n.) cafeteria
អាហារដ្ឋាន aharothan (n.) canteen
អាហារថ្ងៃត្រង់ ahar thngai trang (n.) lunch
អាហារទារក ahar tearok (n.) baby food
អាហារប្រណិត ahar bronet (n.) delicacy
អាហារពេលព្រឹក ahar pelpreuk (n.) breakfast
អាហារពេលល្ងាច ahar pel lngeach (n.) supper
អាហាររហ័ស ahar rohas (n.) fast food
អាហារូបត្ថម្ភ ahar roub tthom (n.) nutrition
អាហារសម្រន់ Ah Ha Som Ron (n.) refreshment
អាហារសម្រន់ ahar samron (n.) snack
អាហារូបករណ៍ Ahh Haa Roo Pak Ko (n.) scholarship
អាឡែរហ្សី aleksi (n.) allergy
អាណ្តោះអាល័យ a laoh a lay (n.) nostalgia
អាំង ang (v.) smoke
អាំងតង់ស៊ីតេ ang tong shi te (n.) intensity
អាំងនំប័ង ang nompang (v.) toast
អុក ork (n.) chess
អុក ouk (n.) gambit
អុកតាន ok tan (n.) octane
អុកស៊ីដ ok sid (n.) oxide
អុកស៊ីតកម្ម ouk shit kam (n.) oxidation
អុកស៊ីសែន ok si sen (n.) oxygen
អុកស៊ីអាស៊ីត ok si asit (n.) oxyacid
អុជ och (v.) light
អុជធូប och thoub (v.) incense
អុជភ្លើង och phleung (v.) accend
អុំ Oum (v.) row
អុំអង្ករ om angkor (v.) winnow
អូដ្ឋ audth (n.) camel
អូតូម៉ង់ au tau mong (n.) ottoman
អូរ au (n.) beck
អូរ au (n.) creek
អូរ Oh (n.) rivulet
អូរ ou (n.) stream

អូរតូច ou touch (n.) streamlet
អូលីវ au liv (n.) olive
អូវុល auvoul (n.) ovum
អូស aus (v.) drag
អូសពីក្រោយ aus pikraoy (v.) trail
អូស្មស ausmaus (v.) osmose
អូហ្ស៊ au zo (n.) ouzo
អូហ្ស៊ូន au ssaaun (n.) ozone
អូឡាំពិច au lam pi ch (n.) olympiad
អួត uot (v.) boast
អួត uot (v.) brag
អួត uot (adj.) smug
អួតខ្លួន outh kluon (v.) bluff
អួតសរសើរ leuk damkerng (v.) adulate
អួល ourl (v.) choke
អៀន ien (adj.) bashful
អៀន ien (v.) shy
អៀនប្រៀន ian Prean (adj.) sheepish
អៀមការពារខោអាវ iem karpear khoa av (n.) apron
អេកូ ekau (n.) echo
អេកូ ekau (v.) echo
អេកូឆ្លះចលនាបេះដូង ekau chhloh chalna behdaung (n.) echocardiogram
អេកូទេសចរណ៍ ekau tesachor (n.) ecoterrorism
អេកូឡូស៊ី bristhean vityea (n.) ecology
អេក្រង់ Eh Krong (n.) screen
អេក្រង់ Eh Krong (n.) screencast
អេក្រង់រាបស្មើ ehkrong reab smer (n.) flat screen
អេក្វាទ័រ ekvator (n.) equator
អេដស៍ ed (n.) AIDS
អេទែ ether (n.) ether
អេប៉ុង e pong (n.) sponge
អេប៉ុងក្បាលគ្រឿង aurilave (n.) aurilave
អេម៉ូក្លូប៊ីន e mau klau bin (n.) haemoglobin
អេស្ប៉ាញ esbanh (adj.) Spanish
អេឡិចត្រុង e lech trong (n.) electron
អេឡិចត្រូនិច e lech trau nich (adj.) electronic
អេឡិចត្រូលីត elechtraulit (n.) electrolyte

អោន aon (n.) ounce
អោយជិះ Oy Jis (n.) ride
អោយឈ្មោះ oy chhmoah (v.) term
អោយតម្លៃទៅលើ aoy damlei tov leu (v.) prize
អោយទាន oy tean (v.) dole
អោយប្រាក់មកវិញ Oy Prak Mok Venh (v.) refund
អោយពិន្ទុ oy pinthu (v.) grade
អោយពិន្ទុ Oy Pin Tu (v.) score
អោយមិនគ្រប់ Oy Min Krob (v.) scant
អោយរង្វាន់ Oy Rong Von (v.) reward
អោយរួចពីការគ្រប់គ្រង oy ruoch pi kar krob krong (v.) emancipate
អោយលទ្ធផល Oy Latta Phol (v.) result
អោយស្រមោល Oy Sro Mol (v.) shadow
អ្នកជួល nak chuol (n.) tenant
អ្នកកត់ជាលាយលក្ខអក្សរ nak kot chea leay lakkh aksor (n.) transcriber
អ្នកកត់ប្រតិបត្តិការរដ្ឋនូញ nak kot bratibatkar chomnuonh (n.) book-keeper
អ្នកកត់ពិន្ទុ Nak Kot Pin Tu (n.) scorekeeper
អ្នកចាំងាល់សមុទ្រ Mak Ka Pal Sak Mot (n.) seajacker
អ្នកកាត់ nak kat (n.) cutter
អ្នកកាត់សេចក្ដី nak kat sechkdei (n.) arbiter
អ្នកកាន់កាប់ nak kankab (n.) occupant
អ្នកកាន់កាប់ nak kan kab (n.) taker
អ្នកកាន់កាប់ទ្រព្យសម្បត្តិ nak kan kab trop sambat (n.) occupier
អ្នកកាន់កាប់បញ្ជី Nak Kann Bon Chee (n.) registrar
អ្នកកាន់តំណែងមុន nak kan damneng moun (n.) predecessor
អ្នកកាន់ទុក្ខ nak kantuk (n.) mourner
អ្នកកាន់នូវចរិយាសាស្ត្រ ដ៏តឹងរឹង nak kan nov chariyasas dor tueng reung (n.) stickler
អ្នកកាន់ព្រះអង្គច្រើន nak kan preahang chraen (n.) polytheist
អ្នកកាន់របៀបតឹងរឹង nak kan robeab teung reung (n.) martinet

អ្នកកាន់លំពែង nak kan lom peng (n.) lancer
អ្នកកាន់អីវ៉ាន់ nak kan eivan (n.) porter
អ្នកកាន់អំណាចផ្ដាច់ការ nak kan amnach phdach kar (n.) despot
អ្នកកាប់សាច់សត្វ nak kab sach sat (n.) butcher
អ្នកការទូត anakkeartout (n.) diplomat
អ្នកការពារកូនក្ដី nak karpear kaun kdei (n.) pleader
អ្នកការពារនៅក្លិបរាត្រី nak kapear nov khleub reatrey (n.) bouncer
អ្នកកាសែត nak kaaset (n.) columnist
អ្នកកីឡាកុនដាវ nak kei la kun dao (n.) fencer
អ្នកកីឡាចាក់គោ nak keilar chak koa (n.) matador
អ្នកកីឡាយោលទោង nak keila yol tong (n.) trapezist
អ្នកកោះប្រជុំ nak kaoh brachoum (n.) convener
អ្នកក្រខ្សត់ nak kra khsaat (n.) pauper
អ្នកក្រឡុកស្រា nak kralok sra (n.) bartender
អ្នកក្រោមបង្គាប់ nak kraom bangkoab (n.) subordinate
អ្នកក្រៅ nak krao (n.) outsider
អ្នកកំដរកូនក្រមុំ nak komdor kaun kramoum (n.) bridesmaid
អ្នកកំណាញ់ nak kamnanh (n.) niggard
អ្នកកំពុងកាន់តំណែង nak kampong kan domneng (n.) incumbent
អ្នកខ្ចីដោយដាក់វត្ថុបញ្ចាំ nak khchei daoy dak vottho banhchoam (n.) mortgagor
អ្នកគង្វាល Nak Kong Veal (n.) shepherd
អ្នកគង្វាលគោក្របី nak kongveal koa krobei (n.) herdsman
អ្នកគាស់ទូរវ៉េត Nak Kors Tou Dek (n.) safebraker
អ្នកគាំទ្រ nak komtro (n.) adherent
អ្នកគាំទ្រការដឹកនាំដោយអភិជន nak koamtror kar doeknoam daoy aphichun (n.) elitist

អ្នកគាំទ្រដ៏ដឹងម៉ា nak kom tro dor reung mom (n.) stalwart
អ្នកគាំទ្រផ្ទាប់មុខ nak koam tro phkab moukh (n.) idolater
អ្នកគាំទ្រសំណើរ Nak Kom Tro Som Neu (n.) seconder
អ្នកគាំពារ nak keapear (n.) protector
អ្នកគិត nak kit (n.) thinker
អ្នកគិតលុយ nak kit luy (n.) cashier
អ្នកគូរផែនទី nak kour phenti (n.) cartographer
អ្នកគោរពបូជា nak korop bauchea (n.) worshipper
អ្នកគ្រប់គ្រង nak krobkrong (n.) administrator
អ្នកគ្រប់គ្រង nak krob krong (n.) incharge
អ្នកគ្រប់គ្រង nak krob krong (n.) manager
អ្នកគ្រប់គ្រងប្រៃសនីយ៍ nak krob krong braisani (n.) postmaster
អ្នកគ្រប់គ្រងផែ nak kroub krong phae (n.) dockmaster
អ្នកគ្រប់គ្រងវ៉ិបសាយ nak krobkrong veb (n.) webmaster
អ្នកគ្រោងគម្រោង Nak Krong Kum Rong (n.) schematist
អ្នកគំនូរជីវចល nak koumnou chivochol (n.) cartoonist
អ្នកឃាមរកប្រយោជន៍ nak komream rok prayoach (n.) blackmailer
អ្នកងប់នឹងបច្ចេកវិទ្យា nak ngob ngol neung bachchek vityea (n.) technomad
អ្នកងាកមើល Nak Ngeak Merl (n.) rubberneck
អ្នកចងការអាករ nak chong kar aa kor (n.) usurer
អ្នកចង្អុល nak chang oul (n.) pointillist
អ្នកចងបានប្រពន្ធ nak chong ban bropong (n.) suitor
អ្នកចម្បាំង nak chambang (n.) warrior
អ្នកចម្រៀង nak chamrieng (n.) vocalist
អ្នកចរចា nak chorcha (n.) negotiator
អ្នកចាក់ថ្នាំបង្ការ nak chaktnam bangkar (n.) vaccinator

អ្នកចាប់ផ្ដើមដំបូង nak chab phderm dambaung (n.) beginner
អ្នកចាប់ពង្រត់ nak chabpongrot (n.) abductor
អ្នកចាប់ពិរុទ្ធ nak chab pirout (n.) censor
អ្នកចារលើខ្នងសំបុត្រ nak char leu khnang saambot (n.) endorser
អ្នកចាំជ្រើនហើយចូលចិត្តបង្រៀន Nak Jam Jreun Hoy Jol Jit Bong Rean (n.) repertoire
អ្នកចាំជួយ nak cham chuoy (n.) helpmate
អ្នកចាំទី nak cham ti (n.) goalkeeper
អ្នកចិញ្ចឹមឃ្មុំ anak chenhchum khmoum (n.) beekeeper
អ្នកចូលចិត្តអាន nak chaul chet arn (n.) bookish
អ្នកចូលចិត្តបច្ចេកវិទ្យា nak choul chett pakchekvityear (n.) geek
អ្នកចូលចិត្តបច្ចេកវិទ្យាថ្មី nak choul chet bachchek vityea thmey (n.) technophile
អ្នកចូលចិត្តប្រមូលមេដាយ nak choul chett bromoul me dai (n.) medallist
អ្នកចូលចិត្តប្រមូលសៀវភៅ nak chaulchett bramoul sievphov (n.) bibliophile
អ្នកចូលចិត្តប្រើអ៊ីនធឺណែត nak choul chett brer internet (n.) netizen
អ្នកចូលចិត្តលេងសើច ចំអក nak choul chet leng serch chom ork (n.) teaser
អ្នកចូលចិត្តឈ្មើសច្បាប់ Nak Jol Jet Lmeus Jbab (n.) rulebraker
អ្នកចូលចិត្តសប្បាយអីុអែ Nak Jol Jet Sabay Ou Eh (n.) reveller
អ្នកចូលចិត្តស្អាបអង្អែល nak chaul chett steab ong el (n.) fondler
អ្នកចូលចិត្តអានសៀវភៅ nak choul chet arn sievphov (n.) bookworm
អ្នកចូលរួម nakchaulruom (n.) contributor
អ្នកចូលរួម nak chaul ruom (n.) joiner
អ្នកចូលរួម nak chaul ruom (n.) participant
អ្នកចេតគោនិយម nak chet toa niyom (n.) spiritualist
អ្នកចេះច្រើនមុខជំនាញ nak cheh chraen moukh chomneanh (n.) polymath
អ្នកចេះនិយាយតាមដើមបំពង់ក nak cheh niyeay tam derm bampong kor (n.) ventriloquist
អ្នកចេកបៀ nak chek bia (n.) dealer
អ្នកចែងបទបញ្ជា Nak Jeng Bot Bon Jea (n.) regulator
អ្នកចែវទូក nak chev touk (n.) oarsman
អ្នកចោទប្រកាន់ nak chaot brakan (n.) accuser
អ្នកឆ្បាំងឈ្នះ nak chhbang chhneah (n.) conqueror
អ្នកច្រូត nak chraut (n.) harvester
អ្នកច្រៀងសំឡេងខ្ពស់ nak chomreang somleng kpos (n.) tenor
អ្នកចំណីអាហារ nak chamnei ahar (n.) dietician
អ្នកចំបាប់ nak chambab (n.) wrestler
អ្នកចំរៀង nak chamrieng (n.) singer
អ្នកផ្ញើយឆ្លងព័ត៌មាន nak chhlery chhlong poramean (n.) correspondent
អ្នកឆ្លៀតរកចំណេញធំ nak chhleat rok chomnenh thom (n.) profiteer
អ្នកជជែក nak chorchek (v.) chatter
អ្នកជាតិនិយម nak cheat niyom (n.) nationalist
អ្នកជាតំណាង Nak Jea Dom Nang (n.) sampler
អ្នកជិតខាង nak chit kheang (n.) neighbour
អ្នកជិះ Nak Jis (n.) rider
អ្នកជិះកង់ nak chis kong (n.) biker
អ្នកជិះកង់ nak chih kong (n.) cyclist
អ្នកជិះទូកក្ដោងតូច Nak Jis Took Kdong Toch (n.) sailboarder
អ្នកជិះទូកក្ដោង Nak Jis Took Kdong (n.) sailboater
អ្នកជិះស្គី nak chih ski (n.) skater
អ្នកជីវវិទ្យានៃសារពាង្គកាយផូស៊ីល nak chivakviyear nei sarapeangkay posil (n.) paleobiologist
អ្នកជួយមនុស្សក្រ Nak Juy Mnous Kror (n.) samaritan
អ្នកជួយសង្គ្រោះ nak chouy sangkroh (n.) succour

អ្នកជួល nak chuol (n.) **lessee**
អ្នកជួលទូក nak chuol touk (n.) **boatman**
អ្នកជួសជុលម៉ាស៊ីន nak chuos chul maasin (n.) **fitter**
អ្នកជួសជុលស្បែកជើង nak chuos chul sbek cheung (n.) **cobbler**
អ្នកជើងថ្មី nak thmer cheung (n.) **tenderfoot**
អ្នកជើតាម nak cheu tam (n.) **henchman**
អ្នកជឿថាប្រាជ្ញារបស់មនុស្សផ្ដាចលើព្រះ nak chue tha brachnha robos mnous phdaot leu preah (n.) **ontologist**
អ្នកជឿថាមានព្រះ nak chheu tha mean preah (n.) **theist**
អ្នកជឿទុកចិត្ត nak cheu touk chett (n.) **trustee**
អ្នកជឿផ្ដាប់មុខ nak cheu phkab moukh (n.) **diehard**
អ្នកជឿលើព្រះ nak chue leu preah (n.) **pantheist**
អ្នកជឿលើព្រះតែមួយ nak chheu leu preah tae muoy (n.) **monotheist**
អ្នកជឿវាសនាកម្ម nak cheu veasna kam (n.) **fatalism**
អ្នកជំងឺ nak chom ngue (n.) **patient**
អ្នកជំងឺចូលចិត្តរួមភេទនឹងរបស់ផ្សេងៗ nak chomngeu chaul chett ruom phet daoy pah vottho phseng phseng (n.) **fetishism**
អ្នកជំងឺដែលបានទៅព្យាបាលនៅមន្ទីរព្យាបាលហើយ nak chomngeu del ban tov pyeabal now monti pyea bal rok (n.) **outpatient**
អ្នកជំនាញ nak chomneanh (n.) **adept**
អ្នកជំនាញ nak chomneanh (n.) **connoisseur**
អ្នកជំនាញ nak chomneanh (n.) **expert**
អ្នកជំនាញ nak chomneanh (n.) **specialist**
អ្នកជំនាញ nak chomneanh (n.) **tactician**
អ្នកជំនាញខាងពេទ្យសត្វ nak chomneanh khang pet sat (n.) **paedologist**
អ្នកជំនាញខាងអក្សរផ្ចង់ nak chomneanh khang aksaar phchang (n.) **orthographer**
អ្នកជំនាញចរចា nak chomneanh chorcha (n.) **dealmaker**
អ្នកជំនាញទូរលេខ nak chomneanh tourolekh (n.) **telegraphist**
អ្នកជំនាញទូទូរបាតុភូតសាស្ត្រ nak chomneanh toro batophout sas (n.) **teleologist**
អ្នកជំនាញផ្នែករញ្ជួយដី Nak Jom Neanh Phnek Ron Jouy Dey (n.) **seismologist**
អ្នកជំនាញសណ្ឋានដី nak chomneanh santhandei (n.) **topographer**
អ្នកជំនិត nak chomnit (n.) **minion**
អ្នកជំនួញ nak chomnuonh (n.) **businessman**
អ្នកជំនួញ nak chom nuonh (n.) **merchant**
អ្នកជំនួយ nak chomnuoy (n.) **attendant**
អ្នកជំនួស nak chomnuos (n.) **substitute**
អ្នកជំរុញតម្រ nak chomrounch kom tror (n.) **booster**
អ្នកជឿលើទេវៈ nak cheu leu tevak (n.) **deist**
អ្នកជំនាញខាងបច្ចេកវិទ្យា nak chomneanh khang bachchek vityea (n.) **techy**
អ្នកឈ្នះ nak chhneah (n.) **victor**
អ្នកឈ្នះ nak chhneah (n.) **winner**
អ្នកឈ្លានពាន del ko khleun (n.) **aggressor**
អ្នកញៀន nak nhien (n.) **addict**
អ្នកញៀនទិញតង់វ៉ាន់ nak nhean tinh ei van (n.) **shopaholic**
អ្នកដាក់ពាក្យ nakdakpeak (n.) **applicant**
អ្នកដាំ nak dam (n.) **grower**
អ្នកដុតនំ nak dot nom (n.) **baker**
អ្នកដើរកប់សមុទ្រ Nak Der Kol Sak Mot (n.) **seafarer**
អ្នកដើរកាប៉ាល់ nak der kak pal (n.) **mariner**
អ្នកដើរចត្រប់ Nak Der Jo Jrob (n.) **rover**
អ្នកដើរជាន់ nak der choan (n.) **treader**
អ្នកដើរតាម nak der tam (n.) **follower**
អ្នកដើរត្រេតត្រត Nak Deur Tret Trot (n.) **saunterer**
អ្នកដើរពាយនាយលក់អីវ៉ាន់ nak der por peay neay luok ei vann (n.) **hawker**

អ្នកដេញថ្លៃ nak denh thlai (n.) bidder
អ្នកដែលចូលចិត្តឃើញការឈឺចាប់អ្នកដទៃ nak del chaul chett kheunh kar chheu chab nak da tei (n.) voyeur
អ្នកដែលជាគំរូ nak del chea komru (n.) epitome
អ្នកដែលបានទទួលការធានា nak del ban totuol kar theanea (n.) warrantee
អ្នកដែលបានរៀបរាប់ខាងដើម nak del ban reab roab khang derm (pron.) former
អ្នកដែលប្រកាន់ច្បាប់ហួសហេតុ nak del brakan chbab huos het (n.) prude
អ្នកដែលមានភក្ដីភាព nak del mean phakdei pheap (n.) trump
អ្នកដែលមានភាពទាក់ទាញដោយសារភាពនើតនាយ nak del mean pheap teakteanh doy sa pheap chhert chhay (n.) flamboyant
អ្នកដែលមិនចូលចិត្តសង្គមខាងក្រៅ nak del min choul chett songkom khang krao (n.) introvert
អ្នកដែលយកឈ្មោះតាមអ្នកណាម្នាក់ទៀត nak del yok chhmoh tam nak na mneak tiet (n.) namesake
អ្នកដែលយឺតយ៉ាវ nak del yeutyav (n.) dawdler
អ្នកដែលរីករាយចំពោះម្ហូបឬភេសជ្ជៈឆ្ងាញ់ nak del rikreay champoh mhoub rue phesachak chhnganh (n.) epicure
អ្នកដែលរីករាយចំពោះម្ហូបឬភេសជ្ជៈឆ្ងាញ់ nak del rikreay champoh mhoub rue phesachak chhnganh (n.) epicurean
អ្នកដែលសង្កេតព្រឹត្តិការណ៍ nak del sangket prutte kar (n.) on-looker
អ្នកដំណើរ nak dam ner (n.) passenger
អ្នកដំណើរ nak damner (n.) traveller
អ្នកដំណើរឆ្ងាយតាមទឹក nak damner chhngay tam teuk (n.) voyager
អ្នកណា nakna (pron.) whom
អ្នកណាក៏ដោយ nak na kadaoy (pron.) whoever
អ្នកណាម្នាក់ nakna mneak (pron.) someone
អ្នកណែនាំ nak nae noam (n.) mentor

អ្នកតក្កវិជ្ជា nak tak kak vithyea (n.) logician
អ្នកតថ្លៃខុច Nak Tor Thlai Koch (n.) sharper
អ្នកតាក់តែងច្បាប់ nak tak teng chbab (n.) legislator
អ្នកតាមដាន nak tamdan (n.) tracker
អ្នកតាំងលំនៅ Nak Tang Lom Nov (n.) settler
អ្នកតិះដៀល nak tes deal (n.) taunter
អ្នកតែងចុងជួន Nak Teng Jong Joun (n.) rhymester
អ្នកត្រូវបានគេចាប់ពង្រត់ nak trauv ban ke chab pongrot (n.) abductee
អ្នកត្រួតត្រា nak truot tra (n.) supervisor
អ្នកត្រួតត្រាវិហារ nak truot tra vihear (n.) deacon
អ្នកត្រួតពិនិត្យ nak truot pinit (n.) checker
អ្នកត្រួតពិនិត្យ nak truot pinith (n.) inspector
អ្នកត្រួសត្រាយ nak truos tray (n.) pioneer
អ្នកត្លុកកំប្លែង nak tlok kambleng (n.) pantaloon
អ្នកថតរូប nak that roub (n.) photographer
អ្នកថែទាំ nak thae toam (n.) carer
អ្នកថែរក្សា nak thae raksaa (n.) caretaker
អ្នកថែរក្សា nak theraksaa (n.) custodian
អ្នកថែរក្សា nak thae raksaa (n.) keeper
អ្នកថែរក្សាវិមាន nak thaeraksa vimean (n.) castellan
អ្នកថែរក្សាវិហារ nak thaeraksaa vihear (n.) beadle
អ្នកថែរក្សាសារមន្ទីរ nak thae raksaa sarakmunti (n.) curator
អ្នកថែសួន nak thae suon (n.) gardener
អ្នកទទួល Nak Tor Toul (n.) receiver
អ្នកទទួល Nak Tortoul (n.) recipient
អ្នកទទួលប្រាក់ nak totuol brak (n.) payee
អ្នកទទួលផល nak tortuol phal (n.) beneficiary
អ្នកទទួលលិខិត nak totuol likhet (n.) addressee

អ្នកទទួលសិទ្ធ Nak tortuol seth (n.) assignee
អ្នកទស្សនា naka tossaana (n.) spectator
អ្នកទស្សនា nak tossaana (n.) visitor
អ្នកទាមទារ nak teamtear (n.) claimant
អ្នកទិញ nak tinh (n.) buyer
អ្នកទិញអីវ៉ាន់ពីចម្ងាយ nak tinh ei van pi chomngay (n.) teleshopper
អ្នកទុទ្ទិដ្ឋិនិយម nak tou tid the niyom (n.) pessimist
អ្នកទូរស័ព្ទចូល anak toursapt chaul (n.) caller
អ្នកទេសចរ nak tesa chor (n.) tourist
អ្នកទោស nak tous (n.) inmate
អ្នកទោស nak tous (n.) jailer
អ្នកទោស nak tos (n.) prisoner
អ្នកទ្រទ្រង់ដ៏សំខាន់ nak trotrung dor somkhan (n.) mainstay
អ្នកទ្រឹស្ដី nak treusdei (n.) theorist
អ្នកធានា nak theanea (n.) surety
អ្នកធានា nak theanea (n.) warrantor
អ្នកធ្វើ nak thveu (n.) doer
អ្នកធ្វើការ nak thveu kar (n.) workman
អ្នកធ្វើការក្នុងការិយាល័យសាធារណៈ nak tver ka knoung kariyalai sathearanak (n.) bureaucrat
អ្នកធ្វើការក្រៅគ្រប់ខណ្ឌ nak tveu kar krao krob khann (n.) freelancer
អ្នកធ្វើការជំនួសអ្នកដទៃ nak thveu kar chomnuos nak dor tei (n.) vicar
អ្នកធ្វើការថោកទាប nak tveu kar thoak teab (n.) menial
អ្នកធ្វើការនៅផែ nak tveu kar nov phae (n.) dockworker
អ្នកធ្វើកំណែ Nak Tver Kom Nae (n.) reformer
អ្នកធ្វើឃាតព្រះមហាក្សត្រ Nak Tver Keat Preah Moha Ksat (n.) regicide
អ្នកធ្វើដំណើរ nak thveu damner (n.) wayfarer
អ្នកធ្វើដំណើរជុំវិញពិភពលោក nak thveu domner choumvinh piphop lok (n.) globetrotter

អ្នកធ្វើត្រាប់តាម nak thveu trab tam (n.) imitator
អ្នកធ្វើត្រាប់តាម nak thveu trab tam (n.) mimic
អ្នកធ្វើបដិវត្ត Nak Tver Pak De Wat (n.) revolutionary
អ្នកធ្វើបូជនីយកិច្ច nak tveu bauchaneykech (n.) crusader
អ្នកធ្វើប្រជាធិបតី nak thveu bracheaphithot (n.) demagogue
អ្នកធ្វើប្រដាប់ក្មេងលេង nak thveu bradab kmeng leng (n.) toymaker
អ្នកធ្វើផែនការ Nak Tver Pen Kaar (n.) schemer
អ្នកធ្វើពាក្យបណ្ដឹង nak tveu peak bondoeung (n.) petitioner
អ្នកធ្វើរៀបចំម្ហូប nak thveu riebchom mhoub (n.) caterer
អ្នកធ្វើសក្ការៈ nak thveu sakkarak (n.) votary
អ្នកធ្វើសៀវភៅ nak tver sievphov (n.) bookie
អ្នកធ្វើសេណារីយ៉ូ Nak Tver Se Na Ree Yo (n.) scenarist
អ្នកធ្វើអោយមានសន្តិភាព nak thveu oy mean santipheap (n.) pacifier
អ្នកនយោបាយ nak nyo bay (n.) politician
អ្នកនាំ nak noam (n.) usher
អ្នកនាំពាក្យ Nak Nom Peak (n.) reporter
អ្នកនាំពាក្យ nak nom peak (n.) spokesman
អ្នកនាំមុខគេ nak noam moukh ke (n.) forerunner
អ្នកនាំសារ nak noam sar (n.) messenger
អ្នកនាំសារ nak neam sar (n.) peon
អ្នកនាំសំបុត្រ nak noam saambot (n.) courier
អ្នកនិទានរឿង nak nitean rueng (n.) narrator
អ្នកនិពន្ធ nakniponth (n.) author
អ្នកនិពន្ធ nak nipon (n.) novelist
អ្នកនិពន្ធ nak niponth (n.) writer
អ្នកនិពន្ធកំណាព្យកុសលសម្ផន្ន nakniponth kamnap kolsamporn (n.) bard

អ្នកនិពន្ធដៀលភ្លេះ Nak Ni Pun Deal Tmes (n.) satirist
អ្នកនិពន្ធដែលកំប្លែង nak niponth del kom plaeng (n.) humorist
អ្នកនិពន្ធទំនុកច្រៀង nak niponth tomnouk chrieng (n.) lyricist
អ្នកនិពន្ធអត្ថបទតែងសេចក្ដី nak niponth atthabot taeng sechkdei (n.) essayist
អ្នកនិយាយ nak niyeay (n.) speaker
អ្នកនិយាយដើមគេ nak niyeay derm ke (n.) talebearer
អ្នកនិយាយមិនបានការ nak niyeay min ban kar (n.) blabber
អ្នកនីតិសាស្ត្រ nak ni te sas (n.) jurist
អ្នកនេសាទ nak nesat trei (n.) fisherman
អ្នកនៅក្នុងបន្ទុក nak nov knung bontuk (n.) dependant
អ្នកនៅក្រោយគេ nak nov kroy ke (n.) laggard
អ្នកនៅក្រោយគេ nak nov kroy ke (n.) straggler
អ្នកនៅម្នាក់ឯង nak nov mneak eng (n.) solitaire
អ្នកបកប្រែភាសា nak bok brae pheasaa (n.) interpreter
អ្នកបក្សីសាស្ត្រ nak baksei sas (n.) ornithologist
អ្នកបង្កើត nak bongkeut (n.) creator
អ្នកបង្កើត nak bongkert (n.) originator
អ្នកបង្កើតថ្មី nak bongkert thmei (n.) innovator
អ្នកបង្កើតថ្មី nak bongkert thmei (n.) inventor
អ្នកបង្វែរផ្លូវចិត្តចេញពីភាពជុញទ្រាន់ប្រចាំថ្ងៃ nak bongvae phlauv chett chenh pi pheap thounh troan bracham thngai (n.) escapist
អ្នកបង់ពន្ធ nak bong ponth (n.) taxpayer
អ្នកបច្ចេកទេស nak bachchektes (n.) technician
អ្នកបច្ចេកទេស nak bachchektes (n.) technologist
អ្នកបញ្ឆោះបញ្ឆុល nak banhchouh banhchoul (n.) enticer
អ្នកបណ្ដោះព្រៃឈើ nak bondoh prey chheu (n.) sylviculturist
អ្នកបណ្ដេញគេចេញ nak bondenh ke chenh (n.) evictor
អ្នកបម្រើ nak bom rer (n.) steward
អ្នកបម្រើ nak bamreu (n.) valet
អ្នកបម្រើប្រុស nak bomreu bros (n.) butler
អ្នកបម្រើប្រុស nak bomrer bros (n.) footman
អ្នកបម្រើប្រុស nak bomrer bros (n.) lackey
អ្នកបម្រើប្រុសក្នុងបារ nak bamreu bros knong bar (n.) barman
អ្នកបរបាញ់សត្វបក្សី nak bor banh sat baksei (n.) fowler
អ្នកបរិភោគបាយល្ងាច nak boriphok bay lngeach (n.) diner
អ្នកបរិស្ថាន nak pakristhaan (n.) environmentalist
អ្នកបរិស្ថានវិទ្យា ekaulausi (n.) ecologist
អ្នកបាញ់ធ្នូ nak banh thnou (n.) archer
អ្នកបានពិន្ទុ Nak Baan Pin Tu (n.) scorer
អ្នកបុរាណបរិស្ថានវិទ្យា nak borann bakrithan vithyear (n.) paleoecologist
អ្នកបូស nak buos (n.) parson
អ្នកបុសគ្រឹស្តធ្វើពិធីលាងបាប nakbuos kreus thver pithi leangbab (n.) babtist
អ្នកបើកតាក់ស៊ី nak berk taxi (n.) cabby
អ្នកបើកនាវា nak berk neavea (n.) shipmaster
អ្នកបើកបរ nak berk bor (n.) driver
អ្នកបើកបរនាវា nak berk bor neavea (n.) pilot
អ្នកបើកបរម៉ូតូ nak baek bor mautau (n.) motorist
អ្នកបើករថយន្ត nak berk rothyon (n.) chauffeur
អ្នកបោកកកក់ស្បែកឱ្យស nak boak kok sbek oy sor (n.) tawer
អ្នកបោកប្រាស់ Nak Bok Pras (n.) scamper
អ្នកបោកអុត nak boak uot (n.) laundress
អ្នកបោសសំអាត nak baos saam aart (n.) cleaner
អ្នកបោសសំអាត nak boah somaart (n.) janitor

អ្នកបោះឆ្នោត nak baoh chhnaot (n.) voter
អ្នកបោះជំរំ nak boh chomroum (n.) camper
អ្នកបោះពុម្ពផ្សាយ nak baoh poump phsay (n.) editor
អ្នកប្ដឹងឧទ្ទរណ៍ nak bdoeng utthor (n.) appellant
អ្នកប្ដូរ nak bdaur (n.) monger
អ្នកប្ដូរសរីរាង្គ nak bdau sarei reang (n.) transplantee
អ្នកប្រកាន់ទ្រឹស្ដី nak brokan treus sdei (n.) opinator
អ្នកប្រកាស nak brakas (n.) announcer
អ្នកប្រជាធិបតេយ្យ nak bracheathibtay (n.) democrat
អ្នកប្រដាល់ nak bradal (n) boxer
អ្នកប្រតិកម្ម nak bratekam (n.) reactionist
អ្នកប្រព្រឹត្តជាការកំសាន្ត nak bropreut chea kar kamsan (n.) amateur
អ្នកប្រព្រឹត្តខុស nak bropreut khos (n.) malefactor
អ្នកប្រព្រឹត្តខុស nak bropreut khos (n.) miscreant
អ្នកប្រព្រឹត្តអបាយមុខ nak brapreutt abaymoukh (n.) debauchee
អ្នកប្រមាញ់ nak bramanh (n.) chaser
អ្នកប្រមាញ់ nak bro manh (n.) hunter
អ្នកប្រមាញ់ nak bramanh (n.) poacher
អ្នកប្រមូល nak bromoul (n.) collector
អ្នកប្រមូលទុកតែមសំបុត្រ nak bramoul touk taem saam bot (n.) philalethist
អ្នកប្រមូលវត្ថុ nak bramoul vottho (n.) accumulator
អ្នកប្រយុទ្ធក្នុងនាងកីឡា nak brayout knong nead keila (n.) gladiator
អ្នកប្រសប់ត្រាប់តាម nak brasab trab tam (n.) mime
អ្នកប្រាកដនិយម nak brakod niyom (n.) realist
អ្នកប្រាជ្ញ Nak Prach (n.) scholar
អ្នកប្រាប់ nak brab (n.) teller
អ្នកប្រឹក្សា nak broeksaa (n.) counsellor
អ្នកប្រឹក្សានៅរាជដំណាក់ nakbroeksaa reachdomnak (n.) courtier

អ្នកប្រៀនប្រដៅ nak brien brodao (n.) preceptor
អ្នកបំផ្ទុះគ្រាប់បែក nak bamphtoh kroab baek (n.) bomber
អ្នកបំផ្លាញ nak bamphlanh (n.) wrecker
អ្នកបំពានពាក្យសម្បថ nak bompean peak sambot (n.) oathbreaker
អ្នកបំភ័យ nak bamphey (n.) alarmist
អ្នកបំរើ nak bamreu (n.) maid
អ្នកបំរើ Nak Bom Reur (n.) servant
អ្នកបំរើនៅសណ្ឋាគារ nak bamreu nov santhakear (n.) bellboy
អ្នកផលិតកែវ nak pholit kev (n.) glassmaker
អ្នកផលិតខ្សែភាពយន្ត nak phorlet khsae pheap yon (n.) filmmaker
អ្នកផលិតតង់ nak pholit tong (n.) tentmaker
អ្នកផលិតតែ nak pholit tae (n.) tea maker
អ្នកផិតក្បត់ nak phetkbot (n.) adulterer
អ្នកផឹក nak pherk (n.) bibber
អ្នកផ្កាត់ផ្កង nak phkat phkang (n.) plyer
អ្នកផ្កាត់ផ្កង nak phkot phkang (n.) supplier
អ្នកផ្ញើលិខិត nak phnher likhet (n.) addresser
អ្នកផ្ដល់ព័ត៌មាន nak phdol poromean (n.) informer
អ្នកផ្សាយអត្ថបទសម្លេង nak pasay atthabot samleng (n.) podcaster
អ្នកផ្លាស់ប្ដូរអាច់កំបាំង nak phlas bdau athkambang (n.) alchemist
អ្នកផ្លុំខ្លុយ nak ploam klouy (n.) bagpiper
អ្នកផ្សព្វផ្សាយសាសនា nak phsap phsay sasana (n.) missionary
អ្នកផ្សាំងសត្វនិងរុក្ខជាតិ nak phsang satt ning rokhacheat (n.) domesticator
អ្នកពង្រាងច្បាប់ nak pongreang chbab (n.) draftsman
អ្នកពន្លត់អគ្គីភ័យ nak ponlot akkiphey (n.) firefighter
អ្នកពិគ្រោះយោបល់ anak pikroh yobl (n.) consultant
អ្នកពិសោធន៍និយម nak pisoath niyoum (n.) empiricist

អ្នកពូកែតែខាងទ្រឹស្ដី nak poukae te khang treu sdei (n.) pedant
អ្នកពូកែបាញ់ nak pu kae banh (n.) marksman
អ្នកពោលបទ nak pol bat (n.) prompter
អ្នកព្យាបាលរោគ nak pyeabal rok (n.) therapist
អ្នកភូមិ nak phoum (n.) villager
អ្នកភូមិសាស្ត្រ nak phoumasas (n.) geographer
អ្នកភ្ជួររាស់ nak phchuor roas (n.) ploughman
អ្នកភ្នាល់ nak phnoal (n.) bettor
អ្នកមកជួយពិភពលោក nak mok chuoy piphob lok (n.) messiah
អ្នកមមើមមាយដើរទាំងដេកលក់ nak momeu momeay der teang dek Lurk (n.) somnambulist
អ្នកម៉ាស្សា nak massaa (n.) masseur
អ្នកម៉ៅការ nakmawkar (n.) contractor
អ្នកមាន nakmean (n.) affluential
អ្នកមានក្ដីប្រាថ្នា nak mean kdei brathna (n.) aspirant
អ្នកមានចក្ខុវិស័យ nak mean chakkhovisay (n.) visionary
អ្នកមានហាន់ស្មើគ្នា nak mean thanak smaekna (n.) peer
អ្នកមានថ្មីហើយវាយរួក nak mean thmei hery veay reuk (n.) upstart
អ្នកមានប្ដីប្រពន្ធពីរ nak mean bdei reu braponth pi (n.) bigamist
អ្នកមានបណ្ណតណទាន nak mean bann intean (n.) cardholder
អ្នកមានយសសក្តិធំ nak mean yus sak thom (n.) dignitary
អ្នកមានល់នៅជាប់ Nak Mean Ti Lom Nov Jorb (n.) resident
អ្នកមានសមត្ថភាពបញ្ជូនគំនិតនិងដឹងពីគំនិតរបស់អ្នកដទៃ nak mean samotthapheap banhchoun koumnit ning doeng pi koumnit robos nak dor tei (n.) telepathist
អ្នកមានអាជ្ញាបណ្ណ nak mean ach nha bann (n.) licensee

អ្នកមិនចូលចិត្ដបច្ចេកវិទ្យាថ្មី nak min choul chet bachchek vityea thmey (n.) technophobe
អ្នកមិនជឿគ្រឹះសាសនា nak min chue kruah sasana (n.) pagan
អ្នកមិនជឿថាមានព្រះ nak min cheu tha mean preah (n.) atheist
អ្នកមិនសេពសុរាសោះ nak min sepsora saoh (n.) teetotaller
អ្នកមើលខុសត្រូវ nak meul khos trauv (n.) overseer
អ្នកមើលខុសត្រូវ nak meul khos trov (n.) superintendent
អ្នកមើលដុតភ្លើង nak meul dot phleung (n.) stoker
អ្នកមើលថែ nak merl thae (n.) chaperone
អ្នកមើលថែរៀបម្ហូប nak meul thae team sra (n.) tavernkeeper
អ្នកមើលពីចំងាយ Nak Merl Pee Jom Ngaay (n.) seer
អ្នកយកស្បែកសត្វមកញាត់ឱ្យដូចរស់រវើក nak yok sbek satt mok nhoat oy doch ros roverk (n.) taxidermist
អ្នកយល់សប្ដិ nak yul sob (n.) dreamer
អ្នកយាម nak yeam (n.) guard
អ្នកយាម Nak Yeam (n.) sentinel
អ្នកយាមទ្វារ nak yeam tvear (n.) gatekeeper
អ្នកយុទ្ធសាស្ត្រ nak youtthosaast (n.) strategist
អ្នករកសុីចិញ្ចឹមគ្រួសារ nak roksi chenhcheum kruorsar (n.) breadwinner
អ្នករក្សាដំណាក់ nak raksa domnak (n.) chamberlain
អ្នករងកំហុសអ្នកដទៃ Nak Rong Kom Hos Nak Dor Tei (n.) scapegoat
អ្នករងគ្រោះ nak rong kruoh (n.) casualty
អ្នករចនា nak rachana (n.) designer
អ្នករត់គេច nak rot kech (n.) escapee
អ្នករត់ចោលការងារ nak ruot choal ka ngea (n.) shirker
អ្នករត់តុប្រុស nak rot tok bros (n.) waiter
អ្នករត់តុស្រី nak rot tok srei (n.) waitress

អ្នករត់ប្រណាំង Nak Rot Pro Nang (n.) runner
អ្នករត់ពន្ធ nak rot ponth (n.) smuggler
អ្នករត់សំបុត្រ nak rot saambot (n.) postman
អ្នករស់នៅ nak ros nov (n.) inhabitant
អ្នករាជានិយម Preah Rea Ni Yum (n.) royalist
អ្នករាល់គ្នា nak roal knea (pron.) everybody
អ្នករាល់គ្នា nak roal knea (pron.) everyone
អ្នករាំ nak roam (n.) dancer
អ្នករាំបង្គោល nak roam bangkol (n.) pole dancer
អ្នករាំរបាំបាឡេ nak roam robam ba le (n.) ballerina
អ្នករិះគន់ nak rihkun (n.) critic
អ្នករិះគន់ nak rihkun (n.) detractor
អ្នករុករករ៉ែ nak rouk rok re (n.) miner
អ្នករួមភេទតាមរន្ធគូថ nak roum pet tam ron kuot (n.) sodomite
អ្នករៀបចំហាង nak reab chom hang (n.) shopkeeper
អ្នករៀបតារាង nak reab darang (n.) tabulator
អ្នករៀបពុម្ព nak riebpoum (n.) compositor
អ្នករំដោះ nak rom daoh (n.) liberator
អ្នករំលូតកូន nak romlout kaun (n.) abortionist
អ្នកលក់ Nak Louk (n.) salesman
អ្នកលក់ Nak Louk (n.) seller
អ្នកលក់ nak lok (n.) vendor
អ្នកលក់ក្រណាត់ nak louk krornat (n.) draper
អ្នកលក់គ្រឿងទេស nak lok krueng tes (n.) grocer
អ្នកលក់គ្រឿងអលង្ការ nak luok krueng alangkar (n.) jeweller
អ្នកលក់ដុំ nak luk dom (n.) wholesaler
អ្នកលក់ប្រដាប់ក្មេងលេង nak lok bradab kmeng leng (n.) toyseller
អ្នកលក់ផ្កា nak louk phkar (n.) florist
អ្នកលក់មួកសម្រាប់ស្ត្រី nak lork muok samrab strei (n.) milliner
អ្នកលក់រាយ Nak Louk Reay (n.) retailer
អ្នកលក់វិភ្ជើងជំនិតា nak lok re thveu venta (n.) optician
អ្នកលក់សម្ភារៈការិយាល័យ nak lok somphearak kariyalay (n.) stationer
អ្នកលក់សៀវភៅ nak luok sievphov (n.) bookseller
អ្នកលក់អយស្ទ័រ anak lork ay ster (n.) oysterman
អ្នកលបបាញ់ nak lob banh (n.) sniper
អ្នកលុបបំបាត់ nak loub bambat (n.) eliminator
អ្នកលុបបំបាត់ nak loub bambat (n.) eradicator
អ្នកលួចវ៉ាន់ nak luoch ei van (n.) shoplifter
អ្នកលួចបើកទូដែក Nak Luch Beuk Tou Dek (n.) safecracker
អ្នកលើកទឹកចិត្ត nak leuk teuk chett (n.) cheerleader
អ្នកលេងកីឡា nak leng kei la (n.) sportsman
អ្នកលេងក្បាច់ត្រេះ nak leng kbach treh (n.) juggler
អ្នកលេងជល់មាន់ nak leng chul moan (n.) cocker
អ្នកលេងតន្ត្រីអមអ្នកចម្រៀង nak leng dantrei om nak chamrieng (n.) accompanist
អ្នកលេងប៉ូល nak leng bul (n.) bowler
អ្នកលេងព្យាណូ nak leng pyea nau (n.) pianist
អ្នកលេងភ្លេង nak leng phleng (n.) soloist
អ្នកលេងយូគីឡេលី nak leng you keu le li (n.) ukeleleist
អ្នកលេងល្បែង nak leng labeng (n.) gambler
អ្នកលេងវីយូឡុង nak leng vi you long (n.) violinist
អ្នកលេងសាក់សូហ្វូន Nak Leng Sak So Fone (n.) saxophonist
អ្នកលេងសើចច្រើន nak leng serch chrern (n.) joker
អ្នកលេងសៀក nak leng seak (n.) magician
អ្នកលេងហ្គេម nak leng game (n.) gameplayer

អ្នកលេងឧបករណ៍ភ្លេង nak leng ubpakor phleng (n.) **instrumentalist**

អ្នកលោតនីត្រយោង nak lot chhat yong (n.) **parachutist**

អ្នកល្បួង nak lbuong (n.) **tempter**

អ្នកលោភដេក nak lmoph dek (n.) **sleeper**

អ្នកលះបង់ nak leahbong (n.) **abjurer**

អ្នកលះបង់ nak leahbng (n.) **devotee**

អ្នកវាយ nak veay (n.) **batter**

អ្នកវាយអក្សរ nak veay aksaar (n.) **typist**

អ្នកវិកលចរិត nak vikalochrit (n.) **psychopath**

អ្នកវិទ្យាសាស្ត្រភូមិសាស្ត្រសមុទ្រវិទ្យា nak vityeasas phoumsast samout vityea (adj.) **oceanographic**

អ្នកវិទ្យាសាស្ត្រ Nak Vith Jea Sas (n.) **scientist**

អ្នកវិភាគ nak vipheak (n.) **analyst**

អ្នកវេយ្យាករណ៍ nak veyyeakor (n.) **grammarian**

អ្នកវៃកប្បាស nak vei kabas (n.) **spinner**

អ្នកសកម្មប្រយុទ្ធ nak sakamm brayout (n.) **militant**

អ្នកសង្កេតការណ៍ nak sangket kar (n.) **observance**

អ្នកសង្គ្រោះ Nak Song Krous (n.) **saviour**

អ្នកសង្ស័យ Nak Song Sai (n.) **sceptic**

អ្នកសត្វសាស្ត្រ nak sat ta sas (n.) **zoologist**

អ្នកសមគំនិត nak sam koumnit (n.) **abettor**

អ្នកសមគំនិត nak som koumnit (n.) **accomplice**

អ្នកសមគំនិត naksamkoumnit (n.) **conspirator**

អ្នកសម្ដែងអស្ចារ្យ nak som deng os char (n.) **showstopper**

អ្នកសម្ដែងលើកដំបូង nak somdeng lerk domboung (n.) **debutant**

អ្នកសម្រុះសម្រួល nak samrob saamruol (n.) **mediator**

អ្នកសម្លាប់បិតាឬជីតា nak samlab beida reu chea ta (n.) **parricide**

អ្នកសម្លាប់ដោយចងកនឹងខ្សែ nak samlab daoy changkor neung khsae (n.) **garrotter**

អ្នកសរសេរកូនសៀវភៅ nak sar se kaun sievphow (n.) **pamphleteer**

អ្នកសរសេរកំណត់ហេតុប្រវត្តិសាស្ត្រ nak sarse kamnot het bravotte sas (n.) **annalist**

អ្នកសរសេរគន្ថនិទ្ទេស nak sar se konthaknittes (n.) **bibliographer**

អ្នកសរសេរជីវប្រវត្តិ nak sorse chivak prowat (n.) **biographer**

អ្នកសរសេរប្លុក nak sar se blog (n.) **blogger**

អ្នកសរសេរសៀវភៅឱ្យគេ nak sor se sievphov oy ke (n.) **ghostwriter**

អ្នកស៊ើបអង្កេត nak seub angket (n.) **detective**

អ្នកសាករសាស្ត្រ nak sakor sas (n.) **oceanographer**

អ្នកសាងសង់ naksang song (n.) **builder**

អ្នកសារព័ត៌មាន nak sar poromean (n.) **journalist**

អ្នកសិក្សា nak seksaa (n.) **academician**

អ្នកសិក្សា nak serk saa (n.) **learner**

អ្នកសិក្សាឈ្មោះមនុស្ស nak seksaa chhmoh mnous (n) **onomast**

អ្នកសិក្សាពីជាតិពុល nak seksaa pi cheat poul (n.) **toxicologist**

អ្នកសិក្សាអំពីថាសហោះ nak seksaa ampi thas haoh (n.) **ufologist**

អ្នកសិក្សាអំពីមហាសមុទ្រ nak seksaa ampi maha samout (n.) **oceanologist**

អ្នកសិក្សាអំពីរ៉ែ nak serk sa ompi rae (n.) **mineralogist**

អ្នកសីលធម៌និយម nak seila thor ni yom (n.) **moralist**

អ្នកសុទិដ្ឋិនិយម nak sotid the niyom (n.) **optimist**

អ្នកសុំ nak som (n.) **solicitor**

អ្នកសុំទាន nak somtean (n.) **beggar**

អ្នកសើចលេងសប្បាយ Nak Serch Leng Sa Bay (adj.) **rollicking**

អ្នកសោភាណនិយម nak saphoan niyom (n.) **aesthete**

អ្នកស្គាល់គ្នា nakskalknea (n.) **acquaintance**

អ្នកស្ដាប់ nak sdab (n.) **listener**

អ្នកស្ថាបនាកប៉ាល់ Nak Stap Pa Naa *(n.)* shipbuilder
អ្នកស្ថិតិ nak sthe te *(n.)* statistician
អ្នកស្ទាត់ដៃទាំងសងខាង nak stat dai teang sangkhang *(n.)* ambidexter
អ្នកស្នង nak snang *(n.)* successor
អ្នកស្នងមរតក nak snong morodok *(n.)* heir
អ្នកស្នេហាជាតិ nak sneha cheat *(n.)* patriot
អ្នកស្នេហាជាតិហួស nak sneha cheat huos *(adj.& n.)* chauvinist
អ្នកស្ពាយសាកាខ្នង nak speay sakadou *(n.)* backpacker
អ្នកស្មោះត្រង់ nak smaoh trong *(n.)* loyalist
អ្នកស្ម័គ្រចិត្ត nak smak chett *(n.)* volunteer
អ្នកស្រឡាញ់ជនបរទេស nak sralanh chon barotes *(n.)* xenophile
អ្នកស្រុកដើម nak srok derm *(n.)* aborigine
អ្នកស្រុកដើម nakasrok daem *(n.)* native
អ្នកស្រុកភ្នំ nak srok phnom *(n.)* mountaineer
អ្នកស្វែងរកចំណី nak svaeng rok chamnei *(n.)* forager
អ្នកស្អប់ជនបរទេស nak saa ob chon barotes *(n.)* xenophobe
អ្នកស្អប់មនុស្សជាតិ nak saab mnousa cheat *(n.)* misanthrope
អ្នកសំដែង nak saamdeng *(n.)* performer
អ្នកសំរេច nak saamrech *(n.)* achiever
អ្នកហាត់កាយសម្ព័ន្ធ nak hatt kay samponth *(n.)* gymnast
អ្នកហាត់ការ nak hat kar *(n.)* intern
អ្នកហាត់យូហ្គា nak hat yoga *(n.)* yogi
អ្នកហូបបួស nak haub buos *(n.)* vegetarian
អ្នកហែលទឹក nak hel teuk *(n.)* swimmer
អ្នកហែហម Nak Hae Hom *(n.)* retinue
អ្នកឡើងថ្ម Nak Leung Thmor *(n.)* rock climber
អ្នកឡើងភ្នំ nak lerng phnom *(n.)* climber
អ្នកឯកទេសខាងជំងឺមហារីក nak ektes khang chomngeu maharik *(n.)* oncologist
អ្នកឯកទេសខាងធ្មេញ nak ektes khang thmenh *(n.)* odontologist
អ្នកអក្សរសិល្ប៍ nak aksorsel *(n.)* litterateur
អ្នកឧតុនិយម nak utoniyom *(n.)* meteorologist
អ្នកអត្ថាធិប្បាយ nak atthathibbay *(n.)* commentator
អ្នកអត់ចេះសោះ nak ot cheh saoh *(n.)* dummy
អ្នកអធិប្បាយ nak athibbay *(n.)* preacher
អ្នកអនុវត្ត nak anouvot *(n.)* practitioner
អ្នកឧបត្ថម្ភ nak ubatthom *(n.)* patron
អ្នកឧបត្ថម្ភ nak uk pa tom *(n.)* sponsor
អ្នកអភិរក្ស anak aphiroksa *(n.)* conservator
អ្នកអភិវឌ្ឍន៍ nak aphivodth *(n.)* developer
អ្នកអវត្តមាន nak avottamean *(n.)* absentee
អ្នកអាន nak arn *(n.)* reader
អ្នកអារឈើ Nak Ahh Cheu *(n.)* sawyer
អ្នកឯបអប nak eb ob *(n.)* sycophant
អ្វី avei *(pron.)* what
អ្វីគ្រប់យ៉ាង avei krob yang *(pron.)* everything
អ្វីដែលកិកកក avey kngek kngaok *(n.)* zigzag
អ្វីដែលខុសកាលសម័យ avei del khos kal samy *(n.)* anachronism
អ្វីដែលគេពេញនិយមមួយគ្រា avey del ke penh niyoum mouy krea *(n.)* fad
អ្វីដែលចូលចិត្តជាងគេ avey del chaul chett cheang ke *(n.)* favourite
អ្វីដែលជ្រុញៗ Ah Vei Del Jrunh Jrunh *(n.)* ripple
អ្វីដែលតគ្នា avey del tor knea *(n.)* continuum
អ្វីដែលទាក់ភ្នែក avey del teak phnek *(n.)* eyecatcher
អ្វីដែលធ្វើឱ្យភ្លឺភ្នែក avey del tveu oy pleu phnek *(n.)* eye-opener
អ្វីដែលនៅសល់ Ah Vey Del Nov Sol *(n.)* residue
អ្វីដែលប្រឌិតឡើង avei del bradit lerng *(n.)* concoction
អ្វីដែលមានពីមុន avey del mean pi mun *(n.)* precedent

អ្វីដែលលយចេញ avey del loay chenh (n.) breakfront
អ្វីដែលសល់ Ah Vey Del Nov Sol (n.) remainder
អ្វីទាំងអស់ avei teangoas (pron.) anything
អ្វីនោះ avei noh (rel. pron.) that
អ្វីបន្តិចបន្តួច avey bontich bontuoch (n.) jot
អ្វីមួយ avei muoy (adv.) something
អ្វីមួយ avei muoy (pron.) something
អ្វីគួរអោយអស់សំណើច avey del kuor oy os somnerch (n.) laugh
អ្វីដែលដាច់រហែក avey avey del dach rohek (n.) tatter
អ្វីដែលត្រូវការជាមុន avei del trauvkar cheamoun (n.) prerequisite
អ្វីដែលធ្វើឱ្យខកចិត្ត avei del thveu aoy khakchet (n.) anticlimax
អ្វីដែលបណ្ដាលឱ្យវិនាស avei del bandal oy vineas (n.) blight
អ្វីដែលបន្ថែមជាប់នឹងអ្វីមួយទៀត vei del bontong choab nung avei muoytiet (n.) appendage
អ្វីដែលផ្តំចូលគ្នា avei avei del phdom chaul knea (n.) agglomerate
អ្វីដែលមានជីវិត avei del mean chivit (n.) organism
អ្វីដែលសាទទៅលើអ្វីមួយ avei del sach tov leu avey mouy (n.) splash
អ្វីដែលហាក់ដូចជាការពិត avei del hak dauchchea kar pit (n.) verisimilitude
អ្វីសម្រាប់សគាល់កន្លែង avey avey somrab som koal konlaeng (n.) landmark
អណ្តក់ធ្មត់ om not thmot (n.) stamina
អំណាច amnach (n.) ascendancy
អំណាច amnach (n.) power
អំណាចត្រួតត្រា omnach truot tra (n.) dominion
អំណោយទានពីធម្មជាតិ omnaoy tean pi thomacheat (n.) endowment
អំណោយ om noay (n.) gift
អំណោយជាប្រដាប់ omnouy chea bracham (n.) dole
អំណោយទាន amnaoy tean (n.) bounty

អន្ទុត omnuot (n.) conceit
អន្ទុត omnout (n.) swagger
អបសងខាង Orb Song Khaang (v.) sandwich
អបាយមុខ abaymoukh (n.) debauchery
អំបិល Om Bel (n.) salt
អំបែង Om Beng (n) shard
អំបែងគ្រាប់ om baeng kroab (n.) shrapnel
អំបោស ombaos (n.) broom
អំបោស ambos (n.) mop
អំបោស om boas (n.) sweeper
អំបោសបោសធូលី omboas boas thuli (n.) duster
អំបោះ omboah (n.) thread
អំបោះដេរ ambaoh de (n.) yarn
អំបោះហុង ambaoh hong (n.) clew
អំប្រ៊ីយុង ambriyong (n.) embryo
អំពាវនាវ ompeav neav (v.) evocate
អំពីការសំរាលកូន ampi kar saamral kaun (adj.) obstetric
អំពីដំណើរទស្សន៍ទាយដោយមើលភ្លើង damner tossteay daoy meul phleung (n.) pyromantic
អំពូល ampoul (n.) bulb
អំពូលក្រោយ ampoul krauy (n.) backlight
អំពូលភ្លើង ampoul phleung (n.) flashbulb
អំពូលភ្លើងចងព្យួរពីពិតាន ampoul pleung chong pyuor pi pidan (n.) chandelier
អំពើ ompeu (n.) deed
អំពើបំផ្លាញពូជសាសន៍ ampeu bralay puoch sas (n.) genocide
អំពើពុករលួយ ampeu pouk roluoy (n.) corruption
អំពើមិនសមរម្យ ompeu min som rom (n.) impropriety
អំពើព្រៃផ្សៃ ompeu preiphsaai (n.) barbarity
អំពើរំលោភកុមារ ampeu romloph komar (n.) paedophiliac
អំពើរំលោភកុមារ ampeu romloph komar (adj.) paedophiliac
អំពើល្អ ampeu laor (n.) altruism

អំពើសាហាវព្រៃ ampeu sahav prei *(adj.)* odious
អំពើហិង្សា ampeu hoengsaa *(n.)* violence
អំពើអនាចារ ampeu aneachar *(n.)* paedophilia
អំពើអសីលធម៌ ompeu ak silathor *(n.)* indecency
អំពើអាក្រក់ ompeu aa krok *(n.)* misdeed
អំពើអាបធ្មប់ ampeu ab thmob *(n.)* witchcraft
អំពើអាសអាភាស ampeu as a phas *(n.)* obscenity
អំពែរ am per *(n.)* ampere
អំឡុងពេល om long pel *(n.)* midst
អះអាង aah ang *(v.)* affirm
អះអាង aah ang *(v.)* assert
អះអាង aah ang *(v.)* claim
អះអាង aah ang *(v.)* profess
អះអាង aah ang *(v.)* purport
អះអាងថាពិត aah ang tha pit *(v.)* warrant
អ័ក្ស ak *(n.)* axis
អ័ព្ទ ap *(n.)* fog
អ័ព្ទ ap *(n.)* haze
អ័ព្ទ ap *(n.)* mist
អ័ព្ទក្រាស់ ap kras *(n.)* fogbank
អ័រម៉ូនអេស្ត្រូសែន omone estrogen *(n.)* estrogen

ឥដ្ឋ idth *(n.)* brick
ឥណទាន inatean *(n.)* credit
ឥណពន្ធ innaponth *(n.)* debit
ឥតខ្ចោះ et khchaoh *(adj.)* flawless
ឥតខ្ចោះ it khchaoh *(n.)* perfection
ឥតខ្សែ ot khsae *(adj.)* cordless
ឥតខ្សែ et khsae *(n.)* wireless
ឥតខ្សែ et khsae *(adj.)* wireless
ឥតគិតថ្លៃ et kit thlai *(adj.)* free

ឥតគោលបំណង ot kol bamnang *(adj.)* aimless
ឥតឈប់ឈរ et chhob chhor *(adj.)* ceaseless
ឥតឈប់ឈរ Et Chhob Chhor *(adj.)* relentless
ឥតទៅណាទេ it townea te *(adv.)* nowhere
ឥតន័យ etney *(adj.)* clueless
ឥតបានការ itbankar *(n.)* dunk
ឥតប្រយោជន៍ et brayoch *(adj.)* futile
ឥតប្រយោជន៍ it brayoch *(adj.)* pointless
ឥតប្រយោជន៍ et brayoch *(adj.)* vain
ឥតប្រយោជន៍ et brayoch *(adv.)* vainly
ឥទ្ធិពល etthi pol *(n.)* influence
ឥទ្ធិពលនៃភាវៈរស់លើអាកាសធាតុ itthipol nei pheavak rus leu akasatheat *(n.)* bioclimate
ឥទ្ធិពលលើភាវៈរស់ et thi pol leu pheavak ros *(n.)* bioactivity
ឥទ្ធិពលស្មើ itthipl smae *(n.)* parity
ឥន្ទ្រី intri *(n.)* eagle
ឥន្ទនូ inth nou *(n.)* rainbow
ឥន្ទនៈ inthaneak *(n.)* fuel
ឥរិយាបថ iriyabot *(n.)* attitude
ឥរិយាបថ iriyaboth *(n.)* posture
ឥរិយាបថឆ្លើយសងរាចរណ៍ Erri Ya Bot La Mers Jor Ra Jor *(n.)* road rage
ឥរិយាបទ iriyabot *(n.)* behaviour
ឥវ៉ាន់លើស eivan leus *(n.)* excess baggage
ឥសី ei sei *(n.)* hermit
ឥឡូវនេះ ilauv nih *(conj.)* now
ឥឡូវនេះ ilauv nih *(adv.)* now

ឧក្រិដ្ឋកម្ម ukredth kamm *(n.)* crime
ឧក្រិដ្ឋកម្មតាមអ៊ីនធឺណេត ukredth kamm tam internet *(n.)* cybercrime
ឧក្រិដ្ឋជន ukredthachn *(n.)* criminal

ឧតុនិយម utoniyom *(adj.)* **meteoric**
ឧតុនិយមវិទ្យា uktoniyom vithyea *(n.)* **meteorology**
ឧត្តមសេនីយត្រី ukdom seneitrei *(n.)* **brigadier**
ឧត្តុង្គឧត្តមណាស់ utdong utdam nas *(adj.)* **paramount**
ឧត្តមនាវី udom neavi *(n.)* **admiral**
ឧត្តមភាព ukdompheap *(n.)* **excellence**
ឧត្តមភាព udom ka te *(n.)* **idealism**
ឧត្តមភាព udom pheap *(n.)* **superiority**
ឧត្តមភាព udom pheap *(n.)* **supremacy**
ឧត្តមសិក្សា udam seksaa *(n.)* **tertiary**
ឧទាន uktean *(n.)* **exclamation**
ឧទានសព្ទ uk tean sab *(n.)* **interjection**
ឧទាហរណ៍ uteahor *(n.)* **example**
ឧទាហរណ៍ uk tea hor *(n.)* **instance**
ឧដ្ឋាម Ou Team *(n.)* **rebel**
ឧទ្ទិស uk teuh *(v.)* **consecrate**
ឧទ្យាន utyean *(n.)* **park**
ឧបករណ៍ ubakar *(n.)* **apparatus**
ឧបករណ៍ ubakor *(n.)* **device**
ឧបករណ៍ ubakor *(n.)* **equipment**
ឧបករណ៍ ubakor *(n.)* **gadget**
ឧបករណ៍ ubpakor *(n.)* **instrument**
ឧបករណ៍ ubpakor *(n.)* **tool**
ឧបករណ៍កត់ត្រាចង្វាក់បេះដូង ubakor kottra changvak behdaung *(n.)* **cardiograph**
ឧបករណ៍ការពារសៀគ្វីអគ្គិសនី ubakor karpear siekvi akkisani *(n.)* **fuse**
ឧបករណ៍ដុត ubakar dot *(n.)* **burner**
ឧបករណ៍ដំណើរការទិន្នន័យ ubakor damner kar tinnoney *(n.)* **processor**
ឧបករណ៍ឌីកុដ ubakor dikaud *(n.)* **decoder**
ឧបករណ៍តន្ត្រីម្យាង ubakor dantrei myang *(n.)* **clave**
ឧបករណ៍តន្ត្រីសេឡូ ubakor dontrei cello *(n.)* **cello**
ឧបករណ៍ធ្វើឱ្យអសកម្ម ubakor thveu aoy asakam *(n.)* **deactivator**

ឧបករណ៍និយតបេះដូង ubakor niyat behdaung *(n.)* **pacemaker**
ឧបករណ៍បង្កើនល្បឿន ubakor bangkeun lbuen *(n.)* **accelerator**
ឧបករណ៍បញ្ចូលទិន្នន័យ ubakor banhchoul tinnoney *(n.)* **card reader**
ឧបករណ៍បញ្ចេញពន្លឺ obpakor bonhchenh ponleu *(n.)* **flasher**
ឧបករណ៍បញ្ជា ubakorbanhchea *(n.)* **controller**
ឧបករណ៍បញ្ជូននឹងទទួល ubakar banhchoun nung ttuol *(n.)* **transceiver**
ឧបករណ៍បុរាណសម្រាប់ចម្លងសំណេរសេរដោយដៃ ubakor boran samrab chamlong saamne sor se doy dai *(n.)* **cyclostyle**
ឧបករណ៍ប្រើសម្រាប់ការងារជាក់លាក់ ubpakor brer somrab kar ngea cheakleak *(n.)* **gizmo**
ឧបករណ៍ផ្តល់គូរលេខកម្ពស់រញ្ជួយដី Ob Paa Ko Pdol Toor Lek Kom Lang Ron Jouy Dey *(n.)* **seismoscope**
ឧបករណ៍ពិនិត្យត្រចៀក opakor pinet trocheak *(n.)* **otoscope**
ឧបករណ៍ភ្លេង upakor phleng *(n.)* **symphony**
ឧបករណ៍ភ្លេងអាម៉ូនីយ៉ូម ubpakor pleng harmoniyoum *(n.)* **harmonium**
ឧបករណ៍មេកានិចដឹកជញ្ជូនសម្ភារៈក្នុងរោងចក្រ ubakor mekanich doekchonhchuon samphearak knong rongchak *(n.)* **conveyor**
ឧបករណ៍លេងហ្គេម ubpakor leng game *(n.)* **gamepad**
ឧបករណ៍វាស់កម្លាំងខ្យល់ ubakar vas kamlang khchal *(n.)* **anemometer**
ឧបករណ៍វាស់ចម្ងាយ ubakar voas chamngay *(n.)* **odometer**
ឧបករណ៍វាស់សម្ពាធឈាម ob pak kor voah sompeat chheam *(n.)* **oscilloscope**
ឧបករណ៍វាស់សម្ពាធបរិយាកាស ubakar voas sampeath bariyakas *(n.)* **barometer**
ឧបករណ៍សម្រាប់លើករបស់ធ្ងន់ ubpakor samrab leuk vottho thngon *(n.)* **jack**

ឧបករណ៍សម្រាប់វាស់ ukpakor somrab voah (n.) gauge
ឧបករណ៍ស្គរ ubakor skor (n.) drum kit
ឧបត្តម្ភ ubattham (v.) patronize
ឧបត្តម្ភ uk pa thom (v.) sponsor
ឧបត្តម្ភធន ubatthom thhon (v.) subsidize
ឧបមា ubpama (v.) suppose
ឧបរាជ ubpak rach (n.) viceroy
ឧបសគ្គ ubasakk (n.) constraint
ឧបសគ្គ ubpasak (n.) hindrance
ឧបសគ្គ ubpasakk (n.) hurdle
ឧបសគ្គ ubpasakk (n.) impediment
ឧបសគ្គ ubasak (n.) obstacle
ឧបសគ្គ upak sak (n.) snag
ឧបសម្ពន្ធ ubasampon (n.) addendum
ឧបសម្ព័ន្ធ ubpak sampon (v.) annex
ឧបសម្ព័ន្ធ ubpak samponth (n.) appendix
ឧបាបត្តិហតុជីវសាស្ត្រ uk babakte haet chivasas (adj.) biohazardous
ឧបាយកល ubaykal (n.) artifice
ឧបាយកល uk bay kol (n.) guile
ឧបាយកល Ou Bay Kol (n.) ruse
ឧបាយកល ukbay kol (n.) stratagem
ឧបាយកល ubaykol (n.) wile
ឧបាយកលក្នុងការគ្រប់គ្រង ubaykol knung kar krob krong (n.) manipulation
ឧបាសកឧបាសិកា ubasok ubaseka (n.) layman
ឧប្បត្តិហេតុ ub pak tte het (n.) incident
ឧស្ម័ន uksman (n.) gas
ឧស្ម័នបង្ហូរទឹកភ្នែក usman banghour teuk phnek (n.) tear gas
ឧស្ម័នកម្ម uksman kamm (n.) gasification
ឧស្ម័នបង់ហ្សែន uksman benzene (n.) benzene
ឧស្សាហកម្ម ussaa ha kamm (n.) industry
ឧស្សាហ៍ ussaa (adj.) zealous
ឧស្សាហ៍ព្យាយាម uksaa pyea yeam (adj.) diligent
ឧស្សាហ៍ព្យាយាម ussaa pyea yeam (adj.) industrious
ឧសភា usaphea (n.) May

# ឯ

ឯកក្តារ ek kkha ra (n.) monogram
ឯកជន ekachun (adj.) private
ឯកជនភាព ekachun pheap (n.) privacy
ឯកកោ ek ka (adj.) lone
ឯកកោ ek ka (adj.) lonely
ឯកតា ek ta (adj.) monogynous
ឯកតា ekta (n.) unit
ឯកតាប្រវែងស្មើ ២០១ ម៉ែត្រ ek ta broveng smer 201 met (n.) furlong
ឯកតាសម្រាប់វាស់បរិមាណ ekta somrab vos pak rimarn (n.) gallon
ឯកត្តភាព ek kak tak pheap (n.) individuality
ឯកទិទេពនិយម ek ti tep niyom (n.) monotheism
ឯកទេស ek tes (n.) speciality
ឯកពន្ធភាព ek ponth pheap (n.) monogamy
ឯកភាព ek pheap (n.) unanimity
ឯករាជ្យ ek reach (adj.) independent
ឯករាជ្យភាព ek reach pheap (n.) independence
ឯកលេខនា ek le khnea (n.) monograph
ឯកវចនៈ ekavachanak (n.) singularity
ឯកវាទ ek veat (n.) monologue
ឯកសព្ទ ek sap (n.) unison
ឯកសារ eksar (n.) doc
ឯកសារ eksar (n.) document
ឯកសារ ek sar (n.) file
ឯកសារភ្ជាប់ eksar phchoab (n.) attachment
ឯកសារភាពយន្ត eksar pheapyun (n.) documentary
ឯកសារភ្ជាប់ eksaar phchoab (n.) enclosure
ឯកសារសំណេរ eksar saamner (n.) treatise
ឯកសិទ្ធិ eksetth (n.) privilege
ឯកអគ្គរដ្ឋទូត ek aa kak rodtatout (n.) ambassador

ឯកឯង ek eng *(adj.)* spontaneous
ឯកឧត្តម ek ukdom *(n.)* excellency
ឯណា ae na *(adv.)* where

ឱកាស ao kas *(n.)* chance
ឱកាស ao kas *(n.)* occasion
ឱកាស ao kas *(adj.)* opportune
ឱកាស ao kas *(n.)* opportunity
ឱន oan *(v.)* stoop
ឱនភាព aon pheap *(n.)* deficit
ឱប aob *(v.)* cuddle
ឱប orb *(v.)* embrace
ឱវាទ oa vart *(n.)* dogma
ឱសថ ao soth *(n.)* medicament
ឱសថ aosath *(adj.)* pharmaceutic
ឱសថ aosath *(n.)* pharmaceutical
ឱសថ aosath *(adj.)* pharmaceutical
ឱសថការី aosothakari *(n.)* druggist
ឱសថការី aosathkari *(n.)* pharmaceutist
ឱសថការី aosath kari *(n.)* pharmacist
ឱសថក្រមួន aosath kramuon *(n.)* ointment
ឱសថស្ថាន aosath sthan *(n.)* pharmacy
ឱសថាល័យ oa sot thalai *(n.)* dispensary
ឱសានវាទ ao sanveat *(n.)* ultimatum
ឱ្យខ្ចី oy khchey *(v.)* lend
ឱ្យតម្លៃ aoy damlai *(v.)* value
ឱ្យប្រាក់ទឹកតែ aoy brak teuk tae *(v.)* tip
ឱ្យសង្កៀរត្រចៀក oy sang kier trachiek *(adj.)* raucous
ឱ្យសច្ចានុមតិ aoy sachcha nou mat *(v.)* ratify
ឱ្យសញ្ញា oy sanh nha *(v.)* herald
ឱ្យអាហារ aoy ahar *(v.)* nourish

ឪពុក auv pouk *(n.)* father
ឪពុក (ឬប៉ា) auvpuk ( reu pa) *(n.)* dad (or daddy)
ឪពុកធម៌ auv puk thor *(n.)* godfather
ឪពុកម្តាយ auv pouk mday *(n.)* parent
ឪម៉ាល់ auv mal *(n.)* hornet
ឪម៉ាល់ ao mal *(n.)* wasp
ឪឡឹក auv loek *(n.)* melon